全国科技创新大会、两院院士大会、中国科协第九次全国代表大会
在北京召开，习近平总书记发表重要讲话

李克强总理在全国科技创新大会、两院院士大会、中国科协第九次全国代表大会第二次全体会议上发表重要讲话

院士大会期间，中央政治局委员、国务院副总理刘延东参观国家“十二五”科技创新成就展

中央第八巡视组来工程院开展专项巡视

5月30日，全国科技创新大会、两院院士大会、中国科协第九次全国代表大会在北京召开

6月1日，中国工程院第十三次院士大会召开

周济院长代表主席团在大会上作报告

樊代明副院长主持院士大会

中国工程院组织学习中央领导同志讲话精神座谈会

院士投票补选副院长

学术报告会现场

周济院长为新当选院士颁证

周济院长为新当选外籍院士颁证

为获得光华工程科技奖-成就奖的钟南山院士颁奖

第十一届光华工程科技奖颁奖仪式

周济院长春节前看望
钱正英院士

党组成员赵宪庚春节前看望
赵文津院士

樊代明副院长春节前看望
盛志勇院士

陈左宁副院长春节前看望
胡启恒院士

徐德龙副院长春节前看望
干勇院士

刘旭副院长春节前看望
刘洪亮院士

田红旗副院长在“国际工程科技发展战略高端论坛——地球物理与资源环境”上致辞

“国家空间基础设施支撑‘一带一路’建设发展战略研究”重大咨询项目启动会在工程院召开

“人工智能发展战略研究”重大咨询项目研讨会在上海举行

“纤维新材料绿色设计与绿色制造工程前沿技术论坛暨中国化纤科技大会”在连云港召开

“页岩油原位改质前沿技术国际研讨会”在西安召开

“国际工程科技发展战略高端论坛——工程结构创新与发展暨结构模态测试与应用”在重庆召开

“国际化绿色化背景下东南沿海区域食物安全可持续发展战略研究”在上海召开

《大气污染防治行动计划》中期评估项目执笔组工作会议在合肥召开

国际工程科技发展战略高端论坛“健康中国与转化医学”在上海召开

国际工程科技发展战略高端论坛“基础设施建设工程管理”、第228场中国工程科技论坛“‘一带一路’建设工程管理”暨第十届中国工程管理论坛在西安召开

中国工程院第二届科技合作委员会第二次会议在工程院召开

与云南省签订全面科技合作协议

与中央军委科技委签署战略合作协议

工程科技大数据技术创新战略联盟成立大会在北京召开

徐德龙副院长在扶贫工作站揭牌仪式上讲话

院士专家咨询会

生态文明建设若干战略问题研究”（二期）重大咨询项目下设的“固体废物分类资源化利用战略研究”课题组赴鞍山考察调研

“大型光学望远镜工程前沿技术”研讨会在成都召开

“低碳奥运院士行”活动在河北张家口举办

院士专家组对山东省玉米花生宽幅间作技术进行现场咨询

刘延东副总理集体会见出席国际医学科学院组织2016年全体成员大会的主要嘉宾

联合国教科文组织（UNESCO）国际工程教育中心签约暨揭牌仪式在北京举行

周济院长在英国伦敦CAETS年会上作报告

UNESCO主任工作会议

第十一届中美工程技术研讨会——创新与智能制造论坛在北京召开

与哈萨克斯坦签署合作备忘录

中澳食品安全与技术进步研讨会

中国工程院年鉴

2016

高等教育出版社·北京

图书在版编目(CIP)数据

中国工程院年鉴. 2016 / 中国工程院办公厅编著
. --北京：高等教育出版社，2017.12
ISBN 978-7-04-048965-1

Ⅰ. ①中… Ⅱ. ①中… Ⅲ. ①中国工程院-2016-年
鉴 Ⅳ. ①N242-54

中国版本图书馆 CIP 数据核字(2017)第 277273 号

策划编辑 黄慧靖　　责任编辑 黄慧靖 张 冉　　封面设计 顾 斌
特约编辑 韩玉琴　　责任印制 赵义民

出版发行	高等教育出版社	咨询电话	400-810-0598
社　　址	北京市西城区德外大街 4 号	网　　址	http://www.hep.edu.cn
邮政编码	100120		http://www.hep.com.cn
印　　刷	北京中科印刷有限公司	网上订购	http://www.hepmall.com.cn
开　　本	889mm × 1194mm　1/16		http://www.hepmall.com
印　　张	54.25		http://www.hepmall.cn
字　　数	1400 千字	版　　次	2017 年 12 月第 1 版
插　　页	8	印　　次	2017 年 12 月第 1 次印刷
购书热线	010-58581118	定　　价	198.00 元

本书如有缺页、倒页、脱页等质量问题，请到所购图书销售部门联系调换。

物 料 号　48965-00

编 辑 说 明

《中国工程院年鉴》是记载中国工程院历史的文献资料。该书较为全面、系统地反映工程院当年开展的工作、取得的业绩和各方面情况进展,是一部综合性资料书。

本书为2016年卷,根据2016年的工作内容,全书分16部分,共140万字。主要内容为:1.重要讲话;2.重要文件;3.会议纪要;4.院士大会;5.院士文件;6.战略咨询;7.人才培养;8.学术活动;9.科技合作;10.医疗保健;11.国际交流;12.中国工程科技知识中心;13.出版物介绍;14.光华工程科技奖;15.机关工作;16.附录。收编的内容和统计数字以2016年1月1日始至12月31日止。

在编辑过程中承蒙院领导及机关各部门同志的大力支持,提供了珍贵的原始资料,在此一并致谢。限于水平,编改中之不足处,恳请读者不吝指正。

编 者

2017年6月

《中国工程院年鉴》编委会名单

目　　录

重 要 讲 话

重 要 文 件

会 议 纪 要

院士大会

院士文件

战略咨询

人才培养

学术活动

科技合作

【合作协议】

医疗保健

国际交流

中国工程科技知识中心

出版物介绍

光华工程科技奖

机关工作

【规章制度】

【年度工作总结】

【人事行政】

附　　录

重要讲话

为建设世界科技强国而奋斗
——习近平主席在全国科技创新大会、两院院士大会、中国科协第九次全国代表大会上的讲话

2016 年 5 月 30 日

各位院士，同志们，朋友们：

今天，我们在这里召开全国科技创新大会、两院院士大会、中国科协第九次全国代表大会。4000 名代表齐聚一堂，群英荟萃，少长咸集，共商国家科技创新大计。这是共和国历史上的又一次科技盛会。

1956 年 1 月，毛泽东同志等党和国家领导人以及 1300 多名领导干部，在中南海怀仁堂听取中国科学院 4 位学部主任关于国内外科技发展的报告，党中央向全党全国发出“向科学进军”的号召。其后 10 年，在各方共同努力下，我国建立了学科齐全的科学研究体系、工业技术体系、国防科技体系、地方科技体系，取得了以“两弹一星”为标志的一批重大科技成果。

1978 年，党中央召开全国科学大会，邓小平同志在大会上做出科学技术是生产力的重要论断，我国迎来“科学的春天”。1995 年，党中央、国务院召开全国科学技术大会，江泽民同志发表重要讲话，号召大力实施科教兴国战略，形成实施科教兴国战略热潮。2006 年，党中央、国务院再次召开全国科学技术大会，胡锦涛同志发表重要讲话，部署实施《国家中长期科学和技术发展规划纲要（2006—2020 年）》，动员全党全社会为建设创新型国家而努力奋斗。2012 年，党中央、国务院召开全国科技创新大会，号召我国科技界奋力创新、为全面建成小康社会提供有力科技支撑。

今天，我们在这里召开这个盛会，就是要在我国发展新的历史起点上，把科技创新摆在更加重要位置，吹响建设世界科技强国的号角。

我国现代化建设的目标是，到我们党成立 100 年时建成惠及十几亿人口的更高水平的小康社会，到新中国成立 100 年时基本实现现代化，建成富强民主文明和谐的社会主义现代化国家。党中央今年颁布的《国家创新驱动发展战略纲要》明确，**我国科技事业发展的目标是**，到 2020 年时使我国进入创新型国家行列，到 2030 年时使我国进入创新型国家前列，到新中国成立 100 年时使我国成为世界科技强国。

两院院士和广大科技工作者是国家的财富、人民的骄傲、民族的光荣，大家责任重大、使命重大，应该努力为建成创新型国家、建成世界科技强国做出新的更大的贡献！

各位院士，同志们、朋友们！

历史经验表明，科技革命总是能够深刻改变世界发展格局。16、17 世纪的科学革命标志着人类知识增长的重大转折。18 世纪出现了蒸汽机等重大发明，成就了第一次工业革命，开启了人类

社会现代化历程。19 世纪，科学技术突飞猛进，催生了由机械化转向电气化的第二次工业革命。20 世纪前期，量子论、相对论的诞生形成了第二次科学革命，继而发生了信息科学、生命科学变革，基于新科学知识的重大技术突破层出不穷，引发了以航空、电子技术、核能、航天、计算机、互联网等为里程碑的技术革命，极大提高了人类认识自然、利用自然的能力和社会生产力水平。一些国家抓住科技革命的难得机遇，实现了经济实力、科技实力、国防实力迅速增强，综合国力快速提升。

在绵延 5000 多年的文明发展进程中，中华民族创造了闻名于世的科技成果。我们的先人在农、医、天、算等方面形成了系统化的知识体系，取得了以四大发明为代表的一大批发明创造。马克思说："火药、指南针、印刷术——这是预告资产阶级社会到来的三大发明。火药把骑士阶层炸得粉碎，指南针打开了世界市场并建立了殖民地，而印刷术则变成新教的工具，总的来说变成科学复兴的手段，变成对精神发展创造必要前提的最强大的杠杆。"

近代以后，由于国内外各种原因，我国屡次与科技革命失之交臂，从世界强国变为任人欺凌的半殖民地半封建国家，我们的民族经历了一个多世纪列强侵略、战乱不止、社会动荡、人民流离失所的深重苦难。在那个国家积贫积弱的年代，多少怀抱科学救国、教育救国理想的人们报国无门，留下了深深的遗憾。

经过新中国成立以来特别是改革开放以来不懈努力，我国科技发展取得举世瞩目的伟大成就，科技整体能力持续提升，一些重要领域方向跻身世界先进行列，某些前沿方向开始进入并行、领跑阶段，正处于从量的积累向质的飞跃、点的突破向系统能力提升的重要时期。

多复变函数论、陆相成油理论、人工合成牛胰岛素等成就，高温超导、中微子物理、量子反常霍尔效应、纳米科技、干细胞研究、肿瘤早期诊断标志物、人类基因组测序等基础科学突破，"两弹一星"、超级杂交水稻、汉字激光照排、高性能计算机、三峡工程、载人航天、探月工程、移动通信、量子通讯、北斗导航、载人深潜、高速铁路、航空母舰等工程技术成果，为我国成为一个有世界影响的大国奠定了重要基础。从总体上看，我国在主要科技领域和方向上实现了邓小平同志提出的"占有一席之地"的战略目标，正处在跨越发展的关键时期。

现在，我们比历史上任何时期都更接近实现中华民族伟大复兴的目标，比历史上任何时期都更有信心、更有能力实现这个目标。我们要抓住这一历史机遇，同时我们要牢记，中华民族伟大复兴绝不是轻轻松松就能实现的。科技兴则民族兴，科技强则国家强。实现"两个一百年"奋斗目标，实现中华民族伟大复兴的中国梦，必须坚持走中国特色自主创新道路，面向世界科技前沿、面向经济主战场、面向国家重大需求，加快各领域科技创新，掌握全球科技竞争先机。这是我们提出建设世界科技强国的出发点。

各位院士，同志们、朋友们！

纵观人类发展历史，创新始终是一个国家、一个民族发展的重要力量，也始终是推动人类社会进步的重要力量。不创新不行，创新慢了也不行。如果我们不识变、不应变、不求变，就可能陷入战略被动，错失发展机遇，甚至错过整整一个时代。实施创新驱动发展战略，是应对发展环境变化、把握发展自主权、提高核心竞争力的必然选择，是加快转变经济发展方式、破解经济发展深层次矛盾和问题的必然选择，是更好引领我国经济发展新常态、保持我国经济持续健康发展的必然选择。

科技是国之利器，国家赖之以强，企业赖之以赢，人民生活赖之以好。中国要强，中国人民生活要好，必须有强大科技。新时期、新形势、新任务，要求我们在科技创新方面有新理念、新设计、新战略。我们要深入贯彻新发展理念，深入实施科教兴国战略和人才强国战略，深入实施创新驱动发展战略，统筹谋划，加强组织，优化我国科技事业发展总体布局。

第一，夯实科技基础，在重要科技领域跻身世界领先行列。推动科技发展，必须准确判断科技突破方向。判断准了就能抓住先机。“虽有智慧，不如乘势。”历史经验表明，那些抓住科技革命机遇走向现代化的国家，都是科学基础雄厚的国家；那些抓住科技革命机遇成为世界强国的国家，都是在重要科技领域处于领先行列的国家。

综合判断，我国已经成为具有重要影响力的科技大国，科技创新对经济社会发展的支撑和引领作用日益增强。同时，必须认识到，同建设世界科技强国的目标相比，我国发展还面临重大科技瓶颈，关键领域核心技术受制于人的格局没有从根本上改变，科技基础仍然薄弱，科技创新能力特别是原创能力还有很大差距。

科学技术是世界性、时代性的，发展科学技术必须具有全球视野、把握时代脉搏。当今世界，新一轮科技革命蓄势待发，物质结构、宇宙演化、生命起源、意识本质等一些重大科学问题的原创性突破正在开辟新前沿新方向，一些重大颠覆性技术创新正在创造新产业新业态，信息技术、生物技术、制造技术、新材料技术、新能源技术广泛渗透到几乎所有领域，带动了以绿色、智能、泛在为特征的群体性重大技术变革，大数据、云计算、移动互联网等新一代信息技术同机器人和智能制造技术相互融合步伐加快，科技创新链条更加灵巧，技术更新和成果转化更加快捷，产业更新换代不断加快，使社会生产和消费从工业化向自动化、智能化转变，社会生产力将再次大提高，劳动生产率将再次大飞跃。

抓科技创新，不能等待观望，不可亦步亦趋，当有只争朝夕的劲头。时不我待，我们必须增强紧迫感，及时确立发展战略，全面增强自主创新能力。我国科技界要坚定创新自信，坚定敢为天下先的志向，在独创独有上下功夫，勇于挑战最前沿的科学问题，提出更多原创理论，做出更多原创发现，力争在重要科技领域实现跨越发展，跟上甚至引领世界科技发展新方向，掌握新一轮全球科技竞争的战略主动。

第二，强化战略导向，破解创新发展科技难题。科技创新的战略导向十分紧要，必须抓准，以此带动科技难题的突破。当前，国家对战略科技支撑的需求比以往任何时期都更加迫切。**这里，我举几个例子。**从理论上讲，地球内部可利用的成矿空间分布在从地表到地下 1 万米，目前世界先进水平勘探开采深度已达 2500 米至 4000 米，而我国大多小于 500 米，向地球深部进军是我们必须解决的战略科技问题。材料是制造业的基础，目前我国在先进高端材料研发和生产方面差距甚大，关键高端材料远未实现自主供给。我国很多重要专利药物市场绝大多数被国外公司占据，高端医疗装备主要依赖进口，成为看病贵的主要原因之一，而创新药物研发集中体现了生命科学和生物技术领域前沿新成就和新突破，先进医疗设备研发体现了多学科交叉融合与系统集成。脑连接图谱研究是认知脑功能并进而探讨意识本质的科学前沿，这方面探索不仅有重要科学意义，而且对脑疾病防治、智能技术发展也具有引导作用。深海蕴藏着地球上远未认知和开发的宝藏，但要得到这些宝藏，就必须在深海进入、深海探测、深海开发方面掌握关键技术。空间技术深刻改变了人类对宇宙的认知，为人类社会进步提供了重要动力，同时浩瀚的空天还有许多未知的奥秘有待探索，必须推动空间科学、空间技术、空间应用全面发展。这样的领域还有很多。党中央已经确定了我国科技面向 2030 年的长远战略，决定实施一批重大科技项目和工程，要加快推进，围绕国家重大战略需求，着力攻破关键核心技术，抢占事关长远和全局的科技战略制高点。

成为世界科技强国，成为世界主要科学中心和创新高地，必须拥有一批世界一流科研机构、研究型大学、创新型企业,能够持续涌现一批重大原创性科学成果。党的十八届五中全会提出,要在重大创新领域组建一批国家实验室。这是一项对我国科技创新具有战略意义的举措。要以国家实验室建设为抓手,强化国家战略科技力量,在明确国家目标和紧迫战略需求的重大领域,在有望引领未来发展的战略制高点,以重大科技任务攻关和国家大型科技基础设施为主线,依托最有优势的创新单元,整合全国创新资源,建立目标导向、绩效管理、协同攻关、开放共享的新型运行机制,建设突破型、引领型、平台型一体的国家实验室。这样的国家实验室,应该成为攻坚克难、引领发展的战略科技力量,同其他各类科研机构、大学、企业研发机构形成功能互补、良性互动的协同创新新格局。

第三,加强科技供给,服务经济社会发展主战场。“穷理以致其知,反躬以践其实。”科学研究既要追求知识和真理,也要服务于经济社会发展和广大人民群众。广大科技工作者要把论文写在祖国的大地上,把科技成果应用在实现现代化的伟大事业中。

经过改革开放30多年努力,我国经济总量已经居世界第二。同时,我国经济发展不少领域大而不强、大而不优。新形势下,长期以来主要依靠资源、资本、劳动力等要素投入支撑经济增长和规模扩张的方式已不可持续,我国发展正面临着动力转换、方式转变、结构调整的繁重任务。现在,我国低成本资源和要素投入形成的驱动力明显减弱,需要依靠更多更好的科技创新为经济发展注入新动力;社会发展面临人口老龄化、消除贫困、保障人民健康等多方面挑战,需要依靠更多更好的科技创新实现经济社会协调发展;生态文明发展面临日益严峻的环境污染,需要依靠更多更好的科技创新建设天蓝、地绿、水清的美丽中国;能源安全、粮食安全、网络安全、生态安全、生物安全、国防安全等风险压力不断增加,需要依靠更多更好的科技创新保障国家安全。所以说,科技创新是核心,抓住了科技创新就抓住了牵动我国发展全局的牛鼻子。

推动我国经济社会持续健康发展,推进供给侧结构性改革,落实好“三去一降一补”任务,必须在推动发展的内生动力和活力上来一个根本性转变,塑造更多依靠创新驱动、更多发挥先发优势的引领性发展。要深入研究和解决经济和产业发展亟需的科技问题,围绕促进转方式调结构、建设现代产业体系、培育战略性新兴产业、发展现代服务业等方面需求,推动科技成果转移转化,推动产业和产品向价值链中高端跃升。

发展不协调是我国长期存在的突出问题,集中表现在区域、城乡、经济和社会、物质文明和精神文明、经济建设和国防建设等关系上。我们要立足于科技创新,释放创新驱动的原动力,让创新成为发展基点,拓展发展新空间,创造发展新机遇,打造发展新引擎,促进新型工业化、信息化、城镇化、农业现代化同步发展,提升发展整体效能,在新的发展水平上实现协调发展。

绿色发展是生态文明建设的必然要求,代表了当今科技和产业变革方向,是最有前途的发展领域。人类发展活动必须尊重自然、顺应自然、保护自然,否则就会受到大自然的报复。这个规律谁也无法抗拒。要加深对自然规律的认识,自觉以对规律的认识指导行动。不仅要研究生态恢复治理防护的措施,而且要加深对生物多样性等科学规律的认识;不仅要从政策上加强管理和保护,而且要从全球变化、碳循环机理等方面加深认识,依靠科技创新破解绿色发展难题,形成人与自然和谐发展新格局。

国际经济合作和竞争局面正在发生深刻变化,全球经济治理体系和规则正在面临重大调整。经济全球化表面上看是商品、资本、信息等在全球广泛流动,但本质上主导这种流动的力量是人才、是科技创新能力。要增强我们引领商品、资本、信息等全球流动的能力,推动形成对外开放新格局,增强参与全球经济、金融、贸易规则制订的实力和能力，在更高水平上开展国际经济和科技创新合作，在更广泛的利益共同体范围内参与全球治理，实现共同发展。

人民的需要和呼唤，是科技进步和创新的时代声音。随着经济社会不断发展，我国13亿多人民过上美好生活的新期待日益上升，提高社会发展水平、改善人民生活、增强人民健康素质对科技创新提出了更高要求。要想人民之所想、急人民之所急，聚焦重大疾病防控、食品药品安全、人口老龄化等重大民生问题，大幅增加公共科技供给，让人民享有更宜居的生活环境、更好的医疗卫生服务、更放心的食品药品。要依靠科技创新建设低成本、广覆盖、高质量的公共服务体系。要加强普惠和公共科技供给，发展低成本疾病防控和远程医疗技术，实现优质医疗卫生资源普惠共享。要发展信息网络技术，消除不同收入人群、不同地区间的数字鸿沟，努力实现优质文化教育资源均等化。

第四，深化改革创新，形成充满活力的科技管理和运行机制。创新是一个系统工程，创新链、产业链、资金链、政策链相互交织、相互支撑，改革只在一个环节或几个环节搞是不够的，必须全面部署，并坚定不移推进。科技创新、制度创新要协同发挥作用，两个轮子一起转。

我们最大的优势是我国社会主义制度能够集中力量办大事。这是我们成就事业的重要法宝。过去我们取得重大科技突破依靠这一法宝，今天我们推进科技创新跨越也要依靠这一法宝，形成社会主义市场经济条件下集中力量办大事的新机制。

要以推动科技创新为核心，引领科技体制及其相关体制深刻变革。要加快建立科技咨询支撑行政决策的科技决策机制，加强科技决策咨询系统，建设高水平科技智库。要加快推进重大科技决策制度化，解决好实际存在的部门领导拍脑袋、科技专家看眼色行事等问题。要完善符合科技创新规律的资源配置方式，解决简单套用行政预算和财务管理方法管理科技资源等问题，优化基础研究、战略高技术研究、社会公益类研究的支持方式，力求科技创新活动效率最大化。要着力改革和创新科研经费使用和管理方式，让经费为人的创造性活动服务，而不能让人的创造性活动为经费服务。要改革科技评价制度，建立以科技创新质量、贡献、绩效为导向的分类评价体系，正确评价科技创新成果的科学价值、技术价值、经济价值、社会价值、文化价值。

企业是科技和经济紧密结合的重要力量，应该成为技术创新决策、研发投入、科研组织、成果转化的主体。要制定和落实鼓励企业技术创新各项政策，强化企业创新倒逼机制，加强对中小企业技术创新支持力度，推动流通环节改革和反垄断反不正当竞争，引导企业加快发展研发力量。要加快完善科技成果使用、处置、收益管理制度，发挥市场在资源配置中的决定性作用，让机构、人才、装置、资金、项目都充分活跃起来，形成推动科技创新强大合力。要调整现有行业和地方的科研机构，充实企业研发力量，支持依托企业建设国家技术创新中心，培育有国际影响力的行业领军企业。

科研院所和研究型大学是我国科技发展的主要基础所在，也是科技创新人才的摇篮。要优化科研院所和研究型大学科研布局。科研院所要根据世界科技发展态势，优化自身科技布局，厚实学科基础，培育新兴交叉学科生长点，重点加强共性、公益、可持续发展相关研究，增加公共科技供给。研究型大学要加强学科建设，重点开展自由探索的基础研究。要加强科研院所和高校合作，使目标导向研究和自由探索相互衔接、优势互补，形成教研相长、协同育人新模式，打牢我国科技创新的科学和人才基础。

发挥各地在创新发展中的积极性和主动性，对形成国家科技创新合力十分重要。要围绕“一带一路”建设、长江经济带发展、京津冀协同发展等重大规划，尊重科技创新的区域集聚规律，因地制宜探索差异化的创新发展路径，加快打造具有全球影响力的科技创新中心，建设若干具有强大带动力的创新型城市和区域创新中心。

第五，弘扬创新精神，培育符合创新发展要求的人才队伍。“功以才成，业由才广。”科学技术是人类的伟大创造性活动。一切科技创新活动都是人做出来的。我国要建设世界科技强国，关键是要建设一支规模宏大、结构合理、素质优良的创新人才队伍，激发各类人才创新活力和潜力。要极大调动和充分尊重广大科技人员的创造精神，激励他们争当创新的推动者和实践者，使谋划创新、推动创新、落实创新成为自觉行动。

我国科技队伍规模是世界上最大的，这是产生世界级科技大师、领军人才、尖子人才的重要基础。科技人才培育和成长有其规律，要大兴识才爱才敬才用才之风，为科技人才发展提供良好环境，在创新实践中发现人才、在创新活动中培育人才、在创新事业中凝聚人才，聚天下英才而用之，让更多千里马竞相奔腾。要改革人才培养、引进、使用等机制，努力造就一大批能够把握世界科技大势、研判科技发展方向的战略科技人才，培养一大批善于凝聚力量、统筹协调的科技领军人才，培养一大批勇于创新、善于创新的企业家和高技能人才。要完善创新人才培养模式，强化科学精神和创造性思维培养，加强科教融合、校企联合等模式，培养造就一大批熟悉市场运作、具备科技背景的创新创业人才，培养造就一大批青年科技人才。要营造良好学术环境，弘扬学术道德和科研伦理，在全社会营造鼓励创新、宽容失败的氛围。要加强知识产权保护，积极实行以增加知识价值为导向的分配政策，包括提高科研人员成果转化收益分享比例，探索对创新人才实行股权、期权、分红等激励措施，让他们各得其所。

在基础研究领域，包括一些应用科技领域，要尊重科学研究灵感瞬间性、方式随意性、路径不确定性的特点，允许科学家自由畅想、大胆假设、认真求证。不要以出成果的名义干涉科学家的研究，不要用死板的制度约束科学家的研究活动。很多科学研究要着眼长远，不能急功近利，欲速则不达。要让领衔科技专家有职有权，有更大的技术路线决策权、更大的经费支配权、更大的资源调动权，防止瞎指挥、乱指挥。要建立相应责任制和问责制度，切实解决不同程度存在的一哄而起、搞大拼盘等问题。政府科技管理部门要抓战略、抓规划、抓政策、抓服务，发挥国家战略科技力量建制化优势。

科技创新、科学普及是实现创新发展的两翼，要把科学普及放在与科技创新同等重要的位置。没有全民科学素质普遍提高，就难以建立起宏大的高素质创新大军，难以实现科技成果快速转化。希望广大科技工作者以提高全民科学素质为己任，把普及科学知识、弘扬科学精神、传播科学思想、倡导科学方法作为义不容辞的责任，在全社会推动形成讲科学、爱科学、学科学、用科学的良好氛围，使蕴藏在亿万人民中间的创新智慧充分释放、创新力量充分涌流。

中国科学院、中国工程院是我国科技大师荟萃之地，要发挥好国家高端科技智库功能，组织广大院士围绕事关科技创新发展全局和长远问题，善于把握世界科技发展大势、研判世界科技革命新方向，为国家科技决策提供准确、前瞻、及时的建议。要发挥好最高学术机构学术引领作用，把握好世界科技发展大势，敏锐抓住科技革命新方向。“桐花万里丹山路，雏凤清于老凤声。”科技创新，贵在接力。希望广大院士发挥好科技领军作用，团结带领全国科技界特别是广大青年科技人才为建设世界科技强国建功立业。

中国科协各级组织要坚持为科技工作者服务、为创新驱动发展服务、为提高全民科学素质服务、为党和政府科学决策服务的职责定位，推动开放型、枢纽型、平台型科协组织建设，接长手臂，扎根基层，团结引领广大科技工作者积极进军科技创新，组织开展创新争先行动，促进科技繁荣发展，促进科学普及和推广，真正成为党领导下团结联系广大科技工作者的人民团体，成为科技创新的重要力量。

各级党委和政府要肩负起领导和组织创新发展的责任，善于调动各方面创新要素，善于发挥各类人才积极性，共同为建设创新型国家、建设世界科技强国凝心聚力。

各位院士，同志们、朋友们！

中国实现现代化，是人类历史上前所未有的大变革。中国实现了现代化，意味着比现在所有发达国家人口总和还要多的中国人民将进入现代化行列。从现在起到新中国成立 100 年只有 30 多年时间，我们的前景十分光明，我们的任务十分繁重。

有多大担当才能干多大事业，尽多大责任才能有多大成就。两院院士和广大科技工作者要发扬我国科技界追求真理、服务国家、造福人民的优良传统，勇担重任，勇攀高峰，当好建设世界科技强国的排头兵。

让我们扬起 13 亿多中国人民对美好生活憧憬的风帆，发动科技创新的强大引擎，让中国这艘航船，向着世界科技强国不断前进，向着中华民族伟大复兴不断前进，向着人类更加美好的未来不断前进！

李克强总理在全国科技创新大会、两院院士大会、中国科协第九次全国代表大会上的讲话

2016年5月30日

各位院士，同志们，朋友们：

今天，全国科技创新大会、两院院士大会、中国科协第九次全国代表大会隆重召开。这是全国科技战线的一次盛会。长期以来，全国广大科技工作者为推动国家科技进步和现代化建设事业进行了不懈努力，特别是两院院士勇攀科学技术高峰，创造了一项又一项重大甚至世界领先的科技成果，在国家科技创新中发挥了领军作用、做出了重大贡献。中国科协作为全国“科技工作者之家”，在动员组织科技力量、开展科学普及等方面做了大量工作，功不可没。

今天上午，习近平总书记发表了重要讲话，从战略和全局高度，充分肯定了我国广大科技工作者所作出的历史性贡献，深刻阐述了加快实施创新驱动发展战略的重大意义，明确提出了建设世界科技强国的总体要求、主要目标、重点任务，大家要认真学习领会，结合各自实际深入贯彻落实。下面，我讲三点意见。

一、创新事关国家前途命运

纵观世界历史，以科技进步为核心的创新，是人类社会前进的动力源泉。一个国家、一个民族的创新能力，直接影响甚至决定其前途命运。中华民族是富有创新精神的民族，几千年来涌现出许多遥遥领先于其他民族的创造发明，对世界文明进步影响深远、贡献巨大，也使我国长期居于世界强国之列。但是，后来由于封建统治者闭关锁国等多种原因，我国屡次与世界科技革命失之交臂，导致发展落伍、国力衰败、多次挨打。新中国成立后，我们建立起全面独立的科学技术体系，形成了规模宏大的科技人才队伍，取得了“两弹一星”等一批重大科技成果，有力推动了经济社会发展。改革开放带来了科学的春天，也开启了一个全面创新的时代。源源不断的科技创新成果与体制机制创新所激发的人民群众创造力相结合，推动经济社会发展取得了举世瞩目的伟大成就。我国这30多年的创新实践，可以说是人类历史上最大规模的社会创新行动，创造了世界发展史上的奇迹。

当前和今后一个时期，我国发展仍处于可以大有作为的重要战略机遇期，也面临着诸多矛盾叠加、风险隐患增多的严峻挑战。我们要实现全面建成小康社会目标、进而实现第二个百年奋斗目标，需要更加强大的创新力量来推动。同时，世界新一轮科技革命和产业变革正孕育兴起、交互影响，将深刻改变全球经济版图、重塑国际竞争格局。我国在这场新的国际创新大赛中，决不能再次落在后面。党的十八大综合分析国内外大势、立足我国发展全局，做出了实施创新驱动发展战略的

决策部署。党的十八届五中全会强调,创新是引领发展的第一动力,必须摆在国家发展全局的核心位置。前不久,党中央、国务院印发了《国家创新驱动发展战略纲要》,进行了系统部署。我们要从国家发展全局的高度,充分认识创新的重大意义。

第一,创新是实现"双中高"的重要支撑。我国虽已进入中等收入国家行列,但仍处于并将长期处于社会主义初级阶段;我国经济总量虽居世界第二,但人均水平排在世界80位左右,依然是发展中国家,必须坚持党的基本路线,坚持发展第一要务。今后五年,经济年均增长速度要保持在6.5%以上,才能实现全面建成小康社会目标。到2020年实现这一目标的时候,我国人均国内生产总值也只是接近世界平均水平,相当长时期内仍需保持一定的增长速度,才能实现第二个百年奋斗目标。但我们不是单纯追求经济增长速度,还要让产业从中低端迈向中高端。也只有向中高端发展,才能支撑经济中高速增长。二战后,世界上有上百个国家进入中等收入国家行列,然而几十年过去后,绝大多数落入所谓的"中等收入陷阱",一个重要原因就是因为创新能力不够,没有实现产业转型升级,经济长期停滞。20世纪80年代,我到一些中等收入国家去看过,确实比我国强很多,但近几年再去看,他们几乎没有什么变化。反过来讲,极少数创新能力强的国家,就越过了"中等收入陷阱",像公认的日本、韩国,虽然他们有其他方面的因素,但创新是不可替代的力量。

我国作为世界第二大经济体,在超过10万亿美元高基数之上和复杂多变的国内外环境中,要实现"双中高"并不容易。从国际看,世界经济复苏进程艰难曲折,低增长高风险的态势短期内难以根本扭转。从国内看,我国正处在"三期叠加"阶段,经济面临较大下行压力。在这种情况下,靠什么实现"双中高"?必须依靠创新驱动,推动经济转型升级,使发展更多转向依靠人力人才资源上来,这也是我们的最大潜力所在。

人是生产力中最活跃的因素,也是推动发展的决定性力量。人力资源和人才资源从大概念来说都是人力资源,但现在人力资源的内涵与过去不同了。过去主要是指劳动力的数量和体能,现在主要是指劳动力的质量和素质,包括知识、智力和职业技能等。改革开放30多年来,我们主要依靠人民的勤劳,当然也包括智慧,创造了巨大的社会财富。今后,我国经济社会发展还得靠人民的勤劳智慧,特别是要更多发挥智慧的力量。我们是有这个条件的。我们有9亿多劳动力,其中1.7亿多受过高等教育或有专业技能,还有各类高等教育在校生3500多万,每年高校毕业生700多万,中职毕业生500多万。生产实践中自学成才的更是不计其数。丰富且质量在不断提高的人力人才资源是我们最大的发展优势。把这个优势充分发挥出来,就能加快发展新经济,培育新动能,改造提升传统动能,打造发展"双引擎",使发展调速不减势、量增质更优,实现"双中高"。

近三年多发展实践取得的显著成效,已经充分证明了这一点。我们通过深入实施创新驱动发展战略,不断深化简政放权、放管结合、优化服务等重点改革,推动大众创业、万众创新,极大地激发了全社会的创新潜能,新市场主体大幅增加,新产业茁壮成长,新业态蓬勃发展,新技术和新产品方兴未艾,传统产业焕发新活力。这些新动能尽管目前还难以完全和传统动能等量齐观,但其成长快、带动力强,在稳增长、保就业、促升级方面发挥了突出作用,是我国未来发展的希望所在。

第二,创新是推进供给侧结构性改革的重要内容。我国经济发展面临的问题,供给和需求两侧都有,但矛盾的主要方面在供给侧。比如,现在既有部分行业产能严重过剩,又有一些行业供给不足;既有很多低端产品销售不畅、大量积压,又有不少中高端产品满足不了需求,需要大量进口。解决这些结构性问题,必须推进供给侧结构性改革,用改革的办法推进结构调整,增强供给结构对需求变化的适应性和灵活性。

我们要看到，我国结构性问题的重要根源是创新能力不足，导致产品质量和服务跟不上需求变化。随着生活水平提高，消费者现在有很强的选择性，不像过去短缺经济时期，有什么就买什么。抓供给侧结构性改革，必须抓好创新。不仅发展新技术、新产业、新业态，扩大有效和中高端供给离不开创新，淘汰落后产能、化解过剩产能，减少无效和低端供给也需要创新。对政府来说，解决制度供给是最紧迫的任务，要抓好“放管服”等改革，减税降费，培育创新能力，让人力人才资源发挥作用。这些都是供给侧结构性改革的应有之义。只有破除体制机制障碍，营造公平竞争的市场环境和激励创新的制度环境，使各类市场主体有动力、有能力推进创新，才能更好满足人民群众日益增长、不断升级和个性化的需求。

最近三年多来，我们积极推进结构性改革尤其是供给侧结构性改革。**坚持以简政放权激发微观主体活力**，国务院部门行政审批事项已减少了 1/3 以上，非行政许可审批彻底终结，商事制度改革取得重大进展，大幅降低了企业的制度性交易成本，调动了全社会创业创新积极性。**坚持以减税降费减轻企业负担**，全面推开营改增试点，扩大政府性基金和行政事业收费减免范围，阶段性降低企业“五险一金”费率，企业负担大幅减轻。**坚持以改善和创新供给补短板促进结构调整、适度扩大有效需求总量**，一手抓传统产业改造提升，推动化解过剩产能，一手抓新兴产业培育，推进重大基础设施和民生工程建设，增加公共产品和公共服务供给。积极落实好“三去一降一补”任务。今后，要继续坚持不懈这样做下去，为经济发展提供源源不断的内生动力。

第三，创新是培育国际竞争新优势的重要依托。当今世界综合国力竞争，核心是综合创新能力的竞争。近年来，面对世界新一轮科技革命和产业变革孕育兴起的历史机遇，各主要国家都纷纷制定创新战略，并重点予以支持。从我们国家来说，党中央、国务院对加快推进科技创新及时做出了部署，出台了一系列重大政策措施。但与发达国家相比，我国推动创新的任务更为艰巨繁重。比如在工业方面，发达国家是在工业 3.0 基础上迈向 4.0，我们不仅要追赶工业 4.0，还要在工业 2.0、3.0 方面补课，创新的挑战和压力是不言而喻的。如果我们应对得好，就能实现赶超，否则也会面临差距拉大的风险。

现在，我国创新的挑战和压力已在对外贸易方面表现出来。过去，我们靠低成本优势，大力发展加工制造，货物出口长期保持两位数增长，成为世界第一贸易大国。国际金融危机发生以来，发达国家加紧实施再工业化，发展中国家也在加速工业化进程，我们面临着发达国家先进技术和发展中国家低成本竞争的双重挤压，传统竞争优势弱化。货物出口增速不断降低，去年以来总体上一直是负增长。现在一些发展中国家生产的一般日用消费品已经逐步打入世界市场，过去我们在欧洲、美国的超市里经常看到“中国制造”，现在有些已经变为东南亚、拉美等国制造了，而且越来越多的产品已经打入我国市场。这种变化，有其客观必然性。一些低端产品我们该放的是要放，但必须同时向中高端迈进，才能培育国际贸易竞争新优势。做到这一点，关键还得靠创新，推动中国制造向中国智造和中国创造转变，推动我国产业向国际产业链、价值链的中高端跃升。

总体来看，我国已到了只有依靠创新驱动才能持续发展的新阶段。各地区、各部门、各单位要从战略全局出发，切实增强加快推进创新的责任感和紧迫感，塑造更多依靠创新驱动、更多发挥先发优势的引领型发展。

二、充分发挥科技创新在全面创新中的引领作用

创新的核心是科技创新。经过多年努力，我国科技实力显著增强，实现了从全面跟踪到跟跑、

并跑和领跑并存的转变，取得一批具有全球影响力的重大创新成果，对经济发展、社会进步、国家安全发挥了引领支撑作用。同时也要看到，我国科技仍然大而不强，一头是基础研究薄弱，原创成果少，一些关键核心技术长期受制于人，一头是科技成果转化不够，对经济增长的贡献率还不够高。我们要坚持走中国特色自主创新道路，深入实施创新驱动发展战略，提升科技创新的能力和效率，推进创新型国家建设。

一是瞄准前沿，补好基础研究短板。基础研究是整个科学体系的源头，是科技创新的先导，一旦取得重大突破，就会带来革命性的变化。世界新一轮科技革命的孕育兴起，就源于 20 世纪相对论、量子论等基础研究取得的重大成果。现在很多已在生产中应用的重大科技成果，其进一步发展也离不开基础研究支撑。

从全球范围看，世界科技强国无一不是基础研究强国。当今世界的创新，越来越向基础研究前移。我国与发达国家在科技创新上的差距，很大程度是由于基础研究存在短板。关键核心技术是花再多钱都买不来的，是靠市场换不来的，必须立足自主创新，加强原始创新。只有夯实基础研究这个地基，国家原始创新和核心竞争力的大厦才能矗立起来。

在基础研究方面，要高度重视数学、物理、化学等基础学科的研究。特别是数学，被称为“思维的体操”，是科学体系的重要基础。世界上科技创新走在前列的国家，很大程度上得益于数学领域的长期领先。我国数学研究力量雄厚，不少成果在国际上领先。要实现科技跨越发展，必须大力加强数学研究和应用，培养更多拔尖人才，加快建设数学强国。

强化基础研究，要从多个层面一起发力。近年来，我们对关系全局的重大科技创新和基础研究进行了规划部署。到 2020 年全社会研发投入强度将达到 2.5%，其中基础研究的比重要大幅提高。对科技投入特别是基础研究投入，我们比发达国家少，但为子孙后代想，为使经济迈上中高端，国家财政再困难也要增加、不能减少。同时在科技战略布局上也要进行调整优化，在重大创新领域，组建国家实验室和综合性国家科学中心。对基础研究，要加大长期稳定支持力度，无论是热门的还是冷门的，都要保证充足的经费投入、先进的科研条件，使科研人员能够心无旁骛进行研究。

要充分发挥科研院所和高校在基础研究中的主力军作用。科研院所和高校集中了我国大部分基础研究资源。我们要促进科教协同育人，推进世界一流大学和一流学科建设，重点支持 100 个一流学科建设。同时，也要考虑建设一批世界一流水平的科研院所，打造综合性、高水平、国际化的基础研究基地。

要充分调动企业和社会力量搞基础研究的积极性。发达国家很多大企业特别是跨国公司，出于长线考虑，都很重视基础研究特别是应用基础研究，投入也很大。在全国基础研究投入总盘子中，日本企业投入占比一直保持在 30%左右，美国是 20%左右，而韩国甚至超过 50%。去年我到法国参观空中客车公司，他们研发投入很高，其中一半以上用于基础研究。我国企业过去往往不太重视基础研究，企业投入占全国基础研究投入的比重不到 2%，现在情况正逐步改变，已有越来越多的企业认识到，要想在市场竞争中取得并长期保持优势，必须把眼光前移到基础研究上来。有的企业在这方面起步早，已取得了显著成绩。去年华为公司研发经费约 400 亿元，其中近 12%投入基础研究。我们要落实和完善支持政策，引导企业和社会力量增加基础研究投入，鼓励设立科学基金，形成全社会支持基础研究的合力。

二是面向需求，突破应用研究产业化瓶颈。应用技术研发是我国产业转型升级的基石。目前，我国应用研究领域成果不算少，但市场化、产业化不够。有些科研单位的成果“养在深闺人未识”，而企业发展、产业升级急需的技术却得不到满足。尤其是一些战略性产业和新兴行业的发展遇到了关键核心技术“卡脖子”的问题。要采取有力举措，加快推进应用技术研发。

一方面，要依托重大科技项目突破关键核心技术。实施国家重大科技项目，是推动关键核心技术突破的重要支撑和牵引。要在继续实施好已有的16个科技重大专项基础上，面向2030年再部署推进一批体现国家战略意图的重大科技项目，形成梯次接续格局。在重大科技项目实施中，要形成“沿途下蛋”机制，尽可能多地形成一批新的产业和经济增长点。同时，我们强调自主创新，不是闭门造车，什么都要自己从头搞起，而要积极融入全球创新网络，汇聚世界创新资源为我所用，以加快我国自主创新进程。要把引进、消化、吸收、再创新和集成创新、原始创新结合起来。我最近到武钢看到，他们把新日铁取向硅钢生产的技术成果引进吸收消化了，基本上可以达到和新日铁接近的水平。一吨取向硅钢一万块钱，日本原来卖五万块钱，现在不得不降到一万多。

另一方面，要建立以企业为主体、以市场为导向的技术创新机制。要落实和完善支持企业创新投入的政策措施，引导企业加强研发。这次全面推开营改增试点，今年可减税5000亿元，加上研发费用加计扣除、加速折旧等政策，有利于鼓励企业加大研发投入，提升创新能力。同时，要支持发展一批面向市场的新型技术研发、成果转化和产业孵化机构，使之尽快做大做强。

三是汇聚众智，推动协同创新。集中力量开展科技攻关，是我国科技事业发展的一条成功经验。在新的形势下，我们要建立新型协同创新机制，优化资源配置，提升科技创新效率。

要推动企业、科研机构、高校、社会组织、创客等创新主体的协同。我国有7000多万家企业，3600多家科研机构，2800多所高校，近3000家众创空间和技术转移转化机构，数千家科技社团组织，千千万万的创客。这些创新主体各有所长，但因单位、所有制、身份等壁垒，往往各自为战，难以发挥整体效应。我们要打破分割，依托互联网打造开放共享的新型科技创新平台，推动创新潜能加速释放。如我国三代核电“华龙一号”，研发中心只有十几个人，但他们通过网络连接20多个城市的500多个终端，包括了诸多科研机构，吸引上万人参与研发。开放共享的互联网创新平台用好了，能够成为创新的加速器，加快赶超步伐。

要推动人才、技术、资金、项目、市场等创新要素的协同。科研成果从创意、研发到融资、孵化，最后到实现产业化，是一个环环相扣、相互依存的“生态系统”，需要各类创新要素在一定区域集聚，这样可以形成协同放大效应。我们已设立了不少国家自主创新示范区、高新技术产业开发区、经济技术开发区、“双创”基地等，虽然功能定位有所不同，但都应当成为创新要素的集聚地、创新发展的引领者。

要推动“双创”与科技创新的协同。大众创业、万众创新与科技创新是相辅相成的。“双创”离不开科学技术引领，同时“双创”也是科技创新的重要推动力量，有利于扩大科技创新的社会需求和人才基础。科技创新不光是科学家、科技工作者的事，也是全社会的事。在互联网条件下，只要有创新的思维、理念和方式，人人皆可创新、创新惠及人人。这也是包容性增长。我们要把顶天立地的科技创新、铺天盖地的“双创”有机结合起来，把创新精神与企业家精神、工匠精神有机结合起来，使各类创新要素融合互动，让创新的力量倍增，汇聚起经济社会发展的强大新动能。

要推动区域创新的协同。长期以来，各地因地制宜进行创新，形成了各具特色的区域创新比较优势。今后，要大力加强区域创新的协同配合，取长补短、优势互补，形成创新合力。各地要从本地发展需要出发，努力建设创新型省份和创新型城市，支持和鼓励国家自主创新示范区、高新区等在深化改革上先行先试，打造区域创新示范引领高地，争当创新发展的先行者和排头兵。

三、以体制机制改革激发科技创新活力

创新包括科技创新和体制机制创新两个方面。推进科技创新必须深化改革，建立有效的激励与保障机制。我国广大科技人员和科研机构有着强烈的创新创造积极性。要围绕使市场在资源配置中起决定性作用和更好发挥政府作用，推进科技领域的"放管服"改革，着力破除体制机制障碍，充分调动科研单位和科研人员的积极性。

一要给科研院所和高校开展科研更大的自主权。科研院所和高校普遍反映，现在搞科研缺乏必要的自主权，政府有关部门对这也不放心、那也不放手，一些科研管理制度和办法不适应科技创新的要求，束缚了手脚，抑制了创新，影响了积极性。事实上，世界上一流的科研机构、一流的高校、一流的科技成果从来都不是靠政府部门管出来的。各级政府及相关部门要充分相信科研院所和高校有自我约束和管理能力，充分相信广大科研人员的觉悟，给他们必要的自主空间。要自觉按科研规律办事，积极主动地向科研院所和高校放权。在选人用人、科研立项、成果处置、编制管理、职称评审、薪酬分配、学科专业设置、设备采购、建设项目审批等方面，要给科研院所和高校以必要的自主权，让他们自主独立决策、科学有效管理，尽量少干预或不干预。对科研院所和高校能够接得住、管得好的事项，能下放的都要下放。科研院所和高校也要向基层院系和研发团队放权，赋予创新领军人才更大的人财物支配权、技术路线决定权。政府部门在放权的同时，要创新和加强监管，重点是管方向、管政策、管引导、管评价等，并提供优质高效服务。

大家反映比较多的还有科研投入中的重物轻人、科研人员智力价值得不到应有体现等问题。按现行规定，绝大部分科研投入只能用于购置仪器设备和实验材料，用于人力资源的比例很低。我到高校调研，他们告诉我，搞基础数学的研究项目，劳务费占比才30%，而很多发达国家科研项目人员费用占比是70%~80%，基础数学项目能达到80%~90%。要借鉴国际通行做法和国内相关经验，提高间接费用和人员费用比例，赋予承担单位一定的预算调整权。某种程度上讲，提高人员费用比例，就是承认人才和智力劳动的价值。

二要为科研人员松绑助力。现在大家普遍反映，科研项目和经费管理的相关规章制度不合理，条条框框太多，致使办事难、耗时长、成本高。要精简程序、简化手续，把科研人员从烦琐的表格中解放出来，要建立科研财务助理制度，让科研人员少一些羁绊束缚和杂事干扰，多一些时间去自由探索。要探索"互联网+科研服务"模式，让信息"多跑路"，科研人员"少跑腿"、"不添堵"。要制定方便简约、行之有效的规则，管好项目和经费，防止出现科研腐败。要营造鼓励创新、包容失败的制度环境，鼓励科研人员打破定式思维，勇于提出新观点、开辟新途径。

要完善保障和激励创新的分配制度。科研人员应该是社会的中高收入群体。要改革薪酬分配制度，探索年薪制和协议工资制，探索股权、期权、分红等激励措施。要提高科研人员成果转化收益分享比例，让他们凭自己的聪明才智和创新成果合理合法富起来。

这几年我们实施鼓励科研人员创业创新和自由流动的政策，在不影响本职工作的情况下，科研人员可兼职创业、保留待遇离岗创业。要研究兼顾科研人员和科研单位利益的具体实施办法，打开科研人员在事业单位和企业流动的"旋转门"。对有条件、有意愿创业的，我们给支持、给环境；对从事基础研究和社会公益性科技研究的，要给予工作和生活上的保障。

三要打通科技成果转化通道。近年来我们在这方面采取了不少措施。但要解决好科技与经济"两张皮"问题，还有很多工作要做。重点要在解决"最先一公里"和"最后一公里"问题上下功夫。

解决“最先一公里”问题，就是要探索科技成果产权制度改革。根据《中华人民共和国促进科技成果转化法》，我们已经把科技成果使用权、处置权、收益权下放给单位，可通过奖励等办法将部分股权、知识产权等让渡给科研人员。但实际操作中涉及股权变更、工商登记等后续审批程序烦琐，周期很长，甚至走不通。有人说，科技成果“不转化相安无事、一转化处处受限”。对此，有关部门要抓紧研究解决办法。还有一点，就是不能用管理行政人员的办法管理科研人员，不能把对纯行政人员的有关规定简单套用到兼任科研和教学领导职务的专家学者上。解决“最后一公里”问题，就是要完善成果转化的市场体系和服务体系，培育壮大技术交易市场，建立市场化评价定价机制，让科技成果更好与经济对接。

四要营造有利于创新的环境条件。各级政府要高度重视科技创新，满腔热情支持科学家、科研机构和科技事业，持续加大财政科技投入，努力营造促进创新的社会氛围，推动“双创”蓬勃发展。尊重劳动、尊重知识、尊重人才、尊重创造，不能停留在口头上、文件中，不能口惠而实不至，说到就要做到，要面子和里子一起做，真正让有贡献的科技人员名利双收，经济上有实惠、工作上有保障、社会上受尊敬。要改进对科研活动的评价机制，对基础研究、应用研究和产业化要有不同的评价标准；要尊重科研规律，对科技人员不能唯学历、唯职称、唯论文，要以实际能力为衡量标准，突出专业性、创新性、实用性，让科技人员各得其所，安心、专心做好本职工作。建立健全科技创新考核体系，把科技进步贡献率、投入产出率和科技创新能力等指标纳入经济社会发展指标体系之中，引导全社会重视和支持科技事业发展。

五要加强知识产权保护和运用，严厉打击侵权假冒行为。只有知识只有得到有效保护，才能使创造发明不断涌现。保护知识产权与创造知识产权同等重要。近年来，各地区、各部门大力开展打击侵权假冒行动，取得了一定成效。今后，要坚持打防并举、标本兼治，形成保护知识产权的有效体制机制。要大力推进知识产权的运用，使知识产权更多转化为现实生产力，从而更大激发科技人员的创新创造力。

在新形势下推进科技创新，要更好发挥中科院、工程院和中国科协的作用。中科院、工程院作为我国最高学术科研机构，要加快自身改革，率先建成世界高水平科技智库、国际一流科研机构和国家创新人才高地。两院院士是国家的宝贵财富，要积极支持院士们围绕事关经济社会发展的全局性、战略性问题和科技重大问题，开展咨询研究，提出决策建议。老一辈科学家要提携后学，做好传帮带，使我国科技事业青蓝相继、薪火相传。青年科学家要继承和发扬老一辈科学家的优良传统，脚踏实地、发奋努力，尽快成长成才、担当大任。中国科协要团结引导广大科技工作者紧扣国家战略需求，积极投身创新型国家建设。要发挥好科协所属各类学会的平台作用，加强对学术活动的指导、监督与服务，使之成为服务科技工作者、服务创新驱动发展、服务提高科学素质、服务党委和政府决策的重要力量。

满眼生机转化钧，天工人巧日争新。让我们紧密团结在以习近平同志为总书记的党中央周围，努力创造科技事业新的辉煌，为实现“两个一百年”奋斗目标、建设富强民主文明和谐的社会主义现代化国家、实现中华民族伟大复兴的中国梦做出新的更大贡献！

刘延东副总理在全国科技创新大会、两院院士大会第三次全体会议上的讲话

2016 年 5 月 31 日

同志们：

这次全国科技创新大会、两院院士大会、中国科协第九次全国代表大会同期召开，是一次层次高、规模大、范围广的历史性科技盛会，是党中央、国务院在全面建成小康社会决胜阶段召开的一次重要会议，吹响了建设世界科技强国的号角，对实现中华民族伟大复兴的中国梦具有重大而深远的意义。

今年 1 月，《习近平关于科技创新论述摘编》正式出版，集中反映了党的十八大以来习近平总书记关于科技创新的新思想新论断新要求。会前，党中央、国务院发布了《国家创新驱动发展战略纲要》。昨天，习近平总书记发表了重要讲话，围绕为什么要建设世界科技强国、怎样建设世界科技强国进行了深刻阐述。总书记的讲话从战略和全局的高度，分析了我国科技创新所处的历史方位、时代定位和国际地位，阐述了中国特色科技创新道路的丰富内涵、目标任务及总体要求。讲话强调，要夯实科技基础，力争在重要科技领域实现跨越发展，跟上甚至引领世界科技发展新方向，掌握新一轮全球科技竞争的战略主动；要强化战略导向，着力攻破关键核心技术，抢占事关长远和全局的科技战略制高点；要加强科技供给，服务经济社会发展主战场，把论文写在祖国的大地上，把科技成果应用在实现现代化的伟大事业中；要深化改革创新，推动科技创新、制度创新两个轮子一起转，形成充满活力的科技管理和运行机制；要弘扬创新精神，大兴识才爱才敬才用才之风，培育符合创新发展要求的人才队伍。李克强总理指出，创新事关国家前途命运，是实现“双中高”的重要支撑，是推进供给侧结构性改革的重要内容和培育国际竞争新优势的重要依托，强调要发挥科技创新在全面创新中的引领作用，以体制机制改革激发创新活力，塑造更多依靠创新驱动的引领型发展。讲话反映了大家的心声、引起了强烈共鸣。

会上，同志们对习近平总书记的重要讲话进行了深入的学习交流。大家一致认为，在党中央、国务院的正确领导下，我国科技创新发展取得了伟大成就，在主要科技领域和方向上实现了邓小平同志提出的“占有一席之地”的战略目标。大家一致认为，在我国正处于跨越发展的关键时期，召开这次会议非常重要、及时，也非常成功，对引领我国经济发展新常态、掌握未来发展主动权，具有重大意义。大家一致认为，要认真学习贯彻习近平总书记系列重要讲话精神，学习领会李克强总理的讲话要求，以更加昂扬奋发的精神和更加切实有力的举措，落实好创新驱动发展战略部署，加快建设世界科技强国。可以说，会议达到了统一思想、明确方向、振奋精神、凝聚力量的目的。

刚才10位代表结合各自工作实际，交流了经验做法，讲得都很好。下面，结合大家讨论情况，我就贯彻落实好习近平总书记的重要讲话和大会精神，讲几点意见。

一、深刻认识这次大会的里程碑意义，增强创新驱动发展的使命感责任感

党中央、国务院历来高度重视科技创新，每当国家发展的关键时期，都做出重大决策部署。向科学进军、科学的春天、科教兴国、自主创新、创新驱动，代表着新中国科技发展历程中一个个光辉耀眼的里程碑。这次大会吹响了迈向创新型国家、建设世界科技强国的集结号，必将成为我国科技发展史上又一座新的里程碑。

这次大会是深入贯彻落实创新发展理念、全面部署创新驱动发展战略的一次重要会议。党的十八大以来，以习近平同志为总书记的党中央，全面审视国内外发展大势，深入实施创新驱动发展战略，确立创新发展理念，对科技创新的重视程度、推进速度、改革力度前所未有，开辟了我国创新发展的新境界。总书记在这次大会的讲话中，从国家发展全局出发，将我国科技事业发展目标与“两个一百年”奋斗目标相衔接，指出实施创新驱动发展战略是应对发展环境变化、把握发展自主权、提高核心竞争力的必然选择，是加快转变经济发展方式、破解经济发展深层次矛盾和问题的必然选择，是更好引领我国经济发展新常态、保持我国经济持续健康发展的必然选择。李克强总理指出，我们要实现全面建成小康社会目标、进而实现第二个百年奋斗目标，需要更加强大的创新力量来推动。习近平总书记的重要讲话集中体现了我们党对当代经济社会发展和科技创新规律的深刻把握，是今后一个时期我国深入实施创新驱动发展战略的基本遵循和行动指南，必将对全面提升我国综合国力和国际竞争力产生广泛而深远影响。

这次大会是在我国经济发展进入新常态、加快转变发展方式的关键时期召开的一次重要会议。适应、把握、引领经济发展新常态，是当前和今后一个时期我国经济发展的大逻辑。新常态的基本特征是速度变化、结构优化和动力转换，其中动力转换最为关键，决定着速度变化和结构优化的进程和质量。经过几十年的快速发展，我国经济总量跃居世界第二，人均GDP超过8000美元。但同时，产业层次低、发展不平衡、资源环境刚性约束增强、发展动力不足等深层次矛盾愈加凸显。正如总书记所说的，如果我们不识变、不应变、不求变，就可能陷入战略被动，错失发展机遇，甚至错过整整一个时代。因此，如何走好创新驱动发展这条道路，决定着我们能否适应和引领经济发展新常态，能否如期全面建成小康社会。

这次大会是我国科技创新在更高起点上全面布局、开创未来的一次重要会议。习近平总书记的重要讲话，充分肯定了我国科技事业发展的伟大成就，深刻分析了新时期科技创新的紧迫任务。我们要认清形势挑战，前瞻布局、奋起直追，加快推动由科技大国向科技强国转变。

当前，我国科技正处于从量的积累向质的飞跃、点的突破向系统能力提升的重要时期。基础研究国际影响力大幅提升，取得了铁基高温超导、量子反常霍尔效应、量子通信、中微子振荡、干细胞等重大创新成果。战略高技术持续突破，涌现出载人航天、载人深潜、超级计算、对地观测卫星、北斗导航、杂交水稻等重大成就。经济增长中的科技含量显著提高，科技进步贡献率从2010年的50.9%提高到2015年的55.3%。从产业看，以互联网、新能源、智能制造等为核心的高新技术产业增长势头良好，高速铁路、水电装备、特高压输变电、核电等重大技术装备正在成为出口生力军，电子商务和信息消费的多样化个性化成为社会消费的新亮点。从区域看，围绕推进落实“一带一路”、京津冀协同发展和长江经济带发展等重大战略，一批创新驱动起步早、转型快的省市，经济发

展率先出现向好态势；各类改革试验区域着力推进体制机制改革，正在加快形成转型发展新高地；自主创新示范区和高新区大力推进创新创业，已成为高新技术产业的重要策源地。多年来，一代又一代包括科学家在内的广大科技工作者以坚定的理想信念、甘于寂寞的奉献精神和追求真理的勇气，把个人价值融入服务国家和人民的伟大事业之中，薪火相传，锐意进取，用自己的行动证明了中国人民有信心、有能力攀登世界科技高峰！

总的看，我国科技创新能力呈现三个新的变化：一是与国际先进水平比，从21世纪初几乎处于全面跟踪阶段，发展成为领跑、并跑、跟跑“三跑”并存新格局，越来越具备弯道超车的基础和条件。二是我国在全球创新中占据新的位势，从过去顺势应变到主动布局融入全球创新网络。三是科技实力与经济实力越来越同频共振，两者融合日益深入。我国科技创新与巨大的市场规模、完备的产业体系、多样化的消费需求、互联网时代创新效率的提升相结合，形成我国产业发展特有的优势与潜力。

当然，我们也要清醒地看到，与服务经济转型升级、国家未来发展的紧迫需求相比，与世界科技强国相比，我国科技创新水平存在较大差距：原始创新能力薄弱，重大基础研究和前沿领域的突破还比较少；关键核心技术受制于人的局面尚未得到根本改变；科技支撑能力不强，大部分产业仍处于全球价值链中低端；科技资源配置在一定程度上还存在重复、分散、封闭、低效的问题，制约创新驱动的深层次体制机制和思想观念依然存在；改革举措落实“最后一公里”的问题亟待解决，科技成果转移转化通道不畅；高层次领军人才和高技能人才十分缺乏，激励创新的环境氛围有待完善，科学精神尚需进一步弘扬。

综合判断，我国科技创新正处于可以大有作为的重要战略机遇期，也面临着差距进一步拉大的风险。在新的历史起点上，党中央、国务院召开这次大会，是对加快建设创新型国家和世界科技强国进行的一次总动员，是对全面贯彻创新发展理念、实施创新驱动发展战略进行的一次总部署，具有深刻的时代背景和长远的战略意义。我们要从这样的高度，理解大会的意义、领会大会的精神、贯彻大会的部署。

二、深入学习贯彻大会精神，把思想行动统一到党中央、国务院的决策部署和工作要求上来

我们要把学习贯彻大会精神作为当前和今后一个时期的重大政治任务，把思想和行动统一到党中央对全球科技进步大方向和国家发展历史大方位的战略判断上，统一到党中央对创新发展定位和道路的战略选择上，统一到党中央对创新驱动发展目标和任务的战略部署上。要把学习贯彻这次大会精神和贯彻落实党的十八大以来关于创新发展的新思想新论断新要求有机统一起来，把创新作为引领发展的第一动力，作为提高社会生产力和综合国力的战略支撑，作为经济社会发展和维护国家安全最重要的战略力量。坚持把科技创新摆在国家发展全局的核心位置，坚持把建成创新型国家和世界科技强国作为奋斗目标，坚持走中国特色自主创新道路，坚持以深化改革作为根本动力，坚持以全球视野谋划科技创新，坚持把人才资源作为第一资源。重点抓好以下几个方面：

第一，加强战略性科技创新能力建设，为形成引领型发展提供强大支撑。所谓战略性科技创新能力，就是要有一批高水平协同合作的科研平台，要有一批事关全局和面向长远的重大科技项目，要有一批功能强大、开放共享的科研基础设施，构筑基础性、前瞻性、战略性的原始创新能力。这就要求必须立足我国发展阶段和基本国情，采取“非对称”赶超战略，加强前瞻部署和科技攻关，加快

培育一批能够支撑国家重大需求、引领未来产业变革方向、代表国家参与全球合作的战略创新力量,以抢占未来竞争的制高点。一是面向国家更加长远的发展需求布局一批重大科技项目。继续实施好国家科技重大专项,集中攻关核心技术,加快成果应用和产业化。启动实施“科技创新2030—重大项目”,尽快启动航空发动机及燃气轮机重大项目,在量子通信、信息网络、智能制造和机器人、深空深海探测、重点新材料和新能源、脑科学、健康医疗等领域率先突破。二是加强基础研究和前沿技术探索。习近平总书记的重要讲话高度重视基础研究,强调要在独创独有上下功夫。我们要勇于挑战最前沿的科学问题,提出更多原创理论,做出更多原创发现,在能源、生命、环境、材料、粒子物理、宇宙起源和重大工程技术等领域和重大基础交叉前沿取得突破性进展。三是在重要战略领域建设一批体量更大、学科交叉融合、综合集成的国家实验室。要系统布局创新基地,凝聚国际高端人才,加快建设多学科交叉领域的国家重大科技基础设施,形成若干综合性国家科学中心。要以强大的战略性科技创新能力,不断产出新知识、新理论、新技术,为形成具有先发优势的引领型发展提供源源不断的动力源泉。

第二,发挥科技创新在供给侧结构性改革中的关键作用,构筑发展新优势。供给侧结构性改革是“十三五”经济社会发展的主线,科技创新既能减少无效和低端供给,还能扩大有效和中高端供给,在供给侧结构性改革中具有基础、支撑和引领作用。一要加快构建具有国际竞争力的现代产业技术体系。把数字化、网络化、智能化、绿色化作为提升产业竞争力的技术基点,推进各领域新兴技术跨界创新。强化信息网络、智能绿色制造、现代农业、现代能源、生态环保、海洋空间利用、智慧城市、健康医疗、现代服务业等重点领域研发部署,以技术的群体性突破推动产业转型升级。二要加快培育新的经济增长点。促进新技术、新产业、新业态和新模式的融合发展。利用互联网创业,无中生有、有中生新,创造新供给、释放新需求、培育新动能。三要加快用新技术改造提升传统产业。近年来国内有不少传统行业企业采用新技术,实现了脱胎换骨,拓展了传统资源的利用空间。前不久国办发布《促进科技成果转移转化行动方案》,就是要系统梳理国家科技计划形成的重大成果,向社会公开发布推广,以服务实体经济转型升级的紧迫需求。

第三,深化科技体制改革,提高创新效率。制度优势始终是我国成就事业的一大法宝。过去,我们搞“两弹一星”,靠的就是我国社会主义制度能够集中力量办大事的政治优势。但制度优势不是一成不变的,随着形势发展变化,需要用改革的精神、改革的思维、改革的举措,形成社会主义市场经济条件下集中力量办大事的新机制。一要改革创新治理体系。继续按照简政放权、放管结合、优化服务的要求,推动政府从研发管理向创新服务转变,统筹推进科技、经济和政府治理三方面体制机制改革和政策协调。加快建立行政决策和科技咨询相互配合的科技决策机制。二要发挥好市场配置资源的决定性作用。支持企业自主决定技术、产品和业态创新,加快完善科技成果使用、处置、收益管理制度,进一步丰富和完善普惠性创新政策。三要完善科技创新投入机制。要继续加大财政科技投入,突出对基础性、战略性和公益性研究的支持,带动地方和企业加大研发投入,努力实现到2020年全社会研发投入占GDP2.5%的目标。针对会上反映强烈的问题,进一步深化财政科技计划和经费管理改革。要尊重科研规律,给科研院所和高校必要的自主权,给领衔科技专家更大的人财物支配权、技术路线决定权。继续推进计划项目整合,加快解决封闭分散和战略目标聚焦不够的问题,提高投入效率。完善符合科技创新规律的资源配置和管理机制,破除项目管理中影响研发的条条框框,改革经费使用中重设备轻用人的现象,避免套用行政预算和工程财务管理的方法把科研资金管死,尽快让科研项目资金管理改革的各项政策落地见效。加强金融产品和服务创新,引导和聚集各方力量投入科技创新，形成财政资金、金融资本、社会资本多方支持的新格局。

第四，增强各类创新主体的动力和能力，形成协同高效的创新格局。创新主体强不强，决定着创新型国家建设的成效。要加强各主体之间的协同互动，推动分散式创新向系统性创新转变。一是大力增强企业创新能力。要充分发挥企业在技术创新中的主体作用，支持行业领军企业设立高水平研发机构，开展基础性前沿性原创研究，提升企业在世界范围系统配置创新资源的能力，培育能够引领产业变革的创新型企业群体和世界知名品牌。二是增强科研院所和高校的原创和转化能力。要统筹推进世界一流大学和一流学科建设，增强高校的原创能力、成果转化能力和服务经济社会发展的能力。加快建设世界一流水平的科研院所，增强在基础前沿和行业共性关键技术研发中的骨干引领作用。推进高校和科研院所的创新资源向社会开放共享，建立专业化成果转移转化机构，打破围墙促进成果应用。三是推动创新主体优势互补、合作共赢。要推动产学研用之间、区域之间和军民之间的开放协同，整体提升不同主体、不同区域、不同功能创新的分工协作水平。支持大企业强化集成创新和产业应用，引导中小企业围绕单项技术进行原创性开发，向专精特新发展，在产业细分领域培育一批科技含量高、盈利能力强的专业性企业，形成大中小企业在创新链上的合理分工。发挥国防科技创新重要作用，加快建立健全军民融合的创新体系。

第五，着力优化创新生态，激发全社会创新创业活力。良好的创新生态包括政策法律、制度保障、公共服务、基础设施、文化氛围等多个方面，是推进大众创业万众创新的土壤。随着“互联网+”蓬勃发展，我国创新活动门槛迅速降低，协同创新不断深化，日益向个性化、开放化、网络化、集群化、社会化、大众化的方向发展，催生出越来越多的新型科研机构和组织，显著改变着创新生态。近年来我们围绕“双创”出台了一系列政策措施，各部门各地方也积极行动，起到了非常好的效果。要不断改善营商环境，着力降低制度性交易成本，激发市场活力和社会创造力。深入推进“双创”示范基地建设，加快众创空间和实体经济的对接，打造一批服务实体经济的众创空间，为中小微企业的创新创业提供便捷高效服务。对基于“互联网+”和分享经济等的新技术新业态，要积极探索和创新适合其特点的监管方式，看得准的，要量身定制监管模式，看不准的，要加强监测分析。

第六，坚持人才优先发展战略，充分调动科技人才积极性。科技竞争、经济竞争、综合国力竞争，归根到底是人才竞争。总书记多次强调，要聚天下英才而用之。今年3月，中共中央印发了《关于深化人才发展体制机制改革的意见》，明确提出加快构建具有全球竞争力的人才制度体系。必须树立在全球选人用人的观念和胸怀，培养建设一支规模宏大、富有创新精神、具有国际水平的一流创新人才队伍。一要加大培养力度。构建创新型人才培养模式，改革教育教学方法，完善产学研用结合的协同育人机制，促进科教结合，鼓励科研院所和高校联合培养人才。二要实行更加开放的人才政策。吸引外籍高层次人才来华工作，完善出入境和长期居留、税收、保险、住房、子女入学等制度，营造境外人才在华创新创业的良好氛围。三要完善人才评价机制。改革科技人才评价中存在的唯学历、唯职称、唯论文倾向，建立以创新质量、创新贡献、创新效率为导向的分类评价体系。基础研究要突出中长期目标导向，重视国际同行评价；国家重大任务要突出解决关键核心技术难题，突出对服务国家重大战略的贡献；应用开发要注重对产业发展的实际贡献；成果转化和创新创业注重市场和用户评价。四要完善激励机制。我们既要用理想信念来激发科技人才的事业追求，同样要重视必要的物质激励，让科技人员合理合法实现“名利双收”。要加大对基础研究和教学人员的稳定支持力度，为他们潜心研究、安心从教创造良好条件；允许高校和科研院所自行制定成果转化收益分配制度，提高科研人员成果转化收益分享比例，构建有利于激发知识创造和创新创业的收入分配格局。

第七，建设区域创新高地，拓展创新发展新空间。区域创新是创新型国家的重要基石和有力支撑。我国要建成创新型国家，必须有一批创新型区域率先进入创新发展的轨道，通过汇聚高端要素、吸引高端人才、培育高端产业，来打造创新高地，形成经济转型与产业升级的增长点、增长极、增长带。一是加快推进北京、上海建设具有全球影响力的科技创新中心，对外集聚全球顶尖人才及资源，对内发挥引领辐射示范作用。二是以国家自主创新示范区、国家高新区、国家农高区、可持续发展试验区为重要载体，推动形成若干高水平、有特色优势的产业聚集区。三是系统推进全面创新改革试验。提高试验的系统性、整体性、协同性，争取短期内出成果、见成效，形成可复制可推广的重大改革举措。加快推进京津冀协同创新共同体建设，推动长江经济带创新发展，围绕“一带一路”建设，促进创新资源的跨区域流动与高效配置。四是建设创新型省市和区域创新中心，发挥对区域发展的强大带动作用，重视引导量大面广的县域经济走上创新发展之路。

第八，推进国际创新合作，积极融入全球创新网络。当今世界，创新要素跨国流动，创新资源全球配置，创新活动日趋活跃，深化全球创新合作是大势所趋。我们要充分发挥人文交流在促进国际科技创新合作方面的重要作用，打造发展理念相通、要素流动畅通、科技设施联通、创新链条融通、人员交流顺通的创新共同体。一要加强科研联合攻关、人才联合培养。积极参与大型国际科技合作计划，扩大科技计划对外开放，鼓励引导外资研发机构参与承担中国的科技项目。鼓励科研院所、高校加快“走出去”步伐。鼓励我国企业建立海外研发中心，按照国际规则并购、合资、参股国外创新型企业和研发机构，提高海外知识产权运营能力。鼓励外资投资战略性新兴产业、高技术产业、现代服务业，支持外资机构在中国设立技术研发中心。推进海外人才离岸创新创业基地建设，吸引海外人才服务国家创新驱动发展。二要完善创新合作机制。拓展创新对话内涵，加强与创新大国的战略合作，加强同发展中国家的务实合作，在更高水平上加快科技“走出去、引进来”，密切科技人文交流，推动创新合作向纵深发展。三要深度参与全球科技创新治理。积极发展与国际一流研究机构、一流大学及跨国企业的长期战略合作伙伴关系，促进创新信息、技术、资源的共享。更加主动地设置全球性创新议题，支持我国科学家发起以我为主的国际大科学工程，共同应对粮食、能源、环境、卫生等全球性挑战，积极推动　我国科学家在国际组织任职，全面提升我国在国际舞台上的话语权。

第九，加强科学普及和创新文化建设，进一步夯实创新发展的社会基础。创新发展是全民参与、全民推动的宏伟事业，而科学普及是创新文化建设和人才培养的基础工程，应当作为国家长期任务和全社会共同责任切实抓好。一是全面提升公民科学素质。以青少年、农民、城镇劳动者、领导干部和公务员等为重点，大力推进科普进学校、进工厂、进社区、进农村。二是加强科普能力建设。推进科技场馆建设，促进科普信息化，推动科研院所、高校、企业的各类科研基地和设施向社会公众开放。三是营造创新文化氛围。大力弘扬科学精神，加强科研诚信、科研道德、科研伦理建设，营造鼓励探索、宽容失败和尊重人才、尊重创造的氛围，克服急功近利、防止浮躁浮夸，形成人人崇尚创新、人人希望创新、人人皆可创新的社会氛围。

三、加强领导、精心组织，确保大会精神落到实处

党中央、国务院对实施创新驱动发展战略和科技改革发展的重大任务已经做出了全面部署，这次大会又进行了动员要求，关键是狠抓落实。

一要迅速行动，学习传达大会精神。各地区、各部门要以高度的责任感使命感，认真组织广大党员干部学习领会贯彻本次会议精神。要组织好宣讲活动，把党中央精神要求一层一层传达下去，要结合“两学一做”学习教育，把学习习近平总书记系列重要讲话精神与学习传达大会精神结合起来，系统领会创新发展的丰富内涵和核心要义，提升创新发展的主动性自觉性。

二要明确责任，切实加强组织领导。要加强党对科技工作的领导。各地区、各部门和各级领导干部要深刻认识落实好创新驱动发展战略的极端重要性，把工作重心放到创新驱动发展上来。要按照“第一动力”、“第一生产力”和“第一资源”的要求来谋划工作格局、摆布工作内容、确定工作优先序。要加大监督和评估力度，做到事事有着落，件件有人抓，切实把中央的要求落细落小落实。

三要真抓实干，形成强大工作合力。创新驱动发展战略是一项全局性的战略。中央和地方、部门之间要加强工作衔接和协调配合，注重财税、金融、投资、产业、贸易、消费等政策与科技政策的配套。鼓励基层大胆探索、勇于突破，按照中央要求把理念转化为部署，把政策转化为行动，苦干实干推动创新。

四要加强宣传，营造良好环境条件。要把大会精神全面准确宣传好、解读好，及时报道创新驱动发展的新进展、新成效，充分挖掘创新发展的典型事件、典型人物和鲜活经验，让创新驱动发展成为全社会的广泛共识和自觉行动，营造良好创新氛围。

同志们，习近平总书记对两院院士和中国科协给予了很高评价、寄予了殷切希望。全体院士要学习贯彻习近平总书记重要讲话精神，珍惜荣誉、再接再厉，努力创造出无愧于伟大时代的崭新业绩！中国科协要继续发挥好党和政府联系科技工作者的桥梁和纽带作用，不断强化开放型、枢纽型、平台型特色，履行好“四个服务”职责，在全社会大力培育创新意识，努力激发全民族创新创造活力。

创新驱动发展，科技引领未来。让我们紧密团结在以习近平同志为总书记的党中央周围，齐心协力，开拓创新，为建设创新型国家、建设世界科技强国，为实现“两个一百年”奋斗目标、实现中华民族伟大复兴的中国梦做出新的更大贡献！

重要文件

中国工程院关于学习贯彻习近平总书记重要讲话精神的决定

中工发〔2016〕68 号

各位院士：

2016 年 5 月 30 日，全国科技创新大会、中国科学院第十八次院士大会、中国工程院第十三次院士大会、中国科学技术协会第九次全国代表大会隆重召开，习近平总书记再次向全党全国发出了全面实施创新驱动发展战略的号召，吹响了向世界科技强国进军的号角。这次会议是中国现代化进程中的历史性会议，是中国科技事业发展史上的历史性会议，对于我们国家实现现代化、实现中华民族伟大复兴具有重大而深远的战略意义。

中国工程院主席团决定，号召全院立即行动起来，认真组织学习贯彻习近平总书记重要讲话精神，把思想和行动统一到习近平总书记的重要讲话精神上来，深刻认识建设世界科技强国的历史意义，切实增强科技报国的责任感、使命感，为建设世界科技强国勇挑重担、建功立业。

一、充分发挥院士队伍的创新引领作用

习近平总书记要求，两院院士和广大科技工作者要发扬我国科技界追求真理、服务国家、造福人民的优良传统，勇担重任，勇攀高峰，当好建设世界科技强国的排头兵。

为实现我国工业化、现代化而奋斗，是中国工程院的“天命”，也是每个院士的神圣使命，“责任重大，使命重大”。800 多位院士广泛分布于全国各条战线、各个地方。全体院士要在各自岗位上，带领广大科技工作者勤奋工作、锐意创新，努力攀登世界科技高峰，积极推动科技创新工程化产业化，把论文写在祖国大地上，把科技成果应用在实现现代化的伟大事业中，引领创新驱动、转型升级在各条战线落地实施。

二、深入推进国家工程科技思想库建设，打造国家高端智库

习近平总书记指出，中国科学院、中国工程院是我国科技大师荟萃之地，要发挥好国家高端科技智库功能，组织广大院士围绕事关科技创新发展全局和长远问题，为国家科技决策提供准确、前瞻、及时的建议。要发挥好最高学术机构学术引领作用，把握好世界科技发展大势，敏锐抓住科技革命新方向。

建设国家工程科技思想库是我院作为国家工程科技界的最高咨询性学术机构肩负的责任和使命。面对新形势新任务，我们要按照“服务决策、适度超前”的原则，以服务党和政府决策为宗旨，

以工程科技战略咨询为主攻方向，统筹协调科技服务、学术引领、人才培养，坚持高起点推进、高水平建设，着力建设“创新引领、国家倚重、社会信任、国际知名”的高水平科技创新智库，以科学咨询支撑科学决策，以科学决策引领科学发展，为促进工程科技创新、为实现中华民族伟大复兴的中国梦提供强大智力支撑。

三、深刻认识人才队伍建设的极端重要性，加强院士队伍建设

习近平总书记指出，我国要建设世界科技强国，关键是要建设一支规模宏大、结构合理、素质优良的创新人才队伍，激发各类人才创新活力和潜力。他再次强调，两院院士是我国科学技术界、工程技术界的杰出代表，是国家的财富、人民的骄傲、民族的光荣。

我们要深入贯彻大会精神，深化制度改革，营造良好环境，创造必要条件，充分调动和尊重广大院士的创造精神与创新智慧，更好地发挥科技创新领军作用，更好地团结和带领全国广大工程科技人员，更好地为实施创新驱动发展战略、建设世界科技强国建功立业。

我们要进一步加强院士队伍建设，按照“强化责任、履行职责，坚持标准、保证质量，严肃纪律、端正风气”的要求，努力把符合院士标准和条件的工程科技人才尽可能的选进院士队伍，尤其注重选拔提携工程科技一线和优秀中青年人才，保持工程院的朝气和活力，保持院士队伍健康可持续发展。全体院士要大力弘扬创新精神，作提携后学的领路人，善于发现青年人才，大力提携青年人才，为拔尖创新人才脱颖而出铺路引航。

中国工程院

二〇一六年六月十二日

中国工程院关于贯彻落实李克强总理在国务院第 123 次常务会议上重要讲话精神的情况报告

中工发〔2016〕22 号

国务院办公厅：

2 月 14 日上午国务院召开第 123 次常务会议后，当天下午，中国工程院召开院常务会议进行了传达学习。根据国办秘函〔2016〕16 号通知要求，中国工程院党组对李克强总理在国务院第 123 次常务会议上关于当前经济形势和做好有关工作的讲话进行了讨论学习，并研究提出了贯彻落实的具体意见。

一、围绕中心、服务大局，切实把思想和行动统一到中央精神和决策部署上来

李克强总理在国务院常务会议上的讲话，深刻分析了国际国内形势，并就如何做好当前有关工作做出了指示。工程院党组深入学习李克强总理重要讲话精神，自觉维护中央权威，在政治上思想上行动上同以习近平同志为总书记的党中央保持高度一致，认真贯彻落实党中央、国务院重大决策部署。切实把改革完善院士制度、建设中国特色新型智库等中央关于科技工作的决策部署，自觉贯彻到实际的工作中去，充分体现到工作的方方面面，加强院士队伍建设，发挥国家工程科技思想库作用，为推动实施创新驱动发展战略、为加强供给侧结构性改革贡献力量。

二、扎实开展咨询研究工作，为稳增长积极建议献策

中国工程院在 2016 年将继续发挥国家工程科技思想库作用，紧密结合国家重大战略需求和实施创新驱动发展战略，围绕稳促调惠中的重大问题、特别是科技创新在稳增长中的重要作用组织开展战略性、前瞻性、综合性咨询研究，为党和国家决策提供支撑。

2016 年我院共设立了咨询研究项目 90 余项，大多都与稳增长、调结构、惠民生、促改革密切相关，其中组织开展的重大咨询研究主要包括：为制造业转型升级和实施《中国制造 2025》提供支撑的“制造强国战略研究”、“工业强基战略研究”、“创新设计战略研究”；围绕“十三五”发展战略性新兴产业开展的“战略性新兴产业发展重大行动计划研究”；为积极推进“互联网+”行动开展的“互联网+行动计划发展战略研究”；围绕颠覆性技术创新开展的“引发产业变革的重大颠覆性技术预测研究”；为我国粮食安全提供支撑的“国际化绿色化背景下国家区域食物安全可持续发展战略研究”；围绕可持续发展和国家能源安全战略开展的“生态文明建设若干重大战略问题研究”及“推

动能源生产和消费革命战略研究”等。

工程院2016年将按照中央对国家高端智库的要求，组织院士、专家完成好上述项目的研究工作。同时，我院将积极承担并认真完成好中央交办或有关部委委托的咨询研究和重大工程、决策的评估等任务。如最近工程院正在全力组织开展环保部委托的“大气污染防治行动计划”中期评估工作。通过扎扎实实的研究工作，凝聚院士专家智慧和真知灼见，及时向中央报送重要咨询建议，以高质量的咨询研究成果为稳促调惠提供支撑。

三、动员全体院士积极服务科技创新，助推经济转型升级

发挥中国工程院在凝聚我国科技界领军人才方面的优势，号召和动员全体院士坚持科技创新、服务国家、造福人民，在各自岗位上勤奋工作，瞄准世界科技前沿，聚焦国家战略需求，组织创新团队承担国家重大科研项目，在国家重大科技攻关计划、重大科技专项、重大工程建设等科技创新任务中积极发挥作用，并致力科技成果的工程化产业化，助推经济转型升级。

深入开展科技服务。围绕国家、地方、企业的重大需求，按照“突出重点，整合资源，统筹协同”的指导原则，抓重点、讲实效，加强与部委、地方、企业和军队的科技合作，完善科技合作平台。一是面向地方经济社会发展及特色发展中的重大战略问题，开展战略研究与咨询服务，推动地方经济创新驱动、转型升级。二是围绕重点区域、关键行业和重点产业发展中的重大工程科技问题，服务地方、行业、产业的科学发展。三是面向企业技术创新体系建设，组织开展院士行等活动，为企业开展战略咨询和科技服务，为企业绿色转型升级、技术创新体系建设、提升企业核心竞争力、促进产学研合作提供智力支持与科技服务。

四、对当前稳增长、促改革、调结构、惠民生的几点建议

（一）开展“制造业技术改造专项行动”

当前经济能否实现稳增长，主要取决于现有产业和企业能不能修复动力。技术改造是实现技术进步、提高质量和效益的重要途径，是拉动经济增长的有效手段和加快发展先进生产力的重要抓手。当前，加快推动技术改造，增加对实体经济的有效供给，激活存量、优化增量，对于引导制造企业进一步修复发展动力，促进实体经济稳定增长具有十分重要的意义。为此，建议：

（1）强化企业技术改造的主体地位。采取有力措施激励和支持企业按照需求采用新技术、新工艺、新设备、新材料对现有设施、工艺条件及生产服务等进行改造提升，淘汰落后产能；

（2）发挥政府对转型升级和拉动有效投资的作用，创新资金使用方式，提高资金使用效益；

（3）积极推进金融创新，引导社会资金参与技术改造。通过融资租赁、贷款贴息、风险补偿等多种方式，降低技术改造的投融资风险，拓宽企业融资渠道，鼓励金融机构资本投入实体经济，有效增强对技术改造的资金供给。

（二）采取有效措施，进一步调整完善有关政策，大力推进科技创新成果的应用和产业化

（1）要加强科技创新成果，特别是先进实用技术的推广应用。对于国家重大科技计划成果，如国家科技重大专项成果，科技管理部门应定期向市场推荐重大科技成果，通过完善多部门协同协作机制，在产业、贸易、投融资和税收等方面采取支持性政策，鼓励和引导多元化社会资本投入，大力推进成果的应用与产业化。

（2）我国国防军工单位有不少高水平技术和创新成果具有广泛的市场开发前景，如果及时转

化和应用到民用领域，将对经济增长产生积极的推动作用。但由于受保密、生产许可、出口管制等诸多限制被束之高阁，建议国家进一步加大军民融合、寓军于民工作的力度，引进社会资本投资相关产品的技术开发和成果转化，推动一批军民两用技术的产业化进程，同时积极支持相关产品的出口创汇工作。

（三）落实"一带一路"战略，推进我国炼油化工、冶金、建材等技术与装备"走出去"

随着我国经济发展进入"新常态"，国内一些传统产业需求增速放缓。借助"一带一路"战略，向沿线国家出口炼油化工、冶金、建材等技术与装备，有利于化解国内产能过剩带来的矛盾，有利于提升我国相关产业的整体国际竞争力。

比如：我国炼油化工技术与装备"走出去"不仅有实力，有优势，而且有市场，有基础。我国大部分石化产品产能位居世界前列，部分石化技术水平达到世界先进和领先水平，石化装备制造企业已具有为大型炼油化工装置配套制造重大装备的能力。未来5年，中东、俄罗斯、中亚等"一带一路"沿线油气资源国家，为降低本国经济对油气资源的过度依赖，正在加快产业结构调整，推进石化产业发展，规划建设了一批大型炼油和化工项目，且近十几年来，我国石化企业一直在加大"走出去"步伐，与上述"一带一路"沿线国家建立了良好的合作基础。

为此，建议国家借助"一带一路"战略实施，加大炼油化工技术与装备向外推介力度。在国家领导人重大外交活动中，像推介高铁、核电一样，将我国炼油化工技术与装备作为中国"走出去"的名片，向沿线国家进行推介，推动炼化工技术与装备出口。此外，金融等部门加大对炼油化工技术与装备"走出去"的财税政策支持力度，增强企业"走出去"的积极性。

以上情况，专此报告。

中国工程院

二〇一六年二月二十六日

中国工程院关于报送2016年工作总结及2017年工作要点的报告

中工发〔2017〕2号

周　济

国务院：

按照《国务院办公厅关于请报送2016年工作总结和2017年工作要点的通知》(国办发电〔2016〕8号)要求，我院对2016年工作完成情况进行了认真总结，制定了2017年工作要点，现呈报，请审阅。

附件：1. 中国工程院2016年工作总结
　　　2. 中国工程院2017年工作要点

中国工程院
二〇一七年一月十日

附件1：

中国工程院2016年工作总结

2016年是全面实施“十三五”规划和全面建成小康社会决胜阶段的开局之年，也是推进结构性改革的攻坚之年。一年来，中国工程院在党中央、国务院的正确领导下，认真学习贯彻党的十八大和十八届三中、四中、五中、六中全会精神，大力实施创新驱动发展战略，贯彻落实中央建设国家高端智库的决策部署，扎实推进国家工程科技思想库建设，认真落实中央关于改进完善院士制度的部署，切实加强院士队伍建设，深入开展“两学一做”学习教育、积极接受中央巡视组专项巡视，切实加强党的领导，加强党的建设，落实全面从严治党，各项工作取得显著成效，圆满完成了党中央、国务院赋予的任务。

一、深入学习习近平总书记系列重要讲话精神，切实加强党的领导、党的建设和全面从严治党

（一）深入学习贯彻习近平总书记系列重要讲话精神

工程院坚持把深入学习贯彻习近平总书记系列重要讲话精神作为一项重大政治任务，全面准确把握讲话的精神实质，把学习贯彻习近平总书记系列重要讲话精神不断引向深入。院党组中心组发挥示范带头作用，着力在武装头脑、坚定理想信念上下功夫，切实用讲话精神统一思想，坚决拥护以习近平同志为核心的党中央，坚决服从党中央的集中统一领导，坚定维护以习近平同志为核心的党中央权威，紧密团结在以习近平同志为核心的党中央周围。先后集中学习了习近平总书记在庆祝中国共产党成立95周年大会上的讲话、在纪念红军长征胜利80周年大会上的讲话等。党的十八届六中全会召开后，我院先后召开主席团会议和党组会议，传达学习会议精神，并就工程院学习贯彻全会精神作出部署。院士们一致表示，党的十八届六中全会明确习近平同志的核心地位，反映了全党全军全国各族人民的共同心愿，是党和国家根本利益所在，是坚持和加强党的领导的根本保证，是坚持和发展中国特色社会主义伟大事业的迫切需要。工程院全体院士和党员干部坚持把学习好、领会好、贯彻好党的十八届六中全会精神和习近平总书记系列重要讲话精神，切实增强“四个意识”尤其是核心意识、看齐意识，作为当前和今后一个时期重要政治任务，摆在首要位置，切实加强党的领导、党的建设、全面从严治党，以优异成绩迎接党的十九大胜利召开。

（二）深入学习贯彻习近平总书记关于创新驱动发展战略的重要讲话精神

党的十八大以来，习近平总书记把创新摆在国家发展全局的核心位置，高度重视科技创新，围绕实施创新驱动发展战略、加快推进以科技创新为核心的全面创新，提出了一系列新思想、新论断、新要求。院党组深入学习习近平总书记关于科技创新系列论述，多次深入研讨，带头撰写学习体会，在《求是》杂志发表了“创新是引领发展的第一动力”的学习文章。2016年5月30日，全国科技创新大会、中国科学院第十八次院士大会和中国工程院第十三次院士大会、中国科学技术协会第九次全国代表大会胜利召开，习近平总书记出席大会并发表重要讲话，向全党全国发出了全面实施创新驱动发展战略的号召，吹响了向世界科技强国进军的号角。这次会议是中国现代化进程中的历史性会议，是中国科技事业发展史上的历史性会议，对于我们国家实现现代化、实现中华民族伟大复兴具有重大而深远的战略意义。

中国工程院第一时间部署学习和贯彻落实习近平总书记重要讲话精神，一是在讲话当天晚上召开学习中央领导同志讲话精神座谈会；二是在大会期间，通过党组会、主席团会、院常务会、各学部常委会、专门委员会等多种形式组织全体院士和院机关开展集中学习；三是院主席团作出了《中国工程院关于学习贯彻习近平总书记重要讲话精神的决定》，院常务会议审议通过了《深入学习贯彻习近平总书记重要讲话精神，进一步加强我院国家高端智库建设的意见》，要求全体院士和院机关全体人员，把思想和行动统一到习近平总书记的重要讲话精神上来，始终牢记和履行中国工程院的历史使命，深入贯彻实施创新驱动发展战略，充分发挥院士队伍的创新引领作用，加强院士队伍建设，加强高端智库建设，为建设世界科技强国勇挑重担、建功立业。全体院士一致认为，习近平总书记重要讲话对于实施创新驱动发展战略具有重大指导意义，我们衷心拥护并认真学习、深刻领会，坚决贯彻落实到今后的工作中去。

（三）扎实开展“两学一做”学习教育，积极做好接受巡视工作

按照中央部署，我院深入开展“两学一做”学习教育，坚持把“两学一做”作为一项重大政治任务，抓到位、见实效，使学习教育实现了全员覆盖、全程参与、全力推进。

按照中央巡视工作的统一部署和要求，积极做好接受巡视工作。以对党和国家事业高度负责的态度，主动配合做好巡视工作，对查找出的各类问题，深刻检查、立行立改、真改实改。

二、加强院士队伍建设，充分发挥院士队伍引领作用

一年来，工程院紧紧依靠广大院士，在加强院士队伍建设方面着重开展了以下工作。

（一）广大院士活跃在各自的工程科技领域，取得了显著成绩、作出了新的贡献

院士们广泛分布在全国各地和各条战线，在各自的工作岗位上，带领广大科技工作者勤奋工作、锐意创新，努力攀登世界科技高峰，为推动我国科技进步、经济社会发展、民生改善和国家安全作出了卓越的贡献。载人航天、探月工程、高速铁路、超级杂交水稻、北斗导航、载人深潜、先进核电、高性能计算机等重要领域跻身世界先进行列。许多院士担任了国家重大科技计划、科技工程、科研项目的技术负责人，为我国在一些关键核心技术领域实现从跟踪到超越的转变并达到国际领先水平发挥了突出的作用。王泽山、李天初、王超、茆智、刘旭、樊代明、陈香美、沈祖尧等院士分别获得 2016 年度国家自然科学奖、国家技术发明奖、国家科学技术进步奖等。

（二）深化和推进改进完善院士制度工作

不断深化和推进改进完善院士制度工作，按照中央改进完善院士制度的要求和国务院《关于改进完善院士制度的方案》部署，认真总结改进完善院士制度工作成果和 2015 年院士增选工作的成功经验，研究提出了进一步深化改进完善院士制度的有关举措。进一步完善院士增选制度、工作规程和推荐渠道，深入开展调查研究，广泛听取院士们、各学部常委会以及有关部门的意见建议，对《中国工程院院士增选工作实施办法》等多个院士增选相关文件进行了修订。在候选人提名方面，允许候选人同时通过院士和学术团体提名，充分发挥两个提名渠道的互补作用。认真做好 2017 年院士增选的筹备和启动工作。

（三）弘扬科学精神，加强科学道德建设

大力弘扬院士科学精神，积极践行社会主义核心价值观。大力宣传院士们的科学精神、道德情操、爱国情怀，宣传院士们不畏艰险、勇攀高峰的探索精神，团结协作、淡泊名利的团队精神，报效祖国、服务社会的奉献精神。重点宣传了郑哲敏、童志鹏、卢世璧、钟南山、马伟明、丁荣军、谭天伟等院士的先进事迹，出版了《吴佑寿传》、《张光斗传》等 17 位院士的传记，开展“院士回母校”活动 10 场，组织了 31 场“青少年走进工程院”科普教育活动，《院士讲科学》入选 2016 年度全国优秀科普作品。倡导院士自律，院党组发出了致全体院士的一封公开信，明确要求院士们自觉遵守纪律，切实维护院士队伍声誉。向新当选院士发出公开信，勉励新院士要恪守科学道德、弘扬科学精神、保持优良学风。与中组部共同举办“新当选院士研修班”。加强制度建设、强化监督处理，切实维护院士队伍的荣誉和尊严。积极与各部委共同行动，推动科技界加强科研诚信建设、优化学术环境、提升全民科学素质等工作，组织院士参加全国科学道德和学风建设宣讲教育系列活动。

（四）发挥院士作用，完善院士服务工作

充分发挥院士大会、主席团会、院常务会、学部常委会和专门委员会层层传导、逐级落实的作用，实行科学民主决策，重大事项及时提交会议研究讨论，广泛听取院士意见，充分凝聚和发挥院士

的集体智慧。发挥资深院士作用,支持两院资深院士工作委员会开展咨询研究,开展了“百年科技强国发展战略研究”,组织资深院士参加学术、科普活动,加强资深院士服务工作。加强院士医疗健康服务,拓展院士就医绿色通道、提高服务水平,院士就医绿色通道医院增至149家;组织医疗保健系列报告会5场,组织在京院士集中体检,为京内外院士联系就医等。

三、推进国家工程科技思想库建设,打造国家高端智库

2016年是工程院被中央列为国家首批高端智库建设试点单位的开局之年,我院认真贯彻落实建设国家高端智库的决策部署,主动承担国家高端智库任务13项,研究制订了《中国工程院高端智库建设和管理实施细则》和《中国工程院国家高端智库专项经费管理细则》,加强顶层谋划,推进组织机构和支撑服务体系建设,不断提高咨询研究质量,有序推进高端智库建设各项工作。

(一)战略咨询成效显著

习近平总书记指出:“中国科学院、中国工程院是我国科技大师荟萃之地,要发挥好国家高端科技智库功能,组织广大院士围绕事关科技创新发展全局和长远问题,为国家科技决策提供准确、前瞻、及时的建议”。工程院充分发挥多学科、跨部门、跨行业的优势,立足工程科技,推动创新驱动发展战略的实施,围绕国家经济社会发展中的全局性问题及区域、产业发展的关键问题,持续开展战略咨询研究。2016年,共启动开展了116项战略咨询研究项目,向党中央、国务院和有关部委报送研究报告29份,报送院士建议46份。共有20份研究报告和院士建议获得中央领导的批示,一批重大咨询成果受到党中央、国务院领导的充分肯定,为中央和有关部门科学决策提供了有力支撑。

针对人工智能发展的新特点,及时启动实施“中国人工智能2.0发展战略研究”重大咨询项目,并于2016年5月20日向党中央、国务院报送了阶段性研究成果,得到习近平总书记的高度重视和重要批示。根据批示精神并受科技部委托,我院又及时研究上报了《中国“人工智能2.0”规划建议研究》,为推动我国人工智能2.0战略实施和产业快速发展提出了指导思想、基本方针、战略目标、重点任务和保障措施等一系列意见和建议。

“生态文明建设若干战略问题研究”重大咨询项目组在前往福建调研的基础上向中央报送了《坚持绿色发展,强化生态文明建设——福建生态文明先行示范经验与建议》,得到习近平总书记的重要批示,为党中央、国务院出台《关于设立统一规范的国家生态文明试验区的意见》及《国家生态文明试验区(福建)实施方案》提供了智力支持。

“南海开发与保护战略咨询研究”重大咨询项目组于2016年5月组织院士专家赴南海进行调研,针对南海发展的新形势,围绕加强南海的保护与开发形成了《南海岛礁建设考察调研报告》和多份院士建议,于2016年7月上报党中央、国务院,希望国家抢抓战略机遇、取得战略主动、科学有序地推动南海的建设与发展,得到习近平总书记的高度重视和重要批示。

一是围绕国家重大战略需求和相关领域重大战略问题开展战略咨询研究。京津冀协同发展专家咨询委员会主动开展工作,完成了大量咨询研究任务,受到中央领导同志高度评价和认可。全面推进“制造强国战略研究(二期)”项目,配合国家部署实施“中国制造2025”以及“十三五”时期制造业发展规划开展深入研究,发布了《中国制造强国发展指数报告》,编制制造业创新中心、智能制造、工业强基、绿色制造及高端装备等五大工程实施指南。深入开展“战略性新兴产业发展重大行动计划研究”、“引发产业变革的重大颠覆性技术预测研究”、“‘互联网+’行动计划的发展战略研究”、“国际化绿色化背景下国家区域食物安全可持续发展战略研究”、“国家空间基础设施支撑‘一带一

路'建设发展战略研究"、"建设航天强国战略的深化研究"等事关全局的重要战略咨询研究项目。

二是围绕国民经济建设中的重大工程科技决策问题，特别是行业发展中的重大工程科技问题，开展战略咨询研究。开展"工业强基战略研究"、"推动能源生产和消费革命战略研究"等项目二期研究，对有关问题进行持续跟踪和深化研究。启动"我国医药卫生人才培养战略研究"、"碳约束条件下我国能源结构优化研究"、"农业资源环境若干重大战略问题研究"等重大咨询项目。继续深入进行"我国腐蚀状况及控制战略研究"、"我国城市洪涝灾害防治策略与措施研究"、"我国水安全战略和相关重大政策研究"等项目，为国家和有关部门制定相关政策规划提供决策参考和支持。

三是认真做好党中央、国务院交办及部委委托的任务。接受中央财经领导小组办公室、国务院办公厅、国家发改委、科技部、中央网信办等部门委托的咨询课题 9 项。其中"民口科技重大专项标志性成果咨询评议"对"国家中长期科技规划纲要"确定的 10 个科技重大专项标志性成果进行了评价，提出了进一步实施好专项的重要政策建议；"中国特色国家实验室建设研究"为中央根据国家重大战略需求建设若干国家实验室的决策提供了重要建议。受环保部委托，组织开展了《大气污染防治行动计划》实施情况中期评估工作，如期向国务院报送了评估报告并召开了新闻通气会，对我国大气污染治理成效进行了客观评价并提出了进一步加强相关工作的对策建议，受到社会各界高度关注。

（二）学术引领蓬勃发展

为认真贯彻落实习近平总书记关于"发挥好最高学术机构学术引领作用，把握好世界科技发展大势，敏锐抓住科技革命新方向"的指示，我院进一步加大了学术引领工作力度。

一是把握工程科技发展趋势，超前谋划部署。创新研究方法，完善组织实施，深入开展"中国工程科技中长期发展战略研究"，持续研究未来 20 年工程科技发展的战略问题，引领中国工程科技发展方向；启动了颠覆性技术研究项目，分析研究可能引发产业变革的重大颠覆性技术。

二是加强学术引领，按照"四聚五合"的要求，认真组织好"1-2-7"学术活动。针对全球性重大发展领域与挑战，汇集全球工程领域的顶尖科学家，组织高端国际学术研讨与论坛活动。与国际医学科学院组织共同举办了国际医学科学院组织全体成员大会，刘延东副总理出席会议并作主旨报告。与上海市人民政府牵头，联合国家发改委、工信部、联合国工业发展组织等部门共同主办了"创新与新兴产业发展国际会议"。会同有关国家工程院共同举办了 2016 城市可持续建设国际会议、中英校企协同创新研讨会、中法代谢类疾病研讨会、中德个体化医学论坛、中澳食品安全与技术进步研讨会、中韩产业创新论坛等。参与主办第十一届中美工程技术研讨会——创新与智能制造论坛、2016 智能制造国际会议等。全年共举办学术活动上百场，参与院士上千人次，参与的专家学者超过 2.5 万人次，发挥了聚焦学术主题、聚合学术思想、聚集学术队伍、聚变学术成果的作用。

三是加强学术出版工作，构建"1+9+1"的院刊体系，打造高水平学术期刊平台。推动中英文出版工作，积极加强宣传、扩大影响，院刊主刊《Engineering》及 6 本分刊列入中国科协牵头实施的激励计划；医药分刊被 SCI 收录，土木分刊被 EI 及"中国科技核心期刊"收录，化工分刊被"中国科技核心期刊"收录，目前 SCI、EI 收录分刊各 4 本，"中国科技核心期刊"收录 3 本。开展"院刊发展战略咨询研究"和"全球工程前沿研究"，将全球工程科技前沿监测分析与《Engineering》系列期刊的发展紧密结合，选取近 20 项前沿热点问题进行深度研讨，努力提升期刊的学术引领性。发挥全院办刊优势，团结国内外权威专家组稿，构建工程科技领域学术高地，提高期刊服务科技创新能力。

（三）科技服务深入开展

一是面向区域和重点产业领域开展战略研究与咨询服务，促进创新驱动发展和产业转型升级。组织开展了“绿色制造发展战略研究”、“上海加快建设具有全球影响力的科技创新中心发展战略研究”、“羌塘高原国家生态文明区建设可持续发展战略研究”和“提高进藏高速公路和铁路桥梁抗震能力的战略研究”等咨询研究项目，整合科技服务资源，提高科技合作质量。重大咨询项目在为国家战略决策服务的同时，也注重为地方提供咨询服务。“制造强国战略”项目组受江苏省、广东省委托，分别开展“苏南制造发展战略研究”、“东莞制造 2025”规划编制和“揭阳制造 2025”研究工作；受工信部委托，组织开展了“中国制造 2025”试点示范城市的评估工作。

二是充分发挥院士的科技智力资源，助力扶贫攻坚。院领导和广大院士专家多次前往中西部贫困地区进行考察调研，组织咨询研究、学术交流等活动，开展了云南生物医药大健康产业发展院士行、“资源开发可持续生态环境可持续”院士新疆行、院士西藏行、三江源国家公园建设科技支撑院士专家咨询会等活动，设立了“秦巴山脉可持续发展战略研究”等一批助力扶贫开发的咨询项目，其中《协同推进秦巴山区生态主体功能区建设和扶贫开发工作建议的报告》得到李克强总理等中央领导的批示。《关于实施“职教扶贫专项行动”，推动脱贫攻坚的建议》得到刘延东和汪洋副总理的批示。在云南设立了“院士专家扶贫工作站和咨询服务站”，促进会泽、澜沧科技支撑服务工作。

三是围绕重点地区、关键行业和重点产业发展中的重大工程科技问题开展科技服务，推动有关产学研合作平台建设。分别与云南、重庆、四川、广东、河南等 5 省市续签合作协议；参与建设“首都院士之家”，服务北京全国科技创新中心建设；分别召开与广东省、上海市、深圳市合作委员会会议，支持院士专家为地方提供工程科技支撑和人才智力支持。开展郑洛新国家自主创新示范区院士行等。组织院士龙江行暨科技型企业创新发展咨询会、“创新驱动助力工程暨院士专家‘一带一路’项目咨询对接活动”等。与中央军委科技委签署了战略合作协议，双方将围绕军民融合科技创新等开展咨询研究。

四是为企业技术创新体系建设、提升企业核心竞争力、促进产学研合作提供智力支持与科技服务，支持院士专家工作站工作。在企业中深入开展战略咨询，组织榆林金鸡滩煤矿院士行、成都核动力技术创新院士行、低碳奥运院士行等，帮助企业提升工程化产业化能力。与中国恒天集团、浪潮集团、中国建筑、国家电网公司等企业签署了战略合作协议，强化企业技术创新主体地位。积极支持院士工作站的规范建设，与中国科协共同举办了全国院士专家工作站建设经验交流会。2016 年在海南和西藏建立了全省和全区首家院士工作站，实现了院士专家工作站在大陆地区省级行政单位的全覆盖。

（四）人才培养有序推进

一是联合国教科文组织（UNESCO）国际工程教育中心（ICEE）工作有序推进，推动国内外工程教育交流与合作。与 UNESCO 联合举行了 ICEE 签约及揭牌仪式，博科娃总干事出席并致辞，组织了发展中国家工程教育和工程管理高级研修班、第六届国际工程教育学术工作坊、“一带一路”沿线国家工程教育与项目管理研修班等国际培训。联合有关单位举办了 2016 年“面向先进制造的高等工程教育变革”国际会议暨第十一届科教发展战略研讨会、中国高等工程教育峰会、工程科技人才培养研讨会等工程教育交流活动。

二是积极推动工程科技人才队伍培养。积极推动工程教育国际互认工作，中国成为国际本科工程学位互认协议《华盛顿协议》的正式会员，为促进我国工程教育全球化发挥了重要作用。持续推动高校与研究院所联合培养博士研究生的试点工作,试点工作开展6年来已经累计招收博士生2693名。联合教育部持续开展“工程科技人才培养”战略研究,为我国教育改革和发展建言献策。

三是组织开展第11届光华工程科技奖提名和评奖工作,表彰工程科技杰出人才。呼吸病学专家钟南山院士获得成就奖,评选出16名工程奖,17名青年奖。

四、支撑服务体系建设稳步推进

(一)加强战略咨询支撑服务能力建设,完善战略咨询组织方式和运行模式

强化战略咨询项目规范化制度化管理,创新战略咨询高端人才激励机制,加强顶层设计,科学制定战略咨询研究项目指南。加强对咨询项目的过程管理和结题工作,充分利用咨询项目管理信息系统跟踪项目研究进展和经费使用情况,完善经费管理制度,积极推进咨询项目结题工作,健全管理机制。加强战略咨询中心建设,经中央编办批准,中国工程院咨询服务中心正式更名为中国工程院战略咨询中心,拓展咨询中心职责,加强组织建设、咨询服务、经费专管、研究能力和博士后科研工作站建设。加强战略研究联盟建设,与中国工程物理研究院共同成立了中国工程科技创新战略研究院,与兰州大学共同成立了中国草业发展战略研究中心。组织成立了中国工程院战略研究联盟理事会,负责统筹协调我院战略研究联盟建设和发展中的重大事项,加强各联盟机构之间在开展重大战略咨询任务方面的协同合作。

(二)推进中国工程科技知识中心和UNESCO国际工程科技知识中心建设

知识中心数据资源持续增加,资源一级学科覆盖率为75%,二级学科覆盖率为69%,数据总量超过44亿条、72 TB;专业分中心建设稳步推进,目前分中心总数达到27个,其中已经上线运行的专业分平台达到17个。积极推动“双创”支撑平台1.0建设,探索双创平台知识服务新模式和地方试点的落地方案,成立了工程科技大数据技术创新战略联盟。国际知识中心建设成果显著,成功启动4个国际分中心,深入研究平台顶层设计方案,打造国际知识中心平台“1.0正式版”并实现上线。承办首次UNESCO科学中心主任工作会议,来自30多个国家的UNESCO科学中心主任及UNESCO助理总干事等160多位代表参加了会议,增强了我国在UNESCO体系中的话语权。举办“知识服务与智能城市”国际高端研讨会和“大数据技术应用与知识服务”等多期国际培训班。

(三)深化国际交流合作,持续提升国际影响力

代表我国工程科技界参加相应国际组织学术活动,参加第22届联合国气候变化大会,参加CAETS 2016年年会。深化与国外工程科技机构的交流协作,与英国工程院联合举办“创新领军人才联合培养项目”首期研修班,与德国、法国、澳大利亚、白俄罗斯、哈萨克斯坦等国的工程科技机构签署了合作协议。围绕我院开展的“我国能源技术革命的技术方向和体系战略研究”、“网络空间安全战略”及“丝绸之路经济带信息化建设”等重大战略咨询研究项目组织院士专家赴欧洲、美洲等地进行调研,借鉴外国先进经验并向国际工程科技界宣传我院研究成果。积极发挥外籍院士作用,对外籍院士工作进行调研,提出改进措施。

2016年,工程院的工作取得了可喜的成绩和进步,但还存在着一些问题和不足,面临着不少困难和挑战。建设一支忠诚于党和人民的事业、高水平、高质量,在科技界和社会上享有崇高威望的院士队伍还需要持续加强。在院士增选等工作中,还需要进一步突出学术导向,深化和推进改进完善院士制度工作,以更好发挥广大院士作用,更好发现和培养拔尖人才,更好维护院士群体的荣誉和尊严,更好激励科技工作者特别是青年才俊的积极性和创造性。距离建成“创新引领、国家倚

重、社会信任、国际知名”的高端科技智库还存在较大差距，需要坚持高起点推进、高水平建设，进一步建立高水平和稳定的咨询研究队伍，为国家决策提供战略咨询需要制度化和规范化，咨询研究报告质量仍需提升，国际合作交流有待深化。这些问题需要在今后的工作中努力加以改进和落实。

附件 2：

中国工程院 2017 年工作要点

2017 年，中国工程院深入学习习近平总书记系列重要讲话精神，紧密团结在以习近平同志为核心的党中央周围，不折不扣地贯彻落实中央决策部署，坚定不移地服从服务好中央工作大局，高度自觉地坚持党对工程院的领导，坚持党对院士队伍的领导，坚持党对工程科技事业的领导，大力实施创新驱动发展战略，按照“创新驱动、提高质量、服务发展”的工作方针，全面实施《中国工程院 2014—2018 年工作纲要》，认真做好 2017 年院士增选工作，扎实推进国家高端科技智库建设，求真务实、真抓实干，以饱满的政治热情和优异的成绩迎接党的第十九次全国代表大会胜利召开，为建设世界科技强国勇挑重担、建功立业。

一、全面加强党的领导、党的建设，全面从严治党

1）做好迎接学习贯彻党的十九大工作。深入学习贯彻党的十八届六中全会精神，进一步增强“四个意识”，围绕迎接学习贯彻党的十九大，自觉在思想上政治上行动上同以习近平同志为核心的党中央保持高度一致，切实把思想和行动统一到党的十九大精神上来，把智慧和力量凝聚到十九大确定的各项任务上来，坚持党的领导、加强党的建设、落实全面从严治党。

2）抓好巡视整改。把巡视整改作为加强和改进党建工作的重要切入点，充分运用巡视成果，认真落实整改要求，精心研究制定巡视整改工作方案，细化责任落实，加强督促检查，切实推动各项重点工作和整改工作到位，确保反馈的问题事事有回音，件件有落实。

二、加强院士队伍建设，发挥院士队伍的引领作用

3）做好院士增选工作。认真落实中央关于改进完善院士制度的要求，抓好《中国工程院章程》、《中国工程院院士增选工作办法》及相关文件的实施。在修订完成《中国工程院院士增选投诉信处理办法》的基础上，规范做好候选人投诉信接收、登记、流转、处理和归档等各个环节的工作。按照分类调查的原则，做好投诉调查工作，确保院士增选结果的公平公正。按照“强化责任、履行职责，坚持标准、保证质量，严肃纪律、端正风气”的原则，严格掌握院士的标准和条件，严肃增选工作纪律，主动接受社会监督，加大对增选中违纪违规行为的处理力度，严把入口关，完成好 2017 年院士增选任务。

4）切实发挥院士的引领作用。加强科学决策、民主决策，广泛听取院士意见，发挥院主席团、

院党组、院常务会的领导和组织实施作用；加强学部和专门委员会建设，动员和组织院士积极参与智库建设和院士队伍建设；切实维护和加强党对院士队伍的坚强领导，号召全体院士在勇攀科技高峰、践行社会主义核心价值观、发现培养拔尖创新人才等方面发挥引领作用。

5）加强院士科学道德建设。坚持以社会主义核心价值观为导向，进一步加强院士宣传工作，大力弘扬院士科学精神；做好院士传记和文集的编辑出版，组织院士参与科学道德宣讲活动；完善对院士科学道德问题的调查处理机制，加大对违背科学道德行为的监督和处理力度，推进科学道德建设相关规定的落实；加强院士自律。

6）推进院士服务工作。建设院士之家，进一步健全各地院士服务中心工作机制，强化为院士服务的平台建设；加强院士医疗服务工作，督促落实院士医疗待遇，强化与相关医院的合作，组织好院士集中体检和健康咨询工作；办好“医疗保健系列报告会”；支持两院资深院士工作委员会工作。

三、加强国家高端科技智库建设，发挥智库重要作用

7）提升战略咨询质量。探索与创新高端智库的运行管理模式，充分发挥国家高端科技智库的学术引领作用，破解发展难题，研判和把握世界科技发展大势，为党和国家的重大战略决策建言献策。围绕十九大召开和贯彻十九大精神开展决策咨询，为国家科技决策提供准确、前瞻、及时的建议；对中央领导同志关注、批示的咨询课题深入开展持续再研究；积极主动围绕宏观、前沿、重大民生决策开展战略咨询研究，面向国家经济社会发展的需要，做好重大咨询研究项目，完善咨询研究项目管理、经费管理制度建设；强化院士为核心、专家为骨干的研究队伍建设；稳定提升咨询项目过程管理和研究质量。

8）发挥学术引领作用。加强“中长期工程科技发展战略研究”，引领工程科技学术方向；认真落实“2-2-7”学术活动，办好国际高端论坛、中国工程科技论坛、学部级学术会议等学术论坛；办好《Engineering》及各学部专业刊《Frontiers》等“1+9+1”系列期刊，建设数字期刊网络在线发布平台，提高各类学术出版物的质量；做好科普工作。

9）深化科技服务。抓重点、讲实效，稳步推进已签署合作协议的执行，面向地方经济社会发展及特色发展中的重大工程科技问题与需求，推动地方经济创新驱动、转型升级；面向关键行业产业发展中的重大工程科技问题，服务行业产业的科学发展；面向企业技术创新体系建设，为企业由大到强服务；加强科技服务平台建设，规范院士工作站、院士服务联络机构、院士基地等建设。

10）推进工程科技人才培养工作。推进 UNESCO 国际工程教育中心工作；会同教育部共同做好“工程科技人才培养”咨询研究；推动高校与工程研究院所联合培养博士研究生试点工作持续改进与完善；推动校企协同育人，推进工程师继续教育；组织好“青少年走进工程院”系列活动；做好光华工程科技奖励基金会工作。

11）加强科技支撑，助力脱贫攻坚。充分发挥院士群体的智力资源优势，充分调动院士的积极性，广泛深入开展脱贫帮扶活动，加强与我院对口扶贫的云南省会泽县、澜沧县的合作交流，全力打赢脱贫攻坚战。

四、加强支撑服务体系建设

12）加强国际交流与合作。办好“2017 全球重大挑战论坛”；深化与国际工程科学院理事会及其成员的交流协作，办好中美、中英、中德、中法、中日韩等学术交流活动；加强与联合国教科文组织等国

际工程科技组织及周边国家的交流合作;进一步发挥外籍院士作用,为国家工程科技智库建设服务。

13）加强战略咨询支撑服务体系建设。改革完善体制机制和运行模式,加强战略咨询中心建设,做好博士后工作站工作,优化咨询服务队伍结构,强化咨询服务与研究支撑能力,提升咨询服务质量;加强战略研究联盟建设;加快信息化建设,完成咨询项目信息化管理平台建设。

14）加强工程科技知识中心建设。进一步发挥总平台引领作用,扩大工程科技专业领域覆盖范围,加快数据资源建设,打造知识服务品牌产品,主动服务高端智库建设;加强国际工程科技知识中心建设,进一步提升国际知识中心的全球影响力,开展国际交流与合作,加快推进专业分平台正式上线运行,认真做好境外培训工作。

15）加强机关建设。巩固和深化“两学一做”学习教育的成果,加强机关党的思想建设、组织建设、作风建设和党风廉政建设;发挥党支部的战斗堡垒和党员的先锋模范作用,推进学习型、服务型、和谐型机关建设;加强机关干部的选拔、任用和培养;支持工青妇等组织开展活动,提高机关的凝聚力和战斗力。

中共中国工程院党组致全体院士的一封公开信

各位院士：

党的十八大以来，以习近平同志为核心的党中央身体力行、率先垂范，坚定推进全面从严治党，集中整饬党风，严厉惩治腐败，党风和社会风气发生了可喜的变化，赢得了全党和全国人民的衷心拥护。

院士队伍建设是中国工程院的主要任务之一。建院以来，在历届院党组和主席团的重视和领导下，在全体院士的共同努力下，我院已经建设了一支忠诚于党和国家的科技事业、品德高尚、学风优良、成就突出的院士队伍，为国家工程科技事业的发展和经济社会的进步做出了巨大贡献。党中央高度评价院士群体是“国家的财富、人民的骄傲、民族的光荣”。

院士增选是院士队伍建设的基础性工作，一直受到社会各界特别是科技界的广泛关注。近年来，一直有关心工程院发展的各方面人士反映，有的部门和单位“包装”院士候选人；有的候选人所在单位通过各种方式与院士“联络感情”；有的候选人想方设法“慰问”和“看望”院士，这些现象均有“助选”和“拉票”之嫌，也在广大科技人员和群众中造成了很不好的影响。2015 年增选后，也有院士、人大和政协提案以及群众来信，提出院士们应加强自律，坚决抵制增选中的不当行为，不给个别候选人“助选”和“拉票”的机会，更不要被“糖衣炮弹”所击中。

在 2017 年院士增选工作启动之际，院党组要求全体院士，以更高的站位，更强的责任感，更鲜明的态度，从全面从严治党的高度严肃执行院士候选人提名、评审和选举工作中的纪律规定，努力营造一个风清气正的院士增选环境。

为此，院党组重申：

全体院士要认真学习、全面领会中国工程院有关院士增选的规定，不断加强在院士增选过程中的行为自律，以高度的责任感和使命感，做好 2017 年的院士增选工作。

全体院士要旗帜鲜明地抵制院士增选中的一切不当和违规行为，谢绝候选人及其所在单位带有助选拉票嫌疑的各种拜访、汇报等行为，不参加候选人及其所在单位带有助选拉票嫌疑的一切会议、论坛等活动，不接受候选人及其所在单位赠送的任何礼品和礼金等。

全体院士有责任向候选人说明和解释我院相关规定，发现有不当行为的，要及时提醒、规劝和教育。对不听规劝和发生违纪违规行为的候选人，要及时向工程院增选工作办公室报告。

全体院士有义务配合和参与对有关不当和违纪违规行为的调查与处理，对于不当和违纪违规行为，一经查实，将按照《中国工程院院士增选违纪违规行为处理办法》进行严肃处理。

希望大家共同守护院士称号的荣誉性，共同把好院士“入口关”，共同做全面从严治党、弘扬社会主义核心价值观的坚定拥护者和积极践行者。

中共中国工程院党组

二〇一六年十二月二十九日

会议纪要

【主席团会议纪要】

主席团会议纪要(十一)

2016年4月12日,中国工程院第六届主席团第11次会议在北京召开。会议议题有:审议中国工程院第十三次院士大会初步日程安排;听取高端智库建设试点工作的汇报;讨论主席团工作报告。

周济院长首先宣读了中共中央关于提名田红旗同志为中国工程院副院长候选人的通知,介绍了田红旗同志工作情况,表示院党组和主席团坚决拥护中央的决定,将按规定提请第十三次院士大会选举。

一、审议中国工程院第十三次院士大会初步日程安排

刘旭同志汇报了中国工程院第十三次院士大会初步日程安排。据汇报,主要日程有:请习近平总书记作重要讲话;请李克强总理作重要报告;学部会议;颁发光华奖;请刘延东副总理作总结讲话;颁发新院士牌;主席团工作报告;补选副院长;全院学术报告会;各学部活动等。

主席团会议原则同意第十三次院士大会初步日程安排。会议强调外籍院士是工程院院士队伍的重要组成部分,做好外籍院士工作对推进国际工程科技交流合作具有重要意义。会议要求各学部充分利用会议时间、做好安排,采取多种方式加强与外籍院士的联系和交流,建立起更加深入和密切的合作关系,国际局做好配合协调工作。

二、听取高端智库建设试点工作的汇报

赵宪庚同志汇报了高端智库建设试点工作的情况,主要内容有三部分:一是新时期中央关于智库建设的重要指示精神;二是我院建设国家高端智库的总体考虑,包括基本思路、建设目标、任务体系、组织体系及运行机制、主要措施、组织领导与制度建设等;三是我院近期开展的工作,包括承担高端智库研究课题、制定《中国工程院国家高端智库建设和管理实施细则》和《国家高端智库专项经费管理细则》、进一步加强中国工程院战略咨询中心建设、稳步建设战略研究联盟、将《中国工程科学》进行改版、开展“中国工程院建设国家高端智库实施方案研究”、编印“中国工程院国家高端智库建设工作简报”、做好我院咨询项目管理有关工作等。

主席团成员充分肯定了我院高端智库建设试点工作,并提出以下意见和建议:开展战略咨询应更加重视科学性、客观性和前瞻性,对当前和未来的重大经济社会问题主动进行超前研究,提出多种方案建议及相关风险与对策,为高层领导提供多方面选择和决策参考;将咨询研究与涉及地方发展的重大国家战略统筹考虑,与经济、产业发达的有关省份合作建立战略研究联盟;出现社会普遍

关注的工程科技领域重大热点问题时,工程院应及时回应和发声;将院士在不同场合、为不同部门、不同地方所做的咨询工作纳入到我院高端智库建设工作中;重视工程院战略咨询研究中心的队伍建设,吸收和培养高素质、高质量战略咨询人才;进一步充分发挥退休和资深院士的作用。

三、论主席团工作报告

周济同志汇报了第十三次院士大会上主席团工作报告的内容,分为三部分:一是为实施创新驱动发展战略勇挑重担,建功立业,包括认真学习和贯彻落实习近平总书记的重要讲话精神、充分发挥院士队伍创新领军作用、为建设工程科技人才队伍做出更大贡献;二是深入推进国家工程科技思想库建设,打造国家高端智库,包括国家工程科技思想库的历史使命、建设目标、基本思路和任务体系、组织体系与支撑服务体系;三是加强院士队伍建设,充分发挥院士领军作用,包括加强院士队伍建设、加强科学道德建设、加强院士服务工作。

主席团会议原则同意主席团工作报告的框架和基本内容,并提出以下意见:加强发挥学部在工程科技思想库建设中的作用;强调选拔提携优秀中青年工程科技人才进入院士队伍,并加强院士队伍自身建设;更加深入做好院士医疗健康服务和资深院士服务工作。会议要求起草组吸收整理意见后对有关文字和表述进行斟酌和修改。

出　　席:
名誉主席:徐匡迪　宋　健
成　　员:丁一汇(代郝吉明)　尹伟伦　尹泽勇　王基铭　田红旗　刘　旭　孙永福　邬贺铨　张伯礼　张彦仲　李伯虎(代卢锡城)　李培根　邱爱慈　陈左宁　陈克复　周　济　周福霖　孟　伟　赵宪庚　唐启升　徐建国(代杨宝峰)　崔俊芝　康绍忠(代邓秀新)　黄其励　谢克昌　樊代明　潘云鹤　薛群基
请　　假:干　勇　马洪琪　巴德年　王礼恒　韦　钰　刘炯天　徐德龙　黄伯云　彭苏萍
列　　席:吴国凯
记　　录:陈姝婷

主席团会议纪要(十二)

2016年5月29日,中国工程院第六届主席团第12次会议在北京召开。会议议题有:审议中国工程院第十三次院士大会日程;听取关于补选副院长的说明;审议《中国工程院副院长补选办法》和大会总监票人、监票人名单;审议主席团工作报告。

一、审议中国工程院第十三次院士大会日程

钟志华同志汇报了第十三次院士大会日程安排。据汇报,第十三次院士大会主要日程有:中央领导同志分别作重要讲话;学习中央领导同志重要讲话精神座谈会;学部会议;中央领导同志作总结讲话;为新当选院士颁发院士证;补选副院长;颁发光华工程科技奖,主席团工作报告;全院学术报告会;主席团会议;各学部常委会会议;各学部活动等。

主席团会议通过第十三次院士大会日程。

二、听取关于补选副院长的说明

中组部副部长邓声明同志对补选副院长的情况做了说明。中央一直十分重视工程院领导班子建设,2015 年 4 月,工程院原副院长、党组副书记王玉普同志交流到中国石化集团公司工作以后,中央领导同志强调选拔政治立场坚定,有组织领导能力,工作有热情,奉献精神强的同志补充到工程院领导班子,进一步加强工程院领导班子力量。根据工程院领导班子建设实际、班子结构等情况,经过通盘考虑、慎重研究,2015 年 8 月,中央批准,任命赵宪庚同志为中国工程院党组成员,提名为工程院副院长候选人,2016 年 2 月,根据中央关于培养选拔党外干部的精神,中央批准,提名田红旗同志为工程院副院长候选人。这次届中增补副院长人选是中央为加强工程院领导班子建设,通盘考虑、慎重研究后提出的,希望能够得到大家的拥护支持和赞同。

主席团成员表示坚决拥护中央关于补选副院长的决定。主席团会议作出决议,按照《中国工程院章程》,将提请 6 月 1 日全体院士会议补选。会议要求大家高度重视此次补选副院长工作,坚决落实中央的要求,并对中组部同志的工作表示感谢。

三、审议《中国工程院副院长补选办法》(以下简称《补选办法》)和大会总监票人、监票人名单

徐德龙同志汇报了《补选办法》和大会总监票人、监票人名单。据汇报,《补选办法》根据《中国工程院章程》和往届院士大会选举办法制订,经主席团审议通过后实施。每个学部推荐了 1 位院士为监票人,共计 9 人,提请主席团会议审议,具体名单如下:张军、王恩东、陈建峰、袁亮、聂建国、杨志峰、吴孔明、丛斌、邵安林。建议推荐能源与矿业工程学部袁亮院士为总监票人。

主席团会议原则通过《补选办法》,提出对个别文字作修改完善;会议一致通过大会总监票人和监票人名单,将提请 6 月 1 日全体院士会议通过。

四、审议主席团工作报告

周济同志汇报了第十三次院士大会上主席团工作报告的内容情况。据汇报,根据上次主席团会议意见,起草组在会后对有关文字表述进行了修改完善,形成审议稿,报告分为三部分:为建设世界科技强国勇挑重担、建功立业;深入推进国家工程科技思想库建设,打造国家高端智库;加强院士队伍建设,充分发挥院士队伍创新引领作用。

主席团会议原则通过主席团工作报告,建议在学习习近平总书记重要讲话精神基础上再作进一步完善,在 6 月 1 日上午的全体院士会议上,将发给全体院士。

出　　席：
名誉主席：徐匡迪
成　　员：干　勇　马洪琪　尹泽勇　王基铭　邓秀新　韦　钰　田红旗　刘　旭　刘炯天
张伯礼　张彦仲　杨宝峰　邱爱慈　陈左宁　陈志杰(代卢锡城)　周　济
周福霖　孟　伟　胡文瑞(代孙永福)　赵宪庚　郝吉明　唐启升　徐德龙
袁士义(代彭苏萍)　崔俊芝　黄伯云　黄其励　谢克昌　樊代明　潘云鹤
薛群基　中组部邓声明等同志
请　　假：尹伟伦　巴德年　邬贺铨　李培根　王礼恒　陈克复
列　　席：钟志华　吴国凯　董庆九　易　建　罗莎莎　梁晓捷　王振海　杨　丽　高中琪
左家和　王元晶　李仁涵　安耀辉　高战军　康金城　宋德雄
记　　录：陈姝婷

主席团会议纪要(十三)

2016年6月2日，中国工程院第六届主席团第13次会议在北京召开。会议议题有：审议《关于学习贯彻习近平总书记重要讲话精神的决定》；审议专门委员会成员调整的建议。

一、审议《关于学习贯彻习近平总书记重要讲话精神的决定》

周济同志汇报了《关于学习贯彻习近平总书记重要讲话精神的决定》(以下简称《决定》)。5月30日，全国科技创新大会、中国科学院第十八次院士大会、中国工程院第十三次院士大会、中国科学技术协会第九次全国代表大会隆重召开，习近平总书记向全党全国发出了全面实施创新驱动发展战略的号召，吹响了向世界科技强国进军的号角，对于我们国家实现现代化、实现中华民族伟大复兴具有重大而深远的战略意义。建议以主席团名义印发《决定》，号召全院立即行动起来，认真组织学习贯彻习近平总书记重要讲话精神，把思想和行动统一到习近平总书记的重要讲话精神上来，深刻认识建设世界科技强国的历史意义，切实增强科技报国的责任感、使命感，为建设世界科技强国勇挑重担、建功立业。

主席团会议原则通过《决定》，对个别文字提出修改意见，要求办公厅修改完善并报院领导审定后印发全体院士。会议指出，要认真组织传达和学习习近平总书记重要讲话精神，深入领会并坚决贯彻落实到工作实际中。

二、审议专门委员会成员调整的建议

徐德龙同志汇报了专门委员会人员调整的建议。据汇报，第十三次院士大会于6月1日举行第四次全体会议，补选赵宪庚、田红旗同志为中国工程院副院长，现正按照有关程序上报中央审批。

根据选举结果,经党组研究,拟对我院有关专门委员会组成人员进行如下调整:田红旗同志任教育委员会主任、学术与出版委员会副主任。周济同志不再担任教育委员会主任,陈左宁同志不再担任学术与出版委员会副主任。提请主席团会议审议。

主席团会议通过专门委员会人员调整的建议。

出　　席:
名誉主席: 徐匡迪　宋　健
成　　员: 马洪琪　尹泽勇　巴德年　王陇德(代孙永福)　王基铭　邓秀新　韦　钰
田红旗　刘　旭　刘炯天　邬贺铨　张伯礼　张彦仲　李兰娟(代杨宝峰)
周　济　周福霖　孟　伟　赵宪庚　郝吉明　徐匡迪　徐德龙　崔俊芝　黄伯云
黄其励　龚惠兴(代卢锡城)　谢克昌　彭苏萍　樊代明　潘云鹤　薛群基
请　　假: 干　勇　尹伟伦　王礼恒　李培根　邱爱慈　陈左宁　陈克复　唐启升
列　　席: 吴国凯　陈　越　董庆九　易　建　罗莎莎　梁晓捷　王振海　杨　丽　高中琪
左家和　王元晶　李仁涵　安耀辉　高战军　康金城　宋德雄
记　　录: 陈姝婷

主席团会议纪要(十四)

2016 年 10 月 31 日,中国工程院第六届主席团第 14 次会议在上海召开。会议议题有:传达学习党的十八届六中全会精神;审议院士增选文件修订和增选工作有关事项;审议《中国工程院工作规则》修订事项;审议秘书长人选变动事项。

一、传达学习党的十八届六中全会精神

周济同志传达学习了党的十八届六中全会和习近平总书记重要讲话精神,并就工程院学习贯彻全会精神做出了部署。据汇报,党的十八届六中全会于 2016 年 10 月 24 日至 27 日在北京举行,全会听取和讨论了习近平总书记受中央政治局委托作的工作报告,审议通过了《关于新形势下党内政治生活的若干准则》和《中国共产党党内监督条例》,审议通过了《关于召开党的第十九次全国代表大会的决议》。习近平总书记就《准则(讨论稿)》和《条例(讨论稿)》向全会做了说明。

主席团会议强调,工程院和全体院士坚决拥护以习近平同志为核心的党中央,坚决服从党中央的集中统一领导,坚定维护以习近平同志为核心的党中央权威,紧密团结在以习近平同志为核心的党中央周围。会议认为,党的十八届六中全会是我们党在推进党的建设新的伟大工程、推进中国特色社会主义伟大事业进程中召开的一次十分重要的会议。全会聚焦全面从严治党,就新形势下加强党的建设做出新的重大部署,具有十分重要的现实意义和深远的历史意义。会议要求,工程院全

体院士和党员干部要把学习好、领会好、贯彻好党的十八届六中全会精神作为当前和今后一个时期重要政治任务，摆在首要位置。学习贯彻党的十八届六中全会精神要紧密结合“两学一做”学习教育，把贯彻落实全面从严治党要求与工程院中心工作紧密结合，进一步加强院士队伍建设和国家高端科技智库建设，为创新驱动发展服务。

二、审议院士增选文件修订和增选工作有关事项

刘旭同志汇报了院士增选相关文件修订建议等事项。据汇报，为做好 2017 年院士增选工作，根据第六届院士增选政策委员会第六、七次会议精神，增选办公室在广泛征求院士们和各学部办公室意见的基础上，对《中国工程院院士增选工作实施办法》等院士增选的相关文件进行了修订。第六届院士增选政策委员会第八次会议研究提出了院士增选相关文件修订建议、2017 年院士增选特别题目小组成员建议名单、2017 年院士增选名额及分配方案建议、改进涉密候选人评审工作的建议等，提请主席团会议审议。

关于院士增选相关文件修订的建议，包括：允许“双渠道”提名、限制每位候选人提名人的数量、取消 70 岁以上候选人被提名次数、明确院士评审投票资格、实行同行评议、增加各学部向主席团推荐的外籍院士候选人数量、固定第二轮评选候选人材料公示时间、完善特别提名小组工作规则、修改有关学部学科专业目录、完善候选人《提名书》、完善领导干部身份认定等内容。

关于 2017 年院士增选名额及分配方案，建议 2017 年增选总名额 75 名，其中机械、信息、化工、能源、土木、农业、医药七个学部各 9 名，环境和工管两个学部各 6 名。建议在《增选通知》中规定中国科协最多可向我院报送每个学部增选名额 3 倍的候选人。

刘旭同志还汇报了医药卫生学部提出 2017 年第一轮采取通信评审的申请情况，医药卫生学部主任杨宝峰院士进行了补充说明。

主席团会议原则通过对《中国工程院院士增选工作实施办法》等院士增选相关文件的修订，强调 2017 年院士增选工作要保持相关规定的延续性和稳定性，能不改的尽量不作变动。会议要求增选工作办公室对关于取消 70 岁以上候选人被提名仅限一次、关于同行评议等规定再研究讨论，对个别表述再斟酌修改，相关文件修改完善后再次向主席团成员书面征求意见，定稿后正式印发。

主席团会议审议通过了 2017 年院士增选名额及分配方案，同意改进涉密候选人评审工作的意见，批准医药卫生学部在 2017 年院士增选第一轮评审时实行通信评审。

三、审议《中国工程院工作规则》修订事项

吴国凯同志汇报了《中国工程院工作规则》的修订背景、修订的主要原则以及主要修改内容等。据汇报，我院现行的《中国工程院工作规则》是 2010 年 9 月修订，2013 年 3 月国务院修订印发了《国务院工作规则》。为适应新形势的需要，按照“废、改、立”的制度建设要求，院常务会议研究决定对《中国工程院工作规则》进行修订。本次修订在新版《国务院工作规则》的指导下，参考了有关部门的工作规则，并结合我院的工作实际，经过多次沟通讨论，并广泛征求院内各部门的意见和建议，于 2016 年 8 月 16 日提交院常务会议讨论通过。本次修订坚持“适应工作要求、结合工作实际，提高工作效率、规范工作流程、保持制度相对稳定”的原则，增加了“实行科学民主决策”、“推进政务公开”、“健全监督制度”、“工作纪律”、“加强廉政和作风建设”、“建立健全督查督办制度”等内容，对“领导职责”、“会议制度”、“公文审批”部分内容进行调整和修改。修订后的《中国工程院

工作规则》共有 11 章 46 条，提请主席团会议审议。

主席团会议原则同意对《中国工程院工作规则》进行必要的修订。同时提出，修订工作要从工程院实际出发，充分考虑工程院作为学术机构的特点，对增加的内容作进一步压缩精炼。会议要求，办公厅要结合会议讨论意见，继续进行修改完善后书面征求主席团意见。

四、审议秘书长人选变动事项

周济同志汇报了秘书长人选变动情况。据汇报，2016 年 8 月中央下发通知，任命钟志华同志担任同济大学校长（副部长级），免去钟志华同志的中国工程院党组成员职务。鉴于以上工作变动情况，建议免去钟志华同志的中国工程院秘书长职务，提请主席团审议。

主席团会议同意免去钟志华同志的中国工程院秘书长职务，要求机关有关部门按照组织程序办理相关手续。

出　　席：
名誉主席：徐匡迪
成　　员：马洪琪　王礼恒　王基铭　韦　钰　尹伟伦　巴德年　卢锡城　田红旗　邬贺铨
刘　旭　孙永福　李立浧　杨宝峰　邱爱慈　张齐生　张伯礼　陈左宁　陈克复
周　济　周福霖　孟　伟　郝吉明　夏咸柱　徐德龙　黄其励　崔俊芝　舒兴田
樊代明　钟志华
请　　假：干　勇　刘炯天　张彦仲　李培根　赵宪庚　唐启升　黄伯云　谢克昌　潘云鹤
列　　席：吴国凯　董庆九　谷　珏　易　建　梁晓捷　左家和　王元晶　高战军　康金城
宋德雄
记　　录：何俊勇

【院长办公会议纪要】

院长办公会议纪要(一)

2016年3月11日,工程院院长办公会在工程院318室召开,会议由周济院长主持,陈左宁副院长、知识中心项目管理办公室宋德雄主任及办公室全体人员参加会议。会议的主要内容是研究确定知识中心2016年工作计划及重点任务。

项目管理办公室宋德雄主任总结了知识中心2015年度工作,提出了42项2016年工作,汇报了8项2016年重点任务。2015年,知识中心建设取得了很好的成绩,系统应用平台1.0版正式上线运行,12个分中心分批上线运行并开展服务,覆盖工程院5个学部;对外服务逐步展开,注册用户达2562人,面向部分院士推出了主动推送和代查代检服务;国际知识中心步入正轨,第一届理事会和顾问委员会正式成立;制度体系逐步完善,已经建立了《中国工程科技知识中心建设管理办法》等多个办法。2016年工作计划覆盖了系统总平台建设、分中心建设、技术研发与应用、资源建设、制度体系建设、支撑环境建设、国际知识中心建设、项目管理八大方面,共计42项工作,工作任务非常繁重。在2016年工作计划的基础上,提炼了今年的八大重点任务,分别是开展顶层设计、建设战略咨询协同平台、完善国际知识中心平台及四个分平台建设、完善管理架构、组建中国工程科技大数据产业技术创新战略联盟、加强与浪潮集团的战略合作、承办首次联合国教科文组织自然科学类二类中心大会、利用多种渠道扩大知识中心的社会影响。

听取了知识中心项目办汇报后,院领导肯定了知识中心项目办的工作成绩,原则同意了2016年的工作安排和部署。会议着重对今年的重点任务进行了讨论。

陈副院长指出,从知识中心建设和使用的角度而言,组建中国工程科技大数据产业技术创新战略联盟非常有必要。要详细梳理组建该联盟的具体工作,明确联盟的工作对象是当前的建设项目还是长期的运营任务,明确联盟成员之间的关系和职责,明确数据的知识产权。陈副院长认为知识中心建设要从两个主要方向发力,一是要解决知识中心上线运行后有哪些共性技术问题,二是要提供个性化、订制化服务。在共性技术研发方面,今年的重点任务中应该体现知识中心在关键技术上的突破,要明确今年重点研发制约知识中心发展的哪些瓶颈技术,做到精准突破。项目办应组织平台组和技术组深入讨论,提出关键技术研发顺序表,明确知识中心能够在哪些技术方面有所突破,如深度搜索、智能分析等等。在个性化、订制化服务方面,一方面是针对院士及其团队的咨询协同平台,另一方面是针对大众创业、万众创新的双创平台,精准地把知识推向院士咨询团队和创业人员。

周院长提出作为组织部门的知识中心项目办要动员各方面力量,包括院机关、浪潮集团公司、知识中心各协建单位,突出今年重点任务,明确定位,落实责任单位。在双创平台方面,充分调动浪潮集团公司的力量，结合创客最需要的知识服务，以制造业、创新设计分中心为试点，为创客提供精准知识服务。在顶层设计方面，要求梳理出知识中心建设中有哪些阻碍发展的瓶颈问题，要求各分中心必须统一规划，要求各数据源必须提供元数据，要求知识中心实现所有元数据的搜索功能。在大数据战略联盟方面，建议将浪潮集团公司、浙江大学加入到联盟中来，要充分发挥联盟的作用和影响力。在国际知识中心建设方面，国际知识中心是联合国教科文组织交给我们的任务，属于工程院的工作，要充分统筹协调院机关力量加入到国际知识中心工作中来，要有高瞻远瞩的眼光；同时，在重点任务中，国际知识中心要更加突出防灾减灾知识服务系统建设任务，要更加突出 CAETS 平台建设任务，要统筹建设学术期刊 *Engineering* 平台。

最后，院领导对下一步工作做了部署。一是根据本次会议精神，重新整理知识中心今年重点任务，向院领导再做一次汇报；二是集中知识中心优势力量，抓住机遇，快速行动起来，组织调研双创平台建设需求，明确建设双创平台的建设思路，快速提出建设方案；三是组织浪潮集团公司、技术组深入讨论，梳理现在知识中心亟待解决的问题，该工作由浪潮集团公司负责落实，项目办协助组织；四是今年要完成咨询协同平台建设，要做好对院士咨询研究的知识服务。

主　持：周　济

出　席：周　济　陈左宁　宋德雄　潘　刚　刘　畅　傅智杰　金　言　曹建飞　陈　岩　刘弘阳　马颖辰

记　录：金　言

【院常务会议纪要】

院常务会议纪要(三十一)

2016年1月5日,周济院长主持召开中国工程院2016年第一次院常务会议。会议议题是:总结2015年12月重点工作,研究确定2016年1月重点工作安排。

总结2015年12月重点工作,研究确定2016年1月重点工作安排

根据2015年12月份全院重点工作安排,各牵头部门分别汇报了完成情况:谷珏同志汇报了"三严三实"专题民主生活会的情况;李仁涵同志汇报了第220场中国工程科技论坛——中国法医学发展战略高峰论坛、第221场中国工程科技论坛——精密测量与先进制造论坛、第二届院刊发展联合研讨会、工业绿色转型试点及企业创新院士行、航空及LED产业发展院士江西行的情况;高中琪同志汇报了科学道德建设委员会第六届四次会议、两院资深院士联谊会理事会换届暨工作委员会第一次会议的情况。

吴国凯同志通报了中央领导同志近期有关批示精神,汇报了"秦巴山脉绿色循环发展战略研究"重大咨询项目中期成果汇报会的情况;李仁涵同志汇报了"我国全民健康与医药卫生事业发展战略研究"咨询项目研讨会的情况。

吴国凯同志汇报了2016年1月重点工作安排:

1. 年终总结与年度考核,由机关党委牵头;
2. 增选政策委员会会议,由增选工作办公室牵头;
3. 中国工程院、上海市人民政府第十二届合作委员会会议,由科技合作办公室牵头;
4. 云南生物医药大健康产业发展院士行,由三局牵头;
5. 海南航天院士行,由一局牵头;
6. "引发产业变革的重大颠覆性技术预测研究"项目启动会,由三局牵头;
7. 看望慰问院士,由办公厅、各部门牵头。

院常务会议原则同意2016年1月的重点工作安排。

主　持:周　济

出　席:樊代明　陈左宁　徐德龙　刘　旭

请　假:赵宪庚　钟志华

列　席:吴国凯　董庆九　谷　珏　易　建　高中琪　王元晶　梁晓捷　李仁涵　安耀辉　高战军　徐　进　张如义

记　录:陈姝婷

院常务会议纪要(三十二)

2016 年 1 月 26 日,周济院长主持召开中国工程院 2016 年第二次院常务会议。会议议题有:总结 1 月重点工作,研究确定 2 月重点工作安排;传达国家高端智库理事会扩大会议精神;关于 2016 年新增咨询研究项目立项情况的汇报;审议博士后工作站管理细则。

一、总结 1 月重点工作,研究确定 2 月重点工作安排

根据 1 月全院重点工作安排,各牵头部门分别汇报了完成情况:谷珏同志汇报了院机关年终总结和年度考核的情况;高中琪同志汇报了第六届院士增选政策委员会第六次会议的情况;李仁涵同志汇报了云南生物医药大健康产业发展院士行的情况;吴国凯同志汇报了院士参观长征五号运载火箭转场合练试验、第 217 场中国工程科技论坛——高端机械装备智能化及在役再制造的情况;李仁涵同志汇报了"引发产业变革的重大颠覆性技术预测研究"项目启动会的情况;董庆九同志汇报了 2016 年春节期间看望慰问院士的情况。

吴国凯同志通报了中央领导同志近期有关批示精神;李仁涵同志汇报了周济院长为云南省领导干部作前沿知识讲座并续签院省合作协议、"'互联网+'行动计划的发展战略研究"项目启动会的情况;董庆九同志汇报了周济院长赴云南开展扶贫工作调研的情况。

钟志华同志汇报了 2016 年 2 月重点工作安排:

1. 第二届科技合作委员会第二次会议,由科技合作办公室牵头;
2. 中国工程院、上海市人民政府第十二届合作委员会会议,由科技合作办公室牵头;
3. 赴南非出席 IAP 全体大会及 IAMP 理事会会议,由国际合作局牵头。

院常务会议原则同意 2 月份的重点工作安排。

二、传达国家高端智库理事会扩大会议精神

陈左宁同志传达了国家高端智库理事会扩大会议的精神。1 月 22 日,刘奇葆同志出席国家高端智库理事会扩大会议,强调高端智库要明确研究方向,坚持走专业化路子,着力在提升研究质量上下功夫,多出优秀成果。要发挥自身优势,在对外交流、公共外交、舆论引导中展现更大作为,深化拓展与国际智库的交流合作,在国际舞台上积极发声、善于发声,增强国际话语权。

院常务会议指出,根据国家高端智库理事会议精神,结合我院工作实际,做好高端智库建设工作。

三、关于 2016 年新增咨询研究项目立项情况的汇报

吴国凯同志汇报了 2016 年新增咨询研究项目立项申请的情况。据汇报,去年年底以来,咨询

工作办公室收到四项咨询研究项目立项申请，分别是：

1. “高危险物质管控与应急体系战略研究”，项目负责人为李立浧、杜祥琬院士。为落实“8·12”天津港瑞海危险化学品仓库火灾爆炸事故后中央领导同志的重要指示精神，项目将通过分析目前我国在高危险物质管控方面存在的问题和原因，提出需要深入研究的科学技术内容以及建立国家高危险物质管控与应急体系的措施建议。项目申请类型为重点项目，申请经费 350 万元（其中 2016 年 173.8 万元，2017 年 176.2 万元），联系部门为能源学部。

2. “健康管理对于慢病防控影响的国际比较研究”，项目负责人为刘德培院士。项目将通过研究慢性病疾病特征、发病特点方面的共同和不同点，分析提出国内外慢性病防控体系的指导思想、体系构成，健康管理的现状，策略方针以及方式方法。项目申请类型为学部项目，申请经费 100 万元，联系部门为医药学部。

3. “中国县域城镇化发展机制研究”，项目负责人为邹德慈院士。此项目为“中国特色新型城镇化发展战略研究”重大咨询项目的后续研究。项目将在前期成果的基础上，研究县域城镇体系与城乡空间格局发展趋势。项目申请类型为学部项目，申请经费 100 万元，联系部门为土木学部。

4. “上海加快建设具有全球影响力的科技创新中心发展战略研究”。此项研究为中国工程院与上海市政府合作研究项目。2015 年 12 月，上海市科委致函我院，希望双方共同安排经费开展研究，研究周期 5 年。工程院将支持 1000 万元（每年支持 200 万元）。计划分阶段开展研究，2016—2017 年拟开展一期研究，2018—2019 年拟开展二期研究，2020 年拟开展综合研究。各阶段分别设立咨询研究项目，项目类型为重点项目。联系部门为上海战略研究中心。

以上立项申请提请院常务会审议。

院常务会议原则同意 2016 年新增咨询研究项目立项申请。

四、审议博士后工作站管理细则

易建同志汇报了博士后工作站管理细则的情况，包括博士后工作站的工作情况、管理细则的制定和主要内容、关于做好下一步博士后工作的建议。据汇报，为规范博士后人才的吸引、培养和使用，根据国家人力资源与社会保障部和全国博士后管理委员会相关规定，尤其是《国务院办公厅关于改革完善博士后制度的意见》（国办发〔2015〕87 号），参照清华大学相关规定，结合我院实际情况，制定《中国工程院博士后科研工作站管理实施细则》，这是《中国工程院博士后科研工作站管理办法》的进一步细化，以便指导具体工作开展。《中国工程院博士后科研工作站管理实施细则》分六部分：博士后招收；博士后在站管理；博士后出站；科研管理；博士后相关待遇；附则。关于做好下一步博士后工作的建议有：做好 2016 年度博士后招聘工作；加强博士后学术科研训练；进一步规范博士后管理工作。

院常务会议原则通过《中国工程院博士后科研工作站管理实施细则》和做好下一步博士后工作的建议，提出我院博士后有关工作要加强管理、提高质量、总结经验。

主　持：周　济

出　席：赵宪庚　樊代明　陈左宁　徐德龙　刘　旭　钟志华

列　席：吴国凯　董庆九　谷　珏　易　建　宋德雄　王振海　杨　丽　高中琪　王元晶　梁晓捷　李仁涵　安耀辉　高战军　康金城　徐　进

记　录：陈姝婷

院常务会议纪要(三十三)

2016年2月16日,周济院长主持召开中国工程院2016年第三次院常务会议。会议议题有:关于全国科技创新大会筹备情况和第十三次院士大会初步日程安排的汇报;关于我院承担2016年国家高端智库选题方向和重点课题认领工作的汇报;关于“国家实验室建设研究”项目立项情况的汇报。

一、关于全国科技创新大会筹备情况和第十三次院士大会初步日程安排的汇报

董庆九同志汇报了全国科技创新大会筹备情况和第十三次院士大会初步安排的情况。据汇报,2016年将以党中央、国务院名义召开“全国科技创新大会”,届时中国科学院第十八次院士大会、中国工程院第十三次院士大会、中国科协第九届全国代表大会将同期召开。大会时间初步定为6月2—3日,会议主要议程有:请习近平总书记作重要讲话;请李克强总理作大会报告;请刘延东副总理作大会总结讲话。工程院第十三次院士大会拟于6月2—6日在北京举行,主要日程包括:主席团会议;请习近平总书记作重要讲话,请李克强总理作大会报告(与全国科技创新大会同期);主席团工作报告;颁发新院士牌;学习中央领导同志讲话座谈会;全院学术报告会;学部会议;颁发光华奖;参观“十二五”科技创新成就展;各学部活动等。

院常务会议原则同意第十三次院士大会初步日程安排,并指出要安排好院士大会的学术交流,高度重视外籍院士有关工作,更好发挥外籍院士作用,各学部办公室要多参加院士大会期间外籍院士接待和与外籍院士下一步合作的工作,国际合作局和一、二、三局要密切配合做好外籍院士协调工作。会议要求办公厅尽早安排落实与北京会议中心签约、大会用车等后勤保障事宜。

二、关于我院承担2016年国家高端智库选题方向和重点课题认领工作的汇报

吴国凯同志汇报了我院承担2016年国家高端智库选题方向和重点课题认领工作的情况。据汇报,2016年1月底,国家高端智库理事会在向中央决策部门征集选题的基础上,向各高端智库建设试点单位发布了《2016年国家高端智库选题方向和重点课题》,作为各试点单位开展智库研究的课题指南,要求各试点单位要结合自身研究专长及研究力量,积极认领课题,作为今年智库研究的重点任务,集中研究力量开展深入研究,及时向国家高端智库理事会报送研究成果。其中共有两大类题目:一是方向性题目,共7个方面43个研究方向;二是具体研究课题,共145个。为做好我院课题认领工作,咨询办公室按照以下原则对课题指南中的题目进行了初步筛选:一是所选题目应能够体现工程科技特色,发挥我院咨询研究专长及优势;二是对所选题目应具有一定的研究基础,以保障能够在规定时间内形成具有较高质量的研究成果;三是通过对所选题目开展研究,能够促进我院相关领域研究队伍的发展壮大,推动我院高端智库建设工作。按照以上原则,咨询办公室提出我

院的认领选题建议共 12 项,其中方向性选题 2 项,具体研究课题 10 项。

为做好认领课题的研究工作,对认领课题的组织及管理提出以下建议。

1）对所认领课题分别设立咨询研究项目,在项目管理上区别于我院主动开展的咨询研究项目。立项程序相对简化,加强对研究成果质量的把关和审核。

2）认领课题仍采用项目负责人制,由项目负责人负责组织研究队伍,按进度开展研究,并对研究质量负责。

3）由院咨询服务中心作为认领课题的主要研究支撑机构。咨询服务中心结合相关研究室建设,聘请专家及研究助理协助项目负责人承担具体研究和研究报告执笔工作,并配备项目管理人员协助项目负责人进行项目研究的组织协调。

4）对于完成情况较好的课题,我院将根据《国家高端智库管理办法》有关规定给予奖励。

5）咨询办公室协助院咨询工作委员会对认领课题进行归口管理,并负责与国家高端智库理事会及各课题组的沟通联络工作。

院常务会议原则同意 2016 年国家高端智库选题方向和重点课题认领工作安排建议,并提出以下意见:认领课题的研究工作要与我院已有研究基础的项目紧密结合;高度重视并着力加强院咨询服务中心建设,各学部办公室与咨询服务中心研究室要紧密配合,并充分动员战略联盟,更好地组织各项工作。

三、关于“国家实验室建设研究”项目立项情况的汇报

吴国凯同志汇报了“中国特色国家实验室建设研究”项目立项的情况。据汇报,2016 年 2 月 5 日上午,科技部主持召开了“国家实验室建设部门座谈会”。根据会议任务分工,为做好国家实验室建设工作,由教育部、中科院、工程院三家单位首先对国家实验室建设有关问题进行研究论证,各出一份研究报告,于 2 月底形成初步研究报告,一季度完成研究。为完成好该项研究任务,建议我院设立“中国特色国家实验室建设研究”咨询研究项目,由院党组成员赵宪庚和刘旭副院长任项目负责人,部分咨询工作委员会成员及相关院士担任项目组成员,尽快组织开展研究。该项目类型为重大项目,项目申请经费 60 万元,经费依托单位为院咨询服务中心。为保证任务的顺利开展,建议简化立项程序,由项目组填写“紧急任务立项申请表”,经院常务会审议通过后即为批准立项,之后进行财务预算评审并办理立项手续。提请院常务会议审议。

院常务会议原则同意“中国特色国家实验室建设研究”项目立项的安排。

主　持:周　济

出　席:赵宪庚　樊代明　陈左宁　徐德龙　刘　旭　钟志华

列　席:吴国凯　董庆九　谷　珏　易　建　宋德雄　王振海　杨　丽　高中琪　王元晶
梁晓捷　李仁涵　安耀辉　高战军　徐　进

记　录:陈姝婷

院常务会议纪要(三十四)

2016年3月1日,周济院长主持召开中国工程院2016年第四次院常务会议。会议议题有:总结2月重点工作,研究确定3月重点工作安排;关于《中国工程科学》杂志社变更主办单位情况的汇报;关于中央国安委2016年重点任务分工协调会议情况的汇报。

一、总结2月重点工作,研究确定3月重点工作安排

根据2月全院重点工作安排,牵头部门汇报了完成情况:李仁涵同志汇报了中国工程院上海市人民政府合作委员会第十二次会议的情况。

吴国凯同志通报了中央领导同志近期有关批示精神。

钟志华同志汇报了2016年3月重点工作安排:

1. 新当选院士研修班,由增选工作办公室牵头;
2. 机关干部选拔任用,由机关党委牵头;
3. 科技合作委员会会议,由科技合作办公室牵头;
4. 工程院与恒天集团签署合作协议,由科技合作办公室牵头。

院常务会议原则同意3月的重点工作安排。

二、关于《中国工程科学》杂志社变更主办单位情况的汇报

易建同志汇报了《中国工程科学》杂志社变更主办单位的情况。据汇报,《中国工程科学》杂志社(以下简称"杂志社")由我院于1999年成立,为我院全资所有,依托高等教育出版社管理,主要承担《中国工程科学》和《工程(英文)》(《Engineering》)两种期刊的出版发行工作。按照国家期刊出版有关规定,为理顺主管和主办单位的管理关系,进一步规范院刊管理,充分发挥咨询服务中心作为我院建设国家高端智库核心支撑机构作用,经院领导同意,并报国家新闻出版广电总局批准,两刊的主办单位已调整为咨询中心,目前有关变更手续所需的材料已于2015年12月底报北京市新闻出版广电局,将于60个工作日内完成变更事宜。为有利于加强管理,拟委托咨询中心管理《中国工程科学》杂志社,并在原工作基础上继续依托高教社的经验与优势,由高教社负责两刊的具体编校出版运营、网站建设和日常维护等。对杂志社变更主办单位工作建议如下。

1) 为进一步理顺产权关系并加强国有资产的管理,建议将我院所持有的杂志社国有资产产权按有关规定无偿划转至咨询中心,将杂志社出资人由我院变更为咨询中心,并根据财政部关于资产管理的要求办理相关变更手续。

2) 建议对杂志社组织架构进行改组,加强咨询服务中心相关工作力量,协助院咨询工作办公室、学术与出版工作办公室和院刊主编室,做好两刊的编辑出版等工作和杂志社相关管理协调

工作。

院常务会议同意将杂志社产权无偿划转至咨询中心。会议提出,要继续发挥高教社对杂志社的管理作用,同时加强咨询中心的相关工作力量。关于加强杂志社管理、促进更好发展问题,要在调查研究并提出系统方案的基础上进行专题研究。

三、关于中央国安委 2016 年重点任务分工协调会议情况的汇报

宋德雄同志汇报了中央国安委 2016 年重点任务分工协调会议的情况。据汇报,2016 年 2 月 25 日下午,栗战书同志主持召开中央国安委 2016 年重点任务分工协调会,会议主旨是深入贯彻中央国安委第三次会议精神,推动中央国安委 2016 年各项工作任务落实。蔡奇同志就中央国安委 2016 年工作任务分工作说明,栗战书同志作重要讲话。中央国安委 2016 年重点工作涉及我院参与做好的任务有两项。为贯彻落实此次会议精神,建议如下:根据牵头单位科技部的工作安排,履行好成员单位职责,积极参与并配合做好相关工作;进一步加强我院涉及国家安全的咨询项目等工作的保密工作力度。深化认识、强化举措,设立保密会议室,配备专用保密设施,确保国家安全及保密工作无死角和无漏洞。

院常务会议原则同意贯彻落实中央国安委 2016 年重点工作部署的建议,强调要提高国家安全意识,重点加强保密工作措施。

主　持:周　济
出　席:赵宪庚　樊代明　陈左宁　徐德龙　刘　旭　钟志华
列　席:吴国凯　董庆九　谷　珏　易　建　宋德雄　杨　丽　高中琪　王元晶　梁晓捷　李仁涵　安耀辉　高战军　徐　进　张如义
记　录:陈姝婷

院常务会议纪要(三十五)

2016 年 3 月 15 日,周济院长主持召开中国工程院 2016 年第五次院常务会议。会议议题有:关于联合国教科文组织科学部二类中心协调会筹备情况的汇报;关于申请将联合国教科文组织委托课题设为咨询研究项目的汇报。

一、关于联合国教科文组织科学部二类中心协调会筹备情况的汇报

宋德雄同志汇报了联合国教科文组织(UNESCO)科学部二类中心协调会筹备的情况。据汇报,UNESCO 科学部二类中心协调会将于 2016 年 5 月 15 日至 18 日在北京召开,由 UNESCO、我院和中国科学院主办,国际工程科技知识中心(IKCEST)、国际自然与文化遗产空间技术心承办

(HIST)。这是UNESCO首次召开全球科学类二类中心大会,将邀请65位全球各国UNESCO二类中心的代表参加,参会外宾人数预计120人左右。在会议期间,拟为我院成功申办的UNESCO国际工程教育中心举行揭牌仪式,并推出由IKCEST承建的UNESCO二类中心"信息共享与知识服务平台"。成功举办此次会议可体现国家软实力,极大增强IKCEST在UNESCO圈内的国际影响力。会议经费总预算为50万元,根据与会议联合承办单位HIST的协商结果,本次会议中方承担的相关费用拟由IKCEST与HIST两家承办单位平均负责。

院常务会议原则同意UNESCO科学部二类中心协调会的有关安排,要求认真做好各项筹备工作。

二、关于申请将联合国教科文组织委托课题设为咨询研究项目的汇报

吴国凯同志汇报了有关情况。据汇报,最近UNESCO决定,委托我院和清华大学共建的UNESCO国际工程教育中心承担主持编撰全球工程报告的研究项目,项目主题是:构建工程能力。项目将在数据分析基础上,提出针对能力建设的政策手段和工程统计的建议,以促进全球的工程能力建设,该政策建议将在全球范围分区给出,报告将提供给所有国家。UNESCO已为此项目筹资45万美元,要求2017年底前,以UNESCO名义向全球发布报告。这将是UNESCO继2010年推出在全世界有重大影响的《工程:发展的问题、机遇和挑战》报告之后,推出的第二份关于工程和工程教育的全球报告。承接此项目,对扩大国际工程教育中心、中国工程院以及中国工程教育在UNESCO的知名度、在世界工程科技界的影响,将有十分积极和深远的意义。周济院长已分别召集清华大学领导、专家和国际工程教育中心以及院机关有关工作人员召开了报告起草讨论会,并与UNESCO总部进行了视频会议,商讨报告编撰组织工作。计划成立报告编撰领导小组,由龚克、朱高峰、吴启迪、袁驷组成,南开大学校长、世界工程组织联合会副主席龚克为组长,由清华大学原副校长、国际工程教育中心执行主任袁驷牵头成立工作组,有关专家为成员,与UNESCO机构、相关国际组织及国内有关部门配合共同做好编撰工作。为支撑该项目的研究和报告撰写,建议我院设立"构建工程能力研究"咨询研究项目,申请项目经费100万元人民币,项目负责人由朱高峰院士担任,项目类型为学部项目,联系部门为国际工程教育中心。

院常务会议原则同意项目立项的申请,提出对项目的具体内容等进行专题研究。

主　持:周　济
出　席:赵宪庚　樊代明　陈左宁　徐德龙　刘　旭　钟志华
列　席:吴国凯　董庆九　谷　珏　易　建　宋德雄　王振海　杨　丽　高中琪　王元晶
梁晓捷　李仁涵　安耀辉　高战军　康金城　徐　进　张如义
记　录:陈姝婷

院常务会议纪要(三十六)

2016年3月29日,周济院长主持召开中国工程院2016年第六次院常务会议。会议议题有:传达国务院廉政会议精神;总结3月重点工作,研究确定4月重点工作安排;审议《国家高端智库建设和管理实施细则》、《国家高端智库专项经费管理细则》;听取"中国特色国家实验室建设研究"、"我国工业技术创新体系建设及发展战略研究"、"大气污染防治行动计划实施情况中期评估"项目成果的汇报;关于"制造业创新设计发展行动纲要编制研究"立项申请的汇报。

一、传达国务院廉政会议精神

周济同志传达了国务院第四次廉政工作会议精神。3月28日,李克强总理出席国务院第四次廉政工作会议,强调地方各级政府和国务院各部门要认真贯彻习近平总书记在十八届中央纪委六次全会上的重要讲话精神,落实中央纪委六次全会部署,持续深化改革、严格依法行政、注重源头反腐,不断把政府系统党风廉政建设和反腐败工作推向深入,为实现全面建成小康社会决胜阶段良好开局提供保障。他要求,继续转变政府职能,依法管好权用好权;完善激励和问责机制,确保重大决策部署落实;强化制度监管,聚焦重点推动反腐倡廉。他强调,反腐倡廉必须坚持全面从严治党,各级领导要坚持"一岗双责",国务院相关部门要高度重视和配合做好中央巡视工作。

院常务会议指出,要结合我院工作实际,深入学习贯彻国务院第四次廉政工作会议精神,加强我院党风廉政建设。

二、总结3月重点工作,研究确定4月重点工作安排

根据3月全院重点工作安排,各牵头部门分别汇报了完成情况:高中琪同志汇报了2015年新当选院士研修班的组织情况;谷珏同志汇报了院机关2016年干部选拔任用工作情况;李仁涵同志汇报了我院第二届科技合作委员会第二次会议、我院与中国恒天集团签订合作协议的情况;康金城同志汇报了我院代表团赴南非出席IAP及IAMP会议的情况。

会议还通报了其他重要事项:吴国凯同志通报了中央领导同志近期有关批示精神、中国航空工程科技发展战略研究院第一届理事会及学术委员会第五次会议的情况;高中琪同志汇报了"院士回母校"活动启动仪式暨首场报告会的情况;李仁涵同志汇报了"全民健康与医药卫生事业发展战略研究"项目会、"中国人工智能2.0发展战略研究"项目启动会的情况;康金城同志汇报了我院与沙特阿美石油公司签订合作协议的情况。

钟志华同志汇报了2016年4月重点工作安排:

1)第六届主席团第11次会议,由办公厅牵头;

2)"国际化绿色化背景下国家区域食物安全可持续发展战略研究"项目启动会,由二局牵头;

3）中国海洋工程与科技发展战略研究（二期）——促进海洋强国建设重点工程发展战略研究结题验收会，由二局牵头；

4）第三届院刊发展联合研讨会，由学术与出版办公室牵头；

5）环境学部常委会暨浙江金华生态文明建设院士行活动，由二局牵头；

6）丙申（2016）年公祭黄帝陵暨《天地之间——张锦秋建筑思想研究》首发式，由二局牵头；

7）CAE-ATSE 中澳食品安全会议，由国际合作局、二局牵头；

8）院士企业家代表团赴韩国出席创新论坛并考察有关企业，由国际合作局牵头。

院常务会议原则同意 4 月的重点工作安排。

三、关于《国家高端智库建设和管理实施细则》、《国家高端智库专项经费管理细则》的汇报

吴国凯同志汇报了《中国工程院国家高端智库建设和管理实施细则》（以下简称《管理实施细则》）起草情况。据汇报，《管理实施细则》是在贯彻落实中宣部印发的《国家高端智库管理办法（试行）》和《国家高端智库试点工作方案》两份文件，以及我院 20 年战略咨询研究工作经验总结的基础上，经广泛征求意见、反复修改形成。《管理实施细则》共十章 41 条，包括总则、职责和任务、组织机构、项目管理、成果管理、人员管理、经费保障、国际合作与交流、考核和评估、附则。《管理实施细则》与《国家高端智库管理办法（试行）》的内容基本一致，总体上体现了对管理办法的细化。

易建同志汇报了《中国工程院国家高端智库专项经费管理细则》（以下简称《专项经费管理细则》）的起草情况。据汇报，《专项经费管理细则》的起草，坚持了“贯彻国家文件精神、忠于两项办法”的要求，坚持务实创新理念，结合我院工作特点，重点突出统筹兼顾，强调实际可操作，与我院咨询经费管理办法既有联系，又有区别。《专项经费管理细则》共六章 22 条，包括总则、职责和任务、开支范围和标准、预算和执行管理、绩效考核与监督检查、附则。《专项经费管理细则》强调经费使用以咨询研究为主，同时加强人员聘用、国际合作与交流、奖励三方面支出，突出政策支持力度。关于下一步加强国家高端智库专项经费管理工作的建议有：在工作模式和运行机制方面，尚需进一步完善顶层设计；还需不断总结项目管理与经费管理相互促进融合的经验；尚需在经费开支范围和标准方面结合实际用好用足政策，特别是用好奖励经费政策。

以上两个管理细则提请院常务会审议。

院常务会议原则通过《中国工程院国家高端智库建设和管理实施细则》、《中国工程院国家高端智库专项经费管理细则》，以及加强国家高端智库专项经费管理工作的相关建议，提出将国家高端智库项目与国家工程科技思想库项目研究相结合，用好用足两个项目管理办法中灵活性制度安排。会议要求在国家高端智库建设中，需进一步加强人员聘用、奖励、成果报送等方面的研究，落实好相关政策。

四、关于“中国特色国家实验室建设研究”项目成果的汇报

赵宪庚同志汇报了“中国特色国家实验室建设研究”项目开展情况、报告框架、研究结论和建议。内容涉密（略）。

院常务会议高度肯定了项目组在短时间内形成了高质量的研究报告，原则通过研究报告，并提出了一些修改建议，责成项目组根据意见修改后尽快上报。

五、关于“我国工业技术创新体系建设及发展战略研究”项目成果的汇报

干勇同志汇报了我院重大咨询项目“我国工业技术创新体系建设及发展战略研究”的执行情况、研究成果、若干结论与建议。据汇报,我院相关领域院士、产业技术创新战略联盟试点工作联络组联系的企业家和行业专家、中国科学学与科技政策研究会技术创新委员会的专家学者共计280余人参与了该项目研究工作。项目组提出了我国产业技术创新支撑体系的理论框架(内涵、要素、主体、结构、功能及机制)、我国重点工业领域产业技术创新支撑体系的建设思路、促进我国重点工业领域产业技术创新支撑体系建设的政策措施。

院常务会议通过了项目结题报告,并充分肯定了咨询研究成果,要求将研究成果上报国务院及中央有关领导同志。

六、关于“大气污染防治行动计划实施情况中期评估”项目成果的汇报

刘旭同志汇报了“大气污染防治行动计划实施情况中期评估”项目开展情况、报告框架、研究结论和建议。据汇报,2015 年 12 月底,受环保部委托,我院立项“大气污染防治行动计划中期评估”项目,成立了由来自高校、科研院所的 50 余位院士、专家组成的评估工作组。项目组重点对《大气十条》发布以来空气质量改善情况进行分析,评估主要政策措施的执行效果,分析存在的困难和不足并提出对策建议。中期评估报告分为五部分,包括:评估工作的总体思路、全国城市及重点区域空气质量改善情况、主要政策措施执行效果评估、气象条件变化影响分析、结论与建议。

院常务会议原则通过了中期评估报告,并提出了一些修改意见,责成项目组根据讨论意见修改完善后尽快上报。

七、关于“制造业创新设计发展行动纲要编制研究”立项申请的汇报

吴国凯同志汇报了“制造业创新设计发展行动纲要编制研究”立项申请的有关情况。据汇报,近日工信部产业政策司来函委托我院开展“制造业创新设计发展行动纲要编制研究”。2013 年我院开展了“创新设计发展战略研究”重大咨询项目,负责人为路甬祥、潘云鹤院士。在项目研究基础上,我院于2014 年向国务院上报了“关于大力发展创新设计的建议”,国务院领导做出重要批示,明确要求将创新设计纳入《中国制造 2025》中。《中国制造 2025》和“十三五”规划中,明确将“提高创新设计能力”作为提高国家制造业创新能力的一项重要举措。工信部希望与我院共同开展创新设计发展战略研究。为有利于深化创新设计的研究,促进咨询研究成果更好的服务决策,申请“制造业创新设计发展行动纲要编制研究”项目立项,项目负责人为路甬祥、潘云鹤院士,申请经费 50 万元,研究期限为 2016 年 3 月至 2016 年 9 月,联系部门为机械与运载工程学部。提请院常务会议审议。

院常务会议原则同意“制造业创新设计发展行动纲要编制研究”项目立项的安排。

主　持:周　济
出　席:赵宪庚　樊代明　陈左宁　徐德龙　刘　旭　钟志华
列　席:潘晓东　吴国凯　董庆九　谷　珏　易　建　王振海　高中琪　王元晶　梁晓捷　李仁涵　安耀辉　高战军康金城　张如义
记　录:何俊勇

院常务会议纪要(三十七)

2016年4月12日,周济院长主持召开中国工程院2016年第七次院常务会议。会议议题是关于“院刊发展战略研究”咨询项目申请增加经费的汇报。

关于“院刊发展战略研究”咨询项目申请增加经费的汇报

吴国凯同志汇报了关于“院刊发展战略研究”咨询项目申请增加经费的有关情况。据汇报,为促进我院系列期刊提高学术水平,学术与出版委员会自2014年起组织各院刊申报“中国工程院院刊发展战略研究”咨询项目,第一期研究周期为两年(按项目计划将于2016年6月结题),申报经费为500万元,支持1个综合刊和9个学部专业刊(1+9)。为更好服务国家的创新驱动发展战略,进一步提高我国科技期刊的学术质量、学术影响力和国际竞争力,我院对院刊提出了更高要求,希望推进各期刊影响力进一步提高。为此,建议对该项目做以下调整:① 在本期项目中将原计划资助10个期刊的项目经费从500万元增加到1000万元,研究周期两年不变;② 项目经费平均分成10个课题,每个课题年度经费50万元,分别由1个主刊和9个分刊具体承办并使用经费;③ 考虑到我院从2015年开始将《中国工程科学》改版为咨询研究期刊并列入院刊系列,形成“1+9+1”的期刊群,建议增设《中国工程科学》课题,每年经费50万元,两年合计经费100万元,列入我院“院刊发展战略研究”咨询项目,并按咨询项目管理和经费管理的有关规定进行管理。

以上申请,提请院常务会议审议。

院常务会议原则同意“院刊发展战略研究”咨询研究项目经费和课题调整的安排,要求集中力量办好我院“1+9+1”期刊群。

主　持:周　济
出　席:赵宪庚　樊代明　陈左宁　刘　旭
请　假:徐德龙　钟志华
列　席:陈　越　吴国凯　董庆九　谷　珏　易　建　宋德雄　王振海　高中琪　王元晶　梁晓捷　李仁涵　安耀辉　高战军　张如义
记　录:何俊勇

院常务会议纪要(三十八)

2016 年 4 月 26 日,周济院长主持召开中国工程院 2016 年第八次院常务会议。会议议题有:总结 4 月重点工作,研究确定 5 月重点工作安排;关于扶贫工作情况的汇报;关于“百年科技强国战略咨询研究”等三个咨询项目申请立项情况的汇报;关于综合物业服务招标有关情况的汇报;传达中纪委纪检组长培训会有关精神。

一、总结 4 月重点工作,研究确定 5 月重点工作安排

根据 4 月全院重点工作安排,各牵头部门分别汇报了完成情况:董庆九同志汇报了第六届主席团第 11 次会议的情况;高中琪同志汇报了“国际化绿色化背景下国家区域食物安全可持续发展战略研究”重大咨询项目启动会、中国海洋工程与科技发展战略研究(二期)—促进海洋强国建设重点工程发展战略研究结题验收会、金华生态文明建设院士行、《天地之间——张锦秋建筑思想研究》首发式的情况;宋德雄同志汇报了 2016 中澳食品安全与技术进步研讨会的情况。

会议还通报了其他重要事项:吴国凯同志汇报了国际工程教育中心代表团出访联合国教科文组织总部、工程科技人才培养研讨会的情况;高中琪同志汇报了两院资深院士工作委员会专题报告会、两院资深院士工作委员会第二次会议、“农业资源环境若干重大战略问题研究”重大咨询项目启动会、建筑业绿色发展论坛的情况;李仁涵同志汇报了院领导出席重庆高交会及我院与重庆市签署战略合作协议的情况。

钟志华同志汇报了 2016 年 5 月重点工作安排:

1）第十三次院士大会,由办公厅,一、二、三局,国际合作局牵头;

2）第五届咨询工作委员会第 5 次会议,由咨询工作办公室牵头;

3）“引发产业变革的重大颠覆性技术预测研究”项目研讨会,由三局牵头;

4）第三届新能源材料高峰论坛,由科技合作办公室牵头;

5）第二届广东院士高峰年会,由科技合作办公室牵头;

6）工程结构创新与发展国际高端论坛,由二局牵头;

7）2016 智能制造国际会议,由一局、国际合作局牵头;

8）医学前沿论坛暨第十六届国际传统药物学大会与广西院士行,由三局牵头;

9）2016 年度教育部人文社科专项(工程科技人才培养研究)招标评审,由教育工作办公室牵头;

10）UNESCO 科学部二类中心大会,由知识中心、国际合作局牵头;

11）UNESCO 国际工程教育中心揭牌暨协议签字仪式,由教育工作办公室牵头;

12）第十一届中美工程技术研讨会,由国际合作局牵头。

院常务会议原则同意5月的重点工作安排。

二、关于扶贫工作情况的汇报

董庆九同志汇报了定点扶贫工作的情况。据汇报，为进一步做好我院对云南省会泽、澜沧县的定点扶贫工作，拟由院扶贫领导小组统一负责，在云南省设立“中国工程院云南院士专家扶贫工作站”，联系协调云南省有关部门，并邀请有关院士和专家，请云南农业大学朱有勇院士负责，院机关扶贫办和会泽、澜沧县各一名副县长作联络人，并拟设立两个咨询项目支持对口扶贫工作。

院常务会议强调要尽我院力量做好对口扶贫工作，依托农业学部等领域的院士团队和云南农业大学、昆明理工大学的专家，发挥我院在云南省挂职干部的作用，建立起示范点，真正帮助当地农民脱贫致富。

三、关于“百年科技强国战略咨询研究”等三个咨询项目申请立项情况的汇报

吴国凯同志汇报了“百年科技强国战略咨询研究”等三个项目立项申请的情况。据汇报，最近两院资深院士工作委员会主任宋健院士提出拟以“如何将我国建成世界科技强国”为主题，在两院领导下开展咨询研究，委员会已向我院和中国科学院提交了立项建议。项目拟由两院资深院士工作委员会领导，成立项目综合组，下设基础科学、国防科技、民生前沿和人才培养等4个课题组。项目负责人为宋健院士，类型为重点，申请经费400万元，研究期限两年，联系部门为资深院士工作委员会。为做好我院定点扶贫工作，在以往开展咨询课题的基础上，申请设立两个咨询项目：一是“高原特色农业精准扶贫（含高原农业电商数据平台）咨询研究”，负责人为朱有勇院士，类型为重点项目，申请经费150万元，研究期限两年，联系部门为农业学部；二是“会泽古城保护咨询研究”项目，负责人为徐德龙院士，类型为学部项目，申请经费50万元，研究期限一年，联系部门为化工、冶金与材料工程学部。

以上三个项目立项提请院常务会议审议。

院常务会议原则同意三个咨询项目立项申请，并提出以下意见：相关学部院士也要关注和支持“百年科技强国战略咨询研究”项目，为便于资深院士开展工作，建议此项目要充分发挥战略咨询中心的作用；“高原特色农业精准扶贫咨询研究”项目中要加强对利用电商促进扶贫的研究；为更好开展工作，建议“会泽古城保护咨询研究”项目的联系部门改为土木、水利与建筑工程学部。

四、关于综合物业服务招标有关情况的汇报

董庆九同志汇报了我院综合物业管理招标的有关情况。据汇报，由大唐物业管理有限公司负责的我院综合楼工程服务和车辆服务等合同将于2016年6月底到期，需委托国管局采购中心公开招标。根据中央国家机关政府采购中心的规定和要求，我院综合物业服务项目需拆分成两包进行公开招标，为保证中标公司的统一性，建议先对包含设备维护、节能管理、绿化和会议设备维修维护在内的综合楼工程服务物业项目进行招标。鉴于采购中心招标周期较大，建议包含车辆运行维护托管及部分行政后勤工作托管服务在内的第二包项目委托财政部认可的第三方公司进行公开招标。

院常务会议原则同意综合物业服务项目公开招标的安排。

五、传达中纪委纪检组长培训会有关精神

根据工作安排，驻科技部纪检组副局级纪律检查员潘晓东同志传达了中央纪委派驻纪检组组长培训班的有关精神。4月20—24日，中央纪委举办派驻纪检组组长副组长培训班，王岐山同志出席开班式并讲话。他强调，全面从严治党是实现两个百年奋斗目标和中华民族伟大复兴的根本保证。要把贯彻落实习近平总书记在中央纪委六次全会上的重要讲话同学习领会系列重要讲话精神结合起来，密切联系各部门实际，从点点滴滴抓起，坚决维护党章，全面落实全会部署，在严和实中体现深和细，不断增强党的凝聚力和战斗力。会议要求，要对照各部门党委（党组）制定的落实中央八项规定精神有关规定，开展“回头看”，看看是否真正贯彻执行。

院常务会议指出，要严格按照中央八项规定精神，认真主动配合中央纪委派驻纪检组开展工作，请机关党委、机关纪委做好贯彻落实工作。

主　持：周　济
出　席：樊代明　陈左宁　徐德龙　刘　旭　钟志华
请　假：赵宪庚
列　席：潘晓东　吴国凯　董庆九　谷　珏　易　建　罗莎莎　梁晓捷　王振海　杨　丽　高中琪　左家和　王元晶　李仁涵　安耀辉　宋德雄　张如义
记　录：陈姝婷

院常务会议纪要（三十九）

2016年5月10日，周济院长主持召开中国工程院2016年第九次院常务会议。会议议题有：传达“促进大数据发展部际联系会议”第一次会议有关精神；关于院刊工作的汇报；关于“香港及珠三角地区协同创新发展战略研究”咨询项目申请立项情况的汇报。

一、传达“促进大数据发展部际联系会议”第一次会议有关精神

陈左宁同志传达了“促进大数据发展部际联系会议”第一次会议有关精神。4月13日，国家发展改革委组织召开了“促进大数据发展部际联席会议”第一次会议。包括工程院在内的43个部门和单位参加了会议。该会议机制是由国务院批准，由国家发改委牵头，按照国务院有关精神，建立促进大数据发展部际联席会议制度，统筹协调开展国家促进大数据产业发展的有关工作。本次会议审议了《促进大数据发展三年工作方案（2016—2018）》（以下简称“《三年方案》”）、《促进大数据发展2016年工作要点》、《政务信息资源共享管理暂行办法》、《政务信息资源目录编制指南》等系列文件，并提出了相关要求。其中，《三年方案》中的“大数据创新服务”（第37项主要任务）和“发

展科学大数据”(第38项主要任务)要求工程院参与落实,并在《工作要点》中明确了“中国工程科技知识中心完成若干知识服务系统建设示范,面向社会开展线上知识服务”具体工作。鉴于知识中心项目已经纳入《三年方案》工作框架,并且知识中心已经建设了4年时间并取得了初步成效,为更好地落实《三年方案》相关任务,建议以“院士建议”的形式向国务院汇报知识中心建设情况,争取在国家大数据发展战略实施中获得更大的支持,进一步推动知识中心建设。

院常务会议同意争取在国家大数据发展战略实施中获得更大支持的建议和上报有关“院士建议”,强调进一步把知识中心工作做好。

二、关于院刊工作的汇报

钟志华同志汇报了《Engineering》期刊的工作进展情况。据汇报,目前《Engineering》组织机构逐步健全,建立了国际化编委会队伍,成立了高效的组稿和编辑团队。自创刊以来各期如期出版,均邀请到国内外著名专家学者投稿,海外文章比例过半,并采用中英文同步和开放获取形式出版。建设了中英文网站及微信平台,与国内外著名出版社开展深入合作,并多方扩大国内外宣传。2016年主要工作重点有:加强专题出版工作,提高期刊质量;丰富期刊栏目设置,扎实做好各栏目工作;加强中文版工作;进一步加强宣传推广,扩大国际国内影响;进一步加强专家和编辑队伍建设。

李仁涵同志汇报了各分刊工作进展情况。据汇报,院刊群学术水平和质量不断提升。2015年,9种分刊中新增1种期刊被SCI收录;新增3种期刊被Ei收录;新增1种期刊被中国科技核心期刊收录。目前已全部实现在院刊平台上在线优先出版,其中农业分刊和工管分刊已实现面向全球的开放获取出版。目前存在的不足有:稿件质量还需进一步提升;主编、编委的作用还需更加深入地发挥;品牌建设及推广还需统一加强;个别刊物需要进一步理顺合作关系。学术与出版办公室拟采取的措施有:通过每年1~2次现场会的方式,听取各刊意见,探讨问题、交流经验;协助各分刊与主刊形成共同组稿的机制,实现主分刊互惠;集中做好对外宣传和推送工作,促进各学部在刊物建设中发挥更重要的作用;促进办刊向学术会议借力;促进出版单位及各编辑部形成并维护良好的出版合作关系,推进中英文版同步发布。

吴国凯同志汇报了《中国工程科学》期刊的工作进展情况。据汇报,《中国工程科学》于2015年7月起进行了改版,改版后以刊登我院战略咨询研究成果为主要内容,是院刊群的重要组成部分。为进一步办好刊物,拟采取的措施有:改进组稿方式,计划在目前直接依托院级重大咨询项目组稿的基础上,下一步明确由各学部负责组稿工作,咨询委员会负责提前制定任务计划及各学部之间的统筹协调;借鉴《Engineering》的组织方式,成立《中国工程科学》主编室,依托咨询工作办公室及战略咨询中心项目二部开展工作;尽快将目前的中文版双月刊发展成中、英文同时出版的月刊,扩大刊物的发送范围,并通过网络实现开放获取。

院常务会议充分肯定了院刊群建设取得的进展,原则同意进一步办好《Engineering》、9个分刊及《中国工程科学》的有关计划措施建议,指出学术引领是我院建设国家工程科技思想库的重要工作,我院办刊要更加开放、着眼世界,办出特色、形成品牌。会议强调全院办刊的重要性,要求各学部和各学部办公室都要充分动员起来,进一步强化院刊工作。

三、关于“香港及珠三角地区协同创新发展战略研究”咨询项目申请立项情况的汇报

吴国凯同志汇报了“香港及珠三角地区协同创新发展战略研究”咨询项目申请立项的情况。据汇报，我院与香港工程科学院拟共同设立“香港及珠三角地区协同创新发展战略研究”咨询项目，以期发挥香港及珠三角地区的比较优势，加速创新要素融合，协同推进香港及珠三角科技与产业升级。项目采用双组长制，双方分别选派组织，并共同提供研究经费。我院项目负责人为干勇院士，类型为学部，申请经费 80 万元，研究期限为 2016 年 6 月至 12 月，联系部门为工程院战略咨询中心。提请院常务会议审议。

院常务会议原则同意“香港及珠三角地区协同创新发展战略研究”咨询项目立项申请。

主　持：周　济
出　席：樊代明　陈左宁　徐德龙　刘　旭　钟志华
请　假：赵宪庚
列　席：陈　越　吴国凯　董庆九　易　建　罗莎莎　梁晓捷　杨　丽　高中琪　左家和　王元晶　李仁涵　安耀辉　高战军　宋德雄　康金城　张如义
记　录：陈姝婷

院常务会议纪要（四十）

2016 年 5 月 24 日，周济院长主持召开中国工程院 2016 年第十次院常务会议。会议议题有：关于第十三次院士大会有关情况的汇报；总结 5 月重点工作，研究确定 6 月重点工作安排。

一、关于第十三次院士大会有关情况的汇报

吴国凯同志汇报了第十三次院士大会日程和第六届主席团第十二次会议安排。据汇报，第十三次院士大会主要日程有：中央领导同志分别作重要讲话；学习中央领导同志重要讲话精神座谈会；学部会议；中央领导同志作总结讲话；颁发新院士牌；补选副院长；颁发光华工程科技奖，主席团工作报告；全院学术报告会；主席团会议；各学部常委会会议；各学部活动等。第六届主席团第 12 次会议议题有：审议中国工程院第十三次院士大会日程；听取关于补选副院长的说明；审议《中国工程院副院长补选办法》和大会总监票人、监票人名单；审议主席团工作报告。

董庆九同志汇报了院士大会筹备的情况，包括：前期与中办、国办和科技部等沟通协调情况；会议驻地、会场、食宿、交通保障、医疗、证件制作、会议手册编制等各项安排情况。

院常务会议原则同意第十三次院士大会日程和各项筹备安排，强调要全院动员、加强部署，保

证本次院士大会顺利召开。

二、总结5月重点工作,研究确定6月重点工作安排

根据5月全院重点工作安排,各牵头部门分别汇报了完成情况:吴国凯同志汇报了第五届咨询工作委员会第五次会议的情况;李仁涵同志汇报了第三届新能源材料高峰论坛的情况;高中琪同志汇报了“工程结构创新与发展”国际高端论坛的情况;吴国凯同志汇报了2016智能制造国际会议的情况;李仁涵同志汇报了第十六届国际传统药物学大会暨中国南药发展战略咨询会的情况;宋德雄同志汇报了UNESCO科学中心主任工作会议的情况;康金城同志汇报了第十一届中美工程技术研讨会的情况;李仁涵同志汇报了第三届院刊发展联合研讨会的情况;康金城同志汇报了院士企业家代表团赴韩国出席创新论坛并考察有关企业。

会议还通报了其他重要事项:李仁涵同志汇报了金川电池材料产业园发展规划论证会的情况。

钟志华同志汇报了2016年6月重点工作安排:

1)第十三次院士大会,由办公厅,一、二、三局,国际合作局牵头;
2)第六届院士增选政策委员会第七次会议,由增选工作办公室牵头;
3)第六届科学道德建设委员会第五次会议,由科学道德办公室牵头;
4)第五届教育委员会第四次全体会议,由教育工作办公室牵头;
5)地球物理与资源环境高端论坛,由一局牵头;
6)“工程方法论研究前沿”中国工程科技论坛,由三局牵头;
7)2016中国·青海绿色发展投资贸易洽谈会,由科技合作办公室牵头;
8)2016中国·成都全球创新创业交易会,由科技合作办公室牵头;
9)与中央军委科技委、中建、中车签署合作协议,由科技合作办公室牵头;
10)UNESCO国际工程教育中心揭牌暨协议签字仪式,由教育工作办公室牵头;
11)推进部署扶贫工作,由办公厅牵头。

院常务会议原则同意6月的重点工作安排。

主　持:周　济
出　席:赵宪庚　徐德龙　刘　旭　钟志华
请　假:樊代明　陈左宁
列　席:陈　越　吴国凯　董庆九　易　建　罗莎莎　梁晓捷　王振海　高中琪　左家和
王元晶　李仁涵　康金城　宋德雄　张如义
记　录:陈姝婷

院常务会议纪要(四十一)

2016 年 6 月 21 日,周济院长主持召开中国工程院 2016 年第十一次院常务会议。会议议题是:关于“学习贯彻习近平总书记重要讲话精神,进一步加强我院国家高端智库建设的意见”的汇报。

关于“学习贯彻习近平总书记重要讲话精神,进一步加强我院国家高端智库建设的意见”的汇报

吴国凯同志汇报了《关于深入学习贯彻习近平总书记重要讲话精神　进一步加强我院国家高端智库建设的意见》(以下简称《意见》)的内容情况。据汇报,2016 年 5 月 30 日,全国科技创新大会、两院院士大会、中国科协九大隆重召开,习近平总书记再次向全党全国发出了全面实施创新驱动发展战略的号召,吹响了向世界科技强国进军的号角,也对我院加强国家高端智库建设提出了新的更高要求。为深入贯彻落实中央领导同志的讲话精神,结合我院实际情况,现就进一步加强我院高端智库建设提出《意见》,分为三部分:一是以习近平总书记重要讲话为指导,提高思想认识,加强战略谋划;二是改进战略咨询管理工作,切实提高工作质量和效益;三是加强组织机构建设。

院常务会议原则通过《意见》,并提出以下意见:进一步突出“战略咨询”,第三部分改为“加强咨询研究队伍建设”,并增加加强学部建设的内容。会议要求咨询工作办公室修改完善后印发全体院士。

吴国凯同志还汇报了国家工程科技思想库战略研究联盟建设的情况,包括战略研究联盟建设总体思路、进展情况、下一步工作思考。据汇报,面对新形势新任务,加快建设国家高端科技智库,迫切需要建立一个高水平专业化战略咨询研究支撑联盟体系,造就一批坚持正确政治方向、德才兼备、富于创新精神的专职工程科技战略咨询队伍。战略联盟架构包括战略咨询中心、战略研究院、战略发展研究中心。下一步工作考虑有:成立战略联盟理事会,统筹战略研究联盟的建设和发展;进一步建立和完善各战略院科学有效、运行规范的管理体制机制,持续强化基础能力建设(机构建设、研究和管理队伍建设、数据库建设等),提高研究质量和水平;围绕若干战略领域,继续遴选有实力的大学、研究机构或企业,建设若干战略研究院和战略研究中心,近期先启动草业发展战略研究中心的试点建设工作。

院常务会议肯定了战略研究联盟建设工作,原则同意下一步工作考虑,并提出以下意见:如何实现战略研究联盟建设目标有更具体的举措,并做好落实工作;重要的领域都应有战略研究院(中心),例如在能源、环境、健康等领域,要积极稳妥、逐步建立健全,并促进其成熟发展。

易建同志汇报了《院士科技咨询专项经费管理办法》(以下简称《办法》)修订方案的情况,包括修订背景、修订原则、修订内容建议。据汇报,习近平总书记在今年全国科技创新大会上指出:“深化改革创新,形成充满活力的科技管理和运行机制。”“要着力改革和创新科研经费使用和管理方式,让经费为人的创造性活动服务,而不能让人的创造性活动为经费服务。”李克强总理 6 月 1 日主持召开国务院常务会议，确定完善中央财政科研项目资金管理的措施，更大激发科研人员创新创造活力。院领导高度重视，要求机关要认真学习贯彻讲话精神和落实决策部署，在对我院院士科技咨询专项经费管理工作中，进一步落实“放管服”，及时推进《办法》的研究修订工作。修订拟按照“放管服”原则，进一步简化我院院士咨询专项经费预算编制流程，方便院士专家开展咨询工作，提高咨询经费使用效率，发挥咨询经费为院士专家开展战略咨询服务的作用，并进一步规范管理程序。修订建议包括：一是简化预算编制程序；二是下放预算调整权限；三是优化科目设置；四是完善差旅会议管理；五是进一步规范管理程序。具体修改还需要等中央正式文件下发后，结合我院咨询工作实际，征询财政部主管司局的意见，再对《办法》详细内容进行补充完善。

院常务会议强调，对《办法》的修订要深入贯彻落实习总书记的有关重要讲话精神，并提出以下意见：要吃透、用好中央领导重要讲话精神和有关决策部署，既要让修订《办法》更加便于院士专注开展咨询研究工作，使院士从烦琐的财务程序中解脱出来，也要高度重视规范严格管理，坚决防范经费使用不端行为，充分利用信息化手段，使项目经费使用公开、透明。

主　持：周　济
出　席：赵宪庚　樊代明　陈左宁　刘　旭　田红旗
请　假：徐德龙　钟志华
列　席：吴国凯　陈　越　董庆九　易　建　罗莎莎　梁晓捷　王振海　高中琪　左家和
康金城　宋德雄　张如义
记　录：陈姝婷

院常务会议纪要(四十二)

2016年7月4日，周济院长主持召开中国工程院2016年第十二次院常务会议。会议议题有：总结6月重点工作，研究确定7月重点工作安排；关于赴我院定点扶贫县调研推进扶贫工作情况的汇报；关于《中国工程院2017年咨询研究项目指南》编制工作的汇报。

一、总结6月重点工作，研究确定7月重点工作安排

根据6月全院重点工作安排，各牵头部门分别汇报了完成情况：董庆九同志汇报了第十三次院士大会召开情况；高中琪同志汇报了第六届院士增选政策委员会第七次会议的情况；吴国凯同志汇报了第五届教育委员会第四次全体会议、“地球物理与资源环境”高端论坛的情况；李仁涵同志汇报了第223场中国工程科技论坛“工程方法论研究前沿”、“引发产业变革的重大颠覆性技术预测研究”项目研讨会、第二届广东院士高峰年会、2016中国·青海绿色发展投资贸易洽谈会暨三江源国家公园建设院士专家咨询会工业绿色制造课题调研、2016中国·成都全球创新创业交易会的情

况；吴国凯同志汇报了UNESCO国际工程教育中心揭牌暨协议签字仪式的情况。

会议还通报了其他重要事项：吴国凯同志通报了中央领导同志近期有关批示精神、第五届咨询工作委员会第六次会议、“工业强基战略研究”一期结题暨二期启动会、“NH开发与保护战略咨询研究”重大咨询项目组考察调研的情况；李仁涵同志汇报了第224场中国工程科技论坛——第二届信息技术发展新趋势院士论坛、院士大会期间院地合作座谈会情况、我院与广州市合作委员会成立并召开院士专家咨询座谈会、2016“创响中国”巡回接力首站活动启动仪式暨2016中国创新创业成果交易会、第十四届“6·18”创新驱动助力工程暨院士专家“一带一路”项目咨询对接活动、“中国地热产业规划和布局战略研究”重点咨询项目启动会、院士通州行活动、我院与浪潮集团签署合作协议、“眼科、耳鼻咽喉头颈外科”京津冀院士专项体检的情况；康金城同志汇报了赴欧调研情况；易建同志汇报了“中国制造2025”试点示范区域（珠江西岸先进装备制造业产业带）现场考察及评估工作、全国数控一代创新应用工程现场工作会的情况；罗莎莎同志汇报了我院庆祝中国共产党成立95周年大会的情况。

吴国凯同志汇报了2016年7月重点工作安排：

1）中英校企协同创新研讨会，由国际合作局、教育工作办公室、战略咨询中心牵头；

2）第225场中国工程科技论坛——重离子加速器的应用与推广，由一局牵头；

3）“我国水安全战略和相关重大政策研究”项目启动会，由二局牵头；

4）“我国医药卫生人才培养战略研究”咨询项目启动会，由三局牵头；

5）与中央军委科技委、中车、广东省政府签署合作协议，由科技合作办公室牵头；

6）2016生态文明贵阳国际论坛，由科技合作办公室牵头；

7）2016国际工程教育学术工作坊，由教育工作办公室牵头；

8）“中国制造2025”试点示范区域（苏南）现场考察及评估工作，由制造业项目办公室牵头；

9）西藏羌塘高原生态文明调研，由二局牵头；

10）2016年“资源开发可持续　生态环境可持续”院士新疆行，由二局牵头。

院常务会议对各部门在6月完成的大量工作给予了充分肯定，原则同意7月的重点工作安排。会议指出，6月是我院以实际行动，集中学习和深入贯彻落实全国科技创新大会和院士大会精神，开展“两学一做”学习教育活动，以及纪念建党95周年的具体体现。会议强调，要进一步深入贯彻落实全国科技创新大会习近平总书记重要讲话精神，按照“四聚五合”的工作方针，以战略咨询为核心，统筹协调各项业务工作，加强国家工程科技思想库建设；咨询工作委员会、科技合作委员会、学术与出版委员会和教育委员会要对照习近平总书记重要讲话精神，梳理总结经验与做法，对下一步工作进行系统部署。

二、关于赴我院定点扶贫县调研推进扶贫工作情况的汇报

董庆九同志汇报了徐德龙副院长率队赴云南调研推进扶贫工作的情况。据汇报，为贯彻落实中央扶贫工作部署，根据院党组指示，6月3—8日徐德龙副院长率朱有勇院士、黄璐琦院士，以及云南农业大学有关负责同志组成专家组，赴云南会泽县和澜沧县开展调研，全面推进脱贫攻坚工作。专家组深入基层调研，精准把握扶贫实情；与省委、省政府领导座谈，共同推进扶贫；建立“中国工程院院士专家扶贫工作站”，依托院士专家团队开展扶贫；提出了发展职业教育、开展咨询研究、推动“互联网+”电子商务、发挥“扶贫工作站”和“咨询服务站”作用等精准扶贫建议。

院常务会议对我院开展的各项扶贫工作给予了肯定，强调需进一步强化职业教育和信息化建设两方面工作。

三、关于《中国工程院 2017 年咨询研究项目指南》编制工作的汇报

吴国凯同志汇报了我院 2017 年咨询研究项目指南编制情况。据汇报，我院于今年 2 月启动了征集 2017 年咨询研究项目指南的工作；经过上报、讨论、凝练等工作程序，咨询办收到各学部提交的重大项目选题建议共 9 项，其他项目选题建议 75 项；此外，教育委员会和各战略院（中心）共提出了 19 项选题。对我院 2017 年咨询项目指南编制工作，关于指南的结构，建议分“重大咨询项目的选题方向”、“重点和学部咨询项目的选题方向”两部分；关于重大咨询项目选题方向，建议同意各学部提出的九个工程科技领域重大项目选题，以及对制造强国、生态文明建设、军民融合创新发展、NH 开发与保护四个领域进行滚动研究；关于其他（重点、学部）选题方向，建议尊重各学部及专门委员会提出的建议，各战略研究院（中心）提出的选题分别列入本单位 2017 研究计划；关于指南的执行，重大项目原则上限定为项目指南中确定的方向，重点和学部项目可采取院士自由申报方式。以上建议提请会议审议。

院常务会议原则同意我院 2017 年咨询研究项目指南编制建议，提出咨询项目要充分发挥战略研究联盟的支撑作用。

主　持：周　济
出　席：赵宪庚　樊代明　陈左宁　徐德龙　刘　旭　田红旗
请　假：钟志华
列　席：吴国凯　陈　越　董庆九　易　建　罗莎莎　梁晓捷　王振海　高中琪　李仁涵
安耀辉　高战军　康金城　张如义
记　录：何俊勇

院常务会议纪要（四十三）

2016 年 8 月 2 日，周济院长主持召开中国工程院 2016 年第十三次院常务会议。会议议题有：总结 7 月重点工作，研究确定 8 月重点工作安排；关于 2017 年咨询研究项目立项工作意见的汇报；关于“加快航天强国建设战略的深化研究”咨询项目申请立项情况的汇报。

一、总结 7 月重点工作，研究确定 8 月重点工作安排

根据 7 月全院重点工作安排，各牵头部门分别汇报了完成情况：宋德雄同志汇报了中英校企协同创新研讨会的情况；吴国凯同志汇报了第 225 场中国工程科技论坛——重离子加速器的应用与

推广的情况；高中琪同志汇报了“我国水安全战略和相关重大政策研究”项目启动会的情况；李仁涵同志汇报了“我国医药卫生人才培养战略研究”咨询项目启动会、与广东省政府签署合作协议、2016 生态文明贵阳国际论坛的情况；吴国凯汇报了 2016 国际工程教育学术工作坊的情况；易建同志汇报了“中国制造 2025”试点示范区域（苏南）现场考察及评估工作的情况；高中琪同志汇报了西藏羌塘高原生态文明调研、2016 年“资源开发可持续　生态环境可持续”院士新疆行的情况。

会议还通报了其他重要事项：吴国凯同志通报了中央领导同志近期有关批示精神；高中琪同志汇报了两院举行资深院士工作委员会第三次会议暨“百年科技强国发展战略研究”咨询项目启动会的情况；吴国凯同志汇报了“国家空间基础设施支撑‘一带一路’建设发展战略研究”重大咨询项目启动会的情况；高中琪同志汇报了滇池保护与治理情况调研的情况；李仁涵同志汇报了与四川省签署合作协议暨院士成都行的情况；樊代明同志通报了院刊系列入选 2016 中国科技期刊国际影响力提升计划二期项目的情况。

钟志华同志汇报了 2016 年 8 月重点工作安排：

1）机械与运载工程科技 2035 发展战略国际高端论坛，由一局牵头；

2）国际工程科技发展战略高端论坛“基础设施建设工程管理”、第 228 场中国工程科技论坛——“一带一路”基础设施建设工程管理暨第十届中国工程管理论坛，由三局牵头；

3）第 226 场中国工程科技论坛——核电大锻件高性能化智能制造论坛，由一局牵头；

4）第 227 场中国工程科技论坛——4P 医学与创伤个体化治疗，由三局牵头；

5）颠覆性技术战略研究院成立暨第一届理事会会议，由咨询工作办公室牵头；

6）中国草业发展战略研究中心成立暨第一次理事会，由二局牵头；

7）战略研究联盟成立，由咨询工作办公室牵头；

8）龙江院士行暨科技型企业创新发展咨询活动，由科技合作办公室牵头；

9）与中建公司签署战略合作协议，由科技合作办公室牵头；

10）第 19 届中日韩工程院圆桌会议，由国际合作局牵头；

11）《中国工程科学》杂志社改制运行，由战略咨询中心、学术与出版办公室、咨询工作办公室牵头；

12）“首都院士之家”揭牌仪式暨“院士怀柔行”活动，由科技合作办公室牵头。

院常务会议原则同意 8 月的重点工作安排。

二、关于 2017 年咨询研究项目立项工作意见的汇报

吴国凯同志汇报了 2017 年咨询研究项目立项工作的意见，包括立项原则、立项程序、经费预算计划方案、立项工作要求和时间表等。据汇报，为贯彻习近平总书记在全国科技创新大会上的讲话精神，建设国家高端科技智库，做好我院咨询研究项目立项工作，在总结经验的基础上，提出 2017 年咨询项目立项原则：坚持战略性、前瞻性、综合性；坚持以学部为基础、院士为核心；保证质量、稳步发展；鼓励交叉持续研究，支撑战略咨询的健康发展。2017 年拟按照 2.7 亿元安排咨询经费预算，咨询项目应根据国家战略需求，本着目标相关、经济合理、政策相符的原则提出经费预算。各学部及各战略研究院原则上应在本部门咨询经费控制数内统筹安排咨询项目及经费，鼓励集中力量、突出重点，每个学部 2017 年新立项项目控制在 10 项以内，其中重大项目 1 项，重点项目 2~3 项。对下设多个课题的重大和重点项目，需设立综合组并安排一定比例经费。为便于项目组织实施，建

议各项目综合组可依托工程院战略咨询中心和相关战略研究联盟机构。承担我院在研咨询研究项目超过2项(含2项)或有逾期未结题项目的项目负责人不能申报新项目,同一申请人申报2017年新项目的数量不超过1项。

院常务会议原则同意2017年咨询研究项目立项工作意见,指出我院战略咨询研究的重要任务是引领方向,要围绕国家重大关键前沿技术发展趋势超前部署,并提出以下意见:为组织好2017年咨询研究项目立项工作,咨询工作办公室要与各学部、战略研究联盟机构多进行沟通,给予立项申请建议,遴选好项目;申请项目编制预算应合理和实事求是,用好用足经费;为进一步调动参与项目研究人员积极性,可参照国家最近出台的科研项目资金管理意见。

三、关于“加快航天强国建设战略的深化研究”咨询项目申请立项情况的汇报

吴国凯同志汇报了“加快航天强国建设战略的深化研究”咨询项目申请立项的情况。据汇报,根据中央关于建设航天强国、实施创新驱动发展战略的要求,航天战略研究院于2013—2015年开展了“创新驱动建设航天强国发展战略研究”咨询项目。2016年以来,《国家创新驱动发展纲要》、《关于经济建设和国防建设融合发展的意见》发布,建设航天强国面临的形势和要求有了新的变化,各方对建设航天强国的认识更加深化。根据院领导要深化航天强国战略研究的指示,在原项目研究成果的基础上,申请“建设航天强国战略的深化研究”咨询项目立项。项目将前瞻谋划建设航天强国的目标、重点和实施路线图,提出建设航天强国顶层设计的咨询建议,为中央决策服务。项目负责人为王礼恒、戚发轫院士,项目类型为重点,申请经费为200万元,研究期限为2016年7月至2017年12月,联系部门为中国航天工程科技发展战略研究院。提请院常务会议审议。

院常务会议原则同意“加快航天强国建设战略的深化研究”咨询项目立项申请。

主　持:周　济
出　席:赵宪庚　樊代明　陈左宁　徐德龙　刘　旭　田红旗　钟志华
列　席:吴国凯　祝学华　易　建　罗莎莎　王振海　高中琪　王元晶　李仁涵　安耀辉　高战军　宋德雄　张如义
记　录:陈姝婷

院常务会议纪要(四十四)

2016年8月16日,周济院长主持召开中国工程院2016年第十四次院常务会议。会议议题有:讨论《中国工程院工作规则》(修订稿);关于“创新与新兴产业发展国际会议”筹备情况的汇报。

一、讨论《中国工程院工作规则》(修订稿)

董庆九同志汇报了《中国工程院工作规则》的修订情况。据汇报,为适应新形势的需要,根据2013年3月国务院修订印发的《国务院工作规则》,参照有关部委工作规则,结合我院工作实际,办公厅牵头组织开展了《中国工程院工作规则》的修订工作,经过多轮沟通讨论,并广泛征集各部门的意见和建议,形成《中国工程院工作规则》(修订稿)。《中国工程院工作规则》(修订稿)共十一章四十七条。在2010年版《中国工程院工作规则》基础上,《中国工程院工作规则》(修订稿)增加了第十章“建立健全督查督办制度”,对第六章“会议制度”的内容进行了调整和修改,对第八章“工作纪律”的内容进行了补充和完善。提请院常务会议讨论。

院常务会议原则同意《中国工程院工作规则》(修订稿),要求进一步修改完善后按程序报院主席团会议审议。

二、关于“创新与新兴产业发展国际会议”筹备情况的汇报

易建同志汇报了“创新与新兴产业发展国际会议”的筹备情况,包括会议基本情况、筹备情况和下一步考虑等。据汇报,为助推上海市建成全球有影响力的科技创新中心,推动我国战略性新兴产业培育与发展,服务国家创新驱动发展战略的实施,工程院与上海市共同商议并决定,在工博会期间举办“创新与新兴产业发展国际高端会议”(英文简称:IEID),并将与工博会一道长期举办。本次会议主办单位由工博会组委会组成,会议时间定于2016年11月1~3日。本次会议确立了“1+5”的会议组织模式,即设1个主会场和5个分会场,分别围绕“科技创新引领新兴产业发展”的大会主题和“新一代信息技术与产业”、“生物与生命科学技术与产业”、“高端装备与新材料技术与产业”、“绿色低碳技术与产业”、“数字创意技术与产业”等5个分会主题,以主旨报告和圆桌会议的形式展开交流,有关领导、院士、专家及其他会议嘉宾等共约700人参加。目前,大会和各分会场地已确定,大会报告人及分会报告人邀请工作已接近尾声,其他各项会议筹备工作正在按计划进行。此外,我院主席团会议(10月31日)和第二届中韩创新产业论坛(11月2日)也将于此次大会期间在上海召开。会议经费由我院和上海市政府共同负担。

院常务会议对前期筹备工作给予了充分肯定,同意会议筹备的有关安排,要求继续认真做好各项筹备工作。

主　持:周　济

出　席:赵宪庚　樊代明　陈左宁　徐德龙　刘　旭　田红旗　钟志华

列　席:吴国凯　陈　越　董庆九　谷　珏　易　建　罗莎莎　梁晓捷　王振海　王元晶
李仁涵　高战军　康金城　张如义

记　录:何俊勇

院常务会议纪要(四十五)

2016 年 8 月 30 日,周济院长主持召开中国工程院 2016 年第十五次院常务会议。会议议题有:总结 8 月重点工作,研究确定 9 月重点工作安排。

总结 8 月重点工作,研究确定 9 月重点工作安排

根据 8 月全院重点工作安排,各牵头部门分别汇报了完成情况:吴国凯同志汇报了机械与运载工程科技 2035 发展战略国际高端论坛的情况;李仁涵同志汇报了国际工程科技发展战略高端论坛"基础设施建设工程管理"、第 228 场中国工程科技论坛——"一带一路"基础设施建设工程管理暨第十届中国工程管理论坛的情况;吴国凯同志汇报了第 226 场中国工程科技论坛-核电大锻件高性能化智能制造论坛的情况;李仁涵同志汇报了第 227 场中国工程科技论坛——"4P 医学与创伤个体化治疗"论坛的情况;吴国凯同志汇报了创新战略研究院成立暨第一届理事会会议的情况;高中琪同志汇报了中国草业发展战略研究中心成立暨第一次理事会的情况;吴国凯同志汇报了战略研究联盟成立暨第一届理事会会议、龙江院士行暨科技型企业创新发展咨询活动的情况;李仁涵同志汇报了与中建公司签署战略合作协议的情况;易建同志汇报了《中国工程科学》杂志社改制运行的情况;李仁涵同志汇报了"首都院士之家"揭牌仪式暨"院士怀柔行"活动的情况。

会议还通报了其他重要事项:吴国凯同志通报了中央领导同志近期有关批示精神;李仁涵同志汇报了信息丝绸之路高峰论坛的情况。

钟志华同志汇报了 2016 年 9 月重点工作安排:

1)国际医学科学院组织 2016 全体大会暨"健康促进"高端论坛,由国际合作局、三局牵头;

2)第六届院士增选政策委员会第八次会议,由增选工作办公室牵头;

3)"中国工程科技中长期发展战略研究"2016 年度联合领导小组会议,由咨询工作办公室牵头;

4)"中国人工智能 2.0"规划建议研究专家委员会成立会议,由咨询工作办公室牵头;

5)国际工程科技知识中心 2016 国际高端研讨会,由办公厅牵头;

6)2016 国际临床与转化医学论坛暨"健康中国与转化医学"国际高端论坛,由三局牵头;

7)国际经济菌物大会暨第 229 场中国工程科技论坛——经济菌物论坛,由二局牵头;

8)第 230 场中国工程科技论坛——草地农业论坛,由二局牵头;

9)第 231 场中国工程科技论坛——秦巴论坛,由一局牵头;

10)第四届院刊发展研讨会,由学术与出版办公室牵头;

11)《Engineering》期刊主编工作会议,由学术与出版办公室牵头;

12)工程科技大数据技术创新战略联盟成立大会,由办公厅牵头;

13)与国家电网公司签署合作协议,由科技合作办公室牵头;

14）工业绿色制造院士行，由一局、战略咨询中心牵头；
15）西藏清洁能源和矿产资源开发院士行，由一局牵头；
16）低碳奥运院士行，由一局牵头；
17）延安现代农业科技发展调研，由二局牵头。
18）院士宁夏环保行，由二局牵头；
19）赴英国出席国际工程与技术科学院理事会（CAETS）年会，由国际合作局牵头；
20）第十二届海峡两岸气候变迁与能源可持续发展论坛，由一局、国际合作局牵头；
院常务会议原则同意9月的重点工作安排。

主　持：周　济
出　席：樊代明　刘　旭　田红旗　钟志华
请　假：赵宪庚　陈左宁　徐德龙
列　席：吴国凯　陈　越　董庆九　谷　珏　易　建　罗莎莎　梁晓捷　高中琪　左家和　李仁涵　安耀辉　宋德雄　张如义
记　录：何俊勇

院常务会议纪要(四十六)

2016年9月27日，周济院长主持召开中国工程院2016年第十六次院常务会议。会议议题有：总结9月重点工作，研究确定10月重点工作安排。

总结9月重点工作，研究确定10月重点工作安排

根据9月全院重点工作安排，各牵头部门分别汇报了完成情况：吴国凯同志汇报了“中国人工智能2.0”规划建议研究专家委员会成立会议的情况；董庆九同志汇报了国际工程科技知识中心2016国际高端研讨会的情况；安耀辉同志汇报了“健康中国与转化医学”国际高端论坛的情况；高中琪同志汇报了国际经济菌物大会暨第229场中国工程科技论坛——经济菌物论坛的情况；吴国凯同志汇报了第231场中国工程科技论坛——秦巴论坛的情况；安耀辉同志汇报了第四届院刊发展研讨会、《Engineering》期刊主编工作会议的情况；董庆九同志汇报了工程科技大数据技术创新战略联盟成立大会的情况；安耀辉同志汇报了我院与国家电网公司签署合作协议的情况；吴国凯同志汇报了工业绿色制造院士行、中国工程院院士西藏行、低碳奥运院士行的情况；高中琪同志汇报了延安现代农业科技发展调研的情况；宋德雄同志汇报了赴英国出席国际工程与技术科学院理事会（CAETS）年会、第19届中日韩工程院圆桌会议的情况；吴国凯同志汇报了第十二届海峡两岸气候变迁与能源可持续发展论坛的情况。

会议还通报了其他重要事项：吴国凯同志通报了中央领导同志近期有关批示精神；高中琪同志

汇报了“一带一路”建筑发展论坛的情况；安耀辉同志汇报了第四次全国科技援藏工作座谈会的情况；董庆九同志汇报了国家保密局现场督导座谈会的情况；吴国凯同志汇报了院机关学习“七一”讲话交流会暨演讲比赛的情况。

院常务会议指出，当前保密形势很严峻，要高度重视保密工作，进一步加强保密“两识”教育，狠抓领导干部保密工作责任制的落实，加强保密工作制度建设，以“定密管理、涉密人员管理、网络管理”为抓手，突出重点，综合防范。会议强调，要规范对涉密咨询研究项目的管理，从立项开始就进行定密，并实行全过程保密管理，加强相关制度建设，由咨询工作委员会和院保密委员会落实。

吴国凯同志汇报了 2016 年 10 月重点工作安排：

1）第六届主席团第 14 次会议，由办公厅牵头；

2）国际工程科技发展战略高端论坛——先进结构材料研究现状与发展趋势国际高层论坛，由一局牵头；

3）国际工程科技发展战略高端论坛——2016 城市可持续建设国际会议（ICSI），由二局、国际合作局牵头；

4）国际工程科技发展战略高端论坛——信息领域的颠覆性技术，由三局牵头；

5）第 232 场中国工程科技论坛——面向水安全保障的工程与技术创新，由二局牵头；

6）第 233 场中国工程科技论坛——爆破新理论、新技术与创新成果论坛暨第十一届全国工程爆破学术会议，由一局牵头；

7）第 234 场中国工程科技论坛——深部矿产资源高效开发与利用，由一局牵头；

8）第 235 场中国工程科技论坛——分子诊断技术，由三局牵头；

9）第 236 场中国工程科技论坛——应急 · 医学 · 医保 · 救援 · 装备产业化与信息技术，由三局牵头；

10）第 237 场中国工程科技论坛——互联网+时代的建模与仿真技术，由三局牵头；

11）第一届中德个体化医学论坛，由三局、国际合作局牵头；

12）第六届中法代谢类疾病研讨会，由三局、国际合作局牵头；

13）《Engineering》期刊 2017 年后续专题启动会，由学术与出版办公室牵头；

14）《Engineering》期刊主编工作会议，由学术与出版办公室牵头；

15）余杭院士行暨中国药物创新大会，由三局牵头；

16）筹备“创新与新兴产业发展国际会议”，由战略咨询中心牵头；

院常务会议原则同意 10 月的重点工作安排，并提出，筹备“创新与新兴产业发展国际会议”的工作要动员全院力量，办好此次会议。

主　持：周　济

出　席：赵宪庚　陈左宁　徐德龙　刘　旭　田红旗

请　假：樊代明

列　席：吴国凯　陈　越　董庆九　谷　珏　易　建　罗莎莎　梁晓捷　高中琪　王元晶　安耀辉　宋德雄

记　录：陈姝婷

院常务会议纪要(四十七)

2016 年 10 月 11 日,赵宪庚副院长主持召开中国工程院 2016 年第十七次院常务会议。会议议题有:关于增加 2017 年学术活动经费及增设咨询研究项目的汇报。

关于增加 2017 年学术活动经费及增设咨询研究项目的汇报

吴国凯同志汇报了有关增加学术活动经费及新增咨询研究项目的情况。据汇报,近日院咨询工作办公室收到院学术与出版委员会《关于增加 2017 年国际高端论坛的函》和《关于申请<全球工程前沿研究>咨询项目立项的函》。函件中提出,为贯彻落实习近平总书记在全国科技创新大会上的讲话精神,强化我院学术引领作用,引导院刊选题聚焦全球工程科技前沿,申请自 2017 年起,每年 9 个学部各增加 1 场国际高端论坛,每场支持经费为 50 万元,共计 450 万元;申请设立"全球工程前沿研究"项目,项目类型为重点项目,负责人为钱旭红院士,研究期限为 2016.10—2017.6,经费 180 万元。

鉴于学术活动及院刊工作均属于我院建设国家高端智库的重要内容,建议同意以上申请,2016 年设立"全球工程前沿研究"咨询项目。从 2017 年起,我院每年将从咨询研究经费中安排 1950 万元用于学术活动,730 万元用于《院刊》研究,合计每年将为学术与出版委员会安排经费 2680 万元。以上建议提请院常务会议审议。

院常务会议同意上述增加学术活动及新增咨询研究项目的建议。

主　持:赵宪庚

出　席:樊代明　徐德龙　刘　旭　田红旗

请　假:周　济　陈左宁

列　席:吴国凯　董庆九　谷　珏　易　建　罗莎莎　梁晓捷　王振海　左家和　王元晶　李仁涵　高战军　康金城　张如义

记　录:何俊勇

院常务会议纪要(四十八)

2016 年 10 月 31 日,周济院长主持召开中国工程院 2016 年第十八次院常务会议。会议议题有:总结 10 月重点工作,研究确定 11 月重点工作安排。

总结 10 月重点工作,研究确定 11 月重点工作安排

根据 10 月全院重点工作安排,各牵头部门分别汇报了完成情况:康金城同志汇报了国际医学科学院组织 2016 全体大会暨“健康促进”高端论坛的情况;董庆九同志汇报了第六届主席团第 14 次会议的情况;左家和同志汇报了第六届院士增选政策委员会第八次会议的情况;吴国凯同志汇报了“中国工程科技中长期发展战略研究”2016 年度联合领导小组会议、“中国工程科技中长期发展战略研究”2016 年度联合领导小组会议的情况;左家和同志汇报了国际工程科技发展战略高端论坛——2016 城市可持续建设国际会议(ICSI)的情况;高战军同志汇报了国际工程科技发展战略高端论坛——信息领域的颠覆性技术的情况;左家和同志汇报了第 230 场中国工程科技论坛——草地农业论坛、第 232 场中国工程科技论坛——面向水安全保障的工程与技术创新的情况;吴国凯同志汇报了第 233 场中国工程科技论坛——爆破新理论、新技术与创新成果论坛暨第十一届全国工程爆破学术会议、第 234 场中国工程科技论坛——深部矿产资源高效开发与利用的情况;高战军同志汇报了第 235 场中国工程科技论坛——分子诊断技术、第 236 场中国工程科技论坛——应急 · 医学 · 医保 · 救援 · 装备产业化与信息技术、第 237 场中国工程科技论坛——互联网+时代的建模与仿真技术的情况;康金城同志汇报了第一届中德个体化医学论坛、第六届中法代谢类疾病研讨会的情况;高战军同志汇报了《Engineering》期刊 2017 年后续专题启动会、余杭院士行暨中国药物创新大会的情况;左家和同志汇报了院士宁夏环保行的情况;易建同志汇报了筹备“创新与新兴产业发展国际会议”的情况。

会议还通报了其他重要事项:高战军同志汇报了全国院士专家工作站建设经验交流会的情况;康金城同志汇报了中国工程院代表团赴俄罗斯、白俄罗斯、哈萨克斯坦进行项目调研的情况。

吴国凯同志汇报了 2016 年 11 月重点工作安排:

1) 接受中央巡视组专项巡视,由机关党委、办公厅牵头;

2) 创新与新兴产业发展国际会议暨中国国际工业博览会,由战略咨询中心牵头;

3) 第五届教育委员会第五次会议,由教育工作办公室牵头;

4) 第五届咨询工作委员会第七次会议,由咨询工作办公室牵头;

5) 2035 农业工程科技发展战略国际高端论坛,由二局牵头;

6) 第 238 场中国工程科技论坛——精确时空信息技术与应用,由牵头;

7) 第 239 场中国工程科技论坛——城市水科学论坛,由二局牵头;

8) 第 240 场中国工程科技论坛——2016 中国地热国际论坛由三局牵头;

9）第 241 场中国工程科技论坛——能源互联网，由一局牵头；

10）第 242 场中国工程科技论坛——我国纺织行业智能制造发展战略论坛，由二局牵头；

11）中国工程院化工、冶金与材料工程第十一届学术会议，由一局牵头；

12）第十八届中国国际高新技术成果交易会、中国工程院深圳市合作委员会第九次会议、战略性新兴产业培育与发展论坛，由科技合作办公室、战略咨询中心牵头；

13）2016 中国（郑州）产业转移系列对接活动，由科技合作办公室牵头；

14）第二届中韩产业创新论坛，由国际合作局牵头；

15）海峡两岸产业工程科技交流论坛，由国际合作局牵头。

院常务会议原则同意 11 月的重点工作安排，要求机关各部门做好接受专项巡视的各项准备，全力配合中央巡视组开展工作。巡视期间，处以上干部出差出访事宜，由各部门综合处汇总，经所在部门主要领导审签后报办公厅院长办公室，由办公厅报院领导审批后报告巡视组。

主　持：周　济
出　席：樊代明　陈左宁　徐德龙　刘　旭　田红旗
请　假：赵宪庚
列　席：吴国凯　董庆九　谷　珏　易　建　梁晓捷　左家和　王元晶　高战军　康金城　宋德雄
记　录：何俊勇

院常务会议纪要（四十九）

2016 年 11 月 22 日，周济院长主持召开中国工程院 2016 年第十九次院常务会议。会议议题有：总结 11 月重点工作，研究确定 12 月重点工作安排；关于 2016 年新增咨询研究项目立项情况的汇报。

一、总结 11 月重点工作，研究确定 12 月重点工作安排

根据 11 月全院重点工作安排，各牵头部门分别汇报了完成情况：谷珏同志汇报了中央第八巡视组专项巡视院党组工作进展情况；易建同志汇报了创新与新兴产业发展国际会议暨中国国际工业博览会的情况；高中琪同志汇报了 2035 农业工程科技发展战略国际高端论坛、第 238 场中国工程科技论坛——精确时空信息技术与应用、第 239 场中国工程科技论坛——城市水科学论坛的情况；李仁涵同志汇报了第 240 场中国工程科技论坛——2016 中国地热国际论坛的情况；吴国凯同志汇报了第 241 场中国工程科技论坛——能源互联网、中国工程院化工、冶金与材料工程第十一届学术会议的情况；李仁涵同志汇报了《Engineering》期刊主编工作会议、第十八届中国国际高新技术

成果交易会、中国工程院深圳市合作委员会第九次会议、战略性新兴产业培育与发展论坛、2016 中国(郑州)产业转移系列对接活动的情况;宋德雄同志汇报了第二届中韩产业创新论坛、海峡两岸产业工程科技交流论坛的情况。

会议还通报了其他重要事项:吴国凯同志通报了中央领导同志近期有关批示精神;李仁涵同志汇报了中国“人工智能 2.0”专项规划建议研究、2017 年度学术活动评审会的情况。

吴国凯同志汇报了 2016 年 12 月重点工作安排:

1) 接受中央巡视组专项巡视,由机关党委、办公厅牵头。

2) 各委员会和机关各部门 2016 年度工作总结与年度考核,由机关各部门负责;

3) 科学道德建设委员会六届六次会议,由科学道德办公室牵头;

4) “网络提速降费”咨询评估,由咨询工作办公室、三局牵头;

5) 网络强国规划研究咨询评估,由咨询工作办公室、三局牵头;

6) 福建生态文明建设调研,由二局牵头;

7) 院士香港访校计划,由国际合作局牵头;

院常务会议原则同意 12 月的重点工作安排。

二、关于 2016 年新增咨询研究项目立项情况的汇报

吴国凯同志汇报了 2016 年新增咨询研究项目立项的情况。据汇报,2016 年 9 月底收到中财办来函,要求我院就“关于世界科技发展趋势和加强创新型国家建设战略研究”重大课题开展研究,课题报告要求 2017 年 3 月底前完成。由于该任务意义重大且时间要求紧,为保证研究质量,咨询工作办公室建议我院设立“关于世界科技发展趋势和加强创新型国家建设战略研究”重大咨询研究项目,由中国工程院科技创新战略研究院承担,杜祥琬院士担任项目负责人,各相关学部推荐院士参加项目研究,紧密结合“颠覆性技术发展战略研究”等我院已有的咨询项目研究工作进行;除中财办安排的 15 万元课题经费外,项目组申请经费 100 万元,经费依托单位为创新战略研究院,经费采取工程院与创新战略研究院签订委托协议的形式拨付。以上立项建议提请院常务会议审议。

院常务会议同意上述新增咨询研究项目的立项建议。会议要求,我院咨询研究成果要及时上报,为“十九大”提供决策参考。

主　持:周　济

出　席:樊代明　陈左宁　刘　旭　田红旗

请　假:赵宪庚　徐德龙

列　席:薛　利　吴国凯　陈　越　董庆九　谷　珏　易　建　罗莎莎　王振海　高中琪
左家和　李仁涵　安耀辉　高战军　宋德雄　陆　炜

记　录:何俊勇

院常务会议纪要(五十)

2016年12月6日,周济院长主持召开中国工程院2016年第二十次院常务会议。会议议题有:审议2017年院士增选有关文件修订事项;关于2017年咨询研究项目立项评审情况的汇报;关于2016年新增咨询研究项目立项情况的汇报。

一、审议2017年院士增选有关文件修订事项

高中琪同志汇报了2017年院士增选有关文件修订事项。据汇报,中国工程院第六届主席团第14次会议原则通过对《中国工程院院士增选工作实施办法》等院士增选相关文件的修订,会议要求增选办公室对有关文件个别表述作进一步修改完善。按照主席团会议要求,增选办公室对候选人材料公示办法、材料验收和汇总的有关规定、学部专业划分标准、提名书、进入第二轮评审候选人简表、党政机关领导干部身份认定规则等有关文件个别内容进行了修订,同时建议结合中央巡视工作要求对投诉信处理办法进行修订,建议给广大院士下发一封公开信进一步严明增选纪律,计划12月底向院士、特别提名单位、中国科协印发2017年院士增选有关文件。以上修订建议和工作安排提请院常务会议审议。

院常务会议原则通过对2017年院士增选有关文件修订和工作安排的建议,要求增选委员会根据中央巡视组要求立即研究修订投诉信处理办法,2017年院士增选文件下发工作与中科院协调一致。

二、关于2017年咨询研究项目立项评审情况的汇报

吴国凯同志汇报了2017年咨询研究项目立项评审情况。据汇报,2016年11月25日我院第五届咨询工作委员会第七次会议对2017年咨询研究项目进行了评审。根据2017年咨询项目立项程序,经过学部评议,以及咨委会答辩评议、学部介绍、综合评审、投票表决等程序,选出了2017年拟立项的咨询研究项目。此外,咨委会审议批准了学术委员会、教育委员会、航空战略研究院、航天战略研究院、信息战略研究中心等五个专门委员会及战略研究院的立项申请。根据投票及审议情况,咨委会第七次会议评审产生了2017年拟立项项目共102项,其中重大项目13项,重点项目29项,学部项目50项,学术活动项目4项,工程科技培养项目6项。上述评审结果提请院常务会议审议。

院常务会议同意第五届咨询工作委员会第七次会议对2017年咨询研究项目的评审结果,要求抓紧做好项目立项的后续工作,及时拨付项目经费。

三、关于2016年新增咨询研究项目立项情况的汇报

吴国凯同志汇报了2016年新增咨询研究项目立项的情况。据汇报,2016年11月10日,国办

督查室通知我院，拟请我院就《国务院办公厅关于加快高速宽带网络建设推进网络提速降费的指导意见》(国办发〔2015〕41号)等相关政策措施贯彻落实情况开展评估，并提出意见建议。根据国办要求，我院由咨询工作办公室牵头，会同中国信息电子工程科技战略研究中心制定了评估工作方案。11月29日国办督查室批准了我院的工作方案，并正式发函委托我院承担2016年网络提速降费工作的第三方评估工作，要求2017年1月10日前向国务院提交书面评估报告。由于该任务意义重大且时间要求较紧，为保证研究质量，咨询工作办公室建议我院设立“网络提速降费工作评估”咨询研究项目，由评估专家组组长邬贺铨院士任项目组长，工作组依托中国信息电子工程科技战略研究中心和中国航天工程科技战略研究院，办公室由咨询工作办公室牵头，信息学部办公室和工程管理学部办公室参加，项目申请经费100万元。以上立项建议提请院常务会议审议。

院常务会议同意上述新增咨询研究项目的立项建议，要求开展好此项第三方评估工作。

主　持：周　济
出　席：樊代明　陈左宁　刘　旭　田红旗
请　假：赵宪庚　徐德龙
列　席：郭　驰　杜　鹏　李　燚　肖　强　夏献忠　吴国凯　董庆九　谷　珏　易　建
罗莎莎　梁晓捷　王振海　高中琪　左家和　王元晶　安耀辉　高战军　张如义
记　录：何俊勇

院常务会议纪要(五十一)

2016年12月21日，周济院长主持召开中国工程院2016年第二十一次院常务会议。会议议题有：审议《中国工程院院士增选投诉信处理办法》修订事项；审议《中国工程院国内公务接待管理办法》；审议《中国工程院外宾接待管理实施细则》。

一、审议《中国工程院院士增选投诉信处理办法》修订事项

左家和同志汇报了《中国工程院院士增选投诉信处理办法》修订等事项情况。据汇报，根据2016年第20次院常务会议精神，结合中央第八巡视组要求，增选工作办公室对《中国工程院院士增选投诉信处理办法》提出了修订建议，并征得院士增选政策委员会全体委员同意，修订内容共有三条：一是对第五条中“涉及政治、经济和道德品行等方面的问题由我院委托候选人所在单位或其上级部门调查核实”，修改为“由我院委托候选人的上级主管部门调查核实”；二是对第十二条中“投诉信及调查结果不向投诉人和有关单位反馈”，修改为“投诉信及调查结果一般不向投诉人和有关单位反馈”；三是在第十三条中，规定所有投诉材料按院档案管理的有关规定存档，删除本条的后半款。同时建议，按照中组部意见，《中国工程院院士候选人党政机关领导干部身份认定规则

（试行）》在2017年院士增选通知中一并发布；经与中科院沟通，2016年12月30日下午将2017年增选通知和相关文件通过我院网站发布。以上修订建议和工作安排提请院常务会议审议。

院常务会议原则通过对《中国工程院院士增选投诉信处理办法》修订和有关增选工作安排的建议，要求提交院党组会议审定。

二、审议《中国工程院国内公务接待管理办法》

董庆九同志汇报了《中国工程院国内公务接待管理办法》起草情况和主要内容。据汇报，为贯彻落实《党政机关厉行节约反对浪费条例》和《党政机关国内公务接待管理规定》等有关文件精神，规范我院国内公务接待工作，办公厅牵头起草了《中国工程院国内公务接待管理办法》（以下简称《办法》）。《办法》共计十六条，包括制定依据、适用范围、坚持原则、审批流程、接待标准、经费管理、责任追究等内容。

院常务会议原则通过《中国工程院国内公务接待管理办法》，要求对个别表述再斟酌修改，进一步明确接待工作餐标准为130元/人，修改完善并提交院党组会议审定后印发。

三、审议《中国工程院外宾接待管理实施细则》

宋德雄同志汇报了《中国工程院外宾接待管理实施细则》的起草情况和主要内容。据汇报，根据《党政机关厉行节约反对浪费条例》和《中央和国家机关外宾接待经费管理办法》等有关文件精神，规范我院外宾接待工作，国际合作局牵头起草了《中国工程院外宾接待管理实施细则》（以下简称《实施细则》）。《实施细则》共计4章21条，包括制定依据、适用范围、坚持原则、管理职责、接待管理及流程、经费使用及报销流程、责任追究等内容。

院常务会议原则通过《中国工程院外宾接待管理实施细则》，要求对个别表述再斟酌修改，进一步明确外宾接待开支范围、标准及陪同人数等内容，修改完善并提交院党组会议审定后印发。

主　持：周　济
出　席：樊代明　陈左宁　刘　旭　田红旗
请　假：赵宪庚　徐德龙
列　席：杜　鹏　夏献忠　陈　越　吴国凯　董庆九　谷　珏　易　建　罗莎莎　梁晓捷　王振海　左家和　王元晶　李仁涵　高战军　宋德雄　张如义
记　录：何俊勇

【专门委员会会议纪要】

中国工程院第六届院士增选政策委员会会议纪要

（第 6 期）

2016 年 1 月 22 日上午，刘旭主任在工程院主持召开了第六届院士增选政策委员会第六次会议，周济院长以及 14 位院士参加了会议。会议主要议题是总结 **2015 年院士增选工作，研究讨论 2016 年院士增选政策委员会工作**。纪要如下。

一、总结 2015 年院士增选工作

刘旭副院长向会议报告了 2015 年院士增选工作情况。他指出，2015 年院士增选是实施院士制度改革之后的首次增选，我院将落实改进完善院士制度任务与做好院士增选工作紧密结合，在制度体系、工作流程和保障措施等方面进一步完善，经过两轮评审会议选举产生了 70 位院士和 8 位外籍院士，圆满完成了增选任务，改进完善院士制度工作取得较好进展，得到了国务院领导的高度肯定和院士们的普遍好评。

刘院长在总结报告中讲道，2015 年院士增选工作着重做好以下四个方面。**一是落实院士制度改革措施，完善院士增选政策体系**。本次增选中，一系列改革措施得到落实，包括取消“归口遴选部门”提名途径、增加增选名额、降低候选人年龄要求的上限、增加院士和科协的提名人数、建立特别提名小组、实行全院全体院士终选投票、规定公务员和参照公务员法管理的党政机关处级以上领导干部原则上不作为候选人，等等。此外，新制定了《中国工程院院士增选特别提名小组评审工作程序》、《中国工程院院士候选人党政机关领导干部身份认定规则》和《中国工程院 2015 年院士增选终选会议投票相关程序规定》3 个配套文件，院士增选工作的制度体系得到进一步完善。**二是优化院士评审与选举相关工作流程**。将公示全部有效候选人材料改为只公示进入第二轮评审的候选人材料，提高材料公示的针对性和有效性；实行投诉分类调查机制，涉及学术学风类的投诉，成立院士调查小组进行调查，涉及政治、经济和道德品行类的投诉，委托候选人主管部门进行了调查核实，总体效果是比较好的。**三是加强增选工作协调和舆论引导**。在候选人身份审核、材料公示和投诉调查工作中，加强与中组部以及候选人主管部门等的沟通；在港澳台相关候选人的问题上加强与港澳办、国台办的沟通；高度重视并认真做好信息公开和舆论引导工作，新闻媒体对我院本次增选的报道绝大多数都比较正面。**四是注重工作协调与沟通**。围绕推进增选工作及时召开院士增选政策委员会，并结合学部活动和科学道德建设委员会活动等广泛听取院士们的意见建议。多次组织召

开增选工作座谈会,加强沟通、密切配合。积极与中科院沟通交流,促进两院增选工作协同。

与会院士对我院2015年院士增选工作给予了高度肯定,并就进一步改进和完善候选人提名途径与提名规定、党政机关领导干部身份认定规则、投诉信受理和处理、外籍院士提名和选举规定、严肃增选纪律和净化评审环境等方面提出了意见和建议。为做好院士增选相关文件的修订完善工作,希望加强院士增选相关问题的调研,广泛听取院士们和有关部门的意见建议,注重院士增选政策的延续性、系统性和可操作性,做好顶层设计,为2017年院士增选工作做好准备。

二、院士增选政策委员会2016年工作

增选工作办公室主任高中琪向会议汇报了增选政策委员会2016年工作要点,包括改进完善院士制度"回头看"工作、《章程》及院士增选相关文件修订工作、院士增选政策咨询研究工作和2015年当选院士研修班工作等,为了加强院士增选政策委员会工作,要落实工作制度、加强支撑服务,提升服务保障水平。会议对2016年工作要点表示赞同,并建议在认真总结2015年院士增选工作的基础上,加强对相关问题的汇总和梳理,分解任务,逐项落实。

周济院长做了总结讲话,他指出,院士增选是工程院两大职能之一,是院士队伍建设的基础和关键,核心是要"把好入口关"。他要求院士增选政策委员会进一步巩固改进完善院士制度工作成果,注重顶层设计和制度建设,重点做好三方面工作。**一是加强制度建设**。注重对相关改革措施的回顾总结,深入开展调查研究,在广泛听取院士们和有关部门意见建议的基础上,做好《章程》和院士增选相关文件修订工作,从制度、规矩和程序方面提升院士增选工作科学化水平。**二是严抓作风和纪律**。中央八项规定的实施和反腐败工作的深入推进带动社会风气明显好转,我院2015年院士增选工作中违纪违规问题明显减少。但保护好院士增选这一学术净土,需要研究制定更为严格、更为具体的规定,并严格制度执行、加大对违纪违规行为的处罚力度,进一步严肃纪律、端正风气。**三是要认真研究充分发挥院士作用的问题**。将落实院士退休政策与调动院士群体的积极性紧密结合,重点研究调动发挥70~80岁年龄段院士以及资深院士积极性的问题,从待遇、兼职以及工作保障等方面提出合理建议,促进院士群体为加强我院高端智库建设发挥积极作用。

出　席:周　济　刘　旭　李培根　刘永才　陈良惠　马远良　舒兴田　孙传尧　彭苏萍
聂建国　郝吉明　夏咸柱　康绍忠　邱贵兴　孙永福　王基铭
请　假:赵宪庚　陈左宁　谢克昌　周福霖　崔　愷　陈克复　傅廷栋　杨宝峰
列　席:吴国凯　高中琪　梁晓捷　各学部办公室工作人员
记　录:赵　千

中国工程院第六届院士增选政策委员会会议纪要

（第 7 期）

2016 年 5 月 31 日晚上，刘旭主任在北京会议中心主持召开了第六届院士增选政策委员会第七次会议，周济院长、赵宪庚副院长出席。会议**研究了院士增选相关文件修订工作**，审议了**《中国工程院改进完善院士制度研究》重点咨询项目结题事宜**。纪要如下。

一、研究院士增选相关文件修订工作

刘旭主任向会议通报了 2015 年院士增选工作总体情况以及进一步完善相关办法和规定的建议。为了做好院士增选相关文件修订工作，为 2017 年院士增选做准备，增选工作办公室按照第六届院士增选政策委员会第六次会议的要求，汇总了各方面特别是各学部常委会对院士增选工作的意见建议，在认真总结梳理的基础上，提出了进一步完善院士增选相关办法和规定的具体意见，整理形成了《院士增选相关文件修订建议》。反馈意见普遍认为，通过 2015 年院士增选，我院院士队伍建设得到进一步加强。与此同时，一系列新的改进措施得到落实，院士增选工作的制度体系、工作流程和保障措施等不断完善，改进完善院士制度工作取得了较好的进展。**新一轮院士增选应按照院士增选政策委员会 2016 年工作要点中明确的“大稳定、小调整”原则，在稳定政策、坚持和巩固改革成果的基础上，对一些具体措施进行进一步优化完善。**会议对《院士增选相关文件修订建议》中提出的问题进行了研究讨论。

1）关于限制候选人提名院士的数量。会议一致认为，应限定候选人仅能接受 3 位院士提名。

2）关于超过 70 岁候选人提名次数的规定。会议一致同意取消《增选办法》中关于年龄超过 70 岁的候选人仅能被提名 1 次的规定。

3）关于不能全程参加评审会议院士的投票规定。会议建议在《增选办法》中明确规定“第一轮评审会议时，院士必须全程参加学部大会介绍环节，方能参加确定进入第二轮评审候选人的投票；第二轮评审会议时，院士必须全程参加候选人到会介绍和提问环节，方能参加确定正式候选人的投票”。

4）关于候选人党政机关领导干部身份认定。会议认为，应进一步与中组部、中科院等相关部门沟通，明确具体规定，避免在评审过程中出现对候选人身份认定的变化。

5）关于终选候选人材料的发放。多数委员建议印发由各学部常委会审定的终选候选人简介（800 字左右），同时由各学部办公室准备候选人《提名书》及附件材料等供院士查阅。

6）关于外籍院士增选工作。会议认为，各学部常委会应加强对外籍院士候选人提名工作的组织和统筹,同时建议将每个学部向主席团推荐候选人的数量由不多于2位增加为不多于3位。

7）关于诺贝尔奖等重大奖项获得者的相关建议。2016年两会《关于增补获得诺贝尔奖的科学家为院士的提案》和《关于诺贝尔自然科学类奖项获得者当然成为两院院士的建议》要求我院办理,同时我院也有院士提出了类似问题,会议对此进行了讨论。多数委员认为,院士增选有成熟的办法和规定,这样的专家也应遵循《章程》和《增选办法》等有关文件的规定。

8）关于2017年院士增选名额。多数委员认为,应稳定75的总名额一段时间后再研究调整;也有部分委员希望能适当增加名额。会议要求进一步深入研究,在综合考虑各方面情况,紧密结合我院院士队伍建设实际的基础上,提出2017年院士增选的名额及分配方案。

9）关于学术团体提名。《院士增选相关文件修订建议》提出取消"单渠道提名"的规定(候选人只能通过院士或学术团体两个渠道中的一个进行提名,同时通过两个渠道交叉提名为无效候选人),建议实行"双渠道提名",允许候选人同时通过院士和学术团体交叉提名。会议认为,从我院长远发展出发,实行"双渠道提名"政策有利于进一步稳定和支持学术团体提名渠道,充分发挥两个提名渠道的互补作用。会议要求,进一步进行深入研究,完善相应措施,提高提名质量。

10）关于特别提名。会议要求,对特别提名小组提名工作进一步开展调研,在充分吸收院士们和相关单位意见的基础上不断完善特别提名工作。

二、《中国工程院改进完善院士制度研究》重点咨询项目结题事项

增选工作办公室主任高中琪向会议汇报了《中国工程院改进完善院士制度研究》重点咨询项目结题事项。

为了落实党的十八届三中全会做出的改进完善院士制度决定,我院于2013年底设立了《中国工程院改进完善院士制度研究》重点咨询项目,由周济院长担任项目组长,院士增选政策委员会的各位委员参加。经过两年多的研究,项目圆满完成了既定任务。根据项目研究成果,我院形成了多份提交中央的报告,修订了多项涉及院士增选和管理的制度性文件。委员们认为,项目综合运用查阅资料、召开座谈会和开展调研等方法,围绕改进院士遴选和管理体制等问题进行了深入研究。项目研究成果和建议具有较强的针对性,有力推动了我院改进完善院士制度工作,同意项目结题,并建议留存项目结余经费,用于今后继续开展改进完善院士制度相关调研工作。

周济院长做了总结讲话,并提出三点的要求。一是要继续加强改进完善院士制度研究工作,围绕院士增选和管理的一系列问题开展深入研究,为改进相关工作提供理论支撑。二是要深入贯彻全国科技创新大会、两院院士大会、中国科协第九次全国代表大会精神,深化制度改革,创造良好环境,着重研究院士退休政策实施之后70岁以上院士发挥作用的问题,依靠和尊重广大院士的创新精神和创新智慧,使广大院士更好地发挥科技创新领军作用,建设好高端智库,为国家科技决策提供支撑。三是要认真研究优化提名渠道、提高提名质量的问题。他指出,候选人提名渠道是院士增选的源头活水,加强和促进学术团体提名工作有利于保障候选人提名环节的公平公正,营造良好风气;同时也能加强我院与各部门各地方各领域的联系与合作,避免院士增选工作封闭在院士群体内部。从促进院士增选工作科学化出发,我们必须进一步稳定和支持学术团体提名,保护科协和学术团体的工作积极性,避免学术团体提名渠道出现萎缩而对院士提名造成更大压力。结合工作实际,从我院更长远的发展考虑,取消"单渠道提名"规定,允许候选人同时通过院士和学术团体交叉提名能够更充分发挥两个提名渠道的互补作用,建议进行深入调研,完善相应措施,提高提名质量。

刘旭主任指出,《中国工程院改进完善院士制度研究》项目结题后,要继续围绕改进完善院士增选工作等问题开展深入研究。关于院士增选相关文件修订工作,他要求,对于委员们共识较大的意见建议,要做好修订相关文件的准备;对于需要进一步深入调查研究的问题,要认真组织开展调研,在下一次院士增选政策委员会上进行报告。

出　席:周　济　赵宪庚　刘　旭　谢克昌　刘永才　马远良　舒兴田　孙传尧　彭苏萍
周福霖　陈克复　郝吉明　傅廷栋　夏咸柱　邱贵兴　杨宝峰　孙永福　王基铭
请　假:陈左宁　李培根　陈良惠　崔　恺
列　席:吴国凯　高中琪　左家和　王振海　王元晶
各学部办公室工作人员　科学道德办公室工作人员
记　录:赵　千

中国工程院第六届院士增选政策委员会会议纪要

(第 8 期)

2016 年 9 月 28 日下午,刘旭主任在工程院主持召开了第六届院士增选政策委员会第八次会议,周济院长出席。会议听取了“涉密候选人提名和评审工作座谈会”情况汇报,审议了**2017 年院士增选名额及分配方案建议、院士增选相关文件修订建议,通过了 2017 年院士增选特别提名小组成员建议名单**。纪要如下。

一、通报“涉密候选人提名和评审工作座谈会”情况

高中琪局长汇报了“涉密候选人提名和评审工作座谈会”的情况。9 月 28 日上午,陈左宁副院长在工程院主持召开了“涉密候选人提名和评审工作座谈会”,来自部队、中国工程物理研究院,以及航天科工集团等军工企业共 10 个部门的 18 位院士参加了座谈。会议对《中国工程院院士增选特别提名小组工作规则》的修订、如何加强涉密候选人评审以及是否成立“高新科技学部”等事项进行了讨论。

会议原则同意对《中国工程院院士增选特别提名小组工作规则》的修订建议。近期,某国防军工部门提出,为了“保证涉密工作候选人的学术与贡献在院士增选工作中得到客观公正的评价”,建议单独成立“高新科技学部”,从制度上保证相关候选人有充分展示其技术水平与成果贡献的机会。经过充分讨论,会议认为我院多个学部的学科专业涉及国防和国家安全领域,在国防、军队领域工作的院士占现有院士 20%左右,单独成立“高新科技学部”没有必要,也缺乏可行性。针对改

进研究成果涉密候选人的评审工作,会议建议相关学部常委会可在遵循《中国工程院章程》和《增选办法》的前提下,结合实际提出加强对涉密候选人了解的举措,报院士增选政策委员会和主席团会议审定后开展有关试点工作。

增选政策委员会讨论同意有关建议。

二、审议 2017 年院士增选名额及分配方案

刘旭主任向会议报告了 2017 年院士增选名额及分配方案的建议。会议认为,2015 年我院将增选名额由以往的 60 名增加为 75 名,最终选举产生了 70 位新院士,取得了圆满成功。综合分析我院院士队伍现状、发展趋势和院士增选工作实际,同意 2017 年增选维持 2015 年的增选名额与分配方案的建议。即总名额 75 名,其中机械、信息、化工、能源、土木、农业、医药七个学部各 9 名,环境和工管两个学部各 6 名。

建议在《增选通知》中规定中国科协最多可向我院报送每个学部增选名额 3 倍的候选人。即机械、信息、化工、能源、土木、农业和医药等 7 个学部分别不超过 27 名,环境和工管 2 个学部分别不超过 18 名。允许"双渠道"提名措施后,不再要求中国科协提供参加提名评审但未通过的候选人名单。

三、研究院士增选相关文件修订等工作

刘旭主任向会议通报,为了做好 2017 年院士增选工作,根据第六届院士增选政策委员会第六、七次会议精神,在广泛征求院士们和各学部办公室意见的基础上,增选工作办公室对《中国工程院院士增选工作实施办法》等 6 个文件进行了修订。会议原则同意有关修订内容,要求对有关表述进一步完善后,提交主席团会议审定。主要修订内容包括:

1)关于允许"双渠道"提名。为了进一步稳定和支持学术团体提名渠道,充分发挥两个提名渠道的互补作用,取消"候选人本人只能接受其中一种渠道的提名,并在《提名书》中确认"的规定,允许候选人同时通过院士和学术团体提名。

2)关于限制提名院士数量的规定。为了有效利用院士提名资源、避免候选人追求多位院士提名的现象,对每位候选人提名院士的数量进行限定,明确规定"候选人获得 3 位院士的提名方为有效,且仅能接受 3 位院士提名,其中本学部院士应不少于 2 位。年龄超过 65 周岁的候选人,获得 6 位院士提名方为有效,且仅能接受 6 位院士的提名,其中本学部院士应不少于 4 位"。

3)关于取消 70 岁以上候选人被提名仅限 1 次的规定。删除了"年龄超过 70 岁的候选人被提名仅限 1 次"的表述,将 70 岁以上候选人与 65 岁以上候选人的提名要求进行统一。避免限制对年龄较大优秀专家的提名,同时与中科院的相关规定相一致。

4)关于院士评审投票权的相关规定。对因故不能全程参加评审院士的投票权进行明确,规定了"第一轮评审会议时,院士必须全程参加学部大会介绍环节,方能参加确定进入第二轮评审候选人的投票;第二轮评审会议时,院士必须全程参加候选人自我介绍和提问环节,方能参加确定正式候选人和终选候选人的投票"。

5)关于可采用同行评议的规定。为了加强对进入第二轮候选人的了解,学部常委会可采取同行评议措施。是否实行以及具体操作办法,由学部常委会研究决定,操作办法须报院增选政策委员会备案。

6）关于增加各学部向主席团推荐的外籍院士候选人数量。为了吸收更多在国际上有影响力的科学家和工程技术专家加入到我院外籍院士队伍中来，在《外籍院士增选办法》中，将每个学部向主席团推荐候选人的数量由不多于2位增加为3位。

7）关于固定进入第二轮评审候选人材料公示时间。在《中国工程院院士增选候选人材料公示办法》中，将进入第二轮评审候选人材料公示的时间固定为7月1—30日。主要目的是为了加强社会监督，同时促进材料公示工作和投诉信受理工作的同步协调。

8）关于降低对特别提名小组候选人研究成果的密级要求等。将对特别提名小组候选人研究成果的密级要求由绝密级降为机密级，以便于国防和国家安全领域更多的优秀专家拥有被提名的机会。此外，由于国防科工局负责指导各军工集团的军工型号研制工作，更熟悉军工集团的情况，增加国防科技工业局的有关人员参与特别提名小组办公室工作，并明确特别提名小组办公室对候选人报送材料密级审核的职能。

9）关于有关学部学科专业目录的修改。根据土木、农业和医药3个学部提出的修订建议，在《中国工程院院士增选学部专业划分标准》中对专业目录的相关部分（不涉及与其他学部交叉）进行了微调。

10）关于完善候选人《提名书》。在候选人《提名书》中增加担任党政机关领导职务情况的说明、个人学风问题的声明以及关于《提名书》附件材料涉密情况的说明，简化工作流程，方便工作操作。

11）关于终选候选人材料与发放。制定《中国工程院院士候选人简表》，在2017年院士增选中请进入第二轮评审候选人填写，由候选人所在学部常委会审定，在院士大会终选前，向全体院士发放《终选候选人名单》和《中国工程院院士候选人简表》，同时由各学部办公室提供本学部候选人《提名书》供院士查阅。

四、审议2017年院士增选特别提名小组成员名单

会议审议通过了各学部提出的建议名单（共17人），建议将《2017年院士增选特别提名小组成员名单》提交主席团会议审定。

周济院长在会上做了讲话，他指出，2015年院士增选我们深入贯彻落实改进完善院士制度精神，取得了圆满成功。2017年，我们要在增选政策“大稳定、小调整”的原则下继续巩固提高，把握标准、保证质量、扩大影响，尽可能把更多优秀的工程科技人才吸收到我院院士队伍中来。

出　席：周　济　刘　旭　谢克昌　刘永才　樊会涛　陈良惠　马远良　舒兴田　黄其励　杨秀敏　曲久辉　傅廷栋　夏咸柱　邱贵兴　沈倍奋　孙永福　王基铭

请　假：赵宪庚　李培根　孙传尧　彭苏萍　周福霖　崔　愷　陈克复　郝吉明　杨宝峰

列　席：吴国凯　高中琪　左家和　王振海　安耀辉　王元晶
各学部办公室工作人员、科学道德办公室工作人员

记　录：赵　千

中国工程院第五届咨询工作委员会第五次会议纪要

2016年5月13日，中国工程院第五届咨询工作委员会第五次会议在中国工程院召开。会议由中国工程院党组成员、咨询工作委员会主任赵宪庚主持，中国工程院院长周济出席会议并讲话。会议主要议题有：听取重大项目结题汇报；审议《关于2017年咨询研究项目指南编制情况的汇报》等。会议主要内容纪要如下：

一、听取重大项目结题汇报

根据《中国工程院咨询研究项目管理办法》规定，“重大项目结题应向咨委会汇报”，主要目的是希望通过咨委会的讨论，进一步提高研究报告的质量。根据安排，“三沙市发展战略研究”、“南海岛礁开发建设重大战略问题研究”、“深海能源开发与东海维权战略研究”、“慢性炎症性疾病的防控战略研究”、“《材料科学系统工程发展战略研究》--中国版材料基因组”等五个重大咨询项目分别进行了结题汇报。委员们围绕汇报内容进行了讨论交流，提出了进一步完善项目研究报告的建议。

二、审议《关于2017年咨询研究项目指南编制情况的汇报》

中国工程院副秘书长兼一局局长、咨询工作办公室主任吴国凯同志汇报了《关于2017年咨询研究项目指南编制情况的汇报》。据汇报，为进一步提高选题质量，咨委会在面向各学部征集咨询项目选题的基础上，进一步扩宽了选题征集渠道，面向13位院主席团顾问和10个国务院有关部委征集对我院2017年重大咨询项目的选题建议。截至4月底，共收到各学部提出的选题建议104项（其中重大项目选题建议26项，其他选题建议78项），主席团顾问及有关部委提出的重大项目选题建议43项。为突出重点，做好对重大项目的凝练和谋划，咨询办公室对重大咨询项目的选题建议进行了梳理，对研究内容相近的选题建议进行了合并，提交咨委会审议的重大项目选题建议共47项，划分为综合性选题和九个工程科技领域选题，提交会议进行审议和遴选。

会议经研究讨论，对2017年项目指南的编制做出如下安排：

1）此次咨委会会议暂不进行遴选。咨询办公室将面向院主席团顾问和部委征集的选题反馈各学部，由各学部据此进一步研究，修改完善本领域2017年的研究指南并提交咨委会。

2）由于征集选题具有明确的研究需求，各学部应统筹考虑，采取与学部提出的选题或已立项项目合并开展研究，或者根据研究内容列为重点或学部项目等方式在2017年的咨询项目中予以安排，必要时可与选题提出部门进行沟通对接，详细了解需求。

3）由于重大项目应为针对国家经济社会发展中的全局性重大工程科技问题组织开展的战略性、前瞻性、综合性的咨询研究项目，且需保证相应的人力和财力支持，因此数量不宜过多，每个领域最多提出一项重大咨询项目建议，全院 2017 年重大咨询项目的数量控制在 15 项内。

三、周济院长讲话

周济院长对我院咨询工作提出了三点要求：一是坚持习总书记“服务决策、适度超前”的要求，为国家决策提供支撑。2017 年的重大项目选题要以为“十九大”报告建言献策为目标，相关咨询项目要深入开展研究。要综合各方面力量，对关系国家经济社会发展中的全局性重大问题要长期稳定推进下去。二是咨询工作要继续坚持以学部为基础，动员全体院士参与研究，发挥工程院在工程科技领域优势，对各领域、行业中的重大问题进行长期、细致、深入的研究，为行业发展提供战略咨询；三是进一步提高质量，内强管理，外树品牌。完善全过程项目管理机制，制度化、规范化，对咨询研究全过程进行组织协调，保障研究质量的提高。加强咨委会、学部、战略咨询中心和战略联盟的组织协作，强化质量管理及应用，进一步发挥战略咨询作用。

四、赵宪庚主任总结

最后，咨委会主任赵宪庚对会议作了总结讲话。赵宪庚指出，周院长的讲话对于我院今后做好战略咨询工作，建设国家高端智库具有重要指导意义。工程院被列为国家首批高端智库建设试点单位。这既是机遇，同时也提出了新的更高要求。咨委会作为国家高端智库建设的总体牵头机构，承担着重要职责。按照中央要求和我院建设国家高端智库的总目标，围绕如何建设高端智库组织开展研究，希望各位委员能够积极建言献策，也希望各位委员一如既往地支持咨委会的工作，力争取得更大成绩。

主　持：赵宪庚
出　席：周　济　陈左宁　徐德龙　干　勇　尹泽勇　卢锡城　戴　浩　王一德　高从堦　周守为　王　浩　潘德炉　岳国君　唐启升　徐建国　王礼恒
列　席：吴国凯　王振海　康金城　张如义　王敬泽　谢光锋　黄　琳　樊新岩　王晓俊　王爱红　宗玉生　唐海英　梁真真　王　庆　李冬梅　何朝晖　杨　波　宋玮玮　姜树凯　李艳杰
记　录：李艳杰

中国工程院第五届咨询工作委员会第六次会议纪要

2016年6月17日，中国工程院第五届咨询工作委员会第六次会议在中国工程院召开。会议由中国工程院副院长、咨询工作委员会主任赵宪庚主持，中国工程院院长周济出席会议并讲话。会议主要议题有：听取“关于学习贯彻习近平总书记重要讲话精神，进一步加强我院国家高端智库建设的意见”的汇报、关于《院士科技咨询专项经费管理办法》修订方案情况的汇报、关于国家工程科技思想库战略研究联盟建设情况的汇报等。会议主要内容纪要如下：

一、听取“关于学习贯彻习近平总书记重要讲话精神，进一步加强我院国家高端智库建设的意见”的汇报

中国工程院副秘书长兼一局局长、咨询工作办公室主任吴国凯同志做了“关于学习贯彻习近平总书记重要讲话精神，进一步加强我院国家高端智库建设的意见”的汇报。为深入贯彻落实中央领导同志的讲话精神，结合我院实际情况，就进一步加强我院高端智库建设提出了三方面意见：一是以习近平总书记重要讲话为指导，提高思想认识，加强战略谋划，二是改进战略咨询管理工作，切实提高工作质量和效益，三是加强组织机构建设，为战略咨询提供坚强支撑和保障。

二、听取关于《院士科技咨询专项经费管理办法》修订方案情况的汇报

中国工程院办公厅巡视员、咨询工作办公室副主任易建同志汇报了《院士科技咨询专项经费管理办法》修订方案情况。据汇报，为落实习近平总书记在本年度科技创新大会上关于“着力改革和创新科研经费使用和管理方式”等相关讲话精神，方便院士专家开展咨询工作，初步考虑以“放管服”为原则，着重在简化预算编制程序、下放预算调整权限、优化科目设置、完善差旅会议管理、进一步规范管理程序等五个方面对《院士科技咨询专项经费管理办法》进行修订。

三、听取关于国家工程科技思想库战略研究联盟建设情况的汇报

战略研究联盟副理事长王礼恒院士汇报了国家工程科技思想库战略研究联盟建设情况。主要从国家工程科技思想库任务体系与组织体系、战略研究联盟建设总体思路、战略研究联盟建设进展情况、下一步工作思考等四方面进行了介绍。农业学部任继周院士补充汇报了关于申请设立草业发展战略研究中心的有关设想。

四、会议讨论

与会院士专家在听取了上述三个汇报后，进行了认真讨论，强调要积极响应习总书记发出的全面实施创新驱动发展战略的号召，加强国家高端智库建设，进行体制机制改革、管理创新，修订完善相关管理办法。主要提出：

1）建设国家高端智库，开展咨询工作要继续坚持以学部为基础，动员全体院士参与研究，对各领域、行业中的重大问题进行研究。加强研究联盟建设，形成相对稳定的团队，建设领域思想库。同时加强咨委会、学部、战略咨询中心和战略联盟的组织协作，建设核心、骨干、支持三层次队伍，对关系国家经济社会发展中的全局性重大问题开展跨领域、综合性研究。

2）建设研究联盟，要体制机制、管理创新。在定位上，分专业、重综合，可各有侧重，同时互相支撑。探索立项、经费支持新机制，简化程序，保障研究的持续性、稳定性。

3）把好立项关，强化质量管理。高端智库的成果是咨询建议，要建立科学、合理的立项、评估、跟踪程序，保障立题准确，成果有效。

会议原则上同意上述三个报告，要求咨询工作办公室根据各位院士提出的意见进一步完善并抓好落实。

五、周济院长讲话

周济院长围绕学习贯彻习总书记的讲话精神，强调了工程院建设高端智库的重要性、迫切性。工程院章程规定“工程院是中国工程科技界最高荣誉性、咨询性的学术机构”，“荣誉性的学术机构”要求我们建设好一支队伍，“咨询性的学术机构”要求我们建设好高端智库。国家要在2050年建设成世界科技强国，实现中华民族的伟大复兴，面临的国际形势严峻。高端智库建设要贯彻落实习总书记讲话精神，围绕事关科技创新发展全局和长远问题，服务国家决策，提供准确、前瞻、及时的建议。

周济院长提出，建设高水平的国家高端智库是落实习总书记讲话精神的重要内容。要按照“服务决策、适度超前”的原则，研判国际科技发展大势，为国家科技决策提供高水平的咨询服务，以科学咨询支撑科学决策，以科学决策引领科学发展；体制机制建设是落实讲话精神的重要保障，要在管理上深化改革创新，着力改革和创新科研经费使用的管理方式，形成有活力的科技管理和运营机制，让经费为人的创造性活动服务。同时“放管结合”，依靠信息化等手段，规范管理，保障经费的好使用、使用好；战略研究联盟建设是我院高端智库建设的重要组成部分，要在特定的领域进行布局，建设专业性队伍。加强咨委会、学部、战略咨询中心和战略联盟的组织协作，建设跨领域、综合性的研究平台。

六、赵宪庚主任总结

最后，咨委会主任赵宪庚对会议作了总结讲话。赵院长指出，习总书记的讲话对咨询工作提出了新的目标要求，对于我院今后做好战略咨询工作，建设国家高端智库具有重要指导意义。学习贯彻习总书记讲话精神，进一步加强国家高端智库建设是我们当前面临的重要任务。咨委会作为国家高端智库建设的总体牵头机构，承担着重要职责。希望各位委员能够积极建言献策，一如既往地支持咨委会的工作，力争取得更大成绩。

主　持:赵宪庚

出　席:周　济　赵宪庚　陈左宁　干　勇　尹泽勇　戴　浩　屠海令　李立涅　王　浩　许建民　丁一汇　夏咸柱　任继周　沈倍奋　王礼恒　尤　政　戚发轫

列　席:吴国凯　王振海　左家和　易　建　张如义　李　婷　谢光锋　陆　炜　王崑声　陶　智　顾锡新　柳存根　冯　妮　安　达　黄　琳　樊新岩　姜树凯　王晓俊　范桂梅　王爱红　宗玉生　唐海英　梁真真　王　庆　赵西路　何朝晖　杨　波　李　力　宋玮玮　李艳杰

记　录:李艳杰

中国工程院第五届咨询工作委员会第七次会议纪要

2016年11月25日,中国工程院第五届咨询工作委员会第七次会议在我院召开。会议由工程院院长周济院士和工程院原副院长、咨委会委员干勇院士共同主持。会议主要议题是听取重大咨询项目答辩并综合评审2017年咨询研究项目。主要内容如下:

一、审议《中国工程院2017年咨询研究项目立项工作有关情况及咨委会评审办法》

咨询工作办公室主任吴国凯汇报了《中国工程院2017年咨询研究项目立项工作有关情况及咨委会评审办法》。据汇报,根据《关于启动2017年咨询研究项目立项工作的通知》(中工发〔2016〕87号)及《2017年院士科技咨询研究项目立项工作的意见》(中工发〔2016〕96号)等文件要求,经院士申报,学部常委会、专门委员会及战略研究院学术委员会评议等程序,产生了推荐到本次咨委会评审的咨询研究项目。

本次评审工作在各学部常委会评审基础上进行,通过审阅材料、重大项目答辩评议、综合评审、投票表决等,评审确定2017年拟立项咨询研究项目。其中,重大、重点项目由咨委会投票确定;学部项目原则上同意学部常委会意见,不再投票。此外,对于各战略研究院(中心)等战略研究联盟以及教育委员会、学术委员会的推荐项目,采取咨委会会议审议通过方式,不再进行投票。对于3项国际合作项目,由院里进行统筹考虑,根据我院与各国工程院等国际组织开展双边合作的实际需要,商相关学部研究提出项目负责人、依托单位和经费支持意见,报院常务会议审议,不再由咨委会评审。会议审议通过了《中国工程院2017年咨询研究项目立项评审办法》。

二、重大咨询项目答辩与评议

根据《中国工程院咨询研究项目管理办法》的规定，申报2017年重大咨询研究项目的项目负责人须到会进行答辩。13个申报重大项目的申请人到会进行了答辩，会议进行了评议。

三、2017年咨询研究项目综合评审

会议听取了9个学部2017年咨询项目的评议意见及推荐项目的情况介绍，之后进行了讨论。在此基础上，咨委会委员对各学部推荐的重大和重点咨询项目进行了投票表决。此外，咨委会审议批准了学术委员会、教育委员会、航空战略研究院、航天战略研究院、信息战略研究中心等五个专门委员会及战略研究院的立项申请。根据投票及审议情况，本次会议评审产生的2017年拟立项项目共99项，其中重大项目13项，重点项目29项，学部项目50项，工程科技人才培养项目6项，学术活动项目1项。项目清单见附件。

四、周济院长讲话

中国工程院院长周济院士作了总结讲话。周院长指出，在今年全国科技创新大会上，习近平总书记发表了重要讲话，其中特别提出中国科学院、中国工程院是我国科技大师荟萃之地，要发挥好国家高端科技智库功能，组织广大院士围绕事关科技创新、发展全局和长远问题，善于把握世界科技发展大势，研判世界科技革命方向，为国家科技决策提供准确、前瞻、及时的建议。总书记的讲话是对我们建设国家高端科技智库、建设国家工程科技思想库的最新要求和指示。

周院长指出，自从我院被列为国家高端智库首批试点单位以来，工程院积极主动地为中央提出了准确、前瞻、及时的建议，受到了党中央的充分肯定。在中国特色城镇化发展战略咨询中，工程院提出了以人的城镇化为核心的重要建议，现在已成为中国特色城镇化的核心提法。今年3月，院士们提出了中国人工智能2.0的概念。工程院组织各方面专家一起研讨，致力于如何用人工智能技术的突破来引领全球工业革命的发展，在提出战略思考的基础上，向党中央提出了设立中国人工智能2.0专项的建议，得到党中央高度重视，习近平总书记对此做出了重要批示。

周院长最后强调，我们要按照中央的要求，把思想库建设和院士队伍建设紧密结合起来，充分调动广大院士的积极性，把工程院建设成为国际知名、国内有重大影响力的国家高端科技智库，成为党和国家可以依托、人民可以信任的国家高端科技智库，为我国经济社会发展做出贡献。

附件：2017年拟立项咨询研究项目清单

主　持：周　济　干　勇

出　席：周　济　干　勇　尹泽勇　金东寒　王一德　高从堦　李立浧　周守为　王　浩　秦顺全　孙宝国　唐启升　邓秀新　沈倍奋　李兰娟　王礼恒

请　假：赵宪庚　陈左宁　徐德龙　潘云鹤　沈文庆　卢锡城　孟　伟　胡文瑞

列　席：吴国凯　王振海　安耀辉　张如义　黄　琳　樊新岩　王晓俊　王爱红　刘元昕　宗玉生　张　宁　张　健　唐海英　黄海涛　王　庆　李冬梅　姜树凯　张　宇　解光辉　延建林　李　力　刘晓龙　李艳杰　苗红波　陈秀敏　赵丽萌　崔　剑

徐 源 陶 永 顾锡新 安 达 谢光峰 陈 光
记 录：解光辉

中国工程院第五届咨询工作委员会第八次会议暨2016年国家高端智库重点课题评审会纪要

2016年12月22日，中国工程院第五届咨询工作委员会第八次会议暨2016年国家高端智库重点课题评审会在我院召开。会议由咨委会副主任陈左宁院士和潘云鹤院士共同主持。评审专家组由咨询工作委员会委员以及来自制造业、农业、创新等领域的特邀院士和专家共13人组成。会议主要议题是听取我院承担的2016年国家高端智库重点课题研究成果汇报并进行评审。主要内容如下：

一、周济院长讲话

中国工程院周济院长作了讲话。周院长指出，党的十八大以来，习近平总书记多次对高端智库建设做出重要指示，要求高端智库"服务决策、适度超前"，明确提出"以科学咨询支持科学决策，以科学决策引领科学发展"；在今年全国科技创新大会上，习近平总书记发表了重要讲话，其中特别提出中国科学院、中国工程院是我国科技大师荟萃之地，要发挥好国家高端科技智库功能，组织广大院士围绕事关科技创新、发展全局和长远问题，善于把握世界科技发展大势，研判世界科技革命方向，为国家科技决策提供准确、前瞻、及时的建议。总书记的讲话是对我院建设国家高端科技智库、建设国家工程科技思想库的最新要求和指示。

周院长指出，我院作为国家高端智库首批试点单位，积极认领并组织开展研究13项国家高端智库选题，责任重大，意义深远，组织开展评审会就是要高标准严要求，严把质量关，做好这项工作。

周院长要求，在今年工作的基础上，2017年要把认领和组织开展国家高端智库课题作为我院的重要工作，按照中央要求建设好高端智库，为国家发展提出我们的科学咨询，用我们科学咨询支撑中央的科学决策。

二、国家高端智库重点课题答辩与评议

为做好2016年国家高端智库重点课题评审工作，我院研究制定了《中国工程院2016年国家高端智库重点课题评审办法》，明确了评审要点、评审程序及评审结果应用等事项。我院认领的13项国家高端智库重点课题分别进行了汇报，评审专家在认真听取汇报和审阅有关材料的基础上，对各课题进行了评议。

三、国家高端智库重点课题综合评审

会议听取了13个课题汇报答辩后进行了综合评审，评审专家填写了评审表，综合评议主要观点和结论如下：

一是更加积极认领和组织开展国家高端智库课题，围绕相关主题坚持长期积累、持续研究，形成稳定成熟的研究团队，提高研究成果的质量。

二是国家高端智库课题研究应与我院自主开展的战略咨询研究项目相结合，充分利用已有成果、已有队伍、已有优势，选择具有战略意义的课题开展深入系统的研究。

三是按照“服务决策、适度超前”的原则，适当缩短我院重大咨询研究项目的研究周期。

四是加强经费保障，在国家高端智库课题经费基础上，我院配套经费支持研究工作。

五是各课题在充分吸收采纳评审会意见的基础上，进一步修改完善研究报告后报送国家高端智库理事会。

主　持：陈左宁　潘云鹤

出　席：周　济　陈左宁　潘云鹤　沈国舫　金东寒　卢锡城　戴　浩　李国杰　王一德　周守为　王礼恒　傅志寰　陆燕荪

列　席：吴国凯　易　建　左家和　张如义　黄　琳　谢光锋　姜树凯　解光辉　张　宇　李艳杰　学部办公室、战略咨询中心有关人员　各课题组有关人员

记　录：姜树凯

中国工程院第二届科技合作委员会第二次会议纪要

2016年3月2日，中国工程院第二届科技合作委员会第二次会议在工程院召开。徐德龙主任委员主持会议，周济院长、党组成员赵宪庚院士出席并讲话，刘旭副主任委员、干勇副主任委员以及科技合作委员会委员等21位院士出席会议，科技合作办公室负责人、各厅局负责人、各学部办公室负责人等20余人列席会议。

根据议程，会议听取了科技合作办公室副主任高战军同志关于《中国工程院2015年科技合作工作情况》的汇报；审议并通过了科技合作办公室主任李仁涵同志关于《中国工程院2016年科技合作计划》的汇报。

赵宪庚同志代表院党组就进一步做好科技合作工作发表重要讲话。他指出：**一是科技合作蓬勃发展，科技服务在思想库建设中的地位和作用将更加突出。**在院党组、院领导班子的高度重视

下，科技合作委员会紧紧围绕国家和地方经济社会发展中的重大战略需求，充分发挥院士跨学科、跨部门、跨区域的综合优势，大力开展形式多样、内容丰富的科技合作活动，在引领和推动创新驱动发展、促进科技与经济的紧密与深度结合、加快科技成果的工程化产业化、助推国家经济转型与升级等方面做出了重要贡献。广大院士积极参与科技合作活动，与地方、企业重大需求相结合，每年开展科技合作活动二、三百次，其中重大活动20余次，形成了面向部委、地方、企业、军队的全方位合作格局以及多层次、多领域、多形式的合作模式。尤其是去年7月份，我们与西藏自治区人民政府签署了战略合作协议，第一次实现了面向全国大陆地区省级行政区域的合作关系全覆盖。战略研究与咨询服务的战略性、全局性、综合性等特点，在科技合作活动中得到了集中体现。科技合作在思想库建设中的地位更加突出，在发挥思想库职能方面的作用将更加显现。**二是把握科技合作的规律和特点，弘扬和传承科技合作的优势和特色。**我院科技合作工作使命光荣，责任重大，取得的历史成绩，非常不易。在工作中，呈现出以下几个特点。**科技合作的重点更加突出。**如京津冀一体化研究、制造强国战略研究、智能城市建设研究、秦巴山区绿色循环发展研究、中央企业技术创新体系建设研究等项目，都是在贯彻国家重大战略任务的基础上，与部委、地方通力合作的重大战略咨询项目。围绕这些重大项目开展科技合作，反映各部门共同关注的战略问题，极大地提高了科技合作质量，为国家创新驱动发展战略的实施贡献力量。**合作资源得到系统化整合。**整合不同部门之间的工作任务，将地方、企业的重大需求与我们的咨询研究、学术活动结合在一起，通过院士行活动的形式体现出来使科技合作活动主题突出，内容丰富，形式多样，特色鲜明。**统筹协同开展科技合作工作。**科技合作将不同任务需求结合在一起统筹安排，具有很强的协同作用，既为地方和企业提供咨询服务，又为我们的咨询研究提供调研机会和数据资料。科技合作成为各类需求的对接处和联结点，促进了产学研合作和科技成果工程化产业化进程。**科技合作的质量和效益得到全面提升。**科技合作密切结合地方与企业实际需求，通过每年举办学术论坛或咨询活动使研究成果得到充分交流，不断提升合作的系列化水平，长期持续性的合作加速了成果转移转化，提升了合作质量和效益。**三是紧紧围绕思想库建设开展科技合作，为建设工程科技思想库发挥重要作用。**《关于加强中国特色新型智库建设的意见》的发布是党中央、国务院立足经济社会发展全局做出的一项重大战略决策，必将有力推进中国特色新型智库的建设，为推动科学决策、民主决策、依法决策，实现国家治理体系和治理能力的现代化提供强大的智力支持。2015年我院建设国家工程科技思想库再上新台阶，被列为国家首批高端智库建设试点单位，一批重大咨询成果受到党中央、国务院领导的高度重视，习近平、李克强、张高丽、刘延东、汪洋、马凯等中央领导同志做出重要批示。工程科技思想库建设是工程院的核心任务，战略咨询是工程科技思想库建设的核心工作。我院战略咨询围绕事关国计民生和经济社会发展的全局性重大问题、“十三五规划”和国民经济建设中的重大工程科技决策、应对突发性重大事件决策开展咨询研究。要在思想库建设中进一步突出科技合作的作用，就要紧紧围绕战略咨询这个核心工作开展活动，充分发挥决策咨询作用，针对地方经济社会发展中的重大战略问题、地方特色行业产业发展中的重大工程科技问题、企业技术创新体系建设中面临的关键问题开展咨询服务，重点通过战略研究与咨询服务开展科技合作，为地方和企业提供科技服务。同时，在科技合作过程中，善于发现地方与企业新的重大需求，不断丰富我们的战略咨询研究成果，为思想库建设和发挥思想库作用做出新贡献。赵宪庚同志最后强调，科技合作是一项非常重要的工作。为做好科技合作工作，要建立健全指导和支持科技合作发展的长效机制，按照“突出重点，整合资源，统筹协同”的指导原则，以战略咨询为中心，以提高质量为重点，深入贯彻实施创新驱动发展战略，围绕国家、地方工程科技和经济社会发展重大战略需求，充分发挥我院院士多学科、跨部门、跨区域的综合优势，坚持围绕国家、地方、企业的重大需求，完善科技合作平台，丰富科技合作内容，认真总结经验，统筹协调，突出重点，稳步推进，务求实效，积极推动地方创新驱动发展战略实施和企业技术创新体系建设，不断提高科技合作的质量和实效，不断提高科技成果转移转化效率，共同为工程科技事业进步贡献力量，为经济社会创新发展和产业结构转型升级贡献力量，为建设思想库、发挥思想库作用贡献力量。

会议围绕我院战略咨询工作重心，总结科技合作的成功经验与模式，重点针对如何充分发挥科技合作委员会的作用，进一步突出重点、提高合作质量和效益等问题，提出以下意见和建议：**① 进一步做好规划安排**。科技合作要根据工程院的优势和地方的战略需求，做好科技合作的规划和统筹安排，做好长远设计，根据实际情况不断调整，选准领域和行业，做高质量的科技合作计划。**② 重视和提高合作成效**。科技合作要通过咨询调研、学术活动、院士行、院士工作站等形式相结合，借助咨询研究形成的院士专家队伍，针对地方或企业的重大需求，持续关注和开展重点领域的合作。**③ 协同开展科技合作活动**。多学科、跨部门、跨区域是工程院的优势，要充分发挥这一优势，将不同类型活动统筹安排，发挥不同学科院士、不同院士团队的协同作用。**④ 完善地方科技合作平台**。因工程院无下属分支机构，要充分重视地方院士联络机构、院士工作站等平台的建设，保障科技合作持续有效开展，要对地方院士联络机构和院士工作站的建设，提出并落实相应的措施。

周济院长从国家工程科技思想库建设的高度对科技合作进行了阐述和部署。他说，工程院成立 20 多年来，通过历届院领导班子和各位院士坚持不懈的努力，充分发挥自身特色和优势，以科学咨询支撑科学决策，以科学决策支撑科学发展，为党中央、国务院以及各部委、各行业的重大战略决策提供强有力的支撑，树立起了自己的品牌，已经成为国家和人民可以倚重的智库。他主要从四个方面对科技合作提出要求：**一是做好顶层设计，进一步突出科技合作重点**。建设国家工程科技思想库，成为国家的高端智库是工程院的主要任务，战略咨询、科技服务、学术引领、人才培养是建设思想库的四大任务，核心是战略咨询，各项工作都要围绕核心任务进行部署。科技合作要坚持有所为，有所不为，主要面向地方、行业和企业开展战略研究与咨询服务。**二是统筹协调，进一步提高科技合作质量**。科技合作要更上一层楼，关键是要进一步提高质量。科技合作活动数量现在具备了一定的规模，但是要突出重点，把有限的力量用到最重要的方面去。按照“突出重点，整合资源，统筹协同”的思路，进一步提高质量。**三是整合资源，将战略咨询与科技服务结合开展**。对于能为地方发挥服务作用的战略咨询，要尽量吸收地方的力量共同开展。一方面可通过在地方开展的咨询项目会议，为地方提供科技服务；另一方面，通过在地方开展调研和交流，吸收地方的经验与建议，丰富咨询研究成果。四、建设和完善科技合作平台。重视院士工作站的作用，加强与中国科协的合作，联合举办院士工作站建设与发展经验交流会，弘扬好的经验和做法，促进企业技术创新和转型升级。继续保持和加强与地方院士服务联络机构的联系，鼓励地方院士联络机构做好服务院士工作。

徐德龙主任委员作了总结讲话。他说，各位院士对如何做好科技工作发表了很好的建议和意见，周济院长介绍了思想库建设的任务目标和院机关矩阵式管理的组织结构，对全院工作中心任务和科技合作作了部署。赵宪庚同志对科技合作提出了提高质量、突出重点、整合资源、统筹协调的总体要求。院领导的讲话非常重要，对科技合作提出了更高的标准，指明了方向。我们要认真学习，按照思想库建设的总体要求，围绕着战略研究与咨询服务，总结和提炼科技合作的有效模式和成功经验，把提高质量和效益作为今后科技合作的努力方向，把科技合作工作做得更好。他从以下几个方面提出要求。**一是紧紧围绕着国家和区域创新驱动发展的需求开展合作。**全心全意依靠院士和院士团队，充分发挥工程科技思想库作用，为经济社会发展提供强有力的工程科技支撑。牢固树立五大发展理念，为加快实施创新驱动发展战略提供工程科技支撑。院机关很小，院士所在区域很分散，要有所作为，就要全心全意依靠院士和院士团队，紧紧围绕创新驱动与转型升级开展科技服务，发挥矩阵式组织结构的协同作用开展科技合作，从根本上解决长期存在的经济与科技“两张皮”的问题，促进科技成果工程化产业化进程。**二是不断总结合作经验，继承优良传统和作风，不断提高科技合作的质量和效益。**开展科技合作要坚持实事求是，不能贪大求全，疲于奔命，面面俱到。以学部为依托，创新开展科技合作，推动和加强院企密切合作。开展咨询研究，要充分吸收科学院院士和其他有关部门的专家参与。做好顶层设计，突出合作重点，创新合作模式。将项目咨询、学术活动、院士行等活动结合起来开展活动，提高合作质量。**三是进一步完善合作平台，与科协等有关部门协作推动院士工作站健康发展。**发挥地方院士服务联络机构的积极性，积极推动院士工作站规范健康发展，助推地方和企业创新驱动发展，促进科技成果转化，实现转型升级和绿色发展。

附件：1. 中国工程院 2015 年科技合作工作情况
　　　2. 中国工程院 2016 年科技合作计划

主　持：徐德龙
出　席：周　济　赵宪庚　徐德龙　刘　旭　干　勇　丁荣军　唐长红　李伯虎　曹湘洪　黄伯云　袁　亮　潘德炉　刘秀梵　徐建国　周建平　李天初（代邓中翰）　袁士义（代马永生）　杜彦良（代缪昌文）　魏复盛（代孙晋良）　吴孔明（代陈温福）　孙永福（代刘玠）
请　假：谢克昌　何华武　陈志南
列　席：吴国凯　谷　珏　杨　丽　高中琪　王元晶　李仁涵　高战军　徐　进　张如义　王京京　黎青山　张　燕　王晓俊　左家和　刘元昕　王爱红　唐海英　王小文　梁真真　王　庆　于泽华　赵文成
记　录：赵文成

附件1：

中国工程院2015年科技合作工作情况

2015年，在院主席团的领导下，在院领导的高度重视和支持下，在科技合作委员会全体委员的共同努力下，在院各部门的通力合作下，委员会深入学习贯彻党的十八大和十八届三中、四中、五中全会精神，积极践行“三严三实”，全面实施《中国工程院2014—2018年工作纲要》，紧紧围绕战略研究与咨询服务这一中心任务，按照“创新驱动、提高质量、服务发展”的总方针，遵循“突出重点、整合资源、统筹协同”的原则，认真落实科技合作协议，努力提升科技合作质量，在服务国家重大战略决策、服务地方经济社会科学发展、服务企业技术创新驱动发展等方面，开展了大量富有成效的工作。据不完全汇总统计，**2015年，我院各部门开展各类科技合作活动（均有院士为主参加）共计236次**，其中签约活动5项、院部合作11项、院地合作183项、院企合作11项、院士工作站建设22项、院士两会建言4项。科技合作与实际结合密切，促进了科技与经济的紧密与深度结合，受到地方和企业等有关方面的普遍认可。2015年我院科技合作工作主要体现在以下几个方面。

一、大力夯实合作基础，加强高层战略合作关系，科技合作平台建设取得重大进展

一是稳步推进已签署合作协议的执行，与地方签约工作有了新突破。签署战略合作协议是构建科技合作平台的重要内容，有助于聚焦地方、企业的实际发展需求，有利于加强顶层设计、做好咨询服务、提高科技合作质量。截至2015年底，我院已经与35个地方政府、8个部委、3个军队单位、6家大型企业签署合作协议66份，**实现了我院与大陆地区地方省级政府签署战略合作协议的全覆盖。**形成了面向部委、地方、企业、军队，围绕关键行业和重点产业发展中的重大工程科技问题，服务国家和区域创新驱动发展，推动企业完善技术创新体系与转型升级发展的全方位合作格局。

2015年我院在签署并落实战略合作协议方面的工作更加注重提高质量和实效，进一步巩固和加强了我院与地方政府的战略合作关系。**比如，我院与西藏自治区签署的战略合作框架协议**，双方就开展决策咨询、推动产业发展、加强合作研究和成果转化、人才培养等内容达成了合作协议；在西藏自治区创新驱动发展院士座谈会上，院士们围绕资源开发、药物研发、生态保护、高原医学、高等教育、军民共建等方面提出了重要意见和建议，并表示将开展专项咨询研究，助力西藏自治区依靠科技创新，实现跨越发展。**与青海省续签的科技合作协议**，进一步加强了与西部地区重要省份的合作关系，双方就支持青海特色传统产业升级改造、培育战略性新兴产业，着重发展循环经济、生态经济和新能源经济，助推青海绿色发展和生态文明建设等内容达成了合作协议；在青海创新驱动发展院士座谈会上，院士们围绕青海“三区建设”发展，结合国家“一带一路”战略、产业链条延伸、资源能源开发利用、锂产业与镁产业发展、水资源、环境保护、生态文明建设等方面提出了意见和建议。**与江苏省签署《关于实施中国制造2025共同推进制造强省建设合作协议》**，将我院“制造强国战略”重大咨询项目研究成果服务于江苏等传统发达制造业大省。双方将联合开展《苏南制造2025》专题研究，加快构建制造业创新体系建设，联合突破关键核心技术，全面提升江苏制造核心竞争力，

为推动江苏从制造业大省向制造业强省转变提供有力支撑。**与广州市签署战略合作框架协议**，着重在广州创新型城市建设、培养和引进工程领域科技人才和推动科技创新等方面加强合作。**中国工程院、国家开发银行、清华大学签署战略合作协议**，将本着“强强联合、优势互补、长期合作、共同发展”的原则，对能源、资源、环境、农业、交通、装备制造业、通讯、医疗、化工等重点产业的发展战略以及大型企业发展战略，开展一系列咨询研究。**又如在中国工程院、上海市人民政府合作委员会第十一次会议上**，双方对自2001年签约以来，在重大战略研究、重大项目攻关、人才队伍建设、体制机制创新等方面的合作成果予以高度肯定，并表示双方将聚焦上海建设具有全球影响力的科技创新中心这一重要任务，围绕重大科技项目、重大创新工程，借助战略研究中心平台进一步开展多视角、创造性的研究，力争突破一批核心关键技术，为政府决策提供更好的智力支持。

二是共建科技会展平台，拓展和深化合作领域。截至目前，我院与地方政府共同开展的科技会展有20多个，科技会展一般是地方政府举办的定期常态化的重要品牌性大型活动，体现地方特色发展需求，共建科技会展是我院与地方政府加强高层战略合作和交流的重要平台，也是落实科技合作协议的重要内容。**比如**，在第十七届中国国际高新技术成果交易会期间，中国工程院与国家开发银行、深圳市人民政府、国家信息中心共同主办了“2015战略性新兴产业培育与发展论坛”、举行了《中国战略性新兴产业发展报告2016》发布仪式，院士专家围绕战略性新兴产业7大领域发布相关研究报告。在第十七届中国国际工业博览会上，徐德龙副院长为获得本届工博会金奖的单位代表颁奖，参观了“互联网+”、“智能制造”和“新能源汽车”等部分展馆。在10月23日首届中国—蒙古国博览会期间，中国工程院秘书长钟志华院士应邀出席开幕式并在中蒙技术转移暨创新合作大会上发表了题为“工程科技助力中蒙合作发展”主旨演讲。**此外**，2015年我院参与共同主办或支持的科技会展还有第十三届中国·海峡项目成果交易会（福建）、第十二届“中国光谷”国际光电子博览会、第十七届中国杭州西湖国际博览会、第五届中国江苏产学研合作成果展示洽谈会暨江苏省产业技术研究院技术转移对接会等。这些科技会展得到了院士们和各部委积极支持和参与，内容包含产品展示、学术交流、智力引进、项目对接等多层面的活动，汇集了技术、产品、项目、人才、信息等各种创新要素，已成为推进协同创新和开放创新，优化智力资源配置、激发创新要素活力、加快科技成果转化、加强国际交流与合作、促进创新驱动发展的良好平台。

二、以重大战略咨询项目为依托，为重点地区、关键行业和产业提供战略决策参谋

以我院重大战略咨询项目为依托，积极寻求院士资源优势与地方经济社会发展实际需求的结合点，将我院的战略项目研究与地方、企业实际需求有机结合。在项目调研过程中，既为国家决策提供咨询意见，同时又将项目研究成果服务于地方、企业发展需求，形成了高层次的战略咨询服务，推动了地方经济在创新驱动发展中转型升级，从而极大提高了科技合作的质量和效益。**比如，“京津冀协同发展”项目**，在对京津冀三地全面深入系统的调研过程中，也为京津冀三地科学发展提出了重要的咨询建议，项目研究成果得到了习近平、李克强、张高丽等中央领导的批示。《京津冀协同发展规划纲要》已颁布实施，标志着京津冀协同发展战略进入全面推进阶段。**“制造强国战略研究”项目**，经过两年系统深入调查研究，提出了我国跨入制造强国行列的“三步走”战略目标并形成了坚持创新驱动、智能转型、强化基础、绿色发展等一系列研究成果，不仅为“中国制造2025”战略决策提供了科学支撑，而且还深入广东、福建、江苏、浙江、湖北等十几个省区的企业开展咨询诊断，为当地企业转型升级、推动“中国制造2025”落地实施提供战略咨询和决策支撑，受到地方和企业

的普遍欢迎。**“秦巴山脉绿色循环发展战略研究”项目**，在甘肃、四川、陕西、重庆、河南、湖北等6省市进行调研的同时，也积极为地方生态文明建设、绿色转型发展、创新驱动引领和区域协同发展开展咨询服务，为地方和企业制订相关科技发展规划提供指导和帮助。**此外**，“加强中央企业技术创新体系建设战略研究”、“工业行业空间布局与区域协调发展研究—重化工业与环境协调发展”、“智能城市建设与大数据战略研究”、“中国交通基础设施重大结构安全保障战略研究”、“四川攀枝花钒钛资源综合利用”、“我国西南地区跨境农业科技合作战略研究”等一大批咨询项目，在与部委、地方、企业联合开展项目调研的同时，围绕国家和部委、重点区域、重要产业的核心关键问题为地方和企业提供咨询服务，项目中提出的许多意见和建议，对国家战略决策和地方经济社会发展规划提供了重要支撑。

三、以地方和行业企业重大战略需求为牵引，通过院士行、学术活动、咨询会等活动，为地方和企业提供高端咨询服务

地方和行业企业的重大需求是科技合作的重要驱动力。针对地方特色与行业企业发展中的重大工程科技问题，结合我院各学部在地方开展的各项活动，认真组织院士行、院士咨询会、学术论坛等活动，为地方科学发展和行业企业技术创新提供高端科技咨询服务，推动了地方和行业企业实现可持续健康发展。**比如，江西产业发展院士行**重点围绕江西航空制造、LED光电产业开展战略咨询，对江西重点关注的重点行业发展提供战略决策支持。**安徽皖北煤电院士行**针对“利用安徽含山恒泰石膏矿井建设石油储备库项目”，重点探讨了石油储备多样化的新路径，完善和深化利用安徽皖北煤电含山恒泰分公司石膏矿建设石油储备库项目的方案，并形成了《利用石膏矿废弃采空区储油》院士建议，提交到国家相关部门。**此外**，结合重大需求，还组织开展了黑龙江科技成果转化院士行、浙江余杭医药卫生学部院士行、江苏镇江工业绿色转型院士行、江苏兴化企业技术创新院士行、湖北黄石工业绿色转型院士行、云南创新驱动发展院士行、广西药用植物园院士行、四川成都医药卫生学部院士行、四川攀枝花钒钛资源院士行等活动；组织了黑龙江省2015年度科技奖励项目复审、山东省科技最高奖评审、上海建设全球科技创新中心咨询座谈会、湖北武汉综合交通运输体系发展规划咨询论证会、河南省创新人才队伍建设咨询会、广州创新驱动发展战略咨询会、交通基础设施重大结构安全保障沪通长江大桥咨询考察等咨询服务；联合举办了第三届能源论坛，第二届新能源材料高峰论坛、上海浦江创新论坛、上海全球科创中心建设院士沙龙、天津先进制药技术发展论坛、内蒙古包头稀土产业论坛、大连市科协年会、山东中国-欧盟膜技术研究与应用研讨会、青岛首届世界互联网工业大会、西安第五届桥梁与隧道学术会议、江苏南京土木工程安全防灾论坛、广东院士高峰年会、佛山互联网+会议、东莞制造2025研讨会、泉州制造2025推进会、深圳战略性新兴产业培育与发展论坛、新疆纺织服务产业研讨会、云南科学大讲坛等学术咨询活动。这些活动极大地促进了产学研用密切合作，为地方和企业实施创新驱动发展战略、加快转变经济发展方式提供工程科技支撑与人才智力支持。

同时，与浙江、江苏、福建、江西、湖北、河北、云南等地方科协合作，深入了解院士专家工作站建设情况以及院士在企业技术创新体系建设、工程化产业化能力建设、产业技术创新发展方向、高层次人才培养等方面发挥的重要作用和典型事例，进一步加强和规范了院士专家工作站建设。根据中国科协的统计数据，截至2015年年底，已建立院士专家工作站4457家，进站工作院士专家达33500人次，其中中国工程院院士进站达三分之二以上。实践证明，院士专家工作站是充分发挥院

士专业智慧、破除经济与科技“两张皮”问题的有效模式，在服务企业技术创新驱动发展、提高院士科技成果转化的质量和效益方面发挥了重要作用。

四、深化与地方院士服务机构合作，为提高科技合作质量提供支撑和保障

地方院士服务机构是我院与地方政府落实科技合作协议的桥梁纽带，是发挥工程科技思想库战略咨询职能的重要平台。

2015 年，我院更加重视和发挥区域思想库（工程科技发展战略研究院、战略研究中心等单位）、各地院士服务联络机构、“院士之家”等在科技合作工作中的重要作用，积极支持地方院士服务机构的建设。**比如，共建中国海洋装备工程科技发展战略研究院**，以服务海洋强国战略为使命，瞄准国家海洋装备产业发展重大战略需求，持续开展海洋装备工程科技发展战略研究。截至目前，我院共建中国工程科技发展战略研究院（清华大学）、中国航空工程科技发展战略研究院（北京航空航天大学）、中国航天工程科技发展战略研究院（中国航天科技集团）、中国工程科技发展战略研究中心（上海）、中国海洋装备工程科技发展战略研究院（工信部、教育部、上海市、上海交通大学）、中国信息与电子工程科技发展战略研究中心（电科院、信息通信研究院）等 6 个战略研究院（或中心），为实现关键行业产业重大战略咨询研究提供支撑。**又如上海“院士之家”建设**，徐匡迪主席、周济院长等十余位院士出席了“院士之家”的启用仪式，院士之家启动后，围绕“上海加快建设具有全球影响力科技创新中心”这一双方合作重点，开展了一系列有影响力、服务地方科学发展的重要咨询与学术活动。**再如，支持新广东省科学院成立**，为进一步加强院地合作，广东省省委、省政府决定重新组建广东省科学院。陈左宁副院长出席揭牌仪式并致辞，她表示，中国工程院将围绕广东经济社会发展的重大创新需求，充分整合创新优势资源力量，发挥工程院院士在人才培养等方面的作用，大力支持广东省科学院的发展建设和广东科技创新工作。

区域思想库（工程科技发展战略研究院、战略研究中心等单位）、各地院士服务联络机构、“院士之家”等机构的建设进一步健全了工程院科技合作的服务体系，极大提高了工程科技思想库科技服务职能，为提高科技合作质量和水平提供了坚实保障。

五、开展科技合作的基础工作进一步加强

为提高科技合作质量，针对开展科技合作的基础工作，落实了一系列具体措施。**一是科技合作工作的计划性、协同性进一步加强。**与各学部及有关部门加强沟通，汇总各学部在地方开展的各项活动，按月编发《科技合作月度计划表》，及时报院领导、科技合作委员会委员、科技合作办公室主任、副主任以及各学部办公室，提高了统筹协同能力。**二是编印了重要文献，供各有关部门在开展科技合作活动中参考。**汇总整理了自我院建院以来与有关部门签署的合作协议，编印《中国工程院合作协议书汇编》；汇总院士群体、院士个体及其团队在各自岗位发挥的科技合作作用，宣传取得突出成绩的案例，编印《中国工程院 2015 科技合作工作汇编》（自 2011 年起每年编印《中国工程院年度科技合作工作汇编》）；汇总科技合作规章制度，编印了《科技合作工作指南》。**三是创新院地合作交流机制，探索提高科技合作质量模式。**召开了院地合作华东片区会议，会议结合上海全球科创中心建设任务要求，邀请华东六省一市的科技厅、科协部门的有关负责人参加，交流合作经验，参加院士沙龙，参观有关企业，开创了区域性科技合作沟通交流机制的新模式。**四是建立和完善院地合作信息网络平台，提高信息沟通效率。**为保证院地合作信息畅通，完善了我院科技合作网站建

设、建立了院地合作工作"微信群"信息平台,促进了院地合作经验与信息共享,加强院地之间以及地方之间的院士工作交流与合作。

总之,随着有关部委、地方、企业、军队等方面需求日益旺盛,科技合作呈现出蓬勃发展的势头(2014 年计划 78 项、2015 年计划 91 项、2016 年计划 132 项)。科技合作作为我院思想库建设的重要组成部分,是充分发挥工程科技思想库科技服务职能的重要平台,是我院与社会各界联系的桥梁纽带和窗口,已经成为提升工程院社会地位和影响力的重要渠道和直接体现。随着我院科技合作工作的深入开展,必将在引领和推动创新驱动发展、促进科技与经济的紧密与深度结合、助推国家经济转型与升级等方面做出新的重要贡献。

附件 2:

中国工程院 2016 年科技合作计划

(红本子)

编制说明:

根据院领导要求,2015 年 12 月,我们在征集 2016 年有关专门委员会、学部工作的基础上编制了《2016 年科技合作计划(白本子)》并报请院领导阅示。2016 年 1 月,在白本子基础上,我们向 34 个地方政府的科技部门征集 2016 年科技合作计划,请他们结合地方重大需求,在充分征求有关领导和部门意见的基础上,提出涉及本省(区、市)战略性、全局性的重大院地合作活动 2~3 项。同时,我们联系并梳理了与工程院具有战略合作关系的部委、企业、部队的合作项目,对合作计划进行了整理,编制了《中国工程院 2016 年科技合作计划(蓝本子)》。

2016 年 2 月,在征集科技合作委员会委员意见和建议的基础上,与各学部办公室对蓝本子内容进行了修改和补充,最终形成《中国工程院 2016 年科技合作计划(红本子)》。红本子包括科技合作活动 132 项,其中院部合作 6 项,院地合作 124 项,院企合作 2 项。

经研究,2016 年科技合作活动计划中,确定 45 项为重点活动(内容为粗体字部分),见表格。

2016 年科技合作活动计划(红本子)

地方或部门	活动类别	活动名称	负责院士	时间	地点	合作方	承办部门
北京 (3)	**战略咨询**	**城市地下空间开发规划战略研究及调研(重点)**	**王梦恕**	**2016 年**	**北京**		**土木学部**
	学术活动	中关村论坛	待　定	9 月	北京	中关村管委会	办公厅
	合作平台	**“首都院士之家”建设**	**徐德龙**	**待定**	**北京**	**北京市委组织部 北京市人社局**	**科技合作办**
上海 (19)	战略咨询 (7)	长三角地区航天航空智能制造技术与装备发展战略研究(在研)	林忠钦 尹泽勇	2016 年	上海	工程科技战略研究中心(上海)	上海院士中心
		高温合金叶片等精密铸件产业化地区布局和发展路线图研究(在研)	刘　玠	2016 年	上海	工程科技战略研究中心(上海)	上海院士中心
		长三角地区制药工业:产业转移、科技创新与人才培养(在研)	钱旭红	2016 年	上海	工程科技战略研究中心(上海)	上海院士中心
		上海加快建设具有全球竞争力的科技创新中心发展战略研究(立项)	杨胜利 翁史烈	2016 年	上海	工程科技战略研究中心(上海)	上海院士中心
		长三角能源互联网发展战略研究(立项)	翁史烈	2016 年	上海	工程科技战略研究中心(上海)	上海院士中心
		新工业革命背景下上海的制造业与服务业融合发展战略研究(立项)	林忠钦	2016 年	上海	工程科技战略研究中心(上海)	上海院士中心
		上海城镇群六水综合开发与六灾共同防治以保障生态环境安全与可持续发展战略研究(立项)	**卢耀如**	**2016 年**	**上海**	**工程科技战略研究中心(上海)**	**上海院士中心**
	重要会议	**中国工程院上海市人民政府合作委员会第十二次会议**	**徐德龙**	**2 月 5 日**	**上海**	**上海院士中心**	**科技合作办**

续表

地方或部门	活动类别	活动名称	负责院士	时间	地点	合作方	承办部门
	学术活动（10）	机械与运载工程科技2035发展战略研究（高端）	金东寒	8月	上海		机械学部
		2016国际临床与转化医学论坛暨健康中国与转化医学国际工程科技发展战略研究（高端）	**杨胜利**	**9月22—24日**	**上海**		**医药学部**
		核电大锻件高性能化智能制造中国工程科技研究（工程科技）	潘健生	8月	上海		机械学部
		能源互联网关键技术（工程科技）	翁史烈	9月	上海		能源学部
		我国纺织行业智能制造发展战略论坛中国工程科技研究（工程科技）	孙晋良 俞建勇	10月	上海		环境学部
		渔业海洋学国际学术会议（学部）	潘德炉	5月18—20日	上海	上海海洋大学	环境学部
		2016医学前沿论坛暨上海国际骨科前沿技术与临床转化学术会议（学部）	戴尅戎	5月	上海		医药学部
		国际生态生物调节剂学术会议（学部）	钱旭红	8月15—17日	上海	华东理工大学	化工学部
		有色合金及特种铸造工程前沿技术研究（学部）	李元元	7月	上海		化工学部
		2016浦江创新论坛	待　定	9月	上海	上海市政府	科技合作办
	科技会展	**中国国际工业博览会**	**徐德龙**	**11月**	**上海**	**上海市政府**	**科技合作办**
天津（1）	学术活动	谷田专用除草剂“谷友”创制成果转化中的关键科技问题研讨会（学部）	李正名	4月	天津	南开大学	化工学部

续表

地方或部门	活动类别	活动名称	负责院士	时间	地点	合作方	承办部门
重庆 (2)	**学术活动**	**工程结构创新与发展国际工程科技发展战略研究(高端)**	**周绪红 杨永斌**	**5月14—17日**	**重庆**		**土木学部**
	科技会展	**第十二届中国重庆高新技术交易会暨中国国际军民两用技术博览会**	**徐德龙**	**4月**	**重庆**	**重庆市科委**	**科技合作办**
河北 (3)	**战略咨询**	**交通基础设施重大结构安全保障战略研究及调研(重点)**	**杜彦良**	**2016年**	**石家庄**		**土木学部**
	重要会议	**河北院士联谊会第九次会员大会**	**徐德龙**	**8月**	**北戴河**	**河北院士联谊会**	**科技合作办**
	院士行	第二届“中华健康节”	张伯礼 吴以岭	6月16—18日	石家庄	以岭药业集团	科技合作办 医药学部
内蒙古 (6)	**战略咨询**	**鄂尔多斯盆地矿产资源协调开发战略研究及调研(重点)**	**张玉卓**	**2016年**	**内蒙古**	**神华集团**	**能源学部**
	学术活动	**矿产资源绿色开发与可持续发展管理论坛(学部)**	**王　安 陈清泉**	**7月**	**呼伦贝尔**		**工管学部**
	科技会展	第十三届中国(满洲里)北方国际科技博览会	徐德龙	7月	满洲里	内蒙古科技厅	科技合作办
	院士行(2)	院士呼和浩特行	待　定	6月	呼和浩特	内蒙古科技厅	科技合作办
		食用菌产业发展院士行	吴清平	5月	阿尔山	阿尔山市委、政府	环境学部
	院士工作站	阿尔山矿泉水资源综合利用院士行	侯立安	5月	阿尔山	阿尔山市委、政府	环境学部

续表

地方或部门	活动类别	活动名称	负责院士	时间	地点	合作方	承办部门
辽宁（6）	学术活动（6）	**大连科协年会**	**徐德龙**	**5月**	**大连**	**大连市科协**	**科技合作办**
		海内外机械学科华人科学家高端论坛（学部）	郭东明	8月上旬	沈阳		机械学部
		爆破新理论、新技术与创新成果论坛暨第十一届全国工程爆破学术会议（工程科技）	汪旭光	10或11月	沈阳		化工学部
		毛皮动物养殖产业发展对策研讨（学部）	马建章	3月末	大连金州区		农业学部
		2016医学前沿论坛——心血管疾病转化医学新进展（学部）	**韩雅玲**	**6月18日**	**沈阳**		**医药学部**
		煤矿冲击地压防治技术研讨会（学部）	袁　亮	8月	葫芦岛	辽宁工程技术大学	能源学部
吉林（2）	战略咨询	东北地区玉米种植面临的新形势与新挑战及其应对战略研究及调研（学部）	刘兴土	2016年	吉林		农业学部
	学术活动	经济菌物中国工程科技研究（工程科技）	李　玉	8月	长春		农业学部
黑龙江（2）	**院士行**	**龙江院士行**	**徐德龙**	**7月**	**哈尔滨**	**黑龙江院士办**	**科技合作办**
	科技会展	第四届中国国际新材料产业博览会	徐德龙	9月1—3日	哈尔滨	工信部、黑龙江	科技合作办
江苏（4）	战略咨询（2）	我国城市洪涝灾害防治策略与措施研究及调研（重大）	张建云	2016年	南京		土木学部
		我国长三角地区毒害有机污染物控制战略研究及调研（重点）	张全兴	2016年	南京		环境学部
	学术活动	**第六届未来网络发展与创新工程前沿技术论坛（学部）**	**刘韵洁**	**12月**	**南京**		**信息学部**
	科技会展	第六届中国江苏产学研合作成果展示洽谈会暨江苏省产业技术研究院技术转移对接会	徐德龙	10月	南京	江苏省科技厅	科技合作办

续表

地方或部门	活动类别	活动名称	负责院士	时间	地点	合作方	承办部门
浙江（7）	学术活动（2）	2016医学前沿论坛——感染性疾病诊治进展研讨会（学部）	李兰娟	4月8—9日	杭州		医药学部
		气象灾害应对与雾霾防控座谈会	郝吉明 丁一汇	7—8月	嘉兴	浙江科协、嘉兴市政府	环境学部
	科技服务	**新能源汽车专题咨询和技术对接**	**钟志华**	**4月15日**	**杭州**	**省经信委、科协**	**科技合作办 机械学部**
	院士行（3）	**院士余杭行**	**待　定**	**10月中上旬**	**余杭区**	**省经信委、科协**	**科技合作办 机械学部**
		食品安全防控技术咨询活动	孙宝国 庞国芳	7—8月	嘉兴	浙江科协、嘉兴市政府	环境学部
		院士余杭行	李兰娟	4月	余杭区	余杭区委区政府	医药学部
	科技会展	第十八届中国杭州西湖博览会	徐德龙	10月	杭州	杭州市政府	科技合作办
福建（5）	院士行（2）	**“泉州制造2025”院士咨询及调研活动**	**周　济**	**2016年**	**泉州**	**福建省科协**	**制造业办公室**
		福建（三明）“中国稻种基地”建设院士咨询及调研活动	刘旭等	2016年	三明	福建省科协	科技合作办 农业学部
	科技服务	2016环境学部科技合作工作座谈会暨轻纺院士行活动	孙晋良、俞建勇	12月	莆田	福建科协、莆田市政府	环境学部
	学术活动	中国生态茶产业发展战略研讨会	魏复盛、庞国芳	4—5月	泉州	福建科协、中国林促会、茶学会	环境学部
	科技会展	**中国·海峡项目成果交易会（福州）暨院士八闽行**	**徐德龙**	**6月**	**福州**	**福建省科协**	**科技合作办**

续表

地方或部门	活动类别	活动名称	负责院士	时间	地点	合作方	承办部门
江西(1)	**院士行**	**打造南昌光谷科技创新战略咨询及调研活动**	**待　定**	**10—11 月**	**南昌**	**江西省科技厅**	**科技合作办**
山东(5)	学术活动(4)	**面向水安全保障的工程与技术创新(工程科技)**	**侯立安**	**10 月**	**威海**		**环境学部**
		应急医学救援装备产业化与信息技术论坛(工程科技)	郑静晨	8 月	威海		工管学部
		第四届全国铅酸电池新技术研讨会(学部)	杨裕生	9 月	山东	圣阳电源公司	能源学部
		海洋平台及装备腐蚀控制研讨会(学部)	侯保荣	6 月	青岛		环境学部
	科技会展	第 17 届国际果蔬·食品博览会	徐德龙	9 月	烟台	山东省政府	科技合作办
河南(3)	战略咨询	长江和黄河流域棉区棉花生产五化发展战略研究及调研(学部)	喻树迅	2016 年	河南		农业学部
	院士行(2)	医药卫生河南院士行	杨胜利	8 月	郑州	郑州大学一附院	医药学部
		智能制造(数控一代)中原院士行	**待　定**	**4 或 5 月**	**河南**	**河南省科协**	**科技合作办**
湖北(7)	战略咨询(2)	精确时空信息技术与应用中国工程科技研究及调研(重点)	李建成	2016 年	武汉		土木学部
		长江流域杂交水稻可持续发展战略研究及调研(学部)	朱英国	2016 年	湖北		农业学部
	科技服务(2)	**《武汉城市总体规划纲要(2016—2030)》院士专家咨询会**	**徐德龙**	**12 月**	**武汉**	**武汉院士中心、国土局**	**科技合作办**
		《中国光谷 2025 创新驱动发展战略研究》院士专家咨询会	**徐德龙**	**6 月**	**待定**	**武汉院士中心、东湖开发区管委会**	**科技合作办**

续表

地方或部门	活动类别	活动名称	负责院士	时间	地点	合作方	承办部门
湖北（7）	学术活动（2）	果树品质与种质利用论坛（学部）	邓秀新	4月	武汉		农业学部
		2016医学前沿论坛暨第七届中国妇儿健康发展促进高峰论坛（学部）	曾溢滔	9月	武汉		医药学部
	科技会展	第十三届“中国光谷”国际光电子博览会暨论坛	徐德龙	11月	武汉	湖北省科技厅	科技合作办
湖南（3）	战略咨询	洞庭湖大水脉方案研究及调研（学部）	钮新强	2016年	湖南		土木学部
	学术活动（2）	**矿产资源高效加工与综合利用（学部）**	**孙传尧**	**3月**	**长沙**		**化工学部**
		2016医学前沿论坛暨分子诊断与个体化治疗（学部）	周宏灏	2016年	长沙		医药学部
广东（13）	战略咨询	珠三角城乡生活垃圾统筹治理战略研究及调研（学部）	刘人怀	2016年	广东		工管学部
	学术活动（7）	“分子诊断技术”中国工程科技研究（工程科技）	程　京	10月	广东		医药学部
		互联网+智能制造论坛（学部）	**柴天佑**	**4月**	**深圳**		**信息学部**
		广东智能制造2025高端论坛（学部）	**瞿金平**	**6月**	**广州**		**环境学部**
		2016城市可持续建设国际会议国际工程科技发展战略研究（高端）	郝吉明 孟　伟	10月17—19日	深圳		环境学部
		国际水稻机械化直播技术工程前沿技术研究（学部）	罗锡文	11月15—18日	广州		农业学部
		深圳院士论坛	付小兵	11月	深圳	深圳院士基地	医药学部
		高速磁悬浮技术与产业发展论坛	钱清泉	5—7月	深圳	深圳院士基地	科技合作办 机械学部

续表

地方或部门	活动类别	活动名称	负责院士	时间	地点	合作方	承办部门
广东（13）	科技服务	2016广东院士团队科技创新成果展暨项目对接洽谈会	待　定	5月	深圳	广东院士联谊会 深圳院士基地	科技合作办
	科技会展	**第十八届中国国际高新技术成果交易博览会（深圳）**	**徐德龙**	**11月**	**深圳**	**深圳市政府**	**科技合作办**
	重要会议（3）	**第二届广东院士高峰年会**	**徐德龙**	**5月**	**深圳**	**广东院士联谊会**	**科技合作办**
		广州市人民政府与中国工程院合作委员会成立大会	徐德龙	4—5月	广州	广州市政府	科技合作办
		中国工程院深圳市人民政府合作委员会会议	**周　济**	**11月**	**深圳**	**深圳院士基地**	**科技合作办**
海南（1）	学术活动	南海海上丝绸之路的生态环境问题与对策论坛（学部）	丁德文	10月	三亚	琼州学院	环境学部
广西（3）	学术活动	第十六届国际传统药物学大会（学部）	肖培根	5月15—18日	玉林		医药学部
	院士行（2）	**广西绿色发展院士行（环境、农业领域）**	**郝吉明等**	**2016年**	**广西**	**广西科技厅**	**科技合作办 环境学部 农业学部**
		广西院士行	杨宝峰 张伯礼	5月15—18日	玉林	广西药用植物园	医药学部
四川（1）	科技会展	中国·成都全球创新创业交易会	徐德龙	5月	成都	成都市政府	科技合作办
贵州（2）	学术活动（2）	生态文明贵阳国际会议	徐德龙	7月	贵阳	贵阳市政府	科技合作办
		“4P医学与创伤个体化治疗”中国工程科技研究（工程科技）	王正国 付小兵	8月	贵州		医药学部

续表

地方或部门	活动类别	活动名称	负责院士	时间	地点	合作方	承办部门
云南（4）	**院士行**	**云南生物医药大健康产业发展规划咨询活动**	**樊代明**	**1月8—9日**	**昆明**	**云南省科技厅**	**科技合作办 医药学部**
	重要会议（2）	**中国制造2025专题报告会暨院省合作协议续签**	**周　济**	**1月15日**	**昆明**	**云南省委办公厅**	**科技合作办 扶贫办**
		第三届云南桥头堡建设科技入滇对接会	徐德龙	2016年	昆明		科技合作办
	学术活动	科学大讲坛	待　定	2016年	昆明	云南省科技厅	科技合作办
陕西（8）	学术活动（8）	**秦巴山脉绿色循环发展论坛（工程科技）**	**徐德龙**	**5月**	**西安**		**化工学部**
		“信息领域的颠覆性技术”国际工程科技发展战略研究（高端）	卢锡城	9月23—24日	西安		信息学部
		基础设施建设工程管理（高端）	**王　安 何继善**	**8月**	**西安**	**陕西省政府**	**工管学部**
		“一带一路”建设工程管理暨中国工程管理论坛（工程科技）	**王　安 何继善**	**8月**	**西安**	**陕西省政府**	**工管学部**
		状态监测与诊断工程管理国际论坛（学部）	高金吉	8月20—21日	西安		机械学部
		页岩油原位改质技术与应用前景（学部）	赵文智	5月	西安	石油勘探开发研究院	能源学部
		城市环境与可持续发展论坛（学部）	卢耀如	2016年	西安		土木学部
		2016医学前沿论坛暨第六届小儿肿瘤研究高峰论坛（学部）	张金哲	9月	西安		医药学部

续表

地方或部门	活动类别	活动名称	负责院士	时间	地点	合作方	承办部门
甘肃（3）	学术活动（2）	重离子加速器技术的应用与推广中国工程科技研究（工程科技）	夏佳文	8月	兰州		能源学部
		草地农业中国工程科技论坛（工程科技）	南志标	6月	兰州		农业学部
	院士行	**院士甘肃行暨医药卫生发展咨询会**	**杨胜利**	**5月**	**甘肃**	**甘肃省卫计委**	**科技合作办 医药学部**
青海（2）	战略咨询	柴达木盐湖钾及新能源锂铷等综合评价与环境协调发展研究及调研（学部）	赵文智 郑绵平	2016年	青海	中国石油勘探开发研究院、地质科学院	能源学部
	科技会展	2016青海绿色经济投资贸易洽谈会	徐德龙	6月	西宁	青海省科技厅	科技合作办
新疆（5）	战略咨询	新疆能源先导型沙漠治理战略研究及调研（重点）	何继善	2016年	新疆		能源学部
	学术活动	新疆水资源合理配置与生态环境保护研究	郝吉明 孟　伟	7月	阿勒泰	新疆科协	环境学部
	院士行（2）	新疆纺织服装产业发展研究	孙晋良 俞建勇	8—9月	阿克苏、石河子	新疆科协	环境学部
		新疆院士行	杨宝峰	7月20—24日	乌鲁木齐	新疆医科大学一附院	医药学部
	科技会展	**第三届信息化创新克拉玛依国际学术论坛**	**徐德龙**	**9月**	**克拉玛依**	**新疆科协**	**科技合作办**
西藏（3）	战略咨询（2）	羌塘高原国家生态文明区建设可持续发展战略研究及调研（重点）	刘　旭	2016年	拉萨	西藏自治区	农业学部
		提高进藏高速公路和铁路桥梁抗灾能力的战略研究及调研（学部）	郑皆连	2016	西藏		土木学部
	院士行	西藏院士行	俞梦孙	8月	拉萨		医药学部

续表

地方或部门	活动类别	活动名称	负责院士	时间	地点	合作方	承办部门
发改委（2）	**战略咨询**	**战略性新兴产业发展重大行动计划研究及调研（重大）**	**邬贺铨 钟志华**	**2016年**	**北京**		**中国工程科技发展战略研究院**
	院士行	**未来网络设施战略发展研究及实施建议（委托）**	**刘韵洁**	**2016年**	**南京**	**发改委高技术司**	**科技合作办 信息学部**
工信部（3）	**战略咨询（2）**	**制造强国战略研究（二期重大）**	**周　济**	**2016年**	**北京**	**工信部**	**制造业办公室**
		工业强基战略研究及调研（二期重大）	**路甬祥 周　济**	**2016年**	**北京**	**工信部**	**制造业办公室**
	院士行	**工业绿色转型升级试点城市院士行**	**徐德龙**	**2016年**	**试点城市**	**工信部节能司**	**科技合作办 咨询服务中心**
空军（1）	战略咨询	军用航空装备技术发展战略研究及调研（重点）	顾诵芬 唐长红	2016年	北京	空军	机械学部
中国科协（1）	学术会议	第18届中国科协年会	徐德龙	2016年	西安	中国科协	科技合作办
神华集团（1）	战略咨询	碳约束条件下我国能源结构优化研究及调研（重大）	张玉卓	2016年	北京	神华集团	能源学部
中车集团（1）	**学术活动**	**智能传感技术在轨道交通中的应用（学部）**	**丁荣军**	**4月**	**宁波**	**中车集团**	**机械学部**

注:粗体字标出内容为重点活动,计45项。

中国工程院 2016 年科技合作活动计划数量统计表

（133 项）

<table>
<tr><td rowspan="2">院部合作
（6）</td><td>发改委</td><td>工信部</td><td>空军</td><td>中国科协</td><td colspan="7" rowspan="2"></td></tr>
<tr><td>2</td><td>2</td><td>1</td><td>1</td></tr>
<tr><td rowspan="6">院地合作
（124）</td><td>北京</td><td>上海</td><td>天津</td><td>重庆</td><td>河北</td><td>山西</td><td>内蒙古</td><td>辽宁</td><td>吉林</td><td>黑龙江</td><td>江苏</td></tr>
<tr><td>3</td><td>19</td><td>1</td><td>2</td><td>3</td><td>0</td><td>6</td><td>6</td><td>2</td><td>2</td><td>4</td></tr>
<tr><td>浙江</td><td>安徽</td><td>福建</td><td>江西</td><td>山东</td><td>河南</td><td>湖北</td><td>湖南</td><td>广东</td><td>海南</td><td>广西</td></tr>
<tr><td>7</td><td>0</td><td>5</td><td>1</td><td>5</td><td>3</td><td>7</td><td>3</td><td>13</td><td>1</td><td>3</td></tr>
<tr><td>四川</td><td>贵州</td><td>云南</td><td>陕西</td><td>甘肃</td><td>青海</td><td>宁夏</td><td>新疆</td><td>西藏</td><td colspan="2" rowspan="2"></td></tr>
<tr><td>1</td><td>2</td><td>4</td><td>8</td><td>3</td><td>2</td><td>0</td><td>5</td><td>3</td></tr>
<tr><td rowspan="2">院企合作
（2）</td><td>神华</td><td>中车</td><td colspan="9" rowspan="2"></td></tr>
<tr><td>1</td><td>1</td></tr>
</table>

中国工程院第五届教育委员会第四次全体会议纪要

2016年6月2日，中国工程院第五届教育委员会第四次全体会议在北京会议中心召开。会议由中国工程院周济院长主持，委员会副主任赵宪庚、樊代明、潘云鹤，工程院副院长徐德龙，教育部副部长林蕙青、原副部长吴启迪等教育委员会委员，教育部和工程院教育办有关同志，委员会秘书处成员、咨询研究项目组代表等共60余人出席了会议。会议主要议题有：审议教育委员会2013—2014年3个咨询研究项目结题、评审2016年教育部人文社科专项委托项目、听取UNESCO国际工程教育中心工作汇报、研究2017年中国工程院咨询研究项目指南教育部分、讨论如何进一步加强教育委员会工作。纪要如下：

一、审议教育委员会2013—2014年咨询研究项目结题

会议审议了"我国工程科技人才成长若干重大问题综合研究"（潘云鹤负责）、"关于加快高等工程教育专业认证制度与工程师注册制度衔接问题的研究"（顾秉林负责）、"基于整体观和大E工程理念的综合工程教育模式创新探索"（岑可法负责）等教育委员会2013—2014年3个咨询项目的研究成果，邹晓东教授、王孙禺教授、张炜教授分别代表项目组做结题汇报。会议同意3个咨询项目结题，同时对于进一步完善项目成果提出了很好的意见建议，会议要求各项目组根据各位委员的发言对研究内容进行修改完善，并建议对这些研究成果加以充实，希望各项目成果发挥重要的作用。

二、评审2016年教育部人文社科专项委托项目

教育工作办公室主任吴国凯汇报了教育部2016年度人文社科专项（工程科技人才培养研究）招标项目评审情况，经过专家网上评审，从138个项目中选出了16个中标项目。他还汇报了委托项目评审办法。接下来，会议对2016年度专项4个委托项目进行了评审。会议审议了"高等工程科技人才培养标准研究"（何继善负责）、"'互联网+'、'网络强国战略'背景下的工程科技人才培养研究"（周绪红负责）、"面向'中国制造2025'的工程科技人才培养体系研究"（周玉负责）、"无机非金属材料工程人才创新能力培养研究"（徐德龙负责）4个项目的申请，何继善院士、周绪红院士、周玉院士、肖国庆教授分别代表项目组进行汇报。经过讨论、投票，4个项目全部通过评审，同意立项。

三、听取 UNESCO 国际工程教育中心申办工作汇报

UNESCO 国际工程教育中心执行主任、清华大学校务委员会副主任袁驷教授汇报了中心工作情况。会议指出，UNESCO 国际工程教育中心自 2015 年 11 月申办成功以来，中国工程院和清华大学做了大量工作，各位委员对中心的发展、申办和筹建给予了大力支持，中心建设取得了积极进展。中心未来将积极承接 UNESCO 的相关任务，如第二本工程报告编写等工作；开展更多的援外培训和学历教育，为发展中国家尤其是非洲培养更多的工程科技人才；UNESCO 国际工程教育中心不仅是中国工程院和清华大学的中心，而是代表中国政府申请设立的，旨在建成一个产学研合作的联盟，欢迎教育委员会全体成员积极参加中心未来的工作。

四、研究 2017 年中国工程院咨询研究项目指南教育部分

会议研究了 2017 年中国工程院咨询研究项目指南教育部分。在广泛征求各方建议的基础上，教育委员会提出 5 项指南建议："我国工程人才培养战略研究"、"工程技术人员职业资质认证国际发展趋势研究"、"中国特色工程研究生教育认证体系建设与发展战略研究"、"国际工程能力建设研究"、"我国校企合作协同创新战略研究"。会议讨论并原则通过 2017 年中国工程院咨询研究项目指南教育部分。会议建议项目研究与国家的重大战略相结合，对将工程教育在建设世界科技强国、"一带一路"国家战略中的地位、作用以及实现的路径等进行深入的研究。教育部领导表示，教育部正在积极推动教学改革等工作，这些领域都是关注的重点。建议项目研究与改革实践结合得更紧密一些，项目承担单位应将研究成果及时运用到工作中，二者相互促进，让项目成果在改革实践中应用，发挥更大的作用。

五、讨论进一步加强教育委员会工作

会议对我国于 2016 年 6 月 2 日成为国际本科工程学位互认协议《华盛顿协议》的正式会员表示祝贺，这不仅为工科学生走向世界打下了基础，更意味着中国工程教育真正走向世界。在我国争取加入《华盛顿协议》近 15 年的历程中，教育委员会最早提出了该建议，历届顾问、委员付出了大量的努力，起到了重要的推动作用。

根据习近平总书记等中央领导在全国科技创新大会上的最新讲话精神，围绕工程院建设高端智库的中心任务，教育委员会就如何进一步提高质量，在工程科技人才培养方面发挥更大的作用，进行了讨论和研究。会议对教育委员会的工作给予充分肯定，同时提出如下意见和建议：

1）高校和工程研究院所联合培养博士工作取得了显著的成绩，但同时也存在科研院所和高校培养评价机制不一致，科研院所招生名额偏少，在培养过程中和高校的责、权、利不对等，科研院所相对弱势，应有的权利难以得到保障，参与联合培养的积极性下降等问题，建议进一步加强联合培养工作，不断优化和改进相关措施，充分发挥工程研究院所在研究生培养中的重要作用。

2）高度重视 UNESCO 国际工程教育中心工作，做好 UNESCO 工程报告编写工作；做好对发展中国家人才培养援助，积极争取教育部、商务部支持，一是做好每年十期左右的短期培训班，二是争取对外培养工程教育硕士；这些工作要充分发挥教育委员会委员所在单位的积极性，共同做好。

3）目前工程科技人才培养中存在实践难的问题，企业接受学生实践的积极性不高，学校在企业建立实践基地多是依靠校友和感情，缺少制度的保障，建设制造强国需要从顶层设计上解决学生

到企业实践难的问题，如参考学习德国的企业实践体系，制订系列的激励和保障政策，增加学生到工厂一线实践的机会，提高人才培养的质量；工程师和科学家不一样，工程的创造性、实践性、系统性更强，如在医学领域更加强调对人整体而非某一个部位的治疗，建议在工程教育中加强对系统性、整体观意识的培养。

4）项目成果形式可不局限于论文和报告，还可以做一些创新性的实践，如在临床医学专业开设“4+3”实验班，创新成功后可在全国推广。

5）中国的工程教育除了创新性不够、实践性不够这两个传统问题，对工程标准重视不够也是一个较突出的问题。如我国在路桥、水坝等工程领域积累了大量的经验和数据，但是没有对相应工程标准进行及时修订和改进。建议加强工程的基础研究，将原有国外引进的标准根据中国的实践经验进行改进，变成中国的标准，并达到世界先进水平；建议工程院开展相关研究，提出意见和建议，促进我国工程科技真正走向世界，并实现从实践到理论水平的提升。

6）产学结合中实践教学是关键，希望委员会项目研究中关注国家层面怎样从制度方面保障产学结合，加强学校和企业之间全方位的合作。

周济主任委员表示，各位委员在讨论中提出了很多好的意见和建议，教育办和秘书处要及时组织改进，更好地开展下一步的工作。刚刚召开的“科技四会”是历史性的会议，习近平总书记代表中央提出建设世界科技强国的宏伟目标，科技的竞争归根结底是人才的竞争，创新驱动是人才的驱动，对于教育大家寄予了最大的希望。工程教育担负着重要的历史使命，工程院的老院士特别关心工程教育人才培养，教育委员会任重而道远，希望各位顾问、委员一如既往地支持教育委员会的工作，共同推动我国乃至世界工程科技人才的培养！

主　持：周　济

出　席：赵宪庚　樊代明　潘云鹤　林蕙青　吴启迪　刘怡昕　段宝岩　付贤智　吴以成　徐惠彬　何多慧　周绪红　俞建勇　张全兴　沈倍奋　刘人怀　王陇德　张大良　邹晓东　杨毅刚　李　强

列　席：徐德龙　何继善　周　玉　袁　驷　张　炜　姚　威　肖国庆　李　辉　文俊浩　沈　毅　齐晶瑶　梁　宏　唐继卫　侯永峰　王孙禺　雷　庆　郑　义　孔寒冰　姜嘉乐　乔伟峰　王晓兵　吴国凯　杨　丽　王元晶　高战军　李冬梅　刘　玮　胡　楠　彭现科　杨嘉伟　马守磊　刘群英

记　录：马守磊　刘　玮

中国工程院第五届教育委员会第五次全体会议纪要

2016年11月22日，中国工程院第五届教育委员会第五次全体会议在工程院316会议室召开。会议由副院长、教育委员会主任田红旗主持，委员会顾问徐匡迪、朱高峰，院长周济，委员会副主任樊代明、杜占元，教育部副部长林蕙青，委员会委员，教育部、人社部有关同志，委员会秘书处成员，工程院机关工作人员，有关项目组专家等共60余人出席了会议。会议主要议题有：审议教育委员会2017年申报咨询项目、审议教育委员会结题咨询项目、研究2017年教育部人文社科研究专项任务项目（工程科技人才培养研究）申报指南、讨论教育委员会工作。纪要如下：

一、审议教育委员会2017年申报咨询项目

会议审议了教育委员会2017年咨询研究项目立项申请，“我国工程人才培养战略研究”、“工程技术人员职业资质认证国际发展趋势研究”、“分类、分层、分阶段的工程人才培养体系：我国工程教育系统再造研究”、“中国特色工程研究生教育认证体系建设与发展战略研究”、“国际工程能力建设研究”、“我国校企合作协同创新战略研究”等6个申报项目进行了汇报，雷庆教授、马润青研究员、陈纯院士、李根生院士、王孙禺教授、方虹教授分别代表课题组进行了汇报。经顾问、委员们讨论、研究，投票表决通过了6个咨询项目的立项申请，同意推荐至咨委会进行立项评审。

二、审议教育委员会结题咨询项目

会议对申请结题的咨询项目进行了评审，“2013年中国高等教育工程教育专业认证和卓越计划发展研究”、“2015年度中国工程教育发展报告”、“高等学校与工程研究院所联合培养博士生评估制度研究”、“我国继续工程教育的远程培训问题研究”、“我国工科人才培养质量提升机制与路径研究——基于工科教改协作组高校的探索与实践”、“中国智能机器人产业人才培养战略培养研究”等6个结题项目进行了汇报。经顾问、委员们讨论，同意6个项目结题，同时提出了进一步完善报告的建议。

三、研究2017年教育部人文社科研究专项任务项目（工程科技人才培养研究）申报指南

教育工作办公室主任吴国凯同志汇报了“2017年教育部人文社科专项任务项目（工程科技人才培养研究）指南”（讨论稿）起草情况，会议对讨论稿进行了研究，原则通过了2017年教育部人文社科专项任务项目（工程科技人才培养研究）指南，并对指南部分选题提出了修改意见。会议指

出，“工程科技人才培养研究”人文社科专项实施 6 年来，取得了一批重要成果，形成了一支研究工程教育的有生力量，有必要进一步加大资助力度，加强成果宣传，更好的助推工程教育改革与发展。

四、讨论教育委员会工作

教育工作办公室主任吴国凯同志汇报了教育委员会 2016 年工作总结和 2017 年工作计划，顾问、委员充分肯定了教育委员会 2016 年的工作，并就如何更好地开展教育委员会的工作进行了讨论。

徐匡迪顾问表示，教育委员会咨询研究项目开展的非常好，在经费有限的情况下，产出了非常优秀的成果。建议今后更加关注工程教育领域师资培养问题，提高人才培养质量的关键是教师的质量。要更加关注学校和企业的合作问题，到工程第一线培养学生的创新精神和实践能力。

朱高峰顾问表示，要更加关注教育的投入产出问题，更加关注教育的对象和创新主体人才研究。教育委员会开展了很多课题研究，建议今后举办一些讨论会，进行思想交流和思想碰撞，逐渐形成共同的理念，给教育行政部门和政府做参考建议。

樊代明副主任表示，教育委员会根据教育改革的需求，近年来做了一些很有战略意义的研究。医学人才是工程人才的重要组成部分，我国的医学人才培养还存在较大的问题，比如全科医生的培养还很缺乏，医学人才培养亟待开展深入的战略研究，要更加注重学生整合能力的培养。

杜占元副部长表示，工程院近年来在推动工程教育方面做出了很大贡献，产出了一批重要研究成果。通过咨询项目的滚动开展和持续研究，各方不断深化认识、凝聚共识、推动创新，对于推动我国工程教育改革与发展具有重要的意义。教育部有关部门要加强与专家的主动联系，共享成果，共同推动改革。建议工程院更加关注工程教育与市场的关系，对工程人才的需求进行深入研究，利用市场的力量推动工程教育。

林蕙青副部长表示，教育部高度重视和工程院的合作，教育委员会的咨询研究成果对于工程教育改革与发展具有重要的借鉴和参考价值。教育部将在工程院咨询报告的基础上进一步研究和消化吸收，并推动到工作实践中。建议把行政系统作为人才培养研究的资源和力量，和工作实际进行紧密结合，放大研究的视野、资源、力量，产出更加优秀的成果，要注重统筹国内国际两个大局，为国家实施“走出去”战略服务。

周济院长指出，工程院作为国家工程科技高端智库，持续深入地开展人才培养战略研究。院士们非常关心教育，高度重视教育委员会工作，始终把培养人才作为我们主要的任务之一。未来要动员全院参与人才培养工作，使教育委员会发挥更大的作用。工程教育研究非常重要，工程院和教育部开展的“工程科技人才培养”研究项目合作，吸引了一大批专家学者参加工程教育研究，产出了一批重要的研究成果，取得了很大的成绩，建议双方进一步加大经费投入，加强合作。在高校研究院所联合培养博士、工程人才继续教育等方面，积极开展研究与实践，共同推动我国工程科技人才培养改革与发展。

田红旗主任要求及时总结顾问、委员们的意见和建议，进一步改进教育委员会的工作。

主　持：田红旗

出　席：徐匡迪　周　济　杜占元　林蕙青　樊代明　朱高峰　谢克昌　甘晓华　段宝岩
方滨兴　吴以成　何多慧　胡春宏　张全兴　方智远　沈倍奋　张　运　刘人怀

吴启迪　俞家栋　杨毅刚　徐青森　李茂国　吴爱华

列　席：王华明　李根生　陈　纯　王孙禺　雷　庆　姜嘉乐　陈　敏　郑　义　孔寒冰
魏　江　张　炜　李　飞　吴小林　田守嶒　胡庆喜　方　虹　彭　博　贾明顺
王　旭　张军峰　余东升　骆四铭　马润青　谢喆平　乔伟峰　吴　蕾　张　满
张新钰　吴国凯　王元晶　高战军　王晓俊　宗玉生　唐海英　黄海涛　李冬梅
樊新岩　马守磊　曹建飞　刘群英　朱新海

记　录：马守磊　樊新岩

中国工程院第六届科学道德建设委员会第六次会议纪要

2016 年 12 月 6 日，中国工程院第六届科学道德建设委员会第六次会议在北京召开。会议由陈左宁主任主持，周济院长出席并讲话，刘旭副主任等 19 位院士参会，中央第八巡视组的同志和院科学道德办公室工作人员列席了会议。纪要如下：

一、报告近期工作

院科学道德办公室主任高中琪汇报了六届五次会议以来道德委的主要工作。

道德委六届五次会议以来，根据“弘扬楷模、院士自律、完善制度、社会监督”的工作原则，道德委开展了弘扬院士科学精神、加强科学道德建设等方面的工作。① 主持或参与开展多种形式活动，弘扬院士科学精神：参加全国科学道德和学风建设宣讲教育；与教育部共同开展“院士回母校”活动；合作开展“青少年走进工程院”活动；发挥工程院网站的宣传作用。② 扎实推进院士传记出版和宣传工作：充分发挥院士、院士所在单位和部门的主导作用；严把传记质量关，推出传记精品；努力扩大传记影响，发挥对青少年的教育和激励作用。③ 加强院士自律。协助组织 2015 年当选院士研讨班。④ 优化学术环境：提出我院贯彻落实国务院办公厅《关于优化学术环境的指导意见》3 项举措。

会议对科学道德委员会的工作表示充分肯定，认为各项工作开展得很好。会议决定，将道德委开展工作情况在主席团和院士大会上汇报。

二、听取和审议院士投诉处理情况

会议听取和审议了对院士投诉调查处理的情况报告。

道德委六届五次会议报告了 2015 年 6 月至 2016 年 5 月收到的 6 封投诉信的调查进展情况。2016 年 5 月至 11 月，科学道德处又收到 5 封投诉信。调查处理情况如下：

3 封涉及院士的经济、工作作风和个人品行等问题的投诉，分别转交院士所在单位纪检部门进行了调查核实，纪检部门均回函进行了说明。

1 封涉及单位安排院士与候选人见面的投诉，转交相关单位纪检部门进行了调查核实，纪检部门回函进行了说明。

2 封涉及院士科学道德问题的投诉信，院士本人进行了书面说明。

2 封投诉信转交院士所在学部常委会进行调查，其中 1 封学部常委会认为投诉涉及问题应通过法律途径解决，不涉及院士学术道德问题，两位院士也提供了书面说明，另 1 封尚在处理中。

2 封投诉信无实质内容，不作调查。

1 封投诉信为重复投诉。

会议同意上述调查处理情况的报告。

会议还通报了周国泰和李宁案件的相关情况。

三、听取和审议 2017 年工作要点

会议听取了关于 2017 年科学道德建设委员会工作要点的汇报，并进行了审议。

会议要求，2017 年科学道德建设委员会要继续围绕"弘扬楷模、院士自律、完善制度、社会监督"四个方面开展工作。要大力弘扬院士科学精神，加强正面宣传，注重发挥主流媒体和新媒体的作用；要进一步强调院士自律，发挥院士队伍领军作用；要重视社会监督，按规定处理对院士的投诉，同时积极维护院士的正当权益。

会议认为，我院科学道德建设工作面临着社会大环境的挑战，需要进一步研究新情况，解决新问题。2017 年是院士增选年，全体院士要高度重视增选工作，严把入口关。会议决定，由科学道德建设委员会发起，以院党组的名义，在 2017 年院士增选工作启动时给全体院士发一封信，提醒广大院士严格自律，全面理解和准确把握院士的标准和条件，公平公正地进行评审和选举，排除各种干扰，严格保守增选工作秘密，营造民主宽松的评审环境，做好 2017 年院士增选工作。

周济院长做了总结讲话。他指出，中国工程院院士是中国工程科技的领军队伍，是党和国家倚重的队伍，是党和人民信赖的队伍。习近平总书记在 2014 年两院院士大会上"希望广大院士善养浩然之气，发扬我国科技界爱国奉献、淡泊名利的优良传统，以身作则，严格自律，在攻坚克难、崇德向善中做到学为人师、行为世范，带动科技界乃至全社会践行社会主义核心价值观"，科学道德建设委员会要以此作为工作指导，将弘扬院士科学精神的工作做得更好，特别弘扬和宣传广大院士坚定理想信念、忠诚党和国家事业的典型事例。他强调，社会各界对院士群体寄予很高的期望，希望广大院士进一步加强自律，像爱护眼睛和生命一样爱护自己的名誉和工程院的声誉，发挥好我国工程科学技术界的最高荣誉性、咨询性学术机构的作用，在践行社会主义核心价值观和实施创新驱动发展战略中发挥引领作用。

主　持：陈左宁
出　席：周　济　刘　旭　杜善义　高金吉　陈志杰　陈良惠　陈祥宝　王海舟　邱爱慈　苏义脑　胡春宏　杨秀敏　孟　伟　吴孔明　张齐生　陈香美　高润霖　栾恩杰
请　假：谢克昌　郭东明　龚惠兴　张超然　郑皆连　庞国芳　魏复盛　赵晓哲
列　席：李　燚　肖　强（中央第八巡视组）　高中琪　王元晶　高战军　左家和　吴晓东　郑召霞
记　录：郑召霞

第三届中国工程院院刊(英文期刊)发展研讨会会议纪要

2016 年 4 月 27 日上午,第三届中国工程院院刊(英文期刊)发展研讨会在中国农业大学金码大厦报告厅召开,中国工程院周济院长、樊代明副院长、刘旭副院长、钟志华秘书长,中国农业大学柯炳生校长、李召虎副校长,英国皇家学会院士 Donald Grierson 及王静康、康绍忠院士,以及高等教育出版社和中国农业大学有关领导、院刊各编辑部主要负责人及工程院学术办公室、各学部办公室工作人员出席了会议。会议由樊代明副院长主持。会议以"一加一,一对一,一帮一"的方式,就中国工程院院刊 1+9(英文)近来的工作进行了互助式交流讨论,并对下一步的工作进行了部署。

一、主办单位领导讲话

樊代明副院长代表学术与出版委员会致辞。他指出,中国工程院院刊 1+9(英文)是中国工程院的一张名片,代表着中国工程科技界的学术形象。为了提升各刊的学术质量和国际影响力,院学术与出版委员会自 2015 年开始组织举办中国工程院院刊发展联合研讨会,至今已经是第三次。前两次会议均取得了良好的效果,特别是提出了"三要五量"的要求。"三要"即:看别人的 GPS,要走自己的路;守公认的交通规则,要弯道超车;盯远处的终极目标,要步步为营。"五量"即:一是团结力量,凝聚三方力量,汇聚合力;二是扩大稿量,吸引高质量稿源,通过一定的数量保证论文的质量;三是增加刊量,抓住当前机遇,逐步增加期刊体量;四是办出质量,严抓论文质量,扎扎实实办好期刊;五是提高销量,加大期刊推广力度,以订单反哺期刊。

今天的会议则以"一加一,一帮一,一对一"为主题。"一加一"是指工程院和高教社多年的合作;"一对一"是指,各学部办公室和本学部分刊的同志结成对子,紧密团结,协调统一,共同努力;"一帮一"是指各刊之间要相互帮助,未进入 SCI 的期刊提出问题,进入 SCI 的期刊分享经验。

柯炳生校长代表中国农业大学向工程院多年来的支持表示感谢,对参与到《Engineering》系列期刊创办这一历史性的事业中表示振奋。他表示,中国农业大学向来高度重视学术期刊的建设和发展,农业分刊虽然创刊不久,但发展势头良好,学校将一如既往地在经费、人员等各方面给予大力支持。希望通过本次会议向兄弟期刊学习办刊经验,加快步伐,努力将《农业科学与工程前沿(英文)》办成有国际影响力的知名期刊。

二、互助式交流讨论

在互助式交流环节,农业分刊执行主编康绍忠院士首先介绍了期刊的发展情况。他从期刊定位、组织、影响、面临的问题、未来计划等几个方面，介绍了农业分刊的策略和经验。英国皇家学会院士、农业分刊英文编审 Donald Grierson 介绍了农业分刊在提高国际影响力方面所做的工作，并结合会议主题对提升院刊的国际影响力提出了三点想法：一是当期刊发表了一篇好的论文后，邀请国际知名专家针对该文章撰写点评，作为后续内容在期刊上发表。二是专题组稿时，通过邀请国内或者国外的若干知名专家共同组稿，达到宣传目的。三是在向专家邀稿的同时，请他们发表论文时引用自己期刊上发表的文章。

随后，与会的各分刊代表分别介绍了期刊当前面临的主要问题和对应的办刊举措与经验。通过讨论，与会院士专家认为，各刊的措施对于中国工程院院刊 1+9（英文）系列的其他期刊均有很好的借鉴作用。各刊代表还就一些共性问题进行了交流。

一是关于如何提高稿件质量。首先要充分发动主编、编委的力量，加强约稿。其次，通过精心策划专辑专栏，吸引一些有影响力的学者参加，实现点的突破。再次，严格评审机制，提高自然投稿录用的门槛。此外，还可以充分动员院士候选人及其团队，将他们发展为专题组稿的主力军。

二是关于如何进一步提高国际影响力。编委国际化、论文国际化、读者国际化，这是期刊提高国际影响力的几个重要方面。具体包括利用好各相关高校校友会等渠道，利用参加国际会议的时机进行宣传推广，长期有效地维护与作者、审稿人的出版关系等。

三是关于如何利用好信息技术，加强推送。一方面要充分利用现有的一些影响力较大的平台推送，另一方面，也要着手建立工程院院刊的自主微信平台。通过定向、精准推送，达到事半功倍的效果。

四是关于如何做好期刊定位。要精细规划出版内容，突出自身特点，更加明确期刊定位，捕捉学科热点，规划出版内容。

三、周济院长总结讲话

周济院长在总结讲话中首先肯定了院刊工作取得的成果，并对高等教育出版社、各刊主编、编委和编辑部表示感谢。他指出工程院是中国工程科技界最高荣誉性、咨询性学术机构，院士队伍建设和国家工程科技思想库建设是工程院的两大核心任务，但归根结底，还是要学术为先，要把学术引领作为重要的工作。而中国工程院院刊正是学术引领最重要的载体。

周院长还指出，目前，中国工程科学技术发生了翻天覆地的变化，实现了跨越式的发展，无论是从规模上还是质量上，“中国制造”已经在很多领域取得了世界领先的成果。中国工程院作为国家高端智库，将进一步发挥国际影响力和国内凝聚力，代表中国工程科技界到世界舞台上开展交流与合作。这也要求我们集中力量办好中国工程院院刊。

四、下一步工作部署

会议对今后一段时间的期刊工作进行了部署。各刊应重点完成五方面工作：

一是切实发挥主编、编委会和各学部作用，保障期刊学术质量。全院办刊、学部办刊是中国工程院院刊最大的特色，也是办好院刊的基础。各分刊编辑部所在高校要加强资金配套、人员专业化的投入，为期刊发展提供良好的外部条件。各学部办公室要与编辑部密切联合，更加深入地发挥院士在办刊中的重要作用。

二是尽快实现院刊中英文版发布。要充分重视中文发布的重要性，这既有利于中国读者以母语阅读和理解工程技术的先进成果,促进科技成果服务国家创新体系建设,也有利于促进国际学术交流、提高期刊在科技工作者中的影响力、增加论文引用率。通过中英文同步发布,可以进一步增强中国工程院在世界工程科技界的影响力,进一步发挥在中国工程科技界的凝聚力。各期刊编辑部要和出版单位协作,下最大决心落实期刊中英文同步发布。

三是抓住信息时代的机遇,做好院刊相关的数据深度挖掘,开展咨询研究。学术期刊作为发挥学术引领作用的载体,是战略咨询的一种重要形式。各刊除正常出刊之外,还要在本学科领域内创新数字期刊功能,由简单的编辑出版向“知识服务”转型,对学术期刊文章及周边学术资料进行深度挖掘和延伸运用。例如,分析并提出当前的热点研究前沿、中国与世界科技研究前沿的共性和差距;对本领域工程科技发展新趋势和新热点进行预测和发布;通过分析研究,协助主编及编委会确定更加有针对性、前沿性的专刊选题等等。同时,定期提交一份分析研究报告,作为《中国工程院院刊战略咨询研究》项目的绩效考评和结题依据。

四是借助信息时代的专业推送工具,提升中国工程院院刊整体的影响力。期刊影响力的提升是一个渐进的过程。除了传统的寄送纸质期刊以外,还可以通过网络手段,以定向推送的方式,让期刊论文直接传递到最适合的读者和潜在的作者面前。下一步将把中国工程院院刊作为一个整体,以“打包”的形式统一推送,尽快形成中国工程院院刊的品牌,进一步扩大国际影响力。

五是形成《Engineering》和各分刊的稿件互通机制。每年每个分刊与主刊选择一个共同专题,以工程院名义进行联合约稿、联合宣传、联合推送……真正发挥集群优势,向世界展现中国工程科技界的最新成果。

出　席:周　济　樊代明　刘　旭　钟志华　王静康　康绍忠　柯炳生　李召虎
Donald Grierson　赵要风　段留生　钟占蓉　史铁林　陈惜曦　翟自洋　黄耀东
李艳妮　黄　震　黄冬苹　朱合华　吴宇清　黄　霞　王　慧　袁文业　苏　燕
王燕华　刘迎春　吕晓梅　杨爱东　王　岩　邢　璐　张庆国　奚晓东　严晓昱
张少雄　钟波涛　闻丹岩　朱建军　安　琪　郭婷婷　程路丽　乔晓艳　许建香
莫结胜　李仁涵　安耀辉　王振海　王元晶　丁　宁　王中子　黄　永　陈姝婷
王晓俊　范桂梅　王爱红　刘元昕　宗玉生　唐海英　王小文　张文韬　王　庆
李冬梅　于泽华　姬　学　陈冰玉

记　录:陈冰玉

第四届中国工程院院刊(英文期刊)发展研讨会会议纪要

2016年9月23日下午,第四届中国工程院院刊(英文期刊)发展研讨会在上海院士中心会议楼召开。中国工程院樊代明副院长、刘旭副院长,上海交通大学张杰校长、黄震副校长,翁史烈、陈赛娟、钱旭红等院士出席会议。参加会议的还有高等教育出版社、上海交通大学期刊中心有关领导,院刊各编辑部主要负责人,院学术与出版委员会办公室成员及各学部办公室负责人等。会议由樊代明副院长主持。会议就中国工程院院刊1+9(英文)近来的工作进行了交流讨论,并对下一步的工作进行了部署。

一、主办单位领导讲话

樊代明副院长代表学术与出版委员会致辞。他指出中国工程院是我国工程科技界最高咨询性,荣誉性学术机构,是国家工程科技思想库。作为最高学术机构,学术是工程院的根,期刊出版是学术之本。为了全面抓好学术与出版工作,学术与出版委员会针对学术会议和院刊出版工作,分别提出了“四聚五合127”和“三要五量1+9”两项指导原则。实践证明在“三要五量”的指导下,中国工程院院刊整体呈现快速发展的良好势头。办好中国工程院院刊是一项系统工程,需要院相关部门和各高校、出版单位充分交流经验,形成合力,共同促进中国工程院院刊整体水平不断提升。

张杰校长代表上海交通大学,向工程院多年来的关心和支持表示感谢。他表示,高水平的科技期刊荟萃了一个国家前沿的科技研究成果,反映了国家的国际学术话语权,是展现国家科技实力的重要平台。建设高水平的英文期刊,提升中国的科技研究在世界的影响力和话语权是中国向科技强国进军的必然选择,也是中国高校和科研机构义不容辞的历史使命。上海交通大学将一如既往为两本期刊提供充分的保障,并以工程院院刊为标杆大力推进校内其他期刊的建设,争取创建一批具有国际影响力的期刊。

二、交流讨论

《医学前沿(英文)》主编陈赛娟院士首先发言,以“如何推动刊物尽快进入SCI的经验”为题介绍了三点经验。一是充分重视并领先医药卫生学部的力量,发挥编委会和学部的院士、专家在组稿、审稿、质量把关方面的关键作用;二是重视期刊国际化发展,保证期刊编委、稿源、审稿人方面国际专家占据相当比例,注重期刊被国际主流数据库收录;三是调动各项资源,增加期刊的影响力与可见度。

《能源前沿(英文)》副主编黄震介绍了“高校如何抓好英文期刊建设”的相关经验。他谈到高校要做好期刊建设，一是要做好顶层设计，通过整合优化学科资源，开展期刊建设；二是以加强编辑队伍的建设，吸纳一批专业化、年轻化、国际化的编辑加入队伍；三是建设好集群化平台，通过打造上海交大期刊中心平台，更好地服务于期刊建设。

《Engineering》执行主编钱旭红院士介绍了《Engineering》期刊近期在专题组稿、推送等方面的进展情况，并介绍了工程院拟设立《全球工程前沿》咨询项目的初步安排。高教社副总编林金安从出版流程把关、编辑队伍建设、期刊数字化国际化发展和期刊海外宣传四个方面介绍了出版单位在提升期刊水平和影响力方面的经验。

随后，一局能源与矿业学部办公室、二局农业学部办公室和三局医药卫生学部办公室的代表也就学部办公室如何落实“三要五量”，进一步服务院刊建设等举措进行了汇报交流，其他学部办公室也以书面形式分别介绍了各自的工作经验和体会。

一是提高与期刊互动，通过加强自身学习，提高服务期刊建设的业务水平。期刊工作涉及面广，专业性强，而服务期刊工作对学部办公室是一个新的挑战。需要借鉴和吸收其他优秀期刊的做法和经验，结合自身学部特色，走好自己的路。

二是发挥带动效应，充分依靠学部常委会和编委会，共同凝聚力量，吸引学部更多院士、专家参与到院刊工作中来，发动院士关心院刊、支持院刊、推广院刊。

三是形成业务联动，把院刊工作与各项业务进行有机结合。工程院的战略咨询研究、学术论坛等业务工作，是期刊发展的宝库。各学部办公室都充分结合自身特色，加强院刊建设与我院各项工作的联动，实现各方效益的最大化。

四是着力推动长远发展，立足当前实际，切实解决阻碍期刊发展的关键问题。各院刊因起步不同，学科背景各异，在发展水平和难点方面都存在差异。各学部办公室要在盯准终极目标的同时，立足期刊现状，扎扎实实做好各项工作。

三、樊代明副院长总结讲话

樊副院长在总结讲话中首先指出，第一，1+9（英文）院刊发展的道路是曲折的，但前途是光明的。第二，革命尚未成功，同志仍需努力，要瞄准差距追赶目标。第三，努力前进的关键在于找准方法，院刊发展研讨会上各位主编、出版单位和各学部办公室交流的经验就是宝贵的方法。

樊代明副院长还就下一阶段的院刊工作进行了部署。**一是加强前沿研究。**在每年工程院拨给每个刊的咨询项目经费中再增加 10 万元，项目定位为每个分刊的前沿研究，由汤森路透提供检索工具，各分刊作为分课题，在综合组的协调带领下，开展数据分析，加强前沿研究，具体方案待院里研究确定后统一部署。为做好这项工作，请各分刊编辑部提前做好准备，向学校领导汇报，并聘请相关人员参加研究工作。**二是与国际高端会议深度结合。**从 2017 年开始，每个学部举办的国际高端论坛由 1 场增加为 2 场，其中至少 1 场与主刊分刊联合征稿的专题一致，配合联合征稿工作开展。**三是逐步推动中英文发布。**请大家进一步解放思想，开拓思路，突破翻译、作者授权等难关，尽快实现中英文发布。

出　席：樊代明　刘　旭　钱旭红　翁史烈　陈赛娟　张　杰　黄　震　赵加强　潘　新
闫明军　何　军　史铁林　陈惜曦　翟自洋　晓风清　巩金龙　黄耀东　黄冬苹
陈以一　吴宇清　王利政　李召虎　袁文业　奚晓东　严晓昱　王红卫　钟波涛

林金安　吴　向　闻丹岩　朱建军　安　琪　张　楠　周海川　郭鹏远　郭婷婷
程路丽　乔晓艳　逄植淇　许建香　莫结胜　安耀辉　王振海　王元晶　丁　宁
王中子　陈姝婷　王晓俊　范桂梅　王爱红　宗玉生　唐海英　梁真真　张文韬
李冬梅　于泽华　姬　学　陈冰玉

记　录: 陈冰玉

学术与出版委员会会议纪要

2016 年 11 月 21 日上午,学术与出版委员会会议在工程院召开,中国工程院周济院长、樊代明副院长、田红旗副院长、屠海令等 15 位院士出席会议,对 2017 年度各学部申报的学术活动进行评审。学术与出版委员会办公室和各学部办公室的同志列席会议。

周济院长首先发言。他指出,习近平总书记在"科技三会"上要求两院"要发挥好最高学术机构学术引领作用,把握好世界科技发展大势,敏锐抓住科技革命新方向"。这是新形势下党中央对于工程院提出的要求,也是今后一段时期工程院进一步发挥学术引领作用的方向。面对党和国家的期待,学术与出版委员会要承担更多责任,进一步强化学术出版工作。周院长还对学术与出版委员会 2017 年的工作提出了部署和期望。

樊代明副院长主持对各学部申报的学术活动进行评审。学术与出版委员会办公室副主任安耀辉介绍了 2017 年我院学术活动申报的整体情况,各学部代表院士分别介绍了本学部申报情况。按照《中国工程院学术活动管理工作办法》,院士们经过 3 轮投票,最终评审出 18 场国际高端论坛,20 场中国工程科技论坛和 65 场学部学术活动立项。随后,学术与出版委员会办公室主任李仁涵还汇报了 2016 年学术出版工作总结。

樊代明在总结讲话时指出,工程院的学术引领工作占据越来越重要的地位,发挥越来越重要的作用。要完成好主席团赋予的使命,做好学术出版工作,就要继续按照"学术工作四聚五合 1-2-7"、"期刊工作三要五量 1+9"的要求,不断推进我院学术与出版工作的发展和提高。

出　席: 周　济　樊代明　田红旗　戴　浩　陈志杰　屠海令　岳光溪　袁士义　崔俊芝
张建云　丁一汇　罗锡文　付小兵　徐建国　傅志寰

列　席: 李仁涵　安耀辉　王振海　王元晶　王晓俊　范桂梅　张　佳　王爱红　刘元昕
唐海英　梁真真　李冬梅　于泽华　姬　学　陈冰玉

记　录: 陈冰玉

资深院士工作委员会第二次会议纪要

时　间:2016 年 4 月 11 日

地　点:中国科学院

主持人:宋　健

出　席:金国藩　严陆光　欧阳自远　戚发轫　林　群　张宗烨　黎乐民　匡廷云　陆士新　翟裕生　王　越　徐性初　于本水　陆建勋　陈俊亮　金　涌　赵文津　施仲衡　石元春　陆佑楣

请　假:王　夔　刘昌明　梁思礼　庄逢辰　张国成　倪维斗　陈厚群　李泽椿　郭应禄

列　席:高中琪　王敬泽　王元晶　郑晓光　谢光锋　吴晓东　李鹏飞　袁牧红　李　民　施　翃　王　崧　尚存良　郑召霞　郭永新

记　录:袁牧红

会议审议通过了“两院资深院士工作委员会 2016—2017 年工作要点”,讨论并同意向两院上报“关于开展科技强国战略咨询课题立项的建议”。

一、审议“两院资深院士工作委员会 2016—2017 年工作要点”

会议听取了中国科学院学部工作局副局长王敬泽关于“两院资深院士工作委员会 2016—2017 年工作要点”的汇报。会议认为,2016—2017 年,两院资深院士工作要充分利用资深院士工作委员会这个重要平台,结合资深院士的专长、优势和自身特点,开展以下几个方面工作:一是充分发挥资深院士的专长和优势,围绕国家科技、经济和社会热点问题,开展咨询研究工作,计划拟以“如何将我国建成世界科技强国”为主题开展为期 2 年的咨询研究;二是结合开展的咨询调研、学术和科普活动等,在资深院士身体允许的前提下,按照就近和属地化原则在资深院士相对集中的有关省市区开展资深院士“与大中小学生面对面”活动;三是组织开展适合资深院士群体特点的学术和科普活动;四是根据工作实际,适时就近组织以当地资深院士为主参加的调研考察大型企业和国家重大工程项目等,继续开展医疗保健讲座,请知名医生分析解答疑难问题,进一步提升院士的保健意识。

二、讨论“关于开展科技强国战略咨询课题立项的建议”

会议听取了中国工程院二局局长高中琪“关于开展科技强国战略咨询课题立项的建议”的汇报。会议认为,今年是实施“十三五”规划的开局之年,两院作为中央批准的首批高端智库试点单位,为国家未来科技发展、建设科技强国方面提出建议义不容辞。资深院士亲身经历了新中国建立以来一系列重大事件,参与或领导了国家科技发展规划和重大科学工程,在把握宏观发展方向、开展战略咨询等方面具有丰富的阅历和宝贵的经验,对于建设世界科技强国这样的目标定位,资深院士们应当作些研究分析,提出建议。会议一致同意设立"关于开展科技强国战略咨询研究"项目,希望尽快向两院提出立项申请,并要求办公室做好相应的准备,研究建立工作机制,尽早启动研究工作。

资深院士工作委员会第三次会议纪要

两院资深院士工作委员会办公室

2016 年 9 月 1 日

2016 年 7 月 4 日,两院资深院士工作委员会第三次会议暨"百年科技强国发展战略研究"咨询项目启动会在中国工程院召开。宋健主任主持会议,两院资深院士工作委员会副主任金国藩、严陆光、欧阳自远、戚发轫等 60 余位院士和专家参加了会议(其中中国科学院院士和中国工程院院士 36 位)。

现纪要如下:

一、讨论通过"百年科技强国发展战略研究"咨询项目工作计划

欧阳自远副主任报告了"百年科技强国发展战略研究"咨询项目工作计划,包括项目背景、主要任务目标、重点研究领域、组织保障、工作机制等内容。项目中心任务是调查研究中国在基础科学研究、科技开发能力和人才培养等方面与美、俄、日、欧的差距何在、差距有多大?应采取何种措施才能在 30 年后比肩美、俄、日、欧。咨询项目设综合组以及基础科学、国防科技、民生前沿、人才培养四个专题领域课题组。拟聘请白春礼院士、周济院士、路甬祥院士、徐匡迪院士、万钢部长等担任项目指导。宋健院士担任咨询项目组组长,欧阳自远、金国藩、严陆光、戚发轫和杜祥琬院士担任副组长;杜祥琬院士担任综合组组长,沈荣骏、王礼恒院士担任副组长;陈佳洱院士担任基础科学组组长,欧阳自远、盖钧镒、刘德培和高文院士担任副组长;栾恩杰院士担任国防科技组组长,戚发轫、刘竹生、郑建华、陆建勋和张彦仲院士担任副组长;石元春院士担任民生前沿组组长,刘昌明、徐建中、施仲衡和李兰娟院士担任副组长;王越院士担任人才培养组组长,金国藩、王乃彦、何继善和张礼和院士担任副组长。

希望两院资深院士工作委员会各位委员选择参加一至二个组的研究工作。

会议鼓掌通过了咨询项目工作计划，要求各课题组按照本计划启动研究工作。

二、各课题组报告工作设想

陈佳洱院士报告了基础科学组工作设想。课题组主要研究内容包括：一是基础科学的宏观战略研究，二是重大科学前沿问题与重点专项的发展研究，三是学科发展布局与学科交叉融合的研究，四是队伍、文化、环境建设与政策保障措施。

栾恩杰院士报告了国防科技组工作设想。课题组主要研究内容包括：一是面向 2049 的战争形态和国防安全需求分析，二是面向 2049 年的国防科技发展展望，三是国防科技能力发展现状评价及对标分析，四是我国国防科技强国发展“三步走”的目标和思路，五是提高我国国防科技自主创新能力的重点方向和重大行动计划，六是加强我国国防科研开发能力的具体措施建议。

石元春院士报告了民生前沿组工作设想。课题组主要研究内容包括：一是国家粮食安全战略，二是环境可持续发展战略，三是交通可持续发展战略，四是医药卫生可持续发展战略。能源可持续发展战略是否列入研究内容，需进一步听取项目组院士和专家意见后确定。

王越院士报告了人才培养组工作设想。课题组研究的人才培养领域为中国科学院和中国工程院的学部范围，对象主要是科技人员(另外一大类即重要的高级工匠暂不讨论)。课题以创新型人才融入社会共同发展的矛盾作为总体矛盾加以研究，包括个人创新发展的主要矛盾集合和社会系统层次主要集合性矛盾等内容，提出具有实效性的咨询建议。

三、会议讨论

与会院士和专家围绕项目研究设想和计划进行深入讨论交流，相关意见归纳如下：

一是各课题组研究应瞄准 2049 年，聚焦前沿，关注各领域的动态发展。研究要具有前瞻性，对各领域 2049 年的发展要有研判，提出本领域科技强国的内涵和标志。同时，研究要具有中国特色，瞄准我国在前沿技术上真正有望取得突破的领域，提出重大措施和建议。

二是管理和体制是影响科技发展的重要问题，事关大局，各课题组应引起高度重视。如近年来基础研究受到很大削弱，很大程度上是由于国家政策导向重视工程化，这一倾向应引起高度重视。

三是基础研究和人才培养是各组的共性问题，应引起高度重视。前沿技术和颠覆性技术的突破，都离不开基础研究和人才培养。目前的人才培养中，德育是薄弱环节，加强德育是人才培养的前提。

四是建议国防科技组研究要和军方合作开展。中央军委和军队系统要参与合作研究，研究要突出重点，有所为有所不为。另外，军民融合的部分是放在国防科技组还是民生前沿组，建议进一步明确。

五是民生前沿组的研究范围建议进一步明确。能源、防灾减灾、转基因、网络安全等问题影响巨大，建议补充为课题组研究内容。

六是项目综合组和办公室的组织架构要进一步明确。建议增加中国科学院院士担任综合组副组长，建议高中琪担任项目办公室主任，郑晓光、两院工作机构各派一名同志担任副主任。

四、汇报项目启动后的工作安排

中国工程院二局高中琪局长汇报了项目启动后的工作安排。项目研究过程分为前期组织、项目调研、成果形成和成果上报等四个阶段,包括:① 前期组织(2016 年 7 月):完成综合组、项目办公室和各课题组建研究团队组建工作;7 月底前由咨询项目组副主任主持召开各课题组组长会议,审议各课题实施方案,审议研究报告提纲;咨询项目组和各课题组按要求完成项目任务书填报。② 项目调研(2016 年 7 月—2017 年 6 月):各课题组根据研究内容和实际需要开展调研工作,各课题形成研究报告初稿,综合组拟定综合报告提纲,原则上每季度召开一次项目交流会。③ 成果形成(2017 年 7 月—2017 年 12 月):广泛征求意见,不断补充、完善课题报告和综合报告。④ 成果上报(2017 年 12 月—2018 年 6 月):召开综合组会、审稿会、两院资深院士工作委员会会议等,由综合组进一步凝练项目综合报告,形成约 5000~8000 字的上报文稿。上报党中央、国务院和中央军委等。

五、宋健主任讲话

宋健主任首先代表两院资深院士工作委员会向中国科学院和中国工程院以及相关部委、相关行业和军队和国防系统对项目的大力支持表示感谢。他指出,一个多月前,党中央国务院召开了全国科技创新大会、两院院士大会和中国科协第九次全国代表大会,再次发出了全面实施创新驱动发展战略的号召,吹响了向世界科技强国进军的号角。“百年科技强国发展战略研究”的课题,正适应了到本世纪中叶把我国建设成为世界科技强国的大势,适逢其时。

宋健主任指出,今后 30 年,我国科技事业将进入一个全新的发展时期。这 30 年,也将是我国科技强国的“战略决胜阶段”。我们要坚定信念,坚信在党中央国务院的坚强领导下,充分发挥社会主义制度的优越性,有大众创业、万众创新的良好环境,30 年后建成科技强国的目标完全能够实现。

宋健主任对课题研究提出了三点要求:一是要注重调查研究。调研要求深、求实、求准,要充分发挥我驻外使领馆的作用,协助做调查和搜集资料工作,搞清中国在基础科学研究、科技开发能力和人才培养等方面跟美、俄、日、欧的差距。二是要从大处着眼。未来 30 年,我国的经济实力和人力资源有能力支撑在科技方面大规模的建设和改造,课题研究要找到为建成科技强国必须解决的重大问题和重大措施。三是要注重颠覆性创新建议。助力我国抢占科技经济发展制高点,进而实现“弯道超车”的创新发展,迈向世界科技强国行列。

【机关办公会议纪要】

机关办公会议纪要(一)

2016年2月26日,钟志华同志主持召开了第一次机关办公会议。会上,钟志华同志与各部门负责同志签订了2016年安全生产责任书。会议议题有:传达国务院关于"两会"的工作例会会议精神;汇报中国工程院2015年当选院士研修班日程安排;通报干部选拔任用有关安排;汇报规章制度"废改立"工作推进情况;传达保密工作有关会议精神;汇报2016年中国工程院国有资产清查工作方案;通报其他事项。

一、传达国务院关于"两会"的工作例会会议精神

办公厅董庆九同志传达了国务院召开的关于"两会"的工作例会会议精神。会上通报了2016年"两会"的基本情况,并要求认真做好"两会"有关准备工作(内容涉密,略)。

会议要求,要高度重视并认真做好2016年"两会"的有关工作,由办公厅落实,其他各部门积极配合,共同做好"两会"工作。

二、汇报中国工程院2015年当选院士研修班日程安排

二局高中琪同志汇报了中国工程院2015年当选院士研修班日程安排。据汇报:2015年当选院士研究班是由中组部、中国科学院和中国工程院共同组织,中央党校承办。3月4日,院士将来我院开展一天活动。根据日程安排主要有:观看《天命》、《朱光亚》宣传片;听取徐匡迪名誉主席、周济院长的报告;参观我院办公楼及学部办公室;分三个组开展座谈。

会议要求,各部门要密切配合,共同做好研修班的组织工作。

三、通报干部选拔任用有关安排

办公厅谷珏同志通报了我院干部选拔任用有关安排。我院的干部选拔任用分为两个时间段:2月29日至3月1日为局级干部选拔任用时间,3月15、16日为处级干部选拔任用时间。2月19日所有副处级以上干部谈话推荐局级干部候选人;2月29日副局级干部候选人个人述职、问答;3月1日与局级考察人选所在部门局级、正处级干部谈话考察;3月15日下午处级干部候选人个人述职、问答;3月16日与处级考察人选所在部门、相关处室负责人谈话考察。

会议要求,各部门按选拔任用安排做好有关工作。

四、汇报规章制度“废改立”工作推进情况

办公厅院办王成俊同志汇报了我院行政工作方面规章制度“废改立”工作推进情况。据汇报：为了在新形势下进一步规范院机关管理工作，促进机关管理水平与效率的提升，结合机关各部门有关规章制度的“废、改、立”变化情况，办公厅于 2014 年下半年启动了院机关规章制度汇编修订工作，先后数次向各部门征求对该部门规章制度的意见，形成制度汇报修订稿全文。为加强工作的协调性、避免疏漏、拾遗补阙，三次向机关各部门发修订稿全文，全面征求意见。目前修订稿工分为总则、政务工作、财务工作、行政后勤工作、外事工作、宣传工作等六大部分，有 55 条目。与 2002 年版规章制度汇编相比，删除了七部分，增加一部分，删除 33 条目，增加 37 条目。2015 年末，根据机关领导指示，为加强规章制度顶层设计，对制度汇报框架进行梳理并多次调整，现仍在完善中。

办公厅谷珏同志汇报了我院党委工作方面规章制度“废改立”工作推进情况。据汇报：在院党组和机关党委领导下，对原有的规章制度进行了梳理，经院党组和机关党委批准，修改并完善了有关规章制度，制定并印发了有关文件。例如：《中国共产党中国工程院党组工作规则》等。

会议研究决定，我院规章制度的“废改立”是一项很重要的工作，要在今年 6 月份将最终稿上报。此次规章制度的“废改立”工作，要在结合中央新的文件要求和我院工作新的情况基础上，建立相对不变的制度体系，用于指导各局、各办公室和机关工作人员工作的，而不是指具体的方案、细则、办法等。机关行政和党委虽然是两条线，但要联动。我院的工作规则初稿已形成，但还要继续修改，对工作进行梳理，总结出有共性的、有章可循的规则，增加修改说明，在下次机关办公会或开专题会讨论。

五、传达保密工作有关会议精神

办公厅院办王成俊同志传达了全国保密工作会议精神。2016 年 2 月 19 日至 20 日，在京西宾馆召开了全国保密工作会议。会议主要内容有传达学习习近平总书记重要讲话，贯彻《中共中央关于加强和改进保密工作的意见》（以下简称《意见》）文件和中央保密委会议精神，表彰全国保密工作先进集体、先进工作者和劳动模范，总结交流工作，部署 2016 年保密任务。

中办副主任陈世炬在传达习近平总书记重要讲话时，尤其强调总书记和中共中央高度重视抓好保密工作，总书记深刻论述保密工作的极端重要性。1 月 14 日，中央政治局常委会召开会议审议通过《意见》，在《意见》中，强调保密战线历来是必争、必守、必保之重地。保密工作是一项基础性、全局性、长期性工作。信息化条件下，要用新理念新举措做好保密工作。

国家保密局局长田静在做全国保密工作报告时，同时传达了中办主任、中央保密委主任栗战书在中央保密委全体会议的讲话精神，再次强调面临现阶段的复杂严峻形势，深刻认识保密工作的重大意义。

王成俊同志传达了中办机要局于 2 月 24 日召开的“两办”传真专网管理规定宣传贯彻会议的要求：要落实“两办”印发的《中央和国家机关密码通信传真专网管理规定》，两办传真专网必须落实专管人员和操作使用人员，要严格管理。

王成俊同志还传达了中共中央关于加强未标注密级中央文件管理通知的要求。未标注密级中央文件在互联网上公开时要先报中办审批，按内部文件进行管理，严控印发范围。

会议要求，要高度重视保密工作，在做好硬件设备隔离的同时，职工个人及主管领导要把好关。

六、汇报2016年中国工程院国有资产清查工作方案

办公厅综合处张秉瑜同志汇报了2016年中国工程院国有资产清查工作方案。据汇报：

根据《财政部关于开展2016年全国行政事业单位国有资产清查工作的通知》要求，为摸清行政事业单位“家底”，进一步强化资产管理，夯实资产管理信息系统数据，推进资产管理与预算管理、财务管理相结合，结合我院实际，制定国有资产清查工作方案如下。

（一）工作原则和目标

按照“统一政策、统一方法、统一步骤、统一要求和分级实施”的原则，组织开展此次资产清查工作。

（二）清查范围、内容及经费保障

本次资产清查以2015年12月31日为清查基准日，资产清查工作内容包括机关本级、咨询服务中心的基本情况清理、账务清理、财产清查和完善制度等。鉴于我院实际情况，建议本次清查以固定资产和无形资产为主，包括房屋及构筑物；专用设备；通用设备；文物和陈列品；图书、档案；家具、用具、装具及动植物，以及软件、信息系统等。

按照分级财政体制，除财政部统一配发资产清查软件、资料等外，清查所需工作经费建议由当年财政预算安排。

（三）工作步骤

1）工作启动。2016年2月2日，财政部办公厅主持召开了“中央部门2016年行政事业单位国有资产清查工作布置会”，根据财政部的统一部署和要求，我院国有资产清查工作于2016年2月份启动。

2）成立领导小组与工作小组。为加强领导的协调力度，成立我院资产清查领导小组与工作小组，建立工作沟通协调机制，负责资产清查具体实施，研究制定工作方案。

领导小组组长：钟志华

领导小组副组长：吴国凯、董庆九

工作小组组长：宋德雄、易　建

工作小组办公室主任：张秉瑜、张戟勇

工作小组办公室成员：刘　玮、赵千、王京京、丁养兵、郭继东、高金金

3）落实委托的中介机构。2月25日—3月15日，从市场上寻找合适的中介机构，通过谈判，我们就资产清查工作提出需求和要求，依据方案和报价最终选定一家中介机构协助我们进行资产清查工作，并签署合同。

4）拟定工作计划。初步打算分为以下几个阶段：

第一阶段：3月16日—5月10日，事务所对会计账、资产账、系统数据、实物进行复核，逐一清查账账、账实、账卡，分析并列示差异。办公厅综合处编制我院实物资产清查清单，机关全体工作人员配合，中介机构在资产清查清单的基础上，结合财务账和资产管理实物账，对各项实物资产和账务进行逐项确认，并出具报告及管理建议书。该阶段工作主要由办公厅综合处牵头负责

第二阶段：5月11日—6月10日，以流动资产清查为主，包括货币资产、银行账户、往来款项、对外投资、待摊投资等。该阶段工作主要由财务处牵头负责

第三阶段：6月11日—7月10日，清理系统数据，将清查情况规范反映到资产系统中，并生成

上报数据。该阶段工作由办公厅财务处和综合处共同负责。

第四阶段:7 月 11 日—8 月 31 日研究清查工作发现的重点难点问题,诸如集中处置、对外投资、职工宿舍等问题,落实清产核资处置工作,结合中介机构提出的管理建议书,加强资产管理工作,为产权登记工作打下基础。8 月 31 日前,将申报文件、资产清查报表、专项审计报告(必要时出具)和资产清查工作报告等材料报送财政部。

会议研究决定,要将我院的保密设备在此次资产清查的同时梳理一下;工作方案需进一步完善,报下次机关办公会审定。

七、其他事项

钟志华同志提出,要进一步完善机关办公会的管理规则,包括补充参会人员的请假流程,参会人员的请假、缺席均要体现等。

主　持:钟志华
出　席:吴国凯　董庆九　谷　珏　易　建　宋德雄　杨　丽　高中琪　安耀辉　徐　进
列　席:王成俊　何俊勇　陈姝婷　贾庆广　张戟勇　刘　玮　赵　千　王京京　丁养兵　高金金
请　假:李仁涵　康金城　梁晓捷
记　录:张秉瑜

机关办公会议纪要(二)

2016 年 5 月 10 日,钟志华同志主持召开了第二次机关办公会议。会议议题有:汇报 2016 年院士大会有关工作安排及任务分解;汇报 2016 年院士大会会务保障情况;通报其他事项。

一、汇报 2016 年院士大会有关工作安排及任务分解

院办王成俊汇报了 2016 年院士大会有关工作安排及任务分解情况(日程安排见附表 1,任务分工见附表 2)。

会议研究决定,各部门根据任务分工安排,相互配合,做到“分工不分家”,认真落实相关准备工作。

二、汇报 2016 年院士大会会务保障情况

办公厅综合处张秉瑜汇报了 2016 年院士大会会务保障情况。据汇报:中国工程院第十三次院士大会拟于 5 月 30 日至 6 月 3 日召开。为做好本次大会的会务保障工作,办公厅综合处已开展了

相关服务内容的筹备工作。

（一）已经开展的工作。根据历年大会经验并结合本次大会特点，归纳了 20 项会议服务内容，列出了 17 个与各学部及相关部门有工作交叉的重要节点，并绘制出重要事项流程图。北京会议中心为本次大会提供住宿、会场和伙食等保障。

1）住宿。预定 5 号楼、6 号楼、9 号楼（约 800 间）为住宿楼。经与相关学部协商，农业学部住 5 号楼，能源与矿业工程学部住 6 号楼，其他学部及外籍院士住 9 号楼。

2）会场。因为会议楼正在装修，所以会议室安排较为分散。经与各学部沟通，机械与运载工程学部全体院士会议室在 6 号楼；信息与电子工程学部，土木、水利与建筑工程学部，环境与轻纺工程学部学部全体院士会议室在 8 号楼，其他学部全体院士会议室在学部所在住宿楼。大会期间，会场与住宿楼之间设有摆渡车，方便院士往返。

3）伙食。就餐开设自助餐，用餐标准为 180 元/天/人。

4）院士陪同收费。收费标准为：餐费 180 元/天/人，住房单间 320 元/天、标间单床 160 元/天。会议中心提供报销凭据。

5）会议用车。用车根据需求分为：接送站用车、北京会议中心与人民大会堂往返用车、北京会议中心内摆渡用车及会议期间应急用车。本次大会需三次到人民大会堂，已根据会议特点制定了详细的用车计划。

6）医疗保障。中日友好医院为本次大会做医疗保障。

7）文具保障。已根据各局上报文具需求，从政府采购平台确定了价格，经领导审批后进行采购，将于 5 月 20 日左右发到各局。

8）信息采集。4 月 28 日已向各局综合处发送了本次大会第一次信息采集表，请各局综合处按要求于 5 月 13 日 17：00 之前将局领导签字确认的信息回馈表以纸质版和邮件两种形式反馈办公厅综合处。

（二）准备开展的工作。为做好会前各项准备，请各部门配合如下工作。

1）二次信息采集。5 月 16 日办公厅综合处向各局提供住宿范围；5 月 19 日下班前各局给办公厅综合处反馈二次信息采集所有内容。

2）制作会议手册。5 月 23 日前，向各局征询会议手册初稿意见，并回收各局签字确认的纸质版初稿；5 月 24 日办公厅综合处以签报的方式向相关领导报审会议手册内容，并于 28 日下午发到各学部及相关部门。

3）证件发放。5 月 27 日前，办公厅综合处给部门综合处发放参会人员会议证件。

4）上会与装载。参会院士 5 月 29 日报到，机关工作人员需 5 月 28 日提前到会。28 日下午，13：30 装载会议材料与设备；14：00 从院机关发北京会议中心通勤车；18：00 前大会工作人员到北京会议中心做好会议设备、材料搬运和报到台的布置。

（三）需部门完成的工作。主要有以下几个方面。

1）预订会场。具体会务需求和各局新增会场，请各局直接与北京会议中心联系落实。联系人：张晓宁、崔旭。若会场需要保密设备及其他特殊设备，请与信息中心联系。

2）餐券。按历年惯例，由财务处统一印发大会餐券。

3）接站。按历年惯例，由国际合作局负责院士接站。

4）往返票预定。推荐票务公司为“我心同翔”，联系人：于亚妮。

会议强调，本次院士大会与中央有关会议同步召开，工作要求高，协调任务重，机关各部门要高度重视、密切配合、全力以赴做好会议组织安排工作，重要情况要加强沟通联系，及时报告和解决。

会议研究决定，① 为更好地服务院士，今年增加 2 辆特护车，请各学部将行动不便需乘坐特护车的院士名单报办公厅综合处；② 由各学部负责统计与会院士的特殊医疗需求并反馈给办公厅综合处（医疗组提供相关医疗保障）；③ 由办公厅落实院士（含外籍院士）及工作人员进入人民大会堂的证件事宜；④ 中组部、纪检组等根据需要或视情邀请参会；⑤ 由于本次大会住房较为紧张，请各学部准确统计参加人数；⑥ 大会期间天气炎热，院士需多次往返人民大会堂，注意防暑；⑦ 做好安全工作。

三、其他事项

1. 院办王成俊通报了承办政协提案、代表建议的情况。2016 年 3 月 21 日，全国政协十二届四次会议提案交办会召开，我院共受理政协提案 8 件，其中承办件 4 件、参阅件 4 件。

2. 院办王成俊通报了我院保密自查自评督查工作、互联网门户网站等保密检查工作。

会议要求各部门高度重视，精心组织，增强实效，着力提升我院保密管理工作水平。

主　持：钟志华
出　席：吴国凯　易　建　梁晓捷　罗莎莎　杨　丽　左家和　李仁涵　宋德雄
列　席：王成俊　何俊勇　陈姝婷　贾庆广　张戟勇　位　鑫　黄海涛　潘　刚　黎青山
宋学敏　刘　玮　樊新岩　王晓俊　张　宇　刘元昕　周云淑　赵　千　唐海英
张　健　王小文　梁真真　刘　源　赵文成　姬　学　丁　宁　范桂梅　李冬梅
赵西路　李志强　丁养兵　田　琦　任洪涛　高金金
请　假：高中琪　康金城
记　录：张秉瑜

机关办公会议纪要（三）

2016 年 5 月 24 日，吴国凯同志主持召开了第三次机关办公会议，研究院士大会会务筹备相关工作。徐德龙副院长出席会议并做了动员讲话。

徐德龙副院长讲话强调，今年院士大会非常重要。中央领导将作重要讲话，对创新发展作出部署。因涉及多个大会同时召开，工作要求高、时间紧、任务重，组织协调难度大。为保障大会的顺利召开，各部门应做好以下几个方面的工作。① 提高思想认识，高度重视会务工作。各部门的工作以院士大会为核心，确保工作重点。② 加强组织协调，指挥系统保持畅通。从现在开始进入临战状态，一切行动听指挥，各部门既要各负其责，又要相互配合，加强沟通。③ 重视细节工作，提高服务水平。服务院士要细致,做好各项工作的预案,让院士充分感受到“院士之家”的温暖与和谐。

一、汇报 2016 年院士大会日程及会议手册相关情况

院办王成俊、综合处张秉瑜汇报了 2016 年院士大会会议手册及相关工作安排情况(详见会议手册纸质版,已发给各有关部门)。据汇报:

1) 设备及材料搬运:5 月 28 日 13:30 设备及材料开始装车,一、二、三局,每局 1 辆车,国际局和办公厅用一辆车。5 月 28 日 14:30 班车从院机关发往会议会议中心。

2) 报到地点:5 号楼设农业学部报到台,6 号楼设能源学部报到台,8 号楼设工管学部报到台和外籍院士报到台,9 号楼设其他学部报到台和自费陪同报到台。

3) 报到注意事项:① 根据中办及中央警卫局的要求,除历任院领导及“四副两高”人员外,入住人员必须出示有效证件(身份证、军官证、回乡证、港澳通行证、护照等)并将证件复印件在前台备案后,前台方可给办理入住手续;② 请各部门通知相关人员将有效证件的复印件提前准备好,以便加快入住时间;③ 入住 8 号楼的参会人员 5 月 29 日 9:00 后开始报到;④ 自费陪同在 9 号楼办理缴费后,在自费陪同签到台处领取饭票;⑤ 请各部门在报到期间做好签到工作,会后将签到表交至办公厅综合处将作为报销凭据;⑥ 北京会议中心的车证,自行用 A4 纸打印电子版车证模板即可。

会议研究决定,① 请各学部就会议手册提出修改意见,并于 5 月 25 日 12:00 前将签字确认后的纸质版会议手册反馈给各局综合处,再汇总到办公厅综合处;② 会议设备及材料搬运时,请各局指定一名工作人员押车。

二、汇报 2016 年补选副院长投票现场组织方案

党办罗莎莎汇报了 2016 年补选副院长投票现场组织方案。据汇报:6 月 1 日,我院补选副院长投票工作在北京会议中心东宴会厅进行,已将现场组织方案发给各有关部门,选举办法在院常务会上通过后会发给各学部。

会议研究决定,① 各学部将确定参加投票的资深、非资深院士名单于 5 月 30 日前报给党办;② 各学部提醒学部主任在 5 月 29 日晚上、5 月 31 日上午的学部会议上传达选举有关事项。

最后,会议还强调:① 重视安全工作,做好应急预案,特别是医疗保障工作;② 做好会议相关的保密工作;③ 会议期间不要安排其他的活动,保障会议院士出席率。

主　持:吴国凯
出　席:徐德龙　董庆九　易　建　宋德雄　罗莎莎　梁晓捷
列　席:王成俊　何俊勇　陈姝婷　贾庆广　郭继东　位　鑫　蔡昌金　黎青山　孙海燕
刘　玮　王晓俊　张　宇　王爱红　刘元昕　宗玉生　王小文　郑召霞　唐海英
张　健　解钰茜　王　庆　李靖尚　范桂梅　解光辉　李冬梅　赵西路　陈桂月
何朝晖　李志强　丁养兵　田　琦　任洪涛　高金金
记　录:张秉瑜

机关办公会议纪要(四)

2016 年 7 月 21 日,钟志华同志主持召开了第四次机关办公会议。会议议题有:传达习近平总书记关于做好防汛抗洪抢险救灾工作的讲话;汇报我院工作规则修订情况;传达国管局关于职工住房统计有关要求;研究部署 2017 年项目预算和 2016 年执行计划的编报工作;通报其他事项。

一、传达习近平总书记关于做好防汛抗洪抢险救灾工作的讲话

吴国凯同志传达了习近平总书记关于做好防汛抗洪抢险救灾工作的讲话。据传达,今年我国气候异常,极端天气多发,各级党委和政府高度重视、全力应对,各有关部门和单位密切配合、通力合作,广大干部群众众志成城、顽强拼搏,人民解放军和武警部队冲锋在前、敢打硬仗,防汛抗洪抢险救灾工作取得了重要阶段性成果。习近平总书记就做好当前防汛抗洪抢险救灾工作提出 6 点要求:① 切实落实防汛抗洪责任制;② 科学精准预测预报;③ 突出防御重点;④ 全力保障人员安全;⑤ 强化军民联防联动机制;⑥ 抓紧谋划灾后水利建设。

习近平强调,各级领导干部特别是主要领导干部要靠前指挥,各有关地方、部门和单位要各司其职。各级党组织要充分发挥坚强领导作用,各级干部要充分发挥模范带头作用,广大共产党员要充分发挥先锋模范作用,在同重大自然灾害的斗争中经受住考验。宣传部门要加强宣传报道,激励广大干部群众把各项工作做好,确保经济社会发展良好势头,确保社会大局稳定。

会议认为,防汛抗洪抢险救灾工作是一项特别重要的安全工作。院机关认真学习总书记的讲话精神,并结合实际情况部署相关工作。会议强调,各学部要对参与防汛抗洪抢险救灾工作的院士多关注,协助做好防汛抗洪抢险救灾工作;要做好我院综合楼的防汛工作,及时排查和处理隐患;机关工作人员外出要注意交通安全。

二、汇报我院工作规则修订情况

院办王成俊同志汇报了我院工作规则修订情况。据汇报,《中国工程院工作规则》(以下简称《工作规则》)是我院为了保证工作民主化、科学化,为了明确工作职责、提高工作效率、保证工作质量而制定的一项重要规定。现行的《工作规则》是在 2010 年 9 月 5 日通过主席团修订的。近年来,我院工作不断与时俱进,2014 年 6 月第十二次院士大会对《中国工程院章程》进行了修订。2013 年 3 月,国务院修订印发了《国务院工作规则》。为了适应新形势与新情况,院党组决定再次对《规则》进行修订。

本次修订主要参考了《国务院工作规则》、《教育部工作规则》(2013 年 12 月修订印发)、《中国科学院学部工作规则》,并结合我院的工作实际,经过多次讨论,并征集了机关各部门的意见和建议,形成了初稿。

会议指出，工作规则的修订是我院一项非常重要的制度建设，是全面依法治国的体现，是各项工作具体操作的总则，使机关运行更规范、高效。会议要求，各部门要高度重视，密切配合，再次提出修改意见后报院办汇总，再提交院常务会审定。

三、传达国管局关于职工住房统计有关要求

办公厅综合处贾庆广同志汇报了国管局有关文件精神。据汇报：按照中央关于加强政务信息化建设的要求，为提高中央国家机关职工住房管理科学化水平，国管局开发了中央国家机关住房管理系统，该系统未来将贯穿住房管理与调配工作的各个环节。通过该系统，国管局要求院机关需在规定时限报送如下信息：

1）人员范围。我院机关本级正式在编职工及离退休职工，不含省部级及以上干部。

2）住房范围。职工本人及配偶购买、承租或以其他方式使用过的公有住房、周转住房以及其他政策性住房。

会议研究决定，为做好我院职工住房情况的报送工作，请相关人员完整、准确填写"中国工程院职工住房情况调查表"，各局综合处于7月26日（下周二）17：00前将本局填表人员的调查表交办公厅综合处汇总。

四、研究部署2017年项目预算和2016年执行计划的编报工作

办公厅易建同志传达了财政部关于做好2017年项目预算工作的要求：总的原则是"厉行节约、精打细算，加大财政资金的统筹力度，有效盘活存量资金，优化支出结构"。进一步深化预算改革，推进中期支出规划管理，着力做实项目库，强化项目精准管理，规范项目设置，严格项目立项，加强项目预算评审。加强预算公开，提高预算透明度，努力构建全面规范公开透明的预算管理。

易建同志还汇报了我院2017年项目预算编制的有关情况。据汇报：院领导高度重视我院项目预算工作，要贯彻落实2017年中央部门预算工作的总体部署，按照深化"放管服"改革要求，以建设国家高端科技智库为重点，继续加强战略咨询工作和院士队伍建设，充分发挥国家高端智库作用和院士的领军作用。积极推进我院部门预算工作，进一步明确中央财政预算是我院建设国家高端科技智库的重要支持保障。

按照财政预算体制改革精神，今年我院将继续做好六个方面的重点工作：理顺权责关系、强化中期财政规划管理（包括三个层次，一是三年滚动规划，二是年度预算，三是项目库）、着力做实项目库、加强预算评审、推进预算绩效管理、统筹使用财政资金。还要全力做好支持规划和2016年预算执行计划，工作计划和经费适用要衔接好，各部门要提高每月的执行进度。我院上半年的整体预算执行进度达到68%，下半年各部门要继续做好预算执行工作。

财务处张戟勇同志补充汇报了相关情况。据汇报：2017年"一上"预算编制工作手册、编制支出规划及2017年部门预算、编制2016年预算执行计划等相关材料已发给各部门，请各部门按照有关要求和说明编制好2017年部门预算和2016年全年的预算执行计划。

会议研究决定，预算工作是我院一项常规工作，各部门要高度重视，根据相关要求认真编制2017年部门预算和2016年预算执行计划，于7月27日17：00前报办公厅财务处。

五、其他事项

办公厅综合处贾庆广同志通报了财政部、国管局印发的《中央行政单位通用办公设备家具配置标准》。据汇报:为了加强中央行政事业单位通用办公设备、家具配置管理,加快推进资产管理与预算管理有机结合,推进资产管理和预算管理的科学化、规范化,财政部、国管局等联合制定了《中央行政单位通用办公设备家具配置标准》,自 2016 年 7 月 1 日起施行。

会议研究决定,结合我院办公设备使用情况,要严格执行新的《中央行政单位通用办公设备家具配置标准》,合理配置办公设备。

主　持:钟志华
出　席:吴国凯　董庆九　易　建　罗莎莎　梁晓捷　高中琪　左家和　宋德雄
列　席:王成俊　陈姝婷　贾庆广　位　鑫　张载勇　聂淑琴　黄海涛　蔡昌金　高　祥　潘　刚　宋学敏　刘　玮　樊新岩　王小文　郑召霞　王京京　姬　学　丁　宁　陈桂月　丁养兵　高金金　金　言　李　贞
记　录:贾庆广

机关办公会议纪要(五)

2016 年 12 月 23 日,吴国凯副秘书长在 220 会议室主持召开了第五次机关办公会议,刘旭副院长参加会议并提出具体要求。会议议题有:传达中办、国办关于做好 2017 年元旦春节期间有关工作的通知;汇报 2017 年预算“二上”有关情况;汇报我院与中央军委科技委签约筹备方案;通报其他事项。

一、传达中办、国办关于做好 2017 年元旦春节期间有关工作的通知

吴国凯同志传达中办、国办关于做好 2017 年元旦春节期间有关工作的通知。通知要求,一是扎实做好关心群众特别是困难群众帮扶工作,真正做到解民忧,暖民心;二是切实保障节日市场平稳运行,更好满足人民群众精神文化生活需求;三是统筹安排好春运工作,保证群众节日安全顺畅出行;四是严格落实安全生产责任,严防重特大安全事故;五是妥善处理社会矛盾和问题,切实维护社会大局稳定;六是坚持勤俭文明过节,倡导良好社会风尚;七是严格遵守廉洁纪律,严防各类“节日腐败”;八是认真做好值守应急工作,确保各项工作正常运转。

会议要求,机关工作人员必须严格遵守八项规定要求,坚持勤俭文明过节,并在节假日前做好安全检查以及值班安排,注意办公室安全及假日出行安全。会议强调,在节假日有去国外出游安排的,必须汇报并备案。

二、汇报2017年预算“二上”有关情况

办公厅易建同志汇报了我院2017年预算“二上”有关情况。据汇报,根据财政部2017年“一下”控制数建议,项目支出总量50 186.88万元,较2016年预算安排增长8.61%,其中:院士科技咨询经费28 000万元(“一上”预算29 600万元),较2016年安排27 000万元增长3.70%;知识中心建设费15 800万元,(“一上”预算15 830.34万元),较2016年安排13 000万元增长21.54%;其余基本均与2016年预算安排及2017年“一上”申请一致。

12月21日院党组会研究通过我院“二上”预算安排方案:对院士活动、院部专项业务费项目内部结构进行调整,对一局、二局、三局经费中的每个专门委员会各增加5万元,每局院士活动经费增至180万元;院刊预算增至583.20万元(增长50万元);院士文集、院士画册80万元由院士活动经费调至院部专项业务费安排,院部专项业务费项目下的专项活动经费由110万元减至30万元;其他项目均以“一上”预算数和“一下”控制数为准,细化完善项目预算。

易建同志强调,机关各部门应认真贯彻落实中央“八项规定”、“厉行节约”精神,严格执行《中国工程院厉行节约反对浪费实施细则》、《中国工程院国内公务接待管理办法》、《中国工程院外宾接待管理实施细则》及相关规定,严控各类工作会议,强化归口管理和计划管理。按照出国费、会议费、培训费、政府采购制度要求编制年度计划,抄送各归口管理业务部门(会议费报各局综合处;出国费、外宾接待费报国际局综合处;国内公务接待费报办公厅院长办公室;培训费报办公厅党委办公室;政府采购预算报办公厅综合处)并报机关办公会(及规定的主管部门)审批后,严格依规执行。费用报销时,应当提供完整资料,经归口管理业务部门审签并按财务流程报销。

关于“二上”预算编制工作,会后办公厅将正式发文,请机关各部门(项目)、战略咨询中心在规定时间内按“‘二上’部门预算控制数”,完成“项目申报书”(要求以“一上”预算为基础进行调整、细化、完善)和“政府采购支出计划”的编制工作,并完成“会议费(出国费、培训费)计划”、“项目月度执行计划”、“使用结转资金执行计划表”的编制工作,经部门(项目)负责人审签后报办公厅财务处汇总。同时,易建同志汇报了机关2016年会议费计划及其执行情况;年中有关预算执行调整事项及使用结转资金安排部分项目支出的情况,包括:使用院士科技咨询、知识中心专项结转资金安排相关项目支出,使用院部专项业务费—专项活动经费安排会议室改造设备费及数据库系统购置费,使用院士科技咨询专项结转资金安排咨询信息系统改造升级费用等。

吴国凯副秘书长强调,2017年要加强会议管理。会议计划由各部门综合处汇总后报办公厅综合处,提交机关办公会审议,并在规范执行中进行必要的计划调整工作。机关在编人员出国费要严格控制,并建立年度动态平衡机制。各部门“二上”项目预算要求以“一上”预算为基础进行调整、细化。在预算执行中,各部门要层层把关,财务部门加强审核,纪检部门监督问责。

会议原则同意报告中有关预算编制和经费调整事项。刘旭副院长指出,对“二上”预算编报工作,机关各部门要认真负责、积极配合,对出现的问题,及时沟通,及时汇报。对个别新增项目的预算问题,单独研究。

三、汇报我院与中央军委科技委签约筹备方案

三局高战军同志汇报了我院与中央军委科技委签约筹备方案。据汇报,本次签约仪式经领导批示已经就绪,计划于2016年12月26日(星期一)在院机关316会议室进行。为保障签约仪式顺

利进行,请各有关部门认真配合。

会议研究决定,为加强公务接待管理,请中央军委科技委向我院正式发来进行签约仪式的公函,并附人员名单;各部门积极配合签约。

四、其他事项

办公厅综合处贾庆广同志通报拟进行机关文件销毁安排。按照中央国家机关保密办有关规定,已联系国家保密局销毁中心于 2017 年 1 月 10 日对需要销毁的文件装载,请各处室于 1 月 9 日下班前将待销文件装袋系好放在楼道内。会议同意机关文件销毁安排。

办公厅综合处贾庆广同志报告科技部《关于请提供科技扶贫行动 2016 年工作总结及 2017 年工作安排的函》有关情况。要求科技扶贫行动部际协调小组各成员单位于 12 月 30 日前将相关材料报上,请我院各局综合处将开展咨询、科技合作等与扶贫有关的材料,提供给院扶贫办(邮箱:jqg@cae.cn)。

会议指出,扶贫工作既包括我院定点扶贫,也包括涉及扶贫的一些战略咨询、"院士行"活动等方面的工作,请将材料报院扶贫办,以便完成相关材料汇总报送。

刘旭副院长最后指出,对"二上"预算编报工作要认真负责地完成;元旦、春节假期要做好值班和安全防控,人员出行注意安全;严格遵守中央八项规定,注意廉洁、勤俭节约。

主　持:刘　旭
出　席:吴国凯　谷　珏　易　建　宋德雄　高中琪　左家和　高战军
列　席:贾庆广　张戟勇　聂淑琴　马守磊　张　宇　赵文成　刘　玮　李　贞
记　录:贾庆广

院 士 大 会

周济院长在中国工程院第十三次院士大会上的工作报告

2016年6月1日

各位院士、同志们：

受主席团委托，我向大会作工作报告，请予审议。

一、为建设世界科技强国勇挑重担、建功立业

（一）认真学习和贯彻落实习近平总书记的重要讲话精神

这次全国科技创新大会、中国科学院第十八次院士大会、中国工程院第十三次院士大会、中国科协第九次全国代表大会共同召开，习近平总书记向全党全国发出了全面实施创新驱动发展战略的号召，吹响了向世界科技强国进军的号角。这次会议是中国现代化进程中的历史性会议，是中国科技事业发展史上的历史性会议，对于我们国家实现现代化、实现中华民族伟大复兴具有重大而深远的战略意义。习近平总书记指出，实施创新驱动发展战略，是应对发展环境变化、把握发展自主权的必然选择，是加快转变经济发展方式、破解经济发展深层次矛盾和问题的必然选择，是更好引领我国经济发展新常态、保持我国经济持续健康发展的必然选择。实现“两个一百年”奋斗目标，实现中华民族伟大复兴的中国梦，必须坚持走中国特色自主创新道路，加快各领域科技创新，掌握全球科技竞争先机。要夯实科技基础，在重要科技领域跻身世界领先行业；要强化战略导向，破解创新发展科技难题；要加强科技供给，服务经济社会发展主战场；要深化改革创新，形成充满活力的科技管理和运行机制；要弘扬科学精神，培育符合创新发展要求的人才队伍。

全体院士一致认为，习近平总书记和李克强总理的重要讲话对于实施创新驱动发展战略具有重大指导意义，我们衷心拥护并要认真学习、深刻领会，坚决贯彻落实到今后的工作中去。

（二）充分发挥院士队伍创新引领作用

为实现我国工业化、现代化而奋斗，是中国工程院的“天命”，也是每个院士的神圣使命，“责任重大，使命重大”。

中国工程院院士是我国工程科学技术方面最高学术称号。800多位院士广泛分布于全国各条战线、各个地方。全体院士将在各自岗位上，带领广大科技工作者勤奋工作、锐意创新，努力攀登世界科技高峰，积极推动科技创新工程化产业化，把论文写在祖国大地上，把科技成果应用在实现现代化的伟大事业中，引领创新驱动、转型升级在各条战线落地实施。

工程院正在推进工程科技思想库建设，目标是打造国家高端智库。全体院士将积极参加高端

智库建设工作,围绕事关经济社会及科技发展的重大问题开展战略研究,支持中央和政府、企业领导的科学决策,为深入实施创新驱动发展战略做出更大贡献。

(三)为建设工程科技人才队伍做出更大贡献

人才是第一资源,国力竞争根本上是人才竞争,创新驱动实质上是人才驱动,谁拥有一流的创新人才,谁就拥有了科技创新的优势和主导权。

习近平总书记指出,两院院士是我国科学技术界、工程技术界的杰出代表,是国家的财富、人民的骄傲、民族的光荣。全体院士要把院士称号的精神激励作用发挥好,为我国科技界及全社会树一面旗帜,立一个标杆。中国工程院要深入贯彻这次大会精神,深化制度改革,营造良好环境,创造必要条件,从根本上依靠和尊重广大院士的创造精神与创新智慧,使广大院士更好地发挥科技创新领军作用,更好地团结和带领全国广大工程科技人员,更好地为实施创新驱动发展战略、建设世界科技强国建功立业。

科技创新,贵在接力。青年人才是工程科技的未来,全体院士要作提携后学的领路人,善于发现青年人才,大力提携青年人才,为拔尖创新人才脱颖而出铺路引航。

二、深入推进国家工程科技思想库建设,打造国家高端智库

(一)国家工程科技思想库的历史使命

习近平总书记指出:"中国科学院、中国工程院是我国科技大师荟萃之地。希望你们发挥国家高端科技智库功能,组织广大院士,围绕事关科技创新发展全局和长远问题,善于把握世界科技发展大势、研判世界科技革命新方向,为国家科技决策提供准确、前瞻、及时的建议。希望你们发挥最高学术机构学术引领作用,把握好世界科技发展大势,敏锐抓住科技革命新方向。"建设国家工程科技思想库是我院作为国家工程科技界最高咨询性学术机构肩负的责任和使命。建院以来,我院围绕国家经济社会发展以及工程科技发展中的重大问题,组织院士专家开展战略研究和咨询服务,产生了一批意义重大、影响深远的咨询成果,为国家科学决策提供了高质量的智力支持。初步构建起国家工程科技思想库的任务体系、运行模式、资源体系和组织体系,成为党和政府可以倚重的国家工程科技思想库。

2015 年 11 月,中央通过了《国家高端智库建设试点工作方案》,确定中国工程院为首批国家高端智库建设试点单位之一。建设国家高端智库,与建设国家工程科技思想库是一体的,既为我院的发展带来了难得机遇,也对各项工作提出了新的更高要求。

面对新形势新任务,我院建设国家高端科技智库的指导思想是:以服务党和政府决策为宗旨,以工程科技战略咨询为主攻方向,按照"服务决策、适度超前"的原则,坚持高起点推进、高水平建设,着力建设服务决策能力强、战略咨询水平高、国内外影响力大的高水平科技创新智库,为国家科技决策提供准确、前瞻、及时的建议,以科学咨询支撑科学决策,以科学决策引领科学发展,为促进工程科技创新、为实现中华民族伟大复兴的中国梦提供强大智力支撑。

(二)国家工程科技思想库的建设目标、基本思路与任务体系

1. 建设目标

经过 10~15 年左右的发展,通过各项建设任务的落实,不断提高战略咨询水平和决策支撑能力,不断扩大社会影响力和国际知名度,建成对国家重大战略决策具有重要影响力的国家工程科技思想库,建设"创新引领、国家倚重、社会信任、国际知名"的国家高端智库。

——到 2020 年，通过“夯实基础、完善机制、提升质量”，建成国内工程科技领域权威战略研究和咨询服务机构；

——到 2030 年，通过“扩大影响、面向世界、开放合作”，建成世界一流水平的国际知名工程科技思想库。

2. 基本思路

实施“战略咨询、服务决策、创新驱动、引领发展”的方针，以队伍建设为核心，以完善组织形式和管理方式为重点，以改革创新为动力，围绕四个“更加”，推进高端智库建设。即：

——更加注重发挥院士队伍的群体优势。

——更加注重发挥广大工程科技人才的优势。

——更加注重发挥信息化时代的特点和优势。

——更加注重加强开放与国际合作。

3. 任务体系

以面向党和国家重大决策的战略咨询为核心，同时面向地方和企业、面向工程科技未来发展趋势、面向工程科技人才成长开展战略咨询，科学谋划、统筹兼顾、协同创新、协调发展，共同构成建设国家高端智库的任务体系。

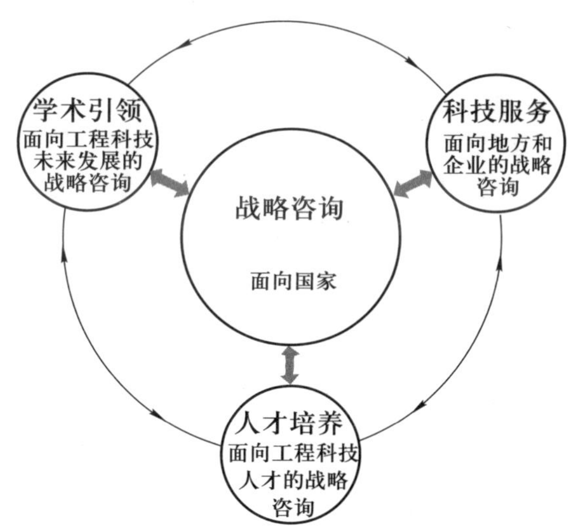

（1）战略咨询。

聚焦国家重大战略需求，以面向党中央、国务院、各部委及各行业的战略咨询作为建设国家高端智库的核心任务。

一是围绕全局性重大问题，特别是事关国计民生的全局性问题和经济社会发展中的重大问题，开展战略性、前瞻性和综合性的咨询研究。

近年来，我院开展了生态文明建设、中国特色城镇化、能源资源保障、海洋工程发展、国防安全、军民融合等重大战略问题咨询研究，为中央科学决策提供了重要支持。例如，城镇化是深刻影响我国经济社会发展的一项重大社会工程和复杂巨系统工程。由徐匡迪院士牵头组织的“中国特色新型城镇化发展战略研究”，提出了“人的城镇化”等重要观点，为中央推进城镇化发展战略决策提供了重要科学依据。又如，我院先后设立了“南海维权及资源开发”等多个重大咨询项目，向中央提出若干重要建议，为维护海洋权益、建设海洋强国做出了重要贡献。

二是围绕国民经济建设中的重大工程科技决策，特别是行业领域的重大科技决策开展咨询研究，这是中国工程院最具有优势和特点的方面。

多年来，我院围绕国家重大科技专项规划制定、产业工程科技发展、战略性新兴产业、信息安全、环境保护、农业现代化以及医药卫生事业发展，为国家科技及产业政策制定提供了独立客观的咨询意见。例如，我院与工信部、国家质检总局联合开展了"制造强国战略研究"项目。2015 年 3 月 5 日，李克强总理在政府工作报告中指出，要实施"中国制造 2025"，加快从制造大国转向制造强国。国务院已经正式颁布实施《中国制造 2025》，在国内外引起强烈反响。

三是围绕应对突发性重大事件决策开展应急咨询研究。近两年，在应对马航客机失联、埃博拉出血热疫情暴发、天津危险品仓库爆炸等事件中，我们快速组织咨询研究并提出对策建议，为中央决策提供重要支持。

四是接受国务院及有关部委委托，对国家重大工程、重大科技计划的立项、进展情况及实施效果等进行第三方评估。例如，2015 年，受国务院三峡工程建设委员会委托，完成"三峡工程建设第三方独立评估"，为三峡工程整体竣工验收提供重要参考依据。

（2）科技服务。

一是针对地方经济社会发展中的重大战略问题开展战略咨询。例如，生态文明建设有关项目倡导了新疆生产建设兵团的发展战略创新，推动江苏沿海发展战略上升为国家战略，推动舟山群岛新区成为我国首个以海洋经济为主题的国家级新区；课题组向中央提出了关于实施青海三江源生态补偿的建议，对西部大开发具有战略意义，对国家生态文明建设具有引领和示范作用。

二是针对地方特色行业产业发展中的重大工程科技问题开展战略咨询，推动地方行业产业实现科学发展。遵循"量力而行，稳步发展，突出重点，务求实效"的原则，组织开展"院士行"活动，开展科技服务。

三是针对企业技术创新体系建设中面临的关键问题，组织开展战略咨询，推进院士专家工作站等平台建设，为企业提升核心竞争力提供支撑服务。

（3）学术引领。

一是把握工程科技发展趋势，超前谋划部署。我院与国家自然科学基金委员会联合开展了"中国工程科技中长期发展战略研究"，持续研究未来 20 年工程科技发展的战略问题，引领中国工程科技发展方向。

二是构建学术交流高端平台。在"1-2-7"学术会议体系架构下，每年召开 10 场国际工程科技发展战略高端论坛、20 场中国工程科技论坛、70 场学部级学术活动，不断提高学术活动的质量。更加重视以学术活动为平台，以点带面，树立标杆，统筹工作，整合资源，产生聚合效应。

三是加强学术出版工作，打造高水平学术期刊平台。创办中国工程院院刊《Engineering》（《工程》），推进九个学部系列分刊，全面改版《中国工程科学》，形成"1+9+1"学术期刊群。汇聚各方力量，依靠全院办刊，着力提高质量，面向世界、面向未来、面向现代化，打造有国际影响力的中国工程院院刊。

（4）人才培养。

一是针对工程科技人才队伍建设中的重大战略问题开展研究。继续联合教育部人文社科基金开展"工程科技人才培养研究专项"，大力推动高校与研究院所联合培养博士研究生等专项试点工作。

二是鼓励和提携拔尖创新人才成长。正式成立了光华工程科技奖励基金会，光华奖已经成为我国工程科技界的重要奖项，产生了良好的社会效益和反响。

三是成功申办联合国教科文组织（UNESCO）国际工程教育中心。该中心也是我院第二个UNESCO二类中心，中心将以创新驱动和产学合作为主线，围绕全球工程教育质量提高与促进公平的核心使命，致力于建成为与全球开展工程教育合作交流的综合性、高水平、国际化的工程教育学术机构。

（三）国家工程科技思想库的组织体系与支撑服务体系

1. 组织体系

中国工程院建设国家高端智库的组织体系由决策机构、工作机构、研究支撑机构、信息服务机构组成。

决策机构。包括院士大会、主席团会议和院常务会，负责建设和运行中不同层面重大问题的决策，重大事项均及时提交会议研究讨论。

工作机构。以九个学部为工作主体，发挥咨询工作委员会、科技合作委员会、学术与出版委员会、教育委员会的统筹协调作用，充分发挥学部常委会和专门委员会的领导和组织实施作用，动员和组织院士积极参与战略咨询工作。

研究支撑机构。包括中国工程院战略咨询中心及各战略研究联盟。

信息服务机构。中国工程科技知识中心是工程院战略咨询信息化的重要服务机构。

2. 支撑服务体系

一是加强“强核心、大协作、开放式”战略咨询队伍体系建设。建设以院士为核心的战略咨询领军队伍；建立以专家为骨干的咨询研究队伍；建立专业化战略咨询支撑研究团队。

二是加强组织与管理建设。加快建设“中国工程院战略咨询中心”，作为我院建设国家高端智库的主要支撑机构，协助咨询工作委员会做好全院咨询项目的研究、管理、经费监管和联系服务等工作。稳步加强与国内工程科技领域具有突出优势的企业、高校、科研机构开展战略协作，推进战略研究联盟建设。目前已联合共建了中国工程科技发展战略研究院、中国航空工程科技发展战略研究院、中国航天工程科技发展战略研究院、中国工程科技战略研究中心（上海）、中国海洋装备工程科技发展战略研究院、中国信息与电子工程科技发展战略研究中心等6个战略联盟，作为建设国家高端智库的重要力量。

三是加快推进战略咨询信息化建设。推进中国工程科技知识中心（CKCEST）和UNESCO国际工程科技知识中心（IKCEST）建设。汇聚打通我国工程科技领域海量数据，构建工程科技领域各个专业知识服务系统，服务于国家工程科技思想库战略咨询研究，为广大院士提供智能化、个性化及专业化知识服务。进一步汇聚世界工程科技数据资源，提升大数据环境下我国工程科技领域知识组织、数据关联应用、知识分析与发现等核心技术能力，提高我国工程科技软实力。CKCEST和IKCEST平台都已正式上线运行，面向“大众创业、万众创新”的需求，CKCEST开发了“双创”服务平台，已正式开通运行。

四是深化国际交流合作。推进与国外主要工程院及国际智库联合开展战略咨询研究；代表我国工程科技界积极参与和拓展国际工程科技学术交流；会同美、英两国工程院举办重大工程挑战峰会等各类高水平的国际学术论坛。

三、加强院士队伍建设，充分发挥院士队伍创新引领作用

建设一支学术水平高、成就贡献大、学风优良、品德高尚，在科技界和全社会享有崇高威望的院士队伍，是党和人民的期待，更是全体院士的共同心愿和神圣职责。多年来，广大院士为推动我国科学技术水平提升和实施创新驱动发展战略发挥了卓越的表率作用，为弘扬科学精神、传播科学思想树立了杰出榜样，为经济社会发展做出了重大贡献，赢得了社会各界的高度肯定和广泛赞誉。两年来，我院 100 余位院士获得国家自然科学奖、国家技术发明奖、国家科学技术进步奖等科学技术奖励。

1. 加强院士队伍建设，做好院士增选

院士增选是院士队伍建设的关键。近年来，在总结历次增选工作经验、客观分析院士队伍现状和工程科技发展形势的基础上，我们提出了“强化责任、履行职责，坚持标准、保证质量，严肃纪律、端正风气”的要求，努力把符合院士标准和条件的工程科技人才尽可能的选进院士队伍，尤其注重选拔提携工程科技一线和优秀中青年人才，保持工程院的朝气和活力，保持院士队伍健康可持续发展。

2. 加强科学道德建设，弘扬科学精神

我院始终秉承“院士自律、完善制度、弘扬楷模、社会监督”的方针，高度重视加强科学道德和学风建设。大力宣传院士们的先进事迹，积极培育和自觉践行社会主义核心价值观。不断完善院士科学道德行为规范，自觉接受社会监督，有效维护了工程院和院士群体的良好声誉。出版院士传记和院士文集，组织院士参加全国科学道德和学风建设宣讲教育系列活动，创办了“青少年走进工程院”系列活动。广大院士要牢记习近平总书记的要求，把普及科学知识、弘扬科学精神、传播科学思想、倡导科学方法作为义不容辞的责任，维护科学道德尊严，强化院士称号的精神激励作用。

3. 加强院士服务工作，建设院士之家

我院加强了对各地院士中心的支持，积极支持有条件的省市创建地方院士服务联络机构，基本形成了覆盖全体院士的服务网络。进一步做好院士医疗健康服务，我院已在 28 个省市区与 131 家医院建立了院士就医绿色通道，建成了覆盖全国的院士医疗保障网络，组织医疗保健讲座、体检和咨询活动。高度重视资深院士服务工作，积极支持两院资深院士工作委员会开展咨询、学术、科普等活动。我们将切实增强服务意识、强化服务理念、提升服务水平，积极协调争取多方资源，把工程院真正建设成为“院士之家”。

各位院士，我们要坚决贯彻习近平总书记重要讲话精神，“发扬我国科技界追求真理、服务国家、造福人民的优良传统，勇担重任，勇攀高峰，当好建设世界科技强国的排头兵”，为实现中华民族伟大复兴的中国梦做出新的更大贡献！

大会学术报告摘要

工程愿景:让生活在本世纪按我们预期的方式继续

丹·牟德(C. D. Mote, Jr.)博士,美国国家工程院院长。

摘要:如何应对美国国家工程院 2008 年提出的十四项重大工程科技挑战被视作实现“让生活在本世纪按我们预期的方式继续”这一愿景的必要途径。每一个挑战都是全球性的工程系统问题,如:对大脑进行逆向工程、提供洁净水、管理氮循环和保护网络空间等。这一愿景——首个工程愿景——激起了学生和公众探究未来工程科技方向和角色的兴趣。每一个严峻挑战的解决方案,都需要全球工程科技界的参与,因为还没有哪一个挑战引起全国性的密切关注。

报告还将介绍帮助学生们应对诸如重大挑战等全球性问题的工程教育平台。此外,报告还建议,各国工程院要发挥号召力,增强人们对全球性重大工程科技问题的关注。

工程科技重大挑战可以非常有效地帮助我们简单明了地向学生和公众解释工程科技问题。

真正造福人类的创新工程:材料学和信息科学的融会贯通

小泉英明博士,国际工程与技术科学院理事会主任、日本工程院副院长、日本科学委员会委员、日立公司研究员兼公司管理人员。

摘要:宇宙和生物的出现是材料与信息结合后,自我组织和进化的结果。自然界存在的根本条件是热力学第一定律和热力学第二定律,前者与能量和质量有关,后者与熵和信息有关。

历史上,工业革命都是通过对物质和信息进行新的结合而发生的。平版印刷的半导体设备彻底改变了设计和制造的方式。材料与信息的各种新的结合已经出现。创新一词是约瑟夫·熊彼特在大约 100 年前提出的,意指“新的结合”。目前的工业趋势可比作上述概念,如:日本的 5.0 社会、德国的工业 4.0,包括物联网概念。

然而,还有一种明显的革命性趋势需要引起我们的高度关注:技术的快速进步,彻底地改变了我们操纵材料和生物信息的能力。基因工程已经进入第三代基因编辑阶段,它基于2013年发现的CRISPR/Cas9(成簇的规律间隔短回文重复序列/CRISPR相关蛋白)等技术。凭借iPS(诱导性多功能干)细胞工程技术,我们很快就能获得操控生命的技术。基因和细胞工程将给再生医学带来希望,但同时也会对自然进化形成挑战。

处理人体信息的主要器官是大脑。人的基因组反映了进化数代之后所积累的适应信息。人脑学会了快速适应出生环境的能力。大脑的学习机制正在被揭示,并用于开发新的教育方式和新的人工智能。正在发展中的认知机器人就是一个正在兴起的新领域。

我们现在正处于生命进化史(长达35亿年)的过渡时期。我们需要重新考虑工程学的真正目的——造福人类。材料与信息之间的关系如同身体与灵魂、大脑与心灵的关系。因此,我认为,心灵的教育,如:培养科学而不失人性的心智,是极其重要的。科学的心智是进行客观判断所必需的,而人性将实现社会的和谐,让人们能过上真正幸福安康的生活。

再生工程:组织再生的未来

加图·洛朗森(Cato T. Laurencin)教授,雷蒙德和贝弗利萨克生物医学、生物学、物理学、工程学中心主任,再生工程研究院主任,康涅狄格大学康涅狄格临床与转化科学研究所首席执行官。

摘要:我们将再生工程定义为先进材料科学、干细胞科学、物理学、发育生物学和临床转化的融合。这一领域尤其适合应对组织已失去且较难完全再生等严峻挑战,以及多组织再生等更严峻的挑战。过去25年来,我们一直在肌肉骨骼组织再生领域开展研究,现在我们有了几乎可以再生每个肌肉骨骼组织的系统,在此我们会展示我们的软组织样品。我们所开展的工作让我们现在可以应对最严峻的挑战。我们已经开始研究关节和四肢的发育。我们相信,有了再生工程,工程师、科学家和临床医生们就可以不受限制地、大胆地考虑复杂组织的再生。

电力系统的风险评估与概率规划

李文沅(Wenyuan Li)教授,加拿大国家工程院、加拿大工程研究院院士,美国电气与电子工程师协会会员,现任电气与电子工程师协会电力与能源学会Roy Billinton电力系统可靠性奖项委员会主席,中国重庆大学教授。

摘要:报告简要介绍了电力系统的风险评估和概率规划。电力系统的故障无规律可循,且无法避免。世界各地都发生过大规模的停电事故。传统的确定性N-1标准不足以确保电力系统的稳定性。应开展风险评估,才能提升系统的可靠性、获得经济效益。报告还总结了这一领域所开展的研究与实践的现状。

计算力学:工程学难题创新解决方案的理想研究领域

赫伯特·芒(Herbert A. Mang)教授,维也纳技术大学荣誉教授,上海同济大学全国 RPGE 讲席教授,中国工程院、美国国家工程院外籍院士,3 个欧洲科学(与文学)院和 15 个全国性/地区性科学/工程院[位于奥地利、克罗地亚、捷克共和国、格鲁吉亚、德国、匈牙利、波兰(华沙和克拉科夫)、葡萄牙、斯洛伐克、乌克兰和美国]的院士。

摘要:计算力学完全属于计算科学领域,它包括计算数学、计算物理学、计算化学、计算生物学等。它的问世是越来越多的人意识到在工程学领域采取整体方法的重要性的结果。计算力学已经成为促进科技进步的生力军。本报告带有自传的色彩,介绍了演讲人将近 50 年来为计算力学的发展所做的贡献。演讲一开始对计算结构稳定性进行了分析,接着讨论了钢筋混凝土结构(包括支撑隧道挖掘的框架)的计算力学。在确定非均质材料的材料属性时,考虑小规模信息的趋势,促进了这类框架的多尺度分析。这就是维也纳技术大学材料与结构力学研究所与上海同济大学地下建筑与工程系联合开展“填补空白(Bridging the Gap)”研究项目的动力所在。该项目所研究的结构为连接港珠澳大桥两个部分的水下隧道,旨在将实验验证与多尺度结构分析联系起来,以评估其附加值。

风暴、洪水与微波

伊恩·大卫·克拉吉(Ian David Cluckie)教授,英国皇家工程院院士、中国工程院外籍院士,辛克维奇计算工程学中心工程学荣誉退休教授,中山大学、安徽大学和河海大学、南京 NIHR 的客座教授。

摘要:报告重点介绍本人在过去 40 年中,在定量天气雷达的开发方面所做的一些工作。雷达是在第二次世界大战早期出现的。在雷达用于军事用途时,降雨和云的湿度一直是个问题,因为它会产生杂乱的回波或噪音,让目标变得模糊。然而,从民用的角度来看,这种噪音却非常有趣,因为它是实时遥感降雨量或云湿度的间接手段。由于这些在早期取得的巨大进步,很多国家得以建设大规模的天气雷达网络,帮助预测天气,专业人员也得以更有效地实时预测和控制洪水。

一氧化氮的选择性催化还原

杨祖保(Ralph T. Yang)教授,密西根大学化学工程系教授、Dwight F. Benton 化工教授。

摘要:一氧化氮和挥发性有机化合物是形成光化学烟雾的元凶,它们主要是发电厂和化石燃料汽车产生的。用氨作还原剂,对一氧化氮进行选择性催化还原($4NO+4NH_3+O_2 = 4N_2+ 6H_2O$)是去除一氧化氮最有效的技术。这两种应用(发电厂和柴油发动机汽车)对催化剂有不同的要求。报告将简要回顾过去和目前,我们为开发这两种催化剂所开展的主要工作。

利用精准医疗技术治疗儿童急性淋巴细胞白血病

裴正康(Ching-Hon Pui)教授,医学博士,美国田纳西州孟菲斯市圣述德儿童研究医院肿瘤科主任、白血病研究法赫德·纳萨尔·拉希德主任(Fahad Nassar Al-Rashid Chair),美国癌症协会临床研究教授,田纳西大学健康科学中心儿科学教授。

摘要:当代的微小残留病疗法和支持性护理已将儿童急性淋巴细胞白血病的 5 年生存率提高到 90%以上。伴随疗法进步的是人们对急性淋巴细胞白血病病理学、抗药性机理、宿主体内抗白血病药物处置的理解的不断深入。我们正在进入精准医疗的新时代。精准医疗是将白血病细胞体细胞突变和宿主药物基因纳入治疗策略中。随着下一代测序技术的出现,所有急性淋巴细胞白血病病患现在都可以按照具体的基因异常进行分类,开辟了对越来越多的白血病患者进行针对性治疗的新途径,有助于发现改进的新药物。例如:早期 T 细胞前体(一个风险非常高的子群)的突变图谱,会让人联想到急性骨髓性白血病,调节 RAS 信号的基因突变的高度流行、细胞因子受体表达和染色质修饰说明,骨髓疗法或表观遗传疗法可以改进这种急性淋巴细胞白血病变体的临床治疗效果。另一个例子是类似于费城染色体(或类似于 BCR-ABL1)的急性淋巴细胞白血病,在儿童 B 型急性淋巴细胞白血病病例中,它占将近 10%,在青少年 B 型急性淋巴细胞白血病病例中,它可占到 30%,它的基因表达谱类似于费城染色体 (BCR-ABL1)呈阳性的急性淋巴细胞白血病(IZKF1 有修改)。重要的是,在这些病例中,很多都有会对 ABL 酪氨酸激酶抑制剂 (如:NUP214-ABL1、EBF1-PDGFRB、RCSD1-ABL1)或 JAK 抑制剂 (如:BCR-JAK2、突变的 IL7R)作出响应的基因异常。全基因组研究发现,近单倍体病例出现的变异涉及受体酪氨酸激酶信号和 Ras 信号,而低亚二倍病例以 TP53 和 RB1 的变异为主。有趣的是,在临床前研究中,这两个子群都对 PI3K 和 mTOR 抑制剂敏感,说明这些药剂可能可用作新的针对性治疗手段。

药代动力的变化、一些环境因素(如:水合状态、药物相互作用)和其他遗传性因素,都会影响治疗效果。巯嘌呤类药物的新陈代谢和造血毒性与白种人体内编码巯嘌呤甲基转移酶的基因的遗传多态性,及巯嘌呤类药物的新陈代谢和造血毒性与东亚人和西班牙人体内编码 NUDT15 的基因的遗传多态性之间的关系,就是一个经典的例子。全基因组 SNP 分析发现了几个影响治疗效果的种系基因变异。例如:IL15 基因位点(编码刺激增殖的细胞因子)的种系 SNP 与抗白血病药物的处置和复发风险有关,有机阴离子转运体基因 SLCO1B1 的种系 SNP 与甲氨蝶呤的清除有关,ARID5B 的种系 SNP 与氨甲蝶呤多聚谷氨酸更高的累积水平和治疗效果有关。全基因组 SNP 分析还发现了与儿童中急性淋巴细胞白血病的形成有关的几个基因(ARID5B、IKZF1、CEBPE、BMI1-PIP4K2A)的多态性。有趣的是,ARID5B 和 BMI1-PIP4K2A 风险等位基因的出现频率在非洲裔美国人、欧洲裔美国人和西班牙裔美国人中依次升高,这与这些族群中急性淋巴细胞白血病的发病率是一致的。与携带其他基因型的患者相比,超二倍体>50 的急性淋巴细胞白血患者患携带种系 ARID5B 变体的可能性更高。这一事实也说明,在白血病形成的过程中,遗传性基因变异与获得性基因变异之间存在互动。最近,人们将 GATA3 多态性与类似费城染色体的急性淋巴细胞白血病的形成联系起来,将抗药的种系 PAX5 和 ETV6 突变与家族性 B 型急性淋巴细胞白血病的形成联系起来。

基因组分析的成本越来越低,获取基因组分析服务也越来越便利。得益于此,现在我们可以对每个病患的整个癌症和种系基因组进行测序,对基因和表观遗传变异进行研究,从而指导各个病患治疗药剂的选择。可以想象,在发现可以逆转的或可用小分子减轻的驱动突变后,会出现新的针对性疗法。目前进行的研究发现了不仅与治疗反应,而且与白血病转化风险有关的其他遗传多态性和突变。事实上,最近的研究显示,在患有急性淋巴细胞白血病的儿童中,有高达 5%遗传了癌症易感基因,这让我们对癌症的病因有了更多的认识,而且它提供的信息可指导其他家庭成员的检测、监测和管理。分子疗法、免疫疗法和细胞疗法最近取得的进展有望将治愈率提高到 100%,同时还可提高幸存者的生活品质。在未来数十年,开发预防性措施、将高收入国家取得的成果用于世界各地的儿童,将是我们面临的主要挑战。

【各学部工作报告】

机械与运载工程学部工作报告

尹泽勇

2016年5月31日

各位院士：

值此中国工程院第十三次院士大会召开之际，我代表学部常委会，向与会的各位院士，特别是2015年新当选的9位院士，表示诚挚的问候、衷心的感谢和热烈的欢迎！

我学部宋文骢、陈士橹、石屏院士分别于2016年3月22日、4月24日、5月10日辞世，他们为我国工程科学技术的发展和学部的建设做出了重要贡献。在此，我们对三位院士去世表示沉痛的哀悼。

请起立，默哀，默哀毕。

下面，根据中国工程院《章程》规定，受学部常委会委托，我代表本届常委会向学部大会作工作报告，提请各位院士审议。

自2014年6月召开第十二次院士大会以来，我学部在院领导的大力支持和关怀、学部全体院士的积极参与和共同努力下，圆满地完成了院士增选、咨询研究、学术交流等各项工作。学部常委会先后召开了12次会议，重要事项都以会议纪要的形式发给了各位院士。这里按上述三个方面回顾总结。

一、院士增选工作

2015年是院士制度改革后的第一年，我学部深入学习中央关于院士制度改革精神，根据《中国工程院章程》中院士增选的有关规定、《中国工程院2015年院士增选评审和选举办法》和《中国工程院院士增选工作中院士行为规范》等文件的精神和要求，经学部常委会多次研究，制定了学部2015年院士增选第一轮、第二轮评审操作办法。

在院士增选工作中，院士们遵从公正、客观、实事求是和保证质量的评审原则，全面理解、准确把握和严格坚持院士的标准和条件，以认真负责的态度对待增选工作。经过两轮评审，从本学部45位有效候选人中选举产生24位进入第二轮评审，最终选举产生了9名新院士。此外，在2015年院士增选第一轮评审工作中，我学部还配合工程管理学部，对具有机械与运载工程背景的6位候选人进行了评审。

目前,我学部共有 121 位院士,其中资深院士 56 位;院士平均年龄 75.5 岁; 80 岁以下 65 位院士的平均年龄 68.4 岁(年龄计算时间以 12 月 31 日为界)。有关年龄分析请见附件。

二、咨询工作

中国工程院是我国工程科技的最高荣誉性、咨询性学术机构,建设国家工程科技思想库,发挥院士群体的智力资源,团结全国科技工作者,围绕国民经济和社会发展以及重大工程科技和建设活动开展咨询研究,是国家赋予中国工程院的重要职能。近几年,我院组织开展了一系列具有战略性、前瞻性的咨询研究,取得了一批重要研究成果,形成了许多重要政策建议,为中央科学决策提供了有力支持,受到党中央、国务院和社会各界的充分肯定和高度评价。

两年来,由我学部承担的咨询项目共 49 项。其中,重大咨询项目 7 项,重点咨询项目 17 项,学部级咨询项目 25 项。已完成的咨询项目 21 项,即将结题的咨询项目 9 项,正在进行的咨询项目 19 项。

具体情况请见附件,时间关系,这里仅简要报告几个项目。

1. 创新设计发展战略研究(重大项目)

该项目于 2013 年 8 月启动,由路甬祥院士担任组长,潘云鹤常务副院长担任副组长,组织近 20 位院士、100 多位专家,分为 10 个课题组,历时两年在地方、行业和企业开展了广泛调查和深入研究,形成了咨询研究报告,于 2015 年 2 月 11 日**向国务院呈报了《关于大力发展创新设计的建议》的报告,有关中央领导做出了重要批示**。项目组还配合发改委、工信部、科技部提交了有关建议,供部门决策参考。项目促进了“创新设计产业战略联盟” 的成立和“中国好设计”系列活动开展。

2. 中低速磁浮交通技术及产业发展战略研究(学部项目)

该项目于 2013 年 4 月启动,由钱清泉院士担任组长。研究了中低速磁浮交通技术的现状及产业化状况,分析预测其发展前景,提出了技术和政策方面的意见和建议。于 2015 年 10 月**上报了“关于加快中低速磁浮交通推广应用的建议”院士建议**,供有关部门决策参考。

3. 我国制造业创新网络模式研究(学部项目,发改委委托)

该项目于 2014 年 9 月启动,由柳百成院士担任组长。项目在广泛调查研究美国制造业创新网络有关资料的基础上,赴美国进行实地调研,结合我国制造业创新模式问题,提出改进和加强我国制造业创新模式的建议。**有关报告于 2015 年 7 月上报国务院,并得到领导批示**。此工作为“制造强国战略”咨询项目组提供了有力参考。

4. 工业强基战略研究(一期)(重大项目,工信部委托)

该项目于 2014 年 3 月启动,由路甬祥院士担任组长,周济院长等担任副组长。项目围绕我国工业强基的目标开展研究,对建设制造强国意义重大。项目下设核心基础零部件/元器件、先进基础工艺、先进基础材料、质量技术基础、共性技术创新体系等 5 个专项课题组,机械等 13 个领域专题组以及项目总体组。50 多位院士和 100 多位专家近两年的工作中, 重点研究了工业基础的内涵及构成、发展现状及存在问题、工业发达国家提升工业基础的经验借鉴、面临的形势和需求、总体思想与战略目标、发展重点、标志性产品和政策建议。针对工业基础发展严重滞后的问题,提出战略性咨询建议。**2014 年 8 月,根据阶段研究成果向国务院上报《关于加强工业基础的建议》,马凯副总理做了重要批示**。完整咨询报告完成后拟报送国务院及有关部门参考决策。

5. 制造强国战略研究(二期)(重大项目)

该项目是 2015 年立项的重大项目,期限 2 年,于 2015 年 4 月启动,由周济院长担任组长。**根据马凯副总理的指示**,中国工程院在认真总结制造强国战略研究第一期研究成果的基础上,深入开展第二期研究。项目以推进两化融合为主线,深入制造业重点行业区域企业,围绕中国制造 2025 若干重大战略问题,如智能制造、绿色制造、质量品牌、先进制造业与现代服务业深度融合、制造业创新体系等问题,深入开展研究工作,探索中国制造业由大向强转变的中国特色新型工业化道路。项目研究成果拟呈报党中央、国务院,同时面向社会公开发布《中国制造业发展指标体系(2013—2015 年)》,公开出版其他报告成果。**目前已上报院士建议,并得到领导批示**。

6. 南海开发与保护的战略研究(重点项目)

该项目是 2015 年立项的重点项目,期限 2 年,于 2015 年 6 月启动,由张彦仲院士担任组长。项目是前期有关三沙咨询项目的滚动研究,旨在提出我国南海开发与保护若干重大问题的解决方案及咨询建议,为国家科学决策提供有力支撑。项目下设 5 个课题,分别是:南海基础设施工程建设咨询研究、南海岛礁规划与土木工程建设咨询研究、南海资源开发与利用咨询研究、南海生态环境保护咨询研究、南海开发与保护战略咨询综合研究。项目研究成果拟报送党中央、国务院及有关部门、海南省、三沙市等。

7. 军民融合深度发展战略研究(重点项目)

该项目是 2015 年立项的重点项目,期限 2 年,由李鸿志院士担任组长。项目以不断完善军民融合的体制机制、建立健全法律制度、做好顶层战略规划为目标。针对军民融合保障体系建设、民进军/民参军问题、军民融合中的协同创新与创新驱动发展以及军民融合人才队伍建设等四个方面的问题,从理论与实践两个方面进行分析研究,找出具体有效的操作方案。**2015 年 7 月,该项目阶段性成果已上报党中央、国务院和中央军委**。

8. 机械与运载工程技术 2035 发展战略研究(重点项目)

“中国工程科技 2035 发展战略研究”项目是工程院 2015 年立项的重大咨询项目,目的为支撑 2035 年我国工程科技的系统谋划和前瞻部署以及相关基础研究部署。“机械与运载工程领域课题”是该项目下设的一个课题,由金东寒院士负责。按照项目总体组的相关要求,领域课题研究机械与运载领域国内外技术发展趋势,判断我国 2035 年经济社会发展图景与技术发展趋势,识别国家重大战略需求,提出机械与运载领域的未来技术发展方向、优先发展主题和技术,筛选出关键技术、共性技术和跨领域技术,提出需建设的重大科技基础设施。课题下设机械、增材制造、机器人、航空、航天、海洋装备、汽车、轨道交通、综合交通和综合组 10 个专题组。

总之,由我学部负责组织、参与开展的咨询项目,其研究成果或上报党中央、国务院、有关部委,或在研究过程中被有关部门、行业协会、企业采纳,或将战略思想传达给社会各界,从而凝聚了工程科技领域及各界力量,它们均在国民经济建设和社会发展中发挥了重要作用。

三、学术工作

两年来,学部瞄准工程科技发展方向、围绕前沿和热点,积极开展了形式多样、内容丰富、注重实效的国际国内学术活动,促进了工程科技的学术交流和合作。共举办 11 场论坛,包括 1 场国际工程科技发展战略高端论坛,4 场中国工程科技论坛,6 场由学部主办或协办的论坛。其中,结合咨询项目而开展的学术活动有 7 场。另外,2016 年下半年即将开展的学术活动有 6 场。

具体情况请见附件,时间关系,这里也只简要报告一下几场活动。

1. 国际工程科技发展战略高端论坛——创新设计论坛暨2015创新设计大会

会议于2015年11月5—6日在杭州良渚新城召开,由中国工程院和浙江省人民政府联合主办,主题是“创新设计,引领未来”。路甬祥院士、潘云鹤院士等作主旨报告。20余位海内外专家出席大会并做主题报告。会议规模约350人,其中院士15人。论坛对如何促进提升创新设计能力、落实创新驱动发展战略、提升中国制造的竞争力、加快从“制造大国”向“创造强国”转变等方面进行了深入探讨。大会期间召开了创新设计能力建设圆桌会议,举行了创新设计咨询研究成果首发式、中国好设计发布等活动。

2. 中国工程科技论坛(第190场)——深海装备技术与产业发展战略

会议于2014年9月12—13日在大连召开,由中国工程院主办,机械与运载工程学部、中船重工集团公司承办。吴有生等17院士,共约100人出席。共有15个报告,从深海空间、深海载人潜水器、深海装备材料、深海装备水下导航、水声通讯等领域,阐述了深海装备的需求、现状和发展趋势。论坛认为,从规模上看,我国已成为深海装备世界大国,并具备取得突破、形成强国的基础条件。深海装备技术的发展和产业能力的形成应作为国家科技发展和产业调整计划的重要组成部分。

3. 中国工程科技论坛(第204场)——2015智能制造国际会议

会议于2015年5月13—14日在北京召开,由工程院、工信部联合主办,主题为“德国工业4.0与中国制造2025”。第一阶段的主旨报告会共有13个报告,共约700人参加,其中院士10人,外方代表约35人,路甬祥院士、周济院长、苗圩部长等出席会议。第二阶段的中德高端研讨会共有36人参加,双方代表分别就德国“工业4.0”和“中国制造2025”作了解读,对中德合作提出了有益的建议。此次论坛为德国“工业4.0”和“中国制造2025”搭建了学术交流平台,为中国制造2025的开放合作奠定了良好的基础。

4. 2014大功率发动机国际技术交流研讨会(IFLE)

会议于2014年9月25—26日在上海召开,由机械与运载工程学部、中国内燃机学会大功率柴油机分会共同主办,中国船舶重工集团公司第711研究所承办。会议主题是“适应中国市场的大功率发动机的发展方向”。金东寒院士等约160位国内外专家学者出席会议。共15个报告,主要围绕船舶动力、发动机配套、政策法规、行业标准、市场需求以及船舶的可持续发展等热点问题开展研讨。论坛安排了圆桌会议,主题为“中国自主品牌柴油机如何进入船舶主流市场”。

5. 中国制造2025航空智能制造工程论坛

会议于2015年12月17日在北京航空航天大学举行,由机械与运载工程学部主办,中国航空工程科技发展战略研究院和航空科学与技术国家实验室(筹)联合承办。张军院士等40余位专家出席。共有8个报告,研讨航空智能制造的现状和发展思路,研究“航空智能制造发展战略研究”咨询项目的工作计划,凝聚了共识、开阔了思路。

四、其他工作

1) 参与工信部“高档数控机床与基础制造装备”科技重大专项管理办公室工作。参与科技部“数控一代机械产品创新应用示范工程”专项管理办公室工作。参与发改委“国家民用空间基础设施中长期发展规划”编制工作。参与工信部“中国制造2025规划”编制工作。参与工信部“航空器独立监测和健康监控系统专项工程”论证工作。参与国防科工局“航天重大专项任务深化论证”有关工作。

2）参与院里的其他咨询项目工作，如：

■“重大科技项目”之“机械与运载工程”领域课题研究，该项目是根据院里安排，为向中财办提出建议而设立的。经过向学部院士征求意见，初步遴选和逐步综合，提出了若干重大科技项目建议。

■“工业绿色发展工程科技战略及对策研究”咨询项目之“工业装备绿色工程发展战略与对策”课题研究工作。

■“中国工程科技中长期发展战略研究项目”（中国工程院与自然科学基金委共同设立资助）之机械与运载工程领域项目工作。

■按照工程院和基金委联合开展的“中国工程科技2035发展战略研究”咨询项目总体组要求，开展“机械与运载工程”领域课题组的工作，安排了10个专题组进行研究。同时，也积极做好项目之跨领域课题组——“仪器仪表”课题组工作。

■“我国‘互联网+’发展的总体发展战略研究”咨询项目之“‘互联网+’综合交通”课题研究工作。

■参与“引发产业变革的重大颠覆性技术预测研究”重大咨询项目有关工作。

3）《院士建议》上报工作（有关统计列表请见附件）。

4）配合《Frontiers of Mechanical Engineering》编辑部作好办刊工作。

5）回复有关部委、部门征求意见和推荐人选等工作。

6）配合工程院各专门委员会等的工作。

7）配合航空战略研究院、航天战略研究院等支撑机构开展工作。

8）服务院士工作。

各位院士，本届学部常委会的工作是在历届学部常委会和主席团成员打下的坚实基础上进行的，更离不开各位院士的努力和奉献，以及院机关人员的认真工作。

希望大家能对本报告及其反映的我学部工作提出宝贵意见和建议。学部常委会相信，在院党组、院主席团、各专门委员会的组织领导下，在学部全体院士共同努力和支持下，我学部的各项工作今后会做得更好，将为促进我国工程科技事业的快速和可持续发展做出更大的贡献。

最后，祝大家身体健康，诸事顺意。谢谢。

附件：1. 机械与运载工程学部年龄及人数情况分析表（略）
2. 咨询工作汇总
3. 学术工作汇总
4. 院士建议汇总

附件2：咨询工作汇总

两年来，由我学部承担的咨询项目共50项。其中，重大咨询项目7项，重点咨询项目17项，学部级咨询项目26项。已完成的咨询项目22项，即将结题的咨询项目9项，正在进行的咨询项目19项。分述如下。

(一)已完成的咨询项目(共21项)

1. 制造强国战略研究(一期)(重大项目)

该项目于2013年1月启动,至2015年4月完成总结工作,由周济院长、朱高峰院士担任组长。主要围绕我国制造强国的目标开展研究,下设“制造强国的主要指标研究”、“制造业创新发展战略研究”和“制造质量强国战略研究”3个综合课题组,机械等14个领域课题组及项目总体组。项目按照“总-分-总”的阶段分三步开展研究,完成了关于制定“中国制造2025”的建议,上报国务院及有关部门决策参考。**马凯副总理听取了汇报,给予了充分肯定,赞成在战略研究的基础上制定“中国制造2025”**。我院已配合工信部完成有关规划的编制工作,并向社会发布,在国内外引起了强烈反响。

2. 三沙市发展战略咨询研究(第二、三阶段)(重大项目)

该项目为前期项目的滚动研究,2013年3月启动,由张彦仲院士担任组长,下设基础设施组、土木和规划组、资源开发利用组、生态环境保护组和综合组。经过深入研究,综合凝练形成了“三沙市发展战略咨询研究综合报告”,于2015年1月上报国务院。

3. 创新设计发展战略研究(重大项目)

该项目于2013年8月启动,由路甬祥院士担任组长,潘云鹤常务副院长担任副组长,组织近20位院士、100多位专家,分为10个课题组,历时两年在地方、行业和企业开展了广泛调查和深入研究,形成了咨询研究报告,于2015年2月11日**向国务院呈报了《关于大力发展创新设计的建议》的报告,有关中央领导做出了重要批示**。项目组还配合发改委、工信部、科技部提交了有关建议,供部门决策参考。项目促进了“创新设计产业战略联盟” 的成立和“中国好设计”系列活动开展。

4. 我国大型宽体客机与重型直升机工程发展战略(重点项目)

该项目于2013年6月启动,由张彦仲院士担任组长,顾诵芬和尹泽勇院士担任副组长。项目按照中央领导的指示精神,明确发展大型宽体客机与重型直升机的重要战略意义,针对研制的条件、基础风险、如何研制以及如何开展(与俄)国际合作等重要问题进行研究。**阶段成果上报党中央、国务院、中央军委,得到习近平总书记等中央领导的重要批示**。

5. 进一步提升我国航空安全管控能力战略研究(重点项目)

该项目是于2014年3月针对“马航失联”事件紧急启动的咨询项目,由丁衡高、冯培德、张军院士担任组长。项目全面分析了我国航空安全管控能力的现状、问题、迫切需求,从飞行器独立监测系统、飞机实时健康管理系统、我国新一代航空运输系统规划等方面开展研究。已及时**向中央国家安全委员会上报了有关咨询意见报告和“院士建议”,得到习近平总书记等中央领导的重要批示,并向工信部提供了咨询意见**。

6. 我国非致命武器装备能力建设咨询研究(重点项目)

该项目于2012年3月启动,由苏哲子院士担任组长,主要针对我国非致命武器装备能力建设中的研发、实施、保障等方面开展研究,历时3年完成。通过了解我国非致命武器装备的管理机制、装备现状及其使用情况,梳理存在的问题,提出发展对策和措施建议。2015年11月向国务院呈报了项目成果报告,为有关部门提供了决策参考。

7. 高端微机电系统(MEMS)在机械运载工程领域的应用研究(重点项目)

该项目于2012年4月启动,由丁衡高、冯培德院士担任组长。主要开展MEMS技术应用的现状评估及发展趋势预测,分析需突破的关键技术及瓶颈,提出了产业化发展的若干建议及路线图。

8. 高端轴承发展战略研究(重点项目)

该项目于2011年12月启动,由王玉明院士担任组长。主要研究高端轴承技术发展现状与需要解决的重点问题,分析了我国装备制造对高端轴承的需求,高端轴承的战略地位及产业和技术发展趋势,提出了产业发展路线及政策建议。

9. 我国高端能源动力机械健康与能效监控智能化发展战略研究(重点项目)

该项目于2013年4月启动,由高金吉院士担任组长。项目在调查发达国家发展现状和趋势基础上提出对策措施建议。项目是继"我国高能耗机械装备运行状况及节能对策"咨询项目之后的滚动研究,对我国能动装备节能与安全运行具有重要意义。咨询报告已报送有关部门参考决策。

10. 我国汽车制造质量现状及提高战略研究(学部项目)

该项目于2012年9月启动,由林忠钦院士担任组长。项目通过广泛深入的调研和研讨,在系统分析我国汽车产品制造质量现状的基础上,提出了发展思路与建议,为我国汽车产品从制造大国走向制造强国提供有益的借鉴。

11. 航空航天及能源动力领域精密加工装备技术发展战略研究(学部项目)

该项目于2012年9月启动,由郭东明院士担任组长。主要围绕航空航天及能源动力领域高端装备制造工艺规划、精密加工装备设计方法与制造技术、功能部件开发、专业化配套体系建立、测试等方面,提出了发展政策建议及路线图。

12. 提升机动远程空运/空投能力咨询研究(学部项目)

该项目于2012年1月启动,由陈一坚、唐长红院士担任组长。

13. 有人机/无人机混合编队作战模式咨询研究(学部项目)

该项目于2012年1月启动,由李明、甘晓华院士担任组长。

14. 集成计算材料工程在高端成形制造行业应用(学部项目)

该项目于2013年1月启动,由柳百成院士担任组长。主要研究集成计算材料工程在铸造、塑性加工、焊接、热处理领域中的应用前景,分析了高端成形制造行业多尺度、多学科、全流程建模与仿真应用前景,提出了发展路线图及政策建议。

15. 高性能化智能制造发展战略研究(学部项目)

该项目于2013年1月启动,由林忠钦、潘健生院士担任组长。报告提出了高性能化智能制造的重要地位和战略意义,阐明了内涵及发展思路与途径,提出了政策建议。

16. 新能源新型飞机的路径研究(学部项目)

该项目于2013年1月启动,由杨凤田院士担任组长。项目梳理了适合在航空飞行器上应用的新型清洁能源类型,分析在航空应用方面的新能源动力系统的技术瓶颈,提出了促进该产业持续稳定发展所需要的产业政策建议。

17. 中低速磁浮交通技术及产业发展战略研究(学部项目)

该项目于2013年4月启动,由钱清泉院士担任组长。研究了中低速磁浮交通技术的现状及产业化状况,分析预测其发展前景,提出了技术和政策方面的意见和建议。于2015年10月**上报了"关于加快中低速磁浮交通推广应用的建议"院士建议**,供有关部门决策参考。

18. 重大战略问题的咨询理论、方法与工具研究(学部项目)

该项目于2014年1月启动,由杜善义院士担任组长。项目通过建立重大战略问题咨询的理论、方法与工具体系,推动我国重大战略问题咨询研究的能力建设,提升咨询研究质量,进一步促进战略咨询对宏观决策的支撑作用。

19. 我国再制造产业发展战略研究(学部项目)

该项目于2014年3月启动,由徐滨士院士担任组长。项目从再制造产业的实际状况出发,针对产业化过程中的若干发展战略问题进行深入研究。

20. 从数字制造到智能制造的技术途径(学部项目)

该项目于2014年1月启动,由谭建荣院士担任组长。项目在调研国内外发展现状的基础上,对数字制造向智能制造发展的关键技术及其提升途径进行了深入研究。

21. 空间轨道运输系统及其应用研究(学部项目)

该项目于2014年3月启动,由龙乐豪院士担任组长。项目总结了国内外空间运输系统的发展趋势,明确了发展方向,梳理了技术体系,提出了关键技术及解决途径,确定了发展战略规划。

22. 我国制造业创新网络模式研究(学部项目,发改委委托)

该项目于2014年9月启动,由柳百成院士担任组长。项目在广泛调查研究美国制造业创新网络有关资料的基础上,赴美国进行实地调研,结合我国制造业创新模式问题,提出改进和加强我国制造业创新模式的建议。**有关报告于2015年7月上报国务院,并得到领导批示**。此工作为"制造强国战略"咨询项目组提供了有力参考。

(二)即将结题的咨询项目(共9项)

23. 工业强基战略研究(一期)(重大项目,工信部委托)

该项目于2014年3月启动,由路甬祥院士担任组长,周济院长等担任副组长。项目围绕我国工业强基的目标开展研究,对建设制造强国意义重大。项目下设核心基础零部件/元器件、先进基础工艺、先进基础材料、质量技术基础、共性技术创新体系等5个专项课题组,机械等13个领域专题组以及项目总体组。50多位院士和100多位专家近两年的工作中,重点研究了工业基础的内涵及构成、发展现状及存在问题、工业发达国家提升工业基础的经验借鉴、面临的形势和需求、总体思想与战略目标、发展重点、标志性产品和政策建议。针对工业基础发展严重滞后的问题,提出战略性咨询建议。**2014年8月,根据阶段研究成果向国务院上报《关于加强工业基础的建议》,马凯副总理作了重要批示**。完整咨询报告完成后拟报送国务院及有关部门参考决策。

24. 关于改革、完善我国科技评价体系与科技奖励制度研究(重点项目)

该项目于为2014年1月启动,由王哲荣院士担任组长。项目研究和分析我国现行科技评价体系与科技奖励制度存在的问题,通过典型案例,借鉴国内外经验教训,提出适合我国国情、满足经济社会发展需要、符合科学规律的科技评价体系与科技奖励方案,项目拟向国家有关部门提交专题建议,供决策参考。

25. 基于网络的设计/制造/服务一体化工程(重点项目)

该项目于2014年1月启动,由冯培德、关桥、柳百成院士担任组长。项目全面分析基于网络的设计/制造/服务一体化技术的国内外现状、发展趋势和战略需求,提出具有异地协同安全支撑、数据传输强密处理、空天地一体特点的网络平台发展战略建议,项目成果拟报送有关部门供决策参考。

26. 重复使用航天运输系统发展战略研究(重点项目)

该项目于2014年1月启动,由曾广商院士担任组长。项目研究目的是为开展和部署我国重复使用航天运输系统的重大工程研制提供战略咨询意见。咨询报告拟报送有关部门供决策参考。

27. 高端装备制造及其对高端机床的需求(学部项目)

该项目于2015年1月启动,由卢秉恒院士担任组长。项目以现阶段高端装备制造业的重点发展方向航空装备、卫星及应用、轨道交通装备、海洋工程装备、智能制造装备五大领域为最终服务对象,调研探索所需的高端机床,开展相应产业方面的战略研究,制定正确的发展路线图及科技和产业政策,以获得跨越式发展。项目研究成果拟报送国务院及行管部门,供决策参考。

28. 军用航空发动机研发管理和机制研究(学部项目)

该项目于2015年1月启动,由甘晓华院士担任组长。项目从国家实施航空发动机重大科技专项的需要出发,运用系统工程方法,剖析国内军用航空发动机现状及在发展理念、发展策略、研制流程、技术管理方面存在的问题,归纳总结世界先进国家航空发动机研制发展理念、策略、管理程序和方法,提出科学合理的航空发动机研制发展策略和技术管理程序、方法以及阶段划分的建议,为国家机关、总部等管理重大专项提供参考。

29. 新一代绿色照明产业高端制造装备自主发展战略研究(学部项目)

该项目于2015年1月启动,由李培根院士担任组长。项目旨在掌握国内外新一代绿色照明产业高端制造装备技术及产业发展的总体规律、发展态势,摸清我国绿色照明产业高端制造装备的现状,以及我国面临的机遇和挑战,提出战略目标、基本思路、主要内容、重点任务、保障措施和政策建议。项目研究成果拟报送国家有关部门参考。

30. 我国通用航空运输系统发展战略研究(学部项目)

该项目于2015年1月启动,由杨凤田院士担任组长。项目基于对国外通用航空运输系统发展经验的借鉴和我国国情、行业发展形势的调查研究,制定我国通用航空运输系统未来的总体发展战略和实施路线图,统筹考虑全产业链各因素,规划设计引领我国通用航空运输系统科学发展的支撑体系,论证和提出指导、推动我国通用航空运输系统实现又好又快发展的若干重大产业政策建议、实施举措、技术突破需求和试点示范发展模式。

31. 全海深探测装备发展战略研究(学部项目)

该项目于2015年1月启动,由徐芑南院士担任组长。项目以建设海洋强国战略为指引,从我国开发海洋总体发展战略和所属有关领域的阶段发展目标需求出发,根据国内外全海深探测装备发展现状和趋势,明确我国发展战略方向,梳理关键技术,提出我国未来五年和十五年的发展目标和路线图,以及实现产业化的策略和重点的建议。

(三)正在进行的咨询项目(共19项)

32. 制造强国战略研究(二期)(重大项目)

该项目是2015年立项的重大项目,期限2年,于2015年4月启动,由周济院长担任组长。**根据马凯副总理的指示**,中国工程院在认真总结制造强国战略研究第一期研究成果的基础上,深入开展第二期研究。项目以推进两化融合为主线,深入制造业重点行业区域企业,围绕中国制造2025若干重大战略问题,如智能制造、绿色制造、质量品牌、先进制造业与现代服务业深度融合、制造业创新体系等问题,深入开展研究工作,探索中国制造业由大向强转变的中国特色新型工业化道路。项目研究成果拟呈报党中央、国务院,同时面向社会公开发布《中国制造业发展指标体系(2013—2015年)》,公开出版其他报告成果。**目前已上报院士建议,并得到领导批示**。

33. 加强中俄航天合作的战略研究(重大项目)

该项目是2015年立项、机械学部与管理学部联合开展的重大项目,期限2年,由王礼恒院士、戚发轫院士担任组长。该项目将围绕我国航天发展的重大战略需求,梳理中俄在航天领域的合作历史和渠道,系统分析在进入空间、利用空间、控制空间以及导弹武器等方面与俄罗斯合作的可能性与优先领域,研究提出中俄航天合作的顶层框架和长期战略合作模式;提出未来一段时期中俄合作目标、主要任务、基本途径和重大合作项目,以及技术共享、经济共担的合作模式;提出中俄航天基础设施合作建设与共享使用模式;提出航天技术、产品相互引进的具体领域和可行性,以及应用领域的合作重点,拓展航天产业链合作;提出促进中俄合作的措施建议。项目研究成果拟报送中央及有关部门。

34. 设计竞争力研究(重点项目)

该项目是2015年立项的重点项目,期限2年,由路甬祥院士、潘云鹤院士担任组长。项目是前期"创新设计发展战略研究"项目的滚动研究,分5个课题进行,将从国家竞争力与创新设计能力的关联性分析出发,广泛调研"政、产、学、研、媒、用、金"各行业,科学地建立设计竞争力评价模型,开展区域(城市)、国家设计竞争力等多层次评价,建立适应知识网络时代的国家设计竞争力综合评价体系,为我国实现创新驱动发展的战略目标提供有效评价依据、参考和建议。

35. 南海开发与保护的战略研究(重点项目)

该项目是2015年立项的重点项目,期限2年,于2015年6月启动,由张彦仲院士担任组长。项目是前期有关三沙咨询项目的滚动研究,旨在提出我国南海开发与保护若干重大问题的解决方案及咨询建议,为国家科学决策提供有力支撑。项目下设5个课题,分别是:南海基础设施工程建设咨询研究、南海岛礁规划与土木工程建设咨询研究、南海资源开发与利用咨询研究、南海生态环境保护咨询研究、南海开发与保护战略咨询综合研究。项目研究成果拟报送党中央、国务院及有关部门、海南省、三沙市等。

36. 高速磁浮交通技术及产业发展战略研究(重点项目)

该项目是2015年立项的重点项目,期限2年,由钱清泉院士担任组长。项目将通过国内外高速磁浮交通系统技术现状、应用前景、产业化及国民经济、社会发展影响的战略研究,提出我国高速磁浮交通系统的技术发展、工程应用和产业发展的战略、政策和规划建议。

37. 我国船舶发动机发展战略研究(重点项目)

该项目是2015年立项的重点项目,期限2年,由金东寒院士担任组长。项目旨在确立我国船舶发动机技术和产业在国家海洋强国战略中的重要地位,阐明我国船舶发动机发展的重要意义和紧迫性,找出薄弱环节,梳理出需要重点发展的技术和关键领域,整理出需要重点关注的产业政策和措施建议,提出发展目标、规划、方向和实现路径,为国家政策制定以及行业、国有大型船舶企业集团发展规划提出重要的建议。

38. 军民融合深度发展战略研究(重点项目)

该项目是2015年立项的重点项目,期限2年,由李鸿志院士担任组长。项目以不断完善军民融合的体制机制、建立健全法律制度、做好顶层战略规划为目标。针对军民融合保障体系建设、民进军/民参军问题、军民融合中的协同创新与创新驱动发展以及军民融合人才队伍建设等四个方面的问题,从理论与实践两个方面进行分析研究,找出具体有效的操作方案。**2015年7月,该项目阶段性成果已上报党中央、国务院和中央军委。**

39. "一带一路"空间基础设施应用发展战略研究(重大项目)

该项目是2016年立项的重大项目,期限2年,由戚发轫、王礼恒院士担任组长。项目主要研究我国航天在一带一路战略布局中的定位分析，一带一路空间基础设施应用的需求分析，中国航天走出去的策略研究，一带一路空间基础设施应用的发展规划与重大工程研究、应用的管理模式和运行机制研究。依托我国现有的空间基础设施，与一带一路沿线国家的发展规划和需求进行对接，为建立跨国界、跨洲、互联互通的天基信息网络，为共同推动空间基础设施应用和产业发展，提出发展目标、实施路径和重大工程，以及共建、共享、共用的合作机制。项目成果拟报送中央及有关政府部门参考。

40. 机械与运载工程技术2035发展战略研究（重点项目）

“中国工程科技2035发展战略研究”项目是工程院2015年立项的重大咨询项目，目的为支撑2035年我国工程科技的系统谋划和前瞻部署以及相关基础研究部署。“机械与运载工程领域课题”是该项目下设的一个课题，由金东寒院士负责。按照项目总体组的相关要求，领域课题研究机械与运载领域国内外技术发展趋势，判断我国2035年经济社会发展图景与技术发展趋势，识别国家重大战略需求，提出机械与运载领域的未来技术发展方向、优先发展主题和技术，筛选出关键技术、共性技术和跨领域技术，提出需建设的重大科技基础设施。课题下设机械、增材制造、机器人、航空、航天、海洋装备、汽车、轨道交通、综合交通和综合组10个专题组。

41. 军用航空装备技术发展战略研究（重点项目）

该项目是2016年立项的重点项目，期限2年，由顾诵芬、唐长红等院士担任组长。项目将根据我国的国情和国内外发展的经验，按照航空装备及其技术发展的客观规律，结合先进的军事理论与切合我国实际的军事需求，提出有关战略咨询建议；项目以体系发展的视角，通过总结实践工作的经验和不足（包括国内和国外），对航空装备及其技术发展进行理论与实践相结合的总结与提升，形成一套专著即《航空武器装备（技术）发展理论丛书》。

42. 制造工程科学的研究进展、竞争态势及我国的对策（重点项目）

该项目是2016年立项的重点项目，期限2年，由郭东明院士担任组长。项目将以宏观视野、大时间跨度、丰富文献资源、有力挖掘手段，来评价和预测制造领域工程科学的研究进展和竞争态势。研究目标包括：判断国际制造研究领域的共性科学问题、热点问题；科学评价国际制造领域代表性研究机构和学者的学术地位和影响力；对我国制造研究领域工程科学发展提出有针对性、有重要参考价值的对策和政策建议；在充分借鉴科学计量学和知识图谱已有研究方法的基础上，综合运用复杂网络分析方法、自然语言处理技术、机器学习、文本挖掘技术，研究开发一套基于期刊文献的由主题（问题）发现模型、趋势捕获模型、研究机构评价模型、学科评价模型、学者评价模型等构成，具有普适性的方法体系，为开展类似的研究提供一个从宏观视角研究某一学术领域发展态势及学科影响力的研究范式。

43. 中国深空探测发展战略研究（学部项目）

该项目是2016年立项的学部项目，期限1年，由钟志华、杨永斌院士担任组长。项目将研究发达国家的深空探测战略规划，我国深空探测的科学目标和任务，从路径规划、工程任务、体制机制等方面，开展我国深空探测的战略规划研究。

44. 中国汽车低碳化系统工程研究（学部项目）

该项目是2016年立项的学部项目，期限1年，由李骏院士担任组长。项目以汽车低碳化分析为切入点，围绕汽车产品结构、低碳技术、低碳制造、低碳使用模式、清洁能源/电能供应、汽车网联化以及低碳汽车社会生态构建等核心领域展开，实现跨行业协作，打造汽车低碳系统工程，实现真正意义的汽车全生命流程低碳化。以汽车为载体梳理、建立并提出低碳系统工程实施战略顶层设计。

45. 我国精密超精密制造装备发展战略(学部项目)

该项目是2016年立项的学部项目,期限1年,由蒋庄德院士担任组长。项目将通过调研分析我国光学工程、精密机械工程、航空航天、核能、船舶和机床行业的发展趋势和现状,同时研究国外精密超精密相关技术的发展过程,分析提出我国精密超精密制造技术的发展战略和技术路线。通过研究,确定我国开展精密超精密加工技术发展的关键瓶颈问题,提出战略解决方案,规划发展路线图。

46. 我国军工企业品牌建设发展战略研究(学部项目)

该项目是2016年立项的学部项目,期限1年,由曾广商院士担任组长。项目将通过学习与借鉴国内外典型企业的品牌建设与管理经验,结合我国当前的环境与需求,提出未来我国军工企业品牌建设发展的战略目标与重点任务,以及保障措施及相关建议,旨在促进我国军工企业品牌建设水平的提升,推动军工企业全面转型升级。

47. 轮胎动力学协同发展策略研究(学部项目)

该项目是2016年立项的学部项目,期限1年,由郭孔辉院士担任组长。项目将提出可以支撑我国汽车工业及航空工业快速持续发展的轮胎动力学发展战略及阶段性目标,制定基于现有技术实现我国汽车及航空轮胎动力学协同发展的策略。

48. 流程工业绿色智能装备科技发展战略研究(学部项目)

该项目是2016年立项的学部项目,期限1年,由高金吉院士担任组长。项目将通过研究国外发达国家流程工业绿色智能机器发展现状及趋势、国内发展现状及问题,梳理出绿色智能机器发展共性基础研究及关键技术、发展战略及目标、重点示范工程、对策建议等。

49. 中国机械工程重点技术发展研究(学部项目)

该项目是2016年立项的学部项目,期限1年,由李培根院士担任组长。项目将充分考虑新一轮科技革命和产业革命对机械工程技术可能产生的影响和可能带来的变化,着重考虑对提高国家制造业创新能力、推进信息技术与制造技术深度融合、强化工业基础能力、推行绿色制造、推动十大重点领域突破发展的机械工程重点技术进行研究,并为相关出版物的撰写提供战略指导。

50. 制造业创新设计发展行动纲要战略咨询(学部项目,工信部委托)

该项目是2016年立项的学部项目,受工信部委托,期限1年,由路甬祥院士担任组长。该项目是“创新设计”咨询项目的滚动研究,是为贯彻落实“中国制造2025”,开展制造业创新设计发展行动纲要编制研究,规划未来创新设计发展的方向目标和路径任务,为提升创新设计水平提供具体指导,切实增强创新设计对制造业转型升级的支撑和服务能力,为工信部制定《制造业创新设计发展行动纲要》政策建议提供科学依据和研究支撑。

附件3:学术工作汇总

两年来,学部瞄准工程科技发展方向、围绕前沿和热点,积极开展了形式多样、内容丰富、注重实效的国际、国内学术活动,促进了国内外工程科技的学术交流和合作。共举办11场论坛,包括1场国际工程科技发展战略高端论坛,4场中国工程科技论坛,6场由学部主办或协办的论坛。其中,结合咨询项目而开展的学术活动有 7 场。另外,2016 年下半年即将开展的学术活动有 6 场。分述如下。

(一) 国际工程科技发展战略高端论坛(共 1 场)

1. 国际工程科技发展战略高端论坛——创新设计论坛暨 2015 创新设计大会

会议于 2015 年 11 月 5—6 日在杭州良渚新城召开,由中国工程院和浙江省人民政府联合主办,主题是“创新设计,引领未来”。路甬祥院士、潘云鹤院士等作主旨报告。20 余位海内外专家出席大会并做主题报告。会议规模约 350 人,其中院士 15 人。论坛对如何促进提升创新设计能力、落实创新驱动发展战略、提升中国制造的竞争力、加快从“制造大国”向“创造强国”转变等方面进行了深入探讨。大会期间召开了创新设计能力建设圆桌会议,举行了创新设计咨询研究成果首发式、中国好设计发布等活动。

(二) 中国工程科技论坛(共 4 场)

2. 中国工程科技论坛(第 187 场)——首届中国(沈阳)
通用航空发展高峰论坛

会议于 2014 年 8 月 26—27 日在沈阳召开,由中国工程院、沈阳市人民政府主办,机械与运载工程学部、沈阳航空航天大学等承办。杨凤田、李天等 11 位院士,共计约 200 位专家学者出席,共 9 个报告。论坛主要围绕通用航空的现状、趋势及发展战略,我国空域改革情况,通用航空政策法规现状,新能源通用航空器的共性核心技术研发与型号研制,新能源飞机适航性研究,沈阳通航产业发展规划等内容,从不同的视野、不同的行业角度来解读我国通用航空产业发展有关问题。论坛促进了我国通航产业的发展。

3. 中国工程科技论坛(第 190 场)——深海装备技术与产业发展战略

会议于 2014 年 9 月 12—13 日在大连召开,由中国工程院主办,机械与运载工程学部、中船重工集团公司承办。吴有生等 17 院士,共约 100 人出席。共有 15 个报告,从深海空间、深海载人潜水器、深海装备材料、深海装备水下导航、水声通讯等领域,阐述了深海装备的需求、现状和发展趋势。论坛认为,从规模上看,我国已成为深海装备世界大国,并具备取得突破、形成强国的基础条件。深海装备技术的发展和产业能力的形成应作为国家科技发展和产业调整计划的重要组成部分。

4. 中国工程科技论坛(第 204 场)——2015 智能制造国际会议

会议于 2015 年 5 月 13—14 日在北京召开,由工程院、工信部联合主办,主题为“德国工业 4.0 与中国制造 2025”。第一阶段的主旨报告会共有 13 个报告,共约 700 人参加,其中院士 10 人,外方代表约 35 人,路甬祥院士、周济院长、苗圩部长等出席会议。第二阶段的中德高端研讨会共有 36 人参加,双方代表分别就德国“工业 4.0”和“中国制造 2025”作了解读,对中德合作提出了有益的建议。此次论坛为德国“工业 4.0”和“中国制造 2025”搭建了学术交流平台,为中国制造 2025 的开放合作奠定了良好的基础。

5. 中国工程科技论坛(第 215 场)暨 CALT 论坛——航天运输系统发展与展望

会议于 2015 年 9 月 24 日在北京召开,曾广商等 14 院士、共约 200 位专家学者出席。共 10 个报告,研讨了我国航天运输系统现存问题,以及如何选择适合我国技术现状的发展道路。论坛认为,我国航天正处在重要发展战略机遇期,必须以我国的航天技术发展需求为牵引,在多种可行的航天运输系统发展道路中,结合我国的技术实力与基础,发展我国自主创新的航天运输系统,建立快速廉价进入空间和利用空间的基础能力,发掘创造出体现我国航天技术特点与国际地位的新优势,引领我国航天技术的可持续发展,提升我国科技实力和国际竞争力。

(三)其他学术活动(共5场)

6. 2014大功率发动机国际技术交流研讨会(IFLE)

会议于2014年9月25—26日在上海召开,由机械与运载工程学部、中国内燃机学会大功率柴油机分会共同主办,中国船舶重工集团公司第711研究所承办。会议主题是“适应中国市场的大功率发动机的发展方向”。金东寒院士等约160位国内外专家学者出席会议。共15个报告,主要围绕船舶动力、发动机配套、政策法规、行业标准、市场需求以及船舶的可持续发展等热点问题开展研讨。论坛安排了圆桌会议,主题为“中国自主品牌柴油机如何进入船舶主流市场”。

7. 精密与超精密加工技术发展高层论坛

会议于2014年10月18—19日在焦作召开,由中国工程院,中机生产工程学会,日本精密工程学会主办,河南理工大学,大连理工大学,日本理化研究所承办,郭东明院士等约200位专家出席,共9个主题报告,31个分报告。主要围绕着精密超精密加工机床工具、精密测量方法与仪器、微纳加工等领域理论与技术研究的最新进展,以及精密与超精密加工技术未来的发展等主题,探讨了超精密加工领域的最新技术研究成果及研究进展。

8. 2014年全国设备监测诊断与维护学术会议

会议于2014年8月20—21日在燕山大学召开,由机械与运载工程学部、中国机械工程学会设备与维修工程分会等共同主办。高金吉院士等约350位专家出席。共9个专题报告和6个设备新技术应用交流报告,主要围绕基于大数据分析的过程机械监测诊断与智能维护,设备服役监测预警及预知维修的若干信息化技术,远程监测系统的应用与发展创新等开展研讨。论坛对我国设备管理及维修工作发展具有积极指导作用。

9. 中国制造2025航空智能制造工程论坛

会议于2015年12月17日在北京航空航天大学举行,由机械与运载工程学部主办,中国航空工程科技发展战略研究院和航空科学与技术国家实验室(筹)联合承办。张军院士等40余位专家出席。共有8个报告,研讨航空智能制造的现状和发展思路,研究“航空智能制造发展战略研究”咨询项目的工作计划,凝聚了共识、开阔了思路。

10. 智能传感技术在轨道交通中的应用

会议于2016年4月28日在宁波举行。由中国工程院和中国中车股份有限公司共同主办,机械与运载工程学部和中车株洲电力机车研究所有限公司承办。周济院长、丁荣军院士等12院士出席,会议规模150人。共5个报告,围绕轨道交通智能传感技术的现状、问题及未来发展趋势进行研讨。会议认为,随着能源和物联网的发展,小型化、节能化和智能化将是传感器的未来趋势。

11. 2016智能制造国际会议

会议于2016年5月11—12日在北京召开,由工程院、工信部主办。会议分为“主旨报告会”和“中美德智能制造高端研讨会”两个阶段进行。主旨报告会共约500人参加,11个报告,开幕式由周济院长主持,会议围绕智能制造发展战略与政策、内涵与体系、实践与路径进行研讨。高端研讨会共39人参加,围绕3个议题进行研讨,分别是:工业4.0、中国制造2025、工业互联网之间的关系及中、德、美三国如何在战略上进行合作;中、德、美企业在实现智能制造过程中面临的挑战及解决方法;中、德、美在智能制造领域如何加强产学研用合作及途径。会议对三方相互合作提出了有益的建议。

（四）2016 年下半年计划开展的学术活动（共 6 场，列表如下）

序号	会议名称	类型	建议人
1	机械与运载工程科技 2035 发展战略国际论坛（2016 年 8 月 15 日，上海）	国际工程科技发展战略高端论坛	金东寒
2	核电大锻件高性能化智能制造（2016 年 8 月，上海）	中国工程科技论坛	潘健生
3	"一带一路空天信息基础设施"工程科技论坛（2016 年 5 月，北京）		张军
4	状态监测与诊断工程管理国际论坛（COMADEM）（2016 年 8 月 20—22 日，西安）	学部学术活动	高金吉
5	海内外机械学科华人科学家高端论坛（2016 年 8 月上旬，大连）		郭东明
6	微纳制造与测试工程前沿技术研究（2016 年 10 月，西安）		蒋庄德

附件 4：院士建议汇总

2014 年院士建议

序号	标题	建议人
1	关于航空安全管控＊＊＊＊	丁衡高、冯培德等
2	关于工业强基的建议	路甬祥、周　济等
3	关于构建航空发动机基础研究体系的建议	陈懋章、张彦仲等
4	关于推动中国轻型电动通用飞机快速发展的建议	杨凤田、王天然等

2015 年院士建议

序号	标题	建议人
1	关于防范小型无人机攻击我国＊＊＊＊的建议	丁衡高、杜祥琬等
2	构建＊＊信息系统，促进"一带一路"建设	张彦仲、戚发轫等
3	关于加快中低速磁浮交通推广应用的建议	钱清泉、刘友梅等
4	关于深化国有企业改革，合并＊＊两大集团的建议	马伟明、吴有生等
5	关于开展"制造业技术改造专项行动"的建议	李培根、柳百成等
6	关于加强高档数控机床重大专项研究的建议	卢秉恒、李培根等

信息与电子工程学部工作报告

卢锡城

2016 年 5 月

各位院士：

首先，我代表学部常委会向全体院士致以亲切的问候和诚挚的感谢。感谢大家对学部工作的大力支持，对国家科技创新发展、工程院重要咨询和年轻人才培养工作所做的贡献和发挥的重要作用。

这次大会，学部又增加了八位新当选的院士，现在，让我们向 2015 年新当选的姜会林、吴伟仁、樊邦奎、余少华、王恩东、吴建平、廖湘科、陈纯等八位院士表示诚挚的祝贺和热烈的欢迎！他们还将在这次会议期间做学术报告，我们相信，随着学部队伍的扩大，特别是更多年富力强院士的加入，我们学部将一定会紧紧围绕国家和工程院的战略部署，为国家工程科技思想库建设，推动我国工程科技事业的发展做出更大的贡献、发挥更大的作用！

自 2014 年 6 月学部换届选举，本届学部常委会已履职两年。两年来，我们紧紧依靠全体院士的积极参与和共同努力，在院领导的大力支持和关心下，特别是，在学部的新老院领导和学部老领导经常出席常委会直接给予指导帮助，学部在国家工程科技思想库建设、加强院士队伍建设等方面做了许多重要工作，有效地推动了各项工作的开展。现在，我受常委会的委托，向学部大会做工作报告，请各位院士审议。

一、院士增选工作圆满完成

院士增选是工程院一项十分重要的基础性工作，党中央、国务院和社会各界都对院士增选十分关注，十八届三中全会发布的《关于全面深化改革若干重大问题的决定》中，明确要求要改革院士遴选体制。工程院根据中央精神，修订了《中国工程院章程》、《中国工程院院士增选评审和选举办法》和《中国工程院院士增选工作中院士行为规范》等一系列文件，学部常委会根据中央精神和院有关文件的新要求，在多次研究和征求全学部院士意见的基础上，制定了学部 2015 年院士增选第一轮、第二轮评审选举具体操作办法。在院士增选工作中，院士们坚持原则，严把质量关，从学部未来发展全局出发，认真、负责、客观、全面地评价每位候选人。经过第一轮评审，从 58 位有效候选人中产生 27 位进入第二轮评审，第二轮评审选举出 8 名终选候选人，经过全院投票，全部当选为新院士。目前，本学部共有 121 位院士，院士的学科专业覆盖面、年龄结构等更趋合理，这对今后学部开展工作具有十分重要的意义。

二、战略咨询工作取得丰硕成果

按照习近平总书记“服务决策、适度超前”的要求，充分发挥院士群体作用，参与国家经济建设的重大决策和工程实践，以科学咨询服务科学决策、科学决策引领科学发展，是学部的重要工作。《中国工程院 2014—2018 年工作纲要》明确到 2018 年，基本建成国家工程科技思想库，学部必须承担国家层面的战略咨询任务，为国家工程科技思想库建设发挥重要作用。

（一）积极承担工程院咨询课题研究

两年来，学部院士紧紧围绕服务国家战略需求，针对国家经济社会发展中的重大问题，特别是信息与电子工程领域的重大问题，组织开展了一批具有综合性、战略性、前瞻性课题的咨询研究，取得了丰硕的成果，为国家的宏观决策提供了有力的支撑。两年来，学部共完成咨询项目 23 项，目前正在进行的咨询项目 30 项。咨询研究成果或上报党中央、国务院、有关部委，或被有关部门、行业协会、企业采纳，有效促进了工程科技思想库作用的发挥。标志性成果有：

1）“智能城市与大数据战略研究”院级重大咨询项目，由潘云鹤院士牵头、17 位院士参加。项目在前期“智能城市推进战略研究”的基础上，从大数据角度对智能城市的发展开展后续研究。项目对宁波市、武汉市等智慧城市建设示范试点地区进行了深入的调研，开展了多场学术活动，为我国智能城市建设提供了前沿性的学术支撑，推动了我国智能城市的发展。

2）“网络空间安全战略研究”院级重大咨询项目，由陈左宁、方滨兴院士牵头，10 余位院士参加。项目着眼国家网络空间安全的顶层设计和系统构建，通过对网络空间安全所涉及的重大问题开展系统研究，为国家网络空间安全和重大战略部署提供了决策咨询意见。目前，项目已召开中期成果汇报会，其中网络空间虚拟身份管理等建议已上报中央网信办。

3）“‘互联网+’行动计划的发展战略研究”院级重大咨询项目，由陈左宁、李伯虎院士牵头、10 余位院士参加。项目着眼加快推进“国务院关于积极推进互联网+行动计划的指导意见”的落实，通过开展对国内外发展互联网+技术、产业及应用的分析研究，提出推进我国互联网+行动计划的总体发展目标、任务、关键技术以及重大工程、科技专项等建议，为我国互联网+行动计划发展提供战略性、前瞻性、可操作性的科学决策支持。

4）“中国人工智能 2.0 发展战略研究”院级重大咨询项目，由潘云鹤院士牵头，工程院主席团名誉主席徐匡迪院士、科技部党组书记王志刚、工程院院长周济院士等担任顾问，项目近期形成了题为“建议国家启动人工智能 2.0 重大行动计划”的《院士建议》，上报党中央、国务院并习总书记。

5）“空间信息技术领域发展战略研究”院级重大咨询项目，由陈左宁副院长任顾问，张乃通、吕跃广、于全院士牵头负责。旨在围绕建立“天基互联网”，放眼“十三五”和更远时期，为实现空间信息网络、地面移动通信网、互联网的有机融合与深化应用，研究提出发展路线和标志性工程，为在空间信息领域创造新供给、培育新的增长点提供政策咨询建议。

6）“制造强国战略研究”是中国工程院会同工业和信息化部、国家质检总局联合组织开展的重大咨询研究项目。朱高峰院士担任项目组长，潘云鹤院士担任顾问，邬贺铨、高文、王天然、吴澄、李伯虎、倪光南、李国杰、孙玉、李德毅、邓中翰、吴曼青、刘韵洁、陈左宁等院士参与研究工作。2015 年 4 月 21 日，“制造强国战略研究”重大咨询项目在京召开一期总结暨二期启动会。会议指出，“制造强国战略研究”工作为“中国制造 2025”的编制提供了重要基础和有力支撑，受到了中央的充分肯定。

（二）“中国工程科技 2035 发展战略研究”

信息学部承担了“中国工程科技 2035 发展战略研究”中信息与电子领域课题的研究工作，卢锡城院士任组长，李天初院士和吴曼青院士任副组长，30 多位院士参与研究。课题启动以来，按照“总-分-综”的研究思路，通过大规模的发放问卷、专家访谈、会议研讨等方式，分别展开专题组、子领域研究和领域总体组的研究工作。目前课题已完成第一轮技术清单调查和技术预见分析，形成了 9 个子领域共 51 项技术清单，已完成信息领域组战略研究报告初稿。课题目前正在准备开展第二轮的技术预见工作和技术路线图研究工作。课题将形成三个专题报告和领域总报告。

（三）积极承担有关部委咨询任务

我学部还积极为有关部委做好咨询。两年来，工信部、网信办等有关部门多次来电来函，征求学部院士对国家电子信息领域等有关政策、文件的意见建议，学部院士认真负责地提出了富有建设性的意见和建议，为相关部门的决策提供了有力的支撑服务。学部有 39 位院士结合各自的专业领域，积极为国家产业布局和发展建言献策，先后报送院士建议 5 项，受到了国家各有关部门的高度重视。

2015 年，受国家网信办委托，陈左宁、吴曼青、邓中翰等三位院士围绕国家信息领域核心技术设备发展战略等课题开展咨询研究，及时提供咨询建议。2016 年上半年，中央办公厅先后 3 次向工程院约稿，就虚拟现实产业及政策、我国外贸品牌国产化及应对策略以及我国人工智能产业发展等社会关注的热点问题提出咨询。赵沁平、陈左宁、倪光南、徐扬生院士认真准备，向中办提供了重要建议。

（四）组建“中国信息与电子工程科技发展战略研究中心”

为使学部咨询工作获得有力的基础支撑，经充分论证，2015 年 11 月，中国工程院与中国电子科学技术研究院、中国信息通信研究院联合成立了“中国信息与电子工程科技发展战略研究中心”。中心的任务是打造中国信息与电子工程科技发展战略研究平台，具体支撑工程院的相关战略咨询研究，将成为我院高端智库建设的重要组成部分。中心每年将发布一本蓝皮书，以全面展现国内外信息与电子领域发展动态和趋势，对学科方向提供指导。同时中心接受国家相关部门委托，承担并开展相关咨询研究任务，及时为中央重大战略决策提供科学咨询。目前在研的项目有网信办委托的“网络强国指标体系研究”等。

三、充分发挥学术引领作用

两年来，学部负责主办或承办了包括国际工程科技发展战略高端论坛 1 场，即“智能系统：城市、信息与机器人”高端论坛；中国工程科技论坛 5 场，即“测量科学与高端仪器协调创新发展论坛”、“信息时代仿真与建模”、“基于两化深度融合的知识自动化论坛”、“现代建模与仿真技术及应用进展”、“精密测量与先进制造论坛”；以及学部及其他各类学术活动 15 场，这些学术活动很好地落实工程院提出的“四聚”、“五合”要求，着力凸显学科前沿，展示最新成果；打造知名品牌，提升学术影响；注重人才培养，提携青年才俊；搭建交流平台，促进国际合作。进一步提升了工程院及学部在信息与电子工程界的学术影响，促进了相关领域的学科发展。

四、期刊工作

信息学部期刊《信息与电子工程前沿(英文)》2015 年起正式创办,是从原《浙江大学学报(英文版)C 辑:计算机与电子》更名而来。SCI-E 收录。我学部十分重视期刊工作,常委会多次和编辑部研讨,为办刊献言献策。潘云鹤、卢锡城、孙优贤等院士团队核心成员深度参与办刊工作。主编卢锡城院士召集浙大校内编委座谈,明确"院(工程院)校(浙江大学)融合促发展"的思路。在主编、编委、学部办公室以及编辑部的同心协力之下,信息期刊从严格评审、加强约稿、策划专辑/专栏、聚焦工程院重大战略项目等方面,点线面结合,进一步提升学术质量。同时,继续努力做好为作者、读者、评审人的服务工作。2015 年,投稿 1199 篇,发文 91 篇。获评"2015 年中国国际影响力优秀期刊"。FITEE 目前影响因子 0.415,位于 JCR Q4 区,院里提出了"成为国际一流学术期刊"的要求,请学部院士关注院刊,踊跃投稿、荐稿。

另外,我代表期刊向各位院士提一个请求。编辑部已将 2015 年刊发的 91 篇文章,按照学科细分,计划把与各位院士研究方向一致的文章,通过 E-mail 发给大家。提请各位院士发动团队成员,阅读期刊文章,更加了解期刊。

以上,是信息与电子工程学部两年来工作的简要情况。院士们不仅在自己的工作岗位和领域内为我国工程科技的进步与发展做出了突出贡献,也对学部工作给予了大力支持。在此,我谨代表学部常委会对大家表示由衷的感谢!同时,对院机关工作人员为学部工作付出的辛勤劳动表示感谢!

在本次院士大会期间,习近平总书记等中央领导发表了重要讲话,就落实创新发展理念、深入实施创新驱动发展战略进行全面动员和系统部署。周济院长也将就贯彻落实习近平总书记等中央领导的重要讲话精神,深入推进国家工程科技思想库建设并打造国家高端智库等工作进行具体部署。我们要认真学习领会习近平总书记的重要讲话精神,并贯彻落实到今后的学部工作和本单位工作中去,为实施创新驱动发展战略勇挑重担,建功立业。

本届学部常委会四年任期已经过半,应该说,全体常委是十分积极努力想做好学部工作,为大家服好务的,在外地的常委同志更是辛苦,我 1999 年进工程院以来,直到这两年才知道工程院的事情还真多。由于我们特别是我的能力水平经验与国家高端智库建设的要求还有很大的差距。例如,我们从学部层面有组织地凝练重点、重大咨询课题还不够;学部院士撰写的院士建议与信息电子领域技术发展还不适应等,希望大家对做好学部工作提出宝贵的意见和建议。习总书记 4 月 19 日在网络安全和信息化工作座谈会上的讲话中提出了许多亟须研究的重大课题,随着国家工程建设的发展和工程科技思想库建设的不断深入,工程院对学部工作的要求将会更高,任务也更繁重,需要全体院士投入更多的时间和精力,积极主动地为学部工作贡献力量。

本次院士大会,除了全院的统一安排,学部还安排了 2015 年新当选院士的学术报告会,我们期待他们的精彩报告。

请各位院士在会议期间劳逸结合、注意身体,让我们共同努力,把这次会开好,谢谢!

化工、冶金与材料工程学部工作报告

薛群基

2016年5月31日

各位院士：

中国工程院第十三次院士大会开幕了，两年一次的院士大会又让我们共聚一堂，在此，我代表学部常委会对大家的到来表示热烈的欢迎，向2015年新当选的陈芬儿、陈建峰、李卫、刘中民、毛新平、钱锋、王迎军、王玉忠、谢建新院士表示诚挚的祝贺！希望他们和我们一道，再接再厉、开拓创新、谦虚谨慎、不骄不躁，牢记使命和责任，不断提高自己，从严要求自己，努力做到学为人师、行为世范。为实现创新驱动发展战略，建设"国家工程科技思想库"和"国家高端智库"，推动我国科学技术的进步和工程科技事业的发展贡献自己的力量。

我学部曾苏民院士于2015年11月8日逝世，闵恩泽院士于2016年3月7日逝世，他们为我国工程科学技术的发展和学部的建设做出了重要的贡献。在此，我们对曾苏民、闵恩泽院士的离去表示沉痛的哀悼！

（请起立、默哀一分钟）

受学部常委会的委托，我向学部大会作工作报告，提请各位院士审议。

一、第十二次院士大会以来的工作回顾

自2014年6月召开第十二次院士大会以来，化工、冶金与材料工程学部在院领导的亲切关怀下，在学部常委会的集体领导和学部全体院士的大力支持、积极参与和共同努力下，圆满完成了院士增选、战略咨询、学术交流、科技合作等各项任务，完成咨询项目24个，成功举办、承办和协办了学部和专业领域学术交流会议40余场，开展了科技合作、院士行活动16次。两年来，我们努力营造一个团结、民主、和谐的氛围，不断增强学部的凝聚力，为学部的各项活动顺利开展创造了较好的条件。

（一）院士增选工作

中国工程院院士是国家设立的工程科学技术方面的最高学术称号，院士增选是工程院的一项十分重要的基础性工作，党中央、国务院和社会各界都对院士增选十分关注，十八届三中全会发布的《关于全面深化改革若干重大问题的决定》中，明确要求要改革院士遴选体制。工程院也根据中央精神，修订了《中国工程院章程》、《中国工程院院士增选评审和选举办法》和《中国工程院院士增

选工作中院士行为规范》等一系列文件，学部常委会根据中央精神和院有关文件的新要求，在多次研究和征求全学部院士意见的基础上，制定了学部2015年院士增选第一轮、第二轮评审选举的具体操作办法。在院士增选工作中，院士们坚持宁缺毋滥的原则，严格把好质量关，从全局和学部未来发展出发，认真、负责、客观、全面地评价每位候选人。在大家的共同努力下，经过两次评审，从本学部65位有效候选人中产生23位进入第二轮评审，第二轮评审选举出9名终选候选人，经过全院投票，9位终选候选人全部当选为新院士。目前，本学部共有105位院士，院士的学科专业覆盖面更广、更具有代表性，这对今后学部工作的开展具有十分重要的意义。

在2015年院士增选工作中，以本学部院士为主，提名了6位外籍院士候选人，经过全院民主测评，常委会讨论投票等程序，推荐2位进入主席团评审，最终经全院投票表决，本学部背景的1位候选人当选为外籍院士。此外，在第一轮评审中，本学部还配合工程管理学部，对具有化工、冶金与材料专业背景的2位候选人进行了评审，圆满地完成了任务。

在这里，我想再次强调的是，从年龄结构来看，工程院和我们学部院士队伍的可持续发展是当前和今后一段时间我们必须认真对待的问题。截止到2016年6月1日，学部共有院士105名，资深院士共41名，年龄最大的98岁，最年轻的50岁；本学部院士平均年龄为74.5岁(全院平均74.2岁)，非资深院士的平均年龄为67.9岁(全院67.5岁)。化工组，平均74.2岁(35名，16人资深)；冶金组，平均75.9岁(28名，13人资深)；材料组，平均73.8岁(42名，12人资深)。非资深院士共64名中，仅75~79岁的院士就有24名，占37.5%。2015年，我们学部用足了9个增选名额，9位年富力强的新院士加入到我们学部队伍中来，非资深院士的平均年龄由70.3岁下降到67.9岁，但学部院士和非资深院士的平均年龄仍高于全院，学部院士人数在全院6个院士数量较多的学部中，目前仍然是最后一名，前些年，我们学部的院士人数在9个学部中是靠前的。我们学部急需补充新鲜血液，以实现学部的健康、可持续发展。事实上，在学部涵盖的化工、冶金与材料等工程技术领域中，国内已成长、聚集起大批优秀中青年人才。不断保持院士选拔通道的通畅，不但对学部的发展十分重要，同时对激励中青年高端人才队伍的成长也将起重要的作用。希望大家高度重视两年一次的院士增选，不断调整、优化院士队伍的年龄结构，充分用好增选名额，把符合院士标准的候选人补充到我们的队伍中来。

(二) 咨询研究工作

中国工程院作为我国工程科技界的最高荣誉性、咨询性学术机构。按照习近平总书记“服务决策、适度超前”的要求，充分发挥院士群体作用，参与国家经济建设的重大决策和工程实践，以科学咨询服务科学决策、科学决策引领科学发展，是我们的重要工作。《中国工程院2014—2018年工作纲要》明确了中国工程院要围绕事关国计民生和经济社会发展的全局性重大问题、围绕国民经济建设中的重大工程科技决策、围绕突发性重大事件的发生、发展原因分析及应急处置问题开展战略咨询，到2018年，基本建成国家工程科技思想库。学部在其中需要也必将发挥重要作用。

随着学部院士队伍的壮大，学科专业面的扩展，学部院士承担的咨询研究工作在以往的基础上又有了进一步的深化和提高。2014年6月至今，共有“材料延寿与可持续发展的战略研究”、“中国可持续发展矿产资源战略研究”、“青海盐湖资源综合开发利用及可持续发展战略咨询研究”、“我国交通运输用生物燃料产业关键技术开发、示范与应用”、“工业绿色发展工程科技战略及对策”、“《材料科学系统工程发展战略研究》——中国版材料基因组计划” **6个重大项目**，“稀土资源可持续开发利用战略研究”、“攀枝花钒钛资源综合利用战略研究”、“促进化学工程科技人才培养与基础教育优化衔接研究”、“有色冶金(Al、Cu、Pb、Zn、Mg)节能减排技术及潜力研究”、“全面认知‘化学与化工’科普视频教材编制”等**5个重点项目**,“航空港经济区(郑州)产业选择与人才战略研究”、“有色工业和工业装备绿色发展科技战略及对策研究”、“会泽历史地段保护规划与建筑整治研究”、“爆炸物品 * * 相关政策研究”、“钢产量及钢铁行业节能、降耗、减排的战略研究”、“冶金过程控制标准的发展战略研究”、“我国石化工业转型升级创新发展战略研究”、“膜分离技术在海洋工程中的应用现状、前景和发展建议”、“中国材料试验标准体系发展战略研究”、“大型高炉高效冶炼技术开发与推广应用”等**10个学部项目**,以及3个中长期项目“能源材料工程科技发展战略研究——新一代动力和储能电池的安全及材料工程科技问题”、“我国高耗能工业高温热工装备节能科技发展战略研究”、“冶金工业全流程监测系统发展路线图研究”共**24个咨询项目**的研究成果通过学部组织的评审。共上报“关于促进聚甲氧基二甲醚在全国推广应用的建议”、“抗疲劳制造与长寿命关键构件产业化建议”、“关于推动我国半导体硅片产业跨越发展的建议”、“关于建立‘民用爆炸物品示踪溯源立体化防控体系’的建议”、“关于建立‘国家高危险物质管控与应急体系’的建议”、“关于推动我国膜分离技术应用于海洋工程的建议”、“关于发展绿色生物制造并推广生物燃料的建议”等7份院士建议。

在咨询项目研究过程中,学部院士注意与行业(领域)主管部门、地方以及领域内专家的沟通交流,确保咨询研究的质量;已完成的咨询项目,其研究成果或在上报国务院、有关部委后被采纳,或在研究过程中被有关部门、行业协会接受,列入有关规划、计划等,或为提升公众科学素养作出努力,均取得积极的效果。上报的“院士建议”和研究成果为国务院和有关部门科学决策提供了科技支撑。其中,徐匡迪主席任组长的“京津冀协同发展专家咨询委员会”提出的战略咨询建议,得到了习近平、李克强、张高丽等中央领导的批示,并向中央政治局汇报,为京津冀协同发展发挥了重要作用。徐德龙副院长负责的咨询项目形成的“关于协同推进秦巴山区生态主体功能区建设和扶贫开发工作的建议”得到李克强、张高丽同志批示,;干勇院士负责的“青海盐湖资源综合开发利用及可持续发展战略咨询研究”咨询项目成果,得到张高丽同志批示,“重点新材料研发及工程化重大专项实施方案编制”咨询项目成果,向刘延东、万钢等领导同志做了专题汇报;陈立泉院士负责的“材料科学系统工程发展战略研究——中国版材料基因组计划”咨询报告概要得到马凯、刘延东同志批示;周廉院士负责的“中国海洋工程材料研发现状及发展战略初步研究”咨询报告概要得到刘延东同志批示;王泽山、王静康、曹湘洪、金涌、汪旭光院士参与提出的院士建议“关于建立‘国家高危险物质管控与应急体系’的建议”得到张高丽、马凯、刘延东、王勇等领导同志批示。

(三)学术活动

两年来,学部负责主办、承办、协办、支持各类学术活动44场,共有超过310人次的院士参加有关学术活动。其中包括学部学术年会1场:“化工、冶金与材料工程第十届学术会议”,国际工程科技发展战略高端论坛1场:“面向未来的新材料与智能制造”;中国工程科技论坛6场:“爆炸合成纳米金刚石和岩石安全破碎关键科学与技术”(第188场)、“钛冶金及海绵钛发展”(第192场)、“中国科学仪器设备与试验技术发展高峰论坛”(第195场)、“工业绿色发展工程科技战略及对策”(第207场)、“绿色生物制造发展暨战略性新兴产业生物产业领域研讨会”(第212场)、“先进高分子材料创新与产业化论坛”(第213场);以及学部学术活动、各类其他学术活动36场,这些学术活动在落实院“四聚”、“五合”要求的基础上,着力凸显学科前沿,展示最新成果;打造知名品牌,提升学术影响;注重人才培养,提携青年才俊;搭建交流平台,促进国际合作。进一步提升了工程院及学部在化工、冶金与材料工程界的学术影响,促进了相关领域的学科发展。

(四) 科技合作

两年来,学部院士针对国民经济和社会发展中的科技问题,积极开展科技合作,为地方和企业提供高效、优质咨询服务,推动产业和区域科技发展,促进企业技术创新。两年来,学部共组织(支持)了"中国包头·稀土产业论坛"、"湛江钢铁石化循环经济专家咨询会"、"中央人才工作协调小组推荐高层次专家参加甘肃、青海咨询服务活动"、"资源型产业可持续发展院士行"、"院士专家青海行"、"材料基因计划深圳论坛"等16项科技服务活动,其中既有持续多年的品牌科技合作活动,也有新开展的科技合作活动;既有应地方、企业邀请开展的院士行,也有结合咨询项目主动开展的地方科技服务工作。学部开展的形式多样、内容丰富的科技合作,对促进地方、企业的技术创新和发展起到了积极的作用。

(五) 期刊工作

两年来,学部及学部院士在工程院院刊建设中发挥了重要作用,取得了重要进展。王静康、曹湘洪、薛群基院士担任主编的《化学科学与工程前沿》(院刊分刊),2015年,先后被SCIE、EI收录。

学部推荐屠海令院士作为院《Engineering》(主刊)期刊副主编,参与院刊《Engineering》的日常工作,并负责完成了院刊《Engineering》第二期(材料专题)的整体策划、组稿、审稿等工作。学部推荐范良士、刘锦川两位外籍院士担任院刊外方编委。

(六) 答复有关部门意见

两年来,科技部、工信部、环保部、质检总局等部委多次征求学部院士对相关政策、文件的意见、建议,受工信部委托开展了"新材料产业发展"课题,形成了报工信部的课题报告,相关成果已纳入《促进新材料产业创新发展的指导意见》之中;应有关部门的要求,推荐院士参加项目评审、担任地方咨询专家等。学部院士在百忙之中抽出时间,认真负责地提出了意见,为有关行业、地区的发展和部委工作的开展提供了咨询建议。

(七) 光华工程科技奖评审

"光华工程科技奖"的奖励对象为在工程科学技术及管理领域取得突出成绩和重要贡献的中国工程师、科学家。受"光华工程科技奖"理事会的委托,学部组织对申报2016年"光华奖"化工、冶金与材料专业背景的候选人进行了初评,评审结果报光华奖理事会进行终评。

(八) 中国工程科技知识中心化工、冶金、金属分中心

中国工程科技知识中心是经国家批准建设的国家工程科技领域公益性、开放式的知识资源集成和服务平台建设项目,是联合国教科文组织旗下的国际工程科技知识中心的重要依托,通过汇聚和整合我国工程科技相关领域的数据资源,为国家工程科技领域重大决策、重大工程科技活动、企业创新与人才培养提供信息支撑和知识服务,提高国家自主创新能力。

依托钢铁研究总院,中国工程科技知识中心建立了化工、冶金、金属分中心。由王海舟院士负责,现已为"中国材料基因组工程计划"、"新材料重大专项"等项目提供了服务,中心也具备为院士提供点对点服务的能力。希望各位院士在科研工作中,积极使用中国工程科技知识中心提供的服务,并结合研究中的需求为知识中心的不断完善献计献策。

(九) 学部常委会

为了研究和落实学部有关工作,两年来,先后召开13次常委扩大会议,1次学部主任会议。

以上,是化工、冶金与材料工程学部两年来工作的简要情况(详细情况见附件)。院士们在自己的工作岗位和领域内做了很多、很出色的工作，为我国工程科技的进步与发展做出了自己的贡献，对学部工作给予了大力支持。在此，我谨代表学部常委会对大家的工作以及对学部工作的支持表示由衷的感谢！

左家和同志为学部院士们服务近10年时间，现在已经荣升，我们对他表示祝贺，对院机关工作人员为学部工作付出的辛勤劳动表示感谢！希望家和同志能继续支持学部工作！王爱红同志调任学部办公室主任，我们对爱红处长表示欢迎！相信在院士们的支持下，学部和学部办公室的工作会做得更好！

二、第十三次院士大会主要工作

本次院士大会，除完成全院统一安排的活动外，学部还将举办学术活动，由徐德龙副院长介绍"秦巴山脉绿色循环发展战略研究"项目中期研究成果；由干勇院士做题为《重点新材料研发及应用》的报告；由王静康院士介绍院刊分刊《化学科学与工程前沿》杂志的有关情况，我们期待他们的精彩报告。届时，我还将向大家报告学部第十一届年会的有关情况。

三、学部下半年有关工作

在本次院士大会期间，习近平总书记等中央领导发表了重要讲话，就落实创新发展理念、深入实施创新驱动发展战略进行全面动员和系统部署。周济院长也将就贯彻落实习近平总书记等中央领导的重要讲话精神，深入推进国家工程科技思想库建设并打造国家高端智库等工作进行具体部署。我们要认真学习领会习近平总书记的重要讲话精神，并贯彻落实到今后的学部工作和本单位工作中去，为实施创新驱动发展战略勇挑重担，建功立业。

目前，本学部院士负责的在研项目还有"秦巴山脉绿色循环发展战略研究"、"新一代核能用材发展战略研究"、"绿色制造发展战略研究"、"我国镍、铜、钴、铂族金属资源开发与可持续发展战略研究"、"矿业强国战略咨询研究"、"中国海洋工程中关键材料发展战略研究"、"天津滨海新区建设循环经济示范区的发展战略咨询研究"、"生物加工与生物制造对未来过程工业的影响和发展趋势"、"'全面认知'化学与化工'科普视频教材编制'二期"、"中国农药产业的技术创新与发展转型战略研究"、"安全可靠、清洁环保炼油与化工企业构建"、"我国工业炸药现场混装技术及装药爆破一体化模式的发展及政策研究"等29项，希望负责院士按照咨询项目任务书的要求，按期完成、用好经费，提交高质量的研究报告。

今年下半年，学部还将主办、承办"学部第十一届学术会议"、"先进结构材料研究现状与发展趋势国际高层论坛"、"秦巴论坛"、"爆破新理论、新技术与创新成果论坛"、"有色合金及特种铸造工程前沿技术研究"、"第八届中国包头稀土产业国际论坛"、"国际生态生物调节剂学术会议"、"中国科学仪器设备与试验技术发展高峰论坛"、"中国有色金属冶金第三届学术会议"、"2016新材料发展趋势国际高端论坛"等一系列学术活动，希望院士们继续支持学部工作、积极参加活动。

各位院士，在新的历史时期，我们要深刻理解和认真贯彻创新驱动发展战略，牢记中国工程院的历史使命，为中国的创新、协调、绿色、开放、共享发展勇挑重担，建功立业。

本届学部常委会的四年任期已经过半，全体常委和学部内的主席团成员为做好化工、冶金与材料工程学部的各项工作，为学部的发展贡献了各自的热情和心血。虽然我们尽了最大的努力想做好各项工作，但难免存在不足之处，希望大家提出宝贵的意见和建议。随着国家工程建设的发展和工程科技思想库建设的不断深入，学部的任务将更加繁重，需要全体院士投入更多的时间和精力，为学部和我国化工、冶金与材料界的健康发展贡献力量。

最后，感谢各位院士一直以来对学部工作的大力支持，希望大家保重身体，为我国工程科技的发展做出更多、更大的贡献。

谢谢大家！

附件：1. 学部 2016 年 6—12 月主要工作
2. 学部院士年龄情况（2016）
3. 学部在研咨询项目清单
4. 第十二次院士大会以来完成结题手续的咨询项目清单
5. 学部在研/学部院士负责的重大咨询项目简介
6. 第十二次院士大会以来已完成（常委会结题）的咨询研究项目简要情况
7. 学部报送（或参与报送）院士建议清单
8. 学部主办（承办、协办、支持）的部分学术活动简介
9. 学部开展的科技合作活动简介
10. 学部 2014 年 6 月至今开展学术活动、科技合作一览表
11. 学部大事记（略）

附件 1：学部 2016 年 6—12 月主要工作

时间地点	活动名称	活动内容
7 月 10 日，上海	学部学术活动——有色合金及特种铸造工程前沿技术研究	李元元院士负责 14：00—17：00，上海大华锦绣假日酒店
7 月 21—24 日，太原	有机无机光电国际研讨会	学部支持，太原理工大学主办
8 月 7—9 日，包头	第八届中国包头 稀土产业国际论坛暨 2016 中国稀土功能新材料与应用产品国际展览会	工程院与内蒙古自治区、稀土行业协会、稀土学会共同主办。干勇院士担任论坛主席。论坛以“稀土产业创新协调共享发展”为主题 已邀请徐德龙、干勇、何季麟、丁文江、李卫、衣宝廉等院士
8 月 15—17 日，上海	学部学术活动——国际生态生物调节剂学术会议	钱旭红院士负责
9 月 11—13 日，西安	中国工程科技论坛——秦巴论坛	徐德龙院士负责，9 月 11 日报到，13 日中午结束

续表

时间地点	活动名称	活动内容
9月20—22日,暂定北京	学部学术活动——中国科学仪器设备与试验技术发展高峰论坛	王海舟院士担任大会主席
9月19—21日,宁波	2016第三届海洋材料与腐蚀防护大会	主办单位:中国腐蚀与防护学会 大会主席:薛群基、周廉、翁宇庆、侯保荣院士
9月24—26日,南京	2016新材料发展趋势国际高端论坛	周廉院士担任大会主席
10月10—12日,北京会议中心	国际高端论坛——先进结构材料研究现状与发展趋势国际高层论坛	徐惠彬院士担任大会主席,10月10日报到,11日,高层论坛,12日,金属间化合物会议
暂定10月13—16日	中国工程科技论坛——爆破新理论、新技术与创新成果论坛暨第十一届全国工程爆破学术会议	汪旭光院士担任大会主席
10月14—16日,沈阳	中国有色金属冶金第三届学术会议	邱定蕃院士负责
10月31日—11月4日,宁波	中国工程院化工冶金与材料第十一届学术会议	10月31日报到。4日离会。会议主题"'化工、冶金、材料'前沿与创新",薛群基院士担任大会主席
11月18—20日,广东	广东金发院士行	学部主办

附件2:学部院士年龄情况(2016)

化学工程与技术组

序号	姓名	出生日期
1	侯芙生	1923年11月28日
2	徐承恩	1927年1月21日

续表

序号	姓名	出生日期
3	李俊贤	1928 年 3 月 10 日
4	朱永贝睿	1929 年 12 月 15 日
5	李正名	1931 年 1 月 2 日
6	刘伯里	1931 年 1 月 29 日
7	杨启业	1932 年 1 月 2 日
8	关兴亚	1932 年 2 月 7 日
9	吴慰祖	1932 年 11 月 13 日
10	汪燮卿	1933 年 2 月 11 日
11	毛炳权	1933 年 11 月 2 日
12	袁渭康	1935 年 7 月 1 日
13	金　涌	1935 年 7 月 30 日
14	周光耀	1935 年 12 月 13 日
15	邹　竞	1936 年 2 月 9 日
16	陈丙珍	1936 年 5 月 5 日
17	李大东	1938 年 2 月 24 日
18	王静康	1938 年 4 月 9 日
19	袁晴棠	1938 年 5 月 12 日
20	沈寅初	1938 年 7 月 7 日
21	张生勇	1939 年 11 月 17 日
22	胡永康	1940 年 2 月 5 日
23	舒兴田	1940 年 4 月 21 日
24	桑凤亭	1942 年 3 月 24 日
25	高从堦	1942 年 11 月 12 日
26	曹湘洪	1945 年 6 月 28 日
27	欧阳平凯	1945 年 8 月 16 日
28	付贤智	1957 年 7 月 6 日

续表

序号	姓名	出生日期
29	陈芬儿	1958 年 4 月 7 日
30	徐南平	1961 年 4 月 5 日
31	钱　锋	1961 年 4 月 9 日
32	钱旭红	1962 年 2 月 19 日
33	谭天伟	1964 年 2 月 7 日
34	刘中民	1964 年 9 月 24 日
35	陈建峰	1965 年 8 月 29 日

冶金工程与技术组

序号	姓名	出生日期
1	李东英	1920 年 12 月 14 日
2	陈清如	1926 年 12 月 3 日
3	张寿荣	1928 年 2 月 17 日
4	戴永年	1929 年 2 月 9 日
5	陆钟武	1929 年 10 月 2 日
6	刘业翔	1930 年 9 月 1 日
7	张国成	1931 年 10 月 12 日
8	殷国茂	1932 年 1 月 29 日
9	余永富	1932 年 9 月 30 日
10	李正邦	1933 年 5 月 7 日
11	王淀佐	1934 年 3 月 23 日
12	陈　景	1935 年 3 月 9 日
13	殷瑞钰	1935 年 7 月 28 日
14	徐匡迪	1937 年 12 月 11 日
15	王一德	1938 年 12 月 31 日
16	张文海	1939 年 2 月 1 日

续表

序号	姓名	出生日期
17	王海舟	1940 年 2 月 28 日
18	邱定蕃	1941 年 10 月 20 日
19	王国栋	1942 年 10 月 2 日
20	孙传尧	1944 年 12 月 13 日
21	何季麟	1945 年 9 月 1 日
22	黄伯云	1945 年 11 月 24 日
23	干　勇	1947 年 8 月 3 日
24	邱冠周	1949 年 2 月 2 日
25	谢建新	1958 年 6 月 14 日
26	李元元	1958 年 10 月 3 日
27	刘炯天	1963 年 1 月 20 日
28	毛新平	1965 年 6 月 1 日

材料科学与工程组

序号	姓名	出生日期
1	严东生	1918 年 2 月 10 日
2	李恒德	1921 年 6 月 30 日
3	崔　崑	1925 年 7 月 20 日
4	唐明述	1929 年 3 月 31 日
5	傅恒志	1929 年 8 月 24 日
6	胡壮麒	1929 年 8 月 31 日
7	柯　伟	1932 年 12 月 30 日
8	武　胜	1934 年 9 月 23 日
9	陈蕴博	1935 年 1 月 5 日
10	王泽山	1935 年 10 月 10 日
11	李龙土	1935 年 11 月 20 日

续表

序号	姓名	出生日期
12	丁传贤	1936 年 2 月 11 日
13	左铁镛	1936 年 9 月 3 日
14	顾真安	1936 年 11 月 16 日
15	江东亮	1937 年 9 月 12 日
16	赵振业	1937 年 11 月 13 日
17	赵连城	1938 年 2 月 18 日
18	张兴栋	1938 年 4 月 7 日
19	汪旭光	1939 年 12 月 31 日
20	翁宇庆	1940 年 1 月 1 日
21	李冠兴	1940 年 1 月 14 日
22	才鸿年	1940 年 1 月 29 日
23	周　廉	1940 年 3 月 11 日
24	陈立泉	1940 年 3 月 29 日
25	周克崧	1941 年 2 月 4 日
26	王震西	1942 年 9 月 3 日
27	薛群基	1942 年 11 月 28 日
28	张耀明	1943 年 12 月 9 日
29	蹇锡高	1946 年 1 月 6 日
30	屠海令	1946 年 10 月 5 日
31	吴以成	1946 年 11 月 5 日
32	姜德生	1949 年 3 月 25 日
33	徐德龙	1952 年 8 月 3 日
34	丁文江	1953 年 3 月 28 日
35	王迎军	1954 年 7 月 31 日
36	周　玉	1955 年 7 月 1 日
37	陈祥宝	1956 年 4 月 25 日

续表

序号	姓名	出生日期
38	李　卫	1957 年 12 月 17 日
39	徐惠彬	1959 年 7 月 6 日
40	王玉忠	1961 年 6 月 16 日
41	李言荣	1962 年 7 月 10 日
42	李仲平	1964 年 8 月 5 日

附件 3:学部在研咨询项目清单

序号	项目名称	负责人	研究期限	类别	结题、延期情况
1	略(国家＊＊＊材料发展战略研究)	干　勇、屠海令、才鸿年、翁宇庆	2013—2015	重点	原结题时间为 2014.4,咨委会批准延期至 2015.12
2	我国高耗能工业高温热工装备节能科技发展战略研究	江东亮	2013—2015	中长期	2014.8.20 学部常委会中期检查,2016.2.27 学部常委会结题
3	我国镍、铜、钴、铂族金属资源开发与可持续发展战略研究	黄伯云	2014—2015	重大	
4	中国海洋工程中关键材料发展战略研究	周　廉	2014—2015	重点	
5	天津滨海新区建设循环经济示范区的发展战略咨询研究	王静康	2014—2015	重点	申请延期至 2016.12
6	生物加工与生物制造对未来过程工业的影响和发展趋势	谭天伟	2014—2015	重点	
7	会泽传统民居保护与安全性提升策略研究	徐德龙	2014—2015	学部	申请延期至 2016.6

续表

序号	项目名称	负责人	研究期限	类别	结题、延期情况
8	我国特大城市生态化转型发展战略研究	左铁镛	2014—2016	中长期	2015.8.15 学部常委会中期检查
9	秦巴山脉绿色循环发展战略研究	徐德龙	2015—2016	重大	
10	矿业强国战略咨询研究	干　勇	2015—2016	重点	
11	“全面认知‘化学与化工’科普视频教材编制”二	金　涌	2015—2015	重点	申请延期至 2016.12
12	我国石化工业转型升级创新发展战略研究	袁晴棠	2015—2015	学部	2016.2.27 学部常委会结题
13	膜分离技术在海洋工程中的应用现状、前景和发展建议	徐南平	2015—2015	学部	2016.2.27 学部常委会结题
14	降低基础材料行业资源消耗、废物排放的战略研究	陆钟武	2015—2015	学部	
15	中国材料试验标准体系发展战略研究	王海舟	2015—2015	学部	2016.2.27 学部常委会结题
16	大型高炉高效冶炼技术开发与推广应用	张寿荣	2015—2015	学部	2016.5.13 学部常委会结题
17	我国硬质合金发展战略研究	黄伯云	2015—2015	学部	
18	中国工程科技 2035 发展战略研究化工、冶金与材料领域课题	徐惠彬、殷瑞钰、屠海令	2015—2016	重大子课题	
19	流程制造业本质性研究及创新发展战略	陈丙珍	2016—2017	中长期	
20	新一代核能用材发展战略研究	徐匡迪、赵宪庚、干　勇	2016—2017	重大	

续表

序号	项目名称	负责人	研究期限	类别	结题、延期情况
21	中国农药产业的技术创新与发展转型战略研究	钱旭红	2016—2017	重点	
22	安全可靠、清洁环保炼油与化工企业构建	曹湘洪	2016—2017	重点	
23	我国工业炸药现场混装技术及装药爆破一体化模式的发展及政策研究	汪旭光	2016—2017	重点	
24	稀土功能材料及应用发展战略研究	张国成	2016—2017	学部	
25	基因矿物加工工程可行性及发展战略研究	孙传尧	2016—2017	学部	
26	光电功能晶体产业链发展战略研究	吴以成	2016—2017	学部	
27	材料性能评价体系的发展战略研究	王海舟	2016—2017	学部	
28	"一带一路"矿产资源开发的战略研究	邱冠周	2016—2016	学部	
29	加速研发全固态电池	刘业翔	2016—2016	学部	

附件4:第十二次院士大会以来完成结题手续的咨询项目清单

序号	项目名称	级别	负责人	备注
1	钢铁联合企业模式优化与清洁生产研究	学部	殷瑞钰	2014年2月18日学部常委会结题,2014年6月30日完成结题手续 成果2014年9月9日寄送国家发改委、工信部,送钢协、金属学会
2	中国热处理与表面改性技术路线图	重点	赵振业	2014年2月18日学部常委会结题,2014年12月17日完成结题手续

续表

序号	项目名称	级别	负责人	备注
3	中国海洋工程材料研发现状及发展战略初步研究	学部	周　廉	2014 年 2 月 18 日学部常委会结题，2015 年 2 月 5 日完成结题手续 2014 年 11 月 15 日研究报告概要上报国务院；2014 年 12 月 8 日，刘延东副总理做出批示
4	化合物半导体薄膜太阳能电池的发展现状、挑战与对策	学部	刘业翔	2014 年 2 月 18 日学部常委会结题，2015 年 2 月 5 日完成结题手续
5	材料延寿与可持续发展战略研究	重大	干　勇	2014 年 8 月 20 日学部常委会结题，2015 年 3 月 23 日完成结题手续
6	煤炭等资源型产业的服务化转型战略研究	重点	刘炯天 王一德	2014 年 5 月 22 日学部常委会结题，2015 年 3 月 23 日完成结题手续
7	冶金过程控制标准的发展战略研究	学部	王海舟	2014 年 11 月 29 日学部常委会结题，2015 年 4 月 24 日完成结题手续
8	攀枝花钒钛资源综合利用战略研究	重点	干　勇	2015 年 4 月 25 日学部常委会结题，2015 年 6 月 3 日完成结题手续
9	促进化学工程科技人才培养与基础教育优化衔接研究	重点	金　涌	2015 年 4 月 25 日学部常委会结题，2015 年 6 月 4 日完成结题手续
10	能源材料工程科技发展战略研究——新一代动力和储能电池的安全及材料工程科技问题	学部	屠海令	2014 年 8 月 20 日学部常委会结题，2015 年 6 月 30 日完成结题手续
11	航空港经济区（郑州）产业选择与人才战略研究	学部	刘炯天	2015 年 4 月 25 日学部常委会结题，2015 年 7 月 28 日完成结题手续
12	有色工业和工业装备绿色发展工程科技战略及对策研究	学部	殷瑞钰	2015 年 4 月 25 日学部常委会结题，2015 年 8 月 28 日完成结题手续
13	工业绿色发展工程科技战略及对策	重大	殷瑞钰	2015 年 4 月 25 日学部常委会结题，2015 年 8 月 28 日完成结题手续

续表

序号	项目名称	级别	负责人	备注
14	冶金工业全流程检测系统发展路线图研究	中长期	王海舟	2014年8月20日学部常委会中期检查,2015年8月15日学部常委会结题,2015年10月12日完成结题手续
15	有色冶金(Al、Cu、Pb、Zn、Mg)节能减排技术及潜力研究	重点	邱定蕃	2015年4月25日学部常委会结题,2015年10月19日完成结题手续
16	爆炸物品**及相关政策研究	学部	汪旭光	2015年8月15日学部常委会结题,2015年10月20日完成结题手续
17	《材料科学系统工程发展战略研究》——中国版材料基因组计划	重大	陈立泉	2015年4月25日学部常委会结题,2015年12月7日完成结题手续 2015年2月11日向国务院呈报咨询报告概要。徐匡迪副主席与周济院长联名致信刘延东副总理推荐该项目研究成果。因马凯副总理做出批示,2015年2月15日科技部高新司,2月26日工信部规划司索要研究报告
18	我国交通运输用生物燃料产业关键技术开发、示范与应用	重大	曹湘洪	2014年8月20日学部常委会结题,2015年12月7日完成结题手续
19	青海盐湖资源综合开发利用及可持续发展战略咨询研究	重大	干　勇	2015年4月25日学部常委会结题,2015年12月25日完成结题手续 2015年5月19日上报国务院,张高丽副总理做出批示
20	稀土资源可持续开发利用战略研究	重点	干　勇	2014年8月20日学部常委会结题,2015年12月25日完成结题手续
21	钢产量及钢铁行业节能、降耗、减排的战略研究	学部	陆钟武	2015年10月19日学部常委会结题,2015年12月25日完成结题手续
22	中国可持续发展矿产资源战略研究	重大	王淀佐 干　勇	2015年4月25日学部常委会结题,2015年12月29日完成结题手续

续表

序号	项目名称	级别	负责人	备注
23	全面认知“化学与化工”科普视频教材编制	重点	金　涌	2015 年 10 月 19 日学部常委会结题，2015 年 12 月 29 日完成结题手续
24	会泽历史地段保护规划与建筑整治研究	学部	徐德龙	2015 年 4 月 25 日学部常委会结题，2016 年 1 月 8 日完成结题手续

附件 5:学部在研/学部院士负责的重大咨询项目简介

1）秦巴山脉绿色循环发展战略研究。由徐德龙院士负责。项目以跨区域、跨领域、跨行业的复合性绿色循环系统的创新搭建为核心研究任务，具体针对产业经济、城乡人居、交通设施、资源利用、政策机制等重要方面，开展深入研究，以期为秦巴山区绿色循环发展提供切实指导。第十届全国政协副主席徐匡迪、中国工程院院长周济、国务院发展研究中心主任李伟、工信部原副部长毛伟明、国务院扶贫办副主任洪天云等领导、院士担任顾问。国务院发展研究中心、国务院扶贫开发领导小组办公室、工业和信息化部等部门为顾问单位。项目有 24 位院士，300 余位专家参与研究。目前，项目已完成了对秦巴山脉区域内陕西、湖北、河南、甘肃、四川和重庆等六省市的实地调研，并召开了十四次项目研讨会，项目中期成果已报送国务院，得到李克强、张高丽等领导同志的重要批示，并形成了 3 份全国人大代表建议。

2）新一代核能用材发展战略研究。由徐匡迪、赵宪庚、干勇院士负责。项目将按照核能技术“堆型发展—设备制造—材料技术”的思路，通过研究我国在建、在研和计划发展的大型先进压水堆、高温气冷堆、快堆、超临界水堆等先进核能技术及其所需的关键材料技术，提出我国新一代核能用材的发展战略、体系化建设等方面的政策建议。项目成果拟为我国新一代核能用材发展的宏观决策提供依据，对我国积极推进先进核能技术建设，优化我国电源结构，实现国家节能减排战略目标做出贡献。项目于 2016 年 3 月 30 日召开启动会，赵宪庚，干勇、王大中、张金麟、王一德、李冠兴、陈念念、刘玠、屠海令、周玉、李仲平等院士出席会议。

3）我国镍、铜、钴、铂族金属资源开发与可持续发展战略研究。由黄伯云院士负责，项目通过多部门协调为镍铜钴铂族等资源型企业提供科学性、现实性和可操作的发展规划，实现镍铜钴铂族金属资源开发与可持续发展。项目于 2015 年 9 月召开中期总结会议，于 2015 年 11 月召开阶段成果总结会议，黄伯云、古德生、邱定蕃、何季麟、邱冠周等院士出席会议。项目组在资源深度开发（地质、采矿、选矿及尾矿利用）、高效清洁冶金及资源循环利用、高性能先进材料等方面取得了成果和进展。

4）“重点新材料研发及工程化”国家科技重大工程实施方案编制。由干勇院士与中科院施尔畏副院长负责。按照中央领导同志对重大专项的指示精神，结合“重”、“大”、“专”的要求，编制组在 2015 年共召开各类调研会议近 10 次，项目研究成果已向刘延东副总理、万钢副主席作了专题汇报，得到刘延东副总理、万钢副主席的充分肯定。根据刘延东、万钢等领导同志的指示，项目组进一步提炼完善研究成果，形成了《“重点新材料研发及应用”国家重大工程立项建议书》、《工程经费测算》以及《关于国务院领导同志提出指导意见落实情况的汇报》报送科技部。

5）中国工程科技中长期发展战略研究——化工、冶金与材料领域课题。由徐惠彬、殷瑞钰、屠海令院士负责。分“流程工业”和“材料”两个专题。目前课题已召开了7次研讨会。流程工业专题组已向398位学者征集了对该领域未来20年技术发展的预测意见，材料专题组已向287位学者征集了对该领域未来20年技术发展的预测意见。项目组收集整理、归纳提炼了各位专家的意见，形成了对流程工业和先进材料领域，我国20年内后技术发展的初步判断和预测。

6）绿色制造发展战略研究。由徐德龙院士负责，该项目是“制造强国战略研究（二期）”（周济院长负责）的重要组成部分。项目以流程工业和流程工业关键技术装备为专题，设立钢铁、化工、有色金属工业与金属矿业、建材、流程工业装备制造、基础制造工艺、再制造等7个研究领域，针对其绿色发展的重点和难点进行研究。目前项目组已召开10次会议，形成《中国制造2025系列丛书-绿色制造》等阶段性成果。

附件6：第十二次院士大会以来已完成（常委会结题）的咨询研究项目简要情况

1）中国可持续发展矿产资源战略研究（重大项目）。由王淀佐、干勇院士负责，项目针对近年来我国矿产资源发展面临的新形势和对问题的新认识，通过地矿、钢铁、有色、煤炭、核能、建材、化工、潜在资源、能源等9个课题组和综合组的研究，对制约我国矿产资源可持续发展的一系列问题进行了深入研究，提出了对策建议。研究成果将为我国建成世界矿产资源强国，提升国际资源的影响力、话语权和掌控力，提高全产业链、全球综合获益能力发挥积极作用。

2）我国交通运输用生物燃料产业关键技术开发、示范与应用（重大项目）。由曹湘洪、欧阳平凯、石元春三位院士负责，项目从原料供应可行性、技术全生命周期、产业运行模式、多元化技术路线等多角度分析论证，阐释了生物燃料技术开发与产业化发展思路、规模目标、技术发展路线图和示范案例，对我国交通运输用生物燃料产业及其关键技术的发展提出了对策与建议，包括建立原料供应保障体系，加快生物燃料关键技术攻关和技术集成应用，突破产业发展瓶颈，创新产业发展模式等。

3）材料延寿与可持续发展战略研究（重大项目）。由干勇、周廉、师昌绪三位院士负责。项目通过对我国制造工程材料、能源和电力工程材料、现代交通工程材料、化工和石油化工工程材料、基础设施工程材料、农业机械工程材料的研究、应用和材料延寿现状的调研，梳理了材料应用过程中出现提前失效、提前损伤、提前破坏的原因、提出了对策、建议和延寿措施。

4）工业绿色发展工程科技战略及对策（重大项目，根据工程院与工信部合作协议设立）。由殷瑞钰院士负责。项目研究了绿色、循环、低碳发展的内涵和关系，分析研究了当前以钢铁、有色、石化、化工、建材、造纸等六大行业为代表的流程制造业的重要地位、对绿色发展具有的重要影响以及所面临的挑战，对2020年六大行业能源消费总量和污染物排放总量的峰值进行了分析，提出了工业绿色发展的战略思想和目标，强调流程工业应在拓展功能的基础上融入循环经济。在工信部与工程院共同召开的项目结题会议上，工信部领导及与会院士专家认为，项目抓住了主要的耗能和影响环境的行业部门，回答了能源消耗总量和污染物排放总量的峰值，提出了五大引领性重大工程、一批示范带动项目和关键技术。研究成果将为工信部制订“十三五”工业绿色发展规划提供重要依据。

5）青海盐湖资源综合开发利用及可持续发展战略咨询研究（重大项目，根据工程院与青海省

政府协议设立）。由干勇院士负责。项目研究过程中，召开成果交流会 8 次，组织赴青海柴达木盆地调研 4 次，听取青海省科技厅、国土资源厅等 10 多个相关政府部门工作汇报，考察走访 7 个盐湖及 13 家相关重点企业，举办了 1 场专题项目论坛，项目研究分析了青海盐湖资源综合开发利用的战略意义、资源禀赋、经济技术、环境承载条件以及当前面临的机遇和挑战，提出了青海盐湖资源综合开发利用的总原则。项目研究过程中两次与青海省政府沟通交换意见，得到认可。

6）《材料科学系统工程发展战略研究》——中国版材料基因组计划（重大项目）。由陈立泉院士负责。项目通过建设高通量、高精度计算方法的发展平台，数据库、搜索引擎和分析软件平台，高通量合成、快速表征、测试、改进等物性平台等“三个平台”，在金属材料、清洁能源材料和节能环境材料等 6 个方面开展示范，得到了用高通量并行迭代替代传统试错法中的多次顺序迭代，逐步由“经验指导实验”向“理论预测、实验验证”的材料研究新模式转变，最终实现材料 “按需设计”的重要结论，并对我国材料基因组计划的发展提出了对策与建议。

7）攀枝花钒钛资源综合利用战略研究（重点项目）。由干勇院士负责。项目分别从采矿与选矿、提取与利用、产品加工与应用以及产业化发展等方面进行了针对性调研、统计、分析与预测。项目研究提出攀枝花钒钛资源综合利用的战略目标，分析了实现目标需解决的关键技术问题，并预测、确定了关键技术。在此基础上，项目提出了我国钒钛产业发展策略，制定了攀枝花钒钛产业发展方案。项目成果多次在学术论坛上发布，并多次被其他国家重要工程项目采纳利用。

8）促进化学工程科技人才培养与基础教育优化衔接研究（重点项目）。由金涌院士负责。项目用深入浅出，图文并茂的形式，针对化学化工前沿课题，制作“化学化工”视频短片及编写与之对应的科普文章（4 个主题）既清楚地阐述“化学化工”有关课题的研究历史及背景，又诠释深奥的化学化工热点问题及发展前景，以激发青年学生进一步的探究热情，视频已在多所学校试映，反响良好。项目成果选题前沿、讲述原理清楚、画面生动有趣，体现了科学性、科普性、趣味性的目标。

9）有色冶金（Al、Cu、Pb、Zn、Mg）节能减排技术及潜力研究（重点项目）。由邱定蕃院士负责。项目通过对铝、铜、铅、锌、镁五种有代表性的有色金属的产业状况及冶金方法、节能降耗与减排及环境保护情况、节能减排科技进步潜力的研究，提出了对我国有色金属冶金节能减排发展的政策建议，包括坚决淘汰高能耗、高污染的落后生产能力；大力发展“铝电联营”和“煤铝电一体化”模式；切实推行清洁生产审核与环境管理；实施资源国际化战略，严控原料进口关，源头减污等。

10）全面认知‘化学与化工’科普视频教材编制（重点项目）。由金涌院士负责。项目凝聚多位院士、科技工作者、教师、科普工作者、以及高校学生的智慧，从不同角度收集本项目的素材、文字和影像资料。目前项目已完成了 3 个视频短片《分子机器》、《复合材料》和《病毒制造》的制作，并完成了与之对应的科普文章的撰写。会议认为，项目制作完成的短片，选题前沿，讲述原理清楚、画面生动有趣，在多所学校及高中生夏令营试映，反应良好。撰写的同题科普书稿，图文并茂，深入浅出，用通俗易懂的语言，针对化学化工前沿课题，既清楚地阐述有关课题的研究历史及背景，又诠释深奥的化学化工热点问题及发展前景，以达到启发青年学生进一步探究的热情。

11）稀土资源可持续开发利用战略研究（重点项目）。由干勇院士负责，项目对稀土资源、生产、环境、稀土材料和终端应用进行了全面阐述和分析，分析了我国稀土冶炼分离和稀土新材料产业的国际竞争力优势和稀土资源绿色高效开发利用的关键问题，提出了稀土材料研发应用重在加强技术创新，突破国外专利壁垒、提升装备自动化水平、提高产品质量与成材率等对策建议以及我国稀土资源与应用总体战略。

12）航空港经济区（郑州）产业选择与人才战略研究（学部项目）。由刘炯天院士负责。项目以航空港经济区（郑州）产业选择与人才战略为主题，探讨了现代经济的一种新形态——临空经济的产业选择问题，并深入研究了与之具有紧密互动关系的人才战略问题。项目坚持理论与实践、实证分析与规范分析相结合，既有对郑州航空港经济区和国内外其他航空港经济区的广泛的实地调查和实证研究，也有基于现有研究成果的理论探索。会议认为，项目对实现郑州航空港经济区可持续发展进行了深入研究，对其发展现状与存在问题进行了深入分析，项目成果对航空港经济区建设实践的现实指导意义突出。项目于 2015 年 4 月在学部常委会结题。

13）有色工业和工业装备绿色发展科技战略及对策研究（学部项目，根据工程院与工信部合作协议设立）。由殷瑞钰院士负责。项目分析研究了当前有色工业和工业装备的重要地位，对绿色发展的影响以及所面临的挑战，对 2020 年有色工业能源消费总量和污染物排放总量的峰值进行了分析，提出了有色工业和工业装备绿色发展的战略思想、目标。在工信部与工程院共同召开的项目结题会议上，工信部领导及与会院士专家认为，项目研究提出的新见解和重要的发展方向具有重要参考价值，提出的有色工业和工业装备绿色发展工程科技战略对策，具有宏观性、战略性、前瞻性和实用性。项目研究特点突出，结论可信，可操作性强。项目于 2015 年 4 月在学部常委会结题。

14）会泽历史地段保护规划与建筑整治研究（学部级，工程院科技扶贫项目）。由徐德龙院士负责。项目以精准科技扶贫、促进发展为目的，通过对会泽县地理自然、历史文化、产业基础和民风世俗的调查研究，从规划、建筑和建筑材料全方位入手，整合历史、文化、经济等各种优势资源，创造性地提出了全面提升会泽文化生态旅游价值的整体规划完善和典型示范方案。在项目于会泽县召开现场验收会上，项目成果受到出席验收会的领导、院士和专家的一致好评，认为项目成果资料翔实，思路清晰，依据充分，内容全面，技术路线正确，法律、法规、规范、标准运用合理。具有较强的可操作性与可实施性。其规划、建筑、材料协同创新研究的方法具有创新性。项目于 2015 年 4 月在学部常委会结题。

15）冶金过程控制标准的发展战略研究（学部项目）。王海舟院士负责，项目通过调研国内外冶金领域生产工艺过程质量控制标准的发展及其应用现状，发现了在质量控制、环保控制、节能控制以及安全控制方面存在的标准缺失问题。给出了构建符合冶金工业转型要求的冶金过程控制标准体系构建思路、内容和实施途径，提出了分级管理的标准管理新模式以及加强团体标准的建议。

16）爆炸物品相关政策研究（学部项目）**。由汪旭光院士负责。项目针对国际国内反恐形势和民用爆炸物品的安全管理现状，深入研究了民爆物品的立体化防控体系建设问题，在此基础上，提出了多项政策建议。项目研究过程中，已将阶段性成果报送公安部和工信部，得到了两部委的充分肯定，项目研究成果已写入《中华人民共和国反恐怖法（草案）》的有关条款之中。项目于 2015 年 8 月在学部常委会结题。

17）钢产量及钢铁行业节能、降耗、减排的战略研究（学部项目）。由陆钟武院士负责。项目将分析思维（还原论）与综合思维（整体论）两种思维模式相结合，建立了“钢铁行业宏观调控网络图”的新理论方法。并运用这一理论方法，回顾过去，阐明了我国钢铁行业产量高、能耗高、物耗高、排放高问题的症结；展望未来，提出了今后调控工作的方向、措施和目标。项目运用定量方法，取得了创新成果，研究报告可以为我国钢铁行业宏观调控提供参考。项目于 2015 年 10 月在学部常委会结题。

18）中国材料试验标准体系发展战略研究（学部项目）。由王海舟院士负责。项目通过调研国内外标准体系发展现状，对比分析了美国 ASTM、日本 JIS、国际 ISO 和我国标准体系现状、组织架构、标准分类和制定程序等方面的特点，指出我国标准体系存在的管理体制不顺畅、运行机制不完善、标准化整体质量效益不高、标准更替周期长、标准使用用户参与程度低、实质参与国际标准化的活动能力不强等突出问题。提出以材料行业试验标准体系为试点，面向最终用户技术的需求，建立自下而上的社会团体主导的标准体系——中国材料试验标准体系，组建具有第三方属性、非营利性的中国材料与试验协会等建议。

19）我国石化工业转型升级创新发展战略研究（学部项目）。由袁晴棠院士负责。项目采用权威统计机构的数据，应用趋势分析法进行研究，通过对世界石化工业发展现状及趋势的梳理，分析对我国石化工业发展产生的影响，针对我国石化工业发展现状和存在的问题，提出我国石化工业转型升级创新发展的战略思路、目标、重点任务和措施建议。

20）膜分离技术在海洋工程中的应用现状、前景和发展建议（学部项目）。由徐南平院士负责。项目面向我国海洋强国战略发展需求，按照坚持在可持续发展理念下构建节约资源和保护环境的海洋空间格局的基本思路，通过大量的资料搜集、实地调研、专家咨询及会议研讨等多种形式，对国内外膜技术在海洋工程相关产业以及海岛地区、沿海工业园区等重点发展区域中的应用现状进行了分析，结合目前面临的瓶颈问题指出未来的发展机遇与重大挑战，从政策层面、技术层面分别提出相关措施及建议。

21）新一代动力和储能电池的安全及材料工程科技问题（中长期项目）。由屠海令院士负责，项目以新一代动力和储能电池的安全性和新材料为主要研究内容，分析了国内外新一代动力和储能电池的发展现状，和我国目前动力和储能电池所面临的问题，并针对我国至 2025 年动力及储能电池需要解决的关键科技问题，制定了技术路线图，以及分阶段需要开展的重大工程及项目，展望了未来的重点发展方向，提出了相关政策建议。并就如何推动我国动力和储能电池技术发展提出了相关措施建议。

22）冶金工业全流程监测系统发展路线图研究（中长期项目）。由王海舟院士负责。项目通过对国内外钢铁全流程监测系统发展现状的充分调研，梳理国内钢铁流程监测系统的需求与问题，探索建立从原料、生产全过程到产品、覆盖质量监测、能源平衡、环境污染监控等多目标的全流程监测系统的路线。项目组实地调研了国内 2 家有代表性的企业流程监测系统的实际状况，结合具体工艺流程的剖析，整理了钢铁生产全流程监测系统各节点的监测要求、监测内容、监测和控制目标、所需表征技术、评价方法、规范与标准等主要相关信息。结合大数据、物联网、云计算等技术的发展，提出了钢铁生产全流程监测系统的发展方向、发展重点与发展路径的建议。

23）我国高能耗高温热工装备节能科技发展战略研究（中长期项目）。由江东亮院士负责。项目以国家战略、产业发展为导向，以工业炉（及窑炉）为典型高温装备的节能和节能材料工程科技问题为研究主题，以技术发展路线图为重点，较全面地总结了世界发达国家的相关发展战略、对比分析了国内外产业和技术发展现状，专利布局等，提出了我国钢铁、石油和化工、水泥等高能耗工业高温热工装备节能技术和关键材料的发展思路、技术途径以及政策导向。

24）大型高炉高效冶炼技术开发与推广应用（学部项目）。由张寿荣院士负责。项目以大型高炉高效冶炼为背景，从我国炼铁工业的结构优化的全局出发，以实现我国高炉炼铁的现代化为目标，分析了高炉高效冶炼、大型化对破解当前高炉数量庞大、污染严重问题的关键作用，提出了我国特大型高炉实现高效冶炼所需要的技术条件及实施建议。

附件7：学部报送(或参与报送)院士建议清单

序号	建议名称	建议人	主要内容	备注
1	关于促进聚甲氧基二甲醚在全国推广应用的建议	谢克昌、汪燮卿、杨启业、郝吉明、陈丙珍、金涌	建议尽快制定聚甲氧基二甲醚的国家标准，尽快出台此类项目在立项、建设和推广应用方面的鼓励政策，并首先选择大气污染重点地区如京津冀、山东环渤海地区试点推广使用，缓解该地区的大气环保压力，同时带动该产品在全国的推广使用，从而为缓解我国环保压力、保障国家能源安全提供有效的新途径	刊载于《中国工程院院士建议》2014年9月24日，2014年第26期(总第298期)
2	关于推动我国半导体硅片产业跨越发展的建议	屠海令、王占国、吴德馨、许居衍、周廉、徐惠彬、黄伯云、李龙土、才鸿年、何季麟、吴以成、王海舟、李仲平	建议： ① 抓住发展机遇，改变半导体硅片产业产业发展模式，加快产业发展步伐，尽快组建具备国际竞争力的旗舰企业 ② 建议国家于资金和政策方面支持国内企业把握机遇，跳出“自主攻关和自己建厂”的老思路，积极实施“海外兼并”战略，直接并购德国半导体硅片企业，全方位获得其300mm硅片技术、市场资源、人才团队、高端客户、管理经验等 ③ 建议国家在重大科技工程中设立项目，将引进国外高端人才团队与国内研发力量相结合，组建世界先进的硅材料技术中心，推动450mm硅片研发与工程化，形成国际领先的研发能力和核心竞争力，为我国半导体硅片技术和产业进入国际第一梯队，保障集成电路产业持续蓬勃发展奠定坚实基础	刊载于《中国工程院院士建议》2015年3月4日，2015年第4期(总第314期)

续表

序号	建议名称	建议人	主要内容	备注
3	关于建立“民用爆炸物品示踪溯源立体化防控体系”的建议	汪旭光、薛群基、王一德等	建议： ① 成立全国统一的管理部门和机构，组建专门的管理和研究队伍，开展针对性的研究、部署、管理和实施工作。从社会安全需求出发，有效地领导和激发市场因素，以先进技术、优质产品、高品质服务、科学的运行机制作支撑，实现社会效益最大化 ② 由公安部牵头，工业和信息化部与国家安全生产监督管理总局参与，组成民爆物品示踪溯源立体化防控体系建设协调领导小组。选择一、两个省（市、区），开展试点工作。在试点基础上，形成成熟模式，稳步向全国推广 ③ 根据试点应用和实践情况，及时梳理、修改和制订有关法规、标准等，为民爆物品示踪溯源立体化防控体系建设提供法律和政策支持	刊载于《中国工程院院士建议》2015 年 11 月 21 日，2015 年第 36 期（总第 346 期）
4	关于建立“国家高危险物质管控与应急体系”的建议	杜祥琬、王玉普、赵宪庚、彭苏萍、范维澄、彭先觉、孙龙德、李幼平、李国杰、何新贵、王泽山、王静康、曹湘洪、金　涌、汪旭光、侯立安、魏复盛、王正国、冯小明、冯长根、刘仓理、袁宏永、张兴凯	建议开展“国家高危险物质管控与应急体系”建设，系统进行高危险物质管控与应急技术研究，加强加快工艺装备和产业发展，建立覆盖全国的高危险物质管控与应急平台，从而有效管控和应对高危险物质可能造成的危害，切实保障国家社会整体安全	刊载于《中国工程院院士建议》2015 年 10 月 10 日，2015 年第 32 期（总第 342 期） 张高丽、马凯、刘延东、王勇等领导同志做出批示

续表

序号	建议名称	建议人	主要内容	备注
5	关于落实“一带一路”战略＊＊＊＊的建议	徐匡迪、周　济、王玉普、闵恩泽、王基铭、曹湘洪、袁晴棠、李大东、徐承恩、汪燮卿、杨启业、舒兴田等	略	刊载于《中国工程院院士建议》2016 年 1 月 8 日，2016 年第 2 期（总第 354 期）
6	关于推动我国膜分离技术应用于海洋工程的建议	徐南平、高从堦、付贤智、钱　锋、陈建峰	建议： ① 国家自然科学基金委面向海洋工程应用领域，凝练关键科学问题，支持基础理论研究，建立面向海洋工程应用的膜材料设计与制备理论框架，推进膜技术在海洋工程相关领域应用中的基础性研究 ② 科技部在重点研发计划中加大对膜技术在海洋工程应用中相关研究工作的支持力度，鼓励构建以企业为主导的海洋工程产业技术创新战略联盟 ③ 制定和健全膜技术在海洋工程应用中的技术标准体系，推进海洋工程事业的发展；鼓励有条件的地方建立工程应用示范	刊载于《中国工程院院士建议》2016 年 3 月 5 日，2016 年第 9 期（总第 361 期）
7	关于发展绿色生物制造并推广生物燃料的建议	谭天伟、曹湘洪、郝吉明、岳国君、欧阳平凯、杨胜利、舒兴田、汪燮卿、袁晴棠、金　涌、陈丙珍、屠海令、刘中民、孙宝国、彭苏萍、费维扬	建议： ① 国家发改委、能源局牵头研究制定可再生燃料标准，组织好乙醇汽油等生物燃料的推广应用。建议京津冀成为 E10 乙醇汽油和 B5 柴油的强制示范区。建议国务院有关部门牵头制定完善相关鼓励支持政策 ② 将绿色生物制造技术开发列入国家重点研发计划。建议科技部对利用农林废弃物、城市生活垃圾、畜禽粪便、工业废水、废渣等废弃资源的绿色生物制造给予立项支持，支持纤维素燃料乙醇，生物航煤，生物基 PX 等重大化学品的研发和产业化，组织国内科技力量联合攻关，形成成熟的可支持绿色生物制造的技术体系，尽早建立具有带动性的绿色生物制造示范区	刊载于《中国工程院院士建议》2016 年 3 月 22 日，2016 年第 13 期（总第 365 期）

附件8:学部主办(承办、协办、支持)的部分学术活动简介

1)化工、冶金与材料工程学部第十届学术会议(2014年10月21—25日,福建)。本届会议主题为“环境友好的化工、冶金与材料工业”,工程院与福建省政府主办,学部与福建省科协、福州市政府、福州大学承办。两院共60位院士与来自国内化工、冶金、材料领域的300余位专家学者出席会议。曹湘洪院士会议主席,开幕式由学部主任薛群基院士主持,徐德龙副院长,福建省副省长洪捷序,福州市委常委、副市长吴贤德,福州大学党委书记陈永正在开幕式上讲话。会议设1个主会场,化工、冶金和材料3个分会场,陆钟武、谢和平、江东亮三位院士做大会报告,徐德龙副院长等13位院士,82位专家在分会场作学术报告,22位院士主持了各阶段的学术报告。会议出版了论文集,共收录108篇论文,徐匡迪名誉主席为论文集题词,徐德龙副院长作序。周济院长对会议召开表示祝贺。

会议期间,中国工程院原副院长干勇院士为福建省科技干部作了题为《制造业强国战略及重大工程能源新材料产业化技术》的学术报告,曹湘洪、舒兴田、胡永康三位院士为福州大学化工学院师生作学术报告。为落实中国工程院与福建省政府签署的合作协议,福建省发展改革委组织200余家企业与参会院士专家进行了技术对接。为纪念会议的成功召开,与会院士还在福州大学新校区参加了“院士林”种植活动。

2)国际工程科技发展战略高端论坛——“面向未来的新材料与智能制造”(9月20日,上海)。会议由工程院主办,学部、上海交通大学、材料学术联盟、《中国材料进展》杂志社承办。徐德龙副院长出席会议并讲话,薛群基、周廉等12位中方院士和4位外方院士,以及来自西安交通大学、美国斯坦福大学、美国劳伦斯伯克利国家实验室、英国剑桥大学、日本东京大学等单位的专家学者共近百人出席会议。会议由魏炳波、丁文江、周廉三位院士分别主持。会议设纳米材料、生物材料、光电材料、能源材料、智能材料、材料基因组等六个专题环节,针对在人类未来发展中将发挥重要作用的各类新材料的发展趋势、发展方向和发展路径等方面进行了深入交流与探讨。包括美国材料基因组计划编写人、有机发光二极管(OLED)发明人、锂电池产业奠基人在内的6位院士和7位专家做了专题报告,其中中方6人,外方7人。

3)第188场中国工程科技论坛——爆炸合成纳米金刚石和岩石安全破碎关键科学与技术(2014年9月14—17日,安徽)。论坛由工程院主办,学部和中国工程爆破协会承办、安徽江南化工股份有限公司协办。干勇原副院长出席论坛并致辞,汪旭光、王一德、冯叔瑜、屠海令、王泽山、王梦恕、王景全、张国成、姜德生、张文海等共11位院士,王耀华、梅锦煜、殷怀堂、杨学海等4位将军与国内工程爆破领域186位专家学者出席论坛。论坛主席、中国工程爆破协会理事长汪旭光院士主持了开幕式。论坛设一个主会场,两个分会场,共有52人次作了学术报告。论坛通过爆炸纳米多晶金刚石、激波合成纳米聚晶金刚石等方面的13个报告,集中展示和交流了爆炸法制造金刚石等新材料关键技术的前沿进展;通过岩石爆破破碎过程数值模拟研究等方面的9个报告,为破解岩石爆破工程目前面临的实际难题提供了思路;并遴选出69篇论文出版论坛论文集,全面反映了我国在爆炸合成纳米金刚石和岩石安全破碎关键科学与技术方面取得的研究成果。

4)第192场中国工程科技论坛——钛冶金及海绵钛发展(2014年11月16—17日,江苏)。论坛由工程院主办,学部与中国钛协会承办,攀钢集团、宝钛集团、西北有色院、南京工业大学、《中国材料进展》杂志社协办。干勇、周廉、江东亮、丁文江、周克崧、何季麟等6位院士和来自钛冶金行业高校、科研院所和企业的近百位专家学者出席会议,干勇原副院长和论坛主席周廉在会上致

辞。会上,11 位专家围绕中国钛工业现状及发展趋势、钛合金低成本制备加工技术、钛渣冶炼技术、钛及钛合金材料应用经济性分析、钛合金产业链、中国海绵钛生产技术与现状等议题作了报告。与会院士结合论坛议题,提出建立若干钛产业研究开发中心和平台;集中力量,整合资源,突破关键技术;深化科技体制改革,加强各高校、科研院所、企业间合作;努力降低冶炼成本和加工成本;加强科技成果的评估和推广等建议。

5)第 195 场中国工程科技论坛——中国科学仪器设备与试验技术发展高峰论坛(2014 年 10 月 19—21 日,北京)。论坛由中国工程院主办,学部和中国钢研科技集团有限公司承办。徐德龙副院长和大会主席干勇院士出席论坛并致辞,王海舟、屠海令、朱静、陈和生、刘文清、王崇愚等两院 8 位院士,与海内外科学仪器相关领域的高校、学术机构和企业的专家、学者、企业家等共计 800 余人出席论坛,其中外方专家 20 余位。论坛开幕式由屠海令院士和国际钢铁工业分析委员会主席 Bo Larsson 共同主持。美国哈佛大学 Joost J. Vlassak 教授、清华大学朱静院士、钢铁研究总院王海舟院士、中国合格评定国家认可委员会副秘书长宋桂兰、欧洲钢铁工业分析研究与应用委员会主席 Victor Tusset、中科院高能所陈和生院士等 15 位专家做了大会特邀报告,44 位学者做大会报告,150 余名学者在论坛设立的 17 个专题论坛/分会场上做了报告,经过征集论文和评审遴选,论坛出版了摘要集,共收录 512 篇论文摘要,论文全文集中发表于《冶金分析》杂志的论坛专刊之中。

6)第 207 场中国工程科技论坛——工业绿色发展工程科技战略及对策(2015 年 5 月 8 日,北京)。论坛由工程院与工信部共同主办,本学部、工管学部、钢铁研究总院、武汉钢铁公司、清华大学、中国石化集团、西安建筑科技大学等单位承办。周济院长、工信部毛伟明副部长出席并讲话,殷瑞钰等 9 位院士,以及来自发改委、工信部、环保部、质检总局、有关省市工信部门等单位和相关行业的企业、协会、高校、研究院所的 200 余名专家代表和媒体记者出席会议,会议由工信部节能司司长高云虎和殷瑞钰院士主持。殷瑞钰、邱定蕃、高金吉院士等 8 位专家围绕钢铁、有色、石化、化工、建材、造纸等六大行业及其工业装备的绿色发展问题做了大会报告,发布了我院与工信部共同开展的"工业绿色发展工程科技战略及对策"项目的咨询研究成果。陈克复院士等 7 位学者与参会代表就各行业领域的具体问题进行了深入讨论。

7)第 212 场中国工程科技论坛——"绿色生物制造发展"暨战略性新兴产业生物产业领域研讨会(8 月 20—23 日,青海)。论坛由工程院主办,本学部、医药学部、北京化工大学和青海省海北州政府承办。青海省副省长王黎明出席并讲话,舒兴田等 7 位院士,以及来自清华大学、浙江大学、中粮集团等相关领域的高校、研究院所、企业的 200 余名专家代表出席会议,会议由谭天伟院士主持。杨胜利等 17 位院士专家围绕绿色生物制造、生物航空燃料、大数据与智慧医学、医疗器械战略性新兴产业发展、畜牧业战略性新兴产业发展等前沿领域和新兴交叉领域做了大会报告。会议期间,与会专家还结合"战略性新兴产业生物产业领域",就"十三五"规划研究的研究思路、研究方向、研究重点和具体需求等问题进行了交流。会后,与会专家考察了山东 · 海北生物园区、白藏羊繁育中心等 10 家青海省企业和园区,为海北州和相关企业的发展提供了咨询建议。

8)第 213 场中国工程科技论坛——"先进高分子材料创新与产业化论坛"(9 月 15—17 日,大连)。论坛由我院主办,学部、辽宁省科技厅、大连市政府和大连理工大学共同承办。蹇锡高院士担任论坛主席。徐德龙副院长、大连市副市长刘岩、学部主任薛群基,程耿东、李永舫、瞿金平、郭东明、毛炳权、胡永康、桑凤亭、陈祥宝、蹇锡高、丁文江、李仲平等两院共 13 位院士,与来自北京化工大学、大连理工大学、四川大学、华东理工大学、中科院化学所、长春应化所、中石化北京化工研究院、国家纳米科学中心、中国塑料加工工业协会等60余家单位的100余位专家、学者、企业领导和科技人员出席论坛。李永舫、瞿金平、蹇锡高院士分别作了题为“聚合物太阳能电池光伏材料和器件研究进展”、“基于拉伸流变的聚合物绿色加工成型技术研究进展”、“新型杂萘联苯高性能高分子材料研发进展”的大会报告。

9）第十一届全国固态相变凝固及应用学术会议（2014年6月6—8日，北京），由中国金属学会材料科学分会主办，北京航空航天大学承办，学部与基金委支持。徐祖耀、傅恒志、胡壮麒任大会名誉主席，徐惠彬院士任大会主席，来自全国30多所高校和研究院所的150余名专家学者参加了此次学术会议，其中包括4位院士和12位长江学者。柳百新、沈保根、丁文江、徐惠彬院士等作大会报告。与会人员围绕“金属及非金属中的固态相变”、“相变热力学与动力学及其计算模拟”、“凝固理论与技术”、“多场下的相变与凝固”、“相变和凝固在工业中的应用”及“低维和纳米材料的相变和晶体生长”等主题开展了广泛和深入的学术讨论。

10）第12届国际盐湖会议（2014年7月14—18日，青海）。由国际盐湖学会和中国地质科学院主办，中国地质科学院矿产资源研究所和中国地质科学院盐湖与热水资源研究发展中心承办。中国工程院支持。分以下专题进行：① 盐湖记录与全球变化，② 盐湖生态及生物多样性，③ 盐湖生物资源及其可持续利用，④ 生物地球化学，⑤ 盐湖及毗邻次环境（湿地、盐碱地及沙漠）演化及保护，⑥ 古今盐类地质学与资源勘查（含钾盐资源沉积规律），⑦ 盐类化学、化工、综合利用与绿色产业，⑧ 盐类科学的发展与展望。

11）“生物加工与生物制造对未来过程工业的影响和发展趋势”暨“‘十三五’生物化工领域发展规划”专家研讨会（2014年8月9—12日，内蒙古）。谭天伟院士负责。汪燮卿、关兴亚等院士、专家出席会议。会议围绕替代石化原料、改进化工工艺和保护环境以及生物质资源的合理利用等方面进行研讨，提出未来我国生物制造和生物化工产业的发展思路、重点任务、重大关键共性技术等，为“十三五”发展规划提供咨询建议。

12）学部学术活动—2014年国际新材料发展趋势高层论坛（2014年9月19—21日，陕西）。学部、中国材料研究学会、新材料学术联盟共同主办，西北工业大学、西安市高新技术产业开发区、西北有色金属研究院等单位承办，两院32位院士与国内外150多家科研院所的专家学者及政府官员、企业代表等700多人出席会议。论坛开幕式由魏炳波院士主持，徐德龙副院长、陕西省副省长庄长兴、大会主席周廉院士、西北工业大学校长汪劲松等分别致辞。论坛共安排54场专家报告，其中大会报告17场，分为“超导材料进展”、“3D打印技术进展”、“光催化技术进展及应用”、“复合材料进展及应用”、“材料基因组研究进展”和“凝固技术进展”等6项主题。各主题分别由甘子钊、周廉、关桥、徐惠彬、欧阳平凯、李言荣、江东亮、陈祥宝、王崇愚、屠海令、魏炳波、李元元等12位院士主持，卢秉恒、付贤智、李仲平、陈立泉、吴以成等5位院士及12位专家作大会学术报告。分论坛报告37场，分别在与大会同期举办的“3D打印材料技术前沿论坛”、“复合材料技术前沿论坛”和“材料基因组计划研究进展论坛”进行，论坛期间还举办了有20多家科研院所和企业参加的展览会。

13）2014年中国-欧盟膜技术研究与应用研讨会（2014年10月16—18日，山东）。中国工程院三局、学部、科技部国际合作司、山东省科技厅、威海市人民政府、中国膜工业协会、欧洲膜学会、意大利科学院膜技术研究中心等单位共同主办。高从堦院士出席会议并作主旨报告。

14）青岛储能高峰论坛暨青岛储能产业技术研究院第一届储能技术国际研讨会（2014年10月31日—11月1日，山东）。论坛由学部、青岛市人民政府，中科院青岛生物能源与过程研究所共同主办;青岛储能技术研究院、中科院物理所清洁能源中心、中科院青岛产业技术创新与育成中心承办;力神(青岛)新能源有限公司、山东海容电源材料有限公司协办。陈立泉院士担任论坛主席。青岛市委常委、副市长王广正,化工冶金与材料工程学部主任薛群基院士,澳大利亚工程院窦士学院士与国际锂电池会议主席 Josh Thomas 等国内外从事储能研发、应用的100余位专家学者出席论坛。与会院士、专家围绕“全球储能行业前沿信息与技术”、“国内储能技术及工程概况,储能行业发展方向”、“青岛储能产业发展前景”、“政府支持储能产业发展的措施和政策建议”作23篇学术报告,并进行了深入研讨。

15)学部学术活动——爆破新技术与安全管理研究暨第四届亚洲太平洋地区爆破技术研讨会(2014年11月17-21日,深圳)。由学部和中国工程爆破协会主办,深圳市工程爆破协会承办。中国工程爆破协会理事长汪旭光院士和来自俄罗斯、澳大利亚、加拿大、日本、韩国、印度、蒙古、哈萨克斯坦、新加坡、中国(香港)等的180余位代表出席了本次会议。会议分一个主会场,两个分会场,均安排了中、英、俄同声传译,国内外的39位专家在会上作了学术报告。本次会议出版了《第四届亚洲太平洋地区爆破技术研讨暨爆破新技术与安全管理工程前沿技术研究》论文集,共收录91篇论文,其中国外论文37篇,反映了近几年亚洲太平洋地区和俄罗斯与独联体国家工业炸药、起爆器材、爆破破岩理论、岩石破碎物理问题、爆破振动效应、爆破数值模拟、爆破拆除建(构)筑物、爆破安全与管理等领域的最新科技与学术成果。

16)中国有色金属冶金第一届学术会议(2014年12月11—13日,长沙)。学部、中国有色矿业集团有限公司、中国有色金属学会共同主办,中南大学冶金与环境学院协办,邱定蕃院士担任大会主席,张国成、何季麟院士担任副主席。徐德龙、邱定蕃、刘业翔、张国成、何季麟、张文海、段宁、邱冠周等8位院士、中国有色学会理事长康义与国内有色行业研究、生产、应用单位300余位专家学者出席会议。会议以“有色冶金节能减排技术及产业发展”为主题,旨在总结国内外有色金属冶炼工业近年来取得的重大技术进步,结合相关技术的最新发展动态,交流创新思路、展示最新技术成果、研讨有色金属冶炼产业节能减排的发展方向和重要途径,为推进我国有色金属冶炼工业的科技进步和产业升级,加快实现节能减排目标,提升核心竞争力贡献力量。会议出版了论文集,收录论文76篇。

17)学部学术活动——冶金工业全流程监测系统发展学术研讨会(2014年12月14—15日,无锡)。学部主办,钢铁研究总院承办,王海舟院士担任会议主席。殷瑞钰院士与来自国家自然科学基金委、中国钢研科技集团、北京矿冶研究总院、北京有色金属研究总院、首钢京唐公司、沙钢集团、宝钢集团、武钢集团、鞍钢集团等单位的40余位专家出席会议。殷瑞钰、王海舟院士与5位专家作学术报告。与会专家结合冶金领域研发、生产现状和未来发展趋势,围绕“冶金工业全流程监测系统发展”进行了深入研讨,会议提出了多项建设性意见。王海舟院士在总结发言时指出,冶金工业全流程监测系统的建立和完善是冶金领域实施创新驱动战略的重要步骤,项目组将进一步深入研究,提出我国冶金工业全流程监测系统的发展战略、发展模式和路线图,实施战略目标与路线图的对策和建议,为实现流程工业绿色制造、循环经济生态链构建以及冶金产品质量的全面提升,支撑冶金工业的持续发展提供决策参考。

18)2014海洋材料腐蚀与防护大会(2014年12月19—21日,北京)。会议主题为:“走向深蓝:材料跨越 防护先行”,由学部与中国腐蚀与防护学会、中国有色金属学会共同主办。国家材料环境腐蚀平台、南京工业大学先进金属材料研究院、中科院宁波材料技术与工程研究所、《中国材料进展》杂志社、中国腐蚀与防护网承办,周廉、薛群基、翁宇庆、侯保荣院士任大会主席。周廉、薛群基、侯保荣、李鹤林、周克崧、蹇锡高等6位院士与来自北京航空航天大学、复旦大学、厦门大学、中南大学、北京科技大学、南京工业大学、中科院金属所、中科院宁波材料所、中科院海洋所、钢研总院、西北有色院、鞍钢、宝钢、海军装备研究院等高校、科研院所和企业的300余位专家学者出席会议。

19) 学部学术活动——我国碳纤维及复合材料技术与产业发展战略论坛(4月6—8日,宁波)。学部主办,航天材料及工艺研究所与中科院宁波材料所承办,宁波市政府、宁波市科技局、新材料产业技术创新联盟、中科院山西煤化所、山西钢科碳材料有限公司、河南永煤碳纤维有限公司、浙江泰先新材料有限公司等单位协办。薛群基、才鸿年、李仲平、陈祥宝4位院士与来自中科院山西煤化所、中科院化学所、解放军总后勤部军需所、北京化工大学、哈尔滨工业大学、长安汽车、吉林石化、中冶建筑总院等36家单位的100余名专家学者和业内企业家出席会议。论坛共邀请了8位专家作特邀报告,20位专家作大会报告,14位专家进行了墙报展示。报告围绕“低成本化和扩大应用”主题,既有碳纤维及复合材料在航天、航空、军用后勤装备、土木建筑、新能源汽车、海洋等领域的应用研究,装备制造、材料制备关键技术问题的探讨,也有对企业应对国内外市场策略的思考。与会专家围绕碳纤维及复合材料产学研用等全产业链现状及存在的问题进行了深入研讨。

20) 学部学术活动——绿色选冶工程前沿技术论坛(5月13—15日,郑州)。学部主办,郑州大学、河南省有色金属行业协会共同承办。徐德龙副院长出席并讲话,刘炯天、邱定蕃、孙传尧、张文海、何季麟等5位院士,以及从事矿产资源开发与利用的300余名代表参加了本次论坛。论坛由刘炯天院士和何季麟院士主持。徐德龙、邱定蕃、张文海、孙传尧与何季麟等院士分别作了“降污治霾工程技术之我见”、“有色金属工业绿色化的途径”、“非高炉闪铁冶金研究”、“中国钨矿资源及选矿技术”与“基于镁、稀有难熔金属绿色冶金新技术进展”的大会报告。来自中国铝业股份公司、中钢耐火材料研究院、大唐国际高铝煤炭研发中心以及郑州大学的7位专家也围绕我国铝、镁及氧化铝等资源的绿色选冶技术作了专题报告。

21) 学部学术活动——铸造行业“十三五”技术发展工程前沿技术研究(5月17日,沈阳)。李元元院士和中国机械工程学会铸造分会理事长、西北工业大学黄卫东教授,中国机械工程学会铸造分会副理事长、沈阳铸造研究所所长娄延春等37位专家出席了会议。会议对铸造行业“十三五”期间的铸钢、铸铁、铸造金属基复合材料、钢基陶瓷复合材料、铸造耐磨材料、快速铸造、造型材料、铸造装备与检测技术、环保与安全、数值模拟、网络制造、铸造有色合金、熔模铸造、压铸、消失模铸造、挤压铸造、反重力铸造、汽车铸件等18个领域进行了深入讨论。

22) 西安先进材料发展趋势高层论坛(8月21—23日,西安)。学部,西北有色金属研究院,西安经济技术开发区管委会共同主办,徐德龙副院长、薛群基、王一德、周廉、李鹤林、黄伯云、何季麟、欧阳平凯、赵连城、姜德生、张生勇、张兴栋、周克崧、李言荣、刘炯天、丁文江等16位院士,以及来自西北工业大学、西安交通大学、北京航空航天大学、南京工业大学、北京科技大学、北京有色金属研究总院、钢铁研究总院、北京矿冶研究总院、中航工业等单位的650余名专家出席会议。会上,薛群基、周廉、黄伯云、何季麟、周克崧院士分别作了题为“材料创新设计”、“新材料发展战略研究”、“粉末冶金发展现状与趋势”、“钽铌铍金属材料技术与产业化发展”、“等离子喷涂物理气相沉积技术及其应用前景”的报告,从不同角度对新材料的发展战略、发展理念、发展趋势以及具体技术做了深入阐述。会议期间,与会院士还与西安经济技术开发区有关领导就西安市新材料产业发展及开发区发展等问题进行了座谈,并考察了西北有色金属研究院。

23）学部学术活动——工业炸药现场混装技术应用与发展工程前沿技术研究论坛(9 月 11—13 日,沈阳)。学部主办,中国工程爆破协会承办,辽宁省工程爆破协会与辽宁成远爆破工程有限公司协办。汪旭光院士担任论坛主席。学部副主任王一德院士出席并讲话,王泽山院士与国内从事工业炸药现场混装技术研发、生产与应用的 60 余家单位 80 余名代表出席了论坛。来自北京工程爆破协会、葛洲坝易普力股份有限公司、北京矿冶研究总院等 10 家单位的 14 位专家围绕论坛主题作学术报告。与会专家就工业炸药现场混装技术最新进展,存在的问题及改进措施,工业炸药现场混制、装填、爆破一体化运营模式与安全管理等内容进行了深入研讨与交流。

24）2015 新材料国际发展趋势高层论坛(9 月 19—20 日,上海)。学部,中国材料研究学会、材料学术联盟主办,上海交通大学、金属基复合材料国家重点实验室、轻合金精密成型国家工程研究中心、纳米技术及应用国家工程研究中心、上海科学技术开发交流中心承办,上海大学、东华大学、中科院上海硅酸盐所、华东理工大学、华南理工大学、西北有色金属研究院、上海市中国工程院院士咨询与学术活动中心、《中国材料进展》杂志社协办。工程院院士徐德龙、周廉、薛群基、徐惠彬、王海舟、左铁镛、何季麟、丁传贤、姜德生、江东亮、陈立泉、张兴栋、丁文江、关桥、林忠钦、柳百成、郁铭芳、刘锦川、黄崇琪、褚君浩,中科院院士邱勇、南策文、祝世宁、范守善、赵东元、李述汤、田禾、张统一、陈难先、朱静、叶恒强、魏炳波、葛昌纯,来自美国国家工程院、英国皇家工程院等单位的外方院士 Wing Kam Liu, Yiu Wing Mai, Ekhard K. H. Salje, Akihisa Inoue, Cyrus Wadia, P. W. Voorhees, George Crabtree, Huajian Gao, C. T. Liu, C. P. Wong, Hong Jie Dai 等 44 位院士,以及来自国内外 239 家单位的 1059 名专家学者出席会议。会议开幕式由论坛执行主席丁文江院士主持。论坛由一个主会场和纳米材料与技术论坛、能源材料论坛、生物医用与仿生材料论坛、智能材料前沿论坛、材料与先进制造论坛、OLED 论坛、材料基因组科学技术论坛、材料界面表征与检测论坛、优秀青年科学家论坛等 10 个分会场组成,共 208 位报告人作了报告。

25）学部学术活动——镁合金材料工程前沿技术论坛(9 月 20 日,上海)。学部主办,上海交通大学、上海科学技术开发交流中心、轻合金精密成型国家工程研究中心、金属基复合材料国家重点实验室承办,中国有色金属学会、中国有色金属协会镁业分会、国家镁合金材料工程技术研究中心、国家金属腐蚀控制工程技术研究中心、《中国材料进展》杂志社协办。左铁镛、何季麟、丁文江 3 位院士与来自哈尔滨工业大学、西安交通大学、重庆大学、东北大学、中科院金属所、中科院长春应化所、北京有色金属研究总院等单位的 100 余名专家学者出席会议。会议由丁文江院士、何季麟院士及上海交通大学彭立明教授分别主持。会上,左铁镛院士等 15 位院士、专家作了报告。

26）第八届中美化学工程学术会议(10 月 13—17 日,上海)。会议由华东理工大学主办,中国化工学会、美国化学工程师协会、中科院、工程院、基金委支持。谢克昌院士、李静海院士、曹湘洪院士、钱旭红院士、黎念之院士共同担任大会主席。大会议题主要涉及空气分离与净化、生物工程与生物技术等 15 个方面,分为 14 个分会场,参会人员近 500 人,其中美国学者 100 人。赵宪庚院士、黎念之院士和华东理工大学校长曲景平在开幕式上致辞。

27）中美院士论坛——“本世纪生物材料科学与产业重大挑战”(11 月 17 日,成都)。四川大学、本学部和医药卫生学部共同主办。四川大学校长、谢和平院士担任论坛名誉主席,张兴栋院士与美国国家工程院、国家医学院院士 Nicholas A. Peppas 共同担任论坛主席。薛群基、陈志南、魏于全、付小兵、蹇锡高、丁文江等院士与 9 位美国工程院院士出席论坛。中美生物材料界的知名学者、企业家等 60 余人参加了会议并进行了深入研讨。四川大学常务副校长李光宪教授主持了开幕式，谢和平、薛群基、陈志南、Nicholas A. Peppas 与张兴栋院士分别在在论坛开幕式上致辞。本届论坛聚焦了全球最热门的生物材料交叉领域，共邀请了美国国家工程院、国家医学院院士 Nicholas A. Peppas，James M. Anderson，Cato T. Laurencin，美国工程院院士 Kam W. Leong，Buddy D. Ratner，Arthur J. Coury，Joseph C. Salamone，Leonard Pinchuk，Richard W. Korsmeyer 等 9 位院士，国内方面邀请了付小兵、丁文江、魏于全、陈志南、李晓光、顾晓松、殷敬华等 7 位知名院士、专家作学术报告。

28）2015 年中国石油炼制科技大会（11 月 17—19 日，北京）。中国石油学会石油炼制分会、中国石油化工信息学会主办，中国石化石油化工科学研究院承办，学部协办。王基铭、曹湘洪、舒兴田、袁晴棠、李大东、汪燮卿、徐承恩、杨启业、贾承造等 9 位院士，以及来自国家发展改革委能源研究所、中国石化、中国石油、中国海油、中国化工、中国神华、杜邦中国、中国石油大学（北京）等单位的 300 余名专家学者出席会议。会议设大会报告和分会场两个环节，其中大会报告 15 个，分会场报告 112 个。大会报告分别由袁晴棠、徐承恩、汪燮卿、舒兴田院士等主持，王基铭、曹湘洪、贾承造等院士做了大会报告。分会场包括炼油工艺与工程分会，炼油催化剂与催化材料分会，保护环境与节约能源分会，以及石油产品、分析、设备与信息技术分会。会议共征集论文 326 篇，经过审稿，会议论文集共收录 182 篇论文，并已由石油化工出版社正式出版。

29）中国有色金属冶金第二届学术会议（11 月 25—27 日，长沙）。会议以“有色金属冶金与环境保护”为主题，由中南大学、学部、中国有色金属学会主办，中南大学冶金与环境学院、湖南省科协、北方中冶（北京）工程咨询有限公司承办。徐德龙副院长、中国有色金属学会康义理事长出席会议并讲话，邱定蕃、刘业翔、何季麟、张文海、邱冠周、段宁等 7 位院士与来自中国有色金属学会、清华大学、重庆大学、东北大学、华东理工大学、中科院过程工程所、中国有色矿业集团、北京有色金属研究总院、中国铝业股份有限公司的 42 位专家作学术报告。国内有色冶金与环保领域的 600 余名学者和科技企业家出席会议。徐德龙副院长作了题为“坚持科技创新驱动做强做大金属镁产业”的报告，邱定蕃院士作了题为“金属二次资源循环利用问题”的报告，刘业翔院士作了题为“锂和锂离子电池”的报告，何季麟院士作了题为“高纯金属及陶瓷靶材料发展评述”的报告，张文海院士作了题为“世界冶金水套的技术进步”的报告，段宁院士作了题为“电解锌清洁生产机会浅析”的报告，邱冠周院士作了题为“生物冶金、矿物加工及环境保护”的报告。

30）学部学术活动——中国材料试验标准体系建设学术研讨会（12 月 17 日，北京）。干勇、屠海令、王海舟、朱静、江东亮、吴以成、毛新平、李卫等 8 位工程院、中科院院士，国家标准化管理委员会副主任郭辉、工程院办公厅巡视员易建、工信部原材料司副司长苗治民、科技部资源配置与管理司处长刘春晓，以及来自北京科技大学、钢铁研究总院、北京有色金属研究总院、中国建材总院等单位的学者共 30 余人出席会议。与会院士、领导、专家围绕中国材料试验标准体系发展这一议题，进行了深入研讨，并形成了成立相关协会，从材料入手推进标准化工作，力争将标准化相关工作纳入国家和有关部门“十三五”规划之中等共识。

31）化学工程前沿论坛——化工环境与可持续发展（2016 年 2 月 24—26 日，天津）。学部主办，中科院过程所、天津大学和 Frontiers of Chemical Science and Engineering（FCSE）编辑部承办，会议名誉主席为王静康院士，会议主席为 FCSE 执行副主编美国工程院院士 John C. Crittenden 教授和中国工程院院士张懿研究员。本次会议为加强国际合作、协同努力、发展绿色化学科学与工程，兼顾环境保护和可持续发展，做出了贡献。出席的美国工程院院士 2 人（John C. Crittenden，

Georgia Institute of Technology；Menachem Elimelech，Yale University），中国工程院院士5人（王静康、张懿、钱旭红、曲久辉、刘文清）；报告院士5人（钱旭红、曲久辉、刘文清，John C. Crittenden，Menachem Elimelech）；出席专家95人，报告专家30人。

32）学部学术活动——“我国自主创制专用除草剂‘谷友’应用工程前沿技术研究”学术研讨会（2016年4月21—23日，天津）。学部主办，李正名院士主持会议，南开大学农药国家工程研究中心承办。李正名、王静康、钱旭红、宋宝安等院士出席会议。南开大学化学学院和农药中心负责人在开幕式上致辞。来自全国高校、科研单位的专家学者及企业的专家学者30余人与会。

附件9：学部开展的科技合作活动简介

1）2014甘肃（国际）环境友好发展暨高分子特种新材料技术研讨会暨2014院士专家敦煌行（2014年6月26—28日，甘肃）。学部协办。徐德龙、薛群基、蹇锡高、沈岩等院士与四川大学、中科院系统有关专家学者及甘肃省科协、科技厅，酒泉、敦煌市有关领导和专家120余人参加会议。徐德龙副院长在会上讲话，薛群基院士主持报告会，徐德龙、蹇锡高院士与有关专家共作9个学术报告。会议期间，院士专家与当地企业进行了技术座谈、交流；蹇锡高院士还与敦煌西域特种新材料股份有限公司签订了建立院士工作站的协议。

2）第六届中国包头·稀土产业论坛（2014年8月7—9日，内蒙古）。论坛由内蒙古自治区政府、中国工程院、中国稀土行业协会和中国稀土学会共同主办，包头市政府、学部、包头稀土高新区管委会承办，论坛主题为“稀土元素均衡应用与战略性新兴产业的和谐发展”。徐德龙副院长、干勇院士出席大会开幕式并致辞。张国成、丁文江、中科院沈宝根等院士与来自国务院发展研究中心、科技部、工信部、财政部、国税总局、中科院、社科院等单位的领导出席了大会。北京、福建、甘肃、江西等21个省市相关稀土行业主管部门、研发单位和企业代表共700多人参加了大会。论坛期间，丁文江院士等38位专家围绕论坛主题作了学术报告，与会专家还分别参加了“稀土储氢材料与新能源汽车”、“稀土市场发展新趋势”、“科技创新引领稀土产业发展”、“稀土永磁材料发展新机遇”等专题研讨。论坛期间，徐德龙副院长、干勇院士分别参观了包钢集团等有关企业，与企业领导和技术人员进行了交流。干勇院士还为包钢集团中高层管理人员作了题为“我国制造业发展和重大工程关键材料产业化技术”的讲座。

3）淄博新材料技术论坛（2014年9月13—16日，山东）。论坛由中国工程院、中国科学院、山东省政府共同主办，学部与中科院沈阳分院、山东省科技厅、淄博市政府共同承办。中国工程院副院长徐德龙院士出席论坛开幕式并讲话，薛群基、王一德、李龙土、张文海、张钟华、蒋士成、俞梦孙、陈克复、张铁岗、侯立安、谭天伟、丁文江、尤政等14位工程院院士，闻邦椿、宋振骐、周远、都有为、黄维等5位中科院院士与来自80余所高校、科研院所的300余专家学者出席论坛，论坛开幕式由淄博市委书记、市人大常委会主任周清利主持。论坛期间，徐德龙副院长参观考察了历届新材料技术论坛成果展、山东天璨环保科技股份有限公司及山东派力迪环保有限公司。论坛同期还举办了“院士、专家淄博科技行”和“中国（淄博）国际科技成果招商洽谈会”，21位院士和30余名有关专家对淄博市企业进行了考察，与有关企业对口洽谈，解决技术难题，寻求项目合作，为企业的科研、生产、创新发展提供咨询服务；来自无机材料、化工新材料、生物医药、节能环保四个领域的院士、专家与淄博市相关企业代表举行了科技成果专题对接洽谈。

4）湛江钢铁石化循环经济专家咨询会（2014年8月19日，北京）。徐匡迪、徐德龙、干勇、殷瑞钰、曹湘洪、王基铭、张寿荣、袁晴棠、王一德、王国栋等院士与咨询专家、湛江市有关领导出席会议。会上，湛江市市长王中丙汇报湛江市循环经济建设进展情况；石油和化工工业规划院副院长、教授级高工史献平介绍《湛江东海岛钢铁石化循环经济实施方案》规划主题思想；宝钢湛江钢铁公司、中科（广东）炼化一体化公司汇报各自项目建设进展情况以及开展循环经济项目的推进情况。会议认为，发展东海岛钢铁石化循环经济，是具有国家战略意义的工程，是产业转型、创新驱动、节能减排时代背景下的一次生动实践。

5）资源型产业可持续发展院士行（2014 年 11 月 4—6 日，江西）。中国工程院和江西省政府主办。徐德龙副院长、干勇原副院长、彭苏萍、黄崇祺、黄伯云、孙传尧、张文海、何季麟、王海舟等 9 位院士及 10 余位专家，以及来自江西省委省政府有关部门、企业、高校、科研机构、有关地市的代表参加了本次活动。活动期间，江西省副省长朱虹会见了徐德龙副院长及院士专家。在院士行启动仪式及院士报告会上，徐德龙副院长和江西省副省长李炳军分别致辞，干勇院士作了题为“重大工程关键金属能源材料产业化技术”的学术报告；黄伯云院士作了题为“中国粉末冶金发展现状”的学术报告；徐德龙副院长作了题为“气固两分离及电厂烟气治理”的学术报告，报告会由江西省科技厅厅长洪三国主持。启动仪式及报告会后，举办了“国家钨与稀土战略性新兴产业协同创新中心咨询论证会”、“粉末冶金产业技术创新院士萍乡行”、“铜产业技术创新院士鹰潭行”等活动。

6）鞍山“创新驱动与转型发展”高层论坛（2015 年 1 月 21—23 日，鞍山）。干勇、胡永康、桑凤亭、王国栋、周克崧、蹇锡高等院士专家出席鞍山市政府主办的“创新驱动与转型发展”高端论坛，就新一轮鞍山老工业基地全面振兴、经济新常态下创新驱动与转型发展等课题进行深入研讨，为鞍山市制定“十三五”规划献计献策。干勇院士作了《制造业数字化网络化智能化是新工业革命的核心技术》专题报告。

7）材料基因计划深圳论坛（2015 年 2 月 3 日，深圳）。陈立泉院士担任主席。学部主办，深圳市国创新能源研究院和清华大学深圳研究生院共同协办、深圳市科技创新委员会支持。深圳市人大常委会副主任、深圳市科学技术协会主席蒋宇扬，深圳市科技创新委员会党组书记、主任陆健出席了论坛并致辞。陈立泉、江东亮、王崇愚、陈难先、张统一等院士就中国材料基因组计划的战略意义、科学基础和建设内容做了主题演讲或专题发言。“千人计划”专家汪洪博士和项晓东博士，及上海材料基因工程研究院张文清教授做了专题学术报告。来自哈佛大学、加州大学伯克利分校、北京大学、清华大学等单位的 70 余名学者参会。

8）《舟山国际绿色石化园区规划》咨询专家组会议（2015 年 4 月 6—8 日，杭州、舟山）。工管学部与化工、冶金与材料工程学部共同主办。王基铭院士负责召集、主持。徐匡迪主席、王基铭、曹湘洪、袁晴棠、李大东、徐承恩等院士、专家参加。

9）大连石化行业空间布局与区域协调发展调研暨院士行（2015 年 5 月 4—7 日，大连）。王基铭、王众托、李大东、舒兴田、桑凤亭、蹇锡高、胡永康、胡文瑞、黄维和、李阳等院士出席。王基铭院士作大会特邀报告“石化行业空间布局与区域协调发展”。院士们参观调研了恒力石化（大连）有限公司、西中岛管委会规划平台和大连西太平洋石化公司，听取了“石化岛”规划情况汇报。调研期间还举行了战略咨询座谈会。

10）院士专家青海行（2015 年 6 月 14—16 日，青海）。工程院与青海省人民政府科技合作协议签字仪式暨院士专家青海行活动。徐德龙副院长、黄伯云、郑绵平、尹伟伦、张懿、刘炯天、胡春宏、段宁等院士参加。

11）“石化工业强基战略研究”和“石化工业转型升级创新发展战略研究”项目调研（2015 年 6 月 23—26 日，江西、江苏）。袁晴棠院士率两个项目的课题组赴中国石化九江分公司、中国石化镇海炼化分公司进行有关智能石化工厂和石化企业转型升级创新发展方面的现场调研。

12）生物化工与生物制造产业发展研讨会（2015 年 7 月 28—29 日，山东青州）。会议由学部和中国石油与化学工业联合会共同主办，北京化工大学、青州市人民政府和山东吉青化工有限公司等单位承办。学部主任薛群基院士、青州市委书记、市长韩幸福、工信部原材料司石化化工处处长罗其明出席开幕式并讲话。来自江南大学、清华大学、浙江大学、华东理工大学、北京化工大学等 10 余所高校、中科院宁波材料所、过程工程研究所、大连化物所、广州能源所等 10 余家院所、中国中化集团、河南天冠集团、山东龙力集团等近百家企业的 200 余名专家代表出席会议，研讨会由北京化工大学校长谭天伟院士主持。

13）第七届中国包头·稀土产业论坛（2015 年 8 月 7—9 日，包头）。以“新常态下稀土产业转型升级”为主题。论坛由内蒙古自治区政府、中国工程院、中国稀土行业协会和中国稀土学会共同主办，包头市政府，学部，包头稀土高新区管委会承办。徐德龙副院长，工信部副部长辛国斌，自治区党委常委、包头市委书记王中和，自治区副主席王波出席开幕式，并为包头市“国家稀土产业转型升级试点城市”揭牌。来自科技部、财政部、商务部、中科院等单位的领导出席了大会。北京、福建、甘肃、江西等 19 个省市相关稀土行业主管部门、研发单位和企业代表共 700 多人参加了大会。论坛期间，来自中国电子信息产业发展研究院、北方稀土集团、中国稀土学会、中科院长春应化所、上海交大、北京有色金属研究院等单位的 23 位专家围绕论坛主题作了学术报告，与会专家还分别参加了“稀土科技创新”、“稀土市场与电子商务”、“稀土抛光材料”等专题研讨。

14）中国工程院院士赴云南考察（2015 年 8 月 28—30 日，昆明）。云南省科技厅致函我院，邀请新材料、生物医药、能源、化工、环保等领域院士赴云南考察指导工作，提供战略决策咨询。本学部徐德龙、张生勇、陈丙珍、赵振业、舒兴田等院士参加活动。

15）2015 攀枝花钒钛资源综合利用院士行活动暨钒钛（国际）论坛（2015 年 11 月 27—29 日，攀枝花）。中国金属学会、学部和攀西战略资源创新开发试验区领导小组共同主办，攀枝花市人民政府、四川省科技厅、钒钛资源综合利用产业技术创新战略联盟等单位承办。科技部曹健林副部长、四川省副省长刘捷、四川省委省政府决策咨询委员会常务副主任李成云、工程院干勇、翁宇庆、余永富院士、攀枝花市委书记张剡，市委副书记、市长杨自力与 600 余位国内外钒钛产业领域的专家、学者和企业家代表出席活动。论坛以“低成本钛及钛制品制备、钛材的大规模应用和建立钒钛经济平台”为主题，干勇、翁宇庆院士与 7 位专家作学术报告。论坛期间，干勇、翁宇庆院士共同主持了“攀西资源开发战略与重大科技攻关项目咨询会”。与会院士、专家还对攀钢集团高温碳化低温氯化中试线、海绵钛厂进行了实地调研。

16）繁昌矿产资源开发利用院士行（2016 年 4 月 6—8 日，安徽芜湖）。汪旭光、王一德、姜德生、陈建峰等院士与中国建材集团、北京化工大学等单位专家实地考察了芜湖海螺水泥有限公司、建华建材（安徽）有限公司、芜湖循环经济产业园，并与市县领导、县有关部门和企业进行了座谈交流。芜湖市委常委、副市长冯克金，繁昌县委书记张祖武，县委副书记、县长胡金贵等领导陪同考察或参加座谈。

附件 10：学部 2014 年 6 月至今开展学术活动、科技合作一览表

序号	名称及主题	负责院士	时间	地点	参加人数		报告个数		备注
					院士	专家	院士	专家	
1	化工、冶金与材料工程学部第十届学术会议	曹湘洪	2014 年 10 月 21—25 日	福州	60	200	16	82	学部承办
2	国际工程科技发展战略高端论坛——“面向未来的新材料与智能制造”	周　廉 丁文江	2015 年 9 月 20 日	上海	12	100	12	20	学部承办
3	第 188 场中国工程科技论坛——爆炸合成纳米金刚石和岩石安全破碎关键科学与技术	汪旭光	2014 年 9 月 14—17 日	合肥	11	120		52	学部承办
4	第 195 场中国工程科技论坛——中国科学仪器设备与试验技术发展高峰论坛	王海舟	2014 年 10 月 19—21 日	北京	8	800	3	210	学部承办
5	第 192 场中国工程科技论坛——钛冶金及海绵钛发展	周　廉	2014 年 11 月 16—18 日	苏州	6	100		11	学部承办
6	中国工程科技论坛第 207 场——工业绿色发展工程科技战略及对策	殷瑞钰	2015 年 5 月 8 日	北京	10	200	3	8	学部承办
7	中国工程科技论坛第 212 场——绿色生物制造	谭天伟	2015 年 8 月 19—23 日	青海	7	200	2	15	学部承办
8	中国工程科技论坛第 213 场——高分子材料工程科技论坛	蹇锡高	2015 年 9 月 15—17 日	大连	13	150	3	38	学部承办

续表

序号	名称及主题	负责院士	时间	地点	参加人数		报告个数		备注
					院士	专家	院士	专家	
9	第十一届全国固态相变凝固及应用学术会议	徐惠彬	2014年6月6—8日	北京	4	150	4	56	学部支持
10	教育部高等学校材料类专业教学指导委员会2014年工作会议及材料教育论坛	周　玉	2014年7月4—7日	成都					学部支持
11	第12届国际盐湖会议	郑绵平	2014年7月14—18日	青海	20	300			院支持
12	百名专家淄川行		2014年7月17—19日	山东	11	150	2		学部协办
13	“生物加工与生物制造对未来过程工业的影响和发展趋势”暨“‘十三五’生物化工领域发展规划”专家研讨会	谭天伟	2014年8月9—12日	内蒙古	3	30	1	12	学部主办
14	学部学术活动——2014年国际新材料发展趋势高层论坛	周　廉	2014年9月19—21日	西安	32	700	7	55	学部主办
15	2014年中国-欧盟膜技术研究与应用研讨会		2014年10月16—18日	威海	1	150	1	15	学部主办
16	青岛储能高峰论坛暨青岛储能产业技术研究院第一届储能技术国际研讨会	陈立泉	2014年10月30日—11月1日	青岛	3	100	2	21	学部主办

续表

序号	名称及主题	负责院士	时间	地点	参加人数		报告个数		备注
					院士	专家	院士	专家	
17	学部学术活动——爆破新技术与安全管理研究暨第四届亚洲太平洋地区爆破技术研讨会	汪旭光	2014年11月18—21日	深圳	1	180		39	学部主办
18	中国有色金属冶炼技术及产业发展论坛	邱定蕃	2014年12月11—13日	长沙	8	300	8	30	学部主办
19	学部学术活动-冶金工业全流程监测系统发展	王海舟	2014年12月	无锡	2	40	2	5	学部主办
20	2014海洋材料腐蚀与防护大会	周　廉	2014年12月19—21日		6	300		98	学部主办
21	鞍山“创新驱动与转型发展”高层论坛	干　勇	2015年1月21—23日	鞍山	6		1		学部主办
22	“材料基因计划深圳论坛”	陈立泉	2015年2月3日	深圳	5	70	5	3	学部主办
23	《舟山国际绿色石化园区规划》咨询专家组会议	徐匡迪	2015年3月16日 2015年4月6—8日	工程院 浙江	7 6	9 12			与工管学部共同主办
24	“生物材料的过去、现在与未来”学术报告会	张兴栋	2015年3月27日	工程院	4	100		1	学部共同承办
25	我国碳纤维及复合材料技术与产业发展战略论坛	李仲平	2015年4月7日	宁波	5	100		28	学部主办

续表

序号	名称及主题	负责院士	时间	地点	参加人数		报告个数		备注
					院士	专家	院士	专家	
26	海洋工程钛加工成型与焊接技术研讨会	周　廉	2015 年 4 月 25—26 日	武汉	3	150		33	学部主办
27	大连石化行业空间布局与区域协调发展调研暨院士行	王基铭	2015 年 5 月 4—7 日	大连	11		1		学部协办
28	绿色选冶论坛	刘炯天	2015 年 5 月 13—16 日	郑州	6	300	5	7	学部主办
29	铸造行业“十三五”技术发展工程前沿技术研究	李元元	2015 年 5 月 17 日	沈阳	1	36			学部主办
30	院士专家青海行	徐德龙	6 月 14—16 日	青海	8				学部协办
31	生物化工与生物制造产业发展研讨会	谭天伟	2015 年 7 月 28—29 日	青州	2	200		19	学部主办
32	中国包头稀土产业论坛	徐德龙 干　勇	2015 年 8 月 7—9 日	包头	1	700		23	学部承办
33	生物加工与生物制造对未来过程工业的影响与发展趋势论坛	谭天伟	2015 年 8 月 9—14 日	加拿大	2	200			学部协办
34	西安先进材料高层论坛	周　廉	2015 年 8 月 21—23 日	西安	16	650	5		学部共同主办

续表

序号	名称及主题	负责院士	时间	地点	参加人数		报告个数		备注
					院士	专家	院士	专家	
35	中国工程院院士赴云南考察	徐德龙	8 月 28—30 日	昆明	5（本学部）				学部协办
36	工业炸药现场混装技术应用与发展工程前沿技术研究论坛	汪旭光	2015 年 9 月 11—13 日	沈阳	3	80		14	学部主办
37	中国镁材料产业发展战略高层论坛	丁文江	2015 年 9 月 18—20 日	上海	3	100	1	14	学部主办
38	2015 新材料国际发展趋势高层论坛	周　廉 丁文江	2015 年 9 月 18—20 日	上海	44	1059		208	学部承办
39	第八届中美化学工程学术会议	钱旭红	2015 年 10 月 12—16 日	上海	21	700	10	300	院支持
40	第四届两岸产业工程科技交流论坛	干勇等	2015 年 11 月 8—12 日	成都	10	20	7	9	学部协办
41	中美院士论坛——本世纪生物材料科学和产业重大挑战	张兴栋	2015 年 11 月 16—18 日	成都	17	60	11	3	学部共同主办
42	2015 中国生物材料大会暨中美生物材料学会第三次专题研讨会	张兴栋	2015 年 11 月 19—23 日	海口	12	1300	10	600	院支持
43	中国有色金属冶金第二届学术会议	邱定蕃	2015 年 11 月 25—27 日	长沙	7	600	7	35	学部共同主办

续表

序号	名称及主题	负责院士	时间	地点	参加人数		报告个数		备注
					院士	专家	院士	专家	
44	2015 攀枝花钒钛资源综合利用院士行暨攀枝花钒钛(国际)论坛	干　勇	2015 年 11 月 27—29 日	攀枝花	3	600	3	7	学部共同主办
45	中国材料试验标准体系建设学术研讨会	王海舟	2015 年 12 月 17 日	北京	8	30	1	1	学部主办
46	2015 第二届海洋材料腐蚀与防护大会暨海洋新材料及防护新技术展览会	周　廉 薛群基 翁宇庆等	2015 年 12 月 4—6 日	北京	3	450		112	学部支持
47	“绿色制造”课题江苏调研	徐德龙	2016 年 1 月 10—12 日	江苏	4				学部支持
48	化学工程前沿论坛——化工环境与可持续发展	王静康	2 月 24—26 日	天津	7	95	5	30	学部主办
49	繁昌矿产资源开发利用院士行	汪旭光	2016 年 4 月 4—8 日	安徽芜湖	4	5			学部主办
50	学部学术活动——“我国自主创制专用除草剂‘谷友’应用工程前沿技术研究”学术研讨会	李正名	2016 年 4 月 21—23 日	天津	3	30			学部主办
51	东方论坛——先进航空发动机热端结构材料研究与发展研讨会	江东亮	2016 年 5 月 16—18 日	上海	7	65	3	12	学部协办

能源与矿业工程学部工作报告

2016 年 5 月 31 日

各位院士：

两年一次的院士大会让我们能源与矿业工程学部全体院士欢聚一堂，共叙事业、友情和健康。在此，我代表学部常委会向全体院士致以亲切的问候和诚挚的感谢。感谢大家多年如一地对学部工作的大力支持，对国家发展战略做出的重要咨询，对我国工程科技的进步与发展做出的实际贡献，对培养年轻人才做出的辛勤工作。同时，我们要向 2015 年当选的邓运华、顾大钊、康红普、李根生、李建刚、刘吉臻、罗安、武强 8 位院士，和李文沅外籍院士表示诚挚的祝贺和热烈的欢迎！经国际小行星中心命名委员会批准，国际编号为 210231 号小行星，命名为“王德民星”，并于今年 4 月 12 日举行了命名仪式，在此向王德民院士表示祝贺！此外，向获得第十一届光华工程科技奖“工程奖”的李立浧、陈清泉院士表示祝贺！希望全学部团结一心、再接再厉，发扬科学求实、开拓创新的精神，紧紧围绕国家和工程院的战略部署，为深入推进国家工程科技思想库建设并打造国家高端智库，为推动我国科学技术的进步和工程科技事业的发展贡献力量，再立新功！

受学部常委会的委托，我代表常委会向学部大会做两年来的工作报告，请各位院士审议。

一、两年来的工作回顾

2014 年 6 月召开第十二次院士大会以来，能源与矿业工程学部在院领导和各有关部门的关怀下，在以往历届学部常委会打下的扎实工作的基础上，在本届学部常委会的集体领导下，在全体院士的积极参与和大力支持下，出色完成了院士增选、战略咨询、科技服务和学术交流等各项工作。两年来，通过开展多种形式的活动，进一步增强了学部院士的凝聚力和协作合力，营造了团结、民主、和谐、奋进的良好氛围，为我国能源与矿业工程领域的发展做出了突出贡献。

主要工作总结如下：

（一）院士增选圆满完成

增选工作是院士队伍建设的首要环节和重要基础。2015 年是院士制度改革后的第一个增选年，学部常委会及学部全体院士高度重视增选工作。在“严格坚持标准、用好用足名额”的原则指导下，学部常委会按照新修订的《中国工程院章程》《院士增选工作实施办法》，在总结以往增选经验的基础上，对学部《第一轮评审操作办法》《第二轮评审、选举操作办法》等增选文件进行了修订。经过候选人提名、第一轮评审、进入第二轮候选人公示、投诉调查和考察、第二轮评审等增选程序，学部全体院士通过紧张、有序的工作，从 69 位有效候选人中选举产生了 8 名新院士。目前学部有 113 位院士，院士的学科专业覆盖面更加广泛，更加合理，这对于今后学部工作的开展具有十分重要的意义。

在2015年院士增选工作中，受工程管理学部委托，在第一轮评审中对具有能源与矿业工程专业背景的9位候选人进行了评审，产生4位候选人进入第二轮评审、选举。此外，学部常委会对本学部学科专业范围的2位外籍院士候选人进行了研究并推荐进入主席团会议介绍和评审，经全院投票表决，李文沅教授当选为外籍院士。

（二）战略咨询成效显著

面向党中央、国务院和各部委开展战略咨询，是国家工程科技思想库的核心任务。两年来，学部按照习近平总书记“服务决策、适度超前”的要求，紧紧围绕服务国家战略需求，针对国家经济社会发展中的重大问题，特别是能源和矿业工程领域的重大问题，充分发挥学部常委会和院士群体作用，组织开展了具有综合性、战略性、前瞻性的咨询研究，为国家的宏观决策提供了有效支撑，取得显著成效。

1. 我院设立的咨询项目情况

两年来，学部共完成院设立的咨询项目12项（见附件1）；目前正在开展的咨询项目18项（见附件2），其中重大咨询项目3项。此外，学部院士作为项目负责人还承担了2项重大咨询项目，1项重点咨询项目和1项高端智库重点项目。如：

（1）“国家公共安全科技发展战略研究”重大咨询项目。

该项目于2014年1月启动，由范维澄院士负责，20位院士和数十位专家参与研究。项目面向国家公共安全的重大需求，分析研究了自然灾害、事故灾难、社会安全事件、公共卫生事件、综合应急等各方面的科技发展现状与技术需求。组织开展了多次调研和研讨会，连续两年举办了年度学术交流会议。通过研究，提出了我国公共安全科技发展战略。目前，已完成了各专题报告和总报告的撰写并向学部常委会进行了汇报，研究成果将进一步凝练并以丛书的形式出版。

（2）“EMP发展战略研究”重大咨询项目。

为贯彻中央领导有关批示精神，在前期研究的基础上，中国工程院于2014年7月启动了“EMP发展战略研究”重大咨询项目，由邱爱慈等院士担任项目负责人，43位院士、300余位专家参与研究。先后组织了多次调研和座谈研讨会，阶段性研究成果于2015年初上报中央军委，得到军委领导的重要批示。

（3）“我国能源技术革命的技术方向和体系战略研究”重大咨询项目。

该项目于2015年1月启动，由王玉普、李立涅院士负责，40余位院士参加。项目立足于能源技术革命，以提出我国能源技术革命的技术方向和技术体系为目标。从能源技术革命中各类能源构成的角度，设置9个课题。组织开展了多次调研和研讨会，经过一年多的研究，目前各课题已基本完成研究报告初稿的撰写。

（4）“碳约束条件下我国能源结构优化研究”重大咨询项目。

该项目于2016年1月启动，由张玉卓院士负责，共设置8个课题，约20位院士和200余位专家参与研究，将以多维度、长周期的视角，系统分析和优化未来适合我国国情的低碳能源格局与发展路径。已于2016年2月24日召开了项目启动会，目前项目各课题正在开展全面调研和研究。

（5）“中国工程科技2035发展战略研究”重大咨询项目。

该项目于2015年1月启动，由赵宪庚院士负责，是我院与国家自然科学基金委联合开展的重大咨询项目，联系部门为咨询工作委员会，彭苏萍、范维澄院士分别担任项目能源与矿业领域、公共安全领域的课题负责人。各领域组会同技术预见组共同完成了第一轮技术预见专家调查和分析；需求分析与预测组完成了需求调查、经济预测初步工作，各领域课题组按照项目进度安排，基本完成了领域研究报告初稿等工作。

(6)“推动能源生产和消费革命战略研究(二期)”重大咨询项目。

在项目一期的基础上，该项目被设立为2016年重大咨询项目，由谢克昌、彭苏萍院士任项目负责人，30余位院士参加，项目联系部门为中国工程科技发展战略研究院。项目以“农村能源革命与西部能源发展”为研究重点，下设9个课题，已于2015年10月召开项目启动会。目前各课题正处于全面调研和深入研究阶段。

(7)“推动能源生产和消费革命战略研究”高端智库重点项目。

该项目于2016年3月初启动，由赵宪庚、谢克昌院士担任项目负责人，30余位院士参加，联系部门为咨询工作委员会。通过项目研究，旨在为国家在新形势下做出的推动能源生产和消费革命以及控制能源消费总量重大战略决策提供理论支撑，在全球能源供求格局变化、能源技术发展进步、气候变化日趋严重的大趋势下，为进一步完善国家能源战略和中长期发展规划提供切实可行的政策建议。

(8)“引发产业变革的重大颠覆性技术预测研究”重大咨询项目。

除以上项目外，学部李立浧、赵文智院士参与了“引发产业变革的重大颠覆性技术预测研究”重大咨询项目研究工作。该项目根据科技部需求设立，于2016年1月正式启动。由工程管理学部孙永福、王礼恒院士担任项目负责人。拟对引发产业变革的重大颠覆性技术展开两轮次的技术遴选，并撰写相应的重大颠覆性技术研究分报告和总报告。目前项目稳步推进，完成了前期相关工作，并初步完成“备选技术清单”和“引发产业变革的颠覆性技术指标评价体系”的梳理和构建，为后续技术遴选做准备。

2. 有关部委委托的咨询工作

学部在完成我院设立的咨询项目的同时，还圆满地完成了有关部委委托的6项专题咨询(见附件3)。

(1) 雅安至武汉特高压交流输变电工程专题咨询。

根据国家能源局的委托，学部于2014年7—8月组织相关领域的院士专家对“雅安至武汉特高压交流输变电工程”进行了专题咨询。咨询专家组由王玉普副院长任顾问，杜祥琬院士任组长，李立浧院士任副组长，共有13位院士参加。专家组认真审阅了相关资料，听取了有关方面的情况介绍，对四川水电富余特性、消纳方案、外送方案等进行了分析研究，并经深入研讨和综合凝练形成咨询报告，为国家能源局的决策提供了科学咨询。

(2)“十三五”时期推进能源革命的主要政策和措施专题咨询。

根据中央财办的委托，学部于2015年1—3月组织院士、专家对“十三五”时期推进能源革命的主要政策和措施相关问题进行了专题咨询，咨询专家组由王玉普副院长任组长，谢克昌、彭苏萍、李立浧院士任副组长，共有18位院士、14位专家参加。专家组根据中央财办有关要求，认真研究制定了咨询工作方案，经数次深入研讨和综合凝练形成咨询报告，并于2015年3月中旬提交中央财办。

(3) 我国内陆地区核电建设专题咨询。

根据国家能源局的委托，学部于2015年2—6月组织相关领域的院士、专家对我国内陆核电建设可行性进行了专题咨询。咨询专家组由杜祥琬院士任组长,叶奇蓁、于俊崇院士任副组长,共有21位院士、20位专家参加。专家组通过对湖南桃花江、湖北咸宁和江西彭泽三个内陆厂址进行实地调研、四次综合研讨,广泛听取、收集和分析了各方面的意见和建议,经综合凝练、三次征求意见和多次修改,形成咨询报告,经院常务会审议后报送国家能源局。

(4) 能源科技发展方向及其对我国能源格局影响研究专题咨询。

根据国家能源局的委托,学部于2015年7—12月组织院士、专家对“能源科技发展方向及其对我国能源格局影响研究”进行了专题咨询。咨询专家组由彭苏萍院士任组长,共有20位院士、30位专家参加。专家组根据能源局有关要求,认真研究制定了咨询工作方案,经数次深入研讨、多次修改和综合凝练,形成咨询报告,并于2015年12月底提交国家能源局。

(5) 我国现代煤化工产业发展问题研究专题咨询。

根据工业和信息化部的委托,学部于2015年7—12月组织院士、专家对“我国现代煤化工产业发展问题研究”进行了专题咨询,咨询专家组由彭苏萍、张玉卓院士任组长,共有7位院士、20余位专家参加。专家组听取了工业和信息化部的有关情况介绍,认真研究制定了咨询工作方案,经数次深入研讨、多次修改和综合凝练,形成咨询报告,并于2015年12月底提交工业和信息化部。

(6)《能源技术革命战略行动计划(2016—2030年)(初稿)》专题咨询。

根据国家能源局的委托,学部于2015年12月组织院士、专家对《能源技术革命战略行动计划(2016—2030年)(初稿)》进行了专题咨询,咨询专家组由赵宪庚院士任组长、李立浧院士任副组长,共有43位院士、8位专家参加。咨询专家组在认真审阅资料、听取了国家能源局关于《行动计划》及编制情况介绍的基础上,通过2次专家组全体会议讨论、3次征求意见、多次修改完善,形成咨询报告,并于2015年12月底提交国家能源局。

3. 院士建议

两年来,学部先后上报了11份院士建议(见附件4),其中“关于尽早核准建设自主三代核电‘华龙一号’示范工程的建议”、“关于鄂尔多斯盆地铀、煤等多种战略资源协调开发的建议”、“关于加快川藏水电开发送出工程建设的建议”、“关于开展‘低碳’冬季奥运的工程技术建议”、“关于建立‘国家高危险物质管控与应急体系’的建议”、“对世界油气形势的基本判断及中国油气供给战略”等院士建议得到了李克强、俞正声、张高丽、刘延东、王勇等中央领导同志的重要批示,为国家的宏观决策提供了有效支撑。

此外,根据院里安排,还开展了中国工程科技知识中心能源专业知识服务子系统的建设工作。能源专业知识服务子系统由谢克昌院士负责,包括煤炭、石油、天然气、可再生能源(太阳能、风能、水能、地热能、海洋能、生物质能)、核能、LCA等13个主题板块,从2014年开始建设,2015年10月上线。该平台旨在通过数据的汇集形成覆盖能源生产到能源消费,关联工程、科技、环境、生态、经济、市场、贸易、社会、安全、政治、专家、成果等方面全生命周期多维度大数据,并在此基础上进行数据的挖掘和分析,发现新知识、新规律,为我院及有关单位开展战略咨询和科学技术研究提供知识服务。

(三)科技服务深入开展

面向地方经济社会发展中的重大战略问题,组织院士、专家为行业、地方和企业提供优质的咨询服务和开展高效的科技合作,是发挥国家工程科技思想库作用的重要举措。学部积极开展能源与矿业工程领域的科技服务,对促进行业、地方和企业的技术创新和发展起到了积极的促进作用。

具体如下：

1. 鄂尔多斯盆地铀矿、煤矿开发利用调研

2014 年 8 月 10—12 日，学部组织开展了对鄂尔多斯盆地铀矿、煤矿开发利用的调研，先后考察了中核内蒙古矿业公司铀矿地浸试验现场和神华神东矿区，共 21 位院士参加。在中核内蒙古矿业公司铀矿地浸试验现场，参观了地浸井场、集控室、水冶厂等试验设施，详细了解了铀矿地浸开发工艺等有关情况。在神华神东矿区，参观了神东煤炭集团煤矿地下水库工程和神东矿区地表生态修复工程。期间，院士们与中核集团、神华集团分别召开座谈会，听取了鄂尔多斯盆地铀矿、煤炭资源勘探开发情况的报告，并就煤炭、铀矿资源协调开采等问题进行深入研讨。会后，陈念念院士牵头起草了《关于鄂尔多斯盆地铀、煤等多种战略资源协调开发的建议》，已上报国务院和有关部门。

2. 南海天然气勘探调研

2014 年 11 月 19 日，学部在海南三亚举办了“走向深蓝——南海天然气勘探专家咨询会议”，共 15 位院士和中海油相关领导和专家出席。会议听取了南海北部深水天然气勘探情况和“海洋石油 981”平台研发和应用等相关情况介绍，并进行了讨论。院士们对中海油公司在南海取得的天然气重大勘探发现表示祝贺，并就南海油气资源勘探开发战略等方面提出若干建议。会后，院士们登上正在进行作业的海洋石油 981 平台进行实地考察，详细了解了 981 平台的有关情况。

3. 大亚湾核电基地调研

2014 年 12 月 24 日，学部组织开展了对大亚湾核电基地的调研，共 23 位院士参加。院士们实地了解了核电站运行情况、中微子实验室运行情况。期间召开座谈会，院士们听取了“华龙一号”、中广核集团小型堆研发最新进展等情况介绍，并从“加强安全质量管理”、“核电的科普与宣传”、“小型堆研发”等方面提出了意见和建议。

4. 中石化页岩气勘探开发院士行

2015 年 3 月 18—19 日，学部组织开展了中石化页岩气勘探开发院士行，共 29 位院士参加。院士们赴涪陵页岩气田开发现场，先后考察了涪陵页岩气钻井平台、压裂现场等地，并在涪陵页岩气公司基地召开院士咨询会议，听取了涪陵页岩气田勘探开发情况介绍。与会院士就页岩气勘探开发技术等方面发表了意见和建议。

5. 神华先进燃煤发电技术院士行

2015 年 3 月 20—21 日，学部组织开展了神华先进燃煤发电技术院士行，共 26 位院士参加。院士们赴神华白马电厂，实地考察了 600 MW 超临界循环流化床发电示范工程，并召开了院士咨询会议，听取了白马电厂工程建设总体情况、循环流化床锅炉研发等情况介绍。与会院士对世界首台 600 MW 超临界循环流化床锅炉的成功开发表示祝贺，并提出了改进完善该项目的意见和建议。

6. 西藏创新驱动发展院士座谈会和院士行

2015 年 7 月 30 日，在西藏自治区成立 50 周年前夕，我院与西藏自治区签署了科技合作协议，实现了与大陆地区地方省级政府签署战略合作协议的全覆盖，并组织开展了西藏自治区创新驱动发展院士座谈会和院士行活动，为西藏经济社会发展建言献策，学部彭苏萍、李立涅、多吉、郑绵平、周守为、袁亮等院士出席了相关活动。在西藏自治区创新驱动发展院士座谈会上，院士们围绕资源开发、药物研发、生态保护、高原医学、高等教育、军民共建等方面提出了中肯的意见和建议；在赴华钰矿业考察及“促进西藏绿色矿产经济的可持续发展”座谈会上，院士们为西藏矿业发展建言献策。

（四）学术引领蓬勃发展

学术引领是面向工程科技未来发展的战略咨询。学部在总结经验的基础上，聚焦学部专业领域工程科技发展客观性、战略性、综合性的前沿问题和重点领域发展趋势，除了结合学部院士咨询工作组织的学术交流活动外，还有针对性地组织了多种形式的学术活动，逐步建立和完善了学部学术活动制度，充分发挥了学术引领作用。两年来，学部共组织了 24 场学术活动并积极参加院里组织的国际学术活动，其中包括第三届能源论坛、1 场国际工程科技发展战略高端论坛，3 场工程科技论坛，19 场学部学术活动等，详见附件 5。2016 年下半年学部计划开展 8 场学术活动，具体见附件 6。

1. 第三届能源论坛

2015 年 5 月 15 日，中国工程院和国家能源局共同主办的第三届能源论坛在北京召开，论坛主题为“核能与安全”。中国工程院院长周济、国家能源局副局长刘琦，以及国防科工局，国家核安全局有关领导出席论坛开幕式并致辞。中国科协党组副书记张勤，杜祥琬、谢克昌、彭苏萍等 36 位两院的院士，有关部委和企业领导，以及来自相关企业、科研院所等单位的 400 余名专家参会。论坛分为大会报告、高峰论坛、分论坛报告三个阶段，40 余位专家分别作报告。论坛期间，组委会组织了“院士走进高校”活动，杜祥琬、胡思得等 11 位院士走进华北电力大学和防化学院，与师生进行了交流。组委会在会场外设置了主题为“走进核科学技术”的科普展览，通俗、形象地展示了核科学技术。

2. 国际工程科技发展战略高端论坛

2015 年 9 月 16—17 日，“国际工程科技发展战略高端论坛——智能电网的挑战与研发机遇”在天津召开。彭苏萍、李立涅、韩英铎、杨奇逊、余贻鑫院士，和来自美国、英国、德国、瑞典、日本、比利时、澳大利亚等国家的知名专家学者，以及有关高校、企业的 220 多位代表出席会议。会议期间，4 位国内专家和 12 位国外专家作了专题报告，阐述了智能电网在推动能源结构转变、服务生态城市发展、改变居民用能理念等方面的重要作用，并从不同视角对我国智能电网建设和未来发展进行了展望。

3. 中国工程科技论坛

两年来，学部承办了第 197 场中国工程科技论坛——煤炭清洁高效发电论坛（岑可法院士负责）、第 202 场中国工程科技论坛——煤与瓦斯突出灾害及其科学防治暨国际煤岩动力灾害防治科学与技术研讨会（袁亮院士负责）、第 218 场中国工程科技论坛——中国盐类工程科技中青年研讨会（郑绵平院士负责）等 3 场工程科技论坛，围绕能源与矿业工程领域热点、难点和前沿技术问题，组织院士、专家进行深入研讨，进一步增进了学术交流、拓宽了视野，充分发挥了学术引领作用。

4. 海峡两岸气候变迁与能源永续发展论坛

自 2005 年以来已举办了 11 届，其中 2014 年 9 月在中国矿业大学举办了主题为“高碳能源低碳化利用与绿色能源技术”第十届论坛，2015 年 10 月在台湾淡江大学举办了主题为“气候变迁与能源永续发展之调和”第十一届论坛。十多年来，谢克昌、杜祥琬、黄其励、彭苏萍等数十位院士，以及来自大陆、台湾的专家和学者等累次共 1000 多人次出席论坛。2016 年 9 月将在北京科技大学举办主题为“能源革命与绿色经济”的第十二届论坛。目前论坛已经成为两岸能源及环境领域专家学者重要的学术交流平台，对于促进两岸应对气候变化和能源可持续发展，增进两岸交流和造福两岸人民福祉具有重要意义。

5. 联合国气候变化国际会议

《联合国气候变化框架公约》第二十次缔约方会议暨《京都议定书》第十次缔约方会议于2014年12月11—23日在秘鲁首都利马召开。谢克昌院士作为中国代表团顾问出席了此次大会期间中国代表团举行的边会活动。《联合国气候变化框架公约》第二十一次缔约方会议暨《京都议定书》第十一次缔约方会议于2015年11月29—12月13日在法国首都巴黎召开。杜祥琬和谢克昌院士作为中国代表团顾问出席了此次大会期间中国代表团举行的边会活动。在全体参与国共同努力下,2015年12月12日,《联合国气候变化框架公约》近200个缔约方一致同意通过《巴黎协议》,确立了2020年后全球应对气候变化制度的总体框架,为全球气候合作奠定了坚实的基础。杜祥琬和谢克昌院士在活动中作了相关学术报告,并为我国政府签订《巴黎协议》的谈判提供了重要的科学咨询。

6. CAETS2015年年会及学术研讨会

应国际工程与技术科学院理事会(CAETS)2015年年会10月12—16日在印度新德里召开,周济院长、彭苏萍院士等参加会议。期间,召开了CAETS能源委员会、CAETS学术研讨会等会议。学部彭苏萍院士代表中国工程院担任CAETS能源委员会委员,并在CAETS学术研讨会上作了题为"China's long road to the high-efficiency, clean, and low-carbon energy transition"主旨报告,介绍了我国清洁能源发展现状,提出了我国清洁能源发展的目标,受到与会者热烈欢迎。

7. 期刊工作

期刊是发挥学术引领作用的重要载体。根据院有关部门的安排,学部推荐余贻鑫院士完成了院刊《Engineering》第四期"智能电网"专题部分,推荐叶奇蓁院士完成了院刊第五期"核能"专题部分的策划、组稿、审稿等工作。经研究,常委会向《Engineering》推荐清洁煤专题(张玉卓院士负责)、矿业专题(蔡美峰院士负责)作为2017年院刊选题。

《Frontiers in Energy》(能源前沿)为全英文季刊,于2007年创办,2014年被正式纳入中国工程院院刊系列,由中国工程院、上海交通大学和高等教育出版社三方共同主办,并由学部具体承办,翁史烈、倪维斗、彭苏萍院士担任主编。两年来,在编委会和编辑部的努力下,稿件质量和刊物的影响力不断提升。

(五)认真负责做好服务院士工作

几年来,学部办公室认真做好为全体院士服务的工作,热情服务于院士队伍建设和工程科技思想库建设两项工程院核心任务,努力把中央领导、院领导对院士的关心落到实处,落实到每位院士的身上。如:

(1)在加强院士健康服务保障方面,配合院士医疗办公室做好在京院士医疗保健和部分院士来京看病,配合做好在京院士参加工程院举办的医疗保健系列报告会等有关工作。

(2)积极配合院领导看望院士,协助为在京院士办理公园年票等。

(3)配合院宣传部门完成了对学部院士和咨询项目成果的宣传报道。

(4)配合中组部完成邀请院士赴甘肃、青海、广西等地的咨询活动;邀请院士参加抗战胜利七十周年阅兵观礼活动,配合做好接待和相关保障工作,以及配合完成中组部新春招待会的组织工作等。

学部是全体院士之家,我们衷心希望建设好院士之家,愿意为此尽我们的责任,做出最大的努力。

各位院士,以上成绩的取得,是全体院士齐心协力、共同奋斗的结果,也是学部办公室全体同志辛苦工作的结果。在这里,我代表学部常委会,向学部全体院士,向你们的家属,向学部办公室表示衷心的感谢!

二、体会和认识

(一)针对国家战略重大需求和关键问题开展咨询研究,是学部工作取得成绩的关键

学部院士心系国家发展,针对能源与矿业工程领域的重大战略问题开展了一系列咨询研究工作,充分发挥了我院跨部门、跨专业的优势,并取得丰硕成果;针对重大工程科技问题,通过开展深入研究,提出了相关院士建议,为国家制定宏观发展战略和重大方针政策,提供了科学依据,受到了党中央和国务院的高度重视和充分肯定。

(二)院领导的大力支持、学部常委会的及时决策、院士们的积极参与,是学部各项工作取得成绩的保障

院士们支持学部发展,积极为学部建言献策,参加学部的咨询项目、学术活动,承担了大量的任务。在面临紧急任务时,院士们积极响应、全力支持,使学部的工作顺利、高效地完成。历届学部常委会为学部的各项工作发挥了重要决策作用,全体常委和学部内的主席团成员为学部的发展贡献了热情和心血。院领导对我们学部的发展十分关心、大力支持。周院长多次出席我们学部的活动,王玉普、赵宪庚、杜祥琬、谢克昌等院领导不仅关心学部的日常工作,还负责了多个项目的研究和学术活动的组织工作。

(三)院士们投身科研、潜心研究、培养年轻人,是学部工作取得成绩的基础

学部拥有一支高水平、高质量的院士队伍,院士们踏实、努力、认真工作,在各自领域都做出了突出成绩;院士们具备精湛的专业知识、广博的观察视野、精益求精的敬业精神和优秀的团队合作精神,这些都是我们学部工作做出成绩、做出特色、取得实效的坚实基础。

三、进一步做好学部工作的几点想法

在本次院士大会期间,习近平总书记等中央领导发表了重要讲话,就落实创新发展理念、深入实施创新驱动发展战略进行了全面动员和系统部署。周济院长做了工作报告,就贯彻落实习近平总书记等中央领导的重要讲话精神,深入推进国家工程科技思想库建设并打造国家高端智库等工作进行了具体部署。这些使我们更加认清形势、明确任务,增加了责任感和使命感。根据新形势、新发展,作为国民经济、社会发展不可或缺的重要领域,能源与矿业工程领域会不断有新挑战、新课题,需要学部全体院士,团结广大科技工作者,迎接挑战、完成任务。相信在学部全体院士的共同努力和全力支持下,我们学部的各项工作会做得更好!在此,我再谈几点想法,与大家共勉。

(一)认真学习和贯彻落实习近平总书记的重要讲话精神

习近平总书记的重要讲话对于实施创新驱动发展战略具有重大指导意义,我们要认真学习、深刻领会,坚决贯彻落实到今后的工作中去,为实施创新驱动发展战略勇挑重担,建功立业。

(二)积极参加战略咨询工作

我院正在推进工程科技思想库建设,目标是打造国家高端智库,这对我们学部战略咨询工作的进一步开展带来了难得机遇,也提出了更高的要求。希望各位院士更加积极地参加学部战略咨询工作,积极承担或参加我院高端智库建设相关项目和综合性重大咨询项目,按照“服务决策、适度超前”的原则，切实提高咨询质量和水平，用我们的战略咨询支持中央和有关部门的科学决策，用科学决策引领我们国家的科学发展。

（三）全力做好学部期刊建设工作

我院高度重视院刊建设工作，要求各学部把办刊放在更加突出的位置上。办好学部《Frontiers in Energy》（能源前沿）期刊是学部的责任，我们要全力做好期刊建设工作。希望全体院士大力支持，充分发挥学术领军作用，特别希望各位院士并推荐国内外知名专家踊跃投稿，希望各位院士及院士团队承担的咨询和科研项目研究成果、学术活动的报告在刊物上发表。经过共同努力，争取该期刊早日进入 SCI，成为在国际上具有重要影响力的期刊。

最后，衷心感谢各位院士长期以来对学部工作的全心投入和大力支持。希望学部全体院士一定要保重身体，衷心祝大家身体健康、阖家欢乐、万事如意！

谢谢！

附件：1. 两年来完成我院立项的咨询项目

2. 目前正在开展的咨询项目

3. 两年来完成有关部委委托的专题咨询

4. 两年来报送的院士建议

5. 两年来完成的学术活动

6. 2016 年下半年计划开展的学术活动

附件 1：

两年来完成我院立项的咨询项目

序号	项目名称	类型	立项时间	负责人
1	EMP	重点	2013.2	邱爱慈、刘尚合
2	COGP	重点	2013.2	翟光明
3	我国地热资源开发利用战略研究	重点	2013.2	多吉
4	海峡两岸气候变迁与能源可持续发展	学部	2013.2	谢克昌
5	岩浆成矿新探索-小岩体成大矿与地质找矿突破战略研究	学部	2013.2	汤中立
6	矿产资源型企业国际化发展关键问题研究	学部	2013.2	何继善
7	深海能源开发与东海维权战略研究	重大	2013.5	谢克昌、周守为
8	深海天然气水合物绿色钻采战略及技术方向研究	中长期	2013.10	罗平亚
9	国家公共安全科技发展战略研究	重大	2014.1	范维澄

续表

序号	项目名称	类型	立项时间	负责人
10	开展从海水和盐湖中提取铀资源的战略研究	学部	2014.1	陈念念
11	我国煤炭能源革命的战略研究	学部	2015.1	谢和平
12	我国重要稀有、稀散金属综合利用战略咨询研究	学部	2015.1	郑绵平

附件 2：

目前正在开展的咨询项目

序号	项目名称	类型	立项时间	负责院士	备注
1	EMP 发展战略研究	重大	2014.7	邱爱慈等	
2	副产物控制的清洁生产机制研究	中长期	2014.7	陈　勇	
3	盐湖流域盐碱地利用及盐湖农业发展战略研究	中长期	2014.7	郑绵平	
4	我国能源技术革命的技术方向和体系战略研究	重大	2015.1	王玉普 李立浧	
5	我国煤炭资源高效回收及节能战略研究	重点	2015.1	袁　亮	
6	新疆能源先导型沙漠治理战略研究	重点	2015.1	何继善	
7	鄂尔多斯盆地矿产资源协调开发战略研究	重点	2015.1	张玉卓	
8	核电链和煤电链排放的放射性影响评价	学部	2015.1	潘自强	
9	我国金属矿深部开采创新技术体系的战略研究	学部	2015.1	蔡美峰	
10	中国燃煤发电机组节能减排战略研究	中长期	2015.8	倪维斗	
11	我国中西部绿色能源结构及开发利用战略研究	中长期	2015.8	李晓红	
12	碳约束条件下我国能源结构优化研究	重大	2016.1	张玉卓	
13	高危险物质管控与应急体系战略研究	重点	2016.1	李立浧 杜祥琬	

续表

序号	项目名称	类型	立项时间	负责院士	备注
14	煤炭绿色开发利用与煤基多元协同清洁能源技术革命研究	重点	2016.1	谢和平	
15	柴达木盐湖钾及新能源锂铷等综合评价与环境协调发展研究	重点	2016.1	赵文智	
16	国家应急准备与响应科技发展战略研究	重点	2016.1	范维澄	
17	能源与矿业工程科技 2035 发展战略研究	学部	2016.1	彭苏萍	
18	高端核医学装备产业化战略研究	学部	2016.1	樊明武 夏佳文	
19	中国工程科技 2035 发展战略研究	重大	2015.1	赵宪庚	联系部门：咨委会
20	气候变化对中国沿海城市工程的影响和适应对策	重点	2015.1	丁一汇 杜祥琬	联系部门：环境学部
21	推动能源生产和消费革命战略研究（二期）	重大	2016.1	谢克昌 彭苏萍	联系部门：中国工程科技发展战略研究院
22	推动能源生产和消费革命战略研究	高端智库重点项目	2016.3	赵宪庚 谢克昌	联系部门：咨委会

附件 3：

两年来完成有关部委委托的专题咨询

序号	专题咨询名称	研究期限	负责人	委托部委
1	雅安至武汉特高压交流输变电工程	2014 年 7—8 月	杜祥琬	能源局
2	“十三五”时期推进能源革命的主要政策和措施	2015 年 1—3 月	王玉普	中央财办
3	我国内陆地区核电建设	2015 年 2—6 月	杜祥琬	能源局
4	能源科技发展方向及其对我国能源格局影响研究	2015 年 7—12 月	彭苏萍	能源局

续表

序号	专题咨询名称	研究期限	负责人	委托部委
5	我国现代煤化工产业发展问题研究	2015 年 7—12 月	彭苏萍 张玉卓	工信部
6	《能源技术革命战略行动计划(2016—2030 年)》(初稿)	2015 年 12 月	赵宪庚	能源局

附件 4：

两年来报送的院士建议

期号	题目	建议人
2014 年		
第 15 期 (总第 287 期)	关于尽早核准建设自主三代核电“华龙一号”示范工程的建议	徐匡迪、杜祥琬、欧阳予、岑可法、陈念念、陈森玉、陈　勇、陈毓川、樊明武、郭剑波、何多慧、胡思得、黄其励、雷清泉、毛用泽、潘自强、彭先觉、钱皋韵、阮可强、孙玉发、万元熙、徐　銶、杨奇逊、叶奇蓁、于俊崇、于润沧、郑健超、郑绵平、周邦新、丁传贤、江东亮、李冠兴、武　胜、周克崧、钮新强、钱七虎、任阵海、陆佑楣、陈和生、方守贤、李家春、林　群、王乃彦、詹文龙、张焕乔、张宗烨、刘广均、王方定、张华祝、赵成昆、周大地、程建平
2015 年		
第 5 期 (总第 315 期)	关于加强我国海域天然气水合物试采技术研发的建议	周守为、王玉普、谢克昌、彭苏萍、黄其励、邱爱慈、李立涅、袁士义、赵宪庚、何多慧、薛禹胜、顾金才、陈森玉、苏义脑、于俊崇、岳光溪、袁　亮、马永生
第 10 期 (总第 320 期)	关于鄂尔多斯盆地铀、煤等多种战略资源协调开发的建议	陈念念、彭苏萍、陈森玉、陈毓川、顾金才、何多慧、黄其励、李冠兴、李立涅、马永生、欧阳晓平、潘自强、邱爱慈、阮可强、苏义脑、薛禹胜、袁　亮、叶奇蓁、于俊崇、张焕乔、张玉卓、赵宪庚、周永茂
第 12 期 (总第 322 期)	关于加快川藏水电开发送出工程建设的建议	黄其励、谢克昌、彭苏萍、多　吉、薛禹胜、马永生
第 13 期 (总第 323 期)	关于加快实施西部北部风电、太阳能建设和清洁能源消纳、送出工程的建议涉密	黄其励、谢克昌、彭苏萍、邱爱慈、多　吉、薛禹胜、马永生、周守为、彭苏萍、李立涅

续表

期号	题目	建议人
第 22 期（总第 332 期）	关于控制电动汽车补贴总额，明确企业开发责任的建议	杨裕生、田昭武、陈清泉、顾国彪、苏万华、何继善、多　吉、梁维燕、杜祥琬、何多慧、衣宝廉、雷清泉、郭孔辉、韩英铎、洪伯潜、马永生、彭苏萍、黄其励、杨奇逊
第 26 期（总第 336 期）	关于开展“低碳”冬季奥运的工程技术建议	杜祥琬、谢克昌、彭苏萍、李立浧、黄其励、江　亿、郭剑波、王仲颖、高　虎
第 32 期（总第 342 期）	关于建立“国家高危险物质管控与应急体系”的建议	杜祥琬、王玉普、赵宪庚、彭苏萍、范维澄、彭先觉、孙龙德、李幼平、李国杰、何新贵、王泽山、王静康、曹湘洪、金　涌、汪旭光、侯立安、魏复盛、王正国、冯小明、冯长根、刘仓理、袁宏永、张兴凯
第 39 期（总第 349 期）	对世界油气形势的基本判断及中国油气供给战略	翟光明、王玉普、殷瑞钰、胡文瑞、黄维和、孙龙德、邱中建、彭苏萍、王基铭、袁士义、李鹤林、马永生、何文渊、韩景宽
2016 年		
第 4 期（总第 356 期）	关于落实绿色发展理念，尽快做大天然气行业的建议	邱中建、彭苏萍、孙龙德、翟光明、胡见义、童晓光、康玉柱、黄维和、苏义脑、袁士义、周守为、马永生、赵文智、邓运华、申　炼

附件 5：

两年来完成的学术活动

序号	题目	负责院士	时间	地点	类别
1	我国智能配电网的机遇与挑战	余贻鑫	2014.6.28	天津	学部
2	深部煤炭开采灾害防治工程前沿技术研究	袁　亮	2014.8.15-17	淮南	学部
3	第十届海峡两岸气候变迁与能源可持续发展论坛	谢克昌 黄其励	2014.9.12-14	徐州	学部
4	中国能源革命高峰论坛	倪维斗	2014.9.26-28	北京	学部
5	第二届气体能源开发技术国际研讨会	倪维斗	2014.11.3	北京	学部

续表

序号	题目	负责院士	时间	地点	类别
6	第三届全国铅蓄电池新技术研讨会	杨裕生	2014.11.13-15	泰安	学部
7	二氧化碳高效捕积、储存及利用工程前沿技术研讨会	袁士义	2014.11.20	北京	学部
8	第十一届长三角能源论坛	翁史烈	2014.11.25-26	上海	学部
9	煤炭清洁高效发电论坛	岑可法	2014.12.5	杭州	工程科技论坛
10	煤与瓦斯突出灾害及其科学防治暨国际煤岩动力灾害防治科学与技术研讨会	袁　亮	2015.5.5-6	徐州	工程科技论坛
11	第三届能源论坛	赵宪庚	2015.5.15	北京	能源论坛
12	第十届全国采矿学术会议工程前沿技术研究	彭苏萍	2015.9.9-11	鄂尔多斯	学部
13	智能电网的挑战与研发机遇	余贻鑫	2015.9.16-17	天津	国际高端论坛
14	第十一届海峡两岸气候变迁与能源可持续发展论坛	谢克昌	2015.10.1-5	台湾	学部
15	海上致密油气田开发技术论坛	周守为	2015.10.10	上海	学部
16	矿山地球物理新方法、新技术与装备研讨会	何继善 彭苏萍	2015.10.12	北京	学部
17	太阳能、储能科学与技术前沿论坛	衣宝廉	2015.10.22	北京	学部
18	高端电力电缆制造及应用工程前沿技术研究	邱爱慈 雷清泉	2015.11.5-6	浙江	学部
19	深部井巷围岩控制及煤炭高效回收工程前沿技术研究	袁　亮	2015.11.14	北京	学部
20	中国盐湖工程科技中青年研讨会	郑绵平	2015.11.20-21	北京	工程科技论坛

续表

序号	题目	负责院士	时间	地点	类别
21	西部生态脆弱区现代煤炭开采对地下水资源及生态环境影响研讨会	彭苏萍 张玉卓	2015.12.1	北京	学部
22	新能源消纳的问题及对策工程前沿技术研讨会	郭剑波	2016.4.18	北京	学部
23	南艳湖公共安全科技论坛	范维澄	2016.5.10	合肥	学部
24	页岩油原位改质前沿技术国际研讨会	赵文智	2016.5.14	西安	学部
25	《联合国气候变化框架公约》第二十次缔约方会议暨《京都议定书》第十次缔约方会议	谢克昌	2014.12.11—23	秘鲁	院国际学术活动
26	国际工程与技术科学院理事会(CAETS)2015年年会	彭苏萍	2015.10.12—16	印度	院国际学术活动
27	《联合国气候变化框架公约》第二十一次缔约方会议暨《京都议定书》第十一次缔约方会议	杜祥琬 谢克昌	2015.11.29—12.13	法国	院国际学术活动

附件6：

2016年下半年计划开展的学术活动

序号	题目或主题	负责院士	拟举办时间	地点	类别
1	地球物理与资源环境	何继善 彭苏萍	2016.6.26—29	北京	国际高端论坛
2	高含水油田提高采收率研讨会	李　阳	2016年7月	北京	学部
3	重离子加速器技术在国民经济中的应用与推广	夏佳文	2016年8月	兰州	工程科技论坛
4	煤矿冲击地压防治技术研讨会	袁　亮	2016年8月	葫芦岛	学部
5	能源互联网关键技术	翁史烈	2016年9月	上海	工程科技论坛
6	第十二届海峡两岸气候变迁与能源可持续发展论坛	谢克昌	2016年9月	北京	学部

续表

序号	题目或主题	负责院士	拟举办时间	地点	类别
7	深部金属矿产资源高效开发与利用	蔡美峰	2016 年 10 月	北京	工程科技论坛
8	第四届全国铅酸电池新技术研讨会	杨裕生	2016 年 10 月	山东	学部

土木、水利与建筑工程学部工作报告

周福霖

2016 年 5 月 31 日

各位院士：

2014 年 6 月的第十二次院士大会上，受学部全体院士的委托，周福霖、王浩、周绪红、崔愷等 15 位院士担任了第九届学部常委会委员，崔俊芝、马洪琪院士担任主席团成员。17 位院士组成学部常委扩大会，负责协调完成院里布置的各项任务，组织安排学部各方面工作。

两年来，学部全体院士在完成各自单位工作任务的同时，积极参与工程院和学部组织的各项活动，在重大战略咨询、学术交流、科技服务和人才培养等方面做了大量工作，取得了很多成绩，为推动我国工程科学技术的提升和实施创新驱动发展战略做出了新的贡献！在此，请允许我代表学部常委扩大会向大家特别是各位年事已高仍心系国家工程科技发展以及工程院和学部工作的资深院士们表示诚挚的感谢！同时，也向 2015 年新当选的孟建民、王建国、彭永臻、陈政清、郑健龙、任辉启、王复明、谭述森等 8 位院士以及赫伯特 · 芒、伊恩 · 大卫 · 克拉吉两位外籍院士表示衷心的祝贺！

不幸的是，过去的两年里，我学部有 3 位院士相继离开了我们，他们是方秦汉院士、雷志栋院士和范立础院士，他们的离去是国家工程科技界的损失，是我们土木、水利与建筑工程学部的损失，我们在座每一个人将永远地怀念他们。

两年来，学部常委扩大会根据《中国工程院章程》、工程院每年的工作要点以及院里总体工作部署和安排，积极组织开展各项工作。尽管工作中存在一些不足和遗憾，但在学部各位院士的全力配合和支持下，还是比较圆满地完成了各项任务，学部的各方面工作也较有成效。今后两年，学部第九届常委扩大会还将继续为大家服务。在此，受学部常委扩大会的委托，我对学部两年来所做的主要工作做简要回顾，并对今后学部工作提几点建议。请全体院士审议。

一、两年来的学部工作回顾

自第十二次院士大会以来，在院领导的关心和支持下，经过全体院士的共同努力和积极参与，学部开展了一系列的活动，较好地完成了院里和学部的各项工作。

(一) 院士增选

2015 年，是改进完善院士制度后的首次院士增选，为做好 2015 年院士增选工作，学部常委扩大会多次开会讨论、研究增选工作有关事宜。从 2015 年 1 月 1 日启动增选工作，历时 10 个月，顺利完成了候选人提名、第一轮评审、投诉调查、第二轮评审和选举等各项工作。

截至 2015 年 3 月 31 日，申报土木、水利与建筑工程学部的有效候选人共有 79 人，申报工程管理学部土木、水利与建筑工程背景的候选人共 3 人。经 2015 年 4 月 21 日学部常委扩大会审定，上述 82 位(79+3)候选人在我学部进行第一轮评审，学部办公室对全部有效候选人的提名书及材料进行整理，并按照常委扩大会议精神进行筹备工作。2015 年 6 月 7-12 日，在中国工程院 2015 年院士增选第一轮评审会议上，经过与会院士审阅材料、专业组评审、学部大会评审等环节，投票产生了我学部进入第二轮评审的 22 位候选人以及进入工程管理学部第二轮评审的 2 位候选人。

为规范和指导院士增选过程中对投诉候选人信件的调查核实工作，根据《中国工程院院士增选投诉信处理办法》以及《关于做好 2015 年候选人投诉调查核实工作的通知》，学部办公室草拟了《土木、水利与建筑工程学部院士增选投诉信调查工作细则》，从投诉信登记、处理方式、调查组组成、调查目标、调查方式方法、调查报告形成、保密要求等各个方面做了详细规定。该细则经 2015 年 8 月 25 日学部常委扩大会审定后下发。

截至 2015 年 8 月 25 日，学部共收到对 12 位候选人的 20 封投诉信，其中署名投诉 9 封，匿名投诉 11 封。2015 年 8 月 24 日，在京召开学部主任扩大会，对投诉信提出初步处理意见。2015 年 8 月 25 日学部常委扩大会经过认真研究决定，对 2 位候选人的投诉信请提名院士做出说明，另外 10 名候选人的投诉信均组织院士进行调查核实，有关政治、经济、道德品行问题按有关规定委托了候选人上级部门进行核实。

参加调查的院士们根据《土木、水利与建筑工程学部院士增选投诉信调查工作细则》，在相关部门的大力支持和协助下，认真阅读投诉信及相关材料，选定调查重点，制定调查计划和方案，通过单独谈话、集体座谈、问卷调查、查阅资料等方式，充分听取各方面(包括被投诉人)意见，最后形成并提交了投诉调查报告。2015 年 10 月 10 日学部常委扩大会议对所有的调查核实报告进行研究审定，10 月 25 日讨论通过了投诉调查总报告，并委托王浩院士在第二轮评审会上向学部全体院士宣读。

2015 年 10 月 25—30 日，在中国工程院 2015 年院士增选第二轮评审和选举会议上，经过审阅材料、候选人自我介绍与答疑、专业组评审、学部大会评审、全院院士投票等程序，我学部最终选举产生了 8 位新当选院士。同时，经过学部常委会评审、主席团会议评审以及全院院士投票，2015 年我学部还产生了 2 名外籍院士。

(二) 咨询工作

战略咨询是国家工程科技思想库建设的核心工作，作为我国工程科技界最高荣誉性、咨询性学术机构,学部充分发挥院士群体跨学科、跨行业、跨部门的综合优势,围绕事关国计民生和经济社会发展的全局性重大问题与国民经济建设中的重大工程科技决策,积极开展战略研究和咨询服务,为国家宏观决策和行业发展提供了科技支撑。

1. 学部院士负责的主动咨询项目

两年来,由学部院士牵头开展的咨询项目有36项(见表1),已结题完成12项,待结题5项。

表1　十二次院士大会以来学部开展的咨询项目汇总表

序号	项目名称	负责人	立项时间	级别	进展情况
1	我国旱涝事件集合应对战略研究	王　浩	2012	重　大	已结题
2	西部强震区高坝大库抗震安全研究	陈厚群	2012	重　点	已结题
3	城市水资源与水环境可持续发展战略研究	任南琪	2012	学部级	已结题
4	轨道交通安全性、环保性和经济性战略研究	何华武	2012	学部级 中长期	已结题
5	城市水系统健康循环和流域水环境恢复战略研究	张　杰	2013	重　点	已结题
6	宜居城市的绿色交通体系及发展对策研究	项海帆	2013	学部级	已结题
7	建筑节能技术适宜性研究	江　亿	2013	中长期	已结题
8	气候变化背景下北方典型地区水资源优化配置策略研究	张建云	2013	中长期	已结题
9	长江流域洪水资源利用及其减小风险的对策	郑守仁	2014	学部级	已结题
10	深部地下空间开发对关键科学问题研究的工程技术挑战与展望	钱七虎	2014	学部级	已结题
11	中国新型城镇化的智能建设战略研究（院级经费支持）	项海帆	2014	学部级	已结题
12	中国特大型城市社会水循环的健康运行及安全保障战略研究——以北京为例	王　浩	2014	学部级	已结题
13	新型城镇化进程的土地资源管理工程科技支撑体系研究	王家耀	2014	重　点	待结题
14	钱正英学术思想研究	胡春宏	2014	学部级	待结题

续表

序号	项目名称	负责人	立项时间	级别	进展情况
15	Y江水能资源开发与区域发展战略研究（**院级经费支持**）	王　浩	2014	重　点	待结题
16	城乡居住建筑新型结构及其产业化	周绪红	2015	学部级	待结题
17	建筑3D打印研发现状与发展战略研究	肖绪文	2015	学部级	待结题
18	村镇规划建设与管理	邹德慈	2014	重　大	进行中
19	地理世情监测的发展战略研究（**院级经费支持**）	宁津生	2014	重　点	进行中
20	我国导航与位置服务系统发展战略研究	刘经南	2014	中长期	进行中
21	绿色土建工程发展战略研究	沈祖炎	2014	中长期	进行中
22	我国城市洪涝灾害防治策略与措施研究	张建云	2015	重　大	进行中
23	交通基础设施重大结构安全保障战略研究	杜彦良	2015	重　点	进行中
24	城市地下空间开发规划战略研究	王梦恕	2015	重　点	进行中
25	高性能可持续结构工程发展战略研究	聂建国	2015	中长期	进行中
26	重大水利工程安全基础理论发展战略研究	钟登华	2015	中长期	进行中
27	我国水安全战略和相关重大政策研究	胡春宏 王　浩	2016	重　大	新立项
28	海洋桥梁工程技术发展战略研究	秦顺全	2016	重　点	新立项
29	绿色建造可持续发展现状与发展战略研究	肖绪文	2016	重　点	新立项
30	全球空间信息基础设施建设战略研究	李建成	2016	重　点	新立项
31	恶劣环境下土木工程材料长寿命策略及措施研究	缪昌文	2016	学部级	新立项
32	提高进藏高速公路和铁路桥梁抗灾能力的战略研究	郑皆连	2016	学部级	新立项
33	洞庭湖大水脉方案研究	钮新强	2016	学部级	新立项
34	钢结构住宅产业化咨询研究	周绪红	2016	学部级	新立项

续表

序号	项目名称	负责人	立项时间	级别	进展情况
35	轨道交通地下车站能耗评价与节能策略研究	江 亿	2016	学部级	新立项
36	中国县域城镇化研究(**院级经费支持**)	邹德慈	2016	学部级	正在立项

重大和重点咨询研究工作简要情况如下:

(1) 西部强震区高坝大库抗震安全研究重点咨询项目。

2014 年 6 月 12 日,项目组在北京召开了项目报告汇报讨论会,马洪琪、陆佑楣、郑守仁、张超然、钮新强、陈厚群、胡春宏、朱伯芳等 8 位院士出席。

2014 年 11 月 5 日,陈厚群院士在学部常委扩大会上简要介绍了项目主要研究成果,常委扩大会一致肯定项目研究成果,同意项目结题,同时建议下一阶段能够针对心墙坝的抗震安全做进一步研究。

(2) 城市水系统健康循环和流域水环境恢复战略研究重点咨询项目。

2014 年 8 月 1 日,项目组在北京召开中期讨论会。项目各课题组主要执笔人和有关成员参加会议,张杰院士主持会议。会上,5 个课题组分别汇报了课题报告初稿,张杰院士对报告中的一些结论和意见进行了点评,提出了进一步改进的建议,并强调要增进各课题之间的交流,加强课题报告与综合报告之间的衔接和融合,综合报告要凝练出具有针对性、变革性、推广价值的建议。

2015 年 8 月 23 日,项目同行专家评审会在北京举行。会议由专家组组长左铁镛院士主持,专家组成员侯立安院士、胡春宏院士、蒋展鹏教授、王洪涛教授,以及项目负责人张杰院士参加会议。项目组汇报了项目研究情况,专家组对项目进行评审,并提出了同行专家评审意见。

2015 年 10 月 29 日,项目组向学部常委扩大会汇报了项目主要研究成果,常委扩大会肯定了项目研究成果,同意项目结题,同时建议加强项目成果的产出与利用,尽快形成可操作的院士建议进行上报。

(3) 村镇规划建设与管理重大咨询项目。

2014 年 7 月 1 日,项目组在北京召开课题交流会。项目负责人邹德慈院士及崔愷院士等课题负责人出席会议。与会人员重点交流了各课题研究工作进展,讨论了下一阶段综合调研和分组调研工作计划;并就 2015 年拟结合项目研究组织“村镇规划建设与管理”论坛的情况进行了讨论。

2015 年 4 月 9 日,项目课题研讨会在中国城市规划设计研究院召开。邹德慈、崔愷两位院士及课题组专家近 40 人参加会议。课题一、二、三、四及乡村治理专题分别介绍了各自的研究进展,与会代表对综合报告提纲进行了充分讨论,邹德慈院士对下一步工作进行了安排。

2015 年 6 月 30 日,项目课题二“村镇规划与土地综合利用”专家意见征询会在中国城市规划设计研究院召开,课题组汇报了课题基本情况、主要问题、政策探索及其有效性评价、国内外经验借鉴、发展态势判断、不同地区的村镇聚集模式与政策建议等方面的内容,与会院士针对汇报情况进行充分讨论,提出了宝贵意见。会议由中规院王凯副院长主持,邹德慈、崔愷两位院士及项目相关人员 30 余人参加会议。

2015 年 11 月 21—22 日,结合项目研究召开了“第 219 场中国工程科技论坛——村镇规划建设与管理国际论坛”。中国工程院邹德慈、崔愷等5位院士,以及来自中国、英国、韩国、中国台湾等国家和地区的专家学者共计400余人参加论坛。

(4) 新型城镇化进程的土地资源管理工程科技支撑体系研究重点咨询项目。

2014年12月20日,项目成果总体协调交流会在广州市举行。王家耀、卢耀如、刘先林、许其凤、张祖勋、郭仁忠等6位院士及专家共50余人参加会议。郭仁忠院士介绍了项目总体工作进展情况,四个课题组负责人分别汇报了课题研究情况。与会院士专家针对项目进行热烈充分讨论,并提出了相关建议。

2015年4月11日,项目报告讨论会在北京召开,北京大学王杰副校长、国土资源部科技与国际合作司高平副司长出席并致辞。会上,项目下设的4个课题分别汇报了上次广州交流会以来的课题进展,与会院士专家围绕项目综合报告大纲及相关内容进行了认真讨论,王家耀院士对下一步工作进行了安排。孙九林、刘先林、郭仁忠等4位院士以及20余位专家参加了会议。

2016年4月6日,项目同行专家评审会在北京召开。徐德龙副院长、国土资源部王广华副部长出席会议并致辞,丁仲礼、王家耀、宁津生、卢耀如、石玉林、孙九林、许其凤、张祖勋、龚健雅、周成虎、郭仁忠等12位工程院及科学院院士及30余位专家参加。王家耀、郭仁忠2位院士分别介绍项目成果和《关于加大土地科技创新力度维护国家土地资源安全的建议》,与会院士专家对项目成果和院士建议展开讨论并形成同行专家评审意见。

(5) Y江水能资源开发与区域发展战略研究。

2015年1月7日,项目启动会在成都召开。王玉普、王浩、陆佑楣、陈厚群、刘经南、多吉、张建云、钟登华、李建成、王超、缪昌文、龚晓南等12位院士及项目承担单位有关代表共40余人参加会议。中国工程院原副院长王玉普、中国长江三峡集团公司毕亚雄副总经理出席并做讲话,与会院士专家针对项目研究框架进行了讨论。

2015年10月30日,项目咨询会在北京召开。项目组汇报了项目研究情况,与会院士专家针对相关情况进行讨论。会议由王浩院士主持,中国工程院徐德龙副院长、陆佑楣、陈厚群、王梦恕、陈毓川、张杰、黄其励、周丰峻、马洪琪、郑守仁、多吉等18位院士,西藏自治区坚参副主席,中国长江三峡集团公司毕亚雄副总经理等相关人员共计50余人参加会议。

(6) 交通基础设施重大结构安全保障战略研究重点咨询项目。

2015年6月11日,项目启动会在北京会议中心举行。项目组和各课题组介绍了相关研究情况,与会院士专家对项目研究内容展开讨论。会议由杜彦良院士主持,周福霖、王景全、王梦恕、何华武、孙永福等21位院士,课题组相关专家共计70余人参加会议。

2015年8月7—9日,项目组在江苏南通对在建的沪通长江大桥进行考察,并召开专家咨询会。周福霖、王梦恕、王景全、卢耀如、杜彦良、张广军、张军、郑颖人、葛修润等13位院士以及来自交通运输部、中国铁路总公司、中铁大桥勘测设计院、石家庄铁道大学等科研院所和高校的专家共计80余人参加考察及咨询会。

2016年4月2—3日,项目组在重庆召开院士专家咨询会并考察了重庆市高速公路隧道群和重庆市跨座式单轨交通监控中心。杜彦良、刘人怀、周绪红、郑颖人、卢耀如等19位院士参会。

(7) 我国城市洪涝灾害防治策略与措施研究重大咨询项目。

2015年6月27日,项目启动会在南京水科院召开。会议由张建云院士主持,项目组和7个课题组分别汇报了各自的实施方案,与会院士专家针对项目的实施方案、工作计划进行充分讨论,会议还部署了下一步研究工作。王超、丁一汇、刘昌明等9位工程院和科学院院士,项目组有关专家共计70余人参加会议。

(8)城市地下空间开发规划战略研究重点咨询项目。

2015年7月23日,项目启动会在北京交通大学召开。会议由项目负责人王梦恕院士主持,崔俊芝院士、杜彦良院士及来自各课题组专家共计30余人参加会议。项目组和各课题组介绍了相关研究安排,与会院士专家围绕项目研究内容展开热烈讨论,并提出相关建议。

(9)我国旱涝事件集合应对战略研究重大咨询项目。

2015年8月26日,项目课题验收会在北京国宏宾馆举行。会议由项目负责人王浩院士主持,石玉林、任南琪、胡春宏等3位中国工程院院士,蒋有绪、刘昌明、王光谦等3位中国科学院院士及项目组相关专家共计70余人参加会议。项目的11个课题组分别汇报了各自研究进展情况,与会院士专家针对课题汇报内容进行讨论,并提出相关改进完善的建议。会议还讨论了项目成果出版相关问题。王浩院士部署了下一步工作安排。

2015年10月29日,项目组向学部常委扩大会汇报了项目主要研究成果,常委扩大会肯定了项目研究成果,同意项目结题,同时建议加强项目成果的产出与利用,尽快形成可操作的院士建议进行上报。

2. 委托咨询

第十二次院士大会以来,在开展战略咨询研究的同时,学部院士接受国家和有关部门委托,为国家相关部门科技决策提供咨询意见。两年间,共开展了5项委托咨询活动(见表2)。

表2 十二次院士大会以来委托咨询项目汇总表

序号	时间	事项	学部参与院士
1	2014—2015年	三峡工程建设第三方独立评估	王浩、雷志栋、胡春宏、韩其为、卢耀如、陈厚群、马洪琪、郑守仁、罗绍基、梁应辰、张超然
2	2014年	黄河古贤水利枢纽工程对壶口瀑布、蛇曲地质公园的影响分析咨询	卢耀如、韩其为、王浩、王超、胡春宏、钮新强
3	2014年	黄河水沙变化研究审查工作	韩其为、王浩、张建云、胡春宏
4	2015年	首钢园区城市风貌研究	吴良镛、马国馨、邹德慈、程泰宁、何镜堂、张锦秋
5	2016年	深圳中长期水战略研究	张建云、胡春宏等

(1)三峡工程建设第三方独立评估。

2014年9月14日,项目组在北京召开阶段成果交流会。会议由沈国舫院士主持,项目领导小组组长周济院长,副组长王玉普院士、徐德龙院士,国家自然基金委原主任、中国科学院陈宜瑜院士,专家组副组长陈厚群院士、高安泽总工及12个课题组的主要成员共27位院士35位专家出席了会议。国务院三峡工程建设委员会办公室陈飞副主任及相关司局领导也应邀出席。会上,各课题组依次汇报了评估工作阶段成果，并与到会专家进行讨论交流；三峡办陈飞副主任和周济院长对今后工作提出要求；会议最后，沈国舫院士对下一阶段的工作进行了安排。

2014 年 12 月 8 日，项目组工作会议在工程院召开。项目领导小组周济院长、徐德龙副院长、沈国舫副院长，评估专家组及各课题组代表参加了会议。会议上，各课题交流各自研究进展、存在的问题与困难、下一步工作计划，并进行分组沟通。

2015 年 1 月 20 日，沈国舫院士主持召开了项目评估专家组组长会议，讨论安排 1 月 28 日即将召开的全体会议，陈厚群、张超然院士参加会议。

2015 年 1 月 28 日，《三峡工程建设第三方独立评估》综合报告讨论会在中国工程院召开。会议由评估专家组组长沈国舫院士主持，项目领导小组组长、中国工程院周济院长，项目领导小组副组长、中国工程院原副院长王玉普院士、副院长徐德龙院士，国家自然基金委原主任、中国科学院陈宜瑜院士，专家组副组长陈厚群院士、高安泽总工、顾问陆佑楣院士及 12 个课题组的主要成员共 24 位院士 32 位专家出席了会议。国务院三峡工程建设委员会办公室相关司局领导应邀出席。会上，沈国舫院士介绍了项目综合报告的初稿；与会专家围绕综合报告框架、内容、建议等提出修改意见；沈国舫院士对下一阶段的工作进行了安排。

2015 年 2 月 5 日，沈国舫院士在工程院主持召开了评估专家组组长会，听取三峡办对评估报告初稿的意见。陈厚群、张超然院士参加会议。

2015 年 2 月 11 日，沈国舫院士在工程院主持召开评估专家组组长会议，陆佑楣院士、陈厚群院士、高安泽总工及张超然院士参加会议。会议就 1 月 28 日综合报告讨论会后对初稿的修改情况进行讨论。

2015 年 2 月 16 日，交通运输部与项目组有关专家就新航道问题进行沟通协调。

2015 年 3 月 9 日，再次召开评估专家组组长会议，沈国舫院士主持，项目领导小组组长、中国工程院周济院长，项目领导小组副组长、中国工程院原副院长王玉普院士，专家组副组长陈厚群院士、高安泽总工、顾问陆佑楣院士、张超然院士出席，针对项目综合报告初稿的进一步修改提出了意见并进行讨论。

2015 年 3 月 16 日，沈国舫院士在工程院主持召开“水文、泥沙、调度”协调会，就水文、泥沙、生态调度等问题进行协调讨论。王浩、胡春宏院士参加会议。

2015 年 3 月 18 日，沈国舫院士在三峡办主持召开“经济效益、移民”数据协调会，就综合报告中有关数据进行协调核定。张超然院士参加会议。

2015 年 3 月 19 日，沈国舫院士在工程院主持召开了“生态、环境”协调会。生态影响组和环境影响组相关院士专家针对生态环境问题展开讨论。

2015 年 3 月 23 日，沈国舫院士在工程院主持召开“经济效益、移民”协调会，进一步落实报告中的相关数据。

2015 年 3 月 31 日，项目组会议在中国工程院召开。会议由评估专家组组长沈国舫院士主持，中国工程院副院长徐德龙院士、国家自然基金委员会原主任陈宜瑜院士，国务院三峡办陈飞副主任，专家组顾问陆佑楣院士，专家组副组长陈厚群院士、高安泽总工，12 个课题组的主要成员及三峡办相关司局领导共 20 位院士 40 余位专家出席会议。沈国舫院士首先介绍了 1 月 28 日以来的工作及报告修改情况；与会专家围绕综合报告框架、内容、建议等提出修改意见；沈国舫院士对下一阶段的工作进行了安排。

2015 年 4 月 10 日，沈国舫院士主持，三峡办与项目组专家共同讨论如何回应南方周末 4 月 2 日的报道，胡春宏院士出席会议。

2015 年 4 月 16 日，沈国舫院士在工程院主持召开评估专家组组长会议。对综合报告修改稿进行讨论研究，张超然院士出席会议。

2015 年 5 月 11 日，中国工程院办公厅给国务院三峡工程建设委员会各成员单位以及中国社会科学院、国务院发展研究中心共 26 个部委发函征求关于《“三峡工程建设第三方独立评估”综合报告（征求意见稿）》的意见。

2015 年 5 月 15 日，三峡办陈飞副主任到工程院沟通对三峡评估报告征求意见稿的意见。

2015 年 5 月 21 日，项目组征求意见会在工程院举行。会议由评估专家组组长沈国舫院士主持，项目领导小组组长、中国工程院周济院长，项目领导小组副组长、国家自然基金委原主任、中国科学院陈宜瑜院士，中国工程院副院长刘旭院士，专家组顾问陆佑楣院士、副组长陈厚群院士、高安泽总工及 12 个课题组的主要成员共 19 位院士 27 位专家参加了会议。国务院三峡工程建设委员会办公室陈飞副主任及相关司局领导，水利部、农业部、环保部、中科院、社科院、国务院发展研究中心等六个部委的有关同志也应邀出席会议。沈国舫院士首先介绍项目综合报告主要内容及有关情况；与会部委代表对报告提出各自意见；周济院长总结发言；沈国舫院士对下一步工作进行了安排。

2015 年 6 月 2 日上午，沈国舫院士在工程院主持召开评估专家组组长会议，讨论在各部委反馈意见的基础上如何进一步修改报告。陈厚群院士、高安泽总工、顾问陆佑楣院士、张超然院士出席会议。

2015 年 6 月 4 日下午，沈国舫院士在工程院主持召开了水文协调会，针对生态调度事宜进行讨论。

2015 年 6 月 6 日上午，陈厚群院士在工程院主持召开了地震数据协调会。邀请了重庆市和湖北省两地的地震局有关专家参加。

2015 年 7 月 9 日，项目综合报告修改会议在工程院召开，会议由项目组长沈国舫院士主持。

2015 年 7 月 16 日，中国工程院发文正式将评估综合报告呈送国务院三峡工程建设委员会。

2015 年 8 月 21 日，项目出版工作会议在工程院举行，会议由项目组长沈国舫院士主持，专家组顾问陆佑楣院士、副组长陈厚群院士、高安泽总工及项目组成员共 9 位院士、30 位专家参加会议。

（2）黄河古贤水利枢纽工程对壶口瀑布、蛇曲地质公园的影响分析咨询。

2014 年 12 月 27—28 日，咨询会议在北京举行。水利部矫勇副部长、山西省政府副省长郭迎光、陕西省政府副省长祝列克分别作重要讲话；水利部汪洪总工程师宣读成立咨询专家委员会，黄委相关负责人汇报黄河古贤水利枢纽工程对壶口瀑布、蛇曲地质公园的影响情况，12 位院士在观看专题片和听取黄委汇报后进行充分讨论，认为黄河古贤水利枢纽工程的建设利大于弊，对壶口瀑布和蛇曲地质公园会有一定影响，但可以通过相关手段克服和减弱。卢耀如、韩其为、王浩、王超、胡春宏、钮新强等 6 位院士参加会议。

（3）黄河水沙变化研究审查。

为科学论证黄河水沙变化情况，提供黄河治理开发保护的参考借鉴和规律遵循，水利部商请我院联合开展“黄河水沙变化研究”审查工作，分别于 2014 年 7—9 月开展了成果汇报、分组实地审查以及研究成果审查会。我学部韩其为、王浩、张建云、胡春宏等 4 位院士参加。

（4）首钢园区城市风貌研究咨询研究项目。

2015年2月9日，首钢集团联合中国工程院、北京市规划委员会、北京市规划设计研究院、北京市建筑设计研究院、清华大学建筑学院等单位开展的“首钢园区城市风貌研究”项目启动会在北京首钢集团召开。中国工程院副院长徐德龙院士出席并致辞，吴良镛、张锦秋、程泰宁等3位院士出席并就如何做好首钢园区城市风貌研究提出建设性意见和建议。会上还播放了何镜堂院士发来的录音发言。

2015年6月9日，项目讨论会在北京会议中心召开。会议主要听取了项目组各课题工作进展情况汇报，并对项目有关情况进行讨论。会议由首钢集团孙永刚副总经理主持，吴良镛、程泰宁、张锦秋、何镜堂、马国馨等5位院士参加会议。

2015年9月17日，项目研讨会在北京首钢召开，吴良镛、程泰宁、何镜堂、马国馨等4位院士，清华大学党委副书记邓卫、北京市政府副秘书长张维，北京市规划委、发改委、国资委、经信委等单位的领导，以及课题承担单位清华大学、北京市城市规划设计研究院、北京市建筑设计研究院的相关专家，首钢总公司董事长靳伟、总经理张功焰、副总经理孙永刚等首钢集团的人员共计50余人参加了会议。张锦秋院士因身体原因未能与会，但发来了视频意见。徐匡迪院士也因身体原因临时不能到会，委托靳伟董事长转达了他对首钢园区建设的一些意见。

2015年10月30日，项目结题研讨会在北京会议中心召开。会议主要讨论项目的研究情况，中国工程院徐德龙副院长、吴良镛、何镜堂、程泰宁、马国馨、张锦秋、钱易等7位院士，首钢集团孙永刚副总经理及项目有关专家共计30余人参加了会议。

（5）深圳中长期水战略研究。

2016年1月23日，中国工程院二局与中国科学院学部工作局、深圳市水务局在深圳签订《深圳水战略研究合作协议》。中国工程院徐德龙副院长、中国科学院丁仲礼副院长、深圳市张虎常务副市长在签约仪式上致辞。徐德龙副院长、丁仲礼副院长、许勤市长、张虎副市长、工程院张建云院士、胡春宏院士、科学院王光谦院士、张楚汉院士、倪晋仁院士以及深圳市各单位负责同志见证了协议签订。

3. 学部院士参与的院级咨询项目

第十二次院士大会以来，学部院士参与其他院级咨询项目7项（见表3）。

表3　十二次院士大会以来学部院士参与的院级咨询项目汇总表

序号	时间	事项	学部参与院士
1	2014年	中国智能城市建设与推进战略研究	邹德慈、宁津生、施仲衡、江亿、张祖勋、王家耀、许其凤、李建成等
2	2014年—	生态文明建设若干战略问题研究及二期	钱正英、王浩、江亿
3	2014年	丝绸之路经济带工程科技问题战略研究	崔俊芝、何华武、刘先林
4	2015年—	岛礁发展战略研究二期	王景全
5	2015年	会泽历史地段保护规划与建筑整治研究	傅熹年、江欢成

续表

序号	时间	事项	学部参与院士
6	2015 年—	中国工程科技 2035 发展战略研究	周福霖、聂建国、李建成、崔愷、任南琪、王浩、郭仁忠、何华武等
7	2015 年—	引发产业变革的重大颠覆性技术预测研究	王浩、何华武

（1）中国智能城市建设与推进战略研究。

2014 年，我学部邹德慈、宁津生、施仲衡、江亿、张祖勋、王家耀、许其凤、李建成等多位院士参与了原常务副院长潘云鹤院士牵头负责的工程院重大战略咨询研究项目“中国智能城市建设与推进战略研究”。

（2）生态文明建设若干战略问题研究及二期。

2014—2015 年，我学部王浩、江亿等院士参与了由徐匡迪名誉主席、钱正英院士任顾问，周济院长任项目组长的重大咨询研究项目“生态文明建设若干战略问题研究”及二期。

（3）丝绸之路经济带工程科技问题战略研究。

2014—2015 年，我学部崔俊芝、何华武、刘先林院士参与了由原常务副院长潘云鹤院士牵头负责的重点咨询项目“丝绸之路经济带工程科技问题战略研究”。

（4）岛礁发展战略研究二期。

2015 年，学部以王景全院士为首的 18 位院士参与了由机械学部张彦仲院士牵头的院级重大咨询项目“岛礁发展战略研究二期”。

（5）会泽历史地段保护规划与建筑整治研究。

2015 年 4 月 11 日，由徐德龙副院长牵头负责的咨询研究项目《会泽历史地段保护规划与建筑整治研究》结题会在云南会泽召开，我学部傅熹年和江欢成院士参加。

（6）中国工程科技 2035 发展战略研究。

2015 年，我院和基金委联合启动了“中国工程科技 2035 发展战略研究”项目，目标是在把握国内外技术发展趋势、判断我国 2035 年经济社会发展图景、识别国家重大战略需求的基础上，科学谋划我国工程科技发展战略。项目计划两年完成，项目组组长由时任工程院副院长王玉普院士（现调整为陈左宁副院长）和基金委高文副主任担任，总体组组长由工程管理学部的王礼恒院士担任。项目对应工程院的 8 个专业学部，设立了 8 大领域课题组，其中土木、水利与建筑领域课题组长为周福霖院士，副组长为聂建国院士。下分测绘与区域发展、城市与建筑、城市水安全、水利与水资源、土木与材料、智慧城市、交通工程等 7 个子领域，分别由李建成、崔愷、任南琪、王浩、聂建国、郭仁忠和何华武院士负责。

2015 年 1 月 15 日，召开项目总体组第一次会议，讨论了项目实施方案及工作初步安排。

3 月 26 日，召开项目启动会，我学部周福霖、聂建国两位院士参加会议。

4 月 22 日，召开总体组第二次会议，主要研究技术预见领域与子领域划分，以及跨领域课题组设置，讨论研究报告框架等事项。

5 月 25 日，召开总体组第三次会议，主要讨论技术预见备选技术清单、评审 2015 年度“中国工程科技中长期发展战略研究”项目、听取跨领域研究课题工作情况汇报等。我学部聂建国、肖绪文院士参加会议。

7 月 21 日，召开总体组第四次会议，主要听取“中国工程科技 2035 发展战略研究”项目进展情况汇报，还听取了“关于结题项目情况、在研项目总体进展以及相关工作安排的说明”，审议了“2015 年度战略研究项目遴选结果”及“‘中国工程科技 2035 发展战略研究’综合性课题设置及经费安排”等。我学部崔俊芝院士参加会议。

8 月 21 日，召开“公共安全”跨领域课题讨论会，主要讨论“公共安全”跨领域课题的研究工作，我学部胡春宏院士参加会议。

9 月 8 日，召开技术预见专家调查工作推进会，主要通报专家调查总体进展情况、各领域介绍本领域（专题）进展情况和推进经验，讨论推进措施和计划。

9 月 18 日，召开总体组第五次会议，主要听取技术预见问卷调查进展情况、“需求分析与经济预测组”研究成果汇报等。

12 月 1 日，召开总体组第六次会议，主要交流各领域课题进展情况、听取技术预见问卷调查分析结果及技术路线图总体方案汇报等，我学部聂建国院士参加会议。

2016 年 1 月 21 日上午，召开技术预见组与工作组会议，会议主要议题是技术路线图方法培训以及技术预见下一步工作方案讨论。

1 月 21 日下午，召开总体组第七次会议，会议主要交流各领域初步研究成果、研究讨论 2016 年工作计划等。我学部聂建国院士参加会议。

5 月 13 日下午，召开总体组第八次会议，会议主要听取技术预见第二轮调查准备工作汇报、技术预见清单修订情况以及“机器人”领域专题技术预见清单制定情况等。我学部聂建国院士参加会议。

(7) 引发产业变革的重大颠覆性技术预测研究。

我学部王浩院士和何华武院士参加了由工程管理学部牵头的“引发产业变革的重大颠覆性技术预测研究”重大咨询研究项目。

2015 年 11 月 27 日，项目研讨会在工程院 316 会议室召开，主要介绍项目背景情况、讨论项目研究方案等，我学部何华武院士参加会议。

2016 年 1 月 21 日，项目启动会在工程院召开。会议听取了项目工作组组长王崑声所作的汇报，对实施方案提出了指导意见，安排了下一步工作。我学部王浩院士参加会议。

2016 年 5 月 26 日，项目研讨会在工程院召开。项目工作组简要介绍背景情况及研究进展，工信部产业政策司、军委科技委信息中心相关人员分别做主题发言，与会人员交流讨论。

4. 院士建议

中国工程院院士建议是充分发挥工程院作为国家工程科技思想库作用的一个重要方面，学部院士心系国家发展，在各自领域结合社会热点问题，积极为国家和地方创新发展建言献策。第十二次院士大会以来，学部上报院士建议 11 项（见表 4），其中，其中韩其为院士所提《关于进一步开展淮河根治研究和治理的建议》得到汪洋副总理的批示。

表 4　十二次院士大会以来学部上报院士建议汇总表

序号	时间	题目	建议人
1	2014 年 6 月	全面推广工业废(余)热采暖,大幅缓解北方地区冬季雾霾问题	江亿、杜祥琬、倪维斗、黄其励等
2	2014 年 7 月	关于当代中国建筑设计中存在的问题与发展建议	程泰宁、吴良镛、马国馨、王小东、王瑞珠、关肇邺、何镜堂、江欢成、张锦秋、沈祖炎、邹德慈、钟训正、崔愷、傅熹年、戴复东、魏敦山等
3	2014 年 12 月	关于建立我国农村住房安全性管控体系的建议	徐德龙、王小东、周福霖、崔俊芝、杨秀敏、王景全、张超然、梁文灏、马洪琪、张建云、缪昌文、任南琪、秦顺全、李建成等
4	2015 年 6 月	关于南疆长治久安与塔河流域生态综合治理的建议	王浩、胡春宏、王光谦、张建云、王超
5	2015 年 9 月	关于进一步开展淮河根治研究和治理的建议	韩其为、郑守仁、王光谦、张建云、胡春宏等
6	2015 年 10 月	关于在集中供热网和热源厂之间实施新的计价热量计量方法的建议	江亿、刘加平、倪维斗、黄其励等
7	2015 年 10 月	关于创新福建核心区、促进 21 世纪海上丝绸之路发展的建议	卢耀如、王思敬、郑绵平、王浩、周丰峻、王梦恕、陈运泰、孙钧等
8	2015 年 12 月	关于利用石膏矿采空区地下储油的建议	王梦恕、徐德龙、黄维和、杨秀敏、崔俊芝、王景全、杜彦良、王浩
9	2016 年 3 月	关于减少云南省等地水电大量弃水的建议	马洪琪、谢克昌、陆佑楣、陈厚群、张勇传、黄其励、郑守仁、张超然、王浩、张建云、钟登华、胡春宏、钮新强
10	2016 年 3 月	关于在结构工程中大力推广应用钢结构的建议	周绪红、聂建国、董石麟、沈世钊、沈祖炎、周福霖、崔俊芝、杨秀敏、叶可明、王梦恕、江欢成、吕志涛、张杰、郑守仁、王景全等
11	2016 年 5 月	关于全面推广低温空气源热泵热风机采暖技术实现京津冀农村地区无煤化的建议报告	江亿、倪维斗、黄其励、钱易、刘加平等

5. 部委征询意见

第十二次院士大会以来，学部院士还完成了中央以及各部委征询意见6项（见表5）。

表5 十二次院士大会以来学部完成部委征询意见汇总表

序号	时间	事项	参与院士
1	2015年2月	对国务院法制办公室《建设工程勘察设计管理条例修正案（送审稿）》提出意见	邹德慈
2	2015年5月	对国务院法制办公室《中华人民共和国测绘法修正案草案（送审稿）》提出意见	李建成
3	2015年7月	对国务院法制办公室《中华人民共和国测绘法修正案（征求意见稿）》提出意见	李建成
4	2015年12月	对国务院三峡竣验委办《报告（征求意见稿）》提出意见	三峡评估项目组
5	2016年2月	对中国地震局《防震减灾规划（2016—2020年）（征求意见稿）》提出意见	周福霖、陈厚群、谢礼立、欧进萍
6	2016年3月	三峡工程整体竣工验收委员会第二次全体会议材料	三峡评估项目组

咨询工作所取得的成绩是和院士们的辛勤努力、大力支持密不可分，我们很多咨询工作的成果已经在国民经济建设和社会发展中发挥了重要作用。希望学部院士在身体力行的情况下，积极参与工程院的咨询活动，为国家的经济建设继续做出贡献。

（三）学术活动

以院士为纽带，开展形式多样的学术活动，为广大工程科技人员创造相互学习和交流的机会，推动工程科技事业的进步和人才的成长，是学部的基本任务之一。两年来，学部共组织了37场不同形式的学术活动（见表6），共有9000多人次参与。

学部常委扩大会也在不断加强学术活动的规范化、科学化管理，每年根据各专业组的情况，讨论确定下一年度拟开展的学术活动，并加强与咨询项目的结合，在广度和深度上逐步拓展，呈现出系列化、多样化的发展趋势。在计划内的学术活动之外，学部还应相关企业、学术团体邀请，经过常委扩大会的严格把关，针对热点问题联合开展学术活动。这些学术活动的开展为提高学部凝聚力，加强学科间交流合作以及扩大学部的影响力，发挥了积极的作用。

表 6　十二次院士大会以来学部开展的学术活动汇总表

序号	会议名称	类型	牵头院士	时间	参会人数
2014 年					
1	第 183 场中国工程科技论坛——城市水科学论坛	工程科技论坛	任南琪	7 月 14—16 日	4 位院士，200 余人
2	轴重 30 吨以上煤炭运输重载铁路关键技术与核心装备研制项目技术研讨会	学部级	王梦恕 杜彦良	8 月 26—28 日	10 位院士，20 余人
3	2014 第二届地下空间与现代城市中心国际研讨会	学部级	钱七虎	9 月 18—19 日	1 位院士，300 余人
4	多层大跨度装配整体式空间钢网格盒式结构新体系科技论坛	学部级	马克俭	9 月 23—25 日	5 位院士，近 200 人
5	2014 城市环境与可持续发展论坛工程前沿技术研究	学部级	卢耀如 龚晓南	9 月 25—27 日	3 位院士，约 200 人
6	第 194 场工程科技论坛——结构工程的创新与实践	工程科技论坛	沈祖炎 聂建国	10 月 13—14 日	18 位院士，近 200 人
7	人居环境科学与规划	学部级	邹德慈	10 月 18 日	4 位院士，400 余人
8	城市岩土工程前沿论坛	学部级	龚晓南	10 月 18—19 日	5 位院士，200 余人
9	第四届国际人居论坛	工程院主办	吴良镛	11 月 16 日	3 位院士，300 余人
10	中法可持续城镇化发展学术研讨会	工程院主办	邹德慈	11 月 17—18 日	16 位院士，300 余人
11	第 199 场工程科技论坛暨第八届全国防震减灾工程研讨会	工程科技论坛	周福霖	12 月 19—20 日	10 位院士，400 余人
12	水库群联合调度工程前沿技术研究学术交流会（**2014 年学部活动计划**）	工程院主办	王　浩	2015 年 1 月 6—9 日	11 位院士，150 人
2015 年					
13	精细爆破学术研讨会	学部级	钱七虎 谢礼立	1 月 18 日	25 位院士，100 余人

续表

序号	会议名称	类型	牵头院士	时间	参会人数
14	土木、水利与建筑工程学部 2015 年学科发展研讨会	学部级	何华武	1 月 27 日	30 位院士，60 余人
15	第十一届清华大学建筑节能学术周	合　办	江　亿	3 月 23—28 日	1 位院士，500 余人
16	2015（第四届）IBTC 国际桥梁与隧道技术大会	合　办	王梦恕	4 月 28—29 日	2 位院士，600 余人
17	中德“未来城市”峰会	合　办		5 月 8 日	5 位院士，200 余人
18	第 203 场中国工程科技论坛暨第四届全国土木工程安全与防灾学术论坛	工程科技论坛	杨秀敏 吕志涛 秦顺全 缪昌文	5 月 8—9 日	12 位院士，400 余人
19	第五届桥梁与隧道工程技术论坛	工程院主办	秦顺全	5 月 26 日	8 位院士，100 余人
20	水安全与可持续发展国际工程金额及发展战略高端论坛	国际高端研讨会	张建云	5 月 29—30 日	16 位院士，500 余人
21	第五届中俄矿山深部开采岩石动力学高层论坛	合　办	钱七虎	8 月 5—7 日	5 位院士，170 余人
22	饮用水安全控制技术会议	学部级	张　杰	8 月 9 日	4 位院士，200 余人
23	绿色建造与可持续发展论坛	学部级	肖绪文	9 月 23—24 日	18 位院士，200 余人
24	中国卫星导航与位置服务年会暨中国卫星导航定位协会成立 20 周年庆祝活动	合　办	李建成	9 月 24—25 日	5 位院士
25	2015（第二届）城市防洪排涝国际论坛	学部级	王　浩	10 月 14—15 日	2 位院士，300 余人
26	城市地下空间开发利用前沿论坛	合　办	龚晓南	10 月 17—18 日	7 位院士，200 余人

续表

序号	会议名称	类型	牵头院士	时间	参会人数
27	2015 泛在测绘与位置大数据应用国际工程论坛	学部级	刘经南	11 月 7—8 日	6 位院士，400 余人
28	第 219 场中国工程科技论坛——村镇规划、建设与管理国际论坛	工程科技论坛	崔　愷	11 月 21—22 日	4 位院士，400 余人
29	城市发展与城市交通工程前沿技术研究论坛	学部级	钟训正	11 月 27—28 日	10 位院士，300 余人
30	城市地下空间建造与发展论坛	合　办	肖绪文	12 月 17 日	6 位院士，100 余人
	2016 年				
31	“一带一路”土木工程技术高峰论坛	合　办	何华武	1 月 9 日	3 位院士，200 余人
32	2016 中国钢结构发展高峰论坛	合　办	周绪红 聂建国	1 月 26 日	21 位院士，近 100 人
33	土木、水利与建筑工程学部 2016 年学科发展研讨会	学部级	肖绪文	1 月 27 日	37 位院士，近 100 人
34	第十二届“清华大学建筑节能学术周”	学部级	江　亿	3 月 25—29 日	1 位院士，400 余人
35	建筑业绿色发展论坛	合　办	肖绪文	4 月 15 日	28 位院士，200 余人
36	“北京茅以升科技教育基金会第二十五届颁奖大会暨第六届桥梁与隧道工程技术论坛”	工程院主办	秦顺全	5 月 8 日	6 位院士，200 余人
37	工程结构创新与发展暨结构模态测试与应用	国际高端研讨会	周绪红 杨永斌	5 月 15—17 日	13 位院士，200 余人

各场学术活动简要情况如下：

1) 2014 年 7 月 14—16 日，由中国工程院主办的“第 183 场中国工程科技论坛——城市水科学论坛”在哈尔滨工业大学召开。中国工程院徐德龙副院长、哈工大副校长任南琪院士出席并致辞，中国工程院钱易、侯立安院士，美国工程院院士 Perry L. McCarty 教授等 15 位国际水处理方面权威专家出席并做大会报告，23 位国内外中青年专家做分会报告。李圭白院士及国内外相关领域专家近 200 人参加了此次论坛。与会院士专家交流了城市水处理的厌氧技术、节能技术、资源回收方法等最新研究成果,也围绕我国城市水可持续发展的各个层面进行了深入讨论。

2)2014 年 8 月 28 日,“轴重 30 吨以上煤炭运输重载铁路关键技术与核心装备研制项目技术研讨会”在山西原平召开。周福霖、王梦恕、郑颖人、崔俊芝、王景全、张超然、梁文灏、龚晓南、缪昌文、杜彦良等 10 位院士及 10 多位专家参加。神华集团副总经理薛继连同志汇报了重载铁路关键技术及核心装备研制情况。与会专家充分讨论,并建议对重载铁路的可靠性、安全性、科学性进行系统总结,建立规划、设计、施工技术等全体系的规范标准,同时从理论、技术、方法、安全运营、检测监护等方面建立一系列相应支撑体系,为其他重载铁路改造提供经验和技术支持。

3) 2014 年 9 月 18—19 日,“2014(第二届)地下空间与城市综合体国际研讨会”在上海世博园召开。大会主席钱七虎院士、上海世博发展集团席群锋副总裁、国际地下空间联合研究中心(ACUUS)副主席周迎新分别从城市地下空间开发建设和运营管理的国际视野、国内现状和世博实践三个纬度作了大会主旨发言。30 多位国内外地下空间领域的权威学术研究机构和行业领导者围绕“地下空间规划、设计与施工技术”、“智慧地下空间”和“地下空间运营管理”等三个领域同与会代表进行了两天的研讨。来自中国、日本、新加坡和中国香港等国家和地区近 300 人出席会议。

4) 2014 年 9 月 24—25 日,“多层大跨度装配整体式空间钢网格盒式结构新体系科技论坛”在贵阳召开。马克俭、周丰峻、杜彦良、肖绪文、郭仁忠等 5 位院士以及来自全国土木工程领域的专家学者和施工企业的代表近 200 人参加了此次会议。马克俭院士在论坛上介绍了“多层大跨度装配整体式空间钢网格盒式结构新体系”以及新体系在各类建筑工程中的研究、开发和应用。

5) 2014 年 9 月 26—27 日,“2014 城市地质环境与可持续发展论坛”在贵阳召开,来自全国地质环境领域的专家学者共约 200 人参加了论坛。卢耀如院士、中国科学院宋振骐院士、袁道先院士分别就“玻璃六维地球与智能生态城镇群”、“深部开采动力灾害的控制”、“中国岩溶地区的城市水文地质问题”做了大会发言。

6) 2014 年 10 月 13—14 日,由中国工程院、清华大学共同主办的“第 194 场中国工程科技论坛——结构工程的创新与实践”在北京隆重召开。沈祖炎、周福霖、杨秀敏等 3 位院士做大会主旨报告,来自高等院校、科研院所和大型企业的 32 位知名专家做了特邀报告。聂建国、周绪红等 18 位院士及近 200 位学者参加了论坛。专家们一致认为,土木工程产学研结合非常重要,应该推动设计施工一体化,自行优化设计与施工,以达到资源和能源的节约;增加结构工程师的比例;加强我国在结构体系和理论方面的创新,进一步加强高校和企业的合作,结合社会和企业的需求培养工程领域人才。

7) 2014 年 10 月 18 日,“人居环境与科学规划学术报告会”在中国城市规划设计研究院召开,中国城市规划设计研究院李晓江院长主持,国家最高科技奖获得者,两院院士吴良镛先生出席,邹德慈、崔愷、王瑞珠等 3 位院士做大会报告。此次报告会恰逢中国城市规划设计研究院建院 60 周年,中规院的广大职工和众多业界老专家共 400 余人出席会议。

8) 2014 年 10 月 18—19 日,“城市岩土工程前沿论坛”在杭州举行。来自全国各地 200 余名岩土工作人员参加了会议。中国工程院周丰峻、杨秀敏、郑颖人、钱七虎、龚晓南等 5 位院士出席。会议围绕城市地下空间开发利用、城市地下交通工程、城市地下水控制、高层建筑基础工程、城市地面沉降控制、城市地质灾害防治、城市抗震、城市古建筑基础保护等 8 个专题开展了城市岩土工程基础理论和前沿问题的研讨。

9) 2014 年 11 月 16 日,中国科学院、中国工程院、清华大学与中国国家博物馆联合主办的“第四届人居科学国际论坛与‘匠人营国’人居科学展览”在中国国家博物馆举行，北京市副市长陈刚、天津市副市长尹海林、中国工程院副院长徐德龙、故宫博物院院长单霁翔、中国工程院院士邹德慈、中央美术学院院长范迪安、清华大学党委副书记邓卫等出席开幕式。吴良镛院士做了题为“匠人营国：人居科学理论与实践的探索”的主题报告。

10）2014 年 11 月 17—18 日，为纪念中法建交 50 周年，中国工程院与法国国家技术科学院在北京共同主办了“中法可持续城镇化发展学术研讨会”。樊代明副院长主持了开幕式，周济院长在开幕式上致辞，主席团名誉主席徐匡迪院士出席会议并作题为“关于中国特色城镇化的若干问题”的主旨报告。研讨会分为“城镇空间与发展模式”、“环境保护与能源利用”、“绿色交通与绿色建筑”和“社会治理与城市更新”等 4 个单元。来自中法两国的 16 位院士专家先后围绕城镇化建设的相关理念，以及两国城镇化建设进程中的经验、教训作了报告，中方院士专家主要来自我院重大咨询项目“中国特色城镇化发展战略研究”，共 300 多名代表参加了会议。

11）2014 年 12 月 19—20 日，由中国工程院主办的“第 199 场中国工程科技论坛暨第八届全国防震减灾工程学术研讨会”在广州市举行。中国工程院徐德龙副院长、周福霖、王景全、杜彦良、欧进萍、江欢成、王梦恕、秦顺全、聂建国、谢礼立等 10 位院士，以及相关领域专家共 400 余人出席论坛。徐德龙副院长致开幕词，周福霖、王景全、欧进萍、江欢成、聂建国等 5 位院士与 21 位专家做了大会主题报告，56 位中青年专家分别在 4 个分会场做相应报告。报告内容涉及工程防震减灾的各个方面，宏观方面探讨了减轻我国乡镇农村地震灾害的措施、应对城镇及其重大工程抗震减灾挑战的思路等；技术方面阐述了从结构、材料、监测、标准体系等层面对高层建筑、古建筑、桥梁、核电站等的防震研究。

12）2015 年 1 月 6—9 日，由中国工程院主办，中国水利水电科学研究院、流域水循环模拟与调控国家重点实验室、四川大学等单位共同承办的“流域水循环调控与灾害防治国际学术研讨会”暨“水库群联合调度工程前沿技术研究学术交流会”在四川成都举行。王浩、陆佑楣、陈厚群、刘经南、钟登华、缪昌文、张建云、王超、李建成、谢和平、多吉等 11 位中国工程院院士，来自英国、日本的 7 位专家，以及国内相关行业领域专家共 150 余人出席。

13）2015 年 1 月 18 日，由我学部和中国工程爆破协会共同主办的“精细爆破学术研讨会”在武汉召开。中国工程院汪旭光、钱七虎、谢礼立、周福霖、崔俊芝、王泽山、姜德生、郑守仁、王梦恕等 25 位院士及相关领域专家共 100 余人出席。钱七虎院士致开幕词。此次研讨会就我国爆破行业在精细爆破方面取得的最新研究成果——炸药爆破能量精细控制、新型爆破器材、爆破数值仿真技术、大型建(构)筑物精细爆破拆除、爆破加工与成型和爆破有害效应控制等内容进行交流与研讨。

14）2015 年 1 月 27 日下午，由我学部主办，中国铁道科学研究院承办的“土木、水利与建筑工程学部 2015 年学科发展研讨会”在北京举行。学部周福霖、王浩、周绪红、崔愷、何华武等常委会部分成员以及吴良镛、冯叔瑜、周镜、龙驭球、曹楚生、黄熙龄、施仲衡、卢耀如、孟兆祯、傅熹年等 30 位院士及中国铁路总公司相关人员共 60 余人出席。徐德龙副院长出席会议并向院士致以新春的问候。会上，中国铁路总公司卢春房副总经理介绍了我国高铁情况，何华武院士介绍了关于建设中亚丝路高铁的建议，周福霖主任介绍了学部 2015 年工作要点，与会院士对学科发展进行了热烈充分的讨论。

15）2015 年 3 月 23—28 日，第十一届“清华大学建筑节能学术周”在清华大学举行，本次节能周的主题为北方城镇建筑供暖节能减排，并发布《2015 中国建筑节能年度发展研究报告》。江亿院士主持了 3 月 28 日的建筑节能公开论坛,科技部、住建部有关司局领导出席公开论坛并致辞,相关研究院所及企业专家参加论坛。

16) 2015 年 4 月 28—29 日,由我学部、上海市土木工程学会和同济大学土木工程学院共同主办的“2015(第四届)IBTC 国际桥梁与隧道技术大会”在上海国际会议中心召开。中国科学院孙钧院士、中国工程院王梦恕院士、国际隧道协会主席 Søren Degn Eskesen 先生出席并做报告,来自国内外桥隧工程行业的高层及精英 600 多人出席了会议,共同探讨“连线中国——路桥隧一体化”这个主题。

17) 2015 年 5 月 8—9 日,由中国工程院主办,我学部、中国土木工程学会、东南大学等单位共同承办的“第 203 场中国工程科技论坛暨第四届全国土木工程安全与防灾学术论坛”在江苏南京举行。中国工程院刘旭副院长出席开幕式并致辞,江欢成、杨秀敏、吕志涛、欧进萍、王景全、秦顺全、杨永斌、张建云、缪昌文、王超、杜彦良等 12 位院士,相关领域专家学者共 400 余人参加了论坛。

18) 2015 年 5 月 8 日,由科技部和德国联邦教研部联合主办,中国工程院支持的“中德‘未来城市’峰会”在上海同济大学召开。会议由同济大学副校长吴志强教授主持。同济大学党委书记杨贤金致欢迎辞,科技部副部长曹健林和德国联邦科教部国务秘书 Dr. Georg Schütte 联合致开幕辞并介绍大会背景及主旨。中国工程院马国馨、张杰、王浩、任南琪、龚晓南等 5 位院士参加会议。中德两国学术界、政府和企业界代表围绕“城镇创新”“综合城市和区域规划”“未来城市与气候”“水、基础设施和智能解决方案”等议题展开讨论。

19) 2015 年 5 月 26 日,由中国工程院、北京茅以升科技教育基金会、中国铁建股份有限公司共同主办的“茅以升科技教育基金会第二十四届颁奖大会暨第五届桥梁与隧道工程技术论坛”在西安召开。第十一届全国政协副主席、茅以升基金会主任、中国科学院王志珍院士,中国工程院孙永福、秦顺全、何华武、王景全、梁文灏、聂建国院士,中国科学院吴硕贤院士,中国铁建股份有限公司孟凤朝董事长,茅以升科技教育基金会茅玉麟秘书长出席了 26 日上午举行的“茅以升科技教育基金会第二十四届颁奖大会”,并为获奖的专家和学生颁奖。26 日下午,召开第五届桥梁与隧道工程技术论坛,论坛主席秦顺全院士致辞,聂建国院士等 7 位专家做主旨发言。报告结束后,与会人员围绕铁路养护维修、螺栓的延时断裂、地下结构抗浮设计、信息化背景下桥梁工业的研究趋势、桥梁寿命的延长等问题展开了充分交流和探讨。

20) 2015 年 5 月 29—30 日,由中国工程院主办,南京水利科学研究院等单位承办的“水安全与可持续发展国际工程科技发展战略高端论坛”在南京召开。马洪琪院士主持论坛开幕式,南京水利科学研究院院长张建云院士、中国工程院副院长刘旭院士、江苏省徐鸣副省长分别致开幕词,水利部陈雷部长出席论坛并做主旨报告。中国科学院薛禹群、张楚汉院士,中国工程院刘先林、吴中如、刘经南、陈厚群、马洪琪、王家耀、张祖勋、王景全、王浩、茆智、任南琪、张建云、王超、李建成、胡春宏、聂建国等 16 位院士,5 位来自英国、加拿大、荷兰、美国等国家的工程院院士,水利部、江苏省水利厅等相关单位领导,以及国内外相关领域专家学者共计 500 余人参加论坛。

21) 2015 年 8 月 6—7 日,由我学部和中国岩石力学与工程学会等单位主办,山东大学、中国岩石力学与工程学会地下工程分会等单位承办的“第五届中俄矿山深部开采岩石动力学高层论坛暨中俄深部岩石力学与工程科技联合常设论坛”在山东大学(威海)举办。中国工程院院士钱七虎、周丰峻、蔡美峰,中国科学院院士宋振骐、何满潮,俄罗斯科学院院士 Oparin V.和 Guzev M. A.,以及来自中俄两国的 170 多位相关领域的专家出席论坛。

22）2015 年 8 月 19—20 日，由我学部和中国土木工程学会共同主办、上海市政工程设计研究总院(集团)有限公司、哈尔滨工业大学等单位承办的“饮用水安全控制技术会议暨中国土木工程学会水工业分会给水委员会第 14 届年会”在山东泰安召开。张杰、王浩、曲久辉、侯立安等 4 位中国工程院院士以及来自全国各地的设计院所、高等院校、供水企业领导专家共计 200 余人参加会议。

23）2015 年 9 月 23—24 日，由我学部和中国建筑股份有限公司共同主办，中国建筑一局(集团)有限公司承办的“绿色建造与可持续发展论坛”在深圳召开。学部主任周福霖院士、中国建筑工程总公司毛志兵总工程师、中国建筑一局(集团)有限公司刘立新总经理出席论坛并致辞。周绪红、肖绪文、崔俊芝、杜彦良、龚晓南、郭仁忠、江欢成、马克俭、缪昌文、聂建国、欧进萍、秦顺全、王景全、谢礼立、杨秀敏、叶可明、张杰等 18 位院士以及来自高校、科研机构、企业的专家共计 200 余人参加论坛。

24）2015 年 9 月 24—25 日，由我学部与中国卫星导航定位协会共同主办的“中国卫星导航与位置服务年会暨中国卫星导航定位协会成立 20 周年庆祝活动”在北京举行。李德仁、刘经南、李建成、杨元喜、陈颙等 5 位工程院和科学院院士出席。

25）2015 年 10 月 14—15 日，由我学部和中国土木工程学会等单位共同主办，广州市市政工程设计研究总院等单位承办的“2015(第二届)城市防洪排涝国际论坛”在广州举行。中国工程院王浩、张建云两位院士，尼泊尔灾害管理中心 Meen B. Poudyal Chhetri 主席，上海、武汉、成都等省市水务局的领导，以及来自日本、美国、中国香港等地的科研机构和相关企业的专家共计 300 余人参加论坛。

26）2015 年 10 月 16—18 日，由我学部和中国土木工程学会土力学及岩土工程分会等单位共同主办的“城市地下空间开发利用前沿论坛暨第九届浙江大学曾国熙讲座”在杭州举行。中国工程院钱七虎、王浩、郑颖人、葛修润、谢礼立、江欢成、龚晓南等 7 位院士以及来自高校院所、相关企业的专家共计 200 余人参加论坛。

27）2015 年 11 月 7—8 日，由中国工程院主办、武汉大学和国家卫星定位系统工程技术研究中心等单位承办的“2015 泛在测绘与位置大数据应用国际工程论坛”在武汉举行。中国工程院刘经南、王家耀、郭仁忠、李德仁、李德毅等 5 位院士，中国科学院龚健雅院士，开放地理空间协会(OCG)欧洲主席 Mike Jackson 先生，美国杜克大学电子与计算工程学院 David J. Brady 教授以及来自英国、美国、澳大利亚、中国香港等国家和地区及我国的相关行业专家、高校学生共计 400 余人参加论坛。

28）2015 年 11 月 21—22 日，由中国工程院主办，中国建筑设计院有限公司、中国城市规划设计研究院等单位承办的“第 219 场中国工程科技论坛——村镇规划建设与管理国际论坛”在北京举行。中国工程院徐德龙副院长、住房与城乡建设部易军副部长出席论坛并致开幕辞。中央农村工作领导小组副组长陈锡文主任，中国工程院邹德慈、崔愷、金鉴明、侯立安等 4 位院士，以及来自中国、英国、韩国、中国台湾等国家和地区的专家学者共计 400 余人参加论坛。

29）2015 年 11 月 27—28 日，由我学部、东南大学等单位主办，东南大学土建交通学部承办的“城市发展与城市交通工程前沿技术研究论坛”在南京召开。东南大学校长张广军院士出席开幕式并致辞，中国工程院缪昌文、钱七虎、王梦恕、宁津生、张祖勋、王景全、张建云、王超、杜彦良等 9 位院士，原建设部部长汪光焘先生及来自科研机构、高校院所的专家学者和师生共计 300 余人参加论坛。

30）2015年12月17日，由我学部和中国建筑股份有限公司联合主办，中建广西交通建设有限公司、北京交通大学和南宁轨道交通二号线建设有限公司共同承办的“城市地下空间建造与发展论坛”在南宁召开。中国建筑工程总公司毛志兵总工程师、南宁市人民政府魏凤君副市长出席论坛并致开幕词。钱七虎、王景全、郑皆连、肖绪文、王建国、王复明等6位院士以及来自高校、科研机构、企业及南宁市相关政府部门的专家共计100余人参加论坛。

31）2016年1月9日，由我学部和茅以升科技教育基金会联合主办的“一带一路”土木工程技术高峰论坛——纪念茅以升先生诞辰120周年在北京召开。孙永福、王梦恕、何华武等3位院士，国家发展改革委国土开发与地区经济研究所史育龙所长、南开大学龚克校长、交通运输部周伟总工程师、美国俄克拉荷马州立大学土木环境工程学院王郴平教授，以及来自企业高校专家师生共计200余人参加会议。

32）2016年1月26日，由我学部、中国钢结构协会和国家钢结构工程技术研究中心联合主办，中冶建筑研究总院有限公司、重庆大学、清华大学承办的“2016中国钢结构发展高峰论坛”在北京举行，周福霖、周绪红、聂建国、沈世钊、崔俊芝、郑守仁等21位院士和60余位政府主管领导、企业家、专家学者出席，为我国钢结构发展出谋划策。会后，周绪红、聂建国等27位院士及10位专家提出了“关于在结构工程中大力推广应用钢结构的建议”并上报国务院。

33）2016年1月27日下午，由我学部主办，中国建筑股份有限公司承办的“土木、水利与建筑工程学部2016年学科发展研讨会”在北京举行。学部主任周福霖院士主持会议，中国工程院徐德龙副院长出席会议并致辞。吴良镛、郑哲敏、冯叔瑜、卢耀如、关肇邺、李道增、陈肇元、孟兆祯、陈厚群、施仲衡、傅熹年、邹德慈等37位院士及中国建筑股份有限公司相关人员共50余人参加会议。

34）2016年3月25—29日，由我学部主办、清华大学建筑节能研究中心承办的“第十二届清华大学建筑节能学术周”在北京举行，本次节能周的主题为“聚焦全面‘治霾’形势下的农村能源问题”，并发布《2016中国建筑节能年度发展研究报告》。江亿院士主持了3月27日的“农村建筑节能公开论坛”，清华大学薛其坤副校长出席论坛并致辞。住建部、环保部、农业部、发改委等部委、相关研究院所及企业专家共计200余人参加论坛。

35）2016年4月15日，由我学部和中国建筑股份有限公司共同主办，中国建筑第八工程局有限公司承办的“建筑业绿色发展论坛”在上海隆重召开。论坛开幕式由学部主任周福霖院士主持，中国工程院周济院长，上海市蒋卓庆副市长，中国建筑股份有限公司官庆董事长出席论坛开幕式并致辞。中国工程院徐德龙副院长、钟志华秘书长、王浩、周绪红、程泰宁、崔俊芝、董石麟、林元培、沈祖炎等28位院士，台湾润泰集团董事长尹衍樑先生，中国建筑第八工程局有限公司黄克斯董事长以及来自高校、企业的专家学者200余人参加论坛。

36）2016年5月8日，由中国工程院、北京茅以升科技教育基金会等共同主办、北京交通大学承办的“茅以升科技教育基金会第二十五届颁奖大会暨第六届桥梁与隧道工程技术论坛”在北京召开。孙永福、何华武、秦顺全、王梦恕、郑健龙、杨永斌等6位院士，北京交通大学宁滨校长，茅以升科技教育基金会茅玉麟秘书长出席了上午举行的“茅以升科技教育基金会第二十五届颁奖大会”，并为获奖的专家和学生颁奖。下午，原铁道部副部长孙永福院士主持了第六届桥梁与隧道工程技术论坛，桥隧领域专家学者、北京交通大学师生近200人参加论坛。

37）2016年5月15—16日，由中国工程院和重庆大学主办，我学部、重庆大学土木工程学院和重庆大学钢结构工程研究中心共同承办的“国际工程科技发展战略高端论坛——工程结构创新与发展暨结构模态测试与应用”在重庆召开。重庆大学常务副校长张四平教授主持论坛开幕式,中国工程院樊代明副院长,重庆市人民政府吴刚副市长,大会主席周绪红院士、杨永斌院士分别致开幕词。中国工程院崔俊芝、马克俭、江欢成、郑皆连、欧进萍、缪昌文、聂建国、杜彦良、陈政清、郑健龙等13位院士,Herbert MANG、邓文中两位外籍院士,美国工程院 Ahsan Kareem 院士、J. N. Reddy 院士,新加坡工程院潘则建院士、Chien-Ming Wang 院士和澳大利亚技术与工程院 S. Kitipornchai 院士,以及来自国内外相关领域高校、研究院所、企业的专家学者共计200余人参加论坛。

(四)院士行

第十二次院士大会以来,结合学部常委扩大会以及相关企业的需求,学部共组织开展了10次院士行活动(见表7),为相关单位和重大工程提出了许多具体意见和建议。

表7　十二次院士大会以来学部开展“院士行”活动情况汇总表

序号	时间	事由	参与院士
1	2014年8月27—28日	朔黄铁路院士行	周福霖、王梦恕、郑颖人、崔俊芝、王景全、张超然、梁文灏、龚晓南、缪昌文、杜彦良
2	2014年9月27—29日	大瑞铁路院士行	孙永福、周福霖、何华武、王梦恕、周绪红、郑颖人、王景全、杨永斌、聂建国
3	2014年11月5—7日	南京院士行	周福霖、马洪琪、王　浩、王梦恕、任南琪、何华武、张超然、郑皆连、崔俊芝、梁文灏、缪昌文、王景全、陈厚群、张建云
4	2015年1月27日	铁道科学研究院院士行	徐德龙、周福霖、周绪红、崔　愷、马洪琪、王小东、任南琪、何华武、张超然、梁文灏、崔俊芝、缪昌文、杨秀敏、肖绪文、胡春宏
5	2015年4月21—22日	武汉院士行	周福霖、王　浩、马洪琪、王梦恕、李建成、郑皆连、张超然、缪昌文、张祖勋
6	2015年6月16—17日	福建三明院士行	崔　愷、刘加平
7	2015年9月7—9日,11月10日	“一带一路”建设高层次专家咨询服务活动	钱七虎、王瑞珠
8	2016年4月3—4日	《天地之间-张锦秋建筑思想集成研究》首发式 丙申公祭黄帝陵	徐德龙、张锦秋、王景全、何镜堂、崔俊芝、王小东、刘加平、王建国、孟建民

续表

序号	时间	事由	参与院士
9	2016 年 4 月 17 日	提高企业核心竞争力院士咨询会	徐德龙、周绪红、钱七虎、王景全、王梦恕、周丰峻、张超然、杨秀敏、陈政清、任辉启、郑健龙、何华武、杜彦良、王复明、王　超、欧进萍
10	2016 年 5 月 17—19 日	成兰铁路现场调研咨询	何华武、崔俊芝、杜彦良、梁文灏、卢耀如、叶可明、陈政清、缪昌文、欧进萍、杨永斌、郑健龙、郑皆连

1. 朔黄铁路院士行

2014 年 8 月 27—28 日，受神华集团有限责任公司邀请，我学部组织开展了朔黄重载铁路院士行活动。周福霖、王梦恕、郑颖人、崔俊芝、王景全、张超然、梁文灏、龚晓南、缪昌文、杜彦良等 10 位院士以及来自中国铁道科学研究院、华为技术有限公司、南车长江车辆有限公司、南车株洲电力机车有限公司等单位的 10 多位专家一同前往朔黄铁路考察，并召开了“轴重 30 吨以上煤炭运输重载铁路关键技术与核心装备研制项目技术研讨会”，对重载铁路未来的发展及神华集团的技术创新方向提出意见建议。

2. 大瑞铁路院士行

2014 年 9 月 27—29 日，应中国铁路总公司科技管理部的邀请，我学部组织孙永福、周福霖、何华武、王梦恕、周绪红、郑颖人、王景全、杨永斌、聂建国等 9 位院士赴云南大瑞铁路进行调研咨询活动，并举行了大瑞铁路关键技术问题研讨会，院士们结合实际查勘，从施工方法、桥梁结构、防风、防震、安全防护等方面提出了许多具体意见和建议。

3. 南京院士行

2014 年 11 月 5—7 日，结合学部常委扩大会，周福霖、马洪琪、王浩、王梦恕、任南琪、何华武、张超然、郑皆连、崔俊芝、梁文灏、缪昌文、王景全、陈厚群、张建云等 14 位院士参观了南京水利水电科学研究院铁心桥试验基地及江苏省建筑科学研究院江宁试验基地（苏博特新材料股份有限公司），并到南京河西滨江城市规划带、鱼嘴湿地、青奥村、江苏省溧阳市沙河水库和抽水蓄能电站考察。

4. 铁道科学研究院院士行

2015 年 1 月 27 日，结合学部常委扩大会，徐德龙、周福霖、周绪红、崔愷、马洪琪、王小东、任南琪、何华武、张超然、梁文灏、崔俊芝、缪昌文、杨秀敏、肖绪文、胡春宏等 15 位院士参观了铁科院高铁轨道技术国家重点实验室和铁路客运服务系统实验室。院士们认真听取了工作人员的介绍，并不时进行交流互动，询问有关情况，提出相关意见和建议。

5. 武汉院士行

2015 年 4 月 21—22 日，结合学部常委扩大会，周福霖、王浩、马洪琪、王梦恕、李建成、郑皆连、张超然、缪昌文等 8 位院士在武汉大学进行调研活动，参观了测绘仪器陈列馆、测绘遥感信息工程国家重点实验室和水利水电学院泥沙实验楼。王浩、李建成、郑皆连、缪昌文、张祖勋等 5 位院士考察了长江航道局荆江航道，查勘太平口水道和腊林洲守护工程。

6. 福建三明院士行

2015 年 6 月 16 日，我学部崔愷、刘加平和农业学部刘兴土 3 位院士参加“院士专家八闽行——三明生态文明行”泰宁站活动，院士一行对明清文化园、鱼悦水际、泰宁古城等地进行调研，并在县政务大楼召开座谈会，为泰宁县的农业生态保护、建筑物规划发展等出谋献策。17 日，我学部崔愷、刘加平两位院士与农业、环境两个学部共 14 位院士参加了“院士专家八闽行——三明生态文明行”座谈会，刘旭副院长出席并做重要讲话。

7. “一带一路”建设高层次专家咨询服务活动

2015 年 9 月 7—9 日，钱七虎院士应邀参加了中组部“一带一路”建设高层次专家甘肃咨询服务活动。钱七虎院士通过实地走访、听取汇报的形式对兰州市轨道交通建设的重难点问题“问诊把脉”，并专门制作 PPT 课件，提出了多项咨询意见和相关建议。

2015 年 11 月 10 日，王瑞珠院士应邀参加了中组部“一带一路”建设高层次专家福建咨询服务活动。王瑞珠考察了湄洲岛妈祖祖庙群、两岸妈祖文化创意园区、湄洲岛南部风景区及湄洲湾北岸妈祖祖祠建筑群，并就湄洲岛朝圣、旅游及妈祖文化创意产业园规划提出指导性意见。

8.《天地之间——张锦秋建筑思想研究》首发式及丙申公祭黄帝陵

2016 年 4 月 3 日，“《天地之间——张锦秋建筑思想研究》首发式”在陕西西安举行。徐德龙副院长、陕西省庄长兴副省长出席并在首发式上致辞，张锦秋、崔俊芝、王景全、何镜堂、王小东、刘加平、王建国、孟建民等 9 位院士参加。4 月 4 日，出席活动的院士还参加了丙申公祭黄帝陵活动。

9. 提高企业核心竞争力院士咨询会

2016 年 4 月 17 日，由我学部主办，中铁隧道集团有限公司承办的“提高企业核心竞争力院士咨询会”在洛阳举行。徐德龙副院长、周绪红、钱七虎、王景全、王梦恕、周丰峻等 16 位院士，中铁隧道集团有限公司唐忠总经理及相关人员共计 30 余人参加了会议。17 日上午，院士一行参观了中铁隧道集团科技展厅，了解了集团轨道交通设计技术、机械装备水平、制定的标准规范、获得的专利工法，以及参与建设的隧道工程、桥梁工程、能源工程、市政工程等方面工作。

10. 成兰铁路现场调研咨询活动

2016 年 5 月 18—19 日，受铁路总公司科技部邀请，我学部组织开展了成兰铁路现场调研咨询活动，对睢水河大桥、跃龙门隧道 3 号斜井、柿子园隧道 1 号横洞进行调研，并举办咨询会。我学部何华武、崔俊芝、梁文灏、卢耀如、叶可明、缪昌文、杨永斌等 12 位院士及工程管理学部孙永福等 6 位院士参加活动。

（五）第十一届“中国工程科技光华奖”的评审

“中国工程科技光华奖”是为奖励在工程科学技术及管理领域取得突出成绩和重要贡献的中国工程师、科学家而设立的。奖项分为“光华成就奖”、“光华工程奖”和“光华青年奖”。根据评审办法规定，对“光华工程奖”和“光华青年奖”候选人的初评工作委托各学部常委会负责。

2015 年，我学部第十一届光华工程科技奖“工程奖”候选人共有 20 名，“青年奖”候选人 14 名。根据光华工程科技奖的相关规定，各学部工程奖和青年奖的获奖人分别不超过 2 名，获得学部评审委员会三分之二以上赞成票的方能提请理事会终评。

学部办公室根据《光华工程科技奖管理细则》草拟了《第十一届光华工程科技奖土木、水利与建筑工程学部初评办法》，并经学部常委扩大会书面审议后通过。

学部初评按办法规定分为两轮:第一轮为通信评审,第二轮为会议评审。2015 年 12 月下旬,学部办公室将 34 名候选人的提名书发送给学部评审委员会全体成员,并将通信评审的选票和专用信封寄送学部评审委员会全体成员。在认真审阅全部候选人有关材料的基础上,学部评审委员会成员以无记名方式进行投票并于 2016 年 1 月中旬将选票寄回学部办公室。2016 年 1 月 19 日,在聂建国、胡春宏两位院士的监督下,学部办公室和光华奖办公室进行了统一拆封计票。根据候选人得分顺序,分别选取了 5 人和 4 人进入"工程奖"和"青年奖"的会议评审。

2016 年 1 月 27 日,我学部召开了第十一届光华奖初选评审会议,经过综合评议和无记名投票,张建民教授以及王沛芳、姜卫平教授分别作为"光华工程奖"和"光华青年奖"候选人进入理事会终评;2016 年 4 月 30 日,经光华奖理事会评审,以上三位候选人均顺利通过了光华奖理事会终审。

(六)常委会和学部办公室的工作

第十二次院士大会以来,第九届学部常委委员及主席团成员认真负责、辛勤工作,尽最大努力为学部院士服务,保证了学部各项活动的顺利开展。两年间共召开了 14 次常委扩大会议(见表 8)。

表 8　十二次院士大会以来学部常委扩大会议汇总表

时间	地点	主要议题
2014 年		
6 月 11 日	北京	推选学部主任、副主任 讨论确定主任分工及各专业委员会推荐人选 酝酿 2015 年咨询项目
8 月 26 日	北京	审议咨询项目结题报告 审议学部 2015 年咨询项目 征求院士增选相关文件的修订意见
11 月 5 日	南京	中长期项目中期检查 审议咨询项目结题报告 通报院增选政策委员会会议精神 推荐院刊《Engineering》专题 讨论对院士增选中"工程一线"的界定 审议 2015 年新增咨询项目和学术活动
2015 年		
1 月 27 日	北京	讨论"中国工程科技 2035 发展战略研究"项目 审议咨询项目结题报告 推荐何梁何利基金奖候选人 审议学部 2014 年工作总结及 2015 年工作要点 通报院主席团会议精神 讨论增选有关事宜

续表

时间	地点	主要议题
4月21日	武汉	通报院增选政策委员会和主席团会议精神 审议2015年院士增选第一轮评审相关工作与文件 研究确定2016年咨询研究项目指南建议 审议2015年中长期发展战略研究学部推荐项目 通报2015年1月以来的学部工作
6月7日	北京	商议2016年学部学术活动 修订2016年咨询研究项目指南 商议“2035发展战略研究”技术预见备选技术清单
6月11日	北京	审定2015年学部进入第二轮评审候选人名单 审定2016年学部学术活动 审议2016年咨询研究项目指南学部部分 审议学部新增学术活动 商定下次常委扩大会时间
8月25日	北京	通报学部进入第二轮候选人有关情况 投诉信调查工作安排 审议第二轮评审和选举操作办法 审议2015年增选第二轮评审、选举日程安排 审议进入第二轮候选人到会自我介绍第二轮通知 审议相关学术活动 研究确定进入主席团评审的外籍候选人及介绍人 通报第一轮评审会后学部主要工作
10月10日	北京	审议投诉信调查核实结果 审议第二轮评审会议上学部主任讲话 审议2016年学部组织的咨询项目及经费分配建议 审定第二轮评审和选举会议最新日程安排
10月25日	北京	审议2015年院士增选学部投诉调查总报告 “中长期发展战略研究”2014年立项项目中期检查
10月29日	北京	审议学部选举结果 审议咨询项目结题 审议新增学术活动

续表

时间	地点	主要议题
2016 年		
1 月 27 日	北京	光华奖初评 通报院增选政策委员会议精神 审议学部 2015 年工作总结及 2016 年工作要点 推荐 2016 年何梁何利基金奖候选人 讨论 2016 年新增学术活动 审议学部级咨询项目结题报告 审议中长期发展战略研究项目结题报告
4 月 14 日	上海	讨论院士增选相关问题 审议学部学科调整 安排第十三次院士大会相关事宜 研究 2017 年《Engineering》选题 研究 2017 年咨询研究项目指南 审议咨询项目结题报告 审议新增学术和咨询活动 通报 2016 年 1 月以来学部主要工作
5 月 29 日	北京	审议咨询项目结题报告 讨论 2017 年学部学术活动 研究 2017 年咨询研究项目指南学部重大咨询项目选题建议

两年来，学部办公室协助常委扩大会完成了增选、院士大会和每一次常委扩大会议的筹备组织和总结工作；与咨询工作办公室协作共同完成了咨询项目指南征集、项目申报等工作，为确保咨询项目顺利完成，在各项目组组长的领导下，还做了大量组织协调等服务性工作，协助安排了各种形式的会议及考察活动；协助学术出版委员会和负责院士完成了学术活动的申报、宣传、报道、总结工作；协助完成院士建议的上报工作、各部委征求意见的工作。同时还承担了三峡评估项目办公室的职责；协助安排学部院士就医等工作；此外，还有大量的日常公文处理工作，以及工程院规定与临时安排的工作。

（七）重大奖励

1）2014 年 6 月 11 日上午，第十届光华工程科技奖在院士大会上颁发，共有 29 位院士和专家获奖。我学部钱正英院士获得了全国工程科学技术界的大奖——第十届光华工程科技奖成就奖，成为首位获得该奖项的女院士。

2）2014 年 9 月 16 日，英国皇家工程院公布 2014 年度新增院士名单，我学部张建云院士当选英国皇家工程院外籍院士。

3）2015 年 1 月 9 日,2014 年度国家科学技术奖励大会在人民大会堂隆重召开,我学部王浩、吕志涛、刘经南、孙伟、马洪琪、秦顺全等院士及其团队取得了可喜的成绩,其中,王浩院士领衔的“流域水循环演变机理与水资源高效利用”项目和吕志涛院士领衔的“现代预应力混凝土结构关键技术创新与应用”项目获得国家科技进步奖一等奖。

4）2015 年 4 月 10 日,“林元培星”命名仪式在上海举行,刘旭副院长出席并致辞。2015 年 5 月 8 日,“张锦秋星”命名仪式在西安举行,徐德龙副院长出席并致辞。2016 年 1 月 4 日,“郑哲敏星”、“吴良镛星”等人的小行星命名仪式在北京举行。

5）2016 年 1 月 8 日,2015 年度国家科学技术奖励大会在人民大会堂隆重召开,我学部何华武、谢礼立、张建云、张超然、项海帆等院士及其团队取得了可喜的成绩,其中,何华武院士领衔的“京沪高速铁路工程”项目获得国家科技进步特等奖,谢礼立院士领衔的“建筑结构基于性态的抗震设计理论、方法和应用”和张建云院士领衔的“水库大坝安全保障关键技术研究与应用”项目获得国家科技进步一等奖。

（八）其他

1）近年来,学部配合我院学术出版委员会、科学道德委员会及宣传处,开展学术交流活动成果、院士文集、传记的组稿出版工作,协助中央电视台等单位宣传报道吴良镛、郑哲敏、谭靖夷、何镜堂、潘家铮、林俊德、吕志涛等院士,已出版《何镜堂传记》、《施仲衡传记》、《语言与境界》(程泰宁院士文集)、《陈厚群院士文集》、《王梦恕传记》、《吕志涛传记》、《李玶传记》。卢耀如、江欢成等院士传记即将出版,吴良镛、冯叔瑜、傅熹年、钱正英、陈肇元、梁应辰等院士传记的组编工作正在进行中。

2）2014 年 8 月 29 日—9 月 9 日,吴良镛先生“人居艺境”绘画、书法、建筑艺术展在中国美术馆举行,艺术展是吴先生数十年来建筑、绘画、书法作品的综合呈现。徐匡迪主席、周济院长以及我学部邹德慈、傅熹年、马国馨、崔愷等 4 位院士出席了 8 月 30 日晚的开幕式。

3）由沈祖炎院士负责的中国工程院院刊土木学部分刊《Frontiers of Structural and Civil Engineering》(《结构与土木工程前沿》)2015 年和 2016 年 1 月分别进入 EI 和 ESCI 检索系统。

4）2015 年 6 月 29 日上午,《Engineering》第 7 期“水利水电工程与轨道交通”专题启动会在工程院 318 会议室召开。周济院长、主编钟志华院士出席,学部张超然、何华武 2 位院士及相关专家和有关工作人员参加了会议。与会院士专家围绕第 7 期专题定位、编委会组建等相关工作进行了讨论。8 月 24 日,“水利水电工程”专题讨论会在中国工程院举行。会议主要讨论专题出版相关事宜,马洪琪、崔俊芝、张超然、钮新强等 4 位院士参加会议。2016 年 4 月 15 日,“水利水电工程”专题中方编委会在上海举行,会议主要讨论审稿相关事宜,周济院长、钟志华秘书长出席会议,马洪琪、郑守仁、张超然、钮新强等 4 位院士参加会议。

5）2015 年 9 月 3 日,我学部周福霖、崔俊芝、钱七虎、王梦恕、周丰峻等 13 位院士参加了抗战胜利 70 周年阅兵观礼活动。

二、对今后学部工作的建议

回顾和总结这两年来的学部工作,有以下几点体会和建议:

（一）进一步加强院士队伍建设

1. 做好院士增选工作

院士增选是院士队伍建设的基础和关键，是中国工程院工作的重中之重，选举什么样的人进入院士队伍，将为我国广大科技人员的成长发展提供什么样的榜样和导向；选举过程和结果是否客观公正，全社会将会据此对院士队伍（包括组成这个队伍的每位院士）的素质进行不同的评价。我们要按照工程院"强化责任、履行职责，坚持标准、保证质量，严肃纪律、端正风气"的要求，严格把好质量关，从全局出发，认真、负责、客观、公正、全面地做好增选工作，尽可能地把全国最高水平的优秀工程专家吸收到院士队伍中来，为国家工程科技思想库的建设凝聚更多一流专家。要全面理解、准确把握工程院院士的标准和条件，既要强调学术水平，更要强调实际应用效果，要特别注意长期工作在第一线的工程技术专家。在坚持标准和保证质量的前提下，要重视院士队伍学科与地域覆盖的全面性和均衡性。此外不仅要注重候选人的学术成就，更要注重其学风道德和行为品德，这对工程院的声誉和形象尤为重要。

2. 弘扬科学道德精神

弘扬科学精神和科学道德建设是院士队伍建设的根本。工程院院士是国家工程科技领域的最高荣誉称号。社会上，特别是工程科技界，对院士都给予了很高的期望。我们一方面要增强自律意识，坚守学术操守和道德理念，对自己专业范围内的事要敢于发表意见，对自己不熟悉的事要谨言慎行；另一方面要以自己的行为带动科技界乃至全社会在维护科学道德、传播科学思想、倡导先进文化、普及科技知识等方面做出积极贡献。过去的两年里，我们学部何镜堂、王梦恕、江亿、刘先林等4位院士先后在"青少年走进工程院"的系列活动中，为青少年同学做报告，激发了中学生崇尚科学的热情，这些都值得我们学习和继续发扬。

（二）进一步提高国家工程科技思想库的建设水平

国家工程科技思想库的建设是中国工程院两大中心任务之一，学部工作要按照"创新驱动、提高质量、服务发展"的工作方针，坚持"有所为，有所不为"的原则，加强规范化和科学化管理。切实把工作重心放在提高质量和实效上。

1. 战略咨询

战略咨询要聚焦国家重大战略需求，以面向党中央、国务院、各部委及各行业的战略咨询是建设国家工程科技思想库的核心任务。要加强顶层设计，重视咨询方法，加强信息化支撑，稳步提升咨询质量。研究团队要科学、合理，注重不同学部、不同学科之间的交叉融合；项目研究过程中要保证院士的参与时间，切实发挥院士在咨询研究中的核心作用，不能只是院士的学生和助手在做咨询项目研究，同时要多听取同行专家以及不同领域专家的意见；项目的研究成果要有观点、有新意、有亮点，努力为国家经济社会和科技发展重大决策提出真知灼见；项目研究还要注意连贯性，重大、重点咨询项目可做前期研究，有必要的可分期进行。这些年我们将围绕城市建设中的突出问题逐步开展咨询研究。此外，除了组织跨学部综合性的重大咨询项目，学部级的咨询项目要着重为相关行业的发展提供咨询建议。

2. 学术引领

要认真总结以往开展学术活动的经验，不断提高学术活动水平与质量，更好发挥学术引领作用。学术活动要注意广度与深度的结合，在选题时要注重与咨询研究项目的配合；邀请院士专家时要考虑到不同学部、不同学科的整合；开展时要与科技服务、人才培养以及科普工作相融合。特别要办好"国际工程科技发展战略高端论坛"、"中国工程科技论坛"以及学部级学术活动,形成部分学术活动的连续性,推动学术品牌的建设。

3. 科技服务

结合学部自身特点,进一步深化和地方、企业的科技合作,提高科技合作的质量。科技服务要针对企业在创新体系建设中面临的问题开展战略咨询,切实为提升企业核心竞争力出谋划策;针对重大工程中的难点问题开展现场调研咨询活动,提出富有成效的解决思路;进一步推动产业和行业的科技发展。

4. 出版工作

中国工程院院刊《Engineering》自改版以来,在各学部的大力支持和有关单位的通力合作下,《Engineering》主刊于2015年如期出版,并在国际工程科技界开始有了一定影响。由马洪琪和何华武院士负责的《Engineering》主刊第7期"水利水电工程和轨道交通"专题正在组稿中,并将于今年下半年出版上线。由沈祖炎院士负责的土木学部分刊——《结构与土木工程前沿》于2015年和2016年1月分别进入了ESCI和EI检索系统。2017年我学部在《Engineering》主刊上的专题确定为"桥梁"和"隧道",分别由项海帆院士和王梦恕院士负责。

按照工程院的要求,学部要将主刊中的专题组稿与本学部的分刊征稿进行统筹,联合约稿,文章相互推荐,实现稿源、审稿专家库等资源共享,并互相宣传。学部还要充分利用已安排的学术会议,推动期刊组稿和宣传工作,特别是在举办国际工程科技发展战略高端论坛和中国工程科技论坛时,要积极宣传我院的学术期刊,主动邀约参会的国内外演讲嘉宾和其他高水平专家在期刊上投稿。这项工作希望能够得到学部全体院士的参与和支持。

(三)进一步加强学部间和学部专业学科间的交流合作

全体院士的支持和参与是做好学部工作的必要条件。我们既要发挥各位院士在学部工作中的作用,也要考虑到院士的实际情况,一定要量力而行,有所为有所不为,这是历届常委会传承的经验。

做好学部工作也离不开与其他学部的互相支持。我们还要继续与其他学部开展交流合作,互相学习、相互借鉴,共同为国家工程科技思想库的建设做出贡献。

此外,学部的建筑、土木、水利和测绘四个专业学科在行业领域和专业方面都各具特色,因此除了在工作上相互借鉴与支持外,加强专业学科间的交流活动,也是充分发挥院士群体优势,做好咨询与学术活动等工作的基础。而且随着学部的不断壮大,院士人数不断增加,需要进一步加强专业学科间的交流,更好地完成学部工作。6月2日即将开展的参观北斗导航系统建设的活动就是一次学科间的交流活动,希望各位院士能够积极参与。

各位院士,学部常委扩大会在两年中虽然努力做了一些工作,但仍然存在许多不足,希望各位院士多提宝贵意见和建议,以便进一步提高学部工作质量。再一次感谢院士们对学部工作的大力支持,也希望今后大家一如既往地参与学部活动。谢谢大家!

环境与轻纺工程学部工作报告

郝吉明

2016 年 5 月 31 日

各位院士：

2014 年 6 月至今，两年一次的院士大会又让我们共聚一堂，在此，请允许我代表学部常委会向各位院士，特别是年事已高的资深院士表示诚挚的问候，向 2015 年新当选的 6 位院士表示衷心的祝贺和热烈的欢迎！在这两年里，我学部王如松院士因病去世（2014.11.28），现在请大家起立，默哀悼念。

两年来，学部全体院士在完成各自工作单位任务的同时，积极参与工程院和学部的各项活动，辛勤耕耘，以国家振兴为已任，为推动工程科学技术发展与创新、国家重大工程项目的建设和咨询、加强学术交流、培养年轻人才等方面作了大量的工作，取得了很大成绩。

下面，我受学部常委会的委托，对学部两年来所做的主要工作做一简要回顾，并对今后学部工作的开展谈几点体会和建议，请全体院士审议。

一、工作回顾

（一）加强院士队伍建设

加强院士队伍建设是工程院及学部建设的基本任务之一。学部经过 2015 年增选，院士队伍已发展到现在的 52 位，院士平均年龄现为 71.06 岁；截至 2016 年 6 月 30 日，资深院士 17 名；院士学科专业分布已覆盖了 7 个一级学科、28 个二级学科；院士单位所在地区遍及全国 12 个省区市。

2015 年院士增选是实施院士制度改革之后的首次增选，学部常委会高度重视，认真落实院士制度改革措施和一系列增选政策和办法，优化院士评审与选举相关工作流程。为了解决增选中出现的问题，学部常委会多次进行专题研究，采取措施使之更为完善和规范，圆满完成了增选任务。

2015 年院士增选的工作量非常大，学部全体院士都不辞辛苦地承担了学部委托的各项工作。在评审过程中，切实遵循了公正、客观、实事求是和宁缺毋滥的原则，始终严格坚持全面理解、准确把握院士的标准和条件，从全局出发，超脱本系统、本单位、本专业领域的局限性，对所有候选人按照标准和条件进行评审和选举，共同营造畅所欲言的评审气氛，认真负责地发表意见，这些都为本次增选工作的顺利完成提供了保障。

（二）战略咨询成效显著

工程院作为最高荣誉性、咨询性学术机构，充分发挥院士思想库的优势，按照中国工程院国家高端智库建设试点工作的要求，坚持“服务决策、适度超前”的原则，紧密围绕国家经济社会发展和工程科技发展的战略需求，以工程科技战略咨询为主攻方向，为国家重大战略问题提供科学依据，是院及学部的中心工作。学部自2006年成立以来，始终本着“量力而行、滚动发展、突出重点、务求实效”的原则，不断向深度和广度拓展；在咨询项目的立项上，更加注重发挥院士的群体作用，突出战略性、前瞻性和综合性的要求，紧密围绕当前国民经济、社会事业和工程科技发展中涉及学部专业领域的全局性、紧迫性和方向性的热点及发展战略问题；在咨询项目的实施和上报过程中，进一步加强了跟踪和落实，既注重咨询项目的顶层设计，也注重项目的落地衔接，保证了咨询项目按计划完成和取得实效。

1. 咨询项目

近两年来，学部开展的咨询项目有52项(其中已结题20项，同意结题5项，准备结题4项，在研15项，新启动8项。以工程院文件或院士建议等形式上报国务院及有关部委的项目合计共有15项)。为了确保咨询项目按时完成，各项目组牵头院士认真负责，在广大院士、专家的积极参与和配合下，学部办积极协助，组织开展了各种形式的会议及考察调研活动。学部承担咨询项目详见表1。

表1　环境学部承担咨询研究项目一览表

序号	项目名称	负责人	级别	时间	备注
2012年启动					
1	中国食品安全现状、问题及对策研究	旭日干 庞国芳	重大	2012.1—2015.6	已结题 已上报
2	产业用纺织材料现状及发展前景	孙晋良	重点	2012.1—2014.12	已结题
3	辽河流域生态文明建设发展战略研究	刘鸿亮	重点	2012.1—2014.12	已结题
4	气候变化对三江源与青海湖水资源影响评估、未来趋势估测与应对	徐祥德	学部	2012.1—2013.3	已结题
5	造纸行业清洁生产与污染全过程防治战略研究	陈克复	学部	2012.1—2013.12	已结题
6	表面活性剂在纺织品生产和使用中的应用状况及其对环境的影响	周　翔	学部	2012.1—2013.3	已结题
7	中国饮用水安全保障策略及其工程科技发展战略研究	曲久辉	学部	2012.1—2013.3	已结题

续表

序号	项目名称	负责人	级别	时间	备注
8	典型城市生态系统健康与调控对策	孙铁珩 王如松	学部	2012.1—2013.3	已结题
2013 年启动					
1	中国大气 PM2.5 污染防治策略与技术途径	郝吉明	重大	2013.1—2015.6	已结题
2	生态文明建设若干战略问题研究	周济 沈国舫 郝吉明 孟伟	重大 院委托	2013.1—2015.6	已结题 已上报
3	轻工重点行业与资源环境协调发展的战略研究	陈克复	重点	2013.1—2015.12	同意结题
4	我国纺织产业科技创新发展战略研究（2016-2030）	蒋士成	重点	2013.1—2014.12	已结题
5	城镇化进程背景下气象致灾对人居环境的影响及对策研究	李泽椿	学部	2013.1—2013.12	已结题
6	非常规污染水源应急处理与水质安全保障战略研究	侯立安	学部	2013.1—2013.12	已结题
7	我国污水再生利用的生态风险与调控策略	曲久辉	联合 基金	2013.9—2015.12	准备结题
8	我国海洋水下观测体系发展战略研究	金翔龙	联合 基金	2013.9—2015.12	同意结题
2014 年启动					
1	新疆天山北坡经济带生态文明建设战略研究	段　宁 孟　伟	重大	2014.1—2015.12	在研中
2	防治京津冀区域大气复合污染的联发联控战略及路线图	郝吉明	重大	2014.4—2016.4	在研中

续表

序号	项目名称	负责人	级别	时间	备注
3	全国土壤环境保护及污染防治战略咨询研究	魏复盛 尹伟伦	重点	2014.1—2015.12	在研中
4	新时期我国重点行业清洁生产的发展战略研究	孟　伟	重点	2014.1—2015.12	准备结题
5	三江源区生态资产核算与生态文明制度设计	孟　伟	重点	2014.5—2015.12	在研中
6	海洋预测预报关键技术及其防灾减灾应用战略研究	袁业立	学部	2014.1—2014.12	已结题
7	基于海陆统筹的我国海洋生态文明示范区建设战略研究	丁德文	学部	2014.1—2014.12	已结题
8	环渤海地区大气挥发性有机物污染与控制对策研究	王文兴	学部	2014.1—2014.12	已结题
9	钢结构大气区异型关键节点腐蚀防护现状调查与防护对策研究	侯保荣	学部	2014.1—2014.12	已结题
10	腐蚀成本经济性分析及防腐策略研究预研项目	侯保荣	学部	2014.6—2015.5	已结题
11	环境监测仪器产业技术发展战略研究	刘文清	联合基金	2014.7—2016.6	在研中
12	国家放射性污染监测预警与应急处置系统工程的发展策略	侯立安	联合基金	2014.7—2016.6	在研中
13	气候变化对我国重大工程的影响与对策研究	杜祥琬 丁一汇	科技部委托	2014.1—2014.6	已结题
2015 年启动					
1	我国腐蚀状况调查及其控制战略研究	侯保荣	重大	2015.1—2016.12	在研中

续表

序号	项目名称	负责人	级别	时间	备注
2	生态文明建设若干战略问题研究（二期）	周济 刘旭 郝吉明 孟伟	重大 院委托	2015.5—2017.6	在研中
3	我国室内与典型工业厂区空气污染防控战略问题研究	侯立安	重点	2015.1—2016.12	在研中
4	污水资源化能源化的工程科技发展与战略研究	曲久辉	重点	2015.1—2016.12	在研中
5	气候变化对中国沿海城市工程的影响和适应对策	丁一汇	重点	2015.1—2016.12	在研中
6	特征污染物清洁生产技术削污过程综合评估及政策建议	段　宁	学部	2015.1—2015.12	同意结题
7	海洋生物产业的绿色发展与生态安全战略研究	张　偲	学部	2015.1—2015.12	同意结题
8	高性能纤维与汽车轻量化技术科技创新发展战略研究	蒋士成	学部	2015.1—2015.12	同意结题
9	高分子废弃物高值化利用战略研究	瞿金平	学部	2015.1—2015.12	准备结题
10	我国海岛生态环境脆弱性及保护战略研究	丁德文	学部	2015.1—2015.12	准备结题
11	“十三五”时期加强污染防治的主要任务	刘　旭 郝吉明 孟　伟	院级 委托	2015.1—2015.4	已结题
12	“中国工程科技 2035 发展战略研究”环境分课题	郝吉明 段　宁 丁一汇 孙宝国	院级 委托	2015.1—2016.12	在研中

续表

序号	项目名称	负责人	级别	时间	备注
13	“中国工程科技2035发展战略研究”海洋跨领域课题	潘德炉	院级委托	2015.6—2016.12	在研中
14	我国海洋防灾减灾工程科技战略研究	潘德炉	联合基金	2015.10—2017.12	在研中
15	我国食品产业工程科技可持续发展战略研究	孙宝国	联合基金	2015.10—2017.12	在研中

2016 年启动

序号	项目名称	负责人	级别	时间	备注
1	我国长三角地区毒害有机污染物控制战略研究	张全兴	重点	2016.1—2017.12	新启动
2	我国纺织产业智能制造发展战略研究	孙晋良 俞建勇	重点	2016.1—2017.12	新启动
3	食品制造技术及发展战略研究	朱蓓薇	重点	2016.1—2017.12	新启动
4	长江中游地区产业布局与大气环境协调发展研究	刘文清	学部	2016.1—2017.6	新启动
5	中国食品安全第三方检测机构发展战略研究	庞国芳	学部	2016.1—2017.6	新启动
6	中国大气污染防治历史回顾、挑战与应对策略研究	王文兴	学部	2016.1—2017.6	新启动
7	轻工产品制造智能装备发展战略研究	瞿金平	学部	2016.1—2017.6	新启动
8	气象领域高性能计算关键问题及发展策略研究	宋君强	学部	2016.1—2017.6	新启动

备注：院里和其他学部牵头、项目办未设在学部办的项目未列入。

其中重要的咨询项目有《生态文明建设若干战略问题研究》《中国食品安全现状、问题及对策战略研究》《防治京津冀区域大气复合污染的联发联控战略及路线图》《中国大气 PM2.5 污染防治策略与技术途径》《新疆天山北坡经济带生态文明建设战略研究》《我国腐蚀状况调查及其控制战略研究》《新时期我国重点行业清洁生产技术评估与发展战略研究》《全国土壤环境保护及污染防治战略咨询研究》《轻工重点行业与资源环境协调发展的战略研究》《我国纺织产业科技创新发展战略研究(2016—2030)》《三江源区生态资产核算与生态文明制度设计》《我国室内与典型工业厂区空气污染防控战略问题研究》《污水资源化能源化的工程科技发展与战略研究》《“十三五”时期加强污染防治的主要任务》《气候变化对中国沿海城市工程的影响和适应对策》等。

基于有关项目,两年间上报了一系列研究成果和院士建议,较为重要的有:“食品安全”项目研究成果上报国务院,得到了国务院总理(张高丽、汪洋、刘延东)高度重视并做了重要批示;《关于“镉大米”安全加工利用的建议》,国务院领导(汪洋)给予重要批示;“生态文明建设”(一期)项目研究报告上报国务院,得到了国务院领导(李克强、张高丽)的高度重视和重要批示;“生态文明建设”(二期)项目组向国务院呈报了《坚持绿色发展,强化生态文明建设-福建生态文明先行示范经验与建议》的报告,得到了国家领导(习近平、张高丽)高度重视并做了重要批示;《关于“创新三江源区生态资源资产与生态文明建设发展模式”的建议》报国务院领导;《关于气候变化对我国重大工程的影响与对策的报告》报国务院;圆满完成中央财经领导小组办公室紧急交办的《“十三五”时期加强污染防治的主要任务》。

(1) 中国食品安全现状、问题及对策研究。

院重大咨询研究项目“中国食品安全现状、问题及对策战略研究”于 2012 年启动,由时任副院长旭日干院士牵头,庞国芳院士等近 20 位环境食品工业和农业领域以及医药领域的院士和近 300 名专家参与了研究。项目从生态环境、食品原料、病原微生物、风险分析、监督管理体系、经济环境等角度设立了六个研究课题,对我国食品安全现状未来的发展趋势以及战略对策研究进行了深入系统地分析研究,取得了许多新的认识和重要研究成果,形成了项目综合研究报告及摘要各 1 份,课题综合研究报告 6 份,专题研究报告 5 份,调研报告 24 份,出版著作 7 部,制作专题录像片 2 部,并提交了院士建议 6 份,上报内参 3 份。项目研究报告受到了中央领导同志的高度重视,并作了重要批示。

两年来,项目重点围绕课题综合报告的编制和研究成果的上报开展各项工作。2014 年 7 月 14 日,课题成果报告会在国家质检总局检验检疫南戴河培训中心召开。会议由孙宝国院士主持,项目副组长庞国芳院士,魏复盛、蔡道基、夏咸柱及各课题组专家近 50 人参加了会议。六个课题组从形势分析、国际经验借鉴、存在问题和战略建议四个方面,汇报了各课题的总结报告,对报告设计、主要内容、调研成果、亮点和创新点等进行了重点介绍。参会专家对各课题的总结报告和研究成果进行了交流和讨论,并提出完善建议。2015 年 1 月 28 日,项目综合报告交流会在中国工程院召开。原副院长旭日干院士、庞国芳院士以及项目综合报告编写小组 10 余人参加了会议,就项目综合报告内容进行研讨。3 月 10 日,院士建议征求意见座谈会在中国工程院召开。刘旭副院长,庞国芳、魏复盛、夏咸柱院士和相关领域的专家,以及院士建议起草小组、部分项目组成员共 40 余人参加了会议,就《关于提高我国食品营养与民众健康水平制定 2016—2025 年行动框架的建议(征求意见稿)》进行了研讨。5 月 28 日,项目综合报告汇报会在工程院召开,会议由孙宝国院士主持,周济院长,旭日干、庞国芳、魏复盛、蔡道基、夏咸柱等院士及项目组专家共 40 余人出席会议。周济院长发表重要讲话,希望项目提出战略性、前瞻性和可操作性的建议,服务于“十三五”规划。庞国芳院士代表项目组对报告内容进行了全面详细的汇报。与会院士专家提出了突出重点、凝练成果等完善性的修改建议。6月11日，项目在学部常委会上进行了结题汇报，常委会经审议同意结题。10月9日，第五届咨询工作委员会第三次会议听取了项目结题汇报并同意结题。11月24日，项目组将研究所形成的若干重大政策建议和重要研究成果报告上报国务院，周济院长也将亲笔署名信函和建议一同呈报张高丽副总理。上报研究成果得到了国务院总理（张高丽、汪洋、刘延东）高度重视并做了重要批示。2016年1月27日，项目成果发布会在北京成功举办。樊代明副院长、刘旭副院长，庞国芳、孙宝国、岳国君院士，国家食品药品监管总局党组成员、食品安全总监郭文奇，科学出版社总编辑、党委书记李锋参加了此次会议。来自国家发改委、工信部、科技部、农业部、卫计委、环保部、中国食品科学技术学会的相关领导，项目组专家代表及10多家媒体代表共计60余人参会。会上，孙宝国院士简要介绍了项目背景有关情况，项目执行副组长庞国芳院士汇报了项目研究工作开展情况及研究成果，科学出版社李锋总编辑也就项目报告的出版一事进行了介绍。会议最后，刘旭副院长发表了重要讲话。

随着项目结题工作的进行，项目组结合研究成果，陆续上报了一系列相关的院士建议，为国家决策咨询提供了科学依据：2015年1月，由孙宝国、庞国芳、蔡道基、侯立安、朱蓓薇等院士上报了《关于提升我国食品添加剂安全技术水平的建议》。2015年6月，由孙宝国院士牵头，我院旭日干副院长、刘旭副院长及我学部的蔡道基、陈克复、郝吉明、张全兴、庞国芳、曲久辉、石碧、瞿金平、谢剑平、朱蓓薇院士上报了《关于"镉大米"安全加工利用的建议》，国务院领导（汪洋）给予重要批示。2015年7月，由庞国芳、魏复盛、孙宝国、孟伟、蔡道基、朱蓓薇等院士上报了《关于提高我国食品营养与民众健康水平制定2016—2025年行动计划的建议》。2015年12月，由孙宝国、陈克复、庞国芳、谢剑平、朱蓓薇等院士上报了《关于提升我国食品产业科技发展水平的建议》。2016年3月，由庞国芳、魏复盛、孙宝国、岳国君、朱蓓薇、吴清平等院士上报了《关于奶牛生产性能测定（DHI）大数据统领我国奶业创新驱动转型发展的建议》。

（2）生态文明建设若干战略问题研究（一期、二期）。

院重大咨询研究项目"生态文明建设若干战略问题研究（一期）"于2013年启动，由全国政协原副主席徐匡迪、钱正英、环保部部长周生贤和发改委副主任解振华任顾问，工程院院长周济任组长，沈国舫院士、清华大学陈吉宁校长、郝吉明院士、孟伟院士任副组长，50余位院士和200余位专家参加。"生态文明建设若干战略问题研究"项目下设生态文明建设的重大意义与能源变革、国土生态安全和优化水土资源配置与空间格局、生态文明建设和新型工业化、生态文明建设和新型城镇化、生态文明建设和农业现代化、新时期生态保护与建设、新时期国家环境保护战略和推进绿色消费模式与全民生态文明教育等九个子课题。

2014—2015年，"生态文明建设若干战略问题研究（一期）"主要围绕综合报告编制和项目结题开展了各项工作。2014年7月16日，项目总报告编制工作会在工程院召开，会议听取并讨论了综合组编制的总报告大纲及相关内容。8月4日，项目总体组工作会在工程院召开，会议听取并讨论了第九课题组汇报的总报告提纲反馈意见及调整情况。10月10日，总报告初稿研讨会在工程院召开，会议听取并讨论了综合组汇报的总报告初稿撰写情况。10月28日，总报告简稿研讨会在北京召开，会议听取并讨论了综合组汇报的总报告初稿撰写情况。2015年3月19日，项目总报告研讨会在工程院召开，会议听取并讨论了综合组编制的总报告，并就下一阶段项目工作安排进行了部署。5月20日，项目结题会在工程院召开，会议由周济院长主持，项目组长沈国舫院士总结了项目情况，介绍了项目研究历程和后续上报、出版等收尾工作安排；项目组汇报了主要研究成果。5月26日，第五届咨询工作委员会第二次会议听取了项目结题汇报并同意结题。11月，项目组经过两年多的紧张工作，在深入分析和反复研讨的基础上，经过广泛征求意见，综合凝练形成了（一期）项目研究综合报告并上报国务院，得到了国务院领导（李克强、张高丽）的高度重视和重要批示。

随着研究的深入，项目组继续开展“生态文明建设若干战略问题研究”项目二期研究工作，就生态文明建设指标体系、环境承载力、固体废弃物资源化利用及美丽乡村等方面进行深入研究。

2015年3月24日，二期项目工作会在工程院召开。会议由项目组长周济院长主持，项目组长刘旭副院长、副组长郝吉明院士、项目顾问沈国舫院士、各课题组成员以及项目办公室成员共24人参加了会议。会议对各课题组的项目任务书进行了审议，并就项目研究内容、实施方案、组织分工和计划等事宜进行了讨论。

5月20日，二期项目启动会在工程院召开，会议由项目组长周济院长主持，环保部陈吉宁部长出席会议并作重要报告，项目组长刘旭副院长介绍了项目的立项背景、组织框架、研究内容、预期成果等项目总体实施方案，各课题分别汇报了研究方案。

6月10日，二期项目工作协调会在北京召开。项目组组长刘旭副院长主持会议，项目组副组长郝吉明院士、孟伟院士出席会议。各课题组院士、专家及项目办公室成员12人参加了会议。会议重点讨论研究了近期项目工作安排，并了解了各课题启动会的召开情况；各课题组组长分别对课题研究进展进行了简单汇报，与会院士、专家展开讨论。最后刘旭副院长对会议进行了总结，并对各课题组工作进行了部署。

9月25日，二期项目研讨会在北京召开。会议由项目组长刘旭副院长主持，项目组组长周济院长出席会议并发表了重要讲话。固废课题组长杜祥琬院士、副组长钱易院士、国家开发银行的有关专家、各课题组负责人及成员、项目办公室以及课题办公室成员近34人参加了会议。会议听取了各课题关于“十三五”规划的建议，与会院士、专家展开了热烈讨论并提出了具体的意见和建议。会议最后，项目组对下一步工作进行了部署。

11月24–28日，中国工程院“生态文明建设若干战略问题研究（二期）”项目组赴福建福州开展生态文明建设有关情况专题调研活动。周济院长和刘旭副院长率队，杜祥琬、孟伟、郝吉明、钱易、陈勇等院士和50余位专家学者参加调研，福建省副省长洪捷序及相关部门领导陪同调研。11月25日上午，中国工程院生态文明建设院士专场报告会在福建会堂举行，刘旭副院长、孟伟、陈勇院士发表了相关主题的报告。当天下午，在福州市西湖宾馆召开了项目福建省调研座谈会。刘旭副院长主持会议，周济院长、福建省副省长洪捷序出席会议并发表了重要讲话。杜祥琬、孟伟、侯立安、郝吉明、钱易、陈勇、宋湛谦、李德发等院士，各课题组专家以及福建省政府有关部门领导等70多人参加了会议。调研组向福建省有关部门介绍了项目进展情况，听取了福建省生态文明和建设有关情况汇报，并进行了热烈讨论。11月26日，调研组分赴南平、宁德、泉州、龙岩进行了专项调研。

12月11日和12月25日，二期项目福建调研工作会在北京召开。刘旭副院长主持会议，孟伟院士参加了会议。项目组执笔专家、项目办公室成员等近20人与会。会议就生态文明建设（二期）项目赴福建省调研的有关情况进行了讨论，并将结合福建调研成果，就生态文明建设推广经验拟上报国务院专题报告。

2016年1月7日，再次召开福建调研报告工作会，刘旭副院长主持会议，周济院长、杜祥琬院士、孟伟院士及二局王元晶副巡视员参加了会议。项目组执笔专家、项目办公室成员等近20余人与会。会议就生态文明建设(二期)项目赴福建省调研报告定稿及其向国务院上报事宜进行了讨论。1月12日,项目组向国务院呈报了《坚持绿色发展,强化生态文明建设-福建生态文明先行示范经验与建议》的报告,上报研究成果得到了国家领导(习近平、张高丽)高度重视并做了重要批示。

1月13—14日,"生态文明建设若干战略问题研究(二期)"项目阶段性交流会在北京宽沟会议中心召开。会议由项目组长刘旭副院长主持,中国工程院院长、项目组长周济院士参加会议并做重要指示。各课题组有关院士、专家以及项目办公室等有关人员共58人参加了会议。国家开发银行、科学出版社等有关专家也应邀出席了会议。会议听取了各课题和部分专题的工作汇报并进行了热烈讨论,并对下一步的工作进行了部署。

2月4日,发改委资环司吕文斌副司长等一行走访工程院,与院士专家就生态文明项目组开展福建调研活动的成果与经验进行了交流座谈。刘旭副院长主持会议,中国工程院钱易、孟伟、王浩院士,二局王元晶副巡视员,环科院生态所张林波所长及机关工作人员等共计十余人出席会议。

2月23—27日,发改委会同多部门组成联合调研小组赴福建开展生态文明先行示范调研工作。刘旭副院长代表中国工程院出席了调研座谈会,中国环境科学研究院舒俭民副院长及生态所张林波所长代表项目组参加了此次调研活动。

3月24—26日,生态文明"农业发展方式转变与美丽乡村建设"课题组赴浙江省湖州市进行调研。调研小组由刘旭副院长带队,来自中国农业科学院、中国农业大学、西安建设科技大学和中国工程院咨询服务中心的主要课题研究人员参与了此次调研。24日上午,调研工作座谈会在湖州市召开。湖州市政府、农办、科协、国土局、建设局、农业局、林业局、环保局、旅游委、生态文明办、农民学院、农推中心的负责人及课题组全体人员出席了会议。会议由刘旭副院长主持,湖州市委副书记金建新介绍了湖州市农业发展方式转变与美丽乡村建设工作有关情况,与会人员围绕"农业发展方式转变与美丽乡村建设"进行了深入的探讨和交流。3月24日下午至26日上午,课题组在浙江省科协和湖州市领导的陪同下前往湖州吴兴区、长兴县、安吉县、德清县等地开展了实地考察。

(3)中国大气PM2.5污染防治策略与技术途径。

院重大咨询研究项目"中国大气PM2.5污染防治策略与技术途径"于2013年启动,已完成结题上报。项目包括六方面研究内容:我国大气PM2.5的污染特征与来源解析;我国能源利用过程大气PM2.5排放综合控制对策和技术途径;中国交通系统对大气PM2.5污染的影响和控制战略研究;森林和农业植被对PM2.5污染的影响及控制策略;我国大气PM2.5污染的监测网络和方法体系构建;我国大气PM2.5污染综合防治技术途径和对策建议。

围绕项目综合报告编制及结题上报工作,2014年9月5日在工程院召开项目课题总结会。六个课题分别汇报了研究成果。9月27日,召开项目政策建议会,结合习近平主席6月13号在中央财经领导小组第六次会议上讲的关于能源领域的四个革命和一个合作,细化和拔高项目提出的建议。2015年4月21日,项目在学部常委会上进行结题汇报,常委会经审议同意结题。10月9日,第五届咨询工作委员会第三次会议听取了项目结题汇报并同意结题。

2015年5月,结合项目研究成果,由郝吉明、王文兴、任阵海、唐孝炎、魏复盛、侯立安、丁一汇、徐祥德、刘文清等院士上报了《关于全面深化我国PM2.5污染防治工作的建议》,为我国大气污染防治工作的决策咨询提供了科学依据。

（4）防治京津冀区域大气复合污染的联发联控战略及路线图。

2014 年 4 月 3 日，在刘延东副总理主持召开的研究大气污染治理的科技支撑工作会议上，要求工程院对京津冀大气复合污染治理和解决 PM2.5 问题立项进行咨询。根据会议要求，工程院紧急启动了院重大咨询研究项目“防治京津冀区域大气复合污染的联发联控战略及路线图”。来自环境学部、能源学部和农业学部的 18 位院士，以及来自多所大学、科研机构的 60 多位教授和副教授参与项目研究。

项目设 6 个课题：课题一是京津冀区域大气污染来源与减排潜力的研究，课题二、三、四针对与大气污染关系密切能源和产业、城镇化和农业、区域交通开展战略研究，课题五研究京津冀区域大气污染监管监控体系，课题六将汇总和集成前 5 个课题的研究成果，完成京津冀空气质量规划与中长期路线图。项目将系统分析京津冀区域大气复合污染特征及演变趋势，定量解析其来源与区域输送；提出防治京津冀区域大气复合污染的联发联控战略建议及路线图；向相关部门提交项目研究报告和区域大气复合污染联防联控对策建议。

2014 年 9 月 16 日，项目启动会在工程院召开。会议由刘旭副院长主持，项目顾问黄其励院士，项目负责人郝吉明院士，各课题负责人王文兴、丁一汇、倪维斗、尹伟伦、魏复盛院士以及项目组有关专家共计 40 余人出席会议。郝吉明院士介绍了项目的立项背景、研究目标、研究内容与技术路线、研究方法和实施方案等内容，与会院士专家针对项目进行了讨论和交流，提出了下一步的研究和工作计划以及预期成果。

2016 年 1 月 9 日，“防治京津冀区域大气复合污染联发联控战略及路线图”项目进展工作会在北京召开。会议由项目负责人郝吉明院士主持，倪维斗、尹伟伦、贺克斌院士，二局王元晶副巡视员以及各课题负责人、主要执笔专家共计 30 余人出席会议。会议听取并讨论了六个子课题的研究进展情况，并就下一阶段项目工作安排进行了部署。随着研究的深入，项目组还将进一步整合、凝练课题研究内容和观点，并在下一次进展交流会上进行讨论。

（5）新疆天山北坡经济带生态文明建设战略研究。

院重大咨询项目“新疆天山北坡经济带生态文明建设战略研究”于 2014 年启动，项目主要围绕天山北坡经济带面临的重大资源环境生态问题、水资源供需态势与生态文明建设调控研究、重点资源开发的生态环境保护战略与制度保障、产业和区域绿色发展战略、荒漠化防治与现代农林业战略研究、天山北坡经济带生态文明建设战略与对策等 6 个课题展开。项目组由 18 位工程院院士和多名相关领域权威专家组成。

2014 年 11 月 3—6 日，项目在新疆开展调研考察及座谈交流活动。3 日上午，项目座谈交流会在乌鲁木齐召开，来自环境学部、土木学部和新疆当地的孟伟、郝吉明、侯立安、王浩、陈学庚、吾守尔 · 斯拉木等六位院士，项目组有关专家及自治区和兵团各厅局相关部门代表参加会议。项目组首先介绍了“天山北坡经济带生态文明建设战略研究”项目情况，自治区和兵团各厅局分别从各负责行业领域介绍了天山北坡经济带生态文明建设的基本情况、战略规划、取得的成效和存在的问题等内容。与会院士专家及领导针对项目有关情况进行了座谈交流和积极探讨。4—6 日，为了更好地了解天山北坡经济带沿线城市的建设情况，调研组一行分东西两条线路进行实地调研。其中东线考察昌吉、准东、哈密，西线考察石河子、奎屯、克拉玛依生态文明建设情况。重点考察了准噶尔绿洲-荒漠交错带、北山煤矿、神华露天煤矿、东天山植被保护与生态建设、巴里坤资源产业、哈密工业园和特色节水农业示范基地、石河子节水灌溉、独山子石化、克拉玛依石化等地。期间，召开了昌吉、哈密、石河子、奎屯、克拉玛依五场生态文明建设座谈会，交流各地生态文明建设开展的工作情况、取得的成效、面临的挑战及未来的构想等。

2014 年 12 月，项目各课题分别召开会议，就各课题研究实施方案进行了论证。

2015 年 6 月 6 日，在乌鲁木齐组织召开了项目中期成果研讨会，与会院士和专家针对各课题的中期成果提出了建设性意见。6 月 7 日至 10 日，中期成果研讨会后组织了博乐市和伊犁州的实地调研，项目组针对生态文明建设取得的成绩、存在的问题及未来生态文明建设的设想与两市州相关部门进行了座谈。项目组根据院士、专家意见及项目负责人要求，提出了下一步的工作安排。

8 月 9—13 日，应哈萨克斯坦共和国土壤与农业化学研究所所长萨巴洛夫邀请，孟伟院士率领项目组 5 人团队访问了哈萨克斯坦，旨在学习和借鉴丝绸之路沿线国家工业化建设、经济发展和生态保护的成功经验。本次出访主要访问了哈萨克斯坦土壤与农业化学研究所、哈萨克斯坦地理科学研究所、哈萨克斯坦国立农业大学、西哈萨克斯坦农业科技大学、休钦斯克林业研究所、库钦斯克林业基地和中亚生态与环境研究中心阿拉木图分中心等机构，与萨巴洛夫、勃拉特等院士和专家进行了广泛而深入交流。

（6）我国腐蚀状况及控制战略研究。

院重大咨询项目“我国腐蚀状况及控制战略研究”于 2015 年启动，旨在摸清我国的腐蚀成本及防腐对策现状，提出可行的防腐蚀策略，提高人们的腐蚀防护意识，推动我国腐蚀防护科技与产业的发展。具体调查领域包括基础设施、交通运输、能源、水环境、生产制造及公共事业五大领域，具体包括建筑、轨道交通、汽车、石油天然气工业、电力系统、化工、冶金、电子工业、农业等 30 多个行业和部门。

2015 年 6 月 11—12 日，中国工程院重大咨询项目“我国腐蚀状况及控制战略研究”启动会暨研讨会在北京会议中心召开。会议由环境与轻纺工程学部主任郝吉明院士主持，我院主席团名誉主席徐匡迪院士出席了项目启动会并发表讲话。我院刘旭副院长代表工程院致辞。会上，中国工程院院士、中科院海洋研究所研究员侯保荣作为项目负责人对项目的前期研究进展以及今后工作部署进行了汇报。会议期间，侯保荣院士还与科学出版社副总经理彭斌签署了“我国腐蚀状况及控制战略研究”腐蚀防护丛书出版协议。在随后的研讨会上，来自全国各地的腐蚀防护研究的专家、学者以及来自各企事业团体的腐蚀相关负责人和工程师，也对此次重大咨询项目的开展，提出了广泛的意见和建议。

2016 年 1 月 18—20 日，“我国腐蚀状况及控制战略研究”重大咨询项目 2016 年度工作会议在青岛召开。会议由中国科学院海洋研究所张盾研究员主持。我学部李泽椿、姚穆、侯保荣、宋君强、李家彪院士，中科院王景全、宋微波院士出席了会议，来自全国各高校、科研院所、企业的专家学者，国家机关、有关行业协会代表，媒体记者以及学部办工作人员共计百余人参加了此次会议。会上，日本腐蚀成本调查活动参与人员篠原正、田边弘往，以及来自北京航空航天大学、武汉材料保护研究所等单位的行业专家分别就日本腐蚀成本调查概要、我国交通领域、农业机械和食品加工领域、汽车行业、港口码头行业的腐蚀调查进展、腐蚀经济成本评估方法等内容做大会报告。项目负责人侯保荣院士主持大会讨论并提出要求。

目前，“我国腐蚀状况及控制战略研究”项目研究工作正在紧张进行中，项目组已经针对性地进行了问卷发放和调查走访工作，同时对现有的腐蚀调查数据进行整理汇总，进一步加快腐蚀调查进度，力争尽快拿出各领域、各行业的腐蚀成本调查数据和结果。

（7）辽河流域生态文明建设发展战略研究。

院重点咨询项目“辽河流域生态文明建设发展战略研究”于2012年启动。2014年8月14日，在北京召开专题验收会议。郝吉明、金鉴明、任阵海、丁德文、王浩、孟伟院士出席会议。来自中国工程院、中国环境科学研究院、中国水利水电科学研究院、辽宁省环境科学研究院、辽河保护区管理局发展促进中心等相关单位专家和学者70余人参加会议。项目副组长孟伟院士介绍了项目实施背景、项目目标与任务内容。宋永会研究员等七位专题组长分别作了专题研究成果报告，对辽河流域生态文明建设提出了建议。在听取汇报后，与会院士和专家分别对各专题研究成果进行了点评，并一致认为各专题按照项目和专题目标要求顺利完成了研究任务，取得了良好的研究成果。为进一步完善专题研究成果，加强项目成果凝练，专家提出相关建议。12月23日，项目在学部常委会上进行结题汇报，常委会同意结题。

（8）轻工重点行业与资源环境协调发展的战略研究。

院重点咨询项目“轻工重点行业与资源环境协调发展的战略研究”于2013年3月启动。经过两年多的研究，各课题组已完成了课题的研究工作，项目综合组在各课题组提交的材料基础上在完成了综合报告的编写。为了能够高质量地完成项目研究工作，综合组在2015年多次召开综合组工作会议，以完成对综合报告的完善工作。2015年8月21日，“轻工重点行业与资源环境协调发展的战略研究”项目研讨会在北京召开。各课题主要成员、执笔人、负责人，工程院学部相关领导，行业相关专家等参加了此次会议。会上，全体与会专家和工作组成员听取了各课题组及综合组研究报告的汇报，并提出修改意见和建议。2016年1月18日，项目在学部常委会上进行结题汇报，常委会经审议同意结题。

2015年5月，结合项目研究成果，由陈克复、郝吉明、袁隆平等院士上报了《关于“推广先进技术模式利用农业秸秆制浆造纸”的建议》，为我国轻工重点行业与资源环境协调发展提供了示范。

（9）我国纺织产业科技创新发展战略研究（2016—2030年）。

院重点咨询项目“我国纺织产业科技创新发展战略研究（2016—2030年）”于2013年启动。2015年，项目主要围绕结题和成果发布、上报开展了各项工作。2015年1月6日，项目结题准备会在上海东华大学召开。蒋士成、周翔、孙晋良、郁铭芳、姚穆、俞建勇等6位院士及项目组成员三十余人参加会议。会议由项目负责人蒋士成院士主持。蒋院士从项目概况、项目研究工作的组织与管理、项目研究工作执行情况、项目取得的成果等几个方面阐述了两年来项目组所开展的研究咨询工作情况。俞建勇院士从我国纺织产业的地位、我国纺织产业科技现状与问题、纺织产业主要领域科技发展趋势、纺织产业科技创新战略需求、发展战略定位和目标与思路、发展重点、纺织产业科技创新发展路线图、重大专项建议、政策措施建议等9个方面，全面报告了课题组两年来的研究成果。专家们认为项目组做了大量工作，研究报告内容充实、全面、细致，成果突出，与会院士专家对项目总报告和子课题报告进一步修改完善提出具体建议，对报告的定稿起到了指导作用。4月21日，项目在学部常委会上进行结题汇报，常委会经审议同意结题。5月16日，项目成果发布会在工程院召开。刘旭副院长、学部蒋士成、周翔、孙晋良、郁铭芳、姚穆、俞建勇等6位院士，国家发改委产业协调司、国家工信部消费品司、中国纺织工业联合会等政府部门及行业协会有关领导，项目组专家以及相关媒体共60余人出席发布会。俞建勇院士在会上介绍了项目研究报告所形成的七大成果，项目8个子课题负责人分别介绍了纤维新材料技术、先进纺织加工技术、生态染整技术、现代服装产业技术、产业用纺织品技术、高端纺织装备技术、纺织信息化技术、纺织产业经贸及管理技术领域的创新发展研究成果。与会的国家部委相关部门负责人及纺织行业联合会负责人充分肯定了项目研究成果，认为项目成果将对政府部门决策、行业协会组织制定纺织产业发展规划提供重要参考，对推动我国纺织产业由大转大而强，在纺织强国新时代引领世界纺织科技发展具有深远意义。

2015 年随着项目结题工作的进行，项目组结合项目研究成果，陆续上报了一系列有关的院士建议，为国家决策咨询提供了科学依据：2015 年 5 月，由姚穆、蒋士成、郁铭芳、魏复盛、段宁、孟伟、王文兴、任阵海、孙宝国、石碧、庞国芳、瞿金平等院士上报了《关于聚四氟乙烯纤维废旧滤袋回收再利用的建议》；2015 年 5 月，由蒋士成、周翔、孙晋良、郁铭芳、姚穆、俞建勇等院士上报了《关于加快推进我国纺织产业创新升级的建议》和《关于加快我国生物医用纺织材料发展的建议》；2015 年 6 月，由周翔、孙晋良、蒋士成、郁铭芳、姚穆、俞建勇、孟伟、魏复盛、张全兴、蔡道基、石碧、陈克复、庞国芳、瞿金平等院士上报了《关于在纺织印染行业和日化洗涤剂中限制烷基酚聚氧乙烯醚使用的建议》。

（10）全国土壤环境保护及污染防治战略咨询研究。

院重点咨询项目"全国土壤环境保护及污染防治战略咨询研究"于 2014 年启动。2016 年 3 月 12 日，"全国土壤环境保护及污染防治战略咨询研究"项目阶段研讨会在北京召开。魏复盛、尹伟伦、蔡道基、方智远院士，项目组专家以及环境学部办工作人员等共计 20 余人参加了会议。会上，五个课题分别汇报了研究进展，各位院士专家就研究内容的相关问题进行了讨论。会议最后，魏复盛院士和学部办张健副主任作了总结发言，项目组对下一步的工作进行了部署。

（11）新时期我国重点行业清洁生产技术发展战略研究。

院重点咨询项目"新时期我国重点行业清洁生产技术发展战略研究"于 2014 年启动。2014 年 10 月 27 日，项目启动会在北京召开，会议由孟伟院士主持，刘鸿亮院士、郝吉明院士、周翔院士、侯立安院士、段宁院士以及行业专家、项目组成员出席会议。会议主要内容包括项目立项背景介绍、项目任务分工、主要研究方法介绍、各课题任务介绍以及下一阶段工作安排等。与会院士、专家认真听取了各课题的汇报，展开了广泛的讨论，提出了相关意见和建议。

2016 年 1 月 23 日，"新时期我国重点行业清洁生产技术发展战略研究"项目结题准备会在北京召开。会议由项目组长孟伟院士主持，我学部周翔、侯立安院士出席会议，项目各课题的相关研究人员以及学部办、咨询办的工作人员共计 20 余人与会。会上，孟伟院士首先介绍了项目对于解决我国面临的生态环境问题、环境管理决策、行业绿色发展以及工业企业节能减排的重大意义，并强调希望项目能够为社会经济绿色健康发展提出有力度、有影响的重大咨询意见。随后，五个课题分别就各自课题的研究概况、目标任务完成情况、课题进展情况、经费执行情况以及下一步工作安排进行了汇报。与会院士、专家以及课题研究人员认真听取了各课题的汇报，并展开了广泛的讨论，提出了相应的意见和建议。

（12）三江源区生态资产核算与生态文明制度设计。

院重点咨询项目"三江源区生态资产核算与生态文明制度设计"于 2014 年启动。根据我院同青海省签订的科技合作协议精神，项目启动以来，先后近 10 次组织项目组赴三江源地区走访调查、分析植物土壤样品等，历经了两年多的不懈努力，完成了调研工作，该项目研究成果得到了青海省委省政府高度重视和一致肯定，关于摸清三江源地区生态资源资产家探索创新高原生态文明制度体系的意见建议，已在青海省开展的三江源国家公园试点工作中得到应用，并在中央深改组 19 次会议审议通过的"中国三江源国家公园体制试点方案"中起到了积极作用。青海省环保厅也专此向项目承办单位及有关院士发来感谢信。2015 年 3 月 19 日及 11 月 5 日，三江源二期项目在北京召开了分课题研讨会。

2016 年 1 月，刘旭、孟伟、李文华、金鉴明、张全兴、钱易、郝吉明、郑绵平、丁德文、徐祥德、任阵海、唐孝炎等院士结合项目研究成果上报了《关于“创新三江源区生态资源资产与生态文明建设发展模式”的建议》。周济院长也亲笔署名信函和建议一同呈报国务院领导。

（13）我国室内与典型工业厂区空气污染防控战略问题研究。

院重点咨询项目“我国室内与典型工业厂区空气污染防控战略问题研究”于 2015 年启动。2015 年 3 月 1 日，项目启动会在西安召开。中国工程院副院长徐德龙院士、陶文铨院士、孟伟院士、刘加平院士、欧阳晓平院士、侯立安院士、高中琪局长及项目组成员 30 余人出席会议，会议由项目负责人侯立安院士主持。会议听取了各课题组关于研究任务和目标、研究内容和方法以及工作进度安排的汇报，与会院士专家进行了讨论，提出了意见建议，对项目研究方案的修改完善进行了指导。

10 月 11—12 日，结合咨询项目的工作进展，由中国工程院主办，学部和兰州大学共同承办的“我国室内和工矿业环境污染防控与健康影响研讨会”在兰州举办。徐德龙副院长、侯立安院士，中科院陶澍院士以及来自中科院、北京大学、浙江大学、南开大学、天津大学和兰州大学等研究机构、高校和国内知名企业的代表百余人出席了会议。研讨会由兰州大学马德民教授主持，徐德龙副院长和兰州大学王乘校长进行开幕致辞。随后，徐德龙院士、侯立安院士、陶澍院士和王博教授分别做了大会报告，20 位专家学者分别做了相关专题报告。研讨会重点研讨和交流了我国室内与典型工业厂区环境污染的现状与特征、影响因素及防控措施，以及解决困扰我国空气污染的关键问题。本次研讨会旨在促进我国室内和工矿业环境污染防控与健康影响的交流，进一步推动我国环境污染控制与治理，通过深入的交流和讨论，最终形成科学合理的室内和典型工业厂区空气污染防控策略与技术发展路线图，为我国的室内和工矿业污染控制提供科学支撑和政策建议。

2016 年 1 月 4 日，项目咨询研讨会在西安召开。我院徐德龙副院长、环境学部郝吉明、姚穆、刘文清院士，能源学部欧阳晓平院士，中科院陶文铨、李应红等院士出席会议，各课题组专家学者及学部办人员与会。侯立安院士主持会议并向参会的院士专家表示衷心的感谢。会上，项目负责人侯立安院士汇报了项目总体进展情况，各课题组也分别对本课题的研究工作开展情况进行了汇报，与会专家就汇报内容开展了广泛的讨论，提出了相关的意见建议和咨询指导。

（14）污水资源化能源化的工程科技发展与战略研究。

院重点咨询项目“污水资源化能源化的工程科技发展与战略研究”于 2015 年启动。2015 年 8 月 24 日，启动会在北京召开。我学部曲久辉院士主持会议，张懿、庞国芳、孙宝国、侯立安及段宁院士参加了此次会议。会上，各子课题负责人分别汇报了课题的前期研究进展情况，并与院士及行业专家共同探讨污水资源化能源化的工程科技发展战略。会后工程院领导对项目今后的推进提出了宝贵的建议。

（15）气候变化对中国沿海城市工程的影响和适应对策。

院重点咨询项目“气候变化对中国沿海城市工程的影响和适应对策”于 2015 年启动。该项目由杜祥琬院士和丁一汇院士共同负责，王浩、邹德慈、李立浧等共 8 位院士参加，中国工程院、国家气候中心、中国水利科学研究院、中国城市规划设计院、南方电网等多家单位承担项目研究工作。2015 年 8 月 21 日，项目启动会在工程院召开，杜祥婉院士和丁一汇院士担任大会主持。刘旭副院长，邹德慈院士，李立涅院士，张建云院士，潘德炉院士，中科院王会军院士，住建部韩爱兴副司长，气象局高云副司长及项目组成员，共35人出席了会议。丁一汇院士介绍了项目的由来和前期研究成果，各课题汇报了研究内容、技术路线和研究目标。会议对各课题汇报研究内容进行了讨论，提出了修改完善建议，刘旭副院长发表讲话并对项目工作提出了具体要求。

（16）“十三五”时期加强污染防治的主要任务。

中国工程院接到“‘十三五’规划重大课题”研究任务，根据院里的安排，“‘十三五’时期加强污染防治的主要任务”课题由刘旭副院长任组长，沈国舫院士、郝吉明院士、孟伟院士任课题副组长，依托“生态文明建设若干战略问题研究”项目，用两个月时间开展研究，重点提出“十三五”时期完善主要污染物减排目标体系，以及水、大气、土壤、固废和农业面源污染防治的重点任务、政策和重大项目。在前期相关战略咨询研究成果基础上，紧急组织相关领域的院士、专家组成20余人的课题组。

2015年1月13日，刘旭副院长主持召开课题组第一次工作会议，部署课题任务，研究初步框架。1月17日，孟伟院士主持召开研究方案研讨会，确定了研究提纲，明确了任务分工。会后，课题组专家按照分工起草相应内容。1月31日，刘旭副院长主持召开报告初稿研讨会，与会专家对初稿进行了讨论，提出修改意见。2月27日，针对修改后的报告再次召开研讨会，对报告的进一步凝练提出意见。3月4日，孟伟院士主持召开报告修改研讨会，对报告定稿提出修改意见。报告对“十三五”时期环境形势进行了基本判断，明确了“十三五”时期污染防治的思路与目标，提出“十三五”时期污染防治八项主要任务、八个重大科技项目和八条重要政策措施，如期上报。

（17）中国工程科技2035发展战略研究。

为深化对工程科技中长期发展战略的研究，我院与国家自然科学基金委于2015年联合组织开展“中国工程科技2035发展战略研究”重大咨询研究项目。根据实施方案，项目将下设总体组、领域课题组及综合性研究课题组。其中领域课题组依托工程院机械、信息、化工、能源、土木、环境、农业、医药8个学部相应设立8个领域课题组；综合性研究课题组中的需求分析与经济预测组及跨领域研究组由工程管理学部牵头负责。项目按照“总-分-综”的思路开展研究，研究周期为两年。

环境领域课题由郝吉明院士任组长，丁一汇、孙宝国、段宁院士任副组长。下设五个专题组和一个综合组，环境专题由段宁院士任组长，曲久辉院士任副组长；轻工专题由孙宝国院士任组长，陈克复院士任副组长；纺织专题由孙晋良院士任组长，俞建勇院士任副组长；海洋专题由潘德炉任组长，侯保荣任副组长；气象专题由丁一汇任组长，许健民任副组长；综合组由段宁院士任组长。

2015年3月4日，“中国工程科技2035发展战略研究环境领域”课题启动会在中国工程院218会议室召开。会议由学部主任郝吉明院士主持，丁一汇、孙宝国、潘德炉、段宁、俞建勇等院士，工程院一局谢冰玉局长、二局王元晶副巡视员，项目总体组和课题组相关领域专家以及学部办公室出席了会议。会议听取了项目总体研究实施方案汇报、环境与轻纺领域课题初步实施方案汇报，与会院士专家针对实施方案展开了深入讨论，提出了意见和建议。

2016年3月12日，“中国工程科技2035发展战略研究-环境与轻纺领域课题”阶段进展讨论会在工程院召开。会议由课题组长郝吉明院士主持。学部丁一汇、孙宝国、段宁、许健民、陈克复、俞建勇、李家彪、杨志峰等院士，项目总体组专家，来自中国环境科学研究院、北京工商大学、国家海洋局第二海洋研究所、国家气候中心的课题组相关领域专家以及学部办公室工作人员共计20余人与会。会上，环境与轻纺课题组组长郝吉明院士简要介绍了项目及课题概况。周晓纪研究员代表项目总体组介绍了项目整体进展情况和2016年的工作方案与进度安排。课题综合组介绍了2015年环境与轻纺课题进展情况，随后环境、轻工、纺织、气象、海洋五个专题分别就本专题研究情况及工作成果进行了汇报。与会院士专家针对各专题研究开展情况及下一步工作安排展开了深入讨论，提出了相关的意见和建议。

4月7日，学部常委会听取课题组工作汇报，并就下一步工作提出意见和建议。

我学部提出建议设立海洋跨领域课题，项目组经研究同意设置海洋跨领域课题，由我学部潘德炉院士牵头，联合相关学部开展。

（18）气候变化对我国重大工程的影响与对策研究。

受科技部委托，工程院开展"气候变化对我国重大工程的影响与对策"研究。该研究由杜祥琬院士、丁一汇院士牵头，10位院士和60余位专家参与，经过两年多的工作，形成了《气候变化对我国重大工程的影响与对策研究报告》。报告根据我国气候变化的观测事实和预估，分析了气候变化对我国青藏铁（公）路、高铁、水利水电、电网工程、生态工程、沿海岸工程、能源工程等7类重大工程的影响，并提出对策与建议，对保障重大工程安全运行具有重大意义。该报告由工程院联合科技部上报国务院领导参阅。

2. 院士建议和咨询意见

两年来，受国家有关部委的委托，学部组织院士对部分征求意见稿提出了咨询意见和建议共计19项，同时，结合各自专业领域咨询学术工作，院士们主动建言献策，上报院士建议23项，详细见表2。

表2　院士建议和咨询意见一览表

序号	名称	建议人	时间
咨询意见（19项）			
1	关于国家环境保护标准《灰霾污染日判别标准（试行）》征求意见	李泽椿	2014年6月
2	关于《煤炭工业生态环境保护与污染防治技术政策》（征求意见稿）征求意见	孟　伟	2014年6月
3	关于《污染场地修复技术应用指南》（征求意见稿）征求意见	蔡道基、孟　伟	2014年6月
4	关于《中华人民共和国大气污染防治法》（修订草案送审稿）征求意见	李泽椿	2014年7月
5	关于《中国极端气候事件和灾害风险管理与适应国家评估报告（送审稿）》的评审意见	许健民、徐祥德、李泽椿	2014年7月

续表

序号	名称	建议人	时间
6	关于《含汞废物处理处置污染防治可行技术指南》(征求意见稿)征求意见	蔡道基	2014 年 9 月
7	关于《中华人民共和国大气污染防治法(修订草案)》的征求意见	许健民	2014 年 12 月
8	关于《农用地土壤环境质量标准(征求意见稿)》等两项国家环境保护标准的征求意见	蔡道基、王文兴、张全兴、孟　伟	2015 年 1 月
9	关于《国家环境保护技术评价与示范管理办法》的征求意见	孟　伟	2015 年 4 月
10	关于《湖库富营养化防治技术政策》的征求意见	张全兴	2015 年 5 月
11	关于《中华人民共和国环境保护税法(征求意见稿)》的征求意见	孟　伟	2015 年 6 月
12	关于《海洋环境保护法》修正草案(送审稿)和《海洋石油勘探开发环境保护管理条例》修订草案(送审稿)的征求意见	孟　伟	2015 年 8 月
13	关于《农用地土壤环境质量标准(二次征求意见稿)》等三项国家环境保护标准的征求意见	蔡道基、张全兴、孟　伟	2015 年 8 月
14	关于《黑臭水体治理技术政策(征求意见稿)》的征求意见	孟　伟	2015 年 9 月
15	关于《<生态环境监测网络建设方案>重点任务分工方案(征求意见稿)》的征求意见	许健民	2015 年 10 月
16	关于《中华人民共和国深海海底区域资源勘探开发法(草案)》的征求意见	金翔龙	2015 年 11 月
17	关于《废电池污染防治技术政策》(征求意见稿)的征求意见	孟　伟	2016 年 2 月
18	关于《水泥窑协同处置废物污染防治技术政策》(征求意见稿)的征求意见	孟　伟	2016 年 2 月

续表

序号	名称	建议人	时间
19	关于向发改委提供“智慧海洋”工程相关材料的事宜	潘德炉、袁业立、丁德文、张 偲	2016 年 3 月
	院士建议(23 项)		
1	关于加强“基于可再生能源的非常规水资源利用技术研究”的建议	侯立安、郝吉明、李泽椿、周国泰、徐祥德、曲久辉、蔡道基等	2014 年 6 月
2	关于“国家提升非常规污染水源应对能力”的建议	侯立安、郝吉明、刘鸿亮、魏复盛、蔡道基、孟 伟、曲久辉、段 宁、刘文清	2014 年 8 月
3	关于统筹推进国家海洋水下观测系统建设的建议	金翔龙、丁德文、潘德炉、侯保荣、孟 伟、张 偲	2014 年 8 月
4	关于加快发展我国产业用纺织品的建议	孙晋良、周 翔、郁铭芳、蒋士成、姚 穆、俞建勇	2014 年 9 月
5	关于“气候变化背景下三江源水资源潜在威胁的应对”的建议	徐祥德、丁一汇、孟 伟、李泽椿、许健民、任阵海	2014 年 9 月
6	关于设立国家“区域大气污染防治”重大工程的建议	郝吉明、王文兴、任阵海、唐孝炎、魏复盛、侯立安、刘文清、孟 伟	2014 年 9 月
7	关于开展我国腐蚀状况调查及其控制战略研究的建议	侯保荣、郝吉明、孟 伟、侯立安、丁德文、丁一汇、金翔龙、孙宝国、魏复盛	2015 年 1 月

续表

序号	名称	建议人	时间
8	关于提升我国食品添加剂安全技术水平的建议	孙宝国、庞国芳、蔡道基、侯立安、朱蓓薇等	2015 年 1 月
9	关于在北京建设中国首座城市污水处理概念厂的建议	钱　易、张　杰、曲久辉	2015 年 2 月
10	关于全面深化我国 PM2.5 污染防治工作的建议	郝吉明、王文兴、任阵海、唐孝炎、魏复盛、侯立安、丁一汇、徐祥德、刘文清	2015 年 5 月
11	关于聚四氟乙烯纤维废旧滤袋回收再利用的建议	姚　穆、蒋士成、郁铭芳、魏复盛、段　宁、孟　伟、王文兴、任阵海、孙宝国、石　碧、庞国芳、瞿金平	2015 年 5 月
12	关于加强吹填人工岛生态安全保障建设的建议	张　偲、丁德文、丁一汇、侯保荣、金翔龙、潘德炉、袁业立、张全兴、郝吉明、侯立安	2015 年 5 月
13	关于加快推进我国纺织产业创新升级的建议	蒋士成、周　翔、孙晋良、郁铭芳、姚　穆、俞建勇	2015 年 5 月
14	关于加快我国生物医用纺织材料发展的建议	蒋士成、周　翔、孙晋良、郁铭芳、姚　穆、俞建勇	2015 年 5 月
15	关于“推广先进技术模式利用农业秸秆制浆造纸”的建议	陈克复、郝吉明等	2015 年 5 月

续表

序号	名称	建议人	时间
16	关于“镉大米”安全加工利用的建议	孙宝国、旭日干、刘　旭、蔡道基、陈克复、郝吉明、张全兴、庞国芳、曲久辉、石　碧、瞿金平、谢剑平、朱蓓薇	2015 年 6 月
17	关于在纺织印染行业和日化洗涤剂中限制烷基酚聚氧乙烯醚使用的建议	周　翔、孙晋良、蒋士成、郁铭芳、姚　穆、俞建勇、孟　伟、魏复盛、张全兴、蔡道基、石　碧、陈克复、庞国芳、瞿金平	2015 年 6 月
18	关于提高我国食品营养与民众健康水平制定 2016-2025 行动计划的建议	庞国芳、魏复盛、孙宝国、孟　伟、蔡道基、朱蓓薇	2015 年 7 月
19	关于全面部署大气挥发性有机物污染控制工作的建议	王文兴、魏复盛、唐孝炎、任阵海、郝吉明、段　宁	2015 年 8 月
20	关于提升我国食品产业科技发展水平的建议	孙宝国、陈克复、庞国芳、谢剑平、朱蓓薇	2015 年 12 月
21	关于“创新三江源区生态资源资产与生态文明建设发展模式”的建议	孟　伟、金鉴明、张全兴、钱　易、郝吉明、丁德文、徐祥德、任阵海、唐孝炎	2016 年 1 月

续表

序号	名称	建议人	时间
22	关于奶牛生产性能测定(DHI)大数据统领我国奶业创新驱动转型发展的建议	庞国芳、魏复盛、孙宝国、岳国君、朱蓓薇、吴清平等	2016 年 3 月
23	关于高性能纤维与汽车轻量化产业发展的建议	蒋士成、孙晋良、俞建勇、郁铭芳、周　翔、姚　穆、瞿金平、张全兴、侯保荣、侯立安、曲久辉等	2016 年 3 月

备注:咨询意见仅限于院里批示学部办公室征求并反馈的。

3. 评审评议工作

两年来,受国家有关部委和省市地方的委托,为更好地发挥院士咨询评议作用,学部组织院士对有关项目开展了评审评议工作,共计 5 次。详细见表 3。

表 3　学部评审评议工作一览表

序号	项目名称	委托单位	评议人	时间
1	2014 黑龙江省科学技术奖评审	黑龙江省科技厅	曲久辉	2014.3
2	山东省科学技术最高奖评审	山东省科技厅	潘德炉、丁一汇、李泽椿、许健民、刘文清	2014.11
3	2015 黑龙江省科学技术奖评审	黑龙江省科技厅	曲久辉	2015.3
4	《大气污染防治行动计划》中期评估工作	国家环保部	刘　旭、郝吉明、张远航、贺克斌、徐祥德、刘文清、侯立安、宋君强	2015.12—2016.4
5	第十一届光华工程科技奖评审工作	光华工程科技奖励办公室	学部常委会	2016.1

其中,重点开展了《大气污染防治行动计划》中期评估工作。2013 年 9 月,国务院发布实施了《大气污染防治行动计划》(简称《大气十条》),旨在加快解决严重的大气污染问题,切实改善环境

空气质量。《大气十条》明确了当前和今后一个时期大气污染防治总体思路，提出重点任务措施及空气质量改善目标。2015 年是“大气十条”发布的第三年，按照要求，要对“大气十条”贯彻落实情况和实施效果进行中期评估。

2015 年 12 月底，受国家环境保护部委托，中国工程院着手开展《大气十条》中期评估工作，重点对《大气十条》发布以来空气质量改善情况进行分析，评估主要政策措施的执行效果，分析存在的困难和不足并提出对策建议。在接到环保部的委托函后，中国工程院立即组织相关院士专家，同时邀请了环保部相关领导召开了项目预备会，并在此次会议基础上形成了初步的工作计划草案。

2016 年 1 月 4 日，工程院组织召开了《大气十条》中期评估项目启动会，根据启动会上院士、专家讨论结果，进一步确定了项目工作计划，并成立了专门的评估工作组，共包括来自各高校、科研院所的 50 余位院士、专家。评估工作组主要包括由工程院周济院长、党组成员赵宪庚及刘旭副院长组成的领导小组；由丁仲礼、杜祥琬、谢克昌、唐孝炎、李泽椿、王文兴、任阵海、魏复盛、张玉卓等院士组成的顾问组；同时，工作组还设立了三个评估小组（分别为：环境空气质量分析组、执行效果评估组和对策建议组）、一个执笔组和由环保系统领导、专家组成的支撑团队。评估小组由郝吉明院士和刘旭副院长任组长，张远航、贺克斌、郝吉明院士分别担任小组组长，徐祥德、刘文清、侯立安、宋君强、李阳、贺泓、邵敏、张小曳、王跃思、姜克隽、李俊华、白由路、王自发、张强等院士、专家参与其中并开展具体评估工作。

根据工作计划中的时间节点及任务安排，项目组在时间紧、任务重的情况下积极开展评估工作，并召开了多次会议：1 月底召开了项目研讨会，会后项目组初步拟定了提纲；2 月中下旬在合肥召开的执笔组工作会议上讨论了项目报告初稿；后又经过 3 月份几轮会议的研讨，及与环保部领导的沟通交流情况，项目组对评估报告逐步进行完善，形成了项目报告三次修改稿，并于 3 月 25 日下午赴环保部，与相关领导、专家就评估报告进行反馈与交流研讨。26 日，项目主要执笔组和支撑团队的专家，根据反馈会上的讨论结果对评估报告进行修改与完善，并于 29 日上午向工程院相关领导提交了报告的定稿。4 月 20 日，在经多次协商沟通后，工程院联合环保部将工作报告上报至国务院。

4. 院部联合开展工作

学部重点参与了科技部“加强大气污染治理科技支撑工作”（刘延东副总理牵头）、环保部“全国重点地区城市大气污染物来源研究工作”（根据国务院常务会议部署）、科技部“2016 重点专项实施方案编制工作”、“水体污染控制与治理科技重大专项”有关工作，为部门决策和信息公开提供了有力的科技支撑。

（1）加强大气污染治理科技支撑工作及大气污染防治重点专项事宜。

按照国务院研究大气污染治理科技支撑工作会议的要求，由科技部牵头，会同教育部、环保部、卫计委、中科院、工程院、气象局和自然基金委等七部门，制定了《加强大气污染治理科技支撑工作方案》。根据任务分工，工程院重点围绕区域大气污染控制策略研究，加大研究力量和经费投入，推进、启动和申报了一批咨询研究项目。

为深入落实深化科技管理改革部署及《加强大气污染防治科技支撑工作方案》，按照中央财政科技计划（专项、基金等）管理改革的精神，由科技部牵头，工程院参与大气污染防治重点专项实施方案编制相关工作。2015 年 1 月 30 日，召开大气污染防治科技协调机制会议，通报 2014 年以来大气污染防治科技统筹工作情况，介绍了大气污染防治科技重点专项（试点）建议方案及相关工作考虑。根据试点专项实施方案编制工作要求，2 月 6 日召开会议，征求各单位对该试点专项实施方案编制工作计划的意见。3 月 3 日，召开实施方案征求意见会。学部郝吉明院士学部办公室参加相关会议，并对实施方案提出意见。

(2) 科技部 2016 重点专项实施方案编制工作事宜。

我国“十三五”国家重点研发计划 2016 年优先启动的重点研发任务建议征集工作于 2015 年初正式启动，在任务布局原则和初步考虑经特邀咨评委咨询下，并通过部际联席会议第二次全体会议审议后，由科技部社会发展科技司牵头组织的国家重点研发计划 2016 年备选重点专项实施方案的编制工作于 2015 年 7 月初开始启动，我学部协调能源、土木等学部配合科技部进行了 6 项重点专项编制组专家的推荐上报工作，并积极参与科技部社发司组织的方案编制研讨会，最终于 7 月 20 日完成实施方案的编制和意见征求工作。随后，我学部也积极参加科技部重点专项实施方案编制小组召开的会议。

(3) 水体污染控制与治理科技重大专项有关工作。

国家水专项由环保部、住房和城乡建设部牵头，工程院为领导小组成员单位，环境学部办公室承担水专项管理办公室联络工作。2015 年，主要参与了水专项“十三五”发展战略研究和实施计划编制，编制小组人员名单更新等相关工作。

(4) 全国重点地区城市大气污染物来源研究工作。

为贯彻落实国务院关于加强全国重点地区大气污染物来源研究的工作要求，环保部会同中科院、工程院联合开展相关研究工作，学部郝吉明、唐孝炎、魏复盛、任阵海、徐祥德、刘文清、王文兴、贺克斌等 8 位院士作为专家顾问。

2014 年以来，已相继召开天津市、石家庄市、上海市、广州市、深圳市、南京市、杭州市、宁波市、合肥市等大气颗粒物来源研究成果论证会，并陆续联合上报国务院有关研究情况的报告。

(5)“深圳华联世纪生物公司相关技术”咨询工作。

2015 年 7 月底，学部办收到国务院领导的批示关于对深圳华联世纪生物公司相关技术进行咨询并征求意见。为尽快落实领导的批示精神，学部办会同国家能源局，联合组织专家赴深圳华联世纪生物公司进行现场调研。在调研的基础上，学部办多次征求院士专家意见，并召开了院士专家座谈会，于 11 月形成咨询意见和建议报告并上报国务院，国务院领导已给予批示，为国家决策咨询提供了支撑。

咨询工作所取得的成绩是和院士们的辛勤努力、大力支持分不开的，它已经不同程度地在国民经济建设和社会发展中发挥了重要作用。党的十八大作出实施创新驱动发展战略的重大部署，面对实施创新驱动发战略的历史性任务，工程院要进一步加强国家工程科技思想库建设，以科学咨询支持科学决策，以科学决策引领科学发展，科技咨询也将占有越来越重要的地位，这意味着院士们所承担的责任也将越来越大。

(三) 学术引领蓬勃发展

以院士为纽带，开展形式多样的学术活动，为广大工程科技人员创造相互学习和交流的机会，推动工程科技事业的进步和人才的成长，是学部的基本任务之一。两年来，紧密围绕我院战略咨询的核心任务，学部按计划成功举办国际高端论坛、中国工程科技论坛和学部级的学术活动 31 场，详见表 4，取得了较好的效果。学术活动的开展为提高学部凝聚力，加强交流合作和树立学部良好形象，发挥了积极的作用。

表 4　学部开展主要学术活动一览表

序号	主题名称	负责院士	时　间	地点	等级
国际高端(1 场)					
1	2015 中国污水处理概念厂	曲久辉	2015.9.22	北京	院级
工程科技论坛(4 场)					
1	轻工重点行业与资源环境协调发展高层论坛	陈克复	2014.8.21—23	南宁	院级
2	生物医用纺织材料科技发展论坛	樊代明 孙晋良	2014.10.25—26	上海	院级
3	中国食品安全高端论坛	孙宝国	2015.8.18—19	北京	院级
4	腐蚀控制策略与工程安全	侯保荣	2015.11.16	厦门	院级
院级学术活动(1 场)					
1	2016 中澳食品安全与技术进步研讨会	庞国芳 吴清平	2016.4.19-20	北京	中澳两国工程院合办
学部级学术活动(25 场)					
1	制革产业循环经济园区发展战略研讨会	石　碧	2014.8.14—15	阜新	学部级
2	青藏高原水分循环过程及其影响的研讨会	徐祥德	2014.9.11—12	西藏林芝	学部级
3	阿尔山生态文明建设院士论坛	侯立安	2014.10.7—8	阿尔山	学部级
4	湿法冶金中的环境污染控制研讨会	张　懿	2014.10.16—18	北京	学部级
5	气候变化背景下水环境保护院士高峰论坛	侯立安	2014.10.25—26	杭州	学部级
6	第七届国际海洋腐蚀与控制研讨会	侯保荣	2014.10.26—28	南京	学部级
7	第六届海峡两岸人工湿地研讨会暨高层论坛	金鉴明	2014.10.27—31	杭州	学部级
8	纺织印染工业用风险化学品的识别与替代高层论坛	周　翔	2014.11.6	上海	学部级

续表

序号	主题名称	负责院士	时　间	地点	等级
9	热带海洋工程科技报告研讨会	张　偲	2014.12.5	深圳	学部级
10	海洋在气候变化中的作用论坛暨海洋预测预报战略研究会	袁业立 黄　锷	2014.12.11	青岛	学部级
11	环境学部2014年工作座谈会(科技合作)	潘德炉	2014.12.29—30	嘉兴	学部级
12	中芬绿色低碳城镇化理论与工程前沿技术研究会议	丁德文	2015.1.20	沈阳	学部级
13	海洋产业绿色发展与生态安全报告研讨会	张　偲	2015.3.30	海南	学部级
14	气候变化背景下气象灾害的影响极其防控暨如何进行校园环境气象科普研讨会	李泽椿	2015.5.16	北京	学部级
15	“机器换人”与智能制造论坛	瞿金平	2015.5.23	顺德	学部级
16	海峡两岸膜法水处理院士高峰论坛	侯立安	2015.6.1	厦门	学部级
17	2015空气污染控制成本效益、达标评估国际学术会议	郝吉明	2015.6.24—25	广州	学部级
18	高性能纤维与复合材料工程技术及应用创新发展	蒋士成	2015.7.14—15	萧山	学部级
19	“海洋食品—创新引领蓝色国土保护利用的新未来”研讨会	朱蓓薇	2015.7.24	大连	学部级
20	兴安盟生态建设院士行暨小规模生活污水处理技术论坛	侯立安	2015.8.14	阿尔山	学部级
21	2015中国海洋生态经济发展．宁波论坛	丁德文	2015.11.14—15	宁波	学部级
22	环境学部2015年工作座谈会	郝吉明	2015.12.5	北京	学部级

续表

序号	主题名称	负责院士	时　间	地点	等级
23	2015 广西海上丝绸之路建设．钦州论坛	丁德文	2015.12.19	钦州	学部级
24	医药食品废水膜处理的工程前沿技术研究	侯立安	2015.12.25	哈尔滨	学部级
25	海洋渔业学国际学术会议	潘德炉	2016.5.18—19	上海	学部级

1. 国际高端论坛——2015 中国污水处理概念厂

2015 年 9 月 22 日，由中国工程院、国际水协会共同主办，环境与轻纺工程学部、中科院生态环境研究中心、中国城市污水处理概念厂专家委员会联合承办的“中国工程院国际高端论坛——2015 中国污水处理概念厂”在北京顺利举办。我学部曲久辉院士担任大会主席，钱易院士、任南琪院士以及来自国际水协会、美国工程院、苏黎世环境集团及中美高校的院士、专家出席了此次会议并做了精彩的报告。论坛围绕城市污水处理的未来发展：全球趋势和经验分享、中国污水处理概念厂 2030 路线图这两大议题进行了讨论。

本次论坛聚集了污水处理领域国内外最具影响力的专家和学者，在污水处理的管理层面和技术层面进一步深入探索，通过交流讨论，扎实践行低碳绿色的国际先进理念，集中应用和展示已有和即将工程化的全球先进技术，大幅度提高污水处理厂能源自给率，使水质满足环境和水资源可持续循环利用的需求，建设感官舒适、建筑和谐、环境互通、社区友好的污水处理厂，改变中国污水处理的发展模式，引导全新的发展路线图。

2. 第 184 场工程科技论坛——轻工重点行业与资源环境协调发展高层论坛

2014 年 8 月 22—23 日，由中国工程院、广西壮族自治区人民政府主办，中国工程院环境与轻纺工程学部、中国工程院科技合作委员会轻工科技发展促进会、中国轻工业联合会科技发展研究分会、广西大学、北京工商大学共同承办的第 184 场中国工程科技论坛“轻工科技发展论坛——轻工重点行业与资源环境协调发展”在广西南宁召开。工程院徐德龙副院长、广西壮族自治区人民政府黄日波副主席，工程院环境与轻纺工程学部陈克复、孙宝国、石碧、谢剑平、朱蓓薇等 5 位院士，以及来自相关高校、科研院所、行业协会、企业以及政府相关职能部门的 220 余名代表参加了本次论坛。陈克复院士担任本次论坛大会主席，孙宝国院士主持开幕式。

论坛开幕式上，大会主席陈克复院士致了开幕词，徐德龙副院长代表工程院致辞，黄日波副主席、广西大学赵艳林校长相继致了欢迎词。石碧院士、朱蓓薇院士、江南大学陈坚校长、广东省微生物研究所吴清平所长、齐鲁工业大学陈嘉川校长等来自 12 个单位的 14 位院士、专家，围绕食品科学与工程、皮革化学与工程、制浆造纸工程等方面，分别作了专题报告。

此外，为落实我院与广西壮族自治区科技合作协议精神，23 日上午召开了“院士专家与企业技术需求对接会”，有关院士、专家应邀就造纸工业节能减排与清洁化生产技术、资源循环利用与高值化利用技术和绿色造纸化学品等方面的问题与广西相关企业开展交流与合作，探讨广西造纸工业转变发展模式的途径，解决发展与环境之间的协调问题，推进产业结构调整。

3. 第196场工程科技论坛——生物医用纺织材料科技发展论坛

2014年10月25日，由中国工程院主办、中国工程院环境与轻纺工程学部、中国工程院医药卫生学部、中国产业用纺织品行业协会、上海大学、四川大学、上海院士中心和东华大学共同承办的第196场中国工程科技论坛——生物医用纺织材料科技发展论坛在上海举行。中国工程院刘旭副院长出席论坛并致辞。中国工程院环境与轻纺学部孙晋良院士、郁铭芳院士、周翔院士、蒋士成院士、姚穆院士、俞建勇院士，中国工程院医药卫生学部王威琪院士、付小兵院士、胡盛寿院士，中国科学院化学部颜德岳院士，以及国家工业和信息化部、中国纺织工业联合会等单位领导，相关高校、医院、科研院所、行业协会、企业与地方政府相关职能部门等170多位专家和代表出席论坛。

大会期间，来自纺织、材料、医学、生物等不同学科和技术领域的14位院士、专家及企业代表对我国生物医用纺织材料发展现状、未来发展战略，生物医用纺织材料产业及临床应用等重要专题进行了深入的交流与探讨。俞建勇院士作"我国生物医用纺织材料发展战略思考"主题报告，付小兵院士作"创面愈合特征与敷料设计"报告，胡盛寿院士作了"生物医用材料在心血管领域的应用"报告。孙晋良院士与王威琪院士主持专题讨论会，与会院士专家围绕生物医用纺织材料发展的相关问题展开热烈讨论。

这次工程科技论坛取得了跨界交流的积极效果，充分发挥了我院跨学科、跨领域、跨部门院士专家群体优势，学术与技术交叉融合，既有对我国生物医用纺织材料产业现状、发展趋势、应用前景、面临挑战等宏观层面的探讨，又对技术层面上的具体制品和应用案例进行分析，为提升我国生物医用纺织材料行业的自主创新能力，提升产业能级，加强生物医用纺织材料研发和生产部门与应用部门的交流和协同，加快我国生物医用纺织材料行业及其科技的创新发展奠定良好的基础。

4. 第211场工程科技论坛——中国食品安全高端论坛

2015年8月18—19日，由学部与北京工商大学共同承办的第211场中国工程科技论坛——"中国食品安全高端论坛"于在京成功召开，孙宝国院士担任大会主席。此次论坛以"中国及全球食品安全现状、未来发展趋势及应对策略"主题。我院刘旭副院长出席大会并致辞，学部魏复盛、庞国芳、孙宝国、朱蓓薇等院士，以及来自食品行业相关的决策部门、科研院校、企事业单位的代表180余名专家和学者与会。

论坛期间，围绕"风险评估与风险管理"、"农药残留高分辨质谱检测技术研发历程与示范"、"海洋食品安全现状与对策思考"、"守护食品安全的共同责任"、"创新驱动食品产业转型"、"保障食品安全"和"食品安全法律创新"等话题，院士、专家共做了6个大会主旨报告和12个专题报告。与会专家结合自身实践及研究成果，深入分析了我国食品安全现状及未来所面临的机遇和挑战，形成了对中国食品安全问题的高度共识。

5. 第217场工程科技论坛——腐蚀控制策略与工程安全高端论坛

2015年11月16日，由中国工程院主办，学部、中国科学院海洋研究所及国家海洋腐蚀防护工程技术研究中心联合承办的第217场中国工程科技论坛"腐蚀控制策略与工程安全高端论坛"在厦门召开。我院刘旭副院长出席会议并致辞，学部郝吉明、金翔龙、侯保荣、宋君强院士及机械学部的徐滨士院士出席论坛。中国科学院、中国腐蚀与防护学会、福建省科协院士办等相关单位以及来自全国部分高校、研究院所及企业的共计110余位专家、学者与会。

本次论坛由侯保荣院士牵头并担任大会主席，郝吉明院士主持开幕式。论坛聚焦腐蚀防护科学的新进展及腐蚀防护技术前沿，围绕国际腐蚀控制技术的发展趋势及与腐蚀防护相关的环保策略、科技研发等进行交流、讨论,为我国腐蚀界专家以及中青年科技人才展示其最新科技成果搭建了高层次的交流平台。会上,徐滨士院士作了题为“面向生态文明的再制造工程”的报告;侯保荣院士作了题为“我国腐蚀状况及控制战略研究”的报告。与会专家、学者就近两年腐蚀与防护学科前沿和技术发展进行了深入的研讨和交流。

本次论坛紧密围绕工程院战略咨询的核心任务,结合重大咨询项目“我国腐蚀状况及控制战略研究”开展,贯彻落实了我院“四聚五合”原则。本次论坛也适逢全国第八届腐蚀大会的召开,两场高水平盛会进行了有机结合,共筑高台,为我国腐蚀防护技术的创新、发展和管理水平的提升起到了积极的促进作用。

6. 2016 中澳食品安全与技术进步研讨会

2016 年 4 月 19—21 日,由中国工程院(CAE)与澳大利亚技术科学与工程院(ATSE)共同举办的“2016 中澳食品安全与技术进步研讨会”在中国工程院召开。研讨会由开幕式、“食品安全与 ICT 技术”、“原料安全与加工品质提升”、“食品供应链保障与溯源”三个主题研讨以及圆桌会议和会后技术参观,共 5 个环节组成。

周济院长、中国食品药品监督管理总局孙咸泽副局长、澳大利亚技术科学与工程院 Kaye Basford 副院长、澳大利亚驻华大使馆农业公使衔参赞 Paul McNamara(马明博)等在幕式上致辞。刘旭副院长主持开幕式,吴清平院士作了大会总结。孙宝国、陈君石、庞国芳、朱蓓薇、吴清平、岳国君、沈建忠院士等 7 位院士参会。来自政府主管部门、高校、研究院所、企业以及我院“食品安全”项目组专家等 110 多名食品安全方面专家学者参加了会议。此次研讨会的主题为:从农田到餐桌——食品安全与技术进步。研讨会分为食品安全与 ICT 技术、原料安全与加工品质提升、食品供应链保障与溯源三个主题。会议共安排 17 个报告,中方 9 个,澳方 8 个。与会专家就食品安全所涉及的生产、加工、储输、营销到消费者餐桌全过程的科学、研究及工程等问题进行了广泛深入的交流,并探讨了新技术、特别是信息技术在全过程的应用。研讨会内容精彩丰富,学术性强,为深度把脉两国食品安全面临的问题、挑战和发展趋势,推动我国构建具有国际先进水平的食品安全体系具有重要的积极意义。

圆桌会上,双方就进一步丰富合作方式、拓展合作领域、创新两院工程科技交流合作机制等方面进行了深入的交流。通过讨论,初步确定明年继续以“食品安全”为主题在澳大利亚举办研讨会,围绕食品安全标准、乳制品、葡萄酒等具体领域开展深入研讨。大会主席吴清平院士代表我院与澳方 Basford 副院长就后续合作签署了研讨会备忘录。

会后,与会代表参观了北京三元食品股份有限公司和中粮营养健康研究院。

本次研讨会关注两国重大民生问题,从食品加工过程有害物产生机理与控制、食品动物原料安全、肉品加工及其质量安全、粮食安全、乳制品质量与安全以及食品安全溯源系统等方面进行深入研讨和交流,深度把脉两国食品安全面临的问题、挑战和发展趋势,并提出发展对策和建议,构建具有国际先进水平的食品安全体系。这次中澳工程院的学术交流,极大地增进中澳两国在食品安全领域的技术合作交流和促进技术水平的不断提高,对于保障食品安全有重要影响。

7. 制革产业循环经济园区发展战略研讨会

2014 年 8 月 14—15 日,由中国工程院环境与轻纺工程学部、中国皮革协会、辽宁省阜新市人民政府共同主办,四川大学制革清洁技术国家工程实验室、阜新市清河门区人民政府、阜新皮革产业开发区管理委员会承办的“制革产业循环经济园区发展战略研讨会”在辽宁阜新召开。工程院环境与轻纺工程学部石碧院士、段宁院士，国家工信部消费品司高延敏副司长，中国皮革协会张淑华名誉会长，以及来自南京大学、四川大学、陕西科技大学、中国皮革和制鞋工业研究院等科研院校的专家教授和制革园区管理部门代表、企业代表参加研讨会。石碧院士担任大会主席，并在开幕式上致辞。

14 日上午，段宁院士、工信部高延敏副司长、总装备部工程设计研究总院张统研究员、南京大学环境学院任洪强副院长、中国皮革协会陈占光副秘书长、中国轻工业联合会科技环保部于学军主任分别就皮革行业和皮革园区清洁生产、技术升级、循环发展、体制机制创新等作了政策性和技术性报告。

14 日下午，与会人员实地考察了皮革交易中心、澳得利皮业公司、辽宁富新皮业有限公司、富国(阜新)皮革有限公司、第一污水处理厂。考察后，与园区和相关企业召开座谈会，与会院士、专家围绕循环经济论坛的主题，就企业的技术装备、污水处理、打造品牌等方面提出了宝贵意见，并对皮革开发区的综合布局、发展的经济背景与社会性需求等提出了建议。

15 日上午，召开制革产业园区循环经济发展交流会。与会院士、专家对阜新皮革产业开发区循环经济建设及清洁生产技术提出了诸多宝贵建议。

8. 青藏高原水分循环过程及其影响研讨会

2014 年 9 月 11—12 日，由中国工程院环境与轻纺工程学部、中国气象科学研究院灾害天气国家重点实验室、国家自然科学基金委重点项目办公室主办，西藏自治区气象局和西藏林芝地区气象局协办的“青藏高原大气水分循环过程及其对水资源、旱涝灾害影响研讨会”在西藏林芝召开。徐祥德院士、宋君强院士，西藏自治区气象局拉卓局长及来自全国各地的气象、水文、生态等领域共 50 余名专家参加会议。

11 日上午，徐祥德院士、拉桌局长在开幕式上致辞，徐祥德院士、宋君强院士、中国气象科学研究院张义军研究员、广东省微生物研究所吴清平所长、成都高原气象研究所李跃清所长、湖北省气象局武汉暴雨研究所崔春光所长、青海省气象科学研究所周秉荣副所长分别就气候变化对三江源与青海湖水资源影响评估、未来趋势预测与应对发展战略等做技术性报告。

11 日下午，徐祥德院士介绍了第三次青藏高原大气科学实验的相关情况，林芝地区气象局气象台旺杰台长作了题为“气候变化对青藏高原水资源影响”的报告，与会院士专家围绕气候变化背景下青藏高原对东亚、中国区域水循环过程及其水资源的变化影响，青藏高原大气水分循环对中国区域旱涝影响等展开讨论。

12 日，与会专家赴西藏林芝地区派镇区域自动站等地，实地调研高原北坡林芝区域水循环的环境影响。

9. 阿尔山生态文明建设院士论坛

2014 年 10 月 7—8 日，由中国工程院环境与轻纺工程学部与内蒙古阿尔山市人民政府联合主办、内蒙古阿尔山市科协承办的“阿尔山生态文明建设院士论坛”在阿尔山召开。中国工程院环境学部侯立安院士、广东省微生物研究所吴清平所长、中国环境科学研究院席北斗研究员等院士专家参加会议。

7 日，与会院士专家一行对五岔沟国森林场食用菌基地进行实地考察。8 日上午，侯立安院士团队与蓝海矿泉水有限公司签订了院士专家工作站合作协议，举行了院士专家工作站揭牌仪式，并与企业有关人员进行技术座谈。8 日下午，举行了生态文明建设专题报告会，阿尔山市相关部门领导、企业代表近百人参会。侯立安院士作了题为"生态文明视阈下饮用水安全保障对策"的报告；吴清平所长作了题为"野生珍稀食药用菌资源的开发利用"的报告；席北斗研究员作了题为"北方寒冷缺水性村镇环境综合整治和资源化利用技术集成与示范"的报告。

自2011以来，中国工程院环境学部围绕阿尔山市生态资源开发与保护，已连续举办四次以生态文明建设为主题的院士行和学术活动，先后有6位院士到阿尔山进行科技咨询和专题报告，此次论坛的举行将进一步推动阿尔山市健康品牌城市的打造，促进当地生物健康产业的发展、资源的绿色开发利用，为阿尔山市生态文明的建设提供有力保障。

10. 湿法冶金中的环境污染控制研讨会

2014年10月16—18日，由中国工程院环境与轻纺工程学部主办，中国科学院过程工程研究所承办的第六届国际湿法冶金会议(The 6th International Conference on Hydrometallurgy)分会"湿法冶金中的环境污染控制研讨会" 在北京召开。来自中国、美国、加拿大、澳大利亚、日本、韩国、法国、印度、约旦、俄罗斯等12个国家的200余名专家学者参会交流。中国工程院环境与轻纺工程学部张懿院士担任会议主席。

会议邀请了美国工程院院士、国际知名杂志《Hydrometallurgy》前主编、美国宾夕法尼亚州立大学Kwadwo Osseo-Asare教授，澳大利亚墨尔本大学Geoff W. Stevens教授，加拿大工程院院士、加拿大阿尔伯达大学Zhenghe Xu教授，中国科学院院士、北京大学严纯华教授，中国工程院院士、中科院生态环境中心曲久辉研究员，中国工程院院士、中科院过程所张懿教授等做了精彩的大会主题报告。会议还邀请了湿法冶金环境污染控制行业内的28位专家学者作了口头报告。参会专家学者就湿法冶金中的水污染控制、大气污染控制和固体污染控制，二次资源综合利用与产品高值化，重金属污染场地的生态修复等议题展开了深入讨论和交流。

11. 气候变化背景下水环境保护院士高峰论坛

2014年10月25—26日，由中国工程院环境与轻纺工程学部、中国海水淡化与水再利用学会、浙江大学等5家单位联合主办，中国膜工业协会海水及苦咸水淡化膜分会承办的"气候变化背景下水环境保护"院士高峰论坛暨第二届海水淡化与水再利用西湖国际论坛在杭州召开。

大会开幕式由侯立安院士主持。许健民院士、潘德炉院士、曲久辉院士、侯立安院士先后作了题为"卫星观测到的我国大气污染水污染情况"、"从卫星看浙江沿海水质环境"、"气候变化影响下的饮用水源保护与水质净化"、"气候变化视角下的水安全现状及应对策略"的报告，介绍了我国水质环境污染与保护、水资源生态建设、海水淡化等内容。来自全国各地100多家高校、科研院所和水处理企业的230余名嘉宾出席了大会。

大会同时设有海水淡化与膜技术研究两个分会场，举办了"和谐水环境·蓝色中国梦"主题圆桌对话，与会的院士及专家围绕我国海水淡化产业相关政策以及目前国内外海水淡化、各类非常规水的处理技术与工艺研究的发展现状、趋势和应用情况进行了深入探讨。来自国内多所知名院校的教授及部分企业负责人、行业资深人士作了近40个专题报告，大会还收到国内外学术报告近60篇，并汇编论文集。

会后，主办方组织与会领导、院士及专家等前往杭州水处理技术研究开发中心海水淡化技术装备制造基地参观考察。

12. 第七届国际海洋腐蚀与控制研讨会

2014年10月26—28日，由中国工程院环境与轻纺工程学部、中国科学院海洋研究所、东京工业大学联合主办的第七届国际海洋腐蚀与控制研讨会(The Seventh International Symposium on Marine Corrosion and Control)在江苏南京召开。中国工程院侯保荣院士、中国工程院二局阮宝君副局长、东京工业大学 TooruTsuru 教授及60余名研究人员参加会议。

中国科学院海洋研究所张盾教授、黄彦良教授、东京工业大学 Atsushi Nishikata 教授、国家海洋局第一研究所孙承君研究员、尼泊尔大学 Ali Muhammad 教授分别作了题为"腐蚀防护与控制"、"09CuPCrNi 钢在海洋大气中的紫外辐射影响"、"海洋大气中的腐蚀控制技术"、"贝壳涂层作为抗菌材料"、"金属材料在酸性溶液中的电化学溶解机制"等报告。

会议讨论了海洋大气腐蚀、海洋浪花飞溅区腐蚀、海洋微生物腐蚀、海洋生物附着与生物污损、深海腐蚀与实验技术、海洋耐蚀防污材料、海洋防腐涂料技术与进展、海洋防污涂料技术与进展、表面涂层防护技术与进展、海洋腐蚀监测检测技术及其他海洋腐蚀与污损技术及与海洋腐蚀相关的问题,进一步明确我国海洋腐蚀与生物污损研究的前沿发展方向。

13. 第六届海峡两岸人工湿地研讨会暨高层论坛

2014年10月27日—11月1日,由中国工程院环境与轻纺工程学部、中国科学院水生生物研究所、(台湾)"中山大学"联合主办,杭州师范大学承办的第六届海峡两岸人工湿地研讨会暨高层论坛在杭州举行。中国工程院环境与轻纺工程学部侯立安院士、张偲院士,中国科学院匡廷云院士,台湾"中央大学"特聘教授、俄罗斯联邦工程科学院刘说安院士等200多位来自海峡两岸生态与环境相关领域的院士、专家、学者和工程技术人员参加会议,围绕"两岸人工湿地科技合作与城市水体生态景观建设"展开研讨。中国科学院水生生物研究所徐旭东副所长主持开幕式,张偲院士代表中国工程院环境与轻纺工程学部致辞。

会上,张偲院士、侯立安院士、匡廷云院士和刘说安院士分别作了题为"热带海洋微生物多样性及其生态效应"、"湿地保护与水安全"、"杭州城西湿地保护与利用战略"、"高解析度卫星影像之应用"的大会主旨报告。中科院水生生物研究所吴振斌研究员结合具体案例作了题为"城市景观湖泊生态修复研究与工程——以杭州西湖为例"的报告。围绕"湿地与城市水体生态景观建设"、"湿地工程技术研究与应用"、"城市湿地与生态景观建设"、"湿地设计运行管理规范与标准"等议题,两岸专家们还作了23场专题报告。与会专家进行了深入交流,并就"两岸湿地研究与应用深度交流与合作"进行了专题讨论。

会议期间,与会专家实地考察了国家"水专项"西湖生态湿地修复工程、城西湿地治理等情况,对沉水植物恢复工程和水生态环境改善效果给予充分肯定,并提出了相关建议。

14. 纺织印染工业用风险化学品的识别与替代高层论坛

2014年11月6日,由中国工程院环境与轻纺工程学部、东华大学和上海院士中心联合主办的"纺织印染工业用风险化学品的识别与替代"高层论坛在上海召开。郁铭芳、周翔、蒋士成、姚穆、俞建勇、孟伟、魏复盛等7位院士、中国印染行业协会会长陈志华,以及来自相关高校、科研院所、企业等涉及纺织染整、环境、化学领域的70多位专家出席会议。

会上,孟伟院士作了题为"我国水环境污染现状、风险评估和控制"的主题报告,魏复盛院士作了题为"有害化学物质的环境暴露风险评价"的主题报告。来自东华大学、中科院生态环境研究中心、南京大学等单位的专家围绕纺织化学品的危害识别、风险评估、控制技术等作了专题报告。三家纺织化工企业和第三方检验机构分享了领先成果。

在论坛的讨论环节,院士专家和企业代表就化学品毒性鉴定、禁用限用物质清单等问题进行了深入的研讨。本次论坛为进一步推动我国纺织印染工业的可持续发展,继续做好纺织印染工业用化学品风的险监管和环境治理提出了意见和建议。

15. 热带海洋工程科技报告研讨会

2014 年 12 月 5 日,由中国工程院环境与轻纺工程学部主办,中国科学院南海海洋研究所承办的“热带海洋工程科技报告研讨会”在深圳大亚湾召开。中国工程院丁德文、袁业立、金翔龙、潘德炉、王景全、张偲等院士出席本次研讨会。

会议主题为“热带海洋资源的可持续开发与生态安全”,会议研讨内容涉及海洋岛礁工程、海底科学、海洋生态修复工程以及海洋资源的开发利用等方面。解放军理工大学王景全院士作了题为“南海维权使命及开发建设思路创新”的特邀报告,中科院南海海洋研究所张偲院士作了题为“海洋微生物多样性及其生理生态效应”的学术报告。来自国家海洋局第二海洋研究所、华南理工大学、中国科学院南海海洋研究所的专家分别汇报了海底资源调查开发、海洋蛋白资源高值转化、海洋生态系统的修复与重建等领域的最新研究动态和发展趋势。

16. 海洋预测预报战略研究研讨会暨海洋在气候变化中的作用论坛

2014 年 12 月 11 日,由中国工程院环境与轻纺工程学部主办、国家海洋局第一海洋研究所承办的“海洋预测预报战略研究研讨会暨海洋在气候变化中的作用论坛”在青岛召开。袁业立、丁一汇、黄锷、潘德炉、宋君强等院士出席研讨会。

会议主题为“深海海洋观测、模拟与预测”,会议研讨内容涉及海洋动力系统、海洋数据分析应用、全球气候模式应用技术、深海海洋观测、实验室湍流波浪实验等方面。袁业立院士作了题为“海洋动力系统导论”的特邀报告,指出海洋动力系统目前存在的问题及发展方向。黄锷院士作了题为“数据分析在海洋中的应用”的特邀报告,探讨了数据分析技术应用于湍流现象的发展。国家海洋局第一海洋研究所乔方利研究员,美国海洋大气局(NOAA)AMOL 实验室的王春在研究员、中国海洋大学田纪伟教授、国家海洋局第一海洋研究所戴德君研究员、中国海洋大学荣增瑞副教授分别汇报了全球气候模式的发展和应用、全球气候模式的偏差效应、深海观测和实验室观测以及波浪的混合效应等方面的最新研究动态和进展。

17. 环境学部 2014 年工作座谈会(科技合作)

2014 年 12 月 29—30 日,由中国工程院环境与轻纺工程学部主办、嘉兴市科协承办的中国工程院环境与轻纺工程学部科技合作工作座谈会在浙江嘉兴召开。潘德炉院士、侯立安院士、中国工程院二局王元晶副巡视员、浙江省、嘉兴市有关部门领导,来自浙江、宁夏、新疆、广西、上海、内蒙古、福建、广东、江西等省(自治区、直辖市)的科技、环保等有关部门、科研院所、企业院士专家工作站代表 60 余人参加会议。

座谈会由潘德炉院士主持。浙江省和嘉兴市有关部门领导致辞。王元晶副巡视员介绍了近年来中国工程院在推动院地科技合作方面的工作思路和主要成就。环境学部办公室介绍了中国工程院 2014—2018 年科技合作要点,通报了学部 2014 年以来与地方开展科技合作的十大亮点工作,同时提出了 2015 年院地科技合作工作设想。各地围绕 2014 年度科技合作进展和 2015 年科技合作意向纷纷发言。企业负责人分别就各自企业院士专家工作站的建站背景、建站过程、运作情况、实际成效等,向与会领导、专家、代表作了详细介绍。座谈会后,代表们还实地参观考察了浙江朝晖过滤技术有限公司、浙江中辉皮草有限公司两家省级院士专家工作站。潘德炉院士在座谈会总结时指出,近年来学部与地方的科技合作,亮点纷呈、成效显著,呈现出“六个特点”:以院士行开路、以建工作站为平台、以项目合作为牵引、以长效机制为保障、以提供服务为着力点、以取得成效为目标。各地汇报的成果和经验再次证明,院地科技合作工作对于推动地方科技进步、经济社会发展具有独特的重要价值,应该进一步探索深化这一合作机制的巨大潜力,为地方经济社会更好更快的发展做出更大的贡献。

18. 中芬绿色低碳城镇化理论与工程前沿技术研究会议

2015 年 1 月 20 日,由中国工程院环境与轻纺工程学部、沈阳市科技局主办,中国科学院沈阳应用生态研究所和北欧金兰有限公司承办的“中芬绿色低碳城镇化理论与工程前沿技术研究会议”在沈阳召开。来自沈阳市国际贸易交流促进会、芬兰蓬卡莱敦市市政府、沙士达马拉市市政府、芬兰莎士奇财团、沈阳涌鑫牧业有限公司、WATER OJANEN 水处理公司等 30 家中芬科研机构、大学和企业的 80 多名代表参加了会议。

本次会议中心议题包括中芬绿色能源工程技术应用、中芬污水处理工程技术应用、中芬绿色低碳城镇化规划与建设,以及中芬科技教育中心平台建设四大方面,旨在促进中芬高水平科技合作和优选项目落地,进一步推动中芬在发展绿色能源、新型城镇化及科技教育领域的合作。

会议开幕式由中国科学院沈阳应用生态研究所党委书记姬兰柱研究员主持,所长韩兴国研究员致欢迎词,沈阳市科技局局长宋锡坤,芬兰沙士达马拉市(Sastamla)市长亚尔科·马尔姆贝里(Jarkko Malmberg)及中芬应用生态技术中心副主任、北欧金兰集团董事长丁晓石,芬兰莎士奇财团主席安蒂·拉赫蒂分别致辞。

学术交流会议由中国工程院环境与轻纺工程学部办公室张健副主任主持。法库县副县长杜波、蓬卡莱敦市(Punkalaidun)市长劳里·因纳、沈阳涌鑫牧业总经理周顺佳、沈阳生态所郗凤明副研究员及芬兰 Sito 公司、芬兰 SASKY 财团代表分别作了精彩的报告。期间,中芬双方举行了“中芬应用生态技术中心”的揭牌仪式,并签署了“中芬合作绿色能源区项目”合作备忘录。

19. 海洋产业绿色发展与生态安全报告研讨会

2015 年 3 月 30 日,由中国工程院环境与轻纺工程学部主办、中国科学院南海海洋研究所承办的“海洋产业绿色发展与生态安全研讨会”在海南保亭召开。会议以“热带海洋生物资源绿色开发利用与海洋生态环境保护修复”为主题,围绕海洋生物资源绿色开发利用、海洋生态修复、人工湿地及红树林恢复重建等方面展开了热烈讨论与交流。中国工程院丁德文、袁业立、金翔龙、潘德炉、王景全、侯保荣、丁一汇、张全兴、张偲等 9 位院士及工程院二局王元晶副巡视员出席了会议。张偲院士担任本次大会主席。

中国科学院南海海洋研究所张偲院士作了题为“近岸海域生态修复与生态安全保障”的学部报告,阐述我国近岸海域生态修复的紧迫性,并以南海所为例介绍我国在近岸生态修复与绿色利用方面的研究现状。中国人民解放军第二军医大学焦炳华教授、广东省微生物研究所吴清平研究员、国家海洋局第一海洋研究所乔方利研究员、中国科学院水生生物研究所吴振斌研究员、中国科学院南海海洋研究所王友绍研究员分别就我国海洋生物产业发展思考、食品中致病微生物分布规律和高效监控技术、小尺度波浪在大尺度环流中的关键作用、我国人工湿地研究、红树林恢复与重建等方面的内容作主题报告。王元晶副巡视员在听取了专家报告讨论后赋诗高度概括了本次会议的主旨:保亭岭迎九神仙,青山绿水赛桃园。群贤毕至议战略,蓝色经济护资源。吹填岛礁建大业,国土岸线保安全。戍边守疆克万难,海洋产业永发展!

随着我国“一带一路”及“海洋强国”战略布局的逐步实施,海洋正日益彰显其在我国国民经济发展及国土安全方面的重要地位。如何在实现海洋资源的高效绿色利用的同时对恶化的海洋生态环境进行修复是工程技术领域亟待解决的难题。本次会议紧扣时代命题与社会需求，就海洋经济绿色发展及生态安全方面展开研讨并形成建设性意见。

20. 气候变化背景下气象灾害的影响极其防控暨如何进行校园环境气象科普研讨会

2015 年 5 月 16 日，由中国工程院环境与轻纺工程学部、中国气象局气象宣传与科普中心、国家气象中心联合组织举办的“气候变化背景下气象灾害的影响及其防控暨如何进行校园环境气象科普研讨会”在北京举行。中国工程院李泽椿院士、许健民院士应邀出席并作主旨发言，中国工程院、教育部、中国科协、共青团中央、中国科学院、中国气象局、北京市科协、北京航空航天大学、北京师范大学等单位的专家和代表近三十人参加会议。

全球气候变化背景下，气象灾害多发频发，如何减少灾害带来的影响和做好防御防控非常重要。中国工程院环境与轻纺工程学部在该领域已开展多个项目的咨询研究。研讨会由国家气象局气象科普中心陈云峰副主任主持。首先，李泽椿院士和许建民院士分别做主旨报告。李泽椿院士认为，“7 · 21”大暴雨揭示了部分人群防灾减灾能力的薄弱。科普的首要任务是群众自救，防灾减灾的基础是校园科普。许建民院士认为，科学素养的提高，首先在于培养科学思维方式，为了给二里沟中心小学的学生做讲座，他精心准备了一个多月时间。他告诉孩子们，要感知周围发生的事情，思考其中的道理。院士们身体力行进行科普实践及对校园科普工作的认识、体会和感悟，引发与会专家和各部门代表对气象科普的组织方式、合作模式以及精品打造等展开热烈研讨。

此次活动在工程院学术活动“四聚五合”原则的指导下，注重与咨询研究工作的配合，与人才培养的结合，与科普工作的融合，与科技服务工作的联合，高度聚焦民生关注的环境热点问题，又一次发挥了工程院学术活动的品牌效应。

21. “机器换人”与智能制造论坛

2015 年 5 月 23—24 日，作为第十七届中国科协年会主题系列活动之一的“机器换人”与智能制造论坛及机器人与智能制造技术创新与产业对接交流会在广东顺德召开。本次论坛由中国科学技术协会、广东省人民政府主办，中国机械工程学会承办，中国工程院环境与轻纺工程学部、广东省机械工程学会、顺德区科协、华南智能机器人创新研究院协办。中国工程院院士、广东省科协副主席、广东省机械工程学会理事长、华南理工大学瞿金平教授担任论坛主席，北京航空航天大学王田苗教授担任分会场学术委员会主席。来自广东省内的高校、科研院所和制造业企业代表共 250 余人参加会议。

论坛上，瞿金平院士作了题为“创新驱动产品智能制造发展的认识与思考”的报告，提出智能制造是新一轮产业发展的核心、未来产业发展的机遇，中国必须以产品创新、装备创新和模式创新推进产品制造产业链上的技术协同创新和集成开发，突破基础工业瓶颈的制约，实现创新驱动、智能转型和绿色发展，走中国特色的智能制造发展道路。来自中国机械工业联合会特别顾问朱森第作了题为“推进智能制造的方略和着力点”的报告，苏州大学机器人与微系统中心主任孙立宁教授作了题为“工业机器人在智能制造的应用”的报告，北京航空航天大学刘强教授作了题为“智能制造中数控技术的发展”的报告。

5 月 24 日，机器人与智能制造技术创新与产业对接交流会召开。来自珠三角的十余家机器人生产和应用企业代表，以及从事机器人与智能制造技术研究的高校、科研院所的专家共 50 余人参加本次产业对接交流会，围绕智能制造和机器人产业的技术研发、人才培养、市场应用、商业模式等进行了充分的对接交流。

"机器换人"与智能制造论坛及机器人与智能制造技术创新与产业对接交流会是本届科协年会重点学术交流会议之一，在珠三角地区制造业企业转型"中国智造"的关键时期，论坛从智能制造政策法规，未来发展趋势，技术应用等方面，对"机器换人"战略的实施和智能制造引领全产业链转型升级起到了指导作用。

22. "海峡两岸膜法水处理"院士高峰论坛暨第六届全国医药行业膜分离技术应用研讨会

2015 年 5 月 30 日—6 月 1 日，由学部主办，中国膜工业协会承办，厦门大学水科技与政策研究中心协办的"海峡两岸膜法水处理"院士高峰论坛暨第六届全国医药行业膜分离技术应用研讨会在厦门召开。徐德龙副院长、福建省科协党组书记梁晋阳、厦门市副市长黄强、厦门大学党委副书记赖虹凯、中国膜工业协会秘书长王继文在大会开幕式上致辞。侯立安院士主持开幕式。中国工程院高从堦院士、蹇锡高院士及来自海峡两岸膜法水处理、医药等行业 200 余名代表出席会议。

论坛期间，高从堦、侯立安、蹇锡高院士分别作了膜法水处理相关的学术报告，来自台湾工研院、台湾中原大学等相关科研单位的代表和国内相关代表也分别做了相关的学术报告，论坛共发表学术论文 33 篇。本次论坛以促进海峡两岸从事膜科技研究的高校、科研院所、膜企业、膜用户交流为宗旨，展现海峡两岸各科研院所及有关单位在膜法水处理方面研究的新进展，分享膜法在医药领域应用的成果与经验，促进学术界与产业界的沟通与联系，进一步推进海峡两岸膜技术的合作与发展。

23. 2015 空气污染控制成本效益、达标评估国际学术会议

2015 年 6 月 24—25 日，第三届空气污染控制成本效益与达标评估国际学术研讨会——2015 空气污染控制成本效益、达标评估国际学术会议（ABaCAS2015）在广州召开。会议以"大气污染物排放与控制技术，区域大气复合污染成因、监测与模拟，空气质量管理与达标规划，空气污染控制的成本和健康效益"为主题，郝吉明院士担任会议主席，我学部陈克复和瞿金平院士也应邀参加了此次会议。中国工程院、美国环保署、美国田纳西大学、北卡罗来纳大学、麻省理工学院、台湾大学、清华大学的 20 余位知名专家应邀到会演讲。参加此次学术会议的还有来自中国各省、市、自治区，香港、澳门、台湾地区以及美国的政府官员、学者、专业技术人员共计 300 余人。

会上，郝吉明院士代表中国工程院环境与轻纺工程学部做了开幕致辞。丁一汇院士作了题为"中国气候效应和气溶胶分布与空气污染"主旨报告，侯立安院士作了题为"室内空气污染控制"主旨报告，其他受邀专家也分别报告了各自在空气污染控制和管理领域的最新研究进展。

2015 空气污染控制成本效益、达标评估国际学术会议是我国近年来大气环境领域演讲专家整体水平最高、政府管理部门参与最积极、到会人数最多的一次盛会。为期两天的国际学术研讨会和培训会为不同领域、不同学科的专家学者和决策者提供了一个关于中国、美国及全球大气环境问题的高水平学术交流平台。

24. 高性能纤维与复合材料工程技术研究高层论坛

2015 年 7 月 14—16 日，"高性能纤维与复合材料工程前沿技术研究高层论坛"在浙江萧山召开。我学部蒋士成院士主持开幕式并致辞，郁铭芳、周翔、孙晋良、姚穆、俞建勇等 5 位院士出席了此次会议。在开幕式和大会各分论坛上，国家发改委、工信部、科技部等行政管理部门的领导，中国工程院院士和来自相关行业协会学会、高等院校、科研机构的专家学者、企业代表分别做了交流报告。论坛围绕国内外高性能纤维及其轻量化技术相关产业科技的现状和发展趋势，分析国内相关

产业科技存在的差距和不足，并对高性能纤维及其轻量化技术相关产业科技前沿和发展方向开展了重点研讨。本次论坛是一次跨学科、跨部门、跨产业的盛会，也是推进产业链上下游企业协同创新的有益探索，更是中国工程院咨询项目“高性能纤维与汽车轻量化技术科技创新发展战略研究”开展课题研究的重要学术交流平台。

25. “海洋食品—创新引领蓝色国土保护利用的新未来”研讨会

2015 年 7 月 24 日，“海洋食品—创新引领蓝色国土保护利用的新未来”研讨会在大连召开，来自产、学、研各单位代表 150 余人与会。该研讨会紧密围绕工程院战略咨询的核心任务，针对海洋食品科技和产业发展的最新研究前沿、新趋势、新发展进行广泛交流。二局王元晶副巡视员出席会议并致辞，我学部庞国芳、朱蓓薇和张偲三位院士出席会议并分别就“农药残留高分辨质谱监测技术研发历程与示范”、“南海生物多样性及其利用”和“海洋食品科技发展方向探讨”等主题作特邀报告。

本次研讨会以产学研协同创新发展现代海洋食品产业为主题，就海洋食品的科学技术研究与开发、海洋食品创新能力建设、现代海洋食品产业的发展、海洋资源的循环经济发展、全球视野下的国际合作进行了热烈而充分的讨论，从国家发展战略需求出发，提出了一系列值得开展研究的项目设想，并就海洋食品发展的未来提出了很多具有建设性的建议。

26. 兴安盟生态建设院士行暨小规模生活污水处理技术论坛

2015 年 8 月 14 日，由学部和兴安盟社科联共同主办的“小规模生活污水处理技术论坛暨兴安盟生态建设院士专家行”活动在兴安盟乌兰浩特市举行。侯立安、段宁及瞿金平 3 位院士参会，乌市农工部、建设局、水务局、污水处理厂等相关单位负责人参加会议。

座谈会上，侯立安院士和席北斗研究员分别作了题为“生态文明建设引领分散点源生活污水处理技术发展”和“村镇污水处理与水环境综合整治进展与对策”的专题讲座。与会院士专家就乌市相关单位负责人提出的污水处理、水环境整治等问题，纷纷予以解答，并表示将与乌市建立长期联系，为污水处理、水环境治理等工作献计献策。

27. 2015 中国海洋生态经济发展 · 宁波论坛

2015 年 11 月 14—15 日，由学部和中国生态经济学学会主办，宁波大学和浙江省生态文明研究中心以及国家海洋局第一海洋研究所等单位承办的“海洋生态经济发展 · 宁波论坛”在宁波召开。来自中国科学院、中国工程院、福建省政府科技厅、国家海洋局第一海洋所、浙江大学、宁波大学、山东大学、厦门大学、中山大学、中国海洋大学、上海海洋大学、广东海洋大学、浙江省海洋文化与经济研究中心、浙江省生态文明研究中心等高校和研究机构的 150 余人与会。我学部丁德文院士出席会议并致辞，张偲院士出席会议并做了题为“热带海洋生物多样性及其作用”的报告。

本次论坛聚焦海洋生态经济系统研究、海洋生态经济发展、海洋生态环境保护研究、海洋生态经济发展的科技创新、海洋生态经济发展的制度保障研究以及海上丝绸之路建设研究和海洋生态经济学科研究等多个领域和议题。与会专家一致认为，在现代文明迈入“海洋时代”的背景下，在“一带一路”国家战略的指导下，发展海洋经济成为当前的国家战略和研究热点。海洋安全体系不可或缺，海洋生态补偿和制度建构至关紧迫，蓝色经济的发展和技术装备不容忽视。世界各国在国际海洋法、海洋环境保护、海洋资源开发与利用、海事安全和海洋科学技术等领域取得了众多新进展，出现了一些重要发展趋势，中国海洋安全面临的问题和挑战仍有所增加，海洋安全问题长期性、复杂性、多变性特征更加明显。积极推进海洋生态经济发展、探索构建海洋生态经济学科，促进海洋生态文明建设、研究海上丝绸之路发展，是海洋强国的必由之路。

28. 2015 广西海上丝绸之路建设·钦州论坛

12 月 19 日，由中国工程院环境与轻纺工程学部、钦州市委、市政府、钦州学院共同主办的 2015 广西海上丝绸之路建设·钦州论坛在广西钦州市开幕。此次论坛以“海上丝绸之路和海洋生态文明建设”为主题，探讨海上丝绸之路与互联互通。中国工程院院士丁德文、中国科学院院士王颖、钦州市市长唐琮沅，广西壮族自治区教育厅副厅长蔡昌卓，中国工程院二局副巡视员梁晓捷、国家海洋局第三海洋研究所所长余兴光、钦州学院党委书记赵君等领导出席论坛开幕式，相关行业领导及来自我国海洋领域的专家、学者共计 200 余人与会。论坛开幕式由钦州市委常委、宣传部部长、副市长韩流主持。钦州市市长唐琮沅为大会致辞。

开幕式上，唐琮沅市长、王颖院士、蔡昌卓副厅长与赵君书记共同为广西海上丝绸之路发展研究院成立揭牌。会议还为丁德文院士、王颖院士等 10 位广西海上丝绸之路发展研究院顾问专家颁发聘书。丁德文院士被聘为研究院荣誉院长。

19 日下午，在广西海上丝绸之路发展研究院专家咨询会上，丁德文院士、王颖院士、吴信忠教授等分别作了“我国海洋生态文明建设的背景、问题与对策”、“研发海洋碳汇，助力海丝之路”、“关于‘一带一路’与海洋科技的初步思考”主题报告。与会领导专家就各自工作领域，对如何充分发挥各自优势，积极融入国家战略作专题发言，并对钦州市发展海洋经济、打造海洋强市提出意见和建议。

20 日上午，论坛开设五个分会场进行专题研讨，专家学者围绕“海上丝绸之路与互联互通、海洋生态文明建设、海岸带生态脆弱性及适应、海洋生物技术与海洋经济发展、海洋资源环境承载力监测评估与预警”等专题进行热烈讨论。

29. 医药食品废水膜处理的工程前沿技术研究

2015 年 12 月 25—26 日，由学部主办，中国膜工业协会承办，浙江大学膜与水处理教育部工程中心协办的“医药食品废水膜处理工程前沿技术”院士论坛在哈尔滨召开。我学部孟伟院士、侯立安院士以及来自国内十多所高校和科研机构、40 余家膜企业，共 80 余名代表参加了本次论坛。

中国膜工业协会原秘书长尤金德先生主持开幕式，中国工程院二局王元晶副局长和中国膜工业协会王继文秘书长分别致辞。随后孟伟院士、侯立安院士，南京中医药大学郭立玮教授等专家学者分别从“制药废水污染控制标准与水质基准的技术进展”、“创新驱动医药食品废水膜处理技术绿色发展”以及“膜技术在医药废水中的应用实例”等方面对膜技术处理食品医药废水工程前沿技术与问题进行了总结和展望。

本次论坛为从事膜技术和医药食品研究的高校、科研院所和膜企业间提供了交流平台，促进了产学研的结合，从国家战略需求层面为膜产业发展指明了未来发展方向。

30. 海洋渔业学国际学术会议

2016 年 5 月 18—19 日，由学部和上海海洋大学和中国海洋学会承办的学部学术会议—渔业海洋学国际学术会议，在上海海洋大学成功举办。本次学术会议邀请了中国科学院海洋研究所胡敦欣院士、国家海洋局第二海洋研究所潘德炉院士、李家彪院士、国防科学技术大学宋军强院士、缅因大学柴扉教授、薛惠洁教授、陈勇教授、中国海洋大学田永军教授等在国内外海洋领域、渔业领域研究卓著的知名专家和教授，来自国内外 7 所海洋类高校和研究机构的广大青年学者参加了此次学术会议。

会议由李家乐副校长代表上海海洋大学致欢迎词、会议主席潘德炉院士代表中国工程院环境与轻纺工程学部致辞。与会人员分别依据各自领域做了口头报告交流及墙报交流，并就评价气候变化对海洋渔业以及渔业生态系统的影响，在渔业资源评估和管理中如何考虑生态和气候变化的信息，渔业遥感，地理信息系统以及计算机模拟如何在渔业海洋学中的应用，海洋鱼类栖息地模型的建立与评价等重点话题的发展现状以及今后的发展趋势展开讨论，报告内容翔实、研究深入、精彩纷呈。

本次研讨会是一个碰撞思想、聚合高见的平台，也是一个加强交流、增进友谊的平台。这有利于我们深刻了解和掌握渔业海洋学领域的国际前沿研究动态，为我国海洋学科、海洋渔业学科等的发展提供建议。

学术活动的开展以“四聚”策略为指导（聚焦前沿热点、聚集发展力量、聚合组织形式、聚变论坛成果），落实“五合”机制的要求（学部学术活动相整合，学术活动与咨询工作相配合，学术活动与科技服务相联合，学术活动与人才培养相结合，学术活动与科普工作相融合），在广度和深度上逐步拓展，呈现出系列化、多学科交叉化，并针对热点、难点工程技术问题，以学术活动为平台，结合咨询项目研究成果和地方科技实际需求开展学术交流活动。

学部常委会对于学术活动的开展不断加强规范化管理，每年下半年根据院士的申请，学部常委会讨论确定下一年度学部开展的学术活动，并提出了凡是以学部名义单独或共同组织的学术会议，我们坚持必须有学部的院士主持或参与主持，并且必须要有院士到会参加，不允许只是挂名或被借用名义的原则。

除开展学术活动外，自 2014 年中国工程院院刊——《Engineering》（《工程》）系列期刊（1+9）全面亮相以来，我院把办好院刊工作作为一项重要工作。学部按照院里“学部办刊”的理念和对院刊工作的要求，凝聚力量，提高质量，《Frontiers of Environment Science & Engineering》在被 SCI、Ei 收录基础上，学术水平和质量得到了进一步提升，在九个分刊中处于领先水平。

《Engineering》采取专题和非专题结合的形式进行组稿，其中专题由各学部推荐，通过组建专题编委会进行组稿、审稿等工作。根据期刊出版计划，我学部推荐的两个专题“环境保护”和“气候变化”，由曲久辉和丁一汇两位院士分别担任专题中方主编，将在 2016 年第 8 期出版。《Engineering》与《Frontiers of Environment Science & Engineering》分刊首次进行试点联合征稿，在加强分刊与主刊的互动和专题组织上，提供了可借鉴的经验，取得了良好的效果。

（四）科技服务深入开展

为充分发挥学部院士在决策咨询、学术交流、科技合作以及学科建设、团队培养、科研开发等方面的优势，环境学部结合地方环境保护、生态建设和产业发展需求，组织了一系列科技服务活动。两年来，学部共开展了 17 项地方合作、院士行等活动，科技合作成为我学部工作的一大亮点，受到了各方的广泛好评，为促进地方经济社会科学发展、特色产业技术转型升级和生态文明建设等工作做出了积极贡献。详细见表 5。

表 5 地方合作和院士行活动一览表

序号	名称	主要参与院士	时间	地点	级别
1	院士宁夏环保行	郝吉明、孟伟等8位院士	2014.8.31—9.3	宁夏	学部主办
2	“问情·咨政·服务”院士宁波行	潘德炉、钱易等8位院士	2014.9.16—18	宁波	学部主办
3	中国酒泉卫星发射中心考察活动	陈克复、张全兴等7位院士	2014.10.11—14 10.25—28	酒泉卫星中心	二局主办
4	万名专家(广东)服务基层潮安行暨院士高端论坛	瞿金平等院士	2014.10.23	广东潮安	学部协办
5	浙江省“五水共治”技术促进大会	钱易、曲久辉、侯立安等7位院士	2014.11.20—21	杭州	二局主办
6	绍兴“五水共治”课题论证会	周翔、侯立安、段宁	2014.11.27	绍兴	学部主办
7	院士广西生态环保行	郝吉明、孟伟等7位院士	2014.11.27—29	广西	学部主办
8	福建纳川公司技术咨询服务	瞿金平院士	2015.1.12	泉州	学部主办
9	院士专家八闽行——三明生态文明行	刘旭副院长等等14位院士	2015.6.16—17	三明	学部主办
10	诸暨市现代环保装备和技术高峰论坛	侯立安院士	2015.8.3—4	诸暨	学部主办
11	兴安盟生态建设院士行暨小规模生活污水处理技术论坛	侯立安、段宁、瞿金平等3位院士	2015.8.14	乌兰浩特	学部主办
12	新疆纺织产业发展论坛暨环境学部2015年科技合作工作座谈会	孙晋良、周翔、俞建勇等3位院士	2015.9.9—11	乌鲁木齐	学部主办

续表

序号	名称	主要参与院士	时间	地点	级别
13	菌草技术与黄河生态治理研讨会	侯立安等 5 位院士	2015.9.17—19	福建	二局 主办
14	院士专家工作站“五水共治”技术成果推广暨浙江省制革毛皮行业清洁生产与转型升级技术交流会	石碧院士	2015.11.9	浙江桐乡	学部 主办
15	金华生态文明建设院士行	刘旭、郝吉明等 16 位院士	2016.4.7—8	浙江金华	学部 主办
16	宁夏吴忠清真产业园院士咨询活动	庞国芳	2016.5.5	宁夏吴忠	学部 主办
17	八闽院士行——南平行	魏复盛、庞国芳	2016.5.11—13	福建南平	学部 主办

1. 院士宁夏环保行

2014 年 8 月 31 日至 9 月 3 日，由工程院环境与轻纺工程学部、宁夏回族自治区党委组织部、人力资源和社会保障厅、环境保护厅共同主办的“院士宁夏环保行”活动举行。郝吉明、魏复盛、蔡道基、侯保荣、孟伟、侯立安、段宁、俞建勇等 8 位院士和随行的 8 位专家参加活动。

9 月 1 日至 2 日上午，院士专家分为环境污染治理组、生态环境保护组深入银川、石嘴山市、中卫市和宁东基地开展调研咨询和座谈交流。

9 月 2 日下午，院士专家一行与自治区有关领导、相关职能部门、有关市、县领导及有关重点企业负责人召开恳谈会。学部副主任魏复盛院士致辞。听取了自治区环境保护工作情况汇报。院士专家对自治区环保工作给予高度评价。院士专家分别围绕煤化工脱硫脱硝、高盐废水处理、电解锰废渣处理、优质农产品保护等方面提出了许多宝贵意见，并结合自治区需求和优势，提出煤化工生产装置防腐、纺织工业关键技术创新、石嘴山活性炭高值化利用等进一步合作的方向。

9 月 3 日，“院士宁夏环保行”报告会在银川举行。上午，孟伟院士作了“以生态文明建设引领经济社会可持续发展”的主题报告。下午，段宁院士在自治区环保厅作了“清洁生产和清洁生产技术”专题报告。

此外，为贯彻落实院地合作精神，环境与轻纺工程学部和宁夏环保厅、科技厅、人社厅签署了合作协议，建立了“中国工程院环境与轻纺工程学部宁夏院士工作站”，进一步明确了在环境保护方面深化交流合作的重点与领域，为培养环境保护人才、推动技术研发与合作交流搭建了平台。

此次院士行取得了丰硕成果，双方达成多项合作意向，形成了合作交流的长效机制。宁夏环保厅对活动进行了认真总结，形成《关于中国工程院“院士宁夏环保行”活动情况的报告》上报环保部。

2.“问情·咨政·服务”院士宁波行

2014年9月16—18日，工程院环境与轻纺工程学部、浙江省科协、宁波市委组织部、宁波市科协联合主办，宁波市院士服务和咨询中心承办的“问情·咨政·服务”院士宁波行活动举行，钱易、周翔、孙晋良、蒋士成、潘德炉、张全兴、张偲、俞建勇8位院士出席。

17日上午，院士专家一行实地考察了象山县针织印染企业节能减排、工业废水处理、中水回用及重点河段污水治理情况，并与当地相关门负责人及企业进行座谈交流。17日下午，院士专家分组进行考察。轻纺组考察了百隆东方股份有限公司、浙江纺织服装职业技术学院，并与当地纺织产业联盟有关企业座谈，围绕职业教育人才培养和企业存在的问题和发展出谋划策。环境组考察江北姚江大闸，并与环保企业代表座谈。

与考察同步，张全兴院士在“四明学堂”上作”我国水污染防治与资源化技术”报告，宁波市有关部门近500人参加报告会。潘德炉院士为宁波市各大高校教师及研究生作了题为“卫星海洋遥感和人才培养”的报告。

18日上午，“五水共治与海洋环境治理”院士咨询会举行。会上听取了宁波五水共治和海洋环境治理工作情况汇报，与会院士专家为宁波“五水共治”、海洋环境治理和纺织产业绿色发展建言献策。

3. 中国酒泉卫星发射中心考察活动

应中国酒泉卫星发射中心邀请，中国工程院二局于2014年10月11—14日、10月25—28日分两批组织相关院士赴酒泉卫星发射中心考察并开展技术交流，沈国舫、张杰、蔡道基、陈克复、张全兴、庞国芳、侯立安七位院士参加考察活动。

院士一行实地考察了载人航天工程发射场、航天推进剂废气处理站、特殊燃料供应站、雷达测量站等。在学术交流座谈会上，院士们听取了基地生态环境建设情况介绍和军事特种污染治理技术与装备、营区及农村污水治理、危险化学品的应急处理等技术最新研究进展汇报。院士们对基地50多年来的建设和发展取得的成就给予高度评价，针对基地环境安全与人员健康问题、中水回用的安全问题、应急供水系统等技术问题，与会院士给出了指导和具体建议，并强调要始终坚持人与自然和谐可持续发展的理念，注意水资源补给与开采量的平衡，重视资源能源的节约循环利用。院士们还建议在污染监测和风险评价、环境影响与人员健康等课题的研究上加强合作。

4. 万名专家(广东)服务基层潮安行暨院士高端论坛

2014年10月23日，由国家人力资源和社会保障部、中国工程院环境与轻纺工程学部、广东省人力资源和社会保障厅主办的“万名专家(广东)服务基层潮安行暨院士高端论坛”活动在广东潮安举行，20多位院士专家通过形式多样的服务，为潮安制造业提供技术指导，推动潮安制造业创新发展。

在活动中，相关政府机关、科学学会和企业达成合作意向：潮安区政府与省机械工程学会、省自动化研究所分别签订了科技及人才培育合作协议；省机械工程学会、省自动化研究所现代控制技术重点实验室分别与潮安区机械联盟、不锈钢行业协会，古巷陶瓷协会签订了产学研合作协议。

瞿金平院士作了题为“粤东机械装备产业创新发展与展望”专题讲座，分析了粤东机械装备产业发展现状和未来发展趋势，阐述了要提高粤东轻工装备发展水平，就必须走智能化发展道路，同时提出应积极构建以产学研协同创新为主要形式的区域创新体系，解决产业发展的技术瓶颈，推动区域乃至全广东省科技和经济协调发展。

会后，参会专家还实地参观考察了广东隆兴包装实业有限公司和广东创生不锈钢公司两家企业并开展“专家服务基层现场诊断、技术咨询会”的活动，帮助企业解决技术问题。

5. 浙江省“五水共治”技术促进大会

2014 年 11 月 20—21 日，由浙江省“五水共治”工作领导小组办公室、中国工程院二局共同主办，浙江工业大学承办的浙江省“五水共治”技术促进大会暨浙江省“五水共治”技术成果展在杭州举行。

中国工程院副院长刘旭，浙江省政府党组副书记、省政府顾问王建满出席大会并分别致辞。中国工程院钱易院士、王浩院士、曲久辉院士、高从堦院士、任南琪院士、侯立安院士出席会议。浙江省治水办相关负责人，相关厅局负责人，各市、县分管领导和治水办负责人，浙江省“五水共治”专家服务团成员，相关企业代表共 500 余人参加。

20 日下午主会场上，钱易院士作了题为“可持续的水资源管理策略”的报告，王浩院士作了题为“治污水发展动态及先进技术”的报告，高从堦院士作了“膜分离技术与五水共治”的报告。

21 日上午，治污水技术分会场、防洪排涝技术分会场、供水节水技术分会场三个分会场同时举行。任南琪院士、侯立安院士分别作了题为“我国城市水资源与水环境可持续发展对策思考”、“‘开源节流’促进浙江省‘五水共治’”的报告。来自中国工程院、国内高校、科研院所的治水专家围绕治水技术，就工业废水减排、废水资源化回收利用、城市防洪排涝、城市安全供水及水质保障等治污水、防洪水、排涝水、保供水、抓节水五方面的技术应用及未来趋势，开展了深入的交流和探讨。

同时，为更好地对接“五水共治”技术需求，搭建适用技术发布和成果展示的平台，浙江省“五水共治”技术成果展于 20—22 日举行，展出了百余项技术和项目。

在“五水共治”实施过程中，针对各地提出的技术需求，中国工程院多次组织院士赴嘉兴、宁波等地开展实地调研，提出咨询建议，王浩院士、曲久辉院士、孟伟院士等多位院士被浙江地市聘为治水专家顾问。中国工程院将持续为浙江“五水共治”工作从战略层面提供咨询指导、技术层面开展对接合作，大力服务和推进浙江科学治水。

6. 绍兴“五水共治”课题论证会

2014 年 11 月 27 日，绍兴“五水共治”课题院士论证会暨“第七届院士专家绍兴行”活动召开。周翔院士、侯立安院士、段宁院士和有关专家参加。“绍兴市主城区污水治理对策建议”论证会由绍兴市科协和浙江清华长三角研究院共同完成。段宁院士担任评审组组长，侯立安院士为评审组副组长，与会院士专家听取了课题汇报，审阅了相关资料，并对课题进行了充分的论证，形成论证意见。

7. 院士广西生态环保行

2014 年 11 月 27—29 日，由工程院环境与轻纺工程学部、广西壮族自治区环境保护厅、科学技术厅共同主办的“保护优先促发展，生态文明探新路”院士广西生态环保行活动举行。郝吉明、孟伟、潘德炉、侯保荣、庞国芳、侯立安、段宁 7 位院士和 20 位专家参加活动。

27 日下午，院士专题报告会在自治区环保厅举行。郝吉明院士、孟伟院士分别围绕我国《大气十条》出台后广西应如何开展大气污染防治工作与“我国经济发展新常态”下如何开展生态文明建设和环境保护工作，作了题为“科学应对以 PM2.5 为主要特征的区域复合大气污染”、“以生态文明建设引领经济社会可持续发展”的专题报告。

28 日、29 日上午，院士专家分组就北部湾近岸海域生态环境保护、广西南宁市环境污染综合防治、木薯加工与甘蔗制糖行业绿色转型升级、邕江流域生态环境保护与饮用水安全进行调研。针对广西生态环境保护和传统优势产业发展中遇到的问题，院士专家深入南宁市、北海市、防城港市有关政府部门、科研院所及企业，开展实地调研和咨询指导，并达成多项技术服务意向。

29 日下午，院士恳谈会在自治区环保厅召开。院士专家听取了自治区环保厅关于广西环境保护工作情况的汇报，对自治区大力推进环境保护工作给予了充分肯定。院士专家结合调研情况，针对广西经济社会发展和生态环境保护工作实际，提出了指导性的对策建议。

活动期间，由郝吉明院士指导的“广西院士工作站”在自治区环科院举行了揭牌仪式。

8. 福建纳川公司技术咨询服务

2015 年 1 月 12 日，应泉州市科协邀请，瞿金平院士莅临泉州企业考察指导、洽谈合作。瞿金平院士一行先后考察了福建纳川管材科技股份有限公司、福建师范大学泉港石化研究院、福建省迅达石化工程有限公司、福建海西再生资源产业园区，听取了相关介绍，分别召开了三场座谈会，并在福师大石化研究院面向石化企业作“化工新材料节能减排超切变技术与装备”的专题报告。同时，瞿院士也同意与纳川共建院士专家工作站。

9. 院士专家八闽行——三明生态文明行

2015 年 6 月 16—17 日，第十五届“院士专家八闽行——三明生态文明行”活动在福建省三明市举行。我学部庞国芳、金鉴明、侯立安、谢剑平、蒋士成、周翔、姚穆院士及农业、土木学部多位院士和十余位有关专家参加了此次活动，并前往三明市区、永安市、建宁县、泰宁县、沙县、宁化县等地区开展了为期一天的调研考察活动，包括对三明的特色种子产业、农产品加工、小吃业、果蔬加工产业和烟草产业等方面进行调研，同时针对三明的城镇设计、美丽乡村建设、三钢和三化的废水、废气、废渣处理工程、市空气和水质监测站、“河长制”河流治理模式以及泰宁地质公园和格氏栲保护区的生态保护工作等进行了考察。此次活动为三明市相关产业发展和生态文明建设提供了咨询和指导，加强了院士专家团队与福建省三明市当地企业的科技咨询、技术服务、项目合作。

10. 诸暨市现代环保装备和技术高峰论坛

2015 年 8 月 3—4 日，由学部、浙江省环境科学学会和诸暨市人民政府共同举办的“现代环保装备和技术交流洽谈会(中国·诸暨)”在诸暨店口镇举行。会上举行了浙江省环境科学学会诸暨现代环保装备园区协同创新基地授牌仪式，浙江省环境科学学会与诸暨市人民政府签订协同创新合作框架协议。会议邀请了学部侯立安院士作了“以生态文明理念引领诸暨环保产业健康发展”的专题报告。对接洽谈会上，54 家诸暨现代环保装备和技术企业与院士专家团队开展了面对面的深入洽谈。

11. 兴安盟生态建设院士行暨小规模生活污水处理技术论坛

2015 年 8 月 14 日，学部和兴安盟社科联共同主办的“小规模生活污水处理技术论坛暨兴安盟生态建设院士专家行”活动在兴安盟乌兰浩特市举行。侯立安、段宁及瞿金平 3 位院士参会，乌市农工部、建设局、水务局、污水处理厂等相关单位负责人参加会议。

座谈会上，侯立安院士和席北斗研究员分别作了题为“生态文明建设引领分散点源生活污水处理技术发展”和“村镇污水处理与水环境综合整治进展与对策”的专题讲座。与会院士专家就乌市相关单位负责人提出的污水处理、水环境整治等问题，纷纷予以解答，并表示将与乌市建立长期联系，为污水处理、水环境治理等工作献计献策。

12. 新疆纺织产业发展论坛暨环境学部2015年科技合作工作座谈会

2015年9月10日，新疆纺织服装产业研讨会暨2015年学部科技合作工作座谈会在乌鲁木齐召开，我学部周翔、孙晋良、俞建勇等3位院士出席会议并作报告，新疆纺织工业行业管理办公室主任刘燕宁、自治区科协巡视员魏生贵、中国工程院二局副巡视员王元晶等40余位领导、专家参加了会议。

当天下午，学部科技合作工作座谈会顺利举办，孙晋良院士担任会议主持，自治区科协巡视员魏生贵对大会致辞，王元晶副巡视员介绍了近年来中国工程院在推动院地科技合作方面的工作思路和主要成就。环境学部办公室介绍了环境学部2014—2015年科技合作工作概况、科技合作工作特点、存在的问题及加强科技合作工作的有关建议。来自新疆科协、新疆环科院、福建科协、浙江科协的领导和院士工作站合作企业的代表就院地科技合作取得的成果及对2016年的工作设想进行了交流发言，会场互动热烈。最后，由新疆科协与福建科协举行了2016年科技合作工作座谈会承办交接仪式。

会后，孙晋良、俞建勇院士一行13人于9月10日至12日赴乌鲁木齐市、阿克苏地区，调研考察了新疆益达公司、新疆大学纺织服装学院、阿克苏纺织工业城、阿瓦提县棉纺企业等，与新疆大学纺织与服装学院教职工、阿克苏纺织工业城(开发区)管委会领导座谈交流，地区经济健康发展，优化产业布局建言献策。

13. 菌草技术与黄河生态治理研讨会

2015年9月17—19日，由中国工程院二局、福建省科学技术协会、内蒙古自治区科学技术协会联合主办，内蒙古乌兰布和沙漠管理委员会、国家菌草工程技术研究中心联合承办的“菌草技术与黄河生态治理研讨会”在乌海市举办。受福建省科协邀请，我学部侯立安院士及农业学部李玉、康绍忠等5位院士和20余专家参加了会议。本次活动为深入探讨黄河流域菌草生态治理与产业发展的方向、目标和重点，进一步提升菌草技术科学理论研究和应用水平，推动这一新兴技术为黄河生态建设做出更大贡献，

14. “五水共治”技术成果推广交流会

2015年11月9日，由学部、浙江省科学技术协会联合主办的“院士专家工作站‘五水共治’技术成果推广暨浙江省制革毛皮行业清洁生产与转型升级技术交流会”在桐乡市召开，石碧院士等相关专家出席活动并做专题报告，二局副巡视员王元晶、浙江省科协副主席梁细弟、浙江省委人才办副主任徐旻、中国皮革协会副秘书长陈占光、浙江省皮革协会理事长李伟娟等领导出席活动。来自浙江省60多家皮革皮毛企业的100余位代表参加了本次活动，并就制革皮毛行业的清洁生产和转型升级进行了交流互动。

会上，石碧院士等专家作了有关制革行业节水减排、解决重金属铬污染问题等主题报告，院士专家工作站建站单位中辉皮草有限公司等企业代表就近几年在清洁生产方面取得的经验和成绩进行了交流。会后，与会代表考察了祥隆皮革、中辉皮草等两家院士专家工作站建站企业。此次技术交流会既是浙江省科协落实《关于实施院士智力集聚工程，推动创新驱动发展的若干意见》精神，进一步发挥院士专家工作站建设成果，支持浙江省“五水共治”和产业转型升级的重要举措，也是环境学部落实同嘉兴市政府签订的紧密型科技合作协议精神的一次重要活动。

15. 金华生态文明建设院士行

2016年4月7—9日,中国工程院环境与轻纺工程学部联合浙江省科协、中共金华市委、金华市人民政府共同举办了“金华生态文明建设院士行”活动。中国工程院刘旭副院长,环境与轻纺工程学部郝吉明、孙晋良、潘德炉、侯保荣、张全兴、庞国芳、曲久辉、石碧、孟伟、金翔龙、蒋士成、段宁、刘文清、俞建勇、李家彪等16位院士和十余位有关专家,以及我院二局、浙江省科协、金华市委、市政府相关部门领导,工作人员等六十余人参加了此次活动。

4月7日,院士、专家一行重点赴金华市金东区澧浦镇琐园村、山南村、蒲塘村,西溪,塘雅镇八村联建垃圾阳光堆肥房等地,对传统村落生态保护、利用开发、污水及垃圾处理等情况开展了实地调研;期间,刘文清、俞建勇、孙晋良、庞国芳院士及部分专家分组前往浙江大维高新技术股份有限公司、浙江银宇纺织股份有限公司、浙江玉帛纺织有限公司、金字火腿股份有限公司进行考察,并结合企业技术需求开展对接。

4月8日上午,在金华市文化中心召开了生态文明建设院士恳谈会。刘旭副院长,郝吉明、孙晋良、张全兴、庞国芳、曲久辉、石碧、孟伟、蒋士成、段宁、刘文清、俞建勇等12位院士和十余位有关专家,以及二局,浙江省科协,金华市委、市政府相关部门领导,工作人员出席了此次会议。会上,金华市委书记、市长暨军民作大会致辞并汇报了金华市经济社会发展和生态文明建设基本情况,省科协党组书记、副主席郑金平也向各位院士、专家的到访表示了衷心地感谢和热烈地欢迎。与会院士、专家针对考察和调研中的心得和体会,并结合各自领域,为地方经济发展、生态文明建设、食品安全、循环经济产业等方面提出了具体的意见和建议。刘旭副院长表示,金华在农村垃圾的减量化、资源化、无害化方面做了初步探索,并卓有成效,希望能进一步总结并在全国推广;同时,环保产业作为新兴的战略产业,存在很多商机,希望与金华有进一步的合作交流。

4月8日下午,刘旭副院长和庞国芳院士,在浙江省、金华市科协、义乌市委领导陪同下考察了义乌铁皮枫斗龙头企业——浙江森宇集团;郝吉明、蒋士成、段宁3位院士及10位专家,在金华市科协、武义县委等领导的陪同下,到武义县柳城畲族镇上黄村考察生态环境。此外,孟伟院士和曲久辉院士还分别为金华及永康市委市政府做了“我国绿色发展面临的环境形势、挑战与策略”及“水十条与治水的国际经验”主题报告。两场报告内容翔实,深入浅出地介绍了目前我国面临的生态问题和治水现状,对地方绿色发展、科学治水、环境管理等具有十分重要的指导意义。4月9日上午,郝吉明、段宁院士一行,在武义县领导的陪同下,到浙江先创新能源技术开发有限公司考察。

本次活动是环境与轻纺工程学部具体落实院省合作协议、服务地方需求的一项工作举措,充分发挥了院士在决策咨询、人才培养和引进、技术研发、科技成果转化、学科建设等领域的智囊作用及推动地方经济社会发展的促进作用。

16. 宁夏吴忠清真产业园院士行

宁夏吴忠金积工业园区管委会主动对接我学部,积极寻求与我学部建立长期长效的产学研合作关系,并拟依托相关院士所在团队科学技术实力,在园区挂牌成立清真产业院士工作站,全面开展清真产品研发检测、咨询服务、成果转化等科技指导服务工作,进一步构建吴忠市清真产业服务平台,延长产业链条,提升清真产业发展水平。

5月4—6日,我学部庞国芳院士带领中国农业大学、中国检验检疫科学研究院、北京工商大学等专家教授前往吴忠清真产业园进行调研考察,先后参观考察了园区清真产业创新发展服务中心和宁夏夏进乳业集团公司、宁夏杞叶青生物工程有限公司、宁夏麦阿地清真食品有限公司、吴忠市兴达粮油有限公司、吴忠市金瑞清真食品股份有限公司等企业，并在园区管委会与部分入园企业负责人就清真食品研发、加工、储藏等问题进行了深入座谈交流。通过调研考察，院士专家一行表示清真产业发展前景广阔，市场巨大，中国（吴忠）清真产业园在发展清真产业上具有得天独厚的发展优势，园区管委会和入园企业要继续抢抓国家实施“一带一路”战略机遇，进一步在产品质量和创新上下功夫。同时我学部也将加强与园区的合作，并在园区清真食品检疫检测人才队伍建设、清真产品生产标准制定、产品研发等方面给予全方位帮助，全力为园区建设发展提供产业集群发展、科技转型升级等方面的战略指导和科技支撑。

17. 八闽院士行——南平行

为拓展引才引智，借助高端智力服务，推进南平市茶产业持续健康发展，发挥科技创新在产业发展的支撑引领作用。5 月 11 日至 13 日，中国工程院环境与轻纺工程学部、福建省科协联合举办的“院士专家八闽行——南平行”活动在南平市举行。中国工程院魏复盛院士、陈宗懋院士、庞国芳院士及专家应邀到闽北调研考察指导，开展科技咨询服务。

省科协党组书记、副主席杨江帆，党组成员、副主席吴瑞建，武夷学院校长李宝银、南平市科协主席陈祺星及武夷山市、政和县政府等有关领导陪同调研考察。

活动期间，院士专家一路风尘仆仆，不辞辛苦先后考察了政和县东峰村范屯洋生态茶园基地、瑞茗茶业、隆合茶业、武夷山市香江茶叶公司、武夷星茶业有限公司，分别在武夷山市、政和县召开了两场茶产业发展咨询座谈会。与县（市）政府有关单位，茶叶学会（协会）、重点茶企座谈对接交流、咨询指导，为我市茶产业绿色发展“把脉问诊”，并提出了不少具有科学性、指导性的宝贵建议。

魏复盛院士表示，武夷岩茶含有许多对人体有益的微量元素，茶企可与相关机构合作，揭示其中的机理，为茶产业持续健康发展注入新动力。要以适度包装、符合消费需要为目的，科学包装茶叶，吸引受众关注，提升茶叶销量。陈宗懋院士说：“在全国茶叶市场整体供大于求的环境下，武夷山市坚持绿色发展、致力茶旅结合，茶产业保持现代化、专业化、清洁化的发展态势，十分难能可贵。”他建议，闽北茶产业今后的发展，应以不牺牲生态环境为代价作为总的原则，结合茶叶精深加工，围绕多元化做文章，开发符合不同消费者需求的差异化茶叶产品，比如茶叶功能饮料，茶叶化妆品、牙膏等生活用品。庞国芳院士表示，闽北可以打开思路，多向发达国家茶企学习经验，从产地、栽培、加工、销售等环节实施标准化管理，推动茶产业朝着标准化、国际化、品牌化方向迈进。

12 日，陈宗懋院士、魏复盛院士、庞国芳院士在武夷学院分别作了题为“中国茶产业面临的挑战”、“土壤环境保护与污染防治”、“茶叶农药残留检测技术与标准化研究”的学术报告，来自南平市、县茶叶学会（协会），延平、建瓯、建阳、政和等县（市、区）重点茶企科研单位科技人员，武夷山市干部、武夷学院师生等 160 余人聆听了报告，分享了一场茶产业绿色发展的科学“大餐”。

（五）加强科普工作

1. 宣城生态文明建设院士咨询座谈会

2014 年 7 月 21 日，应安徽省宣城市政府邀请，孟伟院士赴安徽宣城作了题为“以生态文明建设引领经济社会可持续发展”的专题报告，全市党政机关领导干部近 300 人聆听报告会。孟伟院士围绕生态文明建设主题，从世界生态环境形势及主要环境政策、我国生态文明建设主要任务及建议、三中全会以来生态文明建设新进展、新时期我国流域水环境保护策略等四个方面，并结合宣城的实际为大家详细进行了讲解。21 日下午，孟伟院士参加了“宣城市争创国家生态市工作座谈会”，与韩军市长等宣城市领导及市直有关单位负责人、各县市区环保局主要负责人进行了深入交流，就宣城市创建国家生态市工作提出了建议。

2.“名家有约——‘大家’谈热点”第一期活动

2014 年 12 月 8 日，由中国气象局办公室应急减灾与公共服务司和中国工程院环境与轻纺学部联合主办，中国气象局气象宣传与科普中心、《科学家》杂志社等承办的“名家有约——‘大家’谈热点”活动在中国气象局举行。

本次活动的主题是“厄尔尼诺能否阻挡寒冬的到来?”。活动由中央电视台天气预报主持人宋英杰主持，丁一汇院士、李立浧院士、中国科学院大气物理研究所郑飞副研究员，国家气候中心首席预报员陈丽娟担任嘉宾。气象领域嘉宾结合自身研究领域，从不同的角度向公众全面解析了厄尔尼诺的形成、预测和对气候的影响，李立浧院士介绍了电网方面应对冰冻天气的措施。新华社、人民日报、光明日报、经济日报、中央电视台、中央人民广播电台、中国日报、科技日报、农民日报、中国科学报、中国教育电视台、新京报、中国气象报、科学家杂志、新华网、人民网、新浪网、搜狐网、中国气象网、中国天气网、气象频道等媒体参与报道。

3.《我们的天气》丛书出版相关工作

学部重点咨询项目“我国气象灾害预警及其对策研究”项目于 2009 年立项，2011 年结题。为扩大工程院咨询研究工作的影响，普及气象灾害方面的科学知识，按照常委会意见，李泽椿院士牵头，中国工程院环境工程与轻纺学部、中国气象局气象宣传与科普中心、气象出版社联合编辑出版一套应对气象灾害的科普丛书，为各行业领导干部和广大群众普及应对气候变化、极端气候事件、灾害性天气有关知识。丛书分为六个分册，分别为《看懂天气预报》《天气预报准不准》《气象与生产生活》《人工影响天气》《科学应对坏天气》《天气与变化的气候》。学部郝吉明、丁一汇、陈联寿、许健民、徐祥德、陈克复、宋君强、潘德炉、侯立安等院士作为编委会成员参与指导丛书提纲及编辑工作。

4. 嘉兴院士科普报告会

2014 年 12 月 29 日下午，在嘉兴举行的院士科普报告会上，潘德炉院士为嘉兴市第一中学做了“卫星遥感与海洋”科普报告，侯立安院士为嘉兴市第四中学做了“生命之水——同学们了解多少”科普报告，两位院士用深入浅出、幽默易懂的语言为中学生讲解科学的奥秘，极大启迪了学生们对科学技术的兴趣，开阔了同学们的视野，同时也极大地增强了同学们的爱国情怀，激发了大家努力学习、报效祖国的热情。

5. 芜湖市食品安全院士报告会

2014 年 11 月 7 日，应芜湖市邀请，孙宝国院士在市委中心组理论学习会上，作了题为“食品添加剂与食品安全”的报告。他从食品添加剂的必要性，安全性，食品添加剂的历史、现状和未来三个方面进行阐述，告诫大家使用食品添加剂是改善食品品质、保障食品安全、促进食品创新的客观需要，食品添加剂有益无害，食品添加剂使未来的生活更美好。孙院士生动精彩的报告引起与会者强烈反响。

6.“名家有约——‘大家’谈热点”第二期活动

2015 年 7 月 27 日，由学部和中国气象局办公室应急减灾与公共服务司联合主办，中国气象局气象宣传与科普中心、《科学家》杂志社等单位承办的“名家有约——‘大家’谈热点”第二期科普活动在中国气象局举行。本次活动由中央电视台天气预报主持人冯书主持，丁一汇院士、张建云院士、中国水利水电科学研究院水资源所严登华研究员、中国气象科学研究院端义宏院长担任嘉宾。

活动中,嘉宾围绕“撕下城市的‘看海’名牌”的主题及“‘看海’名牌怎么贴上的?又要如何撕下?”这两个问题,结合自身研究领域,从不同的角度向公众全面解析了今年强厄尔尼诺年天和城市自身建设对城市洪涝的产生影响以及海绵城市的概念与今后的发展,并与现场观众进行了深入浅出的交流。新华社、人民日报、光明日报、经济日报、中央电视台、中央人民广播电台、中国国际广播电台、中国日报、科技日报、农民日报、中国科学报、人民政协报、中国青年报、中国青年网、中国教育电视台、法制晚报、文汇报、大公报、新京报、京华时报、北京日报、北京晚报、北京青年报、北京科技报、中国气象报、新华网、人民网、新浪网、搜狐网、中国气象网、中国天气网、气象频道等媒体参与报道。

7. 郝吉明院士科普报告会

2015 年 4 月 20 日,我学部郝吉明院士为来自昌平一中、昌平二中的 230 余名师生作了题为“科学与人生——以科学研究支撑清洁空气行动”的科普报告。郝院士为大家讲述了自己从事大气污染防治方面的几个阶段,并详细地为大家解释了防治大气污染的主要措施。他指出,大气污染防治要从煤烟型大气污染控制、中国机动车排放污染控制和区域性复合型大气污染控制三方面着手。在谈到自己的研究团队所提出的建议被国务院采纳时,郝院士感到十分兴奋和自豪,这是他们的研究成果第一次为国家决策服务。目前,二氧化硫排放总量控制范围由“两控区”扩大到全国。郝吉明院士在报告中也指出,空气质量改善需要长期持续地努力,循序渐进。控制大气 PM2.5 污染任重道远,小颗粒体现大责任。“小颗粒带来大挑战。”大气污染物来源广,成因杂,任务重,周期长,要下真功夫,才能见成效。同时,“小颗粒考验大智慧”,PM2.5 不仅仅是环境问题,牵涉经济结构和发展模式,需要理顺机制,突破惯性,夯实支撑。报告最后,郝院士谈了他在科学研究方面的体会:科学研究必须以国家环境保护的重大需求为方向。团队工作是科学研究能够可持续发展的保障,必须注重人才培养。他还分享了自己在教书育人方面的心得:要拥有爱国之心,这是新时代青年实现自我价值的基本前提;要有报国之志,把自身最美好的青春岁月和祖国人民的需要集合起来;要有建国之能,把爱国之心和报国之志真正变成现实。要倾情尽责,锲而不舍,严谨笃学,教学相长,培育英才,要学高为师,身正为范;教人以智,育人以德。

郝院士的报告为大家解开了在大气污染认识方面的诸多误区,让同学们更全面地了解了大气污染的根源和解决途径。报告结束后,大家踊跃地向郝院士提问,郝院士都详细作了解答。

8. 钱易院士科普报告会

2015 年 11 月 6 日,我学部钱易院士为北京市广渠门中学师生们作了题为“生态文明建设与可持续发展”的报告,钱院士列举了一系列污染事件并揭示了污染背后的真相,人类在寻求快速发展的同时所酿成的悲剧令人触目惊心,这使大家对污染的巨大危害有了更深刻的认识。在各国达成的共识下,目前全球环境污染情况得到了一定的控制,但我们所面临的形势依然严峻,任重而道远。人类既要发展经济,又不能以牺牲环境为代价,生态文明建设与可持续发展是解决这一矛盾的根本途径。最后,她号召同学们增强环保意识以身作则并同全家人改变生活习惯,发展绿色经济,建设美丽家园,美好的前景将由青少年继续谱写。在互动交流环节,有的同学表示对环境学很感兴趣,问钱院士报考环境方面的专业需要具备哪些条件。钱院士以自己走上环境科研道路的心路历程给大家指引了方向,她十分欢迎大家投身环境保护的研究,争当“环境卫士”。和蔼可亲的钱易院士给大家留下了深刻印象,同学们深感保护环境的重要性,表示要从自身做起,用科学的方法建设生态文明、推行绿色发展,为实施可持续发展战略做贡献。

9. 庞国芳院士科普报告会

2015 年 11 月 13 日,我学部庞国芳院士为来自人大附中翠微学校的青少年讲述了他的求学经历和他荣获哈维威利奖背后的故事,庞院士用一段段人生经历讲述了他是怎样稳扎稳打地走上科研道路并取得今天的成就的。获得哈维威利奖的背后是数不尽的汗水与艰辛,是日复一日对梦想的坚持。打好基础、总结经验,独辟蹊径、敢为人先,有梦想、懂奉献,心怀责任与使命,庞院士的报告给同学们很多鼓励与启发。从庞院士的言谈话语中看得出他十分关心青少年的学习与成长,他用毛主席的名言勉励青少年,“世界是你们的,也是我们的,但归根结底是你们的。你们青年人朝气蓬勃,正在兴旺时期,好像早晨八九点钟的太阳。希望寄托在你们身上”。随后,庞院士与同学们进行了热烈的讨论交流。

(六) 做好院士服务工作

努力建设院士之家,提高为院士服务的水平和质量。加强与各地院士服务中心的联系,为更好地发挥院士作用和服务院士创造条件;加强院士医疗服务工作,为院士就医提供便利条件,协同我院院士医疗保健办公室开展医疗健康系列讲座;坚持探视和慰问制度,发扬学部尊老爱老的传统美德;配合有关部门,积极推进院士医疗保健政策和待遇的落实;大力宣传院士先进事迹,弘扬科学精神,做好相关宣传报道协助工作。

(七) 常委会和学部办公室的工作

学部常委在任职期间,能热情负责、努力工作,保证了学部各项活动的顺利开展。两年来,学部常委会共召开 12 次会议,在此,我代表本届常委会向全体院士和历届常委会对学部工作的支持和学部的发展所做出的努力表示感谢,正是你们辛勤的工作,才有我们今天的承前继后和明天的继往开来。

二局和学部办公室是学部开展各项工作和与院士联系的纽带。学部办公室人员少、事务多,他们不仅要完成学部办本身的工作并为学部的院士服务,而且还承担了大量的学部咨询项目和学术活动以及地方合作的组织协调性工作,经常加班加点。我这里谨代表我们学部的全体院士向二局和办公室的同志们表示感谢。

(八) 关于第十三次院士大会准备工作

1. 院士大会学部活动筹备工作

按照惯例,本次院士大会除院里统一安排的各项议程活动之外,各学部还将有两个半天时间,自行安排学部活动。经 2016 年 4 月 7 日和 5 月 29 日学部常委会讨论研究,确定学部活动将安排 2015 新当选院士学术报告会(半天)。学部办公室已向有关院士发放了通知,同时准备了学术报告等相关上会资料。

2. “中国工程科技光华奖”评审工作

“中国工程科技光华奖”的奖励对象是在工程科学技术及管理领域取得突出成绩和重要贡献的中国工程师、科学家。奖项分为“光华成就奖”、“光华工程奖”和“光华青年奖”。“光华成就奖”从“光华工程奖”获奖者中产生,不单独提名,直接由光华奖理事会评审。根据评审办法规定,对“光华工程奖”和“光华青年奖”候选人的评审工作委托学部常委会主持。2016 年在我学部评审的光华工程科技奖候选人 12 名,青年奖候选人 8 名,可选出工程奖、青年奖各 2 名。学部于 2016 年 1 月 18 日主持召开了评审会,投票表决选出了 2 名“光华奖”获奖正式候选人和 2 名“光华青年奖”正式候选人。2016 年 4 月 30 日,第十一届光华工程科技奖理事会会议在京召开,经过投票选举,我学部推荐的2位“光华奖工程奖”获奖正式候选人(潘德炉院士和孙润仓)和2位“光华青年奖”正式候选人(曹宏斌和刘会娟)获得全票通过。本次院士大会将举行颁奖仪式活动。

二、对今后学部工作的建议

今后两年,学部将在常委会的组织下开展工作。回顾和总结两年来的学部工作,有以下几点体会和建议:

(一)进一步加强科学道德建设

在全体院士的努力下,通过加强学风道德建设,院士在弘扬科学精神,维护科学道德,传播科学思想,倡导先进文化,普及科技知识等方面做出了积极贡献,院士群体受到科技界和社会的普遍尊重和关注,但同时对我们也提出了更高的工作和作风等方面的要求。现在学术界也确实存在着严重的浮躁、浮夸和弄虚作假现象,而且还在发展。作为院士,我们就更要努力做实事求是、谦虚严谨、品德高尚的典范,学部常委会要将这项工作放在重要地位,并与大家共勉。

(二)学部工作既要积极开展,又要量力而行

全体院士的支持和参与是做好学部工作的必要条件。我们既要努力争取和发挥各位院士在学部工作中的作用,但又要考虑到院士的实际情况,必须量力而行,这也是历届常委会传承的经验。对于学部常委,则需要投入更多的时间。

学部的环境、气象、海洋、轻工、纺织和食品6大学科在行业领域和专业方面都存在一定的不同,因此除在工作上互相借鉴与支持外,加强各专业的互动,是充分发挥院士群体优势,做好咨询与学术活动等工作的基础。而且随着学部的不断扩大,院士人数不断增加,这种形式还要加强。

(三)进一步加强咨询工作

咨询工作一直是院和学部的工作重点,在这方面要不断提高质量和实效。坚持“有所为,有所不为”的原则,加强规范化管理。环境学部涉及的专业领域与民生息息相关,要让老百姓喝上干净的水,呼吸新鲜的空气,吃上放心的食品等是实现“中国梦”的重要组成部分。十八大提出的生态文明建设五位一体国家方略为我们今后的工作指明了方向,也提出了更高地咨询命题。作为工程院的核心工作,重中之重,就是要开展战略咨询研究。按照习近平总书记提出的“服务决策,适度超前”的指示深入开展咨询研究工作,服务政府决策,破解“实施创新驱动发展战略”中的重大工程技术难题是工程院的职责所在。为此,今后学部院士应不断加强合作,群策群力,充分发挥跨学科领域优势,积极开展和投入到咨询项目的研究工作中来。对于工程技术及其相关机制管理等存在的社会高度关注的热点、难点等问题,不管是否能被有关部门认可和决策采纳,都要在可能的条件下择要开展咨询工作,及时有效地提供决策咨询意见和建议,发挥工程院应有的作用。

各位院士,本届学部常委会虽然努力做了一些工作,但肯定存在许多不足之处,希望大家提出宝贵意见和批评建议,在今后两年的任期内,本届常委会将再接再厉,团结学部全体院士,积极参与工程院的各项工作,充分发挥院士群体作用,为国家工程科技思想库建设做出应有的贡献。

最后,再一次感谢院士们对学部工作以及本届常委会工作的大力支持,谢谢大家!

农业学部工作报告

2016 年 5 月 31 日

各位院士：

中国工程院第十三次院士大会已经胜利开幕，我们又一次相聚在北京。在此，请允许我代表学部常委会向大家表示诚挚的问候，向 2015 年新当选的曹福亮、金宁一、李天来、沈建忠、宋宝安、唐华俊、万建民、张洪程、张新友等 9 位院士表示特烈的祝贺！

自第十二次院士大会以来，学部全体院士在完成各自单位工作任务的同时，积极参与工程院和学部的各项工作，严谨治学、敬业奉献，投身于创新驱动发展战略和全面建成小康社会的实践中，在战略咨询、学术交流、人才培养、科技服务等方面做了大量的工作，取得了突出的成绩。

我受学部常委会的委托，向大会报告学部两年来的主要工作，同时介绍一下本次院士大会的有关工作安排，并对今后学部工作的开展谈几点体会和建议，请全体院士审议。

一、第十二次院士大会以来的主要工作

自 2014 年 6 月第十二次院士大会召开以来，在院领导的关心和指导下，在学部全体院士的大力支持和共同努力下，在院机关相关部门的精心组织下，农业学部各项工作有序开展。

（一）高标准地建设院士队伍

院士队伍建设是工程院及学部的中心工作之一。2015 年院士增选工作中，在充分准备的基础上，学部和常委会组织做好了候选人提名、投诉调查、同行评议、两轮评审和选举等工作，大家充分凝聚共识，选出 9 位院士，用好用足了当选名额。目前，学部院士队伍已经发展到 76 人，其中资深院士 26 人，另有 4 位院士于今年转为资深院士。全体院士的平均年龄为 73.83 岁，比 2014 年略有下降。院士学科专业分布已覆盖了 12 个一级学科、31 个二级学科；院士单位所在地区遍及全国 22 个省区市。

学部常委会对院士增选工作高度重视，2015 年共召开 8 次会议，进一步完善了学部评审和选举有关规章制度，确保两轮评审和选举工作顺利完成。为了更好地了解候选人的学术贡献、学风道德等情况，保证院士增选质量，除了两轮评审会议以外，学部重点做了以下工作。

1）继续开展同行专家评议工作。自 2011 年学部创新性地开展同行专家评议以来，学部不断完善操作办法，相关各专业组分别审核、补充了专家库。由学部正副主任主持，针对每位候选人随机抽取 10 位专家组成同行评议小组，学部办公室给每位专家寄去候选人基本信息和评议表。2015 年，针对进入第二轮评审的 23 位候选人，共发出评议表 230 份，收回 126 份，回收率 54.78%。收回的评议表在学部主任办公会上统一拆封，汇总后在第二轮评审会上印发给全体院士。同行专家评

议采取匿名的方式,操作上公开透明,结果客观公正,为第二轮评审和选举提供了重要参考。这项工作已经成为农业学部院士增选的一个亮点,但是与2011年、2013年相比,2015年评议表回收率有所下降,个别专业组发出10份只收回3份,对参考价值有所影响,常委会将进一步研究完善同行评议的措施办法。

2)全面深入开展投诉信调查核实工作。进入第二轮的23位候选人中,共有12人受到投诉,涉及学术水平、学风道德、经济问题等。学部组织26位院士、3位工作人员参与了调查工作,共组成了12个调查组,分赴北京、南京、武汉、贵阳、杭州、长春、青岛等地对投诉信反映的学术学风问题进行调查核实,并形成了书面报告供第二轮评审参考。对于候选人经济方面的投诉,其所在单位及上级单位受工程院的委托对相关情况进行了调查,并及时反馈了调查结果。

3)综合比较相近学科的候选人。经学部常委会研究决定,将植物营养学、土壤学的候选人放在一起进行评审,有利于优中选优。两轮评审中,先在学科小组中进行评议比较,再由各专业组评审投票,最后进行学部评审选举,有利于统一意见、凝聚共识。

4)进一步规范候选人提交的材料。为了便于评审比较,学部进一步规范了第二轮评审候选人的PPT汇报内容,并要求候选人提交所获国家级奖励的申报表等补充材料,以便于充分了解候选人学术成果的质量以及本人在奖项中的排名情况。

5)配合土木学部完成跨学部评议工作。在第一轮评审会结束后,土木学部来函请求学部对一位候选人进行评议。学部常委会安排相关领域的院士审阅了该候选人的提名书材料,结合往年的跨学部评议结果,向土木学部作出答复。

院士增选时间跨度很长、工作量非常大,院士们以主人翁的责任感,对院士队伍的健康发展高度负责,不辞劳苦承担了学部委托的各项工作;从国家利益和农业工程科技发展全局出发,切实遵循公正、客观、实事求是和宁缺毋滥的原则,积极推荐优秀的候选人,准确把握院士的标准和条件,严格评审,公正选举,保障了增选工作的顺利完成。在2015年增选工作中,学部满额选出了9位新院士,其中2位分别填补了二级学科的空白,1位填补了所在地区的空白。以后的增选工作中,学部还需要进一步完善规章制度,与时俱进、继往开来,保障院士队伍健康可持续发展。

(二)高质量地开展战略咨询研究

战略咨询研究是工程院和学部另一项重要工作。近年来,在全体院士们的支持下,学部常委会加强了对咨询研究工作的组织领导,努力提高咨询研究的质量。院士们积极参与咨询研究工作,取得了一系列重要成果,多数咨询报告从国家战略全局出发,实现了战略性、全局性、前瞻性和可操作性的统一。在咨询研究方面,学部主要做了如下工作。

1)两年来,有10余个项目完成研究并办理了结题手续,目前学部在研项目共有35项,详见附表一。2016年新启动的8个项目,上半年陆续召开了启动会,并有序开展了研究工作。为了支持精准扶贫工作,经院常务会研究决定,由农业学部牵头实施"高原特色农业精准扶贫咨询研究",目前已经完成申报工作,有关情况将由项目负责人朱有勇院士向大家报告。

2)国家食物安全可持续发展战略研究、中国草地生态保障与食物安全战略研究、中国海洋工程科技发展战略研究(II期)、养殖业"十三五"规划战略研究等项目先后向国务院上报研究成果或院士建议共16项,反映了当前我国农业政策和工程科技方面存在的一些问题和对策,详见附表二。多份报告和院士建议获得了国务院领导的重要批示,有些意见和建议被采纳列入国家重要战略规划或者启动科技专项,为完善农业政策、推动"三农"事业发展做出了积极的贡献。

3）中国工程院于2015年底被列为“国家高端智库建设试点单位”，首批共25家。为了建设好高端智库，《中国工程科学》改版成为咨询研究成果的主要发布平台。农业学部承担了2016年前3期的组稿任务，目前3个专辑均已完成出版，分别是《农业领域战略咨询研究》专辑、《海洋工程技术强国战略研究》专辑、《环境友好型水产养殖战略研究》专辑。最近两年结题的咨询项目和若干在研项目为专辑的出版提供了稿件。

（三）充分利用1+2+7体系平台举办好各类学术活动

第十二次院士大会以来，学部共主办或参与主办了27场次的学术活动，其中国际高端论坛2场，中国工程科技论坛4场，学部学术活动14场，其他类别学术活动7场，参会人员达5600余人次，详见附表三。通过举办这些学术活动，进一步提升了学部的社会影响力，院士们在学术活动中也发挥了重要的引领作用。

目前，除个别场次外，承办单位都及时办理了结题手续。

（四）有序推进出版工作

1）院刊有序出版。在学术与出版委员会的领导下，在全体院士的支持下，《农业科学与工程前沿》（FASE）持续按期出版，影响力有了较大提高。在刊物出版工作中，编辑部和广大编委，包括来自英国、澳大利亚的两位英文编辑都做了大量的工作。截至目前，FASE已经按计划出版了第10期，但是离SCI收录的标准还有明显差距，稿源数量和质量仍有待进一步提高，希望院士们积极为刊物投稿、荐稿，关注该刊发表的论文并积极引用。详细情况将由执行主编康绍忠院士向大家报告。

2）多位院士出版了文集、传记。两年来，《袁隆平自传》、《山仑传》、《林浩然文集》、《石元春文集》等陆续出版，《卢良恕传》、《吴明珠传》、《朱英国传》等已进入排版审校阶段。文集、传记的出版工作，主要是为了宣传院士们甘于奉献、勇攀高峰的科学精神，给中青年学者树立学习的榜样，也有助于院士们整理资料、回顾历史。希望75岁以上的院士，结合自己的需求，大力支持和参与院士文集、院士传记的出版工作。

（五）注重实效开展科技合作

开展院地科技合作，为地方发展提供决策咨询和技术支持，是工程院和学部工作的重要组成部分。学部针对各地科技需求，扎实开展科技合作，取得了明显的效果，具体完成的工作如下。

1）2014年7月30日，“中国海洋工程与科技发展战略研究”（II期）项目组赴大连调研并召开项目组工作会议。8月2日上午，项目组潘云鹤、唐启升等院士专家参加了“大连海洋兴市发展战略研究咨询座谈会”，听取了大连“海洋兴市战略”的有关汇报，并提出了若干建设性意见和建议。

2）2014年8月19日至22日，刘旭副院长带队，“国家食物安全可持续发展战略研究”项目课题组赴黑龙江，结合院士龙江行活动对黑龙江农业产业发展、农业科技发展、农业资源及农业发展方式转变等情况进行了调研，并参加了“2014黑龙江绿色食品产业发展院士专家咨询座谈会”。

3）2014年8月27—31日，刘旭副院长带队，“中国草地生态保障与食物安全战略研究”项目组赴西藏调研考察高寒草原畜牧业发展情况，并就那曲地区“建设羌塘高原国家生态文明特区”开展咨询研讨。之后，经院常务会研究决定，于2015年增设了“羌塘高原国家生态文明建设区可持续发展战略研究”项目。

4）2014年9月7—9日，应赤水市邀请，学部组织开展了赤水竹产业院士行活动，张齐生、罗锡文、陈学庚院士和有关专家参与了调研和座谈咨询，并向贵州省政府和国家林业局提交了《关于支持贵州省赤水市竹产业发展的几点建议》。

5）2015 年 6 月 16—17 日，刘旭副院长带队，刘兴土、颜龙安、朱英国院士等参加了“院士专家八闽行-三明生态文明行”，围绕三明市特色种子产业和水稻、蔬菜种业基地建设展开了调研和咨询。该项活动由环境学部牵头主办，农业学部、土木水利与建筑工程学部协同主办。

6）2015 年，山西省晋中市人民政府致函学部，希望学部在农业科技发展方面予以支持。为此，学部常委会委派陈温福、印遇龙院士带队前往晋中进行了先期考察调研，明确了具体需求。今年，根据实际需求，南志标院士在晋中市建立了院士工作站。

7）受山东省人民政府委托，学部组织有关院士专家参与了“黄河三角洲现代农业研究院建设方案”、“黄河三角洲现代农业试验示范基地核心区建设方案”、“山东省农业创新工程实施方案”等论证工作。

（六）院士们的主要业绩

学部大部分院士们仍然奋战在科技一线，继续引领着相关学科的发展。许多院士还担任着国家重大科技项目的负责人，在科研工作和人才培养方面取得了丰硕的成果，获得了国家和省部级科技奖励。资深院士们心系“三农”，积极参与工程院咨询研究和地方科技咨询活动，指导地方企事业单位改进生产方式、提升科技水平，开展科普讲座推广先进技术、培训农业科技人才，继续为农业工程科技发展贡献力量。我在此向各位院士所取得的成绩表示热烈的祝贺，对大家的辛勤劳动表示衷心的感谢，大家辛苦了！

（七）学部常委会有关工作

第十二次院士大会以来，共召开学部常委扩大会议 11 次，重点研究了咨询项目和学术活动申报、变更、结题，有关奖励评审等事宜，2015 年还重点研究了学部增选工作。学部办公室负责会议的组织联系工作，保障了历次会议的圆满成功。

从 2015 年初开始，常委会采取通讯的方式处理有关部委征求意见、有关奖励推荐及评审、院领导交办的其他临时工作等事宜，减少了会议次数，提高了常委会的工作效率，节约了院士们的时间。以后还将继续采取这种方式处理一些日常事务。

（八）院士队伍变化情况

两年间，曾士迈、刘筠、雷霁霖、旭日干、张福绥、余松烈等 6 位院士先后逝世，中央和国家领导人、工程院有关领导、学部分别表达了哀悼之意。他们的不幸离世是工程院和农业学部的重大损失，他们的音容笑貌以及他们为我国农业科技发展所做出的杰出贡献将永远铭记在我们心中。

二、本次院士大会和下半年的工作安排

根据大会统一安排，31 日（今天）下午将到人民大会堂召开第三次全体大会；晚上到北京展览馆参观“十二五”科技创新成就展的活动，大家可自愿参加。

6 月 1 日上午召开第四次全院大会，颁发新院士牌、光华工程科技奖、听取主席团工作报告、增选副院长；下午全院学术报告；晚上的光华奖招待会仅限收到邀请的人员参加。

6 月 2 日上午举行学部学术报告会；下午召开学部常委会、主席团会。不需要参加学部常委会、主席团会议的院士可以在下午离会。具体情况，请详阅会议手册。

下半年学部的主要工作还有，2017 年咨询项目、学术活动的申报工作，请院士们结合实际工作，积极参与；FASE 的出版工作，希望大家多多支持。学部还将举办 7 场学术活动（详见附表四），

在研咨询项目还将组织研讨会和调研活动,欢迎院士们到会指导。

三、对学部工作的几点设想

本届学部常委会任期已经过去了两年,接下来的两年里,我希望常委会能够进一步完善学部的有关工作办法和细则,在学部院士队伍建设、咨询研究、学术引领、科技合作等方面做出更大成绩,希望院士们能够继续大力支持常委会的工作。

首先,严把院士入口关,继续加强院士队伍建设。2015 年农业学部很好地完成了增选任务,在即将到来的 2017 年增选工作中,希望学部全体院士能够更多地发现人才、为国举贤,积极参与候选人提名工作。我们还将继续严格评审选举,实事求是地开展投诉信调查核实、候选人同行专家评议等工作,严格把好入口关。为了继续用好增选名额,还需要各专业组能够继续发扬优良传统,充分、客观地评议候选人的学术贡献和学风道德,有效地凝聚共识,把真正学术水平高、贡献大、学风优良的候选人选进来。大家也要继续维护好院士团体的声誉,自觉抵制各种不正之风,不做有损于院士荣誉的事。

其次,继续加强咨询研究工作,着重继续提升质量和效率。咨询工作委员会最近强调,工程院和各学部要加强对咨询项目的管理和服务。学部常委会和办公室有必要进一步规范项目管理,提升服务水平,跟踪咨询项目的研究动态,为咨询项目的顺利开展提供全面的保障。希望承担研究任务的院士们,站在国家战略的角度,以更加开放的姿态,组织好跨学科、跨部门的研究团队,开展广泛的合作,有序推进研究工作。对国家经济社会发展具有重要价值的阶段性成果或最终研究成果,要充分组织研讨,及时上报国务院。

第三,充分发挥院士们的学术引领作用,举办好每一场学术活动,并结合学术活动加强出版工作。学部每年 1 场国际高端论坛、2 场中国工程科技论坛、7 场学部学术活动,为大家提供了很好的交流平台。希望我们能够继续用好这个平台,办好每一场次学术活动,充分发挥院士们的学术引领作用,提升学部在社会上的知名度和影响力。此外,还希望院士们继续大力支持我们学部的 FASE 刊。周济院长在不同的场合多次提到要举全院之力办好“1+9”期刊群,并将这项工作列为我院重要工作之一予以推进。FASE 刊是我们学部新创建的刊物,现正处于发展的艰难阶段,望学部院士能够主动为 FASE 刊供稿并积极联系自己的学术团队和本领域的国内外专家为 FASE 刊推荐优秀稿件,争取使我们的刊物能够早日办成国内知名国际上有一定影响力的农业学部期刊。

最后,学部还将结合地方科技需求,高效组织开展院地、院企科技合作,为地方农业科技发展及经济社会进步贡献应有力量。

谢谢大家!

附表一

农业学部 2016 年在研咨询项目

序号	内容	牵头人	时间	级别	状态
1	我国昆虫不育技术发展战略研究	旭日干 吴孔明	2013—2015	重点	待结题
2	三峡库区消落带生物治理技术研究与示范	沈国舫	2013—2015	中长期	待结题
3	中国自然保护区体系构建战略研究	马建章	2013—2015	中长期	待结题
4	中国海洋工程与科技发展战略研究(二期)促进海洋强国建设重点工程发展战略研究	潘云鹤 唐启升	2014—2015	重大	待结题
5	人兽共患病防控战略研究	夏咸柱	2014—2015	重点	待结题
6	干旱半干旱地区多种农业水资源合理配置及有效利用战略研究	李佩成	2014—2015	重点	待结题
7	我国西北半干旱地区现代农业发展与区域示范相关问题战略研究	方智远	2014—2015	重点	待结题
8	中国鱼类工业化养殖与可持续发展战略研究	雷霁霖	2014	学部	待结题
9	仿生功能性生物质基材料科技创新体系培育与推进战略研究	李　坚	2014	学部	待结题
10	我国畜禽种业可持续发展战略研究	李德发	2014	学部	待结题
11	木本粮油安全可持续发展战略研究	尹伟伦	2014	学部	待结题
12	东北黑土地生态保护与地力提升工程战略研究	刘兴土	2014	学部	待结题
13	我国农村清洁能源示范工程的发展战略研究	张齐生	2014—2016	中长期	在研
14	现代生物种业工程发展战略研究	盖钧镒	2014—2016	中长期	在研

续表

序号	内容	牵头人	时间	级别	状态
15	我国农业全程全面机械化发展面临的新挑战和应对策略	罗锡文	2015—2016	重点	在研
16	中国野生动物养殖产业可持续发展战略研究	马建章	2015—2016	重点	在研
17	现代海水养殖新技术、新方式和新空间发展战略研究	唐启升 麦康森	2015	重点	在研
18	我国鲜活农产品质量安全科技创新与检测体系建设相关重点问题研究	吴孔明	2015	重点	在研
19	中国南方地区农业经营方式与社会化服务体系发展战略研究	傅廷栋	2015	学部	在研
20	生物炭产业发展战略研究之一：潜力评估	陈温福	2015	学部	待结题
21	大宗非粮型饲料资源高效利用战略研究	印遇龙	2015	学部	在研
22	长江流域杂交水稻可持续发展战略研究	朱英国	2015	学部	待结题
23	现代农业综合体发展战略研究	陈剑平	2015	学部	在研
24	中国种植业科技中长期发展战略研究	康绍忠	2015—2017	中长期	在研
25	动物健康养殖发展战略研究	刘秀梵	2015—2017	中长期	在研
26	羌塘高原国家生态文明建设区可持续发展战略研究	刘　旭	2015—2017	重点	在研
27	国际化绿色化背景下国家区域食物安全可持续发展战略研究	刘　旭	2016—2017	重大	新启动
28	农业资源环境若干重大战略问题研究	石玉林	2016—2017	重大	新启动
29	“一带一路”战略背景下中国农业国际合作发展战略研究	傅廷栋	2016—2017	重点	新启动

续表

序号	内容	牵头人	时间	级别	状态
30	中国粳稻发展战略研究	陈温福	2016—2017.6	学部	新启动
31	新《食品安全法》实施后绿色园艺发展战略研究	邓秀新	2016—2017.6	学部	新启动
32	东北地区玉米种植面临的新形势与新挑战及其应对战略研究	刘兴土	2016—2017.6	学部	新启动
33	中国牛羊肉产业发展战略咨询	任继周	2016—2017.6	学部	新启动
34	长江和黄河流域棉区棉花生产五化发展战略研究	喻树迅	2016—2017.6	学部	新启动
35	高原特色农业精准扶贫咨询研究	朱有勇	2016—2017	扶贫	新启动

附表二

第十二次院士大会以来农业学部提交的院士建议和报告

序号	时间	建议名称	建议人
1	2014 年 6 月 10 日	关于构建我国秸秆高效综合利用体系的建议	宋湛谦、张齐生、李坚等
2	2014 年 8 月 5 日	关于“埃博拉出血热等重要人兽共患病防控”的建议	夏咸柱等
3	2014 年 9 月 22 日	关于提倡“茶为国饮”的建议	陈宗懋等
4	2014 年 10 月 27 日	关于加快制定国家《湿地保护条例》，完善湿地保护立法的建议	刘兴土等
5	2014 年 11 月 14 日	中国工程院关于呈报“实施十亿亩高标准农田建设重大工程的建议”的报告（中工发〔2014〕131 号）	刘旭等
6	2014 年 11 月 9 日	关于“大力推进盐碱水渔业发展保障国家食物安全、促进生态文明建设”的建议	唐启升等

续表

序号	时间	建议名称	建议人
7	2014 年 11 月 24 日	关于加强我国农业文化遗产研究与保护工作的建议	李文华等
8	2015 年 4 月 7 日	关于推进我国老虎及其栖息地保护的建议	马建章等
9	2015 年 4 月 23 日	关于加紧发展海洋传感器夯实海洋强国关键基础设施建设的建议	宋健、潘云鹤、唐启升等
10	2015 年 11 月 24 日	中国工程院关于呈报“中国草地生态保障与食物安全战略研究”项目成果的报告（中工发〔2015〕132 号）	旭日干、任继周、南志标等
11	2015 年 10 月 22 日	中国工程院关于呈报“我国养殖业‘十三五’规划战略研究”项目成果的报告（中工发〔2015〕123 号）	李德发、夏咸柱、唐启升等
12	2015 年 11 月 11 日	中国工程院关于呈报“国家食物安全可持续发展战略研究”项目成果的报告（中工发〔2015〕129 号）	旭日干、刘旭、邓秀新等
13	2015 年 7 月	对“种子法（修订草案）”的几点建议（交农业部）	陈温福、
14	2015 年 12 月	关于加快我国木竹材等生物质材料仿生智能化研发的建议	李坚、张齐生、宋湛谦等
15	2015 年 1 月 6 日	关于支持贵州省赤水市竹产业发展的几点建议（送贵州省、国家林业局）	张齐生、罗锡文、陈学庚等
16	2016 年 2 月 3 日	中国工程院关于报送《日本农地改良事业考察报告》的报告（中工发〔2016〕13 号）	刘旭等

附表三

第十二次院士大会后农业学部举办的学术活动

序号	名称	负责人	时间	地点	类型	主办承办	备注
1	第八届国际鹿类生物学大会暨国际野生动物管理研讨会	马建章	2014 7.27—31	哈尔滨	学部	学部与东北林业大学等共同主办	来自中美日韩澳等17个国家280多名专家学者参会,86个报告
2	第34届国际动物遗传学大会暨国际动物遗传育种发展战略论坛	李　宁	2014 7.28—8.1	西安	高端	我院和陕西省政府主办,中国农业大学、西北农林、学部承办	4位院士,1400多位专家参会,100多个报告
3	第八届国际黏菌系统学及生态学会议	李　玉	2014 8.12—14	长春	工程科技论坛	院主办,吉林农大、学部等承办	6位院士,160位专家参会,报告16个
4	国际精细农业与智能农业装备领衔专家发展战略论坛	汪懋华	2014 9.11—15	北京	工程科技论坛	院主办,中国农业大学、学部承办	2位院士,75位专家,23个报告
5	植物生物反应器产业发展论坛	朱英国 李　宁	2014 9.20—21	武汉	学部	学部主办,武汉生物技术研究院承办	4位院士,100余位专家,16个报告
6	中国高端养鱼模式构建与可持续发展工程论坛	雷霁霖	2014 10.15—17	青岛	学部	学部主办,黄海水产所承办	3位院士,350多专家,17个报告
7	2014年度农业航空产业技术创新研讨会	罗锡文	2014 10.11—15	中山	学部	学部与农业航空产业技术创新战略联盟主办	3位院士,180多位专家,16个报告
8	粮食安全与资源高效利用高层论坛	刘　旭	2014 12.13	北京	学部	学部、中国农业大学主办	4位院士,130余名专家,14个报告
9	棉花Fn基因组时代论坛	喻树迅	2014 12.13—15	安阳	学部	学部主办,中国农科院棉花所承办	2位院士,4个报告,50余位专家

续表

序号	名称	负责人	时间	地点	类型	主办承办	备注
10	国际粮食安全论坛	刘旭	2015 6.10—11	北京	其他	工程院参与主办,中国农业大学等承办	刘旭副院长出席,参会代表91人
11	第208场中国工程科技论坛——动物营养与养殖环境控制论坛	印遇龙	2015 7.14—15	长沙	工程科技论坛	工程院主办,中科院亚热带农业生态所承办	4位院士,20余位专家,400多位嘉宾,21个报告
12	黄淮麦区小麦遗传改良高峰论坛	程顺和	2015 8.6—7	郑州	学部学术活动	学部主办,河南农业大学承办	4位院士,60余位专家参会
13	长江流域杂交水稻可持续发展战略论坛	朱英国	2015 8.28—30	武汉	其他	结合咨询项目举办	5位院士,其余参会人员49人
14	黑土资源可持续利用与保护高层论坛	刘兴土	2015 9.8—9	哈尔滨	其他	学部参与主办,中科院东北地理所承办	5位院士400余位专家参会,20多个学术报告
15	现代海水养殖新技术、新方式、新空间发展战略高端论坛	唐启升 麦康森	2015 9.8—9	大连	其他	学部参与主办,黄海水产所、海洋大学等承办	3位院士、130余位专家学者出席,共17个报告
16	第二届全国农业文化遗产学术研讨会	李文华	2015 10.11	浙江 青田	学部学术活动	学部主办,中科院地理所承办	李文华院士和140余位代表出席
17	第216场中国工程科技论坛——海洋强国建设重点工程发展战略论坛	潘云鹤 唐启升 吴有生	2015 10.13—14	无锡	工程科技论坛	工程院主办,中船重工702所、黄海水产研究所等承办	17位院士及专家、地方代表等共约200人参会
18	水产品加工业前沿技术发展论坛	雷霁霖	2015 10.16	青岛	学部学术活动	学部主办,中国海洋大学承办	3位院士200余位代表出席

续表

序号	名称	负责人	时间	地点	类型	主办承办	备注
19	木竹材仿生与智能性响应研讨会	李　坚	2015 10.21	杭州	学部学术活动	学部主办，东北林业大学、浙江农林大学承办	共14个学术报告，5位院士，100余代表
20	棉花学术交流暨早熟抗病转基因棉花新品种培育现场观摩会	喻树迅	2015 10.31—11.1	江苏盐城	学部学术活动	学部主办，农科院棉花所、南京农业大学承办	80余位专家参会
21	昆虫不育技术发展与应用国际高端论坛	吴孔明	2015 11.2—6	福州	国际高端论坛	工程院主办，学部、福建农林大学、农科院承办	3位院士、10位外宾、150余位国内代表
22	第六届亚洲精准农业会议	罗锡文	2015 11.16—19	广州	学部学术活动	学部参与主办，华南农业大学等承办	2位院士，参会代表共300余人
23	2015现代水产养殖国际研讨会	中国水产科学院	2015 11.24	无锡	其他	学部参与主办，淡水渔业研究中心等承办	150余位代表出席
24	全国龟鳖产业发展论坛	马建章	2015 12.12—13	深圳	学部学术活动	学部主办，东北林业大学、海南师范大学等承办	马建章院士和有关专家、企业代表共300余人参会
25	畜禽养殖污染防控及废弃物无害化处理和资源化利用论坛	印遇龙	2015 12.12—13	杭州	其他	结合咨询项目举办	2位院士和近300位专家参会
26	农业学部学科发展研讨会	康绍忠	2016 1.30	北京	学部学术活动	学部主办，中国农业大学承办	刘旭副院长出席，在京院士和有关领导、专家共35人参会
27	毛皮动物养殖产业发展对策研讨	马建章	2016 4.11	大连	学部学术活动	学部主办，东北林业大学等承办	刘旭副院长、马建章院士出席，参会代表60余人

附表四

农业学部 2016 年度下半年拟开展的学术活动

序号	项目名称	负责人	类型	地点	时间
1	2035 农业工程科技发展战略国际高端论坛	康绍忠 吴孔明 李德发	国际高端论坛	9 月	北京
2	草地农业工程科技论坛	南志标	中国工程科技论坛	8 月	兰州
3	经济菌物论坛—新理论,新技术,新方法与未来菌物科学与工程	李玉	中国工程科技论坛	8 月	长春
4	国际水稻机械化直播技术工程前沿技术研究	罗锡文	学部学术学术活动	11 月 15—18 日	广州
5	园艺植物砧木育种与园艺生产国际学术研讨会	束怀瑞	学部学术学术活动	10 月 18—23 日	杨凌
6	中国生物质产业出征“一带一路”	石元春	学部学术学术活动	8 月	北京
7	果树品质与种质利用论坛	邓秀新	学部学术学术活动	6 月 11—14 日	武汉

医药卫生学部工作报告

杨宝峰

2016 年 5 月 31 日

两年一次的院士大会让我们医药卫生学部的院士欢聚一堂,在此,请允许我代表学部常委会向各位院士,特别是年事已高的资深院士表示诚挚的问候。向 2015 年当选的高长青、孙颖浩、张志愿、宁光、黄璐琦、李松、顾晓松院士表示热烈的欢迎和衷心的祝贺。

在过去的 2015 年,先后有黄志强、程莘农、安静娴、沈家祥、张涤生 5 位院士不幸离开了我们。现在请大家起立,让我们为这五位院士默哀一分钟。

一年多来，学部全体院士在完成各自单位和部门工作的同时，积极参与工程院和学部组织的各项活动，在院士队伍建设、战略咨询、学术引领、科技服务、人才培养等方面做了大量的工作，为充分发挥院士队伍引领作用，推进国家工程科技思想库建设做出了新的贡献。

一、工作回顾

（一）认真做好院士增选工作，不断加强院士队伍建设

增选工作是我院院士队伍建设的基础性工作。按照院增选委员会的要求，医药卫生学部常委会组织完成了第一轮通信评审和第二轮会议评审工作。2015 年医药卫生学部被提名候选人为 67 人，经过第一轮通信评审，27 人进入第二轮。经过学部专业组投票、学部大会投票学部产生 7 位终选候选人，再经过全院无记名等额选举，最终医药卫生学部产生当选者 7 位。截至 2015 年底，学部共有院士 116 位，其中非资深院士 70 位，资深院士 46 位。学科分布方面，9 个一级学科覆盖率 100%，72 个二级学科（涵盖 18 个三级学科）中，43 个学科有院士，29 个学科尚无院士，二级学科空白率 40%。院士单位所在地区遍及全国 16 个省、自治区、直辖市和特别行政区，北京上海两地所占比重达到 66%。

面对增选工作的新办法、新规程，医药卫生学部常委会高度重视，认真贯彻执行院增选政策委员会和科学道德委员会制定的一系列政策和办法。在增选过程中，学部常委会多次进行专题研究，严格按照院里的有关规定和领导的批示，认真对待增选过程中出现的各类问题，确保了增选工作的顺利进行。

医药卫生学部增选工作的顺利完成，得到了学部全体院士的支持，各位院士以负责任的态度，不辞辛劳地承担了学部委托的各项工作。针对投诉事宜，总计向 54 位提名院士发函 86 份，每一份都得到了回复。累计整理投诉材料 61 套，组织院士调查组调查 10 次，组织召开专题会议 20 多次。增选投诉调查贯穿了 2015 年增选工作的全过程。在此过程中，15 位学部常委、4 位学部主席团成员和 30 多位参与投诉调查的院士、54 位提名院士都付出了辛勤的努力，调查结果得到了学部院士的认可。

（二）推进国家工程科技思想库建设，积极为我国医疗卫生事业的发展建言献策

建设国家工程科技思想库是我院作为国家工程科技界最高咨询性学术机构肩负的责任和使命。2015 年底，国家启动了首批国家高端智库建设试点工作，这无疑对工程院的战略咨询工作提出了更高的要求。2015 年，学部紧密围绕国家战略需求，针对国家经济社会发展中的重大问题，特别是医药卫生领域的重大问题，充分发挥学部常委会和院士的作用，组织开展了具有综合性、战略性、前瞻性的咨询研究，力争为国家的宏观决策提供有效的咨询服务。重点完成了两方面的工作。

一是在咨询项目上，学部常委会完成了学部咨询项目指南修订、咨询项目的立项和结题等系列工作。2015 年，医药卫生学部面向国家战略需求，开展战略咨询，承担、参与咨询项目 44 项，累计参与的院士 300 多人次，专家上千人次，累计咨询项目金额达到 6200 万元（表 1）。项目分为 4 个类别：学部申请项目 34 项，申请基金委合作项目 7 项，参与院级项目 1 项，参与其他学部重大、重点项目 2 项。学部申请项目中，已结题报送 13 项，已结题留存 3 项，结题中 11 项，在研中 7 项。其中“我国转化医学发展战略研究”项目上报国务院后得到领导人的批示，成为国家有关部委关于慢病防控和数字卫生战略的决策参考。学部审议通过了院士申请的 2016 年咨询项目 9 项，并通过了咨询工作委员会立项。

表 1　医药卫生学部咨询项目情况汇总表

序号	项目名称	负责人	立项时间	类别	进展情况
1	我国转化医学发展战略研究	樊代明 杨胜利	2012	重大	已结题， 已报送国务院
2	我国感染病学发展战略研究	李兰娟	2012	重点	已结题，已报送
3	我国人体死亡认定、尸体处置现状对公共安全的危害及对策的研究	刘　耀	2012	重点	已结题，已报送
4	我国眼科学和视觉科学领域生物工程研究现状和对应策略	谢立信	2012	学部	已结题，已报送
5	细胞技术等再生医学类创新型医疗技术产业发展战略研究	卢世璧	2013	重点	已结题，已报送
6	中药复方制剂产品现代化、规范化、走出国门、走向世界的发展战略研究	姚新生	2013	学部	已结题，已报送
7	医疗损害责任鉴定技术体系建立	丛　斌	2013	学部	已结题，已报送
8	心脑血管疾病防控的国际比较研究	刘德培	2013	学部	已结题，已报送
9	中国儿童恶性肿瘤 4P 医学模式（预见性模式和个体性模式）的研究	张金哲	2013	学部	已结题，已报送
10	个体化肿瘤医学发展战略研究	于金明	2013	学部	已结题，已报送
11	中国外科安全的现状、问题及对策研究	黄志强	2013	学部	已结题，已报送
12	新型无创医疗设备的发展前景与临床应用	陈亚珠	2013	学部	已结题
13	中国女性皮肤老化程度评判及综合防治策略制定的研究	陈洪铎	2013	学部	已结题

续表

序号	项目名称	负责人	立项时间	类别	进展情况
14	农村转移劳动力精神卫生需求与服务策略研究	沈渔邨	2013	学部	已结题
15	国内外生物监测预警能力建设现状及建议	沈倍奋	2014	学部	已结题,已报送
16	我国手术医生培训体系存在问题及对策	邱贵兴	2014	学部	已结题,已报送
17	慢性炎症性疾病的防治策略研究	曹雪涛	2013	重大	正在结题
18	大中药健康产业发展战略研究	张伯礼	2013	重点	正在结题
19	我国全民健康与医药卫生事业发展战略研究	樊代明 王陇德 杨胜利	2014	重大	在研中
20	全民健康和慢病防控工程战略研究	杨胜利	2014	重点	正在结题
21	我国儿童恶性肿瘤防控战略研究	张金哲	2014	重点	正在结题
22	中国分子诊断产业战略研究	程　京	2014	重点	正在结题
23	我国毒物危害及应对策略研究	刘　耀	2014	学部	正在结题
24	分子医学共性技术体系发展战略研究	陈志南	2014	学部	正在结题
25	中国女性乳腺癌早诊早治方案研究	郝希山	2014	学部	正在结题
26	重大慢性非传染病防治的国际对比研究	刘德培	2014	学部	正在结题
27	肿瘤预测预防及个体化治疗的战略研究	陈志南	2015	学部	正在结题
28	我国耐药致病菌及菌群紊乱态势和防控策略研究	夏照帆	2015	学部	正在结题
29	建立我国糖尿病足防治体系的战略性研究	付小兵	2015	学部	在研中

续表

序号	项目名称	负责人	立项时间	类别	进展情况
30	XXX 防治战略研究	廖万清	2015	学部	在研中
31	中国健康服务业发展战略研究	韩德民	2015	重大	在研中
32	中法两国心血管疾病防控策略对比研究	胡盛寿	2015	重点	在研中
33	我国重大寒地疾病(高血压)防控对策国际比较研究	杨宝峰	2015	重点	在研中
34	卫生经济学应用于慢性病防控决策的战略研究	高润霖	2015	重点	在研中
35	我国自身免疫性疾病防控战略研究	曹雪涛	2013	联合基金委中长期	正在结题
36	重大疾病个体化防治技术国家管理管理战略研究	周宏灏	2013	联合基金委中长期	正在结题
37	肺癌个体化诊断与治疗技术发展战略研究	于金明	2013	联合基金委中长期	正在结题
38	慢性呼吸性疾病防治策略研究与政策建议	王　辰	2014	联合基金委中长期	在研中
39	我国冠心病防治的战略研究	胡盛寿	2014	联合基金委中长期	在研中
40	医学与现代前沿学科与技术的交叉融合发展战略研究	王红阳	2015	联合基金委中长期	在研中
41	我国未来病原体和发现新病原战略研究	徐建国	2015	联合基金委中长期	在研中
42	中国工程科技 2035 发展战略研究(医药卫生领域)	杨宝峰 徐建国 孙殿军	2015	院级重大项目,承担医药卫生领域分课题	在研中

续表

序号	项目名称	负责人	立项时间	类别	进展情况
43	食品安全风险评估与风险管理战略研究	陈君石	2013	环境与轻纺工程学部牵头负责的重大项目“中国食品安全现状、问题及对策战略研究”追加分课题之一	已结题,已报送
44	室内与典型工业厂区空气污染健康风险评估发展方向研究	陈志南	2015	环境与轻纺工程学部牵头负责的重点项目“我国室内与典型工业厂区空气污染防控战略问题研究”分课题之一	在研中

二是在院士建议方面,在院士专家的积极支持和倡导下,医药卫生学部将咨询项目研究的阶段成果或重要学术会议的研究成果以院士建议方式上报。学部院士针对医药卫生领域丙肝药物审批,生物医用纺织材料发展,高危险物质管控与应急体系等问题,联合环境与轻纺工程学部等工程院其他学部和中科院相关领域的院士提交院士建议,院士累计有 10 人次参与。

(三)面向地方、产业需求提供科技服务,开展形式多样的院士行活动

科技服务是我院建设国家工程科技思想库任务的重要支撑之一,面向地方和企业进行战略咨询是科技服务的重要方式。在我院省部战略合作的大框架下,2015 年医药卫生学部在院省部战略合作的大框架下,坚持面向需求,服务产业,倾斜西部,组织了医药卫生学部广西、河南、四川、浙江等 4 项生物医药产业专题院士行活动,累计 50 多位院士专家参加(表 2)。学部还配合科技合作办公室组织院士参加工程院西藏院士行活动。这些活动有一个共同点是更加聚焦在西部、中部地区,活动中力求办实事、求实效。在生物医药大健康产业发展大背景下，院士们针对各地不同的发展需求开展多层次的咨询。既有对共性问题的咨询建议，也有对个性问题的分类指导。院士行与咨询、学术紧密结合，内容包括规划评议、现场考察、学术报告、学科交流等，发挥了院士的战略咨询作用和学术引领作用。多数院士行活动结束后，对口单位和院士专家就人才培养、学科建设、专项科研合作等方面达成深化合作的意向，使每场院士行都取得实效。在院士行活动中，尤其注意严格遵守工程院的各项规章制度，贯彻中央八项规定，认真把反对四风落到实处，受到地方欢迎。

表 2 医药卫生学部开展的“院士行”活动及科技合作情况汇总表

序号	活动名称	时间	地点	参加院士	备注
1	共建广西药用植物园院士行	5 月 27—29 日	南宁	樊代明、肖培根、杨胜利、张伯礼、刘昌孝、付小兵、徐建国、王广基	
2	河南省转化医学院士工作站揭牌暨院士咨询座谈系列活动	6 月 18—20 日	郑州	杨宝峰、杨胜利、曾溢滔、王红阳、程　京	
3	医药卫生学部成都院士行活动	7 月 7—10 日	成都	樊代明、杨宝峰、唐希灿、胡之璧、杨胜利、刘昌孝、周宏灏、陈香美	
4	中国工程院与西藏自治区人民政府签署战略合作框架协议	7 月 30—31 日	拉萨	杨宝峰、俞梦孙、沈倍奋、程　京、王　辰	科技合作办公室统一组织
5	医药卫生学部余杭生物医药院士行	10 月 16—17 日	杭州	杨宝峰、邱贵兴、李兰娟、付小兵、王威琪、王广基、夏照帆、韩德民	

（四）学术引领蓬勃发展，不断引领工程科技创新

学术引领一直是工程院作为国家工程科技界最高学术机构的重要任务之一，也是思想库建设的重要内容。2015 年医药卫生学部在学术引领方面不仅有量的增多，更有了质的提升，体现了学术与咨询工作和出版工作的紧密结合。主要开展了以下三方面的工作：

一是在把握工程科技发展趋势，超前谋划部署方面，杨宝峰院士作为学部主任，牵头开展了“中国工程科技 2035 发展战略研究”（医药卫生领域）项目，并作为常委会例行讨论研究审议的项目。通过常委成员的关心投入和课题组的辛勤工作，促进项目研究不断深入。在综合组的统一安排下，目前已顺利完成第一轮技术预见工作及课题报告初稿，本次院士大会期间将开展第二轮技术预见问卷调查工作。课题组将按照时限完成课题报告并依照要求为综合组总体研究工作提供支撑。

二是在“1-2-7”学术会议体系架构下，按照四聚五合要求，打造学术高端平台，发挥学术引领作用。2015 年，共开展了层次多样、特色鲜明的各类学术活动 27 场（表 3），包括 1 场高端研讨会，4 场工程科技论坛（含 1 场与化工冶金与材料工程学部合办），16 场医学前沿系列的学部级学术会议（通过补充申报、多渠道筹资、与咨询项目结合筹资等形式举办），1 场香山会议，1 场两岸再生医学高峰论坛，1 场两岸学术交流活动，3 场关于中法、中美、全球微生物识别等主题的医学交流国际会议，此外配合学术与出版办公室、国际合作局参与承办我院组织的全球挑战峰会、中美前沿会议、海峡两岸产业工程科技交流论坛。医药卫生学部作为主要牵头部门，组织承办了具有示范意义的第 201 场工程科技论坛，成为我院学术活动四聚五合的新标杆。统计下来，仅学术活动一项医药卫生学部参与的院士每年达百余人次、中外专家 2 千人次、代表过万。作为学部特色的医学前沿论坛，经过几年的连续支持举办，有些主题如骨科转化医学、肾脏病、妇儿健康、药物个体化医学、小儿肿瘤、器官移植等已办成品牌，产生了较大的业界影响力，成为学术前沿引领性的平台，专家学者踊跃参与的平台。一些前沿论坛已经开始陆续整理出书。学部审议通过了院士申请的 2016 年学术活动 13 场，并通过了学术与出版委员会立项。

表 3　医药卫生学部开展的主要学术活动汇总表

序号	会议名称	负责人	时间	地点	类别
1	“分子诊断技术”国际高端论坛	程　京	8 月 27—28 日	贵阳	国际高端论坛
2	第 201 场中国工程科技论坛——先进制药技术发展论坛	张伯礼 侯惠民	4 月 26—28 日	天津	中国工程科技论坛
3	第 212 场中国工程科技论坛——绿色生物制造发展论坛暨战略性新兴产业生物产业领域研讨会	杨胜利	8 月 20—23 日	西宁	中国工程科技论坛（和化工冶金与材料工程学部合办）
4	第 214 场中国工程科技论坛——中国健康服务业战略研究	韩德民	9 月 19—20 日	北京	中国工程科技论坛
5	第 220 场中国工程科技论坛——中国法医学发展战略高峰论坛	丛　斌	12 月 12—13 日	石家庄	中国工程科技论坛

续表

序号	会议名称	负责人	时间	地点	类别
6	2015 医学前沿论坛——感染病学工程前沿技术研讨会	李兰娟	4 月 11—12 日	杭州	学部学术活动
7	2015 医学前沿论坛暨上海国际骨科前沿技术与临床转化学术会议	戴尅戎	5 月 16—17 日	上海	学部学术活动
8	2015 医学前沿论坛——消化道肿瘤前沿研究和早期防治	程书钧	5 月 29—30 日	苏州	学部学术活动
9	第三届中西医血管病学大会	吴以岭	8 月 21—23 日	石家庄	学部学术活动
10	2015 医学前沿论坛暨第六届中国妇儿健康发展促进高峰论坛	曾溢滔	9 月 4—6 日	武汉	学部学术活动
11	2015 医学前沿论坛——骨科慢性疾病防控的转化医学研究进展	邱贵兴	9 月 17—19 日	广州	学部学术活动
12	2015 年医学前沿论坛暨第五届小儿肿瘤研究高峰论坛	张金哲	10 月 10—11 日	北京	学部学术活动
13	2015 年医学科学前沿论坛、个体化医学湘雅论坛 · 2015 暨第七届国际药物警戒与药物安全学术会议	周宏灏	11 月 6—8 日	长沙	学部学术活动
14	2015 年北京市肾脏病学术会议暨中国工程院医药卫生学部肾脏病前沿论坛	陈香美	11 月 14—15 日	北京	学部学术活动
15	“十三五”抗体药物发展战略研讨会暨全国抗体药物协同创新中心组织会议	陈志南	3 月 13—14 日	广州	学部学术活动

续表

序号	会议名称	负责人	时间	地点	类别
16	2015 医学前沿论坛暨第十四届全国肿瘤药理与化疗学术会议	丁　健	4 月 24—27 日	沈阳	学部学术活动
17	第十一届国际络病学大会	吴以岭	5 月 28—29 日	北京	学部学术活动
18	2015 中国器官移植大会暨第二届中国器官移植医师年会	郑树森	8 月 6—8 日	武汉	学部学术活动
19	2015 中国(哈尔滨)国际生物医学科学进展大会	杨宝峰	8 月 24—26 日	哈尔滨	学部学术活动
20	第一届中俄青年学者重大疾病(心血管病)防治学术会议、第七届中俄医药学术会议暨第五届寒地心脏病会议	杨宝峰	10 月 12—14 日	哈尔滨	学部学术活动
21	2015 医学前沿论坛——生物医学超声前沿领域研讨会	王威琪	11 月 7—8 日	上海	学部学术活动
22	第 543 次香山科学会议：再生医学——解决新的科学问题与成果转化应用的瓶颈难题	付小兵	10 月 14—15 日	北京	香山会议
23	2015 年两岸产业工程科技交流论坛	程　京	9 月 8 日	成都	两岸学术交流活动
24	海峡两岸及香港、澳门地区创伤修复(愈合)与组织再生创新成果及转化应用论坛暨中国工程院院士论坛	付小兵 王正国	11 月 13—14 日	深圳	两岸学术交流活动
25	第八届全球微生物识别会议	徐建国	5 月 11—13 日	北京	国际学术交流活动
26	第五届中法心血管疾病研讨会	胡盛寿	10 月 6—9 日	法国	国际学术交流活动

续表

序号	会议名称	负责人	时间	地点	类别
27	中美院士论坛——"本世纪生物材料科学与产业重大挑战"	张兴栋 陈志南 付小兵	11 月 16—17 日	成都	国际学术交流活动（和化工冶金与材料工程学部合办）

三是在"1+9"学术期刊群构架下，按照三要五量的要求，打造学术出版的高端平台，发挥学术引领作用。2015 年，院刊《Engineering》共出版 4 期，其中第 3 期"医疗器械"、第 4 期"制药工程"分别由医药卫生学部院士牵头主编组稿。第 3 期"医疗器械"中方主编为王威琪院士，专题中方执行主编为上海交通大学徐学敏教授，程京院士等多位专家担任编委。第 4 期"制药工程"专题中方主编为杨宝峰院士，专题中方执行主编为陈志南院士，张伯礼、丁健、付小兵、黄璐琦、李松院士等多位专家担任编委。医药卫生学部分刊《Frontiers of Medicine》于 2007 年创刊，目前为全英文季刊，由中国工程院、高等教育出版社和上海交通大学医学院附属瑞金医院联合主办，主编为陈赛娟院士、杨宝峰院士和中科院陈孝平院士。《Frontiers of Medicine》于 2016 年 2 月被 SCI 正式收录，从 2013 年第一期起算。此外，推动落实与"1-2-7"学术会议体系相关的出版，已列入出版计划 4 本，包括高端论坛 1 本，工程科技论坛 3 本。推动落实与院士学术成就相关的出版，包括院士传记和院士文集。

（五）学部常委会及学部日常工作

2015 年，医药卫生学部共召开了 5 次学部常委扩大会议，研究了学部有关院士增选、战略咨询、科技服务、学术引领等方面的重大问题。此外，按照矩阵式管理的要求，努力克服时间紧、要求高、数量多、难度大等各种因素影响，积极配合，完成了院内各部门、6 个专门委员会以战略咨询中心等交办的各类工作近 50 项，保证了工程院整体工作的开展。完成国务院办公厅、全国人大常委会办公厅、中组部、中宣部、教育部、科技部、卫计委、食药总局、工信部、环保部、解放军总后勤部卫生部、中国科协等交办的有关推荐、评议、评审等工作 20 多项。

（六）第十三次院士大会准备工作

本次院士大会将与全国科技创新大会、中国科学院第十八次院士大会、中国科协第九次全国代表大会同期召开。院里统一安排的活动主要包括 5 月 30 日上午和下午中央领导同志讲话，5 月 31 日下午科技创新大会交流和领导总结讲话，6 月 1 日上午工程院全体院士会议，6 月 1 日上午和下午外籍院士学术报告。医药卫生学部自己组织的活动主要有 5 月 31 日上午医药卫生学部全体院士会议，议题包括审议学部 2015 年工作总结和 2016 年工作计划，审议院刊学部分刊工作汇报，讨论学习 5 月 30 日上午习近平同志重要讲话讲神，如何落实学部 2016 年及 2017 年有关工作，传达院主席团会议关于补选我院副院长等有关精神。6 月 2 日上午的医药卫生学部全体会议主要听取在研的 7 个重大、重点项目的研究进展汇报。期间，相关院士还将参加增选政策委员会会议、教育委员会会议、院刊中方编委会会议、光华奖有关活动和外籍院士有关活动等。

二、今后主要工作初步考虑

（一）加强院士队伍建设，发挥院士队伍的引领作用

认真落实中央关于改进完善院士制度的要求，强化院士称号的精神激励作用。学部要认真总结2015年院士增选工作，在院里的统一领导下进一步完善相关规章制度，坚持院士增选工作的公正性和科学性。严格掌握院士的标准和条件，严肃增选工作纪律，严把入口关，完成好2017年院士增选任务。切实发挥院士的引领作用，加强学部建设，动员和组织院士积极参与国家高端科技智库建设和院士队伍建设。加强院士科学道德建设，进一步加强院士宣传工作，大力弘扬院士科学精神，做好院士传记和文集的编辑出版，组织院士参与科学道德宣讲活动，推进科学道德建设相关规定的落实，加强院士自律。

（二）深入推进国家工程科技思想库建设，打造国家高端科技智库

战略咨询工作一直是院和学部的工作重点，去年底国家启动了首批国家高端智库建设试点工作，工程院位列其中，这对我院的战略咨询工作提出了更高的要求。学部要积极组织院士主动围绕事关国家经济社会发展的宏观、前沿、重大问题，特别是医药卫生领域的重大决策开展战略咨询研究；对在研的咨询项目进行认真梳理，促进项目加快进度，按照时间节点完成研究并结题；完善咨询研究项目管理、经费管理制度建设；强化院士为核心、专家为骨干的研究队伍建设；稳定提升咨询项目过程管理和研究质量。同时，配合院里部署，积极参与全院综合性的项目研究工作，做好应急对策咨询研究，及时提出高质量的院士建议。

（三）充分发挥学术引领作用

学术引领是工程院作为国家工程科技界最高学术机构的重要任务之一，也是思想库建设的重要内容。今后学部将不断加强工程院与国家自然科学基金委员会合作的“工程科技中长期发展战略研究”，引领工程科技学术方向；按照四聚五合的要求，继续办好国际高端论坛、中国工程科技论坛、医学前沿论坛等学术会议，突出学术论坛的引领作用，不断扩大学术活动的影响力，与战略咨询、科技合作、学术出版、人才培养、科普等工作形成协同效用；在“1+1+9”学术期刊群构架下，按照三要五量的要求，办好学部专业刊《Frontiers of Medicine》，在院里的统一安排下，做好《Engineering》和《中国工程科学》的组稿出版工作；推动落实与“1-2-7”学术会议体系相关的出版工作。

（四）深化科技服务，推进人才培养工作

抓重点，求实效，学部要面向地方经济社会发展、特色行业产业和优势企业发展中的重大工程科技问题与需求，推动地方经济实现创新驱动、转型升级、科学发展；要注意将院士行与咨询项目、学术活动紧密结合，采用规划评议、现场考察、项目调研、学术报告等多种形式，充分发挥院士们的战略咨询作用；在院士行活动结束后，积极促成有关成果的形成、采用以及上报，使院士行深入务实，取得实效；在活动中要严格遵守工程院的各项规章制度，贯彻中央八项规定，认真把反对四风落到实处。高度重视人才培养工作，积极组织院士参加“青少年走进工程院”系列活动，做好第十一届光华工程科技奖初评工作，协助做好何梁何利奖、塞维雅奖、树兰医学奖的提名评审工作。

各位院士，一年多来，学部常委会在学部全体院士的大力支持下虽然努力完成了一些工作，但肯定仍存在许多不足之处，希望大家随时提出意见和建议。最后再次感谢各位院士一直以来对工程院和医药卫生学部工作的支持，希望大家保重身体，为我国医药卫生事业的发展做出更多更大的贡献。

谢谢大家。

工程管理学部工作报告

孙永福

2016 年 6 月 1 日

各位院士：

在中国工程院第十三次院士大会期间，我们召开学部全体院士大会。我代表工程管理学部常委会向大家表示诚挚问候，向 2015 年当选的六位院士表示衷心祝贺和热烈欢迎！5 月 30 日和 31 日下午，习近平总书记、李克强总理和刘延东副总理作了重要讲话，我们要深入学习领会，认真贯彻落实。现在，我代表工程管理学部常委会向各位院士汇报两年来主要工作和近期工作安排，请大家审议。

一、两年来主要工作

自上次院士大会以来，学部在工程院直接领导和全体院士共同努力下，积极做好院士增选、战略咨询、科技服务等多项工作，为加强院士队伍建设和发挥工程科技思想库作用，贡献了智慧和力量。

（一）精心组织院士增选

2015 年院士增选是实施院士制度改革之后的首次增选。工程管理学部在总结历次增选工作经验、深入分析院士队伍状况的基础上，进一步完善学部选举办法和工作流程。经过两轮选举，并经全院终选，最终产生了 6 名新院士。这是 2000 年学部成立以来第一次用足院里分配的增选名额，受到了院士们的普遍好评。增选结果呈现三个特点：第一是年纪较轻。6 位新院士当选时年龄均在 60 岁以下，其中 3 位为 52 岁，平均年龄 54.5 岁。6 位新院士加入使学部院士平均年龄从 75.6 岁下降到 73.3 岁（截至 2015 年 6 月 30 日）。第二是全在一线。6 位新院士中有 5 位来自企业，一位来自高校，均在各自单位担任重要职务。第三是专业面广。6 位新院士覆盖了 5 个二级学科，具有扎实的理论基础和丰富的工程管理经验，一定程度上优化了学部院士专业结构。这次增选，充分体现了院士制度改革精神，符合工程院对于增选工作的要求，有利于增强学部活力，有利于保持院士队伍健康可持续发展。

为做好这次增选工作，工程管理学部着重做好了以下三个方面工作。一是增强责任感。针对学部院士人数较少、学科发展不平衡的现状，常委会多次研究分析院士队伍现状，剖析院士增选存在的问题及原因，增强院士们的责任感和使命感，为用好用足名额奠定了思想基础。二是完善增选办法。常委会结合实际修订选举办法，优化选举流程，提高增选工作质量。三是重在加强沟通。采取多种方式，增进对候选人的全面了解，经多次讨论，逐步形成共识。对于有投诉的院士候选人，按院里规定凡属学术方面应由学部调查的，通过发函、实地座谈及电话垂询等形式认真调查核实，形成调查报告，并向学部全体院士报告。评审阶段，院士们认真审阅候选人提名材料，充分发扬民主、深入讨论，不断凝聚共识，确保增选结果得到广泛认同。

针对学部院士队伍出现老龄化严重、学科发展不均衡等问题，常委会多次研究认为，必须全力抓好院士增选工作，同时向工程院呈送了《关于请求增加跨学部院士的报告》。院领导研究后明确指示，暂不考虑增加跨学部院士。我们要从大局出发认真执行，继续在用好用足院里分配名额方面狠下功夫，努力提高院士增选工作质量。

（二）扎实开展战略咨询

作为最高荣誉性、咨询性学术机构，建设国家工程科技思想库是我院肩负的责任和使命。2015年11月，我院被中央确定为首批国家高端智库建设试点单位之一。建设国家高端智库与建设国家工程科技思想库是一体的，核心任务是战略咨询。两年来，工程管理学部组织开展了卓有成效的战略咨询工作，先后立项开展各类型咨询研究项目共计37个，其中，重大项目3个、重点项目16个（含1个中长期发展战略研究项目），学部项目18个。截至目前，已完成15个项目结题审议，其余22个项目在研。

工程管理学部院士发挥综合性、跨学科、管理经验丰富等优势，在近两年立项的12个院级重大咨询研究项目中担任子课题负责人等工作。在今年首批立项的13个高端智库项目中，有3个项目是由工程管理学部院士承担重任。

1. 突出重点，抓好重大咨询项目研究

“中国工程科技中长期发展战略研究”是中国工程院与国家自然科学基金委于2009年起联合开展的重大咨询项目，是首次对我国工程科技中长期发展战略较为全面、系统的研究。工程管理学部18位院士作为综合组成员承担了总体设计、方案制定、协调推进及汇总集成等主要工作，发挥了关键作用。2015年，工程院与基金委再次设立“中国工程科技2035发展战略研究”重大咨询项目，旨在研究提出未来20年各领域工程科技发展战略，服务于国家未来重大项目安排。王礼恒等院士参加总体组工作，先后召开了8次总体组会议，目前各领域课题组正在修改完善研究报告框架，开展第二轮技术预见调查工作，预计在今年9月可形成较完整的领域战略研究报告。

2015年上半年，科技部领导建议开展“引发产业变革的重大颠覆性技术预测研究”。工程院领导决定由工程管理学部牵头开展此项研究，提出未来10年（20年）可能引发全球产业变革的重大颠覆性技术。学部积极组建研究队伍，征求相关院士专家和部委的意见，先后就研究方案制定召开了16次研讨会。2016年1月21日召开项目启动会，来自九个学部的40名院士参加研究工作。工作组不断完善项目实施方案，积极推进问卷调查和专家座谈工作。5月26日，项目组召开“引发产业变革的颠覆性技术研讨会”，邀请工信部和军委科技委专家参加研讨，对深化项目研究有促进作用。该项目争取在今年底提出项目研究总报告。

2015年工程院批准“中国铁路走出去发展战略研究”作为重大咨询项目立项。项目参与单位近20家，成员包括来自工管、机械、土木学部的17位院士以及近200位专家，于2015年4月29日正式启动。项目组先后召开各类研讨会18次。2016年4月27日，工程管理学部举行了“中国铁路‘走出去’战略研讨会”，邀请中国铁路总公司、国家铁路局有关领导及10位院士专家发言，为咨询研究提供学术支撑。目前，项目组正在修改完善研究报告，预计9月形成初步研究成果并召开汇报会。

2. 聚焦需求,完成多项咨询研究任务

两年来,工程管理学部院士聚焦国家重大战略需求及行业领域重大科技决策,开展了战略性、前瞻性和综合性的咨询研究。项目主题涵盖能源资源、节能环保、综合交通、航天科技、空间工程、医疗卫生等领域。项目依托中国航天工程科技发展战略研究院、中石化经济技术研究院、中石油经济技术研究院、中国社会科学院、清华大学、浙江大学、中南大学等多家单位,逐渐形成了较为稳定的咨询研究团队。王玉普院士负责的“中国致密油发展战略研究”项目于2014年初启动后,围绕研究目标开展资料收集、现场调研、专家访谈等工作,累计组织大型研讨会4次,各子课题组均已取得成果。综合组已完成项目总报告初稿,预计在8月份进行结题汇报。

郑静晨院士负责的“重大灾害救援应急医学信息科技发展战略研究”中长期项目于2014年7月启动后,定期组织内部研讨会,并召开5次大型项目研讨会。先后在北京、上海等地开展应急救援调研,完成了智能应急救援现场管理演示系统设计。目前项目组正在进行结题报告撰写工作。

黄维和院士负责的“油气管网系统安全发展战略研究”于2015年9月启动,多次召开研讨会,并赴江苏实地调研。项目组收集分析了中海油、中石化及国外管道实效数据,初步提出了油气管网系统安全发展战略框架。

王基铭院士负责的“中国炼油和煤化工产业可持续发展与区域协调发展重大问题战略研究”是前期项目的延伸研究。项目组精心组织前期研究工作,赴九江、上海、杭州等地开展专题调研,与地方省市、工业园区、炼化企业举行座谈交流,为项目研究打下了坚实基础。

两年来,工程管理学部将科技服务与战略咨询、学术活动或学部常委会等活动有机结合,取得一定实效。如组织院士专家支持舟山建设国际绿色石化基地,为广州实施创新驱动发展战略献言献策,参加成兰铁路现场调研咨询等。

3. 凝练成果,确保咨询项目质量

为充分发挥咨询研究成果对服务决策的支撑作用,学部鼓励项目组将研究成果以工程院报告或院士建议等形式及时上报,供国家有关部门作决策参考。

工信部、国资委委托工程院并由学部承担的两个重点咨询项目结题后进一步凝练成果,深化研究。“工业行业空间布局与区域协调发展——重化工业与环境协调发展研究”以院发文形式上报国务院,得到中央的高度重视和重要批示;“加强中央企业技术创新体系建设战略研究”成果报送国资委,成为国资委制定“十三五”规划、落实央企技术创新体系建设分类指导意见的重要参考。“中国医疗卫生人才培养体系的架构、模式及适宜人才培养研究”项目成果报送国务院和有关部委,得到了中央领导批示。院士建议是院士们向中央建言献策的重要渠道。学部院士牵头提出的《关于落实“一带一路”战略推进炼油化工技术与装备走出去的建议》《关于筛查和干预中年人的“中风”风险刻不容缓的建议》均得到中央领导同志的重视或批示,产生了积极影响。学部许多院士在院级重大咨询项目或其他学部咨询项目中发挥了重要作用,也积极向国家和有关部门提出了咨询建议。

学部常委会高度重视咨询项目研究质量,从立项评议到结题评审、成果报送,加强全过程管理。去年底,学部按照要求完成全部应结题项目13项。今年还将继续做好2015年底前应结题项目的结题工作。近日有4个项目做成果交流和结题汇报。欢迎各位院士参加,并为学部战略咨询工作提出宝贵意见。

（三）不断加强学部建设

工程管理学部成立后，院士们感到应该加强工程管理基础理论研究，研究工程活动本质、运动规律、功能和特征，大力推动工程管理学科发展、人才培养，不断加强工程管理学部的自身建设。

1. 构建工程管理理论体系

作为学部重点咨询项目的“中国工程管理理论体系建设”，由何继善等院士牵头，经过三年多研究，提出了工程管理理论“以人为本、天人合一、协同创新、构建和谐” 的核心思想，阐述了工程管理本体论、认识论、方法论、人文论、价值论、决策伦、环境论和创新论，初步构建了中国工程管理理论体系。常委会于 2015 年 11 月对项目成果进行了审议，认为这项研究首次较全面地论述了中国工程管理理论体系，具有一定的开创性、启迪性，对于促进工程管理学科发展具有指导意义。希望继续深化研究，吸引更多专家关注和开展研究，不断完善中国工程管理理论体系。

工程哲学研究是构建工程管理理论体系的思想基础。由殷瑞钰等院士牵头，在取得“工程哲学”、“工程演化论”等研究成果后，继续组织开展工程方法论研究。2014 年来先后在常熟、西安和北京召开各类研讨会，不断深化对工程、工程方法和工程方法论的认识，形成了《工程方法论》研究框架。经过院士和专家反复研讨，《工程方法论》一书“总论”已基本成稿，“理论篇”初稿已在统稿会研讨，“案例篇”正在分别召开研讨会。

2. 办好中国工程管理论坛

两年来，学部共组织召开各类型学术活动 20 场，其中国际高端论坛 1 场，中国工程科技论坛 4 场，学部学术活动 11 场，支持协办的学术活动 4 场。

中国工程管理论坛的影响进一步扩大，成为工程院品牌学术活动。2015 年 5 月 15 日至 17 日，第九届中国工程管理论坛与国际工程科技发展战略高端论坛、第 205 场中国工程科技论坛在广州合并召开。这次论坛由中国工程院与广州市人民政府共同主办，工程管理学部、基金委管理科学部、中南大学及广州市直多家单位共同承办。论坛邀请了 8 位外国专家、4 位院士和 38 位国内专家作报告。论坛期间，我院与广州市签署了战略合作框架协议；工程管理学部与美国工程管理学会共同签署了《合作备忘录》。学部还举行了《工程管理前沿》期刊工作研讨会、“工程方法论研究”重点咨询项目启动会等活动。

2015 年 7 月 15 日，第 209 场中国工程科技论坛“智慧医疗与医疗资源优化配置”在清华大学召开。论坛由中国工程院主办，工程管理学部、武警总医院、清华大学经济管理学院等单位承办。中国工程院樊代明、郑静晨等 9 位院士和专家先后作了报告。论坛聚焦现代医疗卫生服务体系，探讨高效、公平的卫生资源配置方式，为国家医疗卫生体制改革决策提供了有益的参考与建议。

2015 年 9 月 20 日，工程管理学部与同济大学共同主办、同济经管学院承办的“工程管理创新与工程哲学论坛”在上海召开，殷瑞钰等 8 位院士专家参会并作报告。论坛从哲学思维出发，结合我国重大工程项目的创新实践，提出了工程管理领域若干思考和建议，进一步推进了跨学科、跨领域的工程管理和工程哲学研究。

3. 创办《工程管理前沿》

《Engineering》(《工程》)“1+9”系列期刊是中国工程院院刊，是工程院发挥学术引领作用的重要载体，2014 年已全面亮相。院里高度重视院刊工作，先后召开了三次院刊发展联合研讨会，举全院之力办好院刊。

《工程管理前沿》由中国工程院、清华大学、高等教育出版社三家单位共同主办，现已出刊 8

期，发表各类型文章 102 篇，主编何继善院士和编辑部等都付出了辛劳。《工程管理前沿》是新刊，办刊难度大。目前在稿源、编辑、经费等方面还存在一些困难，需要研究解决，期刊质量有待进一步提高。

4. 加强科学道德建设

学部常委会高度重视科学道德建设工作。全体院士认真执行《中国工程院院士科学道德行为准则》、《中国工程院院士增选工作中院士行为规范》等规定，在科学研究、成果发表、工程实践以及院士增选等活动中，严格要求，身体力行。树立了良好的科学道德风尚。

学部配合有关部门大力宣传院士先进思想和先进事迹。2015 年陆佑楣院士获得了世界工程组织联合会工程成就奖。2016 年朱高峰、周建平院士荣获光华工程奖。此外还有院士获得国家科技进步奖等其他奖励。先后出版了陈清泉、汪应洛院士的《院士传记》，出版了殷瑞钰、朱高峰、刘玠、徐滨士、王陇德、何继善院士的《院士文集》。多位院士参加了“中国梦 · 科技情——青少年走进中国工程院”系列活动。这些活动赢得了社会积极反馈，有利于营造尊重科学、尊重人才的良好风气。

5. 抓好学部日常工作

工程管理学部常委会坚持集体领导，实行规范化管理。两年来，召开学部常委扩大会 16 次，有些重要事项及时召开学部主任碰头会，认真研究、统筹规划和组织落实学部各项工作，保证了学部各项活动的顺利开展。常委们分工协作，参加增选、咨询、教育、道德、科技合作、学术出版等专门委员会的工作。陆佑楣院士参加资深院士工作委员会工作。学部办公室在院机关带领下，认真贯彻落实常委会各项决议，及时准确地向学部全体院士传达有关精神，在院士增选筹备、咨询项目管理、学术活动组织等各方面，承担了大量的协调沟通工作，起到了桥梁纽带作用。

二、近期工作安排

（一）贯彻落实中央领导同志重要讲话精神

这次两院院士大会与全国科技创新大会、科协九大同时召开，是共和国历史上一次具有里程碑意义的科技盛会。习近平总书记的讲话从战略高度把科技创新摆在更加重要位置，吹响了建设世界科技强国的号角，对于实现“两个一百年”奋斗目标和中华民族伟大复兴的中国梦具有重大而深远的意义。李克强总理在讲话中强调，要落实和完善支持创新的政策措施，充分发挥科技创新在全面创新中的引领作用。刘延东副总理对贯彻落实讲话精神提出了具体要求，对实施创新驱动发展战略做出了具体部署。这些重要讲话，我们要认真学习、深刻领会，贯彻落实到工程管理学部今后各项工作中，组织学部院士积极开展战略咨询和学术引领等工作，发挥科技领军作用，加强工程管理在实施创新驱动发展战略的重要作用，服务国家、造福人民。

（二）持续做好院士增选

院士增选是院士队伍建设的关键。第一，要强调责任感和紧迫感。学部院士老龄化趋势日益加重，院士学科分布不均衡。从 2011 年开始，有效候选人的数量呈下降趋势。这里固然有院士制度改革等因素影响，但也要分析提名候选人缩减的其他问题。第二，要主动联系，增进了解，积极推荐。院士们要解放思想，变单纯依靠评审材料被动了解候选人，为主动了解和发掘院士候选人。只有提前了解，长期深入了解，才能在评审时做到客观公正的评价。第三，要特别重视短缺学科。农业、环境领域，跨学部院士已资深，长期没有新院士补充，应重点关注。第四，要充分利用好两个提名渠道。候选人获得 3 位院士即为有效,提名院士过多则浪费有限资源。对科协系统推荐的候选人,学部要由相关专业的院士深入了解。第五,要做好宣传工作。让提名候选人全面了解工程管理学部评选条件、标准。在确保质量的前提下,用好用足院里分配名额,促进院士队伍健康可持续发展。

(三) 深入开展战略咨询

战略咨询是建设工程科技思想库的核心任务。首先,要提高院士参与度。紧紧依靠学部院士,发挥院士在咨询工作中的核心和领军作用,加强研究团队建设。希望有更多院士参与战略咨询,为高端智库建设贡献力量。第二,要突出国家重大需求。密切关注国家改革发展重大部署,关注国家宏观经济和社会发展、民生问题,关注事关科技创新发展全局和长远问题,做好咨询项目选题工作。围绕中心,服务决策,强调战略性、全局性和前瞻性。第三,发挥学部多学科、综合性强的优势。常委会要认真做好咨询项目统筹规划和管理,力争多承担跨学科的战略咨询项目,在提高质量上下功夫。按照工程院咨询工作部署,一般每年 1 月至 4 月,征集第二年度咨询研究项目指南建议,形成工程院年度咨询研究项目指南正式发布;5 月至 7 月,组织院士按照指南申报下一年度咨询研究项目,填报项目申请书;8 月至 10 月,项目组编制任务书,学部组织评议。11 月至 12 月,立项评审,发布立项文件并拨款。

(四) 奋力办好《工程管理前沿》

《工程管理前沿》代表中国工程管理的学术形象。学部要求各位院士关心期刊发展,为办好期刊建设建言献策。希望院士们为《工程管理前沿》撰稿、组稿,学部承担的咨询项目和重要学术活动要为期刊推荐稿件。同时,要发挥编委作用,加强编辑部建设。学部办公室要加强和编辑部联系。各方面共同努力,努力按期出刊,不断提高质量,力争尽快进入 SCI 等索引。

(五) 开拓科技合作新局面

近年来,地方政府和有关行业企业对于科技合作的需求日益旺盛。学部要根据有关方面的需求,主动深入一线,组织院士专家到地方、企业开展有关咨询评议、学术交流、人才培养等活动。鼓励院士积极参加"院士行"活动。希望院士们结合咨询调研、学术会议等活动,开展科技服务,拓展科技合作新局面。

各位院士,最近几个月工程管理学部有几项重要活动安排。6 月 27 至 28 日,在北京举办第 223 场中国工程科技论坛"工程方法论前沿",由殷瑞钰院士负责,11 位院士专家作报告;7 月 21 日至 23 日,在呼伦贝尔召开"矿山资源绿色开发与可持续发展管理论坛",由王安、凌文院士负责,7 位院士专家发言;8 月 19 日至 22 日,第十届中国工程管理论坛将结合国际工程科技发展战略高端论坛"基础设施建设工程管理"及中国工程科技论坛"'一带一路'基础设施建设工程管理"在西安召开,由中国工程院和陕西省人民政府共同主办,规格较高、规模较大,正在积极推进筹备工作。以上活动,欢迎学部院士出席。

各位院士,中国工程院是工程科技界最高荣誉性、咨询性学术机构,工程院院士是工程科技界的杰出代表,是"国家的财富、人民的骄傲、民族的光荣"。宋健老院长曾指出,"推进中国的工业化、现代化,是中国工程院的'天命'"。这也是党中央、广大人民群众赋予工程院的历史使命,是每一位工程院院士肩负的历史使命。"工程造福人类、科技引领未来"。我们要珍惜荣誉,发挥好院士称号的激励作用,扎扎实实搞好院士队伍建设,努力建设高端智库,为实施创新驱动发展战略、全面建成小康社会、建设世界科技强国做出更大贡献。

各位院士,以上汇报请大家审议,提出宝贵意见。祝各位院士身体健康,工作顺利!

附表:

1. 学部在研咨询项目
2. 学部已结题咨询项目
3. 学部院士担任子课题负责人以上的重大咨询项目
4. 学部院士担任项目负责人的高端智库项目
5. 学部科技服务(含院士行调研、国际交流)活动
6. 院士建议、成果报送情况
7. 学部举办或协办的学术活动
8. 学部常委会及专门委员会会议一览表

表 1　学部在研咨询项目

序号	项目名称	时间	负责人	级别	备注
1	引发产业变革的重大颠覆性技术预测研究	2016—2017	孙永福 王礼恒	重大	在研中
2	中国铁路“走出去”发展战略研究	2015—2016	孙永福	重大	在研中
3	重大灾害救援应急医学信息科技发展战略研究	2014—2016	郑静晨	中长期发展战略研究项目	在研中
4	中国致密油发展战略研究	2014—2015	王玉普	重点	在研中
5	“一带一路”油气资源合作开发战略研究	2014—2015	王玉普	重点	拟结题 20160602
6	工程方法论研究	2015—2016	殷瑞钰	重点	在研中
7	重大灾害应急医疗救治体系建设战略研究	2015—2016	郑静晨	重点	在研中
8	油气管网系统安全发展战略研究	2015—2016	黄维和	重点	在研中
9	科技重大专项和重大工程评估方法与技术研究	2015—2016	沈荣骏 王礼恒	重点	在研中
10	中国炼油和煤化工产业可持续发展与区域协调发展重大问题战略研究	2016—2017	王基铭	重点	在研中
11	仿真技术在战略性新兴产业政策模拟中的应用研究	2016—2017	王礼恒	重点	在研中
12	中国地热产业规划和布局战略研究	2016—2017	曹耀峰	重点	在研中
13	卫星综合应用模式与发展战略研究	2015	栾恩杰	学部	拟结题 20160602
14	珠三角城乡生活垃圾统筹治理战略研究	2015	刘人怀	学部	在研中
15	水利工程管理发展战略研究	2015	李京文	学部	在研中

续表

序号	项目名称	时间	负责人	级别	备注
16	我国石油天然气管道再制造发展战略研究	2015	徐滨士	学部	拟结题 20160602
17	互联网与大数据技术环境下我国自主知识产权汽车产业的发展战略研究	2015	杨善林	学部	在研中
18	城市群协同发展交通战略与政策研究	2015	傅志寰	学部	在研中
19	煤矿开采技术管理的变革	2016	王安	学部	在研中
20	＊＊＊＊创新研究	2016	栾恩杰	学部	在研中
21	“十三五”期间水安全问题研究	2016	李京文	学部	在研中
22	国有企业社会责任评价与管理研究	2016	孙永福	学部	在研中

表 2　学部已结题咨询项目

序号	项目名称	时间	负责人	级别	备注
1	运输煤电对比研究	2012—2013	傅志寰	学部	已结题 20150130
2	建设中国工程安全风险管理体系的战略与对策	2011—2014	钱七虎	重大	已结题 20150130
3	空间工程科技中长期发展战略研究	2012—2014	王礼恒	学部	已结题 20140825
4	现代城市综合交通体系构建对策研究	2012—2014	陈清泉 钟志华	学部	已结题 20151125
5	工程管理理论体系建设研究	2013—2014	何继善	重点	已结题 20151125
6	中国医疗卫生人才培养体系的架构、模式及适宜人才培养研究	2013—2014	王陇德	重点	已结题 20150825

续表

序号	项目名称	时间	负责人	级别	备注
7	核电站反应堆及带放射性的辅助厂房置于地下的可行性研究	2013—2014	陆佑楣 叶其蓁	重点	已结题 20140825
8	工业行业空间布局与区域协调发展研究—重化工业与环境协调发展研究	2013—2014	王基铭 傅志寰 曹湘洪	科技合作 重点	已结题 20150421
9	加强中央企业技术创新体系建设战略研究	2013—2014	干　勇 黄丹华	重点	已结题 20150611
10	工程方法论理论框架预研究	2014	殷瑞钰	学部	已结题 20150130
11	重化工业与环境协调发展研究	2014	王基铭	学部	已结题 20150421
12	节能环保产业发展研究	2014	傅志寰	学部	已结题 20150607
13	国内外优秀企业技术创新实践调研及分析	2014	胡文瑞	学部	已结题 20150611
14	提升中小企业创新能力的机制和途径研究	2014	许庆瑞	学部	已结题 20151125
15	推动航天科学技术为经济社会服务的战略研究	2014—2015	栾恩杰	重点	已结题 20160531

表 3　学部院士担任子课题负责人以上的重大咨询项目

序号	项目名称	立项时间	负责院士	学部院士
1	中国工程科技 2035 发展战略研究	2015	王玉普 赵宪庚	王礼恒、孙永福、 栾恩杰、殷瑞钰、郑南宁
2	秦巴山区绿色循环发展战略研究	2015	徐德龙	傅志寰

续表

序号	项目名称	立项时间	负责院士	学部院士
3	制造强国战略研究二期	2015	周　济 朱高峰	朱高峰
4	生态文明建设若干战略问题研究二期	2015	周　济 刘　旭	杜祥琬
5	我国能源技术革命的技术方向和体系战略研究	2015	王玉普 李立浧	王玉普、杜祥琬
6	推动能源生产和消费革命战略研究二期	2015	谢克昌	杜祥琬、黄维和
7	“十三五”能源革命＊＊＊	2015	王玉普	王玉普
8	中俄＊＊＊	2015	王礼恒 戚发轫	王礼恒
9	新一代核能用材发展战略研究	2016	徐匡迪 赵　宪 庚干勇	徐匡迪
10	我国全民健康与医药卫生事业发展战略研究	2014	樊代明	郑静晨、王陇德
11	十三五战略性新兴产业培育与发展研究规划	2014	邬贺铨	栾恩杰、王礼恒
12	工业强基战略研究	2014	路甬祥	王礼恒、殷瑞钰、袁晴棠

表 4　学部院士担任项目负责人的高端智库项目

序号	项目名称	立项时间	负责院士	学部院士
1	发展低碳循环经济、应对气候变化问题研究	2016 智库	杜祥琬 丁一汇	杜祥琬
2	我国制造业成本的综合评估及其国际比较研究	2016 智库	朱高峰 尤　政	朱高峰

续表

序号	项目名称	立项时间	负责院士	学部院士
3	实施“一带一路”战略、推进国际产能合作和装备走出去研究	2016 智库	徐德龙 王基铭	王基铭

表 5　学部科技服务(含院士行调研、国际交流)活动

序号	名称	负责人	时间	地点	类型
1	“舟山国际绿色石化基地总体发展规划”院士专家咨询会	徐匡迪 王基铭	2015 年 3 月 16 日、4 月 6—8 日	杭州	院士行调研
2	2015 年大连科协年会	王基铭	2015 年 5 月 4—5 日	大连	院士行
3	广州市创新驱动发展战略咨询会	徐德龙 孙永福	2015 年 5 月 15 日	广州	科技合作
4	赴江苏液化天然气(LNG)接收站开展专题调研	黄维和	2015 年 11 月 26 日	上海	咨询调研
5	赴河北雄县地热工作调研	曹耀峰	2016 年 2 月 25 日	雄县	咨询调研
6	赴九江、上海、浙江开展专题调研	王基铭	2016 年 4—5 月	九江 上海浙江	咨询调研
7	成兰铁路现场调研咨询活动	孙永福	2016 年 5 月 17—19 日	成都	科技合作
8	访问美国工程管理学会(ASEM)	何继善 胡文瑞	2015 年 2 月	美国	国际交流与合作
9	Frontiers of Engineering Management 期刊研讨会	何继善	2015 年 5 月 17 日	广州	国际交流与合作期刊工作
10	与美国工程管理学会共同签署《合作备忘录》	胡文瑞 何继善	2015 年 5 月 18 日	广州	国际交流与合作
11	参加美国工程管理年会(IAC2015)	何继善	2015 年 10 月 7—10 日	美国	国际交流与合作

表 6 院士建议、成果报送情况

	序号	内容	相关院士	时间
院士建议	1	关于落实“一带一路”战略、推进炼油化工技术与装备走出去的建议	王玉普等	2016 年
	2	关于筛查和干预中年人的“中风”风险刻不容缓的建议	王陇德等	2016 年
	3	关于发展自主品牌“国民车”和“高端车”的政策建议	杨善林等	2016 年(上报中)
	4	关于我国制定“中国城市智能化 2015”专项发展规划的建议	徐匡迪等	2014 年
	5	关于尽早核准建设自主三代核电“华龙一号”示范工程的建议	徐匡迪等	2014 年
	6	关于加快我国生物医用纺织材料发展的建议	蒋士成等	2015 年
	7	关于加快推进我国纺织产业创新升级的建议	蒋士成等	2015 年
	8	关于开展“低碳”冬季奥运的工程技术建议	杜祥琬等	2015 年
	9	关于建立“国家高危险物质管控与应急体系”的建议	杜祥琬等	2015 年
	10	关于对世界油气形势的基本判断及我国油气供给战略的建议	翟光明等	2015 年
成果报送	1	关于呈报《“工业行业空间布局与区域协调发展——重化工业与环境协调发展研究”总报告》摘要的报告-国务院	王基铭	2015 年
	2	“加强中央企业技术创新体系建设战略研究”总报告-国资委	胡文瑞	2015 年
	3	“中国医疗卫生人才培养体系的架构、模式及适宜人才培养研究”-国务院	王陇德	2015 年

表 7　学部举办或协办的学术活动

序号	项 目 名 称	负责人	时间	地点	类型
1	重大复杂工程管理与工程管理知识体系	何继善	2015 年 5 月 16 日	广州	国际工程科技发展战略高端论坛
2	重化工业空间布局与区域协调发展理论与实践探索	王基铭	2014 年 12 月 5 日	北京	第 198 场中国工程科技论坛
3	绿色城市建设与污染防治	何继善	2015 年 5 月 17 日	广州	第 205 场中国工程科技论坛暨第九届中国工程管理论坛
4	工业绿色发展工程科技战略及对策	殷瑞钰	2015 年 5 月 8 日		第 207 场中国工程科技论坛（与化工学部合办）
5	智慧医疗与医疗资源优化配置	郑静晨	2015 年 7 月 15 日	北京	第 209 场中国工程科技论坛
6	重大岩体工程灾害模拟、监测及预警工程前沿技术研究	钱七虎	2014 年 8 月 28—29 日	大连	学部学术活动
7	中央企业技术创新国际对标研究	胡文瑞	2014 年 9 月 10 日	北京	学部学术活动
8	中国高速铁路工程管理研讨会	孙永福	2014 年 12 月 10 日	北京	学部学术活动
9	中厚板 TMCP 模型优化与改进	刘　玠	2014 年 12 月 17—18 日	江阴	学部学术活动
10	互联网与大数据环境下我国自主知识产权汽车产业的发展战略研讨会	杨善林	2015 年 7 月 22 日	北京	学部学术活动
11	中国油气资源可持续发展战略研讨会	翟光明	2015 年 9 月 25 日	北京	学部学术活动（与能源学部合办）
12	可复制社会化智慧社区服务与管理工程前沿技术研究	杨善林	2015 年 11 月 13 日	合肥	学部学术活动

续表

序号	项目名称	负责人	时间	地点	类型
13	219 顶管机组芯棒关键制造技术研讨	刘　玠	2015 年 12 月 18 日	黄石	学部学术活动
14	2016(第七届)中国钢铁规划论坛	殷瑞钰	2016 年 4 月 9 日	北京	学部学术活动
15	中国铁路“走出去”研讨会	孙永福	2016 年 4 月 27 日	北京	学部学术活动
16	企业技术创新能力评价学术研讨会	胡文瑞	2016 年 5 月 6—7 日	北京	学部学术活动
17	互联网与大数据环境下高端装备制造工程管理研讨会	杨善林	2014 年 12 月 19—20 日	北京	学部支持活动
18	灾害现场智慧医疗救治研讨会	郑静晨	2014 年 12 月 18—20 日	厦门	学部支持活动
19	第七次全国工程哲学学术会议	殷瑞钰	2015 年 5 月 18—19 日	广州	学部支持活动
20	工程管理创新与工程哲学论坛	殷瑞钰	2015 年 9 月 20 日	上海	学部支持活动

表 8　学部常委会及专门委员会会议一览表

序号	时间	内容	人员	地点
1	2014 年 6 月 10 日	工程管理学部第六届学部常委会第一次扩大会议		北京
2	2014 年 8 月 25 日	工程管理学部第六届学部常委会第二次扩大会议		北京
3	2014 年 12 月 15 日	工程管理学部第六届学部常委会第三次扩大会议		北京

续表

序号	时间	内容	人员	地点
4	2015 年 1 月 30 日	工程管理学部院士座谈会暨第六届学部常委会第四次扩大会议	学部常委、主席团成员 主持:孙永福	北京
5	2015 年 4 月 21 日	第六届学部常委会第五次扩大会议		北京
6	2015 年 6 月 7 日	第六届学部常委会第六次扩大会议		北京
7	2015 年 6 月 12 日	第六届学部常委会第七次扩大会议		北京
8	2015 年 8 月 25 日	第六届学部常委会第八次扩大会议		北京
9	2015 年 10 月 8 日	第六届学部常委会第九次扩大会议		北京
10	2015 年 10 月 21 日	第六届学部常委会第十次扩大会议		北京
11	2015 年 10 月 30 日	第六届学部常委会第十一次扩大会议		上海
12	2015 年 11 月 25 日	第六届学部常委会第十二次扩大会议		北京
13	2016 年 1 月 19 日	第六届学部常委会 2016 年第一次扩大会议		北京
14	2016 年 3 月 22 日	第六届学部常委会 2016 年第二次扩大会议		北京
15	2016 年 5 月 21 日	第六届学部常委会 2016 年第三次扩大会议		北京
16	2016 年 5 月 29 日	第六届学部常委会 2016 年第四次扩大会议		北京

续表

序号	时间	内容	人员	地点
17	2014 年 7 月 9 日	第六届增选政策委员会第一次会议	王基铭 孙永福	北京
18	2014 年 9 月 14 日	第六届增选政策委员会第二次会议		
19	2014 年 11 月 29 日	第六届增选政策委员会第三次会议		
20	2015 年 4 月 19 日	第六届增选政策委员会第四次会议		
21	2015 年 10 月 8 日	第六届增选政策委员会第五次会议		
22	2016 年 1 月 22 日	第六届增选政策委员会第六次会议		
23	2016 年 5 月 31 日	第六届增选政策委员会第七次会议		
24	2015 年 4 月 27 日	中国工程院院刊发展联合研讨会	孙永福	天津
25	2015 年 12 月 18 日	第二届中国工程院院刊发展联合研讨会	何继善	杭州
26	2016 年 4 月 27	第三届中国工程院院刊(英文期刊)发展研讨会	于泽华	北京
27	2014 年 11 月 14 日	第五届咨询工作委员会第一次会议	王玉普 孙永福 王礼恒	北京
28	2015 年 5 月 26 日	第五届咨询工作委员会第二次会议	王礼恒 周建平	北京
29	2015 年 10 月 9 日	第五届咨询工作委员会第三次会议	王礼恒	北京

续表

序号	时间	内容	人员	地点
30	2015 年 11 月 30 日	第五届咨询工作委员会第四次会议	王礼恒 孙永福	北京
31	2016 年 5 月 13 日	第五届咨询工作委员会第五次会议	王礼恒	北京
32	2014 年 11 月 2 日	第五届教育委员会第一次会议	刘人怀 王陇德	北京
33	2015 年 6 月 7 日	第五届教育委员会第二次会议	刘人怀 王陇德	北京
34	2015 年 11 月 8 日	第五届教育委员会第三次会议	刘人怀	北京
35	2015 年 6 月 8 日	《Engineering》期刊第一届编委会第一次会议	王　安 郑静晨	北京
36	2015 年 10 月 29 日	《Engineering》期刊第一届编委会第二次会议	王　安 郑静晨	北京
37	2015 年 10 月 26 日	学术出版委员会会议	王　安 郑静晨	北京
38	2014 年 9 月 15 日	第六届科学道德建设委员会第一次会议	赵晓哲	北京
39	2014 年 12 月 3 日	第六届科学道德建设委员会第二次会议	栾恩杰 赵晓哲	北京
40	2015 年 6 月 8 日	第六届科学道德建设委员会第三次会议	栾恩杰 赵晓哲	北京
41	2015 年 11 月 28 日	第六届科学道德建设委员会第四次会议	刘人怀	漳州
42	2014 年 12 月 4 日	第二届科技合作委员会第一次会议	孙永福 周建平	北京
43	2015 年 12 月 8 日	资深院士工作委员会第一次会议	陆佑楣	北京
44	2016 年 4 月 11 日	资深院士工作委员会第二次会议	陆佑楣	北京

院士文件

中国工程院主席团关于停止周国泰院士资格的通报

中工发〔2016〕15 号

各位院士：

2016 年 1 月 29 日，中国人民解放军总直属队军事检察院致函（军总直检函〔2016〕25 号）我院，通报我院环境与轻纺工程学部院士周国泰因涉嫌职务犯罪已于 2016 年 1 月 27 日被执行逮捕。

周国泰，男，1949 年 8 月出生，个体防护专家，中国人民解放军原总后勤部军需物资油料部原副部长，1999 年当选为中国工程院院士。

根据《中国工程院院士违背科学道德行为处理办法》第十一条“对涉及触犯国家法律、危害国家利益的，自检察机关依法批准逮捕之日起，即停止其院士资格；自法院作出有罪判决生效之日起，即撤销其中国工程院院士称号。停止或撤销的决定经院主席团审查确认，并通报全体院士”的规定，决定自 2016 年 1 月 27 日停止周国泰中国工程院院士资格。

特此通报。

中国工程院主席团
二〇一六年三月一日

中国工程院关于提名 2017 年院士候选人的通知

中工发〔2016〕138 号

各位院士：

中国工程院 2017 年院士增选工作将于 1 月 1 日启动。根据《中国工程院院士增选工作实施办法》的规定，候选人可通过院士提名或有关学术团体提名。为做好院士提名候选人工作，现将有关事项通知如下：

一、2017 年院士增选总名额不超过 75 名。

二、每位院士至多可提名 3 位候选人，院士可单独或联名提名。候选人获得 3 位院士的提名方为有效，且仅能接受 3 位院士的提名，其中本学部院士应不少于 2 位。

三、候选人的年龄原则上不超过 65 周岁（1952 年 7 月 1 日及以后出生）。年龄超过 65 周岁的候选人，获得 6 位院士的提名方为有效，且仅能接受 6 位院士的提名，其中本学部院士应不少于 4 位。

四、公务员和参照公务员法管理的党政机关处级以上领导干部原则上不作为候选人，军队行政干部不作为候选人（兼任专业技术职务的除外）。

五、凡 2011、2013、2015 年已被提名至中国工程院和被推荐至中国科学院的有效候选人，两院合计连续 3 次的，2017 年须停止 1 次被提名为中国工程院院士候选人的资格。

六、截至 2016 年 12 月 31 日未满 80 周岁的院士，有本次增选的提名权与选举权。

院士提名候选人时，在坚持标准条件的前提下，要特别注意对长期工作在工程技术第一线并作出重大成就和贡献的工程科技专家的提名；注意对优秀中青年工程科技专家的提名；注意对交叉、边缘学科、新兴学科以及尚无院士的学科、地区、部门的工程科技专家的提名，逐步使院士队伍的整体结构更趋合理。

七、本文所附的《提名书》仅限院士提名渠道使用。请于 2017 年 3 月 31 日前，将候选人《提名书》原件、电子版光盘和相关附件材料报送中国工程院。通过邮寄方式提交的材料，提交日期以寄出地邮戳为准。材料寄出后，请及时通知工作人员查收。具体要求如下：

1. 需提交由院士、候选人签名及候选人所在单位审核盖章的《提名书》原件一式四份，由中国工程院院士候选人提名系统生成的 mdb 格式《提名书》电子版光盘一张，不接收 U 盘、移动硬盘等其他存储介质。《提名书》原件与电子版的内容须完全一致。中国工程院院士候选人提名系统及使用说明书可登录中国工程院网站（www.cae.cn）下载。

2. 附件材料：候选人重要科技奖项获奖证书材料复印件一式 1 套（不超过 6 项）；实施的发明专利证书及其实施情况的复印件等证明材料一式 1 套（不超过 6 项）；有代表性的论文和著作及评述原件或复印件等材料一式 1 套（不超过 10 篇、册）；工程设计、建设、运行、管理方面的重要成果原件或复印件（不超过 5 篇、册）；超过《提名书》中规定数量的附件材料，可提供目录清单。所报材料如需退还，请注明。

如果候选人是居住在香港特别行政区、澳门特别行政区的中国籍专家，还须提供香港特别行政区政府入境事务处或澳门特别行政区身份证明局的国籍证明。如果被提名人是台湾省的专家，须在《提名书》的“在工程科技方面的主要成就和贡献”栏中表述支持“一个中国”的申明。

3.《提名书》内容要进行脱密处理，由候选人所在单位负责审核，并加盖单位公章。

附件：1. 中国工程院院士增选工作实施办法

2. 中国工程院院士增选违纪违规行为处理办法

3. 中国工程院院士增选工作中院士行为规范

4. 中国工程院院士增选中的保密规定

5. 中国工程院院士增选投诉信处理办法

6. 中国工程院院士增选候选人材料公示办法
7. 中国工程院院士增选机关工作人员行为规定
8. 中国工程院院士增选候选人材料验收及汇总的有关规定
9. 中国工程院院士增选学部专业划分标准
10. 中国工程院院士候选人党政机关领导干部身份认定规则(试行)
11. 中国工程院 2017 年增选工作日程安排(流程图)(略)
12. 中国工程院院士候选人提名书(院士提名用)(略)
13. 各学部办公室联系方式(略)

中国工程院
二〇一六年十二月二十一日

附件 1:

中国工程院院士增选工作实施办法

(2016 年 10 月 31 日主席团会议审议通过)

中国工程院院士(以下简称院士)是国家设立的工程科学技术方面的最高学术称号,为终身荣誉。为了规范中国工程院院士增选工作的组织实施,根据《中国工程院章程》(以下简称《章程》),制定本办法。

第一章　院士的标准和条件

第一条　在工程科学技术方面做出重大的、创造性的成就和贡献,热爱祖国,学风正派,品行端正,具有中国国籍的高级工程师、研究员、教授或具有同等职称的专家,可被提名为院士候选人(以下简称“候选人”)并当选为院士。

“在工程科学技术方面做出重大的、创造性的成就和贡献”主要是指:候选人在某工程科技领域有重大发明创造和取得重要研究成果,并有显著应用成效;或在重大工程设计、研制、建造、运行、管理及工程技术应用中,创造性地解决关键科学技术问题,做出重大贡献;或为重要工程科技领域的奠基者和开拓者。以上各项包括在培养工程科技人才方面做出的成就和贡献。

“重大工程管理”的内容主要是指:重大工程建设(包括规划、论证、勘设、施工、运行等)中的管理;或重要、复杂的新型产品、设备、装备在开发、制造、生产过程中的管理;或重大技术革新、改造、转型、转轨、与国际接轨方面的管理;或重大产业、工程、科技布局和战略发展研究、管理。

在工程管理领域做出“重大贡献”主要是指:候选人在上述领域具体组织、参加工程项目的实践，并在实践中以先进的管理理论为指导，创造性地发挥管理科学的作用，促使工程项目优质、高效实施，取得众所公认的成就；或在工程管理理论上有重大建树，并通过实践取得具体业绩。

“学风正派”主要是指院士应具备的职业道德、科学态度和奉献精神等。

“品行端正”主要是指院士应具备优良的科学道德与学风，良好的行为品德和端正的生活作风。

第二章 增选名额、增选程序及对候选人的有关要求

第二条 院士增选每两年（奇数年）进行一次，每次增选总名额及各学部的名额分配，由主席团研究决定。

第三条 增选程序：提名和确定候选人、院士评审和选举。

第四条 候选人的年龄原则上不超过65周岁（按增选当年6月30日实足年龄计算）。凡已合计连续3次被提名至中国工程院和被推荐至中国科学院的有效候选人，停止1次候选人资格。

第五条 候选人专业范围包括工程科学技术（含农、医）的各专业学科。各学部所涵盖的专业领域，按照《中国工程院院士增选学部专业划分标准（试行）》确定。公务员和参照公务员法管理的党政机关处级以上领导干部原则上不作为候选人（军队系统参照执行）。

第六条 根据中国科学院院士和中国工程院院士可依据各自的标准和程序交叉当选的原则，符合中国工程院院士标准的中国科学院院士，可被提名为候选人。

第三章 提名和确定候选人

第七条 候选人可单独通过院士（包括院士组成的特别提名小组）或有关学术团体提名，也可以同时通过以上两种渠道提名；不受理个人申请。

第八条 院士提名：每次增选每位院士至多可提名3位候选人，院士可单独或联名提名。院士要对提名行为负责。

居住在香港、澳门特别行政区和台湾省以及侨居他国的中国籍专家，只能通过院士进行提名。

候选人获得3位院士的提名方为有效，且仅能接受3位院士的提名，其中本学部院士应不少于2位。年龄超过65周岁的候选人，获得6位院士提名方为有效，且仅能接受6位院士的提名，其中本学部院士应不少于4位。年龄超过70周岁的候选人被提名次数仅限1次。

第九条 学术团体提名：中国工程院委托中国科协负责组织学术团体的提名工作。中国科协所属的有关全国学会负责推荐本学科（专业）领域的候选人，各省、自治区、直辖市和新疆生产建设兵团科协负责推荐所属行政区域的候选人，中国科协组织对以上两种方式推荐的候选人进行提名。中国工程院根据每次院士增选的名额，对中国科协报送候选人的名额做出规定，并在当年增选通知中明确。

中国科协应成立指导委员会和与工程院各学部对应的提名委员会。指导委员会负责指导提名委员会开展提名工作，审定提名结果。各提名委员会的组成应不少于13人，成员应全部由从事专业技术工作的正高级专家和院士组成，候选人本人不得作为提名委员会成员。提名委员会以无记名投票方式，产生提名结果。提名委员会成员名单、投票结果应如实填入候选人《提名书》，并须有提名委员会负责人的签名或盖章。指导委员会应在《提名书》中填写提名意见，负责人要有签名或盖章。

在规定的报送名额之内，获得赞成票超过提名委员会人数二分之一的候选人，方可报送中国工程院。报送的候选人年龄不得超过65周岁。报送材料时，按当年增选通知要求，将《提名书》及有关材料报送中国工程院。

第十条 为做好国防及国家安全领域候选人的提名工作，工程院主席团可授权成立由院士组成的特别提名小组，负责涉密候选人的提名工作。特别提名小组在征求相关部门意见的基础上提名候选人。具体操作办法在《中国工程院院士增选特别提名小组工作规则》中明确。

第十一条 有关要求

（一）各渠道提名候选人，应特别注意对长期工作在工程技术第一线并做出重大成就和贡献的工程科技专家，尤其是优秀中青年工程科技专家的提名。

（二）提名候选人时，必须按规定和不涉密的要求填写《中国工程院院士候选人提名书》（以下简称《提名书》）内容，并附重要科技奖项获奖证书，实施的发明专利证书及其实施情况的复印件，候选人有代表性的论文和著作，以及工程设计、建设、运行、管理方面的重要成果。为保证被提名人材料的真实客观，候选人所在单位要在《提名书》中对候选人材料的真实性、准确性以及候选人的政治表现、廉洁自律、道德品行等方面签署审核意见。

（三）院士提名的候选人《提名书》及有关材料，按当年增选通知规定，提交中国工程院。若被提名人为居住在香港、澳门特别行政区、台湾省以及侨居他国的中国籍专家，须提交其中国籍身份证明。香港、澳门特别行政区的候选人，还须提供香港特别行政区入境事务处或澳门特别行政区身份证明局的国籍证明。对于台湾省候选人，必须提供支持“一个中国”原则的申明。

第十二条 中国工程院增选工作办公室负责组织各学部办公室对候选人的材料进行形式验收，经院士增选政策委员会审查，合格者报主席团审议通过后为有效候选人。

第十三条 在中国工程院网站公布全部有效候选人名单（姓名、年龄、工作单位、专业专长、提名渠道）。

第四章 院士评审与选举

第十四条 评审原则

（一）参加评审的院士必须准确把握院士的标准和条件，从国家科技事业的全局出发，超脱本部门、本地区、本专业的局限；遵循实事求是的原则，全面客观分析候选人的工作及获奖等情况；发扬民主，充分讨论，科学评价候选人的工程科技成就和贡献。

（二）在坚持院士标准条件的前提下，要始终注意候选人的年龄结构，在各个阶段的候选人名单中，60岁以下（含60岁）的应不少于三分之一；应特别注意长期工作在第一线的工程技术专家；加强对交叉、边缘和新兴学科以及尚无院士的学科、地区、部门的候选人的了解和重视，促进学科协调发展。鼓励各学部积极探索优化院士队伍结构的做法。

（三）评审中实行回避制度。凡与候选人有直系亲属或主要旁系亲属关系的院士（如：父母、夫妻、子女、岳父母、婿媳、兄弟、姊妹、叔侄、甥舅等），评审时应回避。回避的办法是：当小组和大会介绍、讨论某候选人情况时，凡与该候选人有以上关系的院士，应暂时离席，待对该候选人介绍、讨论完毕，再进入会场参加对其他候选人的评审，投票时不回避。

（四）评审过程中发表的意见及讨论情况，对外必须严格保密。与会人员必须严格遵守《中国工程院院士增选中的保密规定》。

（五）对候选人的投诉按《中国工程院院士增选投诉信处理办法》处理。受理投诉信的截止日期为增选当年的7月31日，逾期投诉原则上不予受理。

第十五条 评审程序：各学部常委会负责组织本学部院士对属于本学部专业学科范围内的全部有效候选人进行评审。

学部常委会组织各专业组和学部全体会议，采取审阅材料、介绍情况、酝酿讨论和无记名投票表决等方式，对候选人进行两轮评审，分别产生本学部进入第二轮评审的候选人名单和学部选举的正式候选人名单。对交叉学科候选人的评审需征求相关学部意见时，由候选人所在或相关学部常委会研究，候选人所在学部负责处理，相关学部常委会予以配合。

工程管理学部候选人的第一轮评审，按其专业背景在相关学部进行。

第一、二轮评审会议由全院组织，一般分别安排在增选年6月份第一周和10月份的最后一周进行。第一轮评审是否采用通信评审方式，由学部常委会研究提出，经院士增选政策委员会审议，报主席团批准。无论采取何种评审方式，应符合本《办法》的规定。

第十六条 第一轮评审：本轮评审的任务是从全部有效候选人中，产生进入第二轮评审的候选人名单。

（一）审阅材料：候选人的材料是评审的基本依据，与会院士除重点审阅本专业组候选人材料外，还应认真审阅本学部其他候选人的材料。

（二）专业组评审：专业组对本组候选人充分讨论评议，投票产生进入学部评审会介绍的候选人名单，各组进入学部评审的名额由学部常委会决定。

（三）学部评审：学部召开全体会议，介绍各专业组进入学部评审的候选人情况，充分讨论评议。院士必须全程参加学部大会介绍环节，方能参加确定进入第二轮评审候选人的投票。

（四）产生第二轮候选人：学部投票，产生进入第二轮评审的候选人名单。进入第二轮评审的限额为学部增选名额的2～3倍，具体人数由学部常委会研究决定。

（五）第一轮评审会后，在中国工程院网站公布进入第二轮评审的候选人名单，并委托相关部门（单位）对进入第二轮候选人《提名书》材料进行公示。具体要求按《中国工程院院士候选人材料公示办法》执行。公示情况和反映意见在规定时间内反馈中国工程院增选工作办公室。

中国工程院书面征求进入第二轮评审候选人所在单位的主管部门意见，并通知本人第二轮评审时到会介绍情况。

第十七条 各学部常委会对本学部进入第二轮评审候选人受到的投诉以及相关问题组织调查核实。调查对象、调查方式和调查内容由学部常委会研究决定，具体要求按《中国工程院院士增选投诉信处理办法》执行。

第十八条 第二轮评审：从进入第二轮评审的候选人中，产生进入学部选举的正式候选人名单。进入第二轮评审的候选人，须到会自我介绍、回答问题。评审程序和办法与第一轮评审基本相同，但须注意以下几点：

（一）进入第二轮评审的候选人在评审会上进行自我介绍，自我介绍不得超出《提名书》主要成就贡献的范围，应实事求是地介绍本人在完成重要工程项目中所发挥的作用、解决的工程技术难点、创新之处等。候选人应严格按通知时间准时到会并及时离会。因故不能参加的候选人，不再为其提供自我介绍和回答问题的机会。

（二）有关候选人被投诉信函（由学部常委会审定的打印件）、投诉调查核实材料以及投诉调查意见，一并提交评审会议参考。有关院士应将投诉调查结果或调查意见向评审会议进行说明。

（三）学部评审会要对进入第二轮评审的全部候选人进行评审。经学部评审会认真、全面评议后，进行无记名投票，按增选名额120%的比例，依得分顺序，产生进入学部选举的正式候选人名单。院士必须全程参加候选人自我介绍和提问环节，方能参加确定本学部正式候选人及后续确定终选候选人的投票。

（四）工程管理学部有跨学部院士，由学部常委会统筹安排适当时间，组织本学部院士集中评审。

第十九条 院士选举

（一）各学部根据确定的增选名额，对进入学部选举的正式候选人实行差额无记名投票，选举产生进入全院选举的终选候选人，差额比例为20%。各学部在遵守《章程》和本《办法》的前提下，为提高增选质量，可采取预投票等操作措施。

（二）各学部必须用工程院统一印制的选票进行投票，参加投票的院士必须不少于本学部应投票院士人数的三分之二，选举方为有效。

（三）获得赞同票达到《章程》规定三分之二票数的候选人，按学部增选名额，根据获得票数多少进入终选候选人名单，满额为止，不足额时空缺。

（四）终选候选人名单须经主席团会议审定。名单连同各学部常委会审定的候选人简表一并提交全院全体应投票院士进行会议或通信投票终选。终选采取等额选举，参加选举的院士须超过全院应投票院士人数的二分之一，选举方为有效，获得有效赞同票超过二分之一的候选人当选。

（五）选举结果经主席团会议审定报国务院备案。中国工程院向新当选院士和相关部门发出通知，以书面形式向全体院士通报增选结果，并通过中国工程院网站向社会公布。

第五章 增选工作行为规范

第二十条 在增选的全过程中，院士、学术团体、候选人及其所在单位都必须坚持实事求是的科学态度，高度重视道德和学风问题。

第二十一条 院士要严格遵守《中国工程院院士增选工作中院士行为规范》。院士提名候选人时，必须对所提名的候选人的工程科学技术成就和科学道德等方面情况有确切的了解，要对所提供的候选人材料负责，并有责任在评审会中对有关提问和投诉信件做出回答与澄清。

第二十二条 候选人必须向提名人或提名学术团体实事求是地提供本人的有关情况，并对《提名书》中签名确认的内容负责。一旦发现存在弄虚作假或侵占他人成果等行为，经审查核实后，认定为存在学风和道德问题。

第二十三条 候选人所在单位要对候选人材料的真实性、准确性以及候选人的政治表现、廉洁自律和道德品行等进行真实客观评价。一旦发现弄虚作假、评价严重不实等情况，经审查核实后，认定为存在违纪违规行为。

第二十四条 学术团体在组织对候选人提名时，应保证提名的公正性、客观性，切实根据工程院院士的标准和条件严格把关。一旦发现存在弄虚作假、干预推荐和提名工作以及其他不当行为的，经审查核实后，认定为存在违纪违规行为。

第二十五条 任何单位、学术团体和个人不得通过不正当方式为候选人当选院士进行活动，一旦发现此类问题，经审查核实后，认定为存在违纪违规行为。

第二十六条 对发生本章第二十二条、第二十三条、第二十四条、第二十五条之一的问题，按照《中国工程院院士增选违纪违规行为处理办法》进行处理。

第六章 附则

第二十七条 本办法自发布之日起实施，由中国工程院主席团负责解释。

附件2：

中国工程院院士增选违纪违规行为处理办法

（2016年12月6日院常务会议审议通过）

第一章 总则

第一条 为严肃院士增选纪律，确保增选工作公正、公平，进一步规范院士增选工作中违纪违规行为的认定与处理，根据《中国工程院章程》、《中国工程院院士增选工作实施办法》和有关规定，制定本办法。

第二条 本办法适用于在院士增选工作及其相关环节中院士有效候选人（以下简称候选人）、负责提名工作的学术团体（以下简称学术团体）、中国工程院院士（以下简称院士）及院机关工作人员（以下简称工作人员）违纪违规行为的认定和处理。

第三条 违纪违规行为的认定与处理，应坚持程序规范、事实清楚、证据可靠、结论准确的原则，经得起实践和历史的检验。

第四条 院常务会议、院士增选政策委员会、学部常委会及院机关党委依据本办法，按照职责权限，对候选人、学术团体、院士及工作人员违纪违规行为进行认定与处理。

第二章 违纪违规行为的认定

第五条 候选人提名材料存在以下情况之一的，应当认定为材料存在弄虚作假问题：

（一）候选人基本信息、学历、经历、学术团体兼职等内容有伪造的；

（二）候选人工程科技主要成就和贡献、重要科技奖项、发明专利以及工程设计、建设、运行、管理方面的重要成果等有伪造的；

（三）单位审核意见、学术团体提名意见或院士提名意见以及评审投票结果等有不实之处的；

（四）有其他伪造行为的。

第六条 候选人《提名书》有以下情况的应认定为侵占他人科技成果：

（一）主要成就和贡献有侵占他人学术成果进行拼凑和包装的；

（二）学术论文、重要科技奖项和发明专利有侵占他人学术成果进行拼凑和包装的；

（三）工程设计、建设、运行、管理方面的重要成果有侵占他人学术成果进行拼凑和包装的；

（四）有其他包装行为的。

第七条 候选人及其所在单位、部门有以下不当行为的，应当认定其为候选人当选进行助选、拉票，干扰增选工作：

（一）候选人本人、身边人员及所在单位、部门通过各种方式，或者以学术交流、学生答辩、考察、评审、评奖等名义，给院士赠送礼品、礼金（包括超过国家标准的讲课费、评审费、咨询费、顾问费等），借机为候选人当选院士进行活动的；

（二）候选人本人或委托同学、同事、亲朋好友等，以各种形式向院士行贿，为自己当选院士进行助选活动的；

（三）候选人所在单位或部门为本单位、本部门候选人当选院士进行说情、打招呼、送礼等活动的。

第八条 学术团体在增选工作中，存在弄虚作假、干预提名工作以及其他不当行为的，应认定为违纪违规。

第九条 院士在增选工作及其相关环节中违反《中国工程院院士增选工作中院士行为规范》的，应认定为违纪违规。

第十条 工作人员在院士增选工作及其相关环节中违反《中国工程院院士增选机关工作人员行为规定》的，应认定为违纪违规。

第三章 违纪违规行为的处理

第十一条 候选人有第五条、第六条和第七条行为的，终止其当次候选人资格，在相关学部范围内进行通报；情节严重的，除终止其当次候选人资格外，还取消其下一次被提名资格，直至取消其终身被提名资格，并记入诚信档案。

第十二条 候选人本人、身边人员及其所在单位、部门不得给院士赠送任何礼品、礼金，如有违反，终止其候选人资格，并在学部范围内通报；情节严重的，终止其候选人资格、取消其下次被提名资格，并在全院范围内通报；情节特别严重、涉嫌严重违纪的，取消其终身被提名资格，并在全院范围内通报。

第十三条 候选人涉嫌触犯国家法律法规，正在接受司法调查的，终止其候选人资格；构成犯罪的，取消其终身被提名资格，并在全院范围内通报。

第十四条 学术团体有第八条不当行为的，视情节取消其当次、下次相关候选人资格，在全院通报，并将相关情况反馈给其上级主管部门。

第十五条 院士不得泄露评审选举信息，特别是有关候选人的讨论、评价和投票表决结果等情况。如有违反，视情节轻重采取取消其提名、评审和选举权等措施，并在相关范围内通报。

第十六条 院士有第九条行为的，要进行批评教育，并根据情节严重进行处理。

第十七条 院士不得收受候选人、身边人员及其单位、部门赠送的任何礼品、礼金，如有违反，在学部范围内通报；情节严重的，取消其当次评审和选举权，并在全院范围内通报；涉嫌严重违纪的，劝其放弃院士称号或撤销其院士称号。

第十八条 工作人员有第十条行为的，要进行批评教育，情节严重的要追究责任并给予纪律处分。

第十九条 违纪违规行为的处理结果以《中国工程院院士增选违纪违规行为处理决定书》(以下简称《决定书》)的方式,在作出处理决定15日内送达被处理人。

第二十条 被处理人对所认定的违纪违规事实有异议的,在收到《决定书》之日起15日内可以进行陈述和申辩,并提供翔实的说明材料。如果提供的材料依据充分,要重新进行调查处理。

第四章 违纪违规行为处理程序

第二十一条 候选人有第五条、第六条和第七条违纪违规行为的,要按照《中国工程院院士增选候选人材料验收及汇总的有关规定》、《中国工程院院士增选投诉信处理办法》相关规定,由相关学部调查核实,并按第十一条、第十二条和第十三条的规定提出处理意见,报院常务会议审议后做出处理决定。

第二十二条 学术团体有第八条行为的,由院士增选政策委员会负责调查核实,并按第十四条的规定提出处理意见,报院常务会议审定后做出处理决定,并向主席团会议报告。

第二十三条 院士有第九条违规行为的,由学部常委会负责调查核实,并按第十五条、第十六条和第十七条的规定提出处理意见,报院常务会议审定后做出处理决定,并向主席团会议报告。

第二十四条 工作人员有第十条违规行为的,由院机关党委调查核实,并按第十八条的规定提出处理意见,报院常务会议审批。

第五章 违纪违规处理材料的管理

第二十五条 候选人、学术团体和院士违纪违规处理的全部相关材料均记入诚信档案,机关工作人员违纪违规处理的全部相关材料均记入本人档案。档案材料要齐全、翔实,尽量保存原件。具体存档材料内容包括:

(一)违纪违规行为相关材料;

(二)违纪违规行为调查核实材料及相关意见;

(三)院士增选政策委员会、学部常委会或机关党委的处理意见;

(四)院常务会审核意见及处理决定;

(五)被处理人陈述材料、复核申请材料及复核处理意见;

(六)其他应归档保存的材料。

第二十六条 院士增选工作办公室负责诚信记录档案(包括纸质档案和电子档案)的建立、维护和管理工作。

第二十七条 相关人员要严格遵守《中国工程院院士增选工作实施办法》中的有关保密规定,无关人员不得随意查阅,任何组织和个人不得擅自删除、变更和对外泄露诚信记录信息。

第六章 附则

第二十八条 本办法自发布之日起实施,由中国工程院院士增选政策委员会负责解释。

附件3:

中国工程院院士增选工作中院士行为规范

（2016年12月6日院常务会议审议通过）

中国工程院院士,是国家设立的工程科学技术方面的最高学术称号。为了在院士增选工作中保证提名、评审和选举的质量,维护院士声誉,根据《中国工程院章程》和《中国工程院院士增选工作实施办法》制定如下行为规范:

一、增选新院士是每位院士的权利和义务。每位院士务必站在国家的高度,从全局出发,坚持标准,不徇私情,宁缺毋滥,公正、客观地做好增选工作。

二、院士要积极、慎重地提名候选人。对所提名的候选人的工程科学技术成就和科学道德等方面情况,必须有确切的了解,不应草率签署提名意见,更不应徇情、受托为人提名。在提名跨学科或与自己专业领域不同的候选人时更应慎重。院士要对所提供的候选人材料负责,并有责任在评审会中答复提问和对有关投诉信件做出回答与澄清。

三、院士要实事求是地介绍和评价候选人。在介绍候选人情况和进行评审时,要做到客观、全面、公正,不带任何个人、部门、行业的偏见,并根据规定实行回避制度。

四、院士有义务和责任深入了解候选人。院士要尽可能出席评审会议,认真审阅材料,通过各种方式对候选人进行了解,郑重、负责地履行选举权利。

五、院士要自觉抵制增选工作中的不正之风。不对个人或单位作任何承诺,不接受为增选所做的说情、托情和赠送的礼品、礼金、有价证券、支付凭证等任何财物。

六、院士在收到以各种方式送来的材料、举报信等,应送增选工作办公室统一处理。如发现候选人所在单位或候选人本人在增选中的不当行为,有义务和责任及时向工程院报告和反映。

七、院士必须严守有关的保密规定。严禁向他人谈论、泄露评审选举过程中的情况,特别是讨论、评价、表决中的个人发言。

八、院士如违反上述守则,经查实后,中国工程院将按相关规定进行处理。

九、本规范自发布之日起实施,由中国工程院院士增选政策委员会负责解释。

附件 4：

中国工程院院士增选中的保密规定

（2016 年 12 月 6 日院常务会议审议通过）

为维护国家秘密的安全，保证院士增选工作顺利完成，根据《中国工程院保密规定》，结合院士增选工作的实际情况，特制定本规定。

一、评审材料的保密范畴

第一条 候选人《提名书》内容不得涉密。无法回避的涉密材料作为《提名书》的附件材料形式提供。

第二条 评审材料的保密范畴分涉密材料和内部材料。涉密材料根据候选人单位出具的公函确定，并需在相应材料的封面上加盖密级印章。内部材料包括各学部印制的供院士评审使用的《提名书》和有关附件中的不宜向社会公开的信息。

二、涉密材料的保管和使用

第三条 非评审会期间，绝密材料由候选人单位负责保管，机密和秘密材料由院保密办公室指定专人负责保管。涉密材料在报送、查阅、退还的交接过程中，有关人员应逐件清点与核对，并履行登记、签收手续。

第四条 评审会期间设保密室，由院保密办公室专人负责统一保管涉密材料。绝密材料由候选人单位派专人专车送交保密室。涉密材料仅限于学部指定的院士借阅，并严格履行借阅手续，及时借阅和返还，借阅的材料严禁转借他人或带出会场。院士在介绍涉密材料时，应尽可能以不涉密的语言方式表达。

第五条 内部材料由各学部办公室负责保管，未经许可不准复制、翻印，不得遗失、私留或外传。

第六条 评审会期间供院士使用的涉密材料和内部材料，会后需按清单收回，包括院士评审记录本，各轮次投票结果和介绍候选人的书面材料等。收回的材料需逐一清点，安全运送，并按有关规定统一归档、退还或销毁。

三、材料涉密候选人的评审

第七条 有保密要求的候选人所在学部，应成立保密材料研究评审小组，经院保密委员会审查批准，负责对候选人涉密成就贡献部分的认定，并负责向院士进行说明和介绍。

第八条 进入第二轮评审的候选人到会介绍情况的材料必须经其所在单位保密部门审查批准，并提供书面证明。在回答问题中出现泄密由候选人本人负责，与会院士和工作人员也应增强保密意识。

四、评审和选举中的保密纪律

第九条 为保护国家秘密，促进工程科技界的团结，为院士营造畅所欲言的交流氛围，全体院士和机关工作人员应自觉遵守《中国工程院院士增选工作中院士行为规范》和《中国工程院院士增选机关工作人员行为规定》，不得以任何方式向任何单位或个人泄露评审和选举过程中对候选人讨论、评价、表决等方面的情况。

第十条 在评审和选举过程中临时遇到涉密问题时，应及时通报院保密委员会，并按相应规定处理。发生泄密或丢失密件事件时，当事人应及时主动地向院保密委员会如实报告，并有责任配合有关部门进行调查处理。

第十一条 对违反本规定者，将追究本人和其主管领导的责任，并视情节按《中华人民共和国保守国家秘密法》的有关规定做出相应的处理。

第十二条 本规定自发布之日起实施，由中国工程院保密委员会负责解释。

附件 5：

中国工程院院士增选投诉信处理办法

（2016 年 12 月 21 日院常务会议审议通过）

一、为保证中国工程院院士增选工作的顺利进行，根据《中国工程院院士增选工作实施办法》，制定本办法。

二、本办法中的投诉信指：院士增选中对候选人的投诉；有关部门（单位）关于进入第二轮评审候选人材料公示工作反馈意见中对候选人成就、贡献与学风道德等方面有异议的意见。

三、投诉信受理的范围：对候选人《提名书》及其附件内容的异议及其他违反院士增选有关规定行为的书面投诉和意见。不受理电话、口头、网络方式以及超过规定截止日期的投诉。投诉信时间以寄出地邮戳为准。匿名投诉信原则上不予受理，信中确有实质性内容的，由学部常委会研究处理。

四、投诉信统一由增选工作办公室设专人逐一登记保管。院领导、院士、院机关各部门和其他渠道收到的投诉信均直接送交增选工作办公室。第一轮评审中原则上不处理、不讨论对候选人的投诉。对进入第二轮评审候选人的投诉信，由增选工作办公室分别送交有关学部办公室，进行分类整理后，提交学部常委会。

五、对候选人的投诉实行分类处理机制，涉及学术学风方面的问题，由我院负责调查核实；涉及政治、经济和道德品行等方面的问题，由我院委托候选人所在单位的上级主管部门调查核实。

六、学部常委会负责处理对本学部候选人的投诉，各学部办公室协助办理日常工作。学部常委会研究确定需处理的投诉信和调查核实的内容。各学部办公室将投诉内容摘要整理成“打印件”,打印时一律隐去投诉者姓名及不宜披露的敏感信息。“打印件”由学部主任审定后备用。

七、经上述程序处理过的投诉信,分以下3种方式调查核实:

(一) 通过学术团体或特别提名小组提名的候选人,由增选工作办公室具函并附“打印件”,请该候选人所在单位或其上级部门进行调查核实,并提供书面调查材料和结论性意见,加盖部门公章,按要求时间寄送增选工作办公室。

(二) 通过院士提名的候选人,由增选工作办公室具函并附“打印件”,请提名院士提供书面说明材料,按要求时间寄送增选工作办公室,同时请候选人所在单位或其上级部门帮助进行调查核实。具体办法同(一)。

(三) 经研究认为有必要组织院士直接调查的,由学部常委会确定有关院士组成调查组进行调查。按要求时间提供书面调查材料。

调查组成员实行回避制度,回避范围是指同一基层单位或有亲属关系者。

八、为保护投诉人和被投诉人的合法权益,调查组要注意倾听各有关方面(包括被投诉人)意见。

九、学部常委会对调查结果进行分析研究,确定向第二轮评审会的介绍内容和方式。学部办公室将“打印件”、候选人所在单位或其上级部门的调查材料、院士调查结果文字材料以及学部常委会对有关问题的研究意见,一式三套提交第二轮评审会议参考。第二轮评审会议期间,三套材料分别送交学部主任和候选人所在的评审专业组各一份,另一份存放会议材料阅查室,供院士参阅。未经规定程序处理的投诉信,任何人不得在评审会议内外扩散。

十、院士反映候选人有关情况的信件,可参照上述办法进行处理。如有关院士不愿公布姓名,各学部办公室专报学部主任阅知后,隐去姓名再行处理。

十一、各学部常委会可根据增选工作中遇到的问题,研究决定组织院士对个别未被投诉的候选人的有关问题进行调查核实,并按第九条办法进行处理。

十二、为保护投诉者的权益和被投诉者的名誉,投诉信原件原则上仅提供给常委会委员和调查组的有关院士查阅。投诉信及调查结果一般不向投诉人和有关单位反馈。凡接触投诉信的院士和工作人员应对投诉人姓名、单位、投诉内容、调查结果等保守秘密。

十三、本年度评审会议结束后,所有投诉材料按院档案管理的有关规定存档。

十四、本办法自发布之日起实施,由中国工程院院士增选政策委员会负责解释。

附件6：

中国工程院院士增选候选人材料公示办法

（2016年12月6日院常务会议审议通过）

为使院士增选工作广泛接受社会监督，保证候选人材料的真实客观，根据《中国工程院院士增选工作实施办法》的规定，制订本办法。

一、中国工程院委托进入第二轮评审候选人的主管部门，组织对其材料进行公示。港澳台地区的候选人，由增选工作办公室致函候选人所在单位，请其协助对候选人材料进行公示。

二、公示的内容和方式。公示内容为候选人《提名书》中经候选人确认的一至九项内容（为保护候选人隐私，候选人的身份证件号码、联系方式和家庭电话等个人信息应当隐去）。公示方式是在候选人所在单位的公开场所张贴，并在单位内网上同步公示。

三、公示的范围和时间。高等院校在学校（院）本部和候选人所在的院（系）、所公示，科研机构在候选人所在的“科学（研究）院”和“研究所”公示，大型企业在企业总部以及候选人所在的分厂、分公司公示，中小企业在本企业公示。其他单位可参照此原则确定公示范围。进入第二轮评审的候选人材料在7月1—30日进行集中公示，公示期为30天。

四、各地区、各部门、各单位要对候选人材料的公示工作做出安排，向候选人所在单位提出具体要求，并负责检查公示落实情况，中国工程院将进行抽查。材料公示结束后，需将候选人材料公示情况和有关意见报送中国工程院增选工作办公室。未按要求进行材料公示的候选人将不再进入后续评审和选举程序。

五、本办法自发布之日起实施，由中国工程院院士增选政策委员会负责解释。

附件7：

中国工程院院士增选机关工作人员行为规定

（2016年12月6日院常务会议审议通过）

院士增选是中国工程院院士队伍建设的基础性工作。院机关是院士增选工作的直接组织实施和服务管理部门。为规范院机关工作人员在院士增选工作中的行为，保证院士增选工作的公平、客观、公正和顺利进行,特制订本规定。

一、充分认识院士增选工作的重要性,严格按照中国工程院院士增选的有关规定,认真做好院士增选的相关服务工作,确保增选工作的顺利进行。

二、不得以任何方式影响院士评审和选举工作。参加评审会议的工作人员不得对评审讨论内容进行记录,不得以任何方式向任何单位和个人泄露评审和选举过程中对候选人的讨论、评价、表决等方面的情况。评审会议期间,工作人员必须坚守岗位,未经批准不得允许其他无关人员进入评审会场。

三、不得利用院士提名、评审和选举之机,收受院士候选人或其所在单位以各种名义和形式赠送的礼金、礼品等。评审期间和评审、选举结束后,不得私自向候选人及其所在部门透露评审选举情况、对有关候选人的投诉及其调查核实情况和处理结果。所有工作人员有义务和责任及时向院机关报告和反映候选人单位或候选人本人在增选中的不当行为。

四、如遇与自己有亲属关系的候选人,应如实向候选人所在学部说明情况,并在评审会议中进行必要的回避,回避的范围和办法参照院士在评审中的规定。

五、违反以上规定,要进行批评教育,影响严重的,追究相关人员的责任,并视情节给予纪律处分。

六、本规定自发布之日起实施,由中国工程院机关党委负责解释。

附件 8:

中国工程院院士增选候选人材料验收及汇总的有关规定

(2016 年 12 月 6 日院常务会议审议通过)

院士(包括特别提名小组)和中国科协报送的候选人材料,必须按照《中国工程院院士增选工作实施办法》和关于提名中国工程院院士候选人的相关要求,经审查验收合格后,方能成为有效候选人。候选人材料的验收与汇总由增选工作办公室和各学部办公室具体负责。

一、材料的审查验收程序和主要内容

(一) 登记

中国科协报送的候选人材料由增选工作办公室负责登记。院士提名的候选人材料由各学部办公室负责登记。工作人员对报送的候选人材料要按规定履行有关登记手续,登记内容和格式由增选工作办公室统一提供。

(二) 报送手续的审查验收(增选工作办公室负责)

1. 中国科协须提供报送候选人名单及其材料的公函,一式 2 份,随函应附:提名委员会委员名单和有提名委员会负责人签名及盖章的评审投票结果(总票数)以及所有通过评审的候选人名单。

2. 中国科协报送的各学部候选人人数,应符合《关于提名中国工程院院士候选人的通知》中规定的数额。

3. 对于报送的候选人中年龄在60岁以下的人数比例,工作人员需在审查验收登记中予以注明。

(三)《提名书》内容及附件材料的审查验收(各学部办公室负责)

1. 候选人《提名书》原件一式4份,同时附与原件内容完全一致并使用中国工程院候选人提名系统形成的光盘1张。

2. 候选人应是具有中国国籍的高级工程师、研究员、教授或具有同等职称的专家。

3. 院士提名的超过65周岁的候选人材料按照提名通知规定审查验收。

4. 候选人"专业或专长"栏的表述,应按照《中国工程院院士增选学部专业划分标准(试行)》填写。

5. 候选人按《提名书》规定要求提供附件材料:重要科技奖项获奖证书材料复印件一式1套(不超过6项);实施的发明专利证书及其实施情况的复印件等证明材料一式1套(不超过6项);有代表性的论文和著作及评述原件或复印件等材料一式1套(不超过10篇、册);工程设计、建设、运行、管理方面的重要成果原件或复印件(不超过5篇、册);超过《提名书》中规定数量的附件材料,可提供目录清单。

6. 候选人所在单位审核意见、学术团体提名意见、院士提名意见(特别提名小组提名意见)以及各项签名或盖章等手续必须完备。

7. 中国科协报送的候选人《提名书》中,评审结果栏内应列出总票数、同一学部通过的全部候选人得票数及排序、提名委员会成员名单及负责人的签字。提名委员会组成不符合要求的,需在审查验收登记中注明。

8. 审查验收合格的《提名书》,其中2份及光盘交增选工作办公室存档,其余材料交各学部办公室。

(四)开具回执

审查验收合格后,审查人员应向院士、中国科协开具回执。报送材料如不符合要求,审查人员应说明情况,在回执中注明需补充与完善的内容与时间,同时在登记中注明,并跟踪。遇有特殊情况,应及时向有关领导汇报。

以上材料如不符合相关规定,工作人员将不予接收。

二、材料的汇总及有关问题的处理

接收材料截止后,增选工作办公室负责将全部候选人名单进行汇总,各学部办公室对相关材料进行汇总、统一安排印制,提供院士评审之用。

(一)汇总材料

1.《提名书》汇总

分学部汇编《候选人提名书汇总》。《候选人提名书汇总》按候选人的学科专业分组,按统一格式设目录页,目录栏目包括:序号、姓名、年龄、学科专业、工作单位、评审提名情况。编排顺序一律按学科、专业排列,其中同一专业的候选人按姓氏拼音字母顺序排列。按学部大流水号排序。候选人专业分组、排列顺序需经学部主任或常委会审查确认。《候选人提名书汇总》印发本学部全体院士(不含资深院士),供评审会议期间使用。

由院士分别报送的同一候选人的多份《提名书》,其放置顺序按收到材料的时间先后排列。选定最先收到的《提名书》全文,其他《提名书》只取院士签名或盖章的“院士提名意见”页。同时通过院士和学术团体提名候选人的《提名书》,先汇总院士提名材料,之后选取中国科协的“学术团体推荐意见”、“投票结果”和“提名意见”页。

2. 附件材料整理

有效候选人重要奖项、论文和专著等附件材料一套,按学部统一编号存放,供院士评审时查阅。

3. 工程管理学部候选人材料汇总

工程管理学部候选人的《提名书》及附件材料按上述要求,根据候选人的工程技术背景汇编成册,分送委托第一轮评审的相关学部使用。第一轮评审会后,将进入第二轮的候选人《提名书》汇编成册,供工程管理学部第二轮评审会使用。

4. 基本信息和3000字材料汇总

各学部办公室将候选人《提名书》中的基本信息和3000字介绍材料汇编成册,于评审会议前15天寄送本学部院士。

(二)候选人评审学部的确定与调整

1. 候选人拟提名到何学部评审,原则上应尊重提名人或提名学术团体的意见,按《提名书》上所填写的拟提名学部确定。

2. 如存在候选人的学科专业与候选学部学科专业内涵明显不符或学部间学科专业交叉等特殊情况,则由各学部办公室对其学科专业进行核对,根据学科专业划归的原则和实际情况,协商提出调整建议,经相关学部常委会讨论通过后,填写《候选人转学部手续表》,经转出和转入学部的学部主任签字同意,方可做出相应调整。

3. 对候选人拟提名候选学部做出调整后,以增选工作办公室名义具函,分别通知提名人或提名单位,并说明调整的原因。

三、候选人的涉密附件材料的保管交接手续

(一)对于候选人的涉密附件材料,应尽快完成所属学部登记手续和信息入库手续,将材料送院保密办公室保管,并填写《保密材料保管手续登记表》。

(二)保密材料原则上不在各学部办公室留存。候选人信息库不得与互联网连接。

(三)工作人员在遇到难以处理的涉密问题时,应以书面形式及时逐级报告。

四、附则

本规定自发布之日起实施,由中国工程院增选工作办公室负责解释。

附件 9：

中国工程院院士增选学部专业划分标准（试行）

机械与运载工程学部

代　码	专业学科名称	说　　明
01-01	**机械工程**	
01-01-010	机械制造与自动化	
01-01-020	机械电子工程	
01-01-030	机械设计及理论	
01-01-040	机械成形加工工程及自动化	
01-01-050	专用机械设计与制造	
01-01-060	特种设备设计与制造	
01-01-070	工程力学	侧重机械设备领域
01-02	**船舶与海洋工程**	
01-02-010	船舶（与海洋机构物）设计制造	
01-02-020	船舶海洋工程力学	
01-02-030	水声工程	与信息学部（02-04-040）交叉，侧重水下隐身技术及海洋环境效应
01-03	**航空宇航科学技术**	
01-03-010	飞行器设计（包括总体、结构等）	
01-03-020	航空宇航推进理论及工程	
01-03-030	航空宇航制造工程	
01-03-040	人机与环境工程	
01-03-050	航空宇航系统工程与理论	
01-03-060	控制理论与工程	

续表

代　码	专业学科名称	说　　明
01-03-070	精密仪器仪表技术	
01-04	**兵器科学与技术**	
01-04-010	武器系统与应用工程	
01-04-020	兵器发射理论与技术	
01-04-030	火炮自动武器及弹药(战斗部)工程	
01-04-040	军用车辆工程	
01-04-050	水下兵器	
01-05	**动力及电气设备工程与技术**	
01-05-010	动力机械设计制造	
01-05-020	热能工程	与能源学部(04-01-010)交叉,侧重热能设备的设计与制造
01-05-030	电机设计制造	
01-05-040	电器设计制造	
01-05-050	电力电子及控制设备	
01-05-060	电工新技术(含电工材料)及设备	
01-06	**交通运输工程**	
01-06-010	交通信息工程及控制	
01-06-020	运载工具运用工程	
01-06-030	车辆设计与制造	

信息与电子工程学部

代　码	专业学科名称	说　　明
02-01	**电子科学与技术**	
02-01-010	电子技术	
02-01-020	微电子技术	
02-01-030	电磁场与微波技术	

续表

代　码	专业学科名称	说　　明
02-01-040	生物电子与生物信息技术	
02-02	**光学工程与技术**	
02-02-010	应用光学	
02-02-020	红外技术	
02-02-030	激光技术	
02-02-040	光电子技术	
02-03	**仪器科学与技术**	
02-03-010	传感器技术	
02-03-020	测试计量技术及仪器	
02-03-030	遥感技术	
02-04	**信息与通信工程**	
02-04-010	信息与通信网络技术	
02-04-020	雷达技术	
02-04-030	信号处理技术	
02-04-040	水声工程	与机械学部(01-02-030)交叉,侧重声呐技术
02-04-050	广播与电视技术	
02-04-060	信息安全技术	
02-05	**计算机科学与技术**	
02-05-010	计算机系统结构	
02-05-020	计算机软件与理论	
02-05-030	人工智能	
02-05-040	计算机应用技术	
02-06	**控制科学与技术**	
02-06-010	控制理论与技术	
02-06-020	机器人技术	

续表

代　码	专业学科名称	说　　明
02-06-030	控制系统工程	
02-06-040	导航制导与控制	

化工、冶金与材料工程学部

代　码	专业学科名称	说　　明
03-01	**化学工程与技术**	
03-01-010	化学工程	
03-01-020	化工系统工程	
03-01-030	无机化工	
03-01-040	有机化工	
03-01-050	高分子化工	
03-01-060	煤化工	
03-01-070	石油与天然气化工	
03-01-080	精细化工	
03-01-090	生物化学工程	
03-01-100	核化工	
03-02	**冶金工程与技术**	
03-02-010	矿物加工	
03-02-020	冶金热能工程	
03-02-030	冶金环境工程	
03-02-040	钢铁冶金	
03-02-050	有色金属冶金	
03-02-060	金属压力加工	
03-02-070	粉末冶金	
03-02-080	过程工程	
03-03	**材料科学与工程**	

续表

代　码	专业学科名称	说　　明
03-03-010	材料合成与加工	与机械学部(01-01-040)部分交叉,侧重材料的成分、组成、性能
03-03-020	金属材料	
03-03-030	无机非金属材料	
03-03-040	有机高分子材料	
03-03-050	复合材料	
03-03-060	功能材料	
03-03-070	生物材料	
03-03-080	含能材料	
03-03-090	纳米材料	

能源与矿业工程学部

代　码	专业学科名称	说　　明
04-01	**能源和电气科学技术与工程**	
04-01-010	热能动力工程	与机械学部(01-05-020)交叉,侧重于系统的工程实施与运行
04-01-020	电气工程	
04-01-030	水电工程	与土木学部(05-05-040)交叉,侧重于发电系统及工程运行
04-01-040	能源新技术	
04-02	**核科学技术与工程**	
04-02-010	核能工程	
04-02-020	核材料与核燃料	
04-02-030	核安全、防护和环境	
04-02-040	核科学技术应用	
04-03	**地质资源科学技术与工程**	

续表

代　码	专业学科名称	说　　明
04-03-010	地质与矿产探测	
04-03-020	矿产资源与地质勘查	
04-03-030	油气资源和勘探	
04-03-040	矿山水文地质和工程地质	
04-04	**矿业科学技术与工程**	
04-04-010	非能源矿产开发	
04-04-020	煤炭开发	
04-04-030	石油和天然气工程	
04-04-040	矿业的安全和环境工程	

土木、水利与建筑工程学部

代　码	专业学科名称	说　　明
05-01	**建筑学**	
05-01-010	建筑历史与理论	
05-01-020	建筑设计及其理论	
05-01-030	建筑环境工程与建筑技术	
05-02	**城乡规划与风景园林**	
05-02-010	区域规划	
05-02-020	城市规划	
05-02-030	交通规划	
05-02-040	城市设计	
05-02-050	市政工程	
05-02-060	风景园林规划与设计	
05-03	**土木工程**	施工技术、爆破工程列入土木工程对应的二级专业内
05-03-010	工程力学	

续表

代　码	专业学科名称	说　　明
05-03-020	土木工程材料	
05-03-030	结构工程	
05-03-040	桥梁工程	
05-03-050	道路与铁路工程	
05-03-060	岩土工程	
05-03-070	地下工程与隧道工程	
05-03-080	土木工程抗灾与防护工程	
05-03-090	工程地质与水文地质	含地质灾害防治
05-04	**测绘工程**	不含遥感、传感器、仪器
05-04-010	大地测量与测量工程	
05-04-020	摄影测量与航天测绘	
05-04-030	地图制图与地理信息工程	
05-05	**水利工程**	
05-05-010	水文学与水资源	
05-05-020	水力学与河流动力学	
05-05-030	水工结构工程	
05-05-040	水利水电工程	不含水电设备与运营
05-05-050	港口、水道、海岸及近海工程	
05-05-060	农田水利工程	重点为灌溉与排水工程

环境与轻纺工程学部

代　码	专业学科名称	说　　明
06-01	**环境科学技术**	
06-01-010	环境区域污染控制技术	

续表

代　码	专业学科名称	说　　明
06-01-020	环境监测技术	包括各环境介质、各因子监测技术、方法与装备;环境预警预测技术;环境辐射监测和放射性监测技术
06-01-030	环境毒理与风险评价技术	包括化学品与污染物的环境行为、生态效应,与对环境生物毒性实验技术,及其对生态环境与人体健康风险性评价的方法与技术
06-01-040	环境规划与环境影响预测技术	包括环境区域规划、设计及对未来影响预测技术
06-01-050	环境信息技术	包括环境信息的采集(如遥感遥测)、收集、信息处理加工技术
06-01-060	环境基准与标准	包括环境基准研究方法与技术,环境质量标准与排放标准制修订方法与技术
06-02	**环境工程**	
06-02-010	水污染防治	
06-02-020	大气污染防治	
06-02-030	固体废物污染防治与资源化	
06-02-040	土地污染防治	
06-02-050	物理性污染防治	
06-02-060	环境生态保护与修复	
06-02-070	放射性污染防治技术	
06-03	**气象科学**	
06-03-010	天气预报和动力气象	
06-03-020	气候预测与气候变化	
06-03-030	大气探测	
06-03-040	应用气象	

续表

代　码	专业学科名称	说　　明
06-03-050	大气科学工程与技术	
06-04	**海洋科学工程**	
06-04-010	海洋化学工程	
06-04-020	海底探测与开发工程	
06-04-030	海洋生态工程	
06-04-040	海洋环境科学工程与技术	
06-04-050	海洋预报与物理海洋工程	
06-05	**食品科学与工程**	
06-05-010	食品科学	
06-05-020	食品工程	
06-05-030	食品安全科学技术	
06-06	**纺织科学与工程**	
06-06-010	纺织工程	
06-06-020	纺织材料与纺织品设计	
06-06-030	纺织化学与染整工程	
06-06-040	产业用纺织材料与非织造技术	
06-06-050	纤维材料科学与工程	
06-06-060	服装科学与工程	
06-06-070	纺织装备与控制	
06-07	**轻工技术与工程**	
06-07-010	制浆造纸工程	
06-07-020	皮革化学与皮革工程	
06-07-030	发酵与轻工生物技术	
06-07-040	轻工化学工程	植物资源高值化利用技术、植物生物质炼制技术、日用化学与化工等
06-07-050	轻工装备	

续表

代　码	专业学科名称	说　　明
06-07-060	家电技术与工程	

农业学部

代　码	专业学科名称	说　　明
07-01	**作物学**	
07-01-010	作物栽培学与耕作学	
07-01-020	作物种质资源与遗传育种	
07-02	**农业生物工程**	
07-02-010	植物生物工程	
07-02-020	动物(水产)生物工程	
07-02-030	微生物工程	
07-03	**园艺学**	
07-03-010	果树学	包含干果、鲜果,以获得干、鲜果品为主的经济林种类纳入果树学范畴,以木材、药用和其他用途为主的经济林种类纳入林学下面相应的二级学科。
07-03-020	蔬菜学	
07-03-030	茶学	
07-03-040	花卉学	
07-04	**农业资源学**	
07-04-010	土壤学	
07-04-020	植物营养学	
07-04-030	土地资源	
07-04-040	农业气象	
07-05	**植物保护**	
07-05-010	植物病理学	

续表

代　码	专业学科名称	说　　明
07-05-020	农业昆虫与有害生物防治	
07-05-030	农药学	
07-06	**应用生态学**	
07-06-010	农业生态学	
07-06-020	森林生态学	
07-06-030	草地生态学	
07-06-040	湿地生态学	
07-06-050	环境生态学	含自然生态、产业生态与区域生态
07-07	**林　学**	
07-07-010	林木遗传育种	
07-07-020	森林培育	
07-07-030	森林保护学	
07-07-040	森林经理学	
07-07-050	野生动植物保护与利用	
07-07-060	园林植物与观赏园艺	
07-07-070	水土保持与荒漠化防治	
07-08	**农业工程**	
07-08-010	农业机械化工程	
07-08-020	农业水土工程	
07-08-030	农业信息化工程	
07-08-040	农产品加工与贮藏工程	
07-09	**林业工程**	
07-09-010	森林工程	
07-09-020	木材科学与技术	
07-09-030	林产化学加工工程	
07-10	**畜牧学**	

续表

代　码	专业学科名称	说　明
07-10-010	动物遗传育种与繁殖	
07-10-020	动物饲养与饲料学	
07-10-030	草业科学	
07-10-040	特种经济动物饲养	
07-11	**兽医学**	
07-11-010	基础兽医学	
07-11-020	预防兽医学	
07-11-030	临床兽医学	
07-11-040	兽药学	
07-12	**水产学**	
07-12-010	水产养殖	包括遗传育种学、营养与饲料学、免疫学与病害控制
07-12-020	捕捞与工程	
07-12-030	渔业资源	
07-12-040	水产品加工与贮藏工程	

医药卫生学部

代　码	专业学科名称	说　明
08-01	**基础医学**	
08-01-010	人体解剖与组织胚胎学	
08-01-020	免疫学	
08-01-030	医学微生物学	
08-01-030-010	病毒学	
08-01-040	医学寄生虫学	
08-01-050	病理学与病理生理学	
08-01-060	医学生物化学与分子生物学	

续表

代　码	专业学科名称	说　　明
08-01-070	医学生物物理学	
08-01-080	医学细胞生物学	
08-01-090	医学遗传学	
08-01-100	生理学	
08-01-110	生物技术	
08-02	**临床医学**	
08-02-010	内科学	
08-02-010-010	心血管病	
08-02-010-020	血液病	
08-02-010-030	呼吸系统病	
08-02-010-040	消化系统病	
08-02-010-050	内分泌与代谢病	
08-02-010-060	肾脏病	
08-02-010-070	风湿病	
08-02-020	感染性疾病与传染病学	
08-02-030	儿科学	
08-02-040	老年病学	
08-02-050	神经病学	
08-02-060	精神病学与精神卫生学	
08-02-070	皮肤病与性病学	
08-02-080	影像医学与核医学	
08-02-090	临床检验诊断学	
08-02-100	护理学	
08-02-110	外科学	
08-02-110-010	普通外科	
08-02-110-020	骨外科	

续表

代　码	专业学科名称	说　　明
08-02-110-030	泌尿外科	
08-02-110-040	胸心外科	
08-02-110-050	神经外科	
08-02-110-060	整复外科	
08-02-110-070	烧伤外科	
08-02-110-080	野战外科	
08-02-110-090	小儿外科	
08-02-120	妇产科学	
08-02-130	眼科学	
08-02-140	耳鼻咽喉科学	
08-02-150	肿瘤学	
08-02-160	康复医学与理疗学	
08-02-170	麻醉学	
08-02-180	急诊医学	
08-02-190	职业病学	
08-02-200	医学遗传学	
08-03	**口腔医学**	
08-03-010	口腔基础医学	
08-03-020	口腔内科学	
08-03-030	口腔颌面外科学	
08-03-040	口腔修复与正畸学	
08-04	**公共卫生与预防医学**	
08-04-010	流行病与卫生统计学	
08-04-020	职业卫生与环境卫生学	
08-04-030	营养与食品卫生学	
08-04-040	少儿卫生与妇幼保健学	

续表

代　码	专业学科名称	说　　明
08-04-050	卫生毒理学	
08-04-060	军事预防医学	
08-05	**药学**	
08-05-010	药物化学	
08-05-020	药剂学	
08-05-030	生物药学	
08-05-050	微生物与生物技术药学	
08-05-060	药理学	
08-05-060-010	药代动力学	
08-05-070	临床药学	
08-05-080	制药工程学	
08-06	**医学信息学与生物医学工程**	
08-06-010	医学电子学	
08-06-020	生物力学	
08-06-030	医用材料学	
08-06-040	医学工程学	
08-06-050	医学信息学	
08-06-060	医学组织工程学	
08-07	**特种医学**	
08-07-010	军事医学	
08-07-020	法医学	
08-07-030	放射生物学及放射医学	
08-07-040	航空、航天、潜海与潜水医学	
08-07-050	运动医学	
08-07-060	高原医学	
08-08	**中医学**	

续表

代　码	专业学科名称	说　　明
08-08-010	中医基础学	
08-08-020	方剂学	
08-08-030	中医内科学	
08-08-040	针灸学	
08-08-050	中医外科学	
08-08-060	中西医结合	
08-08-070	民族医学	
08-09	**中药学**	
08-09-010	中药资源与鉴定学	
08-09-020	中药化学	
08-09-030	中药药理学	
08-09-040	中药制药学	
08-09-050	民族药学	

工程管理学部

代　码	专业学科名称	说　　明
09-01	**工程管理**	
09-01-010	机械与运载工程管理	
09-01-020	信息与电子工程管理	
09-01-030	化工、冶金与材料工程管理	
09-01-040	能源与矿业工程管理	
09-01-050	土木、水利与建筑工程管理	
09-01-060	环境与轻纺工程管理	
09-01-070	农业工程管理	
09-01-080	医药卫生工程管理	

附件 10：

中国工程院院士候选人党政机关领导干部身份认定规则（试行）

（2015 年 4 月 20 日主席团会议审议通过）

按照“公务员法和参照公务员法管理的党政机关处级以上领导干部原则上不作为候选人（军队系统参照执行）”的要求，根据《<中华人民共和国公务员法>实施方案》、《中华人民共和国公务员法释义》等人事管理制度，制定本规则。

一、关于公务员身份的认定

按照公务员法及其配套法规规定，公务员是指依法履行公职、纳入国家行政编制、由国家财政负担工资福利的工作人员，以下七类机关中除工勤人员外的工作人员列入公务员范围。

1. 中国共产党中央和地方各级党委、纪律检查委员会的领导人员，中国共产党中央和地方各级党委工作部门、办事机构和派出机构的工作人员，中国共产党中央和地方各级纪律检查委员会机关和派出机构的工作人员，街道、乡、镇党委机关的工作人员属于公务员。人事关系所在部门和单位不属于中国共产党中央和地方各级机关的党的各级代表大会代表、委员会委员、纪律检查委员会委员不属于公务员。

2. 县级以上各级人民代表大会常务委员会领导人员，县级以上各级人民代表大会常务委员会工作机构和办事机构的工作人员，各级人民代表大会专门委员会办事机构的工作人员属于公务员，不驻会、不使用行政编制的领导人员，不列入公务员范围。人事关系所在部门和单位不属于各级人民代表大会及其常务委员会机关的各级人大代表、常务委员会组成人员、专门委员会成员不属于公务员。

3. 各级人民政府的领导人员，县级以上各级人民政府工作部门和派出机构的工作人员属于公务员。

4. 中国人民政治协商会议各级委员会的领导人员，中国人民政治协商会议各级委员会工作机构的工作人员属于公务员，不驻会、不使用行政编制的领导人员，不列入公务员范围。人事关系所在部门和单位不属于中国人民政治协商会议各级委员会机关的常务委员、委员、专门委员会委员不属于公务员。

5. 最高人民法院和地方各级人民法院的法官、审判辅助人员，最高人民法院和地方各级人民法院的司法行政人员属于公务员。

6. 最高人民检察院和地方各级人民检察院的检察官、检察辅助人员，最高人民检察院和地方各级人民检察院的司法行政人员属于公务员。

7. 各民主党派中央和地方各级委员会的领导人员，工作机构的人员属于公务员，不驻会、不使用行政编制的领导人员，不列入公务员范围。人事关系所在部门和单位不属于各民主党派各级机关的中央和地方各级委员会委员、常委和专门委员会成员不属于公务员。

中华全国工商业联合会和地方各级工商联的领导人员，工作机构的工作人员属于公务员，不驻会、不使用行政编制的领导人员，不列入公务员范围。人事关系所在部门和单位不属于中华全国工商业联合会和地方各级工商联机关的执行委员、常务委员会成员和专门委员会成员不属于公务员。

二、关于参照公务员法管理身份的认定

8. 人事关系所在部门和单位属于参照公务员法管理的事业单位的人员，应认定为参照公务员法管理身份。参照公务员法管理的事业单位以各级组织人事管理部门登记的为准。

在各级科协、工会、妇联等人民团体和群众团体担任领导职务、但人事行政关系和工资关系不在人民团体和群众团体机关的，不登记为机关工作人员，不属于参照公务员法管理范围。

三、关于军队系统行政干部的认定

9. 军队系统行政干部的认定参照以上规则执行。

我院请候选人主管部门的组织人事部门对候选人是否属于公务员或参照公务员法管理的党政机关处级以上领导干部根据公务员登记情况予以确认。

本规则由中国工程院院士增选政策委员会负责解释。

附：

《中华人民共和国公务员法释义》关于公务员范围界定的规定

（全国人民代表大会常务委员会法制工作委员会编）

根据公务员法草案说明、全国人大法律委员会关于公务员法草案审议结果的报告，按照上述界定标准，公务员的范围主要是以下七类机关的工作人员：

1. 中国共产党机关的工作人员。包括中央和地方各级党委、纪委的专职领导成员；中央和地方各级党委工作部门和纪检机关的工作人员；街道、乡（镇）党委机关的工作人员。

2. 人大机关的工作人员。包括全国人大常委会委员长、专职副委员长、秘书长、专职常委，地方各级人大常委会主任、专职副主任、秘书长，专职常委乡（镇）人大专职主席、副主席；各级人大常委会机关工作人员；各级人大专门委员会专职组成人员及其办事机构工作人员。

3. 行政机关的工作人员。包括各级人民政府的组成人员，各级人民政府工作部门及派出机构的工作人员。

4. 政协机关的工作人员。包括政协各级委员会主席、专职副主席、秘书长；政协各级委员会工作机构的工作人员；政协专门委员会办事机构的工作人员。

5. 审判机关的工作人员。包括最高人民法院、地方各级人民法院的法官、审判辅助人员和行政管理人员。

6. 检察机关的工作人员。包括最高人民检察院、地方各级人民检察院的检察官、检察辅助人员和行政管理人员。

7. 民主党派机关的工作人员。包括8个民主党派中央和地方各级委员会主席(主委)、专职(驻会)副主席(副主委)、秘书长;中央和地方各级委员会职能部门和办事机构的工作人员。

中国工程院关于委托组织学术团体提名2017年院士候选人的通知

中工发〔2016〕139号

中国科协:

中国工程院2017年院士增选工作将于1月1日启动。根据《中国工程院院士增选工作实施办法》的规定,委托贵部门组织各有关全国学会和省级科协进行推选和提名工作。现将有关事项通知如下。

一、中国工程院2017年院士增选总名额不超过75名。

二、中国工程院现设9个学部。本次增选可向工程院报送候选人的名额为:机械与运载工程学部,信息与电子工程学部,化工、冶金与材料工程学部,能源与矿业工程学部,土木、水利与建筑工程学部,农业学部和医药卫生学部七个学部分别不超过27名,环境与轻纺工程学部和工程管理学部两个学部分别不超过18名。上述9个学部所涵盖的工程科学技术各学科专业的专家均可被提名为院士候选人。

三、由学术团体提名的候选人的年龄不得超过65周岁(1952年7月1日及以后出生)。公务员和参照公务员法管理的党政机关处级以上领导干部原则上不作为候选人,军队行政干部不作为候选人(兼任技术职务的除外)。

四、凡2011、2013、2015年已被提名至中国工程院和被推荐至中国科学院的有效候选人,两院合计连续3次的,2017年须停止1次被提名资格。

五、本文所附的《提名书》仅限中国科协提名渠道使用。请于2017年3月31日前,将候选人《提名书》原件、电子版光盘和相关附件材料报送中国工程院。具体要求如下:

1. 需提交《关于报送候选人名单及其材料的函》一式2份。函中应按学部顺序列出通过评审的候选人名单,并加盖公章。随函应附:提名委员会委员名单和有提名委员会负责人签名或盖章的投票结果(总票数以及候选人的得票数及排序)。

2. 需提交由候选人签名及其所在单位审核盖章的《提名书》原件一式四份，由中国工程院院士候选人提名系统生成的 mdb 格式《提名书》电子版光盘一张，不接收 U 盘、移动硬盘等其他存储介质。《提名书》原件与电子版的内容须完全一致。中国工程院院士候选人提名系统及使用说明书可登录中国工程院网站（www.cae.cn）下载。

3. 附件材料：候选人重要科技奖项获奖证书材料复印件一式 1 套（不超过 6 项）；实施的发明专利证书及其实施情况的复印件等证明材料一式 1 套（不超过 6 项）；有代表性的论文和著作及评述原件或复印件等材料一式 1 套（不超过 10 篇、册）；工程设计、建设、运行、管理方面的重要成果原件或复印件（不超过 5 篇、册）；超过《提名书》中规定数量的附件材料，可提供目录清单。所报材料如需退还，请注明。

4.《提名书》内容要进行脱密处理，由候选人所在单位负责审核，并加盖单位公章。

七、中国工程院对报送的候选人材料进行形式审查，审查合格的成为有效候选人。

附件：1. 中国工程院院士增选工作实施办法（略）
2. 中国工程院院士增选违纪违规行为处理办法（略）
3. 中国工程院院士增选工作中院士行为规范（略）
4. 中国工程院院士增选中的保密规定（略）
5. 中国工程院院士增选投诉信处理办法（略）
6. 中国工程院院士增选候选人材料公示办法（略）
7. 中国工程院院士增选机关工作人员行为规定（略）
8. 中国工程院院士增选候选人材料验收及汇总的有关规定（略）
9. 中国工程院院士增选学部专业划分标准（略）
10. 中国工程院院士候选人党政机关领导干部身份认定规则（试行）（略）
11. 中国工程院 2017 年增选工作日程安排（流程图）（略）
12. 中国工程院院士候选人提名书（中国科协提名用）（略）

中国工程院

二〇一六年十二月二十一日

中国工程院关于推荐2017年院士增选涉密候选人的通知

中工发〔2016〕140号

国务院有关部委，中央军委政治工作部，有关研究院所、企业：

中国工程院2017年院士增选工作将于1月1日启动。为了做好国防和国家安全等重点领域院士候选人提名工作，中国工程院将成立特别提名小组对研究成果为机密级及以上的候选人进行评审和提名。现委托你部门（单位）推荐本系统内符合要求的相关人员，有关事项通知如下：

一、请按照《中国工程院院士增选工作实施办法》和《中国工程院院士增选特别提名小组工作规则》等文件规定，认真组织做好本部门、本单位院士候选人推荐工作。

二、中国工程院现设9个学部，分别为：机械与运载工程学部，信息与电子工程学部，化工、冶金与材料工程学部，能源与矿业工程学部，土木、水利与建筑工程学部，环境与轻纺工程学部，农业学部，医药卫生学部，工程管理学部。上述9个学部所涵盖的工程科学技术各学科专业的专家均可被提名为院士候选人。2017年院士增选总名额不超过75名。

三、通过特别提名小组提名的候选人的研究成果须为机密级及以上。公务员和参照公务员法管理的党政机关处级以上领导干部原则上不作为候选人，军队行政干部不作为候选人（兼任专业技术职务的除外）。候选人年龄应不超过65周岁（1952年7月1日及以后出生）。

四、凡2011、2013、2015年已被提名至中国工程院和被推荐至中国科学院的有效候选人，两院合计连续3次的，2017年须停止1次被提名资格。

五、请各部门、各单位组织推荐候选人，并于2017年3月20日前，将候选人《提名书》原件、电子版光盘和相关附件材料报送中国工程院院士增选特别提名小组工作办公室。具体要求如下：

1. 需提交由候选人本人签名及单位审核盖章的《提名书》原件一式四份，由中国工程院院士候选人提名系统生成的mdb格式《提名书》电子版光盘一张，不接收U盘、移动硬盘等其他存储介质。《提名书》原件与电子版的内容须完全一致。中国工程院院士候选人提名系统及使用说明书可登录中国工程院网站（www.cae.cn）下载。

2. 附件材料：候选人重要科技奖项获奖证书材料复印件一式1套（不超过6项）；实施的发明专利证书及其实施情况的复印件等证明材料一式1套（不超过6项）；有代表性的论文和著作及评述原件或复印件等材料一式1套（不超过10篇、册）；工程设计、建设、运行、管理方面的重要成果原件或复印件（不超过5篇、册）；超过《提名书》中规定数量的附件材料，可提供目录清单。所报材料如需退还，请注明。

3.《提名书》内容要进行脱密处理。为更好介绍候选人的主要成就贡献，可另附不多于3000

字的涉密材料，候选人所在单位负责对所提供材料的密级进行审核认定，并加盖单位公章。

附件：1. 中国工程院院士增选工作实施办法（略）
2. 中国工程院院士增选特别提名小组工作规则（试行）
3. 中国工程院院士增选违纪违规行为处理办法（略）
4. 中国工程院院士增选工作中院士行为规范（略）
5. 中国工程院院士增选中的保密规定（略）
6. 中国工程院院士增选投诉信处理办法（略）
7. 中国工程院院士增选候选人材料公示办法（略）
8. 中国工程院院士增选机关工作人员行为规定（略）
9. 中国工程院院士增选候选人材料验收及汇总的有关规定（略）
10. 中国工程院院士增选学部专业划分标准（略）
11. 中国工程院院士候选人党政机关领导干部身份认定规则（试行）（略）
12. 中国工程院 2017 年增选工作日程安排（流程图）（略）
13. 特别提名小组候选人推荐单位名单
14. 中国工程院院士候选人提名书（特别提名小组提名用）（略）

中国工程院
二〇一六年十二月二十一日

附件 2：

中国工程院院士增选特别提名小组工作规则（试行）

（2016 年 10 月 31 日主席团会议审议通过）

第一条 为了做好国防、国家安全等重点领域的中国工程院院士候选人（以下简称“候选人”）的提名工作，根据《中国工程院章程》和《中国工程院院士增选工作实施办法》的相关规定，制定本规则。

第二条 特别提名小组提名是中国工程院院士提名的补充方式。中国工程院主席团授权院士增选政策委员会组织院士成立特别提名小组。院士增选政策委员会建立特别提名小组院士信息库，由各学部推荐国防和国家安全领域的相关院士参加。信息库进行动态更新，特别提名小组的成员从信息库中产生。

第三条 被提名候选人的年龄应不超过**65**周岁（按增选当年**6**月**30**日实足年龄计算），且研究成果须为机密级及以上。香港、澳门特别行政区和台湾省以及侨居他国的中国籍学者、专家不作为提名人选。

第四条 每次增选，院士增选政策委员会从特别提名小组院士信息库中选取不少于**15**位院士组成特别提名小组，报主席团会议审定。

第五条 中国工程院委托中央军委政治工作部协助做好候选人材料的接收、汇总，以及评审会议的组织服务工作。特别提名小组成立工作办公室，成员由中国工程院、中央军委政治工作部和国家国防科技工业局推荐人员组成。

第六条 涉及国防、国家安全领域的相关部门负责组织本系统候选人的推荐工作。候选人人事关系所在单位要对其材料的密级认定及真实性、准确性负责，对候选人的政治表现、廉洁自律和道德品行等方面审核把关，提交《中国工程院院士候选人提名书》及附件材料，《提名书》内容要进行脱密处理。为更好介绍候选人的主要成就贡献，可另附不多于**3000**字的涉密材料，并须经候选人所在单位审查认定。

第七条 特别提名小组召开评审会议对各部门推荐的候选人进行酝酿、讨论，并以无记名投票的方式确定提名人选。参加评审的院士超过特别提名小组人数的二分之一，可进行投票表决；获得赞同票超过二分之一的候选人按照得票多少依次获得被提名资格。

第八条 候选人、推荐单位和部门、院士以及工作人员应严格遵守《中国工程院院士增选违纪违规行为处理办法》、《中国工程院院士增选工作中院士行为规范》、《中国工程院院士增选机关工作人员行为规定》和《中国工程院院士增选中的保密规定》等，如有违反，将按照有关办法进行严肃处理。

第九条 本办法自修订之日起实施，由中国工程院院士增选政策委员会负责解释。

附件13：

特别提名小组候选人推荐单位名单

序号	单位名称
1	中央军委政治工作部
2	工业和信息化部
3	公安部
4	国家安全部

续表

序号	单位名称
5	国有资产监督管理委员会
6	国家国防科技工业局
7	中国工程物理研究院
8	中国航天科工集团公司
9	中国航天科技集团公司
10	中国航空工业集团公司
11	中国船舶工业集团公司
12	中国船舶重工集团公司
13	中国核工业集团公司
14	中国核工业建设集团公司
15	中国兵器工业集团公司
16	中国兵器装备集团公司
17	中国电子科技集团

中国工程院关于提名2017年外籍院士候选人的通知

中工发〔2016〕141号

各位院士：

2017年中国工程院外籍院士（以下简称“外籍院士”）增选工作将于1月1日启动，为做好外籍院士提名候选人工作，现将有关事项通知如下：

一、每位院士最多可提名2位外籍院士候选人，获得不少于5位院士提名的候选人，为有效候选人。截止到2016年12月31日未满80周岁的院士，有本次增选的提名权与选举权。

二、院士提名候选人时，要特别注意从我国科技、经济、社会发展的实际和全局出发，在严格坚持标准的前提下,注意候选人的广泛性、代表性(如不同国别、民族、专业等)。

三、提名院士应本着客观、实事求是的原则,逐项填写《中国工程院外籍院士候选人提名书》(以下简称《提名书》)和《中国工程院外籍院士候选人简表》(以下简称《简表》)的各项内容。如情况掌握不详、不全时,可通过有关途径(包括向被提名人本人)了解和索要资料,但注意不要多头对外。在联系时,要注意方式,以免候选人不能当选时形成被动。

四、报送材料要求:需提交由院士签名的《提名书》和《简表》原件一式两份,与院士签名原件内容完全一致的《提名书》和《简表》的电子版光盘一张,不接收U盘、移动硬盘等其他存储介质,《提名书》和《简表》可登录我院网站www.cae.cn下载。相关材料请于2017年3月31日前提交中国工程院增选工作办公室,通过邮寄方式提交的材料,提交日期以寄出地邮戳为准。

附件:1. 中国工程院外籍院士增选工作实施办法
2. 中国工程院外籍院士候选人提名书(略)
3. 中国工程院外籍院士候选人简表(略)

中国工程院
二〇一六年十二月十九日

附件1:

中国工程院外籍院士增选工作实施办法

(2016年10月31日主席团会议审议通过)

为了便于中国工程院外籍院士(以下简称外籍院士)增选工作的组织实施,根据《中国工程院章程》制定本办法。

一、外籍院士的标准条件

具有很高的工程科学技术水平和在国际上享有良好声誉,对中国工程科学技术事业发展做出贡献或在促进我国工程科学技术界国际交往方面有重要作用的外国籍专家、学者,可被提名并当选为中国工程院外籍院士。

二、提名外籍院士候选人

1. 提名人应本着公正、客观和实事求是的原则,认真填写外籍院士候选人的《提名书》、《简表》等有关表格。

2. 由工程院院士提名外籍院士候选人，每位院士最多提名2位候选人，获得不少于5位院士提名的候选人，为有效候选人。

3. 提名外籍院士，不按学部定名额，主要依据候选人所具备的条件。在符合规定条件下，适当注意学科、专业、国别等分布情况。

三、评审

1. 评审材料（包括全部有效候选人的《提名书》、《简表》等）要印发本院全体院士审阅、征求意见。院士除对本学部的候选人提出意见外，还应根据自己了解和审阅材料的情况，对其他学部的候选人发表意见。

2. 各学部常委会在汇总院士反馈意见的基础上，讨论和确定本学部学科专业范围内候选人的排序；对不属于本学部学科专业范围的候选人，也应尽可能提出意见和建议，一并提供主席团会议参考。每个学部进入主席团会议介绍和评审的候选人不超过3人。

3. 主席团会议在听取外籍院士候选人提名和征求意见的情况汇报、各学部常委会对外籍院士候选人的排序意见以及提名人代表对候选人情况简要介绍的基础上，经过民主讨论，并以无记名投票方式，确定提交全体院士会议选举的正式候选人名单。

出席会议的主席团成员达到二分之一，投票有效。获得赞同票不少于投票人数二分之一票数的候选人列入正式候选人名单。投票前，推选2位主席团成员为监票人。院机关工作人员协助发票、计票等工作。

四、选举

1. 正式候选人的有关材料在投票选举前提交出席会议的全体院士审议。

2. 选举外籍院士由全体院士会议实行等额、无记名投票。参加投票的院士人数不少于应投票院士人数的三分之二，选举有效；获得赞同票超过或达到投票院士人数三分之二者当选。全体院士会议投票选举前，通过总监票人、监票人名单。总监票人、监票人由与会院士担任；协助发票、计票工作人员由院机关人员担任。

3. 外籍院士的选举结果，在全体院士会议上公布，并以中国工程院院长名义寄发当选通知书（中英文）及中国工程院章程等有关材料。

五、时间安排

每个增选年度，中国工程院增选外籍院士的提名、评审、选举工作与增选中国籍院士的工作同期进行。各学部常委会在9月30日前完成对本学部外籍院士候选人的排序。在第二轮评审会时，召开全院大会，进行全体院士投票选举。

本办法自修订之日起实施，由中国工程院主席团负责解释。

战 略 咨 询

中国工程院 2016 年咨询研究项目目录

序号	编号	项目名称	负责人	类型
1	2016-ZD-01	工业强基战略研究(二期)	路甬祥	重大
2	2016-ZD-02	＊＊＊研究	戚发轫 王礼恒	重大
3	2016-ZD-03	“互联网+”行动计划的发展战略研究	陈左宁 李伯虎	重大
4	2016-ZD-04	中国人工智能 2.0 发展战略研究	潘云鹤	重大
5	2016-ZD-05	空间信息技术领域发展战略研究	张乃通 吕跃广 于　全	重大
6	2016-ZD-06	新一代核能用材发展战略研究	徐匡迪 赵宪庚 干　勇	重大
7	2016-ZD-07	碳约束条件下我国能源结构优化研究	张玉卓	重大
8	2016-ZD-08	我国水安全战略和相关重大政策研究	胡春宏 王　浩	重大
9	2016-ZD-09	国际化绿色化背景下国家区域食物安全可持续发展战略研究	刘　旭 邓秀新 尹伟伦 盖钧镒	重大
10	2016-ZD-10	农业资源环境若干重大战略问题研究	石玉林 唐华俊 王　浩 孟　伟 高中琪	重大
11	2016-ZD-11	我国医药卫生人才培养战略研究	樊代明 杨宝峰 詹启敏	重大

续表

序号	编号	项目名称	负责人	类型
12	2016-ZD-12	引发产业变革的重大颠覆性技术预测研究	孙永福 王礼恒 王　安 王陇德 胡文瑞	重大
13	2016-ZD-13	战略性新兴产业发展重大行动计划研究	邬贺铨 钟志华	重大
14	2016-ZD-14	推动能源生产和消费革命战略研究(二期)	谢克昌 彭苏萍	重大
15	2016-ZD-15	中国＊＊＊研究	赵宪庚 刘　旭	重大
16	2016-ZD-16	世界科技发展趋势和加强创新型国家建设战略研究	杜祥琬	重大
17	2016-ZD-17	＊＊＊评估	邬贺铨	重大
18	2016-XZ-01	机械与运载工程技术 2035 发展战略研究	金东寒 唐长红 杜善义 吴有生 李　骏 丁荣军 张　军	重点
19	2016-XZ-02	军用航空装备技术发展战略研究	顾诵芬 唐长红 李　天 朱荣昌	重点
20	2016-XZ-03	制造工程科学的研究进展、竞争态势及我国的对策	郭东明	重点
21	2016-XZ-04	互联网时代国产关键软硬件发展研究	卢锡城	重点
22	2016-XZ-05	＊＊＊战略研究	陈　鲸	重点

续表

序号	编号	项目名称	负责人	类型
23	2016-XZ-06	我国信息领域产业安全发展策略研究	沈昌祥	重点
24	2016-XZ-07	中国农药产业的技术创新与发展转型战略研究	钱旭红	重点
25	2016-XZ-08	安全可靠、清洁环保型炼油与化工企业构建	曹湘洪	重点
26	2016-XZ-09	我国工业炸药现场混装技术及装药爆破一体化模式的发展及政策研究	汪旭光	重点
27	2016-XZ-10	煤炭绿色开发利用与煤基多元协同清洁能源技术革命研究	谢和平 洪伯潜 王金华	重点
28	2016-XZ-11	柴达木盐湖钾及新能源锂铷等综合评价与环境协调发展研究	赵文智 郑绵平 张全兴 孟　伟	重点
29	2016-XZ-12	国家应急准备与响应科技发展战略研究	范维澄	重点
30	2016-XZ-13	海洋桥梁工程技术发展战略研究	秦顺全	重点
31	2016-XZ-14	绿色建造可持续发展现状与发展战略研究	肖绪文	重点
32	2016-XZ-15	全球空间信息基础设施建设战略研究	李建成 潘德炉	重点
33	2016-XZ-16	我国长三角地区毒害有机污染物控制战略研究	张全兴	重点
34	2016-XZ-17	我国纺织产业智能制造发展战略研究	孙晋良 俞建勇	重点
35	2016-XZ-18	食品制造技术及发展战略研究	朱蓓薇	重点
36	2016-XZ-19	“一带一路”战略背景下中国农业国际合作发展战略研究	方智远 傅廷栋	重点
37	2016-XZ-20	我国医药卫生信息共享体系发展战略研究	詹启敏 孟　群	重点
38	2016-XZ-21	中国法医科学发展战略研究	从　斌 刘　耀	重点

续表

序号	编号	项目名称	负责人	类型
39	2016-XZ-22	高原健康与慢性高原病防治策略研究	俞梦孙 吴天一	重点
40	2016-XZ-23	中国炼油和煤化工产业可持续发展与区域协调发展重大战略问题研究	王基铭	重点
41	2016-XZ-24	仿真技术在战略性新兴产业政策模拟中的应用研究	王礼恒	重点
42	2016-XZ-25	中国地热产业规划和布局战略研究	曹耀峰 马永生	重点
43	2016-XZ-26	2016—2017 年度中国工程院院刊发展战略研究	樊代明	重点
44	2016-XZ-27	临空信息系统战略咨询研究	王　浚	重点
45	2016-XZ-28	＊＊＊创新研究	杜善义	重点
46	2016-XZ-29	长三角能源互联网发展战略研究	翁史烈	重点
47	2016-XZ-30	高危险物质管控与应急体系战略研究	李立浧 杜祥琬	重点
48	2016-XZ-31	上海加快建设具有全球影响力的科技创新中心发展战略研究(一期)	杨胜利 翁史烈	重点
49	2016-XZ-32	中国电子信息技术发展研究(2016)	陈左宁	重点
50	2016-XZ-33	新一代信息通信技术发展策略研究	邬江兴	重点
51	2016-XZ-34	高原特色农业精准扶贫咨询研究(含高原农业电商数据平台咨询研究)	朱有勇 段国定	重点
52	2016-XZ-35	百年科技强国战略咨询研究	宋　健 沈荣骏	重点
53	2016-XZ-36	＊＊＊研究	王礼恒 戚发轫	重点
54	2016-XZ-37	全球工程前沿研究	钱旭红	重点
55	2016-XZ-38	中国草业发展战略研究	南志标	重点

续表

序号	编号	项目名称	负责人	类型
56	2016-XZ-39	工程科技颠覆性技术典型案例启示	胡思得	重点
57	2016-XY-01	中国深空探测发展战略研究	杨永斌 钟志华	学部
58	2016-XY-02	中国汽车低碳化系统工程研究	李　骏 赵福全 张进华	学部
59	2016-XY-03	我国精密超精密制造装备发展战略	蒋庄德	学部
60	2016-XY-04	我国军工企业品牌建设发展战略研究	曾广商	学部
61	2016-XY-05	轮胎动力学协同发展策略研究	郭孔辉 卢　荡	学部
62	2016-XY-06	流程工业绿色智能装备科技发展战略研究	高金吉	学部
63	2016-XY-07	中国机械工程重点技术发展研究	李培根 张彦敏	学部
64	2016-XY-08	网络空间大搜索技术发展规划研究	方滨兴 贾　焰	学部
65	2016-XY-09	信息网络领域开源平台及技术发展战略	刘韵洁	学部
66	2016-XY-10	＊＊＊对策研究	吕跃广	学部
67	2016-XY-11	智慧城市背景下的城市社会管理技术体系构建及推进战略研究	钟　山 李伯虎	学部
68	2016-XY-12	医保监管智能化技术研究	何新贵	学部
69	2016-XY-13	稀土功能材料及应用发展战略研究	张国成 黄小卫	学部
70	2016-XY-14	基因矿物加工工程可行性及发展战略研究	孙传尧	学部
71	2016-XY-15	光电功能晶体产业链发展战略研究	吴以成	学部
72	2016-XY-16	材料性能评价体系的系统发展战略研究	王海舟	学部
73	2016-XY-17	“一带一路”矿产资源开发的战略研究	邱冠周	学部

续表

序号	编号	项目名称	负责人	类型
74	2016-XY-18	加速研发全固态电池	刘业翔 刘 晋	学部
75	2016-XY-19	能源与矿业工程科技 2035 发展战略研究	彭苏萍	学部
76	2016-XY-20	高端核医学装备产业化战略研究	樊明武 夏佳文	学部
77	2016-XY-21	恶劣环境下土木工程材料长寿命策略及措施研究	缪昌文	学部
78	2016-XY-22	提高进藏高速公路和铁路桥梁抗灾能力的战略研究	郑皆连 邓志恒	学部
79	2016-XY-23	洞庭湖大水脉方案研究	钮新强	学部
80	2016-XY-24	钢结构住宅产业化咨询研究	周绪红	学部
81	2016-XY-25	轨道交通地下车站能耗评价与节能策略研究	江 亿	学部
82	2016-XY-26	长江中游地区产业布局与大气环境协调发展研究	刘文清	学部
83	2016-XY-27	中国食品安全第三方检测机构发展战略研究	庞国芳	学部
84	2016-XY-28	中国大气污染防治历史回顾、挑战与应对策略研究	王文兴	学部
85	2016-XY-29	轻工产品制造智能装备发展战略研究	瞿金平	学部
86	2016-XY-30	气象领域高性能计算关键问题及发展策略研究	宋君强	学部
87	2016-XY-31	中国牛羊肉产业发展战略研究	任继周 李发弟 阎 萍	学部
88	2016-XY-32	中国粳稻发展战略研究	陈温福 罗锡文 朱有勇	学部
89	2016-XY-33	新《食品安全法》实施后绿色园艺发展战略研究	邓秀新	学部

续表

序号	编号	项目名称	负责人	类型
90	2016-XY-34	长江和黄河流域棉区棉花生产五化发展战略研究	喻树迅	学部
91	2016-XY-35	东北地区玉米种植面临的新形势与新挑战 及其应对战略研究	刘兴土	学部
92	2016-XY-36	转基因动物制药产业化战略研究	曾溢滔	学部
93	2016-XY-37	药品监管科学发展战略研究	杨胜利	学部
94	2016-XY-38	智能化药物制剂与智能化制药技术发展战略研究	侯惠民	学部
95	2016-XY-39	我国儿童恶性肿瘤治疗体系及模式的国内外对比研究	张金哲 王焕民	学部
96	2016-XY-40	煤矿开采技术管理的变革	王　安 祁和刚	学部
97	2016-XY-41	＊＊＊创新研究	栾恩杰	学部
98	2016-XY-42	国有企业社会责任评价与管理研究	孙永福 胡文瑞	学部
99	2016-XY-43	“十三五”期间水安全问题研究	李京文 李富强	学部
100	2016-XY-44	工程教育对创新驱动发展的支撑作用与促进对策研究	谭建荣	学部
101	2016-XY-45	面向“中国制造 2025”的工程教育变革趋势与应对策略	杨华勇	学部
102	2016-XY-46	面向智能制造的重点人才培养与成长战略研究	段宝岩	学部
103	2016-XY-47	网络空间安全工程科技人才培养规划建议	方滨兴	学部
104	2016-XY-48	基于“一带一路”的铁道工程与运输组织国际科技工程人才培养体系研究	杜彦良 冯晓云	学部
105	2016-XY-49	中国制造 2025——航空领域智能制造发展战略	徐惠彬	学部

续表

序号	编号	项目名称	负责人	类型
106	2016-XY-50	新工业革命背景下上海的制造业与服务业融合发展战略研究	林忠钦	学部
107	2016-XY-51	上海城镇群六水综合开发与六灾共同防治以保障生态环境安全与可持续发展战略研究	卢耀如	学部
108	2016-XY-52	国际工程教育合作战略——未来工程师培养与发展若干问题研究	朱高峰	学部
109	2016-XY-53	中国县域城镇化研究	邹德慈 李晓江	学部
110	2016-XY-54	健康管理对于慢病防控影响的国际比较研究	刘德培	学部
111	2016-XY-55	制造业创新设计发展行动纲要编制研究	路甬祥	学部
112	2016-XY-56	构建工程能力研究	朱高峰	学部
113	2016-XY-57	会泽古城保护咨询研究	徐德龙	学部
114	2016-XY-58	香港及珠三角地区协同创新发展战略研究	干　勇	学部
115	2016-XY-59	我国利用海洋能实现海水淡化的可行性研究	曾恒一 林忠钦 朱英富	学部
116	2016-XY-60	中国极地船舶发展策略与建议	朱英富 林忠钦 曾恒一	学部
117	2016-XY-61	从原子到产品：原子制造与原子微系统战略研究	彭先觉	学部
118	2016-XY-62	X 射线自由电子激光发展战略研究	夏佳文	学部
119	2016-ZCQ-01	面向 2035 的我国综合交通工程科技发展战略研究	张　军	中长期
120	2016-ZCQ-02	我国航天运载器技术 2035 发展战略研究	龙乐豪	中长期
121	2016-ZCQ-03	光电子技术 2035 发展战略研究	陈良惠	中长期

续表

序号	编号	项目名称	负责人	类型
122	2016-ZCQ-04	面向 2035 的"互联网+"时代的网络智慧管理战略研究	邬江兴	中长期
123	2016-ZCQ-05	面向 2035 的石化工业低碳化战略研究	曹湘洪 袁晴棠	中长期
124	2016-ZCQ-06	面向 2035 的中国风能和太阳能发电开发模式战略比较及关键科学问题研究	余贻鑫	中长期
125	2016-ZCQ-07	中国新型智慧城市建设工程科技 2035 发展战略研究	郭仁忠	中长期
126	2016-ZCQ-08	面向 2035 的我国粮食生产系统适应气候变化战略研究	唐华俊	中长期
127	2016-ZCQ-09	面向 2035 的我国口腔卫生保健战略研究	张志愿 周学东 牛玉梅	中长期
128	2016-ZCQ-10	面向 2035 的网络舆情管理发展战略研究	方滨兴	中长期
129	基金委资助	面向 2035 的洁净煤工程技术发展战略研究	彭苏萍	中长期
130	基金委资助	面向 2035 的黄河水沙变化趋势与治理战略研究	胡春宏	中长期
131	基金委资助	面向 2035 的电子废弃物污染防治与资源化发展战略研究	张　懿	中长期
132	基金委资助	面向 2035 的传感器及微系统发展战略研究	蒋庄德	中长期
133	基金委资助	面向 2035 的海陆统筹的生态环境与资源巡查工程科技战略研究	李家彪	中长期
134	2016-GDZK-01	深入实施创新驱动发展战略研究(构建以企业为主体的技术创新体系研究)	干　勇 钟志华	高端智库
135	2016-GDZK-02	强化绿色发展理念,抓好重点区域大气污染治理问题研究	郝吉明	高端智库

续表

序号	编号	项目名称	负责人	类型
136	2016-GDZK-03	长江经济带区域协同创新发展战略研究	赵宪庚 金东寒	高端智库
137	2016-GDZK-04	网络强国战略研究	陈左宁	高端智库
138	2016-GDZK-05	维护网络空间安全研究	方滨兴	高端智库
139	2016-GDZK-06	中国制造业品牌发展战略研究	林忠钦	高端智库
140	2016-GDZK-07	中国特色现代农业产业体系研究	刘　旭	高端智库
141	2016-GDZK-08	推动能源生产和消费革命战略研究	赵宪庚 谢克昌	高端智库
142	2016-GDZK-09	发展低碳循环经济、应对气候变化问题研究	杜祥琬 丁一汇	高端智库
143	2016-GDZK-10	推动新工业革命、培育经济发展新动能研究	钟志华 邬贺铨	高端智库
144	2016-GDZK-11	我国制造业成本的综合评估及其国际比较研究	朱高峰 尤　政	高端智库
145	2016-GDZK-12	实施“一带一路”战略、推进国际产能合作和装备走出去研究	徐德龙 王基铭	高端智库
146	2016-GDZK-13	在粮食供需关系变化新形势下转变农业发展方式研究	刘　旭	高端智库
147	2016- GJXS	国际工程科技发展战略高端论坛	樊代明	学术活动
148	2016- ZGXS	中国工程科技论坛	樊代明	学术活动
149	2016- XBXS	学部级学术活动	樊代明	学术活动
150	2016-XS	2016 年度学术会议咨询研究综合组	樊代明	学术活动

2016年院士建议目录

期数	总期数	名称	建议人（第一、第二）
1	353	关于“创新三江源区生态资源资产与生态文明建设发展模式”的建议	刘旭、孟伟
2	354	略	徐匡迪、周济
3	355	关于围绕国家安全需求，加强战略产品与技术储备能力建设的建议	李鸿志、干勇
4	356	关于落实绿色发展理念，尽快做大天然气行业	邱中建、彭苏萍
5	357	略	
6	358	筛查和干预中年人的“中风”风险刻不容缓	王陇德、王礼恒
7	359	略	
8	360	关于奶牛生产性能测定（DHI）大数据引领我国奶业创新驱动转型发展的建议	庞国芳、魏复盛
9	361	关于推动我国膜分离技术应用于海洋工程的建议	徐南平、高从堦
10	362	关于减少云南省等地水电大量弃水的建议	马洪琪、谢克昌
11	363	关于在结构工程中大力推广应用钢结构的建议	周绪红、聂建国
12	364	关于高性能纤维与汽车轻量化产业发展的建议	蒋士成、孙晋良
13	365	关于重视生物燃料推广应用和绿色生物制造研发的建议	谭天伟、曹湘洪
14	366	关于中药大健康产业“提质增效”发展的建议	樊代明、刘德培
15	367	关于促进我国热处理行业健康发展的建议	潘健生、金东寒

续表

期数	总期数	名称	建议人 (第一、第二)
16	368	关于全面推广低温空气源热泵热风机采暖技术实现京津冀农村地区无煤化的建议	江亿、倪维斗
17	369	关于城市大数据建设的建议	潘云鹤、吴澄
18	370	关于将"人体微生态与健康和疾病研究"列入"十三五"国家重点研发计划并优先启动的建议	李兰娟、杨宝峰
19	371	关于发展自主品牌"国民车"和"高端车"的政策建议	杨善林、何继善
20	372	关于尽快建设中国材料试验标准体系的建议	王海舟、徐龙德
21	373	关于将我国基础设施及重大装备腐蚀防护安全纳入国家战略的建议	徐匡迪、丁仲礼
22	374	关于在我国脑研究计划中发展神经信息工程的建议	韦钰、潘云鹤
23	375	关于加强高档数控机床提升与应用的建议	卢秉恒、林忠钦
24	376	关于"加强核反应堆关键设备运行状态监检测、维修及评价技术研究"的建议	叶其蓁、邱爱慈
25	377	关于加快建设航天强国的建议	王礼恒、戚发轫
26	378	关于加速推动中俄航天合作的建议	王礼恒、戚发轫
27	379	关于实施"职教扶贫专项行动",推动脱贫攻坚的建议	徐德龙、林忠钦
28	380	关于我国废弃矿井资源开发利用的建议	赵宪庚、谢克昌
29	381	关于构建工业清洁生产技术"绿色基因库",促进工业绿色发展的建议	段宁、刘鸿亮
30	382	关于推进网络电子身份证,支持网络空间身份管理有效实施的建议	方滨兴、陈左宁
31	383	略	张彦仲、王景全
32	384	略	张彦仲、张军
33	385	略	张彦仲、周守为
34	386	略	张彦仲、周守为

续表

期数	总期数	名称	建议人（第一、第二）
35	387	略	张彦仲、孟伟
36	388	加强地热能资源勘查开发，促进节能减排的建议	多吉、彭苏萍
37	389	关于“以加强县级医疗机构建设为抓手，切实促进健康中国战略重心下移”的建议	桑国卫、樊代明
38	390	提高矿产资源保障程度，加快矿业持续发展的建议	陈毓川、郑绵平
39	391	关于加强我国深层油气资源勘探的建议	孙龙德、邱中建
40	392	关于加强成品油市场监管，规范竞争秩序的建议	王基铭、胡文瑞
41	393	关于尽快建设国家中医药博物馆的建议	樊代明、桑国卫
42	394	关于尽快开展渤海海峡跨海通道修建前期工作的若干建议	王梦恕、周福霖
43	395	关于积极应对“低慢小轻飞行器”威胁，健全国家安全保障体系的建议	栾恩杰、王礼恒
44	396	略	吴曼青、陈左宁
45	397	关于加强我国实验动物科技创新的建议	夏咸柱、贺福初
46	398	重构国际知识产权定价格局，保护我国自主创新成果	邬贺铨、朱高峰
47	399	大力推进新疆同“一带一路”中亚五国医疗合作，全力打造丝绸之路经济带核心区医疗服务中心	杨胜利、周良辅
48	400	关于促进我国自主创新药物发展的建议	杨宝峰、丁健

人 才 培 养

中华人民共和国政府与联合国教育、科学及文化组织(联合国教科文组织)关于在中华人民共和国北京市设立由联合国教科文组织支持的国际工程教育中心(2类中心)的协议

中华人民共和国政府和联合国教科文组织考虑到联合国教科文组织大会遵照其第37 C/18 Part I号文件,通过在中华人民共和国北京市设立一个国际工程教育中心(下称“中心”)加强国际合作的决议,鉴于大会授权总干事与中华人民共和国政府签订了设立中心的协议,双方希望确定本协议中适用的向上述中心提供支持的条款和条件,现达成如下协议:

第一条　定义

一、在本协议中,“联合国教科文组织”是指联合国教育、科学及文化组织。

二、“中国政府”是指中华人民共和国政府。

三、“中心”是指在中华人民共和国北京市设立的国际工程教育中心。

第二条　设立

中国政府同意在2016年采取任何必要措施,按照本协议的规定,在中华人民共和国设立由联合国教科文组织支持的国际工程教育中心。

第三条　参与

一、中心的设立,必须有与中心有着共同利益和目标、愿意与中心合作的联合国教科文组织会员国和准会员参与。

二、希望根据本协议的规定参与中心的活动的联合国教科文组织会员国和准会员应向中心发出希望参与设立的通知。一经收到此类通知,中心主任应通知本协议各方及其他相关会员国。

第四条　本协议的目的

本协议的目的在于确定适用于联合国教科文组织与中国政府之间合作关系的条款和条件以及由此产生的双方的权利和义务。

第五条　法律地位

一、中心应独立于联合国教科文组织。

二、中国政府应确保中心在中华人民共和国境内享有其行使职能所需的职能自主权，以及以下法律资格：

（一）订立合同；

（二）提起法律诉讼；

（三）收购和处置动产及不动产。

三、中心及其活动须受中华人民共和国管辖。

第六条　组织法

中心组织法必须包含下列相关条款：

（一）依照国内法赋予中心的法律地位以及必要的法律能力，以行使自身职能和领取补助金、取得服务报酬以及获取中心运行所需的各种手段；

（二）使联合国教科文组织在中心理事机构内具有一定代表性的治理结构。

第七条　目标与职能

一、中心成立的目标如下：

（一）开展学术研究和咨询活动，密切关注以创新为驱动的产学合作路径、质量保证与教育创新。中心通过发表国际工程教育方面的研究报告和其他出版物，扩大其学术和政策影响。中心利用中国工程院和清华大学广泛的国际合作网络，加强与联合国教科文组织教育信息技术研究所、联合国教科文组织国际职业技术教育培训中心及奥尔堡工程科学和可持续性问题式学习中心的联系，并积极开发有关工程教育的需求、人员培训和政策的国际数据库。

（二）为发展中国家培养高端工程技术人才。以产学合作为基础，中国政府支持的中心教育培训项目将专注于工程师资力量和学生的培训，以及对技术人才进行继续工程教育。开展上述教育活动时，除传统教育手段外，中心还将利用现代化教育信息通信技术（ICT）以及清华大学及其他合作院校的精品课程资源推出具有大型开放式网络课程（MOOC）特色的在线教育课程，帮助发展中国家和边远贫困地区的青年获得高质量教育资源的便捷渠道，以便培训并维持专业工程技能，并做好终身学习的准备工作。

（三）与联合国教科文组织的相关机构和中心合作，特别是与联合国教科文组织的教育信息技术研究所合作，促进对《2012 开放教育资源巴黎宣言》的认识。此外，中心组织的教育培训活动将特别注重培养非洲国家和地区的工程技术人才，以及培养女性工程人才。

二、中心职能如下：

（一）通过智库式的研究和咨询中心，向国家政府和国际组织提供制订工程教育政策、战略、标准和制度方面的智力支持。借助中国在本地和国际层面的丰富经验以及各国的研究成果和成功经验，可以达成上述目标。

（二）借助传统与新兴教育手段，充分利用并扩大中心的产学合作网络，革新产学合作的教育模式，以及为发展中国家培养高端工程技术人才。

（三）创建国际交流平台：中心向联合国教科文组织的全体会员国开放，并强调非洲和性别平等这两个联合国教科文组织的总体优先事项。中心寻求扩大其在工程教育方面的全球交流和合作网络，旨在提倡跨国家、跨地区和跨文化的工程教育知识、专业技能和资源方面的分享。

三、中心应与联合国教科文组织自然科学部门工程学计划科密切合作实现上述目标、履行上述职能。

第八条　理事会

一、中心应由一个专门的理事会负责指导和监督，该理事会每六年换届一次，理事会成员构成如下：

（一）一名中国政府代表或其指定的代表（出任理事会主席）；

（二）一名来自中国工程院的代表；

（三）一名来自中国联合国教科文组织全国委员会的代表；

（四）至多三名来自从事工程科技的中国高等学校和研究机构的代表；

（五）至多五名来自依照上文第三条第二款的规定向中心发出会员资格通知、表示有意参与理事会工作的其他联合国教科文组织会员国的代表；

（六）联合国教科文组织总干事的代表；

（七）被接纳为理事会观察员的会员国代表。

二、理事会负责：

（一）批准中心长期和中期项目；

（二）批准中心年度工作计划与年度预算，包括中心人员编制表；

（三）审查中心主任提交的年度报告，包括中心对联合国教科文组织计划目标所作贡献的双年度自我评价报告；

（四）审议中心财务报表的定期独立审计报告，监督提交此类编制财务报表所需的会计记录；

（五）通过中心基本规章制度，确定中心财务、行政和人事管理程序；

（六）决定区域政府间组织和国际组织参与中心工作的相关事宜。

三、理事会应定期召开例行会议（至少每个日历年召开一次）；理事会主席可自行召开临时会议，也可应联合国教科文组织总干事或其大多数成员的要求召开临时会议。

四、理事会应通过其自身的议事规则。理事会第一次会议的议事规则应由中国政府和联合国教科文组织共同确定。

第九条　执行委员会

执行委员会负责中心的日常管理工作。执行委员会的构成由理事会决定。

第十条　秘书处

一、中心秘书处由一名主任和中心正常运行所需的工作人员组成；

二、主任应由理事会主席与联合国教科文组织总干事协商后任命；

三、秘书处其他成员可由下列人员组成：

（一）依照联合国教科文组织规章和联合国教科文组织理事机构的决定临时借调给中心使用

的联合国教科文组织工作人员；

（二）主任依照理事会规定的程序任命的任何人员；

（三）依照政府规定，可供中心使用的政府官员。

第十一条 主任的职责

主任应履行下列职责：

（一）依照理事会确定的方案、方针和原则管理中心的工作；

（二）起草中心工作计划和预算草案，并将其提交理事会核准；

（三）编制理事会会议临时议程，并向理事会提交其认为对中心管理有帮助的任何建议和意见；

（四）编制向理事会和联合国教科文组织提交的中心活动报告；

（五）实施作为中心法定代表人的民事法律行为。

第十二条 联合国教科文组织的贡献

一、联合国教科文组织可依照其战略目标和宗旨，视具体情况，以技术援助的方式为中心的项目活动提供必要帮助：

（一）提供中心专业领域的专家援助；

（二）参加临时人员交流活动，相关员工的工资仍由派遣单位发放，并且；

（三）特殊情况下，根据实施战略计划重点地区联合行动和项目的需要，联合国教科文组织总干事可决定临时借调联合国教科文组织的工作人员。

二、在上文所列任何情况下，提供此类援助均不得超出联合国教科文组织计划和预算规定的范围，而联合国教科文组织将向会员国提供有关其员工使用及相关成本的账目。

第十三条 中国政府的贡献

一、中国政府应提供中心管理和正常运行所需的全部财务或实物资源。

二、中国政府以上文第十三条第一款所述现金或实物的形式提供的资源的用途包含但不限于下列内容：

（一）秘书处工作人员（含主任）的工资和报酬、必要的人员以及适当的办公场所、设备和设施等；

（二）经营场所的维修费用、通讯费、公用事业费以及召开理事会会议的费用；

（三）中心正常履行职能所需的行政管理人员，其中应包含负责研究、培训和出版活动实施的人员，作为对其他渠道资助的补充。

第十四条 责任

由于中心在法律上独立于联合国教科文组织，因此，联合国教科文组织不在法律上对中心负责，不经受任何法律程序，也不对中心承担任何性质的责任（无论是财务责任还是其他方面的责任），但本协议明确规定的情况除外。

第十五条 评估

一、联合国教科文组织可在任何时间对中心的活动进行评估,以便确定:

(一) 中心是否按照 C/5 号文件(计划和预算)的四年计划期为联合国教科文组织战略目标和预期成果的实现做出重大贡献,包括该组织的两个总体优先事项、相关部门或计划优先事项和主题;

(二) 中心实际开展的各项活动是否符合本协议的相关规定。

二、为审查本协议,联合国教科文组织应对第 2 类机构/中心对其战略计划目标的贡献进行评估,由东道国或中心资助。

三、联合国教科文组织保证尽快向中国政府提交其评估报告。

四、各缔约方都可根据评估结果并依照第十九条和第二十条的规定,选择要求对本协议内容做出修正或选择终止本协议。

第十六条 联合国教科文组织名称和徽标的使用

一、中心可提及与联合国教科文组织的关系。因此,中心可在其名称中使用“由联合国教科文组织支持的”字样。

二、中心被授权依照联合国教科文组织理事机构规定的条件在其信头纸和文件(含电子文件和网页)使用联合国教科文组织的徽标或其变体。

第十七条 生效

经双方签字,并书面通知对方已完成中华人民共和国法律和联合国教科文组织的内部规章制度要求的全部手续后,本协议生效。最后一份通知收到之日应视为本协议之生效日期。

第十八条 期限

本协议有效期为六年,自其生效之日算起。执行局一旦根据总干事提供的续延评估结果给出意见,本协议可经各方共同商定续延。

第十九条 本协议终止

一、各缔约方均有权单方面终止本协议。

二、本协议终止应在任何一个缔约方收到另一方发出的书面通知之日起 30 天生效。

第二十条 修改

经中国政府和联合国教科文组织双方共同书面同意,可修改本协议。

第二十一条 纠纷的解决

一、联合国教科文组织与中国政府之间关于本协议的解释或适用问题的任何纠纷都应通过相互协商友好解决。如果不能通过友好协商解决上述任何纠纷,应将其提交一家由三名成员组成的仲裁法庭最终裁决,其中一名成员应由中国政府代表指定,另一名成员应由联合国教科文组织总干事指定，第三名成员应为前两位仲裁人共同选定的仲裁法庭主席。如果前两位仲裁人不能就第三位仲裁人的人选达成一致，应由国际法院院长任命。

二、仲裁庭裁决为终局裁决。

下述签署人于二〇一六年六月六日签署本协议，以昭信守。本协议一式两份，分别用中文和英文写成，两种文本同等作准。

中华人民共和国政府代表	联合国教育、科学及文化组织代表
周济	Irina Bokova
周济 中国工程院院长	伊琳娜·博科娃 总干事
日期：2016.6.6	日期：06.06.16

学 术 活 动

【国际工程科技发展战略高端论坛】

2016 年国际工程科技发展战略高端论坛统计表

序号	学术活动名称	时间	地点	承办学部
1	国际工程科技发展战略高端论坛——机械与运载工程科技 2035 发展战略论坛	8 月 15 日	上海	机械与运载
2	国际工程科技发展战略高端论坛——信息领域的颠覆性技术	10 月 25—26 日	西安	信息与电子
3	国际工程科技发展战略高端论坛——先进结构材料	10 月 10—13 日	北京	化工、冶金与材料
4	国际工程科技发展战略高端论坛——地球物理与资源环境	6 月 27—29 日	北京	能源与矿业
5	国际工程科技发展战略高端论坛——工程结构创新与发展暨结构模态测试与应用	5 月 15—16 日	重庆	土木、水利与建筑
6	国际工程科技发展战略高端论坛——2016 城市可持续建设国际会议	10 月 17—19 日	深圳	环境与轻纺
7	国际工程科技发展战略高端论坛——2035 农业工程科技发展战略	11 月 10—11 日	北京	农业
8	国际工程科技发展战略高端论坛——2016 国际临床和转化医学论坛	9 月 22—25 日	上海	医药卫生
9	国际工程科技发展战略高端论坛——健康促进	9 月 28 日	北京	医药卫生
10	国际工程科技发展战略高端论坛——基础设施建设工程管理	8 月 19—21 日	西安	工程管理

机械与运载工程科技 2035 发展战略论坛

2016 年 8 月 15 日,国际工程科技发展战略高端论坛——机械与运载工程科技 2035 发展战略论坛在上海大学隆重举行。本次论坛由中国工程院、上海市人民政府和中国船舶重工集团公司共同主办,中国工程院机械与运载工程学部和上海大学共同承办,论坛的主题为机械与运载工程科技的未来,第十届全国政协副主席、中国工程院主席团名誉主席徐匡迪、中国工程院院长周济、中国工程院副院长田红旗、中国工程院秘书长钟志华、中国工程院机械与运载工程学部主任尹泽勇、上海大学校长金东寒、国家自然科学基金委副主任高文等 40 余位国内外院士出席此次会议,参加本次论坛的还有包括上海市副市长周波、中船重工集团公司副总经理杜刚、上海市科学技术委员会副主任干频、上海市教育委员会副主任丁晓东等在内的 200 余位国际顶级专家、政府部门和行业代表。

8 月 15 日上午,大会在上海大学图书馆报告厅顺利召开。上午的大会分为开幕式和主旨报告会两部分内容。开幕式由田红旗副院长主持,周济院长、周波副市长、高文副主任、金东寒院士分别致辞。主旨报告会由金东寒院士主持,徐匡迪院士,英国皇家工程学院院士 Xiangqian Jiang,杜刚副总经理,俄罗斯科学院通讯院士 Sergey Chernyshev,英国皇家学会院士 William Price 等院士专家分别作了主旨报告。

其中,徐匡迪院士的报告题为“创新的‘顶峰’——颠覆性技术创新”,报告以颠覆性技术为主题,通过剖析埃隆·马斯克创新成功的事例,深度挖掘颠覆性技术的实现条件,提出“对颠覆行创新的意愿应给予宽容、理解与支持”的建议。同时他认为,对未来产生影响的颠覆性技术,需要建立以市场为主导的机制,需要战略眼光以及风险投资机构的支持。

当天下午,论坛以“机械工程”、“航空航天装备”、“水陆运载装备”为主题,分三个分会场继续进行。三个分会共邀请 26 位专家作专题报告,并分别就机械工程、航空航天装备以及水路运载装备的未来发展趋势及挑战应对展开讨论。

工程科技是社会生产力发展的重要源头,其进步是推动人类社会发展的重要引擎。“机械与运载工程科技 2035 发展战略研究”是中国工程院和国家自然科学基金委联合开展的“中国工程科技 2035 发展战略研究”项目的领域研究课题之一,课题将围绕国家重大战略需求,结合机械与运载相关的技术预见结果,研究未来 20 年我国机械与运载工程科技发展战略目标与发展思路、重点任务与发展路径,把握国内外科技发展趋势,判断我国 2035 年经济社会发展图景,识别国家重大战略需求,科学谋划,选择关系全局和长远发展的战略领域和优先方向,提出重点领域、优先发展主题和技术群;筛选出关键技术、共性技术和跨领域技术,特别是未来可能出现的突破性和颠覆性技术;提出需建设的重大科技基础设施;面向应用,研究提出重点领域工程科技发展路径;根据工程科技发展要求,提出需要优先开展的基础研究方向。通过战略研究,为国家工程科技的系统谋划和前瞻部署提供支撑,为国家相关领域的基础研究部署提供参考,不断增进我国工程科技发展水平和能力,服务于经济社会可持续发展，在此基础上，提出相应的重大工程和重大工程科技专项建议，以及推动与支持我国机械与运载工程科技发展的政策工具及管理措施。

本次论坛就是以这个课题的研究为基础，涵盖机械、航空、航天、海洋运载装备、汽车、轨道交通、综合交通、增材制造、机器人和 MEMS 十个子领域，就满足人类社会未来发展需求的机械与运载工程科技发展趋势进行广泛研讨，为应对未来 20 年的挑战寻求解决方案。通过举办本次论坛，进一步听取国内外专家的建议，对战略研究的报告进行修改和完善，以提高课题研究质量。

论坛先期于 14 日晚还举办了主题为"装备制造技术的现状和展望"的圆桌会议，圆桌会议由金东寒院士主持，田红旗副院长、钟志华秘书长等 50 余位国内外院士专家参加。会议围绕重大装备与工艺技术、制造服务技术、智能机器人和传感网络四个方面内容邀请五位知名专家作会议发言，并进行了深入的研讨。当前，世界范围内制造业的科技革命正快速展开，从德国的工业 4.0、美国的再工业化、新工业法国战略等均可知，未来制造业的智能发展、绿色发展、创新发展的方向已在制造强国中达成共识。同样，"中国制造 2025"规划也强调了以创新全面推进绿色、智能制造的重点任务，并提出大力推动航空装备、航天装备、海洋工程装备、先进轨道交通装备、节能与新能源汽车等重点领域突破发展。另外，交通运输是国民经济发展的基础和先导，构建高效与安全的综合交通运输体系，推动实现"综合交通、智慧交通、绿色交通和平安交通"也具有重大战略意义。机械与运载所涉及的产业几乎全部为技术密集型、高关联性的大规模产业，无一例外地成为各国战略实施的重点领域。在此背景下，本次论坛的成功举办，无疑具有重要的意义。

信息领域的颠覆性技术

10 月 25—26 日，由中国工程院主办、西安交通大学、中国工程院信息与电子工程学部共同承办的国际工程科技发展战略高端论坛——信息领域的颠覆性技术论坛在西安召开。中国工程院樊代明副院长、陕西省委常委、秘书长刘小燕，西安交通大学校长王树国出席论坛并致辞。卢锡城、郑南宁院士任大会主席，朱高峰、韦钰、赵沁平、范滇元、龚惠兴、李伯虎、邬江兴、陈良惠、戴浩、于全、陈志杰、段宝岩、李天初、周寿桓、陈鲸、魏子卿、刘尚合、杨士中、吕跃广、丁文华、费爱国、桂卫华、何友、张广军、樊邦奎、姜会林院士等海内外百余位信息领域知名专家，以及美国工程院院士 Hratch G. Semerjian 等多位知名外籍专家出席了论坛，陕西省发改委、省高教工委、省教育厅、省科技厅、省工信厅、中国电信陕西公司，西安交大、西安电子科技大学、西北工业大学等高校的师生代表参加了论坛。参加商务部国际商务官员研修学院及联合国教科文组织国际工程知识中心丝路工程科技发展专项培训班的近 20 个国家的近百名外籍学员代表也赴论坛学习交流。大会参加总人数超过 700 人。

论坛围绕信息技术领域的前沿问题与重要方向，特别是潜在的颠覆性技术，开展多场学术报告和专题研讨，为国家信息领域中长期科技规划提供重要智库支撑。

“颠覆性技术”是习近平总书记着重强调需要重点把握的三类核心技术之一。与持续性创新相比,颠覆性创新技术可打破传统的技术思维和发展路线,逐步演变成主导市场的破坏性技术,实现跨越式发展。把握颠覆性技术的发展已成为大国博弈的战略需要、提升国家科技创新能力的重要途径。与会嘉宾、师生纷纷表示,本次论坛对于促进我国信息技术和产业发展,更好抢占全球竞争制高点具有十分重要的战略意义。

本次论坛主题包括人工智能、认知计算、人机交互、云计算、知识自动化、机器人、大数据、虚拟现实、集成电路、高性能计算、空天一体化信息网络、计量检测等,众多知名学者就本领域潜在的颠覆性技术作分享交流。

美国北卡罗来纳大学 Dinesh Manocha 教授、韦钰院士、Hratch G. Semerjian 院士、邬江兴院士、美国佛罗里达大学 Jose C. Principe 教授、桂卫华院士、美国北卡罗来纳大学 Ming C. Lin 教授、郑南宁院士分别就“人与机器人交互中的规划技术”、“人智能发展测试平台的建立和应用”、“网络安全再平衡战略——拟态防御”、“流程工业知识自动化”等方面的前沿方向及研究思考作分享。郑南宁院士、卢锡城院士分别主持大会报告环节。

10 月 26 日,大会举办了“基础使能技术”“网络技术”“智能与先进计算”分论坛,开展近 20 场报告及专题讨论,让论坛交流向纵深和交叉推进。

先进结构材料

由中国工程院主办,中国工程院化工、冶金与材料工程学部、北京航空航天大学和中国材料研究学会金属间化合物与非晶合金分会联合承办的 2016 先进结构材料国际论坛暨第五届金属间化合物会议于 2016 年 10 月 10—13 日在北京召开。中国工程院副院长田红旗院士、徐惠彬、屠海令、赵连城、赵振业、姜德生、蹇锡高、周克崧、王玉忠、李仲平、谢建新、毛新平等 12 名院士,中国工程院副秘书长兼一局局长吴国凯,来自美、英、日、德、法、澳等国家,以及来自北京航空航天大学、西北工业大学、上海交通大学、北京科技大学、东北大学、大连理工大学、钢铁研究总院、中国科学院金属研究所、西北有色金属研究院、北京有色金属研究总院、广东省科学院、北京航空材料研究院的近 200 名专家学者参加了本次会议。北京航空航天大学校长徐惠彬院士担任大会主席。

中国工程院副院长田红旗院士、北京航空航天大学校长徐惠彬院士分别代表主办单位和承办单位致欢迎词。田红旗副院长在致辞中指出,材料是人类生存的物质基础、社会发展的物质保障、科技进步的物质先导。当前,材料作为高新技术的基础和先导,对于我国提升科技水平,促进传统产业转型升级,提高我国的国际竞争力和综合国力都有着不可替代的重要意义。她强调,中国工程院为发挥学术引领作用,汇集国内外顶级专家智慧,展望全球工程科技发展前景,设立了系列学术活动——国际工程科技发展战略高端论坛。此次国际高端论坛,主要围绕先进结构材料开展学术交流,会议的研讨议题,集中体现了国际先进结构材料的发展前沿和国际经济社会发展对于先进结构材料的重大需求。她表示，期待各位专家和学者在会议中聚合学术思想、聚变论坛成果，推动先进结构材料和金属间化合物学科的大发展。

徐惠彬院士指出，材料是人类社会进步的强大物质基础，在当今发展中，先进结构材料以及功能结构一体化金属间化合物材料必将对中国目前正在进行的产业结构调整、“中国制造 2025”规划的落实以及“一带一路”战略的实施起到关键的物质保障作用。

来自美国俄亥俄州立大学、英国帝国理工学院、澳大利亚卧龙岗大学等九所国际高校的专家学者分别做了大会邀请报告，内容涵盖先进结构材料及金属间化合物的最新进展、成分与组织设计、制备与加工、性能评价与应用等。参会代表就报告内容对国内外近年来先进结构材料及金属间化合物的最新进展、研究热点、发展重点等问题进行了广泛而深入的交流和探讨。

会议设 4 个分会场，主题为新型轻质高强结构材料、高温及超高温结构材料、结构金属间化合物材料，以及功能金属间化合物材料，48 位专家学者做了分会场报告。

地球物理与资源环境

2016 年 6 月 27—29 日，“国际工程科技发展战略高端论坛——地球物理与资源环境”在北京召开。论坛由中国工程院和中国地球物理学会牵头主办，中国工程院能源与矿业工程学部、中国科学院地质与地球物理研究所和中国矿业大学(北京)承办。

中国工程院副院长田红旗院士、中国工程院能源与矿业工程学部主任彭苏萍和何继善、赵文津、康玉柱、蔡美峰、李阳、武强院士，中国科学院朱日祥、刘光鼎、滕吉文院士，美国勘探地球物理学会主席 John Bradford、中国矿业大学(北京)校长杨仁树和来自国内外相关领域的专家学者近 200 人出席会议。

论坛开幕式上，田红旗副院长、朱日祥院士、杨仁树校长、John Bradford 教授等分别致辞。

田红旗副院长在致辞中指出，地球物理是一门综合性、交叉性学科，地球物理的方法和技术在能源与资源勘探，预测预防地震、火山喷发等自然灾害，保护与监测生态环境等方面有着广泛的应用。不久前召开的全国科技创新大会、两院院士大会、科协九大对中国工程院建设国家工程科技思想库并打造高端智库提出了更高的要求，我院将按照“服务决策、适度超前”的原则，着力建设“创新引领、国家倚重、社会信任、国际知名”的高水平科技创新智库，以科学咨询支撑科学决策，以科学决策引领科学发展。田院长表示，希望通过此次论坛，能够进一步推进地球物理与资源环境领域国际的交流与合作，更好地推动该领域科技创新，为我国实施创新驱动发展战略并建成世界科技强国做出重要的贡献。

本次论坛以地球物理与资源环境为主题，分为大会报告和专题报告两个阶段。开幕式后，何继善院士、John Bradford 教授、彭苏萍院士等 10 位国内外专家分别作大会报告。28 日至 29 日中午，论坛分设“资源勘查地球物理”、“环境灾害地球物理”、“浅地表地球物理”、“地球物理技术”四个分会场,90位国内外专家分别作专题报告。

论坛报告涉及工程、环境、生态、水资源和灾害等领域的地球物理方法、技术和仪器等方面的最新成就与新进展,以及地球物理方法技术在重大工程中的最新应用成果。报告结束后,各报告人与参会代表进行了充分交流。

工程结构创新与发展暨结构模态测试与应用

2016年5月15日至16日,由中国工程院和重庆大学主办,中国工程院土木、水利与建筑工程学部、重庆大学土木工程学院和重庆大学钢结构工程研究中心共同承办的“国际工程科技发展战略高端论坛——工程结构创新与发展暨结构模态测试与应用”在重庆召开。重庆大学常务副校长张四平教授主持论坛开幕式,中国工程院樊代明副院长,重庆市人民政府吴刚副市长,大会主席周绪红院士、杨永斌院士分别致开幕词。中国工程院崔俊芝、江欢成、郑皆连、欧进萍、马克俭、缪昌文、聂建国、杜彦良、陈政清、郑健龙等13位院士,Herbert Mang、邓文中两位外籍院士,美国工程院Ahsan Kareem院士、J. N. Reddy院士,新加坡工程院潘则建院士、Chien-Ming Wang院士和澳大利亚技术与工程院S. Kitipornchai院士,以及来自国内外相关领域高校、研究院所、企业的专家学者共计200余人参加了论坛。

樊代明副院长在致辞中指出:“连结构架,以成屋舍”,结构之于建筑的重要性就如同骨骼之于人体的重要性。“一楼拔地而起,一桥飞架而起”都需要结构,“坐如钟,站如松”也需要结构。但做好结构难度很大,非一日之功,要一开始就做好,否则土木工程的质量将难以保证。樊院长还巧借地名“重庆”二字(重,千里也;庆,广大也),指出论坛选址在重庆有特别的含义,工程结构创新需要来自千里之外四面八方的广大院士专家共同努力。

重庆市副市长吴刚在致辞中指出,近几年重庆的GDP增长在全国位居前列,城乡基础设施建设与居住环境均得到显著改善,“十三五”期间,重庆市将以人的城镇化为核心,强化基础设施互联互通建设投资,建设内畅、外联、互通的基础设施体系,打造成为西南地区综合交通枢纽。这为土木工程在重庆市的发展带来了前所未有的机遇,也对工程结构在重庆市的创新与发展提出了更高的要求。

周绪红院士在致辞中指出随着我国城镇化进程进一步加快,诸多亟待解决的问题随之出现,但同时也为我国工程科技发展带来了千载难逢的机遇。在此背景下,本次论坛结合中国工程科技2035发展战略中的相关内容,以“工程结构创新与发展暨结构模态测试与应用”为研讨对象,通过国内外院士与专家的研讨与交流为我国工程结构未来发展出谋划策,继而推动我国土木工程走上绿色化、工业化与可持续化发展道路。

杨永斌院士在致辞中结合“山城重庆”的历史介绍了重庆建筑的发展与变迁。他指出在重庆人民的不懈奋斗下,重庆已从抗日战争时期以吊脚楼为主要居所的“老山城”变成如今高楼林立、交通便捷,有着中国“桥都”之称的五大中心城市之一。随着“一带一路”政策的进一步推进,以中国最大的物流中心之一为发展目标的重庆将迎来更辉煌的发展。

在两天的时间里,围绕“工程结构创新与发展”和“结构模态特性量测与应用”两大主题,崔俊芝、郑皆连、杨永斌、缪昌文、周绪红、马克俭、陈政清、欧进萍、聂建国、杜彦良10位中国工程院院士,Herbert Mang、Ahsan Kareem、J. N. Reddy、S. Kitipornchai、潘则建、Chien-Ming Wang、邓文中7位国外院士分别做了专题报告。此外,还有来自全国高校、研究院、设计单位的16位顶级专家做了精彩报告。报告内容丰富充实,从理论、技术、材料、管理等多个方面探讨了建筑、桥梁、隧道、浮式结构等结构工程的创新与发展。

本次论坛本着“创新、发展”的宗旨展开热烈的讨论,议题涉及工程结构研究领域的各个方面,梳理了我国及全球范围内土木工程最新的研究动态和发展趋势,交流了国际上最前沿的创新性研究成果,也为与会专家和学者最新的研究成果和创新技术提供了一个展示的舞台,对我国工程结构的创新与发展具有积极的推动作用。

2016城市可持续建设国际会议

2016年10月17—19日,中国工程院国际工程科技发展战略高端论坛——“2016城市可持续建设国际会议”在深圳成功召开。该会议由中国工程院与美国国家工程院联合主办,中国工程院环境与轻纺工程学部,土木、水利与建筑工程学部,美国土木工程师协会,中国环境科学研究院和深圳市人居环境委员会联合承办,清华大学、中国科学院生态环境研究中心、中国城市规划设计研究院和深圳市环境科学研究院共同协办。会议邀请了来自中国、美国、加拿大和欧洲各国的院士、专家共计300余人,大家齐聚一堂,为城市可持续发展建言献策。

大会开幕式上,中国工程院院长周济、美国国家工程院院长丹尼尔·莫特(C. D. Mote,JR)分别通过视频向大会致辞,中国工程院副院长赵宪庚、美国国家工程院外事秘书露丝·戴维(Ruth A. David)、深圳市副市长吴以环等出席开幕式并致辞。周济院长在致辞中指出,可持续基础设施是国家竞争力和社会福利的重要组成部分,城镇化是深刻影响中国经济社会发展的一项重大社会工程和复杂巨系统工程。中国目前正处在城市基础设施建设最活跃的时期,在这个过程中,如何保证其可持续性是一个重要议题。中国工程院作为国家级工程科技思想库,积极组织相关院士、专家在环境保护、可持续发展和基础设施等领域开展战略咨询研究,向政府决策部门建言献策,并提出了“建设资源节约型、环境友好型社会”、“生态文明建设”等理念和政策建议。赵宪庚副院长也表示,以可持续建设理论全方位引导城市建设,克服城市化所带来的诸多问题,提高城市化建设的水平,为未来城市发展留出空间,是实现人类永续发展的必经之路。

此次会议为期3天,共设置1场大会报告和9个平行分论坛,内容之丰富,可谓精彩纷呈。17日下午的大会报告中,住建部原部长汪光焘、美国国家工程院土木学部主任韦恩·克劳夫(G.

Wayne Clough)、深圳市原副市长唐杰、中国工程院信息与电子工程学部邬贺铨院士、环境与轻纺工程学部主任郝吉明院士、丁一汇院士等11位国内外专家学者作了主旨报告。18—19日的平行分论坛上,来自环境、工程、建筑和金融领域的100多位专家围绕"可持续的城市基础设施规划与设计""气候变化适应性"、"可持续的废物、能源、水资源管理""城市信息、智慧城市和大数据技术""可持续的评价方法与工具""中国海绵城市与雨洪管理""可持续设计、建造和管理""基础设施的金融融资""可持续城市的生态原则、分析和工程"等议题发表了演讲并与各参会嘉宾、代表展开了热烈的交流和讨论。为鼓励青年学者在城市可持续建设研究和在此次会议中所做的贡献,大会还在分论坛设置了9个优秀青年论文奖提名奖和3个优秀青年论文奖,并在19日会议结束后进行了颁奖仪式。19日下午,部分与会专家还分别前往深圳国际低碳城、罗湖区下坪垃圾填埋场、龙岗区横岗污水处理厂、横岗再生水厂、南山区华侨城湿地公园、福田区红树林、罗湖区交通规划研究中心开展实地技术研讨。

会议期间,中国工程院外籍院士约翰·科瑞谭登(John Crittenden)、美国土木工程师协会主席诺玛·吉恩·马泰(Norma Jean Mattei)、欧洲科学院院士威勒·拉乌尔(Raoul Weiler)、环境与轻纺工程学部郝吉明主任、孟伟院士、同济大学副校长吴志强等接受了媒体专访,他们给予了深圳市很高的评价,同时,也根据各自的研究领域对深圳城市可持续建设提出了很好的建议。

城市可持续建设国际会议由美国土木工程师协会创办,首届会议于2014年11月5—8日在美国加州举办,共有来自世界银行、亚洲开发银行等国际组织代表及各国政府代表、跨国集团公司、相关学术界代表等350余人参加。考虑到可持续城市建设在中国未来巨大的潜力,经中美两国工程院共同努力,确定在中国举办本次会议,即第二届ICSI会议(2016 ICSI),争取为全球城市可持续发展做出贡献。

2035农业工程科技发展战略

11月10日至11日,由中国工程院主办,中国工程院农业学部和中国农业大学承办的"2035农业工程科技发展战略国际高端论坛"在京举行。刘旭副院长,中国农业大学校长柯炳生,农业学部院士汪懋华、戴景瑞、刘秀梵、罗锡文、赵振东、康绍忠,中国农村技术开发中心主任贾敬敦,我院二局副局长左家和,来自美国、加拿大的10位外籍专家学者,以及国内有关农林高校、科研院所代表和中国农业大学师生,共100余人出席论坛。

在11日上午的论坛开幕式上,柯炳生代表中国农业大学对与会的中外嘉宾表示欢迎,对大会召开表示祝贺。他指出,全球农业生产面临着人口增加、资源短缺、环境恶化、生态失衡、食品安全等一系列的问题,发展现代农业,保障粮食安全和农畜产品有效供给以及农业可持续发展是世界农业发展面临的重大挑战。这次高端论坛为科学家们提供了一个很好的交流平台,科学没有国界,期待与会专家围绕未来农业领域工程科技发展这一主题展开充分的交流研讨,为我国现代农业发展问诊把脉，建言献策。

刘旭副院长在讲话中指出，国家今年相继发布了《“十三五”规划纲要》《“十三五”国家科技发展规划》《国家创新驱动发展战略纲要》《全国农业现代化规划》等一系列文件，提出了“发展生态绿色高效安全的现代农业技术，确保粮食安全、食品安全”的战略任务，以及“到 2020 年全国农业现代化要取得明显进展，国家粮食安全得到有效保障，农产品供给体系质量和效率显著提高，农业国际竞争力进一步增强，农民生活达到全面小康水平，美丽宜居乡村建设迈上新台阶”的目标。在推动实施这些战略任务、达到战略目标的新形势下，推进农业供给侧结构性改革对农业工程科技的需求更加迫切，应对全球农业科技革命、提高农业工程科技国际竞争力的要求更加迫切，落实创新驱动发展战略、构建农业工程科技创新体系的要求更加迫切。希望国内外各位专家学者以此高端论坛为平台，开展深入探讨，积极贡献智慧，以便更全面、更深入地了解和掌握国际农业科技发展态势，确定未来中国农业科技发展的优先领域、重大科技专项、重大科学工程以及相关政策等，共同研讨我国农业科技领域 2035 发展战略，促进我国现代农业的可持续发展。

论坛期间，康绍忠院士介绍了《中国工程科技 2035 发展战略研究报告（农业领域）》的主要内容，10 余位院士专家和外宾分别作了学术报告。来自科技部、中国农科院、扬州大学、山东省农科院、华南农业大学、中国林科院、中国水产科学院、北京市农林科学院、南京林业大学、广西大学，美国德州农工大学、康奈尔大学、美国农业部、加拿大农业部等国内外高校、政府部门、科研机构的专家学者围绕论坛主题进行了研讨。

2016 国际临床和转化医学论坛

为聚焦医学前沿进展，倡导转化研究理念，9 月 22 日至 25 日，2016 国际临床和转化医学论坛在上海隆重召开。本次论坛由中国工程院、中国医学科学院和美国国立卫生研究院临床研究中心联合主办，上海中医药大学、上海市中国工程院院士咨询与学术活动中心、上海市张江高科技园区管理委员会和中国工程院医药卫生学部承办。

本次论坛邀请了包括来自中国、美国、英国、澳大利亚等 10 余个国家及 WHO 等国际组织的 40 多位外方专家，60 多位中方专家和科技官员就转化医学前沿进展进行专题讨论，吸引了国内外科研院所、医院、企业及相关监管部门 600 余名代表参会。本次论坛包含 1 场大会主论坛、10 场专题分论坛和 1 场国际高端论坛，参会的两院院士达到 24 位。

24 日上午论坛举行了简短而隆重的开幕式，大会组委会主任杨胜利院士主持论坛开幕式，大会主席中国工程院副院长樊代明院士、中国医学科学院院长曹雪涛院士、美国国立卫生研究院临床研究中心 John I. Gallin 主任和世界卫生组织 Ivana Knezevic 教授分别代表论坛中、外方的主办单位致辞。桑国卫、杨宝峰、张伯礼、顾健人、陈亚珠、王威琪、闻玉梅、王红阳、丁健、程京、丛斌、徐建国、林东昕、顾晓松等 10 余位医药卫生领域院士，30 多位外方专家和 60 多位中方专家，600 多位代表出席了开幕式。桑国卫院士做了“中国当前创新药物研发进展”主旨报告,其他6位中外专家分别作了“疫苗和生物治疗产品的监管科学和标准”“先进成像技术在心血管疾病转化医学中的应用”“医用机器人——精准医学的机遇”“癌症免疫治疗进展”“免疫学如何在老年医学中发挥作用”“中药转化研究”大会报告,报告以国际化视野从不同侧面阐述了各自观点,体现了对当前医学领域医学转化研究前沿热点问题的关注。

在分论坛研讨中,报告人与参会代表分别围绕肿瘤免疫治疗、代谢性疾病、生物医药监管科学、医疗器械、个性化药物、组织工程与再生医学、消化道肿瘤防控、中医药、生物医学大数据、老年医学等议题展开专题研讨。通过对基础、临床及科研转化研究等问题的充分讨论,提出今后要有效整合现有资源,推动整个医学研究各环节的有效运转。

23日,作为会议重要组成部分的“健康中国与转化医学”国际高端论坛在上海中医药大学召开。中国工程院杨胜利、闻玉梅、沈倍奋、王红阳、付小兵、程京、徐建国、丛斌、顾晓松院士,以及来自美国国立卫生研究院的 John I. Gallin 教授,David A. Bluemke 教授,世界卫生组织 Ivana Knezevic 教授,中国工程院外籍院士、康涅狄格大学 Cato T. Laurencin 教授,英国皇家工程院院士、英国帝国理工学院杨广中教授等国内外顶级专家40余人参加了论坛。

闻玉梅院士、田志刚教授及伦敦大学 Yaohe Wang 教授围绕免疫治疗分别作了题为“再探免疫治疗”“癌症登月计划与精准免疫治疗”“肿瘤靶向溶瘤病毒——一种新的肿瘤免疫治疗剂”的报告。与会专家围绕免疫疗法的最新研究进展及免疫制剂的生物监管等问题展开了讨论,期望通过规范免疫疗法的临床应用,推动相关研究成果在肿瘤治疗等方面发挥作用。

杨胜利院士做了题为“从大数据迈向智能医疗时代”的报告。随着医疗技术的不断发展,临床大数据的应用前景将逐步展现,基于大数据的智能医疗系统将是未来医学发展及医疗体系建设的重要方向。赵杰教授就郑州大学第一附属医院智能医疗综合服务平台的建设情况进行了分析,提出了基于医疗数据共享和远程医疗体系的智能医疗将是解决医疗资源分配不均的重要手段。密苏里大学 Dong Xu 教授及中科院上海药物研究所果德安研究员分别就组学、临床等大数据在疾病预测及中药研发方面的应用进行了介绍。与会专家普遍认为,未来在信息技术的冲击下,数据收集、共享再挖掘及应用将是重要研究方向。

在大会期间,还召开了医药卫生学部常委扩大会议和《Engineering》期刊“微生态”主题和“组织工程”专题组稿工作会议。常委扩大会由学部主任杨宝峰院士主持,7位常委成员和7位特邀院士出席,会议讨论了医药卫生学部有关2017年增选、咨询、学术及院刊出版工作等。在院刊专题编委会上,李兰娟、顾晓松院士分别主持了会议,会议听取了院刊执行主编对联合办刊的工作要求,和专题约稿情况的汇报,会议进一步明确了组稿工作时间节点和组稿要求。共有30多位编委成员包括2位外方编委参加了会议。院刊主编室、分刊编辑部和学部办公室人员出席了会议。

“国际临床和转化医学论坛”旨在建立临床和转化医学国际合作与交流的桥梁,搭建国际医学界转化医学研究领域合作平台,树立高水平、具科学影响力的国际品牌,引导转化医学前沿进展,已于2011—2016年连续举办四届。历届论坛吸引了包括诺贝尔奖获得者、各国医学院院士等顶尖专家以及来自世界卫生组织(WHO)、美国国立卫生研究院(NIH)、国际标准化组织(ISO)等国际组织代表共同开展交流与合作,已逐步成为国际转化医学领域的盛会。

本届论坛在总结历届成功经验基础上,重点聚焦免疫治疗、生物医学大数据、监管科学等前沿领域,充分发挥论坛学术引领作用,搭建国际交流合作平台,为提升我国医学界在国际转化医学领域的发言权和影响力发挥了重要作用。同时在举办中注意贯彻“四聚五合”的要求，特别注意与院刊出版等工作的结合，进一步提高了学术活动的效益和产出。

健康促进

2016 年 9 月 25—29 日，国际医学科学院组织（IAP for Health）全体成员大会在北京成功召开。大会由中国工程院主办，中国医药卫生事业发展基金会协办，中国医学科学院/北京协和医学院承办。大会期间，先后召开了国际医学科学院组织执委会会议、2016 年学术大会暨“健康促进”高端论坛和国际医学科学院组织全体代表大会。来自 32 个国家科学院、工程院和医学科学院的 300 多名专家学者与会。

国务院副总理刘延东于 9 月 28 日上午出席大会并作主旨报告。会前，刘副总理还会见了出席大会的主要外宾。刘延东副总理充分肯定了中国医学科学界在积极参与医学科学国际合作方面所做的努力和取得的成果。她在大会上指出，健康是人类幸福之本，是社会发展之基。医学事业的进步，为人类抵御疾病侵袭提供了有力保障。但同时，随着经济全球化的发展，跨国传播的各种传染病、抗生素耐药、不健康生活方式引发的疾病，也给人类健康和经济增长带来威胁。各国应携手同行，加强医学科学研究，在重大科研、疾病防治、精准医学、培养高端人才等方面密切合作，发挥创新对健康事业发展的支撑引领作用。要推进全球卫生与健康治理体系建设，加强对发展中国家特别是中低收入国家的援助，有效解决重大公共卫生问题，让全人类共享医学科学文明发展成果。中国政府把人民健康放在优先发展的战略地位，以推动健康中国建设为目标，努力为人民提供全方位、全生命周期的卫生与健康服务。中国愿与各国加强健康领域合作，为提升人类健康水平做出新贡献。

本次大会主题是“健康促进”，大会围绕“健康促进的重要意义”“正确认识健康促进”“慢性病的预防”“促进健康发展：医疗、预防与人口相整合”4 个有关全球健康的重要议题展开。大会由中国工程院院长周济主持，国家卫生和计划生育委员会副主任刘谦、国际医学科学院组织双主席 Detlev Ganten、世界卫生组织驻华代表 Bernhard Schwartländer，以及联合国教科文组织驻华代表处代办 Eunice Smith 等出席会议并作开幕式主旨报告或发言。刘谦副主任在就“中国卫生事业发展总体情况及对世界贡献”作了报告，向全球医学科学领域的专家学者阐述了中国卫生与健康事业发展总体情况、中国卫生与健康领域国际合作的主要工作以及推进健康中国建设的主要任务，向与会的各国医学科学界展示了过去的 2015 年中国卫生建设对全球健康的卓越贡献，并表达了中国积极参与全球卫生行动与卫生治理的坚定信心。

中国医学科学院/北京协和医学院院校长曹雪涛院士担任了“正确认识健康促进”议题共同主持人。王辰、徐建国、程京及高润霖 4 位院士分别担任了健康促进/降低终生生命风险、传染性疾病、健康促进的背景环境、推动医疗卫生系统转型：加强医疗卫生系统能力建设等议题的共同主持人。王陇德、钟南山、张伯礼和黄璐琦4位院士在会上作了报告。联合国大学全球卫生国际研究所主任Anthony Capon,国际医学科学院组织双主席Lai Meng Looi以及来自英国、美国、巴西、马来西亚、菲律宾、尼日利亚等国医学科学院院长主持会议或作报告。

此次会议的成功召开对跟踪国际医学领域的前沿进展和促进我国医学科学界的国际交流具有重要意义,对推动我国医学科学事业发展具有积极影响。

在9月29日召开的国际医学科学院组织(IAP for Health)全体代表大会上,中国工程院原副院长、中国医学科学院/北京协和医学院原院校长刘德培院士成功当选国际医学科学院组织双主席。刘德培院士的成功当选对提升中国医学科学界在国际医学科学领域的影响力和话语权具有重要意义。根据组织章程,国际医学科学院组织设双主席,每届任期三年,可连任一届。德国科学家Deltev Ganten连任第二双主席。会上还选举产生了国际医学科学院组织新一届执行委员会成员。中国工程院作为新当选主席所代表的成员机构,成为执行委员会当然成员。

国际医学科学院组织(IAP for Health)成立于2000年,由78个国家或区域组织的医学科学院以及科学院或工程院的医学相关学部组成。其宗旨是促进和加强世界各国医学科学院间在全球重大医学及卫生问题上的合作,从科学的视角讨论全球性卫生问题。中国工程院是国际医学科学院组织的创始成员,现为该组织执行委员会成员。

基础设施建设工程管理

2016年8月19日至21日,国际工程科技发展战略高端论坛“基础设施建设工程管理”、第228场中国工程科技论坛“‘一带一路’建设工程管理”暨第十届中国工程管理论坛在西安举行。本次论坛由中国工程院与陕西省人民政府共同主办,中国工程院工程管理学部、陕西省科技厅、国家自然科学基金委管理科学部、中南大学、中国煤炭科工集团公司、陕西延长石油有限责任公司、陕西煤业化工集团有限责任公司共同承办。中国工程院周济院长、赵宪庚副院长、徐德龙副院长,陕西省胡和平省长、张道宏副省长、省人大李金柱副主任,以及工程院工管、机械、能源、环境学部及中科院信息技术科学部的28位院士,来自美国、比利时、丹麦的7位国外知名工程管理专家,来自全国高校、科研院所、工程企业,陕西省各高校、企业代表、新闻媒体界的代表共计400余人出席了论坛。

20日上午,赵宪庚副院长主持了论坛开幕式。周济院长、胡和平省长、美国工程管理学会Geert Letens理事长分别致辞。周济院长在致辞时指出,科技创新成果只有完成工程化并面向市场实现产业化,才能真正转化为强大的现实生产力。工程化产业化是从科技强到产业强、经济强、国家强的必由之路,是创新驱动发展的关键和重点所在。在工程化和产业化的过程中,工程管理发挥着至关重要的作用。基础设施工程管理,尤其是“一带一路”建设工程管理,要特别重视跨地区、跨文化、跨领域工程决策的科学性,提高对互联互通工程的复杂性分析和驾驭能力,着眼基础设施建设工程管理前沿,服务国家重大战略需求,为深入实施“一带一路”战略,架设中国梦和世界梦的桥梁贡献力量。胡和平省长表示，陕西是中国科教资源大省，也是丝绸之路经济带的新起点，当前正在按照国家要求加快建设创新型省份、西安全面创新改革试验区、西安高新区国家自主创新等示范区，努力打造“一带一路”上的交通商贸物流中心、国际产能合作中心、科技创新中心、国际旅游中心和区域金融中心。此次论坛为陕西提供了难得的学习机会。Geert Letens 在致辞中表示，论坛的召开对于中国促进“一带一路”建设、促进全球和地区间的合作和发展具有重要意义，有利于提高工程管理学科的世界影响力，有利于工程科技和工程管理届的专家学者联合起来共同应对新的挑战。

为期两天的论坛分别以“基础设施建设工程管理” 和“‘一带一路’建设工程管理”为主题。徐德龙副院长，孙永福、黄维和院士等 19 位国内外专家作了大会主题报告。报告涉及领域广泛，内容丰富。徐德龙副院长就“推进绿色制造、建设幸福家园”作主旨发言，强调未来大型基础设施建设同样要贯彻绿色发展理念。孙永福院士就“构建面向‘一带一路’的国际铁路通道建设”，黄维和院士就“‘一带一路’油气合作与战略通道建设”作了精彩发言。陕西报告人强晓安总结了西安内陆国际港建设的经验，尚建选介绍了陕煤化集团通过科技创新驱动来实现煤炭绿色高效开采与清洁利用的情况，充分展示了陕西工程科技和管理的重要成果。外方报告人关注“一带一路”国际基础设施工程的可持续发展和项目质量管理，介绍了国际工程管理学界的新思想、新动向。陈劲等 28 位代表在 “生态环境保护工程管理”“交通运输建设工程管理”“新兴产业工程管理”“能源、资源设施建设工程管理”四个分论坛上作了报告。论坛学术交流气氛热烈，观点荟萃，既有深刻的理论问题探讨，又有来自绿色制造、能源资源、高速铁路、医疗卫生、生态环境等领域实施“一带一路”战略的实践总结和思考，给与会者极大启发。

本次论坛期间，陕西省胡和平省长会见了周济院长及参会院领导和院士一行，就进一步加强院省合作，实施创新驱动发展交换了意见。中国工程院工程管理学部还与美国工程管理学会就《Frontiers of Engineering Management》期刊合作事宜举行了座谈会。

【中国工程科技论坛】

2016年中国工程科技论坛统计表

序号	学术活动名称	时间	地点	承办学部
1	第223场中国工程科技论坛——工程方法论前沿	6月28日	北京	工程管理
2	第224场中国工程科技论坛——2016(第二届)中国信息技术发展新趋势论坛	6月3日	北京	信息与电子
3	第225场中国工程科技论坛——重离子加速器的应用与推广	7月23—24日	兰州	能源与矿业
4	第226场中国工程科技论坛——核电大锻件高性能化智能制造	8月16日	上海	机械与运载
5	第227场中国工程科技论坛——精准医学与创伤救治	8月12—13日	贵阳	医药卫生
6	第228场中国工程科技论坛——“一带一路”建设工程管理	8月19—21日	西安	工程管理
7	第229场中国工程科技论坛——经济菌物	9月1日	龙泉	农业
8	第230场中国工程科技论坛——草地农业	9月27—28日	兰州	农业
9	第231场中国工程科技论坛——秦巴论坛	9月11—13日	西安	化工、冶金与材料
10	第232场中国工程科技论坛——面向水安全保障的工程与技术创新	10月12日	嘉兴	环境与轻纺

续表

序号	学术活动名称	时间	地点	承办学部
11	第 233 场中国工程科技论坛——爆破新理论、新技术与创新成果	10 月 14—15 日	沈阳	化工、冶金与材料
12	第 234 场中国工程科技论坛——深部矿产资源高效开发与利用	10 月 14—15 日	北京	能源与矿业
13	第 235 场中国工程科技论坛——分子诊断技术	10 月 20—22 日	东莞	医药卫生
14	第 236 场中国工程科技论坛——应急・医学・医保・救援・装备产业化与信息技术	10 月 14 日	潍坊	工程管理
15	第 237 场中国工程科技论坛——互联网+时代的建模与仿真技术	10 月 11 日	北京	信息与电子
16	第 238 场中国工程科技论坛——精确时空信息技术与应用	11 月 8 日	武汉	土木、水利与建筑
17	第 239 场中国工程科技论坛——城市水科学论坛	11 月 18—19 日	北京	土木、水利与建筑
18	第 240 场中国工程科技论坛——2016 中国地热国际论坛	11 月 17—18 日	北京	工程管理
19	第 241 场中国工程科技论坛——能源互联网发展战略	11 月 17 日	上海	能源与矿业
20	第 242 场中国工程科技论坛——我国纺织产业智能制造发展战略研究	11 月 25 日	上海	环境与轻纺
21	第 243 场中国工程科技论坛——“一带一路”空天信息基础设施	12 月 21 日	北京	机械与运载

工程方法论前沿(第 223 场)

6 月 28 日,由中国工程院主办,工程管理学部、首钢国际工程技术有限公司承办的第 223 场中国工程科技论坛"工程方法论前沿"在京召开。徐德龙副院长等 22 位院士(含化工、能源、土木学部 4 位院士)以及来自政府部门、高校、企业、研究院所共计 81 家单位近 200 名代表出席论坛。

论坛由孙永福、王安院士分别主持。徐德龙副院长、首钢集团张功焰总经理先后致辞。殷瑞钰、栾恩杰、何继善、孙永福、张寿荣、王基铭、何镜堂等 12 位院士和专家围绕其负责的《工程方法论》"理论篇"和"案例篇"具体章节作报告。其中,"理论篇"内容涉及工程方法论研究新进展、工程系统与系统工程方法论、基于工程全生命周期的工程方法论及工程方法的"通用原则";"案例篇"内容涉及青藏铁路工程、载人航天工程、钢铁冶金工程、石油化工工程、建筑设计及桥梁工程方法与方法论研究。参会代表积极提问或评论,与报告人进行互动交流。殷瑞钰院士对论坛进行了总结性发言。

我院自 2005 年开始,依托工程管理学部立项开展"工程哲学"、"工程演化论"研究,先后出版了《工程哲学》(第一版)、《工程演化论》和《工程哲学》(第二版)等专著。2014 年启动"工程方法论"研究。本次论坛是对两年来工程方法论研究成果的汇报和总结,旨在拓展和深化工程哲学系列研究,完善并推进《工程方法论》专著的出版。

2016(第二届)中国信息技术发展新趋势论坛(第 224 场)

6 月 30 日,中国工程院主办的第 224 场中国工程科技论坛——2016(第二届)中国信息技术发展新趋势论坛在北京中国科技会堂召开。论坛由信息与电子工程学部、中国通信学会与中国市长协会协办,北京邮电大学与江苏省未来网络创新研究院联合承办。中国工程院副院长陈左宁院士,北京邮电大学校长乔建永,中国市长协会副会长齐骥出席论坛并在开幕式上致辞,工业和信息化部副部长、中国科学院院士怀进鹏,中国工程院院士潘云鹤、朱高峰、陈俊亮、刘韵洁、李伯虎、丁文华、姜会林,20 多个城市政府和相关领域代表,北京邮电大学、北京理工大学、同济大学、华中科技大学、重庆邮电大学、国家信息中心、中国信息通信研究院等高校和科研单位专家,企业高层专家,以及互联网企业、高校、科研院所的300余名代表参加了论坛。

党的十八届五中全会通过的《中共中央关于制定国民经济和社会发展第十三个五年规划的建议》和第十二届全国人大四次会议通过的《国民经济和社会发展第十三个五年规划纲要》，按照“四个全面”战略布局和五大发展理念，对城市发展做出了重要部署，要求转变城市发展方式，提高城市治理能力。新一代信息技术产业在城市建设中的地位举足轻重，对加快城市经济创新发展发挥着巨大作用。中国工程院主办了第二届中国信息技术发展新趋势论坛，围绕“加快信息基础设施建设，助推城市经济创新发展”的主题，对新一代信息技术、城市的绿色设计、未来网络、智慧城市、车联网、5G、智能制造、工业4.0、大数据等产业发展应关注的问题进行了全面和系统的分析，共同探讨信息技术在城市规划、布局、建设、治理中的发展和应用，扎实推进城市工作，不断创新、开创城市发展新局面。

潘云鹤、刘韵杰、李伯虎三位院士分别作了题为“中国城市的绿色设计”“未来网络发展趋势与前景”“智慧云制造(云制造2.0)——智慧城市制造业的一种智造模式、手段与业态”的报告。工信部副部长、中国科学院院士怀进鹏，北京理工大学副校长陈杰、重庆邮电大学副校长刘宴兵、北京邮电大学移动互联网安全技术国家工程实验室主任陶小峰、同济大学中德工程学院副院长陈明、国家信息中心信息化研究部主任张新红、中国电信北京研究院副院长张成良等著名专家也做了精彩的报告。

为了更好地建设和谐宜居、富有活力、各具特色的现代化城市，走出一条中国特色城市发展道路，论坛期间还举办了闭门讨论会，朱高峰、刘韵洁、李伯虎、姜会林四位院士，太原市、贵阳市、咸阳市、赣州市、黄石市、信阳市、新乡市、平凉市副市长，北京邮电大学、北京理工大学、同济大学等高校专家，河南省、山西省等地通信管理局，以及20个城市政府相关部门代表，运营商、学会、协会、企业

等高层专家40余人在闭门讨论会上共同讨论、前瞻谋划和系统部署信息技术在城市规划、布局、建设、治理中的发展和应用,进一步推动实现更高效、更绿色、更惠民的智能城市发展。

本次会议的召开对于推动我国城市经济创新发展具有重要意义。

重离子加速器的应用与推广(第225场)

2016年7月23日至24日,由中国工程院主办,中国工程院能源与矿业工程学部、中国科学院近代物理研究所共同承办的第225场工程科技论坛——重离子加速器的应用与推广在甘肃兰州召开。中国工程院副院长赵宪庚院士出席会议并致辞,胡思得、樊明武、陈森玉、于俊崇、万元熙、夏佳文、李建刚、韩杰才院士,以及来自国内核技术及应用领域的高等院校和科研院所50余位专家学者参会,中国工程院院士、中国科学院近代物理研究所夏佳文研究员担任主席并主持学术讨论。

本次论坛的主题是重离子加速器技术的应用与推广,论坛涵盖了重离子加速器技术在航空航天、辐照育种、健康产业等领域的应用现状及推广前景,特别聚焦于重离子治疗专用装置的发展和相关产业链的培育。来自哈尔滨工业大学、西北核技术研究所和中国科学院近代物理研究所的10位科研人员围绕论坛主题做了精彩的学术报告,与会专家学者针对领域内的热门问题和研究成果展开了热烈研讨和深入剖析。论坛期间,与会代表还考察了甘肃武威重离子治疗专用装置及武威重离子科学农牧业示范推广基地。

本次工程科技论坛为我国加速器技术及相关应用领域的专家学者搭建了高水平的学术交流平台,促进了先进技术与产业推广之间的衔接与融合。考察期间,由中国科学院近代物理研究所设计建造的我国第一台拥有全部知识产权的重离子治癌专用装置给与会代表留下了深刻印象,该装备已于2015年年底成功出束,目前正处于检测阶段,预计2016年年底开始正式用于治疗。与会院士及专家学者对该装置给予了高度评价,并围绕进一步推动该装置的创新和应用提出了意见和建议。

借本次论坛召开契机,由樊明武和夏佳文院士负责的"高端核医学装备产业化战略研究"咨询项目在武威召开了高端核医学装备产业化战略研究研讨会。

核电大锻件高性能化智能制造(第226场)

2016年8月16日,中国工程院第226场中国工程科技论坛——"核电大锻件高性能化智能制造论坛”在上海召开，本次论坛由中国工程院主办，机械与运载工程学部、上海交通大学和上海院士中心共同承办。论坛开幕式由潘健生院士主持，中国工程院副院长田红旗院士和上海交通大学副校长黄震出席开幕式并致辞。

潘健生院士等7位专家围绕核电大锻件的设计、制造及应用等方面作了主题报告。李培根、李德群、李鹤林、柳百成、谭建荣、王华明、赵连城院士以及50余位相关领域的专家和企业代表出席论坛。

核电作为安全可靠技术成熟的清洁能源，越来越受到世界各国的重视。随着对能源需求的不断增加，以及第三代核电技术的逐步成熟，我国核电工业迎来了新一轮大发展。核电站的安全性和可靠性始终是大家最为关注的，核电容器的大锻件是确保安全的重要一环，对维护核电站的安全起到关键的作用。大锻件是核电装备的基础材料，是我国高端制造必须攀登的高峰。

目前核电大锻件的制造基本仍停留在高度依赖于经验的传统模式，随着核电技术的发展，对大锻件的技术要求愈来愈高，并逐渐趋向“一体化”和“大型化”。由于原有经验的局限性日益明显，迫切需要应用新的技术手段对核电大锻件的设计和生产技术进行改造。因此院士们提出核电大锻件高性能化智能制造的设想，希望建立以核电大锻件高性能化智能设计和材料控性制造智能系统为主的智能化系统，搭建虚拟制造平台、实验研究平台和知识建模平台，在对性能实现预测的基础上实现大锻件生产过程的优化和精确控制。该系统在构建过程中尚存在诸多问题待研究，需要国内各设计、制造和用户单位相互间加强合作，以推动核电大锻件高性能化智能制造的发展，使核电大锻件的可靠性提高到新的水平。

精准医学与创伤救治（第227场）

8月12—13日，由中国工程院主办，中国工程院医药卫生学部、贵州医科大学附属医院、第三军医大学、解放军总医院和中华创伤杂志（中、英文版）编辑部承办的“中国工程科技论坛第227场——精准医学与创伤救治”在贵州省贵阳市隆重召开。中国工程院医药卫生学部王正国、刘德培、付小兵、夏照帆、周宏灏、周良辅等院士，贵州省副省长何力，省卫生计生委主任王忠，中国工程院三局局长李仁涵，贵州医科大学党委书记林昌虎、贵州医科大学附属医院院长刘健等有关职能部门领导，以及来自清华大学医学院、首都医科大学附属复兴医院、第三军医大学野战外科学研究所、华中科技大学同济医学院附属同济医院等全国院校、科研单位及相关企业的专家学者等400多位代表出席了本次论坛。

8月13日上午举行了隆重的开幕式，开幕式由第三军医大学野战外科学研究所蒋建新教授主持。何力副省长、李仁涵局长、王正国院士、王忠主任、林昌虎书记、刘健院长分别致辞。他们均表示，精准医学是近年来提出的一个新的医学模式，已经渗透到医学的方方面面。以此次论坛为契机，汇聚于此展开研讨，有助于对精准医学产生新的认识，并希望通过大家的共同努力，力争使我国精准医学方面走在国际医学发展的前端。

之后，刘德培、周宏灏院士围绕“精准医学发展现状与对策”，周良辅、王正国、付小兵、夏照帆院士围绕“精准医学与创伤救治”分别作了主旨报告。刘德培院士在作名为“医学发展与展望”的报告中指出，精准医学是建立于个体化医学基础之上，基于基因测序、生物信息学和大数据发展起来的新型医学概念，它不是为每个患者单独创制药物或医疗设备，而是根据每个患者的个体体征“量身定制”治疗方案，患者获益更大，副作用更小。周宏灏院士围绕“基因组学时代的个体化医学新模式”介绍，基因组计划的实施和测序技术的快速发展，推动了以遗传变异为基础的个体化精准医学的基础研究和临床应用。精准医学是表述应用基因、蛋白和环境等信息预防、诊断和治疗疾病的医学模式。人的基因检测成为实行个体化精准医学不可或缺的必然手段。周良辅院士在以“脑外伤研究的新趋势：它从循证医学走向精准医学吗?”为核心的报告中点明了目前颅脑外伤(TBI)研究临床和基础(特别动物)研究的局限性、基础研究成果向临床转化的障碍，指出了 TBI 精准医学的核心应是大型队列比较有效性研究、组学是基础、数据标准化和大数据分析等。王正国院士在“精准医学的定义和应用”报告中阐明，精准医学有可能使当前的医疗体系发生本质性变化，从对疾病的诊断治疗到对正常个体的健康保障，使医疗关口前移。付小兵院士围绕“创伤组织修复与精准医学”阐述了目前的创面治疗模式已经不能满足创面治疗学科的发展和病人治疗，必须建立新的模式来应对复杂难治性创面治疗难题和新的挑战。他表示突破创面治疗难题关键在于创新治疗模式。夏照帆院士在“烧伤感染危险因素及防控策略”报告中认为，烧伤感染主要包括创面感染、导管感染、气管切开插管导致肺部感染、血流感染和脓毒症及脓毒症休克五大危险因素；而防控策略则包括烧伤外科与重症医学学科紧密协作、积极处理创面、病原体快速检测、合理应用抗生素、尽早给予肠道营养支持、医源性感染的预防、翻身床的应用、连续性肾脏替代治疗、强化胰岛素疗法和序贯细胞保护与脏器功能维护十个方面。

清华大学医学院副院长董家鸿教授、首都医科大学附属复兴医院院长席修明教授、第三军医大学野战外科学研究所蒋建新教授、第三军医大学大坪医院创伤专科医院院长张连阳教授、华中科技大学同济医学院附属同济医院创伤外科主任白祥军教授、贵州医科大学附属医院院长刘健教授分别作了题为“精准肝脏外科范式在肝脏创伤救治中的价值”“危重病救治与精准医学”“创伤脓毒症的基因组学与精准医学”“腹部创伤的精准救治”“FAST 在严重创伤精准诊治中的应用”“创伤精准救治贵医附院模式分享”的学术报告。与会院士专家就精准医学发展的国内外现状与发展趋势以及在临床实践中的应用、创伤救治的瓶颈问题、精准医学对创伤救治的影响等做了精彩的报告，并与到会代表进行了深入的研讨，问题之尖锐，交锋之激烈，引发了对论坛主题多角度、多层面的认识，充分体现了论坛的前沿与引领性。

会议期间，院士专家积极与贵州当地医务、科研工作者进行交流，为推动当地医疗卫生事业发展建言献策。

8 月 12 日，在中国工程科技论坛正式开幕前，王正国、刘德培、夏照帆等院士在贵医附院举行了“2016 贵州医科大学附属医院院士讲坛”。他们分别作了题为“从基础到临床转化的新常态”“SIRTUINS 在心脑血管疾病中的保护作用”“智慧城市与智慧医疗——畅想烧伤外科未来 30 年发展”的精彩演讲，受到该校和当地其他机构部门 300 多位工作者及医务人员的热烈欢迎。

王正国院士、蒋建新教授、第三军医大学大坪医院创伤专科医院院长张连阳教授、贵医附院领导以及急诊、急救医疗专家和相关职能处室负责人还出席了“道路交通伤院士工作分站”中期工作研讨会。贵医附院创伤外科专家邓进教授向大家介绍了“道路交通伤院士工作分站”成立后开展的各项工作和所获得的成果以及下一步的发展方向，即加强自身人才队伍的建设以及加强综合创伤救治培训。王正国院士指出，院士工作站成立时间虽短，但在学科建设、临床就诊水平、科学研究、团队的成长等方面都取得了喜人的成绩。他对今后发展提出了具体的要求：一是与公安系统进一步密切结合，形成联动机制；二是加强与贵医附院院士工作站的交流；三是做好培训工作，进行网络建设，形成点、线、面，覆盖全省各县市，帮助乡村做好创伤救治工作。

8 月 13 日，夏照帆院士对贵医附院烧伤整形科进行考察，并与科室人员进行了座谈，双方就贵医附院烧伤整形科的发展进行了深入的探讨和交流。她对贵医附院烧伤整形科的优势特色、科研进展、人才队伍建设情况以及管理水平表示充分肯定，对医院对烧伤科的支持力度表示赞赏，为烧伤整形科的未来发展指明了方向。她与贵医附院初步达成了在该院设立院士工作站的意向，并表示将会竭尽所能帮助贵医附院烧伤整形科的建设。奋发进取，开拓创新，努力为广大患者提供专业、优质的医疗服务。

刘德培院士对贵州省中国科学院天然产物化学重点实验室也进行考察，并与外籍专家 Yaacov Ben-David 关于科研工作进展进行了交流。李仁涵局长参观了贵州医科大学南校区的生命科学馆和校史馆。他对校园建设及办学成就给予充分肯定，并希望学校继续在办学特色上下功夫，积极为服务社会做出更大贡献。

付小兵院士及医药学部办公室李冬梅主任赴贵医附院，通过认真听取该院专家对有关建立创面修复中心的介绍，并到相关科室实地考察，付小兵院士与该院达成了指导其建立创面修复中心的意向性协议，并举行了隆重的签约仪式。付小兵院士表明，他将协助贵医附院培养创新型科技人才，帮助贵医附院建立贵州省创面数据库，指导贵医附院在创面修复特别是慢性、难愈性创面的规范治疗和临床研究方面取得突破性进展。他强调，建立创面修复中心有利于整合医院的优势技术，提高各种复杂创面的治愈率，降低复发率；也有利于创面患者有针对性地就医和医院对创面治疗的管理。

本次中国工程科技论坛聚焦精准医学与创伤救治这一工程科技领域重大方向性、前沿性主题，也是医药卫生学部面向西部地区举办的一场高层次的学术会议。院士专家的大会报告全面介绍和展示了精准医学和创伤救治的研究进展以及前景，为贵阳市带来了一场学术盛宴，为我国精准医学与创伤救治工作者搭建了展示最新科技成果和开展学术交流及合作的重要平台。通过合作交流，致力于推动建立一个集精准医学与创伤救治为一体的多中心研究团队，优势互补，通力合作。从学术研讨到具体工作咨询，从规划草案到中心工作站的成立，从学术报告到学科建设、人才培养协议的签订，充分体现了学术活动“四聚五合”的特点，为我国西南经济欠发达的贵州省医疗卫生事业发展，尤其为贵州精准医疗及创伤救治下一步发展指明方向。

“一带一路”建设工程管理(第228场)

2016年8月19日至21日,国际工程科技发展战略高端论坛“基础设施建设工程管理”、第228场中国工程科技论坛“‘一带一路’建设工程管理”暨第十届中国工程管理论坛在西安举行。本次论坛由中国工程院与陕西省人民政府共同主办,中国工程院工程管理学部、陕西省科技厅、国家自然科学基金委管理科学部、中南大学、中国煤炭科工集团公司、陕西延长石油有限责任公司、陕西煤业化工集团有限责任公司共同承办。中国工程院周济院长、赵宪庚副院长、徐德龙副院长,陕西省胡和平省长、张道宏副省长、省人大李金柱副主任,以及工程院工管、机械、能源、环境学部及中科院信息技术科学部的28位院士,来自美国、比利时、丹麦的7位国外知名工程管理专家,来自全国高校、科研院所、工程企业,陕西省各高校、企业代表、新闻媒体界的代表共计400余人出席了论坛。

20日上午,赵宪庚副院长主持了论坛开幕式。周济院长、胡和平省长、美国工程管理学会Geert Letens理事长分别致辞。周济院长在致辞时指出,科技创新成果只有完成工程化并面向市场实现产业化,才能真正转化为强大的现实生产力。工程化产业化是从科技强到产业强、经济强、国家强的必由之路,是创新驱动发展的关键和重点所在。在工程化和产业化的过程中,工程管理发挥着至关重要的作用。基础设施工程管理,尤其是“一带一路”建设工程管理,要特别重视跨地区、跨文化、跨领域工程决策的科学性,提高对互联互通工程的复杂性分析和驾驭能力,着眼基础设施建设工程管理前沿,服务国家重大战略需求,为深入实施“一带一路”战略,架设中国梦和世界梦的桥梁贡献力量。胡和平省长表示,陕西是中国科教资源大省,也是丝绸之路经济带的新起点,当前正在按照国家要求加快建设创新型省份、西安全面创新改革试验区、西安高新区国家自主创新等示范区,努力打造“一带一路”上的交通商贸物流中心、国际产能合作中心、科技创新中心、国际旅游中心和区域金融中心。此次论坛为陕西提供了难得的学习机会。Geert Letens在致辞中表示,论坛的召开对于中国促进“一带一路”建设、促进全球和地区间的合作和发展具有重要意义,有利于提高工程管理学科的世界影响力,有利于工程科技和工程管理届的专家学者联合起来共同应对新的挑战。

为期两天的论坛分别以“基础设施建设工程管理” 和“‘一带一路’建设工程管理”为主题。徐德龙副院长,孙永福、黄维和院士等19位国内外专家作了大会主题报告。报告涉及领域广泛,内容丰富。徐德龙副院长就“推进绿色制造、建设幸福家园”作主旨发言,强调未来大型基础设施建设同样要贯彻绿色发展理念。孙永福院士就“构建面向‘一带一路’的国际铁路通道建设”,黄维和院士就“‘一带一路’油气合作与战略通道建设”作了精彩发言。陕西报告人强晓安总结了西安内陆国际港建设的经验,尚建选介绍了陕煤化集团通过科技创新驱动来实现煤炭绿色高效开采与清洁利用的情况,充分展示了陕西工程科技和管理的重要成果。外方报告人关注“一带一路”国际基础设施工程的可持续发展和项目质量管理,介绍了国际工程管理学界的新思想、新动向。陈劲等28

位代表在“生态环境保护工程管理”、“交通运输建设工程管理”、“新兴产业工程管理”以及“能源、资源设施建设工程管理”四个分论坛上作了报告。论坛学术交流气氛热烈，观点荟萃，既有深刻的理论问题探讨，又有来自绿色制造、能源资源、高速铁路、医疗卫生、生态环境等领域实施“一带一路”战略的实践总结和思考，给与会者极大启发。

本次论坛期间，陕西省胡和平省长会见了周济院长及参会院领导和院士一行，就进一步加强院省合作，实施创新驱动发展交换了意见。中国工程院工程管理学部还与美国工程管理学会就《Frontiers of Engineering Management》期刊合作事宜举行了座谈会。

经济菌物（第229场）

9月10日上午，由中国工程院、中国食品土畜进出口商会、吉林农业大学、浙江省龙泉市人民政府、中国菌物学会、国家食药用菌产业技术创新战略联盟、国际药用菌学会（ISMM）共同主办的第二届中国灵芝大会、国际经济菌物大会暨中国工程院第229场中国工程科技论坛——经济菌物论坛在浙江龙泉开幕。开幕式由龙泉市委副书记、市长季柏林主持，刘旭副院长、中国食品土畜进出口商会副会长戎卫东、中国菌物学会理事长王成树、吉林农业大学党委书记席岫峰、龙泉市委书记王小荣等领导和嘉宾出席开幕式并致辞。大会发起人李玉院士，农业学部邓秀新、陈温福、李坚、李德发、李天来、金宁一、宋宝安院士，丽水市委副书记、市长朱晨，来自英国、日本、韩国、俄罗斯、新西兰、泰国、中国等国38位食药用菌专家学者，有关企业代表等共计300余人参加大会。

开幕式上，刘旭代表中国工程院对大会的召开表示热烈的祝贺。他说，以灵芝为代表的中国食药用菌产业近年来发展迅猛，产值不断扩大，已成为我国第五大种植业，在实行供给侧改革、进行农业经济结构调整，推进科技精准扶贫、助力农民脱贫致富，以及实施“一带一路”战略、推动国际技术转移与合作中，日益发挥出重要作用。本次大会聚焦经济菌物产业，邀请国内外著名院士和顶级专家，交流国际上最前沿的创新性研究成果，梳理最新的研究动态和发展趋势，探讨经济菌物工程科技领域的重点和难点，启迪食药用菌产业发展战略和思路，以求推动我国的食药用菌产业进一步优化、转型和升级。中国工程院与会院士专家团队也将与龙泉地方优势特色产业进行无缝对接，力求推动地方经济快速发展。

主旨演讲阶段由刘旭、邓秀新院士主持，李玉院士作了题为“对当前灵芝研究中热点问题的探讨”的报告，从栽培灵芝的分类、灵芝药效、灵芝子实体和孢子粉、灵芝栽培、灵芝深加工以及灵芝的“一带一路”等六个方面进行了详细介绍，指出当前灵芝生产技术创新有待加强，灵芝产品精深加工的制约因素有待解决，灵芝产业有待腾笼换鸟、转型升级，并提出了具体的解决措施。北京大学医学部基础医学院林志彬教授作了题为“灵芝孢子粉的抗肿瘤作用及其临床应用”的报告。随后，有近30位国内外专家学者分别作了专题报告。

会议期间，还举行了由国际药用菌学会（ISMM）、英国菌物学会（BMS）、英国校园微生物咨询委员会(MISAC)共同主办,以有益菌物(Useful Fungi)为主题的全国中学生菌物认知海报设计竞赛颁奖仪式,国家食用菌产业技术体系食用菌资源利用与野外采集、龙泉兰巨乡梅地村原生态灵芝基地考察等多项活动。

应龙泉市人民政府邀请,邓秀新、李玉、陈温福、陈剑平、李德发、李天来、金宁一、宋宝安 8 位院士参加了"龙泉市县域经济发展战略院士专家咨询会"。院士专家们针对龙泉产业带头人及相关部门提出的急需解决的各类产业发展瓶颈问题做了深度剖析,为龙泉市域经济发展问诊把脉,提出要围绕食用菌产业链、质量标准、人才引进以及打造名牌产品的方向进行精准发力,力求取得突破。会上还举行"龙泉市人民政府顾问"聘请仪式,市领导向与会院士颁发了聘书,以期院士专家团队为龙泉市"中华灵芝第一乡"、"中国灵芝核心产区"的生态经济发展出谋划策,打造享誉国内外的灵芝生产核心区和产业聚集带。

新华网、中新社、新浪网、浙江电视台、易菇网等 20 余家主流或专业媒体对大会进行了跟踪报道。

草地农业(第 230 场)

9 月 27—28 日,由中国工程院主办,由农业学部、草地农业生态系统国家重点实验室、兰州大学草地农业科技学院和中国草业发展战略研究中心共同承办的第 230 场中国工程科技论坛在兰州大学召开,论坛主题为"草地农业、食物安全、生态安全"。刘旭副院长,农业学部任继周、向仲怀、南志标院士,中国科学院院士、青海大学校长王光谦教授,兰州大学校长王乘教授、副校长潘保田教授,发展中国家科学院院士、北京大学黄季焜教授,左家和副局长,甘肃省科技厅党组成员、副厅长王彬等出席论坛开幕式。论坛主席由南志标院士担任,开幕式由潘保田教授主持。来自国内外 20 余所高校、科研院所和企业的专家学者和研究生代表 200 余人参加了论坛。

王乘校长代表兰州大学致欢迎辞。他表示,草业科学是兰州大学极具特色的优势学科,草地农业科技学院在任继周、南志标院士的引领下,依托草地农业生态系统国家重点实验室,取得了一批标志性成果,充分展示了兰州大学在草业科学领域的扎实基础和雄厚实力,有力地推动了我国乃至世界范围内学科和产业的发展。

刘旭副院长在致词中指出,兰州大学是我国著名的综合性重点高校,草业科学是兰州大学的特色优势学科之一,拥有草地农业生态系统国家重点实验室和雄厚的师资力量。任继周、南志标院士领导的专家团队先后参与了工程院多项重大、重点咨询项目的研究工作,积累了丰富的经验。前不久成立的"中国草业发展战略研究中心",吸引全国各地的草业专家和国际知名学者,为我国草业的发展献计献策。中国工程院非常重视此次论坛的召开,希望兰州大学能够为草学学科的持续发展提供必要的支持与保障,为促进我国草业健康可持续发展、推动我国农业结构转型做出应有的贡献。

王彬副厅长在贺词中指出，甘肃省草业科技力量雄厚、人才济济，拥有全国顶尖的草业科学团队和任继周、南志标两位我国仅有的草学领域院士，草业科研、教学、推广人员近 2000 人。希望通过此次论坛，为甘肃的草地资源保护、开发利用和科学研究提出宝贵的意见和建议，进一步提升草业科学和草产业发展水平。

开幕式后，任继周、向仲怀、王光谦、黄季焜等做了主题报告。来自中国、英国、澳大利亚有关高校和科研院所的高级专家赵新全、侯向阳、阎天海、张元旦、卢欣石、韩烈保、张英俊、王成章、韩国栋、贾玉山、姜雨、揭雨成、杜文华、沈禹颖、李春杰等应邀作了学术报告。南志标院士和赵新全、韩国栋、侯扶江、李发弟等主持了学术报告会。

本次论坛是我国草业科学的一次盛会。论坛紧扣习近平总书记提出的“创新、协调、绿色、开放、共享”五大发展理念，聚焦于草地农业、食物安全和生态安全，从推进农业结构调整，加快发展草牧业，推广粮改饲和种养结合，促进粮食、经济作物、饲草料三元种植结构协调发展等方面进行了广泛的学术交流，收到了良好的成效。

秦巴论坛(第 231 场)

2016 年 9 月 11—13 日，由中国工程院主办，陕西省人民政府、河南省人民政府、湖北省人民政府、重庆市人民政府、四川省人民政府、甘肃省人民政府联合主办，国家发展和改革委员会、环境保护部、国家林业局、国务院发展研究中心协办，中国工程院化工、冶金与材料工程学部、西安建筑科技大学和陕西循环经济工程技术院承办的 “第 231 场中国工程科技论坛——秦巴论坛”在西安隆重召开，会议主题为“秦巴山脉绿色循环发展”，大会主席为中国工程院副院长徐德龙院士。陕西省省长胡和平，全国政协常委、外事委员会主任、中国工程院原常务副院长潘云鹤院士，中国工程院副院长赵宪庚、樊代明、徐德龙、刘旭院士，科技部副部长徐南平院士，四川省政府副省长杨洪波，陕西省副省长姜峰，重庆市政协副主席周克勤，甘肃省政协副主席张世珍，交通部总工程师周伟、国家林业局总工程师封加平，河南省政府副秘书长胡向阳，湖北省政府副秘书长程用文，傅志寰、殷瑞钰、张寿荣、李佩成、金涌、李德仁、邱定蕃、舒德干、胡文瑞、孟伟、侯立安、钱旭红、刘炯天等院士，来自国家发展改革委、工信部、住建部、环保部、交通部、林业局、国务院发展研究中心等部门的相关负责同志，陕西省、河南省、湖北省、重庆市、四川省、甘肃省相关厅局及地市负责同志，以及来自清华大学、北京科技大学、西安交通大学、重庆大学、西北大学、西南大学、郑州大学、南京中医药大学、华东师范大学、西北农林科技大学、长安大学、西安建筑科技大学、中国城市规划设计研究院、中国农业科学院、中科院地理研究所、交通运输部规划研究院、美国密歇根大学、德国岩土工程和地质科学院、奥地利维也纳农业大学、美国公园规划集团等高校、科研单位及相关企业的专家学者等 400 多位代表出席了本次论坛。

论坛开幕式于 9 月 12 日举行，由中国工程院副院长樊代明院士主持，他宣读了本次论坛的顾问、第十届全国政协副主席、中国工程院主席团名誉主席徐匡迪院士发来的贺信，徐匡迪在贺信中指出，秦巴山脉位于中国陆地版图中心，是横亘中国大陆中部、承东启西、连贯南北的巨大山系，与欧洲的阿尔卑斯山、北美洲的落基山脉被地质和生物学界并称为“地球三姐妹”。秦巴山脉位于中国西部与中部、丝绸之路经济带与长江经济带的交融地区。其重要的综合区位、极高的生态价值、悠久的历史文化和艰巨的扶贫任务已引起国人的高度关注。在“一带一路”和扶贫攻坚的战略背景下，秉承“创新、协调、绿色、开放、共享”发展理念，坚持生态保护优先、绿色协同和科教兴业的发展战略，打赢脱贫攻坚战，实现秦巴地区“绿水青山就是金山银山”战略目标，对于维护国家生态安全，实施区域发展战略，全面建成小康社会，实现中华民族伟大复兴具有重大意义。

陕西省省长胡和平、中国工程院副院长赵宪庚、科学技术部副部长徐南平、河南省政府副秘书长胡向阳、湖北省政府副秘书长程用文、重庆市政协副主席周克勤、四川省副省长杨洪波、甘肃省政协副主席张世珍、西安建筑科技大学校长刘晓君先后在开幕式上致辞。赵宪庚副院长在致辞中指出，秦巴不仅是秦巴人的秦巴，也是环秦巴城市群的秦巴，更是中华民族和世界的秦巴。认识秦巴，保护秦巴，振兴秦巴，功在当代，利在千秋。为此，需要遵循“创新、协调、绿色、开放、共享”的发展理念，坚定不移地走绿色、循环、低碳发展道路，同舟共济，共享共建，打造美丽、幸福秦巴。

开幕式后，中国工程院副院长刘旭及李德仁、钱旭红院士主持了大会报告。中国工程院副院长徐德龙做了“秦巴山脉绿色循环发展战略研究”主旨报告，从历史、人文、生态角度就秦巴山脉在全国乃至世界的价值与地位、秦巴山脉区域面临的生态保护使命与扶贫开发任务的现实矛盾做了深刻剖析，围绕该区域未来可持续发展的战略目标、方向和实施路径给出了前瞻性的建议。全国政协常委、外事委员会主任潘云鹤做了题为“整理中国的乡村”主旨报告，以大数据的分析方法，概览了中国乡村的基本现状，在此基础上，介绍了“我国乡村整理的模式研究”和“区域经济升级的模式研究”的研究成果，对乡村整理和区级经济升级的模式提出了基本认识和建议。舒德干院士、国家发展改革委地区经济司副巡视员杨椠、交通运输部总工程师周伟、国家林业局总工程师封加平、环境保护部自然生态保护司副司长侯代军、国务院发展研究中心资源与环境研究所副所长谷树忠、陕西省文联副主席肖云儒、美国密歇根大学 Robert Warren Marans 教授、美国公园规划集团 Ralph C. Liss 教授、奥地利维也纳农业大学的 Christian Brandenburg 教授做了大会报告，吴良镛院士做了视频发言，对秦巴山脉区域的扶贫、交通布局规划、森林保护与林业发展、生态保护等方面提出了对策和建议。

9 月 13 日上午，与会院士、专家学者、政府领导和企业家分别就绿色与创新发展、文化与城乡发展、区域与协调发展和开放与共享发展四个主题进行了分论坛交流，围绕相关主题，金涌、李佩成、侯立安等院士、与会学者和地方政府官员做了 34 个分会场报告。

9 月 13 日中午，举行了论坛闭幕式，由傅志寰院士主持，闭幕式上，与会代表一致通过了《秦巴山脉绿色发展宣言(简称秦巴宣言)》，徐德龙副院长做了会议总结。

本次中国工程科技论坛聚焦秦巴山脉地区的绿色循环发展这一主题，是中国工程院于 2015 年启动的“秦巴山脉绿色循环发展战略研究”重大战略咨询研究项目的一个重要部分。该项目组织水资源、绿色交通、城乡布局、农林畜药、工业信息、矿产开发、文化旅游等专题领域和陕西、河南、湖北、四川、甘肃、重庆等 6 省(市)地方的 200 余名院士与专家就秦巴山脉区域的绿色发展进行了深入研究，取得了系列成果，咨询建议上报国务院，得到李克强、张高丽等领导同志的充分肯定。此次秦巴论坛的召开，进一步提升、宣传了项目组的研究成果，为国内外从事区域发展研究的专家学者搭建了一个高水平的学术交流与合作的重要平台,使与会代表就秦巴山脉区域的发展理念、扶贫攻坚、区域协调、产业转型、文化旅游、基础设施建设等相关问题进行了深入研讨。与会代表在会上就认识秦巴、协同保护秦巴和振兴发展秦巴达成了一系列共识,向社会发布了《秦巴宣言》。论坛充分体现了中国工程院聚焦相关工程科技领域重大方向性、前沿性主题,“四聚五合”开展学术交流活动的原则,为秦巴山脉区域绿色协同可持续发展提出了前瞻性、方向性的建议。

面向水安全保障的工程与技术创新(第232场)

2016年10月12日,由中国工程院主办,中国工程院环境与轻纺工程学部、浙江大学、浙江省科协、中共嘉兴市委、嘉兴市人民政府承办的第232场中国工程科技论坛“面向水安全保障的工程与技术创新”在嘉兴召开。侯立安院士主持开幕式,中国工程院副院长刘旭、浙江省科协副主席姜长才、浙江大学副校长严建华、嘉兴市副市长祝亚伟出席开幕式并致辞。中国工程院院士丁一汇、孟伟、高从堦、潘德炉,中国科学院院士费维扬,住建部城市建设司司长张悦,嘉兴市市长胡海峰及来自全国的部分高校、科研院所专家及企业家等共计350余人出席论坛。

本次论坛以“面向水安全保障的工程与技术创新”为主题,聚焦治水和海绵城市建设,展示近年来我国在水安全保障领域工程技术的新进展和新成果,推进水资源绿色利用、水环境深度保护和水生态高效修复创新技术的发展,探讨水安全保障相关科学与技术的发展趋势。论坛设立了一场主论坛和水资源绿色利用与废水处理新技术,地下水保护与修复新技术,海绵城市规划与建设,饮用水安全保障新技术,政府、科研机构与企业合作等五场分论坛。主论坛由潘德炉院士主持,丁一汇、孟伟、高从堦、侯立安、费维扬院士等5位院士及住建部张悦司长作大会主旨报告。分论坛上,我国水领域的30多位知名专家学者围绕“水安全保障与水资源保护”等议题作了报告,并与参会代表开展了技术交流和学术探讨。论坛结束后,部分院士还前往贯泾港水源地、海绵城市建设现场进行实地考察并举行座谈交流。

嘉兴是我国国家级生态示范区和国家首批海绵城市建设的试点城市。2012年以来,嘉兴坚持科学治水、依法治水、全民治水,在各方共同努力下,截至今年9月底,嘉兴全市四类以上水体超过了90%,恢复到相当于20世纪90年代初的水平。这份成绩,凝聚了中国工程院相关院士的辛勤努力。自2013年举办“问情·咨政·服务——中国工程院院士嘉兴行”以来,嘉兴市与中国工程院的合作进一步引向深入。第十届全国政协副主席、中国工程院主席团名誉主席徐匡迪院士,多次到嘉兴考察指导。2014年5月,嘉兴市与中国工程院环境与轻纺工程学部正式签署了建立紧密型科技合作框架协议,自此各项合作进入常态化,特别是“五水共治”合作取得了明显实效。

此次论坛的召开将进一步推动我院与地方科技合作交流,为嘉兴市“五水共治”与“海绵城市”各项建设、产业发展和环境治理顶层设计提供新思路、新方法。

爆破新理论、新技术与创新成果(第233场)

2016年10月14—15日,第233场中国工程科技论坛——爆破新理论、新技术与创新成果暨第十一届中国爆破行业学术会议在沈阳召开。论坛由中国工程院主办,中国工程院化工、冶金与材料工程学部,中国爆破行业协会和中国力学学会承办,辽宁省工程爆破协会协办。

中国工程院副院长徐德龙院士,王一德、汪旭光、王泽山、姜德生等院士,中国工程院一局副局长王振海,以及来自中国科学院力学研究所、北京科技大学、北京矿冶研究总院、广东宏大爆破股份有限公司等单位的500余名专家学者参加了论坛。

论坛开幕式由中国工程院化工、冶金与材料工程学部副主任王一德院士主持,徐德龙副院长、中国力学学会工程爆破专业委员会主任张志毅、辽宁省工程爆破协会理事长杨旭升在开幕式上致辞。

徐德龙副院长在致辞中指出,近年来,我国爆破行业在新技术、新工艺、新材料和新设备的研发和应用方面取得了举世瞩目的成就。爆破新技术在采矿、水电、交通和城市建设等工程中获得了广泛应用并发挥了重要作用,露天爆破、地下爆破、水下爆破、拆除爆破和爆炸加工及油气井爆破技术等诸多科技成果已接近或达到国际先进水平或国际领先。爆破科技与以物联网、大数据和云计算为核心的新一代信息技术融合发展,极大地提升了爆破技术的数字化和智能化水平,进一步向智能、高效、安全、绿色爆破迈进。数字化爆破技术、爆破模拟技术、油气井爆破技术、爆炸加工新技术、深部地下采矿技术和微振测试技术以及示踪安检技术等作为爆破科技的创新成果,受到了社会各界的广泛关注。本次中国工程科技论坛的召开,既是我们贯彻落实习近平总书记重要讲话精神的一次具体行动,也是落实“实施创新驱动发展战略”的有效方式,对推动爆破行业的科技创新与发展将具有十分重要的现实意义和战略意义。

本次科技论坛出版了论文集,共征集论文272篇,录用207篇。论坛分大会报告和分会报告两部分。其中28位代表在大会做宣读交流,他们分别就“爆炸荷载下缺陷介质裂纹扩展规律数值分析研究”“三维数字化爆破质量评价技术研究”“深水条件下岩塞钻孔爆破关键技术及应用”“液态CO_2相变膨胀破岩机理及其安全效应现场测试”“LNG过渡接头用多层复合材料的研制”“油气井射孔技术的现状与发展”“城市大型立交桥爆破拆除起爆网络设计与可靠性分析”等研究内容进行了深入的探讨,并针对现场提问作了细致的解答。

论坛设7个分会场,共89位代表做了宣读交流,内容涉及爆破理论、岩土爆破、水下爆破、二氧化碳相变膨胀致裂技术、拆除爆破、爆炸加工、爆破器材与装备、油气井爆破、爆破作业中的无人机技术、爆破测试技术、爆破安全与管理和隧道爆破等。

深部矿产资源高效开发与利用(第 234 场)

2016 年 10 月 14—15 日,由中国工程院主办,中国工程院能源与矿业工程学部、北京科技大学共同承办的第 234 场工程科技论坛——“深部矿产资源高效开发与利用”在北京召开。中国工程院副院长赵宪庚院士,能源与矿业工程学部主任彭苏萍院士和古德生、周世宁、顾金才、孙传尧、袁亮、蔡美峰、金智新、康红普、武强院士,中国科学院院士宋振骐、何满潮,俄罗斯自然科学学院 V. V. Makarov 院士,以及来自有关高校、科研院所和企业的 300 多位专家学者参加会议。

论坛开幕式由彭苏萍院士主持,蔡美峰院士、赵宪庚副院长等分别致辞。赵宪庚副院长介绍了我院在矿业工程科技领域开展咨询研究、学术活动的有关情况,并充分肯定了深部矿产资源高效开发与利用对于保障我国能源资源安全、扩展经济社会发展空间的重要意义。

本次论坛的主题为“深部矿产资源高效开发与利用”,该主题是中国工程院 2015 年咨询研究项目“我国金属矿深部开采创新技术体系的战略研究”的主要研究内容之一。

论坛邀请了国内外有关院士、专家分别作 16 个特邀报告和 22 个专题报告。古德生院士就深部矿产资源开采高端转型进行了深入分析;宋振骐院士针对深部开采冲击地压的控制阐明深部冲击地压产生的根本原因,并指出地压控制的策略与方法;孙传尧院士就地下采选一体化研究和应用提出金属矿新型地下采选一体化构想;袁亮院士针对煤炭精准开采指出深部矿产资源开发的精细化发展方向;蔡美峰院士结合我国金属矿深部开采创新技术战略研究深入分析了深部采矿亟须解决的科学问题;何满潮院士基于深部煤炭资源开采新工法探索,详细分析了深部开采面对众多关键难题可以采用的新工艺、新技术、新方法;康红普院士详细介绍了深部煤矿开采引起巷道变形控制技术最新进展,分享实践中巷道变形控制新方法。

在为期两天的论坛中,与会专家学者围绕深部矿产资源开发利用方面的前沿热点问题进行了深入交流、研讨,为促进我国深部矿产资源的高效开发与利用积极建言献策。

分子诊断技术(第 235 场)

2016 年 10 月 20 日至 22 日,由中国工程院主办,清华大学、生物芯片北京国家工程研究中心、中国医药生物技术协会生物芯片分会、东莞松山湖高新技术产业开发区、中国工程院医药卫生学部承办，中华医学会检验分会、中国医药协会临床检验管理专业委员会、中国医师协会检验医师分会、全国生物芯片标准化技术委员会、中国高科技产业化研究会、美洲华人遗传协会（ACGA）和广东医科大学协办的第235场中国工程科技论坛——分子诊断技术暨第七届中国分子诊断技术大会在广东省东莞市举行。中国工程院副院长樊代明院士，广东省政府袁宝成副省长，中国工程院医药卫生学部程京、林东昕院士和中国科学院杨焕明院士，中国工程院三局李仁涵局长，东莞市政府杨晓棠副市长，东莞市科技局吴世文局长，东莞市卫生计生局方泽槐党组副书记、副局长等领导专家和来自大学、科研院所、医院、企业及相关监管部门的业内人士共700余人参加了此次会议。

21日上午举行了论坛开幕式，大会主席、清华大学医学院教授、生物芯片北京国家工程研究中心主任程京院士主持开幕式。他代表大会组委会对现场各位领导和业界人士的莅临和支持表示热烈欢迎和衷心感谢。中国工程院副院长樊代明院士和广东省副省长袁宝成分别致辞。樊代明副院长表示，精准医学没有想象中那么简单。由于个体不代表全体、体外不代表体内、经验不代表实践等多个角度的问题，使精准医学研究难度大大增加，只有业界人士的共同努力、相互协作，中国的精准医学才有出路。作为东道主政府代表，袁宝成副省长介绍了此次分子诊断大会在东莞召开的缘起，他表示，广东省历来重视科技驱动创新，在生物医药产业方面的投入和产值都排在全国前列。此次借助大会契机，希望各位参会专家、企业代表能给广东、给东莞的生物技术发展提供宝贵意见和建议，也欢迎大家将生物前沿技术和成果带到广东和东莞。

本次大会针对国内外分子诊断技术最热门、最前沿的研究领域，设置了医学微生物与分子诊断，新技术、政策及质控，遗传及出生缺陷分子诊断，肿瘤分子诊断和个性化治疗四大主题。两天的学术会议中，先后有3位院士和20余位专家分别就这四大主题做了精彩的学术报告。程京院士作了题为“尝试精准诊断：从未病到已病”的主题报告。他从疾病的预防、诊断和治疗的关系谈起，认为未来“治未病”一定是大势所趋，同时也指出我国的配套机制和体制还未跟上。之后他介绍了博奥生物集团在科研、诊断技术平台方面的成就，通过生动案例和具体数据介绍了博奥生物在遗传性耳聋检测、染色体异常检测、常见呼吸道致病细菌和病毒检测以及老人健康管理等领域推出的产品和服务所产生的社会效益和经济效益。杨焕明院士作了有关人类基因组计划和分子诊断的报告。他从遗传密码的发现、遗传学应用的历史谈起，指出人类基因组计划启动的重要意义——即影响和促进了全世界的合作文化，形成了新的学科、产业领域，促进了测序技术的发展。杨院士以美国提出的精准医疗计划和癌症登月计划为例说起，指出美国在癌症防治方面的重要决心和战略布局。他还介绍了分子诊断技术应用的五大领域，阐述了“生命3.0”的概念以及未来生命科学领域的多个里程碑事件。林东昕院士为与会者讲述了食管癌的基因组变异情况，并以此为例进一步阐明癌症与基因组变异之间的关系。他先介绍了与食管鳞癌相关的危险因素，从而过渡到基因组变异研究及其在癌症防治中的应用。通过食管癌全基因组关联研究，揭示酒精代谢基因变异是食管癌的重要易患因素，而且酒精代谢酶基因变异与饮酒交互作用则会增加食管癌患病风险。

20余位专家结合各自的研究领域作了大会报告，同与会者分享了分子诊断技术的前沿进展及在临床实践中的应用情况，特别是对分子诊断在精准医学中的作用阐述了多层面的认识。会议还设置了2场圆桌论坛互动环节，当天演讲的报告人被邀请上台，同与会代表面对面交流研讨。来自不同领域的参会者，对感兴趣的热点难点问题频频发问，不仅分享了报告人丰富的科研经验，更是看到了分子诊断领域跨学科交叉合作的光明未来。与主会场同期进行的还有两场卫星会和企业展览，来自分子诊断行业的企业精英就新技术新平台与遗传学出生缺陷，医学微生物及肿瘤诊断与个性化治疗两大主题进行了精彩交流和讨论。

论坛进行期间，与会专家听取了东莞松山湖高新区近几年在产业发展、项目引进等方面的情况和成就介绍，院士专家对园区建设和产业发展也提出了中肯建议。樊代明副院长、程京院士、工程院三局李仁涵局长等领导和专家还考察了入驻松山湖高新区的代表企业——东莞博奥木华基因科技有限公司。

中国分子诊断技术大会已先后在北京、重庆、成都、沈阳、上海、贵阳等地成功举办六届，成为分子诊断领域备受学术界、医务界、产业界重视的高端学术平台，影响力逐步扩大。在此平台上，与会院士专家提出，面对新形势，我国应加快建立完善分子诊断技术质量控制体系和标准的步伐，推动我国分子诊断技术紧跟国际前沿，快步向前发展。本次工程科技论坛体现了我院学术活动"四聚五合"的特色，是一次结合科技服务的综合性活动，不仅吸引了领域内有重要影响力的专家参与，发挥学术引领作用，也推动促成了东莞与全国各大医院、企业的技术交流和项目合作，必将对地方产业升级转型和高新技术产业创新发展起到积极的推动作用。

应急·医学·医保·救援·装备产业化与信息技术(第236场)

2016年10月14日，以"应急·医学·医保·救援·装备产业化与信息技术"为主题的第236场中国工程科技论坛在山东潍坊成功举行。本次论坛由中国工程院主办，中国工程院工程管理学部、医药卫生学部、中国人民武装警察部队总医院、中国医院协会医院医疗保险专业委员会、潍坊医学院、北京邮电大学共同承办。中国工程院副院长刘旭院士，郑静、邱贵兴、王礼恒、夏照帆、曹耀峰、杨善林、凌文等8位院士，国内外医疗界、科技界的专家和基层医务工作者等共计400余人参加了本次论坛。

刘旭副院长在论坛开幕式上致辞。他指出，健康是人类幸福之本，是社会发展之基。健康中国美好蓝图，凝聚着政府、社会和人民群众的共同理想。本届论坛以"应急·医学·医保·救援·装备产业化与信息技术"为主题，这不仅是医疗卫生事业发展的现实所需，也是"健康中国"和"中国制造2025"的题中之意。医改是世界性难题，他希望与会人员畅所欲言，贡献智慧，为中国医改事业献上自己的力量。

郑静晨院士在致辞中从荣誉感、责任感、存在感三方面与与会代表们分享了探索医疗卫生体制改革的体会。

主题演讲由王礼恒、杨善林和凌文三位院士先后主持，夏照帆、邱贵兴、曹耀峰和郑静晨院士分别作了题为"智慧城市与智慧医疗""创新与诚信""特大型高酸性气田工程建设安全技术与应急救援实践""航空救援——救援医学的未来"的主题演讲。董尔丹教授、Dennis Wilkens教授、王震教授、冯东雷主任和唐丽萍教授5位知名的国内外专家学者分别作了题为"我国生物医药科技发展"

“德国医疗救治体系”“医改与中国健康产业的发展”“医疗健康大数据关键问题及对策”“医疗保险服务规范研究”的报告。

本次论坛紧紧围绕“应急·医学·医保·救援·装备产业化与信息技术”主题，立足我国社会发展，紧贴“健康中国”和“中国制造 2025”发展战略，依托信息化、智能化手段，重点关注应急医学救援技术及装备、大数据时代的互联网医疗、医保费用智能审核、医疗信息和装备产业发展及投资等领域，从政策、技术和产业多维度探索了符合我国国情的医疗卫生体制改革创新之路，内容丰富，数据翔实，学术交流气氛浓烈，与会人员获益匪浅。

论坛举办期间还播放了武警总医院制作的“扶贫救心 & 应急救援”的宣传片。宣传片展现了救死扶伤的医者责任感和使命感，也呈现了武警总医院充满温情和关爱的人文关怀，真实感人，触动了每一位与会人员，赢得了一致好评。

互联网+时代的建模与仿真技术（第 237 场）

由中国工程院主办，中国工程院信息与电子工程学部、中国仿真学会共同承办的中国工程院第 237 场工程科技论坛——“互联网+时代的建模与仿真技术”论坛于 2016 年 10 月 11 日在北京国家会议中心举行。

信息与电子工程学部主任卢锡城院士与中国仿真学会理事长赵沁平院士出席论坛并致辞，论坛主席由李伯虎院士担任。7 位院士及国内仿真领域的专家出席了此次论坛，参加论坛的人数约 300 余人。

会上，6 位院士和 1 位专家为论坛呈现了精彩的报告。王恩东院士作了“互联网+时代的数据中心技术创新”的大会报告；微软亚洲研究院常务副院长芮勇教授作了“从互联网+到人工智能+”的大会报告；赵沁平院士作了“虚拟现实：一项可能的颠覆性技术”的大会报告；吴建平院士作了“浅谈网络空间安全的挑战和机遇”的大会报告；李伯虎院士作了“智慧云仿真（云仿真 2.0）——一种‘互联网+’时代的智能仿真模式、手段与业态”的大会报告；高文院士作了“AVS2 与 VR 标准及其端到端系统”的大会报告；方滨兴院士作了“打造安全可信的云”的大会报告。

基于互联网+的建模与仿真技术的研究与实施对解决复杂大系统（航空、航天、船舶、电力等）的分析/优化问题、促进国民社会经济发展、巩固加强国防建设、提高人民生活质量有着十分重大的意义。互联网+相关理念、技术的出现，正在改变了传统建模仿真技术的理论基础和方法手段，标志着“互联网+建模仿真时代”的到来。本次论坛在互联网+时代仿真建模技术、仿真系统与支撑技术、仿真应用工程技术等研究领域众多研究成果深入广泛研讨，共同寻求、探讨、提炼相关的科学问题和关键技术，对推动我国互联网与仿真技术的紧密结合，保持在该领域的研究与应用处于国际先进行列发挥重要的指导作用。各位参会专家对建模与仿真技术的发展各抒己见，踊跃发言，最终大家求同存异，取得了圆满的结果。

精确时空信息技术与应用(第238场)

2016年11月8日,由中国工程院主办,武汉大学和中国工程院土木、水利与建筑工程学部承办的“第238场中国工程科技论坛——精确时空信息技术与应用”在湖北武汉举行。武汉大学党委书记韩进教授,宁津生、李德仁、郑守仁、刘经南、王家耀、张祖勋、王景全、张建云、郭仁忠、聂建国、陈政清、郑健龙、李建成等13位中国工程院院士,中国工程院二局高中琪局长,以及相关领域专家学者200余人参加了论坛。

论坛开幕式由李建成院士主持,武汉大学韩进书记和代表工程院领导的高中琪局长分别致开幕词。

韩进书记在致辞中介绍了武汉大学测绘地理信息学科的发展现状,希望以本次论坛为契机,交换思想,交流学术,进一步推动我国地理空间信息学科和技术的创新发展,为我国精确时空技术自主创新及工程应用再做新贡献。

高中琪局长在致辞中指出,中国工程科技论坛自2000年创办以来,已成功举办了200多场,涵盖了工程科技界的各个重要领域,每场工程科技论坛主题都紧密围绕国家经济社会发展和工程科技前沿,在国家工程科学技术思想库的建设、推动我国工程技术水平的提高,以及培养和引导中青年创新人才的成长等方面发挥了重要作用。目前精确时空信息已广泛应用于众多工程技术领域和社会领域,随着相互交叉与融合,必将促进生产技术的革新和产业变迁。论坛聚焦精确时空信息技术及其在土木水利建筑工程中的应用,交流研究成果,展望发展趋势,将有利于促进我国精确时空信息技术的协同创新发展、提升其在工程领域的应用水平。

8日上午,论坛大会报告由聂建国和郑健龙两位院士分别主持。李德仁、张建云、刘经南、王家耀、郭仁忠5位院士与中国卫星导航定位协会苗前军秘书长分别作了题为“展望测绘学科发展新趋势”“中国首次河湖普查及信息技术应用”“‘互联网+时空位置服务’——泛在测绘与智慧经济探讨”“‘互联网+’时空大数据时代的时空信息系统及其工程应用”“地理信息技术与城市规划的数字化转型”“中国卫星导航与位置服务产业发展现状与前景”的大会报告。

8日下午,共有12位知名专家围绕“精确时空信息技术与地理世情监测”的会议主题,分别从精确时空信息技术、装备、服务、分析、应用等方面作了精彩报告。

本次论坛聚焦精确时空信息技术及其在土木、水利建筑工程中的应用,针对“一带一路”倡议和地理世情普查,研讨对时空信息的需求,展望2035时空信息发展战略,对促进我国精确时空信息技术的进一步发展将产生积极影响。

城市水科学论坛(第239场)

11月18—20日,由中国工程院、哈尔滨工业大学、国际水协会共同主办,城市水资源与水环境国家重点实验室、北京工业大学联合承办的“第239场中国工程科技论坛——城市水科学论坛”在北京隆重召开。中国工程院刘旭副院长、北京工业大学聂祚仁副校长、论坛主席任南琪院士、国际水协会中国区代表李涛分别在论坛上致开幕词。钱易、张杰、侯立安等5位中国工程院院士,2位国际水协会前主席 Helmut Kroiss 先生、Glen T. Daigger 先生,以及来自奥地利、美国、德国、日本、韩国、澳大利亚、英国和我国的高等院校、研究院所、企业等相关领域的专家学者共250余人参加了此次论坛。

任南琪院士在致辞中谈到此次论坛第一次在哈尔滨以外的地方举办,前两次论坛就解决城市水问题、水资源利用及废水回收、城市水管理进行了充分探讨。本次论坛设立了“排水标准”和“城市水资源可持续发展”两个主题,希望科学家的头脑风暴,可以给本次论坛产出丰硕的学术成果,服务于社会发展。

刘旭副院长在致辞中谈到,城市水环境关系着生命健康、经济发展和社会进步的水平,但随着人口不断增长及城镇化的快速发展,全世界城市水环境与水资源都面临着越来越严峻的挑战,资源消耗和污染物排放在未来10到20年将达到峰值,水资源匮乏及水环境污染严重威胁着人类的生存和经济社会发展。本次城市水科学论坛的召开针对目前国际水环境的热点问题和关键技术问题,交流国际上最前沿的创新性研究成果,特别是帮助中国水资源与水环境发展“把脉”,为解决城市水资源与水环境这一人类社会发展所面临的共同难题寻找对策。

18日上午,维也纳科技大学 Helmut Kroiss 教授、钱易院士、加州理工大学 Michael Robert Hoffmann 教授、张杰院士分别就“欧盟废水排放标准”“水环境标准与水环境质量” “生物电化学方法处理废水且无废物排放的集成反应器系统开发”“在暴风雨中捍卫城市安全”做了特邀报告。

钱易院士在报告中提到,保护和提高水环境是目标,制定各类水质标准是重要手段,水环境标准中应建立生态毒理学指标,加强水污染防治的法治建设,同时她也提出目前水环境治理过程中一些值得商榷的问题——① 回用水有很多不同回用途径,水质要求应相同吗? ② 回用于农田灌溉的再生水水质应该比排放至饮用水源的水质要求更高、应该脱氮除磷吗? ③ 回用至稀释能力较小的湖泊作为景观水体,为什么要达到一级A的标准? ④ 目前的趋势一律要求达到一级A标准,这是正确的吗? 这些问题发人深省,需要政策制定者和科技工作者深入探讨。

张杰院士的报告就城市内涝的成因、恢复城市雨水自然循环的途径、充分发挥既有城市雨水道排除和调蓄能力、构建长治久安的城市雨水道系统、雨水集中管理等方面做了深入浅出的阐述。他强调我国城市高强度、集中大暴雨降雨事件将常有发生,全球气候变暖和城市热岛效应是主因,人类在这种情况下要学会与雨洪共存。

随后，Helmut Kroiss 教授、钱易院士、Michael Robert Hoffmann 教授、张杰院士、密歇根大学 Glen T. Daigger 教授上台就水系质量问题、中国法规标准、水体功能、水质功能、中国与其他国家的具体国情区别对待等“排水标准”问题展开了讨论并与台下听众进行互动。

18 日下午，侯立安院士、Glen T. Daigger 教授、加州伯克利大学 David Sedlak 教授、昆士兰大学袁志国教授分别就“基于雨水资源化利用的海绵城市建设”“规划及实施灵活适应性强的城市水管理基础设施”“打破调水习惯—干涸世界的城市水供应”“Lodomat——一种污水处理能量完全自给及实现回收的新技术”做了大会报告。随后，以“城市水管理”为主题进行了专题讨论及听众互动。

此外，在两天的论坛上，共有 51 位国内外知名专家在“污水处理标准、海绵城市、替代水资源”“城市水环境与生态系统”“化学、生物与生态综合处理”“废水资源恢复” “饮用水供应与消毒”5 个分论坛作了精彩发言。除了发言报告，论坛期间还张贴了 114 篇论文，并评选出 10 篇优秀张贴论文。

20 日上午，与会代表参观了北京工业大学工程实验室及高碑店污水处理厂。

“城市水科学论坛”曾在 2011 年和 2014 年举办过两次，本届论坛的举行对国际城市水科学与技术领域发展规律进行了积极探索，为我国水环境改善及政策制定提出了相关建议，对推动我国水环境问题的解决做出了重要贡献。

2016 中国地热国际论坛（第 240 场）

11 月 17—18 日，第 240 场中国工程科技论坛“创新 · 合作 · 绿色 · 跨越”暨 2016 中国地热国际论坛在北京会议中心举行。本次论坛由中国工程院与中国石油化工集团公司主办，工程管理学部、中国石化新兴石油公司、中冰地热技术研发合作中心共同承办。徐匡迪、朱高峰、孙永福等 25 位工程院院士，汪集旸、金之钧、房建成等 3 位科学院院士，国际地热协会主席亚历山大 · 里克特等 7 位外国专家，北京、天津、河北、河南等 17 个相关省市政府部门代表，中国石油、中国石化及地热行业相关企业和高校、社会研究机构等共 700 余人参加了论坛，体现了有关各方对地热开发和利用的高度关注。

论坛开幕式由马永生院士主持，曹耀峰院士首先做了本次论坛筹备有关情况的报告，中国石化集团公司总经理戴厚良、工程管理学部主任孙永福、河北省副省长张杰辉、国家能源局副局长李仰哲在开幕式上分别致辞。汪集旸、多吉、李根生院士，亚历山大 · 里克特、克里斯托弗 · 施泰因斯、约尔格 · 胡曼等有关外国专家分别作了主题报告，此外还设置了“核心技术”、“装备与案例”两个分论坛进行深入研讨交流，分别由金之钧院士、陈清泉院士主持。

本次论坛结合中国工程院重点咨询项目“中国地热产业规划和布局战略研究”的阶段性研究工作举办。论坛通过研讨地热产业发展现状、趋势及挑战，地热产业开发利用规划、战略布局、支持政策，以及相关关键技术、核心装备的筹划等地热能源开发利用领域内的战略性、前瞻性和突破性问题，希望能够为助推全球特别是中国地热能高效利用和可持续发展发挥作用，并对咨询项目研究的开展提供重要的支撑。

能源互联网发展战略(第 241 场)

2016 年 11 月 17 日,由中国工程院主办,中国工程院能源与矿业工程学部、上海交通大学、上海市中国工程院院士咨询与学术活动中心、上海电力学院共同承办的第 241 场工程科技论坛——能源互联网发展战略在上海召开。中国工程院院士黄其励、翁史烈、余贻鑫、郭重庆、孙承纬,中国科学院院士卢强等 100 余位国内外专家学者出席论坛。

论坛开幕式由翁史烈院士主持,黄其励院士代表中国工程院能源与矿业工程学部致辞。卢强院士、余贻鑫院士、南方电网科学研究院院长饶宏、通用电气电网解决方案中国技术中心总经理李乃湖、西安交通大学管晓宏教授、英国伯明翰大学张小平教授、上海交通大学严正教授、清华大学史翊翔教授等 8 位专家围绕能源互联网国内外发展情况、关键技术及市场机制等方面作了主题报告,并与参会专家进行了讨论。

近年来,随着可再生能源技术、通信技术以及自动控制技术的快速发展,“能源互联网”的基本构想和雏形被提出。能源互联网是基于互联网思维构建的新型信息-能源网络,由电、气、热、油、交通等子网络开放互联构成物理互联子网,实现能源开放互联和能量的自由传输;以互联网通信和技术构成信息互联子网,实现智能物联、能源管理以及市场化运作。在论坛研讨中,有关院士、专家指出,目前能源互联网研究主要集中于智能电网,对于其他形态的能源,如热能、气能也应加强应用研究,其中至少有一种主要能源应为清洁能源。此外,能源互联网包含从能源生产、运输、存储、消费等各环节,未来每个用户也有望成为能源的供给方,应规划建造足够容量的储能设备和能源路由器,对不同地区在不同阶段对能源的使用需求进行合理调配。能源互联网最终是一种市场行为,相关政策及市场机制也应日趋完善,为推广能源互联网提供更大的空间。

我国纺织产业智能制造发展战略研究(第 242 场)

2016 年 11 月 25 日,由中国工程院主办,中国工程院环境与轻纺工程学部、东华大学、上海大学共同承办的第 242 场中国工程科技论坛“我国纺织产业智能制造发展战略研究”在上海举行。

郁铭芳、周翔、孙晋良、蒋士成、姚穆、俞建勇、瞿金平、陈纯等8位院士，中国纺织工业联合会副会长李陵申、东华大学副校长陈革、江南大学副校长高卫东，以及来自相关高校、科研院所、行业协会、企业的120余位专家及代表出席论坛。

孙晋良院士主持开幕式并致辞。瞿金平院士作了题为“我国制造装备产业发展的挑战与机遇”的大会报告，指出了我国装备制造面临的挑战和困境，介绍了产品制造关键技术发展情况，强调了产品制造自主创新的重要性，指出要走中国特色的产品智能制造发展道路。陈纯院士作了题为“纺织印染产业的智能制造和‘互联网+’”的大会报告，提出中国纺织印染产业需大力推进智能制造与“互联网+”的结合，融入设计、定制、电子商务等高附加值环节，促进形成全新的商业模式。俞建勇院士作了题为“我国纺织产业智能制造发展战略研究”的大会报告，介绍了国际国内纺织智能制造发展状况，纺织产业对智能制造技术的需求，提出了发展战略目标、发展思路、重点任务和政策措施建议。来自纺织智能制造示范企业、高校和研究院所的11位专家分别就化纤制造智能化、纺纱和织造智能化、纺织智能装备制造、纺织智能制造标准和共性技术，以及纺织服装协同制造、规模化个性化定制新模式等的实践和创新等，对纺织产业智能制造进行了全领域、多角度的专题交流和探讨。与会领导、专家和代表还就智能制造对于我国纺织强国建设的作用、纺织产业智能制造的定义和标准、循序渐进推进纺织产业智能制造，以及进一步理解智能技术、大数据的应用等进行了互动研讨。

此次论坛结合工程院重点咨询项目“我国纺织产业智能制造发展战略研究”召开。项目实施以来，纺织、机械、信息等多个领域院士领衔，相关高校、研究机构专家参与，已经开展了大量的调查研究工作，初步形成了“纺织产业智能制造发展战略研究报告”框架。通过此次论坛，对重点企业推进智能制造的情况进行了深入了解，与行业专家进行了充分交流，进一步听取全国纺织科技和产业领域，以及跨领域的专家、学者、工程技术人员对于纺织产业领域智能制造科技创新的高端论述、相关意见和建议，以进一步丰富和完善纺织产业智能制造发展战略研究，形成扎实、完整，具有引领作用的战略研究报告，为我国纺织产业转型升级，可持续发展和高端发展提供高水平的科学决策支撑。

“一带一路”空天信息基础设施（第243场）

2016年12月13日，由中国工程院主办，机械与运载工程学部、北京航空航天大学、中国航空工程科技发展战略研究院承办的第243场中国工程科技论坛——“一带一路”空天信息基础设施在北航唯实大厦举行。张彦仲、尹泽勇、张军、刘大响、杜彦良、刘韵洁、于全、樊邦奎、杨德森、陈懋章、李椿萱、王浚、邱志明等13位院士，中国工程院一局局长吴国凯、国家自然基金委信息学部副主任张兆田，以及来自相关高校、科研院所、企业的50余位专家及代表出席论坛。会议由北航书记张军院士主持。

中国工程院机械与运载工程学部主任尹泽勇院士代表学部致辞，他指出：在“一带一路”战略构想实施的关键时期，此次论坛集聚了中国工程院多学部、多领域的院士，国家部委的领导，高校院所的专家，以及产业界的精英，就空天信息基础设施的需求与意义、关键技术及其应用推广开展深入的研讨，提出前瞻性的建议，必将对相关技术的研发及产业的发展产生重要的影响。

樊邦奎院士、于全院士、杨德森院士、王云鹏教授和曹先彬教授等 5 位院士、专家，围绕空天信息基础设施在天、临、空、地、海等空间的国内外发展情况、关键技术等方面做了主题报告。参加会议的院士、专家、行业企业代表，围绕空天信息基础设施的迫切需求、发展趋势、核心技术、发展战略等方面进行了深入研讨，进一步丰富和完善了“一带一路”空天信息基础设施的内涵、应用前景与重要意义。

通过此次论坛的深入交流与研讨，将进一步聚焦“天临空海地”一体化信息系统基础设施在“一带一路”上的应用，坚持军民融合的原则，吸收借鉴现有“车地”信息基础设施的基础与成果，结合空天信息系统的基础与优势，实现优势互补，为我国“一带一路”战略构想的顺利实施提供工程技术的支撑保障与咨询建议。

科 技 合 作

【合作协议】

中国工程院 2016 年合作协议签订情况表

序号	部委/省市/企业	协议名称	签约时间	签署人
1	云南省人民政府	全面科技合作协议	2016-01-14	周　济
2	中国恒天集团有限公司	合作协议	2016-03-03	徐德龙
3	重庆市人民政府	关于实施创新驱动推进新兴产业发展的战略合作协议	2016-04-21	徐德龙
4	浪潮集团有限公司	战略合作协议	2016-6-21	陈左宁
5	四川省人民政府	科技创新合作协议	2016-7	徐德龙
6	广东省人民政府	深化推进产学研合作协议	2016-7-24	徐德龙
7	中国建筑股份有限公司	战略合作框架协议	2016-8-25	徐德龙
8	国家电网公司	科技合作框架协议	2016-9-20	徐德龙
9	河南省人民政府	战略合作框架协议	2016-11-7	田红旗
10	中央军委科学技术委员会	战略合作协议	2016-12-26	刘　旭

中国工程院　云南省人民政府全面科技合作协议

自2009年10月16日中国工程院与云南省人民政府签署全面科技合作协议以来，双方的合作交流不断加强，产学研用合作扎实推进，院士工作站建设卓有成效，科技交流与合作日益深化，在推动科技发展和解决工程技术难题方面获得了丰硕的合作成果。

为深入贯彻习近平总书记2015年1月考察云南重要讲话精神，加快推进云南民族团结进步示范区、生态文明建设排头兵、面向南亚东南亚辐射中心建设和"一带一路"、"长江经济带"战略的实施，进一步巩固合作成果，提升合作层次，扩大合作领域，发挥中国工程院的科技和人才优势，促进云南省科技、经济、社会发展，中国工程院和云南省人民政府经友好协商，本着"开放、创新、合作、共赢"的原则，双方同意在上一轮合作的基础上，继续开展第二轮科技合作，并达成以下协议：

一、合作目标

围绕创新型云南建设，开展多形式、多层次的交流与合作，促进科技成果转化；帮助云南利用高新技术改造提升传统产业，增强产业竞争力，推进新型工业化和信息化进程；促进区域生态环境进一步改善和现代农业快速发展，做好扶贫工作，带动社会主义新农村建设；大力培养科技创新人才，提高自主创新能力和公民科学素质；不断完善合作机制与保障措施，为云南省创新驱动发展和经济社会又好又快发展提供科技支撑。

二、主要合作内容

（一）中国工程院将发挥院士群体跨部门、跨行业、多学科的综合优势，积极参与云南省经济发展和社会进步中重大工程建设和高技术产业发展等重大决策的战略研究、咨询和评估，为云南省优先发展领域和重点投资方向、重大投资项目提出咨询和建议。

（二）双方围绕云南重点发展的高原特色农业、生物医药、电子信息和新一代信息技术、有色金属新材料、高端装备制造、节能环保、新能源、磷化工、煤化工等九大领域开展全面深入的科技合作。

（三）支持云南建设在国内有影响力的区域科技创新中心，促成一批科研平台、科技型企业、科技成果、人才和团队入滇落地。

1. 双方共同支持和推动院士及其团队入滇建立研发机构或分支机构、重点实验室、工程（技术）研究中心、成果转化中心、企业技术中心等各类科研平台。

2. 双方共同支持院士及其团队与云南有关单位合作建设院士工作站，开展科技成果转化、重大新产品研发和重大关键技术攻关。

3. 双方共同支持和推动院士及其团队携自己的科技成果到云南创新创业，云南方保证院士及其团队享受云南省科技入滇配套优惠政策支持。

（四）发挥中国工程院科技人才资源聚集的优势，为云南省的高等学校、科研院所的学科建设和企业创新能力建设培养科技创新人才和高端工程技术人才。

（五）针对云南的需求，共同组织中国工程院院士云南行和开展学术交流活动。组织院士到云南"科学大讲坛"作学术报告等，为云南经济发展和产业结构调整升级等提出战略咨询意见，促进云南省创新能力和管理水平的提高。

（六）落实中央关于扶贫工作的有关指示精神，发挥工程院科技资源优势，做好会泽县、澜沧县的定点扶贫工作。

三、组织领导

成立省院合作领导小组，由中国工程院和云南省人民政府的分管领导任组长，成员由中国工程院科技合作办公室和云南省科技厅、教育厅有关负责人及职能处室工作人员组成。其主要职责是总结上年度的工作，提出下年度工作计划，组织落实年度工作任务，协调解决合作中的有关问题等。省院科技合作的日常组织、协调工作分别由中国工程院科技合作办公室和云南省科技厅负责。

四、附则

（一）本协议自签订之日起生效。

（二）本协议中未尽事宜，由双方另行商定。

（三）本协议一式六份，双方各持三份。

中国工程院	云南省人民政府
签字：周济	签字：陈豪
2016年1月14日	2016年1月14日

中国工程院与中国恒天集团有限公司合作协议

中国工程院是中国工程科技界的最高荣誉性、咨询性学术机构，由院士组成，拥有丰富的工程科技战略咨询经验和大量的咨询研究成果。中国恒天集团有限公司(以下简称“中国恒天”)为国有独资大型中央企业，在纺织机械、金融资本、商用车等领域具有很强国际竞争力。双方动员内部以及社会力量，将中国工程院跨专业、跨领域的综合智力优势与中国恒天的产业优势相结合，积极探索咨询性学术机构与国有骨干企业合作服务国家科技发展的战略模式，实现优势互补、合作共赢。中国工程院与中国恒天决定开展合作，并达成以下合作协议：

一、合作的基本原则

1. 优势互补、共同发展。中国工程院充分发挥其工程科技界最高荣誉性与咨询性机构的智力优势，为中国恒天完善技术创新体系、提升自主创新能力和加快产业创新发展提供咨询与资源整合支持。中国恒天发挥自身产业与资本优势，为推动科技与产业紧密结合，围绕产业链部署创新链、围绕创新链完善资金链，为经济社会科学发展提供实践平台，推动工程科学技术进步。

2. 突出前瞻、注重实效。根据双方发展实际需求，开展战略研究、科技合作、学术交流、人才培养等方面的合作，鼓励中国工程院院士及其团队的科技成果积极在中国恒天转化，解决中国恒天发展过程中的重大和关键技术难题，实现创新驱动发展。

二、合作的主要内容

1. 组织开展战略研究。中国工程院充分发挥院士群体的战略思维优势，就涉及中国恒天在智能制造、创新体系等前沿热点问题开展战略研究和咨询服务，为确定企业重大和关键发展方向提供咨询意见和技术支持。

2. 加强合作研发和成果转化。围绕中国恒天整合国内外优势科技产业资源，构建纺织装备、新能源汽车、新型材料等业务单元的战略目标，中国工程院鼓励院士及其团队与中国恒天联合开展基础理论研究、应用技术研究和战略咨询研究，共同推进成果转化，提高中国恒天原始创新能力与水平。中国工程院充分利用自身在科技领域的资源整合优势，与中国恒天在重点领域或行业开展深入的产业合作。

三、合作的工作联络机制

双方同意建立合理的合作机制，支持双方合作的持续、有效开展。

1. 双方适时举行高层会晤，从战略高度对双方合作进行讨论，制定双方合作的总体战略和目标要求，确定双方合作的战略性安排，协商解决合作中的重大问题。

2. 建立合作联络机构，双方成立合作工作领导小组并指定对口联络部门，定期互通信息，制定并落实双方合作计划，协调解决合作问题，共同协商双方合作事宜。

四、其他

1. 双方承诺未经对方书面同意，任何一方不得向社会公众或第三方通过任何途径出示、披露本协议履行过程中所知悉的对方保密信息。

2. 本协议仅作为指导双方长期合作的原则性文件，是双方建立和履行具体合作项目的前提，双方的具体权利和义务以订立的相应合同为准。

3. 本协议有效期为五年，到期前三个月内若双方均未向对方发出终止协议的书面通知，本协议有效期自动延长五年。

4. 本协议未尽事宜，双方应本着互惠互利、友好协商的原则另行约定。

5. 本协议由双方代表签字后生效。协议一式四份，双方各执二份。

中国工程院	中国恒天集团有限公司
代表签字：徐德龙	代表签字：[illegible]
2016 年 3 月 3 日	2016 年 3 月 3 日

重庆市人民政府　中国工程院关于实施创新驱动推进新兴产业发展的战略合作协议

为贯彻落实《中共中央国务院关于深化体制机制改革加快实施创新驱动发展战略的若干意见》（中发〔2015〕8 号）、《中国制造 2025》行动纲领，充分发挥中国工程院多学科、跨部门、跨行业的综合优势，助推重庆加快实施创新驱动发展战略，建设国家现代制造业重要基地和西部创新中心，重庆市人民政府与中国工程院本着“开放创新、优势互补、互惠互利、协同发展”的原则，决定建立长期战略合作关系，达成如下合作协议：

一、建立市院战略合作机制

组建重庆市人民政府、中国工程院战略合作领导委员会，定期或不定期召开对接协商工作会，围绕重庆市产业发展的重大问题，开展战略决策咨询、协同创新体系建设、高层次学术交流、技术服务和成果转化、高层次人才服务和培养等合作。委员会下设办公室，分别设在重庆市经济和信息化委员会、中国工程院科技合作委员会，负责市院科技合作的日常工作，协同推进、落实双方合作的具体事宜。

二、加强战略决策咨询活动

组织院士专家对重庆市创新型城市建设和战略性新兴产业发展以及经济社会发展中的重大工程科技问题、战略规划、方案及其实施等问题开展研究、并提供咨询与评估；邀请中国工程院相关院士专家牵头，组建专家咨询委员会，针对重庆市战略性新兴产业和传统支柱产业，提供重大决策咨询服务和创新人才技术支撑，推动产业转型升级。

三、强化协同创新的体制机制

充分发挥市场机制，发挥资本的作用，探索有效的体制机制，促进中国工程院院士的科技成果面向重庆的实际应用和需求转化，形成“政、产、学、研、用”的协同创新体系。以新能源汽车、机器人、物联网等领域为重点，积极帮助重庆建立国家级制造业创新中心，立足重庆产出更多有影响力的成果，促进科技与经济的深度融合。以“问题导向、需求牵引”为原则，积极推动重庆市企业建立新型研发机构或产学研创新联盟，针对精密制造工艺、医疗器械高端技术等关键技术重大难题和汽车电子、高端轴承加工材料等薄弱环节重大需求，组织专家团队帮助重庆突破一批制约发展的重大关键共性技术问题，提升重庆企业自主创新能力。

四、开展高层次学术交流活动

结合重庆市支柱产业和十大战略性新兴产业发展方向，积极与重庆市共同举办高交会、中国（重庆）国际云计算博览会等展会，同时每年度确定 1~2 个方向在重庆市举办高层次学术交流活动或国际论坛，将中国工程科技论坛、学部级学术会议等一批学术会议放在重庆举办。重庆市积极提供保障支持。

五、共建技术服务和成果转化基地

推动中国工程院院士及相关专家团队重大科技成果优先在重庆实现推广应用，加速科技成果的转移、转化及产业化；完善配套资源条件，推动中国工程院院士与第三方的合作项目、合作资源引进到重庆，在重庆实现集群式发展；探索在重庆组建知识产权转化运用平台，推动中国工程院院士高商业价值的专利技术在重庆协同运用，强化重庆专利布局。重庆市加强对相关项目的政策配套和引导支持。

六、共建高层次人才服务及培养体系

推动中国工程院院士与重庆企业联合建立院士专家工作站等院士服务支撑机构，为具备条件的大中型工业企业建设高水平的技术研发机构提供支持，帮助企业引进和培养创新能力强、引领作用突出的科技创新团队；联合实施高层次人才培养战略，结合重庆高端人才需求实际，开展产业高层次人才交流与合作培养，联合企业、院所、高校为重庆培养产业技术骨干，帮助重庆引进和培养一批高层次、高水平的领军人才，推动重庆建成西部地区人才高地。

七、支持重庆璧山高新区协同创新研究院建设

支持重庆市璧山国家级高新区协同创新研究院建设，打造一批国家级公共实验基地和国家级研发平台，推动战略性新兴产业项目转移、孵化及产业化，形成一批国家级创新型企业。

经双方协商同意，可对本协议有关条款进行调整和完善。本协议一式肆份，双方各执贰份。从签署之日生效。本协议中未尽事宜，由双方协商解决。

重庆市人民政府	中国工程院
代表：吴刚	代表：徐德龙
2016 年 4 月 21 日	2016 年 4 月 21 日

中国工程院与浪潮集团有限公司
战略合作协议

中国工程院是中国工程科技界最高荣誉性、咨询性学术机构，由院士组成。中国工程院致力于促进工程科学技术事业的发展，其主要任务是引领我国工程科学技术领域的创新，推动工程科学技术水平的不断提高，促进全国工程科学技术界的团结与合作，加强工程科学技术队伍和优秀人才的建设与培养，为国民经济的持续发展服务。

浪潮集团有限公司（以下简称浪潮集团）是中国领先的云计算和大数据服务商，业务涵盖云数据中心、云服务大数据、软件与集成、企业软件四大产业群组，在云计算、大数据、IT 基础设施、数据整合、应用创新、咨询服务、生态构筑等方面具有领先优势，综合实力位居中国 IT 企业前两位、中国自主品牌软件厂商第一位、中国大企业集团竞争力 500 强第三位，是计算机信息系统集成特一级企业。拥有浪潮信息、浪潮软件、浪潮国际三家上市公司，为全球一百多个国家和地区提供 IT 产品和

服务。

为了贯彻落实国家十三五规划建议,深入实施创新驱动发展战略,发挥科技创新在全面创新中的引领作用,从研发管理向创新服务转变,中国工程院依托具有国际竞争力的创新型领军企业,推动中国工程院在科技领域大数据战略的发展,支撑国家工程科技思想库和国家高端智库的建设。中国工程院与浪潮集团经友好协商,决定开展战略合作,并达成以下合作协议:

一、合作原则

双方本着"优势互补、协同创新、注重实效、合作共赢"的原则开展合作。中国工程院充分发挥院士群体智力资源优势和国家智库的引领作用,为浪潮集团可持续发展和建设创新型企业提供服务。浪潮集团充分利用自身在信息化基础设施、云计算、大数据、新产品创新研发等方面的资源优势,以建设中国工程科技知识中心为契机,全力支持中国工程院信息技术应用发展,为中国工程院的战略研究决策咨询提供全面信息化支撑。通过双方合作,共同助力我国自主创新技术发展,使科技创新为社会服务,为国家创新驱动发展的战略目标作出贡献。

二、合作内容

1. 组织开展战略咨询服务。中国工程院充分发挥院士群体的战略思维优势,为浪潮集团在科技创新、新一代信息技术产业发展、智慧城市建设、科技成果工程化产业化、信息领域产业安全发展等前沿热点问题开展战略研究和咨询服务,为确定企业重大和关键发展方向提供咨询意见和技术支持。

2. 全面推动中国工程院信息化建设。浪潮集团作为中国领先的云计算整体解决方案供应商和云服务商,依托云计算、大数据、物联网等技术,提供专享、安全、集约化建设的信息化服务,包括云计算、大数据、应用创新、IT 基础设施、咨询服务、信息安全、生态构筑等,为中国工程院提供全面的信息化支撑。

3. 大力支撑中国工程院"工程科技知识中心"建设。以公益为先导,高效推进系统的继承、统筹、整合和创新,实现数据共享,促进数据创新,绽放数据价值。双方共同推进"中国工程科技知识中心"逐级推进落地,更好的为院士、工程科技人员提供知识服务,为建设国家工程科技思想库、服务中国的工业化和现代化建设作出贡献。

4. 建立中国工程科技知识中心工程建设实验室。依托中国工程科技知识中心,采取"产学研用"相结合的协同创新模式和基于开源社区的开放创新模式,加强数据分析发掘、数据可视化、信息安全与隐私保护等领域关键技术的工程化应用实践。

5. 推动申报国家云计算大数据等相关科研课题。双方共同探讨大数据工程在中国工程科技领域的创新建设,支持浪潮集团申报国家和地方有关科研项目,共同推动我国大数据和云计算的发展。

6. 支撑国际工程科技知识中心建设。国际工程科技知识中心是联合国教科文组织的二类中心,浪潮集团将以其领先的信息化整体解决方案服务能力、海外服务能力支撑国际工程科技知识中心的建设,建立综合性、国际化、智库型的应用知识系统,提高中国工程科技在国际工程科技领域的影响力。

7. 支撑中国工程科技知识中心双创平台建设,以众筹、众包、众扶为重点,提供政策、专家专项、云计算、数据开放等各类服务支撑,协助中国工程院和中国工程科技知识中心为大众创业万众创新提供支撑。

8. 开展学术交流与技术合作。双方联合或协助对方举办国际、国内学术论坛、研讨及交流活动，积极开展云计算、大数据、物联网、智慧城市、移动互联等新技术的学术交流，并在工程技术与信息化融合、云计算中心、存储及大数据、信息安全、基础设施等领域开展合作。

9. 共同推进大数据标准规范体系建设。加快建立政府部门、事业单位等公共机构的工程科技数据标准和统计标准体系，加快建立大数据市场交易标准体系。开展标准验证和应用试点示范，建立标准符合性评估体系，充分发挥标准在培育服务市场、提升服务能力、支撑行业管理等方面的作用。积极参与相关国家有关标准制定工作。

三、合作机制

1. 中国工程院与浪潮集团建立高层领导定期会商的长效协调合作机制，原则上每年召开一次联席会议，对合作成果进行通报和总结。

2. 成立长期的战略合作工作组，形成稳定高效的工作机制。由双方主管领导担任组长和副组长，工作组由双方人员共同组成，负责日常的沟通协调以及落实战略合作内容等工作。

3. 双方对口联系部门分别为：中国工程院知识中心项目管理办公室、浪潮集团党政教育行业部，负责双方工作的沟通与协调。

4. 为加强双方辖内各级单位合作，双方同意将该备忘录分别下发所属单位或项目涉及单位，作为进一步联系沟通、开展业务合作的意向性指引。

四、其他事项

1. 本协议适用的范围包括中国工程院及其所属和相关的法人单位、浪潮集团及其所属分公司

2. 双方在合作过程中应互尽保密义务，承担保密义务的期限包括但不限于本备忘录有效期。

3. 本备忘录经双方法定代表人或其授权代理人签字并加盖公章后生效。

4. 本协议一式肆份，双方各执贰份，均具有同等效力。

5. 本协议未尽事宜，由双方协商确定。

中国工程院	浪潮集团有限公司
代表签字：陈左宁	代表签字：袁谊生
日期：2016.6.21	日期：2016 年 6 月 21 日

中国工程院　四川省人民政府
科技创新合作协议

为深入贯彻落实党的十八大关于“四个全面”战略布局，把握新一轮科技革命和产业变革新趋势，加快转方式调结构，积极培育发展新动能，为四川经济社会持续较快发展提供有力支撑，经充分协商，中国工程院与四川省人民政府决定继续推动务实合作，并达成以下合作协议。

一、开展重大决策咨询。充分发挥中国工程院院士多学科、跨部门、跨行业的综合优势，针对四川省科技、经济和社会发展重大问题开展战略咨询。中国工程院

二、支持创新改革试验。支持四川开展全面创新改革试验，特别是支持中央在川高等院校和科研院所参与全面创新改革试验，争取形成可复制可推广的改革经验和重大政策。

三、推进四川军民融合。加强军民融合决策咨询，共同推进军民协同创新和资源共享，加快构建军民深度融合发展格局。

四、推动产业转型升级。围绕省委省政府产业发展规划，特别是五大高端成长型产业和五大新兴先导型服务业发展需求，推进院士与相关企业的深度产学研合作，鼓励院士的科技成果优先到四川进行成果转化和产业化。

五、加强合作研究与开发。共同推动四川省高等院校、科研机构和企业与院士及所在单位，在基础研究、产业共性技术攻关、重大科技成果转化等方面加强研发合作、联合申报和承担国家重大科技项目、计划和基金等。

六、培养和引进科技人才。加强高层次创新型科技人才队伍建设，发挥中国工程院智力资源优势，帮助四川省引进和培养一批创新能力卓越、引领作用突出的科技领军人才。

七、组织开展学术活动。四川省积极支持中国工程院在川开展各种学术活动，包括组织、推荐院士专家来川讲学、举办报告会、召开全国性学术会议等，双方共同为院士专家开展学术科研工作创造条件。

八、深化院省合作机制。成立院省合作领导小组，由四川省人民政府和中国工程院相关领导任组长，研究院省战略合作重大问题。领导小组下设办公室，成员由四川省科技厅和中国工程院科技合作办公室相关负责同志组成，负责院省合作日常工作。每年组织召开院省合作联席会，协同推进、落实双方合作具体事宜。

九、本协议一式两份，双方各执一份，自签署之日起生效。本协议未尽事宜，由双方协商解决。

中国工程院

签字：

2016 年 7 月

四川省人民政府

签字：

2016 年 7 月

广东省人民政府　中国工程院 深化推进产学研合作协议

为深入实施创新驱动发展战略，全面贯彻落实全国科技创新大会精神，在广东省与中国工程院"十二五"全面战略合作期间取得显著成效的基础上，继续深化产学研合作，加快形成以创新为主要引领和支撑的经济体系和发展模式，全面实现中央对广东省提出的"三个定位、两个率先"总目标，根据《国家"十三五"规划纲要》和《国家创新驱动发展战略纲要》，经双方友好协商，达成以下协议：

一、中国工程院充分发挥院士群体多学科的综合优势，为广东经济社会发展重大工程建设和高技术产业发展战略等重大决策提供咨询，双方共同启动"香港及珠三角地区协同创新发展战略研究"等重大课题研究。

二、双方围绕广东省主导产业和支柱产业的发展需求，重点在智能装备制造、海洋工程、新能源、电子信息等领域引导中国工程院院士及其团队在广东企业共建多形式、开放式的院士工作站，力争"十三五"期间共建院士工作站 50 家以上，广东省积极引导企业加大投入，并在科技专项中给予支持。

三、充分发挥中国工程院的科技创新资源优势，引导院士及其团队积极参与建设广东省高水平大学、高水平理工科大学、新型研发机构、重大创新平台、国际科技合作平台等，争取一批国家级重大科技创新平台落户广东。

四、中国工程院支持珠三角国家自主创新示范区建设，积极引导智能装备制造、移动互联、增材制造、新材料、节能环保等领域国家重大科技成果在广东落户，共同推进转化和产业化；支持广东创新驱动发展，将更多院士科研成果转移到广东实现产业化；广东省在科技专项中给予支持。

五、双方加强重大人才工程对接，中国工程院帮助广东引进和培养一批科技创新领军人才和高水平创新团队。

六、进一步完善省院会商机制，省院双方定期举行高层会商，总结评估省院合作相关工作，协调解决重大合作事项。

七、双方合作过程中的具体事宜,由广东省科学技术厅和中国工程院三局具体协调落实。

八、本协议自签订之日起生效,有效期5年。协议中未尽事宜,由双方友好协商解决。协议一式6份,双方各执3份。

广东省人民政府　　　　　　　　　　中国工程院

授权代表签字:　　　　　　　　　　授权代表签字:

2016年7月24日

中国工程院　中国建筑股份有限公司
战略合作框架协议

中国工程院是中国工程科技界的最高荣誉性、咨询性学术机构,由院士组成,拥有丰富的工程科技战略咨询经验和大量的咨询研究成果。

中国建筑股份有限公司(以下简称"中国建筑")是中央管理的国有重要骨干企业,是国内为数不多同时拥有"三特"资质(房屋建筑、公路工程、市政公用总承包特级资质)和建筑行业工程设计甲级资质的建筑企业。2016年位列世界财富500强企业第27名,2016年位列中国500强第3名,是全球最大的投资建设集团。

为推动工程建造技术尤其是绿色建造技术进步,提高企业自主创新能力,促进我国建筑行业绿色可持续发展,经友好协商,双方同意建立战略合作关系,现达成协议如下:

一、合作的基本原则

1. 优势互补、共同发展。中国工程院充分发挥其工程科技界最高荣誉性与咨询性机构的智力优势,为中国建筑完善技术创新体系、提升自主创新能力和加快产业创新发展提供咨询与资源整合支持。中国建筑发挥自身产业与资本优势,为推动科技与产业紧密结合,围绕产业链部署创新链、为经济科学发展提供实践平台,推动工程科学技术进步。

2. 突出前瞻、注重实效。根据双方发展实际需求,开展战略研究、科技合作、学术交流、人才培养等方面的合作,鼓励中国工程院院士及其团队的科技成果积极在中国建筑转化,解决中国建筑绿色建造技术发展中的重大和关键技术难题,实现创新驱动发展。

二、合作的主要内容

1. 组织开展战略研究。中国工程院充分发挥院士群体的战略思维优势,就涉及中国建筑绿色建造技术发展等前沿热点问题开展战略研究和咨询服务,为确定企业重大和关键发展方向提供咨询意见和技术支持。

2. 加强合作研发和成果转化。围绕整合国内外建筑行业优势科技产业资源,构建建筑行业创新发展体系等战略目标,中国工程院鼓励院士及其团队与中国建筑联合立项,开展基础理论研究、应用技术研究和战略咨询研究,共同推进成果转化,提高中国建筑的创新能力与水平。

3. 开展绿色建造领域创新体系建设研究。充分发挥中国工程院在科技领域的资源整合优势,中国建筑的产业与资本优势,动员双方内部以及社会力量,积极探索咨询性学术机构与国有骨干企业合作服务国家发展战略模式,实现优势互补、合作共赢,推动我国建筑行业绿色可持续发展。

三、合作的工作联络机制

双方同意建立合理的合作机制,支持双方合作的持续、有效开展。

1. 双方适时举行高层会晤,从战略高度对双方合作进行讨论,制定双方合作的总体战略和目标要求,确定双方合作的战略性安排,协商解决合作中的重大问题。

2. 建立合作联络机构,由双方领导成立合作工作领导小组,中国工程院科技合作办公室和中国建筑股份有限公司科技与设计管理部为对口联络部门,定期互通信息,制定并落实双方合作计划,协调解决合作问题,共同协商双方合作事宜。

四、其他

1. 双方承诺未经对方书面同意,任何一方不得向社会公众或第三方通过任何途径出示、披露本协议履行过程中所知悉的对方保密信息。

2. 本协议仅作为指导双方长期合作的原则性文件,是双方建立和履行具体合作项目的前提,双方的具体权利和义务以订立的相应合同为准。

3. 本协议有效期为五年,到期前三个月内若双方均未向对方发出终止协议的书面通知,本协议有效期自动延长五年。

4. 本协议未尽事宜,双方应本着互惠互利、友好协商的原则另行约定。

5. 本协议由双方代表签字后生效。协议一式四份,双方各执二份。

中国工程院	中国建筑股份有限公司
代表签字:	代表签字:
2016 年 8 月 25 日	2016 年 8 月 25 日

国家电网公司与中国工程院科技合作框架协议

国家电网公司是全球最大的公用事业企业，以建设运营电网为核心业务，承担着保障更安全、更经济、更清洁、可持续的电力供应的基本使命。公司全面推进“两个转变（电网发展方式转变、公司发展方式转变）”，加快建设“一强三优（电网坚强、资产优良、服务优质、业绩优秀）”现代公司，推动构建全球能源互联网，更好地服务经济社会发展。

中国工程院是中国工程科学技术界的最高荣誉性、咨询性学术机构，是国家工程科技思想库。中国工程院积极实施科教兴国战略、创新发展战略和人才强国战略，推动我国工程科学技术水平不断提高和工程科学技术队伍建设。

为更好地落实深化科技体制改革的中心任务，解决好科技与经济结合问题，推动企业成为技术创新主体，增强企业创新能力，国家电网公司与中国工程院决定进一步深入开展科技合作，并达成以下合作协议：

一、合作的基本原则

1. 优势互补、共同发展。中国工程院充分发挥院士及其团队的多学科、跨部门、跨行业的综合性优势，为国家电网公司完善技术创新体系、提升自主创新能力和快速发展提供服务。国家电网公司发挥自身产业优势，为中国工程院实现科技与经济的紧密结合，促进科技与经济发展提供实践平台，推动国家工程科技进步。

2. 突出重点、注重实效。根据双方合作发展的实际需求，开展战略咨询、学术交流、科技合作、人才培养等方面的活动；加强项目合作研究，解决国家电网公司及行业科技发展中的重大和关键技术问题；加快推进成果转化，鼓励中国工程院院士及其团队的科技成果优先在国家电网公司转化，实现创新驱动发展。

二、合作的主要内容

1. 组织开展战略咨询服务。中国工程院充分发挥院士群体的智力优势，就涉及国家电网公司科技发展和行业前沿技术路线研究的战略性、前瞻性的热点难点问题和重大项目，开展决策论证，提供咨询意见和支持。

2. 加强合作研发和开发。围绕国家电网公司发展特高压、智能电网，以及新能源、电动汽车、储能等战略性新兴产业，中国工程院鼓励院士及其团队与国家电网公司对口企业联合科技攻关和合作开发，并共同推进成果转化步伐。

3. 联合开展国家级重大战略咨询项目。围绕特高压、新能源、智能电网、大规模储能等战略问题，国家电网公司发挥资金和工程示范等资源优势，支持并参与工程院组织开展的国家重大战略咨询项目的研究。

4. 开展科技合作与交流活动。双方联合或协助对方举办国际、国内学术论坛或学术研讨会议；中国工程院支持“国家电网公司院士行”活动，国家电网公司为中国工程院开展产业调研、重大学术活动等提供必要的条件，并为中国工程院展示创新驱动发展成果提供便利。

5. 引进和培养高端科技人才。中国工程院充分发挥科技研发人力资源优势，通过项目实施、院士讲座、栽培提携等途径，帮助国家电网公司培养和引进一批高层次的、高水平的科技专家和领军人才，加快促进国家电网公司工程科技的创新发展，提高国家电网公司的科技竞争力。

三、合作的组织领导

1. 双方共同组成科技合作领导小组。负责协调解决合作中的有关问题。领导小组组长和副组长由双方有关领导担任。领导小组根据实际需要不定期召开联席会议，沟通情况，协商、协调确定重大合作事项。

2. 指定对口联系部门。国家电网公司科技部和中国工程院科技合作委员会办公室为合作双方的对口联系部门，定期互通信息，落实领导小组确定的双方合作计划，协调解决合作问题。

四、其他

1. 本协议在履行过程中，对获得的对方商业或技术秘密等保密信息负有保密责任，未经保密信息提供方的书面许可不得向第三方泄露。

2. 本协议仅作为指导双方长期合作的原则性文件，是双方建立和履行具体合作项目的前提，双方的具体权利和义务以订立的相应合同文本为准。

3. 本协议有效期为五年，到期三个月前若双方都未提出终止协议的书面通知，本协议有效期则自动延长五年。

4. 本协议未尽事宜，双方协商解决。

5. 本协议由双方代表签字后生效。协议一式四份，双方各执二份。

国家电网公司	中国工程院
代表签字：	代表签字：
2016 年 9 月 20 日	2016 年 9 月 20 日

河南省人民政府　中国工程院
战略合作框架协议

为认真贯彻落实全国科技创新大会、两院院士大会、中国科协第九次全国代表大会精神，深入实施创新驱动发展战略、人才优先发展战略，共同推进河南创新发展、协调发展、绿色发展、开放发展、共享发展，河南省人民政府、中国工程院本着“突出重点、注重实效”的原则，经友好协商，决定在上一轮省院科技合作的良好基础上开展新一轮战略合作。

一、合作目标

以“四个全面”战略布局为统领，聚焦粮食生产核心区、中原经济区、郑州航空港经济综合实验区、郑洛新国家自主创新示范区、中国（河南）自由贸易试验区五大国家战略实施，瞄准河南省“十三五”经济社会发展重大科技需求，充分发挥中国工程院的人才、技术、信息、高端智库优势和河南省的资源、区位、产业、体制机制优势，深化合作层次，完善合作平台，力争在重大发展战略、重大产业发展方向、重大建设项目规划等方面，提供一批具有全局性、综合性、前瞻性、可应用性的咨询建议；在新材料、生物技术、先进装备、信息产业和资源环境等领域，突破一批具有自主知识产权、对经济社会发展具有明显带动作用的核心关键技术；在优势学科、前沿学科、重点科研和工程领域，造就一批国内外知名科技创新型人才和大国工匠，加快提升河南省自主创新能力和核心竞争力，推动河南进入人才强省和创新型省份行列，为实现中原崛起河南振兴富民强省提供强有力的科技和人才支撑。

二、主要合作内容

（一）重大战略咨询合作。依托中国工程院国家高端科技智库的综合优势，围绕河南五大国家战略实施、“一极三圈八轴带”格局、加快中原城市群一体化发展、自贸区建设和中国（郑州）跨境电子商务综合试验区建设等重大问题，开展发展战略研究、决策咨询和项目评估，为推动创新型河南建设、积极融入国家“一带一路”发展战略提供有力智力保障。

（二）创新人才培养合作。双方研究提出有效的措施，共同引导支持院士专家到河南省进行技术交流和创业；吸收河南相关领域专家参加中国工程院的科技咨询合作及研究项目，锻炼培养一批高层次创新型人才；创新人才培养合作模式，为河南省培养高端人才提供支持和帮助。

（三）重大决策及项目论证合作。根据河南经济社会发展需要，围绕关系河南省经济社会发展的重大问题开展决策咨询。研究提出河南省优先发展领域和重点投资方向、重大投资项目提出咨询意见；对河南经济发展、社会进步中重大工程建设和高技术产业发展等重大决策提供论证和咨询意见。

（四）重点发展领域、重点产业科技合作。每年研究确定一批科技创新项目，共同组织院士专家，在电子信息产业、高端装备制造业、消费品工业、能源原材料工业及新一代信息技术、生物医药、新材料、绿色低碳等战略性新兴产业领域开展合作，促进产业转型升级与创新发展。

（五）高端学术交流与科技成果转化合作。申请承接工程院国际性全国性高端学术活动到河南举办；共同主办中国（郑州）产业转移系列对接活动；邀请院士专家赴河南省举办院士中原行活动；就科技、工程技术发展前沿问题举办专场报告会；根据院士成果和地方需求，支持工程院院士在河南建立院士工作站，促进院士科研成果在豫转移转化。

三、合作机制

（一）成立中国工程院、河南省人民政府省院合作委员会，建立工作会商制度，定期召开联席会议，研究部署合作重点工作。省院合作委员会办事机构（办公室）分别设在河南省科学技术协会和中国工程院科技合作办公室，保持经常性的工作沟通联系，共同推动和落实具体合作事宜；

（二）河南省人民政府提供办事机构（河南）运转的必要保障，省院合作委员会于每年初或上年末定期召开会商联席会议，研究确定年度合作领域和活动项目。

四、附则

（一）协议中未尽事宜，另行商定。

（二）本协议一式六份，双方各执三份。

河南省人民政府

签字：

2016 年 11 月 7 日

中国工程院

签字：

2016 年 11 月 7 日

中央军委科学技术委员会与中国工程院战略合作协议（略）

【重要活动】

中国工程院与上海市人民政府合作委员会第十二次会议

中国工程院与上海市人民政府合作委员会第十二次会议于2016年2月5日在沪举行。中国工程院主席团名誉主席徐匡迪、中国工程院院长周济、上海市市长杨雄、中国工程院副院长徐德龙出席并讲话。会议由上海市政协副主席李逸平主持,市政协副主席徐逸波、中国工程院秘书长钟志华,上海院士中心主任翁史烈院士、上海战略研究中心主任杨胜利院士,合作委员会及战略研究中心理事会院士代表朱能鸿、龚惠兴、钱旭红、沈祖炎、孙晋良、闻玉梅、金东寒、林忠钦、钱锋、李同保、俞建勇等出席。

会议审议通过了第十二届合作委员会成员名单、中国工程科技发展战略研究中心(上海)第三届理事会成员名单,讨论了上海市中国工程院院士咨询与学术活动中心及中国工程科技发展战略研究中心(上海)2015年工作报告和2016年工作要点。

会议指出,在去年合作委员会第十一次会议上,院市双方围绕上海科创中心建设提出了许多深化合作的好设想。一年来,在上海全面推进科创中心建设过程中,中国工程院和院士们给予大力支持,做出了积极贡献。中国工程科技发展战略研究中心组织上海100多位两院院士和各方面专家学者,研究提出了十大科技创新重大工程建设方向,许多成果已被列入科创中心建设和“十三五”科技创新规划的重大任务。

会议强调,深化院市合作,核心是要继续聚焦科创中心建设,进一步拓展双方合作的广度和深度。要瞄准世界科技前沿、国家战略需求和上海自身优势的结合点,协同推进一批提高自主创新能力的大项目、大工程。希望广大院士积极参与,帮助上海加快构建结构合理、先进管用、开放兼容、自主可控、具有国际竞争力的现代产业技术体系。要共同谋划上海服务国家战略的大思路、大举措。希望广大院士立足上海服务国家战略的重大需求、面临的重大问题,借助中国工程科技发展战略研究中心等平台,开展宏观性、战略性、前瞻性研究,为上海更好地服务国家战略建言献策。

自2001年中国工程院和上海市政府签署合作协议以来,院市双方已围绕国家重大战略目标和上海经济社会发展重大需求,开展了大量卓有成效的工作。今年,依托院市合作机制,上海院士中心及战略研究中心将进一步深化工程科技思想库建设,组织好科创中心战略研究,就重大科技基础设施项目、重大创新功能型平台、重大战略项目及全球顶尖科研团队建设等开展研究;进一步扩大学术活动的影响和品牌效应,积极构建高智力密集、多学科荟萃、多层次联动的各类学术交流品牌;进一步完善院士服务体系,提升服务能级。

中国工程院三局局长李仁涵、上海市科委主任寿子琪,合作委员会及战略研究中心理事会成员、上海院士中心兼职副主任等参加了会议。

第二届科技合作委员会第二次会议

2016 年 3 月 2 日,中国工程院第二届科技合作委员会第二次会议在工程院召开。徐德龙主任委员主持会议,周济院长、党组成员赵宪庚院士出席并讲话,刘旭副主任委员、干勇副主任委员以及科技合作委员会委员等 21 位院士出席会议,科技合作办公室负责人、各厅局负责人、各学部办公室负责人等 20 余人列席会议。

根据议程,会议听取了科技合作办公室副主任高战军同志关于《中国工程院 2015 年科技合作工作情况》的汇报;审议并通过了科技合作办公室主任李仁涵同志关于《中国工程院 2016 年科技合作计划》的汇报。

赵宪庚同志代表院党组就进一步做好科技合作工作发表重要讲话。他指出,一是科技合作蓬勃发展,科技服务在思想库建设中的地位和作用将更加突出。在院党组、院领导班子的高度重视下,科技合作委员会紧紧围绕国家和地方经济社会发展中的重大战略需求,充分发挥院士跨学科、跨部门、跨区域的综合优势,大力开展形式多样、内容丰富的科技合作活动,在引领和推动创新驱动发展、促进科技与经济的紧密与深度结合、加快科技成果的工程化产业化、助推国家经济转型与升级等方面做出了重要贡献。广大院士积极参与科技合作活动,与地方、企业重大需求相结合,每年开展科技合作活动两三百次,其中重大活动 20 余次,形成了面向部委、地方、企业、军队的全方位合作格局以及多层次、多领域、多形式的合作模式。尤其是去年 7 月份,我们与西藏自治区人民政府签署了战略合作协议,第一次实现了面向全国大陆地区省级行政区域的合作关系全覆盖。战略研究与咨询服务的战略性、全局性、综合性等特点,在科技合作活动中得到了集中体现。科技合作在思想库建设中的地位更加突出,在发挥思想库职能方面的作用将更加显现。二是把握科技合作的规律和特点,弘扬和传承科技合作的优势和特色。我院科技合作工作使命光荣,责任重大,取得的历史成绩,非常不易。在工作中,呈现出以下几个特点:科技合作的重点更加突出。例如京津冀一体化研究、制造强国战略研究、智能城市建设研究、秦巴山区绿色循环发展研究、中央企业技术创新体系建设研究等项目,都是在贯彻国家重大战略任务的基础上,与部委、地方通力合作的重大战略咨询项目。围绕这些重大项目开展科技合作,反映各部门共同关注的战略问题,极大地提高了科技合作质量,为国家创新驱动发展战略的实施贡献力量。合作资源得到系统化整合。整合不同部门之间的工作任务,将地方、企业的重大需求与我们的咨询研究、学术活动结合在一起,通过院士行活动的形式体现出来使科技合作活动主题突出,内容丰富,形式多样,特色鲜明。统筹协同开展科技合作工作。科技合作将不同任务需求结合在一起统筹安排,具有很强的协同作用,既为地方和企业提供咨询服务,又为我们的咨询研究提供调研机会和数据资料。科技合作成为各类需求的对接处和联结点,促进了产学研合作和科技成果工程化产业化进程。科技合作的质量和效益得到全面提升。科技合作密切结合地方与企业实际需求,通过每年举办学术论坛或咨询活动使研究成果得到充分交流，不断提升合作的系列化水平，长期持续性的合作加速了成果转移转化，提升了合作质量和效益。三是紧紧围绕思想库建设开展科技合作，为建设工程科技思想库发挥重要作用。《关于加强中国特色新型智库建设的意见》的发布是党中央、国务院立足经济社会发展全局做出的一项重大战略决策，必将有力推进中国特色新型智库的建设，为推动科学决策、民主决策、依法决策，实现国家治理体系和治理能力的现代化提供强大的智力支持。2015 年我院建设国家工程科技思想库再上新台阶，被列为国家首批高端智库建设试点单位，一批重大咨询成果受到党中央、国务院领导的高度重视，习近平、李克强、张高丽、刘延东、汪洋、马凯等中央领导同志做出重要批示。工程科技思想库建设是工程院的核心任务，战略咨询是工程科技思想库建设的核心工作。我院战略咨询围绕事关国计民生和经济社会发展的全局性重大问题、“十三五”规划和国民经济建设中的重大工程科技决策、应对突发性重大事件决策开展咨询研究。要在思想库建设中进一步突出科技合作的作用，就要紧紧围绕战略咨询这个核心工作开展活动，充分发挥决策咨询作用，针对地方经济社会发展中的重大战略问题、地方特色行业产业发展中的重大工程科技问题、企业技术创新体系建设中面临的关键问题开展咨询服务，重点通过战略研究与咨询服务开展科技合作，为地方和企业提供科技服务。同时，在科技合作过程中，善于发现地方与企业新的重大需求，不断丰富我们的战略咨询研究成果，为思想库建设和发挥思想库作用做出新贡献。赵宪庚同志最后强调，科技合作是一项非常重要的工作。为做好科技合作工作，要建立健全指导和支持科技合作发展的长效机制，按照“突出重点，整合资源，统筹协同”的指导原则，以战略咨询为中心，以提高质量为重点，深入贯彻实施创新驱动发展战略，围绕国家、地方工程科技和经济社会发展重大战略需求，充分发挥我院院士多学科、跨部门、跨区域的综合优势，坚持围绕国家、地方、企业的重大需求，完善科技合作平台，丰富科技合作内容，认真总结经验，统筹协调，突出重点，稳步推进，务求实效，积极推动地方创新驱动发展战略实施和企业技术创新体系建设，不断提高科技合作的质量和实效，不断提高科技成果转移转化效率，共同为工程科技事业进步贡献力量，为经济社会创新发展和产业结构转型升级贡献力量，为建设思想库、发挥思想库作用贡献力量。

会议围绕我院战略咨询工作重心，总结科技合作的成功经验与模式，重点针对如何充分发挥科技合作委员会的作用，进一步突出重点、提高合作质量和效益等问题，提出以下意见和建议：① 进一步做好规划安排。科技合作要根据工程院的优势和地方的战略需求，做好科技合作的规划和统筹安排，做好长远设计，根据实际情况不断调整，选准领域和行业，做高质量的科技合作计划；② 重视和提高合作成效。科技合作要通过咨询调研、学术活动、院士行、院士工作站等形式相结合，借助咨询研究形成的院士专家队伍，针对地方或企业的重大需求，持续关注和开展重点领域的合作；③ 协同开展科技合作活动。多学科、跨部门、跨区域是工程院的优势，要充分发挥这一优势，将不同类型活动统筹安排，发挥不同学科院士、不同院士团队的协同作用；④ 完善地方科技合作平台。因中国工程院无下属分支机构，要充分重视地方院士联络机构、院士工作站等平台的建设，保障科技合作持续有效开展，要对地方院士联络机构和院士工作站的建设，提出并落实相应的措施。

周济院长从国家工程科技思想库建设的高度对科技合作进行了阐述和部署。他说，工程院成立 20 多年来，通过历届院领导班子和各位院士坚持不懈的努力，充分发挥自身特色和优势，以科学咨询支撑科学决策，以科学决策支撑科学发展，为党中央、国务院以及各部委、各行业的重大战略决策提供强有力的支撑，树立起了自己的品牌，已经成为国家和人民可以倚重的智库。他主要从四个方面对科技合作提出要求。一是做好顶层设计，进一步突出科技合作重点。建设国家工程科技思想库,成为国家的高端智库是工程院的主要任务,战略咨询、科技服务、学术引领、人才培养是建设思想库的四大任务,核心是战略咨询,各项工作都要围绕核心任务进行部署。科技合作要坚持有所为,有所不为,主要面向地方、行业和企业开展战略研究与咨询服务。二是统筹协调,进一步提高科技合作质量。科技合作要更上一层楼,关键是要进一步提高质量。科技合作活动数量现在具备了一定的规模,但是要突出重点,把有限的力量用到最重要的方面去。按照"突出重点,整合资源,统筹协同"的思路,进一步提高质量。三是整合资源,将战略咨询与科技服务结合开展。对于能为地方发挥服务作用的战略咨询,要尽量吸收地方的力量共同开展。一方面可通过在地方开展的咨询项目会议,为地方提供科技服务;另一方面,通过在地方开展调研和交流,吸收地方的经验与建议,丰富咨询研究成果。四是建设和完善科技合作平台。重视院士工作站的作用,加强与中国科协的合作,联合举办院士工作站建设与发展经验交流会,弘扬好的经验和做法,促进企业技术创新和转型升级。继续保持和加强与地方院士服务联络机构的联系,鼓励地方院士联络机构做好服务院士工作。

徐德龙主任委员作了总结讲话。他说,各位院士对如何做好科技工作发表了很好的建议和意见,周济院长介绍了思想库建设的任务目标和院机关矩阵式管理的组织结构,对全院工作中心任务和科技合作作了部署。赵宪庚同志对科技合作提出了提高质量、突出重点、整合资源、统筹协调的总体要求。院领导的讲话非常重要,对科技合作提出了更高的标准,指明了方向。我们要认真学习,按照思想库建设的总体要求,围绕着战略研究与咨询服务,总结和提炼科技合作的有效模式和成功经验,把提高质量和效益作为今后科技合作的努力方向,把科技合作工作做得更好。他从以下几个方面提出要求。一要紧紧围绕着国家和区域创新驱动发展的需求开展合作。全心全意依靠院士和院士团队,充分发挥工程科技思想库作用,为经济社会发展提供强有力的工程科技支撑。牢固树立五大发展理念,为加快实施创新驱动发展战略提供工程科技支撑。院机关很小,院士所在区域很分散,要有所作为,就要全心全意依靠院士和院士团队,紧紧围绕创新驱动与转型升级开展科技服务,发挥矩阵式组织结构的协同作用开展科技合作,从根本上解决长期存在的经济与科技"两张皮"的问题,促进科技成果工程化产业化进程。二要不断总结合作经验,继承优良传统和作风,不断提高科技合作的质量和效益。开展科技合作要坚持实事求是,不能贪大求全,疲于奔命,面面俱到。以学部为依托,创新开展科技合作,推动和加强院企密切合作。开展咨询研究,要充分吸收科学院院士和其他有关部门的专家参与。做好顶层设计,突出合作重点,创新合作模式。将项目咨询、学术活动、院士行等活动结合起来开展活动,提高合作质量。三要进一步完善合作平台,与科协等有关部门协作推动院士工作站健康发展。发挥地方院士服务联络机构的积极性,积极推动院士工作站规范健康发展,助推地方和企业创新驱动发展,促进科技成果转化,实现转型升级和绿色发展。

中国工程院与广州市合作委员会成立大会暨院士专家咨询座谈会

2016年5月26日，中国工程院与广州市人民政府合作委员会成立大会暨院士专家咨询座谈会在广州举行。中国工程院党组书记、院长周济，广东省委常委会委员、广州市委书记任学锋，中国工程院党组成员、副院长徐德龙，广州市委副书记、市长温国辉为合作委员会揭牌。王迎军、毛新平、刘人怀、刘经南、江欢成等21位工程院院士出席并参加院士专家咨询座谈会。

周济院长在合作委员会成立大会上致辞时说，中国工程院与广州市一直保持着密切的合作关系，去年双方签订战略合作框架协议以来，进行了一系列务实有效的合作，既为广州创新驱动发展提供了有力的技术支持，也为工程院建设国家工程科技思想库提供了重要的支持条件。中国工程院将一如既往地对关系广州创新驱动发展的重大战略需求加强战略研究和咨询服务，充分发挥工程院院士及其团队的跨行业、跨部门、跨区域的综合优势，组织院士专家提供工程科技支撑和人才智力支持，努力推动院地合作迈向更高层次。

温国辉市长在致辞时说，广州正通过优化创新生态环境、构建创新创业制度环境、实施孵化器倍增计划、完善创新服务体系等政策组合拳，加快建设国家创新中心城市。希望各位院士、专家为广州创新发展提供智力支持。广州将竭诚为各类科技人才来广州发展提供全方位服务。

在之后召开的院士专家咨询座谈会上，院士们在听取了广州建设国际科技创新枢纽有关情况介绍的基础上纷纷发言，周福霖、邬贺铨、江欢成等11位院士在院地合作机制、成果转化、信息技术攻关、智慧城市建设、循环经济和分享经济发展、创新发展战略研究、人才政策、创新文化培育等方面提出27条意见建议。

周院长在咨询座谈会上指出，今天大家特别高兴，双方在去年我们签订全面战略合作框架协议的基础上，成立了合作委员会，而且召开了高质量、高水平的咨询会。院士们发表了自己的真知灼见，我听了之后也很受教育。每次来广州都能看到新变化、新进步，广州发展朝气蓬勃，充满生机活力，令人振奋。我们院士们一方面是来服务，同时也是学习，大家谈了很好的意见。下个星期就要召开全国的创新大会，这次是全国创新大会、院士大会一起来开，中央是全国总动员，要进一步把创新驱动发展作为国家的重大战略。我想开完会之后要进一步学习，广州在这方面走得很快，我们也愿意在这方面做更多的服务。我们的服务主要还是把“服务决策、适度超前”这八个字作为原则，以我们的科学咨询来支持广州市委市政府的科学决策，以你们的科学决策来引领广州的科学发展。希望能在战略合作协议框架下，充分利用院士资源，协助广州建设高端智库，以科学决策引领创新发展。

任学锋书记代表广州市委、市政府对参加活动的院士专家表示欢迎和感谢，并介绍广州经济社会发展情况。他说，当前，广州正围绕建设国际科技创新枢纽，深入实施创新驱动发展战略，坚持市场导向,更好发挥政府作用,打破路径依赖,突出价值创新引领,推进以科技创新为核心的全面创新,着力在建设高端创新载体、培育更多创新主体、面向全球集聚高端创新要素、营造良好创新生态环境上下功夫。希望各位院士、专家充分发挥在科技创新和工程创新方面的推动作用,帮助广州提升创新发展能力和科学决策水平。广州市将充分研究吸收院士、专家所提的意见建议,努力把广州工作做得更好。

中国工程院三局副局长高战军、科技合作办公室负责同志参加上述会议。

中国工程院与深圳市人民政府合作委员会第九次会议

11 月 14 日,中国工程院与深圳市人民政府合作委员会第九次会议召开,合作委员会顾问周济院长、邬贺铨原副院长,副主任钟志华院士,委员刘大响、钱清泉、刘韵洁、彭苏萍院士出席会议。会议听取了深圳院士活动基地主任钱清泉院士所作的《中国工程院深圳市人民政府合作委员会工作报告》,成立了中国工程院深圳市人民政府新一届合作委员会,增补广东省委副书记、市委书记马兴瑞为合作委员会顾问。马兴瑞书记出席会议并讲话,深圳市市长许勤主持会议。双方表示,将认真贯彻落实习近平总书记系列重要讲话精神和全国科技创新大会、两院院士大会精神,进一步深化院市战略合作,不断拓展合作新领域、构建合作新模式,推动深圳加快建设国际科技、产业创新中心,为实施创新驱动发展战略、建设世界科技强国做贡献。周济院长在讲话中表示,希望双方进一步深化合作,打造院市合作典范。中国工程院将充分发挥国家工程科技界高端智库作用,大力推动国家级实验室等重大科技设施落户深圳,增强深圳源头创新能力,抢占新一轮科技革命和产业变革制高点。同时,将鼓励更多院士来深圳参与科技创新,将更多科研成果转化为生产力,为深入实施创新驱动发展战略做贡献。马兴瑞书记表示,深圳将协同中国工程院开拓院市合作新领域、新模式,在通信技术、人工智能制造、新材料、新能源等方面加强技术合作,尤其是共同建设信息科学与安全、生命科学与健康等领域的重大科技设施,加快建设国际科技、产业创新中心。许勤市长说,希望各位院士对深圳正在制定的国际科技、产业创新中心建设方案提出更多有前瞻性、战略性、全局性的咨询建议,大力支持深圳建设一批重大科技设施,早日建成现代化国际化创新型城市。会议总结了中国工程院、深圳市人民政府的合作成果,商讨了进一步深化合作的重点事项,通过了合作委员会新一届委员名单。会上,邬贺铨、钟志华、钱清泉、刘大响、刘韵洁、彭苏萍等院士对进一步深化双方合作提出了意见建议。

2016年全国院士专家工作站建设经验交流会

10月28日，中国工程院与中国科协共同举办的2016年全国院士专家工作站建设经验交流会在福州召开。本次会议的目的是总结经验，分析问题，就进一步推动院士专家工作站健康发展进行研究探讨。中国工程院徐德龙副院长、中国科协书记处书记项昌乐、福建省副省长黄琪玉致辞，王一德院士、钱七虎院士，以及来自37个地方科协、23个建站单位、5个学会共计150余位代表出席会议。

徐德龙副院长在讲话中指出，长期以来，我国科技资源存在分散、封闭、重复的现象，主要表现为经济与科技的相互脱节成为两张皮。近年来科技产出很多，但成果转化状况不容乐观，科研成果闲置、浪费现象还十分严重。有的省份科技产出名列全国前列，但科技成果转化率很低。许多企业由于技术瓶颈仍在产业低端环节挣扎，难以实现产业升级。院士专家工作站为实现两者有效对接提供了有效途径，企业自有研发技术的难点，正是院士专家团队寻求技术合作的切入点。院士专家凭借深厚的智力优势和宽广的视角，与企业联合进行核心技术攻关，促进科技成果转化为现实的生产力，为促进科技成果产业化、培养创新人才队伍、增强自主创新能力提供强有力的支撑。

徐德龙副院长说，院士专家工作站是科协系统开创和管理的产学研合作模式，同时也是工程院参与和开展产学研合作一个重要平台，既为企业吸纳高新技术架了“桥”，又为院士专家施展聪明才智铺了“路”，是广大院士开展技术转移转化、支持企业创新发展的良好渠道。建设院士专家工作站，是近年来推进院地合作，推进院士专家资源服务基层、服务企业，推进产学研结合的好创意、好形式。院士专家工作站13年来的实践证明，院士专家工作站的建设，带动了地方和企业的项目实施、基地建设、人才培养的一体化，推进了科技合作的组织化、制度化、长效化。以企业为主体建立院士专家工作站，进站院士专家直接与企业实现对接，在提升企业技术创新能力、优化产品结构、培养科研人才等方面发挥了独特作用，是加快实施创新驱动发展战略的重要源泉。院士专家工作站的发展，为企业提供了高端智力服务企业自主创新的机遇，为企业技术创新体系建设提供强大动力和支持。

徐德龙副院长表示，中国工程院鼓励进站院士积极推动科技成果工程化产业化，鼓励院士及其团队与企业联合开展重大科技攻关和关键技术研究，加强合作研发与成果转化，希望院士们充分发挥高端智力资源优势，围绕企业的核心关键技术进行研发攻关，为企业技术创新体系建设、提升核心能力做出更大贡献。中国工程院也将一如既往地支持院士专家工作站的建设和发展，完善产学研合作机制，集中力量推进科技创新，真正把实施创新驱动发展战略落到实处。中国工程院将以本次会议为契机，继续配合中国科协，坚持以“需求为基础，项目为核心，企业为主体，实效为根本”的基本原则，加强对院士专家工作站建设的规范指导工作，联合开展院士专家工作站建设情况调研，提高院士专家工作站运行质量和效益，共同推动建立以企业为主体、市场为导向、产学研相结合的技术创新体系，促进企业不断提高技术创新水平和管理水平，逐步实现创新驱动发展，使院士专家工作站在促进科技进步、产业结构合理调整、经济发展方式加快转变、经济社会科学发展中进一步发挥积极作用，为企业提升自主创新能力、实现产业结构升级、培育和发展战略性新兴产业、推动企业创新驱动发展提供强大的工程科技支撑和人才智力支持，为提高我国自主创新能力、建设创新型国家作出新的更大贡献。

项昌乐书记在讲话中表示，随着院士专家工作站数量规模不断扩大，运行效果日益显著，已成为各地促进企业创新发展、促进产学研结合、促进地方经济社会发展的重要抓手。2009 年刘延东同志作出重要批示：院士工作站是一个科技人员服务基层、服务企业、践行产学研用相结合的好创意、好形式，请工程院大力推动此项工作。当年 10 月，工程院会同中国科协、中科院、科技部组成专题调研组，赴苏、浙、辽、鲁等地考察调研，形成了《关于院士工作站情况的报告》，并上报国务院。此次会议正是在院士专家工作站快速发展的形势下召开的首次全国性会议，进一步专题探讨院士专家工作站在新形势下更好地发挥创新驱动作用。项昌乐书记提出四点意见，一是加强顶层设计，统筹规划院士专家工作站的建设工作；二是加强分类指导，推动院士专家工作站建设区域平衡发展；三是加强规范管理，不断提升院士专家工作站运行质量水平；四是加强协调推进，推动院士工作站和专家工作站建设并行发展。

黄琪玉副省长在致辞中说，院士专家工作站建设在提高企业自主创新能力、推动产业转型升级、集聚和培育企业创新人才、促进技术创新体系建设等方面发挥了重要作用，福建将借助举办这次会议的机会广交各界英才，努力推动更多先进理念、科技成果和领军人才在福建落地生根，结出硕果，为福建加快产业转型升级提供有力的智力支持和科技支撑。

钱七虎院士作为示范站进站院士专家代表作大会交流发言。4 家地方科协、2 家示范站、1 家示范园和 1 家学会代表发言。会议还进行了分组座谈，大家交流分享了近年来院士专家工作站建设取得的经验，探讨了下一步的工作方向、目标、举措。与会代表认为，这次会议内容丰富，非常及时，对院士专家工作站未来健康发展有重要的指导意义，希望中国科协能够进一步整合资源，加大投入，联合中国工程院等部门共同出台相关指导意见，帮助地方规范工作站的管理和运行，提质增效，动员更多的院士、专家进站开展工作，努力使院士专家工作站建设开创新的工作局面，为全国各地方的经济社会发展和创新驱动发展做出新的、更大的贡献。会后，工程院将商中国科协，适时出台院士专家工作站建设指导意见。

会议授予 110 家工作站为示范工作站（其中工程院院士进站的 80 家工作站为示范工作站），授予 15 家建站单位为示范单位。今年 9 月，工程院院士在海南和西藏建立了全省和全区首家院士工作站，全国大陆地区省级行政单位第一次实现了院士专家工作站的全覆盖。截止去年 8 月，全国工作站共 3247 家，进站院士 3023 人次，其中进站工程院院士为 2154 人次，占 71.25%。

第二届广东院士高峰年会

5 月 25 日至 26 日，第二届广东院士高峰年会在深圳隆重召开。全国人大常务委员会路甬祥原副委员长、中国工程院徐德龙副院长出席并作特邀报告。中国工程院徐德龙副院长、深圳市人民政府许勤市长、广东省人民政府蓝佛安副省长、广东院士联谊会执行会长刘人怀院士分别致辞，广东院士联谊会副会长、中国科学院院士许宁生主持会议。

本届高峰年会以“聚焦未来、创新驱动、绿色发展”为主题，73 位院士携团队参加，并围绕大数据、精准医疗、人工智能、航天航空等热点话题开展学术研讨，助力广东创新驱动发展。

徐德龙副院长在致辞中，代表中国工程院和周济院长向本届年会的召开表示祝贺，向各位院士表示亲切慰问，向广东省委、省政府以及深圳市委、市政府多年来对中国工程院工作的大力支持和帮助表示衷心的感谢。他说，第二届广东院士高峰年会的召开，是贯彻落实中央领导讲话和十八届五中全会精神，加快创新驱动发展战略的具体体现。第二届广东院士高峰年会凝聚高端智力资源和创新要素，推进协同创新和开放创新，有助于加强产学研合作、加速科技成果转化，促进创新驱动发展。

徐德龙副院长指出，中国工程院与广东省一直保持着密切友好的合作关系，自 2010 年中国工程院与广东省人民政府签署了全面推进产学研合作协议以来，院地合作扎实深入开展，取得了丰富的成果，促进了广东省经济社会的科学发展。广东院士联谊会成立两年来的实践证明，广东院士联谊会是产学研合作重要平台，是开展院地合作的有效形式。两年来，广东院士联谊会为促进技术链与产业链的对接提供了保障机制，有效凝聚创新要素，优化资源配置，激发创新要素活力，加速科技成果转化，为重大关键问题、重大难点问题提供战略咨询。院省双方要进一步建设好这一重要平台，发挥广东院士联谊会在院地合作中的重要作用。

路甬祥院士作了题为“科技与创新产业的特点”的报告。报告指出，中国经济科技快速发展，已经成为世界经济发展的新引领和增长极。信息网络、大数据、云计算、人工智能、机器人等技术创新与应用快速发展，正在深刻改变人们生存发展、创新创业的信息 · 物理环境，将引领科技与产业创新的未来。科技与产业创新呈现“绿色低碳、网络智能、融合创新、共创分享”的新时代的特征。他认为，广东与珠三角将是制造业向全球化、个性化、定制式、创新新市场、新价值的网络智能设计制造服务的先行地区、国家重要的信息电子、智能制造和机器人、先进船舶与海洋工程、医疗与大健康等高端制造服务、区域一体化智慧低碳交通系统设计制造、运行服务产业的新兴产业重要基地，绿色精细化工、高端制药产业的创新高地。深圳、广州已经进入国际上最具活力的创新城市行列。但是，经过 30 多年的高速发展，要素成本上升，资源环境约束加剧，落后产能过剩，全球需求疲软，中国和广东制造正面临发达国家重振制造业和新兴发展中国家发展低成本制造的双重挤压。产业转型升级、发展方式转型的任务紧迫艰巨。

徐德龙副院长作了“推进绿色制造，建设幸福家园”的报告。报告指出，雾霾肆虐、土地和环境酸化、气候变暖提速、冰川冻土消失、食品安全问题不断出现、厄尔尼诺频袭等问题迫使人类不得不举起绿色的大旗，与大自然求得和谐共生，实现人类社会的可持续发展。低碳发展是绿色发展的核心和首要任务，循环发展是实现绿色发展的主要范式和途径。绿色制造是绿色发展的重要组成部分，是制造强国建设的必由之路，须着力于绿色产品和绿色制造技术与工艺的研发。

第二届广东院士高峰年会设置了大数据与精准医疗前沿技术应用创新论坛、人工智能+产业创新与发展论坛、北斗与遥感卫星商业化应用论坛、农业航空技术应用与配套产业发展论坛四个专题论坛。此外，还专门设置了治水提质与海绵城市建设研讨会、城市垃圾资源化处理技术研讨会。本次年会强调“高端引领、服务地方”原则，关注深圳重点发展的未来产业和城市管理治理年战略部署，强调院士团队科技成果的落地转化，专门策划了形式新、效果实的广东院士团队科技创新成果推介对接会。

第十四届中国海峡项目成果交易会

2016年6月18日上午，“创新驱动助力工程暨院士专家‘一带一路’项目咨询对接活动、项目签约授牌仪式”专场活动，在福州海峡国际会展中心隆重举行。中国工程院副院长刘旭，福建省委常委、组织部长王宁，省人大常委会副主任刘群英，省政协副主席陈绍军，中国科协党组成员、学会部部长宋军，中国科学院原副院长詹文龙等领导出席仪式。50多位两院院士，有关全国学会的领导和专家，福建省相关承办单位负责人，以及项目签约双方和授牌单位的代表、媒体记者等300多人参加。

专场活动由福建省科协党组书记、副主席杨江帆主持，福建省委组织部副部长杨国豪代表“院士专家八闽行”组委会致辞，郭孔辉院士作为参加“一带一路”对接咨询活动的院士代表发言，福建省科协副主席、省院士专家工作站建设协调小组组长吴瑞建宣读2015年度福建省院士专家示范工作站、第六批院士专家工作站授牌决定。之后，举行了院士专家示范工作站、新建院士专家工作站授牌仪式。

去年，中央为推动“一带一路”沿线省份加快发展，邀请院士等高层次人才到福建省开展项目咨询服务活动，为福建省破解了经贸合作、互联互通、海洋渔业等“海丝”核心区建设涉及的一些重点难点问题，取得了积极成果。福建省委组织部今年又成功匹配了106个“一带一路”咨询项目的院士专家，其中院士39名、专家97名。

在中国工程院的大力支持和积极推动下，今年泉州被列为“中国制造2025”唯一的地级市样板。中国工程院与福建联合打造福建（三明）“中国杂交水稻稻种基地”项目，已列入国家“十三五”规划重点项目。

专场活动结束后，刘旭副院长参加了领导巡馆和第五届世界闽商大会开幕式。张彦仲、龙乐豪院士参加了“航空航天科普报告行”活动，共作报告4场。

6月15—17日，刘旭副院长带队参加了“院士专家南平生态文明行”。6月17日下午，刘旭副院长出席了福建省院士专家交流协会成立大会。

2016“创响中国”巡回接力首站活动启动仪式暨2016中国创新创业成果交易会

2016年5月27日，2016“创响中国”巡回接力首站活动启动仪式暨2016中国创新创业成果交易会开幕式在广州举行。周济院长、徐德龙副院长，广东省委副书记、省长朱小丹出席。刘人怀、赵连城、邱冠周、江欢成等10余位工程院院士参加活动。中国科协党组书记、常务副主席、书记处第一书记尚勇，国家发展和改革委员会副主任林念修，广东省委常委会委员、广州市委书记任学锋致辞。周济，尚勇，朱小丹，林念修，九三学社中央副主席赖明，任学锋，广州市委副书记、市长温国辉，广州市人大常委会主任陈建华共同启动2016“创响中国”巡回接力活动。

据悉，本届创交会将围绕“会、展、赛、奖”等要求，突出“双创”特色，形成品牌展会。各地方科协、全国学会(协会、研究会)等科技团体、高校科研院所、民办科研机构代表，来自美国、欧盟、俄罗斯等国家和地区的参展技术成果持有人或团队代表，我国港澳台科技团体代表，风投、创投企业合伙人和投资者代表，各界创新创业人士等共1100多人参加。

仪式结束后，周济院长、徐德龙副院长及有关院士参观了创新创业成果展览和展示活动。在当天下午的“院士企业行”活动中，刘人怀、姚新生、魏复盛等院士分成两路参观了广州具有代表性的高新科技企业并进行了座谈指导。

仪式开始前，朱小丹省长会见了周济院长及参会的院士。他代表省委、省政府对周院长率众多院士来粤表示欢迎，衷心感谢工程院长期以来给予广东的大力支持。希望双方面向“十三五”，进一步加强省院合作，更好地实施创新驱动发展战略。周院长对深化双方战略合作的意见完全赞同，他表示，中国工程院将认真贯彻落实中央关于推动创新驱动发展的决策部署，充分发挥自身优势，努力为广东创新驱动发展做好服务，多做贡献。

中国工程院三局副局长高战军、科技合作办公室负责同志陪同参加上述活动。

第十八届中国国际高新技术成果交易会

11月16日至21日，由中国工程院与商务部、农业部、国家知识产权局、科学技术部、工业和信息化部、国家发展和改革委员会、教育部、人力资源和社会保障部、中国科学院、深圳市人民政府共同主办的第十八届中国国际高新技术成果交易会在深圳举行。高交会期间及高交会开幕之前，中国工程院组织召开了院市合作委员会会议、2016 战略性新兴产业培育与发展论坛、2016 年粤港澳科技成果转移转化研讨会暨广东院士专家科技成果转化服务中心揭牌仪式、2016 未来网络与物联网创新应用高峰论坛等多场活动，周济院长、田红旗副院长、邬贺铨原副院长、干勇原副院长，钟志华、刘大响、钱清泉、刘韵洁、彭苏萍、王礼恒、丁文华、顾晓松、李国杰等 13 位院士出席。

11 月 15 日，中国工程院、国家开发银行、深圳市人民政府、国家信息中心共同主办了 2016 战略性新兴产业培育与发展论坛，周济院长致辞。他表示，战略性新兴产业正在成为全球创新的主战场，成为各主要国家抢占新一轮科技和经济发展制高点的必争之地。全球新兴产业增长率普遍超过传统产业，信息、生物、能源、材料、环境保护、先进制造等领域的技术突破和跨领域的交叉融合将创造新的经济增长点，重塑世界产业竞争格局。今年继续在深举办论坛，旨在打造国家战略性新兴产业的高端学术与产业交流平台，把握全球新一轮科技革命和产业变革的重大机遇。工程院院士邬贺铨、干勇、顾晓松、彭苏萍，国家发展改革委巡视员任志武，深圳市发展和改革委员会主任王宏彬，江苏省发展和改革委员会副主任王汉春，同济大学教授蒋昌俊、吴志强，国家开发银行规划局副局长胡东升，中国科学院大学经济与管理学院教授柳卸林分别作了报告。论坛发布了《中国战略性新兴产业发展报告 2017》，67 万字的报告重点总结了“十二五”战略性新兴产业发展取得的成绩，提出了“十三五”战略性新兴产业发展展望，归纳了 2016 年战略性新兴产业最新进展，探讨了战略性新兴产业创新模式和政策建议，研究了战略性新兴产业投融资模式。报告还指出，“十三五”期间的战略性新兴产业将划分为网络经济、生物经济、高端制造(包括高端设备制造与新材料)、绿色低碳(包括新能源、新能源汽车、节能环保)、数字创意五大领域及其八大产业。据测算，预计“十三五”间战略性新兴产业增加值增速将达到 20%左右，约 3 倍于同期 GDP 增长。自 2013 年以来，中国工程院已经连续四年在深圳举办战略性新兴产业培育与发展论坛，连续五年发布《中国战略性新兴产业发展报告》。

同日，由工程院科技合作办公室支持，广东院士联谊会联合香港科学院、澳门科技大学举办的 2016 年粤港澳科技成果转移转化研讨会暨广东院士专家科技成果转化服务中心揭牌仪式在深圳五洲宾馆举行。周济院长应邀出席并致辞，他指出，粤港澳科技成果转移转化研讨会聚焦科技成果转化，旨在实现技术链和产业链的有效对接，促进科技成果的转移转化，推动产学研的密切合作，是支持企业和产业创新发展的良好平台。原副院长、广东院士联谊会会长邬贺铨院士在研讨会上说，粤港澳一衣带水，广东院士联谊会在港澳会员也多达 18 名。广东院士联谊会将充分发挥地缘优势，在深圳建立粤港澳院士专家创新创业联盟，搭建粤港澳高层次科技人才的交流合作平台。研讨会旨在探讨深化粤港澳在科技成果转移转化的交流与合作，推动建立“产学研资用”高效连接平台，探索科技成果转化新机制和新模式。据介绍，广东院士联谊会将协同“政产学研金介”力量，在院士团队中梳理一批创新领先性强、产业化前景明确、市场化成熟度高的“有效供给重大科技成果”，加速院士团队科技成果与产业资源的精准对接和有效转化，努力探索院士团队重大科技成果转化的新机制和新模式。相关院士专家作了主题报告。

16 日，第十八届中国国际高新技术成果交易会在深圳会展中心开幕，有 37 个国家和地区参展。全国人大常委会原副委员长路甬祥院士出席并在开幕论坛上发表演讲，中央政治局委员、广东省委书记胡春华宣布开幕，田红旗副院长，刘大响、钱清泉院士等出席开幕式。本届高交会主题是“创新驱动 质量引领”，凸显了“创新风向标”的功能，展示了“大众创业、万众创新”的新成果。

同日下午，我院信息与电子工程学部还举办了 2016 未来网络与物联网创新应用高峰论坛，刘韵洁院士致辞并发表主题演讲。他指出，物联网推动网络创新发展，不管是发达国家，还是发展中国家，都想通过互联网，融合实体经济，促进产业转型升级，抢占新的制高点。论坛就联通物联网、物联网及智慧城市建设、未来网络及物联网发展、深港智慧城市及物联网建设等内容进行了深入探讨。

此外，三局副局长高战军还应邀出席了 15 日召开的第十八届高交会组委会会议以及高交会新闻发布会。

第十二届中国重庆高新技术项目成果交易会

4 月 21 日，由中国工程院参与共同主办的第十二届中国重庆高新技术成果交易会暨第八届中国国际军民两用技术博览会在重庆会展中心开幕。中国工程院院长周济、副院长徐德龙、秘书长钟志华出席开幕式，与重庆市领导会见并巡馆。重庆市委主要领导会见了出席重庆高交会的各主办方领导，科技部、工信部、中科院、中央军委科技委、中国发明协会等共同主办单位领导参加会见。

本届展会的主题为“军民融合 · 创新创业”，包括展览展示、主题论坛、对接交易等系列活动。据介绍，本届展会境外参展为历届参展规模最大、国家与地区最多的一次，国防与军队系统本次参展也是历届展会中规模最大、单位最全的一次。近年来，重庆高交会暨国际军博会规模不断扩大，影响力和针对性不断增强，已成为促进高新技术成果转化、推动军民融合发展的重要平台。重庆市高度重视科技创新，大力实施创新驱动发展战略，着力推进以科技创新为核心的全面创新，加快构建以市场为导向、以企业为主体的创新体系，突出创新重点区域和重点领域，推进开放协同创新，加强创新平台建设，加快建设西部创新中心。同时积极推进军民资源互动共享和军民两用技术转化应用，推动军民融合产业持续快速发展，并通过高交会暨国际军博会这一平台，加强务实合作，在高技术产业和军民融合发展等方面取得更大成果。

当日下午，周济院长一行到永川高新区凤凰湖产业园台正智能装备制造产业园实地考察，听取了凤凰湖产业园产业规划及发展情况汇报，详细了解了台正智能装备制造产业园建设情况和运营模式。他指出，永川要抓住产业转型升级的机遇，通过引进台正机床装备产业联盟体的形式，真正引进一条完整的智能装备制造产业链，实现智能装备制造产业的产业链发展、集群发展。当前，中国经济发展进入新常态，重庆市、永川区在经济下行压力加大的情况下，仍然保持平稳快速发展，这样的成绩令人振奋。在新形势下，经济发展面临着许多问题和挑战，永川区要始终坚持发展才是硬道理，发展是解决一切问题的根本途径，坚定不移地贯彻落实好“创新、协调、绿色、开放、共享”五大发展理念，持续推进经济社会健康快速发展。周济院长说，重庆处在“一带一路”与长江经济带的联结点，是我国经济发展的重要增长极。台正和华中数控落户永川，与国家发展战略方向相一致，希望企业能扎根永川，继续努力创新，把智能装备制造产业做得更好。机床是装备制造业的“母机”，永川区发展数控机床抓住了智能装备制造的关键。在做好基础设施配套的基础上，永川区要坚持以创新驱动促进产业转型升级，大力支持台正机床联盟体与华中数控深入合作，推动制造业和信息技术深度融合，推动智能装备制造产业与金融产业、“互联网+”紧密结合，大力发展“互联网+先进制造业”、“互联网+先进服务业”。

20 日上午，钟志华秘书长应邀出席“军民融合产业发展高峰论坛”。下午，三局局长李仁涵、副局长高战军应邀出席了第十二届中国重庆高交会暨第八届国际军博会新闻发布会。重庆市政府副秘书长王余果代表组委会发布了本届高交会总体安排、展会规模和主要特点。

【院士行】

2016年主要院士行活动情况表

时间	名称	地点	参加院士
1月8—9日	云南生物医药大健康产业发展院士行	昆明	樊代明等13位
4月7—9日	金华生态文明建设院士行	金华	刘旭等16位
4月9—10日	医药卫生学部第二次余杭院士行	余杭	李兰娟等15位
4月17日	提高企业核心竞争力院士咨询会	洛阳	王梦恕等17位
5月18日	金川电池材料产业园发展规划论证会	兰州	干勇等5位
5月18—19日	成兰铁路现场调研咨询	四川	何华武等18位
6月15—17日	“生态文明建设”项目调研	南平	刘旭等2位
6月19日	三江源国家公园建设科技支撑院士专家咨询会	西宁	徐德龙等7位
7月7日	锦界煤矿考察调研	榆林	赵宪庚等15位
7月22日	院士成都行	成都	徐德龙等7位
7月22日	四川省“十三五”科技创新规划院士咨询会	成都	周济等9位
7月24—30日	“资源开发可持续生态环境可持续”院士新疆行	新疆	刘旭等9位
8月18日	“首都院士之家”揭牌仪式暨院士怀柔行	北京	徐德龙等
8月21日	院士龙江行暨科技型企业创新发展咨询会	哈尔滨	徐德龙等11位
8月29日至9月3日	“绿色制造发展战略研究”项目调研	包头等	徐德龙等
9月4日	中国工程院院士西藏行	林芝	赵宪庚等24位
9月18—19日	低碳奥运院士行	张家口	彭苏萍等14位
9月25—28日	院士宁夏环保行	宁夏	郝吉明等8位
10月14—15日	2016生物医药余杭院士行暨中国药物创新及产业化院士论坛	余杭	桑国卫等12位
10月19—20日	洛阳金属矿产资源勘查开发院士行	洛阳	彭苏萍等15位
10月28—29日	院士盐城行	盐城	侯保荣等8位
11月15—17日	云南院士专家行	澜沧	刘旭等7位
11月5—7日	2016中国(郑州)产业转移系列对接活动暨郑洛新国家自主创新示范区院士行	河南	周济等11位
11月20—21日	成都核动力技术创新院士行	成都	彭苏萍等12位

【科技交流】

2016年其他科技合作活动情况表

时间	名称	地点	参加院士
5月5—6日	2016(第三届)新能源材料高峰论坛	成都	徐德龙等
7月5—7日	第九届中国生物产业大会暨首届“中国光谷”国际生物健康产业博览会	武汉	沈倍奋等
7月24日	全国智能制造试点示范经验交流会	东莞	周济等
7月2日	京津冀院士“眼科、耳鼻咽喉头颈外科”专项体检	北京	徐德龙等
8月6—11日	《“十三五”全国科技援藏规划》调研	西藏	—
9月12日	第四次全国科技援藏工作座谈会	拉萨	田红旗
11月1日	第十八届中国国际工业博览会	上海	徐匡迪等
12月27日	上海市推进科技创新中心建设领导小组第一次会议	上海	田红旗

医 疗 保 健

2016 年医疗保健系列报告会列表

场次和时间	题目	主讲人
第 36 场	脊柱退行性疾病及其防治	刘忠军
第 37 场	关注一个被“气”出来的病	支修益
第 38 场	个体化养生	王　琦
第 39 场	老年性痴呆的防与治	贾建平
第 40 场	中老年的脑保健	王拥军

国际交流

【概况】

2016 年重要出访团组

1. 1 月,赵宪庚副院长出访德国,促进中国科技界与 EU-XFEL 合作。

2. 2 月,刘德培院士等赴南非出席国际科学院合作组织(InterAcademy Partnership,IAP)全体成员大会及国际医学科学院组织(IAMP)执委会会议。

3. 3 月,谢克昌院士等出访哥伦比亚、巴西、阿根廷,参加第 22 届国际醇燃料研讨会以及实地调研三国的生物燃料产业。

4. 3 月,我院代表团赴英国协调并参加两国工程院"创新领军人才联合培养项目"首期研修班。

5. 4 月,赵宪庚副院长等赴韩国出席"首届中韩产业创新论坛",开展"制造强国战略研究"项目调研,并参加"中韩企业网络"互动交流。

6. 4 月,潘云鹤院士率全国政协代表团访问津巴布韦、马达加斯加、莫桑比克。

7. 5 月,樊代明副院长出访美国,参加 2016 年美国消化疾病周会议。

8. 5 月,彭苏萍院士等赴加拿大出席 CAETS 能源委员会会议。

9. 6 月,赵宪庚副院长等出访英国、德国、瑞典,开展课题国际合作、国际调研。

10. 6 月,钟志华院士等赴美国开展《Engineering》期刊工作交流。

11. 8 月,赵宪庚副院长等出访日本,出席第 19 届中日韩工程院圆桌会议暨"先进维护"研讨会,并赴日有关工程科技机构进行双边交流。

12. 8 月,侯立安院士等赴瑞典、芬兰及丹麦开展学术交流及"我国室内与典型工业厂区空气污染防控战略问题研究"项目调研。

13. 9 月,周济院长等出访英国,出席 CAETS 2016 年年会,包括 CAETS 理事会会议、能力建设顾问委员会会议、知识共享平台专家委员会会议以及"工程科技让世界更美好"学术研讨会。

14. 9 月,彭苏萍院士等出访英国,出席 CAETS 能源委员会会议。

15. 9 月,李培根院士等出访日本,开展智能制造调研,进行智能制造发展动态国际跟踪研究。

16. 10 月,陈左宁副院长等出访俄罗斯、哈萨克斯坦、白俄罗斯,开展咨询项目国际调研。

17. 10 月,徐德龙副院长等出访哈萨克斯坦,参加"2016 中国-中亚国家建材技术研讨会"。

18. 10 月,潘云鹤院士等出访哥伦比亚、秘鲁、多米尼加,开展 UNESCO 二类中心调研。

19. 10 月,谢克昌院士率国家电网公司团组,赴美国参加联合国高级别研讨会。

20. 11 月,樊代明副院长赴日本参加亚太消化病周会议。

21. 11 月,徐德龙副院长率院士专家团前往台湾,参加了我院与工研院共同主办,工研院承办的“2016 两岸产业工程科技交流论坛”。

22. 11 月,谢克昌院士等赴摩洛哥出席联合国气候大会。

23. 11 月,李培根院士等赴德国参加国际会议、课题国际调研。

2016 年外事接待来访团组

一月

25 日,哈萨克斯坦工业发展研究院 AIdyn Kulseitov 院长一行来访,双方达成协议,中方协助哈萨克斯坦制定国家制造业发展规划,规划工作期限为一年。

27 日,周济院长会见了哈萨克斯坦投资发展部 Asset Issekeshev 部长一行,双方就开展中哈制造业交流会进行了磋商。

27 日,徐匡迪主席会见了巴斯夫公司董事长、中德对话论坛德方主席 Martin Brudermueller 博士一行。

三月

22 日,周济院长会见日立公司董事长中西宏明博士一行,双方围绕“中国制造 2025”进行了交流。

28 日,徐匡迪主席会见了外交学会新任会长吴海龙一行。

四月

5 日,周济院长会见了世界工程组织联合会主席 Jorge Spitalnik 一行。

18—19 日,周济院长会见了澳大利亚技术科学与工程院副院长 Kaye Basford 一行,就筹办“首届中澳食品安全与技术进步研讨会”进行了交流。

25 日,周济院长会见了由陈嘉正院长率领的香港工程科学院(HKAES)代表团。随后,干勇院士主持召开座谈会,就两院合作及有关发展建议书内容进行了讨论。决定设立咨询项目共同努力完善“香港及珠三角地区创新科技产业发展建议书”的有关内容。

五月

17 日,周济院长会见了南非工程院院长 Bob Pullen 一行。

8—18 日,周济院长会见了联合国教科文组织副总干事 Flavia Schlegel 一行。

七月

20 日，制造业课题组会见了德国弗朗霍夫学会系统与创新研究所 Rainer Frietsch 博士一行。

25 日下午，赵宪庚副院长会见了率领“善德关爱科研青年发展计划航天科技发展考察团”来京的香港科技协进会名誉顾问、全国政协常委、太平绅士伍淑清博士，科技协进会会长、太平绅士陈少琼工程师，善德基金会主席、太平绅士董吴玲玲女士一行。谭述森院士参加会见活动。来自香港 104 所中学的 120 余名中学生考察团参观了我院，并参加科普报告会。

27 日，周济院长会见了德国工程院院长 Reinhard Hüttl 教授一行，与德国工程院签署了两院工程技术科学合作谅解备忘录。

八月

1 日，赵宪庚副院长会见了英国卢瑟福国家实验室 Principle Scientist 张书彦教授一行。

15 日，樊代明副院长会见英国外交部政务次官 Alok Sharma 一行，就我院与英国有关单位在清洁能源、创新等领域开展的合作进行了交流。

17 日，周济院长会见了台湾工业技术研究院刘仲明院长一行，并就两院将于 11 月在台湾共同举办的“2016 两岸产业工程科技交流论坛”及两院合作事宜进行会谈。

九月

9 日，赵宪庚副院长会见了财团法人台湾永续能源研究基金会董事长简又新率领的“第十二届海峡两岸气候变迁与能源可持续发展高峰论坛”代表团以及参会大陆代表，双方进行了座谈交流。

十月

12 日，徐匡迪名誉主席、周济院长会见了瑞典新任驻华大使林戴安女士一行。

十一月

4 日，周济院长会见了日本工程院常务副院长、中国工程院外籍院士小泉英明一行。双方重点就进一步推动中日两国工程院科技创新合作和战略前沿问题的探讨深入交换了意见。小泉英明荣获 2016 年度中国政府“友谊奖”。

十二月

14 日，樊代明副院长会见了美国女工程师学会全球执行总监兼首席执行官凯伦・荷亭女士一行。

15 日，周济院长会见了外籍院士 Arogyaswami J. Paulraj 一行，并为外籍院士 Arogyaswami J. Paulraj 授予证书。

【出访报告】

赴德国出访报告

应德国欧洲 X 射线自由电子激光(EU-XFEL)亥姆赫兹国际束线站用户协会邀请,我院党组成员赵宪庚院士(副部长级)于 2016 年 1 月 28 日至 2 月 1 日参加由中国工程物理研究院组织的代表团,出访德国,出席 EU-XFEL 用户大会,随后应邀访问位于德雷斯顿的亥姆赫兹协会总部。此次访问的情况汇报如下。

一、出访目的

自 2015 年 3 月中物院与欧洲 X 射线自由电子激光中心(EU-XFEL)签订合作协议以来,双方在人员派遣、仪器研制等方面的合作交流工作正有序开展。

此次出访德国主要目的包括:① 签署中物院加入 EU-XFEL 亥姆赫兹国际强场线站(HIBEF)用户协会的《谅解备忘录》;② 访问用户协会挂靠单位——亥姆赫兹德累斯顿罗森多夫研究中心(HZDR),进行学术交流和访问参观;③ 参加 2016 年欧洲 X 射线自由电子激光用户大会(EU-XFEL User Meeting 2016);④ 参观欧洲 X 射线自由电子激光装置。

二、活动详情

代表团于 2016 年 1 月 27 日由北京出发经停德国慕尼黑前往德国德累斯顿,访问亥姆赫兹德累斯顿罗森多夫研究中心;1 月 28 日前往汉堡,参加 EU-XFEL 用户大会高能量密度科学分会;1 月 29 日参观建设中的欧洲 X 射线自由电子激光装置,晚上在中国驻汉堡总领馆签署谅解备忘录;1 月 30 日代表团飞回北京。

(一) 访问亥姆赫兹德累斯顿罗森多夫研究中心

亥姆赫兹德累斯顿罗森多夫研究中心(Helmholtz-Zentrum Dresden-Rossendorf,简称 HZDR)现为德国最大科研机构亥姆赫兹协会(拥有近 3.8 万名员工,年度科研经费约 40 亿欧元)下属的一个研究中心。中心拥有约 1100 名员工,其中近 50%为永久雇员,2015 年度由联邦政府拨付的基本预算为 9960 万欧元,还有约 2000 万欧元的研究经费来自于德国工业界,此外还有科学技术大装置建设与维护费用。HZDR 主要研究领域涉及能源、健康和物质等方面基础科学及前沿技术问题。中心下设 1 个独立实验室、7 个研究所和 2 个技术保障部(分别为强磁场实验室;流体动力学研究所、离子束物理与材料研究所、辐射物理研究所、放射药学癌症研究所、放射肿瘤学研究所、生态资源研究所、亥姆赫兹资源技术研究所;研究技术部、信息服务与计算部)。HZDR 在欧洲的四个地点拥有研究分支,分别位于德国的德累斯顿、莱比锡、弗里堡以及法国格勒诺布尔。代表团此次访问的是 HZDR 位于德国德累斯顿的研究分支。

1 月 27 日上午 10 点代表团抵达德累斯顿后即前往 HZDR,并与中心负责人 Roland Sauerbrey 教授进行了座谈(图 1)。Sauerbrey 教授首先介绍了 HZDR 的历史概况,组织机构及主要研究领域,随后双方就共同感兴趣的科学问题进行了交流。

图 1　代表团与 HZDR 科学主任 Roland Sauerbrey 座谈

下午代表团在德方研究人员的陪同下参观了 HZDR 流体动力学研究所、辐射物理研究所的实验设施(图 2 至图 5),并与相关研究人员开展了学术交流。

图 2　参观飞秒短脉冲强激光实验室

(二) 参加 2016 年欧洲 X 射线自由电子激光用户大会

虽然欧洲 X 射线自由电子激光装置出光时间经调整定于 2017 年,但世界学术界(生命科学、材料科学、……、天体物理以及高能量密度物理)对其关注并未减弱。2015 年用户大会参会人数约 900 人,而 2016 年用户大会参会人数达到了 1200 余人。

图 3　参观强磁场实验室(100T)

图 4　参观行星磁场产生过程模拟实验室

图 5　与辐射物理研究所理论组成员交流

注:该组保持着利用阵列 GPU 进行科学计算的世界纪录

由于时间限制，此次无法参加所有分会，仅能选择参加代表团最为关注的“高能量密度”分会。分会场上，参会人员来自美国利弗摩尔国家实验室、洛斯阿拉莫斯国家实验室以及俄罗斯国家原子能集团公司下属研究院等。

利弗摩尔国家实验室木星激光设施（The Jupiter Laser Facilities）主任 Robert Cauble 所作的“亥姆赫兹国际线站：美国团组”（HIBEF：US Consortium）报告对于我方具有重要的参考价值。

木星激光设施机构为利弗摩尔国家实验室内部研究团队以及外部研究所和大学团队提供技术支撑，特别是为希望利用国家点火装置（NIF）的青年科学家用户提供技术支撑。

Robert Cauble 在报告中介绍了美国对于用户协会（HIBEF）的考虑和安排。他指出：① 美国内部官僚性质关系复杂且仍处于演进过程之中；② 洛斯阿拉莫斯、利弗摩尔已经签署了谅解备忘录；③ 俄亥俄州立大学计划签署谅解备忘录；④ 斯坦福线性加速器实验室参与 HIBEF 活动（不需签谅解备忘录）；⑤ 劳伦斯伯克利国家实验室希望参加；⑥ 罗切斯特大学激光能量实验室还在讨论过程中。上述研究机构多由美国能源部提供资金支持。能源部已经确认参加 HIBEF 所需经费已经落实（据 HIBEF 用户协会主席 Thomas Cowan 称：能源部同意向高能量密度线站用户协会提供 500 万欧元资金以使美国团组获得重要用户成员身份。目前对于重要成员的定义是：向 HIBEF 提供不少于 400 万欧元的团组。）

Robert Cauble 还提及洛斯阿拉莫斯提出的 MaRIE 计划（X 光自由电子激光装置为其核心）的预期费用已调整为 20 亿美元。该计划的需求分析报告（CD0：mission need）即将被批准。洛斯阿拉莫斯计划在能源部为 HIBEF 提供的资金支持之外，单独提供实物贡献（in-kind contributions to HIBEF）。这包括：① 利用 X 光探测的前沿科研项目。如汤姆逊散射（XRTS）方法研究（温密物质表征、动态材料体参数如温度探测等），相干高分辨力成像（材料动态相变，温密物质或等离子体界面混合等）；② 实物贡献还包括：一维 X 光谱仪（价值 100 万美元的科研投入以及在三叉戟和 Omega 两激光装置上开展的调试工作），博士后和资深科学家到 HIBEF 现场工作（这部分包含 30 万美元/年的费用）。

在会议茶歇期间的交流中（图 6），Thomas Cowan 指出：对于空白多多的高能量密度领域，全世界的科学家应该放下成见共同努力，以使人类未来更好。但美国利弗摩尔国家实验室的木星激光装置主任 Robert Cauble 提醒大家注意：科学家是要在现实世界中进行科学研究活动的。

另据了解，Thomas Cowan 在与中物院代表团会面前，曾与俄罗斯代表团会谈加入协会事宜（但未就其会谈内容做出评论）。

（三）访问欧洲 X 射线自由电子激光中心

1 月 29 日，代表团访问了欧洲自由电子激光中心（EU-XFEL）。中心董事会助理 Frederic Le Pimpec 博士介绍了装置建设进展情况。

去年 3 月中物院另一个代表团曾参观过装置现场，与当时状况相比，装置建设有了显著的进展。现在，其超导加速器段已经进入调试阶段，波荡器也开始了分段调试，X 光路段已开始安装。在实验线终端，生命科学线站进展较快（图 7），这一方面得益于相关资金到位快，另一方面则也是由于生命科学线站的复杂程度相对简单些（相比于高能量密度物理线站），加之其所需资金也较少（样品制备/准备间投资需求为 400 万欧元，实验站为 500 万欧元）。

EU-XFEL 科学主任 Thomas Tschentscher（戴白色安全帽）在 3.5 千米长的隧道 X 光端（图 8）介绍装置建设进展情况。

图 6 EU-XFEL 用户大会高能量密度物理分会现场

由左至右：Robert Cauble(美国利弗摩尔国家实验室木星激光装置主任)、Kurt F. Schoenberg(美国洛斯阿拉莫斯国家实验室中子科学中心主任)、Thomas Cowan(HIBEF 用户协会主席，亥姆赫兹协会德累斯顿研究中心辐射物理研究所所长，前美国利弗摩尔国家实验室激光与物质相互作用领域物理学家)。

图 7 建设中的生命科学线站

注：底层为实验站，上层为样品制备/准备间

白色立柱后的混凝土浇筑小屋为高能量密度物理实验线站(即 HIBEF)。目前，规划安装在小屋内的基本实验加载、诊断设施已经获得了最低程度的支持。其中德国政府在 2015 年 7 月批准了 2000 万欧元，英国方面批准了 1000 万欧元，美国能源部将提供 500 万欧元，美国洛斯阿拉莫斯国家实验室将额外提供等值于 100 万欧元的仪器实物贡献及人工。

图 9 中右上角预留的长方孔，为预设的大能量激光束通道。按照计划，这台激光器的能量应该达到数千焦耳/脉冲，用于加载样品靶以使其进入高能量密度状态。这台激光器的资金尚未落实。此外，HIBEF 还希望能够拥有更多的加载能力(如可移动的脉冲强磁场产生装置等)、更高效更精密的诊断设备。据 Roland Sauerbrey 介绍，HIBEF 初期规划资金为 4750 万欧元，考虑到德国、英国、美国承诺的 3500 万欧元，目前尚有 1250 万欧元的资金缺口。

图8　EU-XFEL 实验隧道

图9　高能量密度物理实验线站

为了补足 HIBEF 资金缺口,Thomas Cowan 提出了将用户分级的设想:用户分重要用户和一般用户两类。重要用户需要贡献不少于 400 万欧元的资金(或协会认可的等值实物),重要用户可派人参加协会的管理与运行,并对评审委员会发挥实质性影响力。

对于中国,Thomas Cowan 代表 HIBEF、Roland Sauerbrey 代表 HZDR 都表示出极大的热情:热切期望中国科学家与工程技术人员的参与。Thomas Cowan 称:他曾多次访问中国。在与中物院接洽之前,曾试图建议来自北京大学、上海交通大学、中科院物理所、中科院上海光机所组成联合团队加入 HIBEF。期盼此次与中物院签订谅解备忘录后,中物院能够成功地组织中国国内有兴趣的各方共同参与 HIBEF。

（四）签署谅解备忘录

2016 年 1 月 29 日晚，在中国驻汉堡总领事馆，举行了关于中物院加入亥姆赫兹国际线站用户协会谅解备忘录签署仪式（图 10）。中方由中物院科技委副主任吴强（由院长刘仓理授权）签字，用户协会方由其依托单位 HZDR 科学主任 Roland Sauerbrey 及管理主任 Peter Joehnk 共同签字。

图 10　谅解备忘录签署现场

前排从左至右：Peter Joehnk、吴强、Roland Sauerbrey。后排从左至右：中国驻柏林大使馆一等秘书谢作前、中物院高级顾问赵宪庚、中国驻汉堡总领事孙从彬、欧洲 X 射线自由电子激光中心科学主任 Thomas Tschentscher

三、相关建议

（一）优先考虑加入亥姆赫兹国际强场线站用户协会

优先考虑以提供数千焦耳大能量纳秒激光装置为实物贡献的方式做为重要用户成员加入 HIBEF。其次则以向 HIBEF 提供 400 万欧元（协会定义重要用户成员的下限）现金的方式加入协会。

（二）与亥姆赫兹德累斯顿罗森多夫研究中心组成联合研究团队

一是考虑到我方人员缺乏在 X 射线自由电子激光装置开展实验研究的经验，其次是考虑到实验研究项目机时评审委员会中的美国因素。此外，HZDR 方面也有类似的考虑，考虑在如下领域与我方开展交流与合作：激光与物质相互作用；高能量密度物理实验；温密物质理论与数值模拟；强场物理；流体动力学；脉冲功率技术。

附件:出访人员名单

赵宪庚(中国工程院党组成员、中物院高级科学顾问)
吴　强(中物院科技委副主任、流体物理研究所党委书记)
李剑峰(中物院流体物理研究所科技委主任)
丁永坤(中物院激光聚变研究中心副所长)
王建国(中物院北京应用物理与计算数学研究所副所长)
王　巍(中物院综合计划部项目主管)

赴南非出席 IAP 大会及 IAMP 执委会会议报告

2016 年 2 月 27 至 3 月 4 日,刘德培院士率中国工程院代表团赴南非开普敦出席了国际科学院合作组织(InterAcademy Partnership)全体成员大会及国际医学科学院组织(IAMP)执委会会议,并就我院今年 9 月主办 2016 年 IAMP 全体成员大会的学术活动及会务安排与执委会和 IAMP 秘书处进行了详细讨论。本次出访履行了我院作为 IAMP 执委会成员的权利和义务,并为我院主办 2016 年 IAMP 全体大会作了进一步准备。

一、IAMP 执委会会议

IAMP 执委会会议于 2 月 28 日代表团抵达南非的当天下午召开。刘德培院士是 IAMP 执委会委员,在抵达后立即参加了会议。在讨论了 IAMP 的各项行政事务后,刘德培院士和康金城局长重点介绍了我院主办 2016 年 IAMP 全体大会筹备工作的详细情况。介绍内容主要包括中方组委会、学术委员会人员构成、学术大会议题设置、会议筹备、经费筹集及后勤支撑等。执委会对大会筹备方案表示总体满意,并同意我院就高端论坛与 IAMP 学术大会结合的安排。

3 月 1 日下午,IAMP 执委会专门安排时间,就大会的学术委员会外方成员构成,以及学术大会的议题展开了讨论。执委会确定学术大会主席由周济院长和 IAMP 双主席 Lai-Ming Looi、Detlev Ganten 共同担任。会议提议由 IAMP 执委 Margaret A. Hamburg 女士担任学术委员会外方共同主席,执委 Carmencita D. Padilla 女士担任学术委员会外方副主席,并提出 10 余位外方学术委员会成员人选。IAMP 秘书处将负责外方学术委员会成员的邀请确认,并于近期通告我院。

在学术大会议题方面执委会提出了若干建议。IAMP 秘书处汇总后,将提交各执委确认,随后将提供学术委员会讨论确定。

二、IAP 学术大会

本次 IAP 学术大会的主题为“科学建言”。在 2 月 28 日晚举行的开幕式上,南非科技部部长

Naledi Pandor 女士、国际科学联合会执行主任 Neide Hackmann 分别作了主旨报告。在接下来的两天里，联合国环境署（UNEP）首席科学家 Jacqueline McGlade、欧洲科学咨询理事会主席 van der Meer 和国际政府科学建言网络主席、新西兰总理首席科学顾问 Peter Gluckman 分别作了主旨发言。大会就科学建言的生态、科学建言在突发性和灾难性事件中的作用、科学建言在国际舞台上的作用（以合成生物学为例）、各国科学建言架构的搭建以及科学建言与政治和媒体的互动等议题开展了讨论。

会上，康金城局长在“各国科学建言架构的搭建”环节讨论中指出，中国工程院作为国家工程科技思想库，在为中国政府和产业界提供重大工程科技领域的战略咨询建议方面做了很多工作，受到中国政府的高度重视，同时也取得了显著的成效。中国工程院将按照建设国家高端智库的要求，进一步组织院士专家开展战略研究，向中央政府、地方政府和企业提供科学建言，发挥好高端智库的作用。

归纳起来，本次会议对科学建言有如下观点：

- 避免认为科学能解决所有问题，科学建言顾问工作要实事求是，要建立政府与科学顾问和社会间的信任。
- 当提供科学建言时，避免借机索要额外经费或主张对科技有利的政策，从而引发社会质疑。
- 需要引入多样性的意见，尤其是来自女性科学家、不同种族科学家、社会科学家和青年科学家的意见。
- 应在本科和研究生课程中增加与公众和政策制定者的沟通技能的培训。当前，对学术成就的评判多基于在知名期刊上发表论文的数量和质量，相对而言，应建立对沟通能力强的科学家的奖励计划。
- 科学院/工程院以及科学家们应更好地加深对社会的理解，从而科学建言可以量体裁衣，以最恰当的措辞和方式提出来。
- 科学院/工程院如何建立快速应急机制，应对科学建言的紧急要求（经常只给几天或几周的时间）。如何在保证时效的同时又保证科学的严谨性。

三、IAP 全体成员大会

IAP 全体成员大会于 3 月 2 日举行。近两年来，国际医学科学院组织（IAMP）、国际科学院组织（The Global Network of Science Academies，原 IAP）和国际科学院理事会（InterAcademy Council，IAC）的执委会经过一系列磋商，已就三组织合并成为一个伞状组织 InterAcademy Partnership 达成一致。成立 IAP 的主要目的之一是统筹协调各组织的项目活动和资金筹措，便于以统一的整体筹集经费和发挥更大的社会及国际影响。合并后，三个组织仍相对独立运行，自身原有的组织机构、执委会构成等不受影响。

在本次大会上，大会主席介绍了合并后的 IAP 今后三年的战略规划、项目实施计划和新组织的章程，并详细介绍了新组织董事会的成员构成。新成立的 IAP 仍由原来的三个核心组织构成，但名称作了变更，即原来的国际科学院组织 IAP 变更为 IAP for Science，国际医学科学院组织 IAMP 变更为 IAP for Health，侧重政策研究的国际科学院理事会 IAC 变更为 IAP for Research。IAP 董事会成员为 10 人，包括三个核心组织的双主席六人，以及四个区域科学院网络的主席各一人。新 IAP 架构如下图。

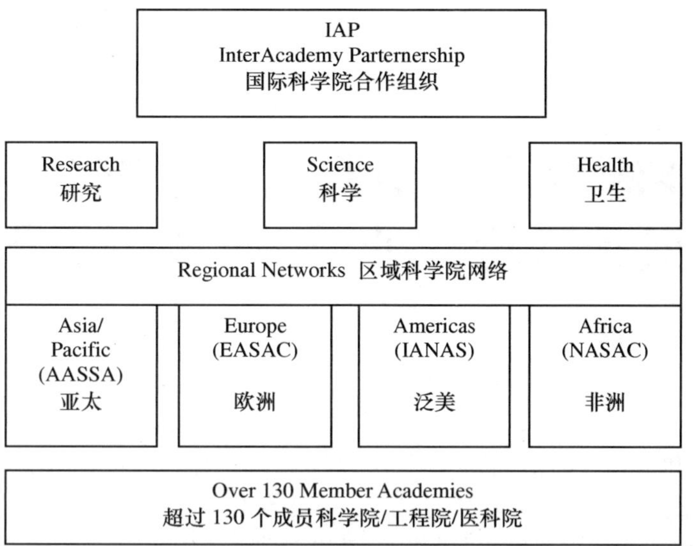

此后,全体 IAP、IAMP 和 IAC 成员对 InterAcademy Partnership 的战略规划、实施计划和组织章程进行表决。上述方案得到了绝对多数成员的赞成,获得通过。有个别成员对新组织中 IAP for Research 命名的准确含义等细节提出一些建议,会议主席表示将进一步研究。

会议还讨论通过了国际科学院组织(原 IAP) 2016—2018 年工作、项目和财务报告,并进行了原 IAP 新一届双主席和执行委员会委员的选举。

四、有关收获和后续工作

(1) 圆满完成既定任务。本次出访的重要任务之一是商讨我院将主办的 IAMP 2016 全体大会筹备事宜。我院制定的会议筹备方案得到了 IAMP 执委会的一致认同。有关外方学术委员会成员的构成和学术议题的设置也得到了充分的讨论。

(2) 由于我院即将主办的 IAMP 全体大会的流程和形式与本次在南非召开的 IAP 全体大会基本类似,因此,参加本次 IAP 大会,也为我院做好 IAMP 全体大会的筹备工作积累了经验。

(3) 本次主题为“科学建言”的学术大会,讨论的核心问题是科学院/工程院/医科院作为科学建言者如何更有效地与政府、公众、国际合作伙伴和其他利益攸关方的沟通。虽然这个问题在国外更受关注,但在我院建设国家工程科技思想库、高端智库的过程中,会议的部分结论仍值得我们参考借鉴。会间,国际政府科学建言网络主席、新西兰总理首席科学顾问 Peter Gluckman 向刘德培院士提议,希望 2017 年与中国工程院合作,共同开展有关“科学建言”的合作研究并举办学术研讨会。刘德培院士表示欢迎,并建议双方在工作层面上进一步沟通落实。

推动能源生产和消费革命战略研究项目组赴哥伦比亚、巴西调研报告

一、出访背景

“推动能源生产和消费革命战略研究(二期)”项目是中国工程院2015年设立的重大咨询项目,该项目由谢克昌院士、彭苏萍院士担任组长,30多位院士、100多位专家参与研究。项目拟在2013年中国工程院重大咨询项目“推动能源生产和消费革命(一期)”的研究成果基础上,紧密结合我国能源开发利用总体战略部署,以推动农村能源革命和加速西部能源科学开发利用为研究重点,稳步推进我国能源革命和“一带一路”战略发展,为我国特别是西部地区在新常态下的经济社会可持续发展提供科学依据和理论基础。

农村能源是我国能源体系的重要组成部分,农村量大面广的散烧煤、秸秆燃烧、农业面源污染等问题已成我国尤其是北方地区空气污染的重要因素之一。推进农村能源革命有利于大气污染防治和环境保护,也是全面建成小康社会的战略需求。而生物质能源的科学合理开发使用是农村能源革命的重要组成部分。哥伦比亚和巴西两国在生物质能源开发利用方面优势明显。在哥伦比亚召开的第22届国际醇燃料研讨会(International Symposium on Alcohol Fuels)旨在集聚世界各地的乙醇、乙醇燃料、甲醇、生物燃料等领域的专家学者和技术工程师,共同研讨交流醇燃料产业在技术与政策方面所面临的形势与挑战,对于我国生物质燃料发展以及推动农村能源革命具有很好的借鉴学习意义。

巴西、哥伦比亚是生物燃料产业发展大国。燃料乙醇实现工业化生产始于巴西,巴西已经成为甘蔗制燃料乙醇生产能力最大和出口量最大的国家。2012年乙醇总产量将达到360亿升。2003年巴西开始使用灵活燃料车,可以灵活切换使用两种燃料(生物乙醇和汽油),2007年以来,销售的新车中超过90%都是灵活燃料车。哥伦比亚在积极发展生物柴油工业。

应第22届国际醇燃料会议组委会当地组委会主席邀请,项目综合组安排项目负责人谢克昌院士率团,由太原理工大学、浙江大学、北京清洁低碳能源研究所(神华集团)、宝聚科技(民营能源企业代表),一行6人,因签证原因,实际成行4人,于2016年3月8日至16日赴哥伦比亚、巴西参加会议并实地考察及经验交流。出国前、参会期间和实地调研过程中,调研组成员认真聆听会议大会报告及分组报告、听取世界各国专家、企业技术人员等讲解,系统地了解韩国、欧盟、巴西、哥伦比亚等能源政策和发展情况,交流全球生物能源领域重点研究方向,参观哥伦比亚、巴西有代表性的能源工厂企业,这对于深化推动能源生产和消费革命战略研究具有重要意义。

二、前期调研内容

巴西：

自然资源：已探明铁矿砂储量333亿吨，占世界总储量9.8%，居世界第五位；产量3.55亿吨，居世界第二位；出口量也位居世界前列。巴西29种矿物储量丰富，镍储量600万吨，占世界镍储量的4.0%，主要分布在戈亚斯州和米纳斯吉拉斯州。锰、铝矾土、铅、锡等多种金属储量占世界总储量的10%以上。铌矿储量已探明455.9万吨，按当前消费量够全球使用800年。此外还有较丰富的铬矿、黄金矿和石棉矿。煤矿探明储量101亿吨，但品位很低。2007年以来，巴西在东南沿海相继发现大油气田，预计石油储量将超过500亿桶，有望进入世界十大石油国之列。森林覆盖率达57%。木材储量658亿立方米。水力资源丰富，拥有世界18%的淡水，人均淡水拥有量29 000立方米，水利蕴藏量达1.43亿千瓦/年。

UNICA：巴西甘蔗产业协会（The Brazilian Sugarcane Industry Association, UNICA）在引领甘蔗乙醇产业做大做强中发挥了难以替代的作用，其主要举措包括倡导可持续发展、组建专业营销团队、策划举办世界生物乙醇峰会、与产业利益相关方签署“绿色协议”等。

巴西甘蔗产业已建立起从甘蔗种植到蔗糖、生物乙醇燃料及生物材料生产的完整产业链和遍布全国的研产销网络，巴西甘蔗产业协会在引领甘蔗乙醇产业做大做强中发挥了不可替代的作用。

巴西甘蔗产业协会是一个主要的甘蔗行业产业，该协会有很多的会员，他们代表了巴西乙醇生产的50%和蔗糖生产的60%。甘蔗是乙醇的重要原料，而且也是生化发电的重要原料。全世界的乙醇他们生产了20%，中国2011年是巴西第二大的消费者，巴西出口8%的糖是到中国的。

哥伦比亚：

哥伦比亚位于南美洲西北部，东邻委内瑞拉、巴西，南接厄瓜多尔、秘鲁，西北与巴拿马相连，北临加勒比海，西濒太平洋。海岸线长2900公里。哥伦比亚是南美洲唯一拥有北太平洋海岸线和加勒比海海岸线的国家。境内显著地分为西部山地区和东部平原区。哥地处热带，气候因地势而异。东部平原南部和太平洋沿岸属热带雨林气候，1000～2000米的山地属亚热带森林气候，西北部属热带草原气候。

自然资源：煤炭、石油、绿宝石为主要矿藏。煤炭储量约240亿吨，居拉美首位。石油储量18亿桶，天然气储量187亿立方米，绿宝石储量居世界第一位，铝矾土储量为1亿吨，铀储量4万吨。此外还有金、银、镍、铂、铁等矿藏。森林面积约4923万公顷。

波哥大（西班牙语：Bogotá），是哥伦比亚的首都和昆迪纳马卡省的省会。它的市区居民数为7 881 156人（2008年），整个都市地区的人口数目为8 250 000人（2005年），大多数居民是混血人种。它是哥伦比亚最大的城市，是拉美最大，最现代化的城市之一，也是南美洲发展最快的都市。波哥大在哥伦比亚的行政地位是“首都地区”（Distrito Capital），由中央政府直辖。它是哥伦比亚的一个重要交通枢纽和政治、经济、文化和工业中心。有多个大学、高校，以及众多博物馆和名胜古迹。年平均气温14 ℃，四季如春。

三、出访内容

1）实地考察位于哥伦比亚首都波哥大100公里外的最大的生物柴油生产企业Bio D plant主生产区；

2）在哥伦比亚卡特赫纳市参加第22届国际醇燃料研讨会，大会报告演讲2篇；

3）访问位于巴西圣保罗的甘蔗产业协会UNICA总部，并实地参观燃料乙醇加注站。

四、调研成果

1. Bio D plant 参观

2016年3月8日早上6：40从Embassy Suite Hotel出发前往Bio D plant in Bogoda，共计8人，分别为来自秘鲁1人、危地马拉2人（Ing. Oscar Molina 所长）、洪都拉斯1人（莉莲，政府工业部门），巴西ENC Energy 2人（Sandra Oliveria；Jorge Matos），中国浙江大学骆仲泱教授和太原理工大学李文英教授。耗时1小时50分钟到达主生产区。

由于语言不通，技术管理人员西班牙语介绍，洪都拉斯莉莲翻译成英语，仅仅记录主要内容。在哥伦比亚全境，生物柴油掺混量8%～10%，在波哥大为8%，政府给生产商补贴；参观的Bio D厂采用德国精炼柴油技术，意大利酸分离技术，水在整个工厂循环使用，政府要求不能采用市政用水。该厂每天生产600吨生物柴油，RBD精制收率99.5%，主要原料是oil palm；全厂职工150人，包括生产人员、销售、管理等；生产人员都是至少本科。有15个farmers用于种植油棕榈。每天标记9的罐装车为运输原料RBD的车和标记D的为生物柴油车。在另一个城市Cali主要生产Bio ethanol。当前生物燃料市场价：7500比索/加仑汽油；2.2美元/加仑生物柴油。生产价为838美元/吨。

2016年3月07日该国汽柴油价格为0.61美元/升，相比之下，这一时期的世界平均汽油价格为1.14美元/升。平均柴油价格为0.83美元/升。

2. 第22届国际醇燃料会议

1）3月9日上午10：00—12：00，第22届国际醇燃料会议的全体IOC成员在大会开始前召开了IOC会议，谢克昌院士和李文英教授参加。会议讨论了：① IOC成员增减，浙江大学骆仲泱教授经谢院士提名，与会成员投票，成功入选；② 下一届，即23届举办地和时间的问题，初步选定比利时（2017年秋季）、美国（2017年）和中国（2018年）为候选；③ 设立醇燃料永久/常设秘书办公

室，初步定在巴西里约；④ 建议全球共享醇类及生物燃料数据库；⑤ 下一届国际组委会主席将由哥伦比亚人 Jorge Bendeck 先生担任。

2) 3 月 9 日下午 2 时，第 22 届国际醇燃料会议(ISAF XXII)与第二届南美生物燃烧会议(II ConferenciaInternacional De Biocombustiles)在哥伦比亚卡特赫纳 Hotel Las Americas, Cartagena De Indias 正式开幕。哥伦比亚环境和可持续发展部部长 Gabriel Vallejo Lopez 出席盛会并发表热情洋溢的讲话，就未来生物燃料发展和环境关系进行了 1 小时的即兴讲话；哥伦比亚生物燃料联邦主席 Jorge Bendeck Olivella 致开幕词，IOC 主席韩国 Byung-Chul Choi 致欢迎词。幸逢 ISAF 成立 40 周年，大会安排了 5 位主旨发言，他们分别是 ISAF 的元老 Sergio C Trindade："40 ANOS DE ISAF"；本届 IOC 主席 Byung-Chul Choi："Korea Case"；巴西 Luiz A Horta Nogueira："Brazil Case"；意大利

David Chiaramonti:“Italy Case”和中国李文英:“China Case”。他们各自报告了本国生物燃料和生物能源目前状态和 2020 之后的发展愿景。

3 月 10 日至 3 月 11 日,会议继续进行。受第 22 届国际醇燃料会议(ISAF XXII)与第二届南美生物燃烧会议特邀,在”Biofuels: route to accomplishing COP21 commitments worldwide”专题,谢克昌院士作了题为“Contribution of China’s Modern Energy System to Carbon Emission Reduction”的大会报告。

会议期间,参观了卡特赫纳生态保护设施和古城堡。

3) 3 月 14 日 10 : 00—13 : 00,参访巴西圣保罗的甘蔗产业协会 UNICA 总部,总裁 Elizabeth Fraina 向我们介绍了“巴西甘蔗工业概览”并实地参观燃料乙醇加注站。巴西 UNICA 共有超过 120 位会员公司,他们的原料加工都来自甘蔗,主要产品是糖、生物乙醇以及少量的生物发电。巴西全国共有 369 家加工甘蔗企业,7 万甘蔗种植者;年税收 700 亿美元;外汇创收 102 亿美元,位列可再生能源(41%)中第二,占比 16.1%,超过水能 12.5%;自 1975 年以来,减排 CO_2超过 6 亿吨。巴西全境均使用生物乙醇 27%掺混比或者 100%的燃料乙醇的灵活车辆。

巴西也制定了温室气体减排目标:到 2025 年,要减在 2005 年基础上不低于 37%;到 2030 年,要减在 2005 年基础上不低于 43%;增加生物燃料比例到 18%。

在燃料乙醇开发和应用方面,巴西非常愿意与中国合作,帮助中国减排 CO_2,以尽早实现中国在 COP21 框架中的温室气体减排承诺。

五、认识与体会

工业革命以来的人类活动,特别是发达国家大量消费化石能源所产生的二氧化碳累积排放(美国、欧盟在 1750—2030 年间的能源相关 CO_2 累计排放水平分别是中国同期的 1.4 倍和 1.2 倍),导致大气中温室气体浓度显著增加,加剧了以变暖为主要特征的全球气候变化。我国作为能源消耗大国,石化能源短缺,经济的发展常以环境污染、生态破坏和能源过度消耗为代价。同时我国也是农业大国,若将我国储量丰富的生物质资源利用起来,则可以有效解决“三农”、环保、能源等问题。

通过此次参会、实地调研,已显现出生物质能已经在很多能源领域得到应用,并有良好的经济、社会和环境效益。但目前我国对生物质的研发还处在初级阶段,跟发达国家相比,技术水平和生产能力较为落后,实施过程中诸多问题亟待解决。因此应当积极推动能源革命,加快技术创新,增强国际间合作,提高能源效率,促进可再生能源规模化发展,优化能源结构,坚持节能优先方针,减少能源消费总量,加快构建清洁低碳、安全高效的现代能源体系。

附件:代表团成员名单

谢克昌(中国工程院,院士)
骆仲泱(浙江大学,教授)
李文英(太原理工大学,教授)
严晓辉(中国工程院咨询服务中心,博士后)

赴法国参加 ISTIC 理事会并拜访 UNESCO 总部报告

一、出访概况

2016 年 4 月 4—7 日,吴启迪教授、杨丽副巡视员、谢喆平博士一行,应联合国教科文组织南南合作科技创新中心(ISTIC)邀请,参加了在巴黎举办的该中心 2016 年理事会会议和国际论坛,并访问了联合国教科文组织巴黎总部。

4 月 5 日上午,ISTIC 在联合国教科文组织总部第十一会议厅举办了题为“拥抱未来:提升学校的科学教育质量”的国际论坛,联合国教科文组织总干事博科娃女士专程到场并致开幕词。为期半天的国际论坛通过了宣言,呼吁联合国教科文组织相关部门要重视基于证据的科学教育(IBSE)。当天下午,吴启迪教授在联合国教科文组织总部会见了唐虔助理总干事。唐先生对再次在巴黎见到吴教授一行表示热烈欢迎,并应吴教授建议,承诺将致信所辖联合国教科文组织统计所(UIS)相关负责人提供全球工程报告所需要的数据支持。

当天,我驻联合国教科文组织常驻团代表张秀琴女士和我驻法大使馆教育公参马燕生先生还专程设晚宴招待了吴教授一行。

4 月 6 日上午,ISTIC 理事会在联合国教科文组织第八会议厅召开,吴启迪教授作为理事会成员应邀与会,听取和审议了该中心的 2016 年年度工作汇报。当天下午,联合国教科文组织科技助理总干事 Flavia Schlegel 博士会见了吴教授一行三人。助理总干事首先对周济院长的大力支持表示诚挚的谢意,对即将召开的联合国教科文组织科技部门二类中心国际会议非常期待;对中国工程院和清华大学对国际工程报告项目的积极回应与高效的筹备工作,她表示高度赞赏,并同意在五月份国际会议期间,在北京召开为期半天的国际工程报告工作会议。

在结束了同 Flavia 助理总干事的会谈之后,吴启迪教授一行拜访了 UNESCO 科技部门任职的韩群利先生(目前在科技部门职务最高的中国籍国际职员)。吴教授介绍了正在筹备中的联合国

（从左至右：谢喆平、杨丽、Flavia Schlegel、吴启迪、Osman Benchik）

教科文组织科技部门二类中心国际会议、拟建的国际工程教育中心，以及正在进行中的工程报告项目等。韩先生表示，他将全力协助助理总干事推进上述工作的开展并将出席五月国际会议，还介绍了联合国教科文组织2016年《科学报告》的协调与撰写经验，表示将为工程教育报告的研究与撰写提供尽可能的协助。此外，韩先生还专门提到，目前在联合国教科文组织里中国籍国际职员人数严重不足，后继乏人，希望引起国内有关部门的重视。

二、出访收获

在吴启迪教授的领导下，三天的出访虽然为期短暂，但代表团收获颇丰。具体成果如下：

首先，通过面对面的交流与沟通，进一步加深了我与联合国教科文组织高层的互信和了解，使其了解到我对教科文组织相关工作的热情与诚意，争取到该组织教育部门和科技部门最高负责人对我工作的有力支持，为我国际工程教育中心、国际工程报告、二类中心国际会议等相关工作的顺利开展奠定了良好基础。

其次，明确了五月中旬在北京召开为期半天的国际工程报告工作会议。为此，科技助理总干事 Flavia Schlegel 博士承诺将视其在华日程予以确认具体时间，并同意由科技部门邀请联合国教科文组织统计所相关负责人士与会。同时，教育助理总干事唐虔博士亦同意协调该所领导，为国际工程报告的数据搜集工作提供有力支持。关于会议内容，Flavia Schlegel 博士同意由联合国教科文组织科技部门提出一份国际编委会初步名单和国际工作委员会初步名单，提交工作会议讨论；同时，她也强调指出，国际工程报告一定要体现国际性而不能局限于中国视角，此外，她还专门指出，国际工程报告的研究与撰写不必对数据过度依赖。

再次，通过参加 ISTIC 中心所组织的国际论坛和理事会会议，进一步充分了解了联合国教科文组织二类中心，尤其是科技类二类中心的实际组织与运行情况，为未来我国际工程教育中心工作的开展提供了参考。

三、需要进一步跟进的工作

目前，联合国教科文组织与中国关系良好，我们要积极把握这一历史机遇，推进我相关工作的开展。具体而言，需要跟进的重点工作有：

首先，需要与助理总干事办公室积极沟通，早日确认国际工程报告工作会议的举办时间；与联合国教科文组织科技部门密切合作，尽快落实统计所（UIS）出席会议的人选，商议和确认国际编委会和国际工作委员会初步名单。

其次，工作组要对目前的国际工程报告的框架草案进行细化和扎实的学理分析，参考联合国教科文组织所提议的工作时间表，有效分解工作任务、安排工作进度、提出财务预算表，争取在五月工作会议上提交讨论。

此外，为确保我在联合国教科文组织的长远利益，国际组织中国职员的人才队伍问题需要引起我相关部门的高度重视，既要在短期内考虑派出优秀人选竞争高层职位，也要派出有潜力的年轻人从基层扎实做起。

中国工程院“我国煤炭能源革命的战略研究”咨询项目组赴波兰、德国考察报告

“我国煤炭能源革命的战略研究”项目是我院2015年立项的重点咨询项目,项目研究以煤炭革命如何重点支撑中国能源革命为主题,以煤炭科学开发与清洁高效利用为主线,对标国际先进标准,实施“高碳产业、低碳发展”和“科技创新与管理创新的双轮驱动”发展战略,以革命为动力,以科技为支撑,以管理为导向、以人才为根本,实现煤炭能源革命,引领煤炭工业科学发展。根据项目研究计划,项目组于2016年4月4日至4月12日组团赴波兰、德国,就两国煤炭能源战略规划、重点实验室建设、矿山安全、矿山机械、矿山安全科学研究合作等进行调研与交流,共访问考察了波兰国家煤炭科学研究院等6家单位,并参加了国际工程机械展示会,现将考察情况报告如下:

一、考察内容

考察重点:① 波兰国家煤炭科学研究院科技创新进展;② 波兰矿山机械高强度拉链技术;③ 德国粉尘环境除尘技术;系统集团公司、CFT集团系统除尘技术与设备等公司与Pw齿轮;④ 德国矿山机械与机械互动计算机设计技术;⑤ 波兰、德国矿山机械企业收购与市场;⑥ 德国煤矿开采后国家政策与环境处理等科学问题,先后访问了波兰国家煤炭科学研究院、德国飞马集团公司、GTA机械精密加工集团。德国相关研究院与企业非常重视,负责人专门安排参加会谈。

参观访问了波兰国家煤炭科学研究院,并以煤炭安全生产、煤矿灾害防治、洁净煤利用和新技术开发,科研管理、国家相关能源政策、法规体系等为主题,进行了广泛的交流与研讨,同时了解波兰科研转化、技术成果推广、国际合作、产研学结合等具体措施,双方高层在肯定前期合作的基础上,确定了具体合作领域和安排了下一步具体计划和内容。

参观访问了公华星集团公司,公司的高强度钢链技术不但解决矿山运输设备钢链部件容易断的问题,同时还应用到了大型运输船、大型吊车等钢链部件,出口到全世界。代表团与该公司进行了会谈,并探讨了资本、技术、市场深入合作问题。

参观了德国飞马集团公司,该公司介绍了几个引进德国技术到中国案例,其中成功引进德国炼焦技术与设备整套装到中国,使中国炼焦技术进大步提升达到世界先进水平。

参观了德国GTA公司,董事长Heisterkamp,总经理Schahoff接待考察团。GTA公司主要是巷道支护机械技术与装备,双方互相介绍了各自专业领域,通过技术交流,然后到技术设计研究室、生产线参观。考察团对德国软件3D动态交互设计、质量检验设备、管理流程、市场占有率等进行了交流。双方对巷道支护技术装备有合作意向。随后安排技术、财务专家进一步交流。

参观了德国GFT公司,公司董事长鲍特接待了考察团,GFT是一家股份粉尘环保公司,除尘技

波兰国家煤炭科学研究院 Prof. Bondaruk 院长及副院长接待考察团

飞马集团公司栾伟董事长接待考察团　合作技术探讨会

术全球应用,在隧道、井下、厂矿得到广泛推广。技术优势是免换维护自动除尘清理,除尘效果能达到高于德国国家标准,属于环保产品。同时也介绍了股权结构,各子公司、投资公司股权、投资、财务状况、资质等情况,真诚希望合作共赢。随后,考察团到技术、质量、市场、生产线参观,实地考察技术、产品和核心技术部件等。

在德国 GTA 集团公司现场考察

在德国 GFT 集团现场考察

参观了德国重要的国际工程机械展示会,有万人科技人员和几千厂家组成的展示会,汇集了工程机械、运输机械、采矿机械、测量与 3D 智能仪器仪表。是德国工程技术的一个对外窗口。同时与德国煤矿政府管理部门相关人士讨论了德国鲁尔煤矿区开完后期预留问题。

会见 PW 公司总经理奥斯瓦尔德先生,PW 公司掌握先进齿轮精密加工技术,全部计算机控

在德国 GFT 集团技术交流

制，热处理和数控车床加工技术比较先进，该公司希望与中国进行矿山机械领域合作，双方对进一步合作安排了进度。

二、成果

1）与波兰国家煤炭科学研究院签署国际合作计划。选择了4家企业进行了下一步商业与技术合作谈判。

2）交流了德国鲁尔煤矿区开采后遗留问题处理方式与国家相关政策和技术。

3）波兰研究院、6家企业技术交流、科技成果、科研合作计划、公司目标经营、公司信贷能力和海外市场经营、规划在内的各类资料近10套(盘)。

4）6家企业全球市场销售、市场评估、财务情况等文件。

5）增进了波兰、德国与中国矿山之间合作关系。

赴韩国出访报告

2016年4月25日至29日，应韩国工学翰林院邀请，中国工程院副院长(时任党组成员)赵宪庚院士率团访问韩国，出席首届“中韩产业创新论坛”，参加中韩企业网络互动交流活动，考察了韩国京畿道板桥科技谷、仁川自由经济区、龟尾电子产业基地三个科技产业园区，调研了NHN、MIDAS IT、三星电子、思科、东丽先进材料、乐金显示等六家企业，分别与当地官员、科学家及企业家就加强中韩科技产业合作进行了坦诚而深入的沟通。本次访问受到了韩国科技界和产业界的高度重视，得到了韩国工学翰林院的热情接待。我驻韩大使馆对于代表团的访问给予大力支持，邱国洪大使应约出席“中韩产业创新论坛”并在使馆会见代表团。这次出访加深了中韩两国科技产业界的相互了解，增进了彼此的友谊，为今后中韩两国科技产业界寻求共同利益和潜在合作机遇奠定了基础。

一、出访概况

中国和韩国同为东亚地区乃至世界重要的制造业大国，两国文化相通、地理相近，在科技和产业方面存在着巨大的合作空间和合作机遇。2015 年 10 月 14 日，中国工程院与韩国工学翰林院在印度新德里召开的 CAETS 大会上进行磋商，拟共同创办“中韩产业创新论坛”，为两国科技界和产业界交流合作搭建平台。2015 年 11 月 3 日，中国工程院周济院长与韩国工学翰林院吴永镐院长共同商定，两院联合创立“中韩产业创新论坛”，并一致同意 2016 年在韩国举办第一届论坛活动。

2016 年 4 月 25 日，代表团抵达韩国首尔并出席首届“中韩产业创新论坛”。本次论坛的主题为“智能制造与产业创新：中韩合作的展望与机遇”，来自韩国政府、科技界、产业界、教育界的 100 多位专家学者及企业家共同参加了论坛活动。韩国工学翰林院院长吴永镐院士、赵宪庚院士、中国驻韩国大使邱国洪先生先后致辞。中科院沈阳自动化研究所王天然院士、浪潮集团高级副总裁王恩东院士代表我院，在论坛上分别发表了题为“机器人助力中国智能制造”和“中国云计算的创新与发展”的专题报告。韩国产业通商资源部姜声千介绍了韩国智能工厂的推进现状和计划，首尔国立大学大数据研究院车相均教授做了关于大数据研究的专题报告。柳百成院士、吴曼青院士等和与会人员围绕会议议题及中韩科技产业合作进行了精彩的互动交流，论坛气氛活跃、会风民主，大家一致表示中韩两国工程科技和产业界要进一步加强合作，为促进两国科技进步和产业发展做出更多新的贡献。赵宪庚院士在论坛总结发言中指出，中韩两国工程科技界的合作潜力巨大，两国毗邻而居，交通便利，应让这种交流常态化，让中韩产业创新论坛机制化。在两国政府政治互信的大环境下，两国工程院大有可为，要积极创造条件，为中韩两国高层学术交流和企业创业创新搭建对接平台，发挥好高端智库的作用。

4 月 26 日，代表团调研访问了位于韩国京畿道的板桥科技谷。板桥科技谷最早从 2001 年开始筹建，是京畿道建设的一个专注于信息技术、生物技术、通信技术和融合技术的研发产业园区，拥有先进的 IT 企业、融合技术研究机构和知识型产业集群，入驻企业通过与高科技相关研究机构和大型跨国公司相互交流来最大程度拓展业务，旨在打造全球 ICT SW(信息通信技术和软件)融合、复合创新枢纽。在板桥科技谷，代表团听取韩方关于板桥科技谷一期工程建设情况介绍，并考察了韩国电子娱乐和电子支付第一大门户网站 NHN 集团、京畿道创意经济创新中心和专门从事土木/结构/机械工程软件开发服务的 MIDAS IT 公司，随后赶赴京畿道水原区考察三星电子集团总部，参观三星创新博物馆，听取三星半导体研发创新情况介绍。

4 月 27 日，代表团调研韩国仁川自由经济区。仁川自由经济区成立于 2003 年，致力于发展成为 21 世纪全球最具竞争力的东北亚商业枢纽城市。由于具备完善的基础设施和世界一流的仁川机场和港口带来的区位优势，自成立以来，仁川自由经济区成功吸引了一批航空航天、新一代半导体、生物工程和其他先进行业领域的跨国公司，12 家国际组织，包括绿色气候基金办事处和世界银行韩国办事处和多所国际大学。仁川自由经济区正努力建设成为韩国新增长引擎中心。仁川自由经济区管委会李灵根会长接待代表一行到访并介绍经济区基本情况，陪同代表团参观了仁川松岛

"U-City 运营中心",并考察了位于仁川自由经济区的美国思科公司,参观了思科智慧城市建设展示中心并与相关人员交流了智慧城市建设的技术支撑问题。

4 月 28 日,代表团驱车赶赴位于韩国庆尚北道中西部的龟尾市电子产业基地。该基地是韩国政府从 20 世纪 70 年代初开始,通过产业技术引进建立的、以生产电子设备为主的国家级产业基地,目前是韩国东南部新兴的内陆出口工业基地。在龟尾市电子产业基地,代表团考察了以生产各种工业纤维材料为主导的韩国东丽先进材料公司和韩国最大的液晶面板生产企业韩国乐金显示公司,参观了东丽公司先进材料生产线和乐金显示智能无人生产车间,并分别与两个企业的主管和技术部门负责人就先进材料和液晶面板产业技术创新交换意见。

4 月 28 日晚,代表团赴我驻韩大使馆拜会邱国洪大使。邱大使介绍了中韩外交的总体情况,希望科技界积极创新合作交流模式,推动中韩合作进一步拓展和深化。赵宪庚院士汇报了代表团访韩的基本情况并表示,工程院将按照中央的战略部署,为中韩合作贡献工程科技界的力量。

二、主要收获

(一) 中韩两国处在工业化发展的不同阶段,双方都面临着经济转型升级、创新驱动发展的战略需求,加强智能制造合作有着巨大的发展空间和发展潜力

作为全球最大的发展中国家,中国正处在工业化中后期发展阶段,加快信息化与工业化深度融合,走中国特色的新型工业化道路,是当前中国工业发展面临的重要任务。中国政府去年发布"中国制造 2025",提出要用三十年的时间将中国从制造大国建设成为制造强国,并提出以加快新一代信息技术与制造业深度融合为主线,以推进智能制造为主攻方向,促进制造业数字化网络化智能化。

韩国从 20 世纪 60 年代以来快速推动工业化进程并创造了世界闻名的"汉江奇迹",尤其是纺织、钢铁、汽车、造船、电子等产业取得了极大的成功,从而使之从一个落后的农业国转变为先进的工业化国家。如今,韩国传统优势产业,如造船、汽车等都面临着发展的极限和转型的困境。据韩国产业通商资源部贸易委员会常委姜声千介绍,2014 年以来,韩国政府发布《制造业创新 3.0》,提出要促进制造业与信息技术相融合,从而创造出新产业。到 2020 年,韩国将建设 10 000 个智能生产工厂,将 20 人以上工厂总量中的 1/3 都改造为智能工厂。到 2024 年,韩国制造业出口额将达到 1 万亿美元,竞争力进入全球前 4 名,超越日本,仅次于中国、美国和德国。

中国出台"中国制造 2025"与韩国提出"制造业创新 3.0",都是希望通过各自战略的实施,在新一轮全球制造业的分工和竞争中抢得先机,发挥各自优势,寻求更大发展空间。去年 10 月,李克强总理与朴瑾惠总统就推动"中国制造 2025"与韩国"制造业创新 3.0"对接达成共识,中国工业与信息化部与韩国产业通商资源部签署了两国开展智能制造标准的合作备忘录。在本次"中韩产业创新论坛"上,韩国中小企业厅厅长、韩国工学翰林院院士朱荣涉认为,推动智能制造需要各国通力合作,中韩两国在智能制造领域都不是领头羊,但双方可以加强智能制造标准化建设技术合作,积极赢得产业发展主动权。同时强调,中小企业最具有创新活力,但同时又面对人才缺乏和研发力量薄弱的困难,两国政府应大力开展合作,积极创造条件,使两国中小企业在以智能制造为突出特点的新一轮产业革命中得到充分发展。

韩国政府在推动智能制造方面采取了许多有效措施,也值得借鉴。如:政企合作建立"智能工厂推进团",以政府搭台、企业唱戏,政府重点扶持和培育相对处于弱势地位的中小企业,并给予相

应财政补贴(额度为企业技改投入的50%,上限5000万韩元);具体执行中,充分考虑到中小企业生产效率相对较低、技术研发实力不足的特点,采取了由大企业带动中小企业,由试点地区逐渐向全国扩散的“渐进式”推广策略;在研发储备上,针对制造工程工艺、设计、软件服务、关键材料和零部件研发、人员储备等领域的薄弱环节加大投入,以取得重要突破。尤其需要指出是,在推动智能制造中,韩国充分考虑本国及企业实情,拒绝百分百“拿来主义”执行策略。

(二) 中韩两国都在积极应对经济发展新常态,谋求发展新动能、寻找增长新空间,在加快推动以新一代信息技术为代表的战略性新兴产业/技术合作方面潜力巨大

随着我国经济发展进入新常态,党中央、国务院高度重视信息通信技术的带动作用,提出加快建设网络强国,深入推进实施“宽带中国”战略、“互联网+”行动计划和促进大数据发展行动纲要,聚焦提质增效,推动产业创新升级,出台推动大众创业、万众创新政策措施。

受全球经济下行影响,近年来,韩国也面临着经济持续低迷、就业增长缓慢、内需市场不振、缺乏风险创新能力、企业活力不足等挑战。2013年初,韩国总统朴槿惠提出了实施“创造经济”的创新战略发展思路,要将科技、信息通信技术(ICT)应用到全部产业上,促进产业和产业、产业和文化之间的结合,推动新产业发展,创造新的就业。

中国的“大众创新、万众创新”与韩国的“创造经济”有着异曲同工之妙,都是通过发挥以互联网为代表的新一代信息通信技术在生产要素配置中的优化作用,加快ICT与经济社会发展深度融合,为经济转型升级、培育壮大新兴业态提供新支撑和新动力。李克强总理在参观韩国京畿道创造经济革新中心时强调,要促进中国的“大众创业、万众创新”与韩国“创造型经济”的互学互鉴,联动合作,要打造中韩创业创新对接平台,开拓双方务实合作的广阔空间。在本次的访问中,代表团考察了京畿道创造经济创新中心,该中心主要面向IT、游戏、新一代通信(5G)、物联网和FinTech领域创业企业和中小型企业,并为其全球业务扩张提供支持。在这里,代表团看到,中心可为创客们提供各种各样的保障条件,有的创客甚至只有一个工位就启动了自己的创业历程,“把想象变为现实”普遍成为初创公司乃至老牌公司的行动口号。

作为韩国总统朴槿惠上任后发展创新经济的产物,创造经济创新中心的建设有许多值得借鉴的做法,如创新管理机制,整合政府资源新设立未来创造科学部主管此项工作,强调政府为“创造经济”提供政策服务和支持;政府与大企业合作共同合作,政府出政策、企业出资金和技术,共同扶持创新和初创中小企业,京畿道创造经济创新中心就是由韩国电信巨头KT出资与京畿道地方政府合作建立的;重视融合发展,将国民创意、科学技术与信息通信技术结合,产业与文化同步,面向全球新兴技术市场,带动经济发展从“追赶型”战略向“引领型”经济转变。

此外,随着中国经济快速发展并逐步成长为全球潜力巨大的消费市场,韩国企业界对于通过加强中韩科技产业的交流合作开拓中国市场表现出巨大的热情。尤其是近年来,韩国产品在中国进口市场的占有率总体呈现下降趋势,韩国企业方面迫切希望进一步加深同中国深化产业技术合作。代表团本次访问的三星电子、东丽材料、乐金显示等企业,都早已在中国设立生产基地,并且将最先进的生产线放在了中国。相比较而言,中国企业在韩国设立研发公司或生产公司的并不多见,在仁川自由经济区和龟尾电子产业基地,代表团可以看到许多入驻的欧美跨国企业分支公司,如思科公司。东丽材料最初也是日资企业。在推动智慧城市建设、发展新一代信息技术产业等战略性新兴发展领域方面,中国相关公司应该积极了解韩国市场、开拓韩国市场,力争找到合作的机遇和空间。

(三) 中韩两国工程院在加强两国科技合作交流中扮演着重要角色,要积极创新合作模式,拓

展合作领域，扩大合作渠道，为两国科技合作与产业创新做出新的贡献

当前，中韩合作正在驶入快速发展的轨道，科技交流与合作面临着新的要求和挑战，特别是在两国应对环境、能源、可持续发展等共同挑战的过程中，中韩科技合作面临着全新的发展机遇。中韩两国科技领域交流与合作的加深将对两国的可持续发展，以及两国政治、经济、文化等领域交往的扩大和深化起到更好的支撑和推动作用。中国工程院是中国工程科技界最高的荣誉性咨询性学术机构，韩国工学翰林院是韩国工程科技界非营利非政府组织，在推动两国科技合作交流的过程中，两院发挥着独特的引领作用。

2003 年，中国工程院与韩国工学翰林院在北京正式签署工程科技合作谅解备忘录。近年来，两院双边合作交流活动呈现出不断增加的趋势。如：2014 年 11 月，韩国工程院院长郑俊阳率韩国工程院企业家院士代表团访华；2015 年 11 月 4—5 日，韩国工程院企业家院士代表团及部分参加“第 18 届中日韩工程院圆桌会议”的韩方代表赴湖北省武汉市相关企业进行了技术考察；2015 年韩国工程院成立 20 周年之际，中国工程院委派柳百成院士代表中国工程院参加庆祝活动并在学术大会上作主旨报告。此外，双方还利用“中日韩工程院圆桌会议”和“国际工程与技术科学院理事会”等多边合作框架，开展合作交流。

在本次出访中，韩国工学翰林院给予了高度重视和热情接待，全程委派相关院士和工作人员陪同代表团参加各项调研活动。韩国工学翰林院吴永镐院长指出，为推进产业创新战略需要搭建国际合作网络机制，韩国工学翰林院正在积极构筑与要国家工程院的合作协议框架，加强与中国工程院的科技战略合作是非常重要的优先选项。中国工程院赵宪庚副院长指出，中韩两国传统文化相近、空间距离短、经济互补性强，科技合作有着巨大的合作共赢的空间，两国工程院应该在两国科技合作中走在前列，为推动两国合作迈上更高水平率先做出积极贡献。

三、几点建议

（1）建立“中韩产业创新论坛”规范化运行机制，并以此为契机，构筑中韩工程院常态化双边合作交流机制。本论坛的主旨就是依托工程科技工作者的力量，促进中韩技术创新、产业发展，助力中韩两国产业转型升级；论坛每年或每两年举办一次，由两院轮流主办，每次确定相对明确的论坛主题，邀请两国院士、研究人员、工程师和企业家参加，开展学术交流和企业交流活动，并为两国政府提供相关政策建议。

（2）继续接待韩国工程院企业家院士代表团访华。去年我院接待了韩国企业家代表团来访，今年又应邀组团访韩，均取得了较好效果。建议在总结以往经验的基础上，继续安排韩方代表团来访活动，不断深化两国在工程技术和产业创新方面的合作交流。

访问美国 Elsevier 公司、高教社学术期刊北美联络处及科罗拉多州立大学情况报告

2016 年 5 月 12 日至 2016 年 5 月 17 日，由高等教育出版社副总编吴向带队，中国工程院三局《Engineering》期刊主编室主任丁宁，高教社上海出版事业部孔全会、外语出版事业部梁宇、自然学术出版事业部安琪、海外合作部张盾参加的代表团，就《Engineering》期刊合作出版、现代农业教育培训、国际汉语教材推广等项目，对美国 Elsevier 公司、高教社学术期刊北美联络处和科罗拉多州立大学进行了访问。具体情况报告如下。

一、访问 Elsevier 公司，讨论《Engineering》期刊出版流程、宣传推广及 Ei 数据库收录等工作

背景：在中国工程院周济院长、钟志华秘书长相继访问 Elsevier 公司之后，在多次沟通的基础上，中国工程院、高教社、Elsevier 公司已于 2015 年就《Engineering》期刊出版工作达成合作协议，2016 年开始，期刊开始使用 EVISE 平台投审稿，内容实现在 ScienceDirect 平台上 OA 出版。

2016 年 5 月 13 日，代表团访问了 Elsevier 公司纽约总部，与负责工程类期刊出版的总监 Christopher Greenwell、Ei 数据库总监 Judy Salk、期刊出版人 Lily Khidr 和 Carrie Christensen 等就期刊出版、宣传、Ei 科学引文数据库收录等问题进行了深入的探讨。

吴向简要介绍了高教社学术出版情况、与中国工程院的战略合作关系及承担中国工程院系列院刊出版的情况，希望通过与 Elsevier 公司的合作，将《Engineering》期刊办成世界顶级期刊。

丁宁简要介绍了中国工程院及工程院学术出版工作。她着重介绍了《Engineering》期刊的宗旨定位、组织结构、工作流程，创刊一年来的工作进展及 2016 年的工作重点等。她提出，希望 Elsevier 公司能够更加支持《Engineering》期刊工作，帮助期刊提高质量、走向世界。

Elsevier 公司参会人员高度评价了《Engineering》期刊取得的成绩，尤其是在组稿审稿、编辑出版质量控制等方面所做的工作。Christopher Greenwell 表示，Elsevier 公司将以更大的力度和更高的效率提供有针对性的支持和服务，帮助《Engineering》期刊成为具有国际影响力的期刊。Lily Khidr 介绍了 Elsevier 公司的期刊发展战略，指出 Elsevier 公司是全球工程类期刊最主要的出版商，目前工程类热点领域包括空间工程、化学工程、土木工程等，在热点领域中国的文章数量总体偏少。她表示可以协助《Engineering》期刊做热点分析工作，给出每个领域的热点词汇。Christopher Greenwell 表示，《Engineering》期刊可以和 Elsevier 公司北京办公室陈秋霞、张靖继续探讨此项工作。Carrie Christensen 介绍了 Elsevier 公司的出版服务和期刊出版流程等。双方就《Engineering》期刊出版过程中参考文献和图片格式、出版周期、EVISE 系统需要改善的问题进行了讨论。Christopher Greenwell 表示，Elsevier 公司可以提供生产后的 XML 文件，供《Engineering》期刊使用。

Christopher Greenwell 介绍了《Engineering》期刊市场推广计划。他提出,Elsevier 公司将通过在相关期刊上发布公告、放置广告横幅、Email 推送、社交媒体推广等多种形式宣传《Engineering》期刊,提高期刊的知名度和投稿量。具体工作可以和负责市场的 James 及北京办公室有关人员讨论。Christopher Greenwell 介绍了 SCOPUS 数据库收录情况。一般而言,SCOPUS 数据库每季度增加收录期刊,《Engineering》期刊有可能在今年第二或第三季度被 SCOPUS 收录,随后文章和引用情况将在数据库中可查。Judy Salk 介绍了 Ei 数据库发展历史、收录标准和收录流程等情况。她指出,《Engineering》期刊已经进入 Ei 数据库的候选名单(Consider List),将在出刊两年时开始收录评价工作。她建议,《Engineering》期刊可以缩减 Aims & Scope 中的覆盖领域,以免出现目前出版内容和覆盖领域不甚吻合的情况,今后随着刊载范围的增加,可以不断扩充 Aims & Scope 的领域列表。

吴向表示,今天的会议为三方的合作奠定了更加坚实的基础。他对 Elsevier 公司提出三点希望,希望对《Engineering》期刊已经出版的各期,对编辑出版质量进行细致分析,提出指导性意见;针对《Engineering》期刊以约稿为主、出版特别专题的特点,希望在出版流程上提供个性化服务,保障按时出版;希望利用各种国际会议及其他多种途径宣传《Engineering》期刊,增加期刊的可见度。

二、访问科罗拉多州立大学和高教社学术期刊北美联络处,在现代农业教育培训、国际汉语教材推广及学术出版等方面开展合作

背景:中美政府科技合作第 8 优先领域是农业教育、农业技术推广和转化,科罗拉多州立大学(CSU)是参与该项目的美方 13 所高校的牵头单位,今年 10 月将在科罗拉多州丹佛市举办第二届中美农业科技合作论坛,该校是承办单位。该校副校长高炜是高教社学术期刊北美联络处主任和该校孔子学院院长。

2016 年 5 月 15 日,代表团走访了 CSU 和高教社学术期刊北美联络处,参观了学校网络技术中心、图书馆、教学楼、重点实验室、孔子学院等。吴向介绍了高教社学术期刊和著作的出版情况及与中国工程院在系列院刊方面的合作情况。丁宁向高炜介绍了中国工程院领导对《Engineering》期刊的高度重视及近期的工作安排。双方达成以下共识:

由 CSU 牵头,组织参与中美政府关于农业教育、农业技术推广和转化合作项目的美方 13 所高校与中方 39 所涉农高校合作办刊。遴选 39 所中国高校中愿意合作的农学领域的学报,增加美方编委,改进学报栏目,提高文章质量,邀请美方专家投稿;高教社提供期刊网络出版平台;双方共同努力提升合作期刊在国内外的影响力。

CSU 针对中美政府关于农业教育、农业技术推广和转化合作项目,为《Engineering》期刊组织一期专题。高炜利用他担任美国国家遥感委员会主席 5 年、美国遥感学报主编 8 年的经历,帮助中国工程院与 NASA 等机构合作,为《Engineering》期刊组织相关领域的专题。高炜推荐一位美方学者为《Engineering》期刊进行语言润色。

附件:赴美国访问代表团出访人员名单

吴　向　高等教育出版社副总编
孔全会　高等教育出版社上海出版事业部主任
安　琪　《中国工程科学》杂志社编辑部主任

梁　宇　高等教育出版社外语与国际汉语出版事业部国际汉语教育分社社长
张　盾　高等教育出版社版权助理
丁　宁　中国工程院三局副处长

赴美国消化疾病周会议出访报告

应美国消化疾病周（DDW）大会组委会副主席 Ellen Silver 博士和《Gut》杂志主编 Emad M. El-Omar 教授的邀请，我院樊代明副院长于 2016 年 5 月 21 日至 5 月 25 日赴美国参加消化疾病周会议，并出席了各项会中会，圆满完成预期任务，现将有关情况报告如下：

一、出访基本情况

（一）美国消化疾病周会议（DDW）

2016 年 5 月 21 日至 25 日参加了在美国加州圣地亚哥市举行的 DDW 会议。DDW 是一年一度的高水平的国际性消化疾病学术会议，汇集了全世界消化疾病领域的顶尖专家和学者，每年向全世界展示消化内科、消化内镜、肝病和消化外科领域最新的研究进展和技术创新成果，讨论并总结该领域相关疾病的临床诊治指南。樊代明教授同与会的国外专家学者进行了广泛交流，深入洽谈各种合作研究的意向。特别是在功能性肠病专题讨论会上，樊代明教授指出西方罗马诊断标准与中国国情的差异，主张将罗马标准在中国人群验证后方可在指南中明确使用原则。

（二）《Gut》杂志编委会

樊代明副院长作为世界著名消化杂志《Gut》（影响因子 14.9）的编委，应邀出席了 5 月 22 日的国际编委会。编委会审议了该杂志上一年度的稿件受理和财务收支情况，分析了存在问题和下一步工作计划。樊代明副院长在会上就中国大陆地区投稿状况进行了说明，并向各位编委介绍了中国消化学界在临床研究方面取得的成绩，建议国际杂志要正视中国的进步，不要对来自中国的数据和证据持有色眼镜或歧视目光，同时希望这些国际著名杂志的编辑专家能多来中国进行学术交流，指导我国学者更好地遵循国际规范投稿和发表论文。

二、主要体会

樊代明副院长的成功出访充分彰显了我国学者在世界消化学界的学术地位和影响力，并赢得了在国际事务中的话语权。具体体会如下：

（一）大力拓宽中国医生的国际视野，努力培养一批通晓国际规则、善于国际交流的专家学者队伍，积极投身到国际学术团体的顶层设计中去

樊代明副院长是中华消化学会原主任委员，曾于 2009 年带领学会成功获得世界消化病大会在中国的主办权。作为大会主席，他又带领中华医学会下属四个分会同国际相关学会一起成功举办

了 2013 年世界消化病大会。世界性大会的举办将一批中国消化学界的骨干力量推向世界舞台，进入世界性学会的组织中，参与世界性的学术事务，让国际同行真正聆听到中国的声音，了解中国的需求，促进中国的发展。一改过去我们没有机会与世界同行对话，或无法参与到世界学术机构顶层决策中的尴尬局面。

（二）大力加强中国医学研究成果的酝酿，合力将一批遵循国际规范、临床应用价值高的成果推向国际舞台，让国际同行学习“中国创造”

我国人口众多，病人资源相当丰富，这是国外无法比拟的。目前医学研究特别是临床研究要充分抓住这一优势，下大力气培训医务人员的研究意识和科学精神，提出符合实际需求的临床问题，按照国际标准执行研究过程，这样才能最终将研究结果有效地展示给世界同行，并得到认可。最近几年，随着国际交流的频繁，越来越多来自中国的高水平研究成果在国际顶尖期刊发表。我们一方面要通过国际学术会议的交流汇报研究成果，另一方面也要扭转国外专家的不信任态度，让他们真正了解并信服中国研究的质量。特别是在国际杂志任职的中国专家要充分发挥作用，竭尽全力地宣传中国创新成果，据理力争地捍卫中国合法权益。

赴加拿大出席 CAETS 能源委员会会议报告

一、参加国际会议概况

国际工程与技术科学院理事会（Council of Academies of Engineering and Technological Sciences，CAETS）是国际工程科技界最重要的学术组织，中国工程院是 CAETS 成员，亦是其下属能源委员会（Energy Committee）成员。

CAEST 能源委员会会议于 2016 年 5 月 26—27 日在加拿大不列颠哥伦比亚省维多利亚市 Sidney Pier Hotel 召开。中国工程院能源与矿业学部主任彭苏萍院士为 CAETS 能源委员会委员，受加拿大工程院的邀请和中国工程院委派，彭苏萍院士与中国矿业大学（北京）张博副教授于 5 月 25 日启程赴加拿大不列颠哥伦比亚省维多利亚市参加此次会议，完成出访任务后，5 月 29 日回国，全程出访时间总计 5 天。

二、主要日程和活动

主要议题：讨论国际工程与技术科学院理事会（CAETS）能源委员会将于 2017 年底向全球发布的研究报告的组稿筹备工作，该报告为能源委员会系列专题研究第四部报告，前三份报告分别为《Deployment of Low Emissions Technologies for Electric Power Generation in Response to Climate Change》、《Opportunities for Low－Carbon Energy Technologies for Electricity Generation to 2050》和《Transition Towards a Lower Carbon Economy：Technological and Engineering Considerations for

Building and Transportation Sectors》。

会议时间:2016 年 5 月 26 日和 27 日两天。

主要的日程:

2016 年 5 月 25 日,乘机离开中国北京,抵达加拿大温哥华,转机维多利亚市。

2016 年 5 月 26 日,在加拿大不列颠哥伦比亚省维多利亚市会议举办地 Sidney Pier Hotel,参加国际工程与技术科学院理事会能源委员会会议。

2016 年 5 月 27 日,在加拿大不列颠哥伦比亚省维多利亚市会议举办地 Sidney Pier Hotel,参加国际工程与技术科学院理事会能源委员会会议,当天下午完成本次会议全部议程。

2016 年 5 月 28 日,乘机离开加拿大维多利亚市,在温哥华转机回国航班。

2016 年 5 月 29 日,乘机抵达中国北京。

与会人员:印度工程院代表 Baldev Raj 教授和 K V Raghavan 教授,中国工程院代表彭苏萍教授和张博副教授,英国工程院代表 John Loughhead 教授,加拿大工程院代表 Bob Evans 教授、德国科学与工程院代表 Frank Behrendt 教授、瑞士工程院代表 Rolf Hugli 教授、墨西哥工程院代表 Gustavo Alonso 教授等。

三、参会收获和体会

本次参会之前,我们已经做了大量准备,征求了中国工程院、华能集团、神华集团、清华大学、煤炭资源与安全开采国家重点实验室等单位相关院士专家的意见,对下一期 CAETS 报告主题提出了一份建议(A Proposal for “Clean Use of Coal for Energy”),作为会议四个主题材料(Energy-Water-Food Nexus、Electrification including EV: Technologies for the Transport sector、Clean Coal Technologies、Current and Future Technologies for Biofuels)之一,被提交到会议当中进行讨论。

在会议发言环节,彭苏萍院士做了题为“Clean coal technologies”的演讲,分为 Global energy consumption and transition、Energy conditions and challenges in China、China's progresses of clean coal technologies 和 Outline for Clean Use of Coal for Energy 四个部分，并重点介绍了中国近十年在洁净煤工程技术领域取得的一系列重要进展，提出应当将中国先进煤炭清洁高效转化和利用工程技术作为重点案例，值得将中国的经验向全球推广，进行系统性的介绍，并愿意协助相关章节的撰写工作。上述内容得到 CAETS 能源委员会相关院士专家的广泛关注和热烈讨论，一致同意将 Clean coal technologies 作为重点之一，以相应形式体现到报告主旨内容中来。

会上，经过与会专家的深入讨论，本次会议最终将下一期 CAETS 能源委员会报告的主题明确为“Engineering Priorities for Clean Energy Future”。同时建议，有必要在两个月以后，召开一次 CAETS 能源委员会会议，进一步审定下一期报告的提纲。

四、有关思考和建议

中国作为全球最大的发展中国家和第二大经济体，在能源工程技术领域，已经有一大批工程技术走到了世界前列，实践了大量在其他发达国家难以实现的能源工程项目，取得了在煤炭清洁高效利用等领域的诸多突破。

经过交流也可以发现，在煤炭开发、燃煤发电、IGCC/IGFC、先进煤化工等煤炭工程技术领域，中国已经有一大批工程技术走到了世界领先的行列，完全有实力和能力，在国际舞台上发出中国的声音，积极主动参与国际竞争，协同“一带一路”、“走出去”等国家战略，协助印度等广大发展中国家发展能源基础设施，带动甚至引领全球煤炭行业发展。

通过参加本次会议，我们充分感受到中国科研实力和地位的上升。中国科技人员将来可以在类似 CAETS 能源委员会这样的国际组织机构中，发挥更大的作用。在此次大会发言环节，英国皇家工程院 John Loughhead 教授等多位能源委员会委员非常惊讶于中国近年来在能源与矿业工程科技方面取得的成就，多次强调发展中国家和发达国家都值得向中国同行学习，将一些先进工程实践经验可以通过以研究报告等形式介绍给世界各国。

会议决定，考虑到中国在全球能源工程科技领域的影响力，同意以 CAETS 能源委员会名义，征询中国工程院的意见，在中国北京召开下一次 CAETS 能源委员会会议，审定下一期报告的提纲初稿，同时进一步实地了解中国在 IGCC/IGFC、CCS、核电、电动车等领域的实际进展情况。

钟志华秘书长访问美国工程院与汤森路透公司

2016 年 6 月 17 日，钟志华秘书长代表中国工程院应邀访问美国工程院和汤森路透公司，分别围绕中美两国工程院有关合作以及我院与汤森路透公司的合作进行了会谈。

17 日上午，钟志华秘书长到访汤森路透集团期刊业务费城总部。汤森路透期刊方面副总裁 James Testa 先生，政府工作与资金主管 Emmauel Thiveaud 先生，以及编辑发展部的 Rodney Chonka、Chang Liu 女士参加了会谈。

钟志华秘书长向 James Testa 先生转达了周济院长对汤森路透集团及 Testa 先生本人长期以来对中国工程院知识中心建设工作和学术出版工作给予的帮助表示诚挚感谢。他介绍了知识中心和《Engineering》期刊各个方面工作情况，特别是近两个月以来各方面的突破性进展，希望汤森路透集团继续为知识中心和《Engineering》期刊的发展提供帮助和指导性建议，以更好地帮助它成长为世界工程科技领域的引领性期刊。

Testa 先生等美方代表均对期刊和知识中心的建设给予高度评价。他们指出，学术出版界在基础研究及基础应用领域有很好的表现，但长期以来，在工程实践、成果转化方面缺少真正的引领性期刊；《Engineering》期刊的出现，弥补了学术出版届在这个领域的空白。Testa 先生表示，汤森路透愿意为知识中心和《Engineering》的成长提供尽可能的帮助，包括协助《Engineering》的读者范围，为知识中心更好地服务战略咨询提供经验借鉴，促进两方面工作更好地发展。

17 日下午，钟秘书长赴美国工程院在华盛顿的总部，与美国工程院前首席执行官，Lance Davis 院士和咨询部主任 Proctor Reid 先生，围绕两院战略合作、下一届中美工程前沿研讨会（CAFOE）筹备、2017 年全球重大挑战论坛筹备等事宜进行了商讨。CAFOE 项目主管 Janet Hunziker 女士通过电话参加了会议。

钟秘书长介绍了知识中心和《Engineering》期刊主要情况。他代表周济院长感谢美国工程院院长 Dan Mote 等 19 位美国工程院院士，特别是 Lance Davis 院士，为《Engineering》期刊发展做出的重大贡献。他强调为了将期刊建设成为 CAETS 的学术平台，希望美国工程院更多地参与到知识中心及《Engineering》期刊工作中，推荐更多的院士参与两院战略合作活动。

Reid 先生表示会将中方的希望转达 Mote 院长，研究如何进一步落实支持知识中心和《Engineering》的工作。同时他简要介绍了有关 2017 年全球重大挑战论坛的筹备工作。

Davis 院士非常关心知识中心和《Engineering》重点实验室/机构联盟的建设工作，他表示这一基础性工作肯定会为期刊从影响力、稿件和智力资源上提供有力支持。他建议先不限定联盟的针对栏目,在实践中探索更有利的模式,逐渐完善知识中心和《Engineering》未来的架构模式。他还建议,围绕特定专题,提前向明年全球重大挑战论坛部分参会专家发出邀请,着手准备用于发表的高质量论文。

附件:赴美国访问代表团人员名单

钟志华　中国工程院秘书长、院士
王中子　中国工程院三局主任科员

赴英国、德国和瑞典出访报告

2016 年 6 月 22 日至 7 月 1 日,应英国皇家工程院、德国工程院和瑞典皇家工程院邀请,中国工程院赵宪庚副院长率团一行 5 人(人员名单见附件)访问了上述三国,就能源政策和国家级大型科研设施共享与高效利用问题与三国工程科技界进行交流。

代表团根据我院有关"能源技术革命的技术方向和体系战略研究"和"大型科学实验装置高效利用研究"课题内容组织了此次出访活动。出访期间:与英国皇家工程院、瑞典皇家工程院、德国著名的咨询研究机构和大学就能源政策、能源发展状况以及在核电、生物质能、垃圾能源化处理等方面的合作等议题进行了多次深入研讨;走访了 4 个大型实验室和研究院;与英国皇家学会和瑞典科学研究理事会就实验装置高效利用进行了研讨;参观了 2 个能源研究开发机构。在访问过程中,工程院代表团向他们介绍了中国在能源革命、低碳发展方面的情况,引起他们的很大兴趣。

一、能源调研

英国皇家工程院与我方回顾了双方近年来开展的富有成效的交流活动,提出了双方在未来能源发展趋势和重点上加强合作,为各自政府部门提供参考建议;德国卡尔斯鲁厄研究院向我方详细介绍了生物质能的研发中试和太阳能利用情况;德国弗劳恩霍夫系统和创新研究所(ISI, Fraunhofer Institute for Systems and Innovation Research)就德国能源转型面临的十大挑战进行了阐述;瑞典工程院向我方积极推荐变垃圾为能源合作项目,我驻瑞典大使馆表示作进一步了解情况后向国内报告。

(一) 关于英国能源政策的交流情况

6 月 23 日,代表团访问了英国皇家工程院,与 Dame Ann Dowling 院长和数位院士进行了会谈。我方介绍了中国能源状况和相关政策,双方交流了英国能源发展的相关情况,要点如下。

1) 在英国,可再生能源很重要,但燃气(GAS)、核能亦不容忽视。由于气候条件限制,光伏在英国也有发展但不占优势。离岸风电、岸上风电、天然气、页岩气现在是主要发展方向。

2）可再生能源发展抑制了新建燃气电厂的建设；除非现在的电力市场能够发生一些改变，使得燃气电厂可以出售容量服务和备用服务而体现燃气电厂的价值。

3）技术的发展改变了社会。智能电网、电动汽车等将是英国未来研究的重点，但不仅限于此，而将扩大到智能的社会系统并且显著地提高社会能源效率。

4）目前电动汽车的电力供给相当部分来自于燃煤电厂，对环境依然是不利的，未来英国将考虑电力去煤化的问题。

5）生物质能曾是英国能源系统的重要元素，但政府目前已经暂停了这些进程，原因是原料供应不足影响其可持续发展。

6）在未来能源政策中，政府、学术界、工业界的合作非常重要。

7）英国非常重视能源领域创新，特别是在清洁能源方面，并且很重视国际创新交流活动。英中两国最高领导人达成了创新合作的意向，这将在两国大学、工业界和科技界（包括两国工程院）得到落实。

8）关于欧洲超级电网的进展，英方认为欧洲负荷的分布相对均匀，目前没有重点考虑远距离输电的问题。但英国在扩大与欧洲大陆的输电线路容量，用以加强间歇性能源的消纳。

（二）关于德国能源政策的交流情况

6 月 27 日，代表团访问了德国卡尔斯鲁厄研究院，详细了解了生物质能的研发中试和太阳能利用情况；下午，访问了德国弗劳恩霍夫系统和创新研究所（ISI，Fraunhofer Institute for Systems and Innovation Research），与该所基础设施及可持续发展中心主任 Rainer Walz 教授、能源政策和能源市场中心副主任 Mario Ragwitz 教授等进行会谈。我方介绍了中国能源政策的基本情况，德方就德国能源转型面临的十大挑战进行了阐述，要点如下。

1. 德国能源转型遇到的问题

1）新技术应用推广的应对问题。可再生能源技术发展改变了原有的能源结构，预计到 2020 年，可再生能源在全部终端能源消费中的比例将达到 19%，在电力消费中的比例将达到 35%。

2）核电/煤电退出的压力。德国将在 2022 年退出最后一座核电反应堆。

3）能源转型导致的电价提升问题。近十年，德国的居民电价升高了 1 倍，主要原因是可再生能源附加费大幅提高。

2. 迫在眉睫的挑战（至 2030/2035 年）

1）如何消纳更大比例的波动性间歇性可再生能源，以维持电力市场和电网的良好运转？ISI 列举了几个解决途径，包括：发电机组管理、局部区域的自耦合（例如电动汽车）、储能、现货市场中的需求侧管理、备用市场中的需求侧管理、国际电力市场、新建燃气机组等。ISI 提出，未来电力市场中将由此出现一些新的角色。

2）如何进一步强化提升能效的相关政策？尽管德国的用能效率在不断提升，但距离预定目标（相比 2008 年的全社会能效水平，2020 年需要提升 20%，2050 年需要提升 50%）还有很长的路要走。

3）如何赢得“新的产业政策战”？德国环境友好型能源产业（主要指风电、光伏等）发展很快，近年来的年增长率在 20%～30%之间，出口的增长幅度大于国内。在国际上，德国风电产品的份额在不断提高（基本与丹麦相当，并列第一），光伏产品的份额稍有下降（中国增幅明显，日本/美国大幅下降)。

4) 核电退出后如何进一步退出煤电？德国已经高度关注煤电的污染问题。

5) 公众是否接受“能源转型”？预计到2050年,电力将是德国最重要的能源载体,但建设更多的互联和输电通道可能会引起公众不满。

3. *未来面临的挑战(2050年)*

1) 在能源政策相对碎片化的欧洲,德国如何建立和应对能源转型后更加复杂的目标系统？

2) 如何运行一个可再生能源比例接近100%的电力系统？到2050年,预计整个欧洲80%的电力来源于可再生能源(主要是风电和光伏),届时可主动调度的资源已经很少,系统的安全可靠性难以得到保证,因此要在发电侧和需求侧同时想办法,保证其都是灵活可控的。

综合来看,德国未来的能源政策将重点关注可再生能源的快速发展,以及由此引发的系统安全性问题、电力市场的稳定问题,还有相关产业的发展问题。另外,提升能效也将是德国能源政策的另一个重要目标。

二、大型公共科研设施高效利用调研

代表团与英国皇家学会院士专家进行学术交流,并参观了英国科学技术设施理事会卢瑟福国家实验室。在瑞典,与瑞典皇家工程院和瑞典科学研究理事会院士专家进行了学术交流,还参观了刚刚建成的MAX IV瑞典国家同步光源实验室和在建的欧洲散裂中子源基地ESS。

英国卢瑟福国家实验室RAL(Rutherford Appleton Laboratory)是一个多学科、综合性的大型国家实验室,是国际著名的核物理、同步辐射光源、散裂中子源、空间科学、信息技术、大功率激光和多学科应用研究中心。代表团参观了其散裂中子源ISIS。ISIS已成功运行20余年,是目前世界亮度最高的散裂中子源,每年完成的实验超过600个,是世界上凝聚态物理研究的重要力量,其科学计划包括基础和战略研究,涉及学术界和工业部门的多项合作。代表团还参观了位于同一园区的Diamond光源,该设施2007年建成,能量为3 GeV,其目标是通过加速电子的能量,生成高能、高强度的可调光束,利用光束特性开展不同学科领域的研究。Diamond光源同步辐射技术主要分为散射、光谱和成像三种类型,设有30个光引导出口。

MAX Ⅳ是瑞典的国家实验室,于2016年6月正式命名,其前身MAX Ⅰ-Ⅲ具有超过30年的运行历史。MAX Ⅳ是一座高性能同步加速器辐射实验室,由一个250 m长的直线加速器和两个电子储存环组成自由电子激光器。电子直线加速器中加速到最大3400 MeV,之后被注入不同的电子存储环中,用于不同的科学实验。较小的电子储存环周长96 m,储存能量为1500 MeV;较大的电子储存环周长528 m,能量为3000 MeV。MAX Ⅳ的独特设计,使它成为世界上最亮的储存环光源。

在建的欧洲散裂中子源(ESS)位于瑞典隆德,是欧洲基础研究设施的重要组成部分,目标是建设和运营全球领先的利用中子源的基础研究设施,预计在2022年投入运行。未来ESS提供的中子束亮度将达到世界上现有中子源亮度的100倍,将为生命科学、能源、环境技术、文化遗产和基础物理研究创造更多新的研究机会。

访问中,代表团详细听取了英、德、瑞典三国以及欧盟层面在高效利用公共科研设施方面的具体做法和成功经验,有关情况具有重要参考价值:

1) 在特大型科研设备和科研基础设施的建设和运行上,各国采取的政策和做法趋同,主要是集中共建,共享使用。实际运行中,共享情况较好,效率较高。这主要体现在管理机制和运行程序上。

2）在管理机制上以英国为例，大型设施的管理要设立程序委员会，负责设施的运行管理。该委员会委员必须多元化组成，任期届满必须轮换，其负责人必须由外部聘用，工作程序必须公开。这样一种管理机制在决策层上保证了公正公开不偏不倚的原则，进而能在管理上保证了设施的共享。

3）欧洲大型科研设施运行效率高。高校、企业以及校企合作项目是大型科研设施的主要服务对象。实验室设有专业的操作人员，为申请科学实验的用户提供专门的操作支持，保证了设施的高效利用。同时，部分进驻实验室人员还要在大型科研设施内部租用办公和住宿场地，连续数月进行实验。给代表团印象深刻的是有些大型设施的科学实验申请供不应求，甚至是全年满负荷运行。瑞典 MAX IV 就是每天 24 小时、每周 7 天运行。

4）科研成果的管理上有特色。对于科学研究为目的的实验，其实验成果以论文形式发表，注明实验室支持内容，这样的实验申请不收取费用；对于企业商业为目的的实验，其实验成果为企业所有，对外界保密，或申请专利保护，这样的实验申请将全额收费。

5）问题比较多的是中型设备的共享。中型设备主要指 100 万英镑左右的设备，这样的设备在英国有 10~20 套，可以被视为国家级科研设备。英国有专门的委员会监管这类设备的运行。这一类的科研设施多为大学或研究机构自行管理，运转已有较长时间，在开放和共享方面效果不佳。

三、院际交流方面

瑞典皇家工程院希望在能源政策和可再生能源方面能继续与中国工程院开展交流，特别是希望在垃圾的能源化应用方面对我国城市垃圾处理做出贡献。英国皇家工程院与代表团进行了多层面的深入讨论：

1. 中英校企协同创新研讨会

中英校企协同创新研讨会是周济院长 2015 年与英国皇家工程院 Ann Dowling 院长共同商议确定的。2015 年 7 月，由 Ann Dowling 院长带领的研究团队向英国政府提交了《Dowling 评论——英国校企合作研究报告》，科学评估了英国当前校企协同创新面临的机遇和挑战，并就未来校企协同创新提出了许多建设性的意见和建议。报告不仅对于推动英国校企协同创新具有积极意义，而且对于中国以及世界其他国家都有积极的借鉴意义。本次研讨会的目的是针对《Dowling 评论——英国校企合作研究报告》，结合中国校企合作中取得的经验和存在的问题进行深入交流，从中总结出带有共性的问题，供两国政府制定相关政策时参考。

Dowling 院长表示，她期待 7 月 4—5 日率领英国皇家工程院代表团到北京与我院开展此次学术交流。

2. 2016 年 CAETS 会议

国际工程与技术科学院理事会（CAETS）会议将于今年 9 月在伦敦召开，英国皇家工程院是本届会议东道主。Dowling 院长向代表团通报了会议筹备情况，并期待周济院长届时出席此次会议。赵宪庚副院长告知英方，届时周济院长将率团出席 CAETS 会议。中国工程院将在知识共享平台和工程教育培训方面多做工作，为增强 CAETS 能力建设贡献力量。

3. 第三次全球重大挑战峰会

由中、美、英三国工程院共同发起的第三次全球重大挑战峰会将于明年 7 月在美国华盛顿召开。双方表示,将积极推进会议的筹备工作,力争吸引更多院士专家和工科学生参加会议。

4. 两院相互支持增选外籍院士

Dowling 院长向代表团介绍了英国皇家工程院选举外籍院士的做法。该院设有国际委员会,专门研究和推荐外国杰出工程科技人员为外籍院士。同时希望两国工程院着力推荐对方院士为本院外籍院士,为双方的合作及两国的工程科技发展做出贡献。赵宪庚副院长对此表示赞同。

此外,双方还就青年科技创业家培训、城市空气污染治理及应对城市洪涝灾害方面深入合作交换了意见。

四、主要收获

1) 在能源政策方面,代表团与三国工程院和科学技术界开展了富有成效的交流。英国皇家工程院和德国弗劳恩霍夫系统与创新研究所建议双方在未来能源发展趋势和重点上加强合作,为各自政府部门提供参考建议;瑞典工程院向我方积极推荐变垃圾为能源合作项目,该项目将对我国城镇化建设过程中变垃圾为资源起积极作用;德国卡尔斯鲁厄研究院向我方详细介绍的生物质能的研发中试和太阳能利用情况,对于双方开展生物质能研发和推广利用方面的合作将起到积极推动作用。

2) 在大型公共科研设施高效利用方面,代表团参观了卢瑟福国家实验室、"Diamond"同步光源加速试验装置、MAX IV 瑞典国家同步光源实验室和欧洲中子源基地,与英国皇家学会和瑞典皇家工程院院士专家进行了有益的交流,听取了他们在高效利用公共科研设施方面的具体做法和成功经验,介绍的情况对我院相关调研工作具有重要参考价值。

3) 英国皇家工程院设有国际委员会,专门从事推荐和选举国外著名工程科技人员为本院外籍院士工作,这一办法值得我院参考,将有助于选准选对外籍院士,同时还能在选举不同国籍外籍院士上实现相对平衡。

代表团调研期间,我驻英、瑞大使馆和驻法兰克福总领馆给予代表团大力帮助,三馆领导还专门在馆内与代表团进行了深入交流。在此表示感谢。

附件:代表团人员名单

赵宪庚　中国工程院副院长,院士(副部级)
李立浧　中国工程院能源与矿业工程学部副主任、院士,南方电网专家委员主任委员
李　鹏　南方电网科学研究院副院长,教授级高工
康金城　中国工程院国际合作局局长
田　琦　中国工程院国际合作局处长

国际工程科技知识中心代表赴印尼参会情况汇报

受联合国教科文组织驻华代表处邀请，联合国教科文组织国际工程科技知识中心（简称“国际知识中心”）秘书处刘畅代表中心于2016年7月21—22日出席在印度尼西亚巴厘举行的促进UNESCO区域代表处和网络间合作助力2030议程会议暨第三届亚太生物圈保护区网络战略研讨会（Fostering Collaboration between UNESCO in the Field & Networks towards the 2030 Agenda, in conjunction with the Third Asia Pacific Biosphere Reserves Network Strategic Meeting），并在会议上做了关于联合国教科文组织科学中心主任工作会议成果文件“北京行动计划”的专题介绍。

国际知识中心参与本次会议有助于增强其作为科学二类中心大家庭重要一员的地位，推进“北京行动计划”相关内容的落实（尤其是二类中心信息共享平台的建设），进一步增加其知名度，增进与更多参会单位的相互了解，并探索其与其他科学中心以及科学项目的合作可能性。

一、会议背景情况

1. 会议目标及参会人员

促进UNESCO地区办事处和网络间合作助力2030议程会议暨第三届亚太生物圈保护区网络战略研讨会由UNESCO驻雅加达代表处举办，旨在① 讨论促进UNESCO区域代表处及其网络之间的对话、合作、网络构建、知识和资源分享的战略，以支持2030议程和可持续发展目标（SDGs）；② 讨论落实亚太区生态保护区利马行动计划，以及北京行动计划的联合战略；以及③ 支持跨学科倡议，发展科学类合作项目。

参会人员包括UNESCO自然科学部高层管理、UNESCO自然科学部项目专家、人与自然圈（MAB）国家委员会及其亚太网络代表、UNESCO自然科学类二类中心（包括APCE、GRDC、HIST、HTCKL、ICHARM、IKCEST、ISTIC、RCUWM-Tehran等）以及水科学领域教习、UNESCO雅加达代表处科学项目相关合作伙伴（包括JFIT、MFIT、IFIT等）。

2. 国际知识中心参会背景

2016年5月15—18日，由中国工程院联合主办，国际知识中心承办的UNESCO科学中心主任工作（历史上首次同类会议）会议在北京圆满落下帷幕。国际知识中心不仅作为会议的承办方，而且作为大会重要议题“二类中心信息共享平台建设”的主旨报告方，获得广泛好评，其报告的平台建设方案被写入大会决议“北京行动计划”，国际知名度和影响力有力提升。

国际知识中心于6月中旬收到UNESCO驻华代表处科学部门项目专家汉斯（Hans）来信，邀请参加7月20—24日在印尼巴厘举办的由UNESCO雅加达代表处主办的相关合作会议，邮件介绍该会议将召集亚太区内部以及区域间的自然科学项目代表、科学类二类中心代表等，商谈合作事宜。汉斯在来信中专门提及国际知识中心在UNESCO科学中心主任工作会议中的突出表现，认为出席会议将有利于参会各方，尤其将有利于会议中关于 UNESCO 科学中心主任工作会议审议通过的“北京行动计划”相关内容的后续推进工作。

基于此背景，国际知识中心经请示相关领导，决定出席会议，并接受会务组的邀请在大会上做关于 UNESCO 科学中心主任工作会议成果文件“北京行动计划”的专题介绍。

二、会议进展情况

会议于 7 月 21 日上午拉开帷幕。在开幕式环节，一段 UNESCO 科学部助理总干事 Flavia Schlegel 的视频被播放，在视频中助理总干事祝贺会议顺利召开，认为会议召开正当其时，并对会议的成果表示期待。接下来，UNESCO 雅加达代表处主任 Shahbaz Khan 先生，马来西亚联合国教科文组织全国委员会秘书长 Mohd Khhairul Adib Abd Rahman 先生，以及日本联合国教科文组织全国委员会秘书长 Koichi Morimoto 先生分别发表开幕致辞。

全体与会代表合影后，会议进入第一个版块，来自 UNESCO 哈拉雷（津巴布韦首都）代表处的 Hubert Gijzen 先生发表了题为“改变世界：呼唤全球行动，实现 2030 议程 —— 科学、技术与创新的角色”的主题发言。随后，与会代表展开互动交流。

会议第二个版块聚焦亚太生物圈保护区网络（APBRN）。在来自 UNESCO 人与生物圈（MAB）秘书处的 Marie Prchalova 女士发表了题为“立马行动计划在亚太”的报告后，各 UNESCO 区域代表处和当地相关合作机构联合做了四个网络报告，分别聚焦东亚生物圈保护区网络（EABRN）、中南亚人与生物圈网络（SACAM）、东南亚生物圈保护区网络（SeaBRnet），以及太平洋地区人与生物圈网络（PacMAB）。

随后会议以小组讨论的形式探索了丝路倡议对可持续发展目标（SDG）实现的潜在作用。小组成员各抒己见，并达成如下共识，所谓可持续性就是多样性与相互关联性的结合，可持续发展即为以多样性和相互关联性为特征的发展，而丝路倡议与可持续发展目标中的 17 项均有关联，并形成直接呼应，因此应该大力推进，丝路倡议所涵盖的国家内相关机构应明确自己的使命，为 SDG 的实现贡献力量。讨论组成员包括来自哈萨克斯坦人与生物圈项目、伊朗人与生物圈项目、蒙古联合国教科文组织全国委员会、印度尼西亚人与生物圈项目、空间技术遗产保护二类中心以及巴基斯坦 IHP 项目官员。

会议的第三版块是平行会议，UNESCO 区域协调会议探索各 UNESCO 代表处如何促进领域和区域间合作的机制，参会代表海报展示与交流环节则提供了各参会代表之间相互交流的平台。国际知识中心在会前按照大会要求专门制作了海报，中心代表也在这个环节中向多名其他机构和中心的参观者介绍中心基本情况。

会议的第四个版块在 7 月 22 日上午开启，这个部分聚焦国际水科学相关项目，尤其是探讨了这些项目如何助力可持续发目标中与水相关的目标的实现。多名参会（包括国际知识中心已经签署了合作谅解备忘录的伊朗城市水管理中心 RCUWM）代表分享了自身承担的相关任务。随后进行分组讨论，主题分别为水引发的灾难、城市水管理以、水方面的教育，以及水科学领域的合作伙伴关系与合作行动，讨论达成多项共识，为水安全相关工作的开展和区域内 2030 议程实现指明了方向。

会议的第五个版块聚焦跨学科项目，区域内 JFIT 科学项目、区域内 IFIT 科学项目、MFIT 区域内科学项目等为其三大讨论话题，若干相关项目和机构的代表分享相关工作。也正是在这个版块中，国际知识中心代表做了聚焦“北京行动计划”的专题介绍。

最后一个版块还是平行会议，一方面 UNESCO 区域代表处齐聚一堂，探索区域科学领域合作的机制问题，一方面，各参会代表继续沟通交流。

7 月 23 日，会议组织全体参会人员实地考察了 Subak 传统灌溉系统和巴厘文化展览。24 日上午举行闭幕式。国际知识中心代表因时间原因，未能参加相关活动。

三、国际知识中心参会成果

国际知识中心代表此次参会，最直接的成果是在大会上作了题为“北京行动计划”的专题介绍。

在介绍中，刘畅首先介绍了中心的基本情况，包括其建设理念、主要功能、成立流程、发展现状等，尤其专门介绍了其依托单位——中国工程院作为中国最高荣誉性咨询性学术机构的重要地位，以及代表中国开展工程科技领域国际交流与合作的重要使命。

接着，中心代表介绍了 5 月中心举行的 UNESCO 科学中心主任工作会议的相关情况，介绍了会议成果文件“北京行动计划”写入的全部 9 条一致意见，重点阐述了大会达成的关于通过建立一个 UNESCO 二类机构和中心信息和知识共享平台来实现各机构与中心之间增进了解、促进合作、增强合力目标的一致意见。中心代表呼吁相关机构和中心对相关工作给予更多关注和支持，群策群力推进该项工作的后续推进。

中心代表还介绍了国际知识中心年内即将开展的几项重大活动，如 9 月初举行主题为“知识服务和职能城市”的 IKCEST 2016 高端研讨会和 11 月初举行的主题为“大数据知识与技术应用”的 IKCEST 2016 国际培训班，欢迎相关机构和个人报名参加。

短短两天的会议，除了宣讲本身之外，回溯此次国际知识中心代表参会，还取得了如下成果。

1. 提升中心知名度

作为一个较年轻的 UNESCO 二类中心，国际知识中心在成立以来的两年多时间里，依托中国工程院的有力领导和支持以及财政部的大力支持，在中心理事会成员、顾问委员会成员的关心和指导下，在中心主任和执行副主任的直接领导下，秘书处全体成员和总平台组以及四个知识服务系统承建单位相关人员齐心合力，有效推进了各方面工作，取得了实质性进展。尤其是在 5 月举行的 UNESCO 科学中心大会上，通过周到高效的承办工作和专业全局的主旨汇报，更加凸显了其作为科学部大家庭中重要一员的地位。此次，中心代表参加亚太区的合作会议并应邀作关于“北京行动计划”的专题介绍，更加提升了其在亚太区整个 UNESCO 网络的知名度，这将有利于未来相关事务的开展。

2. 推进 UNESCO 二类中心信息与知识共享平台建设

中心代表在专题介绍中重点介绍了 UNESCO 二类中心信息与共享平台建设的相关背景情况，并呼吁相关机构和中心对相关工作给予更多关注和支持，群策群力推进该项工作的后续推进。该介绍受到与会代表的支持，相关机构还填写了国际知识中心分发的用户需求问卷，为国际知识中心进一步了解需求，从而更有针对性地推进相关工作提供了新的支撑。

3. 搭建合作渠道

中心代表在宣讲后，有多个机构和中心的参会代表主动展开交流，交流中不乏关于后续合作的意向讨论。多个太平洋岛屿国家，几个 UNESCO 二类中心在交流中谈及具体需求和合作途径。相关工作在后续推进中。国际知识中心通过参会,直观介绍了自己的专业领域和愿景目标,搭建了与更多国际组织合作的渠道。

4. 助力中心重大活动

在宣讲结束后,中心代表即收到参会代表有兴趣参加国际知识中心年内相关重大活动的信息,并及时与相关人员进行沟通,进一步介绍和确定相关信息。经过后续工作,共有来自马来西亚的三名代表确定参加拟于9月4日在北京举办的主题为"知识服务和职能城市"的IKCEST 2016高端研讨会,共有两人次确定参加拟于11月2—9日在杭州举办的主题为"大数据知识与技术应用"的IKCEST 2016国际培训班。

总而言之,国际知识中心代表参加此次会议,取得了一系列有形和无形的成果,取得了良好的效果。

附件:国际工程科技知识中心代表团赴印尼出访人员信息

刘　畅　　中国工程院办公厅知识中心办公室副处长

国际工程科技知识中心代表团赴日本、法国落实国际防灾减灾(DRR)相关任务访问总结

2016年7月24—31日,应联合国教科文组织(UNESCO)自然科学部地球科学与地质灾害减除机构(Natural Sciences Sector, Earth Sciences and Geo-Hazards Risk Reduction)和位于日本的国际水灾和风险管理中心等机构邀请,国际工程科技知识中心(以下称"IKCEST")常务副主任宋德雄、IKCEST国际合作部门负责人刘畅,IKCEST防灾减灾知识服务系统技术负责人王卷乐研究员、杨飞

副研究员、卜坤副研究员一行五人先后访问日本和法国，现总结如下。

一、访问目的和意义

本次出访是应 UNESCO DRR 部门的调研建议，拜访日本的多家防灾减灾机构，同时前往 UNESCO 总部汇报交流有关 IKCEST 防灾减灾知识服务及二类中心数据共享事宜。

具体目的包括以下三方面：

（1）调研日本三家防灾减灾机构，了解当前 IKCEST 防灾减灾知识服务的任务内容在国际同行中的位置，增进 IKCEST 与相关国际机构的合作与交流；

（2）访问 UNESCO DRR 部门，汇报、交流 IKCEST 防灾减灾知识服务的工作目标、任务与进展，进一步明确 UNESCO DRR 的实际需求以及未来的合作方向；

（3）访问 UNESCO 总部，汇报 IKCEST 在二类中心数据共享平台建设等各方面工作，加强双方在平台建设、人才培养、学术交流等全方位的合作。

这一访问对于增进 IKCEST 与 UNESCO 的交流与理解，扩大 IKCEST 在 UNESCO 中的影响、明确 IKCEST 防灾减灾知识服务系统的建设方向等方面具有重要意义。

二、访问行程和交流活动

（一）访问日程

7 月 24 日，启程前往日本仙台。下午抵达后现场调研日本 2011 年海啸灾难现场和灾后重建设施（见图 1）。

7 月 25 日，访问位于仙台的日本东北大学国际灾害科学研究所（见图 2）。

7 月 26 日，访问位于筑波的日本国立地球科学和灾害预防研究所（NIED）（见图 3）。

7 月 27 日访问了位于筑波的国际水灾害风险管理中心（ICHARM）（见图 4）。

7 月 28 日，启程前往法国巴黎。

7 月 29 日，访问 UNESCO 总部，会见了助理总干事 Flavia Schlegel 女士、自然科学部主任韩群力先生、DRR 负责人 Soichiro Yasukawa 先生等，并分别进行了访问交流（见图 5 至图 8）。

（二）防灾减灾机构调研与交流

1. 日本东北大学国际灾害科学研究所访问交流

东北灾害科学国际研究所（IRIDes），成立于 2011 年，隶属东北大学（1907 年—）。主要研究特色是：地震、海啸，覆盖从灾害发生到应急措施、灾后重建等整个过程、在线课程设计、开发早期预警系统、流域建模等。特色数据库：地震目录数据库（Michinoku-Shinrokuden）；东北地区自然灾害数据中心（Tohoku Regional Data Center for Natural Disasters）；联合国开发计划署（UNDP）于 2015 年 4 月在东北大学建立灾情统计的全球中心“全球灾害统计中心”（GCDS）。

在研讨交流活动中，国际灾害科学研究所所长助理、兼 UNDP 全球灾害统计中心（Global Centre for Disaster Statistics）主任，Yuichi ONO 教授主持了访问交流。宋德雄副主任介绍了来访目的、刘畅介绍了 IKCEST 的概况、王卷乐汇报了 IKCEST 防灾减灾知识服务系统的进展。Yuichi ONO 教授介绍了东北大学国际灾害科学研究所的概况，重点介绍了该研究所在灾害历史记录积累、防灾科普教育、灾害统计指标设计等方面的做法和经验。

2. 日本国立地球科学和灾害预防研究所访问交流

日本国立地球科学和灾害预防研究所(NIED)隶属于总务省文部科学省,1963 年 4 月成立,主要研究领域:地震火灾防灾研究、水土砂防灾研究、雪水防灾研究、防灾实验研究、社会防灾研究领域、国际地震、台风灾害的长期预测、冰雪灾害发生预测系统。NIED 为建设成为防灾力度强的国家级研究所,长期坚持要遵循五个理念:对社会的贡献、广泛的合作、提高透明度、对防灾进行研究、遵守各种规范。

NIED 近年主要承担了针对大城市地震防灾的尖端模拟技术项目,包括震灾综合模拟系统以及海啸灾害综合模拟系统的开发等。除了在实验室里进行研究,该研究所还在全国约 1800 个地点设置了各种地震仪,能够准确观测从微小地震到大地震的各种地震活动,并且将收集的数据通过互联网广泛公布,也用于弄清地震活动的机理和减轻地震灾害的研究。同时,对地震活动和受灾情况进行不断预测研究,以期在大地震来临前及时将有关信息通知给地方政府和产业部门等。NIED 的灾害网络服务平台 http://www.bosai.go.jp/,主要提供地震、火山、气象灾害、滑坡灾害、冰雪灾害及其他自然灾害的历史监测和模型模拟数据资料。

在调研交流过程中,日本国立地球科学和灾害预防研究所执行主任 koji SUZUKI 先生主持了交流,宋德雄副主任介绍了来访目的、刘畅介绍了 IKCEST 的概况、王卷乐汇报了 IKCEST 防灾减灾知识服务系统的进展。Ken Xiansheng Hao 教授做了地震预测模型方面的进展报告。NIED 研究了全球地震预测模型 GEM global earthquake model,如果需要使用该模型则需要付会费给日本国家经费资助部门;2014 年,NIED 对该模型进行改进,并基于原始数据监测数据进行重新模拟评估,得到更为准确的评价结果;并且预测空间分辨率从 1 km 分辨率提高到 0.25 km;从 2012 年至今,已有 16 个国家加入了 GEM 模型研究协会,致力于亚太地区甚至更大地区范围的地震灾害预测与预警研究;NIED 参与了 2010—2013 年的合作中国地震局支持的项目,并与国家地震局的陶夏新教授等在汶川地震一起徒步考察。

双方在灾害预测制图、灾害预测不确定性等方面进行了学术交流。通过座谈也发现,灾害发生时,地方政府部门及灾害信息系统难以发挥作用,公众用户不知道有用的信息在哪里,不知道帐篷、水等供给资源的分布,不知道哪里受灾更严重、道路损害路段和程度、房屋倒塌数量等信息。因此,地图 MAP 是一种有用的灾害服务信息,应及时、准确地发布地图服务,让受灾群体和救援团队等所有人都能很快地发现受灾情况、补给资源分布等有用信息。

3. 国际水灾害风险管理中心访问交流

国际水灾害风险管理中心(ICHARM)于 2006 年在 UNESCO 的框架下建立,隶属于日本国土交通省的日本土木研究所(国立科研机构),在其目标是成为全球水灾害与风险管理卓越中心。ICHARM 的使命是作为全球水灾与风险管理卓越中心,特别是通过观察和分析自然、社会现象,制定方法和工具,能力建设,创建知识网络,传播经验教训和信息方面,帮助政府和所有利益相关方管理在全球,国家和社区等各级别的水灾方面的风险。ICHARM 主要工作在于洪涝灾害的早期预警、风险评估,包括对灾害暴露度、脆弱性、恢复力的评估。在信息化方面,自 2006 年开始发布公开出版物,每季度一期,并在其网站上发布、研究报告、论文、数据资源有作为文件发布,可直接在线下载。并与国际很多机构有合作关系,中国方面有中国水利水电科学研究院及国际泥沙研究培训中心。

在国际水灾害风险管理中心的交流活动中,该中心副主任 Katsuhito Miyake 教授主持了交流活动。宋德雄副主任介绍了来访目的、刘畅介绍了 IKCEST 的概况、王卷乐汇报了 IKCEST 防灾减灾知识服务系统的进展。ICHARM 分享了他们从东京大学数据集成分析系统(DIAS)获取数据以及其他国际开放数据,并利用自己的水灾害风险管理模型产生信息的应用模式。日方专家提到面对水灾害时,大数据中什么样的数据才是有效数据,如何快速提取,这个需要继续提炼研究。ICHARM 的 Yoichi IWAMI 提及正在思考如何逐步开放 DIAS 中的 20PB 的数据。双方在河流洪水、城市淹没数据分析,基于大数据的水灾害风险管理,洪水预测降尺度方法等方面进行学术交流。

三、访问成果和影响

(一) 日本防灾减灾机构访问成果

日本东北大学国际灾害科学研究所交流成果:① 加强 UNDP 与 UNESCO 防灾减灾领域数据共享政策的合作与交流;② 加强 UNDP 与 UNESCO 在灾害损失统计指标与元数据标准要素之间的合作与交流;③ UNDP 的灾害损失统计数据中心主要数据来源于各国家政府,UNESCO 的防灾减灾数据则与科学、教育等机构关联密切,可以加强在数据交换、共享方面的合作与交流;④ 学习日本在防灾减灾社会服务方面的经验,他们利用媒体合作扩大宣传、开展校园安全等减灾服务;⑤ 加强双方的学术和会议交流,并通报 2017 年 11 月双方的会议信息。

日本国立地球科学和灾害预防研究所交流成果:① koji SUZUKI 先生表达了非常支持 IKCEST 防灾减灾方面工作的想法,并希望参加由 IKCEST 主办的相关学术交流活动;② 日方提及能够向国际社会共享超过 50 年的地震数据目录,后续将通过访问相关网站获取和了解其数据开放情况。

国际水灾害风险管理中心交流成果:① 双方在数据共享和交流方面表达了合作愿望;② ICHARM 在国际留学生培养方面的经验值得学习;③ ICHARM 支持 IKCEST 在中国组织有关 DRR 的专家研讨会。

(二) UNESCO 防灾减灾部门交流成果

2016 年 7 月 29 日,宋德雄副主任率国际知识中心代表团访问了 UNESCO DRR 部门,汇报、交流 IKCEST 防灾减灾知识服务的工作目标、任务与进展,与 UNESCO DRR 部门负责人 Soichiro Yasukawa 及部门其他人员进行了深入细致的研讨,进一步明确 UNESCO DRR 的实际需求以及未来的合作方向。Soichiro Yasukawa 表示:① 同意并支持 IKCEST 组织召开有关 DRR 的 Workshop,可以协助邀请有关国际专家;② 同意就有关防灾减灾数据库建设和知识服务的任务以双方合作模式进行展开,并以正式书面形式向 IKCEST 提出合作任务与目标。IKCEST 提出作为二类中心,可以承担 UNESCO DRR 部门全球防灾减灾有关报告的整理和数字化工作,这项提议得到 UNESCO 防灾减灾部门的认可与赞同。

(三) UNESCO 总部交流成果

7 月 29 日上午,代表团受到了 UNESCO 自然科学部助理总干事 Flavia Schlegel 的热情接待,双方进行了长达 30 分钟的交流。

在交谈中,Flavia 首先热情回顾了 5 月中旬召开的"UNESCO 科学部中心主任工作会议"的盛况,强调其作为历史上首个同类会议的重要意义,并对周济院长本人和工程院的大力支持,以及 IKCEST 团队的高效工作表示感谢。

Flavia 在会见中高度评价 IKCEST 作为 UNESCO 二类中心大家庭中一员的突出表现,称其为"一个活跃的(active)、敬业的(committed)、出色的(outstanding)二类中心",为遍布全球的一百多个二类中心做出了很好的榜样(good example for others),可谓UNESCO二类中心的典范(model)。

Flavia也高度肯定了国际防灾减灾工作的重要性,认为减灾防灾工作能很好促进2030议程和可持续发展目标的实现。Flavia称自然科学部下属的DRR部门正处于不断发展壮大中,总部欢迎并肯定IKCEST与DRR部门共同成长。助理总干事也高度肯定了IKCEST与UNESCO总部DRR部门的合作,称其是二类中心与总部相关部门合作的示范,并期待该项合作能够产生好的成果。

Flavia也赞扬IKCEST视野开阔,使命感强,不仅仅关注防灾减灾这一个方面的发展,还关注其他方面,比如二类中心信息共享平台的建设。她肯定IKCEST团队在"UNESCO科学部中心主任工作会议"上汇报了基于前期思考、调研和初步开发提出的相关建设方案,并受到了广大参会中心代表的认可,相关内容被写入会议成果文件"北京行动计划"。她表达了对此项工作推进成果的期待,期待其为促进全球科学二类中心加强信息交流、知识共享、统一管理、实质合作等做出贡献。

代表团也与UNESCO自然科学部门韩群力主任进行了专门沟通。韩主任对于IKCEST多个知识服务系统的选题表示认可,称它们与UNESCO的多个关注点契合度高。韩主任指出,目前正处于UNESCO起草两年战略规划的重要时期,IKCEST应把握机会,增强自身影响力。关于DRR方面的合作,韩主任建议相关合作推进要规避敏感内容,体现附加价值。关于UNESCO二类中心信息共享平台相关工作的推进,韩主任建议要寻找切入口,可考虑在地域上逐步推进,可联合更多力量共同建设。另外,韩主任建议选派中层管理或技术人员加入总部秘书处,协助助理总干事工作,并以此为契机梳理和推动相关工作,也为增强中国在国际组织中的声音这一国家战略服务。韩群力主任也动议由中国驻联合国教科文组织常驻团在UNESCO第39次大会上提出关于UNESCO二类中心应该主动发挥作用的倡议。

四、后续计划和安排

1)结合UNESCO自然科学部助理总干事Flavia Schlegel、自然科学部门韩群力主任等的指导意见,加强IKCEST与UNESCO DRR部门的合作与交流,落实双方达成的一些共识,扎实推进IKCEST防灾减灾知识服务系统建设,并提高其在UNESCO的影响力。

2)在业务能力建设方面,按照IKCEST与UNESCO的要求,加强应用服务能力。拟在一带一路地区干旱监测、中国及中亚地区地震救灾及重建、中国及东南亚人口聚集区的洪水防治、极端天气事件带来的冰雪冻灾生态恢复等业务方面与国际需求、国家战略与地方需求紧密结合,实实在在形成一批应用服务。

3)在UNESCO合作层面,筹备2017年11月在京由IKCEST主办的UNESCO防灾减灾知识服务国际专家研讨会和专家工作组会议。计划于本年度第四季度形成筹备方案,并联系UNESCO DRR部门推荐国际专家,2017年上半年形成并发出第一轮会议通知,年中第二轮会议通知并明确会议日程。通过这一工作系统总结交流IKCEST防灾减灾知识服务系统一年多以来的进展和成果,并听取国际专家建议。

4)在国际专家与学术交层面,继续扩大和加强与已调研的国际防灾减灾机构合作,拓宽其他发达国家与发展中国家相关防灾减灾机构的交流与合作。重点加强与日本东北大学国际灾害科学研究所在国际(UNDP)灾害统计数据库建设方面的合作,并计划2017年11月参加该所在日本仙台主办的国际灾害会议;加强与UNESCO国际水灾害风险管理中心(ICHARM)在数据共享、洪水防治及国际人才培养方面的合作;拓展与美国、欧洲等发达国家重点领域的数据科学中心及防灾减灾机构交流;加强与中国毗邻地区及一带一路地区发展中国家机构的交流。

5）在国内合作层面,继续巩固与民政部国家减灾中心等的合作交流成果,加强在国际防灾减灾信息交流、青年科学家培训、防灾减灾数据产品发布等方面的合作。依托中国科学院研究优势,加强与中科院相关灾害研究实验室、教育部相关灾害研究实验室的交流合作,积极促进科学研究与防灾减灾知识服务系统的衔接。

附件 1:访问工作照片

图 1 日本仙台海啸灾难灾后重建现场(堤防设施和森林生态系统恢复)

图 2 日本东北大学国际灾害科学研究所访问交流

图 3　日本国立地球科学和灾害预防研究所访问交流

图 4　国际水灾害风险管理中心访问交流

图 5　拜访 UNESCO 助理总干事并交流

图 6　与 UNESCO 助理总干事及自然科学部官员合影

图 7　与 UNESCO DRR 部门汇报交流

图 8　与 UNESCO DRR 部门工作人员合影

附件 2：国际工程科技知识中心代表团赴日本、法国调研出访人员信息

宋德雄　中国工程院办公厅巡视员、国际合作局巡视员
刘　畅　中国工程院办公厅知识中心办公室副处长
王卷乐　中国科学院地理科学与资源研究所研究员
杨　飞　中国科学院地理科学与资源研究所副研究员
卜　坤　中国科学院地理科学与资源研究所副研究员

赴北欧三国访问交流总结报告

应瑞典国家农业与环境研究院、芬兰经济研究院、丹麦议会环境署等单位的邀请，2016 年 8 月 21—29 日，中国工程院侯立安院士一行 3 人对北欧三国相关单位进行了考察和交流，代表团成员包括中国工程院张健处长、浙江大学张林教授。

一、行程与交流考察内容

代表团在出访期间分别访问了瑞中绿色发展协会、瑞典国家工程研究院、瑞典农业与环境研究院、芬兰经济研究院、芬兰萨斯塔玛拉市政府、丹麦议会环境署等单位，与上述单位的相关人员进行了交流；并考察了瑞典斯德哥尔摩市哈马碧生态城（习近平总书记曾于 2010 年到访该生态城）；拜访了中国驻瑞典大使馆科技参赞程家怡先生。

表 1　出访行程与交流内容

日期	访问单位	活动内容
2016.8.21		中午搭乘国航 CA911 飞赴斯德哥尔摩，并于当地时间下午 5 : 45 到达。
2016.8.22	瑞中绿色发展联盟	在瑞中绿色协会会议室与协会秘书长苏迪珊女士进行了深入的交流，苏迪珊女士首先介绍了协会的发展历史：该协会成立于中国改革开放之初 1978 年，主要致力于中瑞两国的产业和技术交流，该联盟主要包括新能源、环境、生物医药等 230 余家瑞典企业，协会与中瑞两国政府、商务部等都有良好的合作关系；苏迪珊女士还重点介绍和展示了瑞典在半个多世纪前产业界如何为改善瑞典环境所做的工作。侯立安院士则重点介绍了我国最近 5 年来在环境保护和生态文明建设方面所做的努力和取得的成绩，瑞典的汽车制造业全球领先，希望能够在车载空气净化器方面未来能和协会有合作。苏迪珊女士进一步对代表团关心的瑞典企业如何参与空气标准制定方面等问题进行了详细的回答和介绍。最后，苏迪珊女士还介绍了明年 5 月份在瑞典召开的由中国驻瑞典大使馆支持的第二届瑞-中绿色大会的筹备情况，和相关主题，并诚挚地邀请侯立安院士能参会，希望中国工程院能派代表团参加。

续表

日期	访问单位	活动内容
2016.8.23	斯德哥尔摩市哈马碧生态城	斯德哥尔摩市哈马碧生态城是瑞典为申办2004年奥运会举办权建设奥运村的场所，申办失利后改建为生态城，2010年3月，时任国家副主席习近平同志曾参观考察该生态城。 代表团重点考察了哈马碧生态城的二期建设情况，对垃圾处理、水循环、热能供应以及空气保护等技术和建设进行了详细考察。 下午参观了斯德哥尔摩公共交通补给系统，并简单参观了诺贝尔奖颁奖典礼的音乐厅和诺贝尔奖晚宴举办地——市政厅，感受了诺贝尔奖的荣耀。
2016.8.24	瑞典农业与环境研究院、瑞典农业科技大学	代表团访问了位于乌普萨拉市的瑞典农业与环境研究院，和瑞典农业科技大学。听取了在农业与环境研究院 Mr. Johan Laurell 等介绍了该研究院在环境、能源、农业等等领域的研究进展，特别是农村废弃物的资源化利用、农村废水的利用、能源利用率提高以减少废气排放等方面的工作对我国相关领域有很好的借鉴作用。侯立安院士详细介绍了我国环境领域、农村废弃物、废水处理领域的进展与面临的问题，表达了双方合作的意愿和期望。参观了该研究院从实验室到应用的中试转化实验室。 另外，还参观了瑞典农业科技大学生物沼气实验室，听取了 Dr. Feng 等对该项目的介绍。
2016.8.25	瑞典国家科技研究院、中国驻瑞典大使馆科技处	与科技研究院的多位科学家开展了学术交流活动，瑞方科学家就室内空气质量、可再生能源、水污染控制、智慧城市、智能电网等研究进展做了相应的报告；侯院士以中国室内空气污染防控为题做了相应的报告。双方就上述领域的合作达成了一致意见，拟共同申请中瑞合作项目、中国-欧盟合作项目。中国驻瑞典大使馆科技处程家怡参赞参加了会谈，中午向程家怡参赞汇报了本次工程院代表团访问瑞典的总体情况和合作意向。下午启程赴芬兰。
2016.8.26	芬兰经济研究院	上午访问了芬兰经济研究院，研究院首席科学家 Dr. Antti-Jussi 详细阐述了 Clean Tech 的理念，介绍了 Clean Tech 与芬兰清洁能源、传统工业改造之间的关系和取得的成绩，介绍了他最近出版的新著作。侯立安院士介绍了我国在清洁生产方面的进展和取得的成绩，以及面临的问题，Dr. Antti-Jussi 根据侯院士的介绍也提出了一些非常有益的建议。双方还就在中国翻译出版 Dr. Antti-Jussi 达成了初步的协议。
2016.8.27	芬兰萨斯塔玛拉市	萨斯塔玛拉市是芬兰最大的食品交易基地，所以对空气、水、清洁能源等方面要求很高，在中国工程院的组织下，2015年该市曾访问中国沈阳市，就绿色生产和生态文明建设方面进行了讨论。本次访问，代表团与该市的 Jari Andersson、Jarkko Malmberg 两位市长及相关的企业代表进行了会谈，两位市长分别介绍了该市在清洁生产、绿色能源以及绿色建筑方面所取得的成绩，表达了合作的意愿。Antrom OY 公司的代表介绍了该企业在环境保护与发展之间如何达到平衡方面的经验。侯立安院士也介绍了我国在相应领域的进展和成果。Jarkko 市长还希望未来中国工程院能专程组织院士专家访问该市，以促进双方开展实质性的合作，张健处长对 Jarkko 市长的邀请表示了感谢。 随后代表团驱车赴赫尔辛基机场，搭乘芬兰航空的飞机去哥本哈根。

续表

日期	访问单位	活动内容
2016.8.28	丹麦科技大学、哥本哈根水新港水生态考察	由于丹麦的休假制度非常严格，周日仅能简单地参观丹麦科技大学。重点考察了哥本哈根市新港的水生态保护和市政建设情况。其建设成果可以作为我国海绵城市建设的参考。
2016.8.29	丹麦国家议会	代表团拜访了丹麦国家议会，议会环境规划委员会议员参事 Dr. Torben Soennichsen 向代表团详细介绍了丹麦环境法的制定情况，重点介绍了丹麦环境保护方面的发展，特别是如何从水环境保护到大气环境保护，再到地下水的保护，以及近年来对 CO_2 排放的关注。这些做法使得丹麦成为世界上最干净的国家之一，Dr. Torben 希望将丹麦的成功经验应用于中国的生态文明建设。侯立安院士充分肯定了丹麦的环境保护方面的发展，希望未来能与丹麦开展更加深层次的合作。 交流结束后搭乘北欧航空 SK995 返回北京。
2016.8.30		中午到达北京首都机场，顺利完成本次出访任务。

通过本次访问，代表团对北欧三国在空气污染防控、水资源保护、生态建设、清洁能源开发利用等方面取得的成果、先进的理念、成功的经验以及管理方面的措施有了系统和深入的了解，特别是三国在环境改善方面的发展历程对我国生态文明建设具有非常好的借鉴作用。此次出访分别与科研、产业、政府等不同机构开展多层次的交流，双方一致认为未来可以在基础研究、成果转化、产业化以及政府层面有非常多的合作机会和合作空间。与瑞典科技研究院、瑞典农业与环境研究院初步达成了共同申请国际合作项目的意向(图 1、图 2)。与其他单位和政府将在今后通过项目、技术和人才交流等形式开展更为深入的实质性合作(图 3 至图 6)。

图 1　在瑞典科技研究院访问

图 2　在瑞典农业与环境研究院访问

图 3　参观瑞典农业科技大学实验室

图 4　在芬兰经济研究院交流

图 5　在芬兰萨斯塔玛拉市访问

图 6　在丹麦议会环境规划署访问

二、成果与收获

(一) 空气污染防控方面

瑞典在半个世纪前也曾经历过大气、水等方面的污染问题,但瑞典经过近 30 年的努力,目前环境问题得到彻底解决,这主要得益于瑞典强大的创新机制,对传统行业的改造,实现了清洁生产,例如在余热回收,热泵利用等方面的成功实施,减少大气污染物的排放。同时,在空气质量标准制定方面,有瑞典国家研究院独立完成,不受政府和企业的影响,制定后政府颁布,企业遵照执行。同时,对企业而言,强调环境污染问题不仅仅是商业问题,更是社会问题和社会责任。因此充分发挥了企业、政府、科学家和咨询顾问机构的作用,大家通力合作,使问题得到系统解决。

同样,丹麦也有类似的经历,通过从技术、管理和法规的系统建设,彻底解决了空气污染问题,当然随着近年来车辆尾气排放增多造成的空气中细颗粒的增加,也引起了政府的关注,丹麦政府开始在这方面加大研究的投入力度。

(二) 农村面源污染控制

从源头上管控是实现农村面源污染控制最有效的方法,一方面通过制度来保障污染的产生,例如在农业种植方面,瑞典政府对肥料的利用率有非常严格的要求,有机肥的利用率要求达到 80%,限制化肥的使用,化肥利用率必须在 90%以上。这些利用率是通过非常系统的实测加先进的模拟计算获得,由专门的研究机构协助评估;在畜牧饲养方面,要求必须有与养殖规模相匹配的田地作为配套,以确保养殖废水在经过适当的资源化处理后可以作为有机肥料。另一方面,在非常先进的技术来实现精准化管理:包括耕作的精准化监测,减少农药、肥料的使用,通过能量效率的系统分析,实现在相同耕作任务下,减少燃料的消耗。

（三）环境与生态保护的系统化

无论是瑞典、芬兰或丹麦，在环境与生态保护方面的共同特点是将环境保护看作是一个系统问题，政府、科学家、企业和咨询机构各司其职，同时又相互合作，通过各自的定位，协同解决环境问题。政府通过委托科学家和咨询机构进行细致和深入的独立研究，评估技术的可行性、制定相应的标准，科学家与企业合作将成果实现转化，且科学家往往也有细致的分工，对某一技术开展深入研究。同时，系统化还表现在对污染物的系统和综合考虑，例如空气、水和垃圾废弃物的减量和处置往往综合在一起。

三、建议

（一）加强技术创新机制建设

瑞典、芬兰、丹麦的人口均不足千万，但经济、技术的先进程度令人咂舌，其主要原因是得益于良好的创新机制，政府给予科研机构足够的空间开展创新研究，科研机构可以根据需求独立开展研究活动。因此，上述三国在环境技术方面保持领先水平。

（二）建立系统的研究体制

从瑞典和芬兰的经验来看，在涉及具体的研究工作中，每个科研机构和小组通常承担了一个个非常细致的研究任务，从而得以保证研究的深入性和可行性，每个研究任务切实解决一个具体的问题，保障了研究成果的可转化性；同时，对每个成果进行详细的评价，保证了技术的真实性。

（三）完善国际合作机制

在访问过程中，我们了解到波罗的海的水环境曾一度非常糟糕，通过建立环波罗的海周边国家的合作机制，并加强与其他国家的深入合作，为波罗的海的水环境恢复打下了良好的基础，并培养了一大批相关领域的人才。这也是值得我们学习和借鉴的地方。

团组人员名单

序号	姓名	单位	职务/职称
1	侯立安	中国工程院	院士
		火箭军工程大学	教授
2	张　健	中国工程院二局环境与轻纺工程学部办公室	副主任
3	张　林	浙江大学	教授

赴美国、加拿大考察报告

按照中国工程院“生态文明建设若干战略问题研究二期”项目的研究任务安排，经环境保护部批准，2016 年 8 月 28 日至 9 月 4 日，中国环境科学研究院孟伟院士带领中国工程院、清华大学、深圳环境科学研究院等相关课题成员，一行 6 人赴美国和加拿大执行交流考察任务。代表团首先访问了美国切萨皮克湾和史密斯索尼娅环境研究中心，实地考察了切萨皮克湾的生态环境状况和管理情况，并对美国海湾生态环境治理、流域管理等问题进行了深入的交流与调研；代表团访问了加拿大麦吉尔大学农业与环境学院、加拿大统计局、BioFuelNet 研发中心，对加拿大生态系统管理、生态文明与绿色发展、环境审计、区域生态与生态资产核算、生物质能源等问题进行了深入的交流与研讨。在访问加拿大期间，代表团增加了对魁北克大学的访问安排。

通过此次调研与交流，相关机构加深了对中国生态文明建设和落实联合国可持续发展目标行动方面的理解，讨论了未来合作的重点方向和领域，达成了初步共识。访问的主要收获包括对美国和加拿大生态环境保护中农村环境治理和农村基础设施建设模式、加拿大生物质能源技术与产业发展的认识、加拿大环境审计制度体系等。提出了推进国际项目合作、构建国际科技合作平台，学习借鉴国际经验，形成我国生态文明发展过程中环境治理与发展模式等建议。此次访问正值李克强总理即将正式访问加拿大之季，加拿大外交部有关人员表示届时将积极推动中加两国在绿色能源技术、环境审计领域等的合作。

一、出访概况

本次代表团出访美国和加拿大的主要目的是，考察美国典型海湾生态环境保护与治理修复技术、流域管理技术，加拿大生态环境保护、环境审计体系、生物质能源技术与产业发展等，与加拿大麦吉尔大学、魁北克大学等研究机构探讨双方未来科研和人才培养等合作领域和方向，拟在生物燃料领域、生态文明与绿色发展、区域生态与生态资源资产等研究领域开展进一步的合作，并愿意签署建立双方研究人员互访与定期交流、合作申请国际研究项目等合作机制方面合作备忘录。

二、主要访问活动

1. 访问切萨皮克湾(图 1)

代表团首先访问了切萨皮克湾，切萨皮克湾位于美国东海岸中部，全湾长 311 公里，是美国面积最大的海湾。在安纳波利斯州长的陪同下，代表团详细考察了切萨皮克湾的生态环境，听取了该地区污染治理、生态环境保护等方面的经验介绍。

2. 访问史密斯索尼娅环境研究中心(图 2)

史密斯索尼娅环境研究中心(SERC)是一个以开展环境研究来引领相关政策制定和商业活动并寻求地球的可持续发展的组织。总部设在切萨皮克湾，占地 650 英亩，主要采用最新技术，开展前沿和长期生态研究。同时开展的工作主要涵盖水质、渔业、物种入侵、物种保护、土地利用、有毒化学品和全球变化等领域。代表团认真考察了实验室，听取了实验室工作人员的介绍。

3. 访问加拿大麦吉尔大学农业与环境学院(图 3)

麦吉尔大学农业与环境学院及所属的麦吉尔环境学校(McGill School of Environment)主要研究领域包括生态系统管理与环境和生态退化，生态系统管理的重点在于与利益相关者合作，为当前的环境问题制定科学解决方案、关注社会生态环境及其对决策的影响。学院执行院长 Dr. Philip Seguin 向孟伟院长一行介绍了学院的主要研究内容和研究方向。代表团一行详细听取了麦吉尔大学农业与环境学院关于谷物种植对环境的影响、加拿大环境署生态环境估算、区域生态服务模拟与估算等专题报告，并对双方感兴趣的议题进行了激烈的讨论。会谈后，代表团参观了麦吉尔大学农

图1 访问美国切萨皮克湾

图2 参观史密斯索尼娅环境研究中心

业与环境学院实验室和校园。

4. 与加拿大相关部门环境保护研究人员座谈(图4)

在渥太华大学与加拿大环保局、统计局、标准局、外交部等部门环境保护相关研究人员座谈,会谈围绕自然资源资产核算与环境审计等议题进行了深入的交流和研讨。加拿大的相关部门详细介绍了加拿大环境账户的新进展,代表团一行也向加方介绍了中国环境审计发展现状和工作需求,加拿大外交部表示将积极推动中加两国环境部在环境审计领域的合作。

5. 访问 BioFuelNet 研发中心(图5)

加拿大 BioFuelNet 研发中心(BFN)主要致力于可持续生物燃料发展的学术研究,是一个由行业和政府部门共同合作的综合研究机构。研发中心是通过政府和私人捐款的混合方式运营,研究

图 3　参观麦吉尔大学农业与环境学院

图 4　与加拿大环保局、统计局等部门座谈

主题主要围绕原材料的转化与利用，以及社会、经济和环境的可持续发展等进行。

代表团认真听取了 BFU 关于加拿大生物质能源方面的应用现状和前景，听取了关于生物质能源前瞻性的技术储备(林业、农业、废弃物、蓝藻)的介绍。

6. 访问魁北克大学蒙特利尔校区(图 6)

魁北克大学蒙特利尔校区是加拿大魁北克大学的 9 所学校成员之一，位于蒙特利尔市中心，是一所综合性大学，成立于 1969 年。它是一所公立的综合性大学，也是魁北克大学最大的一个校区。代表团与环境科学、森林生态、水科学和社会健康等相关领域专家进行了详细的交流和研讨。

图 5 访问 BioFuelNet 研发中心

图 6 访问魁北克大学

三、主要收获与体会

通过对美国特拉华流域和切萨皮克湾的流域管理机构的调研，了解了美国在跨行政区的流域和海陆统筹的生态系统管理的经验与成效；通过访问加拿大麦吉尔大学、魁北克大学及与相关政府部门人员的交流，了解了加拿大在生态资源统计与环境审计方面的实践进展、生物燃料与农业现代化与污染防治技术研究方面的最新动态。主要收获和体会如下：

（一）农村环境问题是我国生态文明建设的短板

在美国和加拿大，很难分清城市和农村的界限，城市和乡村似乎已经成为一个浑然的整体，环境优美，农村公共基础设施建设相对完善，生活便利，城市和农村二元化现象不明显。如美国非常注重农村环境治理，曾启动农村基础设施投资项目，以改善农村医疗、教育、供水、污水处理、能源、宽带、食品系统等基础设施建设，其农村垃圾处理系统由专门的垃圾处理公司承担，已经深入到了每个乡村的每个角落。加拿大也非常注重农村环境治理，加拿大政府采取了许多措施，明确环境保护的原则和各级政府与环保部门的职责，通过立法，对整个国家水污染、空气污染、固体废弃物污染等进行大规模治理，使农业环境问题大部分得到解决。

习近平总书记在湖北考察工作时曾指出，全面建成小康社会，难点在农村。改革开放以来，中国农村发展快、变化大。但是中国农村现代化进程困难重重。相对发达国家而言，中国农村发展有很多先天不足，如农村人口多、比例大、农村和农业基础条件差、工业基础落后、带动力不强等，这都决定了中国农村发展具有长期性，任务相当艰巨。因此我国生态文明建设中应着力提高农村环境，农村问题已经成为我国生态文明建设的一个短板。

（二）中国城镇化过程中应充分重视人与自然的融合

在美国和加拿大城市与农村中，人类活动与自然达到了很好的融合，到处都是满眼的绿，到处是草坪，处处是花园，随处可见人与动物和谐相处的情景。漫步街头，会发现松鼠四处出没，如入无人之境；徜徉海滨，成群的鸥鸟会聚集在你身边，自在地觅食鸣叫。在很多人家的院子里，见到野兔、狐狸和小鹿等动物，也都是稀松平常的事。

中国城镇化水平在过去30多年里大幅提升，未来十年，也是中国城镇化进程的关键时期，为加强城镇化过程中的生态环境保护工作，中国出台了《国家新型城镇化规划》和《美丽乡村建设指南》，但是，农村污水处理、垃圾处理、教育卫生等基础设施建设仍然严重缺乏，千村一面，人与自然不和谐现象仍然十分严重，在城镇化过程中更应注重顶层设计，加强对资源开发后修复和生态环境保护建设，对破坏后的生态环境进行恢复和人工促进自然繁育、更新。

（三）中国可持续发展能源利用过程中应提高生物质能源的占比

尽管加拿大自然资源十分丰富，但仍然注重生物质能源的利用。加拿大在生物质能源方面具有较强的、前瞻性的技术储备，开展了林业、农业、废弃物、蓝藻等四个方面非生物质能源应用研究，积累了大量应用经验。加拿大 BioFuelNet 研发中心就是为合理利用生物燃料，由行业和政府部门共同合作的综合性研究机构，其研究主要围绕原材料的转化与利用，以及社会、经济和环境的可持续发展等进行。

生物质能源的广泛应用将对中国和世界产生巨大的贡献，在2015年巴黎气候大会，中国承诺2030年中国碳排放达到峰值，要实现这一目标，中国政府十分重视风能、太阳能、水电等可再生能源的应用，而生物质能源虽有一定程度的应用，但重视程度严重不足。我国生物质能源丰富，今后工作中应加强生物质能源在中国的应用和推广，这将是我国未来大量生物废弃物资源化利用的主要方向，同时能源植物的种植还有可能达到对土壤的净化作用。要实现生物质能源在中国的广泛应用，第一是应在生物质能源在利用过程中碳减排和大气污染物减排协同性分析的基础上，坚持非食物生物质能源在中国的推广和普及。第二是以政府为主导，充分调动企业和个人的积极性，形成专业化、一体化的运作方式。第三是顶层设计，积极引导规划，实现全国性的非食物质生物质能源的全国性种植，尤其鼓励能起到土壤净化作用的能源植物的种植。

（四）在流域生态环境治理过程中切实推行流域统一管理

特拉华河是美国东北部的一条重要河流，代表团在安纳波利斯州长的陪同下，详细考察了特拉华河流域的切萨皮克湾生态环境，听取了该地区污染治理、生态环境保护等方面的经验介绍。特拉华河流域在20世纪中叶曾受到严重污染，1964年美国启动特拉华河流域研究计划，1968年治理行动启动，成立了特拉华河流域管理局，该机构拥有专门的流域立法、设置了议会式的机构、建立了流域管理委员会与其他相关流域管理机构之间的管理机制等，以流域为基础，共享他们水资源管理和水污染控制的自主权。通过综合治理工作，1975年该流域水质已达到要求。特拉华河水污染治理采取的管理措施主要包括：① 1964年成立特拉华河流域综合研究委员会，全面调查研究河流污染问题，提出了投资少、收益大、技术合理的治理规划方案；② 对全流域水质和污染源进行监测，开展治理成本的调查分析，提出污染防治对策的客观评价；③ 从污染源现状出发，将整条河流划分为五个区域，提出不同河道的水质目标。这些成功的经验都值得我们在国内流域管理过程中予以学习和借鉴。

（五）加强自然资源资产离任审计，逐步完善环境审计制度

加拿大具有成熟的审计制度，根据《审计长法》，加拿大将环境保护和可持续发展战略纳入审计的重要内容。审计长要指定一位高级官员作为环境与可持续发展专员，协助审计长处理与环境和可持续发展有关的问题。环境与可持续发展专员负责向国会提供对联邦政府保护环境和实施可持续发展战略的建议和意见。各级政府部门审计机构协助政府监督资源有效利用和环境保护工作，并对政府负责。

近年来，环境审计作为我国环境保护与治理的一项重要内容在全国范围展开，我们应加强环境审计在经济、社会的节约发展、安全发展、清洁发展和可持续发展中重要性的认识，有序推进自然资源资产离任审计制度，逐步完善环境审计体系。在今后开展的经济责任审计中，并逐步加大环境审计的权重，以绿色GDP来衡量地区的发展、领导的政绩、人民的收入和社会福利。

（六）积极推动中加两国在相关领域合作，将访问转变为外交行动

代表团在与加拿大环保局、统计局、标准局、外交部等部门环境保护相关研究人员座谈，认真学习加拿大环境审计体系，了解了加拿大环境账户的新进展，并围绕绿色能源技术、自然资源资产核算与环境审计等中方感兴趣的议题进行了深入的交流和研讨。在李克强总理即将正式访问加拿大之季，加拿大外交部有关人员表示届时将积极推动中加两国环境部在绿色能源技术、环境审计领域等的合作。

四、下一步合作建议

通过此次调研与交流，相关机构加深了对中国生态文明建设和落实联合国可持续发展目标行动方面的理解，特别是与加拿大麦吉尔大学、魁北克大学等研究机构达成了初步的合作意向，开展进一步的合作交流。

（一）以国家环境审计实施需求为导向，积极推动中加两国在环境审计领域的合作

2013年9月，加拿大统计局与中国国家统计局正式签署国家统计总体业务框架项目实施协议，共同开展为期3年的合作项目，旨在借鉴加拿大统计现代化的成功经验。在此基础上，应积极推动两国在环境审计领域的合作，写入中加长期合作协议。

（二）围绕国家环境保护工作，搭建国际化环保科研合作平台

加强相关研究机构在环境研究领域的合作与交流，积极推动麦吉尔大学、魁北克大学等研究机构在生物燃料等绿色能源领域、生态文明与绿色发展、区域生态与生态资源资产研究领域的进一步合作，建立双方研究人员互访与定期交流、合作申请国际研究项目、学生联合培养等常规合作机制。

附件：代表团成员名单

团长：孟　伟　中国环境科学研究院院长，中国工程院 院士
团员：王元晶　中国工程院二局，副巡视员
　　　刘佑华　深圳市环境科学研究院　院长
　　　张林波　中国环境科学研究院　生态所所长
　　　张梦衡　中国环境科学研究院　国际合作中心负责人
　　　许嘉钰　清华大学　副教授

中国工程院关于副院长赵宪庚访问日本的情况报告

应日本工程院邀请，中国工程院赵宪庚副院长率团于 2016 年 8 月 29 日至 9 月 2 日访问日本，出席了在福冈召开的“第 19 届中日韩工程院圆桌会议暨先进维护国际研讨会”，并于会前与东京的有关工程科技机构开展了双边交流。

一、赴东京开展双边交流

8 月 29 日，代表团前往东京大学固态物理研究（ISSP）所进行了访问。访问期间，赵副院长与 ISSP 所长 Masashi Takigawa 教授等分别介绍了双方的主要研究领域和合作兴趣。随后代表团前往 ISSP 参观了激光与同步辐射研究中心和高压、超低温及高磁场实验室。

8 月 30 日，代表团访问了东京工业大学。东京工业大学常务副校长 Toshio Maruyama 教授（分管教育与国际合作）接待了代表团一行。访问期间，双方分别介绍了中国工程院与东京工业大学的主要任务和特点，并对潜在的合作领域交换了意见。代表团随后参观了东京工业大学物质科学实验室。

东京大学和东京工业大学均是日本顶尖、世界知名的高等学府。通过上述访问与交流，代表团对日本乃至世界在相关科技领域的前沿理念和研究进展有了进一步了解，对我国在相关领域的研究具有积极的启发和借鉴意义。

二、出席“先进维护”国际研讨会

中日韩工程院圆桌会议是由中日韩三国工程院共同设立的区域性合作机制，是三国工程院研讨解决共同关注的工程及技术科学问题的重要平台。会议每年举行一次，由三国工程院轮流在本国主办，此前已举办18届。历届会议均围绕区域经济社会发展需求，紧密结合三国共同关注的工程科技问题开展交流，取得了丰硕的成果。

“第19届中日韩工程院圆桌会议”由日本工程院主办。会议期间召开了“先进维护”国际研讨会和三国工程院圆桌会议。

8月31日，作为本届圆桌会议的重要组成部分，“先进维护”国际研讨会在日本九州大学举行。我院赵宪庚副院长与日、韩两国工程院领导分别致开幕词。会议设“基础设施土木工程的维护”和“工厂设备的维护”两个议题。来自中日韩三国的10多位院士专家作报告并开展了深入的互动交流。会议认为，当前三国共同面临工程安全风险增大、维护任务增加、人力资源减少、维修资金短缺等问题，需从战略高度认识“制定新的维护战略”和“发展高层次先进维护技术”的重要意义，并期望通过积极的国际合作，先进维护能够在未来数十年对国家、区域的发展和人民生活产生积极影响。

中方院士专家还就参加此次会议的心得进行了总结（详见附件）。大连理工大学欧进萍院士作了题为“土木工程全寿命健康监测与维护”的报告。他在总结中指出，我国土木工程基础设施过去三十年是大建设时期、取得了巨大成就，未来三十年，我国将进入“建设”和“管养”并重的新时期。欧美发达国家以及日韩比我国更早地面对“管养”问题，拥有比我国更多的技术发展储备和应用经验，因此加强“中日韩”乃至“中欧美”先进维护的交流和合作非常必要和重要。

石家庄铁道大学杜彦良院士作了题为“中国交通基础设施安全保障的形势与未来”的报告。他在报告中指出我国交通基础设施建设规模大、发展速度快、技术水平高，但基础设施始终面临着性能退化、超载服役、设计建造不合理、养护维修不足、自然灾害或恐怖袭击等致灾威胁。杜院士在总结中提出提高相关行业对“发展高层次先进维护技术”重要意义的认识、基于信息技术与大数据建立交通基础设施重大结构数据库、推进学科交叉与融合进程促进维护养修技术创新、从技术、机制、体制等多层面开展土木工程结构先进维护的深化拓展工作、有序完成“建设为主”向“建养并重”转变以及进一步深化国际交流合作等6条建议。

合肥通用机械研究院陈学东院士作了题为“中国石化装备在役维护技术进展”的报告。他在报告中着重介绍了在科技部与国家质检总局的支持下，通过开展国际科技合作，我国在承压设备与管道、转动设备和安全仪表系统等领域开展先进维护技术研究与应用所取得的成就，并对“十三五”期间我国先进维护技术的发展方向进行了介绍。陈院士在总结中指出，总体而言，韩国等国目前在石化装置在役设备维护技术方面与我国还存在一定的差距。我国在石化装置在役维护技术方面的研究与应用已走在前列，这与我国政府的支持和中国石化、中国石油等大型企业的应用分不开的。

大连理工大学韩清凯教授指出通过此次会议了解到日本、韩国在机械装备先进维护技术领域的最新进展，以及这两个国家的代表性专家的主要兴趣和关注点所在。会上两国专家的报告对机械装备先进维护领域而言具有重要的参考价值。总的来看，中日韩三国在机械装备先进维护领域具有一定的互补性，如果能够通过开展共同感兴趣的合作研究和相应的产学研用合作，可以推进此技术领域的共同发展。

会后,参会代表还参观了九州大学氢材料尖端科学研究中心(HYDROGENIUS),该中心致力于新一代燃料电池、氢制造储存技术及氢测量技术的开发研究。

三、出席中日韩工程院圆桌会议

9月1日,中日韩三国工程院召开了圆桌会议。会上,三国工程院分别交流了各自工作重点和进展情况;听取和讨论了2016年中日韩“先进维护”技术合作问卷调查报告以及“第20届中日韩工程院圆桌会议”筹备情况等议题,并就下届学术研讨会主题进行了沟通。

代表团此次出访,对于推动中日韩三国在先进维护领域的交流与合作具有积极意义,进一步巩固了中日韩三国工程院圆桌会议机制,对促进三院乃至三国工程科技界的深入合作起到了积极作用。

附件:

第19届中日韩工程院圆桌会议暨“先进维护”国际研讨会 中方院士专家参会体会及建议

大连理工大学欧进萍院士作了题为“土木工程全寿命健康监测与维护”的报告。他在总结中指出,我国土木工程基础设施过去三十年是大建设时期、取得了巨大成就,尤其前些年我国每年土木工程重大基础设施建设超过世界其它国家的总和。在此大建设时期,我国借鉴、追赶并创造了世界土木工程先进技术;未来三十年,我国将进入“建设”和“管养”并重的新时期。欧美发达国家以及日韩比我国更早地面对“管养”问题,如日本近二十年土木工程基础设施“管养”和“建设”费用的比例是3∶1,同时也率先开展“先进维护”技术的研究和应用,拥有比我国更多的技术发展储备和应用经验,因此加强“中日韩”乃至“中欧美”先进维护的交流和合作非常必要和重要。

此外,欧进萍院士提出,“土木工程基础设施维护”和“工厂设备的维护”两个方面有共同的“先进维护”技术需求和不同而又可互相借鉴的相关技术,因此两个方面以同一“先进维护”主题一起交流讨论是这次会议的重要特点和优点。由此联想到工程学科有不同领域、但也有共同面对的问题和互补的技术,交叉融合不同工程学科技术,既有助于解决共同面对的问题、亦有利于促进不同工程学科发展,中日韩工程院圆桌会议乃至相关国际会议可加强凝练这样的主题研讨和推动中日韩乃至国际合作。为进一步提升圆桌会议成果,建议未来成立推进交流和合作的三国联合、联动的工作委员会,围绕会议中展开的讨论与达成共识开展后续工作。针对本次会议,后续可以重点强化“先进维护”的技术、策略、标准与应用示范方面的交流与合作。

石家庄铁道大学杜彦良院士作了题为“中国交通基础设施安全保障的形势与未来”的报告。他在报告中指出我国交通基础设施建设规模大、发展速度快、技术水平高,但基础设施始终面临着性能退化、超载服役、设计建造不合理、养护维修不足、自然灾害或恐怖袭击等致灾威胁,导致近年来交通基础设施事故频发、结构耐久性不足,实际寿命偏短,给既有的重大结构长寿命安全使用带来了极大挑战。国外发达国家先后制定了国家级战略性安全保障计划,例如日本政府提出的"基础设施长寿命计划"、美国政府提出的"桥梁长期性能研究计划"等。他在总结中建议:

1)提高相关行业对"发展高层次先进维护技术"对国家可持续发展与社会经济进步重要意义的认识,提高其对于国家产业结构调整和供给侧改革、对于土建行业国际竞争力提升重要意义的认识。

2)基于信息技术与大数据建立交通基础设施重大结构数据库,构建从勘察规划、设计建造到运营维护的全寿命信息档案与管理系统,实现全寿命周期的信息覆盖,促进信息化与土木工程的深度融合;加快发展重大结构的长寿命安全理论与方法,开展预知性性能控制与主动维护,实现全寿命周期成本最小化,突破未来巨量养护维修任务面临的安全性和经济性瓶颈。

3)推进学科交叉与融合进程,促进维护养修技术创新与物联网、机器人技术、大数据、新型感知技术的结合,积极推进嵌入式结构状态监测系统的应用,提升结构状态可知能力,培育新兴技术发展和产业领域;加快面向养护维修新材料、新技术、新工艺的研发进程,发展构建土木工程结构先进维修养护技术群,突破未来技术和人力资源匮乏的约束。

4)从技术、机制、体制等多层面开展土木工程结构先进维护的深化拓展工作,考虑中国可持续绿色发展的需要,在经济、政治、民族、社会、文化、艺术上系统考虑建设、养修、拆除的关系,探索资产管理模式,促进专业化养护维修发展,建立适应现代大型工程结构全寿命周期管理的国家政策、法律法规、技术标准和规范。

5)有计划开展土木工程结构全寿命性能保持、提升、恢复重建等研究工作,对不同服役年限的重大基础设施结构提出长寿命安全保障路线,有序完成"建设为主"向"建养并重"转变。并以高速公路、高速铁路基础设施为依托,率先开展先进维护与安全保障的专项试点和示范工作,积极推进交通基础设施先进维护和安全保障技术进步。

6)进一步多层次多途径深化国际交流合作,加强技术、标准、人才培养、专业人员培训等多层面的协调与交流。

合肥通用机械研究院陈学东院士作了题为"中国石化装备在役维护技术进展"的报告。他在报告中着重介绍了在科技部与国家质检总局的支持下,通过开展国际科技合作,我国在承压设备与管道、转动设备和安全仪表系统等领域开展先进维护技术研究与应用所取得的成就,并对十三五期间我国先进维护技术的发展方向进行了介绍。我国已系统掌握并建立了基于风险的在役设备维护技术体系,形成了完善的法规和技术标准。我国的压力容器万台设备事故率已由 20 世纪初的 2.5%降低至 0.36%,我国的石化装置连续运行周期也由 20 世纪初的 1 年达到当前的 3~6 年,设备的年维护费用降低了 15%~35%,取得了重大成就。

陈学东院士在总结中指出,本次会议上,韩国学者介绍了该国开展长输管线风险评估的技术进展,从报告看,韩国目前开展的风险评估技术仍处于事故后果研究与事故可能性分析的早期阶段,还未上升到技术体系建立及法规标准完善的高度,离大规模应用还存在较大距离。总体而言,韩国等国目前在石化装置在役设备维护技术方面与我国还存在一定的差距。我国在石化装置在役维护技术方面的研究与应用已走在前列,这与我国政府的支持和中国石化、中国石油等大型企业的应用分不开的。

大连理工大学韩清凯教授指出通过此次会议了解到日本、韩国在机械装备先进维护技术领域的最新进展,以及这两个国家的代表性专家的主要兴趣和关注点所在。会上两国专家的报告对机械装备先进维护领域而言具有重要的参考价值,反映出日本在装备与制造的先进维护具体技术层面做得相对细致,韩国则在故障预测的顶层理论框架和推广设想方面做了大量研究工作。总的来看,中日韩三国在机械装备先进维护领域具有一定的互补性,如果能够通过开展共同感兴趣的合作研究和相应的产学研用合作,可以推进此技术领域的共同发展。会议期间,中日韩三国专家深入探讨了机械装备先进维护技术中的许多重要热点技术,并着重探讨了 PHM 技术(预测与健康管理技术)发展的重要性和目前所存在的挑战。针对 PHM 技术,建议在此次圆桌会议达成共识的基础上,进一步扩大合作并落实具体任务,为提高我国重大装备安全性和先进维护技术的发展提供直接支持。

赴日本出访报告

2016 年 9 月 5 日至 9 日,应日本三菱电机集团邀请,中国工程院"制造强国战略研究"项目由"智能制造"课题组组长李培根院士率团访问日本,考察了三菱电机集团及日本的智能制造发展战略和动态。代表团先后考察了三菱电机先端技术综合研究所、名古屋制作所、可儿工厂以及三菱电机总部,并与三菱电机的一批技术专家、管理人员进行了座谈。

一、出访背景

1. 日本智能制造战略概况

日本是老龄化最严重的国家,人力资源的匮乏,导致自动化、智能化成为日本企业发展的重头戏,在机器人领域进行了大量的技术储备。2015 年,日本政府发布了《机器人新战略》(*Japan's Robot Strategy*)。该战略认为,日本要继续保持自身"机器人大国"的优势地位,就必须策划实施机器人革命新战略,将机器人与 IT 技术、大数据、网络、人工智能等深度融合,营造世界一流的机器人应用社会,继续引领物联网时代机器人的发展。该战略制定了详细的"五年行动计划",将围绕制造业、服务业、农林水产业、医疗护理业、基础设施建设及防灾等主要应用领域,展开具体行动。该战略预测,通过在各个领域推进机器人化,将大幅度提高作业效率和质量,增强日本制造业、服务业等的国际竞争力。到 2020 年,日本机器人产业自身产值将超过 2.67 万亿日元(约合 1376.3 亿元人民币),是其 2012 年产值的 4 倍以上。

2015 年 5 月,日本成立了机器人革命倡议协会,会长由东芝公司顾问冈村正担任。协会有三个层面的活动:一是基于物联网的制造业转型(由三菱电机和日立制作担任共同主席),二是机器人应用推进,三是下一代机器人的技术开发。协会是官产学研用合作的推进母体,主要目的是验证用例和促进标准化。其中,基于物联网的制造业转型专题中开展的主要活动就是由三菱电机、日立制作和英特尔共同开发了工厂自动化平台测试床,加入了工业互联网联盟(Industrial Internet Consortium,IIC)。测试床平台将提供给工业互联网联盟成员及其他潜在用户试用以进一步完善产

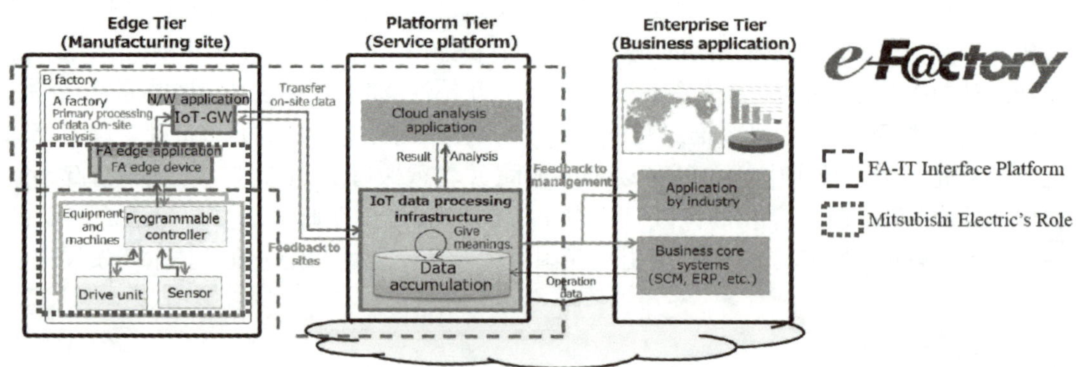

品开发。

2. 出访背景

三菱电机集团是日本智能制造发展战略的领导企业，在日本组织了 e-factory 联盟。三菱电机在与我院进行技术交流后，提出了请我院代表团访日的邀请，希望借此进一步推进中日在制造业领域的交流与合作。

3. 三菱电机集团概况

是全球领先的电子和电气产品制造商，产品包括能源系统、工厂自动化系统、空调系统、汽车设备、建筑系统、家用产品、信息与通信系统、公共系统等。三菱电机集团销售额约 4 3230 亿日元(2015 财年)(约合 415 亿美元)，销售利润率 7.3%，2020 年销售总额目标为 5 万亿日元，销售利润率 8%以上。

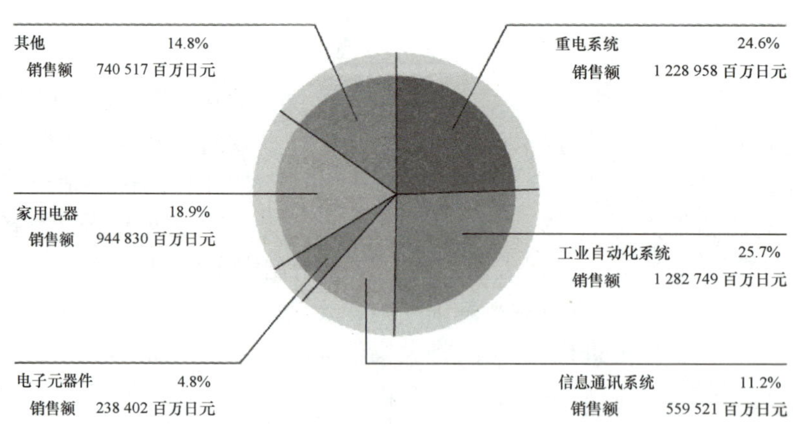

二、出访概况

1. 考察先端技术综合研究所

时间：2016 年 9 月 6 日

地点：大阪(伊丹)

接待人：先端技术综合研究所所长　藤田正弘

信息技术综合研究所所长　中川路哲男

美国研发中心副总裁　张瑾瑜等

(1) 三菱电机集团研发的全球网络。

三菱电机集团研发的全球网络由隶属于开发本部的研究所(先端技术综合研究所、信息技术综合研究所、工业设计研发中心以及美国等地区的研究开发基地)、隶属于生产系统总部的生产技术中心以及隶属于各事业本部的开发部门所构成,致力于可同时实现目前的产品开发以及10年、20年后成果产业化的产品研发。三菱电机研发总投入约2000亿日元,约占年销售收入5%。

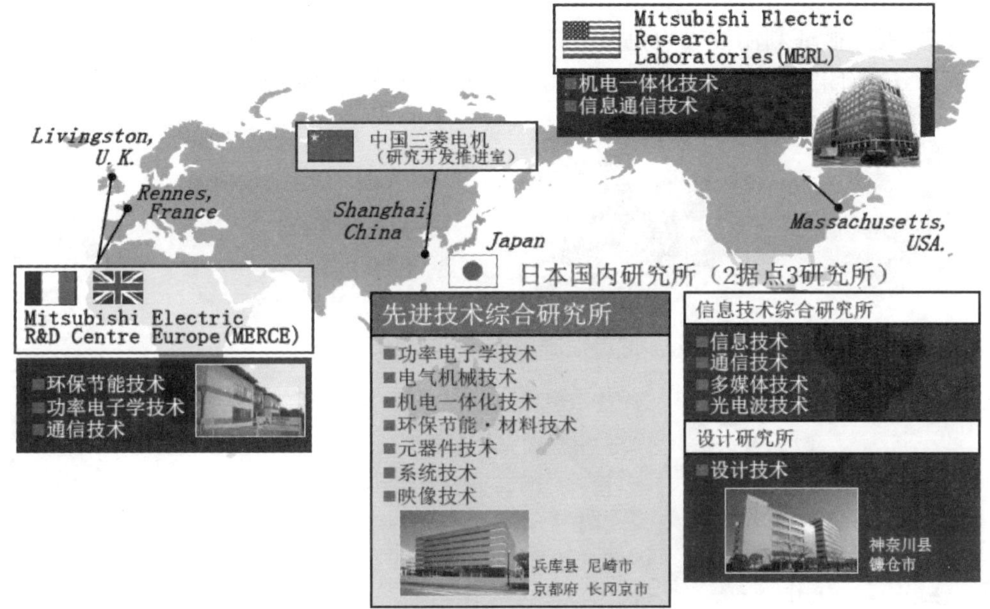

三菱的全球研发网络中,美国研发中心致力于前沿研究,定位是开发最前沿的高风险技术;先端技术综合研究所和信息技术综合研究所定位是新一代产品的研发和工程化研究;工业设计研发中心定位是工业设计;生产技术中心定位是生产技术的革新。

这些研究所致力于不同技术成熟度阶段的研发,以完成从前沿技术研发到产品原型、规模化量产的无缝衔接,同时,开发总部的各研究所和生产系统总部的生产技术中心协同工作,共同致力于将技术转化为高性价比的产品。

(2) 先端技术综合研究所。

先端技术综合研究所致力于新一代产品的开发和工程化,强调在技术领域的持续积累和深耕,奉行持续的技术评估和改进的策略。研究总人数 1060 名，其中研究员约 900 名。核心技术包括 SiC 设备开发、机电一体化、功率电子、环境设备、电机、系统等方面的技术。研发主要产品有智能机器人、高精度检测超高速电梯及电梯节能群管理系统、家电塑料回收技术、PM2.5 的空气质量传感器、工厂自动化设备、超高精度电波望远镜、超高速激光加工机、高品质音响系统、粒子线治疗装置、太阳能发电系统、汽车电子、大尺寸显示屏等。

其中，先端总研开发的电梯是世界最高速电梯，运行速度高达 20.5 米/秒；电梯节能群管理系统耗电量可比原来降低 10%，当搭乘者按下电梯按钮呼叫升降厢时，该系统可根据多部电梯的位置及乘坐率推测出耗电量，然后控制各轿厢的分配，并减少等待时间；由于日本对于家电回收有明确的法律规定，因此循环利用技术也是重点研发方向，回收家电经部分拆卸、减掉金属、粉碎后，根据密度分解开，进行闭环利用，变成新材料，目前家电回收技术已用于千叶工厂的生产线。

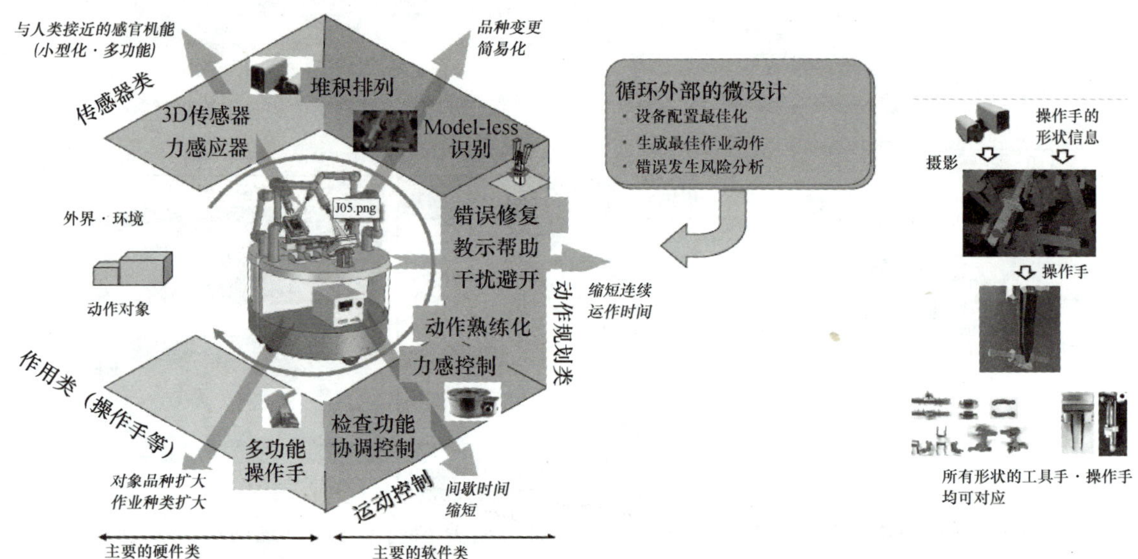

三菱电机早在 1982 年投入工业机器人的开发事业，起步 10 年间很快地广泛用于汽车、电子电机、液晶产业等应用市场。近几年，三菱电机的机器人技术明显跃进，视觉感测从 2D 影像进步到 3D，力觉感测、模式识别技术也取得突破。其中，排列机器人首次实现了世界上多品种复杂形状零件排列和组装的自动化（产品在 2013 年已经用于生产线），这种机器人将配件供给问题分解成“取出”和“替换”，将过去的机器人系统需要的 3.5～10 秒的作业时间，缩短为 3～5 秒，只需输操作手形状，无论怎样的配件均可抓取，可以应对夹取，吸取等各种形状的操作手，突破了复杂形状配件排列和组装的瓶颈。同时，这种智能机器人通过力感应器的信息，进而进行力量控制，从而满足灵活、柔性、高精度组装、长时间作业的需求。

此外，三菱电机智能机器人的重要特点之一就是将人、机器、IT 结合起来共同作业，能进行高速、高精度操作，达到多样化工作的应用能力。这种将人和机器人更好地结合协同工作的“机器人单元”，技术基础是高速、统一的协同平台，其中包括 T64 位元 RICS 晶片组的专用马达、控制器以及协同平台 iQ Platform 等。（这种“机器人单元”将在名古屋制作所和可儿工厂 e-factory 的部分作进一步介绍。）

目前，机器人的真正的学习功能尚在研发当中。

（3）信息技术综合研究所。

信息技术综合研究所约有 800 名研究员，重点研究信息、通信、多媒体和光电波等方面的技术。

近期研发的重点是工厂信息安全、人工智能技术和大数据分析等。① 工厂信息安全：信息技术综合研究所认为，工厂的信息安全非常重要，很关键，也可成为中日合作的重要探讨方向。研究所目前构建的工厂信息安全系统，通过构建正常模型，识别发生攻击和非正常状况，解决了黑名单问题，可实现安全检测。② 人工智能技术：利用深度学习实现驾驶员的状态认知。通过检测心跳、脉搏和面部表情和模拟人脑生物结构等，经输入层-隐形神经网络-输出层，实现对驾驶员的状态认知。这套系统识别速度为 0.26 毫秒，是传统机器学习速度的 75 倍。当问及三菱对于人工智能实际应用的预测时，技术人员回答说目前是简单应用，未来几年就会有飞跃式发展，但这是个渐进的变化过程，精确预测很难。③ 对基于天气预报等多种气象条件下的电力需求预测进行大数据分析，进行智能调度，实现最佳节能方式。④ 其他："大地 2 号"（波长约 250 mm）通过搭载世界上最先进的 L 波段合成孔径雷达，可高分辨率的观测地球表面，不受天气变化和天气条件的影响，可用于大规模自然灾害时对受灾状况的准确把握；气象雷达可以以地面 250 m 的分辨率准确测量降雨量；数字列车无线通信通过发射分集技术，可以实现列车安全运行管理及车内高质量的上网环境；开发日本首款监控摄像头，通过对监控视频的识别处理与跟踪处理，实现帮助寻找走失儿童等功能；远程监视控制系统可实现通过国内基地对海外生产工厂进行远程监控，促使生产效率提升甚至新生产基地的顺利组建。

此外，研究所重点介绍了工厂自动化平台测试床的有关工作。三菱电机、日立制作和英特尔共同开发了工厂自动化平台测试床，加入了工业互联网联盟（Industrial Internet Consortium，IIC），测试床有望将通过物联网系统将生产现场和总部连接，以加强运营管理，同时加强供应链的全球化，改善产品质量等。测试床通过建立开放的界面，整合工厂自动化系统和信息系统（三菱负责工厂自动化产品，日立和英特尔负责信息系统，包括网关及云系统）。测试床平台将提供给工业互联网联盟成员及其他潜在用户试用以进一步完善产品开发。

（4）美国研发中心。

美国研发中心位于波士顿，靠近麻省理工学院和哈佛大学，在吸收前沿技术方面具有地理优势。美国研发中心的技术实现产业化的过程，可以很好体现三菱电机研发体系的特点：它的定位是开发最前沿高风险技术，这些技术再到先端技术综合研究所等机构进行工程化研究，最后"传导"到生产部门实现产业化。相对于先端总研等机构，它的研究更前沿、更基础，偏重基础研究。

研发中心人均研发经费约 30 万美元，拥有 60 余名研究员，研究活动十分活跃，每年约有 150 篇左右论文发布，确保持续进行前沿科学的研究。研发中心是开放式的，每年有 50~60 名博士后到研发中心开展 3~6 个月的研究工作。中心成立 25 年，仅有约 20 项成果用于产品开发，这也显示了高风险前瞻性研究长期持续的投入。

主要研发内容包括空调系统、能源系统、信息通信系统、航天系统、楼宇系统、半导体、工厂自动化系统、汽车电子等，具体包括高可靠性的列车无线通信系统、传感器网络、无线充电、射频电力放大器、高清多媒体、视频数据压缩、压缩感知信号处理（用于轨道交通、电网等）、隐私保护数据分析。列车能源可视化和最优化管理系统、楼宇能源分析和最优化系统、机器人 3D 视觉系统、3D 重建、超高分辨率模拟器、粒子成像技术、高速激光切割技术等技术。近期获奖成果包括：3D 视觉工业机器人、雷达压缩感知研究。

三菱的研发体系强调“自上而下”和“自下而上”的结合，既有来源于研究所的产品研发建议，又有来自一线生产现场的产品和研发需求反馈，两者紧密协作，共同推进产品研发。美国研发中心中，大约一半的研究计划来自研究员建议，另一半来源于生产部门的建议。这样，确保研发的内容很好地实现“顶天”和“立地”的结合，既有前瞻性，又紧密结合当前市场。

(5) 生产技术中心

生产技术中心源自1970年成立的制造工程研究室，于1994正式成立。生产技术中心紧密植根生产现场，解决实践环节中遇到的问题，包括质量改善、产品原型开发及工程化、生产设计和加工制造过程革新等。内部设有：制造工程计划部、品质改善和工程推进部、业务改革推进部、项目推进部、量产化技术推进部、构造化技术推进部、电子包装系统工程推进部、制造支援部。

生产技术中心曾成功开发了或日本多项大奖的Poki-poki马达及三菱专用的制造装备(包括检测仪器、软件)等产品。2016年研发投入占比：重电系统26%、产业机电17%、信息通信系统10%、家电21%、电子元件6%、其他20%。技术人员通过三个范例介绍了生产技术中心的工作：① 海外工厂设备自动采集分析系统，可通过采集运行故障灯等信息，本部可指导全球工厂，实现当天问题当天解决；② 钣金生产线，通过收集所有过程信息，包括生产和海外销售部分的整个供应链状况，计算钣金件生产时间和人工费等，实现生产流程的最佳状态；③ 供给部件指示系统，根据订单调配零部件，配合生产状况，通过供给部件指示系统控制生产现场，提高单位面积生产效率。

生产技术中心是三菱电机推动制造技术和产品工程化的核心部门，它特别强调对于不同技术成熟度研发的细分和精准定位，如量产化技术推进部就是专注解决从实验原型产品到大规模生产过程中的问题，这一点值得特别注意。技术创新体系中一个普遍的存在的问题是如何跨越基础研究到产业化过程的“死亡之谷”，转化往往是最薄弱的环节。三菱的技术研发体系中设置“量产化技术推进部”，其经验值得进一步深入研究和总结。

同时，三菱的研发体系特别注重研发部门和生产部门的协作，共同解决问题。先端综合技术研究所、信息综合技术研究所、生产技术中心和制作所等部门保持了紧密的合作，随着一项技术的推进，技术开发的上下游之间不是简单的移交关系，某段时间由一个组集中攻关一个产品，研发人员经常去现场，共同解决问题。此外，据介绍，三菱电机秉承“现场至上”的原则，实时收集数据改善生产现场，下面介绍的e-factory中均体现了这一原则。生产技术中心有一组60人左右的工程师，针对PDCA(plan-do-check-action)循环中发现的问题，专门支持制造所提出的生产活动，几乎天天跑现场。

2. 考察名古屋制作所

时间：2016年9月7日

地点：名古屋

接待人：三菱电机工厂自动化事业本部长　漆间启

名古屋制作所所长　高桥俊哉

三菱电机工厂自动化事业本部e-factory战略

主席研究员　渡部裕二等

名古屋制作所成立于1924年，是三菱电机的“核心工厂”。职工总人数2500人，占地面积306 000 m^2。1924—1963年，名古屋制作所以通用马达为主导产品，同时带动了以家电为主的多种关联产品，并陆续转移到其他制作所生产。因此，名古屋制作所被誉为“母亲工厂”。1964—

1983年,在日本经济高速增长时期,为了响应不断扩大的生产需求,名古屋制造所生产出可编程控制器、数值控制装置等产品,陆续扩大工厂自动化产品事业。1984—2002年,名古屋制作所开发了一系列高端产品,应对工厂自动化日益尖端化、复杂化的需求,成功发展成为工厂自动化产品的顶级工厂。2003—2014年,致力于开发一流的制造业技术,以满足环保、信息技术的需求。2015年至今,致力于面向工业互联网时代,提供具有尖端技术的整合产品组件和软件的最佳解决方案,力图继续保持其在工厂自动化产品的优势地位,主要产品包括可编程控制器、变频器、伺服放大器、伺服电机、放电加工机、激光加工机、机器人、电磁开关等。

■ e-factory

“e-factory”是三菱电机工厂自动化的整体解决方案,三菱电机的理解中,“e-factory”等于智能制造。名古屋制作所是“e-factory”的模型工厂之一,“e-factory”也是此次考察的主要内容。

随着生产数据日益庞大,产品周期日益缩短,生产量不断剧增。如果这类问题不被改善,从装置开发到生产线投产的时间越来越长,很难确保质量稳定。

e-factory的突出特点是:重视现场,通过实时收集数据和可视化不断改善生产现场。从制造到设计进行时时反馈,分析检查各种数据的关联,通过设计—开发—应用—反馈—调整设计,提示最佳基准值,实现最佳设计。引入“e-factory”的目的,就是促进和制造工艺相关的所有要素持续地改正和完善,通过反馈设计提高质量,同时把数据收集、解析、分析、改善所需的周期时间缩短。

“e-factory”在开发、生产、维护的全流程中,以“降低总成本”为最高理念,充分利用先进的技术和信息,整合、联合控制生产系统的控制器、工程环境、网络等,在全流程中降低成本,优化系统。这一系统实现的难点在于实现生产系统、信息管理系统中连接接口、硬件和专用软件的无缝连接。三菱电机的“e-factory”系统可以将生产设备、MES(制造执行系统)和IT系统直接连在一起,MES接口产品系列能够不通过计算机等通信网关,直接连接生产设备,实现低成本的信息协同。因为连接时不需要网关和计算机程序,所以与以往相比,减少了系统构建时的作业工时和工期,系统构建成本削减65%。

“e-factory”的核心是连接生产现场和IT系统的开放网络,包括实现高速、大容量通信的CC-Link综合性网络、实现网络层间自由通信的无缝连接协议SLMP以及实现不同种类设备间自由设定和监控的设备配置文件CSP+使连接各种软硬件的网络层别、设备之间实现完全自由、无缝的链接。这一技术中突出优势是可以对数据进行筛选,大量数据经过边缘处理后,收集针对现场必须解决问题的相关数据,汇集后上传到IT系统后可以进行有效分析,而且不需要网关PC软件等中间衔接。

CC-Link是始于日本的开放式现场网络,实现了大数据分析所需的“实时数据收集”。通过对工厂自动化收集信息的分析,可以实现对生产现场的实时反馈,进而不断改进生产过程。

名古屋制作所生产可编程控制器、变频器、伺服放大器、伺服电机、放电加工机、激光加工机、机器人、电磁开关等产品,由于每种产品不同型号生产台数差别较大(50~30 000台/月),生产方式不同,各产品在期限内规模变动较大(50%~200%),针对这种情况,制作所通过引入“e-factory”,对生产现场进行反馈,不断改进生产过程,实现多品种、多批量的灵活生产过程的最佳流程。

上图详细说明了名古屋制作所各个车间引入“e-factory”所应对的问题及解决方案。下面详细介绍其中的伺服电机生产车间引入“e-factory”的案例。

■ 参观伺服电机生产车间

伺服电机生产车间在 2005 年开始建设“e-factory”。

引入“e-factory”的车间,利用实时管理和运用 RFID 的管理减少了质量损失;通过工厂、设备、机器等各单位的可视化实现了细致的管理,实现了定子生产、铸片生产、产品组装各工序的生产全面可视化、趋势分析、历史数据、管理及产品追溯、生产预警以及能源管理。仅在伺服电机组装工序,每台电机有超过 180 个历史数据进行存储、管理分析,并用于产品品质分析和追溯。

三菱技术人员介绍,伺服电机生产车间引进 e-factory 的过程中,对关键工序加工工艺的设计改进是关键环节,如锁螺丝和电磁线圈缠绕等关键工序进行了工艺的改进,并进行了可视化,在此基础之上引入传感器等先进技术,以及通过准确把握定子加热的时间,实现了在准确的时间段进行能量供应,获得了可观的效益。通过引入 e-factory,有效应对了多品种变量生产,提高了设备运转率和质量,实现了生产率提高了 180%,不良品率降低了 1/10,能源削减了 25%。最近,伺服电机生产车间开始进一步收集数据,研究用于反馈产品开发本身的数据,以放宽设计基准,提高组装效率。

他们特别强调,没有对产品及现场生产过程的潜心探索与独立思考,没有先进工艺作基础,e-factory 的引进很可能是徒劳无功。三菱中国的工作人员补充说,这一点上日本的企业整体做得比中国要好,工程师往往植根现场,对公司的产品需求、生产过程有深入的思考,对 e-factory 提出的需求非常明确,而国内的企业往往提出“交钥匙工程”,希望 e-factory 给出全面的解决方案。

目前,三菱电机准备把 e-factory 平台扩大到供应链,和上下游连接,建立生产现场开放平台。

■ 参观生产车间抗震设计

由于日本地震频发,据介绍,全国平均约 3 天发生一次地震,近 100 年来,伤亡人数在 1000 人以上的地震发生了 10 次。为了减少地震毁坏和对产品品质的影响,工厂的设计采用了抗震设计,这也是此次考察的参观内容之一。抗震设计的核心是在地下一层修建免震层,将地基与上部结构进行隔离,在免震层中加入阻尼器、积层橡胶等来吸收和减缓地震所产生的能量,继而起到抗震的效果。

3. 考察可儿工厂

时间:2016 年 9 月 8 日

地点:岐阜县 可儿市

接待人:可儿工厂厂长 金谷隆史等

可儿工厂 1979 年成立,总面积 65 000 平方米。工厂生产国际规格的电磁开关,电磁开关工厂总人数 100 多人,2004 年,电磁接触器达到 1 亿台的产量。2007 年,新建机电一体化生产大楼,开始生产金属板材激光加工机的主要部件,及激光振荡器部件。

电磁开关生产车间生产铁芯、线圈、接触片等电磁开关部件以及对这些部件进行组装。在电磁开关生产车间,技术人员重点介绍了引入 e-factory 的自动装配线的前后对比。

旧的自动装配线是一条全自动生产线,大约 20 年前开发,沿用至今。产线全长 36 米,需要 3 名员工,一人负责上下料,一人负责维修故障,一人负责产品最终的外观检测。

这条全自动生产线逐渐暴露出种种问题,如锁螺丝工序临时性停工较多,交换零件切换时间过长等等。而且,全自动生产线的不足在于,如果有一处停止,整条生产线就会随之停止。此外,全自动生产线灵活性不足,难以满足小批量多品种的生产需求。据统计,可儿工厂生产的电磁开关品种达 25 000 个,全自动生产性对这样多变复杂的需求,缺乏灵活机动性。

为了应对多样化的市场,满足多品种少量生产的需要,2012 年,电磁开关车间开始使用机器人单元化进行生产：通过收集每台产品的条形码，对质量进行集中管理，操作员只需读取印在生产指示书中的二维码，便可将该信息存入各工序的可编程控制器中。之后会瞬间进入换产，为下一品种的生产做准备，同时还会通过 MES 接口将生产信息和质量信息经可编程控制器实时汇集到管理服务器中，这样一来，万一之后发现机器人或设备有故障，也可以迅速找到受影响的产品。此外，在组装和检验环节采用了力传感器确认插装与弹簧压力，采用了视觉传感器的机器人可以抓取复杂形状零件，锁螺丝系统采用电磁吸附的方式减少了零件堵塞，减少锁错锁斜和临时性停机等等，这些技术均为生产系统的高效运作发挥了重要作用。

改造后的生产线，采用了 3 组机器人生产单元，每个单元的面积约占原有面积的 1/6，总面积约占原来的一半，设备成本也比传统全自动成产线更低，而且可以灵活地根据需要进行多次换产，并调整生产的品种。新生产线对比旧生产线取得了突出效益：新的机器人生产单元仅需要 1 人进行上下料及成品外观检测，大大降低了人工成本，生产效率从原来的每小时 141 台/人，提高到 216 台/人，单位面积生产效率从 1.5 台/m^2提高到 4.8 台/m^2，同时，故障率较以前也有了明显减少。

	机器人单元		以往生产线
设置	4.9m 9m		8m 35m
工序数	23 工序（6 设备）	23 工序（6 设备）	50 工序（26 设备）
机器人	6 台	18 台	13 台
工作循环时间	15 秒	相当于 5 秒（3 个机器人单元）	5 秒
运转率	90%	90%	60%
生产台数（每小时）	3600 秒/15 秒×90% = 216 台/（人×小时）	3600 秒/5 秒×90% = 648 台/（人×小时）	3600 秒/5 秒×60% = 432 台/（人×小时）
员工人数	1 名	3 名	3 名
设置面积/m^2	45m^2	135m^2	282m^2
生产效率	216 台/（人×小时）	216 台/（人×小时）	141 台/（人×小时）
面积生产效率	4.8 台/m^2	4.8 台/m^2	1.5 台/m^2

这种机器人单元，改变了之前全自动生产性灵活机动性不足的弱点，可以较容易地改变生产品种，实现了电磁开关所需的少量多批生产的灵活机动性和“高运转率、高质量、节省空间”的高效生产系统。

三菱电机认为，并不是自动化程度越高越好，“降本增效”才是企业最终的目标。因此，e-factory 并不以追求完全自动化为目标，而是采用尖端技术的同时，考虑性价比，通过对工序的深入研究，在应该保留人的地方保留人，其他部分尽可能彻底自动化，动化，实现最优的生产效益。目前，在可儿工厂中，5 万台/月以上的生产线采用全自动化生产，1 万台/月至 5 万台/月的生产线采用低成本自动化生产线,1 万台/月以下采用手工组装生产线。

4. 考察三菱电机东京总部

时间:2016 年 9 月 8 日

地点:东京

接待人:三菱电机集团信息系统与网络服务事业部副总裁伏见信也等

双方交流了中日智能制造发展的战略及动向等有关情况。三菱电机表示,希望借“中国制造 2025”的实施,扩大和中国企业的合作机会。中国工程院代表团介绍了“中国制造 2025”及智能制造战略和工程等情况,同时也表示,“中国制造 2025”是开放的,“中国制造 2025”的推进需要和欢迎包括三菱电机在内的国际上的优秀企业和技术力量加入,寻求合作共赢的机会。

三、总结

日本没有提出像“工业 4.0”和“工业互联网”这样鲜明的旗帜,它的制造业发展战略更加务实,更强调贴近生产实际,任何新技术的采用,都要产生价值。三菱电机的 e-Factory 就是其中最典型的例子之一。三菱电机是日本自动化做得最好的企业,他们在推进智能制造的过程中,有两点理念和做法非常突出。

一是强调需求牵引,贯彻精益生产,以实现最佳效益为目标,推行智能制造。

三菱电机的理念中,“e-factory”等于智能制造。“e-factory”是以信息物理融合系统为核心,通过对企业各种“浪费”的分析,研究如何用新的制造技术、信息技术与人工智能技术解决这些问题。哪些工位应该实施自动化,哪些环节应该加强信息化和智能化,都是通过对可能产生的经济效益来决定的,以此牵引智能制造的推进。

引入“e-factory”的目的,就是促进和制造相关的所有要素持续地改正和完善,通过反馈到设计提高产品质量,降低生产成本,实现最佳效益。

他们并不认为提高自动化、多采用机器人就是好的,而是具体情况具体分析,通过对工序的深入研究,在应该保留人的地方保留人,其他部分尽可能彻底自动化,量身定做实现最佳方案。“e-factory”引进范例中,一个突出例子反而是在采用了各种智能制造先进技术、改进工艺的同时,降低了自动化程度(可儿工厂电磁开关生产车间全自动化生产线的改造),获得了更好的效益。

二是强调先底层,后顶层,以精益生产为目标,循序渐进推进智能制造。

三菱电机特别强调“数字化网络化智能化”这些要素的逐步推进,要先底层、后顶层,先局部、后整体。以精益生产为目标,聚焦产品质量的改善和成本的降低,实现生产过程和工艺的合理和先进性,在此基础上实现各个单元的自动化,然后进行信息化改造,进而逐步地推进智能制造。

三菱的这种“循序渐进”的做法,还体现在基于生产现场的持续改进上。可儿工厂电磁开关生产车间大约 20 年前开发,沿用至今,技术人员对生产线进行了持续的改造,解决了生产线逐渐暴露出的种种问题,改进后的机器人生产单元获得了可观的效益。他们认为,没有对产品及现场生产过程的潜心探索与独立思考,没有先进的生产流程和工艺作基础,“e-factory”的引进很可能是徒劳无功。

总的来说,以三菱电机为代表的日本企业,在发展智能制造的过程中,始终不遗余力地坚持贯彻精益生产的理念,采取“精益制造+高度信息化”的战略,这已成为日本制造业的“精髓”。

我国工业发展不平衡,工业 2.0、3.0、4.0 发展并存,大量中小企业处于工业 2.0、3.0 的发展阶段,需要循序渐进推进数字化网络化智能化,对生产现场进行持续改造和升级,实现降本增效,从这一点上说,日本的经验更值得我国企业总结和借鉴。

此外,对于三菱电机考察中,另一个重要方面就是完善的企业创新链设置。三菱电机的技术研发体系强调对于不同技术成熟度研发的细分和精准定位,定位开发最前沿高风险技术的美国研发中心、致力于开发新一代产品的先端技术综合研究所和致力于生产技术革新的生产技术中心等研究机构,可以很好地结合在一起,完成创新链的传递,将一种前沿技术逐步转化为可以大规模量产的产品。此外,三菱电机的研发体系强调“自上而下”和“自下而上”的结合,研究所的研发计划中既有来源于研究所的产品研发建议,又有来自一线生产现场的产品和研发需求反馈,两者紧密协作,共同解决问题。完善的创新链设置有效推动了从前沿技术到产品大规模量产的转化,确保企业始终处于领先地位。这一点也非常值得我国企业进一步总结和参考。

(代表团成员:李培根,中国工程院院士、华中科技大学原校长;屈贤明,中国工程院战略咨询中心制造业研究室主任;王晓俊,中国工程院一局机械与运载工程学部办公室,副处长;吕彤,中国工程院战略咨询中心,项目主管)

我院专家工作团赴英国出席 CAETS 年会情况报告

应英国皇家工程院邀请,中国工程院彭苏萍院士、何华武院士率我院专家工作团于 2016 年 9 月 11—16 日赴英国出席了在伦敦召开的国际工程与技术科学院理事会(CAETS)能源委员会会议、CAETS 知识共享平台会议和 CAETS 年会,并应邀在 CAETS 高层研讨会上作报告,进一步在工作层面对我院参与的 CAETS 有关项目进行了推进。此外,还积极组织安排了院领导的多项双边活动。

CAETS 是国际工程科技界最重要的学术组织,其宗旨是致力于推动工程科技发展,促进世界经济繁荣,提高社会福利。中国工程院于 1997 年成为该组织成员。本次 CAETS 年会系列会议由英国皇家工程院主办。

一、出席 CAETS 能源委员会会议

我院是 CAETS 下属能源委员会(Energy Committee)的创始成员。我院能源与矿业工程学部主任彭苏萍院士现担任能源委员会委员。

9 月 12 日,彭苏萍院士等出席了在英国皇家工程院召开的 CAETS 能源委员会会议。本次 CAETS 能源委员会会议主要议题是讨论委员会将于 2017 年年底向全球发布的研究报告“实现清洁能源未来的工程优先领域”的主要研究内容与研究方法,该报告为能源委员会系列专题研究报告中的第四部,前三份报告分别为“应对气候变化的低排放发电技术部署”“低碳发电技术的机会

2050”“向低碳经济转型:交通行业的技术和工程问题”。

能源委员会会议的与会代表分别来自澳大利亚工程院、加拿大工程院、中国工程院、德国科学与工程院、印度工程院、韩国工程院、瑞士工程院、英国皇家工程院等共12人。会议主要围绕两个主题内容“能源与水的关系”和“清洁煤技术”展开了深入讨论。

代表团行前做了大量准备,提前对2017年CAETS报告的主要内容,特别是洁净煤技术专题,进行了分析和研讨,同时征求了中国工程院、神华集团、华能集团等单位相关院士专家的意见,并将这些意见进行了系统地收集与整理,形成了报告撰写建议,提交会议进行讨论。

在会议发言环节,彭苏萍院士提出尽管发达国家煤炭能源在其能源结构中比例不高,但对于广大发展中国家来说,利用低廉能源成本发展经济仍然是头等大事,特别是中国、印度、东南亚等国家和地区的社会经济现状和能源发展国情,决定了煤炭在能源结构中将始终占有举足轻重的比例。因此,在CAETS能源委员会写作报告中,需要在充分认识和尊重不同国家的发展进程的基础上,来系统性考虑将来能源发展问题,必须结合系统的适用性和实用性来谈工程技术方向与政策措施,对洁净煤技术发展方向与煤炭清洁高效甚至低碳利用途径,开展广泛探讨,具有重要的全球意义。在讨论能源与水关系这一报告主题时,彭苏萍院士提出,应同时考虑能源开发利用过程中的水资源利用和水资源开发利用过程中的能源利用两个角度,且应集中于工程技术的地位与作用。上述意见得到CAETS能源委员会相关院士专家的广泛赞同,并同意将这些意见,以相应的内容形式体现到最终报告中来。

考虑到中国在全球能源工程科技领域的影响力,CAETS能源委员会希望我院于2017年上半年承办能源委员会下次会议,并负责协助“实现清洁能源未来的工程优先领域”报告中“清洁煤技术”部分的撰写工作。根据行前预案,代表团接受了委员会的提议。中方负责的报告将重点介绍中国近十年在洁净煤工程技术领域取得的重要进展,并以中国先进煤炭清洁高效转化和利用工程作为重点案例,以研究报告等形式介绍给世界各国,向全球推广中国在煤炭领域取得的成就与经验。

值得一提的是,会上还分享了去年完成正式出版的国际工程与技术科学院理事会(CAETS)能源委员会研究报告“向低碳经济转型:交通行业的技术和工程问题”。在该报告中,完全采纳了彭苏萍院士提出的意见,在探讨交通部门发展低碳经济时,将中国的高铁发展作为重点案例,在报告中进行了系统性的介绍。

二、出席CAETS知识共享平台专家组会议

9月12日,我院国际合作局局长康金城等同志出席了在英国皇家工程院召开的CAETS知识共享平台(KSP)专家委员会会议。

在2015年于印度召开的CAETS年会上,我院提出的在现有CAETS信息网站基础上建设CAETS知识共享平台的倡议获得了会议批准。该平台旨在利用大数据、云计算、互联网等技术手段,汇聚和整合世界工程科技数据信息资源,建立公共数据服务和协同服务网络平台,推动CAETS及各成员工程院的信息共享、知识共享以及横向合作交流,向世界各国以及相关国际性组织,特别是向第三世界国家的广大工程技术和科研教育工作者提供数据、信息和知识服务,为全球工程科技的发展和全人类生活水平的提高提供支撑,提升CAETS国际影响力。此后,在院领导的指示下,我院国际合作局和国际工程科技知识中心共同制定了KSP项目建议书和平台建设方案,并通过

CAETS 秘书处发起成立了由 CAETS 秘书长牵头、7 个成员国工程院代表组成的 KSP 专家委员会。

本次 KSP 专家委员会是委员会成立以来的第一次会议。会议主题是讨论 KSP 建设初步方案并提交 CAETS 理事会讨论。CAETS 秘书长和来自中国、美国、英国、日本、墨西哥等国工程院的专家委员会成员出席了 KSP 专家委员会会议。

我院代表团行前通过与我院国际工程科技知识中心相关开发建设单位的密切沟通协作,对 KSP 建设方案的相关材料做了充分准备。在本次专家委员会会议上,我院代表根据行前预案介绍了该平台建设的背景、目标、定位和指导原则,提出了关于其系统架构、功能与内容的初步设想,并且针对用户能够在平台上获取的服务做了在线演示。与会专家高度赞扬中国工程院对此项工作推进的热情和已经开展的前期工作,并针对该平台开发所涉及的投入、安全、用户定位、优先功能、未来工作流程等进行了讨论。根据与会专家提出的修改意见,我院代表团连夜对 KSP 建设方案进行了修改调整,形成了向 CAETS 理事会汇报的方案稿。

三、出席 CAETS 年会

CAETS 2016 年年会由轮值主席英国皇家工程院主办,23 个成员工程院出席了会议。9 月 13—14 日,作为 CAETS 年会的重要组成部分,“工程创造美好世界”高层研讨会在伦敦工程技术研究院举行。毛里求斯共和国总统阿米娜·古里布-法基姆(Ameenah Gurib-Fakim)、联合国全球伙伴论坛主席阿米尔·多塞尔(Amir Dossal)等作主旨报告。我院专家代表团何华武院士在大会第一环节“工程改变人类生活”中,应邀作了题为“高速铁路网助推中国全面建成小康社会”的报告,获得热烈反响。会议还就创新与企业家精神、工程科技的转型等进行了研讨。比尔·盖茨和泰国科技部长皮切特等对“工程创造美好世界”的下一步愿景进行了展望。

9 月 14 日的会议聚焦于研讨各国工程院如何在实现上述会议目标、助力本国经济增长和社会发展中更好地发挥作用,以及代表性国家工程院运作经验的分享。周济院长应邀从“工程院作为可信赖的建言者”的角度,作了题为“中国工程院-中国工程科技思想库”的报告。在随后的互动讨论环节中,周济院长与美国、瑞典、印度工程院院长等一起,在如何更好地发挥工程院对助力政府决策和社会发展的作用方面与听众进行了热烈的互动。

9 月 15 日的 CAETS 理事会会议讨论了 CAETS 的行政和项目事务,以及 CAETS 战略评估和能力建设等议题。关于 CAETS 下一步的发展方向,主要结论是维持现状,并决定将“工程创造美好世界”作为例会在后续 CAETS 年会中持续举办。我院专家工作团在会上就 CAETS 知识共享平台建设方案进行了介绍。考虑到本次会后作为该项目牵头人的 CAETS 秘书长空缺,会议决定待新任秘书长到位后再进一步加快推进该项工作。在讨论由东道主英国皇家工程院提出的会议联合声明草案时,因与会各国成员对草案文本存在一定分歧,暂未形成一致意见。

四、安排双边会谈

会议间隙,为充分利用好 CAETS 各成员代表都在伦敦参会的机会,我院专家工作团积极联系有关国家工程院代表,利用会议期间每天早、午、晚餐时间,安排周院长与美国、法国、澳大利亚、韩国、瑞典、瑞士、尼日利亚等国工程院领导进行了 7 场双边会谈,对正在和计划与上述工程院开展的双边合作项目进行了梳理、沟通和部署。

五、小结

我院专家工作团本次出访过程中，对我院发起和参与的 CAETS 相关项目在工作层面与外方进行了充分的沟通、协调和斡旋，为院领导参加 CAETS 理事会过程中的相关表态作了积极的铺垫、打下了坚实的基础。本次出访中，我院院士、专家在 CAETS 能源委员中会发挥了越来越重要作用，在 CAETS 知识共享平台建设方面扮演了主导角色，在 CAETS 高层研讨会上作了引人注目的报告，圆满完成了这次我院在国际工程科技舞台上讲好中国故事、发挥大国影响力的任务。

附件：

赴英国出席 CAETS 年会专家工作团人员名单

姓　名	工 作 单 位	职　务
彭苏萍	中国矿业大学（北京）煤炭资源与安全开采国重点实验室	主任、院士
何华武	中国铁路总公司	总工程师、院士
康金城	中国工程院国际合作局	局长
任洪涛	中国工程院国际合作局二处	处长
刘　畅	中国工程院办公厅知识中心办室	副主任
张　博	中国矿业大学（北京）	副教授

周济院长率团赴英国出席 CAETS 年会情况报告

应英国皇家工程院邀请，周济院长率我院代表团于 2016 年 9 月 12—16 日赴英国出席了在伦敦召开的国际工程与技术科学院理事会（CAETS）2016 年会系列会议并应邀在会上作报告。此外，周济院长还利用会议间隙，分别同与会的相关国家工程院领导进行了双边会谈。

一、出席 CAETS 相关会议

CAETS 成立于 1978 年，是国际工程科技界最重要的学术组织。目前 CAETS 成员包括 26 个世界主要国家的工程院，中国工程院是成员之一。CAETS 宗旨是致力于推动工程科技发展，促进世界经济繁荣，提高社会福利。CAETS 为世界主要国家工程与技术科学院提供了共同应对科技与社会交叉领域重要问题的交流研讨机制。各成员通过 CAETS 交流、分享成功经验和专业技术，为应对各自国家所面临的工程科技问题提供支撑，增进各国人民福祉。

CAETS 2016 年年会由轮值主席英国皇家工程院主办，23 个成员工程院出席了会议。本次

CAETS 年会包括“工程创造美好世界”学术研讨会、CAETS 理事会会议、CAETS 能源委员会会议、CAETS 知识共享平台专家委员会会议等系列活动。

9 月 13—14 日,作为 CAETS 年会的重要组成部分,“工程创造美好世界”高层研讨会在伦敦工程技术研究院举行。本次会议被英国皇家工程院视为其“旗舰”项目。会议的总体目标是促进国际工程科技界与国际发展领域参与者的互动,为工程科技在实现联合国可持续发展目标方面发挥更大的作用创造良好环境。

在 13 日的开幕环节,毛里求斯共和国总统阿米娜·古里布-法基姆(Ameenah Gurib-Fakim)、联合国全球伙伴论坛主席阿米尔·多塞尔(Amir Dossal)等作主旨报告。我院何华武院士在大会第一环节“工程改变人类生活”中,作了题为“高速铁路网助推中国全面建成小康社会”的报告,获得热烈反响。会议还就创新与企业家精神、工程科技的转型等进行了研讨。比尔·盖茨和泰国科技部长皮切特等对“工程创造美好世界”的下一步愿景进行了展望。当晚,代表团与我驻英国大使刘晓明进行了座谈。

9 月 14 日的会议聚焦于研讨各国工程院如何在实现上述会议目标、助力本国经济增长和社会发展中更好地发挥作用,以及代表性国家工程院运作经验的分享。会议邀请中国、美国、瑞典、印度工程院作为代表性国家工程院,分别从“工程院作为可信赖的建言者、工程院作为召集者、工程院作为国家标签和工程院作为院士之家”等角度介绍经验。周济院长应邀从“工程院作为可信赖的建言者”的角度,作了题为“中国工程院-中国工程科技思想库”的报告,分享了我院作为中国工程科技思想库为政府和社会经济发展建言献策所开展的战略咨询研究取得的成绩,以及我院战略咨询工作的运作方式和经验。在随后的互动讨论环节中,周济院长与美国、瑞典、印度工程院院长,以及英国工程院副院长一起,在如何更好地发挥工程院对助力政府决策和社会发展的作用方面与听众进行了热烈的讨论。

9 月 15 日的 CAETS 理事会会议讨论了 CAETS 的行政和项目事务,以及 CAETS 战略评估和能力建设等议题。关于 CAETS 下一步的发展方向,主要结论是维持现状,并决定将“工程创造美好世界”作为例会在后续 CAETS 年会中持续举办。我院代表团在会上就 CAETS 知识共享平台建设方案进行了介绍。考虑到本次会后作为该项目牵头人的 CAETS 秘书长空缺,会议决定待新任秘书长到位后再进一步加快推进该项工作。在讨论由东道主英国皇家工程院提出的会议联合声明草案时,因与会各国成员对草案文本存在一定分歧,暂未形成一致意见。

二、双边会谈

会议间隙,周济院长充分利用早、午、晚餐时间,与美国、法国、澳大利亚、韩国、瑞典、瑞士、尼日利亚等国工程院领导进行了 7 场双边会谈,对正在和计划与上述工程院开展的双边合作项目进行了梳理、沟通和部署。

在与美国国家工程院院长的会谈中,双方对 2017 年中美两院即将联合举办的全球重大挑战峰会、中美工程前沿研讨会和重大挑战学者项目等进行了沟通;与法国工程院院长就法方提出的中法两院联合在核能领域开展战略研究项目进行了讨论,双方就此项目开展合作达成一致;与瑞典工程院院长会谈期间,除就两院继续在能源、环境和气候变化等领域开展合作外,周济院长还建议两院在创新领域进行合作,包括邀请瑞典报告人出席 2017 年的创新和新兴产业发展研讨会;在与瑞士工程院院长会谈时,就邀请其担任中国工程院《工程》期刊主编事宜交换了意见;在与澳大利亚工程院副院长就两院2017年在澳大利亚举行的食品安全会议的沟通中,双方商定,考虑到澳方会议经费的限制,除研讨会外,将着重组织会后相关技术调研;在与韩国国家工程院的讨论中,确定了即将在今年11月召开的第二届中韩产业创新论坛的相关筹备事宜;此外,周济院长还与尼日利亚工程院院长就参与我院承办的联合国教科文组织国际工程教育中心有关活动事宜开展了对话。

在9月13日正式会议前,我院彭苏萍院士和院机关工作团组还参加了9月12日召开的CAETS能源委员会会议和CAETS知识共享平台专家委员会会议。来自美国、英国、日本、墨西哥等国工程院的专家委员会成员出席了CAETS知识共享平台专家委员会会议。我院代表介绍了该平台建设的背景、目标、定位和指导原则,提出了关于其系统架构、功能与内容的初步设想,并且针对用户能够在平台上获取的服务做了在线演示。与会专家高度赞扬中国工程院对此项工作推进的热情和已经开展的前期工作,并针对该平台开发所涉及的投入、安全、用户定位、优先功能、未来工作流程等进行了讨论。

代表团本次出访进一步提升了中国工程院在CAETS中的影响力,强化了中国工程院与CAETS各成员工程院的合作交流,对进一步推动彼此间的未来合作起到了积极作用。

附件:赴英国出席CAETS年会人员名单

周　济　中国工程院院长
吴国凯　中国工程院副秘书长
胡　楠　中国工程院办公厅主任科员

网络安全与信息化技术交流与研讨
——赴俄罗斯、白俄罗斯、哈萨克斯坦考察报告

摘要:按照中国工程院“网络空间安全战略”、“以科技创新引领丝绸之路经济带发展”项目研究任务安排,经外交部批准,2016年10月5日至10月14日,由中国工程院陈左宁副院长带队,团员有沈昌祥、吾守尔两位院士以及新疆维吾尔自治区经信委副主任毕开春、中国电子信息产业发展研究院网络安全研究所所长刘权和中国工程院国际局项目官员周亚琳,一行6人赴俄罗斯、白俄罗斯、哈萨克斯坦三国调研交流。代表团通过实地考察与座谈相结合的方式,系统了解了上述三国网络安全和信息化情况,先后访问并听取了俄罗斯莫斯科国立大学信息安全研究院、俄罗斯科学院信息传输问题研究所、俄罗斯卡巴斯基公司、俄罗斯圣彼得堡彼得大帝理工大学、俄罗斯信息署下属的中央通信研究所列宁格勒分所等单位的介绍,并对俄罗斯网络安全政策、技术和产业等方面进行了深入交流和调研;代表团访问了白俄罗斯国立科技大学和白俄罗斯国立技术大学,并对白俄罗斯信息基础设施建设等情况进行了深入交流;代表团访问并听取了哈萨克斯坦阿斯塔纳市政府、哈萨克斯坦经济发展和投资部、哈萨克斯坦产业发展研究院、哈萨克斯坦工程院、哈萨克斯坦科技部信

息技术研究所等单位有关哈萨克斯坦网络安全和信息化情况专题介绍,并对下一步深入合作进行了交流。

通过此次调研和交流,我们一方面对三国的网络安全和信息化基本情况在宏观上有了比较清楚的了解,另一方面对三国政府和相关机构推进提升网络安全防护能力和信息化发展水平的一些具体做法、措施及运行机制等有了比较深入的认识,对推进我国网络安全和信息化建设有较大参考价值启发,并提出了相关建议。

一、出访概况

本次代表团出访三国的主要目的是,进一步加强与俄罗斯、白俄罗斯、哈萨克斯坦的交流与合作,在网络安全领域相互支持、共进共退,形成更多合力,并充分了解三国以信息化引领国家能源、交通、物流等各方面发展的实际需求,推动中方与三国关系朝着联系更紧密、合作更深入的方向发展。

二、主要访问活动

1. 国立莫斯科大学信息安全研究院(图 1)

代表团访问了国立莫斯科大学信息安全研究院该学院于 2003 年 7 月 2 日正式成立。信息安全研究院是协调莫大内部跨学科研究活动的机构,由舍尔思丘克担任信息安全研究院院长。莫斯科大学特成立了针对安全和打击恐怖主义研究方向的协调委员会,并由莫大 15 个部门的负责人担任委员。信息安全研究院由信息安全数学研究处、计算机系统信息安全处、人文信息安全处、教育资质文件鉴定与认证中心、国际安全与反恐怖科学合作中心五个部门组成。长期以来,研究院独立或联合国内外合作伙伴在国内外积极开展学术活动。代表团在驻俄大使馆科技参赞的陪同下访问了国立莫斯科大学信息安全研究院,听取了关于学院科研、国际合作以及支撑国家网络安全政策制定方面的情况介绍。

图 1　访问国立莫斯科大学信息安全研究院

2. 卡巴斯基公司(图 2)

卡巴斯基反病毒软件是世界上拥有最尖端科技的杀毒软件之一,卡巴斯基总部设在俄罗斯首都莫斯科,全名“卡巴斯基实验室”,是国际著名的信息安全领导厂商,创始人为俄罗斯人尤金·卡巴斯基。公司为个人用户、企业网络提供反病毒、防黑客和反垃圾邮件产品。经过十四年与计算机病毒的战斗,卡巴斯基获得了独特的知识和技术,使得卡巴斯基成为病毒防卫的技术领导者。代表团在驻俄大使馆科技参赞的陪同下访问了卡巴斯基公司,听取了其公司基本情况、业务开展情况以及国际合作方面的介绍。

图 2 访问卡巴斯基公司

3. 俄罗斯联邦信息署下属的中央通信研究所列宁格勒分所(图 3)

代表团访问了俄罗斯联邦信息署下属的中央通信研究所列宁格勒分所,该所位于圣彼得堡,是专门从事通信产品研发、标准制定、政策研究的机构。代表团在驻俄大使馆科技参赞的陪同下与俄

图 3 访问中央通信研究所列宁格勒分所

罗斯联邦信息署下属的中央通信研究所列宁格勒分所进行了座谈，听取了关于俄罗斯通信政策、产业以及互联网管制等方面的情况介绍，并进行了深入交流。

4. 俄罗斯科学院信息传输问题研究所（图4）

俄罗斯科学院是俄罗斯最高学术机构，主要从事自然、技术和人文等重要学科的基础研究，同时兼顾应用研究和开发，参与、组织和协调由联邦政府财政拨款的其他科研机构和高校承担的基础科研工作。俄罗斯科学院信息传输问题研究所的首要任务是研究作为信息传输手段的自然语言的功能运用，其研制的一种多功能自然语言文本处理系统应用较为广泛。

图4　访问俄罗斯科学院信息传输问题研究所

5. 圣彼得堡彼得大帝理工大学（图5）

圣彼得堡国立理工大学，五六十年代又称加里宁工程学院，2015年2月更名为圣彼得堡彼得大帝理工大学。该学校是一个历史悠久的理工科为主的综合大学，是俄罗斯最好的理工科大学，是

图5　访问圣彼得堡彼得大帝理工大学

世界级著名的大学。该校位于圣彼得堡市，建校以来，理工大学培养了一批又一批的高水平工程师，他们为工业发展提供了智力支持。代表团与圣彼得堡彼得大帝理工大学计算机学院相关领导进行了座谈，听取了他们关于虚拟化网络安全防护技术的介绍，参观了他们的云计算中心，并进行了深入交流。

6. 白俄罗斯国立科技大学(图6)

白俄罗斯国立科技大学是白俄罗斯领先科技大学之一，从1920年开始培训了很多工程师，它由17个系组成，包括89个专家和121个专科，并培育超过35000个学生，有超过2000名科研和教育专家，41个研究、创新、科技实验室，和3个新的机构提供最新的科技和经济课程。据Webometrics报道，国立科技大学排名是全球前9%。代表团听取了国立科技大学有关官产学研合作的情况介绍，并进行了深入交流。

图6　访问白俄罗斯国立科技大学

7. 白俄罗斯国立技术大学(图7)

白俄罗斯国立技术大学是一所拥有80年历史的现代化大学，学校有着崇高的声望、并且还在快速的发展中，是白俄罗斯的教育、科研和工业创新中心。白俄罗斯国立技术大学与来自俄罗斯、乌克兰、哈萨克斯坦、波兰、法国、希腊、立陶宛、拉脱维亚、中国、瑞士、芬兰、德国等超过120个国家的教育和科研机构和公司建立了合作伙伴关系。代表团听取了其产学研合作创新情况的介绍，重点了解了国有的白俄罗斯国立技术大学科技园区的情况，并进行了深入交流。

8. 哈萨克斯坦列·尼·古米列夫欧亚民族大学(图8)

列·尼·古米列夫命名欧亚民族大学是由哈萨克斯坦共和国总统努·阿·纳扎尔巴耶夫的倡导下在1996年5月23日以两所高校农垦工程建筑学院与农垦师范学院合并而建立的。欧亚大学位于首都阿斯塔那市，是哈萨克斯坦新一代大学中最大的综合型大学。作为21世纪的大学，欧亚大学经常受到哈萨克斯坦共和国总统纳扎尔巴耶夫的关注，先后有26个国家的元首前往访问并作

图 7　访问白俄罗斯国立技术大学

演讲,在当地被称为“总统大学”。代表团听取了欧亚大学基本情况、国际合作、产学研合作等情况介绍,并进行了深入交流。

图 8　访问列·尼·古米列夫欧亚民族大学

9. 哈萨克斯坦经济发展和投资部(图 9)

哈萨克斯坦经济发展和投资部是负责全国产业发展规划和重大项目投资的部门。代表团在驻哈萨克斯坦大使馆科技参赞的陪同下访问了哈萨克斯坦经济发展和投资部,听取了关于哈萨克斯坦制造业发展情况的介绍,并进行了深入交流,探讨了双方合作的方向。

图 9　访问哈萨克斯坦经济发展和投资部

10. 哈萨克斯坦产业发展研究院(图 10)

哈萨克斯坦产业发展研究院是哈萨克斯坦投资和发展部下属的专门从事产业政策研究和咨询的研究机构。代表团在驻哈萨克斯坦大使馆科技参赞的陪同下访问了哈萨克斯坦产业发展研究院,听取了其关于研究院研究方向、哈萨克斯坦制造业发展情况等的介绍,并就合作推进哈萨克斯坦制造业发展规划等方面进行了深入交流。

图 10　哈萨克斯坦产业发展研究院

11. 哈萨克斯坦共和国国家工程院(图 11)

哈萨克斯坦共和国国家工程院是哈萨克斯坦境内协调和发展科学工程活动的大型权威团体。其具备深厚研究基础在于其成员来自该国的顶尖科学家与工程师、生产制造专家、政治家、哈萨克斯坦共和国议会议员、各中央与地方行政机关领导、各高校、各工业科研院所、各行业协会、各企业以及经济领域内的官方或非官方组织负责人。代表团在驻哈萨克斯坦大使馆科技参赞的陪同下访问了哈萨克斯坦工程院,听取了其关于工程院基本情况的介绍以及语音识别、人工职能等专题介绍,并进行了深入交流。

图 11　访问哈萨克斯坦共和国国家工程院

三、主要收获与体会

通过现场参观和深入交流,我们感受到三国政府非常重视网络安全和信息化工作,大力推动网络安全保障和信息化能力建设。综观三国网络安全和信息化的发展,他们的许多做法值得我们借鉴。

(一) 注重 IT 核心技术和产品的自主生态体系建设

俄罗斯长期对欧美国家的信息技术产品保持警惕态度,其发展信息安全技术强调自主创新,坚持自成体系,建立相关数学模型与论证,发挥控制理论作用,注重芯片和操作系统的自主研发,坚持在军事等关键领域使用自主信息技术产品,在民用电子信息产品领域逐步开展自主化替代,以避免遭受不必要的损失。目前俄罗斯国有部门正在积极实施进口替代政策,只要是受制于国外的技术和产品,俄罗斯都想方设法自己研发生产。例如,俄罗斯直升机公司用开放性的产品和国产研制品取代了外国硬件和软件。根据规划,2019 年前,50%的基础设施组件和商业应用软件将应用开放性软件。莫斯科州政府决定将 Linux 作为办公操作系统。俄罗斯车里雅宾斯克州将在国防工业综合体的企业中应用典型核武器综合信息体系,并将在 70 个车里雅宾斯克州的军工企业中安装国产

ERP。伊热夫斯克无线电厂开始生产厄尔布鲁士-401 国产电脑并已首批交付了 80 台国产电脑，Fastwel 公司已经开始在“贝加尔 T1”国产处理器基础上研发用于车载自动系统的计算模块。2015 年 11 月，俄罗斯总理签署政府令，规定自 2016 年 1 月 1 日起国家机关只能购买国产软件特别清单上所列产品，只有俄罗斯缺乏同类产品时才可购买外国软件。这次调研了解俄方有关芯片自主研发生产情况，启发很大。俄方认为核心芯片不能受制于人，为此在莫斯科郊区“绿城”已经建立了 90 nm 生产线，虽然芯片生产线不是最为先进的，但在软件和系统的优化下，已经能够提供完全自主整体性能优良的整机产品，为俄罗斯国防安全领域服务。俄方关于芯片是否自主的态度较为坚决，核心芯片必须自主，无论是否能够从国外购买，硬件能力有差距、靠软件优化补短板，软件能力有差距、靠整体优化设计提升总体性能。

（二）积极开展网络安全审查和监管工作

俄罗斯对政府采购信息技术产品和服务也有明确要求，1995 年《联邦信息、信息化和信息保护法》规定，俄联邦国家政权机关和组织用来整理内部文件信息的信息系统都应有质量证明。针对密码设备与信息加密服务，俄罗斯 1995 年 4 月专门颁布联邦第 334 号总统令，禁止使用未经俄联邦总统政府通讯与信息联邦社提出质量证明的、得到屏蔽的信息存储、整理和传递的技术设备；禁止在没有俄罗斯对外经济联络部和俄罗斯总统府直属通讯与信息资源署协调发放的许可证的情况下，向俄罗斯联邦境内进口外国生产的密码设备。此外，针对包括信息产业在内的与国家安全相关的外资并购，俄罗斯也建立了安全审查制度。2008 年 5 月颁布的《国家安全审查程序法》，是俄罗斯安全审查制度的法律基础。在网络安全设备监管与研发方面，俄在信息安全技术市场上实行国家干预和调控制度，国产信息安全设备和产品只有在获得认证后，才能在市场上销售和使用。

此外，俄罗斯对网络安全的监管力度较大，建立了严格的监管机制，对互联网所有不良信息，特别是宣扬民族对立、宗教纠纷、恐怖活动、有组织犯罪等涉及俄国家安全的信息进行严格监控，如莫斯科政府于 2011 年率先颁布地方性法规，在对新兴媒体监管方面，赋予有关部门更大权力。为了保护俄网民免受不良信息的侵害，俄政府规定，其境内所有网站都有迅速清理非法信息的义务。如果执法部门发现非法信息，将立即通知有关网站予以删除，如该网站拒绝配合，执法部门将发出警告。两次警告无效后，执法机关将通过法律程序关闭该网站。在俄罗斯，2014 年 8 月 1 日起，关于博客的新法规正式生效。其中规定，凡网页日均访问量达到 3000 人次以上的博客作者必须在监督机构注册。这些博客应检查信息真实性，不利用博客从事泄露国家机密、传播包含宣扬实施恐怖活动或美化恐怖主义的信息及传播色情、暴力内容。违者将被追究行政、刑事或其他责任。在互联网内容管控方面，俄方认为，俄方的做法比中国在互联网跨境出入口上海量封堵的办法更加有效。

（三）注重官产学研相结合

通过三国的实地调研和了解，三个国家都非常重视官产学研合作，并取得了较好效果。俄罗斯产学研合作创新工作由总统经济发展现代化与创新发展委员会负责制，委员会由总统普京统领，成员有俄罗斯宗金梅德韦杰夫、财政部、科技部、经济发展部等部委领导以及俄罗斯电信、纳米公司等国企董事长。为了促进高校和生产型企业协作，大力发展大学科技，推动生产型企业利用高校资源兴办技术密集型产业，激活国家经济创新活力，俄罗斯早在 2010 开始实施了产学研结合计划。这一计划是俄罗斯致力于改变依赖资源出口型经济模式，调整产业结构，大力发展高技术产品，走创新发展之路，从资源经济向知识经济转型的重要举措。如我们访问的俄罗斯科学院信息传输问题研究所其应用研究和产业结合非常紧密，与华为、三星等跨国公司以及众多高校都有合作，其研发的车辆车型自动识别系统已经在俄罗斯主要高速公路应用了300多套。白俄罗斯国立技术大学为了产学研合作创新，于1992年成立了国有的白俄罗斯国立技术大学科技园区，下设8个研究中心、11个市场信心中心，员工人数已经超过了200名，其创新性产品主要集中于医疗设备、称重设备、轻工业设备、程序软件和自动化设备、资源节约和环保技术等多个领域，其中支架、室壁运动训练设备、可移动全自动化设备等等多种产品已经成功开发并投入市场，取得较好成效。哈萨克斯坦工程院成立的定位和宗旨就是克服基础与应用科学研究与产业脱节问题，把科学转换为现实生产力。目前其主要目标是让国家科技人才积极有效地参与国家战略《哈萨克斯坦——2050》，加快工业创新发展，并取得了显著成效。如在信息技术领域的科学家，创造了一个使用CUDA（NVIDIA推出的通用并行计算架构）技术，利用超级计算机构建的高性能GPU-CPU混合仿真系统，应用在岩土工程三维任务计算以及创建Web油藏模拟器的并行计算，提高了10倍以上运算速度，并且开发了面向CUDA技术的抗DDos攻击监测系统。

四、下一步建议

三国政府推进网络安全和信息化的策略和方法给我们很多启发。调研团在学习和考察过程中结合我国的实际情况进行比较、分析和讨论，对加快推进我国网络安全和信息化提出如下建议：

（一）完善国家网络安全法制体系

一是改革网络安全立法体制机制。建议对国务院立法机制进行必要改革，针对国家在网络安全领域的重大关切，由中央网络安全和信息化领导小组、国务院法制办共同牵头，加快相关行政法规的起草、审查、协调等，建立快速、有效的立法机制，以对国外进行有效反制并维护我国的国家利益。**二是健全网络安全法律体系。**加快出台《中华人民共和国网络安全法》，网络安全法二审稿于2016年7月5日面向全社会发布并征求了意见，建议尽快完成立法流程。明确个人信息保护、关键信息基础设施保护、数据跨境流动以及政府、企业、个人等各个主体的责任等。**三是建立网络安全法律调整机制。**加强网络安全立法研究和咨询支撑，定期开展法律适用性和实施效果评估，做好法律法规与政策、标准规范的协调衔接。

（二）全面突破核心技术设备，提升网络安全产业实力

一是发挥举国体制优势，实现核心技术突破。信息领域是国家对抗领域，有利益冲突、技术封锁，利用引进的技术自主创新，难以掌握核心技术，终将因缺失创新能力而全盘依赖引进，国内优势的领域都不是靠引进发展起来的。围绕国家安全需要，应大力发展“两弹一星”和载人航天精神，坚定不移地加大自主创新力度，追踪和把握新一代信息技术重点方向，在现有自主产品和优秀开源项目基础上，集中国家优势力量和资源协同攻关集成电路、核心电子元器件、基础软件等核心关键技术，实现突破。**二是积极推动关键信息技术产品的国产化替代。**尽快启动核心信息技术产品的网络安全检查和强制性认证工作，依照应用领域的安全等级设定不同的检查要求，比如对关键领域应用的产品进行源代码级检测，将网络安全产品的强制市场准入制度引入到核心信息技术产品领域。加强对国外进口技术、产品和服务的漏洞分析工作，提升发现网络安全隐患的能力，明确国外信息技术企业在国内提供产品、技术和服务时的责任和义务，对从事关键行业数据搜集和数据分析业务的企业采取备案和黑名单制度。建立信息技术产品和设备的检测评估机制，开展功能、性能检测，评估相关产品的国产化替代能力，在关系国家安全的重点领域，有序开展国产产品和设备的替代工作。

（三）加强与三国在信息丝绸之路、跨境电商、智能物流等方面的深入合作

第一，构建安全可信的信息丝绸之路。丝绸之路经济带沿线国家间“五通”建设的关键在于“信息互通”。加快建设亚欧信息高速公路基础设施，加快构筑国际通信和沿线信息传输大通道，对于促进沿线区域合作发展、保障国家网络空间安全、提升跨国通信能力保障等方面建设具有重大意义。建议构建“三横两纵”亚欧信息高速公路。三条横向通道：一是中国经俄罗斯至欧洲的北通道，持续跟进中国与俄罗斯中俄输气管道建设，建设经阿勒泰地区至俄罗斯光缆，或者建设从阿勒泰经蒙古至俄罗斯光缆；二是中国经中亚五国至欧洲/北非的中通道；三是中国经南亚至印度洋/北非的南通道，包括：红其拉甫-巴基斯坦-国际海缆-印度洋，红其拉甫-巴基斯坦-伊朗-北非。两条纵向通道：分别是俄罗斯-哈萨克斯坦-吉尔吉斯斯坦-塔吉克斯坦-阿富汗/中国-巴基斯坦；俄罗斯-哈萨克斯坦-乌兹别克斯坦-土库曼斯坦-伊朗。

第二、积极推进跨境电子商务合作。随着经济全球化和网络信息技术的快速发展，电子商务在全球贸易中的地位日益突显。其中跨境电子商务作为一种具有前瞻性的新型跨境贸易模式，引领着电子商务的发展趋势。目前我国新疆跨境电商已建成“丝路宝跨境电商公共服务平台，已完成B2C进口直邮、B2B进口付汇、供应链融资、国际卡收单等功能，具备与中亚、西亚和俄罗斯合作的条件。建议国家和新疆政府支持“丝路宝跨境电商公共服务平台”走向中亚，打造面向中亚、东欧和俄罗斯的多币种、多语种跨境电商和国际物流公共服务平台，继续完善公共服务的国际化准备，推动各国政府间在海关、铁路在大宗物流层面相关数据服务的共享，为服务的集结形成吸附效应。

第三，发展智慧物流合作。近些年，中国物流业总体规模快速增长，物流服务水平显著提高，发展的环境和条件不断改善。我国新疆位于亚欧大陆中部，是我国通往中亚的窗口，是丝绸之路经济带的必经之路。特有的地理位置和资源等优势，决定了新疆在丝绸之路经济带中物流行业发展具有先天优势。建议国家支持以新疆“西行班列”和“中新欧”班列为基础的铁路运输大通道规划和建设为基础，同步规划建设信息传输大通道，提升乌鲁木齐国际通信枢纽地位，开通全业务功能。以新疆“班列集结分拨中心”和“保税仓”为基础，与哈萨克斯坦首都阿斯塔纳合作建设“乌鲁木齐—阿斯塔纳智慧物流云平台”，连接中哈各个智能物流园区，促进新疆的智慧物流云与哈萨克斯坦合作，进而辐射中亚、俄罗斯，延伸至欧洲。

第四，云计算数据中心建设与运维方面开展合作。云计算作为未来新一代信息技术与IT应用方式变革的核心、我国战略性新兴产业发展的重点领域，已经成为当前信息技术产业发展和应用创新的热点。近年来，新疆维吾尔自治区党委、政府高度重视云计算产业发展。2011年启动了“天山云”计划，将“数据中心基础设施”和“云计算应用和服务”两大领域作为重点方向，积极推动产业发展积极承担和参与一批国家重大科技项目和国家实验室相关工作。沿天山北坡经济带，分别在乌鲁木齐市、昌吉州和克拉玛依市规划建设了500亩、2000亩和15000亩（其中，一期4500亩）的云计算产业园。与此同时，新疆在电子政务、卫生医疗、教育、农业、公共安全、水利等领域积极推进云计算应用示范，引导信息技术企业适应技术发展变化趋势，推进企业向平台化、网络化、服务化转型。目前，新疆云计算产业初步具备了支撑丝绸之路经济带核心区交通枢纽、商贸物流、金融、文化科教和医疗服务等“五大中心”建设的能力，同时能够促进丝绸之路经济带现代物流、跨境电子商务、网络金融、网络文化、智慧医疗等相关产业发展。通过这次访问，代表团与白俄罗斯国立技术大学（BSTU）交流中达成共识并初步达成合作意向，充分发展中国在建设数据中心能力和超级计算机能力强的优势以及白俄罗斯国际技术大学在数学建模能力和复杂计算能力强的优势好，两国共享计算资源和信息资源，在丝绸之路经济带建设中，共同为欧亚各国提供创新空间，提供数据和信息平台服务，下一步通过中国工程院与白俄罗斯国立技术大学合作具体落实，中方由新疆经信委毕开春副主任作为联系人，白方由 Boris Smolkin (The Director of the International Information and Analytical Centre for Technology Transfer) 作为联系人，双方合作在白俄罗斯国立技术大学(BSTU)建设数据中心，搭建亚欧创新空间平台。

附件：代表团人员名单

团长：陈左宁　中国工程院副院长

团员：沈昌祥　中国工程院院士

吾守尔　中国工程院院士

毕开春　新疆维吾尔自治区经信委副主任

刘　权　中国电子信息产业发展研究院网络安全研究所所长

周亚琳　中国工程院国际局项目官员

国际工程科技知识中心赴拉美三国调研 UNESCO 二类中心情况报告

一、出访背景

2016 年 5 月 16—18 日，联合国教科文组织(简称“UNESCO”)科学中心主任工作会议(UNESCO Science Centres Coordination Meeting)在北京召开，来自全球 30 多个国家的 48 个 UNESCO 下属中心和研究所主任及第三世界科学院、中国工程院、中国科学院等机构的 160 余位代表齐聚北京，参加首次举办的 UNESCO 科学中心主任工作会议。

会议审议并通过了《北京行动计划》(Beijing Action Plan)，对于指导今后二类中心各项工作的开展以使其更加符合联合国各项宗旨和目标、加强中心间交流合作、建设基于国际工程科技知识中心(IKCEST)提议的二类中心信息和知识共享平台、加强各中心能力建设、专业领域结构优化及资源互补等方面具有重要指导意义。

2016 年 6 月以来，中国工程院和位于多米尼加共和国、哥伦比亚、秘鲁的 UNESCO 二类中心多次视频沟通，磋商签署合作协议，合作共建《北京行动计划》中 IKCEST 提议的二类中心信息和知识共享平台相关事宜。为了加快该平台建设，中国工程院决定组建 IKCEST 代表团，出访拉美地区的 UNESCO 二类中心和国立大学，包括：位于多米尼加圣多明各的“加勒比岛屿国家水资源可持续管理中心”(CEHICA)、位于哥伦比亚波哥大的“拉美及加勒比海地区书籍与阅读促进中心”

(CERLALC)和哥伦比亚国立大学、位于秘鲁库斯科的"拉美非物质文化遗产保护区域中心"(CRESPIAL)和库斯科圣安东尼奥阿巴德国立大学。

二、出访安排

代表团团长是原中国工程院常务副院长、IKCEST 顾问委员会中方主席、理事会成员潘云鹤院士,其他成员包括:IKCEST 常务副主任宋德雄、中国工程院办公厅院办副主任张松、中国工程院办公厅知识中心办公室副主任刘畅。鉴于浙江大学是 IKCEST 的技术合作单位,邀请浙江大学计算机科学与技术学院的庄越挺院长、张寅副教授作为技术专家同时出访,以便共同讨论问题。

出访日程安排如下:

(1) 2016 年 10 月 11—13 日,离开北京,飞抵多米尼加圣多明各,访问"加勒比岛屿国家水资源可持续管理中心"(CEHICA),与多米尼加的中国电建、华为、中兴等中方企业座谈,走访中华人民共和国驻多米尼加的贸易发展办事处;

(2) 2016 年 10 月 13—16 日,飞抵哥伦比亚波哥大,访问"拉美及加勒比海地区书籍与阅读促进中心"(CERLALC)和哥伦比亚国立大学,会晤中国驻哥伦比亚大使;

(3) 2016 年 10 月 17—19 日,飞抵秘鲁库斯科,访问"拉美非物质文化遗产保护区域中心"(CRESPIAL)和库斯科圣安东尼奥阿巴德国立大学。

三、多米尼加共和国圣多明各

代表团在多米尼加共和国首都圣多明各期间,连续进行多场活动,会晤加勒比岛屿国家水资源可持续管理中心(UNESCO 二类中心)主任及相关管理人员,双方签订合作谅解备忘录,与多米尼加共和国的中国电建、华为、中兴等中方企业座谈,走访中华人民共和国驻多米尼加的贸易发展办事处。

(一) 加勒比岛屿国家水资源可持续管理中心

10 月 12 日,代表团访问了加勒比岛屿国家水资源可持续管理中心(CEHICA),其实体承担单位是多米尼加国家水资源可持续管理中心(INDRHI)。

1. 双方会谈(图 1、图 2)

潘云鹤院士开场致辞,表示非常高兴率领代表团来访问美丽的圣多明戈和水资源可持续管理中心。IKCEST 是 UNESCO 的第一个以信息技术为目标的中心,其目标是在工程科技领域中,使用信息技术为各个领域进行服务。它不但和环境有很密切的关系,和土木建筑有很密切的关系,和各种材料有很密切的关系,当然和水资源也有非常密切的关系。UNESCO 今年在北京召开科学中心主任工作会议,来了 45 个二类中心和 3 个一类中心及国际组织,会上希望 IKCEST 能够通过信息技术与这些中心开展合作,为大家服务。就水资源而言,全世界很多国家都有丰富的治理水的经验,比如说在中国,就有很多单位在进行水的管理、水的治理,水环境的处理,这些技术都值得推广,需要进行交流,现在这些交流通过网络和大数据来进行。随后,代表团播放视频短片,介绍 IKCEST 的建设理念和工作进展。

多米尼加方面有近 20 人参加会谈,其皇家工程师通过 PPT 详细介绍了 INDRHI 和 CEHICA 水资源可持续管理中心的情况,INDRHI 成立于 1965 年,2000 年之前属于多米尼加农业部,2000 年之后属于多米尼加环境和自然资源部。INDRHI 的职能是规划水资源的可持续使用,评估、设计、执

图 1　双方会晤

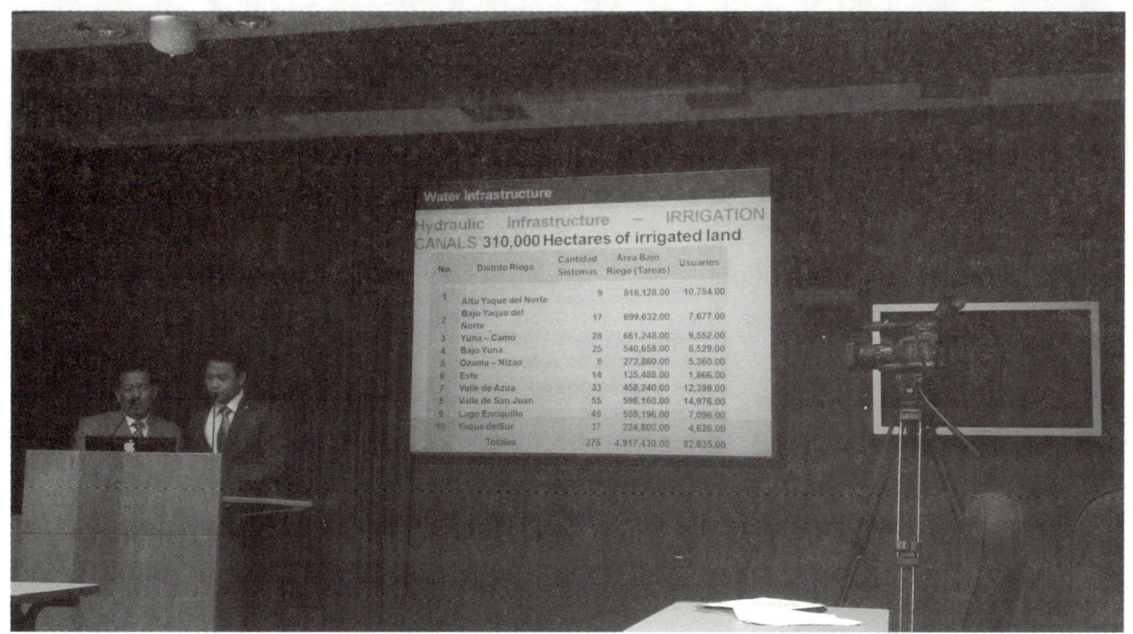

图 2　多米尼加水资源情况介绍

行和监控所有地表水和地下水相关的项目。2009 年 9 月，在 INDRHI 的基础上，CEHICA 委员会在圣多明各市成立，CEHICA 的主要目的是促进加勒比地区 14 个国家水资源管理能力的交流共享，寻找创新及可持续的解决方案以满足该区域水资源需求。

INDRHI 方面向代表团详细说明了多米尼加水资源的各方面情况，包括：多米尼加的面积是 48 311 平方公里，拥有加勒比地区海拔最高的山峰，海拔最低的盐水湖，多米尼加的水质类型，详细到村庄的主要河流，多米尼加平均年降雨量 600～2600 毫米，降雨量分布图，多米尼加的年蒸发量、湿度，生活、工业、农业、旅游业对于水的需求量的当前统计和 2025 年的预测。在水利基础设施方面，多米尼加现有 34 个水坝，其中有 22 个大坝，最高的大坝现在高度超过 120 米。水库管理的库存水量达到了 39 亿立方米，60%的农业用地接受水坝调节的河水，50%的人口用水来自水坝。水利发电量总共达到 450 兆瓦，总发电量相当于 15%的全国用电量。82 800 多人从事农业灌溉工作，275 个水渠系统，总共覆盖将近 500 万亩的农业用地。全国评为一级的水渠有 2560 多公里，二级的水渠有 1870 多公里，总计是 4439 公里。多米尼加共和国是加勒比地区农业发展用水量比较大的国家，所以多米尼加的农业发展是比较快的。

双方代表就可开展合作的领域展开讨论。

2. 技术参观(图 3)

代表团参观了 INDRHI 和 CEHICA 的污水测试、土壤分析化验、水质化验、病菌管理等实验室。

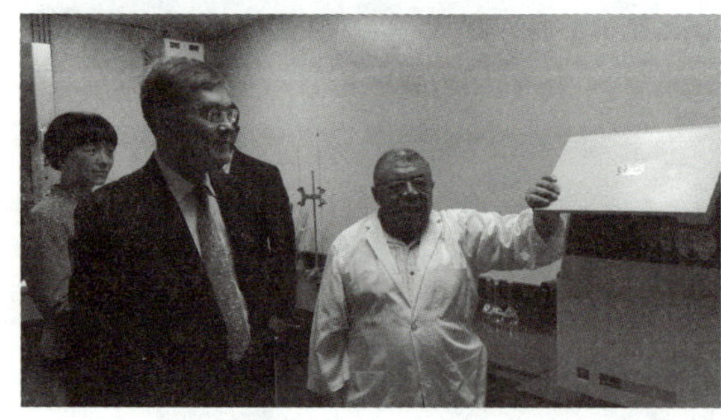

图 3　技术参观

3. 签约仪式

签约之前，潘云鹤院士发表了精彩致辞(图 4)。

“女士们先生们，上午好！非常高兴这一次我能够率领代表团来访问多米尼加，访问贵所。今天上午我们进行了热烈的动态的讨论，在讨论中间，我深深地感受到贵所在水资源管理，尤其是整个加勒比海地区水资源的管理方面做出了非常优秀的工作。我们等会就要见证这个两方面合作协议的签字仪式，我特别高兴在今天的签字仪式中间，中华人民共和国驻多米尼加的贸易发展办事处的常驻代表傅新蓉女士能够出席今天的签字仪式。她是中国和多米尼加合作的重要桥梁，实际上，

图 4 签约致辞

我们这一次访问,她起到了重要的促进作用,我们相信,在我们签署合作协议之后,她仍旧能够起到很重要的促进作用。多米尼加的中华总商会会长张跃辉先生也出席了今天的签字仪式,我想他一定会组织中国在多米尼加的企业,一起参与到这个合作中间。

女士们,先生们,我们知道,当前人类的科技界发生了一件很大的事情,就是整个人类进入了信息社会。这个 IT 技术,也就是信息技术,不仅发展非常快,一日千里,而且还深深地渗透到了各种各样的新技术领域和传统技术领域,渗透到了各种产业中间。所以在三年以前,UNESCO 在中国设立了第一个信息的二级中心,这就是 IKCEST。UNESCO 希望 IKCEST 不仅能够在信息领域中间推广它的技术,而且希望能够用信息这个工具把 UNESCO 的 40 几个二级中心的信息能够互相之间串通起来,造成一个全世界的大合作。这就是我们今天来访问贵所和贵中心的主要目的所在。

通过今天上午的讨论,我们看到了贵所和贵中心在加勒比海地区国家的水资源管理中间做出了非常卓有成效的工作。你们的这些经验我相信在全世界的很多其他地区也有借鉴和推广作用,比如在非洲,比如在东南亚。同样的呢,其他国家的一些水资源的管理经验对你们也可能有很大的借鉴作用。我现在举个例子,在中国有条河,这条河就叫大渡河,中国在大渡河上面修建了 10 个水坝,其中有的水坝高度超过了三峡,三峡是 175 米高,大渡河最高的水坝达到 200 米高。现在是每个水坝的水和发电都是单独管理,他们希望能够把这 10 个水坝连在一起,变成一个智慧型的,就叫智能大渡河。这就是使信息技术和水的管理、水文的综合利用,能够结合在一起,让这十个水坝在一起能够发更多的电,并能够使水产生更大的效用。所以我们需要让全世界的水资源管理和水电的工程管理能够交流起来,能够联通起来,能够合作起来,为人类做出更大的贡献。我们也希望信息技术和各个工程科技领域能够很好地结合起来,让水资源的管理和水资源的利用能够发挥更加巨大的作用。刚刚在茶歇的时候我已经跟副所长先生讨论了一个问题,我说根据贵所和贵中心的情况,建议你们在加勒比海的国家和地区能够建立水资源的大数据中心,这些国家如果把信息能够进行联通，让数据进行共享，能够共同利用大数据的技术来进行分析的话，加勒比海地区的国家可以把水管得更好，可以使水的能力、水的质量和水的利用能够更上一层楼。我相信我们等会要签订的这个合作协议，会再次开辟了一个合作历史的新篇章。我衷心地祝愿我们的合作能够取得辉煌的成绩，谢谢！”

随后，IKCEST 的宋德雄常务副主任和 INDRHI 中心执行主任 Ing. Olgo Fernández Rodríguez 代表双方在合作备忘录上签字。中国驻多米尼加共和国贸易发展办事处代表傅新蓉、多米尼加共和国中华总商会会长张跃辉，以及双方代表见证协议签署（图 5）。双方商定将在合作谅解备忘录的框架下，开展全方位具体合作。

图 5　合作谅解备忘录签字环节

（二）多米尼加中国企业座谈会（图 6）

在中国驻多米尼加共和国贸易发展办事处傅新蓉代表的协调下，代表团与正在多米尼加开辟市场的中国电建、中兴通讯、华为公司等中方公司进行了座谈。

中国电建方面表示：多米尼加连续两三年经济增速领跑拉美，商业化法律各方面比较健全，公司觉得可以尝试开拓这个市场。现在在多米尼加的市场主要是三个方向：水利工程、电力工程，交通。水利方面，公司和 INDRHI 全国水利委员会签署了一个协议，现在我们正在无偿帮助多米尼加方面做一些长期规划。电力方面，包括火电水电新能源生物电站，去年全球承包商电力排名第一。交通方面，准备参与投标，投资一些高速公路。

中兴通讯方面表示：中兴通讯多米尼加分公司已经有 8 年多的经营历史，跟本地运营商客户取得了非常好的合作关系，为他们提供 4G 具有自主知识产权的 PDD，4G LTE 服务，以及向他们销售中国开发的智能手机还有一些有线的光通信产品。多米尼加特别适合发展新能源，根据 NASA 统计，多米尼加每天日照强度完全能产生电能小时在 5～6 小时，业界开始把水电站和光电站建在一起，白天光伏发电，晚上水力发电，交替发电，遇到早期还可以继续发电。公司借助这个产业趋势制

图 6　多米尼加中国企业座谈会

定了发展战略，在贸易处的支持下，我们为多米尼加政府建了一个 1 MW 的光伏电站。虽然看似不大，但满足多米尼加民航总局自有的电力需求，还向公用电网回馈一些多余的电能。这个电网一年可以生产 160 万千瓦时，是多米尼加政府节能减排的一个典型的成功案例。

华为公司方面表示：华为在加勒比海多米尼加地区开展业务已经整整十年，经过艰苦努力，本地第一大运营商 Claro 的移动网络将从明年 7 月全部换成华为的网络设备，本地第二大运营商 Altice 明年开始，除了爱立信的设备，将把其他设备全部换成华为。这样一来，多米尼加的移动通信网络 90% 以上全部换成了华为的基础网络。一个问题，多米尼加两大运营商都不是政府运营商，都是私营，这导致一些地方没有覆盖到位。多米尼加政府正在制定 4 年规划，希望未来能跟中国方面合作，这是运营商这一块。第二块是企业网方面，这个业务刚刚进入市场，还需要和政府多接触多合作，特别是电力、轨道交通、平安城市等部门。第三块是移动终端销售，多米尼加人口基数大，市场非常好，市场占有率大，贡献的利润很可观，Mate7、Mate8、P8、P9 等高端产品的市场占有率上升势头明显。

潘云鹤院士表示，三家公司在多米尼加市场表现都很不错，中国工程企业过去的传统优势是疏漏打洞建桥造水坝，现在发电机、新能源发电、通信也有了优势，一定要扩大这些优势。潘院士建议我国的企业联合起来，从下面的投标向上走，进入到这个国家的经济规划中间去。新兴国家正在学习中国的 5 年规划，他们认为中国的经济能够稳定发展正是因为有这个 5 年规划，所以很多国家都在规划。哪些公司能够参与到规划中，后面的投标就可以有先见之明。另外，建议和国内的高校合作，挑选本地骨干、本地工头，包括项目经理、销售经理，送到中国大学培养，拿到中国大学的毕业证书，回多米尼加后继续在中国公司干活，让他们管理本地人。最后，建议在多米尼加大力发展跨境电子商务，建议联系国内的阿里巴巴、京东，京东在印度尼西亚打入进去了。中国电建、华为还可以合作做政府机构的 IT 平台建设，目前 INDRHI 的实验室几乎没有用信息技术，水电站也需要大量的新式水电传感器，建设无人值守的电站。

（三）中华人民共和国驻多米尼加共和国贸易发展办事处

10 月 13 日，代表团一行访问中华人民共和国驻多米尼加共和国贸易发展办事处（图 7），简称“商代处”。该商代处除了没有对接军方的武官处之外，其他功能齐全，能够处理领事、签证、贸促会、孔子学院、政治、经济、文化、教育等事宜，现任代表是傅新蓉女士。

潘云鹤院士在看到签证区的时候，建议办事处增加一项要求，要求多米尼加学者在申请中国签证时候，主动提交其研究论文清单，积少成多之后就会非常有价值。

傅代表提到贸促会是在正式建交之前主要的一类活动，潘云鹤院士建议傅代表提醒贸促会的代表，需要重视电子商务，这个是未来的发展趋势，不要局限于广交会这样的贸易交易会形态。

图 7　访问中国驻多米尼加商代处

傅代表告诉代表团，她昨夜已经写好了一份新闻稿（图 8），报给了国内外交部的新闻司，现在已经发布在外交部网站上的驻外报道栏目。

四、哥伦比亚波哥大

（一）拉美及加勒比海地区书籍与阅读促进中心

10 月 14 日，IKCEST 代表团访问了位于哥伦比亚波哥大 Calle 70 No. 9-52 的拉美及加勒比海地区书籍与阅读促进中心（CERLALC，图 9）。

CERLALC 中心的参会人员包括主任 Marianne Ponsford 女士，技术负责人 Bernardo Jaramillo，规划部门负责人 Ramon Villamizar，婴幼儿教育项目负责人 Lorena Panche，图书管理员 Francisco Thaine 等。

Marianne Ponsford 主任向 IKCEST 代表团介绍了 CERLALC 的情况，该中心成立于 1971 年，已经有 45 年历史，是一个跨政府的区域性机构，和美洲各国的政府和行业建立了联系，为拉美国家统

English Français Español Русский عربي

外交部

首页 外交部长 外交部 外交动态 驻外机构 国家和组织 资料 服务 移动客户端

首页 > 国家和组织 > 国家（地区）> 北美洲 > 多米尼加 > 驻外报道

驻多米尼加商代处代表傅新蓉陪同全国政协外事委员会主任潘云鹤见证中国与多米尼加水资源合作谅解备忘录签署仪式

来源：（驻多米尼加贸易发展办事处供稿） 2016-10-13

[字体：大 中 小] 打印本页

2016年10月12日，驻多米尼加商代处代表傅新蓉陪同来访的全国政协外事委员会主任潘云鹤一行访问设在圣多明各的联合国教科文组织下属的加勒比岛屿国家水资源可持续管理中心，并共同见证了中多水资源合作谅解备忘录的签署仪式。

傅代表向潘主任详细汇报了近年来中多双边关系的进展情况，介绍了多米尼加在加勒比地区的重要地位和作用。傅感谢潘主任一行来访，指出有关合作备忘录的签署为中多关系的发展又增添了新内涵、新活力。

潘主任在签字仪式的致辞中特别感谢傅代表为代表团到访所做的协调工作，称中国驻多米尼加贸易发展办事处为中多两国关系的发展起着重要的桥梁作用，值得肯定。此次签署的中多水资源合作谅解备忘录是中多关系的新亮点，将为两国有关部门之间的水资源综合管理利用、信息共享，为相关交流与合作提供了法律依据，将有助于提升多米尼加在水资源利用领域方面的地区地位。

潘主任此行系应联合国教科文组织下属的加勒比岛屿国家水资源可持续管理中心邀请，率团访问多米尼加并出席相关信息共享平台建设研讨会。

潘主任还与我驻多米尼加代表处进行了座谈，并听取了中资企业负责人对各自企业在多业务发展和经营的情况汇报。

相关新闻

- 驻多米尼加商代处代表傅新蓉应约会见多旅游部副部长费尔南德斯(2016-10-11)
- 驻多米尼加商代处代表傅新蓉应邀访问多新地平线双语国际学校并出席该校为中国国庆举行的升旗仪式(2016-10-08)
- 驻多米尼加商代处代表傅新蓉礼节性拜会多工业贸易部长蒙塔斯(2016-10-01)
- 驻多米尼加商代处代表傅新蓉应多总统府地区一体化部长、左派团结运动党主席梅希亚邀请发表演讲(2016-09-26)
- 驻多米尼加商代处代表傅新蓉考察多米尼加银港省和圣地亚哥省(2016-09-20)
- 驻多米尼加商代处代表傅新蓉向多外交部代外长马乔里·埃斯皮诺萨递交介绍信(2016-09-15)

推荐给朋友

中华人民共和国外交部 版权所有

联系我们 地址：北京市朝阳区朝阳门南大街2号 邮编：100701 电话：+86-10-65961114 京ICP备06038296号 京公网安备110105002097

政府网站 找错

图 8 商代处报给外交部驻外报道栏目的新闻稿

计图书出版量、人均图书阅读量，帮助政府制定促进阅读的公共政策，推动图书出版、图书馆事业、文献管理和著作权保护。Internet 时代，新技术设备使得阅读的形式变得多样化，使得难以统计人

图 9　CERLALC 中心办公地点

均阅读量，著作权保护面临很大的挑战。目前，中心工作重点在教育领域，加强 5 岁以下的幼儿教育的教材，加强拉丁美洲国家的图书流通。

20 世纪 60 年代末，当时绝大部分图书在北半球出版发行，为了促进南半球区域的图书出版与发行，让南半球人民能够看到更多图书，UNESCO 在亚的斯亚贝巴、喀麦隆、巴基斯坦、日本、哥伦比亚一共成立了 5 个二类图书促进中心，促进区域内的图书出版与发行行业。目前只有哥伦比亚的 CERLALC 中心还在正常运转，并且还将业务范围从拉丁美洲扩展到西班牙、葡萄牙，这些区域有 3.2 亿人使用西班牙语，但是缺乏强大的图书出版和发行网络，该区域每天会有 550 余种新书被出版，图书出版行业正处于快速发展的阶段。

潘云鹤院士介绍 IKCEST 是 UNESCO 在信息领域建立的第一个二类中心，此行是为了促进 IKCEST 和各个二类中心的合作，将信息技术应用到各个领域的数据上，并且促进机构之间、国家之间的数据交换和知识共享。随后代表团通过视频展示了 IKCEST 的建设理念和建设成果(图 10)。

庄越挺教授介绍了浙江大学牵头的“大学数字图书馆国际合作计划(CADAL)”项目的建设成果，包括：100 余家国内外参建单位，囊括 260 万册图书、期刊和多媒体文件的大型数字资源库，以及基于这些资源构建的数字图书门户、中国书法特色服务等。

Marianne Ponsford 主任对于 IKCEST 和 CADAL 项目的建设成果感到震惊，急切询问了双方合作的形式。

刘畅介绍了与 IKCEST 开展合作的两种具体方式，一种是 IKCEST 提议建设的知识共享平台，希望所有 UNESCO 二类中心参加进来。UNESCO 的助理总干事(ADG)组织了 2016 年 5 月的 UNESCO 科学中心主任工作会议，形成了《北京行动计划》，建设基于 IKCEST 在大会上汇报方案的二类中心知识共享平台正是《北京行动计划》的成果内容之一。另外一种方式是参与 IKCEST 组织的主题为“大数据技术应用与知识服务”国际培训，其目的是增强 UNESCO 二类中心相关人员处理

图 10　双方会谈

数据的能力,2015 年的培训获得了来自伊朗、马来西亚、尼日利亚等国 UNESCO 二类中心学员的好评。2016 年的培训将在 11 月 3 日开始,时间太紧难以成行,邀请 CERLALC 中心派人参加 2017 年的 IKCEST 国际培训。

庄越挺院长介绍了 CADAL 数字图书馆的合作方式,CADAL 已经和美国、德国、英国等国的几十个机构签订了合作协议,CADAL 的国际合作部后面将和 CERLALC 进一步洽谈合作事宜。

Marianne Ponsford 主任表示,非常愿意和中国工程院和浙江大学合作,参加 IKCEST 国际培训,并成为 IKCEST 知识共享平台,以及 CADAL 数字图书馆项目的成员,抓住重要的机遇,让拉美地区能够获得丰富的数据资源。

潘云鹤院士建议 Marianne Ponsford 主任组织一个美洲地区的代表团,包括巴西、墨西哥、阿根廷、智利等国家,访问中国北京和杭州,进一步了解 IKCEST 知识共享平台和 CADAL 数字图书馆。

(二) 哥伦比亚国立大学工程学院

哥伦比亚国立大学是哥伦比亚最好的国立大学,有八个校区,首都波哥大校区是主校区,其他校区包括:亚马逊(Amazonia)校区、加勒比(Caribe)校区、马尼撒勒斯(Manizales)校区、麦德林(Medellin)校区、奥里诺吉亚(Orinoquia)校区、巴尔米拉(Palmira)校区、杜马戈(Tumaco)校区。

哥伦比亚国立大学方面的参会人员有学术事务副主任 María Alejandra Guzmán Pardo,教授机械工程学院教授 Ricardo Emiro Ramírez Heredia,电气学院教授 Francisco José Román Campos,自然

图 11　哥伦比亚国立大学会谈

科学研究所教授 Leonardo David Donado Garzón，工程学部国际事务协调员 Francesco Di Prima，外联事务主任、战略合作顾问 Jhon Bonilla 等（图 11）。

哥伦比亚国立大学在会议中谈到，哥伦比亚国立大学正和中国科学院、中国社科院的拉美研究所、天津医科大学、华南农业大学等中国机构开展科研合作。Francisco 教授提到二个合作点，一个是防治雷电暴雨导致的次生灾害，另一个是排除地雷，目前哥伦比亚正和中美等国合作，希望通过电磁方式引爆内战中埋下的无数地雷。代表团回国后，该教授与 IKCEST 秘书处多次沟通，商讨对接相关领域院士事宜。

潘云鹤院士询问了哥伦比亚国立大学的科研经费情况以及研究生人数，并说明了浙江大学这些方面的情况。庄越挺院长则介绍了浙江大学和美国 UIUC、英国帝国理工学院共建的海宁国际学院的情况，这个国际学院邀请国外的著名教授来到中国给学生们上课，学生在毕业的时候，将拿到国内国外 2 个本科学位。

潘云鹤院士建议哥伦比亚大学和中国工程院、浙江大学保持联系，推荐合适的教授加入 IKCEST 项目，尤其是在灾难防治、建筑、环境、计算机等领域开展数据交换和人员交流。

（三）中国驻哥伦比亚大使

潘云鹤院士带领代表团一行拜访了中国驻哥伦比亚大使李念平先生（图 12），李大使介绍了哥伦比亚国家的情况，哥伦比亚的名片是毒枭、咖啡、黄金、鲜花、足球、高尔夫、绿宝石。哥伦比亚的生物多样性特点突出，农业资源非常丰富，许多物种是中国国内没有的，中哥在农业领域合作的潜力很大，来自国内的科学家正将一些农作物移植到国内。

潘云鹤院士向大使介绍了 IKCEST 的宗旨和愿景，以及今天访问拉美及加勒比海地区书籍与阅读促进中心（CERLALC）和哥伦比亚国立大学的收获和合作意向。CERLALC 如同看见了一个技术的大救星，迫切希望合作；哥伦比亚国立大学则希望和我们开展灾难防治、数字图书馆方面的合

图 12 李大使与代表团交流

作。潘院长表示,听了大使介绍,回国后还将建议工程院组织国内相关的农业专家,和哥伦比亚国立大学的生物系、农学院合作起来,建立国际合作的生物资源分布的数据库、生物基因方面的大数据中心。

大使最后提到,习近平主席下个月即将访问秘鲁,外交部目前正在收集双边关系中的新进展,鼓励代表团向使馆通报相关进展,切实推动双边关系不断前进。

五、秘鲁库斯科

(一) 拉美非物质文化遗产保护区域中心

拉美非物质文化遗产保护区域中心(CRESPIAL)是第一个以非物质文化遗产保护为目标的 UNESCO 二类中心,是在联合国教科文组织第 32 届大会(2003 年 10 月)上被批准建立。在会议决议中,各成员国通过了非物质文化遗产保护协议,并同意拨款支持这一事业,而这个协议成为了非物质文化遗产保护主题的第一份国际级官方正式文件。

CRESPIAL 主任 Fernando Villafuerte Medina 欢迎 IKCEST 代表团的到来,向代表团介绍了 UNESCO 官方文件中定义的非物质文化遗产的概念,以及非物质文化遗产保护的概念(图 13)。

非物质文化遗产的典型代表有:语言表达,包括谚语、谜语、故事、童谣、传说、神话、史诗般的歌曲和诗歌、符咒、祈祷、儿歌、歌曲、戏剧表演等;表演艺术,包括声乐、器乐、舞蹈和戏剧的哑剧表演等;社会实践、仪式和节日活动;关于自然和宇宙的知识和实践,包括传统生态智慧,原住民知识,了解当地的动植物,传统治疗系统等;以及衣服、珠宝、玩具、器皿等传统手工艺品制造所涉及的技能和知识。

庄越挺教授介绍了浙江大学在敦煌莫高窟保护方面做的工作。莫高窟洞内的壁画出现起甲、盐害、点状脱落、褪色、变色的现象。为了保护莫高窟以及莫高窟内的珍贵壁画,浙江大学制造了高

图 13　IKCEST 代表团和 CRESPIAL 中心进行会谈

精度的大幅面壁画扫描仪以及相应软件，用于高精度扫描复原敦煌壁画，并且获取壁画中隐藏的多种信息。莫高窟洞窟正面临着大气污染、风沙、旅游、建筑施工等自然和人类活动的考验。为此，浙江大学研制了微环境监控系统，在 60 个洞窟内部署了 210 个传感器，实时检测洞窟内的温度、湿度、二氧化碳、人流情况等指标，并提供了分析和预警服务，优化游客的旅游路线，减少旅游对洞窟微环境的影响。

随后双方讨论了合作的几种具体形式：① CRESPIAL 希望在著名的马丘比丘遗址保护方面，尝试应用现代的监控和数据分析技术；② CRESPIAL 是拉丁美洲地区最大的非物质文化遗产信息提供单位，希望能够突破信息提供者的角色，下一步重点发展知识管理，希望双方开展合作；③ 愿意共享非物质文化遗产中的关于自然、地震、地理、大型古代建筑、手工艺品制造、表演、社会实践的信息和知识，将其放到互联网上。目前中心的资料都是西班牙语，缺乏英语翻译。

刘畅代表 IKCEST 秘书处介绍合作的具体途径，包括加入二类中心信息共享平台建设，以及参加 IKCEST 提供的旨在提高学员数据处理能力的国际培训等，受到 CRESPIAL 方面热情回应。

潘云鹤院士建议，可以考虑建立包括中国、亚洲、拉丁美洲在内的国际非物质文化遗产数据库，用于支持创新设计，争取再创造出许多新颖有趣的东西。

（二）库斯科圣安东尼奥阿巴德国立大学工程学院

秘鲁圣安东尼奥阿巴德国立大学是一所位于库斯科的公立大学。该校是秘鲁历史最悠久的大学，也是南美洲成立时间第二长的大学，最早由教皇英诺森十二世于 1692 年 3 月 1 日提议成立。1692 年 6 月 1 日，教皇英诺森十二世与西班牙国王查理斯二世于西班牙马德里正式签署了成立该校的有关文档。

圣安东尼奥阿巴德国立大学对此次会见非常重视（图 14），参会人员包括：校长 Baltazar Nicolas Cáceres Huambo，分管科研的副校长 Gilbert Alagón Huallpa，分管学术的副校长 Edilberto Zela Vera，副校长 Manrique Borda Pilinco，国际技术合作主任 Percy Miguel Rueda Puelles，公共关系办公室主任 José Darío Salazar Bragagnini，以及信息技术学院相关教授。

图 14　双方会晤

潘云鹤院士向圣安东尼奥阿巴德国立大学介绍了中国工程院的基本情况、IKCEST 的宗旨和理念、UNESCO 二类中心知识共享平台、IKCEST 和浙江大学之间的关系、浙江大学的基本情况。庄越挺教授介绍了浙江大学计算机学院的基本情况。

圣安东尼奥阿巴德国立大学 2015 年的研究经费达到 2000 万美元，在工程方面的优势学科有地理、矿业、材料，在农业方面，是土豆和雪莲果（Yakon，又名菊薯）的原产地，培育了超过 3000 种当地土豆以及 40 多种雪莲果，雪莲果的低聚果糖不能被人体吸收，可以作为糖的替代品，供糖尿病患者食用。圣安东尼奥大学表示很愿意和工程院以及 IKCEST 建立合作关系。潘云鹤院士建议 IKCEST 的农业分中心首先和对方的农学院对接。

最后，双方互相赠送礼物，圣安东尼奥大学校长亲自为代表团每位成员佩戴了圣安东尼奥大学的校徽，并赠送了图书《REVISTA UNIVERSITARIA N^0 141 1912—2012》。圣安东尼奥大学还提出了与中国工程院签署战略合作谅解备忘录，并在其框架下开展具体合作的建议。

六、收获和建议

（一）收获

1. 增强 IKCEST 知名度和影响力，推进 UNESCO 二类中心知识共享平台建设

此次出访，IKCEST 向各访问机构介绍了中心的建设理念和阶段性进展，邀请其他中心参加其致力于提高工程科技人员数据处理能力的国际培训，受到积极欢迎。“加勒比岛屿国家水资源可持续管理中心”（CEHICA）和 IKCEST 正式签署了合作备忘录，后续将在该合作备忘录的框架下开展全方位合作。所有被访机构都十分赞同 UNESCO 二类中心知识共享平台的建设理念：“拉美及加勒比海地区书籍与阅读促进中心”（CERLALC）迫切希望加入 IKCEST 知识共享平台，并且乐意

成为伊比利亚和拉丁美洲地区的协调人。“拉美非物质文化遗产保护区域中心”(CRESPIAL)愿意共享非物质文化遗产中的关于大型古代建筑、手工艺品制造等的信息和知识。此行提高了 IKCEST 的知名度和影响力,宣传了其建设理念,并且有力推进了 UNESCO 二类中心知识共享平台的建设。

2. 增强与拉美地区重点高校之间的学术联系

哥伦比亚国立大学是哥伦比亚最好的大学,迫切希望在雷电暴雨灾害防治方面与中国工程院以及 IKCEST 进行合作,目前已经和相关领域的院士专家对接。秘鲁圣安东尼奥阿巴德国立大学表达了与中国工程院及 IKCEST 签署战略合作协议的愿望,首先在农业、地理、矿业等领域开展合作。两所高校都表达了与 CADAL 数字图书馆开展合作的愿望,其相关院系(计算机学院、信息学院等)与浙江大学计算机学院(IKCEST 技术研发团队)已经开启友好合作关系,以期后续合作。此行搭建了我国与拉美多国之间在工程科技领域的学术交流桥梁,将直接促进未来各相关领域的交流与合作。

3. 提升被访机构的数字化、信息化水平

CRESPIAL 中心希望在著名的马丘比丘等遗址保护上应用微环境监控、大数据分析和虚拟展示等先进的信息技术,也希望在非物质文化保护方面借鉴使用大数据技术。CERLALC 中心迫切希望使用 IKCEST 的实体文献数字化技术和中方的 CADAL 数字图书馆,愿意作为其在拉丁美洲区域协调人,成为 CADAL 数字图书馆在拉丁美洲的核心合作伙伴,而 CADAL 项目也是 IKCEST 的重要合作伙伴。此行对提升工程科技水平较为落后的拉美各机构的数字化、信息化水平具有实际意义。

(二)建议

1. 围绕 UNESCO 二类中心知识共享平台,联合拉美地区的中方企业,提升拉美合作伙伴的大数据分析能力

此次出访商定围绕 IKCEST 知识共享平台,中方和拉美地区机构共建共享水资源、图书、农业、防灾、建筑、遗产保护等方面的大数据中心,提升其在大数据分析方面的能力。这就需要联合开拓拉美市场多年的华为、中兴、中国电建等公司,帮助拉美地区机构建立大数据中心,和拉美地区机构进行数据交换和知识共享。

2. 建立 UNESCO 二类中心知识共享平台的拉美区域分中心,为 IKCEST 新一届理事会物色拉美地区代表

为了加快 UNESCO 二类中心知识共享平台的建设,建议在此次出访的基础之上,积极联系上述 UNESCO 二类中心的成员,请他们再邀请拉美地区有数据交换和知识共享诉求的机构,组成拉美代表团,访问北京和杭州,让拉美代表们更加了解知识中心,切身体验知识中心汇聚的各个领域的数据,以及提供的各项知识服务,进而切实加入到 UNESCO 二类中心知识共享平台的建设中来。另外,需物色一名拉美地区的代表作为 IKCEST 新一届理事会成员,此行也在开展前期沟通和相关探索工作,相信在新一届理事会中包含一名拉美地区的代表将有助于增加理事会的区域代表性,进而提升其决策的科学性和全局性。

3. 加速面向拉美地区输出中国工程科技,提升我国在该领域的软实力

拉美和加勒比地区国家的经济发展不平衡,贫富差距悬殊。相对于中国,拉美地区国家在工程科技方面处于欠发达地位,水资源管理、道路建设、互联网等基础设施亟待提高,迫切需要获得先进的工程科技。通过 IKCEST 这一平台,将显著增加中国工程科技在拉美地区的影响,提升软实力,成为推动不断升温的中拉整体合作的重要技术支撑。

赴哈萨克斯坦出访报告

2016年10月24至27日,中国工程院副院长徐德龙院士等一行二人赴哈萨克斯坦参加2016中国——中亚国家建材技术研讨会,出席亚洲水泥与混凝土研究院中亚分院成立仪式,与相关机构专家开展技术交流,并开展侨界联谊交往活动。现将出访情况报告如下:

一、2016中国-中亚国家建材技术研讨会

2016年10月25日,"2016中国—中亚国家建材技术研讨会"开幕式在哈萨克斯坦阿拉木图市举行。中国建材总院副院长、(国家)建材行业生产力促进中心主任马明亮和哈萨克斯坦SM Business公司总经理Aivar Sargaskayev先生共同主持开幕式,徐德龙院士、中国驻阿使馆科技领事米桂雄先生,以及哈萨克东干协会主席安胡赛先生、Aivar Sargaskayev先生分别致辞。中国建材集团副董事长、亚洲水泥与混凝土研究院院长、中国建材总院院长姚燕、阿拉木图市政府建筑局局长阿斯卡尔先生,乌兹别克水泥集团副总经理凯萨尔先生,塔吉克osmonbus建筑公司总经理瓦利德仲先生,江布尔水泥公司总经理卡拉先生,海德堡哈萨克分公司经理Milesi先生等出席开幕式。来自中国、哈萨克斯坦、塔吉克斯坦、吉尔吉斯斯坦、阿塞拜疆、蒙古、俄罗斯等国的一百余名代表与会,就中哈合作水泥工程示范项目、水泥节能烧成技术、新型房建材料技术等议题展开交流

徐德龙院士在致辞中指出,中国与中亚各国都在大力发展基础设施和民生建设,建筑材料是最基础的材料。然而,建筑材料的资源与能源消耗带来一系列环境问题。这引发了当代世界对绿色发展的思考,以及对绿色发展的追求,中国愿意与中亚的朋友共同分享中国在绿色建材和绿色制造领域的成果。此次研讨会将成为中国与中亚各国共同发展的一个新的起点,为实现亚洲建材业的可持续发展做出贡献。

会上,徐德龙院士以亚洲水泥与混凝土研究院名誉院长的身份为"亚洲水泥与混凝土研究院-中亚分院"揭牌。分院的成立将为中国和中亚各国建材界同仁创新思想碰撞升华、创新成果交流展示、创新技术扩散提供更有效的平台。

此次研讨会由亚洲水泥与混凝土研究院和中国建筑材料科学研究总院(简称中国建材总院)主办、SM Business公司和(国家)建材行业生产力促进中心承办。

二、开展技术交流

在研讨会的技术报告阶段,七名中方专家就水泥、玻璃、新型建材和新型房屋等不同方面作了精彩的报告。徐德龙院士以"中国水泥工业的未来"为题做了研讨会第一个主报告,中国水泥工业具有190多年的历史,是人类文明进步的重大成果,他们是传统的也是先进的,至今未被其他材料所取代。在某种意义上中国现代化是由水泥和钢铁构筑而成的。如今,中国水泥生产技术和装备

已成套出口欧洲。但是,当前中国水泥工业面临环境压力、产能严重过剩、发展速度放慢,方向不清等问题。

徐德龙指出,中国水泥工业在快速的发展过程中,既有经验也有教训,希望中亚国家吸取中国发展的经验,同时避免走中国的弯路,走可持续发展的道路。对于全球水泥工作组来说,应该从这几个方面进行思考:① 面对严峻的环境、资源和产能过剩的问题,水泥工业的发展模式必须由主要依赖投资和资源的模式转向创新驱动发展,即绿色、低碳、循环发展的模式;② 水泥和水泥工业的再审视,为了实现水泥工业的转型发展,我们必须将东方的整体论和西方的还原论相结合,重新认识什么是胶凝材料,什么是水泥工业;③ 水泥工业和相关工业的循环和集约发展是转型发展的关键,重点是链接工业的开发,难点在于 CO_2 的资源化;④ 以混凝土作为终端产品,延长水泥工业产业链,构建新型的混凝土建造工程服务业;⑤ 加速水泥工业与信息化技术的深度融合,通过全方位提升改造,实现智慧化发展。

西安墙体材料研究设计院肖慧、中建材行业生产力促进中心新型房屋事业部唐玉娇、中国新型建材设计研究院程华等其他六位中方专家也分别就"节能墙体材料绿色制造技术与应用"、"预制混凝土与装配式节能房屋""新型建材技术及装备介绍"等题目做了精彩的报告,

围绕徐德龙院士报告中的冶金渣的循环利用、在哈萨克斯坦建立水泥厂的有关技术路线、其他专家的报告内容和共同关心的问题,专家与参会代表展开热烈的讨论。哈方代表提出哈萨克现有10亿吨的废铜渣,堆积如山,不知中国是否有消纳的良策。徐院士提出,铜渣的利用要通过科学实验解决难题,也希望哈方能组织企业来中国考察工业固体废弃物的利用状况,共同努力将哈污染物转为资源。

三、开展侨界联谊交往

会议期间,兼任陕西省侨联主席的徐德龙院士会见了哈萨克东干协会主席安胡塞先生。安胡塞先生介绍了哈萨克及整个中亚地区的整体政治经济形势、工业概况、国家战略和建设规划以及近年与中国的合作进展。双方均表示愿意共筑合作桥梁,加深友谊,加强建材领域全方位的合作,并就近期合作初步进行了商讨。中国建材研究总院姚燕院长、西安墙体材料研究院肖慧书记等陪同会见。

在哈萨克、吉尔吉斯边境地区有"陕西村",居住着一百多年前清朝年间从陕西西迁的回民,目前发展到十来万人,被称为东干族。安胡塞先生希望利用他们的语言和民族优势,成为中哈合作的桥梁和丝绸之路经济带建设的纽带。

哈萨克拥有丰富的自然资源和较好的工业基础,是独联体内发展最快的国家,经济实力占中亚五国总量的三分之二,中亚地区能源资源产业与中国制造业产业形成互补。目前,我国在哈萨克、乌兹别克、阿塞拜疆等中亚国家已完成五个水泥工程项目。

此次出访进一步推动我国与哈萨克斯坦等"一带一路"沿线国家在工程科技领域的学术交流,增加亚洲水泥与混凝土研究院等平台的学术影响,有助于推进与中亚国家之间在科技等领域深层次的合作。

赴联合国参加全球能源互联网高端论坛情况报告

摘要：美国当地时间10月26日，由联合国经济和社会事务部、全球能源互联网发展合作组织联合主办的高级别研讨会在纽约联合国总部举行。联合国副秘书长吴红波，全球能源互联网发展合作组织主席、中国电力企业联合会理事长刘振亚，非盟基础设施和能源事务委员易卜拉欣，美国阿贡国家实验室主任彼得·利特伍德出席会议并作主旨演讲。来自世界各地的共70多家单位、170余位代表参会，共同研讨全球能源互联网建设等问题。谢克昌院士作为会议特邀嘉宾参会。

一、引言

中国政府高度重视清洁发展和绿色发展，习近平主席在2015年9月26日联合国发展峰会上倡议探讨构建全球能源互联网，推动以清洁和绿色方式满足全球电力需求。这是在全球范围推动能源革命、促进清洁发展、应对气候变化的重大倡议，开启了世界能源可持续发展的新征程，得到了国际社会普遍赞誉和积极响应。

2016年3月，全球能源互联网发展合作组织（以下简称“合作组织”）在中国北京正式成立，该组织是由致力于推动世界能源可持续发展的相关企业、组织、机构和个人等自愿结成的非政府、非营利性的国际组织。会员覆盖能源、电力、信息、环保、科研、咨询、金融等领域。

合作组织自成立以来，在全球能源互联网理念传播、国际合作、战略研究、技术创新、项目推进等方面做了大量工作，已与联合国亚太经社会、国际能源署、国际电工委员会、美国阿贡国家实验室、斯坦福大学等建立了良好合作关系，正在积极推进“一带一路”沿线国家以及东北亚电力联网、蒙-中-韩-日电力联网工程。

美国当地时间10月26日，由联合国经济和社会事务部、全球能源互联网发展合作组织联合主办的高级别研讨会在纽约联合国总部举行。

二、会议情况

联合国主管经济和社会事务的副秘书长吴红波，全球能源互联网发展合作组织主席、中国电力企业联合会理事长刘振亚，非盟基础设施和能源事务委员易卜拉欣，美国阿贡国家实验室主任彼得·利特伍德出席会议并作主旨演讲。来自联合国相关机构，非盟、国际电工委员会、国际可再生能源署、东非电力联盟等国际组织，美国、中国等有关国家政府部门、行业企业、科研院所、高等院校共70多家单位、170余位代表，共同研讨全球能源互联网建设、世界可持续发展等战略问题，为推动实现“人人享有可持续能源”献计献策。其中，国家能源局有关领导、中国国家电网公司、南方电网公司、五大发电集团相关领导出席了本次会议。中国工程院原副院长、院士谢克昌作为会议特邀嘉宾出席会议。

当前,世界能源发展面临着资源紧张、环境污染、气候变化等重大挑战。应对挑战,需要遵循世界能源发展规律,立足全球资源禀赋特征,坚持开发与节约并重,基于特高压、智能电网和清洁能源技术革命的全球能源互联网方案就是在这种背景下提出的。此次高端论坛,与会嘉宾和代表就构建全球能源互联网对于推动世界可持续发展的意义充分交换了意见,认为通过全球能源互联网,可以充分利用可再生能源满足世界能源需求,构建全球能源互联网对世界能源可持续发展至关重要,期望全球各国通过加强合作协调,共同推动基础设施互联互通,推动全球能源互联网发展。

以特高压电网为骨干网架、全球互联的坚强智能电网,将是清洁能源在全球范围大规模开发、输送、使用的基础平台。作为特高压技术开发及工程应用的领跑者,中国已经建成投运"五交七直"12 个特高压工程,在建"三交七直"10 个特高压工程,形成中国西电东送、北电南供的能源大通道,有力促进了清洁能源开发。作为参与中国特高压工程前期决策论证的关键专家,谢克昌院士向部分与会代表介绍了相关过程以及中国能源结构转型和能源技术创新方面的进展。

赴日本参加亚太消化疾病周会议报告

应亚太消化学会(APAGE)主席和 2016 亚太消化疾病周(APDW)大会主席 Sugano 教授的邀请,我院樊代明副院长于 2016 年 11 月 1 日至 11 月 4 日赴日本神户参加亚太消化疾病周会议,并出席了各项会中会,圆满完成预期任务,现将有关情况报告如下。

一、出访基本情况

（一）亚太消化疾病周会议

2016年11月2日至4日参加了在日本神户举行的APDW会议，来自全球各地4000余名消化专业的专家学者参会。APDW自2001年召开年会，至今已举办16届，成为消化病学领域与美国消化疾病周（DDW）和欧洲消化疾病周（UEGW）一样具有国际影响力的会议之一。樊代明院士于11月3日上午10：00—10：40担任“创新主题”会场的主持人，该时段主要围绕高级影像技术在消化病学中的应用展开学术报告和讨论。

（二）亚太消化学会换届改选会议

樊代明院士自2006年以来一直担任亚太消化学会常务理事，并于2014年当选学会副主席。11月2日应邀分别出席了亚太消化学会常务理事会和会员国代表大会，会中举行了学会的换届改选，樊院士高票连任副主席，本届任期从2016年至2018年。

二、主要体会

樊代明院士的成功出访充分彰显了我国学者在世界消化学界的学术地位和影响力，并赢得了在国际事务中的话语权。具体体会如下：

（一）坚持“请进来和走出去”两翼齐飞的发展策略，推动学术发展国际化

多年来，随着改革开放的深入实施，大批国外知名专家纷纷应邀到中国来访问交流，为我们授课并做现场演示，极大地促进了我国医学界的知识和技术更新。但这些都是小范围、单通道的交流，我们还必须坚持走出去的发展策略，到国际著名的学术会议上出声显影，实现规模化、多元化、全方位的交流合作，才能真正赢得国际同行的认可，努力推动自身水平的提高。我们不仅要积极参加国际会议，还要争取在会议上做大会发言或者大会主持，让世界听到来自中国医学界的声音。

（二）努力实现我国医学发展在亚太地区从跟跑、并跑到领跑的转型

我国医学界经过长期的不懈努力，在亚太地区已经完成了从跟跑到并跑的发展历程，下一步应该着重实现领跑的转型，这是完全可以做到的。比如2013年世界消化病大会在中国上海的成功举办给国人增强了极大的信心。又如我国消化专业的学者有3位进入亚太消化学会常务理事会，2人先后进入世界消化学会常务理事会，足以体现中国消化学界在国际上的地位和影响力。我们应该充分借助国际会议的平台全方位展示我们的发展成就和研究水平，向国际同行证明我们有能力走在发展前列，突显大国责任和担当。

赴摩洛哥出席联合国气候变化大会报告

2016年11月12—20日，中国工程院原副院长、国家气候变化专家委员会委员谢克昌院士率我院2人代表团出席了在摩洛哥马拉喀什召开的《联合国气候变化框架公约》第二十二次缔约方会议、《京都议定书》第八次缔约方会议和《巴黎协定》第一次缔约方会议。

中国政府此次派出了由十余个部委和有关部门组成的官方代表团约80余人出席了大会。本次会议是全球气候治理具有里程碑意义的《巴黎协定》生效后的第一次缔约方会议，焦点集中在协定如何落实。中国代表团在马拉喀什会议期间积极深入参与各项议题的谈判和磋商，并在"中国角"举办了多场低碳转型、生态治理、碳市场、绿色技术创新实践、新型城镇化工业化等主题边会和研讨会，这些丰富多彩的系列边会活动向全球讲述应对气候变化的"中国故事"，取得了良好的效果，成为世界了解中国在应对气候变化方面所做努力的重要窗口。

作为中国代表团顾问，谢克昌院士和国家气候变化专家委员会主要专家在会议期间积极为中国代表团谈判提供战略性、策略性、政策性和具体措施方面的咨询意见和建议。此外，通过出席大会期间的一系列专题边会，积极配合谈判代表开展我国气候变化政策和行动的对外宣讲工作。

11月14日，谢院士出席了新常态下应对气候变化与经济绿色低碳转型的形势与对策高峰论坛，并作了《推动能源生产消费革命、促进现代能源体系建设》的报告。报告从构建以"清洁"、"低碳"、"安全"、"高效"为特征的现代能源体系出发，阐述了现代能源体系对温室气体减排的贡献，以及推进能源革命要经历的三个阶段和六大举措，认为"推动能源生产消费革命，促进现代能源体系建设"是执行巴黎协定的重要行动。报告获得了与会各国听众的热烈的反响。通过开展这些活动，我院代表团和国家气候变化专家委员会为中国政府气候谈判代表团提供了重要的专家和技术支撑。

会议间隙，应摩洛哥可持续能源署邀请，代表团于11月17日来到位于马拉喀什以西约200 km的瓦尔扎扎特，结合我院"推进能源生产与消费革命二期"咨询项目，对目前全球装机容量最大的太阳能电站-努尔(NOOR)太阳能电站进行了调研。调研期间，代表团与摩洛哥可再生能源署对外联络官Maha Kadiri和努尔电站的技术人员进行了交流，对电站的总体情况进行了全面的了解。

努尔太阳能电站设计总装机容量580 MW，总工程分为四期，构成总占地超过1900 hm^2 的太阳能发电园区，堪称全球太阳能发电项目的巨无霸。项目总投资近30亿美元，投资方包括清洁技术基金、世界银行、非洲开发银行、法国开发署、欧洲投资银行、德国开发署等。西班牙SENER公司和中国电力建设集团承担施工任务。

目前，装机容量160 MW的第一期项目于2016年2月刚刚建成投产，采用太阳能聚热发电技术(抛物线槽式聚热)。在建的二期项目装机容量为200 MW，同样采用抛物线槽式太阳能聚热发电技术；三期项目装机150 MW，采用塔式太阳能聚热发电技术，是目前世界上规模最大的塔式太

阳能聚热电站项目;四期项目装机容量为 70 MW,采用带追日系统的光伏发电技术。全部建成后,努尔太阳能发电园区将成为世界上规模最大的太阳能电站项目。

太阳能聚热发电是通过光能-热能-动能-电能的转化过程实现发电的一种太阳能发电技术。截至目前,美国、西班牙、意大利、瑞士、以色列、中国等国家都有成功投产的太阳能聚热发电站项目。努尔电站由西班牙 SENER 公司负责太阳能岛部分的设计、供货和安装。SENER 公司作为世界领先的太阳能聚热技术公司,拥有塔式聚热发电和抛物线槽式聚热发电两种核心专利技术。目前该公司技术已成功用于 22 个太阳能聚热发电项目。

努尔一期项目通过抛物线槽式聚热将热收集管中的合成油加热至最高约 400 ℃,通过热交换产生高压过热蒸汽,驱动汽轮机发电。此外,另一路热油用于将两个储热罐中的盐(硝酸钠和硝酸钾的混合盐)熔化,用于夜间放热维持汽轮发电机继续运行约 3 小时。二期和三期项目分别计划于 2017 年和 2018 年投产,其储热设施可维持 7 小时发电运行。努尔电站的一、二、三期项目均签署了为期 25 年的购电协议,售电价格高于摩洛哥平均电价,保证了电站的经济可行性。

相比光伏电站,太阳能聚热发电通过储热系统可以提供稳定的电力输出,更有利于电网的稳定和调节。但其应用要求同时具备丰富的太阳能资源和土地资源,且单位成本稍高。摩洛哥得天独厚的自然条件使太阳能发电等可再生能源得以迅猛发展。

在 11 月 18 日中国代表团总结会上,谢克昌院士指出,中国转变能源生产和消费模式,建立清洁、低碳、高效、安全的现代能源体系既是中国应对全球气候变化、担负起大国责任的必需,也是中国自身实现低碳、可持续发展的必需。后者是中国应对气候变化的内生动力。通过建立现代能源体系,将应对气候变化和国内能源结构优化、能源领域变革相结合,是我国 2030 年左右碳排放达到峰值的重要保证。为此既要在国际气候治理过程中为我国争取更长更宽松的发展空间,同时也必

须提高我国可再生能源比例、推进化石能源的清洁高效利用、保证能源安全，从而促进我国经济尽快向绿色低碳转型。

附件：代表团成员名单

谢克昌　中国工程院，原副院长、院士
任洪涛　中国工程院国际合作局二处
邓二虎　中国工程院

赴德国参加“制造业的数字化转型研讨会”总结报告

应德国工程院邀请,我院李培根院士、柳百成院士和田琦同志三人于 2016 年 11 月 22 日至 26 日访问了德国慕尼黑,参加了 由德国工程院和慕尼黑智能城市研究学会举办的“制造业的数字化转型研讨会”。

23 日,研讨会在慕尼黑国际会议中心开幕。德国工程院院长 Henning Kagermann 博士、欧盟数字经济与社会大使 GÜNTHER OETTINGER 先生分别致辞。他们在讲话中,对研讨会的召开表示祝贺,并分别就德国、欧洲的制造业升级与数字化前景、困难、与必要性等进行了阐述。

开幕式后,研讨会分四个专题进行了两天的研讨。

专题一:制造业的数字化转型带来的商业模式革命

专题二:制造业的数字化转型带来的主要技术进步

专题三:国际主要国家的相关计划及经验

专题四:制造业的数字化转型带来的机会与挑战

专题一:制造业的数字化转型带来的商业模式革命

专题一安排了 4 个报告,华为公司 Jesse Jijun Luo 博士应邀以“物联网技术:驱动工业界创新”(IoT Technologies: Driving Industry Business Innovation)为题,作了首个大会主题报告。之后,德国、美国、日本的与会代表分别作了主题报告。德国 Maschinenfabrik Reinhausen 公司 Nicolas Maier-Scheubeck 博士的报告题目是“一个隐藏冠军(行业巨人)的数字转型”(Digital Transformation of a Hidden Champion);美国 IBM 公司 Sanjay Brahmawar 先生的报告题目是“和 IMB 沃森物联网一起做认知时代的赢家”(Winning in the Cognitive Era with Watson IoT);日本 DMG Electronics 公司 Holger Rudzio 博士的报告题目是“机械工具产业的物联网解决方案”(IoT Solutions in the Machine Tool Industry)。

德国 Reinhausen 是世界著名的电力工程公司,全世界电力消费的一半通过该公司产品实现,是典型的传统产业企业,目前其企业经营模式正在经历向数字化、智能传感器、互联互通、大数据分析、云计算、互联网+的方向转型,在这过程中,硬件产品向软件服务和方案的转型尤为突出。

日本 DMG Electronics 公司的报告提出了 CELOS—数字化转型的智能平台概念,该平台集成了企业管理、工程实践、工厂建设、生产管理、生产/工作准备、生产指令/详细规划、产品制造、质量管理、产品组装、运输与后勤支持等生产全过程的监督与管理。

专题二：制造业的数字化转型带来的主要技术进步

专题二安排了5个报告，慕尼黑技术大学 Birgit Vogel-Heuser 教授的报告题目是“基于代理技术的灵活的自动化制造系统”（Agent Based Technologies for Flexible Automated Manufacturing Systems）；T-Systems International GmbH 公司 Heiko Burdack 博士的报告题目是“ICT 作为数字化的推动者”（ICT as an Enabler for Digitization）；诺基亚公司 Stephan Litjens 博士的报告题目是“互联技术”（Connection Technologies）；日立公司 Takashi Hotta 博士的报告题目是“系统和系统整体优化”（System of Systems and Total Optimization）；Atos Germany 公司 Winfried Holz 博士的报告题目是“从大数据到认知计算——分析技术的快速发展”（From Big Data to Cognitive Computing-The Rapid Development of Analytics Technologies）。

Heiko Burdack 博士在其报告中提出了制造业数字化的四个基石概念，即容易使用、尽可能减少的复杂性、顾客担负得起和与将来的技术发展吻合。

Stephan Litjens 博士在报告提出在互联和互操作性的条件下，以技术的基础研究、应用研究、试验研究和市场研究四个阶段解读了诺基亚公司标准制定的探索。

Winfried Holz 博士的报告指出从数据挖掘角度看，全球化、自动化、人口统计、经济可持续发展和信任5个因素驱动下，将有商业模式、工作方式、破坏性技术和演变的挑战四大变化。数据和互联将产生新的商机和生意伙伴；商业过程本身和工作本身的自然属性将决定工作方式的变化；技术本身不只是进化，而是以革命的方式发展；未来的挑战本身也将是从产生新影响的视角予以审视与应对。他并提出百亿亿次计算、人工智能、5G 技术、群计算、Blochchains、量子计算、同态和量子安全加密七个数据驱动的技术突破将引领第三次数字浪潮。

专题三：国际主要国家的相关计划及经验

专题三安排了4个国家报告。李培根院士的报告题目是“中国的智能制造”（China：Intelligent Manufacturing in China）；日本 Tomoaki Kubo 博士的报告题目是“机器人革命行动”（Japan：Robot Revolution Initiative）；德国 Tanja Rückert 博士的报告题目是“全球视角下的工业4.0平台和工业互联网联盟”（Plattform Industrie 4.0 and the Industrial Internet Consortium：Perspectives from a Global Company）；德国 Reinhold Achatz 博士的报告题目是“工业数据空间：企业间的安全数据交换标准”（Industrial Data Space：A Standard for Secure Data Exchange Between Enterprises）

李培根院士的报告以李克强总理的讲话开头，李总理指出：要实施“中国制造2025”，坚持创新驱动、智能转型、强化基础、绿色发展，加快从制造大国转向制造强国。随后他进一步介绍了“中国制造2025”计划在2025年、2035年、2045年的发展目标。他指出中国制造业要努力实现向创新、质量、绿色和结构变化四个转型，在整个转型过程中信息技术的集成和应用是最关键的因素。他列举了智能机具、智能数控、Feed Axes Monitoring 等四个实例，说明了中国制造业的发展情况，并以海尔、三一重工两个实例介绍了中国企业以消费者为中心的集成智能发展理念。

Tomoaki Kubo 博士的报告讲道，2014年5月日本首相安倍提出日本将通过机器人技术实现新的产业革命。9月日本首相办公室成立机器人革命实现委员会，下设三个工作组，分别是基于物联网的机器人商业革命工作组、社会机器人应用工作组和机器人创新工作组。2015 年 1 月发布新机器人战略。为与德国工业 4.0 衔接,日德两国将密切合作,在工业网络安全、国际标准、制度创新、支持中小企业、共同的研发和人力资源开发方面开展合作。将研究新的商业模式、制定具体路线图、成立主题驱动的专门工作组(工业机械远程维护、基于物联网的食品工业、系统集成人员培训、日本的应对战略和标准)。Tomoaki Kubo 博士还以日本的地图产业和中小企业基于物联网的机具产业为例,具体阐述了日本的物联网应用。

Reinhold Achatz 博士指出:工业数据空间将把物联网和智能服务连接起来,数字转型过程将带来商业模式的革命,演变出数据产品和数据主权概念。为实现安全的数据交换,联邦层面的数据将以分散为特点,厂家的数据和服务将更加强调主权概念,共同的数据标准将进一步得到有效管理,经过认证的成员之间将更加信任,以最终用户为中心的数据将更加公开,服务平台和网络将更加可持续和友好。工业数据空间联盟(IDS)组织就是在这个背景下成立的,欧洲主要大企业都是其成员,IDS 在工业数据空间的结构和功能方面将邀请所有相关方参与,联盟外用户将参与定义工业数据空间,联盟内部成员将主要是为数据提供连接,提高数据质量,并确保数据可以用于交换。

专题四:制造业的数字化转型带来的机会与挑战

专题四安排了三个报告。DIN Deutsches Institut für Normung e.V.公司 Michael Stephan 博士的报告题目是“互联和互操作性——为什么与标准相关”(Interconnection and Interoperability—Why Standards Matter);genua GmbH 公司 Magnus Harlander 博士的报告题目是“当安全与安全”(When Security Meets Safety);Accenture GmbH 公司 Frank Riemensperger 博士的报告题目是“智能服务:电子制造行业的机会和威胁”(Smart Services: Digital Opportunities and Threats for Manufacturing Industries)。

Magnus Harlander 博士在报告从工业数据空间与云集成系统、工业大数据、远程维护、可预测性的维护、物联网等方面对网络数据安全进行了说明,提出更分散的组件、更分散的功能、更简化的界面、更减少的复杂性的发展方向。

Frank Riemensperger 博士具体分析了欧盟、美国、中国、日本在智能产品、智能数据和智能服务方面的现状,指出在制造业数字化转型过程中,互联的智能产品是这一转型的“中心”,智能产品、服务和新的经验将颠覆先前的商业模式。那么,在这转型过程中如何成为赢家哪?首先要不断地尝试新生事物,构建合作创新的团队,培养团队的数字文化,进一步提高工作效率,人工智能和创造性将是工作的中心议题,同时互联的物联网组件将为未来的创造性提供支持。以人为中心将是一切转型的根本。

会议邀请了世界上目前已经推出了国家智能制造计划的中国、美国、法国、日本、韩国的代表参加。

附件:出访团组人员名单

姓　名	工作单位	职　务
李培根	华中科技大学	院长、院士
柳百成	清华大学	教授、院士
田　琦	中国工程院国际合作局	处长

中国工程院关于刘德培院士当选国际医学科学院组织主席的报告

中工发〔2016〕146 号

刘延东副总理:

2016 年 9 月 27 日至 29 日,国际医学科学院组织(InterAcademy Partnership for Health)全体成员大会在北京召开,会议主题是“健康促进”。来自 32 个国家的 300 余名专家学者出席了会议。您在百忙之中出席大会,会见主要嘉宾并发表主旨演讲,阐述中国政府关于健康促进的基本国策,受到与会各国代表的高度评价。

会议一项重要议程是选举该组织新一届双主席,中国工程院原副院长、医学分子生物学家刘德培院士是候选人之一。在您的亲切关怀和大力支持下,经多方共同努力,刘德培院士在会上成功当选国际医学科学院组织双主席之一,成为第一位担任该职务的中国学者。该组织主席每届任期三年,可连选连任一届。

当选后,根据国际医学科学院组织的上层组织——国际科学院联合组织(InterAcademy Partnership)的轮值规则,刘德培院士自动成为该组织的双主席之一,任期两年。

国际医学科学院组织成立于 2000 年,由 78 个国家或区域组织的医学科学院,以及科学院或工程院的医学相关学部组成。其宗旨是促进和加强世界各国医学科学院间在全球重大医学及卫生问题上的合作,从科学的视角讨论全球性卫生问题。中国工程院是其创始成员。该组织从中低收入国家和高收入国家成员中各选一位主席形成双主席制。上届来自中低收入国家的主席是马来西亚人雷丽明教授,本届由刘德培院士接任。另一位来自高收入国家的主席是德国人戴特利夫·甘滕教授,本届连任。

国际科学院联合组织是由国际科学院组织、国际医学科学院组织和国际科学院委员会联合而成的伞状组织,是国际上最重要的国际科技组织之一。其宗旨是利用全世界科学、医学和工程领袖的专长，在科学、卫生和政策领域寻求全球挑战的解决方案和实现相关全球发展目标。国际科学院联合组织成员涵盖全世界 130 多个国家级科学院、医学科学院（包括设立医药卫生学部的工程院）。该组织也设双主席，除刘德培院士外，另一位来自高收入国家的主席是荷兰人罗伯特·迪克格拉夫教授。

刘德培院士成功当选国际医学科学院组织主席并轮任国际科学院联合组织主席，得到了我国政府和相关部门的大力支持，也充分体现了中国工程院和刘德培院士本人在国际科技组织中的影响力和参与全球科技治理的能力，对未来进一步提高我院在国际科技组织中的地位，以及提升中国科技界在全球科技领域的影响力和话语权具有重要意义。

习近平总书记在 2016 年全国“科技三会”上强调，我们要在更高水平上开展国际经济和科技创新合作，在更广泛的利益共同体范围内参与全球治理，实现共同发展。我院将全力贯彻落实习总书记指示，积极支持刘德培院士履行好国际科学院联合组织和国际医学科学院组织主席职务，为深化国际科技合作，在国际学术交流中发出中国声音、提出中国方案做出应有贡献。

特此报告。

中国工程院

二〇一六年十二月二十七日

【香港、台湾】

徐德龙副院长率团参加“2016 两岸产业工程科技交流论坛”情况报告

应台湾工业技术研究院(以下简称工研院)邀请,2016 年 11 月 7—12 日,我院徐德龙副院长率院士专家团前往台湾,参加了我院与工研院共同主办,工研院承办的“2016 两岸产业工程科技交流论坛”。并于论坛前后参访了有关企业、高校。访问团由徐德龙、钱旭红、丁文江、张兴栋、谭建荣 5 位院士,杨化桂、孙宝德、王云兵、傅建中 4 位专家及 2 位院机关工作人员组成。现将访问情况报告如下。

一、“2016 两岸产业工程科技交流论坛”情况

“海峡两岸产业工程科技交流论坛”为大陆和台湾的年度学术活动,由我院和工研院共同主办,自 2012 年开始,每年一次在两岸轮流举办,逐渐成为两岸工程科技领域重要的学术交流平台。在两岸科技界、教育界和产业界的影响日益扩大,推进了两岸在工程科技多个领域的合作,产生了积极影响。

11 月 9 日,“2016 两岸产业工程科技交流论坛”在工研院新竹中兴院区举行。工研院协理段家瑞和我院副院长徐德龙分别在开幕典礼致辞。在主题报告环节,徐德龙副院长作了“推进绿色制造,建设幸福家园”的报告,工研院吴东权前副院长作了“发展智慧机械迈向工业 4.0”的报告。随后参团院士、专家与台湾工研院、朝阳科大的专家在 4 个分单元“绿能环保”、“生技医材产业技术”、“智能制造”、“材料”作了 15 个专题报告。分别为:钱旭红院士的“生态友好绿色农药:新烟硷杀虫模式之推展”,工研院绿能所刘振邦技术长的“台湾绿能政策与产业科技发展”,杨化桂教授“催化能源材料”,朝阳科大卓重光副教授的“虫害生物防治法:性费洛蒙应用与实例”,张兴栋院士的“中国大陆的生物材料科学与产业—发展思路与重点”,工研院生医所邵耀华所长的“生医开放性创新研发”,王云兵教授的“心脑血管疾病介入治疗发展现状及未來趋势”,工研院雷射中心洪基彬副主任的“金属积层制造技术应用”,工研院创新公司张清俊执行副总的“硼中子捕获(BNCT)在台湾商业模式之推展”,谭建荣院士的“大型装备数位设计与智慧制造”,工研院机械所胡竹生所长的“工业 4.0 与智慧制造关键议题”,傅建中教授的“T 样条曲面智慧制造”,丁文江院士的“绿色之镁稀土栽培——上海交大的实践”,工研院材化所彭裕民所长的“材料领域的创新与产业化”,孙宝德教授的“铝合金熔体纯净化及凝固组织控制”。通过这些报告,两岸专家充分交流了在不同领域各自研究工作开展的情况,取得的最新进展以及合作意愿,为后续合作创造了机会。论坛由段家瑞协理、丁文江院士、钱旭红院士轮流主持。台方与会代表包含四个领域相关单位科技人员及工研院

代表共计约 100 人。

论坛结束时，徐德龙副院长和段家瑞协理分别作了总结发言。徐德龙副院长表示，在当前形势下，中国工程院依然组织大规模的访问团赴台，充分说明我院希望与工研院继续加强友好交流的愿望。希望两院今后在此基础上拓展新的兴趣点，找出新的增长点，拓展领域，创新形式，共同应对全球工程科技发展带来的挑战，推动两岸开展务实深入的科技合作。段家瑞协理表示，在论坛中，双方共同见证了工研院与工程院迈向实质交流的过程，论坛中的互动与凝聚的结论共识，对两岸产业工程科技的精进与实质合作的发展至关重要，体现了两院交流的意义与价值。未来希望双方能加强实质的对接。

二、参访相关单位

（一）工业技术研究院

除论坛外，代表团还参访了台湾的研究院所、企业和高校。

工业技术研究院成立于 1973 年，是国际级的应用科技研发机构，拥有近 6000 位科研人员，以科技研发，带动产业发展，创造经济价值，增进社会福祉为任务。成立四十年来，累积超过 2 万件专利，并新创及育成 240 家公司，包括台积电、联电、台湾光罩、晶元光电、盟立自动化等上市柜公司。因应产业环境趋势，工研院除持续深化技术前瞻性与跨领域技术整合外，更提供全方位的研发合作与商业顾问服务，包括新技术与新产品委托开发、小型试量产、制程改善、检校量测，以及技术移转、智权加值服务等，并设置开放实验室及育成中心，积极推动及育成新创公司，加速产业技术开发及孕育新兴高科技产业，对台湾产业发展发挥着举足轻重的作用。

11 月 8 日，徐德龙副院长一行参访了位于新竹的工研院总部，工研院刘仲明院长，段家瑞协理及徐基生主任等人参加了活动。首先,刘仲明院长对工研院的历史、机构组成、工作理念及重要成果等做了介绍,同时也回顾了历届两岸产业工程科技交流论坛召开的情况。徐德龙副院长也就这次交流的背景和重要意义做了讲话,同时期望两岸携起手来,共同为中华民族的伟大复兴做出贡献。之后,在刘仲明院长的陪同下,代表团饶有兴趣地参观了工研院展示馆,了解获得研发大奖的研究成果情况,如高速充放电铝电池、远距浮空多屏抬头显示器、智慧感知衣、制程优化软体、不锈钢激光镭射着色、温室气体二氧化碳的捕集和转化等,刘仲明院长逐一对这些成果进行了介绍,双方人员在展台前进行了热烈讨论。

代表团还参访了工研院下属的机械与机电系统研究所和 LED 照明检测实验室,参观并感受了电动轮椅,详细了解了身障者行动辅助机器人、Ocean Life 救生衣、薄型马达、高敏锐触觉感知穿戴式辅具、透明发电窗、适用于亚太人群的乐器设计及其镀色、LED 灯具等,大家对慈悲科技的理念给予了积极评价。

（二）徕通科技股份有限公司

台湾线切割机的关键技术,源于工研院所研发的“智能型线切割放电加工控制技术”,而 2001 年成立的徕通科技,其主要的经营与研发团队,均来自于工研院,因此在线切割机的技术移转上最为完整,再加上公司本身不断投入大量研发,因而能在市场中迅速站稳脚步,引领台湾线切割机的技术发展,并且迈向世界市场,建立独特的核心竞争力。

11 月 8 日,徕通公司梁瑞芳副董事长和管理部杨庚生经理接待了代表团一行。梁瑞芳副董事长对徕通科技股份有限公司的发展历程,技术优势和经营理念等做了“从工研院到徕通科技-线切割机从无到有的发展”的报告,同时也对创业过程的感悟与大家进行了分享。他重点介绍了工研院技术产业化的方法、台湾工研新创协会的情况,代表团与徕通科技管理层就技术的产业化转移进行了座谈交流。之后大家又到该公司的生产车间进行了实地参观考察,着重了解了公司的主要产品-线切割放电加工机的各个生产环节,同时也对车间里细致入微的管理模式印象深刻。

（三）朝阳科技大学

朝阳科技大学邻近台中市区,位于人文荟萃的雾峰,基地面积 66.4 公顷。于 1994 年开始招生。学校创校初期设立 8 个学系,学生 900 余人。由于办学绩效卓著,1997 年批准由“技术学院”改名为“朝阳科技大学”。改制之快,打破台湾教育史的纪录,成为全台第一所私立科技大学。几经不断扩增,目前有 5 个学院、5 个博士班、22 个硕士班、22 个系,在籍学生约 17 000 人,教职员工 600 人,师资阵容及教学设施深受各界肯定,同时广纳国际学生,以发展中大型高等学府为目标。

11 月 8 日,徐德龙副院长一行参访了朝阳科技大学,在该校行政大楼,校长郑道明首先致辞,对大家的到来表示欢迎,接着介绍了朝阳科技大学的基本情况,徐德龙副院长介绍了代表团来访的目的、代表团组成以及他与朝阳科技大学的友好合作历史,尤其是朝阳科技大学卓重光教授与西安建筑科技大学合作的过程,并希望两岸科技、教育界互相学习、取长补短、增进交流、共同发展。在校园导览环节,参会人员着重参观了该校费洛蒙中心,了解了该中心独特的非农药去除病虫害技术及其目前的应用情况;该中心的技术目前已经在大陆多地进行了使用推广,效果显著。代表团相关专家如副团长钱旭红院士与中心负责人卓重光副教授在技术层面上进行了热烈的讨论和交流。

（四）新竹生物医学园区产业及育成中心

园区积极引进国际知名的生医产业与研究中心,并结合新竹科学园区与 ICT 产业优势,产生聚落效应。着重建立创新技术价值确认与产业化加值的平台,作为带动台湾生技产业发展的工作平

台。该园区除提供一般园区功能外，还提供临床试验、研究中心、事业种子规划、创新研究网络、临床试验合作与法规咨询等服务。新竹生物医学园区设置三大中心：“生医科技与产品研发中心”、“产业及育成中心”、“新竹生医园区医院”。育成中心主要以促进生医产业发展为重点，与一般科技产业育成中心的定位不同，与“园区医院”和“研发中心”共同建构完整桥接。中心由“经济部”中小企业处主办，委托财团法人工业技术研究院营运管理。

11 月 10 日，徐德龙副院长一行参访了新竹生物医学园区产业及育成中心。竹北生物医学园区推动办公室总监陈廷硕接待，陈总监简要介绍了新竹生物医学园区及育成中心协助中小生医企业从募资、技术建议、专利、行销等提供专业服务的情况，徐德龙副院长及院士们对于该中心的运营模式很感兴趣，双方交流了经验做法。

(五) 内湖台达电绿建筑示范基地

11 月 11 日,代表团参访了位于台北的内湖台达电绿建筑示范基地。

台达是绿建筑倡导者,于 2006 年起率先于台南科学园区打造台湾第一座通过绿建筑九项指标的黄金级企业厂办-台南厂,不仅较传统建筑更节能,也为员工带来更健康舒适的工作环境。自此,为实践“环保节能爱地球”经营使命,台达未来所有新建厂办都必须落实绿建筑设计与理念。

代表团一行与台达董事长海英俊进行了座谈交流,并与台达创始人郑崇华先生进行了会面,陈锦明协理等陪同并参观了台达电展示馆。徐德龙副院长对于台达电的绿能科技及永续经营理念表示赞许,并期许双方能在绿能科技领域多加交流,尤其希望今后在地热泵技术领域加强合作。

三、访问收获与体会

1)经双方协商,本次论坛得出以下结论:今后两院维持副院长(或以上)层级的交流,将“两岸产业工程科技交流论坛”的平台长期保持下去;我院提出明年在大陆举办论坛的两个地点供选择:上海或西安,请工研院提出意见。

2)政府如何扶持开发型研究机构的有益经验。

1973 年,台湾将原属“经济部”的 3 个研究所以捐赠方式成立财团法人工研院,开创台湾民办官助研究机构之先河。当局通过捐助章程和组织条例对工研院实施监督,以保证科技计划的执行和经费的有效使用,达到政府推动科技发展的目的。工研院通过整合政府、民间、岛内外科研资源,不断提升研发能力,实现政府和科研机构双赢。80 年代以来,台湾逐步建立官方主导下的“官民学三位一体的整体推动体制”。官方处于中枢地位,负责规划、领导及实施支援,促使科研机构、高校与企业界实行“建教合作”,建立了新型的合作开发机制。科研机构除与高校合作承担重大项目外,还充当向企业界转移技术的桥梁。企业通过与科研机构、高校挂钩、签订合同,共同开发新产品、新技术,或转移技术、委托服务以及进行人才及资料交流等。

政府加强科技计划管理，建立面向市场的科研项目审查与评估制度；采取多种手段鼓励民间企业研发，扩大民间技术需求；加快科技产业投融资体系建设，消除资金瓶颈；大副提高技术转移者收益，激发研究机构为产业发展服务的积极性。通过这些措施，为工研院发展提供了有利的外部环境。

从工研院的发展史看，政府所属科研机构转制为非营利法人组织是一条低成本改革之路。改制科研机构完全可以利用政府与市场资源，走出一条自主经营的发展道路。

3）科研机构如何在科技成果转化中发挥作用。

从工研院经验看，一是实施实验工厂计划，先后衍生出台积电、台湾光罩、亿威等近百家高科技企业。二是组建产业研发联盟，实现科技成果“零距离”转化。贴近市场，深入企业，与用户合作共同开发新技术，是工研院成果转化的一大特色。工研院各研究单位依据自身优势，主导成立了大量行业技术研发联盟。在联盟中，工研院向业界发出研发要约，并负责开发技术、技术转移、人员训练等；加盟企业根据自身情况，可参与不同阶段的研发活动，从而获得相应份额的成果权益。研发联盟的建立，避免了研究机构闭门造车，有助于缩短成果产业化周期。三是鼓励人才流动，加快科技产业化步伐。工研院实施了积极的人才政策，向产业界输出各类专业人才，很多参访企业的领导层和技术骨干都出自工研院，带着技术投入产业界的工研院员工，成为推动台湾产业发展及产业转型的重要力量。四是科技研发面向市场，实用性和技术整合能力强。调研发现，工研院和有关企业的科技研发多为根据市场需求、以人为本的发明创造活动，有些不是特别高精尖，但与人民生活需要和市场结合非常紧密。

4）加深了科技、文化、情感的全方位交流。

据工研院反馈，我院代表团是“5.20”后大陆访问台湾的最高级别代表团，充分说明科技交流合作在两岸交流中的重要性和国家对工程院寄予的希望。代表团一行中有很多人是第一次到台湾，但同根同源的文化共通性使得双方交流不存在任何障碍，交往也不感任何生疏。在 6 天短暂的行程中,代表团院士、专家不顾辛劳,不辱使命,与台方各界进行了充分的科技、文化交流和情感文化沟通,加深了联系和感情。

附件:代表团名单

徐德龙　中国工程院副院长、院士　团长
钱旭红　中国工程院院士、华东理工大学教授　副团长
张兴栋　中国工程院院士、四川大学教授　团员
谭建荣　中国工程院院士、浙江大学教授　团员
丁文江　中国工程院院士、上海交通大学教授　团员
孙宝德　上海交通大学材料科学与工程学院教授　团员
王云兵　四川大学国家生物医学材料工程技术研究中心主任、教授　团员
傅建中　浙江大学机械工程学院教授　团员
杨化桂　华东理工大学教授　团员
杨嘉伟　中国工程院办公厅处长　团员
刘　玮　中国工程院国际合作局综合处副处长　团员

赴香港执行第九届院士访校计划的报告

2016 年 12 月 6—9 日,由我院医药卫生学部阮长庚院士、信息与电子工程学部马远良院士、医药卫生学部程京院士和医药卫生学部夏照帆院士组成的访校计划代表团赴香港中文大学(以下简称“中大”)执行第九届中国工程院院士访校任务。

院士们抵达香港后,受到中大副校长、研究事务委员会主席张妙清教授、学术交流处(国内事务)处长黄咏女士及相关领域教授的热情接待。

7 日上午,在中大行政楼会议室举行座谈会,中大副校长、研究事务委员会主席张妙清教授代表中大致欢迎辞,欢迎各位院士的来访,她回顾了“院士访校计划”的历史,该计划至今成功举办了 8 届,由不同领域的院士参加。她希望通过院士访校,为内地和香港的专家、学者搭建一个交流的平台,促进两地的共同发展。我院阮长庚院士代表工程院致辞,感谢中大对我院代表团的热情接待,转达了我院领导对此次活动的高度重视。阮院士向中大介绍了 4 位院士研究的领域、专业及院士们在不同领域取得的学术成果。

座谈会上播放了中大和中国工程院的宣传片。中大医学院助理院长(外务)陈力元教授、工程学院院长汪正平教授分别介绍了医学院和工程学院最新发展。我院马远良院士、程京院士、夏照帆院士分别做了简要的发言。

7 日下午,阮长耿院士、程京院士和夏兆帆院士到中大医学院,马远良院士到中大工程学院分

别进行院士系列讲座。

阮长耿院士主讲了“出血与血栓性疾病的研究进展”，介绍了血栓性疾病的危害，血性疾病的类型，及其形成原因，展望了该领域的未来研究方向；程京院士主讲了“个性化诊断平台技术开发”（The Development of Enabling Technologies for Individualized Diagnosis），他诙谐幽默地介绍了个性化诊断的背景、临床案例的分析，如何在提高疾病诊断准确性方面所做的尝试和取得的科研成果；夏兆帆院士主讲了“Wound Repair Strategies by Inducing Endogenous Stem Cells”，介绍了目前课题组在干细胞应用策略所开展的相关实验，并探讨了未来的研究方向；马远良院士主讲了“海洋的协同观测与信息获取”，介绍了当前海空天信息网络止于海面，对于约占地球表面及71%的海面以下，观测和信息的获取存在极大的难度；声学观测面临的挑战等，探讨了海洋的协同观测与信息获取的未来发展。

讲座共吸引了两百名中大的教授和学生参加，四位院士与现场的师生们互动讨论，气氛热烈。

8日上午，应中大相关学系邀请，阮长耿院士、程京院士、夏兆帆院士参观骨关节肌肉研究实验室、矫形外科及创伤学进修培训中心、访问香港中文大学赛马会微创医疗技术培训中心；马远良院士访问了太空与地球信息科学研究所，与所长林晖教授会晤。

整个活动期间，院士们与相关领域的专家、教授进行了多方面的沟通和交流，了解了相关领域各自的科研成果、未来的发展方向及合作的可能性。双方均希望通过“院士访校计划”的持续开展，为内地和香港的专家、学者搭建长久的交流平台，促进两地的共同发展。

阮长耿院士在香港中文大学讲座

马远良院士在香港中文大学讲座

程京院士在香港中文大学讲座

夏照帆院士在香港中文大学讲座

【国际会议】

2016 年国际学术会议汇总表(不包括高端研讨会)

序号	名称及主题	负责院士	时间	地点	类型	级别	参加人数		报告个数		听众人数
							院士	专家	院士	专家	
1	2016 中澳食品安全与技术进步研讨会	刘旭副院长	4 月 19—21 日	北京	学术会议	一类	8	22(外方专家 12 位)	6	10	100
2	智能制造国际会议	周济	5 月 11 日	北京	学术会议	一类	6	51	2	15	500
3	第十一届中美工程技术研讨会—创新与智能制造论坛	周济、徐德龙	5 月 20 日	北京	学术会议	一类	5	300	4	4	300
4	中英校企协同创新研讨会	周济	7 月 4—5 日	北京	学术会议	一类	20	60(其中外方专家 16 位)	9	6	300
5	国际医学科学院组织(IAP for Health)第五届全体成员大会	周济	9 月 24—29 日	北京	学术会议	一类	11	200(其中外方专家约 70 位)	8	21	300
6	第一届中德个体化医学论坛	樊代明、曹雪涛	10 月 9—11 日	西安	学术会议	一类	8	16(其中外方 12 位)	7	9	30
7	2016 城市可持续建设国际会议	周济、赵宪庚	10 月 17—19 日	深圳	学术会议	一类	16	130(其中外方专家约 60 位)	26	70	400
8	第六届中法代谢类疾病研讨会	樊代明、宁光	10 月 19—21 日	苏州 上海	学术会议	一类	5	57(其中外方专家 12 位)	2	17	60
9	创新与新兴产业发展国际会议	钟志华	11 月 1—3 日	上海	学术会议	一类	39	108	17	42	700

续表

序号	名称及主题	负责院士	时间	地点	类型	级别	参加人数		报告个数		听众人数
							院士	专家	院士	专家	
10	第二届中韩产业创新论坛	周济	11月2日	上海	学术会议	一类	3	100（其中含外方专家15人）	1	5	160
11	“流域水资源安全与工程防灾”国际学术研讨会	王浩	11月24日	北京	学术会议	一类	9	60（其中外方专家30人）	4	12	200

2016年与香港、台湾联合举办学术会议汇总表

序号	名称及主题	负责院士	时间	地点	类型	级别	参加人数		报告个数		听众人数
							院士	专家	院士	专家	
1	第十二届海峡两岸气候变迁与能源可持续发展论坛	谢克昌、彭苏萍	9月10—11日	北京	学术会议	一类	12	100	1	25	110
2	2016两岸产业工程科技交流论坛	徐德龙	11月9日	新竹	学术会议	一类	5	40	5	12	45
3	第九届院士访校计划	阮长庚	12月6—9日	香港	学术报告会	一类	4	7	4	0	150

【国际合作协议】

中国工程院与国际工程科技组织签署协议汇总表

序号	国家	国际科技机构协议或谅解备忘录	签订时间	签字人
1	哈萨克斯坦	中国工程院咨询服务中心与哈萨克斯坦工业发展研究院谅解与合作备忘录	2016 年 1 月 27 日	钟志华
2	沙特阿拉伯	中国工程院与沙特阿美石油公司合作谅解备忘录	2016 年 3 月 21 日	赵宪庚
3	法国	法国国家医学科学院-塞维雅奖提名管理细则	2016 年 3 月 22 日	樊代明
4	澳大利亚	澳大利亚科技与工程院与中国工程院关于食品安全的备忘录	2016 年 4 月 21 日	吴清平
5	德国	德国国家科学院与中国工程院谅解备忘录	2016 年 5 月 通讯签署	周济
6	联合国 教科文组织	中华人民共和国政府与联合国教育科学及文化组织(联合国教科文组织)关于这中华人民共和国北京市设立由联合国教科文组织支持的国际工程教育中心(2 类中心)的协议	2016 年 6 月 6 日 (内容详见 429 页)	周济
7	德国	中国工程院(CAE)与德国国家科学与工程院(acatech)谅解备忘录	2016 年 7 月 27 日	周济
8	白俄罗斯	中国工程院与白俄罗斯国立技术大学合作谅解备忘录	2016 年 10 月 10 日	陈左宁
9	澳大利亚	中国工程院与澳大利亚科技与工程院合作协议	2016 年 10 月 31 日	周济
10	英国	中国工程院与英国皇家工程院关于牛顿基金的谅解备忘录	2016 年 12 月 22 日 通讯签署	樊代明

中国工程院咨询服务中心与哈萨克斯坦工业发展研究院谅解与合作备忘录

中国工程院咨询服务中心与哈萨克斯坦工业发展研究院（以下简称“双方”），认识到两国研究机构间紧密合作具有重要意义，达成如下协议：

第一条

双方同意为两国在工业发展研究（以下简称“工技”）领域的互利合作提供便利，该合作将特别关注“中国制造 2025”计划和哈萨克斯坦共和国工业与创新发展国家计划的研究。

第二条

双方将在各自的职能范围内，为两国专家合作，及致力于搭建合适的工业领域的联系提供便利。

第三条

未来合作和接触的方式主要包括：

以学习实施研究项目经验为目的访问：

双方将协助安排专家访问，以学习对方工业发展领域实施政策研究项目的经验。

出版物交流：

双方将互利合作交换分析材料、出版物。双方对合作过程中得到的涉密数据承担不扩散的责任。

其他：

双方将在共同感兴趣的领域开展其他活动，这些活动既可以是双边的，也可以是与其他国家类似机构联合开展的。

第四条

双方拇推动中华人民共和国与哈萨克斯坦共和国在工业发展领域的合作。

第五条

双方将本着良好愿望和互惠原则各自承担在决定和实施本备忘录过程中发生的费用。

第六条

本备忘录于签署并经各自主管机构确认之日起生效,有效期为三年,经双方同意,本备忘录的有效期可以延长。

本备忘录于二〇一六年一月二十七日在北京签订,一式两份,每份均用中文和英文写成,两种文本同等作准。

中华人民共和国
中国工程院咨询服务中心主任

哈萨克斯坦共和国
工业发展研究院主席

中国工程院与沙特阿美石油公司合作谅解备忘录

中国工程院(设于中华人民共和国北京)与沙特阿美石油公司(设于沙特阿拉伯王国达兰)(以下简称“双方”),一致同意,为了共同的利益,促进两国工程与技术科学的合作。双方将利用院士、专家优势,在一些双方感兴趣的关系国家经济社会发展,并应对未来全球挑战的重要领域合作开展战略咨询研究,以便为政府的决策和产业发展提供咨询建议。双方达成如下共识:

第一条

双方将在两国现行的法律和规定下,根据双方的财力,在各自的职能范围内,促进工程科技领域专家的合作和相应的工程科技产业间的联系。

第二条

双方合作与联系的方式可包括:

(一) 研究性访问

双方将在对等的基础上,为博士后及以上水平的科学家和工程师间的交流提供帮助。这类交流称为研究性访问。研究性访问也包括双方管理人员的交流。

(二) 考察性访问

双方将为科学家、工程师、官员及企业家为促进工程科技领域的合资与合作项目进行的考察访问提供帮助。

（三）联合研讨会

双方将促进举办研讨会，通过科学家和工程师间的信息交流，提高合作水平。

（四）信息交流

双方将本着互利的原则，在交换信息与出版物方面进行合作。

（五）其他

双方将在共同感兴趣的领域开展其他活动。这既包括双边活动，也包括与其他国家工程院联合举行的活动。

第三条

双方将在各自能力许可的范围内，保持友好联系，鼓励科学家和工程师的相互合作。

相关研究和技术合作将依据双方共同的战略目标和需求设立。

开展特定领域的合作可设立优先合作项目，双方可以为此另行签署合作协议。

第四条

双方已一致同意的活动中，若需访问另一方，则由派遣方负担国际旅费，接待方负担国内费用。其他情况的经费将逐项商定。

第五条

双方承诺，在开展本谅解备忘录设想的任何工作及/或合作之前，根据必要订立足够的非披露和保密协议，以确保双方不时择定的各项合作范围之保密性、优先性和安全性。

第六条

本谅解备忘录在双方各自管理机构批准后，自签字之日起生效。有效期为三年。如双方同意，本备忘录可再延长三年。尽管在未经双方明确约定前本备忘录的内容对双方不具有法律约束力，双方对本备忘录的签署彰显对彼此共同利益的认同，象征互相的友好意愿。

本谅解备忘录于二〇一六年三月二十一日签署，一式四份（双方各持二份），分别用中文和英文写成，两种文本同等作准。

中国工程院	沙特阿美石油公司
授权签字人：	授权签字人：
赵宪庚	Said A. Al-Hadrami
中国工程院院士	国际运营部执行总监

法国国家医学科学院-塞维雅奖提名管理细则

第一条 凡具有中国国籍、居住在中国的工程师、科学家（含居住在台湾省和香港、澳门特别行政区，经常性工作地点须在中国），具备以下条件者，可被提名为候选人：

1）在中国医学科学技术及管理领域有重要发现、发明，并有显著应用成效，成绩杰出者；

2）为中法医学科学合作交流做出杰出贡献者；

3）应用本人研究成果、发明创造，发展高新技术及相关产业，成效特别显著者。

4）本人非法国国家医学科学院院士

第二条 本奖提名时间为每年的 2 月，月底截止。

第三条 候选人只能通过中国工程院院士或法国国家医学科学院提名，不受理本人申请。

第四条 提名候选人时，应按规定提供完备的候选人材料（参见附件一），材料需明确证明候选人与法国有关医学实验室或相关医学机构有合作关系，同时附两份推荐信（工作和学术各一份）。中国工程院医药卫生学部和国际合作局为秘书处，接收、收集、整理、翻译候选人提名材料。

第五条 候选人材料，凡涉及保密问题需经本人单位（省、军级以上）保密办出示同意参加评审证明。

第六条 候选人材料，凡涉及知识产权问题引起的争议、投诉等，后果由候选人承担。

第七条 本项目推荐选拔工作采取差额遴选的方法，以体现选拔工作的公正性和竞争性。中国工程院将组织专家评审，产生中方拟推荐候选人名单 2-3 位；法国国家医学科学院也将组织专家评审，产生法方拟推荐候选人名单。每年 3 月，两院协商产生有效候选人名单。每年 4 月，由法国医科院院士组成的评审团确定最终 1 位人选。

第八条 该奖将轮流在法国和中国颁发。

附件：

Prize “French National Academy of Medicine-Servier” Call of offer

The Chinese Academy of Engineering and the French National Academy of Medicine have decided together to create the Prize“French National Academy of Medicine-Servier”, financially supported by Servier, in order to award scientists who make an outstanding contribution to the Sino-French scientific cooperation in medicine. This prize, which highlights an important discovery in the fields of medical sciences, represents an exceptional opportunity for candidates to make their works known by the scientific community at a higher level all over the world and will foster their scientific carrier.

To be registered the application form must contain the following items:

Name of the candidate:

Surname:

Birth date:

Address:

Name of the Prize:

Name and localization of the laboratory in which the candidate works presently indicating the name of the head of this laboratory

Name and localization of the French laboratories with which the studies presented in the application form were performed indicating the names of the heads of these laboratories

Two copies of the following files will be sent:

1-curriculum vitae

2 - Summary of research works clearly separating those performed in association with French laboratories

3-List of publications including separately those resulting from studies performed in collaboration with French laboratories

4-If that is the case, list of patents

5-Copies of the most relevant articles

6-Recommendation Letters from French and Chinese personalities

In this case, research work must be focused on research done in collaboration with French laboratories and the list of publications might be completed with the list of patents.

澳大利亚科技与工程院与中国工程院关于食品安全的备忘录

Under the umbrella agreement between CAE and ATSE, the Workshop on Technology Advances in Food Safety was held in Beijing on 19–21 April 2016. This Workshop was jointly hosted by CAE and ATSE with high level participation from bilateral academies, universities and enterprise. Issues covering the whole chain of food safety from "Farm to Fork" were addressed and widely discussed among participants. Three sessions (namely, Food Safety and ICT, Raw Material Safety and Process Quality Improvement, and the Food Supply Chain Security and Traceability), a half day roundtable meeting and one day of technical visits were arranged. Both sides were satisfied with the outcomes and insight exchanged in the Workshop.

Common views shared between CAE and ATSE

The Workshop identified four pillars that need to be addressed to deliver food safety:

– Systems: including traceability, standards, sustainability, regulation and interoperability.

– Technology: making use of technology and engineering (including food processing and the mining of big data) to minimize risks.

– Culture: building a culture of shared responsibility, which values best practice and focuses on being proactive rather than reactive.

– Trust: the ultimate aim is to address the challenge posed by consumer perceptions, leading to trust built on performance.

For future cooperation:

– Participants are encouraged to publish research findings and progress in science and engineering in the CAE primary journal Engineering and the subordinate journal Frontier of Agricultural Science and Engineering (FASE).

– ATSE will host a reciprocal workshop in 2017–2018, in Australia, to further explore the main themes identified at the Beijing Workshop, particularly as applied to two or three key industries (e.g. dairy, wine, vegetables).

– Explore opportunities for further collaboration, for example through visits, workshops and exchanges, that examine additional issues in agriculture, food safety, and other science, technology and engineering topics ofinterest to both Academies.

A steering committee consisting of representatives from CAE and ATSE will develop a program for the Australian Workshop, and investigate opportunities for future collaboration.

This MOU was duly signed in Beijing on 21 April, with unique version of English, in two copies, one for CAE and one for ATSE.

Wu Qingping
CAE member on behalf of
CAE

Kaye Basford
Vice President
ATSE

德国国家科学院与中国工程院谅解备忘录

德国国家科学院与中国工程院(CAE)一致同意,在各自官方职权范围内,为双方共同利益,促进两国在医疗科学领域的合作,以共同订约人之身份签订本谅解备忘录。

缔约双方在此约定如下:

第一条

在各自的职权范围内,双方将依据两国法律法规以及各自的金融手段,为双方专家在医学方面的合作提供便利。具体而言,双方将寻求推动两国在科学研究领域的信息交换和相互沟通。

第二条

双方未来的合作和相互关系,可按如下形式具体展开:

1) 联合讨论会、研讨会和会议;

2) 调研访问和会议(管理人交流可视为学术交流);

3) 互相交流医学信息和出版资料;

4) 向政策制定者和社会公众提出与医疗研究课题有关的政策建议。

第三条

双方应根据各自的能力,保持紧密联系,并扩大医疗科学研究人员的友好合作。

第四条

双方同意推动中华人民共和国与德意志联邦共和国在医疗科学领域的合作。

第五条

为执行经双方批准的由第二条第一款所确定的双边活动,并且该类活动需赴另一缔约方旅行的,派遣方承担相应参与人员的国际差旅费用,接待方负责承担参与人员在本地的生活费用。如有其它情况,缔约双方将逐案协商确定。

第六条

本谅解备忘录有效期为五年,自签订之日起生效。本谅解备忘录在有效期内,经缔约双方同意,可修订或补充。除非缔约双方在本谅解备忘录到期日或续展期到期日的至少六个月前书面通知对方终止本谅解备忘录,本谅解备忘录将自动续展,续展有效期为五年。

本谅解备忘录到期后,除非双方另行约定,否则,在进行中的活动将继续执行。

第七条

双方有义务善意解释或执行本谅解备忘录的条款规定。如有任何争议,在采取法律行动前,缔约双方应尽最大努力通过友好协商方式进行解决。

2016 年 5 月以通讯方式预签署。本谅解备忘录一式两份,每份均具有同等效力;同时,本谅解备忘录分别以中、英文书就,双方各持一份。

德国国家科学院	中国工程院
院长	院长
Joerg Hacker	周济

中国工程院(CAE)和德国国家科学与工程院(acatech)谅解备忘录

本谅解备忘录(下称“**备忘录**”)订约双方为:

(1) 中国工程院,位于中国北京市西城区冰窖口胡同2号(下称“**CAE**”)。

和

(2) 德国国家科学与工程院,位于 Karolinenplatz 4, 80333 Munich, Germany(下称“**acatech**”)

(单独称为“**一方**”,合称为“**双方**”)。

鉴于

(A) 中国工程院(CAE),是中国工程科学技术界最高荣誉性、咨询性学术机构,由院士组成,致力于促进工程科学技术事业的发展。

(B) 德国国家科学与工程院(acatech)是一家非营利组织,也是运作机制灵活的学院和科学商业网络。作为科学技术界的喉舌,acatech 通过出色的技术评审和远见卓识的建议,为决策者和社会提供支持。

(C) 本备忘录规定了协议双方之间的潜在合作。备忘录规定了开展合作的大致组织范围,以及关于工作成果处理、责任、备忘录期限和其他事项的细节。

因此,双方同意推动两国在工程和技术科学(以下简称“工技”)领域的互利合作,双方达成如下协议:

第1条 备忘录宗旨

1.1 双方将根据各自的能力,保持友好的接触,并推动工程类科学家、工程师和技术人员对共同感兴趣的领域开展合作。为此,双方同意,根据各方的职权、能力和资源:

a) 确定合作领域;

b) 建立适当的机制和手段;以及

c) 在既定领域内开展合作。

1.2 本备忘录是双方之间的合作框架。任何具体活动都应通过单独的书面协议实施,该书面协议应按双方约定,规定任何共同感兴趣领域内的合作条款和形式。各单项协议应符合双方各自的内部规则、条例、政策、程序并获得各方批准。

第2条 期限和终止

2.1 本备忘录的期限为自双方签署之日起三(3)年,但按照下面第2.2条提前终止的除外。

经双方一致书面同意,本备忘录可以延续。

2.2　在提前三十(30)日书面通知对方后,各方可以任何理由随时终止本备忘录。

2.3　如果终止本备忘录,双方应立即采取措施履行本备忘录项下的义务,以求及时而有序地终结,并最大程度地减少与之有关的支出。

第3条　双方义务

3.1　本备忘录未规定任何一方承担资助的承诺。任何这方面的承诺应反映在双方根据本备忘录单独订立的书面协议中。而且,本备忘录不应在其中或其他文件预定的任何事务中,规定一方给予对方优惠待遇的任何承诺。

3.2　双方之间的任何信息交换应符合各自的信息披露政策和程序。除对方已授权披露的外,任何时候,任何一方不得向对方之外的任何其他人员、政府、机关或实体披露根据本备忘录交换和/或因其与对方的关系而知晓、但公众不知晓的信息。前述义务在本备忘录终止后继续存在。

第4条　名称和标志的使用

4.1　未经对方事先书面批准,任何一方不得发表涉及本备忘录所规定的双方合作的任何新闻稿或公开声明。如果一方根据本条款发表了新闻稿或任何公开声明,发表方应提及对方并向对方确认。本义务在本备忘录终止后继续有效。双方承认,acatech 是一家注册社团,接收德国联邦和州政府发放的机构经费以及外部提供的项目经费和捐赠,因此必须遵守其所在州的公开记录法。

4.2　双方承认知晓彼此的理念和目标,承认不会让他们的名称和标志的使用涉及任何政治或教派事业,也不会涉及不符合双方地位、声誉和中立立场的任何其他用途。

4.3　未经对方事先书面批准,任何一方不会为自己的事务或其他事宜而使用对方的名称、标志或其任何缩写。在任何情况下本备忘录均未授权将一方的名称、标志或其任何缩写用于任何商业目的,或表明 CAE 或 acatech 认可任何产品或服务。

第5条　责任

5.1　本备忘录不应被视为在双方之间创建了任何合资公司、连带责任合伙或任何种类的团体或公司,且任何一方均不得被视为对方的代理人。双方彼此独立,双方之间的关系是独立订约方之间的关系。各方对各自(包括其董事、高级职员和员工)的作为和疏忽负责。

5.2　各方应负责处理各自职员在履行本备忘录过程中发生的任何伤害。

第6条　通知

6.1　本备忘录规定的所有通知应发送至:

致 CAE:
田琦
北京市冰窖口胡同2号
电话:+86 10 59300268
传真:+86 10 59300140

电子邮件:tq@ cae.cn

致 acatech:
Dr. Karen Wagner
Pariser Platz 4a
10117 Berlin
电话:+49 (0) 30 2063096 18
传真:+49 (0) 30 206309+6 11
电子邮件:wagner@ acatech.de

6.2 根据本备忘录发出任何通知或通信应书面写成,可通过亲自送达、挂号信、传真或电子邮件送达至上述地址。

第 7 条 一般规定

7.1 本备忘录设想的双方合作是非排他性的。本备忘录不排除任何一方与其他组织开展合作。

7.2 各类型合作的细节应在双方另行商定的职权范围书或工作范围书中规定,这种单独的职权范围书或工作范围书将确定合作的范围和各方与之有关的相应职责。

本备忘录于二〇一六年七月二十七日在中国北京签订,一式两份,每份均用中文与英文写成,两种文本同等作准。

日期:2016.07.27

周济(院长)
中国工程院(CAE)

日期:2016.07.27

Reinhardt Hüttl(院长)
德国国家科学与工程院(acatech)

中国工程院与白俄罗斯国立技术大学合作谅解备忘录

中国工程院与白俄罗斯国立技术大学(以下简称“双方”)，认识到两国在经济和社会领域取得的进步具有重要意义,达成如下协议:

第一条

双方同意推动两国在工程和技术科学(以下简称“工技”)领域的互利合作。

第二条

双方将在各自的职能范围内,根据两国现行的法律和规定，以及各自的财力,为工技领域专家的合作及适宜的工技企业间的接触提供便利。

第三条

未来合作和接触的方式主要包括:

学术访问:

双方将协助推动至少拥有一个博士后学位或同等水平的科学家、工程师以及技术人员的交流(各方所派访问人员保持平衡),此类访问被认可为学术访问。行政人员的交流也可纳入学术访问之列。

考察活动:

双方将协助推动科学家、工程师、技术人员、官员及企业界人士的考察活动，以促进在工程和科技方面的战略联盟与合作。

联合研讨会和讲习班:

双方将推动举办研讨会和讲习班，以使科学家、工程师和技术人员通过交换信息提高在有关领域的合作水平。

信息交流:

将在信息和出版物交流方面进行互利合作。

其他:

双方将在共同感兴趣的领域开展其他活动,这些活动既可以是双边的,也可以是与其他国家类似机构联合开展的。

第四条

双方将根据各自的能力，保持友好的接触，并推动工程类科学家、工程师和技术人员的合作。

第五条

双方将推动中华人民共和国与白俄罗斯共和国在工程科技领域的合作。

第六条

关于经费安排，对于双方同意的、需要赴对方国家开展的活动，派遣方负担国际旅费，接待方负担国内费用。在其他情况下，将根据项目情况具体商定。

第七条

本备忘录于签署之日起生效，有效期为五年，如任何一方未在有效期或延长期终止前六个月通知另一方终止，则本备忘录将延长五年，并以此法顺延。

本备忘录终止后，仍在实施的项目和活动将继续有效，除非双方达成与之相反的协议。

本备忘录于二〇一六年十月十日在白俄罗斯明斯克签订，一式两份，每份均用中文与英文写成，两种文本同等作准。

中华人民共和国	白俄罗斯共和国
中国工程院副院长	白俄罗斯国立技术大学副校长
陈左宁	依哈 维图
陈左宁	

中国工程院与澳大利亚科技与工程院合作协议

协议（“协议”）于2016年10月31日由以下两方签署：中国工程院，地址为中国北京市西城区冰窖口胡同2号院；澳大利亚科技与工程院，地址为澳大利亚墨尔本博文街1号。

1 这个协议将基于CAE与ATSE之间所签的三年期合作协议来实施。

2 CAE（中国工程院）是《工程》期刊的所有权人；依据本协议，ATSE（澳大利亚科技与工程院）将积极支持《工程》期刊。

3 ATSE将支持Robin Batterham教授为CAE的《工程》期刊撰写“专题洞察”类的文章。ATSE、Robin Batterham教授将邀请作者为《工程》期刊撰写专题洞察类的文章。作者的费用将由CAE承担。专题洞察类的文章将专注于某期《工程》期刊各项研究主题的其中一项，但亦可涉及其他相关、适时或有争议的主题。这些文章将有助于读者理解研究性文章。

4 每篇专题洞察类文章将发表在ATSE的双月刊《焦点》杂志之上，但必须是在《工程》期刊网络版已经发表之后。这些文章将被纳入《焦点》杂志印刷版和网络版之内。

5 CAE对本协议所约定的专题洞察类文章享有专有的复制权、发行权、信息网络传播权、汇编权、翻译权。ATSE可以在本协议4约定的范围内使用该类文章。

6 ATSE可以协助为每期《工程》期刊的专题提供专题编委和审稿专家。CAE欢迎ATSE和其他工程院就所提交的技术性文章以及专题洞察文章提出的各种建议。

周济　　　　　　　　　　　Batterham

中国工程院　　　　　　　　澳大利亚科技与工程院

中国工程院与英国皇家工程院关于牛顿基金的谅解备忘录

中华人民共和国中国工程院（以下简称为“中国工程院”）与大不列颠及北爱尔兰联合王国皇家工程院（以下简称为“英国皇家工程院”）致力于在两国友好合作关系基础上，着力鼓励和支持在推动中国工程研究与创新方面开展更深入持久的合作。双方已就合作开展牛顿基金“转化”类别下的项目达成如下谅解：

第1条　宗旨

在本谅解备忘录项下开展合作的主要目的是支持中国校企之间的长期创新合作伙伴关系，促进两者的长期可持续发展。为此，双方将通过一套资助机制的合作，对能够促进校企之间的长期可持续伙伴关系的活动给予支持,从而推动两者在研究与创新方面的交流和合作。

本谅解备忘录项下的合作将基于中英两国间现有的科学、研究和创新协议。双方各自可能参与的其他双边或多边研究与创新合作活动和协定将不受影响。

第 2 条　合作活动的领域及形式

2A:英方活动

英国皇家工程院将为申请项目的中英两国研究与创新领域(包括工程领域)的校企联盟提供资助。资助将主要用于申请人为实现中英校企合作项目目标而开展的访问与交流活动的差旅、生活津贴和薪酬费用。详情参见附件一。

2B:中方活动

中国工程院将通过提供实物支持对英方活动予以补充,即通过项目推广、监控与知识传播等相关活动促进项目实施。

第 3 条　执行机构

本谅解备忘录的执行机构是英国皇家工程院和中国工程院。

英国皇家工程院将按照第 2A 款的描述,单方面推进项目;中国工程院将按照第 2B 款的描述,单方面推进项目。

第 4 条　资金和资源

在本谅解备忘录项下,英方开展的活动(第 2A 条)将由英国皇家工程院单独资助,中方开展的活动(第 2B 条)将由中国工程院资助,并计入中英牛顿基金资金总额以及中英双方在牛顿基金框架下各自应负担资金额度。英国皇家工程院和中国工程院旨在为开展本谅解备忘录项下第 2 条所述的活动提供支持。

英国皇家工程院将在两年期内向中英校企合作项目提供总计 50 万英镑(£ 500 000)的资金支持。

中国工程院将在两年期内提供一定的实物支持,并为中方申请人落实中英校企合作项目配套资助提供协助。

第 5 条　评估与监测

双方同意:

- 按照双方共同约定(将于项目进入可操作阶段后确定),开展战略评估与信息共享活动。
- 作为英国皇家工程院与中国工程院更广泛合作的一部分,以视频会议方式举行年度项目运行评审会议。
- 每年对牛顿基金框架下中英双方的资金匹配情况进行评审。
- 每年就第 2 条所述的活动收到的项目申请和通过评审的项目提交一份总结。

第 6 条　有效期、生效日期与终止

本谅解备忘录自双方签字之日起生效,有效期为两年。一方可提前至少 90 天向另一方发出书

面通知,提前终止本谅解备忘录。

本谅解备忘录的终止将不影响已经支付或支出的任何资金, 除非双方另行决定。

本谅解备忘录可在双方书面同意的情况下进行修订。本谅解备忘录属于意愿声明,不具有法律约束力,不产生在国际法项下的法律义务。

本谅解备忘录一式两份,用中文和英文写成, 于 2016 年 12 月 23 日签署。

中国工程院	英国皇家工程院
樊代明	Philip Greenish
副院长	首席执行官

附件一:

英方活动:校企合作项目

概述:

校企合作项目旨在建立校企双边联系,帮助推动中国高校转化创新成果。本项目基于这样一个前提:企业与高校之间更具战略性的联系能促进根本性技术创新,特别是中小企业。

该项目的总体目标是,通过与企业和英国利益攸关者之间的战略合作,加强中国高校推动颠覆性技术创新的能力。校企合作项目将致力于实现以下方面的成果:

1. 加强中国校企合作伙伴之间及与英国合作方之间的战略研究联系,推进双方以应用为导向的中长期研究。

2. 促进两国校企之间的知识和最佳实践分享,分享工程研究进展并扩大在实践中的影响。

3. 改善校企合作接口,帮助在两国的创新生态体系中系统地促进参与者之间更深入的合作,并创建有利于更广泛分享和采纳的各种校企合作模式。

资助类型:

该项目将提供经费支持,支付与相应的访问和交流有关的差旅、生活津贴和薪酬费用,支持校企合作伙伴在中英两国开展合作活动。

主申请人须是中国的某所高校,须与其企业合作伙伴和英国机构共同提出一种至少能实现一项上述目标成果的合作方式。总部位于英国的企业合作伙伴视同为英国机构。

校企合作项目将提供总额 50 万英镑(£ 500 000)的资助资金。为此, 该合作将为若干个项目提供资助，每个项目不超过)10 万英镑(£ 100 000)。申请人联盟须提供等额的配套资助。该项目期限将不超过 24 个月,包括各种活动和最终报告流程在内。

附件二：

中方活动:校企合作项目

中国工程院的活动包括,在其关系网络中宣传推广校企合作项目,共同组织项目成果分享研讨会与座谈会,分享在项目中获得的经验与成功案例,进而帮助推动中国和中英双方研究与创新政策的制定。中国工程院还应当协助中国校企申请人落实配套资助。若有可能,在第一期项目获得成功且中英两国工程院均认为该项目值得继续实施时,建言中国政府参与后期项目并提供配套资金支持。

院领导听取中国工程科技知识中心 2016年度工作汇报

2016年3月11日，工程院院长办公会在工程院318室召开，会议由周济院长主持，陈左宁副院长、知识中心项目管理办公室宋德雄主任及办公室全体人员参加会议。会议的主要内容是研究确定知识中心2016年工作计划及重点任务。

项目管理办公室宋德雄主任总结了知识中心2015年度工作，提出了42项2016年工作，汇报了8项2016年重点任务。2016年工作计划覆盖了系统总平台建设、分中心建设、技术研发与应用、资源建设、制度体系建设、支撑环境建设、国际知识中心建设、项目管理八大方面，共计42项工作。在2016年工作计划的基础上，提炼了今年的8大重点任务，分别是开展顶层设计、建设战略咨询协同平台、完善国际知识中心平台及四个分平台建设、完善管理架构、组建中国工程科技大数据产业技术创新战略联盟、加强与浪潮集团的战略合作、承办首次联合国教科文组织自然科学类二类中心大会、利用多种渠道扩大知识中心的社会影响。

听取了汇报后，院领导肯定了知识中心项目办的工作成绩，原则同意了2016年的工作安排和部署。会议着重对今年的重点任务进行了讨论。

陈副院长指出，从知识中心建设和使用的角度而言，组建中国工程科技大数据产业技术创新战略联盟非常有必要。要详细梳理组建该联盟的具体工作，明确联盟的工作对象是当前的建设项目还是长期的运营任务，明确联盟成员之间的关系和职责，明确数据的知识产权。陈副院长认为知识中心建设要从两个主要方向发力，一是要解决知识中心上线运行后有哪些共性技术问题，二是要提供个性化、订制化服务。在共性技术研发方面，今年的重点任务中应该体现知识中心在关键技术上的突破，要明确今年重点研发制约知识中心发展的哪些瓶颈技术，做到精准突破。项目办应组织平台组和技术组深入讨论，提出关键技术研发顺序表，明确知识中心能够在哪些技术方面有所突破，如深度搜索、智能分析等。在个性化、定制化服务方面，一方面是针对院士及其团队的咨询协同平台，另一方面是针对大众创业、万众创新的双创平台，精准地把知识推向院士咨询团队和创业人员。

周院长提出作为组织部门的知识中心项目办要动员各方面力量，包括院机关、浪潮集团公司、知识中心各协建单位，突出今年重点任务，明确定位，落实责任单位。在双创平台方面，充分调动浪潮集团公司的力量，结合创客最需要的知识服务，以制造业、创新设计分中心为试点，为创客提供精准知识服务。在顶层设计方面，要求梳理出知识中心建设中有哪些阻碍发展的瓶颈问题，要求各分中心必须统一规划，要求各数据源必须提供元数据，要求知识中心实现所有元数据的搜索功能。在大数据战略联盟方面，建议将浪潮集团公司、浙江大学加入到联盟中来，要充分发挥联盟的作用和影响力。在国际知识中心建设方面，国际知识中心是联合国教科文组织交给我们的任务，属于工程院的工作，要充分统筹协调院机关力量加入到国际知识中心工作中来，要有高瞻远瞩的眼光；同时，在重点任务中，国际知识中心要更加突出防灾减灾知识服务系统建设任务，要更加突出 CAETS 平台建设任务，要统筹建设学术期刊《Engineering》平台。

最后，院领导对下一步工作做了部署。一是根据本次会议精神，重新整理知识中心今年重点任务，向院领导再做一次汇报；二是集中知识中心优势力量，抓住机遇，快速行动起来，组织调研双创平台建设需求，明确建设双创平台的建设思路，快速提出建设方案；三是组织浪潮集团公司、技术组深入讨论，梳理现在知识中心亟待解决的问题，该工作由浪潮集团公司负责落实，项目办协助组织；四是今年要完成咨询协同平台建设，要做好对院士咨询研究的知识服务。

周济院长听取中国工程科技知识中心制造业子项目工作汇报

2016 年 3 月 3 日，制造业知识服务中心工作情况汇报会在工程院召开。中国工程院周济院长、知识中心项目管理办公室宋德雄主任，以及中国机械工业学会、机械工业信息研究院、索为高科系统技术有限公司等单位相关领导和专家出席了会议。制造业知识服务中心就中心建设进展与初步成效、建设面临问题与探索实践、未来设想及 2016 年工作安排三部分内容进行了汇报，并进行了现场的系统演示和介绍。

周济院长等领导对制造业子项目的前期建设给予了高度的肯定，也对制造业子项目未来建设提出了具体建议，主要聚焦在目标定位、用户需求、资源建设、服务能力、机制体制以及可持续发展等几大方面。最后，周济院长在肯定项目建设成效的同时，也对制造业子项目的未来工作给出了明确的指示：

1）进一步明确制造业专业知识服务系统的定位，明确服务对象，知识服务系统一定要为企业提供服务，尤其是中小微企业；

2）依托制造业子项目的资源优势，以知识服务为基础，以技术创新为切入点，试点打造为制造业中小微企业建设双创平台，为创业创新提供服务。

陈左宁副院长听取中国工程科技知识中心应用系统平台工作汇报

2016年3月2日，知识中心应用系统平台三期建设前期调研情况汇报会在工程院召开。中国工程院陈左宁副院长、知识中心项目管理办公室以及浪潮软件集团相关领导和专家出席了会议。浪潮集团项目组汇报了承担项目建设以来对知识中心各分中心的承建单位、原应用系统平台的开发团队、浙江大学技术研究中心和中信所等单位的调研情况，并对已经上线的12家分中心进行了重点调研，通过此次调研，了解了各家分中心的系统建设进展情况，资源组织与建设的情况以及各分中心对平台建设的一些共性需求。

陈左宁副院长在听取了浪潮集团汇报的调研情况以后，对浪潮集团项目组前期的工作情况给予了肯定，也对平台建设的下一步工作给出了明确的指示：

1）浪潮集团要发挥总集成的作用，设计和制定知识中心项目建设的顶层设计；

2）浪潮集团要进一步明确2016年的工作任务，制定2016年实施方案和实施计划；

3）梳理制约知识中心项目未来发展的技术瓶颈问题和管理机制问题，争取在2016年实现部分技术突破。

中国工程科技知识中心2016年度第一次工作会在京召开

2016年5月6日，知识中心2016年度第一次工作会议在浙江杭州召开，潘云鹤原常务副院长、陈左宁副院长出席会议听取汇报并指示工作。会议由知识中心项目管理办公室宋德雄主任和浙江大学计算机学院庄越挺院长主持，项目管理办公室、技术中心、平台组及全体分中心共计84人参加会议。

会议围绕2016年工作部署及进展情况进行了重点汇报和讨论。首先，由浪潮集团公司付金涛代表平台组汇报了2016年工作方案，主要汇报了优化完善顶层设计的工作思路、应用系统平台三期建设和集成、双创平台系统建设及推广、战略咨询平台系统建设规划和进展情况。浙江大学计算机学院吴飞教授代表技术组汇报了技术研究相关进展情况，提出了KS-Studio三年发展规划，明确了 KS-Studio 2016 年研发重点，并现场演示了知识加工与服务云平台的系统功能。随后，计划 2016 年度上线运行的环境、海洋、信息技术、创新设计、地质 5 个分中心汇报了系统建设情况；国际中心所属的智能城市、丝路科技、工程教育、减灾防灾 4 个子项目汇报了项目启动情况和建设思路。最后，项目管理办公室宋德雄主任通报了 2016 年度工作计划及重点任务，阐述了今年知识中心建设思路的转变。

听取汇报后，陈左宁副院长要求平台组进一步优化平台顶层设计，明确优化方向与目标。平台三期将针对一期上线后的一些瓶颈问题进行梳理，并进行改进与升级。重点建设“战略咨询”与“双创平台”这两个特色服务。各底层工具要为双创平台提供技术支撑，根据时代热点不断推出新内容，提供特色服务；战略咨询支撑平台针对中国工程院智库建设和对外服务要按不同对象进行梳理。

针对技术组研究工作，陈副院长指出技术组向各分中心提供知识服务工具是长期工作，如何将它们“引入门”，从开始使用，逐渐转化为掌握与熟悉，对于知识中心建设至关重要。技术组要与平台三期的“数据管控”环节相结合，为平台提供技术支持，不断提升知识处理能力。研发的技术工具可选择几个试点进行深入融合，加强与各分中心的交流，进一步提高为多个分中心服务的泛用性。

潘云鹤院士也围绕汇报内容提出了明确要求。

一是知识中心各子项目起点不同，部分建设内容有重复，部分内容的覆盖性不够全，要重点做好“三接轨”工作，即产业接轨大学、技术接轨系统、知识分类接轨需求。在产业接轨大学方面，体现了我国培养能走出国门的人才战略，如丝路科技与工程教育这两个子项目要做好企业与教育的衔接工作，重点研究国外各地的经济、教育、文化等情况，收集异国的文献、专家、学生信息，根据该国缺口提供科技人才，实现两国战略对接。在技术接轨系统方面，知识中心各子项目要统一工作内容的框架结构与表述方式，在形式上与知识中心一致起来，在此基础上再做各自的特色延伸。在知识分类接轨需求方面，分类是知识服务中非常重要普遍的一种技术，而传统分类方法已很难适应大数据时代的知识服务需求，各分中心在完成相关工作时应参考传统技术的同时注意技术突破，为未来需求预留好措施。

二是知识中心需加强服务性建设，重点在数据服务与知识服务两方面。在数据服务方面，扩大知识推送规模，分析用户反馈，不断提高推送质量。每年提升推送量，服务对象从知识中心项目内部人员逐渐扩大到全国知名大学的院长和教授。在知识服务方面，今年在过去“战略咨询平台”的基础上，提出了新的知识服务方向——“双创”，即创新与创业。为达到为咨询、创新、创业这三个目标服务的目的，各子项目应思考创新服务的深层涵义，提出更多服务需求，向技术组多探讨多提建议，以完成具有更高层次技术水平的服务工具，做好大数据到知识的转型工作，并给出解决当下工程技术的具体应用例子。这将是全国工程产业服务发展中的一大步。

三是目前知识中心对数据量仅按条数或体量来衡量都不够精准，知识中心项目办和知识中心技术研究中心应该对如何科学描述数据量进行研究并制定标准，为大数据时代的科研工作打下基础。

最后，相对于国务院各部委，工程院在面向大数据挑战上较早地启动了知识中心项目建设，初步实现了大数据研究应用上的产学研联合。因此，建议工程院应向党中央、国务院上报大数据战略建议书，提出发展工程科技大数据、并将其作为国家重点战略的建议。

中国工程科技知识中心双创平台正式上线发布

2016年5月11日，在2016智能制造国际会议上，中国工程院周济院长向参会的各国来宾宣布："中国工程科技知识中心双创平台"正式上线运行。随后，中国机械工程学会荣誉理事长路甬祥院士、工业和信息化部苗圩部长共同为中国工程科技知识中心双创平台启动剪彩。

中国工程科技知识中心双创平台是由中国工程院牵头建设的中国工程科技领域的创业创新平台。该平台将依托中国工程科技知识中心拥有的工程科技领域公益性、开放性的特色数据资源，以大数据和互联网技术为手段，为我国的中小微企业和创客提供工程科技知识服务，是中国工程科技知识中心实现科技创新驱动发展的重要举措。

中国工程科技知识中心双创平台以"深化实施创新驱动发展战略"为指导，以服务于"大众创业，万众创新"和"中国制造2025战略"为目标，以"支撑创新，服务创业"为原则，在制造业、创新设计、以及战略性新兴产业等领域先试先行，并在这三个重点领域积极探索"双创"模式，成熟以后逐步推广。该平台致力于提高我国科学研究水平和成果转化能力，促进自主创新能力提升，促进科技实力提升，发挥"大众创业、万众创新"和"互联网+"集众智汇众力的乘数效应，更大程度释放全社会创新创业活力，促进科技成果加快向现实生产力转化，增强实体经济发展新动能。

联合国教科文组织科学中心主任工作会议在京召开

联合国教科文组织（简称"UNESCO"）科学中心主任工作会议（UNESCO Science Centres Coordination Meeting）于2016年5月16—18日在北京召开。来自全球30多个国家的UNESCO科学中心主任及第三世界科学院、中国工程院、中国科学院、中国联合国教科文组织全国委员会、UNESCO总部、UNESCO区域办公室的共计160余位代表齐聚北京，参加首次举办的UNESCO科学中心主任工作会议。

本次会议由UNESCO、中国工程院、中国科学院联合主办，中国联合国教科文组织全国委员会和德国环境部支持，国际工程科技知识中心（中国工程院下属UNESCO二类中心）、国际自然与文化遗产空间技术中心（中国科学院下属UNESCO二类中心）联合承办。UNESCO科学部门助理总干事史凤雅(Flavia Schlegel),中国工程院院长周济、副院长陈左宁、秘书长钟志华、中国科学院副院长谭铁牛、院士郭华东、中国联合国教科文组织副秘书长周家贵等出席会议并致辞。

会议期间,来自世界各地的参会代表们,围绕着与自然科学有关的联合国可持续发展目标、联合国2030议程、UNESCO科学部各中心交流合作,以及二类中心信息与知识共享平台建设等内容,以分组讨论和向大会汇报的形式进行了广泛深入的交流讨论。UNESCO科学部门助理总干事史凤雅在会上作了关于号召二类中心为联合国可持续发展目标和2030发展议程实现做出贡献的报告。会议在加强相似主题、邻近地区二类中心间合作、明确二类中心在科学类项目实施中扮演的角色以及增进二类中心对实现科学部中期战略规划的贡献等方面取得了重要进展。IKCEST秘书处向参会代表汇报演示了二类中心信息共享平台初步建议方案,并发放用户需求调查问卷。会议还分享了来自全球11家优秀二类中心的最佳实践案例。

会议审议并通过了《北京行动计划》(Beijing Action Plan),对指导今后二类中心各项工作的开展以使其更加符合联合国各项宗旨和目标、加强中心间交流合作、建设基于IKCEST提议的科学部门中心信息和知识共享平台、加强各中心能力建设、专业领域结构优化及资源互补等方面具有重要指导意义。

本次会议意义重大,在UNESCO历史上尚属首次。会议成功汇聚了47家分布于全球各地的UNESCO科学中心前来参会,搭建了在UNESCO框架下,全球二类中心面对面交流工作经验、碰撞思想火花的平台,在UNESCO加强对二类中心的协调管理及全球二类中心间增进交流合作,共同为联合国可持续发展目标和2030议程的实现贡献力量方面迈出了坚实的步伐。

中国制造业知识服务联盟正式成立

2016年5月11日,由中国机械工程学会主办的2016制造业知识服务高峰论坛在北京召开,论坛上宣布成立了中国制造业知识服务联盟,在当天下午召开的2016智能制造国际会议上,中国机械工程学会荣誉理事长路甬祥院士、工业和信息化部苗圩部长共同为中国制造业知识服务联盟揭牌。

中国工程院和浪潮集团公司合作协议正式签署

2016年6月21日下午，中国工程院与浪潮集团公司在北京签订了战略合作协议。中国工程院主席团名誉主席宋健院士、院长周济、副院长赵宪庚与陈左宁，浪潮集团公司董事长孙丕恕、执行总裁袁谊生、副总裁左佰臣等出席了签字仪式。

周济院长指出，实施创新驱动发展战略，为实现我国现代化而奋斗，是中国工程院的“天命”。对于发挥科技创新在全面创新中的引领作用，强化企业创新主体地位和主导作用，促进科技与经济的深度融合具有重要意义。本次战略合作协议的签署标志着我们双方合作进入一个新的阶段，将推动双方紧密合作、协同创新。

孙丕恕董事长对中国工程院对浪潮集团的支持与关心表示感谢。孙董事长指出，浪潮集团作为IT行业的一名老兵，国家队成员之一，一方面要紧紧抓住科技创新的大好环境和机遇实现跨越式发展，另一方面也需要责无旁贷的肩负起更多的使命和责任，为实现国家进步、企业发展的共同目标，特别是在科技创新、机制创新、人才培养、突破信息领域关键技术等方面付出更多的努力。浪潮集团将充分利用自身在信息化方面的资源优势，以建设中国工程科技知识中心为契机，全力支持中国工程院信息技术应用发展，为中国工程院的战略研究决策咨询提供全面信息化支撑。

根据协议，双方明确了“优势互补、协同创新、注重实效、合作共赢”的合作原则，明确了双方主要在组织开展战略咨询服务、全面推动中国工程院信息化建设、大力支撑中国工程院“中国工程科技知识中心”建设等九大方面展开合作。

本次合作协议的签署，将进一步推进中国工程院与浪潮集团的深度合作，充分发挥中国工程院院士群体智力资源优势和国家智库的引领作用与浪潮集团在信息化基础设施、云计算、大数据、新产品创新研发等方面的资源优势相结合，共同助力我国自主创新技术发展，使科技创新为社会服务，为国家创新驱动发展的战略目标做出贡献。

陈左宁副院长听取中国工程科技知识中心顶层设计优化方案汇报

2016年7月14日,中国工程科技知识中心顶层设计优化方案框架汇报会在工程院116会议室召开,会议由宋德雄主任主持,工程院陈左宁副院长、知识中心项目办成员和浪潮相关人员参加会议。

宋德雄主任首先介绍了顶层设计优化的进展情况,知识中心顶层设计优化组负责人程永红汇报了知识中心顶层设计优化方案框架,项目办成员和浪潮参会人员围绕框架内容进行了讨论;最后,陈副院长对顶层设计优化工作做出重要指示:顶层设计优化方案框架涵盖业务、数据、知识加工及应用、技术、管控和运营等方面,内容充实全面,同时在管控、运营方面提出了创新性的想法,对方案框架总体表示认可。同时,陈副院长指出还需在以下方面进一步细化和完善。

1）云环境的部署问题:基于分中心分布建设的现状,需详细论证混合云建设方案。项目组要详细调研分中心的系统架构,论证分中心是否具备云迁移的条件;同时,梳理清楚知识中心可以支撑什么样的云服务。

2）打好数据/大数据基础:知识服务的基础是数据,必须打好数据基础。数据海是基础和前提,现有的知识服务仍然是以文献数据为主的模式,大量互联网的动态数据并没有汇集。从数据到知识的转化,靠的就是知识的元数据,还要保证数据是最新的、实效性最强的。

3）运营模式:调研学术搜索引擎,分析其运营模式。研究类似知识服务的运营模式,如何形成一种自增长模式。调研和分析国内外最佳实践。

最后,宋德雄主任总结:顶层设计优化组需按照陈副院长的指示开展分中心架构梳理工作,进一步完善框架内容,同时开始顶层设计相关实施方案设计工作。要求浪潮要投入更多的优质资源到顶层设计工作中,以确保顶层设计的先进性和可行性。

联合国教科文组织国际工程科技知识中心2016国际高端研讨会“知识服务与智能城市”在京召开

2016年9月4日,联合国教科文组织国际工程科技知识中心2016国际高端研讨会在中国工程院学术报告厅隆重召开。本次研讨会主题为“知识服务与智能城市”(“Knowledge Service and Intelligent City”),会议由中国工程院主办,联合国教科文组织国际工程科技知识中心(简称“国际知识中心”或“IKCEST”或)承办。20余位中外知名院士、专家及400余位国内外代表出席会议。

中国工程院周济院长、陈左宁副院长,中国联合国教科文组织全国委员会副秘书长周家贵及UNESCO驻华代表处项目专家汉斯·图而斯特鲁普(Hans Thulstrup)先生分别在大会上致辞。周济院长表示,中国工程院非常愿意与联合国教科文组织、国内外工程科技界在智能交通、现代物流、物联网等领域开展积极和深入的合作,共同推进世界工程科技繁荣发展。

本次研讨会围绕“知识服务与智能城市”的主题展开探讨,上午的会议由中国工程院吴澄院士主持。中国工程院潘云鹤院士深刻分析了中国智能城市的发展模型,从智慧城市的全球兴趣引申到中国智能城市的发展,表达了对中国智能城市建设的殷切关注和期待。图灵奖获得者、中国工程院外籍院士罗杰·瑞迪(Raj Reddy)教授详细探讨了智慧乡村在21世纪的作用,并就可能出现的问题和难点进行了分析,提出应从基本服务的角度寻找解决方案。中国工程院李伯虎院士深入解读了智慧城市的内涵,介绍了智慧城市的系统架构和大数据平台的技术构成,并就智慧城市大数据研究和实践发展提出了建议。德国工程院伯纳德·穆勒(Bernhard Mueller)教授指出生态城市和智能城市是密切相关的概念,并对“智能”和知识系统能如何帮助塑造现代生态城市、促进环境可持续发展和弹性城市发展发表了见解。

下午的会议由印度科学院那拉亚那其沃米·巴拉克里思南院士(Narayanaswamy Balakrishnan)主持。中国工程院高文院士指出了移动设备在视觉搜索方面显示出的巨大潜力,提出了一个用以评估视觉搜索技术和解决方案的协作平台。宾夕法尼亚大学、麻省理工学院荣誉教授加里·哈克(Gary Hack)认为城市形态需要进行的大变革将对城市智能化产生很大影响,并提出了未来二十年里可能出现的城市形态。同济大学副校长吴志强教授深刻解读了城市建设过程中建立知识共享平台的必要性,创造性地提出了面向公众、学者、专家的三个模块。德国工程院院士奥泰因·赫尔佐格(Ottenin Herzog)教授指出,构建智慧城市需要将数据综合起来建立“综合城市”,利用“数据挖掘”和“知识发现”,找寻综合数据的规律,从而构建反映城市内部过程的数据模型。

在集体讨论环节中,院士专家分别回答了在座参会嘉宾提出的问题,进行了深入的互动交流,中国工程院陈左宁副院长向大会致闭幕辞,会议在热烈的气氛中落下帷幕。

本次研讨会为来自世界各地的顶尖专家学者提供了交流的平台,对国内外工程科技界在智能城市建设、大数据技术研究和知识服务等领域开展积极和深入的合作,做出了积极的贡献。

联合国教科文组织国际工程科技知识中心第一届顾问委员会第二次会议在京召开

2016年9月5日上午,联合国教科文组织国际工程科技知识中心(简称“国际知识中心”)第一届顾问委员会第二次会议在北京召开。会议由第一届顾问委员会联合主席潘云鹤院士和罗杰·瑞迪(Raj Reddy)教授共同主持,第一届顾问委员会九位委员、联合国教科文组织驻华代表处项目专家汉斯·图尔斯特鲁普(Hans D. Thulstrup)、国际知识中心系统平台建设团队专家,各分中心代表以及秘书处全体成员出席了会议。

委员会听取了国际知识中心平台建设工作汇报后,进行了深入讨论,并提出一系列建议,如明确目标用户,突出自身特色,在内容上打破局限,注重与产业界的合作,关注发展中国家的需求;建设一个活跃、互动的平台,为用户提供智能的服务组合;加强与高校合作,加强宣传推广,为大学生创新创业搭建平台;通过技术手段使信息互联互通,使所有用户可以共享知识、参与协同;在致力于工程科技知识的共享外,融合基础科学、文化等方面的内容,利用工程科技的优势加强文化遗产保护等。

在听取联合国教科文组织二类中心信息共享平台建设工作后,委员会经过讨论,也提出一系列建议,包括要明确国际知识中心所扮演的角色;积极吸引其他二类中心的参与,合理分担建设成本;重点关注发展中国家的需求等。

会议还就国际知识中心 2017 国际高端研讨会进行了讨论。会议一致认为研讨会的主题应聚焦知识中心建设的核心内容,探索知识中心的发展趋势;同时认为人工智能技术是知识服务研发的关键之一,并将国际知识中心 2017 国际高端研讨会的主题确定为“知识服务与人工智能”。

联合国教科文组织国际工程科技知识中心第一届理事会第二次会议在京召开

联合国教科文组织国际工程科技知识中心第一届理事会第二次会议于 2016 年 9 月 5 日在中国工程院召开。会议由国际知识中心第一届理事会主席、中国工程院副院长陈左宁主持,国际知识中心理事会成员陈左宁、李国杰、汉斯·图尔斯特鲁普(Hans D. Thulstrup)、郑南宁(郑庆华代表)、奥泰因·赫尔佐格(Otthein Herzog)、罗杰·瑞迪(Raj Reddy)、高文、潘云鹤及秘书处有关人员出席会议,爱德华多·克里格(Eduardo M. Krieger)、杜越、钟志华三位理事因故无法出席,但均已通过书面形式对会议需要提请理事审议的文件表示通过。

会议听取、讨论了由国际知识中心秘书汇报的国际知识中心 2016 年度报告,与会理事对国际知识中心 2016 年开展的各项工作表示认可。联合国教科文组织驻华代表处项目专家汉斯·图尔斯特鲁普(Hans D. Thulstrup)代表 UNESCO 表示,国际知识中心 2016 工作报告全面翔实,UNESCO 对国际知识中心 2016 年取得的进展以及对 UNESCO 各项工作的支持和贡献表示赞赏和感谢。会议审议并通过了由国际知识中心秘书处起草的《国际知识中心双年度报告(2015—2016)》及《国际知识中心双年度工作计划(2017—2018)》。

会上,各位理事对国际知识中心今后的各项工作提出了建议:国际知识中心平台建设是一项长期活动,希望国际知识中心以更加长远的战略眼光对平台发展的远景目标、资金配套做出规划设计,并在未来实现为全球科技界服务的愿景;国际知识中心应当致力于连接世界各国知识,力争建成世界知识中心;希望国际知识中心不仅仅关注工程科技领域,更要关注工程科技与文化领域的深度融合,如用信息技术对文化遗产数字化、结合虚拟现实技术开发文化遗产虚拟旅游等,并希望国际知识中心在今后的工作计划中有更加具体明确的措施来促进文化遗产的宣传保护。

工程科技大数据技术创新战略联盟成立大会在京召开

2016 年 9 月 6 日,工程科技大数据技术创新战略联盟成立大会在北京召开。中国工程院院长周济院士、副院长陈左宁院士以及国家发展和改革委员会高技术产业司伍浩副司长、科技部创新发展司张旭副司长出席会议并讲话。会议由中国工程院副秘书长吴国凯主持,全体联盟单位理事代表出席会议。

在成立大会上,周济院长在讲话中指出,大数据已经成为新时代最具价值的宝藏之一。对大数据的处理技术,深刻影响了经济、社会、教育、医疗和行政管理等多个领域,极大促进了产业发展转型、管理方式变革和社会效率提升。在国内成立工程科技大数据技术创新战略联盟,是落实国务院推进大数据发展战略的重要举措,也是我国工程科技大数据技术创新的重要实践,非常及时和必要。

伍浩副司长在讲话中指出,为落实《促进大数据发展行动纲要》要求,发改委正在组织实施促进大数据发展的重大工程。他认为,工程科技大数据技术创新战略联盟的成立,对促进工程科技大数据集成创新、应用创新,推进大数据在各行业的知识应用,具有及其重要的现实意义和深远的历史意义。

张旭副司长在讲话中指出,科技部正在实施国家技术创新工程,其中一个重要抓手就是促进产学研结合的战略联盟。因此,科技部非常支持工程科技大数据技术创新战略联盟的成立,认为这是发展我国核心竞争力的一种重要方式。他希望联盟能够开展大数据发展规律的研究,为国家宏观决策提供咨询依据。

经 20 家联盟发起单位一致推荐,由中国工程院副院长陈左宁院士担任联盟第一届理事会理事长,由钢铁研究总院院长干勇院士、浙江大学校长吴朝晖、浪潮集团执行总裁王柏华担任副理事长。周济院长在成立大会上分别向各理事颁发了聘书。陈左宁理事长宣布了工程科技大数据技术创新战略联盟的正式成立。

院领导听取中国工程科技知识中心学术活动、院士库、双创平台建设情况的汇报

2016 年 9 月 30 日,知识中心项目办向相关院领导汇报了学术活动专业知识服务系统、院士库及双创平台等的建设情况。会议由项目办宋德雄主任主持,周济院长、陈左宁副院长、吴建平院士及相关专家出席会议。

唐杰副教授汇报了学术活动专业知识服务系统的进展,着重汇报了在支撑工程院院刊信息推送、支撑工程院学术会议内容发布等方面的工作,还介绍了清华大学计算机系建设的 AMiner 系统建设和服务情况。在此基础上,吴建平院士提出了清华大学计算机学院与中国工程院战略咨询中心成立联合实验室的建议,希望通过联合实验室的建设,推动双方深入交流合作。周院长高度评价了该子项目的建设进展,对其服务工程院院刊信息推送等取得的成效表示感谢。周院长要求项目办在工程院与清华大学战略合作框架下推动联合实验室的建设落地工作,并希望学术活动分中心以此为契机在知识中心平台推出一些特色的服务产品。陈院长希望学术活动分中心在知识中心的建设中发挥更多作用,围绕人工智能、数据挖掘、知识搜索、网络时代的学术出版等方面提供技术支撑并开发特色产品服务。

潘刚副主任汇报了院士库建设进展,目前知识中心已整理了 1068 位(国内外)工程院院士在个人经历、成就贡献、学术成果等方面的信息,部分内容已展示在知识中心网站。为了通过网络手段进一步提升工程院院士的学术引领和科学道德的社会影响力,项目办建议进一步梳理积累的院士学术成果、自传、自述和文集、书画等数据,为全体院士建立数字档案馆网络宣传平台。陈院长肯定了院士库前期建设成果,认为建设数字档案馆有利于宣传院士科学精神,有利于打造以院士为核心的在线科普平台,有助于扩大知识中心访问量,要求项目办细化方案后尽快落实。高祥副主任汇报了双创平台近期开展的主要工作,包括平台升级,与沈阳创客空间、宁波创客空间开展合作洽谈,中国工程科技知识中心专业领域的第一个区域分中心——制造业知识服务中心(青岛)正式揭牌成立,以及下一阶段的重点工作。陈院长肯定了双创平台前期工作,认为平台的核心任务是服务创新创业主体,指出要重点研究双创平台运营模式,做好平台运营工作。

国际工程科技知识中心赴拉美三国调研联合国教科文组织二类中心

为落实《北京行动计划》,加快 UNESCO 二类中心信息与知识共享平台建设,国际工程科技知识中心代表团于 2016 年 10 月 11 日至 21 日出访位于多米尼加的加勒比岛屿国家水资源可持续管理中心、位于哥伦比亚的拉美及加勒比海地区书籍与阅读促进中心和哥伦比亚国立大学、位于秘鲁的拉美非物质文化遗产保护区域中心和圣安东尼奥阿巴德国立大学。IKCEST 顾问委员会中方主席、理事会成员潘云鹤院士任代表团团长,团员包括 IKCEST 常务副主任宋德雄、中国工程院办公厅院办副主任张松和 IKCEST 国际事务负责人刘畅,浙江大学计算机科学与技术学院院长庄越挺和副教授张寅随团出行。

此次出访,IKCEST 向各访问机构介绍了中心的建设理念和阶段性进展,邀请其它中心参加其致力于提高工程科技人员数据处理能力的国际培训,得到积极回应。加勒比岛屿国家水资源可持续管理中心与 IKCEST 正式签署了合作谅解备忘录,后续将在其框架下开展全方位合作。拉美及加勒比海地区书籍与阅读促进中心希望参与 IKCEST 知识共享平台建设,使用 IKCEST 的实体文献数字化技术,加入 CADAL(China Academic Digital Associative Library,大学数字图书馆国际合作计划),表示愿意担任 CADAL 在拉丁美洲区域协调人。哥伦比亚国立大学提出希望在雷电暴雨灾害防治方面与中国工程院及 IKCEST 进行合作,目前已经和我院相关领域的专家对接。拉美非物质文化遗产保护区域中心表示愿意共享非物质文化遗产中关于大型古代建筑、手工艺品制造等的信息和知识,希望在著名的马丘比丘等遗址保护上应用微环境监控、大数据分析和虚拟展示等先进的信息技术,并希望在非物质文化遗产保护方面借鉴使用大数据技术。秘鲁圣安东尼奥阿巴德国立大学表达了与中国工程院及 IKCEST 签署战略合作协议的愿望,希望首先在农业、地理、矿业等领域开展合作。本次调研有助于提升工程科技水平较为落后的南美各机构的数字化、信息化水平,推进 UNESCO 二类中心信息与知识共享平台建设,有力增强了 IKCEST 在南美国家的知名度和影响力。

中国工程科技知识中心应用系统平台（2015年）建设项目合同验收会议召开

2016年11月21日，知识中心项目管理办公室在中国工程院组织召开了知识中心应用系统平台（2015年）项目合同验收会议。会议由陈左宁院士主持，宋德雄主任、浪潮集团执行总裁王柏华、验收专家、中国软件评测中心、赛迪监理、知识中心项目办相关人员以及浪潮软件集团项目组成员出席了会议。其中：验收专家组由分中心专家代表、信息化领域外请专家等组成。

宋德雄主任向验收专家组介绍了知识中心应用系统平台项目建设的背景；知识中心应用系统平台承建单位浪潮软件集团向验收专家组汇报了平台建设的相关情况，并进行了系统的现场演示；随后，验收专家组听取了赛迪监理的项目监理工作报告，同时，中国软件评测中心汇报了知识中心应用系统平台（2015年）第三方测试报告和安全报告的情况，并通报了测试结果。

验收专家组在认真听取了相关汇报后，专家围绕项目建设情况进行了针对性的问询，并认真仔细的审核了相关项目文档，经过验收组全体专家的综合评定，认为知识中心应用系统平台（2015年）建设项目完成了合同规定的各项任务，可以通过合同验收。

出版物介绍

出版物介绍

一、《中国工程科技论坛报告集》

中国工程科技论坛自2000年起创办，旨在搭建学术性交流平台，组织院士专家就工程科技领域的热点、难点、重点问题聚而论道。论坛已成为中国工程院乃至中国工程科技界的品牌学术活动。2016年，组织出版《中国工程科技论坛报告集》系列丛书共13本：《现代建模与仿真技术及应用进展》《动物营养与养殖环境控制》《绿色城市建设与污染防治》《智慧医疗与医疗资源优化配置》《中国及全球食品安全现状、未来发展趋势及应对策略》《海洋强国建设重点工程发展战略》《先进高分子材料创新与产业化》《中国健康服务业发展战略研究》《先进制药技术发展》《煤与瓦斯突出灾害及其科学防治》《中国盐湖产业的绿色发展》《测量技术发展与精密仪器创新》《村镇规划建设与管理》。

二、《国际工程科技发展战略高端论坛报告集》

国际工程科技发展战略高端论坛自2011年起创办，旨在为相关领域的中外顶级专家搭建高水平高层次的国际交流平台，通过开展宏观性、战略性、前瞻性的研究，进一步认识和把握工程科技发展的客观规律，为国家战略决策提供科学思想和系统方案，以科学咨询支持科学决策，以科学决策引领科学发展。2016年，组织出版《国际工程科技发展战略高端论坛报告集》系列丛书共4本：《智能系统：城市、信息与机器人》《国际工程教育发展与合作：机遇、挑战和使命》《重大复杂工程管理与工程管理知识体系》《智能电网的挑战与研发机遇》。

三、《中国工程院院士文集》

《中国工程院院士文集》系列丛书主要收录中国工程院院士的传略、学术论著、中外论文、讲话文稿和科普作品等。2016年，组织出版《中国工程院院士文集》系列丛书共16本：《王浩文集》《杜祥琬文集》《王文兴文集》《闻雪友文集》《关桥文集》《张彦仲文集》《张福泽文集》《康玉柱文集》《陈灏珠文集》《夏家辉文集》《周君亮文集》《龚晓南文集》《刘业翔文集》《邵象华文集》《旭日干文集》《张寿荣文集》。

四、《Engineering》(《工程》)系列英文期刊情况

《Engineering》(《工程》)系列英文期刊群于2014年正式创立。在中国工程院学术与出版委员会的指导、各学部的努力下，各刊学术水平和国际影响力持续提升。截至2016年底，共有《信息与电子工程前沿(英文)》、《化学科学与工程前沿(英文)》、《环境科学与工程前沿(英文)》和《医学前沿(英文)》4本期刊被SCI收录，《信息与电子工程前沿(英文)》、《化学科学与工程前沿(英

文)》、《结构与土木工程前沿(英文)》和《环境科学与工程前沿(英文)》4 本期刊被 Ei 收录,《医学前沿(英文)》被 Medline 收录。其中,在 Web of science 数据库中,《环境科学与工程前沿(英文)》位于 Q2 区,《化学科学与工程前沿(英文)》和《医学前沿(英文)》位于 Q3 区。

2016 年,在第二期"中国科技期刊国际影响力提升计划"评审中,《机械工程前沿(英文)》和《医学前沿(英文)》获得 B 类支持,《信息与电子工程前沿(英文)》、《能源前沿(英文)》、《结构与土木工程前沿(英文)》和《环境科学与工程前沿(英文)》获得 C 类支持。

五、《院士通讯》(月刊)

本刊物是中国工程院的内部刊物,服务于全体工程院院士和工程科技战线。及时反映中国工程院根据党中央、国务院的要求和自身职能、任务,坚持以科学发展观为指导,以发挥国家工程科学技术思想库作用为主线,以院士队伍建设为核心,组织动员全体院士和广大科技工作者为建设创新型国家和加快转变经济发展方式勇挑重担、建功立业等具体情况。刊物内设要闻、走近院士、战略咨询、科技合作、学术引领、人才培养、院士队伍建设、国际交流、综合信息、诗文书画、院士生活摄影等栏目。本年度共发刊 12 期,约 107 万字。

六、《中国工程院年鉴 2015》

《中国工程院年鉴》是全面、客观地记录中国工程院各方面情况、进展和成就的史料性内部刊物,内容翔实、资料可靠。2015 年卷收编内容从 2015 年 1 月 1 日至 12 月 31 日,全书分 14 部分,共 120 万字,并配有光盘及数字版出版物。

七、2016 年出版的院士传记书目

序号	书名	出版社
1	《吴佑寿传》	人民出版社、航空工业出版社
2	《傅依备传》	人民出版社、航空工业出版社
3	《李玶传》	人民出版社、航空工业出版社
4	《汪应洛传》	人民出版社、科学出版社
5	《蒋新松传》	人民出版社、航空工业出版社
6	《王德民传》	人民出版社、航空工业出版社
7	《陈肇元自传》	人民出版社、科学出版社
8	《张光斗传》	人民出版社、航空工业出版社
9	《徐寿波传》	人民出版社、科学出版社
10	《良镛求索》	人民出版社、清华大学出版社
11	《董建华传》	人民出版社、科学出版社

续表

序号	书名	出版社
12	《张福泽传》	人民出版社、航空工业出版社
13	《黄文虎传》	人民出版社、航空工业出版社
14	《曾苏民传》	人民出版社、航空工业出版社
15	《程天民传》	人民出版社
16	《朱英国传》	人民出版社、科学出版社
17	《周君亮自传》	人民出版社、科学出版社

光华工程科技奖

2016年第十一届获奖人名单(共34人)

成就奖:钟南山

工程奖:范光照　邓中亮　胡向东　金　涌　姚　燕(女)　李立浧　张建民　潘德炉
孙润仓　陈宗懋　尹飞虎　李兰娟(女)　朱高峰　周建平　陈清泉　张国镇

青年奖:孙泽洲　彭小波　罗先刚　陈小武　麦立强　张立峰　宋云涛
戴彩丽(女)　姜卫平　王沛芳(女)　曹宏斌　刘会娟(女)　陈瑞爱(女)
周顺桂　李劲松　邓旭亮　俞　捷

机 关 工 作

【规章制度】

中国工程院办公厅关于转发《财政部 科技部关于中央财政科研项目使用公务卡结算有关事项的通知》的通知

中工办字〔2016〕13号

院机关各部门、院咨询服务中心：

现将《财政部　科技部关于中央财政科研项目使用公务卡结算有关事项的通知》(财库〔2015〕245号)转发给你们。请结合《中央预算单位公务卡管理暂行办法》(财库〔2007〕63号)、《中央预算单位公务卡强制结算目录》(财库〔2011〕160号)和《中国工程院机关公务卡管理实施细则》(中工办字〔2011〕110号)规定,加强科研项目使用公务卡结算的管理工作,自2016年2月1日起严格按照文件要求执行。

中国工程院办公厅

二〇一六年二月一日

中国工程院办公厅关于转发《财政部关于印发〈中央和国家机关工作人员赴地方差旅住宿费标准明细表〉的通知》的通知

中工办字〔2016〕39 号

院机关各部门、院咨询服务中心：

现将《财政部关于印发〈中央和国家机关工作人员赴地方差旅住宿费标准明细表〉的通知》（财行〔2016〕71 号）转发给你们。请结合《中央和国家机关差旅费管理办法》（财行〔2013〕531 号）规定，自 2016 年 5 月 1 日起按新住宿费标准和相关要求执行。

该明细标准已同时发布在财政部门户网站（xzzf.mof.gov.cn）政策发布栏目，我院机关财务信息系统政策法规栏目也已转发，机关各部门可根据需要自行下载。今后标准如有调整，将及时更新。

中国工程院办公厅
二〇一六年四月二十七日

中国工程院办公厅关于进一步加强备案人员因私出国（境）管理监督工作的通知

中工办字〔2016〕76 号

院机关各部门、战略咨询中心：

根据《中共中央组织部关于进一步加强领导干部出国（境）管理监督工作的通知》（组通字

〔2014〕14 号)要求和中央纪委驻科技部纪检组有关精神,结合我院印发的《中国工程院机关干部职工出国(境)证件管理办法》有关规定,现将我院备案人员因私出国(境)管理监督工作有关要求明确如下。

一、备案人员范围

中国工程院机关人事部门管理的因私出国(境)备案人员,是指除中央管理的干部以外的机关副处级以上在编工作人员、退休局级干部和战略咨询中心副处级以上正式工作人员。

二、因私出国(境)证件管理

1. 中国工程院备案人员申请办理因私出国(境)证件,须填写申办出入境证件的函,并由登记备案领导签字确认。

2. 备案人员办理因私出国(境)证件后,须于收到证件之日起 10 个工作日内,主动交由办公厅人事处统一登记保管。

3. 因私出国(境)人员须在回国(境)后 10 个工作日内,将所持因私出国(境)证件交还人事处保存管理。

三、因私出国(境)审批

备案人员申请因私出国(境),须先如实填写《中国工程院备案人员因私出国(境)申请表》(样表见附件),并由上一级部门和主管领导签批,再到人事部门办理因私出国(境)证件借用手续。

四、有关责任和纪律

备案人员违规办理因私出国(境)证件、未按规定时限将因私出国(境)证件交由人事部门保管和未经审批擅自出国(境)的,将予以严肃处理,同时追究相关人员的责任。

特此通知。

附件:中国工程院备案人员因私出国(境)申请表(略)

中国工程院办公厅

二〇一六年六月二十八日

中国工程院办公厅关于计划生育工作相关问题的补充通知

中工办字〔2016〕84 号

院机关各部门、院战略咨询中心：

为贯彻落实《中共中央 国务院关于实施全面两孩政策改革 完善计划生育服务管理的决定》（中发〔2015〕40 号），根据《中华人民共和国人口与计划生育法》（2015 年 12 月 27 日修正）、《北京市人口和计划生育条例》（2016 年 3 月 24 日修正）和《女职工劳动保护特别规定》，结合我院机关实际情况，现将我院机关计划生育工作相关问题，通知如下：

一、关于独生子女父母的奖励优待

1. 在国家提倡一对夫妻生育一个子女期间，自愿终身只生育一个子女的夫妻，国家发给《独生子女父母光荣证》。获得《独生子女父母光荣证》的夫妻，按照相关规定的条件、标准、年限，继续享受各项计划生育奖励优待政策，包括独生子女父母奖励费、年老时的一次性奖励和一次性经济帮助等。

2. 实施全面两孩政策后，提倡按政策生育。对自愿生育一个孩子的夫妻，不再发放《独生子女父母光荣证》，不再享受独生子女父母奖励费等相关奖励优待政策。

3. 已经领取《独生子女父母光荣证》要求再生育的，应主动退回《独生子女父母光荣证》，不再享受独生子女父母奖励优惠待遇，此前享受的不退还。

二、生育政策

1. 提倡一对夫妻生育两个子女。生育两个以内子女的，按照有关规定到夫妻一方户籍地社区村（居）或乡镇（街道）办理生育登记，同时报院计划生育工作部门备案。

2. 除上述按政策生育以外，可以要求再生育一个子女的情况遵照《北京市人口和计划生育条例》（2016 年 3 月 24 日公布）相关条款执行，同时报院计划生育工作部门备案。

三、相关待遇

1. 依法办理结婚登记的夫妻，除享受国家规定的婚假（3 天）外，增加假期 7 天。婚假执行工作日，应连续使用。

2. 机关女干部按规定生育的，除享受国家规定的产假（国家规定产假 98 天，难产增加 15 天，生育多胞胎的，每多生一个婴儿增加 15 天）外，享受生育奖励假 30 天。机关男干部，其配偶按规定生育的，享受陪产假15天。

产假、生育奖励假和陪产假均按自然天数计算，且需连续使用。产假最多可以在产前使用15天；陪产假应在配偶生育后独自使用，不可分割和转让。

3. 产假、生育奖励假和陪产假期间工资照发；女干部生育或者流产的医疗费用，按照我院机关现行规定执行。战略咨询中心正式工作人员符合本市生育保险规定的，从生育保险基金支出。

4. 凡符合生育政策生育的，可以享受婴幼儿奶费补贴、托幼管理费和子女统筹，按现行的标准和年限执行。

四、有关责任和纪律

凡违反现行生育政策规定生育子女的夫妻，应当依法缴纳社会抚养费，并给予行政处分或者纪律处分；分娩的住院费和医药费自理，产假期间停止工资福利待遇，三年内不得被评为先进个人、不得提职，并取消一次调级，在住房分配上给予限制。

《中国工程院机关计划生育工作若干问题的暂行规定》（中工发〔1996〕023号，以下简称《暂行规定》）中，符合现行国家生育政策的，继续遵照执行；《暂行规定》中与国家有关法律法规和本通知中规定相冲突的，遵照本通知执行；《暂行规定》和本通知中没有规定的，遵照《中华人民共和国人口与计划生育法》（2015年12月27日修正）、《北京市人口和计划生育条例》（2016年3月24日修正）、《女职工劳动保护特别规定》等有关规定执行。

中国工程院办公厅

二〇一六年八月十六日

中国工程院办公厅关于转发《中央和国家机关会议费管理办法》的通知

中工办字〔2016〕91号

院机关各部门、院战略咨询中心：

现将《财政部　国家机关事务管理局　中共中央直属机关事务管理局关于印发〈中央和国家机关会议费管理办法〉的通知》（财行〔2016〕214号）转发给你们，请认真遵照执行。

中国工程院办公厅

二〇一六年七月二十七日

中国工程院关于印发《中国工程院国内公务接待管理办法》的通知

中工发〔2016〕144 号

院机关各部门、战略咨询中心：

为贯彻落实《党政机关厉行节约反对浪费条例》（中发〔2013〕13 号）和《党政机关国内公务接待管理规定》（中办发〔2013〕22 号）等文件精神，规范我院国内公务接待工作，我院研究制定了《中国工程院国内公务接待管理办法》，经院党组会议和院常务会议审议通过，现印发给你们，请自印发之日起遵照执行。

附件：《中国工程院国内公务接待管理办法》

中国工程院

二〇一六年十二月二十二日

附件：

《中国工程院国内公务接待管理办法》

第一条 为规范中国工程院公务接待管理，厉行检节约，反对铺张浪费，加强党风廉政建设，根据《党政机关厉行节约反对浪费条例》（中工发〔2013〕13 号）和《党政机关国内公务接待管理规定》（中工发〔2013〕22 号）等有关规定，结合我院实际，制定本办法。

第二条 本办法适用于中国工程院机关国内公务接待。本办法所称国内公务，是指出席会议、考察调研、执行任务、学习交流、检查指导、请示汇报工作等公务活动。

第三条 国内公务接待应当坚持有利公务、务实节俭、严格标准、简化礼仪、高效透明、尊重少数民族风俗习惯的原则。

第四条 不得超标准接待，不得组织旅游和与公务活动无关的参观，不得组织到营业性娱乐、健身场所活动，不得安排文艺演出，不得以任何名义赠送礼金、有价证券、纪念品和土特产品等。

第五条 公务外出确需接待的，工程院应当向接待单位发出公函，告知内容、行程和人员。机关工作人员不得要求将休假、探亲、旅游等活动纳入国内公务接待范围。

第六条 公务接待坚持谁接待、谁负责，实行责任追究制，对国内公务接待违规违纪行为，严肃追究接待单位相关负责人、直接负责人的责任。

第七条 所有公务接待活动必须以被接待人员所属单位的接洽公函为依据，公函主要包括活动内容、行程和需要接待的人员，无公函接洽的接待活动一律不予安排。

第八条 所有接待活动要由接待工作经办人如实填写《公务接待审批单》，写明来访单位、姓名、职务、人数、来访目的及活动天数，报承办部门及办公厅负责人审批，并及时向分管院领导报告，在履行完报批手续后再答复接访，安排接待活动。

第九条 认真执行接待清单制度，公务活动结束后，须在 5 个工作日内如实填写《公务接待清单》，并呈送出席活动的负责人审签。

第十条 在公务接待中，确因特殊原因来不及按正常程序审批急迫公务接待活动，须事先向办公厅领导说明原因并征得同意；接待工作结束后补办审批手续。

第十一条 公务接待确需住宿的应当严格执行差旅管理的有关规定，在定点饭店或者内部接待场所安排，执行协议价格。住宿用房以标准间为主，接待省部级干部可以安排普通套间。接待单位不得超标准安排接待住房，不得额外配发洗漱用品。

第十二条 接待对象应当按照规定标准自行用餐。确因工作需要，接待部门可以按标准安排工作餐一次，并严格控制陪餐人数；接待对象在 10 人以内的，陪餐人数不得超过 3 人；超过 10 人的，不得超过接待对象人数的三分之一；接待工作餐标准不得超过每人 130 元。

工作餐应当供应家常菜，不得提供鱼翅、燕窝等高档菜肴和用野生保护动物制作的菜肴，不得提供香烟和高档酒水，不得使用私人会所、高消费餐饮场所。

第十三条 国内公务接待的出行活动应当安排集中乘车，合理使用车型，严格控制随行车辆。有效利用社会资源为国内公务接待提供住宿、用餐、用车等服务。

第十四条 加强对接待经费的预算管理，严格控制国内公务接待范围，实行总额控制；禁止借公务接待名义列支其他支出。

第十五条 接待费报销凭证应当包括财务票据、派出单位公函、《公务接待审批单》和《公务接待清单》，手续不全一律不予报销。

第十六条 禁止在接待费中列支应当由接待对象承担的差旅、会议、培训等费用，禁止以举办会议、培训为名列支、转移、隐匿接待费开支；禁止向接待单位及其他单位、企业、个人转嫁接待费用，禁止在非税收入中坐支接待费用；禁止借公务接待名义列支其他支出。

第十七条 接待费资金支付应当严格按照国库集中支付制度和公务卡管理有关规定执行。具备条件的地方应当采用银行转账或者公务卡方式结算，不得以现金方式支付。

第十八条 纪检监察部门将国内公务接待工作纳入问责范围，加强对国内公务接待违规违纪行为的查处，严肃追究接待单位相关负责人、直接责任人的党纪责任、行政责任并进行通报，涉嫌犯罪的移送司法机关依法追究刑事责任。监督主要内容包括：

（一）国内公务接待标准执行情况；

（二）国内公务接待经费管理使用情况；

（三）国内公务接待信息公开情况；

（四）机关内部接待场所管理使用情况。

第十九条 本办法由办公厅负责解释。中国工程院战略咨询中心参照执行。

第二十条 本办法自印发之日起施行。

中国工程院关于印发《中国工程院外宾接待管理实施细则》的通知

中工发〔2016〕145号

院机关各部门、战略咨询中心：

为贯彻落实《党政机关厉行节约反对浪费条例》（中发〔2013〕13号）和《中央和国家机关外宾接待经费管理办法》（财行〔2013〕533号）等文件要求，规范我院外宾接待工作，我院研究制定了《中国工程院外宾接待管理实施细则》，经院党组会议和院常务会议审议通过，现印发你们，请自印发之日起遵照执行。

特此通知。

附件：《中国工程院外宾接待管理实施细则》

中国工程院

二〇一六年十二月二十二日

附件：

《中国工程院外宾接待管理实施细则》

第一章 总则

第一条 为进一步规范中国工程院外宾接待工作，根据《党政机关厉行节约反对浪费条例》（中发〔2013〕13号）和《中央和国家机关外宾接待经费管理办法》（财行〔2013〕533号）（以下简称“533号文”）等有关管理规定，结合我院实际，制定本细则。

第二条 本细则适用于对来我院访问的国(境)外来宾的公务接待。外宾来访目的包括:参观访问、合作交流、科学研究、工作会晤等。外宾接待活动费用应从我院“外事接待费”列支。

第三条 外宾接待应坚持服务我院工程科技思想库建设和院士队伍建设、加强国际交流与合作、友好对等、务实节俭的原则。

第四条 国际合作局负责我院外宾接待活动的归口管理,院各级部门是外宾接待活动的执行主体,负责安排落实本部门的外宾接待活动,并对全院统一安排的外宾接待活动予以支持和配合。

第二章 接待管理及流程

第五条 邀请外宾来访应结合各部门业务工作的实际需要,提高计划性,避免临时性、纯礼节性和无实质内容的接待。

第六条 外宾来访前应要求对方明确来访目的、访问具体内容、来访人员名单及简介等。接待部门应针对来访目的和访问内容等做好充分准备,组织相关专家和人员参加业务商谈,力求产生实际效益和成果。

第七条 接待部门应指定专门经办人员认真落实接待准备工作,制订接待计划,确定会见领导和陪同人员名单,准备相关材料,填报《中国工程院外宾接待审批单》(以下简称“审批单”),并履行审批程序。填报审批单并得到批准的外宾接待活动才能予以执行。接待任务获得批准后,经办人须将审批单复印件交国际合作局留底备案。

第八条 邀请副总理级及以上外国政要来华,须提前报国际合作局汇总,并由我院上报外事主管部门,列入每年 6 月底和 12 月底前报送的下一个半年重要外事事项;邀请副总理级以上外国政要来华的请示,须至少提前 60 天报送国际合作局进行上报,由我院向外事主管部门进行报批。邀请党和国家领导人参加外宾接待活动,须提前报国际合作局汇总,并由我院以预报表形式报外事主管部门,列入下两个月计划(每年 1 月 1 日前报送 3—4 月计划,3 月 1 日前报送 5—6 月计划,以此类推);邀请党和国家领导人参加外宾接待活动的请示,须至少提前 60 天报国际合作局进行上报,由我院向外事主管部门报批。

第九条 外宾接待活动若涉及重要外事活动(包括参加国家领导人外事活动、授予荣誉勋章、签署协议、接受捐赠等事宜),必须做好背景资料等相关文本,并提前 10 个工作日报本部门、国际合作局和相关院领导审核。

第十条 各类外宾接待活动,一般遵循职位对等和工作需要的原则安排相应人员参加。凡请院领导参加的外宾接待活动,经办人应提前 10 个工作日报批。有下列来访人员或活动,可请院领导出席会见:

(一) 外国政府和国际组织重要官员;

(二) 国外大学校级领导;

(三) 国际知名专家学者;

(四) 与我院有重要合作关系的人员和单位代表;

(五) 国际知名研究机构和企业高层管理人员及研究人员;

(六) 其他对我国工程科技界有特殊贡献的人员;

(七) 院际合作签字仪式;

(八) 在我院举办的国际会议开闭幕式活动;

（九）其他重要活动。

第十一条 外宾接待过程中经办人和接待部门应注意搜集、保存相关资料和工作照片（视频）等。接待任务完成后5个工作日内，接待部门须向国际合作局提交接待总结或新闻稿。年底，接待部门应将外宾接待资料及时归档。

第十二条 外宾接待过程中应注意保密，严格遵守有关保密规定，不得泄密。接待部门负责人应当明确本部门的保密内容和保密部位，并事先对我方参加接待人员进行教育和提醒。提供给外宾的介绍材料必须事先审核，严格把关。

第十三条 参加外宾接待活动的人员应严格遵守时间、外事纪律和外事礼仪，注意着装整洁；会见、会谈中应当关闭手机和避免其他干扰；接待过程中要注意外宾安全。

第三章 经费使用及报销流程

第十四条 院财务部门对“外事接待费”实行单独核算、专项管理，并定期通报该经费使用情况。

第十五条 国际合作局每年底负责编制下一年度“外事接待费”预算，院各部门应严格按照费用预算执行相关的外宾接待活动。

第十六条 接待部门和经办人应从严、从紧控制外宾接待活动，严格按照533号文规定的开支范围、标准及人数的规定，编制经费预算和支付费用，不得突破，不得以其他名目虚假列支接待费用。

第十七条 外宾接待经费开支范围主要包括：住宿费、日常伙食费、宴请费、会议室费（含茶歇）、交通费、赠礼、工作人员误餐费等。其中：

1. 外宾日常伙食费（含酒水、饮料）标准：国家元首、政府首脑级每人每天600元；副总统、副总理和正、副议长级每人每天550元；正、副部长级每人每天500元；其他人员每人每天300元。

2. 外宾宴请费（含酒水、饮料）标准：正、副部长级人员出面举办的宴会，每人每次400元；司局级及以下人员出面举办的宴会，每人每次300元。冷餐、酒会、茶会分别为每人每次150元、100元、60元。外宾在华期间，宴请不得超过2次，包含赴地方访问时，由地方接待单位或有关单位联合安排的1次宴请。

第十八条 接待国家元首、政府首脑级外宾的重大外交外事活动，我方参加宴请人数应当根据礼宾要求安排。其他宴请，外宾5人（含）以内的，中外人数原则上在1∶1以内安排；外宾超过5人的，超过部分中外人数原则上在1∶2以内安排。

第十九条 外宾接待的费用报销须填报《中国工程院外宾接待费报销单》。报销时须附“审批单”。无“审批单”或超“审批单”批准的范围、预算的接待费用不得报销。

第四章 监督问责

第二十条 外事、财务、审计、纪检监察等部门应当加强对外宾接待管理和经费使用情况的监督检查。违反本细则规定，有下列行为之一的，按照国家法律和有关规定责令整改、追回资金，并追究有关人员责任：

（一）擅自提高接待开支标准的；

（二）违规扩大外宾接待开支范围，或报销与接待无关费用的；

（三）使用虚假发票报销接待费用的；

（四）其他违反本细则的行为。

第二十一条 纪检监察部门将外宾接待工作纳入问责范围，加强对外宾接待违规违纪行为的查处，受理群众举报和有关部门移送的案件线索，严肃追究接待部门相关负责人、经办人的党纪责任、行政责任并进行通报，涉嫌犯罪的移送司法机关依法追究刑事责任。

第五章 附则

第二十二条 我院战略咨询中心参照本细则执行。

第二十三条 本细则由国际合作局负责解释。

第二十四条 本细则自发布之日起执行。

附：1.《中国工程院外宾（含港澳台）接待审批单》（略）

2.《中国工程院外宾（含港澳台）接待费报销单》（略）

【年度工作总结】

中共中国工程院党组关于做好院机关 2016 年年终总结和年度考核工作的通知

中工发党字〔2016〕28 号

院机关各部门：

根据《公务员考核规定（试行）》和院党组会议决定，院机关定于 2016 年 12 月至 2017 年 1 月开展 2016 年年终总结和年度考核工作。

为做好总结和考核工作，客观公正地评价机关干部全年工作业绩，院机关设立考核委员会，并制定了《中国工程院机关 2016 年年度考核工作方案》，请各部门遵照执行。中国工程院战略咨询中心参照此方案执行。

附件：1. 中国工程院机关 2016 年年度考核工作方案
2. 中国工程院机关 2016 年度考核委员会成员名单

中共中国工程院党组
二〇一六年十二月八日

附件1:

中国工程院机关2016年年度考核工作方案

为全面总结2016年院机关各项工作,公正评价各部门和机关工作人员的德才表现和工作实绩,规范院机关年度考核工作,按照《公务员考核规定(试行)》和院党组的要求,制订本方案。

一、指导思想和原则

以学习贯彻党的十八大和十八届三中、四中、五中、六中全会精神为指导,深入学习贯彻习近平总书记系列讲话精神,按照中央从严治党、从严治吏的总要求,巩固党的群众路线教育实践活动和"三严三实"专题教育成果,结合"两学一做"学习教育和我院专项巡视的深入开展,坚持客观公正、注重实绩的原则,坚持领导与群众相结合、平时与定期相结合、定性与定量相结合的方法,把机关各级干部的民主测评和干部个人述职、个人有关事项报告等有机结合起来,加强对考核结果的运用,充分发挥考核的激励作用,进一步增强机关工作人员为国家高端智库建设和院士队伍建设服务的使命感和责任感,不断提升干部队伍素质和履职尽责能力。

二、组织领导和考核对象

院机关成立考核委员会,由刘旭同志任主任,成员由驻部纪检组领导、机关党委常务副书记、机关党委委员、各部门支部书记以及机关工作人员代表等组成。

考核对象为机关所有在编工作人员。挂职锻炼的机关干部,在挂职锻炼期间由挂职单位进行考核并确定等次。挂职时间不足半年的,由我院进行考核。根据组通字〔2015〕24号文件要求,驻村第一书记在我院参加考核,由第一书记所在县委组织部提出意见。

三、考核内容及要求

按照《公务员考核规定(试行)》的要求,全面考核德、能、勤、绩、廉等各方面情况,重点考核工作实绩。主要内容包括:结合我院"创新驱动、提高质量、服务发展"的工作总方针,重点总结本年度个人思想政治状况,学习贯彻中央系列重要会议精神和习近平总书记重要讲话精神;履行岗位职责、发挥职能作用、完成重点工作情况;落实中央"两学一做"学习教育、中央八项规定精神和反对"四风"方面的情况;学习保密法规、遵守保密纪律情况;参加教育培训和加强个人业务学习的情况等。

年度考核的结果分为优秀、称职、基本称职和不称职四个等次。处级及以下干部由本部门领导班子提出考核等次建议,报院机关考核委员会审批;局级干部考核等次由院党组研究审定。

各部门年度考核优秀等次人数,一般掌握在本部门参加年度考核总人数的15%以内,最多不超过20%。

四、考核方法和步骤

院机关2016年度考核和年终总结,自2016年12月开始,至2017年1月中旬结束。具体安排如下:

1. 2016年12月6日,院党组会议研究审议考核工作方案。

2. 2016年12月7日,院机关党委召开扩大会议,部署院机关年终总结及考核工作。

3. 2016年12月,个人撰写述职报告。述职报告应围绕德能勤绩廉等方面的考核内容撰写,重点突出本人年度思想和工作的收获、体会,以及存在的问题和改进措施。

4. 2016年12月下旬,以各部门为单位,召开工作总结会,个人填写《年度考核登记表》。分管院领导参加各部门年度工作总结会。局级干部和各处室主要负责人须分别述职(其他人员的述职范围由各部门自定),人事部门将派员列席会议并组织开展民主测评工作。局级干部的测评结果向院党组报告,处级及以下干部测评结果由人事部门向本部门主要负责人反馈。个人述职报告经部门领导审阅后,由各部门汇总,并将光盘送办公厅人事处存档。

5. 2017年1月上旬,院机关考核委员会召开会议,听取各部门考核情况汇报,研究确定处级及以下干部考核等次,并向院党组会议报告。院党组会议审定机关年度考核结果,确定局级干部考核等次。

6. 2017年1月中旬,院机关召开年终总结大会,全体院领导出席,听取各部门年度工作报告,表彰院机关年度考核优秀人员。部门总结应围绕我院重点工作,总结本部门党建工作、"两学一做"专题教育情况、学习贯彻党的十八届六中全会精神及本年度完成的主要任务。同时要查找本部门工作中存在的问题,制定的整改措施以及落实情况等。

附件2:

中国工程院机关2016年度考核委员会成员名单

主　任:刘　旭

委　员:陈　越　吴国凯　谷　珏　董庆九　王振海
　　　　高中琪　李仁涵　宋德雄　易　建　罗莎莎
　　　　姬　学　刘　玮

中国工程院机关党委2016年工作总结

2016年,中国工程院机关党委在中央国家机关工委和院党组的领导下,以落实全面从严治党要求为主线,全面贯彻党的十八大和十八届三中、四中、五中、六中全会精神,学习贯彻习近平总书记系列重要讲话精神,不断巩固党的群众路线教育实践活动和“三严三实”专题教育成果,结合“两学一做”学习教育和我院专项巡视工作的深入开展,以服务中心工作、建设高素质干部队伍为目标,进一步增强“四个意识”,更加坚定地维护以习近平同志为核心的党中央权威,全面加强和改进机关党的建设,为服务创新驱动发展战略提供思想政治和组织保证。

一、配合党组做好接受专项巡视工作

2016年11月13日,中央第八巡视组对工程院党组开展专项巡视。为配合做好巡视工作,我院成立了院党组接受中央专项巡视工作机构,机关党委主要承担联络、综合协调和报送文件的工作,包括与驻地联络组对接,组织相关部门落实;负责筹备“中央第八巡视组专项巡视中国工程院党组工作动员会”“党组专题民主生活会”等相关会议,负责有关资料、文件的收集、汇总、印刷工作,起草向巡视组上报的有关报告等。自巡视组正式进驻工程院以来,机关党委在院党组领导下,认真组织全体党员、干部学习《中国共产党巡视工作条例》,习近平、王岐山同志关于巡视工作的讲话精神和中央巡视组领导同志讲话精神,全力配合巡视组的各项工作要求,坚持以问题为导向,从加强党的领导、党的建设、全面从严治党等方面聚焦发现问题,深入剖析原因并举一反三,制定切实可行的整改措施,并落实到位。巡视期间,机关党委召集、参加会议70余次,参与报送有关材料65批次226项,应巡视组和驻部纪检组要求,安排与我院有关人员谈话84人次。我们以团结协作、奋发有为、坚持不懈的精神,配合党组完成了接受专项巡视的工作任务。

二、扎实推进“两学一做”学习教育深入开展

机关党委把“两学一做”学习教育与机关作风建设相结合、与做好日常工作服务院士队伍和高端智库建设相结合,制定了“两学一做”实施方案,团结和带领机关党员干部,坚决贯彻执行党的路线方针政策,以学习贯彻党章、党规、党的十八届六中全会精神和习近平同志系列重要讲话精神为主题,系统学习了《党章》、十八届六中全会公报、《关于新形势下党内政治生活的若干准则》和《中国共产党党内监督条例》、习近平总书记在全国科技创新大会上的讲话和“七一”讲话,紧紧围绕“院士队伍建设”和“国家工程科技思想库建设”两项中心工作,统一思想,凝聚共识,进一步增强责任感使命感,强化对中国特色社会主义的道路自信、理论自信、制度自信和文化自信,使党员干部不断牢固树立四个意识,在思想上政治上行动上自觉向党中央看齐,始终与以习近平同志为核心的党中央保持高度一致,为做好各项工作提供坚强的政治保证。

1. 开展形式多样的学习活动

3月28日,中国工程院召开“两学一做”学习教育启动大会。党组书记周济同志、党组成员徐德龙同志出席会议并进行“两学一做”的动员和部署;举办“两学一做”知识竞赛、学习“七一”演讲比赛;邀请杜祥琬院士和王小谟院士分别为机关全体干部做了题为“巴黎气候变化大会:开启全球绿色低碳发展的新阶段”和“预警机精神”的党课;举办新党员和入党积极分子培训班、“两学一做”评优创先工作经验交流会;开展了以“书香冰窖口、学讲话写感言、奥运大家谈、学七一讲话”为主题的“学习月”系列活动,共计199人次参加,在机关掀起了“两学一做”的学习高潮。

2. 开展院机关党员学习教育“灯下黑”问题专项整治

根据工委统一部署,院机关开展了党员学习教育“灯下黑”问题专项整治,对党员学习教育情况、严格组织生活情况、支部书记履职情况进行清理和整治,建立问题清单和工作台账,层层传导压力,要求支部填写日常运行情况,每月汇总,为监督检查、评选表彰、考核问责提供依据。通过专项整治,进一步严格党内组织生活,切实增强了机关党员的政治意识、大局意识、核心意识、看齐意识;通过贯彻落实基层党支部“三会一课”等基本制度,真正起到了规范、教育、提高党员的作用。

3. 党费收缴工作专项检查

根据中组部关于在“两学一做”中开展党费收缴工作专项检查的通知要求,机关党委把党费收缴工作专项检查纳入到两学一做活动中来同部署,通过党费检查,增强党员党性意识,提高党性修养。2016年4月,机关党委印发了《关于进一步做好党费收缴工作的通知》,对党费收缴工作进一步规范。制定了《中国工程院机关党员党费补缴工作方案》,在全机关范围内开展了党费交纳自查和补交工作,目前有124名在职和退休党员补交党费296659.1元。

4. 党员组织关系集中排查

2016年3月,按照中组部关于开展党员组织关系集中排查的通知要求,我院进行了党员组织关系排查工作。结合排查,机关党委认真研判党员队伍现状,深入分析党员日常教育监督中存在的问题,完善党员组织关系排查管理、党员档案管理等制度,切实提高党员组织关系管理的工作水平。

三、落实全面从严治党要求,开创党建工作新局面

1. 健全机关党建工作考核机制

根据中央要求,机关党委开展了机关党建述职评议考核工作,制定了评议考核方案。从机关党委书记向工委述职、机关党委常务副书记向全院党员干部述职、机关党支部书记向支部述职以及党员向支部述职4个层级进行,围绕《中国共产党党和国家机关基层组织工作条例》《中国工程院党组贯彻落实全面从严治党要求实施方案》和党风廉政建设主体责任和监督责任的落实情况,总结工作,肯定成绩,查找问题,分析原因,明确方向,细化措施。本年度全部采取现场述职的方式,将支部内部述职结合年终总结进行,教育和引导党员干部更加紧密地团结在以习近平同志为核心的党中央周围。通过述职考核,进一步落实了党建工作责任制,发挥了考核的导向作用,强化了党支部书记“抓好党建是本职,不抓党建是失职,抓不好党建是不称职”的责任意识,切实提高工作效率。

2. 扎实做好基层党组织建设

根深则叶茂,本固则枝荣。机关党委全面贯彻落实《中国共产党党和国家机关基层组织工作条例》和《关于加强基层服务型党组织建设的意见》,以服务型党组织建设引领基层党建工作,使服务成为党支部建设的鲜明主题,推动党支部在强化服务中更好发挥领导核心和政治核心作用。一

是强化服务意识，树立服务理念。始终坚持“为院士服好务”这一根本标准，教育引导党员干部以求真务实的精神做好工作，不断提高为院士服务的水平和工作成效。**二是做强服务队伍，拓展服务载体**。加强支部书记和支委的队伍建设，有计划地选派 4 名有能力、有干劲、能吃苦的机关干部到基层挂职，其中 1 名干部任驻村第一书记同时不断健全和完善基层干部素质提升机制，探索建立以服务为导向的基层干部按需培训机制，提高培训的针对性；组织各支部认真学习《中国共产党发展党员工作细则》，严格遵循“坚持标准、保证质量、改善结构、慎重发展”的方针，2016 年发展 1 名党员。**三是创新工作方法，提供高质量服务**。机关党委、党支部利用微信群等现代传媒手段，不断创新工作方法，开展读书会、普通党员讲党课等形式多样的方式，不断创新服务方式，密切与机关党委与支部、支委与党员群众的关系，使党支部在服务发展、服务院士方面形成合力，不断增强机关党组织的活力和凝聚力。

3. 坚持从严管理，建设高素质干部队伍

认真贯彻《党政领导干部选拔任用工作条例》，坚持党管干部原则，协助院党组做好 2016 年度干部选拔任用和管理机关干部的相关工作。组织开展对机关干部的考核和民主评议，评议结果供干部选拔使用参考；加强对党员干部因私出国（境）、个人事项申报等事项的管理，规范了中国工程院备案人员因私出国（境）申请表，严格报告备案和抽查审核，将纪律约束落到实处；加强干部教育培训，注重中青年干部培养。引导机关党员干部以认真负责的精神和精益求精的态度做好本职工作，立足岗位建功，争创一流业绩。先后选送了 11 位局以下干部参加党校学习和国外培训；组织 6 批次 35 人次干部参加了人社部举办的“办文办会办事和舆情管理”培训班；举办了新入职员工培训，36 位同志参加；举办了英语培训班，新党员和入党积极分子培训班等。

四、建立健全党内激励、关怀、帮扶机制

建立健全党内关怀帮扶机制，关心和爱护年轻干部、退休干部、生活困难干部。机关党委经过长期实践，探索出一条以关怀为宗旨，以帮扶为途径的长效机制，以人为本，尊重人、关心人、激励人，增强了党组织的凝聚力和战斗力。

1）积极开展谈心活动。通过谈心谈话增进团结、化解矛盾，加强党组织对党员的激励、协调和沟通作用。机关党委书记、副书记、各支部书记长期坚持和干部群众相互谈心，职工思想认识有偏差时、工作遭受挫折时、生活遇到困难时、职务岗位调整时及时谈心，沟通思想、交流意见，形成谈心交心、层层落实的思想政治工作格局。

2）开展重点帮扶，增强党组织的向心力。机关党委坚持扶危济困，多渠道筹措资金，有重点地帮扶特殊党员群体，为困难党员、困难职工解决实际问题。一是建立了生活困难职工档案。及时了解他们的情况和需求；二是建立党内走访慰问机制。在元旦春节、七一前夕对老党员、挂职干部、生活困难职工、身患重大疾病或家庭遇重大变故的职工及时走访慰问，提供必要的物质帮助和精神安慰，使他们时刻感受到党组织的关怀。全年共走访看望职工 27 人次，慰问 40 余人次，发放慰问金 12.9 万元。

五、着眼教育与预防，推进机关反腐倡廉建设

机关党委、机关纪委坚持“标本兼治、综合治理、惩防并举、注重预防”的方针，进一步抓好党风廉政建设工作，着力在三个方面下功夫。**一是加强思想教育，加强廉政文化建设**。开展“守纪律、

讲规矩”教育,组织干部职工深入学习党章党规,组织开展党章党纪知识竞赛、演讲比赛,重温入党誓词;举办纪检干部培训班;及时向机关党员干部通报中纪委、中央国家机关纪工委印发的反腐倡廉典型案例通报;组织新入职员工观看廉政建设专题教育片;开展“家风建设在行动 家庭助廉”活动,积极营造以廉为荣、以贪为耻的机关风尚,推动反腐倡廉教育经常化制度化,不断夯实党员干部廉洁从政的思想道德基础。**二是推动党风廉政建设主体责任落到实处**。结合我院接受专项巡视工作,推动《中国工程院关于落实党风廉政建设“两个责任”实施方案》的贯彻落实,每个支部设立纪检委员,进一步强化党要管党、从严治党的政治责任意识,要求党委第一责任人和支部书记要坚持业务、党风两手抓、两手硬,把主体责任记在心上、扛在肩上、抓在手上,切实履行好纠偏责任、监督责任、管理责任。**三是强化党内监督**。按照中央要求,机关纪委在院官方网站设置了“中央国家机关举报网站”链接;进一步加强举报投诉线索登记,规范问题线索处置,每月向驻部纪检组和纪工委上报问题、线索汇总及处置过程,加强对投诉信件处理过程的关注,推进监督执纪工作的规范化。

六、党群共建,发挥群众组织优势,推动和谐机关建设

机关党委坚持党建带群建,认真贯彻《中共中央关于加强和改进党的群团工作的意见》精神,切实保持和增强党的群团工作的政治性、先进性、群众性,大力加强群团组织自身建设,不断提高凝聚力、战斗力和影响力,努力成为干部职工信得过、靠得住、离不开的知心人、贴心人,形成机关群团工作新格局。

一是充分发挥工会组织在机关建设中的主力军作用。为会员送上生日蛋糕,组织职工观看优秀传统影片,为本命年和退休职工送上礼品,为 50 岁以上职工送上重阳节礼物,让职工切身感受到大家庭的温暖;推进机关文化建设。创办了“学习月系列活动”这一品牌,全年共开展健步走、书法比赛、演讲赛、厨艺赛、球类比赛等 30 余次文体活动,着力打造干部职工共同参与的温暖之家,展现了机关工作人员的激情活力和昂扬向上的精神风貌。

二是发挥青年组织在机关建设中的生力军作用。机关党委坚持以理想信念教育为核心,以“关注青年、关心青年、关爱青年”为工作方针,实现对青年的有效凝聚和引导。组织青年干部到中国电科院参观学习,聆听院士报告,参加“根在基层”实践活动,鼓励青年干部向院士学习,向科技工作者学习,向身边同事学习,让青春年华在为国家、为人民的奉献中焕发出绚丽光彩。

三是充分发挥妇女组织在机关建设中的“半边天”作用。组织妇女干部参观妇女儿童博物馆,参加中央国家机关纪工委、妇工委组织的“清风正气传家远家庭助廉活动”、“恒爱行动-百万家庭亲情一线牵”织毛衣公益活动,组织跳蚤会等,激发妇女干部的社会责任感和爱岗敬业的工作热情。

在新的一年里,机关党委将继续全面贯彻党的十八大和十八届三中、四中、五中、六中全会精神和习近平同志的系列重要讲话精神,紧密团结在以习近平同志为核心的党中央周围,在落实全面从严治党、严格党内政治生活、严明党的纪律、推进党风廉政建设、推进机关党建制度改革等方面继续开创、探索,努力形成机关从严治党的良好环境。激发干部队伍整体活力,建设一支“信念坚定、为民服务、勤政务实、敢于担当、清正廉洁”的干部队伍,为实现“两个一百年”奋斗目标、实现中华民族伟大复兴的中国梦而奋斗。

办公厅 2016 年工作总结和 2017 年工作要点

2016 年,是“十三五”规划和全面建成小康社会决胜阶段的开局之年,也是推进结构性改革的攻坚之年。过去的一年里,在院党组的领导下,办公厅深入贯彻落实党的十八大、十八届三中、四中、五中、六中全会精神和习近平总书记系列讲话精神,尤其是学习贯彻习近平总书记在全国科技创新大会、两院院士大会、中国科协第九次全国代表大会(以下简称“科技三会”)讲话精神,全力配合第八巡视组的工作安排,确保了巡视工作的顺利开展。按照“创新驱动,提高质量,服务发展”的工作方针,继续发扬“敬业、和谐、高效、廉洁”的工作作风,紧紧围绕我院中心工作,努力做好“三服务”,当好“第一参谋助手”、“大服务员”和“高效督办员”,开拓创新,务实进取,不断提升服务水平和工作质量,圆满完成了各项既定任务。现将全年工作总结如下:

2016 年工作总结

一、认真学习、坚定信念,加强政治思想建设

1. 认真学习习近平总书记系列讲话精神

在机关党委的领导下,以落实全面从严治党要求为主线,全面贯彻党的十八大和十八届三中、四中、五中、六中全会精神,学习贯彻习近平总书记系列重要讲话精神,不断巩固党的群众路线教育实践活动和“三严三实”专题教育成果,结合“两学一做”学习教育和我院专项巡视工作的深入开展,以服务中心工作、建设高素质干部队伍为目标,进一步增强“四个意识”,更加坚定地维护以习近平同志为核心的党中央权威,全面加强和改进机关党的建设,为服务创新驱动发展战略提供思想政治和组织保证。

自巡视组正式进驻工程院以来,在院党组领导下,办公厅组织全体党员、干部认真学习《中国共产党巡视工作条例》,习近平、王岐山同志关于巡视工作的讲话精神和中央巡视组领导同志讲话精神,全力配合巡视组的各项工作要求,坚持以问题为导向,从加强党的领导、党的建设、全面从严治党等方面聚焦发现问题,深入剖析原因并举一反三,制定切实可行的整改措施,以便进一步落实。

2. 全力配合党组做好接受专项巡视相关工作

2016 年 11 月 13 日,中央第八巡视组对工程院党组开展专项巡视。为配合做好相关工作,我院成立了院党组接受中央专项巡视工作机构,办公厅全体人员以高度的政治责任感,全力以赴投入到这项艰巨的政治任务之中。办公厅负责联络、综合协调和报送文件的工作,包括与驻地联络组对接,组织相关部门落实;负责筹备“中央第八巡视组专项巡视中国工程院党组工作动员会”、“党组专题民主生活会”等相关会议,负责有关资料、文件的收集、汇总、印刷工作,起草向巡视组上报的有关报告等。巡视期间,办公厅以团结协作、奋发有为、坚持不懈的精神,配合党组完成了接受专项

巡视的工作任务。在连续高强度的工作状态下，多名同志带病坚持工作，先后完成了几十份报告的起草，坚持每周汇总并上报局以上领导出差出访等请假事项，定期检查工程院对外邮箱转办信访投诉线索，密切关注网络舆情。

3. 大力推进学习型、创新型、和谐型机关建设

一是科学规范，做好招录挂职工作。2016 通过公务员招录，择优选拔了 2 名新同志，完成 1 名副处级干部调入，遴选 1 名基层公务员，为 3 名同志作变动工作调动手续；完成 3 名同志外出挂职推荐报送工作，任免或调整岗位的干部共计 54 人次。

二是加强培训，增强干部队伍素质。组织机关 3 名局级、2 名处级和 1 名科级干部分别参加了中组部调训班、中央党校培训班的学习；围绕“两学一做”学习教育，周济同志、徐德龙同志进行“两学一做”的动员和部署；邀请杜祥琬院士做题为“巴黎气候变化大会：开启全球绿色低碳发展的新阶段”的报告；邀请王小谟院士讲“预警机精神”专题党课；组织学习习近平总书记在全国科技创新大会和庆祝中国共产党成立 95 周年大会上的重要讲话；举办“两学一做”知识竞赛、学习“七一”讲话演讲比赛；举办新党员和入党积极分子培训班、“两学一做”评优创先工作经验交流会；开展了以“书香冰窖口、学讲话写感言、奥运大家谈、学‘七一’讲话”为主题的“学习月”系列活动，共计 199 人次参加，在机关掀起了“两学一做”的学习高潮；组织了 6 批 35 人次参加了人社部高培中心办文办事办会和舆情管理培训班；继续组织英国志奋领奖学金申请工作；组织了 2016 年度新入职员工培训班，36 人参加了培训；继续开展英语培训，全年近 700 人次参加了英语培训。

三是建设和谐型机关，注重办实事解难事，用心用情服务干部群众。全年共组织召开了 4 次退休干部座谈会，看望慰问机关退休干部 8 人次，发放慰问金 11000 元。组织退休干部参观北方车辆研究所、顺义鲜花港，组织参加院士医疗讲座等。全年看望干部职工 27 次，慰问干部职工 40 余次，经费支出 12.9 万元。

二、围绕中心、服务大局，提高政务服务工作水平和质量

紧紧围绕我院战略部署、中心工作和重大决策，办公厅各业务处室密切配合、互相支持，以饱满的工作热情、扎实的工作作风、持之以恒的奉献精神，充分发挥办公厅协调全院政务运转的桥梁枢纽作用和为院领导服务的参谋助手作用。

1. 兢兢业业，勤勤恳恳，做好服务院领导和机要工作

一是圆满完成院领导公务接待工作。全年共组织接待活动 10 余次，联系落实并反馈上报相关院领导出席中央、国务院、各部委和地方等重大会议活动达 80 余次。二是严格做好院领导机要阅文和公文呈报工作。全年共收到各类文件 2804 份，其中中央文件 314 份，国务院文件 847 件，省部委文件 1272 件，机要室收文登记处理后立即呈送院领导，确保机要信息传递及时畅通。三是严格规范管理，及时传送机要文件和签报，全年共办理各种文件传阅 19 628 次（2015 年 11 964 次）、签报传阅 4880 次（2015 年 3324 次）。全年共办理院发文、函及党组发文 241 件，办理办公厅发文 131 件，核文 370 余件，复函 50 余件；全年办理院章、党组章、厅章的登记使用 8495 次；全年共收发机要传真 543 件；全年共收发挂号机要交换文件总量达 6740 件，其中收文 5028 件，发文 1773 件（含外埠机要发文 51 件）。四是积极稳妥完成院领导住房集中清理工作。根据国管局工作部署，在院党组的领导下，开展了现任院领导和离退休院领导的住房集中清理工作。五是认真策划，周密组织，确保 4 次院主席团会议、31 次党组会、21 次常务会议等重要会议的顺利召开；六是做好新老院领导

的交接工作，加强对新院领导及其秘书的综合服务保障工作，确保新院领导工作的顺利开展。

2. 多中求序，繁中求精，完成后勤保障服务

一是注重制度管理。对包括车辆管理制度、资产管理制度等十几项事务性工作重新制定或修订了详细的管理制度。二是进行流程管理。将包括院士大会、院士增选服务、资产管理、采购管理、行政事务等30项工作进行流程化管理，不仅提高了工作效率，同时也减少了出纰漏的可能性。三是做好托管服务。根据合同约定，依规对两家物业公司进行管理，做好服务工作。重点抓好餐饮安全、重点区域卫生、确保餐饮服务“零”失误。将物业服务划分为资产托管和事务托管，更加准确地对服务性质进行定位。比较好地完成了包含配电系统、给排水系统、电梯系统、消防系统、暖通系统、楼宇自控系统、门禁系统、中控系统、弱电系统等9大设备系统及综合楼本体的运行使用、维修养护工作。四是车辆管理服务，全年出车2500多次、安全出行约17万公里，无责任事故。五是会议音响服务，全年共保障完成2205场次会议音响操作工作。其中重大会议87场，外事接待89场，各类学术报告会46场，英语培训45场。

3. 统筹协调、精心组织，成功举办“科技三会”

2016年，根据党中央的统一部署，全国科技创新大会、中国科学院第十八次院士大会、中国工程院第十三次院士大会和中国科协第九次全国代表大会“四会合一”，同期在京召开。本次会议是中国现代化进程中的历史性会议，是中国科技事业发展史上的历史性会议。一是规模大，共有4000余人参会，其中我院参会人员有1200余人；二是规格高，在京中央政治局常委、书记处同志、国务委员、“四副两高”等中央领导、各省市书记或省长和各部委主要负责同志均出席会议；三是任务重，尤其是5月30日和31日在大会堂召开的习近平总书记、李克强总理和刘延东副总理的报告会，在规定时间内组织40多辆车、1200余人往返会场和驻地，组织协调和安全保障任务极其繁重；四是协调难，会议涉及中办、国办、科技部、科学院、中国科协等多部门，期间部分院士交叉出席不同部门组织的会议，需要开展大量统筹协调、支持配合工作。办公厅负责会场、住宿、伙食、交通、医疗等方面工作，全体人员根据各自职责分工，加班加点，尽职尽责，为第十三次院士大会的成功举办提供了支撑保障。

一是会前筹备。办公厅负责协调北京会议中心做好提前开餐准备、联系交管局途中给予勤务保障，保障车队顺利、准时到达；制定“院士大会安保方案”、“突发事件的应急预案”以及“紧急医疗保障方案”，为大会安全、顺利进行，提供有力保障。

二是会中服务。日程安排和材料准备，负责起草院领导主要活动日程安排、院士大会院领导出席活动汇总表、大会堂三场活动提交科技部材料、院领导关于第十三次院士大会总结讲话等文字材料；大会全院学术报告会会场主席台、报告席布置；负责落实院领导住宿及出席有关活动安排等。公务运转，为保障机关公文的正常运转，院办在北京会议中心设置了临时机要室，在院机关和北京会议中心两地办公。医疗保障，协调医疗保障人员提供每天至少3次对需特护人员巡检服务；“叫醒服务”，协调北京会议中心在早上及中午提供“叫醒服务”；摆渡车安排，为院士提供住宿楼到会议室（餐厅）66车次中巴摆渡车循环摆渡。

三是会后收尾。会议设备及材料的回运；会议各项费用的结算；总结各项经验教训；将服务流程化，提升服务质量和工作效率。

4. 服务发展，规范管理，财政财务工作稳步推进

一是紧密围绕全院中心工作加强预算管理。组织落实2016年财政预算安排4.81亿元，研究

制定我院2017-2019年中期财政规划，汇总编报2017年财政预算安排5.20亿元。二是配合完成国家审计署对我院的任期经济责任审计及相关整改工作，加大制度建设的系统研究、细化落实力度。三是院士科技咨询经费管理的支撑服务工作。贯彻落实中央财政科研项目资金管理改革精神，进一步修订完善《院士科技咨询专项经费管理办法》及相关细则。同时，全年共拨款25批次，约4.13亿元；规范完成相应的账务处理、退回更正、查询对账以及调整审核工作。四是配合全院各部门统筹做好执行核算和督促工作。全年累计会计核算量达9.87亿元，其中银行存款支出5.15亿元，现金支出264.68万元，2016年我院预算执行进度达98.5%；配合全院各部门做好院士大会及各项院士活动的财务工作；协调落实了院领导公车购置和外宾接待费预算。五是加强机关日常服务工作。做好各项资金的用款申报、核算支付、国库对账工作，完成院士津贴申请发放、住房公积金核定汇缴、劳动工资发放及统计、工会财务、光华奖财务工作，协同推进增资及养老保险、产权登记、公务卡及网银支付等工作，完成院士津贴及时准确发放；做好各项资金的用款申请、核算支付、国库对账等日常机关服务工作。六是配合做好全院接受巡视工作。协助主管领导完成财务工作专题报告，配合做好有关会议、差旅、劳务、出国、接待等相关材料的统计查询工作。

5. 周密策划，精心组织，做好新闻宣传和科普工作

大力弘扬院士科学精神，积极践行社会主义核心价值观。大力宣传院士们的科学精神、道德情操、爱国情怀，宣传院士们不畏艰险、勇攀高峰的探索精神，团结协作、淡泊名利的团队精神，报效祖国、服务社会的奉献精神。重点宣传了郑哲敏、童志鹏、卢世璧、钟南山、马伟明、丁荣军、谭天伟、陈剑平、杨华勇等数十位院士的先进事迹，组织了31场“青少年走进工程院”科普教育活动，《院士讲科学》入选2016年度全国优秀科普作品。

6. 加强建设，技术支撑，保障信息系统安全稳定

一是加强门户网站建设，推进网站升级改版，并部署在百度公有云平台上，提升了宣传、服务能力。完成我院网站安全风险整改，提高系统的可靠性和安全性。二是保障我院各类业务信息系统安全、稳定运行。解决机关人员办公用上网、电子邮件、OA系统、计算机、打印机等软硬件故障700余次，解决计算机中毒、中木马问题30余次；完成机关人员计算机硬件升级80余次；协助修补漏洞补丁30余次。三是加强网络信息安全建设，增强网络安全保障能力。做好内外网的物理隔离，采用技术手段进行了重点防护，并制定了中国工程院网络信息系统故障应急预案，加强宣传教育工作，提高安全意识。四是统筹我院IT基础设施建设和服务，加强我院会议系统的改造建设工作，进一步提升会议保障支撑能力。

7. 警钟长鸣，加强防护，注重落实严守国家秘密

按照国家保密局和院保密委员会部署安排，进一步强化“三大管理”和教育培训工作，确保了全年无失泄密事件发生。一是“三大管理”持续深入推进。2016年9月，我院完成了涉密岗位和涉密人员分类确定工作。二是顺利完成了8月8日“中央文件专项检查”、9月8日“中共中央《意见》督导”、11月9日“保密自查自评督查”三次保密督查工作。三是多措并举开展“两识”教育。通过参加保密教育实训平台轮训、订阅《保密工作》杂志、赴中国电子科学研究院参观学习、保密自查工作使用培训等方式，开展保密学习教育，成效显著。四是持之以恒加强保密自查。开展了互联网门户网站等保密自查、涉密打印机配置使用情况自查、每季度各部门保密自查、年度保密自查自评等，以查促改，加强日常管理。五是加强专用设备和防护软件配备。及时更新和配备涉密计算机，安装防护设备（三合一）、安全登录及文件保护系统、审计系统等防护软件，提升信息化条件下

防护水平。

8. 博学厚积，精益求精，做好讲话和文件起草工作

一是集思广益，保质保量地完成各类领导讲话和重要文件的起草工作，圆满完成了2016年科技三会李克强同志讲话素材稿，刘延东同志听取工程院总结后的讲话素材，起草了院领导在院士大会上的讲话稿，中国工程院2016年工作总结和2017年工作要点等重要文件，完成接受巡视期间多篇重要文稿的起草等工作。

9. 工作规范，严谨细致，完成编辑和档案管理工作

一是编写了《2015年大事记》共计3.5万字，编辑出版《中国工程院2015年年鉴》，共计120余万字；二是编辑印发《院士通讯》12期，组织"中国工程院院士通讯地方通讯员座谈会议"；三是整理、归档，立卷文书档案139卷并完成数字化加工、照片档案千余张，提供查询利用330余次。

四、求真务实、突出重点，推动工作不断开创新局面

1."青少年走进工程院"常态化开展

2014年起，办公厅利用我院工程科技教育科普平台，牵头开展了"青少年走进工程院"系列科普教育活动。办公厅牵头中国科协科普部、共青团中央青少年部、北京市科协等单位，推动此项工作规范化、常态化和长期化。每期邀请一位工程院院士给青少年做科普报告和交流互动，并参观中国工程科技成就展、院士展馆、院士书画展、节能示范楼等。截至2016年底，共开展了65场活动，其中2016年开展了31场活动，邀请了韦钰、金涌、于本水、何继善等院士围绕创新思维、美丽化工、航空航天等作了精彩的报告，参加人数总计5000多人。

2. 资产清查处置工作扎实推进

根据财政部《关于开展2016年全国行政事业单位资产清查工作的通知》，对全院固定资产、无形资产、对外投资等项目进行全面清查。通过四轮的盘点及核对，最终清查认定我院固定资产及无形资产账面数12 396件，合计金额为375 110 142.61元。其中，固定资产原值为322 629 259.77元，无形资产为52 480 882.84元。全年共分四批处置了1325件，总价值7 424 701.04元的超使用年限且无使用价值的报废资产。对我院库房进行了整理，规范各类资产的放置。

3. 督查督办推动重点工作落实

作为协调中枢，按照院领导指示精神，院办负责牵头修订了《中国工程院工作规则》。《中国工程院工作规则》经第六届主席团会议审议通过，为全院工作提供制度保障。同时，院办牵头开展了督查督办工作，保障了中央精神的贯彻落实。9月，开展了第三次大督查工作，并向国务院上报了自查总结。12月，开展了中央领导同志批示落实情况督查工作，上报落实工作总结；围绕中央经济工作会议部署和《政府工作报告》重点工作部门分工意见落实情况，开展了督查工作，上报了自查总结；开展了贯彻执行中央八项规定情况的自查，向中央国家机关工委上报了自查总结。

4. 设备升级建设节能科技楼

一是巩固结构节能，减少能源消耗。二是扩大技术节能，提高用能效率；升级建设综合楼能效管理平台，将屋顶光伏发电系统由装机容量107千瓦提高到122千瓦；太阳能热水系统年产热水量从占全楼生活热水总量的70%，增加至85%以上。三是加强行为节能，杜绝人为浪费。因设备系统升级改造，截至12月6日，太阳能光伏发电85029度，较去年有所减少，但我院仍完成了国管局下达的节电指标。全年用水量为9267吨，较去年同期减少近919吨，节水率9.03%。四是响应"节

能减排”号召，鼓励员工“绿色出行”。联合北汽绿行公司已在我院西停车场安装五套电动汽车充电桩，已于今年12月份投入使用。

5. 中国工程科技知识中心建设取得显著成效

一是知识中心总平台实现不间断平稳运行，年度访问量超过100万；数据资源建设体量实现较大幅度增长，总规模超过44亿条、72 TB；专业分中心领域覆盖面进一步扩大，在建专业分中心达到27个，其中17个已经上线运行；二是快速响应党中央国务院的“双创”号召，着力打造“双创平台”并正式启动上线；三是进一步落实国务院推动大数据行动计划部署和部级联系会议要求，联合20家科研院所、高等院校和大型企业成立“工程科技大数据技术创新战略联盟”，联合申报发改委牵头的大数据工程项目并通过初审顺利答辩；战略咨询支撑平台初见成效，数据挖掘技术和分析工具在我院“人工智能2.0”和“机器人技术预见”重大咨询项目中得以试用；四是改进和完善知识中心顶层设计，进一步细化知识中心长远建设规划和实施方案。五是国际知识中心圆满完成UNESCO交办的各项任务，成功承办首次UNESCO科学中心主任会议，逐步构建UNESCO二类中心信息共享平台和CAETS知识服务平台，顺利启动4个国际分中心建设，举办各类国际培训班10期，培训来自53个国家的500余名学员。

6. 做好定点扶贫工作

按照中央和中央单位定点扶贫工作会议要求，与云南省相关部门和会泽、澜沧县协调，做好周济同志、徐德龙同志和刘旭同志率领院士专家对会泽、澜沧县进行考察调研，开展“云南院士专家行”活动的服务保障；选派张文韬同志赴云南省澜沧县扶贫挂职。组织接待澜沧县、会泽县政府和普洱市委领导来我院就扶贫工作进行洽谈，共同推进精准扶贫工作。结合我院实际，落实好“发挥院士资源优势，创新科技精准扶贫”工作。根据会泽、澜沧县社会经济发展状况特点和难点问题，结合我院实际，发挥智力优势、人才科技优势，做好“院士专家扶贫工作站和咨询服务站”建设，推动最新创新成果促进会泽、澜沧县产业科技支撑等各项服务工作。

办公厅在机关运转中发挥着中枢参谋和纽带桥梁作用。2016年，同志们爱岗敬业，团结互助，任劳任怨，表现出了能吃苦、肯奉献的精神风貌和工作状态，保障了我院各项工作的顺利开展。

但是，办公厅的工作与院领导、院士和机关同志的期望和要求相比仍有差距，主要表现在：参谋助手作用的发挥还不够主动、超前，制度建设还有待于进一步完善，综合协调服务的工作水平和效率有待提高，决策部署的督查督办工作需要进一步加强，务实节俭的作风建设永远在路上。

针对新形势下办公厅工作的新情况、新问题，我们在今后工作中，要解放思想、开拓创新，转变工作作风，改善工作方式，加强制度建设，规范工作程序，提高服务质量，推动工作更上新台阶。

2017年工作要点

2017年是实施“十三五”规划的重要一年，是供给侧结构性改革的深化之年，也是我院院士增选年。为全面贯彻党的十八大和十八届三中、四中、五中、六中全会精神，全面落实从严治党措施；统筹推进“五位一体”总体布局和协调推进“四个全面”战略布局，学习习近平总书记系列讲话和“科技三会”的讲话精神。按照我院“创新驱动、提高质量、服务发展”的总体要求，根据《中国工程院2014—2018年工作纲要》和《中国工程院2017年工作要点》，办公厅将全面抓好制度建设，提升综合服务质量，重点抓好以下几方面工作，以崭新的面貌迎接十九大的召开。

1. 深入学习贯彻落实中央精神，提高政治站位

始终将学习贯彻中央精神作为党务工作第一要务，突出抓好理想信念教育这个根本，推动形成一心一意谋发展、聚精会神抓党建的新局面。以深入学习中央精神和习近平总书记系列讲话精神为主线，坚持学以致用、用以促学，通过学习，深刻反思在“四个意识”、“六项纪律”方面存在的政治站位不高，认识不足的突出问题，严守政治纪律和政治规矩，坚持强化党性修养，确实加强作风建设，进一步发挥支部的战斗堡垒作用和党员的先锋模范带头作用。切实把各项工作统一到贯彻落实中央决策部署上来，紧密围绕院士队伍建设和思想库建设两项根本任务，解放思想、凝集力量，服务创新驱动发展战略，努力开创工作新局面。

2. 加强政策形势研判，提升服务科学决策的能力和水平，充分发挥“参谋助手”和服务保障作用

办公厅作为全院政务运转的中枢，负责全院管人、管财、管物的综合管理，必须牢固树立“三服务”意识，要切实把办公厅工作放到全院工作全局中思考定位，主动服务，超前谋划。加强形势分析，密切跟踪国家重大政策动向，及时关注党中央、国务院出台的重要文件，及时提出贯彻落实建议。对重要问题，深入开展调查研究，摸清实情、找准问题，积极服务大局和全院中心工作，充分发挥院领导的“参谋助手”作用。办公厅负责做好服务院领导和公文机要工作，完成人事、财务、信息网络和后勤保障服务，做好新闻宣传和奖励工作，做好讲话和文件起草工作，完成编辑和报送任务，做好档案管理查询及保密工作等各项综合服务保障工作，做好知识中心建设工作。2017 年是院士增选年，办公厅将服务于贯彻落实院士制度改革精神的各项举措。

3. 明确职责，全面落实“两个责任”

厅支部和厅领导班子明确职责，将党风廉政建设主体责任和监督责任落到实处。进一步深入贯彻落实从严治党，严格自身管理，加大对各处室的提醒和督促力度，把“一岗双责”落实到位。“三公”经费归口管理部门、财务部门、纪检部门、物业公司都在办公厅，各部门应该各负其责，层层把关，坚决杜绝无审批、超范围、超标准的现象发生。

4. 严格规范程序，加强院机关制度体系建设

加强院机关制度体系建设，是贯彻落实党的十八届四中全会依法治国精神的重要体现，也是建设法治国家、法治政府的重要组成部分。办公厅将紧密围绕巡视组指出的制度建设缺失问题，举一反三，严格规范程序，明确管理职责和审批流程，加强机关制度体系建设。2017 年，办公厅将牵头全面推进机关制度体系建设，修订完善政务制度、增选制度、党务人事制度，并对现有制度进行全面清理，列出制度体系汇总清单。对有关人员进行学习培训，确保能够准确理解规章制度、掌握管理具体办法，坚持依法行政，依据规章办事。

一局 2016 年工作总结及 2017 年工作要点

2016 年，一局在院党组的领导下，深入贯彻党的十八大和十八届三中、四中、五中、六中全会精神，认真学习习近平总书记系列重要讲话精神和科技三会中央领导的讲话精神，扎实开展“两学一做”学习教育活动，按照《中国工程院 2014—2018 年工作纲要》的部署，全心全意服务院士，推进国家高端智库建设，促进工程科技人才培养，圆满完成院党组赋予的各项任务。

一、党建工作取得成效

按照《关于在全体党员中开展“学党章党规、学系列讲话，做合格党员”学习教育方案》，一局党支部全年召开了 9 次党员大会进行集中学习，召开专题组织生活会，开展民主评议党员，认真查找党建问题并做好整改措施，党员队伍的思想、组织、作风、纪律建设进一步增强，学习教育活动取得成效。配合做好中央第八巡视组对我院的巡视工作。支部活动更加规范，做好党费收缴和补交工作，圆满完成了十九大代表候选人预备人选和中央国家机关党代会代表人选第一轮推荐提名工作。

党支部战斗堡垒作用进一步增强，为一局围绕中心、服务大局完成重点工作任务提供了组织保障。2016 年，杨丽同志被评为中央国家机关优秀共产党员，刘元昕获得中央国家机关公文写作竞赛一等奖，马守磊、张宁、刘元昕组成的一局代表队获得院机关“两学一做”知识竞赛一等奖，马守磊、姜树凯获得院机关学习七一讲话交流会暨演讲比赛二、三等奖。

二、高端智库建设开局良好

2016 年是我院被列为国家首批高端智库建设试点单位的开局之年，战略咨询工作以推进我院高端智库建设为中心，认真贯彻落实中央有关精神，根据《中国工程院关于国家高端智库建设试点工作方案》的总体部署，积极开展各项工作

1. 研究制定多项政策文件

加强顶层设计，做好战略咨询研究项目立项。在 2017 年咨询项目指南编制中，向主席团顾问和国务院相关部门征集了选题，共收到 44 项选题建议，充分体现了各部委对我院战略咨询工作的高度认可。凝练形成了《中国工程院 2017 年咨询项目指南》，研究制订《2017 年院士科技咨询研究项目立项工作意见》，对 2017 年的咨询项目立项工作做出了具体规定，明确了原则、程序、经费计划分配方案及有关要求。

研究制定政策文件。2016 年 3 月，为贯彻落实中央有关国家高端智库建设文件精神，研究制订了《中国工程院高端智库建设和管理实施细则》和《中国工程院国家高端智库专项经费管理细则》。2016 年 6 月，为深入学习贯彻习近平总书记在全国科技创新大会上的讲话精神，制定了《深入学习贯彻习近平总书记重要讲话精神，进一步加强我院国家高端智库建设的意见》。

2. 组织开展战略咨询研究

启动战略咨询研究项目。2016年,共启动开展了116项战略咨询研究项目,其中重大咨询研究项目15项(含中央交办1项),重点咨询研究项目39项,一般咨询研究项目62项,涵盖了九个学部领域,充分调动了广大院士和全国工程科技工作者参与战略咨询研究的积极性。

认领和组织开展高端智库研究课题。2016年1月底,国家高端智库理事会发布了《2016年国家高端智库选题方向和重点课题》。我院共认领了13项选题,其中方向性选题2项,具体研究课题11项。3月,召开了国家高端智库重点课题工作会议,专题研究部署课题相关工作。各课题组认真组织开展研究工作,按时形成了课题研究报告。12月22日,咨委会召开会议进行评审,各课题研究成果目前已正式报送国家高端智库理事会。

完成中央及部委交办的咨询研究任务。2016年,我院接受中央财经领导小组办公室、国务院办公厅、发改委、科技部、工信部、环保部、国家能源局委托咨询课题共计9项。目前,有8项任务已顺利完成,其余1项工作正在有序推进。其中由一局牵头承担的有:中央财经领导小组办公室委托的"关于世界科技发展趋势和加强创新型国家建设战略研究";国务院办公厅委托的"2016年网络提速降费工作落实情况评估";发改委委托的"十三五战略性新兴产业发展规划评估";科技部委托的"民口科技重大专项标志性成果咨询评议"、"中国特色国家实验室建设研究";中央网信办、工信部委托的"网络强国战略综合研究报告"咨询评估;国家能源局委托的"《能源技术革命战略行动计划(2016—2030年)(初稿)》咨询评议"。

及时报送战略咨询成果。2016年,我院累计向党中央、国务院和有关部委报送34份研究报告,累计报送院士建议48份。共有21份研究报告和院士建议受到中央领导的批示,为政府科学决策提供了有力支撑。

我院向《国家高端智库报告》提供了7篇研究报告,其中"中国特色国家实验室建设研究报告"、"坚持并鼓励海外石油勘探开发的建议"2篇被录用。向国家高端智库理事会秘书处及时报送动态信息,累计报送25篇。

加强研究成果的宣传。2016年共出版《中国工程科学》6期,分别是农业领域战略研究、海洋工程技术强国战略研究、环境友好型水产养殖战略研究、战略性新兴产业战略研究、秦巴山脉绿色循环发展战略研究、网络空间安全战略研究。

编印"中国工程院国家高端智库建设工作简报"。为记录我院国家高端智库建设有关工作情况,及时反映时事动态,自2016年3月起,建立了工作简报制度,截至目前已组织编印了"中国工程院国家高端智库建设工作简报"16期,通过"智库动态"、"智库成果"、"智库建设"等专栏形式,全方位展现我院高端智库建设成就。

3. 健全管理机制,提高咨询项目管理服务水平

改进咨询项目管理。简化任务书的预算评审,加快资金拨付。简化中期检查,充分利用咨询项目管理信息系统跟踪项目研究进展和经费使用情况。

积极推进催办结题工作。组织开展应结题咨询研究项目结题催办工作,加大对截止到2014年应结题项目的催办力度,结题情况完成良好。

催办结题情况一览表

截止年度	应结题情况		完成结题情况		
	项目数	预算金额/万元	已结题项目数	预算金额/万元	决算金额/万元
2011—2014	252	43 389.26	203	31 922.03	27 056.5
2015	119	20 832.65	29	2698.5	1910.35

其余未结题项目正在催办中。

4. 加强战略研究队伍及支撑体系建设

加强战略研究联盟建设。2016 年，我院与兰州大学共同成立了中国草业发展战略研究中心，和中国工程物理研究院共同成立了中国工程科技创新战略研究院，进一步扩大了我院高端智库建设的研究支撑力量。

成立战略研究联盟理事会。2016 年 8 月 26 日，为深入推进战略研究联盟建设，成立了中国工程院战略研究联盟理事会，负责统筹协调我院战略研究联盟建设和发展中的重大事项。第一届理事会理事长由周济院长担任，副理事长由赵宪庚副院长和王礼恒院士担任，理事成员由战略咨询中心和各战略研究院（中心）主要负责同志担任。

5. 学部咨询研究取得优秀成果

2016 年，三个学部紧紧围绕服务国家战略需求，针对国家经济社会发展中的重大问题，特别是领域内的重大问题，充分发挥学部常委会和院士群体作用，组织开展了具有综合性、战略性、前瞻性的咨询研究，咨询工作取得了丰硕的成果。2016 年，三个学部在研项目 60 项，结题项目 26 项，做好 2017 年 29 个项目的立项工作。

根据马凯副总理的指示，在认真总结制造强国战略研究第一期研究成果的基础上，深入开展了“制造强国战略研究（二期）”项目，该项目配合工信部开展了“中国制造 2025”的具体实施。“南海开发与保护战略研究”项目基于近年开展的相关重大咨询项目研究成果，针对我国南海地区的岛礁工程建设、资源开发、生态环境保护等方面的迫切需求开展继续研究，上报了调研报告和 5 项院士建议，习近平总书记等中央领导分别做出了重要批示，有力支撑了中央的相关决策。根据“秦巴山脉绿色循环发展战略研究”咨询项目成果上报的“协同推进秦巴山区生态主体功能区建设和扶贫开发工作建议的报告”上报国务院，得到李克强、张高丽同志批示，形成了三份全国人大代表建议。“＊＊材料专项”及工信部委托的“新材料产业发展”项目成果，为推动我国新材料产业发展起到重要的科技支撑作用。2016 年 12 月 28 日，国务院办公厅下发《关于成立国家新材料产业发展领导小组的通知》，马凯副总理担任该领导小组组长，徐德龙副院长担任领导小组成员，干勇院士担任领导小组专家委员会主任，徐惠彬、李仲平、谢建新院士担任专家委员会副主任。王海舟等院士提出的院士建议“关于尽快建设‘中国材料试验标准体系’的建议”得到王勇国务委员批示。为了贯彻习近平总书记等中央领导指示精神，“EMP 发展战略研究”重大咨询项目开展了深入研究，组织了多次调研和座谈研讨会，广泛听取了有关院士、专家的意见，经反复修改和完善，完成了项目研究报告，同时将研究成果凝练为一份建议，以工程院名义上报了党中央和国务院。“煤炭绿色开发利用与煤基多元协同清洁能源技术革命研究”咨询项目提出了煤炭工业 3.0(2030 年)、4.0(2040 年)、5.0(2050 年)的发展理念和战略思路,煤炭资源流态化开采已经写入十三五重大专项指南。2016 年 7 月 17 日,项目组在中国科技会堂召开了首次中国煤炭企业科学产能排行榜新闻发布会,中央电视台、新华社、人民日报等 15 家中央媒体全面报道了此次发布会,中央电视台在“朝闻天下”中进行了详细播报。

三、做好服务院士工作

1. 服务院士参加“科技三会”工作

三个学部圆满完成全国科技创新大会、中国工程院第十三次院士大会、中国科协第九次全国代表大会的服务工作,做好参会院士的会务保障,认真学习中央领导同志在大会上的讲话精神,召开学部学术报告会,配合做好院领导补选工作。

2. 服务院士发挥学术引领作用

三个学部按照“四聚五合”的要求,共举办 31 场学术活动,其中国际工程科技发展战略高端论坛 3 场,中国工程科技论坛 10 场,学部学术年会 1 场,学部学术活动 17 场,提升了我院在领域内的学术影响,促进了领域内的学术交流,引领了领域内的学科发展。学术活动更加注重与战略咨询相结合,扩大咨询研究成果的影响的同时也提升了咨询研究质量。

“机械与运载工程科技 2035 发展战略论坛”由中国工程院、上海市人民政府和中国船舶重工集团公司共同主办,徐匡迪院士发表了主旨演讲,周济院长、田红旗副院长、基金委副主任高文等 40 余位国内外院士出席,上海市副市长周波、中船重工集团公司副总经理杜刚等 200 余位国际顶级专家、政府部门和行业代表参加,论坛以“中国工程科技 2035 发展战略研究”课题阶段研究成果为基础,涵盖机械、航空、航天、海洋运载装备、汽车、轨道交通、综合交通、增材制造、机器人和 MEMS 等 10 个子领域。为发布“秦巴山脉绿色循环发展战略研究”项目成果,促成项目成果落地,所举办的“中国工程科技论坛——秦巴论坛”,陕西省省长胡和平等六省(市)领导、科技部副部长徐南平出席并讲话,五部委有关领导做大会报告,为省市、部委领导与院士专家共谋区域发展搭建了交流平台,也进一步提升了工程院在服务区域发展中的影响力。“重离子加速器的应用与推广”工程科技论坛由能源与矿业工程学部、中国科学院近代物理研究所共同承办,赵宪庚副院长出席会议并致辞, 9 位院士等 60 余人参加论坛。论坛期间,与会代表还实地调研了甘肃武威重离子治疗专用装置及重离子科学农牧业示范推广基地,结合“高端核医学装备产业化战略研究”咨询项目召开了研讨会。论坛的召开为我国加速器技术及相关应用领域的专家学者搭建了高水平的学术交流平台。

2016 年 11 月 12—20 日,谢克昌院士作为中国代表团顾问出席摩洛哥联合国气候变化大会。会议期间,谢克昌院士和国家气候变化专家委员会的主要专家积极为中国代表团谈判提供战略性、政策性和具体措施方面的咨询意见和建议,积极配合谈判代表开展我国低碳能源发展和气候变化政策与行动的对外宣讲工作,为代表团的气候变化谈判工作做出了贡献。国家发改委和外交部致函我院,就我院对气候变化谈判工作的支持表示感谢。

三个学部的分刊办刊质量稳步提升,影响力不断扩大。化工分刊被 SCI 收录以来,学术影响稳步提升,影响因子已超过 1.0;机械分刊获得“中国科技期刊国际影响力提升计划”B 类支持;能源分刊获得“中国高校优秀科技期刊”奖和“中国科技期刊国际影响力提升计划”C 类支持。

3. 服务院士科技合作工作

参加国家科技体制改革及创新体系建设领导小组办公室、国家教育体制改革领导小组办公室工作，与中财办、网信办、发改委、教育部、科技部、工信部、国防科工局等部门保持密切合作关系，组织院士赴航天科技、中航工业、中船重工、国家电网、神华集团、包钢稀土等国有大型企业支持企业自主创新。三个学部共组织 18 次形式多样、内容丰富的科技合作，还结合咨询调研、学术活动开展科技服务 20 余次，对促进地方、企业创新驱动发展起到了积极作用。为落实我院与西藏科技合作协议，建言西藏清洁能源发展，能源与矿业工程学部结合学部常委扩大会议组织"中国工程院院士西藏行"，由中国工程院和西藏自治区人民政府共同主办，赵宪庚副院长等 24 位院士参加。院士们围绕西藏清洁能源开发还进行了实地调研，结合院士行成果，学部常委会召开了专题研讨会，对西藏清洁能源开发进行研究，即将形成院士建议报送。

4. 其他

做好学部常委会、专门委员会的服务工作，保障学部与专门委员会工作的有序开展，全年共服务学部常委会和专门委员会会议 20 次。

认真做好为全体院士服务的工作，努力把中央领导、院领导对院士的关心落到实处，配合做好院士健康服务保障、看望院士、院士津贴发放等工作。

协助 28 人次院士参加院士报告会暨院士传记赠书仪式、院士回母校、青少年走进工程院、院士传记出版等活动，协助做好中宣部组织的留学回国人员创业就业典型对杨华勇、谭天伟院士的报道。

四、促进工程科技人才培养

2016 年，联合国教科文组织（UNESCO）国际工程教育中心（ICEE）工作有序推进，推动了国内外工程教育交流与合作。与 UNESCO 联合举行了 ICEE 签约及揭牌仪式，博科娃总干事出席并致辞；组织了发展中国家工程教育和工程管理高级研修班、第六届国际工程教育学术工作坊、"一带一路"沿线国家工程教育与项目管理研修班等国际培训；积极推动工程教育国际互认工作，在国内最早提出我国加入本科工程教育互认协议-华盛顿协议的建议，2016 年 6 月，中国成为国际本科工程学位互认协议《华盛顿协议》的正式会员，为促进我国工程教育全球化发挥了重要作用。

组织编写的"关于实施'职教扶贫专项行动'，推动脱贫攻坚的建议"（2016 年第 27 期院士建议），得到刘延东和汪洋副总理的批示，为服务政府科学决策提供了支撑，推动了职业教育精准扶贫，落实了习近平总书记"发展教育脱贫一批"的指示。受人社部委托所承担的"职称与职业资格关系研究"项目研究成果也到了人社部的高度重视。

承办的"中英校企协同创新研讨会"，为推动中英两国科技创新、校企合作、社会发展，提供新的活力。由中国工程院教育委员会和教育部社科司共同主办的"工程科技人才培养研讨会"是第一次针对人文专项成果召开的研讨会，得到了专项负责人的积极响应和参与，取得了良好的效果。联合有关单位举办了 2016 年"面向先进制造的高等工程教育变革"国际会议暨第十一届科教发展战略研讨会、中国高等工程教育峰会、工程科技人才培养研讨会等工程教育交流活动。

组织 2016 年教育部人文社科专项（工程科技人才培养研究）20 个项目的招标评审工作，完成了 2014 年、2015 年立项的 55 个专项项目的中期检查工作。继续与教育部推动做好高等学校和工程研究院所联合培养博士生试点工作，起到工程研究院所与高校、政府间的桥梁纽带作用，试点工作开展6年来,已经累积招收博士生2693名。

教育委员会会刊——《高等工程教育研究》办刊质量与影响力持续提升, CSSCI排名中居高教类期刊前列,中国学术期刊综合影响因子(1.467)居高教类期刊全国第一名,复合影响因子(1.786)居全国第二名;中国科技期刊引证报告(扩刊版)影响因子居教育类杂志全国第一。

2017年工作要点

2017年,一局要深入学习习近平总书记系列重要讲话精神,紧密团结在以习近平同志为核心的党中央周围,在院党组的领导下,按照“创新引领、提高质量、服务发展”的工作方针,全面实施《中国工程院2014—2018年工作纲要》,认真做好2017年院士增选工作,扎实推进国家高端科技智库建设,以饱满的政治热情和优异的成绩迎接党的第十九次全国代表大会胜利召开。

1. 全面加强党的建设

一局党支部将继续加强党的建设,落实从严治党,进一步规范党内政治生活,切实发挥党员先锋模范作用和支部站都堡垒作用。做好迎接党的第十九次全国代表大会召开的相关工作,组织党员群众深入学习贯彻党的十九大精神;做好巡视整改工作。

2. 服务院士队伍建设

认真学习《中国工程院章程》、《中国工程院院士增选工作办法》及相关文件,做好2017年院士增选工作;服务院士科学道德建设,配合做好院士报告会、院士回母校、青少年走进工程院、院士传记出版等工作;服务学部和专门委员会建设;做好服务院士工作。

3. 做好国家高端科技智库建设

做好战略咨询顶层设计,做好咨询研究项目归口管理工作;加强战略研究联盟建设;进一步加强三个学部的领域思想库建设;完成好中央交办及部委委托的咨询研究任务;加强与相关部委的沟通,做好与基金委联合开展“中国工程科技中长期发展战略研究项目(2035)”有关工作;加快信息化建设。

4. 做好学部办公室工作

做好国际高端论坛、中国工程科技论坛和学部学术活动的组织工作,进一步提升三个学部分刊、《中国工程科学》、《高等工程教育研究》的办刊质量与影响力。继续与有关部委的合作,结合咨询项目、学术活动和学部常委会等工作扎实开展科技服务,促进地方、行业创新驱动发展。

5. 做好工程科技人才培养工作

组织UNESCO国际工程教育中心管理架构并建立日常运行机制,在联合国教科文组织指导下,开展咨询研究、人才培养培训、国际交流合作等工作;做好工程科技人才培养研究工作,对历年专项的优秀成果进行汇编和出版;组织工程科技人才培养学术交流活动。

二局 2016 年工作总结

2016 年，二局认真学习贯彻党的十八大以来历次重要会议精神及习近平总书记系列重要讲话精神，全面落实《中国工程院 2014—2018 年工作纲要》，在院党组的领导下，在机关各部门的大力支持和全局工作人员的共同努力下，圆满完成全年的各项工作，包括深入开展“两学一做”学习教育、认真筹备 2017 年院士增选、进一步加强科学道德建设、扎实开展战略咨询、学术活动和科技服务以及切实做好院士服务等。根据中央统一部署，2016 年 11 月 13 日至 2017 年 1 月 10 日，中央第八巡视组对中国工程院党组进行巡视，在工程院党组的领导下，我局组织加强政治理论学习，提高政治站位，强化责任担当，按照巡视要求，做好相关工作。现将 2016 年工作总结如下。

一、深入开展“两学一做”学习教育

1）加强党建工作。二局党支部在院党组和机关党委的领导下，先后召开 6 次党支部大会和 8 次支委会议。组织全局同志学习贯彻党的十八届六中全会精神，学习《中国共产党章程》、《关于新形势下党内政治生活的若干准则》、《中国共产党党内监督条例》《中国共产党问责条例》等党章党规，学习习总书记在全国“科技三会”上的重要讲话、在庆祝建党 95 周年大会上的重要讲话等讲话精神以及时中央纪委、中央国家机关纪工委等有关文件精神。

2）建设学习型支部。全年举办 3 次“两学一做”主题党课活动，陈左宁、刘旭、高中琪同志讲党课，与支部同志分享“两学一做”学习体会。组织开展“读院士传记、写读后感”专题学习活动，全局同志都撰写了《院士传记》摘要和读后感想，并在支部大会上交流心得。

3）主题党日活动。组织“2016 年首都高校科学道德和学风建设宣讲教育报告会”主题党日活动和“为精准扶贫尽心力”的专题党日活动，邀请龙乐豪院士到云南省会泽县为中学生作报告。

4）其他活动。认真做好组织发展工作，发展一名入党积极分子，并及时足额完成了党费缴纳和补缴党费工作。

二、配合中央巡视组工作、立行立改

按照院党组的要求，二局党支部组织深入学习贯彻习近平总书记治国理政的新理念、新思想和新战略，切实增强政治意识、大局意识、核心意识、看齐意识。学习中央第八巡视组杨晓超、宁延令同志的讲话，学习传达巡视精神，切实提高政治站位。按照巡视组要求，提供支部及院士队伍建设相关材料；召开专题民主生活会，起草相关文件。根据巡视过程中发现的问题，立行立改，修改完善《中国工程院院士增选投诉信处理办法》。

三、认真组织院士增选相关服务

1）成功举办新院士研修班。配合中央组织部人才局于2016年3月1-5日，成功举办2015年新当选院士研修班，68位院士参加了研修。研修班上，对院士承担的责任与义务提出了明确要求，促进了新当选院士对我院工作的了解，同时也听取了新院士对改革完善院士制度和我院工作的意见和建议。

2）顺利完成院士大会服务保障工作。做好我院第13次院士大会各项筹备工作，组织新当选院士和外籍院士授牌仪式等活动，编印新版院士通讯录及《中国工程院2015年当选院士研修班文集》，为新当选院士制作院士证、院士牌。认真做好院士大会期间"土木"、"环境"、"农业"三个学部院士的服务保障及学术活动组织工作。

3）修订完善院士增选文件和相关规定。在充分征求院士、相关部门和各学部常委会意见的基础上，对《中国工程院院士增选工作实施办法》、《中国工程院外籍院士增选工作实施办法》、《中国工程院院士增选候选人材料公示办法》、《中国工程院院士增选候选人材料验收及汇总的有关规定》、《中国工程院院士增选特别提名小组工作规则》、《中国工程院院士增选学部专业划分标准》、《中国工程院院士候选人党政机关领导干部身份认定规则》等7个院士增选相关的文件进行了修订，发布院士增选通知、升级候选人提名软件，筹备2017年院士增选工作。

4）做好两会建议和提案答复等工作。完成2项人大代表建议的答复工作（涉及诺贝尔自然科学类奖项获得者当然成为两院院士、给青年科技工作者创造良好的创新环境等问题），完成3件政协委员提案的答复工作（涉及增补获得诺贝尔奖的科学家为院士、设立中国青年工程院以及在增选中增加同行专家评议等问题）。做好国务院领导关于涉密候选人的提名和评审工作的两次批示的回复。推进落实改进完善院士制度工作，向国家科技体制改革和创新体系建设领导小组办公室报送《中国工程院关于2016年深化科技体制改革进展情况和2017年工作要点的报告》。

5）其他工作。加强与中央组织部人才局、中科院、中国科协、军委政治工作部和航天科工集团等单位和部门的沟通协调。做好院士信息管理系统升级改造工作，为院士信息管理系统升级和2017年院士增选终选会议计票等工作做好准备。

四、进一步加强科学道德建设

1）弘扬院士科学精神。利用工程院网站"走近院士"和"院士队伍建设"栏目，全年共刊登了125篇文章宣传报道院士。充分发挥院士传记对青少年的教育和激励作用，先后组织袁隆平等6位院士7场报告会暨传记赠书仪式，参加学生6500余名。与教育部关心下一代工作委员会共同开展了"院士回母校"活动，在清华大学等10所高校开展活动，栾恩杰、戚发轫、徐匡迪、尤政、赵晓哲等17位院士参加活动，参加学生4500多名，成为对青少年学生进行世界观、人生观、价值观教育的优秀平台。会同办公厅宣传处组织开展"青少年走进工程院"科普教育活动，邀请机械、航天、通信、环境、气象、农业等领域的24位院士给北京市中小学生作报告，受众4000余名，产生了广泛的社会影响。

2）加强院士科学道德建设。召开第六届科学道德委第五次、六次会议，汇报工作、审议院士投诉处理情况。认真协助道德委，调查处理院士投诉（2016年投诉信涉及11位院士）。与相关部门联系沟通，及时了解李宁、周国泰案件进展情况。向中国科协报送我院贯彻落实国务院办公厅《关于优化学术环境的指导意见》2016 年重点举措。向中央办公厅报送我院落实中央领导同志关于《“学阀”现象》批示的工作台账报告,向中宣部报送我院对《关于加强科普宣传工作的通知》的意见。积极与各部委共同行动,推动科技界科研诚信建设、全民科学素质提升等工作,先后报送了《全民科学素质行动计划纲要实施方案(2016—2020 年)》中国工程院细化落实措施,中国工程院 2016 年《科学素质纲要》实施工作总结、2017 年工作计划,《全民科学素质行动概览(2016)》工程院素材等材料。回复《科技创新成果和创新主体科普服务评价暂行管理办法(征求意见稿)》征求意见函。向科技部报送我院 2016 年科普工作总结和 2017 年工作计划。与中国科协、科技部等部门共同促成“全国科技工作者日”的设立。参与组织中国科协、中国工程院等 5 部门举行的“明天小小科学家”奖励活动。科学道德办公室被评为《全民科学素质行动计划纲要》“十二五”实施工作先进集体,吴晓东被评为先进个人。

3）推进院士传记出版工作。根据院领导提出的“质量第一,出精品”的总要求,严把传记质量关,推出传记精品。2016 年共完成《吴佑寿传》《张光斗传》等 17 位院士的传记出版工作。先后与人民卫生出版社、航空工业出版社、中国农业出版社等出版社座谈,共同推进传记出版工作。在传记组稿、出版等工作中,先后在北京、长沙和上海市组织院士传记撰稿工作座谈会,组织 3 次《师昌旭传》集体采访会、6 次《张维传》《严东生传》等院士的传记撰稿工作会。

五、深入开展战略咨询、学术活动、咨询评议和科技服务

1）加强项目管理、促进成果产出。2016 年二局在研的咨询项目共 72 项,近 190 名院士、700 名专家参加战略咨询,为国家和地方决策提供决策依据和科学支撑。其中,两院资深院士工作委员会 2 项,土木学部 24 项(其中重大 3 项、重点 8 项、学部级 8 项、中长期项目 5 项);环境学部 30 项(其中重大 4 项、重点 10 项、学部级 10 项、中长期 6 项),农业学部 16 项(其中重大 2 项、重点 5 项、学部级 5 项、中长期项目 4 项)。重大咨询项目“生态文明建设”(二期)研究成果《坚持绿色发展,强化生态文明建设-福建生态文明先行示范经验与建议》的报告,得到了国家领导(习近平、张高丽)高度重视并做了重要批示;“我国昆虫不育技术发展战略研究”研究成果《关于尽快推进昆虫辐射不育技术在我国应用的建议》,得到汪洋副总理的批示;“实验动物科学技术发展战略咨询研究”研究成果《关于加强我国实验动物科技创新的建议》,得到刘延东副总理的批示。

2）开展咨询评议、提供决策依据。结合咨询项目的开展,积极组织院士提交“院士建议”,为国家和地方提供政策建议和科技支撑。2016 年全局共提交院士建议 14 份,其中土木学部 4 份,环境学部 5 份,农业学部 5 份。完成或参与完成中央及各部委交办征询意见 22 项,其中,土木学部 4 项,环境学部 15 项,农业学部 3 项。院士提出意见和建议,得到了相关部门的肯定。此外,受国家有关部委和省市地方的委托,环境学部办公室组织院士对《大气污染防治行动计划》实施情况开展中期评估,对《滇池流域水污染防治规划(2011—2015)》实施情况进行评估,环境学部和农业学部分别对“水体污染控制与治理”和“转基因生物新品种培育”科技重大专项的标志性成果开展咨询工作。

3）开展学术活动、促进学术交流。围绕各学部专业领域以及工程科技发展的前沿问题,二局 3 个学部全年共举办 51 场学术活动,约 460 人次院士、3000 名专家参加,有效促进学术交流与人才培养。其中土木学部 24 场(国际高端论坛 1 场,中国工程科技论坛 2 场,学部级学术活动 8 场,与其他部门共同主办 13 场);环境学部 13 场(国际高端论坛 1 场,中国工程科技论坛 2 场,学部级学

术活动 9 场,院级学术活动 1 场);农业学部 14 场(国际高端论坛 1 场,中国工程科技论坛 2 场,学部级学术活动 6 场,结合咨询项目或与其他部门共同主办 5 场)。不同形式和层次的学术活动有效地促进了学术交流和人才培养。

4) 深化院地合作、拓展科技服务。本着"量力而行、稳步发展、突出重点、务求实效"的原则,二局 3 个学部全年共开展院士行等科技合作活动 19 次,约 170 人次院士、专家 100 人次参加,为地方提供科技咨询与服务其中,土木学部 4 次,环境学部 10 次,农业学部 5 次。为促进地方经济社会科学发展、特色产业技术转型升级和生态文明建设等发挥了积极作用。

5) 贯彻中央精神、落实精准贫扶。为贯彻落实中央扶贫工作会议精神,实现精准扶贫,针对工程院对口帮扶的云南澜沧县、会泽县,根据院党组安排,二局派出常军乾、张文韬两位同志挂职云南会泽县、澜沧县,落实扶贫工作。两位同志克服困难,扶贫工作初见成效:2016 年启动了"高原特色农业精准扶贫咨询研究(含高原农业电商数据平台咨询研究)"项目,由朱有勇院士负责。通过实地考察与调研,提出教育扶贫、产业扶贫的思路。目前,在澜沧县竹塘乡蒿子坝已建立特色农业产业院士扶贫工作试点,在昆明理工大学开设了产业扶贫干部培训班、职教培训班。同时,工程院组织"云南院士专家行",开展中药资源普查及生物多样性调查,帮助组建普洱市民族传统医药研究所。经全院多番努力,得到相关部门支持,渝昆高铁过境并在会泽成功设站。

6) 全院合力办刊、提升学术引领。中国工程院院刊《Engineering》自改版以来,在各学部的大力支持和有关单位的通力合作下,产生了一定的影响。为配合院里做好《Engineering》的出版工作,三个学部办公室做了大量工作,充分利用已安排的学术会议,推动期刊组稿和宣传工作。土木、环境和农业办公室分别召开相关座谈会和研讨会,落实专刊和院刊的宣传、组稿和约稿工作,旨在集中全体院士的智慧,提升院刊的质量和水平,扩大影响力。

土木学部组稿院刊 2016 年第 3 期(专题:水利水电工程与轨道交通),2016 年 1 月土木分刊被 EI 收录,7 月进入中国科技期刊影响力 C 类提升计划;环境学部组稿院刊 2016 年 4 期(专题:环境保护),环境分刊被 SCI、Ei 收录,影响因子由 1.375 提升至 1.799;农业学部积极组稿筹备 2017 年院刊,农业分刊于 2016 年第 1 期开始中英文同步在线出版。

六、切实做好院士服务

1) 做好两个专门委员会、三个学部常委会和资深院士工作委员会的服务工作。2016 年组织召开 3 次院士增选政策委员会和 1 次"涉密候选人提名和评审工作座谈会"。组织召开 2 次科学道德建设委员会会议,研究科学道德建设及院士投诉调查处理工作。组织两院资深院士工作委员会开展两个项目的咨询研究,"建立我国产学研协同创新机制研究"(2014 年立项的咨询项目),项目依托清华大学。经过两年多的研究,基本完成。组织开展"百年科技强国发展战略研究"项目,宋健主任任项目组组长,项目着眼于到 2049 年将我国建成世界科技强国的战略,全年共组织召开了 17 次组长会议、课题与专题讨论会议,参加了 12 次启动会、研讨会或工作会。

土木、环境、农业 3 个学部共召开了 13 次学部常委会(扩大会议),进一步完善和规范学部的各项工作,以高效、务实、民主、负责的原则,有序、务实、高效地推进院士增选、战略咨询、学术活动和科技服务等工作。

2) 拓展院士就医绿色通道。在全国各省市区已有的 128 家院士就医绿色通道医院的基础上,又新增 21 家,截至 2016 年底,院士就医绿色通道医院增至 149 家,为院士就医提供了方便。全年为京内外院士及家属280多人次联系就医(每次就医都需要多次协调)。组织在京院士集中体检,300余位院士参加,陪同领导到医院看望了36位院士。

3)办好医疗保健系列报告会。2016年,共组织医疗保健系列报告会5场,内容涉及脊柱病变、养生、脑保健等领域,听众400余人,及时制作讲座视频,上载院网,社会反响好。

七、2017年工作要点

2017年,二局将进一步做好院士增选服务工作和科学道德建设工作,积极开展战略咨询、学术活动和科技服务,在原有工作的基础上,夯实奋进,提高服务质量和工作水平。2017年的工作要点如下。

1)对照中央巡视反馈意见,逐项逐条抓好整改落实。在院党组的领导下,对照巡视反馈意见,根据巡视整改要求,制定整改任务和具体举措,进一步修订相关文件,规范候选人投诉信处理工作、完善院士投诉处理程序。

2)进一步加强党建工作。按照党的十八大、十八届三中、四中、五中、六中全会精神和院党组的要求,扎实开展支部活动,定期召开支委会、支部大会,按时上好党课,加强支部学习工作,带动全局做好2017年各项工作。做好支部组织发展和党费缴纳工作。

3)全力做好2017年院士增选工作。认真做好政策咨询、材料验收、投诉受理以及信息发布等工作,配合院机关、各学部办公室做好两轮评审会议的服务、计票以及投诉调查处理等各项工作。做好院士增选政策委员会、特别提名小组评审会议的服务保障工作,进一步严肃院士增选纪律,主动接受社会监督,确保院士增选工作平稳实施。

4)深入推进院士科学道德建设。弘扬院士科学精神,继续做好院士传记编撰出版工作,出版传记精品。继续做好"院士回母校"和"青少年走进工程院"活动,积极依靠院士开展青少年科普活动。结合科学道德建设面临的新形势和新要求,做好调研工作,进一步完善院士科学道德建设相关规章制度。认真对待社会监督,按规定做好院士投诉的调查处理工作。弘扬院士科学精神,做好资深院士服务学术沙龙、学术论坛、专题考察、医疗保健、津贴发放等服务工作。做好"百年科技强国发展战略研究"咨询项目办公室工作。继续院士医疗保健的各项工作,组织好院士医疗保健系列报告会,使讲座内容更好地推广,让更多人受益。做好与中组部人才工作局、中央保健委员会办公室等的沟通联络工作。继续组织院士集中体检工作。

5)扎实开展咨询研究、促进成果产出。遵照院咨询工作委员会的统一部署,加强咨询项目的过程管理,重视项目按时结题,促进成果产出,及时上报研究成果,提高项目的执行水平和管理水平。

6)提升学术活动和科技服务的质量和水平。遵循"四聚五合"原则,高质量、高水平组织学术活动,充分发挥学术活动的平台和桥梁作用,加强学术报告的出版工作。深化与地方、部门和企业的科技合作,积极组织开展院士行等活动。进一步加强院刊的组稿、出版工作,提升学术引领水平。

7)提高工作水平、完善院士服务。做好3个学部常委会、2个专门委员(增选政策委员会和科学道德委员会)的日常工作;做好两院资深院士工作委员会工作,进一步发挥资深院士作用。办好院士医疗保健系列报告会,做好院士就医绿色通道推进和院士就医服务工作。

二局有团结合作、和谐相处的工作氛围,得益于全局同志们不断努力。2017年全局将继续加强业务学习、提升业务能力和水平。根据院机关"建设学习型、创新型机关"的工作要求,继续努力，建设学习型部门、学习型支部，积极配合机关各部门，加强工作协同，进一步落实《中国工程院2014—2018年度工作纲要》，为全面推进国家工程科技思想库建设和院士队伍建设，勤奋工作，不断做出新的成绩。

三局2016年工作总结及2017年工作要点

2016年工作总结

2016年对有六个处室的三局来说，是一个不平凡的一年，是艰难的一年，但是2016年对三局而言，是团结的一年，是为我院发展和国家相关工程技术领域方面做出一份重要贡献的一年。

2016年，在院党组和领导的带领下，相关专门委员会、学部常委会的具体指导下，院机关党委及各部门大力支持和帮助下，三局领导班子团结，同志们的政治思想觉悟、业务能力与水平等得到了普遍提高，年轻人成长快速。在工作中，大家全心全意为院士服务，为落实院里各项工作服务，努力进取，不辞辛劳，做出了贡献，有很多感人的故事，圆满完成了2016年的各项工作任务。

一、支部工作

三局党支部共有党员15人，其中1名党员现挂职国家信访局，预备党员1人（现已转正）。

"两学一做"——把思想建党摆在首要位置，着力加强思想政治建设，邀请院领导讲党课，组织7名处级干部作专题学习体会（PPT）报告；探索"两学一做"的制度化。三局支部能够做到与以习近平同志为核心的党中央保持高度一致，有力地发挥了党支部战斗堡垒作用和党员先锋模范作用。

"配合巡视"——坚决拥护专项巡视工作，认真配合并完成院巡视联络组布置的各项工作，坚定拥护六中全会全面从严治党之要求，认真学习与贯彻《准则》和《条例》；以巡视为契机，督促落实主体责任，抓早抓小，堵塞制度漏洞；切实运用好巡视成果，进一步强化党员理想信念和担当精神。

二、科技合作

遵循"突出重点、整合资源、统筹协同"的原则，努力提升科技合作质量。

1. 深化战略合作关系，完善产学研合作平台

分别与云南、重庆、四川、广东、河南等5省市续签合作协议。与恒天、浪潮、中建、国家电网等4家企业及中央军委科技委签署了合作协议。召开了中国工程院、上海市人民政府合作委员会第十二次会议，成立了中国工程院广州市人民政府合作委员会并发布了合作委员会章程，召开了中国工程院、深圳市人民政府合作委员会第九次会议。参与主办或支持了第十八届中国国际高新技术成果交易会、第十八届中国国际工业博览会、第十二届中国重庆高新技术成果交易会暨第八届中国国际军民两用技术博览会、第十四届中国·海峡项目成果交易会、2016中国·青海绿色发展投资

贸易洽谈会、2016 中国·成都创新创业交易会、2016 中国创新创业成果交易会、2016 生态文明贵阳国际论坛等。

2. 努力打造“院士行”品牌,为重点地区、关键行业和产业发展提供工程科技支撑和人才智力支持

启动了“首都院士之家”,举办或支持了郑洛新国家自主创新示范区院士行、院士龙江行、云南生物医药大健康产业发展院士行、低碳奥运院士行、院士专家中山行、洛阳金属矿业资源勘查开发院士行、院士八闽行、广西河池有色金属产业转型升级与绿色发展院士行、2016 生物医药余杭院士行暨中国药物创新及产业化院士论坛、金华生态文明建设院士行、院士盐城行等活动。举办了第二届广东院士高峰年会、2016 年全国智能制造试点示范经验交流会、2016(第三届)新能源材料高峰论坛。

3. 贯彻落实关于重点支持西部地区的有关指示,为西部省区提供高端咨询服务

召开三江源国家公园建设科技支撑咨询会,共同印发了《“十三五”科技援青规划》。召开西藏清洁能源开发专题研讨会,启动了“羌塘高原国家生态文明区建设可持续发展战略研究”和“提高进藏高速公路和铁路桥梁抗震能力的战略研究”项目。参加了第四次全国科技援藏工作座谈会,共同印发《“十三五”科技援藏规划》。此外,组织了“资源开发可持续 生态环境可持续”院士新疆行、金川电池材料产业园发展规划论证会、工业绿色转型试点城市院士专家行、院士宁夏环保行、成都核动力院技术创新院士行、院士专家云南行、第八届中国包头·稀土产业国际论坛等活动。

4. 探索和创新合作机制和平台建设,为提高科技合作质量提供强有力的支撑和保障

与中国科协共同举办了 2016 年全国院士专家工作站建设经验交流会。召开科技合作部分省市代表座谈会,就完善科技合作和平台进行专题研究。在服务院士方面,共同组织了为京津冀院士开展“眼科、耳鼻咽喉头颈外科”专项体检及健康咨询服务。

2016 年,我院开展各类科技合作活动 318 次(参与院士 1300 余人次,专家 800 余人次),其中重要会议 7 项、签约 10 项、院部合作 6 项、院地合作 254 项、院企合作 7 项、院士工作站建设 22 项、院士两会建言 12 项。

三、学术与出版

2016 年,学术与出版委员会以开好“1-2-7”百场学术会议、办好“1+9”英文期刊为抓手,深入落实“四聚”策略、“五合”机制,全面贯彻“三要五量”要求,圆满地完成了全年学术与出版工作任务。

1. 学术工作“四聚五合 1-2-7”

全院共举办 1-2-7 学术活动共 88 场,(参与院士 772 人次,专家与听众 3.2 万人次),其中国际高端论坛 10 场,出版论文集 5 本;中国工程科技论坛 20 场,出版论文集 13 本;学部学术活动 58 场,全年“1-2-7”学术活动顺利开展。纵观全年学术会议,全院各学部充分推动落实学术与出版委员会提出的“五合”机制,全院学术活动呈现五大特点:

一是充分实现不同学部的整合,聚集跨学科、跨领域、跨国界专家共谋工程技术发展;

二是主题进一步紧扣咨询项目,以学术引领服务战略咨询;

三是形式更加“接地气”,通过院士考察、技术指导等科技服务促进学术成果向现实生产力转化;

四是更加注重辐射效应，进一步发挥科学普及和人才培养作用；

五是论坛遍布大江南北，充分发挥学术引领的地缘效应。

2. 院刊工作“三要五量 1+9”

一是路线进一步清晰，明确提出“三要五量 1+9”的指导思想。中国工程院院刊 1+9（英文）是中国工程院的一张名片，代表着中国工程科技界的学术形象。为了提升各刊的学术质量和国际影响力，我院明确提出“三要五量 1+9”的总体要求。

二是力量进一步凝聚，办好两场“中国工程院院刊发展研讨会”。学术与出版委员会先后两次组织召开“院刊发展研讨会”，邀请院士专家就院刊的发展问题出谋划策。

三是成果进一步突显，1+9（英文）取得一定成绩。2016 年，《Engineering》系列期刊取得一系列重要进展，并在各类资助或评比项目中取得较好成绩。其中，主刊获得“中国科技期刊登峰行动计划”资助；6 本分刊获“中国科技期刊国际影响力提升计划”资助；土木分刊、化工分刊成功被“中国科技核心期刊”收录；农学分刊被 COPE，DOAJ 两大 OA 期刊组织接纳等等。院刊系列年内获各类奖项 20 余次。

另外，主刊《Engineering》也取得了较为迅速的发展，主要：一是加强组织领导和顶层设计，由周济院长担任主编，扩大编委数量，并定期与国内外编委召开会议，研究期刊各项工作；二是集中力量做好专题出版工作，2016 年四期出版了全球挑战、核能、智能城市与大数据、水利水电工程、轨道交通、环境保护等专题，并根据各学部和各分刊推荐，研究确定院刊 2017 年联合出版的 17 个专题并启动出版工作；三是创新模式加强中文出版工作，通过建设众包平台、寻求学者合作等多种形式，提高中文版出版速度和质量；四是加强宣传提高期刊影响力，通过邮寄推送、网站建设、数据库合作、社交推广等多种途径提高宣传的精度和广度；五是加强国际合作，与澳大利亚工程院签订了关于共同建设期刊 Topic Insights 栏目的合作协议，通过与汤森路透、Elsevier 等公司沟通合作，推进期刊被 ESCI、SCOPUS 数据库收录。

四、相关学部办公室工作

1. 学部常委会

信息与电子工程学部共组织召开学部常委会（扩大会议）6 次；医药卫生学部组织召开学部常委会（扩大会议）3 次；工程管理学部召开了学部常委会（扩大会议）6 次及学部主任会议若干次。学部常委会是学部根据主席团、院常务会、专门委员会及自身工作的安排部署工作的。

2. 咨询工作

信息、医药、工管三个学部共 96 个咨询项目，结题 35 项，在研 61 项。其中：重大项目 11 项，重点项目 27 项，一般项目 58 项。其中，国家卫生计生委委托项目“2030 年中国重大科技创新和成果转化应用及其对健康需求和供给影响”的研究成果，成为 8 月份召开的“全国卫生与健康大会”文件起草有关卫生科技领域的重要参考。

3. 院士建议

共 21 项，信息与电子工程学部 8 项，医药与卫生学部 7 项，工程管理学部 6 项。其中，潘云鹤等 19 位项目院士联合向国家提出《在我国启动“中国人工智能 2.0”重大科技计划》的建议，习总书记做出重要批示。科技部发函委托工程院开展“中国人工智能 2.0”规划建议研究工作，目前已完成研究报告并报科技部。王陇德等院士《关于筛查和干预中年人的“中风”风险刻不容缓的建议》，得到习总书记的重视和批示，产生了积极影响。落实"一带一路战略，石化装备走出去"院士建议，得到了张高丽、刘延东副总理的批示。李兰娟院士牵头的"关于将人体微生态与健康和疾病研究列入'十三五'国家重点研发计划并优先启动的建议"和樊代明、张伯礼院士牵头的"关于尽快建设国家中医药博物馆的建议"得到了刘延东副总理的批示，科技部、云南省政府正在研究落实中。

4. 科技合作

共8项。2016年医药卫生学部结合重大咨询项目调研、学术会议召开，开展了8场院士行活动，院士有69人次参与，发挥了学部院士群体智力资源优势，针对需求，服务地方，取得了实效。

5. 学术活动

在"1-2-7"架构下，三个学部办公室共组织或参与组织学术活动34场，其中国际高端论坛4场，中国工程科技论坛8场，学部学术活动22场。

6. 参与组织、研究、执笔完成国家《AI2.0专项规划研究》。

不足方面：要进一步在工作规范上下功夫。

2017年工作要点

一、支部工作

三局党支部将继续全面贯彻党的十八大以来历届全会精神和习近平同志的系列重要讲话精神，紧密团结在以习近平同志为核心的党中央周围，按照院党组、机关党委的要求和部署，认真贯彻落实全面从严治党、严格党内政治生活、严明党的纪律等各项要求，继续践行"两学一做"，努力将三局建设成"政治水平和工作能力适应时代需要和发展"的服务团队，为实现"两个一百年"奋斗目标、实现中华民族伟大复兴的中国梦而努力奋斗。

二、科技合作

按照我院建设中国特色新型智库的新要求，在科技合作委员会的指导下，坚持以战略研究与咨询服务为中心，以提高科技合作质量为重点，发挥广大院士专家的作用，遵循"突出重点，整合资源，统筹协同"的要求，做好科技合作工作。

1）围绕国家、部委、地方、企业重大需求，以战略研究与咨询服务为依托开展科技合作。以制造强国战略研究（三期）、生态文明建设若干战略问题研究（三期）、秦巴山区绿色循环发展（二期）、军民融合、军地联动、交通强国等项目为依托，将咨询调研与科技合作有机整合，突出统筹协同，将咨询调研任务与地方重大需要有机结合，发挥科技合作的多项职能作用。

2）将我院咨询项目的研究成果作为助力地方绿色转型升级和创新驱动发展的重要内容。将我院羌塘生态文明建设、三江源生态补偿机制、工业绿色发展等咨询研究成果应用于地方和企业等重大需求，通过与地方、企业共同开展院士行，整合各类资源，促进研究成果的转移转化，助力地方咨询服务与技术支撑。

3）突出科技合作主题，拓展科技合作形式，丰富科技合作内容。突出战略研究与咨询服务的主题，将咨询项目调研、学术论坛、院士行、院士工作站建设、科技会展等内容多样的活动有机结合在一起，促进产学研合作和创新驱动发展，促进学术交流和人才培养，促进院士专家技术项目对接，支持"以企业为主体"的技术创新体系建设。

4）加强区域思想库建设，推动地方院士服务机构完善。更加重视和充分发挥区域思想库（工程科技发展战略研究院、战略研究中心等单位）、各地院士服务联络机构等在科技合作工作中的平台作用，构建相应的服务网络，建立与地方院士中心、院士联谊会、院士基地、院士办公室等地方院士服务机构常态化沟通渠道。支持地方完善院士服务机构，支撑我院科技合作的持久有效开展。

三、学术与出版

学术与出版委员会将按照中国工程院的统一部署，在"四聚"策略、"五合"机制的指导下，以《中国工程院学术活动管理办法》为准则，进一步发挥学术引领作用。重点办好国际高端论坛、中国工程科技论坛和学部级学术会议等学术活动；组织办好中国工程院院刊；组织做好《国际工程科技发展战略高端论坛报告集》、《中国工程科技论坛报告集》、《院士文集》、《院士画册》等书籍出版工作；做好香山会议办公室等其他业务工作。

1）"四聚五合"办好学术会议。进一步落实"五合"机制，办好学术会议。发挥好最高学术机构的学术引领作用，组织广大院士围绕事关科技创新发展全局和长远问题开展学术研讨，推动学术活动进一步提高水平和质量。

2）"三要五量"做好院刊出版。积极组织中国工程院院刊提升刊物质量。进一步聚集力量、扩大稿量、增加刊量、办出质量、提高销量，做好《Engineering》期刊和 Frontiers 系列分刊联合专题出版工作，打造重点领域学术高地，提高双语出版的长效机制，不断提高中国工程院院刊系列期刊的学术水平和国际影响力。

3）组织中国工程前沿青年研讨会。与相关部门配合，办好中国工程前沿青年研讨会选拔会，为第五届中美工程前沿青年研讨会选拔人才。

4）做好学术出版。抓好《院士画册》、《院士文集》等系列学术书籍的组织出版。

5）其他。做好香山科学会议办公室相关工作，完成院里交办的其他任务。

四、相关学部办公室工作

1）学部常委会。信息与电子工程学部计划组织召开学部常委会（扩大会议）6 次，医药卫生学部计划组织召开学部常委会（扩大会议）6 次（含 2 次通信会议），工程管理学部计划组织召开学部常委会（扩大会议）10 次，研究学部 2017 年工作计划、增选评审、项目评审等工作。

2）咨询工作。2017 年，信息、医药、工管三个学部拟上 35 个咨询项目。其中：重大项目 3 项，重点项目 9 项，一般项目 23 项。

3）科技合作。医药卫生学部拟举办河南、余杭、成都、重庆、广西、云南、甘肃、新疆院士行活动，共 8 场。

4）学术活动。信息、医药、工管三个学部计划组织学术活动 41 场，其中国际高端论坛 6 场，中国工程科技论坛 7 场，学部学术活动 23 场。

5）参与完成《AI2.0 重大科技项目实施方案》编制任务。

国际合作局2016年度工作总结和2017年工作展望

2016年，在院领导统一部署下，按照我院《章程》赋予的职责"中国工程院代表中国工程科学技术界，参加工程科技领域的国际交流与学术活动和相应的国际组织"，以及习近平总书记在2014年"国际工程科技大会"讲话中"在更大范围深化工程科技领域国际交流合作，同世界各国携手努力，共同解决问题"的要求，国际合作局认真贯彻落实我院《2014—2018年工作纲要》、《2016年度工作要点》及《2014—2018年国际交流与合作工作纲要》安排，团结一致，开拓创新，按照"出声显影，引进精品，推出精彩"的原则，开展了多项国际交流与合作，圆满完成各项任务。

一、集中力量，重点工作继续推进，取得突破

围绕我院中心工作，稳步开拓与相关国际组织合作，着力推进重点外事工作，努力做到"出声显影"，"讲述中国故事，提出中国方案"，增加中国在世界工程科技界的影响力。

（一）举办"国际医学科学院组织全体大会"

"国际医学科学院组织2016年全体成员大会"是我院2016年举办的一次国际工程科技盛会，也是外事工作的重中之重，由我院与国际医学科学院组织共同主办。刘延东副总理在大会上作主旨报告并会见了外方主要嘉宾。桑国卫原副委员长、周济院长、卫计委副主任刘谦、世卫组织、联合国教科文组织驻华代表等出席，参会总人数300余人。

在会上，中国工程院原副院长刘德培院士成功当选国际医学科学院组织双主席之一。当选后，又自动成为国际科学院联合组织（IAP）的轮值双主席之一。

大会的成功举办以及刘德培院士的当选对进一步提升我院在该组织的地位，以及提升中国医学科学界在国际医学科学领域的影响力和话语权具有重要意义。充分体现了中国工程院在国际科技组织中的影响力和参与全球科技治理的能力。刘延东副总理就此专门进行了批示并给予高度评价。

（二）进一步加强与联合国教科文组织（UNESCO）合作

2016年，我院协同联合国教科文组织，进一步推进知识中心建设和国际工程教育中心签约。

1. 知识中心项目有序推进

举办UNESCO二类中心研讨会。这是UNESCO自1945年成立以来，首次召开全球范围的科学类中心大会。会议由国际工程科技知识中心等联合承办。UNESCO助理总干事弗莱维娅 Flavia · Schlegel，我院院长周济、副院长陈左宁，中国科学院副院长谭铁牛等出席会议并致辞。我局协助邀请了外方嘉宾。

加强与其他二类中心合作。在做好日常工作的同时,参加了 UNESCO 总部组织的防灾减灾知识服务系统建设讨论、UNESCO 区域内和区域间科学合作会议、帮助 CAETS 建设知识共享平台、调研了解与中南美洲二类中心合作的可能性。

2. 教育中心正式签约

签署 ICEE 协议。经密切沟通,邀请 UNESCO 总干事 Irina Bokova 于 6 月份访京,与我院签署 ICEE 协议——"中华人民共和国政府与联合国教育、科学及文化组织(联合国教科文组织)关于在中华人民共和国北京市设立由联合国教科文组织支持的国际工程教育中心(ICEE,2 类中心)的协议",并参加揭牌仪式。

接待助理总干事。5 月,邀请 UNESCO 科技助理总干事 Flavia Schlegel 参加我院相关外事会见活动并举办了我院与 UNESCO 关于 ER2 的编撰工作会议。

支持工作坊等活动。我院同意并支持清华大学举办了 2016 国际工程教育学术工作坊的活动。协助安排 ICEE 第一期援外培训班学员参观航天城的活动。

(三)在国际工程与技术科学院理事会(CAETS)中发挥更大影响

2016 年我院继续积极参与 CAETS 相关活动,深耕与 CAETS 重点成员工程院的合作。

出席 CAETS 2016 年会。9 月,周济院长率团赴英国参会并作报告。利用会议间隙,在短短 3 天内与美国、法国、澳大利亚、韩国、瑞典、瑞士、尼日利亚等国工程院领导进行了 7 场双边会谈,讨论未来双边合作,访问成果丰硕。

积极主导和参与 CAETS 相关活动。积极推进我院倡导的 CAETS 知识共享平台建设,参加了共享平台专家委员会会议,并组织院士两次参加 CAETS 能源委员会会议。

二、搭建平台,双多边(含港澳台)交流合作异彩纷呈,逐步深化

在以往工作的基础上,继续努力深化与主要发达国家工程科技机构的合作交流,拓展合作领域,我院与英、法、美、韩及与我国港澳台地区相关长期已经形成机制并且亮点不断。与此同时,积极稳步推进与德国、"一带一路"国家合作。

(一)中英合作亮点纷呈,着力引进精品

2016 年,我院与英国皇家工程院在中英两国政府联合科学创新基金(英方称"牛顿基金")框架下进行了一系列卓有成效的合作,引进英国牛顿基金系列项目、启动了"中英校企合作项目"、实施了"创新领军人才联合培养项目",项目规模和经费不断增长。

举办"中英校企协同创新研讨会"。研讨会于 2016 年 7 月在北京召开,由中国工程院和英国皇家工程院共同主办。徐匡迪主席、周济院长、赵宪庚副院长、樊代明副院长、田红旗副院长等院领导,教育部、科技部、工信部三位副部长,英国工程院院长 Ann Dowling,两国工程院院士专家以及高校、研究院所及企业的 300 余位代表出席了会议。两国政府高官和院士专家们结合各自的政策与实践,从不同视角就如何有效开展校企合作、协同创新分享了真知灼见。此外,两国院士专家还召开圆桌会议,探讨校企协同创新,形成了相关建议。

启动"中英校企合作项目"。我局与英方积极沟通协作,促成了项目总额约人民币 1000 万元(50 万英镑加中方全额匹配)的中英校企合作项目的开展。该项目是一项开创性工作,作为中英两国政府联合科学创新基金框架下的合作,英国皇家工程院出资支持中国高校和企业联盟与英方开展为期两年的校企合作。项目申报工作已于 2016 年 12 月正式启动。

实施“创新领军人才联合培养项目”。2016 年 3 月,我局组织了中英两国工程院“创新领军人才联合培养项目”首期研修班。两院共同选拔了 15 名中国优秀科研人员和初创企业家,由英方全额出资,赴英国进行了为期两周的创新成果商业化培训,获得了受训学员的一致好评。该项目是我院一项开创性工作。在成功开展首期研修班项目的基础上,12 月,我局又启动了第二期学员遴选工作,将于 2017 年 3 月赴英研修,目前申报踊跃。

(二) 中法医药合作升级,核能领域推出精彩

2016 年,我院与法国医科院在以往医药卫生领域合作的基础上,升级为更长效的机制,成立了中法医学双边合作委员会。同时,与法国国家工程技术院共同开展中法核能报告项目。

中法医学合作提升层级,建立新机制。10 月,“第六届中法代谢类疾病研讨会”在苏州和上海举办,樊代明副院长,医药卫生学部院士和有关专家,以及来自法国的 12 位院士专家出席了本次会议。在成功举办了六届会议的基础上,经院领导批准,成立了中法医学双边合作委员会,重点支持学术交流、专业智库、人才培养、临床交流,以机制性的指导中法医学合作,更好地发挥学术引领作用。

启动核能报告项目,为 2017 年国际原子能机构大会提供智力支持。2016 年中法两国工程院共同启动了中法核能报告项目,该报告将全面阐述两国学术智库对核能发展的共同立场,提交 2017 年国际原子能机构大会,作为大会立场文件。项目由赵宪庚副院长挂帅的专家组具体实施,一局和国际局配合。

(三) 多领域同时发力,中德合作迅速拓展

启动 G20 峰会智库项目,为 2017 年德国 G20 峰会提供成果文件。7 月,德国工程院院长来访,续签了两院合作协议。在此框架下,经德国工程院提议,两院启动了“能源系统转型国际过程监测”项目。该项目将作为 G20 的智库(T20)项目,为明年在德国汉堡举办的 G20 峰会提供指导性的政策建议和监测国际能源转型过程的科学工具选项。项目的成果将作为峰会的成果文件。经院领导批准,成立了以周济院长、赵宪庚副院长为顾问、杜祥琬院士为组长的专家组。

制造业数字转型国际会议。11 月,由德国工程院主办的“制造业数字转型:进步与解决方案”国际会议在慕尼黑召开,我院代表团与会。中、美、日、法、韩等推出了国家级智能制造业发展计划的国家,就智能制造计划等内容进行了深入的沟通与研讨。12 月德国工程院国际指导委员会召开会议,同意明年由我院举办该会。

中德健康科学领域科学家的交流平台。5 月,我院和德国科学院首次通讯签署了合作协议。根据合作协议,双方将携手构建中德健康科学领域科学家的交流平台,促进合作。10 月,“第一届中德个体化医学论坛”在西安举办,会上中德双方均表示希望将学术会议这一合作交流的形式固定化,并确定了下次会议的会期和主题。

(四) 中日韩合作平稳高效,启动中韩产业创新论坛

中日韩(东亚)工程院圆桌会议机制平稳运行。8 月,赵宪庚副院长率团出席第 19 届中日韩工程院圆桌会议暨“先进维护”研讨会,并赴东京大学和东京工业大学开展交流。2016 年还与各学部办公室合作完成了中日韩“先进维护”中方问卷调查项目。

召开首届和第二届中韩产业创新论坛。4 月,赵宪庚副院长率团出席了中韩两国工程院共同主办的首届中韩产业创新论坛,并对韩国 10 余家企业开展了调研。11 月,我局组织了由中韩两院在上海举办的“第二届中韩产业创新论坛”,周济院长、韩国工程院院长等出席。会后我局组织韩国代表团赴 8 家中国企业调研。

两届论坛围绕智能制造、机器人、新能源汽车、云计算、虚拟现实和增强现实等议题开展研讨,向韩国院士代表团展示了中国工程科技企业的特色和实力,推出精彩,展现风貌,进一步促进了两国间工程科技合作。

(五)中美合作稳步推进,筹备 2017 年大戏

2016 年,我院在保持与美国国家工程院密切联系的同时,加强与美国机械工程师学会等机构的协作,积极筹划将于 2017 年召开的"中美工程前沿研讨会"、"第三届全球重大挑战论坛" 等活动,并主办了中美工程技术研讨会、2016 城市可持续建设国际会议等活动。

(六)配合"一带一路",着力开拓合作领域

为配合国家"一带一路"政策,2016 年,我院努力拓展与中亚、俄罗斯等国家的交流合作。

开展信息安全领域交流。10 月,陈左宁副院长率我院网络安全与信息化建设项目组出访俄罗斯、白俄罗斯和哈萨克斯坦。代表团围绕网络安全与信息化建设主题成功访问了莫斯科国立大学、俄罗斯科学院、卡巴斯基公司、圣彼得堡彼得大帝理工大学、俄罗斯联邦信息署、白俄罗斯国立技术大学、哈萨克斯坦国立大学、哈萨克斯坦产业发展研究院、哈萨克斯坦科技部等 10 个单位。调研了三国 IT 核心技术建设、网络安全审查监管,政府引导、产学研结合等方面的情况。提出完善我国国家网络安全法制体系、提升网络安全产业实力、加强与三国具体领域合作的意见建议。

支持相关技术企业走出去。10 月,徐德龙副院长率团赴哈萨克斯坦参加 2016 中国-中亚国家建材技术研讨会,出席亚洲水泥与混凝土研究院中亚分院成立仪式,与相关机构专家开展技术交流,为我国建筑材料、水泥化工领域相关技术企业走出去做好支撑。

中哈制造业交流会。1 月,我院组织了中哈制造业交流会。哈萨克斯坦投资发展部下属的产业发展研究院院长等哈方专家出席。中哈双方院士专家一致认为,中哈合作潜力很大,在本次交流的基础上将开展进一步的深入交流,为政府间的合作提供强有力的战略咨询。

(七)科技先行,持续推进港澳台交流

去年 5.20 后,海峡两岸局势紧张,香港"港独"阴霾持续。在这种形势下,我院充分发挥科技交流先行的优势,使科技合作成为两岸交流的润滑剂,努力与港澳台工程科技界、教育界机构加强联系,强化血浓于水的民族情感。

接待台湾工业技术研究院代表团。周济院长于 8 月会见台湾工业技术研究院刘仲明院一行,并就两院在台湾共同举办的"2016 两岸产业工程科技交流论坛"及两院合作事宜进行会谈。

参加第五届"两岸产业工程科技交流论坛"。11 月,徐德龙副院长率团前往台湾,参加了我院与工研院共同主办的"2016 两岸产业工程科技交流论坛"。并访问了台湾有关企业、高校。两院确立了今后保持副院长层级以上的定期交流机制和联系窗口。

值得一提的是本团组是 5.20 后,大陆第一个获批前往台湾的副部级以上团组,也是近两年我院最大的出访团组,我局与国台办、地方台办进行了大量的沟通协调,才促成团组成行。赴台团组的手续比出访任何地方都要烦琐、复杂,我局牺牲了节假日,加班加点,在 40 天内,完成一般至少需要 3 个月才能完成的组团任务(我们办完了包括副部级官员在内的 4 个城市 11 个团员的手续,院士助手不跟团单独办理,还没有办完 1 个人的校内手续最后未能成行),到台湾后,海峡对岸的同仁都表示我们完成了一个不可能完成的任务(Impossible Mission)。

举办"第十二届海峡两岸气候变迁与能源可持续发展论坛"。论坛于 9 月在北京科技大学举行，主题为“能源革命与绿色经济”，包括谢克昌等 12 名两院院士、52 名台湾嘉宾在内的 180 余名专家学者参加了论坛。

继续开展“中国工程院院士访校计划”。根据香港中文大学邀请，我局组织 4 位院士于 12 月赴香港中文大学作报告并进行学术交流，完成第九次“中国工程院院士访校计划”。

（八）签订合作协议，将沟通成果机制化

2016 年，我院努力拓展与国外工程科技机构的机制性交流合作，与澳大利亚、白俄罗斯、德国、法国、哈萨克斯坦等国的工程科技机构又签署了 9 个合作协议，进一步扩大了我院合作伙伴范围。

三、以巡视为契机，提升管理水平

11 月，中央第八巡视组对中国工程院开展专项巡视。国际局严格贯彻院党组要求和部署，高度重视，及时提供材料，全力配合巡视工作的开展，并根据巡视组的有关意见，对巡视发现的问题立行立改。

1. 加班加点，认真提供大量材料

这次巡视工作中对三公经费的检查是重点，我局涉及公款出国和公款接待，因此也成为巡视重点。根据巡视组要求，我局切实做好各项材料的收集、汇总、提交工作。包括：4 年来出国境团组情况统计表，出国境文件规定，部分咨询经费出国境团组情况说明，副局级以上领导干部 4 年来因公出国（境）情况统计表，4 年来国际会议情况统计表，4 年来机场贵宾室使用情况统计表，4 年来公款接待宴请情况统计表，支部回答巡视组四个问题材料，各种学习记录材料、整改材料和各类支部活动统计表、党员统计表，支部调研素材材料，支部学习巡视动员会讲话的心得体会，干部配偶移居情况表，关于三公经费管理的情况的说明，院党组有关公款接待问题情况报告等一系列材料。

2. 立行立改，修订相关规定制度

为进一步加强外事管理工作，根据巡视组及中央和有关部门文件要求，结合我院的实际情况，制定和正在制定《中国工程院外宾接待管理实施细则》《中国工程院关于在华举办国际会议的管理细则》《中国工程院因公临时出国管理实施细则》等文件。

3. 建章立制，支部工作进一步细化

在院党组和院机关党委的安排和指导下，国际合作局党支部统一思想，深入开展“两学一做”专题教育活动。针对巡视期间，查找出的“重业务，轻党建”问题，我支部全面系统地加强党建工作，制定了《国际合作局党支部基本制度》，梳理了 4 年来的党建工作，组织召开了支部全体党员会 8 次，支委会 7 次，专题组织生活会 1 次，民主生活会 1 次。

国际合作局党支部着力增强学习安排的计划性，努力做到月月有计划、周周有落实。十八届六中全会以后，支部高度重视六中全会及会议通过的两个文件的学习工作，连续四周，每周组织一次会议，分别对会议公报、《关于新形势下党内政治生活的若干准则》《中国共产党党内监督条例》和习近平就《准则（讨论稿）》和《条例（讨论稿）》向全会作的说明进行了学习，并结合外事工作特点，请青年干部在每次学习中挑选相关关键词进行英文讲解，将政治学习与业务学习有机结合，相互促进。12 月又组织全体党员再次学习习近平同志在今年两院院士大会、科技创新大会上的讲话，进一步领会中央要求，理清发展思路。

四、听话、出活，做好相关服务工作

（一）服务外籍院士，充分发挥外籍院士作用

1）圆满完成院士大会外籍院士服务工作。2016 年第 13 届院士大会期间，共计邀请参会外籍院士 15 位来华参会。组织了其中 7 位新当选外籍院士和小泉英明院士在我院学术报告会上作报告，报告会取得圆满成功。外籍院士参加了总书记报告会、总理报告会、学术报告会、外籍院士证书颁发仪式及院领导宴请。我局还根据外籍院士个性化需求，为其定制了学术活动、日程安排。

2）进一步发挥外籍院士作用。经反复沟通，邀请 Dan Mote 和小泉英明两位外籍院士入选拟议中的工程教育中心理事会，Edward Crawley 教授入选并担任拟议中的工程教育中心顾问委员会外方主席。外籍院士、澳大利亚工程院 Robin Batterham 教授在《Engineering》期刊主编工作会议上代表澳大利亚工程院与我院签署出版合作协议。聘任小泉英明院士为我院《Engineering》期刊副主编。

（二）做好组团出访、来访接待工作

2016 年共办理 36 个因公出国（境）团组（其中 29 个自组团和自组双跨团组，7 个参团团组），实际成行 34 个团组（其中咨询项目出国团组 13 个，培训团组 4 个），为所有团组办理了任务批件、征求意见、任务通知、任务确认等全套出访手续，保证了出访顺利进行。（附出访手续流程图）

全年共完成院领导外事接待 32 场。接待了美、英、日、德、韩国、瑞典、巴西、南非、荷兰、澳大利亚、哈萨克斯坦、沙特等 10 余国的工程科技界领导和专家的来访，进一步增进了与国外工程科技组织的相互了解，有力推动了彼此间合作。

（三）踏实细致，认真做好外事支撑工作

护照、签证办理：全年新办理护照 18 本，澳通行证 2 本，台湾通行证 4 本。办理 22 个国家，67 人次的签证。大部分均为加急办理，在别的单位拒收的团组我们不拒，在别的单位 3 个月办完的，我们 1 个月办完，以这样的效率保障全年顺利出访 122 人次。

签证电：去年安装了“外国人来华签证被授权单位邀请函管理系统”并发出签证电 172 份，保证了我院外事活动顺利开展。

人员备案。及时完成了护照签证系统和外国人来华签证被授权单位邀请函管理系统两个系统的备案，保证了业务工作顺利进行。

全年出访团组、组织国际会议、接待外宾和外籍院士、签署协议情况列表附后。

五、深入思考，做好 2017 年工作

2017 年，国际合作局将按照“积极发展、规范管理”的原则，秉承“专业、高效、创新、和谐”的理念，深谋远虑、抓大放小，加大服务我院思想库建设和院士队伍建设的力度，并力求做到延东总理的要求－在国际工程科技界“讲好中国故事，提出中国方案”。

这次巡视，我们感受很深，并且感到肩上的责任重大。一是国家新形势外交发展以及我院思想库建设迫切需要外事工作提高层次、加强服务支撑，我们的事业需要积极发展，积极拓展与国外工程科技界的交流合作；二是外事工作是一项政策性、纪律性很强的工作，我们必须按照中央和国家有关规定，加强外事管理，确保我们的事业在规范、合理的轨道上发展。

同时，根据我局特点，我们还提出了八字理念：

专业:提升素质、水平,以专业化的服务,圆满完成各项任务。

高效:以服务为宗旨,在政策框架内,高效率完成外事工作。

创新:拓展合作领域,创新合作形式,提升国际合作交流层次。

和谐:凝聚力量,创造和谐氛围,团结全体同事,推进事业进步。

2017 年重点工作展望:

1)深化与有关国际组织的合作。持续加强与 UNESCO、CAETS、IAP、IAPH 等有关国际组织的交流合作,并不断拓展新的平台,利用好这些国际平台讲好中国故事,提出中国方案;

2)围绕思想库建设,加强与主要和重点国家的深入合作。加强与美、英、法德、日、韩等世界主要大国的合作,精心筹备、全力做好“第三届全球重大挑战论坛”、“第五届中美工程前沿研讨会”、“中法医学研讨会”、“中瑞智能城市研讨会”、“中德国际先进制造研讨会”、牛顿基金框架下合作项目、“中法核能报告”、“能源系统转型国际过程监测”等活动和项目;

3)围绕国家外交重点,积极拓展与“一带一路”沿线国家、“金砖国家”、“上合组织”成员国的双边工程科技合作;

4)进一步拓展与港澳台机构的交流合作,发挥科技交流润滑剂的作用,为增强民族凝聚力贡献工程科技界的力量;

5)做好外籍院士增选,进一步发挥外籍院士作用,为思想库建设服务;

6)加强外事管理,建章立制,促进外事工作健康、有序发展。

谢谢大家!

战略咨询中心 2016 年工作总结及 2017 年工作展望

2016 年是中心更名为“中国工程院战略咨询中心”的元年。一年以来,在院党组的正确领导下,认真贯彻落实党的十八届五中、六中全会精神,深入学习贯彻习近平总书记在全国“科技三会”讲话精神,深入开展“两学一做”学习教育活动,牢固树立“四个意识”,始终以建设国家高端智库核心支撑机构为工作重心,以培养战略咨询后备人才、规范项目管理和经费专管、提升战略研究能力、加快信息化建设为主要抓手,以高质量服务支撑国家高端智库建设。现将年度工作总结如下:

一、深入开展“两学一做”学习教育活动

深入开展“两学一做”学习教育活动。战略咨询中心(以下简称“中心”)党支部深入贯彻落实党的十八届五中、六中全会精神,牢固树立“四个意识”,制定“两学一做”学习教育活动工作方案,以党小组专题学习和支部论坛等形式组织开展学习研讨。2016 年,共组织 30 余次党小组专题学习,5 次支部论坛,充分发挥支部战斗堡垒作用、党员先锋模范作用,促进党员干部自觉用党章党规

党纪规范自己的言行，做一名“忠诚、干净、担当”的合格党员。

此外，在院党组的统一安排部署下，中心党支部积极配合中央第八巡视组专项巡视中国工程院党组工作，严守政治纪律、政治规矩，牢固树立“四个意识”，扎扎实实落实全面从严治党；在加强党员队伍建设方面，2016 年，中心党支部增加入党积极分子 1 名，党员发展对象 2 名；成立博士后党小组。

二、加快推进高端智库研究支撑机构建设步伐

机构重新定位。根据《国家高端智库建设试点工作方案》明确提出的“中国工程院要建成在工程科技领域对国家战略决策具有重要影响力的科技智库，重点建设中国工程院战略咨询中心”的需求，加快推动中心名称变更、职能调整、编制核定。2016 年 3 月，中编办正式批复，同意由咨询服务中心更名为中国工程院战略咨询中心；在编制不变的情况下，到 2020 年总体规模控制在 230 人左右；主要职责是：围绕工程科技服务经济社会科学发展，开展持续性、储备性、前瞻性战略研究，积极探索现代智库国际合作交流和科学研究方法，承担跨领域的专业化咨询研究、项目管理、信息保障及人才培养等工作。此外，受工程院委托，中心成为《中国工程科学》杂志社主管单位，并派员参与其日常管理协调和组稿工作，做好院刊出版支撑服务，进一步充实作为国家高端智库建设核心支撑机构的职能。

加强队伍建设。全年共招聘录用正式员工 14 人，并在创新战略研究和信息管理领域分别聘用 1 名教授作为特聘专家。年度共组织选拔 2 名副处级干部。全年完成 7 名博士后进站，完成首批博士后出站，现有在站博士后研究人员 10 名。在各位合作导师的悉心指导下，博士后研究人员全年发表文章 26 篇，其中 9 篇英文，申请专利 2 项，获得基金资助 3 项，创建了《高端科技智库动态（内讯）》，开发了一系列用于战略咨询研究的机器学习方法，例如基于聚类算法的技术领域划分方法。使中心战略咨询人才队伍结构更趋优化，素质显著提升，人才队伍基石进一步得到夯实。

三、加快推动咨询研究项目管理步入规范化制度化轨道

（一）进一步规范项目管理

一是强化制度建设。编制完成了《中国工程院咨询项目过程管理规章制度汇编》、《中国工程院咨询项目过程管理工作手册》、《2015 年底前应结题项目决算材料形式审查工作要求》、《中国工程院咨询项目形式审核表》，有效提高项目管理制度化水平。二是规范过程管理。协助审查 2016 年院咨询项目以及高端智库重点项目立项任务书共计 129 份，办理经费预算拨款 25 859.18 万元。办理项目延期申请 4 批，共 40 个项目。完成 2011—2014 年底前应结题项目 252 项，预算金额 43 389.26万元，项目办结率 80.55%；2015 年年底前应结题项目为 119 项，预算金额 20 832.65 万元，项目办结率 46.21%，在推动我院咨询项目规范化建设方面迈出一大步。三是服务高端智库项目管理。中心配合院咨询工作委员会办公室，完成高端智库项目预算报告和决算报告；编制了中国工程院国家高端智库建设试点工作简报实施方案初稿，印发 17 期工作简报，让院士专家及时了解最新研究动态。

（二）服务全院咨询项目经费专管

2016 年，中心贯彻落实习近平总书记“科技三会”讲话精神，按照国务院 2016 年推进“放管服”工作要求，先后制定《咨询项目专项结余资金管理暂行办法》、《项目经费决算审核和结账管理内部

规范》、《咨询项目决算审核工作要求》,简化结余资金后续使用的管理流程,提高经费专管工作质量。同时,中心承担全院院士科技咨询项目和知识中心项目的预算评审、绩效评价、经费检查、结题评审四块业务。组织预算评审 12 批次,740 个课题,预算资金 4.45 亿元;组织决算审核 9 批,213 个项目 504 个课题、预算资金 3.25 亿元,确认净结余 4330.88 万元;安排了 16 个项目课题经费使用情况现场检查;承担工程院项目绩效考评办公室工作,完成 7 个院士科技咨询项目、33 个知识中心建设任务、3 个国际合作交流项目绩效评价,资金 1.64 亿元,连续三年获得财政部年度预算绩效管理工作考核一等奖。

四、扎实做好重大咨询项目支撑服务工作,努力服务国家重大战略决策

(一) 服务“中国制造 2025”战略

以制造业研究室为支撑,依托“制造强国”系列重大咨询项目,协助工信部开展中国制造 2025“1+X”规划体系编制工作,完成编制制造业创新中心、智能制造、工业强基、绿色制造及高端装备等五大工程实施指南;组织相关院士专家,遴选出 15 个《中国制造 2025》2016 年度重大标志性项目,为推进“中国制造 2025”战略提供咨询服务。配合工信部,组织院士专家开展“中国制造 2025”城市试点示范现场考察和评估;与国家制造强国建设战略咨询委员会联合编写完成《〈中国制造 2025〉系列丛书》并出版发行;与机械科学研究总院联合发布《2015 年中国制造强国发展指数报告》并上报,为《中国制造 2025》落地实施提供科学指导。

(二) 服务京津冀协同发展战略

京津冀协同发展专家咨询委员会办公室认真落实中央交办任务、在三地和相关部门委托的咨询任务前提下,主动开展工作,完成了大量战略研究和咨询工作任务。全年组织召开会议 60 次,其中参加国务院相关会议 5 次,全体会议 22 次,内部专题研讨会 8 次,与领导小组办公室座谈 1 次,与住建部和中规院座谈 2 次,与北京市座谈 5 次,与河北省座谈 10 次,与天津市座谈 7 次。全年开展实地调研活动 7 次,全年收到中央领导批示件近 50 件。其中在 2016 年 11 月 21 日,中共中央政治局常委、国务院副总理、京津冀协同发展领导小组组长张高丽在专咨委工作上报函中作出一页批示,对专家咨询委员会的工作给予高度评价和认可。为京津冀协同发展规划纲要的落实提供了科学咨询。

(三) 服务生态文明建设

以农业环境研究室为支撑,依托“生态文明若干战略问题研究”系列重大咨询项目,完成“生态文明若干战略问题研究(一期)”项目综合卷成果出版工作,项目成果为生态文明“四梁八柱”的建设提供了参考与支撑。组织相关院士专家就项目组赴福建调研报告进行反复修改并上报,该报告得到了国家领导人的重要批示,并为中办、国办印发《关于设立统一规范的国家生态文明试验区的意见》及《国家生态文明试验区(福建)实施方案》提供政策参考。组织院士专家编写“坚持绿色发展、建设美丽中国、开创社会主义生态文明新时代”文稿,深入研究生态文明理念、内涵、实现途径以及重点任务,为推进生态文明重大改革提供研究支撑。

此外,中心还协助院机关在“中国特色国家实验室建设研究”、“中国人工智能 2.0 规划建议研究”、“我国全民健康与医药卫生事业发展战略研究”、“涝灾害对粮食安全的影响”、“绿色制造发展战略研究”、“汽车强国战略研究”共计 70 余项目的实施过程中提供支撑服务。

五、积极推动基础服务保障与信息平台建设，服务国家高端科技智库学术引领作用

承办或主办国内外学术会议。2016 年，中心承办了“上海创新与新兴产业发展国际会议”、“中澳食品安全与技术进步国际研讨会”、“中英校企合作国际会议”、“2016 战略性新兴产业培育与发展论坛”，主办“2016 机器智能前沿论坛”、“2016 国际期刊与科学传播高峰论坛”；其中上海创新与新兴产业发展国际会议突显“新”“高”两大特点，即演讲内容理念新、技术新，演讲嘉宾管理层级高、学术造诣高，搭建了一个很好的新兴产业领域学术交流平台，扩大了中心的学术影响力。

协助开展知识中心建设及信息服务。在平台建设方面，推出了知识中心平台 2.0，上线了 17 个专业知识服务系统；完成了知识中心双创支撑平台 1.0 的开发建设，上线了 16 个特色知识应用；初步建立了国际知识中心网络平台，继续推进 UNESCO 科学中心信息和知识共享平台、CAETS 信息共享平台的建设；初步建立了数据中心和虚拟化平台，知识中心运行支撑环境建设基本完成，并开始由数据中心向专有云建设过渡。在资源建设方面，完成了知网、中经网、国研网、汤森路透专利库等数据库的采购和系统部署；汇总和梳理院近年来的咨询报告、学术活动以及专家学者库等信息。在院士专家信息服务方面，2016 年为农业、医药、化工、能源等领域的 62 位院士每周主动推送文献、科学数据等资讯共 15108 篇，得到了院士专家的积极肯定和高度评价。

打造咨询研究支撑平台产品。立足数据分析理论方法研究，构建以专家为核心、数据为支撑、嵌入咨询研究流程的战略研究支撑平台，并检验了平台的适用性，受到了技术预见专家组的好评。依托“全球研究前沿”咨询项目的开展，逐步建立数据分析方法论，把握全球工程科技发展大势，研判凝练全球工程研究前沿新方向，打造工程院学术引领的年度系列产品。

六、存在的问题

2016 年，中心在规范化、制度化建设步伐方面还不能满足作为国家高端智库核心支撑机构的要求。具体来说：一是对党建工作和业务工作统筹不够。存在重业务轻党建的思想，往往把党建工作看成是软任务、虚工作而造成党建工作计划的延误和完成质量不高。对“八项规定”的落实缺乏严格的制度管理、严谨务实的工作作风还不够扎实。党建工作的规范化和制度化尚需进一步加强。二是人才培养机制亟待完善。中心目前缺少对员工的长远发展规划，不利于激发员工的工作积极性，尤其是在职称评聘等方面亟待突破和解决。当然，还要清醒地认识到：中心在经费专管、信息保障、项目管理、研究支撑等方面距离作为国家高端智库核心支撑机构的要求还存在很大距离，这也为中心未来发展提升指明了方向。

七、2017 年工作要点

1. 加强政治理论学习

继续深入开展“两学一做”学习教育活动，牢固树立“四个意识”，提高政治素养，丰富支部论坛及党小组学习研讨活动形式，坚定不移遵守基础在学、关键在做的要求，坚定理想信念，争做合格党员。

2. 加强战略研究支撑

按照《关于做好事业单位政府购买服务改革工作的意见》提出的“推行政府向公益二类事业单位购买服务”的要求，中心要着力加强制造业研究室、农业与环境研究室、创新研究室、能源与新技

术研究室建设，紧紧围绕京津冀协同发展、制造强国、生态文明等重大咨询项目，继续开展战略咨询研究方法学习，提升研究能力和管理水平，提供前瞻、及时、准确的战略咨询服务，有效支撑国家高端智库建设。

3. 完善经费专管工作

一是创新评审方式手段，不断增强评审能力；二是继续组织做好专项经费检查工作 ，实现专项经费检查工作的流程化、标准化、技术化和高效化；三是厘清在此次被巡视中，自查发现的问题，完善制度建设。

4. 继续强化项目管理规范化、制度化

建章立制，从项目立项申请、中期、结题全过程加强新设立的咨询项目跟踪服务，建立相关的规范要求，定期了解项目进展，有效推进项目按照预期推进；积极与承担单位沟通联系，加快已延期的院咨询项目结题进展，提高项目办结率。

5. 全面提升信息支持能力

继续强化咨询研究支持平台建设、持续跟踪国际高端智库动态。重点加强知识中心建设，并逐步向专业化运营转换，争取 20 个分中心能够开展线上服务，10 个分中心能够开展定向服务试点

6. 创新并完善人才培养机制

继续做好博士后招聘和管理工作，加强业务学习培训，提高服务水平和服务能力。要把解决工作人员职称评定与职业发展问题作为首要任务。

7. 开展针对性整改工作

针对此次巡视反映的在公务接待、项目管理等方面的问题，中心应逐条梳理，开展自我检查，有针对性地制定整改方案，建章立制，规范管理，提高制度化水平。

【人事行政】

中国工程院关于做好2016年机关干部选拔任用工作的通知

中工发〔2016〕18号

院机关各部门：

为推进中国工程院机关干部选拔任用工作的科学化、民主化和制度化，加强机关干部队伍建设，根据《党政领导干部选拔任用工作条例》，结合院机关实际情况，经院党组研究决定，2016年2—3月院机关将开展局处级干部选拔任用工作。现将本次干部选拔任用工作《实施方案》予以印发，请遵照执行。

附件：1. 中国工程院机关2016年干部选拔任用工作实施方案

2. 中国工程院机关干部选拔任用工作时间安排

中国工程院

二〇一六年二月二十二

附件 1：

中国工程院机关 2016 年
干部选拔任用工作实施方案

为推进中国工程院机关干部选拔任用工作的科学化、民主化和制度化，加强机关干部队伍建设，根据《党政领导干部选拔任用工作条例》，结合院机关实际，制定本次选拔任用工作实施方案。

一、指导思想与基本原则

坚持以中国特色社会主义理论为指导，认真贯彻党的十八大、十八届三中、四中、五中全会和习近平总书记系列重要讲话精神，落实中央全面从严治党的总要求，按照《党政领导干部选拔任用工作条例》的规定，继续秉承“坚持标准、充分民主、严格程序、择优选拔”的原则，努力建设“信念坚定、为民服务、勤政务实、敢于担当、清正廉洁”的院机关干部队伍。

二、组织领导

院机关局处级领导干部的选拔任用工作在院党组领导下进行，由人事部门负责具体组织实施工作。

三、基本条件与资格要求

（一）基本条件

1. 自觉坚持以马克思列宁主义、毛泽东思想、邓小平理论、“三个代表”重要思想和科学发展观为指导，认真学习贯彻习近平总书记系列重要讲话精神，努力用马克思主义立场、观点、方法分析和解决实际问题，坚持讲学习、讲政治、讲正气，思想上、政治上、行动上同党中央保持高度一致，经得起各种风浪考验。

2. 具有共产主义远大理想和中国特色社会主义坚定信念，坚决执行党的基本路线和各项方针政策，立志改革开放，献身现代化事业，在社会主义建设中艰苦创业，树立正确政绩观，做出经得起实践、人民、历史检验的实绩。

3. 坚持解放思想，实事求是，与时俱进，求真务实，认真调查研究，能够把党的方针政策同本地区本部门实际相结合，卓有成效开展工作，讲实话，办实事，求实效，反对形式主义。

4. 有强烈的革命事业心和政治责任感，有实践经验，有胜任领导工作的组织能力、文化水平和专业知识。

5. 正确行使人民赋予的权力，坚持原则，敢抓敢管，依法办事，清正廉洁，勤政为民，以身作则，艰苦朴素，勤俭节约，密切联系群众，坚持党的群众路线，自觉接受党和群众批评和监督，加强道德修养，讲党性、重品行、作表率，带头践行社会主义核心价值观，做到自重、自省、自警、自励，反对官僚主义，反对任何滥用职权、谋求私利的不正之风。

6. 坚持和维护党的民主集中制，有民主作风，有全局观念，善于团结同志，包括团结同自己有不同意见的同志一道工作。

（二）资格要求

1. 提任或转任正局级领导职务的，应当为现任巡视员，或者在副局级岗位工作二年以上；提任巡视员的，应当在副局级岗位工作五年以上；

2. 提任或转任副局级领导职务的，应当为现任副巡视员，或者在正处级岗位工作三年以上；提任副巡视员的，应当在正处级岗位工作五年以上；

3. 提任或转任正处级领导职务的，应当为现任调研员，或者在副处级岗位工作二年以上；提任调研员的，应当在副处级岗位工作四年以上；

4. 提任或转任副处级领导职务的，应当为现任副调研员，或者在主任科员岗位工作三年以上；提任副调研员的，应当在主任科员岗位工作四年以上。

以上任职时间计算均截止到 2016 年 2 月 29 日。被选拔的人员应为机关正式在编干部，还须符合《党政领导干部选拔任用工作条例》第八条之有关规定。

四、实施步骤

本次干部选拔任用通过民主推荐、民主测评、考察等环节，采取综合遴选方式择优确定拟任职人选。其中副局级和处级干部选拔任用增加个人述职和提问环节。

1. 召开动员会。2 月 26 日召开全院机关在编人员大会进行动员部署。

2. 个人报名。符合提任或转任副局级干部和处级干部的人员到人事部门报名。

3. 民主推荐和民主测评。采取无记名投票推荐和谈话推荐，其中参加投票推荐和民主测评的范围为机关全体人员，推荐票按不同职级分别统计，谈话推荐范围为机关局处级干部。

4. 个人述职。2 月 29 日，进行副局级干部候选人公开述职；3 月 16 日，进行处级干部候选人公开述职。

副局级干部候选人述职时间不超过 7 分钟，回答问题时间不超过 8 分钟；处级干部候选人述职时间不超过 5 分钟，回答问题时间不超过 5 分钟。述职期间机关工作人员可以旁听。

5. 确定考察对象。对副局级和处级干部候选人，按照个人述职成绩占 50%、民主测评占 50% 的权重计算出总分。党组参考得分情况和民主推荐情况，综合遴选确定副局级和处级干部差额考察人选。

6. 组织考察。党组组成考察小组，对考察对象的德、能、勤、绩、廉等情况进行全面考察，突出考察政治品质和道德品行，重点考察工作实绩、作风建设和廉政情况，审查干部人事档案。考察对象为科级干部的补充填报《领导干部个人有关事项报告表》。

7. 决定拟任人选。党组会议根据考察情况决定拟任人选。

8. 任前公示。对拟提任和转任干部在机关范围内公示，公示期不少于 5 个工作日。

9. 纪检审查，核实《领导干部个人有关事项报告表》，备案。按照中组部要求，局级领导干部任职，须上报中组部备案审核。对拟提任为副处级以上干部的人选，要经纪检部门审查通过，并由中组部核查《领导干部个人有关事项报告表》。

10. 任职。公示结果不影响任职，且纪检部门审查通过、《领导干部个人有关事项报告表》核实无误的，由人事部门办理任职手续。提拔担任局处级领导职务的，实行任职试用期制度，试用期为一年。

五、纪律要求

选拔任用党政领导干部,必须严格执行《党政领导干部选拔任用工作条例》的各项规定,并遵守下列纪律:

(1) 不准超职数配备、超机构规格提拔领导干部,或者违反规定擅自设置职务名称、提高干部职级待遇;

(2) 不准采取不正当手段为本人或者他人谋取职位;

(3) 不准在干部考察工作中隐瞒或者歪曲事实真相;

(4) 不准在民主推荐、民主测评、组织考察中搞拉票等非组织活动;

(5) 不准在干部选拔任用工作中封官许愿,任人唯亲,营私舞弊。

对选拔任用工作中的违纪行为按照有关规定予以组织处理或者纪律处分。情节严重的,可宣布选拔任用结果无效,并追究有关人员的责任。

附件 2:

中国工程院机关干部选拔任用工作时间安排

时间安排		工作内容	参加人员	备注
2 月 26 日(周五)	09:00—10:00	召开机关干部选拔任用工作动员大会	有关院领导、在编人员	316 室
	10:00—11:30	接受符合副局级、处级选拔任用条件的人员报名	符合条件干部	人事处统计、登记
	15:00—16:00	对报名竞聘人员投票推荐,开展民主测评	机关全体在编人员	到人事处领票、投票
2 月 29 日(周一)	09:00—10:30	请所有副处级以上干部谈话推荐局级干部候选人	有关院领导	分 3 组同时进行
	14:00—17:00	副局级干部候选人个人述职、问答(述职 7 分钟+问答 8 分钟)	全体院领导担任评委	316 室 机关在编人员自愿旁听
	17:30	党组会议研究确定局级考察人选	全体院领导	318 室

续表

时间安排		工作内容	参加人员	备注
3月1日（周二）	09：00—10：30	与局级考察人选所在部门局级、正处级干部谈话考察	有关院领导	分2组同时进行
	16：00	党组会议研究确定拟提任局级人选	全体院领导	318室
3月16日（周三）	08：30—12：00	处级干部候选人个人述职、问答（述职5分钟+问答5分钟）	有关院领导、各部门负责人	316室 机关在编人员自愿旁听
	14：30—15：00	党组会议研究确定处级干部考察人选	全体院领导	318室
	15：00—16：30	与处级考察人选所在部门、相关处室负责人谈话考察	有关院领导	分2组同时进行
	16：30	党组会议研究确定处级拟提任人选	全体院领导	318室

中国工程院关于调整充实扶贫工作领导机构的通知

中工发〔2016〕6号

院机关各部门、院咨询服务中心：

根据中央扶贫开发工作会议和《中共中央 国务院关于打赢脱贫攻坚战的决定》精神，为进一步加强扶贫工作组织领导，扎实做好“十三五”期间精准扶贫工作，经研究，决定对中国工程院扶贫工作领导小组及办公室人员进行调整充实。现将有关事项通知如下：

一、领导小组组成

组　　长：徐德龙

副 组 长:钟志华

成　　员:谷　珏　董庆九　吴国凯　高中琪　李仁涵　康金城　易　建

领导小组下设办公室:

主　任:董庆九

副主任:杨　丽　梁晓捷　高战军　贾庆广

成　员:罗莎莎　刘　玮　赵　千　王京京　丁养兵　高金金

二、领导小组主要职责

1. 贯彻执行党中央、国务院关于扶贫工作的方针、政策,研究制定全院扶贫工作规划;

2. 发挥工程科技人才优势,组织相关院士、专家和有关方面开展扶贫工作,促进贫困地区经济社会发展;

3. 研究部署扶贫工作,针对定点扶贫单位实际,适时开展项目咨询、农产品加工、技术培训和成果转化等;

4. 选派优秀中青年干部到扶贫第一线挂职锻炼。

三、领导小组办公室主要职责

1. 贯彻执行党中央、国务院和院领导关于扶贫工作的要求,组织开展扶贫工作;

2. 当好院扶贫领导小组的参谋助手,拟定扶贫和年度工作计划、年度工作总结等;

3. 与国务院扶贫工作办公室保持良好的联系与沟通,及时将中央要求报告院扶贫领导小组;

4. 协助做好扶贫咨询项目管理;

5. 组织开展扶贫调研,做好扶贫工作宣传、传播信息、经验交流等,动员院机关干部群众积极参与扶贫工作开展;

6. 承办院领导和有关部门交办的其他事项。

中国工程院

二〇一六年一月二十日

中国工程院关于成立部分处室的通知

中工发〔2016〕99号

院机关各部门、战略咨询中心：

根据工作需要，经院党组研究决定，设立如下处室：

一局设教育处（综合处）、咨询处；

二局设增选处（综合处）、科学道德处；

三局设科技合作处（综合处）、学术与出版处。

我院设立的教育工作办公室、咨询工作办公室、增选工作办公室、科学道德办公室、科技合作办公室、学术与出版办公室，作为全院的综合协调部门，分别挂靠上述6个处室，日常工作由上述6个处室承担。

特此通知。

中国工程院

二〇一六年八月十七日

中国工程院关于咨询服务中心更名的通知

中工发〔2016〕56号

各位院士，院机关各部门、咨询服务中心：

经中央机构编制委员会办公室批准，"中国工程院咨询服务中心"更名为"中国工程院战略咨询中心”。

特此通知。

中国工程院

二〇一六年五月九日

中共中国工程院党组关于吴国凯、谷珏同志职务任免的通知

中工发党字〔2016〕30号

院机关各部门、战略咨询中心：

根据工作需要，经院党组研究决定，免去吴国凯同志党组巡视工作联络组副组长、综合协调组组长职务，由党组巡视工作联络组副组长谷珏同志担任综合协调组组长。

特此通知。

中共中国工程院党组

二〇一六年十二月十日

关于李仁涵等同志任免及岗位调整的通知

中工发〔2016〕42号

院机关各部门、咨询服务中心：

根据党政领导干部选拔任用工作规定，李仁涵等以下11位同志任现职一年试用期已满，经考核合格，予以正式任职。试用期计入正式任职时间。

李仁涵同志任三局局长。

康金城同志任国际合作局局长。

高战军同志任三局副局长。

王成俊同志任办公厅院长办公室主任(正处长级)。

黄海涛同志任办公厅信息中心主任(正处长级)。

王爱红同志任一局化工、冶金与材料工程学部办公室主任(正处长级)。

张秉瑜同志任办公厅综合处副处长。

延建林同志任咨询服务中心项目二部主任(正处长级)。

刘晓龙同志任咨询服务中心项目一部副主任(副处长级)。

傅智杰同志任咨询服务中心信息二部副主任(副处长级)。

李力同志任咨询服务中心经费专管部副主任(副处长级)。

根据工作需要,宗玉生同志由办公厅政策研究处调一局能源与矿业工程学部办公室,任调研员(主持工作)。

免去王爱红同志一局能源与矿业工程学部办公室主任职务,免去宗玉生同志办公厅政策研究处调研员职务。

特此通知。

中国工程院
二〇一六年四月十一日

中国工程院关于罗莎莎等同志职务任免的通知

中工发〔2016〕48 号

院机关各部门、咨询服务中心:

根据党政领导干部选拔任用工作程序,经院党组研究决定:罗莎莎同志任办公厅副主任兼机关党委(纪检监察)办公室主任,免去其办公厅人事处处长职务;左家和同志任二局副局长兼增选工作办公室副主任及二局综合处处长、咨询工作办公室副主任、科技合作办公室副主任,免去其一局化工、冶金与材料工程学部办公室主任职务。以上同志任职时间自 2016 年 3 月 1 日算起,试用期一年。

根据工作需要,党组决定:宋德雄同志任国际合作局副局长、办公厅副主任兼中国工程科技知识中心办公室主任;免去易建同志中国工程科技知识中心办公室主任职务;梁晓捷同志任办公厅副巡视员，免去其二局副巡视员、增选工作办公室副主任及二局综合处处长职务。

特此通知。

中国工程院

二〇一六年四月二十日

中国工程院关于丁养兵等同志职务任免的通知

中工发〔2016〕101 号

院机关各部门、战略咨询中心：

根据工作需要，经院党组研究决定，现将丁养兵等 11 位同志职务任免如下：

丁养兵同志任办公厅机关党委（纪检监察）办公室主任兼人事处处长，免去其国际合作局综合处处长职务；

黎青山同志兼任办公厅政策研究处处长；

樊新岩同志任教育工作办公室副主任、一局教育处（综合处）调研员（主持工作），免去其咨询工作办公室调研员职务；

王小文同志任二局增选处（综合处）副调研员，免去其二局环境与轻纺工程学部办公室副调研员职务；

刘玮同志任国际合作局综合处副处长（主持工作），免去其教育工作办公室副主任（副处长级）、一局综合处副处长职务；

黄永同志任办公厅人事处主任科员，免去其三局主编室主任科员职务；

解光辉同志任一局咨询处主任科员，免去其三局信息与电子工程学部办公室主任科员职务；

张宇同志任一局咨询处主任科员，免去其一局机械与运载工程学部办公室主任科员职务；

郑召霞同志任二局科学道德处主任科员，免去其二局农业学部办公室主任科员职务；

免去罗莎莎同志兼任的办公厅机关党委（纪检监察）办公室主任职务；

免去郭继东同志办公厅人事处处长职务。

2016 年新录用工作人员试用期间工作岗位安排如下：

李森鑫同志在一局机械与运载工程学部办公室工作；

张佳同志在三局信息与电子工程学部办公室工作。

以上两位同志的试用期为一年,自 2016 年 7 月算起。试用期满考核合格后,正式任职。

中国工程院
二〇一六年八月十七日

关于郭继东等同志任职的通知

中工发〔2016〕43 号

院机关各部门、咨询服务中心:

根据党政领导干部选拔任用工作程序,经院党组研究决定,任命下列同志职务。

郭继东同志任办公厅人事处处长。

丁养兵同志任国际合作局综合处处长。

潘刚同志任办公厅知识中心办公室副主任(调研员)。

樊新岩同志任咨询工作办公室副主任(调研员)。

刘畅同志任办公厅知识中心办公室副主任(副处长级)。

赵文成同志任科技合作办公室副主任(副处长级)。

位鑫同志任办公厅机关党委(纪检监察)办公室副调研员。

蔡昌金同志任办公厅信息中心副调研员。

以上同志任职时间自 2016 年 3 月 16 日算起。郭继东、丁养兵、刘畅、赵文成同志任职试用期一年,试用期满考核合格后,正式任职。

特此通知。

中国工程院
二〇一六年四月十一日

中国工程院关于黄琳等同志任职的通知

中工发〔2016〕100 号

院机关各部门、战略咨询中心：

因机构设置变动，现将相关人员的任职明确如下：

黄琳同志任一局咨询处处长；

姜树凯同志任一局咨询处副调研员；

左家和同志兼任二局增选处（综合处）处长；

吴晓东同志任二局科学道德处处长；

常军乾同志任二局科学道德处副处长；

王京京同志任三局科技合作处（综合处）处长；

赵文成同志任三局科技合作处（综合处）副处长；

姬学同志任三局学术与出版处副处长（主持工作）；

马守磊同志任一局教育处（综合处）主任科员；

赵千同志任二局增选处（综合处）主任科员；

陈冰玉同志任三局学术与出版处主任科员。

特此通知。

中国工程院

二〇一六年八月十七日

中国工程院关于姜树凯同志任职的通知

中工发〔2016〕65号

院机关各部门、战略咨询中心：

根据工作需要，按照公务员调任规定并经院党组同意，姜树凯同志任中国工程院咨询工作办公室副调研员。

特此通知。

中国工程院

二〇一六年五月二十四日

中国工程院关于宋德雄同志职务任免的通知

中工发〔2016〕103号

院机关各部门、战略咨询中心：

根据党政领导干部选拔任用工作程序，经院党组研究决定，任命宋德雄同志为国际合作局巡视员兼办公厅巡视员，免去其国际合作局副局长、办公厅副主任职务。任职时间自2016年7月19日算起。

特此通知。

中国工程院

二〇一六年八月二十三日

中国工程院关于黄海涛、高祥同志职务任免的通知

中工发〔2016〕111 号

院机关各部门、战略咨询中心：

根据工作需要，经党组研究决定，黄海涛同志任二局农业学部办公室主任(正处长级)，免去其办公厅信息中心主任职务；高祥同志兼任办公厅信息中心调研员(主持工作)。黄海涛、高祥同志任职时间自 2016 年 9 月 27 日党组会议通过之日算起。

特此通知。

中国工程院

二〇一六年十月十日

中国工程院关于康金城同志退休的通知

中工发〔2016〕113 号

院机关各部门、战略咨询中心：

根据国家有关规定，经院党组研究同意，国际合作局局长康金城同志于 2016 年 10 月退休，原职务自动解除。

特此通知。

中国工程院

二〇一六年十月二十日

中国工程院关于王波等同志任职的通知

中工发〔2016〕57 号

院机关各部门、战略咨询中心：

根据党政领导干部选拔任用工作程序，经院党组同意，任命下列同志职务。

王波同志任中国工程院战略咨询中心项目二部副主任（副处长级）。金言同志任中国工程院战略咨询中心信息一部副主任（副处长级）。以上同志任职时间自 2016 年 3 月 29 日算起，试用期一年，试用期满考核合格后，正式任职。

特此通知。

中国工程院

二〇一六年五月九日

中国工程院关于将《中国工程科学》杂志社国有资产产权无偿划转至中国工程院咨询服务中心管理的函

中工发〔2016〕6 号

中国工程院咨询服务中心：

《中国工程科学》杂志社是由我院 1999 年出资成立的出版企业，主要承担《中国工程科学》和《工程（英文）》两种刊物的出版发行工作。为进一步理顺产权关系并加强国有资产的管理，充分发挥杂志社对我院咨询研究成果交流与转化的促进作用，经研究决定，现将我院对《中国工程科学》杂志社所持有的国有资产产权，根据《中央级事业单位国有资产处置管理暂行办法》的相关规定，无偿划转至你中心全权管理。

你中心应加强对《中国工程科学》杂志社国有资产的管理工作，确保其保值、增值。

中国工程院

二〇一六年三月十七日

附　　录

一、组织机构

1. 主　席　团

名 誉 主 席:徐匡迪　宋　健
执 行 主 席:周　济
主席团成员(37 人,按姓氏笔画)
干　勇　马洪琪　尹伟伦　尹泽勇　巴德年　王礼恒　王基铭　邓秀新　韦　钰(女)
卢锡城　田红旗　刘　旭　刘炯天　孙永福　邬贺铨　张伯礼　张彦仲　李培根
杨宝峰　邱爱慈　陈左宁(女)　陈克复　周　济　周福霖　赵宪庚　孟　伟
郝吉明　唐启升　徐德龙　崔俊芝　黄伯云　黄其励　彭苏萍　谢克昌　樊代明
潘云鹤　薛群基

2. 院　领　导

院长、党组书记:周　济
副　　院　　长:赵宪庚　樊代明　陈左宁(女)　徐德龙　刘　旭　田红旗
秘　　书　　长:钟志华
副　秘　书　长:吴国凯

3. 各学部常委会

1. 机械与运载工程学部(15 人)
主　　任:尹泽勇
副 主 任:郭东明　金东寒　刘永才
常　　委:丁荣军　甘晓华　郭东明　金东寒　林忠钦　刘连元　刘人怀　刘怡昕　刘永才
卢秉恒　谭建荣　唐长红　杨绍卿　尹泽勇　钟志华

2. 信息与电子工程学部(15 人)
主　　任:卢锡城
副 主 任:邬江兴　李伯虎　龚惠兴

成　　员:陈良惠　陈志杰　戴　浩　邓中翰　段宝岩　范滇元　方滨兴　龚惠兴　李伯虎
李天初　卢锡城　马远良　邬江兴　吴曼青　张尧学

3. 化工、冶金与材料工程学部(13 人)

主　　任:薛群基

副 主 任:徐惠彬(常务)　舒兴田　王一德

成　　员:陈祥宝　付贤智　高从堦　黄伯云　钱旭红　舒兴田　孙传尧　屠海令　王海舟
王一德　吴以成　徐惠彬　薛群基

4. 能源与矿业工程学部(15 人)

主　　任:彭苏萍

副 主 任:李立涅　袁士义　赵宪庚

成　　员:陈森玉　顾金才　何多慧　李立涅　马永生　彭苏萍　苏义脑　薛禹胜　于俊崇
袁　亮　袁士义　岳光溪　张玉卓　赵宪庚　周守为

5. 土木、水利与建筑工程学部(15 人)

主　　任:周福霖

副 主 任:王　浩　崔　愷　周绪红

成　　员:崔　愷　何华武　李建成　梁文灏　缪昌文　秦顺全　任南琪　王　浩　王梦恕
王小东　张超然　张建云　郑皆连　周福霖　周绪红

6. 环境与轻纺工程学部(11 人)

主　　任:郝吉明

副 主 任:丁一汇　孙宝国　魏复盛

常　　委:丁一汇　郝吉明　侯保荣　潘德炉　庞国芳　曲久辉　石　碧　孙宝国　孙晋良
魏复盛　张全兴

7. 农业学部(13 人)

主　　任:邓秀新

副 主 任:康绍忠　夏咸柱　张齐生

常　　委:陈温福　邓秀新　傅廷栋　康绍忠　李　宁　刘秀梵　罗锡文　麦康森　宋湛谦
吴孔明　夏咸柱　张齐生　朱有勇

8. 医药卫生学部(15 人)

主　　任:杨宝峰

副 主 任:邱贵兴　曹雪涛　李兰娟

常　　委:曹雪涛　陈香美　陈志南　程　京　丁　健　付小兵　高润霖　郝希山　李兰娟
刘志红　邱贵兴　沈倍奋　徐建国　杨宝峰　张　运

9. 工程管理学部(11 人)
主　　任:孙永福
副 主 任:王　安　王陇德　胡文瑞
常　　委:胡文瑞　刘　玠　刘人怀　栾恩杰　孙永福　王　安　王礼恒　王陇德　赵晓哲　郑静晨　周建平

4. 各专门委员会

1. 院士增选政策委员会
主　　　　任:刘　旭
副　　主　　任:陈左宁
委　　　　员:谢克昌　李培根　刘永才　陈良惠　马远良　舒兴田　孙传尧　彭苏萍　赵宪庚　崔　愷　周福霖　陈克复　郝吉明　傅廷栋　夏咸柱　邱贵兴　杨宝峰　孙永福　王基铭
增选工作办公室:承担院士增选政策委员会秘书处工作
主　　　　任:高中琪
副　　主　　任:左家和　王振海　安耀辉
工　作　人　员:王小文　赵　千

2. 科学道德建设委员会
主　　　　任:陈左宁
副　　主　　任:刘　旭　谢克昌
委　　　　员:郭东明　杜善义　陈志杰　龚惠兴　陈祥宝　王海舟　邱爱慈　苏义脑　张超然　郑皆连　庞国芳　魏复盛　吴孔明　张齐生　陈香美　高润霖　栾恩杰　赵晓哲
科学道德办公室:承担科学道德建设委员会秘书处工作
主　　　　任:高中琪
副　　主　　任:王元晶　杨　丽　高战军　吴晓东　常军乾
工　作　人　员:郑召霞

3.咨询工作委员会
主　　　　任:赵宪庚
副　　主　　任:陈左宁　徐德龙　潘云鹤　沈文庆
委　　　　员:干　勇　金东寒　尹泽勇　戴　浩　卢锡城　高从堦　王一德　李立涅　周守为　秦顺全　王　浩　孟　伟　孙宝国　邓秀新　唐启升　程　京　李兰娟　胡文瑞　王礼恒

咨询工作办公室：承担咨询工作委员会秘书处工作
主　　　　任：吴国凯
副　主　任：王振海　左家和　安耀辉　康金城　易　建　黄　琳
工　作　人　员：姜树凯　谢光辉　张　宇

4. 科技合作委员会
主　　　　任：徐德龙
副　主　任：刘　旭　干　勇
委　　　　员：谢克昌　丁荣军　唐长红　邓中翰　李伯虎　曹湘洪　黄伯云　马永生
袁　亮　何华武　缪昌文　潘德炉　孙晋良　陈温福　刘秀梵　陈志南
徐建国　刘　玠　周建平
科技合作办公室：承担科技合作委员会秘书处工作
主　　　　任：李仁涵
副　主　任：高战军　宋德雄　王振海　左家和　王京京　赵文成

5. 学术与出版委员会
主　　　　任：樊代明
副　主　任：陈左宁　徐德龙
委　　　　员：干　勇　郭东明　谭建荣　邬江兴　吴曼青　钱旭红　屠海令　岳光溪
袁士义　崔俊芝　张建云　丁一汇　曲久辉　罗锡文　麦康森　付小兵
刘志红　王　安　郑静晨
学术与出版办公室：承担学术与出版委员会秘书处工作
主　　　　任：李仁涵
副　主　任：安耀辉　董庆九　王振海　王元晶　徐　进　姬　学　丁　宁
工　作　人　员：陈冰玉

6. 教育委员会
顾　　　　问：徐匡迪　朱高峰
主　　　　任：田红旗
副　主　任：汤　涛　杜占元　赵宪庚　樊代明　潘云鹤
委　　　　员：林蕙青　谢克昌　林忠钦　刘怡昕　段宝岩　方滨兴　付贤智　吴以成
何多慧　谢和平　任南琪　周绪红　俞建勇　张全兴　康绍忠　朱有勇
沈倍奋　张　运　刘人怀　王陇德　吴启迪　邱　勇　丁烈云　徐惠彬
张大良　王建国　李　军　张东刚　俞家栋　邹晓东　田志凌　杨毅刚
教育工作办公室：承担教育委员会秘书处工作
主　　　　任：吴国凯
副　主　任：王振海　杨　丽　王元晶　高战军　樊新岩
工　作　人　员：马守磊

5. 院　机　关

机关党委书记：徐德龙（兼）
常务副书记：谷　珏

办公厅：
主任：董庆九
副主任：谷　珏（兼）　易　建　宋德雄　梁晓捷
内设：院长办公室　机关党委（纪检监察）办公室　行政后勤处（综合处）
政策研究处　宣传处　人事处
财务处　信息中心　知识中心办公室

一局：
局长：吴国凯（兼）
副局长：王振海
副巡视员：杨　丽
内设：教育处（综合处）　咨询处　机械与运载工程学部办公室
化工、冶金与材料工程学部办公室　能源与矿业工程学部办公室

二局：
局长：高中琪
副局长：左家和
副巡视员：王元晶
内设：增选处（综合处）　科学道德处　土木、水利与建筑工程学部办公室
环境与轻纺工程学部办公室　农业学部办公室

三局：
局长：李仁涵
副局长：安耀辉、高战军
内设：科技合作处（综合处）　学术与出版处　信息与电子工程学部办公室
医药卫生学部办公室　工程管理学部办公室

国际合作局：
局长：康金城
副局长：徐进（挂职）、程家怡（驻外）
内设：综合处　一处　二处

战略咨询中心：隶属于中国工程院的司局级二级机构
主任：钟志华
副主任：易建(兼)　张如义
内设：办公室　项目一部　项目二部　信息一部　信息二部　信息三部　经费专营部

二、全体院士名单

1. 机械与运载工程学部(121 人)

陈学东	丁荣军	董春鹏	杜善义	樊会涛	冯培德
甘晓华	高金吉	关　杰	郭东明	侯　晓	黄瑞松
黄先祥	蒋庄德	金东寒	李椿萱	李德群	李鹤林
李鸿志	李　骏	李魁武	李培根	李　钊	林忠钦
刘大响	刘人怀	刘怡昕	刘永才	刘友梅	龙乐豪
卢秉恒	路甬祥	马伟明	邱志明	孙　聪	谭建荣
唐长红	田红旗(女)	王华明	王玉明	吴有生	徐德民
杨德森	杨凤田	杨华勇	杨绍卿	尹泽勇	尤　政
张　军	张立同(女)	张彦仲	赵　煦	钟志华	周　济
朱能鸿	朱英富				

资深院士:63 人

艾　兴	陈懋章	陈一坚	陈予恕	丁衡高	段正澄
朵英贤	范本尧	高伯龙	顾国彪	顾诵芬	管　德
关　桥	郭重庆	郭孔辉	何友声	胡正寰	黄崇祺
黄文虎	黄旭华	乐嘉陵	李　明	梁晋才	林尚扬
林宗虎	柳百成	陆元九	孟执中	闵桂荣	潘健生
潘镜芙	戚发轫	钱清泉	饶芳权	阮雪榆	沈闻孙
沈志云	苏哲子	孙敬良	唐任远	涂铭旌	王　浚
汪顺亭	王兴治	王永志	汪槱生	王哲荣	温俊峰
谢友柏	徐滨士	徐芑南	徐志磊	杨士莪	于本水
臧克茂	曾广商	张福泽	张贵田	张金麟	钟　掘(女)
钟群鹏	周勤之	朱英浩	崔国良	屠善澄	

2. 信息与电子工程学部(120 人)

赍　德	柴天佑	陈　纯	陈　鲸	陈良惠	陈志杰

陈左宁(女)	戴　浩	邓中翰	丁文华	段宝岩	樊邦奎
范滇元	方滨兴	方家熊	费爱国	封锡盛	高　洁
高　文	龚惠兴	宫先仪	桂卫华	郭桂蓉	何新贵
何　友	姜会林	李伯虎	李德仁	李德毅	李国杰
李天初	李同保	廖湘科	刘　玠	刘韵洁	卢锡城
吕跃广	马远良	倪光南	潘云鹤	沈昌祥	孙家广
孙优贤	王恩东	王天然	王小谟	韦　钰(女)	吴　澄
邬贺铨	邬江兴	吴建平	吴曼青	吴伟仁	吾守尔·斯拉木
徐扬生	许祖彦	杨士中	杨小牛	叶尚福	于　全
余少华	张广军	张明高	张尧学	张钟华	赵沁平
郑南宁	庄松林				

资深院士：

蔡鹤皋	蔡吉人	陈敬熊	陈俊亮	龚知本	何德全
胡光镇	胡启恒(女)	黄培康	姜景山	姜文汉	金国藩
金怡濂	李乐民	李三立	李幼平	梁骏吾	林祥棣
林永年	凌永顺	刘尚合	刘永坦	陆建勋	毛二可
潘君骅	宋　健	苏君红	孙　玉	孙忠良	童志鹏
汪成为	王任享	王　越	王子才	魏正耀	魏子卿
许居衍	姚骏恩	叶铭汉	叶声华	张光义	张履谦
张锡祥	赵伊君	赵梓森	钟　山	周立伟	周寿桓
周仲义	朱高峰	俞大光	张乃通		

3. 化工、冶金与材料工程学部(103 人)

才鸿年	曹湘洪	陈芬儿	陈建峰	陈立泉	陈祥宝
丁文江	付贤智	干　勇	高从堦	何季麟	胡永康
黄伯云	蹇锡高	姜德生	江东亮	李大东	李冠兴
李　卫	李言荣	李元元	李仲平	刘炯天	刘中民
毛新平	欧阳平凯	钱　锋	钱旭红	邱定蕃	邱冠周
桑凤亭	沈寅初	舒兴田	孙传尧	谭天伟	屠海令
王国栋	王海舟	王静康(女)	汪旭光	王一德	王迎军(女)
王玉忠	王震西	翁宇庆	吴以成	谢建新	徐德龙
徐惠彬	徐匡迪	徐南平	薛群基	袁晴棠(女)	张生勇
张文海	张兴栋	张耀明	赵连城	赵振业	周克崧
周　廉	周　玉				

资深院士：

陈丙珍(女)	陈　景	陈清如	陈蕴博	崔　崑	戴永年

丁传贤　傅恒志　顾真安　关兴亚　侯芙生　金　涌
柯　伟　李东英　李恒德　李俊贤　李龙土　李正邦
李正名　刘伯里　刘业翔　陆钟武　毛炳权　唐明述
王淀佐　汪燮卿　王泽山　武　胜　吴慰祖　徐承恩
杨启业　殷国茂　殷瑞钰　余永富　袁渭康　张国成
张寿荣　周光耀　朱永濬　邹　竞（女）　左铁镛

4. 能源与矿业工程学部（113 人）

安继刚　蔡美峰　陈念念　陈森玉　陈　勇　邓运华
杜祥琬　多　吉　樊明武　范维澄　顾大钊　古德生
顾金才　郭剑波　韩英铎　何多慧　黄其励　蒋洪德
康红普　雷清泉　李根生　李建刚　李立浧　李晓红
李　阳　李焯芬　刘吉臻　罗　安　罗平亚　马永生
欧阳晓平　彭苏萍　彭先觉　邱爱慈（女）　沈国荣　苏万华
苏义脑　孙承纬　孙龙德　孙玉发　唐西生　万元熙
闻雪友　武　强　夏佳文　谢和平　谢克昌　薛禹胜
杨奇逊　衣宝廉　于俊崇　袁　亮　袁士义　岳光溪
曾恒一　张铁岗　张信威　张玉卓　赵文智　赵宪庚
郑健超　周守为

资深院士：

陈清泉　岑可法　常印佛　陈毓川　范维唐　傅依备
顾心怿　韩大匡　何继善　洪伯潜　胡见义　胡思得
金庆焕　康玉柱　李庆忠　梁维燕　刘宝琛　毛用泽
倪维斗　潘　垣　潘自强　裴荣富　彭士禄　钱皋韵
钱鸣高　钱绍钧　秦裕琨　邱中建　沈忠厚　汤中立
童晓光　王德民　王思敬　王仲奇　翁史烈　鲜学福
徐大懋　徐　銶　许绍燮　杨裕生　叶奇蓁　于润沧
余贻鑫　翟光明　张勇传　赵文津　郑绵平　周邦新
周世宁　周永茂　阮可强

5. 土木、水利与建筑工程学部（106 人）

陈政清　崔俊芝　崔　愷　杜彦良　龚晓南　郭仁忠
何华武　何镜堂　胡春宏　黄　卫　江欢成　江　亿
李建成　梁文灏　刘加平　刘经南　刘先林　马国馨

马洪琪	孟建民	缪昌文	聂建国	钮新强	欧进萍
彭永臻	钱七虎	秦顺全	任辉启	任南琪	谭述森
王　超	王复明	王　浩	王建国	王景全	王梦恕
王瑞珠	王小东	吴中如	肖绪文	谢礼立	杨秀敏
杨永斌	张超然	张建云	张　杰	张祖勋	郑健龙
郑皆连	郑守仁	钟登华	周丰峻	周福霖	周绪红
吕志涛					

资深院士：

曹楚生	陈厚群	陈吉余	陈肇元	程泰宁	戴复东
董石麟	冯叔瑜	傅熹年	葛修润	关肇邺	韩其为
黄熙龄	李道增	李圭白	李　玶	李猷嘉	廖振鹏
林元培	龙驭球	卢耀如	罗绍基	马克俭	茆　智
孟兆祯	宁津生	钱正英(女)	容柏生	沙庆林	沈世钊
沈祖炎	施仲衡	孙　伟(女)	王光远	王家耀	魏敦山
文伏波	吴良镛	项海帆	谢世楞	许其凤	叶可明
张锦秋(女)	郑颖人	郑哲敏	钟训正	周　镜	周君亮
朱伯芳	邹德慈	赵国藩			

6. 环境与轻纺工程学部(51 人)

陈克复	丁德文	丁一汇	段　宁	方国洪	郝吉明
贺克斌	侯保荣	侯立安	李家彪	刘文清	孟　伟
潘德炉	庞国芳	瞿金平	曲久辉	石　碧	宋君强
孙宝国	孙晋良	魏复盛	吴清平	谢剑平	许健民
徐祥德	杨志峰	俞建勇	袁业立	岳国君	张全兴
张　偲	张　懿(女)	张远航	朱蓓薇(女)		

资深院士：

蔡道基	陈联寿	季国标	蒋士成	金鉴明	金翔龙
李泽椿	刘鸿亮	伦世仪	钱　易(女)	任阵海	汤鸿霄
唐孝炎(女)	王文兴	姚　穆	郁铭芳	周　翔(女)	

7. 农业学部(74 人)

曹福亮	陈焕春	陈剑平	陈温福	陈学庚	程顺和
邓秀新	方智远	傅廷栋	官春云	管华诗	金宁一
康绍忠	李德发	李　坚	李天来	李　玉	刘秀梵

刘　旭　罗锡文　马建章　麦康森　南志标　沈建忠
宋宝安　宋湛谦　孙九林　唐华俊　唐启升　万建民
吴孔明　夏咸柱　向仲怀　辛世文　颜龙安　尹伟伦
印遇龙　喻树迅　于振文　张改平　张洪程　张齐生
张新友　赵振东　朱英国　朱有勇

资深院士：

陈宗懋　戴景瑞　范云六(女)　盖钧镒　郭予元　侯　锋
蒋亦元　李佩成　李文华　林浩然　刘守仁　刘兴土
任继周　荣廷昭　山　仑　沈国舫　石元春　石玉林
束怀瑞　汪懋华　王明庥　吴明珠(女)　徐　洵(女)　袁隆平
张子仪　赵法箴　熊远著　卢良恕

8. 医药卫生学部(116人)

巴德年　曹雪涛　陈赛娟(女)　陈香美(女)　陈肇隆　陈志南
程　京　程书钧　丛　斌　丁　健　樊代明　范上达
付小兵　高长青　高润霖　顾晓松　顾玉东　韩德民
韩雅玲(女)　郝希山　侯惠民　胡盛寿　黄璐琦　郎景和
李春岩　李大鹏　李兰娟(女)　李　松　廖万清　林东昕
刘昌孝　刘德培　刘　耀　刘志红(女)　宁　光　邱贵兴
阮长耿　桑国卫　沈倍奋(女)　沈祖尧　石学敏　孙颖浩
王　辰　王广基　王红阳(女)　王威琪　王学浩　王永炎
吴以岭　夏照帆(女)　谢立信　徐建国　杨宝峰　杨胜利
于金明　袁国勇　曾溢滔　詹启敏　张伯礼　张心湜
张　运　张志愿　郑树森　周宏灏　周良辅

资深院士：

陈灏珠　陈洪铎　陈冀胜　陈君石　陈亚珠(女)　程天民
池志强　戴尅戎　顾健人　郭应禄　洪　涛　侯云德
胡亚美(女)　胡之璧(女)　黎介寿　李连达　李载平　刘彤华(女)
刘玉清　陆道培　卢世璧　彭司勋　秦伯益　邱蔚六
沈渔邨(女)　盛志勇　孙　燕　唐希灿　汤钊猷　王琳芳(女)
王正国　王振义　闻玉梅(女)　吴德昌　吴天一　吴咸中
夏家辉　项坤三　肖碧莲(女)　肖培根　姚新生　于德泉
俞梦孙　俞永新　张金哲　赵　铠　甄永苏　钟南山
钟世镇　朱晓东　庄　辉

9. 工程管理学部(54 人,其中 26 人为跨学部院士)

巴德年	曹耀峰	柴洪峰	丁烈云	杜祥琬	傅志寰
郭桂蓉	胡文瑞	黄维和	金智新	凌　文	刘德培
刘　玠	刘人怀	栾恩杰	钱七虎	邵安林	孙永福
王　安	王基铭	王礼恒	王陇德	王玉普	向　巧(女)
徐匡迪	杨善林	袁晴棠(女)	赵晓哲	郑静晨	郑南宁
周建平					

资深院士：

陈清泉	程天民	郭重庆	何继善	蒋士成	金鉴明
李东英	李京文	陆佑楣	罗绍基	饶芳权	沈荣骏
汪应洛	王众托	徐滨士	许庆瑞	徐寿波	叶可明
殷瑞钰	翟光明	张寿荣	朱高峰	朱晓东	

三、院士情况统计

1. 院士学部分布图(不含资深院士)

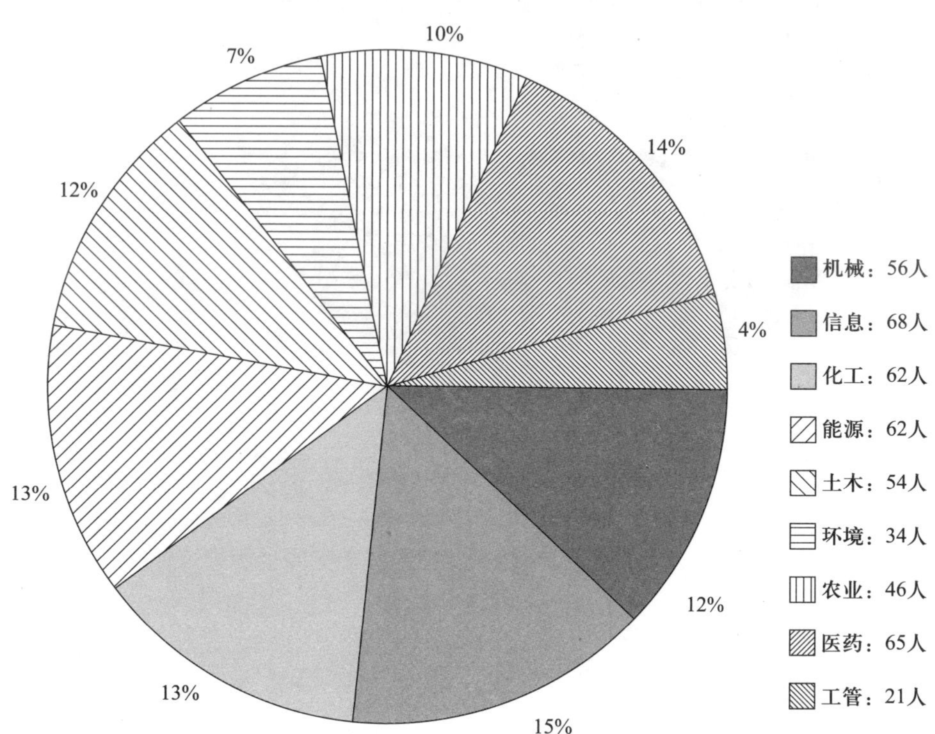

2. 院士性别分布图(不含资深院士)

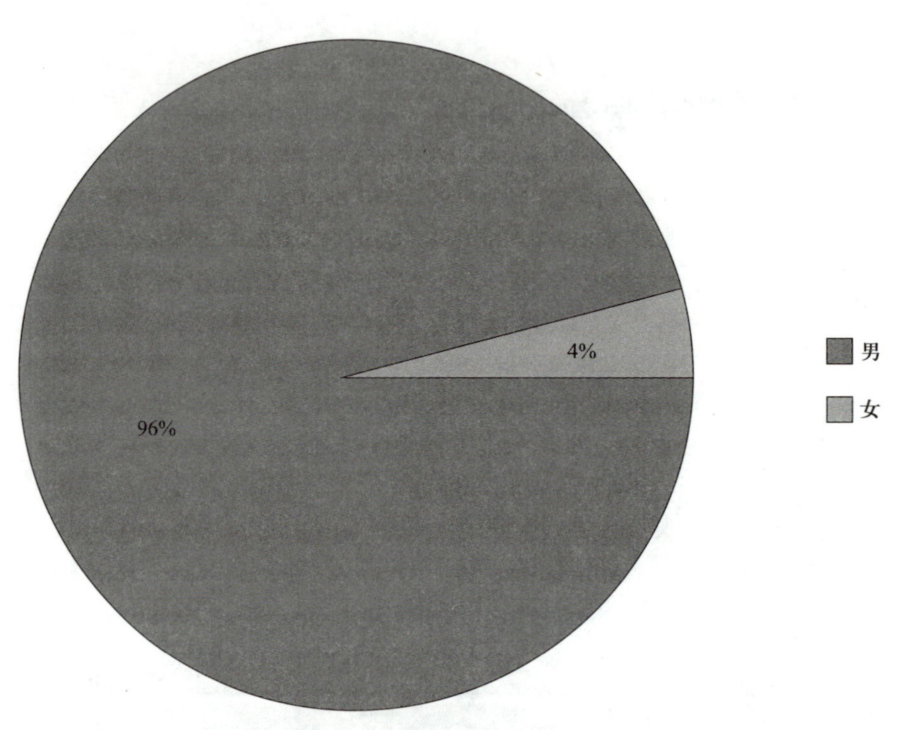

3. 院士所在地区分布表（不含资深院士）

序号	地区	合计	机械	信息	化工	能源	土木	环境	农业	医药	工管
1	北京	183	16	34	25	28	18	15	10	23	14
2	上海	33	4	5	6		1	2		14	1
3	江苏	29	4	2	3	2	6	1	6	5	
4	湖北	22	4	2	2	2	7		4		1
5	陕西	22	11	3	3	2	1			2	
6	辽宁	20	3	4	5	2		1	2	1	2
7	湖南	17	5	2	2	2	2	1	2	1	
8	广东	15	1		2	3	4	4	1		
9	四川	15		3	3	7		1			1
10	山东	15		3				4	5	3	
11	浙江	14	2	4	1		1	2	1	3	
12	黑龙江	13	2		2	2	4		2	1	
13	河南	10	1	1		2	2	1	3		
14	天津	8			1	2	1			4	
15	安徽	8	1	1		4		1			1
16	甘肃	6	1		1	1	2		1		
17	香港	6		1		1			1	3	
18	吉林	6	1	1	1				3		
19	河北	5					1	1		3	
20	山西	3			1	1					1
21	台湾	3					1			2	
22	新疆	3		1			1		1		
23	江西	2			1				1		
24	重庆	2		1					1		
25	云南	2					1		1		
26	福建	1			1						
27	广西	1					1				
28	西藏	1				1					
29	宁夏	1			1						
30	贵州	1							1		
31	内蒙古	1			1						
总计		468	56	68	62	62	54	34	46	65	21

4. 院士籍贯分布表(不含资深院士)

序号	地区	合计	机械	信息	化工	能源	土木	环境	农业	医药	工管
1	江苏	72	9	11	8	10	10	5	8	10	1
2	浙江	46	6	10	6	4	4	5	3	7	1
3	山东	42	3	6	4	4	4	6	3	12	
4	湖南	37	3	3	6	8	7	1	6	2	1
5	辽宁	28	6	1	2	3	2	2	6	2	4
6	河北	26	4	2	2	2	3	3	4	6	
7	四川	25	3	5	5	4	3	2	1	2	
8	广东	22	2	2	2	3	3	2	3	4	1
9	河南	20	3	1	6	3	3		3		1
10	湖北	17	3	3	2	2		1	4	1	1
11	安徽	16	1	6	3	2	1			2	1
12	上海	15	1	2	1	1	4	2	1	3	
13	山西	13		2		5	2	1		2	1
14	江西	12	2	2	2	1	1		1	2	1
15	陕西	11	4	1	1		2				3
16	重庆	11	1	1	1	3	1	1	1	1	1
17	吉林	10		3	1			2	1	3	
18	福建	9	2	1	3	1				2	
19	北京	7		1	2	1	3				
20	天津	7	2	1	1	1				2	
21	黑龙江	6	1	1	1	1					2
22	内蒙古	4				2				1	1
23	甘肃	3		1	1						1
24	广西	2		1	1						
25	云南	2			1				1		
26	台湾	2					1			1	
27	新疆	1		1							
28	海南	1						1			
29	西藏	1				1					
总计		468	56	68	62	62	54	34	46	65	21

5. 院士年龄分布表与分布图(不含资深院士)

院士年龄	总人数	男性人数	女性人数
79	41	39	2
78	37	36	1
77	44	42	2
76	24	24	0
75	22	21	1
74	27	26	1
73	10	10	0
72	8	8	0
71	17	17	0
70	9	9	0
69	6	5	1
68	5	5	0
67	8	8	0
66	7	6	1
65	7	5	2
64	10	10	0
63	15	13	2
62	5	4	1
61	17	17	0
60	15	14	1
59	25	24	1
58	16	15	1
57	12	11	1
56	15	15	0

续表

院士年龄	总人数	男性人数	女性人数
55	14	14	0
54	18	18	0
53	15	14	1
52	10	10	0
51	6	6	0
50	1	1	0
49	1	1	0
48	1	1	0
总计	468	449	19
平均年龄		67.53	

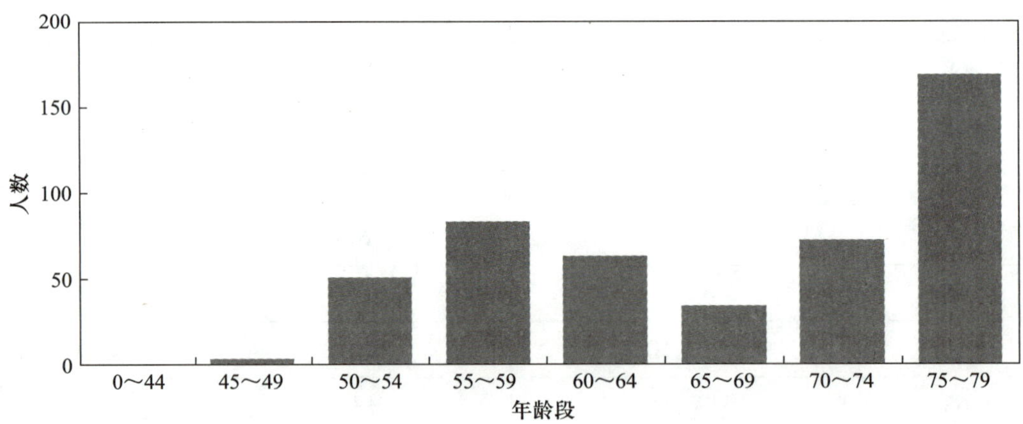

6. 香港院士名单

序号	姓名	年龄	专业	单位	学部	当选年
1	陈清泉	80	电力驱动和电动车	香港大学	能源与矿业工程学部,工程管理学部	1997
2	李焯芬	72	岩土工程、地质工程	香港大学	能源与矿业工程学部	2003
3	辛世文	75	分子生物学	香港中文大学	农业学部	2003
4	范上达	65	外科学	香港大学	医药卫生学部	2005
5	徐扬生	59	空间机器人与智能控制	香港中文大学	信息与电子工程学部	2007
6	袁国勇	61	医学微生物学	香港大学	医药卫生学部	2007
7	沈祖尧	58	消化系统病	香港中文大学	医药卫生学部	2011

7. 台湾院士名单

序号	姓名	年龄	专业	单位	学部	当选年
1	张心湜	75	泌尿外科	台湾阳明大学	医药卫生学部	2001
2	陈肇隆	67	肝脏移植及肝脏外科	台湾长庚大学	医药卫生学部	2007
3	杨永斌	63	工程力学	云林科技大学	土木、水利与建筑工程学部	2009

8. 资深院士名单

序号	姓名	出生日期	单位	学部
1	彭司勋	1919.07.28	中国药科大学	医药卫生学部
2	陆元九	1920.01.09	中国航天科技集团公司	机械与运载工程学部
3	盛志勇	1920.07.01	解放军第 304 医院	医药卫生学部
4	张金哲	1920.09.25	北京儿童医院	医药卫生学部
5	李东英	1920.12.14	原国家有色金属工业局	化工、冶金与材料工程学部,工程管理学部
6	李恒德	1921.06.30	清华大学	化工、冶金与材料工程学部
7	陈吉余	1921.09.17	华东师范大学河口海岸研究所	土木、水利与建筑工程学部
8	陈敬熊	1921.10.16	中国航天科工集团第二研究院二十三所	信息与电子工程学部
9	吴良镛	1922.05.07	清华大学	土木、水利与建筑工程学部
10	刘玉清	1923.03.14	中国医学科学院阜外心血管病医院	医药卫生学部
11	胡亚美	1923.04.27	北京儿童医院	医药卫生学部
12	钱正英	1923.07.04	全国政协	土木、水利与建筑工程学部
13	肖碧莲	1923.10.31	国家计划生育委员会科学技术研究所	医药卫生学部
14	侯芙生	1923.11.28	中国石油化工集团公司	化工、冶金与材料工程学部
15	沈渔邨	1924.02.15	北京大学精神卫生研究所	医药卫生学部
16	李　玶	1924.03.20	中国地震局地质研究所	土木、水利与建筑工程学部
17	王光远	1924.03.25	哈尔滨工业大学	土木、水利与建筑工程学部
18	冯叔瑜	1924.06.20	铁道部科学研究院	土木、水利与建筑工程学部
19	童志鹏	1924.08.12	信息产业部电子科学研究院	信息与电子工程学部
20	艾　兴	1924.08.24	山东大学机械工程学院	机械与运载工程学部

续表

序号	姓名	出生日期	单位	学部
21	裴荣富	1924.08.24	中国地质科学研究院矿产资源研究所	能源与矿业工程学部
22	郑哲敏	1924.10.02	中国科学院力学研究所	土木、水利与建筑工程学部
23	黎介寿	1924.10.11	南京军区南京总医院	医药卫生学部
24	陈灏珠	1924.11.06	复旦大学附属中山医院	医药卫生学部
25	任继周	1924.11.07	甘肃省草原生态研究所	农业学部
26	池志强	1924.11.16	中国科学院生命科学院上海药物研究所	医药卫生学部
27	王振义	1924.11.30	上海第二医科大学瑞金医院血液学研究所	医药卫生学部
28	周君亮	1925.02.22	江苏省水利厅	土木、水利与建筑工程学部
29	张子仪	1925.03.04	中国农业科学院畜牧研究所	农业学部
30	叶铭汉	1925.04.02	中国科学院高能物理研究所	信息与电子工程学部
31	崔　崑	1925.07.20	华中科技大学	化工、冶金与材料工程学部
32	文伏波	1925.08.04	长江水利委员会	土木、水利与建筑工程学部
33	李载平	1925.08.17	中科院上海生物化学细胞生物学研究所	医药卫生学部
34	吴咸中	1925.08.28	天津医科大学	医药卫生学部
35	钟世镇	1925.09.24	第一军医大学临床解剖研究所	医药卫生学部
36	彭士禄	1925.11.18	中国核工业集团公司	能源与矿业工程学部
37	周　镜	1925.12.21	铁道科学研究院	土木、水利与建筑工程学部
38	龙驭球	1926.01.15	清华大学	土木、水利与建筑工程学部
39	张履谦	1926.03.01	中国航天科技集团公司科学技术委员会	信息与电子工程学部
40	黄旭华	1926.03.12	中国船舶重工集团公司第七一九研究所	机械与运载工程学部
41	曹楚生	1926.06.02	水利部天津设计院	土木、水利与建筑工程学部
42	黄文虎	1926.07.22	哈尔滨工业大学	机械与运载工程学部

续表

序号	姓名	出生日期	单位	学部
43	翟光明	1926.10.01	中国石油天然气集团公司	能源与矿业工程学部,工程管理学部
44	陈清如	1926.12.03	中国矿业大学	化工、冶金与材料工程学部
45	徐承恩	1927.01.21	中国石化工程建设公司	化工、冶金与材料工程学部
46	钱皋韵	1927.03.14	中国核工业集团公司科技委	能源与矿业工程学部
47	黄熙龄	1927.04.24	中国建筑科学研究院	土木、水利与建筑工程学部
48	胡光镇	1927.08.26		信息与电子工程学部
49	郁铭芳	1927.10.03	东华大学	环境与轻纺工程学部
50	吴德昌	1927.10.22		医药卫生学部
51	王文兴	1927.11.17	中国环境科学研究院	环境与轻纺工程学部
52	周勤之	1927.11.23	上海机床厂	机械与运载工程学部
53	梁晋才	1927.12.17	中国航天科技集团公司第八研究院	机械与运载工程学部
54	程天民	1927.12.27	第三军医大学	医药卫生学部,工程管理学部
55	侯　锋	1928.02.03	天津市农业科学院	农业学部
56	沈忠厚	1928.02.13	石油大学	能源与矿业工程学部
57	张寿荣	1928.02.17	武汉钢铁(集团)公司	化工、冶金与材料工程学部,工程管理学部
58	李俊贤	1928.03.10	黎明化工研究院	化工、冶金与材料工程学部
59	戴复东	1928.04.25	同济大学	土木、水利与建筑工程学部
60	高伯龙	1928.06.29	国防科技大学	机械与运载工程学部
61	王众托	1928.08.20	大连理工大学管理学院	工程管理学部
62	汪槱生	1928.08.27	浙江大学	机械与运载工程学部
63	朱伯芳	1928.10.17	中国水利水电科学研究院	土木、水利与建筑工程学部
64	伦世仪	1928.11.09	江南大学生物工程学院	环境与轻纺工程学部
65	涂铭旌	1928.11.15	四川大学	机械与运载工程学部
66	蒋亦元	1928.11.17	东北农业大学	农业学部

续表

序号	姓名	出生日期	单位	学部
67	金国藩	1929.01.08	清华大学	信息与电子工程学部
68	鲜学福	1929.01.21	重庆大学	能源与矿业工程学部
69	孙　燕	1929.02.01	中国医学科学院协和医科大学肿瘤医院	医药卫生学部
70	戴永年	1929.02.09	昆明理工大学	化工、冶金与材料工程学部
71	俞永新	1929.03.23	中国药品生物制品检定所	医药卫生学部
72	唐明述	1929.03.31	南京工业大学	化工、冶金与材料工程学部
73	傅依备	1929.04.04	中国工程物理研究院	能源与矿业工程学部
74	温俊峰	1929.04.20	烟台大学	机械与运载工程学部
75	朱英浩	1929.05.24	沈阳变压器研究所	机械与运载工程学部
76	沈志云	1929.05.28	西南交通大学	机械与运载工程学部
77	钟训正	1929.07.09	东南大学建筑学院	土木、水利与建筑工程学部
78	侯云德	1929.07.13	中国医学科学院病毒学研究所	医药卫生学部
79	傅恒志	1929.08.24	西北工业大学	化工、冶金与材料工程学部
80	金怡濂	1929.09.05		信息与电子工程学部
81	陆建勋	1929.09.11	中国船舶重工集团第七研究院	信息与电子工程学部
82	束怀瑞	1929.09.26	山东农业大学园艺学院	农业学部
83	梁维燕	1929.10.02	哈尔滨动力设备股份有限公司	能源与矿业工程学部
84	陆钟武	1929.10.02	东北大学	化工、冶金与材料工程学部
85	关肇邺	1929.10.04	清华大学	土木、水利与建筑工程学部
86	王琳芳	1929.11.03	中国医学科学院基础医学研究所	医药卫生学部
87	刘彤华	1929.11.13	中国医科院中国协和医科大学北京协和医院	医药卫生学部
88	朱永濬	1929.12.15	清华大学	化工、冶金与材料工程学部
89	吴明珠	1930.01.03	新疆农业科学院园艺作物研究所	农业学部
90	李道增	1930.01.19	清华大学	土木、水利与建筑工程学部

续表

序号	姓名	出生日期	单位	学部
91	潘镜芙	1930.01.20	中国船舶重工集团七院第七〇一研究所	机械与运载工程学部
92	许庆瑞	1930.01.29		工程管理学部
93	顾诵芬	1930.02.04	中国航空工业第一集团公司	机械与运载工程学部
94	于润沧	1930.03.20	中国有色工程设计研究总院	能源与矿业工程学部
95	郭应禄	1930.05.04	北京大学泌尿外科研究所	医药卫生学部
96	沈闻孙	1930.05.06	大连市新船重工有限责任公司	机械与运载工程学部
97	沙庆林	1930.05.07	交通部公路科学研究所	土木、水利与建筑工程学部
98	姚　穆	1930.05.13	西安工程科技学院	环境与轻纺工程学部
99	范云六	1930.05.16	中国农业科学院生物技术研究所	农业学部
100	汪应洛	1930.05.21	西安交通大学	工程管理学部
101	陈一坚	1930.06.21	航空第一飞机设计研究院	机械与运载工程学部
102	卢世璧	1930.07.08	解放军总医院骨科研究所	医药卫生学部
103	孙敬良	1930.07.14	中国航天科技集团公司第八研究院	机械与运载工程学部
104	徐志磊	1930.08.02	中国工程物理研究院	机械与运载工程学部
105	容柏生	1930.08.27	广东省建筑设计研究院	土木、水利与建筑工程学部
106	毛用泽	1930.09.01		能源与矿业工程学部
107	刘业翔	1930.09.01	中南大学	化工、冶金与材料工程学部
108	袁隆平	1930.09.07	国家杂交水稻工程技术研究中心	农业学部
109	李庆忠	1930.10.10	中国石油天然气集团公司物探局	能源与矿业工程学部
110	潘君骅	1930.10.14	苏州大学现代光学技术研究所	信息与电子工程学部
111	赵伊君	1930.11.26		信息与电子工程学部
112	赵　铠	1930.12.06	北京生物制品研究所	医药卫生学部
113	汤钊猷	1930.12.26	复旦大学肝癌研究所	医药卫生学部
114	李正名	1931.01.02	南开大学农药国家工程研究中心	化工、冶金与材料工程学部
115	钟　山	1931.01.15	中国航天科工集团第二研究院	信息与电子工程学部

续表

序号	姓名	出生日期	单位	学部
116	刘伯里	1931.01.29	北京师范大学	化工、冶金与材料工程学部
117	赵文津	1931.02.01	中国地质科学院	能源与矿业工程学部
118	丁衡高	1931.02.03		机械与运载工程学部
119	石元春	1931.02.18	中国农业大学	农业学部
120	徐滨士	1931.03.12		机械与运载工程学部，工程管理学部
121	陈予恕	1931.03.29	天津大学	机械与运载工程学部
122	卢耀如	1931.05.01	中国地质科学院	土木、水利与建筑工程学部
123	周永茂	1931.05.15	中国中原对外工程公司	能源与矿业工程学部
124	唐任远	1931.06.25	沈阳工业大学	机械与运载工程学部
125	常印佛	1931.07.06	安徽省国土资源厅	能源与矿业工程学部
126	何友声	1931.07.28	上海交通大学	机械与运载工程学部
127	杨士莪	1931.08.09	哈尔滨工程大学	机械与运载工程学部
128	李圭白	1931.09.25	哈尔滨工业大学	土木、水利与建筑工程学部
129	陈肇元	1931.10.01	清华大学	土木、水利与建筑工程学部
130	汤鸿霄	1931.10.04	中国科学院生态环境研究中心	环境与轻纺工程学部
131	徐寿波	1931.10.05	北京交通大学	工程管理学部
132	张国成	1931.10.12	北京有色金属研究总院	化工、冶金与材料工程学部
133	陆道培	1931.10.30	北京大学人民医院-北京大学血液病研究所	医药卫生学部
134	施仲衡	1931.11.07	中国地铁工程咨询公司	土木、水利与建筑工程学部
135	甄永苏	1931.11.10	中国医学科学院医药生物技术研究所	医药卫生学部
136	张贵田	1931.12.20	中国航天科技集团公司第六研究院	机械与运载工程学部
137	洪　涛	1931.12.26	中国疾病预防控制中心病毒病预防控制所	医药卫生学部

续表

序号	姓名	出生日期	单位	学部
138	宋　健	1931.12.29	政协全国委员会	信息与电子工程学部
139	洪伯潜	1931.12.30	煤炭科学研究总院	能源与矿业工程学部
140	许绍燮	1932.01.01	中国地震局地球物理研究所	能源与矿业工程学部
141	杨启业	1932.01.02	中国石化工程建设公司	化工、冶金与材料工程学部
142	顾健人	1932.01.13	上海市肿瘤研究所	医药卫生学部
143	李文华	1932.01.15	中国科学院地理科学与资源研究所	农业学部
144	金鉴明	1932.01.23	国家环境保护总局	环境与轻纺工程学部,工程管理学部
145	臧克茂	1932.01.28		机械与运载工程学部
146	殷国茂	1932.01.29	成都无缝钢管有限责任公司	化工、冶金与材料工程学部
147	肖培根	1932.02.02	中国医学科学院药用植物研究所	医药卫生学部
148	赵梓森	1932.02.04	武汉邮电科学研究院烽火科技集团	信息与电子工程学部
149	林永年	1932.02.13		信息与电子工程学部
150	季国标	1932.03.01	国务院国有资产监督管理委员会	环境与轻纺工程学部
151	王明庥	1932.03.12	南京林业大学	农业学部
152	林尚扬	1932.03.16	机械科学研究院哈尔滨焊接研究所	机械与运载工程学部
153	朵英贤	1932.03.27	北京理工大学	机械与运载工程学部
154	王　越	1932.04.01	北京理工大学	信息与电子工程学部
155	姚骏恩	1932.04.09	北京航空航天大学理学院	信息与电子工程学部
156	陈厚群	1932.05.03	中国水利水电科学研究院	土木、水利与建筑工程学部
157	翁史烈	1932.05.21	上海交通大学	能源与矿业工程学部
158	李乐民	1932.05.28	电子科技大学	信息与电子工程学部
159	管　德	1932.06.09	中国民用航空总局	机械与运载工程学部
160	刘鸿亮	1932.06.20	中国环境科学研究院	环境与轻纺工程学部

续表

序号	姓名	出生日期	单位	学部
161	王子才	1932.06.23	哈尔滨工业大学	信息与电子工程学部
162	王仲奇	1932.06.29	哈尔滨工业大学	能源与矿业工程学部
163	关兴亚	1932.07.10	中国石油化工集团公司上海石油化工研究院	化工、冶金与材料工程学部
164	陈冀胜	1932.07.15		医药卫生学部
165	刘宝琛	1932.07.20	中南大学铁道学院	能源与矿业工程学部
166	杨裕生	1932.09.06		能源与矿业工程学部
167	周立伟	1932.09.17	北京理工大学	信息与电子工程学部
168	孟兆祯	1932.09.19	北京林业大学园林学院	土木、水利与建筑工程学部
169	茆　智	1932.09.20	武汉大学水利水电学院	土木、水利与建筑工程学部
170	朱晓东	1932.09.21	中国医学科学院心血管病研究所阜外心血管病医院	医药卫生学部,工程管理学部
171	余永富	1932.09.30	长沙矿冶研究院	化工、冶金与材料工程学部
172	倪维斗	1932.10.06	清华大学	能源与矿业工程学部
173	邱蔚六	1932.10.13	上海第二医科大学附属第九人民医院	医药卫生学部
174	唐孝炎	1932.10.16	北京大学	环境与轻纺工程学部
175	于德泉	1932.10.22	中国医学科学院药物研究所	医药卫生学部
176	宁津生	1932.10.22		土木、水利与建筑工程学部
177	李京文	1932.10.30	北京工业大学经济与管理学院	工程管理学部
178	秦伯益	1932.11.06		医药卫生学部
179	任阵海	1932.11.07	中国环境科学研究院	环境与轻纺工程学部
180	汪懋华	1932.11.11	中国农业大学	农业学部
181	吴慰祖	1932.11.13		化工、冶金与材料工程学部
182	王永志	1932.11.17		机械与运载工程学部
183	李猷嘉	1932.11.21	中国市政工程华北设计研究院	土木、水利与建筑工程学部
184	韩大匡	1932.11.26	中国石油勘探开发研究院	能源与矿业工程学部

续表

序号	姓名	出生日期	单位	学部
185	董石麟	1932.12.10	浙江大学	土木、水利与建筑工程学部
186	钱鸣高	1932.12.11	中国矿业大学	能源与矿业工程学部
187	唐希灿	1932.12.29	中国科学院上海生命科学院上海药物研究所	医药卫生学部
188	柯　伟	1932.12.30	中国科学院金属研究所	化工、冶金与材料工程学部
189	郭予元	1933.01.01	中国农业科学院植物保护研究所	农业学部
190	傅熹年	1933.01.02	中国建筑设计研究院	土木、水利与建筑工程学部
191	阮雪榆	1933.01.06	上海交通大学	机械与运载工程学部
192	山　仑	1933.01.19	中国科学院、水利部水土保持研究所、西北农林科技大学	农业学部
193	柳百成	1933.02.11	清华大学	机械与运载工程学部
194	汪燮卿	1933.02.11	中国石油化工集团公司石油化工科学研究院	化工、冶金与材料工程学部
195	陈洪铎	1933.02.18	皮肤病学	医药卫生学部
196	戚发轫	1933.04.26	中国航天科技集团公司第五研究院	机械与运载工程学部
197	李正邦	1933.05.07	钢铁研究总院	化工、冶金与材料工程学部
198	林宗虎	1933.05.13	西安交通大学	机械与运载工程学部
199	张锡祥	1933.05.19	电子科技集团公司第二十九所	信息与电子工程学部
200	秦裕琨	1933.05.30	哈尔滨工业大学	能源与矿业工程学部
201	魏敦山	1933.05.30	上海现代建筑设计(集团)有限公司	土木、水利与建筑工程学部
202	闵桂荣	1933.06.02	中国空间技术研究院	机械与运载工程学部
203	邱中建	1933.06.09	中国石油天然气集团公司	能源与矿业工程学部
204	郭重庆	1933.06.17	同济大学	机械与运载工程学部,工程管理学部
205	汪成为	1933.07.01		信息与电子工程学部

续表

序号	姓名	出生日期	单位	学部
206	何德全	1933.07.31	信息产业部电子科技委中国电子学会	信息与电子工程学部
207	潘　垣	1933.08.08	华中科技大学	能源与矿业工程学部
208	梁骏吾	1933.09.18	中国科学院半导体研究所	信息与电子工程学部
209	谢友柏	1933.09.23	上海交通大学	机械与运载工程学部
210	陈宗懋	1933.10.01	中国农业科学院茶叶研究所	农业学部
211	陈俊亮	1933.10.10	北京邮电大学	信息与电子工程学部
212	王任享	1933.10.14		信息与电子工程学部
213	马克俭	1933.10.22		土木、水利与建筑工程学部
214	韩其为	1933.11.02	中国水利水电科学研究院	土木、水利与建筑工程学部
215	毛炳权	1933.11.02	中国石油化工集团公司北京化工研究院	化工、冶金与材料工程学部
216	郑颖人	1933.11.05		土木、水利与建筑工程学部
217	沈国舫	1933.11.15	中国工程院 北京林业大学	农业学部
218	罗绍基	1933.12.01	广东蓄能发电有限公司	土木、水利与建筑工程学部，工程管理学部
219	沈世钊	1933.12.18	哈尔滨工业大学	土木、水利与建筑工程学部
220	陆佑楣	1934.01.07	中国长江三峡工程开发总公司	工程管理学部
221	周世宁	1934.01.12	中国矿业大学	能源与矿业工程学部
222	闻玉梅	1934.01.16	复旦大学医学院分子病毒室	医药卫生学部
223	毛二可	1934.01.26	北京理工大学	信息与电子工程学部
224	林祥棣	1934.02.08	中国科学院成都分院	信息与电子工程学部
225	陈联寿	1934.03.14	中国气象科学研究院	环境与轻纺工程学部
226	刘守仁	1934.03.21	新疆农垦科学院	农业学部
227	王淀佐	1934.03.23	中国工程院、北京有色金属研究总院	化工、冶金与材料工程学部
228	胡见义	1934.03.25	石油勘探开发科学研究院	能源与矿业工程学部

续表

序号	姓名	出生日期	单位	学部
229	于本水	1934.05.01	中国航天科工集团第二研究院	机械与运载工程学部
230	蔡鹤皋	1934.06.05	哈尔滨工业大学机器人研究所	信息与电子工程学部
231	叶声华	1934.06.11	天津大学	信息与电子工程学部
232	戴尅戎	1934.06.13	上海第二医科大学附属第九人民医院	医药卫生学部
233	段正澄	1934.06.15	华中科技大学	机械与运载工程学部
234	胡启恒	1934.06.15	中国科学院	信息与电子工程学部
235	许居衍	1934.07.09	中国电子科技集团第五十八研究所	信息与电子工程学部
236	葛修润	1934.07.12	中国科学院武汉岩土力学研究所	土木、水利与建筑工程学部
237	胡正寰	1934.07.18	北京科技大学	机械与运载工程学部
238	李连达	1934.07.24	中国中医研究院西苑医院	医药卫生学部
239	戴景瑞	1934.09.01	中国农业大学农学与生物技术学院	农业学部
240	何继善	1934.09.01	中南大学	能源与矿业工程学部,工程管理学部
241	叶奇蓁	1934.09.16	核电秦山联营有限公司	能源与矿业工程学部
242	武　胜	1934.09.23	中国工程物理研究院	化工、冶金与材料工程学部
243	蒋士成	1934.09.23	中国石化仪征化纤股份有限公	环境与轻纺工程学部,工程管理学部
244	周　翔	1934.09.26	东华大学	环境与轻纺工程学部
245	饶芳权	1934.09.27	上海交通大学	机械与运载工程学部,工程管理学部
246	邹德慈	1934.10.01	中国城市规划设计研究院	土木、水利与建筑工程学部
247	徐　洵	1934.10.11	国家海洋局第三海洋研究所	农业学部
248	钱绍钧	1934.10.22		能源与矿业工程学部
249	姚新生	1934.10.24	深圳中药暨天然药物研究中心	医药卫生学部
250	金庆焕	1934.10.25	广州海洋地质调查局	能源与矿业工程学部

续表

序号	姓名	出生日期	单位	学部
251	钟群鹏	1934.10.28	北京航空航天大学	机械与运载工程学部
252	汤中立	1934.10.30	长安大学	能源与矿业工程学部
253	胡之璧	1934.11.03	上海中医药大学	医药卫生学部
254	黄崇祺	1934.11.07	上海电缆研究所	机械与运载工程学部
255	郑绵平	1934.11.17	中国地质科学院	能源与矿业工程学部
256	林浩然	1934.11.24	中山大学	农业学部
257	金翔龙	1934.11.29	国家海洋局第二海洋研究所	环境与轻纺工程学部
258	陈毓川	1934.12.07	中国地质科学院	能源与矿业工程学部
259	孟执中	1934.12.16	上海航天技术研究院	机械与运载工程学部
260	李佩成	1934.12.26	长安大学	农业学部
261	王思敬	1934.12.27	中国科学院地质与地球物理研究所	能源与矿业工程学部
262	陈蕴博	1935.01.05	北京机电研究所	化工、冶金与材料工程学部
263	汪顺亭	1935.01.07	北京理工大学	机械与运载工程学部
264	岑可法	1935.01.15	浙江大学机械与能源学院	能源与矿业工程学部
265	庄　辉	1935.01.17	北京大学医学部基础医学院微生物系	医药卫生学部
266	潘健生	1935.01.25	上海交通大学	机械与运载工程学部
267	张勇传	1935.03.01	华中科技大学	能源与矿业工程学部
268	陈　景	1935.03.09	云南大学、昆明贵金属研究所	化工、冶金与材料工程学部
269	童晓光	1935.04.08	中国石油天然气勘探开发公司	能源与矿业工程学部
270	李幼平	1935.05.01	中国工程物理研究院	信息与电子工程学部
271	赵法箴	1935.05.13	中国水产科学研究院黄海水产研究所	农业学部
272	谢世楞	1935.05.20	中交第一航务工程勘察设计院	土木、水利与建筑工程学部
273	朱高峰	1935.05.27	信息产业部	信息与电子工程学部，工程管理学部

续表

序号	姓名	出生日期	单位	学部
274	蔡道基	1935.06.01	国家环境保护总局南京环境科学研究所	环境与轻纺工程学部
275	李泽椿	1935.06.01	中国气象局国家气象中心	环境与轻纺工程学部
276	沈祖炎	1935.06.05	同济大学	土木、水利与建筑工程学部
277	陈君石	1935.06.15	中国疾病预防控制中心营养与食品安全所	医药卫生学部
278	吴天一	1935.06.25	青海高原医学研究所	医药卫生学部
279	袁渭康	1935.07.01	华东理工大学	化工、冶金与材料工程学部
280	关　桥	1935.07.02	北京航空制造工程研究所	机械与运载工程学部
281	曾广商	1935.07.06	中国运载火箭技术研究院第十八研究所	机械与运载工程学部
282	郭孔辉	1935.07.12	吉林大学	机械与运载工程学部
283	蔡吉人	1935.07.15	北京电子技术研究所	信息与电子工程学部
284	范维唐	1935.07.18	中国煤炭工业协会	能源与矿业工程学部
285	殷瑞钰	1935.07.28	钢铁研究总院	化工、冶金与材料工程学部,工程管理学部
286	王　浚	1935.07.29	北京航空航天大学	机械与运载工程学部
287	金　涌	1935.07.30	清华大学	化工、冶金与材料工程学部
288	周仲义	1935.08.06		信息与电子工程学部
289	范本尧	1935.08.16	中国航天科技集团公司第五研究院	机械与运载工程学部
290	李三立	1935.08.24	清华大学	信息与电子工程学部
291	张光义	1935.09.03	中国电子科技集团公司第十四研究所	信息与电子工程学部
292	王兴治	1935.09.20		机械与运载工程学部
293	黄培康	1935.09.28	中国航天科工集团公司第二研究院	信息与电子工程学部
294	王哲荣	1935.10.05	中国北方车辆研究所	机械与运载工程学部

续表

序号	姓名	出生日期	单位	学部
295	王泽山	1935.10.10	南京理工大学	化工、冶金与材料工程学部
296	徐大懋	1935.10.17	中国广东核电集团公司技术中心	能源与矿业工程学部
297	孙　伟	1935.11.16	东南大学	土木、水利与建筑工程学部
298	李龙土	1935.11.20	清华大学	化工、冶金与材料工程学部
299	龚知本	1935.11.28	中国科学院安徽光学精密机械研究所	信息与电子工程学部
300	苏哲子	1935.12.08	中国兵器工业集团哈尔滨北方特种车辆制造有限公司	机械与运载工程学部
301	程泰宁	1935.12.09	中联程泰宁建筑设计研究院	土木、水利与建筑工程学部
302	王正国	1935.12.12	中国人民解放军第三军医大学	医药卫生学部
303	周光耀	1935.12.13	中国成达工程公司	化工、冶金与材料工程学部
304	项海帆	1935.12.19	同济大学	土木、水利与建筑工程学部
305	钱　易	1935.12.27	清华大学	环境与轻纺工程学部
306	周邦新	1935.12.29	上海大学材料研究所	能源与矿业工程学部
307	石玉林	1936.01.02	中国科学院地理科学与资源研究所	农业学部
308	荣廷昭	1936.01.05	四川农业大学玉米研究所	农业学部
309	许其凤	1936.01.05	解放军信息工程大学	土木、水利与建筑工程学部
310	姜景山	1936.02.08	中国科学院空间科学与应用研究中心	信息与电子工程学部
311	林元培	1936.02.08	上海市政工程设计研究院	土木、水利与建筑工程学部
312	邹　竞	1936.02.09	中国乐凯胶片集团公司	化工、冶金与材料工程学部
313	陈懋章	1936.02.10	北京航空航天大学	机械与运载工程学部
314	丁传贤	1936.02.11	中国科学院上海硅酸盐研究所	化工、冶金与材料工程学部
315	项坤三	1936.02.21	上海交通大学附属第六人民医院、上海市糖尿病研究所	医药卫生学部
316	徐芑南	1936.03.04	中国船舶重工集团公司第七〇二研究所	机械与运载工程学部

续表

序号	姓名	出生日期	单位	学部
317	张福泽	1936.03.08	北京航空工程技术研究中心	机械与运载工程学部
318	俞梦孙	1936.03.09		医药卫生学部
319	乐嘉陵	1936.03.21	中国空气动力研究与发展中心	机械与运载工程学部
320	魏正耀	1936.03.30		信息与电子工程学部
321	胡思得	1936.03.31	中国工程物理研究院	能源与矿业工程学部
322	孙　玉	1936.04.14	信息产业部第五十四研究所	信息与电子工程学部
323	陈丙珍	1936.05.05	清华大学	化工、冶金与材料工程学部
324	康玉柱	1936.05.05	中国石油化工股份有限公司西部新区勘探指挥部	能源与矿业工程学部
325	钱清泉	1936.05.07	西南交通大学	机械与运载工程学部
326	姜文汉	1936.05.09	中国科学院光电技术研究所	信息与电子工程学部
327	王家耀	1936.05.15		土木、水利与建筑工程学部
328	潘自强	1936.06.01	中国核工业集团公司科技委	能源与矿业工程学部
329	顾国彪	1936.06.02	中国科学院电工研究所	机械与运载工程学部
330	盖钧镒	1936.06.05	南京农业大学、农业部国家大豆改良中心	农业学部
331	陈亚珠	1936.07.23	上海交通大学	医药卫生学部
332	孙忠良	1936.08.26	东南大学	信息与电子工程学部
333	钟　掘	1936.09.01	中南大学	机械与运载工程学部
334	左铁镛	1936.09.03	北京工业大学	化工、冶金与材料工程学部
335	刘兴土	1936.09.10		农业学部
336	张锦秋	1936.10.07	中国建筑西北设计研究院	土木、水利与建筑工程学部
337	张金麟	1936.10.16		机械与运载工程学部
338	钟南山	1936.10.20	广州呼吸疾病研究所广州医学院	医药卫生学部
339	余贻鑫	1936.11.06	天津大学	能源与矿业工程学部
340	沈荣骏	1936.11.14	总装备部	工程管理学部
341	顾真安	1936.11.16	中国建筑材料科学研究院	化工、冶金与材料工程学部

续表

序号	姓名	出生日期	单位	学部
342	李　明	1936.11.17	中国航空工业第一集团公司沈阳飞机研究所	机械与运载工程学部
343	刘永坦	1936.12.01	哈尔滨工业大学	信息与电子工程学部
344	陈清泉	1937.01.14	香港大学	能源与矿业工程学部,工程管理学部
345	顾心怿	1937.01.23	胜利石油管理局钻井工艺研究院	能源与矿业工程学部
346	夏家辉	1937.02.06	中南大学中国医学遗传学国家重点实验室	医药卫生学部
347	廖振鹏	1937.02.08	中国地震局工程力学研究所	土木、水利与建筑工程学部
348	王德民	1937.02.09	大庆石油有限责任公司	能源与矿业工程学部
349	叶可明	1937.03.28	上海建工(集团)总公司	土木、水利与建筑工程学部,工程管理学部
350	凌永顺	1937.04.02		信息与电子工程学部
351	周寿桓	1937.04.03	中国电子科技集团公司第11研究所	信息与电子工程学部
352	徐　銖	1937.04.07	中国原子能科学研究院	能源与矿业工程学部
353	苏君红	1937.04.09		信息与电子工程学部
354	刘尚合	1937.04.11		信息与电子工程学部
355	魏子卿	1937.04.15		信息与电子工程学部

9. 已故院士名单

序号	姓名	逝世日期	出生日期	所属学部
1	戚元靖	1994.11.04	1929.04.29	化工、冶金与材料工程学部
2	楼之岑	1995.03.23	1920.01.28	医药卫生学部
3	江绍基	1995.05.16	1919.04.12	医药卫生学部
4	章基嘉	1995.10.05	1930.01.01	环境与轻纺工程学部
5	汪菊渊	1996.01.28	1913.04.11	土木、水利与建筑工程学部
6	顾懋祥	1996.05.21	1923.01.25	机械与运载工程学部
7	李光博	1996.07.20	1922.06.16	农业学部
8	林　华	1997.03.11	1913.06.24	化工、冶金与材料工程学部
9	蒋新松	1997.03.30	1931.08.03	信息与电子工程学部
10	佘畯南	1998.07.29	1916.10.06	土木、水利与建筑工程学部
11	胡海涛	1998.10.31	1923.10.21	土木、水利与建筑工程学部
12	辛德惠	1999.05.27	1931.12.24	农业学部
13	黎　鳌	1999.08.21	1917.05.04	医药卫生学部
14	戚颖敏	1999.09.28	1929.11.04	能源与矿业工程学部
15	吴中伟	2000.02.04	1918.07.20	化工、冶金与材料工程学部
16	宋鸿钊	2000.02.17	1915.08.13	医药卫生学部
17	刘天泉	2000.03.28	1927.11.10	能源与矿业工程学部
18	殷　震	2000.07.18	1926.06.28	农业学部
19	陆孝彭	2000.10.16	1920.08.19	机械与运载工程学部
20	董建华	2001.01.26	1918.12.17	医药卫生学部
21	李绍珍	2001.03.14	1932.09.16	医药卫生学部
22	孙俊人	2001.06.19	1915.11.15	信息与电子工程学部
23	于文虎	2001.08.28	1941.12.10	能源与矿业工程学部
24	姜泗长	2001.09.09	1913.09.15	医药卫生学部

续表

序号	姓名	逝世日期	出生日期	所属学部
25	张　维	2001.10.04	1913.05.22	土木、水利与建筑工程学部
26	姚绍福	2001.11.17	1932.10.13	机械与运载工程学部
27	许国志	2001.12.15	1919.04.20	信息与电子工程学部
28	陈力为	2001.12.26	1917.08.30	信息与电子工程学部
29	李鹗鼎	2001.12.30	1918.03.15	土木、水利与建筑工程学部
30	张启先	2002.05.25	1925.08.25	机械与运载工程学部
31	高鼎三	2002.06.13	1914.07.24	信息与电子工程学部
32	黄宗道	2002.11.22	1921.02.03	农业学部
33	林华宝	2003.01.01	1931.05.29	机械与运载工程学部
34	梁春广	2003.05.27	1939.02.01	信息与电子工程学部
35	王三一	2003.08.05	1929.01.01	土木、水利与建筑工程学部
36	莫伯治	2003.09.30	1915.03.02	土木、水利与建筑工程学部
37	侯德原	2003.10.17	1912.04.24	信息与电子工程学部
38	黄耀祥	2004.02.22	1916.08.17	农业学部
39	陈太一	2004.05.06	1921.12.29	信息与电子工程学部
40	马福邦	2004.05.30	1934.07.26	能源与矿业工程学部
41	许文思	2004.08.18	1925.03.05	医药卫生学部
42	何凤生	2004.11.16	1932.06.26	医药卫生学部
43	朱之悌	2005.01.22	1929.10.01	农业学部
44	李国豪	2005.02.23	1913.04.13	土木、水利与建筑工程学部
45	童　铠	2005.08.10	1931.09.12	信息与电子工程学部
46	夏德全	2005.09.08	1938.12.27	农业学部
47	王　选	2006.02.13	1937.02.05	信息与电子工程学部
48	徐端夫	2006.04.05	1934.04.10	化工、冶金与材料工程学部
49	严　恺	2006.05.07	1912.08.10	土木、水利与建筑工程学部
50	邱竹贤	2006.07.28	1921.04.12	化工、冶金与材料工程学部

续表

序号	姓名	逝世日期	出生日期	所属学部
51	汤德全	2006.08.19	1915.12.14	能源与矿业工程学部
52	杜庆华	2006.11.05	1919.04.14	机械与运载工程学部
53	张高勇	2007.03.16	1942.04.13	环境与轻纺工程学部
54	林　鹏	2007.05.12	1931.12.18	农业学部
55	顾冠群	2007.05.26	1940.01.13	信息与电子工程学部
56	徐秉汉	2007.06.14	1933.08.21	机械与运载工程学部
57	刘广润	2007.06.25	1929.04.20	能源与矿业工程学部
58	李振岐	2007.09.23	1922.10.04	农业学部
59	雷廷权	2007.12.06	1928.01.23	化工、冶金与材料工程学部
60	屈梁生	2007.12.07	1931.03.17	机械与运载工程学部
61	丁伯南	2007.12.13	1945.03.19	能源与矿业工程学部
62	陈德仁	2007.12.21	1922.10.22	信息与电子工程学部
63	关君蔚	2007.12.29	1917.05.23	农业学部
64	陈火旺	2008.02.02	1936.02.05	信息与电子工程学部
65	姚福生	2008.07.11	1932.04.26	机械与运载工程学部
66	黄尚廉	2008.07.21	1936.08.16	信息与电子工程学部
67	陈秉聪	2008.09.01	1921.10.10	机械与运载工程学部
68	陈明致	2008.10.10	1929.11.28	土木、水利与建筑工程学部
69	侯祥麟	2008.12.08	1912.04.04	化工、冶金与材料工程学部
70	杨锦宗	2008.12.29	1932.08.25	化工、冶金与材料工程学部
71	陈先霖	2009.01.31	1928.09.27	机械与运载工程学部
72	段镇基	2009.06.27	1934.02.19	环境与轻纺工程学部
73	时铭显	2009.09.24	1933.04.26	化工、冶金与材料工程学部
74	韩德馨	2009.10.17	1918.09.06	能源与矿业工程学部
75	钱学森	2009.10.31	1911.12.11	机械与运载工程学部
76	张在明	2009.12.04	1942.07.04	土木、水利与建筑工程学部

续表

序号	姓名	逝世日期	出生日期	所属学部
77	徐乾清	2010.01.09	1925.12.16	土木、水利与建筑工程学部
78	刘耕陶	2010.02.27	1932.05.06	医药卫生学部
79	黎磊石	2010.03.16	1926.10.26	医药卫生学部
80	闻立时	2010.04.06	1936.03.23	化工、冶金与材料工程学部
81	刘更另	2010.06.30	1929.02.15	农业学部
82	赵仁恺	2010.07.29	1923.02.16	能源与矿业工程学部
83	梅自强	2010.08.19	1929.04.26	环境与轻纺工程学部
84	于维汉	2010.11.17	1922.01.28	医药卫生学部
85	董海山	2011.02.03	1932.10.18	化工、冶金与材料工程学部
86	谢鉴衡	2011.02.09	1925.01.03	土木、水利与建筑工程学部
87	屠基达	2011.02.16	1927.12.11	机械与运载工程学部
88	朱光亚	2011.02.26	1924.12.25	能源与矿业工程学部
89	吴阶平	2011.03.02	1917.01.22	医药卫生学部
90	徐旭常	2011.03.18	1932.11.29	能源与矿业工程学部
91	罗沛霖	2011.04.17	1913.12.30	信息与电子工程学部
92	高守一	2011.05.21	1927.04.29	医药卫生学部
93	陈国良	2011.05.25	1934.03.02	化工、冶金与材料工程学部
94	陈　新	2011.06.26	1932.01.12	土木、水利与建筑工程学部
95	王大珩	2011.07.21	1915.02.26	信息与电子工程学部
96	黄翠芬	2011.08.09	1921.03.06	医药卫生学部
97	王　涛	2011.08.10	1936.06.01	农业学部
98	刘济舟	2011.08.25	1926.07.22	土木、水利与建筑工程学部
99	张直中	2011.09.16	1917.04.01	信息与电子工程学部
100	董玉琛	2011.09.26	1926.06.11	农业学部
101	刘兴洲	2011.11.06	1933.03.17	机械与运载工程学部
102	孙才新	2011.11.25	1944.12.13	能源与矿业工程学部

续表

序号	姓名	逝世日期	出生日期	所属学部
103	周炯槃	2011.12.06	1921.01.05	信息与电子工程学部
104	朱建士	2011.12.18	1936.03.28	能源与矿业工程学部
105	王士雯	2012.01.30	1933.03.29	医药卫生学部
106	黄培云	2012.02.06	1917.08.23	化工、冶金与材料工程学部
107	顾夏声	2012.02.06	1918.05.06	环境与轻纺工程学部
108	徐玉如	2012.02.17	1942.07.29	机械与运载工程学部
109	邵象华	2012.03.21	1913.02.22	化工、冶金与材料工程学部
110	李瑞麟	2012.04.12	1928.09.04	医药卫生学部
111	林俊德	2012.05.31	1938.03.13	土木、水利与建筑工程学部
112	陈俊愉	2012.06.08	1917.09.21	农业学部
113	曾德超	2012.06.23	1919.11.18	农业学部
114	沈荣显	2012.06.30	1923.01.12	农业学部
115	翁心植	2012.07.07	1919.05.10	医药卫生学部
116	潘家铮	2012.07.13	1927.11.12	土木、水利与建筑工程学部
117	张蔚榛	2012.07.14	1923.10.05	土木、水利与建筑工程学部
118	朱尊权	2012.07.16	1919.02.03	环境与轻纺工程学部
119	张炳炎	2012.08.02	1934.10.14	机械与运载工程学部
120	王忠诚	2012.09.30	1925.12.20	医药卫生学部
121	史轶蘩	2013.02.13	1928.11.01	医药卫生学部
122	徐元森	2013.03.27	1926.05.22	信息与电子工程学部
123	张光斗	2013.06.21	1912.05.01	能源与矿业工程学部
124	孙铁珩	2013.07.02	1938.03.22	环境与轻纺工程学部
125	周开达	2013.07.20	1933.05.16	农业学部
126	王澍寰	2013.10.08	1924.12.12	医药卫生学部
127	陈志恺	2013.10.19	1926.11.28	土木、水利与建筑工程学部
128	周后元	2013.10.29	1932.12.22	医药卫生学部

续表

序号	姓名	逝世日期	出生日期	所属学部
129	薛鸣球	2013.11.12	1930.10.18	信息与电子工程学部
130	吴祖垲	2014.01.16	1914.03.01	信息与电子工程学部
131	张宗祜	2014.02.19	1926.02.19	能源与矿业工程学部
132	周干峙	2014.03.14	1930.06.28	土木、水利与建筑工程学部
133	刘源张	2014.04.03	1925.01.01	工程管理学部
134	沈德忠	2014.04.05	1940.06.13	化工、冶金与材料工程学部
135	葛宝丰	2014.07.10	1922.12.26	医药卫生学部
136	方秦汉	2014.10.14	1925.04.20	土木、水利与建筑工程学部
137	魏可镁	2014.10.23	1939.08.29	化工、冶金与材料工程学部
138	师昌绪	2014.11.10	1920.11.15	化工、冶金与材料工程学部
139	刘连元	2014.11.17	1941.09.02	机械与运载工程学部
140	刘广志	2014.11.19	1923.03.11	能源与矿业工程学部
141	王如松	2014.11.28	1947.09.12	环境与轻纺工程学部
142	曾士迈	2014.12.31	1926.04.08	农业学部
143	徐更光	2015.01.07	1932.11.18	化工、冶金与材料工程学部
144	吴佑寿	2015.01.14	1925.07.14	信息与电子工程学部
145	刘　筠	2015.01.21	1929.11.17	农业学部
146	雷志栋	2015.01.26	1938.01.04	土木、水利与建筑工程学部
147	陈福田	2015.03.20	1938.10.23	机械与运载工程学部
148	黄志强	2015.04.24	1922.01.01	医药卫生学部
149	乔登江	2015.05.08	1928.03.08	能源与矿业工程学部
150	程莘农	2015.05.09	1921.08.24	医药卫生学部
151	安静娴	2015.07.10	1929.02.12	医药卫生学部
152	沈家祥	2015.07.30	1921.11.11	医药卫生学部
153	张涤生	2015.08.19	1916.06.12	医药卫生学部
154	曾苏民	2015.11.08	1932.02.14	化工、冶金与材料工程学部

续表

序号	姓名	逝世日期	出生日期	所属学部
155	雷霁霖	2015.12.16	1935.05.24	农业学部
156	旭日干	2015.12.24	1940.08.24	农业学部
157	张福绥	2016.02.09	1927.12.27	农业学部
158	闵恩泽	2016.03.07	1924.02.08	化工、冶金与材料工程学部
159	宋文骢	2016.03.22	1930.03.26	机械与运载工程学部
160	余松烈	2016.04.20	1921.03.13	农业学部
161	陈士橹	2016.04.24	1920.09.24	机械与运载工程学部
162	范立础	2016.05.03	1933.06.08	土木、水利与建筑工程学部
163	石　屏	2016.05.10	1934.03.25	机械与运载工程学部
164	曾庆元	2016.06.03	1925.09.20	土木、水利与建筑工程学部
165	牛憨笨	2016.07.04	1940.02.11	信息与电子工程学部
166	胡壮麒	2016.07.10	1929.08.31	化工、冶金与材料工程学部
167	刘建航	2016.07.31	1929.04.26	土木、水利与建筑工程学部
168	刘大钧	2016.08.22	1926.07.02	农业学部
169	严东生	2016.09.18	1918.02.10	化工、冶金与材料工程学部
170	冯宗炜	2016.11.06	1932.09.13	农业学部
171	谭靖夷	2016.11.12	1921.11.06	土木、水利与建筑工程学部
172	梁应辰	2016.12.18	1928.08.30	土木、水利与建筑工程学部

四、外籍院士名单

序号	姓名	年龄	国籍	当选年	专业
1	贝聿铭	100	美国	1996	建筑设计、城市设计
2	克劳夫	95	美国	1996	结构工程、地震工程
3	蒂奥莱	83	法国	1998	基因的分子生物学、乙型肝炎
4	萨马桑达兰	78	美国	1998	矿物加工、胶体与界面
5	施　敏	81	美国	1998	微电子、半导体器件物理
6	巴丘卡耶夫	79	俄罗斯	1998	航天动力学
7	罗依兹曼	88	美国	2000	分子生物学与肿瘤学
8	邓文中	79	美国	2000	土木工程
9	普赖斯	74	英国	2000	船舶工程、船舶力学
10	何毓琦	83	美国	2000	自动控制理论与工程
11	雅克·刚	90	法国	2001	医学(血液学)
12	弗斯贝格	74	瑞典	2001	矿物加工
13	黄煦涛	81	美国	2001	计算机(图像处理)
14	藤岛昭	75	日本	2003	光电化学
15	何大一	65	美国	2003	临床病毒学
16	布鲁斯	79	英国	2005	电子学
17	刘锦川	80	美国	2005	材料科学与工程
18	大村智	82	日本	2005	药学
19	霍信斯基	86	波兰	2005	机械工程
20	沃尔夫	78	美国	2005	计算机
21	古里亚耶夫	82	俄罗斯	2005	信息与电子

续表

序号	姓名	年龄	国籍	当选年	专业
22	黄　锷	80	美国	2007	数据分析,物理海洋学
23	奥德马格努斯·福尔廷森	73	挪威	2007	船舶与海洋工程
24	郭　位	66	美国	2007	工业工程(系统可靠性)
25	科林·布莱克默	73	英国	2009	神经科学
26	杨祖佑	77	美国	2009	航空航天
27	范良士	70	美国	2009	化学工程
28	罗杰·瑞迪	80	美国	2009	计算机科学
29	夏苏鲁	81	美国	2009	土木工程、材料科学、结构工程
30	巴里·J·马歇尔	66	澳大利亚	2011	临床微生物学
31	爱德华·F·克劳利	63	美国	2011	航空航天
32	弗雷德·塞泊	65	美国、德国	2011	结构工程、土木工程抗灾与防护工程
33	霍宁博	72	美国	2011	公共卫生政策学
34	小泉英明	71	日本	2011	工程、物理、神经科学
35	杰夫里·华兹华斯	67	美国	2011	材料科学与工程
36	汪正平	70	美国	2013	电子封装材料
37	王存玉	54	美国	2013	口腔医学、分子信号和转化医学
38	李泽元	71	美国	2013	电气工程
39	约翰·查尔斯·科瑞谭登	68	美国	2013	环境工程
40	培莱彬·特恩卓普·彼德森	77	丹麦	2013	机械与运载
41	罗宾·巴特哈姆	76	澳大利亚	2013	化学工程
42	埃罗斯瓦米·波尔拉	73	美国	2015	无线通信电子工程
43	牟　德	80	美国	2015	机械工程
44	加图·洛朗森	58	美国	2015	化学及材料工程、骨科
45	裴正康	66	美国	2015	生命科学儿童癌症
46	赫伯特·芒	75	奥地利	2015	结构工程与计算力学

续表

序号	姓名	年龄	国籍	当选年	专业
47	伊恩·大卫·克拉吉	68	英国	2015	土木工程
48	杨祖保	75	美国	2015	环境工程
49	李文沅	71	加拿大	2015	电气工程

附：

已故外籍院士名单

序号	姓名	生卒年月	国籍	当选年	专业
1	李天和	1923-05-11—2002-02-03	美国	2000	电机工程与系统工程
2	田长霖	1935-07-24—2002-10-29	美国	2000	传热学(机械)
3	哈尔布特	1911-06-06—2004-11-06	美国	1996	石油地质
4	梁基谢夫	1929-09—2006-11-18	俄罗斯	2003	金属材料与冶金工程
5	吴瑞	1928-08-14—2008-02-10	美国	2001	生物化学与分子生物学
6	贝尔	1941-05-31—2008-04-17	英国	2001	机械工程
7	盖尔	1943-08-25—2009-07-	英国	1998	植物基因组及分子生物学
8	勃劳格	1914-03-24—2009-09-12	美国	1996	遗传育种
9	乌克布拉托维奇	1931-12-26—2012-03-11	塞尔维亚	2003	自动化
10	厉鼎毅	1931—2012-12-27	美国	1996	光纤通信
11	比施根斯	1916-09—2013-07-31	俄罗斯	1996	飞行器空气动力学和飞机力学
12	施普尔	1928-10-28—2013-11-01	德国	2001	机械制造
13	不破祐	1915-08-02—2013-11-23	日本	1996	冶金工程
14	查理斯·维斯特	1941-09-09—2013-12-12	美国	2009	应用光学、信息
15	罗曼	1926-02-04—2013-12-16	德国	2001	应用光学

五、中国工程院 2016 年大事记

一月

1. 4 日,重点咨询项目“我国室内与典型工业厂区空气污染防控战略问题研究”研讨会在西安召开。项目负责人侯立安院士主持会议,徐德龙副院长,郝吉明、姚穆、刘文清等 6 位院士,各课题组专家学者及学部办人员与会。

2. 4 日,“中国机械工程重点技术发展研究”咨询项目启动会在北京召开。

3. 4—6 日,机械与运载工程学部组织院士参观长征五号运载火箭转场合练试验,并开展座谈。院党组成员赵宪庚,尹泽勇等 14 名院士参加。

4. 5 日,周济院长主持召开 2016 年第 1 次院常务会议,总结 2015 年 12 月份重点工作,研究确定 2016 年 1 月份重点工作安排。

5. 5 日,党组书记周济同志主持召开 2016 年第 1 次院党组会议,听取了咨询服务中心更名及编制工作汇报,研究有关人事工作。

6. 8 日,中共中央、国务院举行国家科学技术奖励大会,习近平等党和国家领导人向获得国家自然科学奖、国家技术发明奖、国家科学技术进步奖等奖项的代表颁奖。我院马伟明、邬江兴、何华武、田红旗等 49 位院士获得 2015 年度国家科学技术奖励。

7. 8—9 日,樊代明副院长率领工程院、中科院的 13 位院士赴云南省开展云南生物医药大健康产业发展院士行活动。

8. 9 日,由土木、水利与建筑工程学部、茅以升科技教育基金会联合主办的“‘一带一路’土木工程技术高峰论坛——纪念茅以升先生诞辰 120 周年”在北京召开。孙永福、王梦恕、何华武 3 位院士,以及来自企业、高校的专家、师生共计 200 余人与会。

9. 10 日,农业学部“木本粮油安全可持续发展战略研究”咨询项目结题验收会在北京召开。尹伟伦院士,验收专家和课题组成员共 20 人与会。

10. 11 日,“互联网大数据环境下我国自主品牌汽车产业发展战略研究”项目研讨会在北京召开。杨善林院士主持会议,孙永福、郭孔辉等 17 位院士以及来自企业和高校的 40 余位专家学者与会。

11. 13 日,重点咨询项目“中国炼油和煤化工产业可持续发展与区域协调发展重大问题战略研究”启动会在北京召开。项目负责人王基铭院士主持会议,院党组成员赵宪庚,项目组孙永福、傅志寰、袁晴棠等 13 位院士以及有关单位的专家学者共计 80 余人与会。

12. 13 日,由我院和工业和信息化部联合主办的第 217 场中国工程科技论坛——“高端机械装备智能化及在役再制造工程”论坛在北京召开。论坛由陈学东院士主持,50 多家科研院校和企业协会的 160 余名专家学者与会。

13. 13—14 日，“生态文明建设若干战略问题研究（二期）”项目阶段性交流会在北京召开。会议由项目组长刘旭主持，项目组长周济出席会议并讲话。各课题组有关院士、专家等有关人员共 58 人与会。

14. 14—17 日，周济院长率领由云南省科协朱有勇院士、教育厅宋光兴副厅长、云南民族大学彭金辉校长组成的调研组，分别在昆明市和澜沧县开展扶贫工作调研活动。14 日，周济院长会见了云南省委书记、省人大常委会主任李纪恒，就发挥工程科技思想库作用，助力云南经济社会发展进行座谈。会后续签了《中国工程院 云南省人民政府全面科技合作协议》；15 日，周济院长作“中国制造 2025”专题报告，云南省各级党政干部 1 万人通过现场或实况转播听取报告，云南省省长陈豪主持报告会。

15. 15 日，“光电功能晶体产业链发展战略研究”项目启动会在北京召开，吴以成、祝世宁、屠海令等 6 位院士与基金委副主任高瑞平等 50 余人与会。

16. 19 日，由中科院、工程院主办的由两院院士评选的 2015 年中国/世界十大科技进展新闻在北京揭晓。

17. 19 日，“安全可靠、清洁环保炼油与化工企业构建”项目启动会在北京召开，曹湘洪、徐承恩、杨启业、高金吉等院士及项目组专家与会。

18. 20 日，由信息与电子工程学部主办，香港中文大学（深圳）承办的“机器人与智能系统：前沿问题与挑战”院士论坛在深圳召开。范滇元、张明高、王子才等 12 位工程院院士和熊有伦、唐叔贤 2 位中科院院士，以及有关高校和业界的科研人员共计 200 人与会。

19. 21 日，重大咨询项目“引发产业变革的重大颠覆性技术预测研究”启动会在北京召开。项目顾问、院党组成员赵宪庚院士出席会议并讲话，会议由项目负责人孙永福、王礼恒院士主持，来自 9 个学部的 21 位院士及有关专家等共计 40 余人与会。

20. 21 日，“‘互联网+’行动计划的发展战略研究”项目任务书审查暨项目启动会在北京召开。陈左宁副院长主持会议，李伯虎、李国杰、陈俊亮等 12 位院士，工信部相关领导、各相关领域专家及各课题组执笔人等共计 50 余人与会。

21. 22 日，第六届院士增选政策委员会第六次会议在北京召开。会议由院士增选政策委员会主任刘旭主持，周济院长及 14 位院士与会。会议总结了 2015 年院士增选工作，对委员会 2016 年工作进行了研究部署。

22. 23 日，工程院二局与中科院学部工作局、深圳市水务局在深圳签订《深圳水战略研究合作协议》。徐德龙副院长、中科院丁仲礼副院长、深圳市张虎常务副市长在签约仪式上致辞。深圳市许勤市长、张虎副市长、工程院及中科院的 7 位院士见证协议签约仪式。

23. 25 日，中国信息与电子工程科技发展战略研究中心学科领域组第一次会议在北京召开。陈左宁副院长主持会议，卢锡城、陈良惠、姜会林等 15 位院士，以及中国信息通信研究院曹淑敏院长与会。

24. 26 日，党组书记周济同志主持召开了 2016 年第 2 次院党组会议，审议《中共中国工程院党组贯彻落实全面从严治党要求实施方案》，听取了《中共中国工程院党组工作规则》备案情况汇报，审定院机关 2015 年度考核优秀名单。

25. 26 日，周济院长主持召开 2016 年第 2 次院常务会议，总结 1 月份重点工作，研究确定 2 月份重点工作安排；传达国家高端智库理事会扩大会议精神；听取关于 2016 年新增咨询研究项目立项情况的汇报;审议博士后工作站管理细则。

26. 26 日,工程院召开 2015 年度院领导班子考核、一报告两评议暨院机关总结大会。党组成员赵宪庚同志主持会议,院领导班子成员、院机关及咨询服务中心全体工作人员与会,中组部有关同志列席会议。

27. 26 日,由土木、水利与建筑工程学部、中国钢结构协会和国家钢结构工程技术研究中心联合主办的"2016 年钢结构发展高峰论坛"在北京召开。相关领域的 21 名院士和 60 余位政府部门领导、企业家、专家与会。

28. 27 日,周济院长会见哈萨克斯坦投资发展部部长伊谢克舍夫先生率领的专家访问团,钟志华秘书长、朱高峰、干勇、柳百成院士及有关专家参加会见。会见前,双方举办了中哈制造业交流会,朱高峰院士主持会议,干勇、柳百成院士等与会。

29. 27 日,《中国食品安全现状、问题及对策战略研究》项目成果发布会在北京举办。樊代明副院长、刘旭副院长,庞国芳、孙宝国、岳国君院士,国家食品药品监管总局党组成员、食品安全总监郭文奇,科学出版社总编辑、党委书记李锋参加会议。来自发改委、工信部、科技部等 7 家单位的相关领导,项目组专家及 10 多家媒体代表共计 60 余人与会。

30. 27 日,由土木、水利与建筑工程学部主办的"学部 2016 年学科发展研讨会"在北京召开。学部主任周福霖院士主持会议,徐德龙副院长出席并致辞。吴良镛、郑哲敏、冯叔瑜等 37 位院士及中国建筑股份有限公司相关人员共 50 余人与会。

31. 30 日,"农业学部学科发展研讨会"在北京召开。刘旭副院长,13 位在京院士,相关专家等共计 35 人与会。

二月

32. 3 日,中央政治局委员、国务院副总理刘延东在国务院主持召开会议,听取周济院长汇报 2015 年工程院工作及 2016 年工作计划;并就如何做好今后工作做出重要指示。国务院副秘书长江小涓,工程院领导赵宪庚、陈左宁、徐德龙、刘旭、钟志华出席会议。

33. 5 日,工程院、上海市人民政府合作委员会第十二次会议在上海召开。工程院主席团名誉主席徐匡迪、院长周济、上海市市长杨雄、工程院副院长徐德龙出席会议并讲话。上海市政协副主席李逸平主持会议,市政协副主席徐逸波、工程院秘书长钟志华,上海院士中心主任翁史烈院士,合作委员会及战略研究中心理事会朱能鸿、龚惠兴、钱旭红等 11 院士代表与会。

34. 16 日,周济院长主持召开 2016 年第 3 次院常务会议,听取关于全国科技创新大会筹备情况和第十三次院士大会初步日程安排的汇报;听取关于我院承担 2016 年国家高端智库选题方向和重点课题认领工作的汇报;听取关于"国家实验室建设研究"项目立项情况的汇报。

35. 16 日,党组书记周济同志主持召开了 2016 年第 3 次院党组会议。集中学习中央有关文件精神和中央领导重要批示,研究审定《院机关 2016 年干部选拔任用工作实施方案》。

36. 24 日,重大咨询项目"碳约束条件下我国能源结构优化研究"启动会在北京召开。项目负责人张玉卓院士主持会议,项目顾问、院党组成员赵宪庚及干勇、彭苏萍、袁晴棠等 8 位院士,院机关有关领导和项目组专家近 60 余人与会。

37. 25 日,重大咨询研究项目"战略性新兴产业发展重大行动计划研究"启动预备会在北京召开。邬贺铨院士主持会议,周济院长出席并讲话,项目组有关院士、专家、院机关领导和《中国工程科学》杂志社的有关人员近 60 人与会。

38. 25 日,《大气污染防治行动计划》中期评估项目执笔组工作会议在合肥召开。郝吉明院士主持会议,刘旭副院长,郝吉明、徐祥德、刘文清、贺克斌 5 位院士,有关单位和高校、科研院所的项目执笔组专家等 30 余人与会。

39. 26—28 日,由医药卫生学部、中华中医学会、世界中医药学会联合会等单位联合主办的第十二届国际络病学大会在上海召开。杨宝峰、杨胜利、陈灏珠等 13 位工程院院士和葛均波、陈凯先 2 位中科院院士,国家中医药管理局等单位领导、专家和来自英国、马来西亚、泰国等国家和地区的 1700 名专家学者与会。

40. 2 月 27 日—3 月 4 日,刘德培院士率团赴南非出席国际科学院联合组织(Inter Academy Partnership, IAP)全体成员大会及国际医学科学院组织(IAMP)执委会会议。

41. 29 日,党组书记周济同志主持召开了 2016 年第 4 次院党组会议,研究干部选任工作。

42. 2 月 29 日—3 月 11 日,工程院与英国皇家工程院共同选拔的 15 名中方科技人员赴英国伦敦参加了"创新领军人才联合培养项目"首期研修班。该研修班旨在帮助中国科研人员提高创新成果商业化能力。

三月

43. 1 日,周济院长主持召开 2016 年第 4 次院常务会议,总结 2 月份重点工作,研究确定 3 月份重点工作安排;听取关于《中国工程科学》杂志社变更主办单位情况的汇报;听取关于中央有关委 2016 年重点任务分工协调会议情况的汇报。

44. 1 日,党组书记周济同志主持召开 2016 年第 5 次院党组会议,传达学习中央有关文件精神,审议审计整改报告,听取"一报告两评议"结果汇报,研究院财务工作领导分工和机关公务员招考工作。

45. 1 日,院士医疗工作办公室在工程院召开了院士医疗保健工作座谈会。樊代明副院长出席会议并讲话,来自 10 家院士绿色通道就医医院的领导和相关工作人员共计 20 余人与会。

46. 1—5 日,由中央组织部牵头,工程院和中科院共同配合,在中央党校举办了"两院新当选院士研修班",中共中央政治局常委刘云山出席开班仪式并讲话;中央组织部长赵乐际与院士们进行了座谈;徐匡迪名誉主席就加强科学道德建设、勇攀科研高峰做了报告;周济院长从加强院士队伍建设,以及建设国家工程科技思想库两个方面全面介绍了工程院工作并对新当选院士们提出了要求。工程院 2015 年当选的 68 位院士参加活动。

47. 2 日,第二届科技合作委员会第二次会议在京召开。徐德龙主任委员主持会议,周济院长、党组成员赵宪庚院士出席会议并讲话,刘旭、干勇副主任委员以及科技合作委员会委员等 21 位院士与会。

48. 3 日,工程院与恒天集团在北京签订合作协议。周济院长、徐德龙副院长、钟志华秘书长、中国恒天集团董事长张杰、总裁刘海涛、副总裁李晓红及双方单位共计 80 余人见证签字仪式,钟志华秘书长主持签字仪式。

49. 3 日,医药卫生学部 2016 年度第 1 次常委扩大会议在北京召开,学部主任杨宝峰院士主持会议,主席团成员巴德年、张伯礼及 12 位学部常委和 2 位特邀院士与会。

50. 15 日,周济院长主持召开 2016 年第 5 次院常务会议,听取联合国教科文组织科学部二类中心协调会筹备情况的汇报；听取关于申请将联合国教科文组织委托课题设为咨询研究项目的汇报。

51. 15日，党组书记周济同志主持召开2016年第6次院党组会议，传达学习中央文件，研究院士增选和干部选拔任用有关工作。

52. 15日，2016年第一场、总第36场医疗保健系列报告会在北京召开。北京大学第三医院骨科主任、脊柱外科研究所所长刘忠军教授作了“脊柱退行性疾病及其防治”的报告。樊代明副院长主持会议，院士和家属及机关工作人员50余人聆听报告。

53. 16日，党组书记周济同志主持召开2016年第7次院党组会议，研究干部选任工作，研究院党组“两学一做”实施方案，学习《党委会的工作方法》。

54. 16日，“全民健康和医疗卫生事业发展战略研究”课题四“新型国家药品服务体系”结题会在上海召开。杨胜利、侯惠民、张伯礼、宁光等院士及国内知名药学专家等20余人与会。

55. 17日，“我国信息领域产业安全发展策略研究”项目启动会暨“可信的网络安全基础设施保障体系”课题中期汇报会在北京召开。陈左宁副院长主持会议，项目有关院士、专家及院机关领导等近30人与会。

56. 18日，“仿生功能性生物质基材料科技创新体系培育与推进战略研究”咨询项目结题验收会在哈尔滨召开。会议由李坚院士主持，马建章院士和验收专家、项目组成员等10余人与会。

57. 21日，周济院长在北京会见沙特阿美石油公司总裁兼首席执行官阿敏·纳瑟尔(Amin H. Nasser)先生一行。院党组成员赵宪庚与沙特阿美国际业务执行董事萨伊德·哈达米签署双方“合作谅解备忘录”。秘书长钟志华院士，王基铭、马永生、孙龙德院士参加会见活动和签字仪式。

58. 22日，周济院长会见日立公司董事长中西宏明一行。外籍院士、日立公司董事级研究专员小泉英明及日立公司中国总代表小久保宪参加会见。

59. 22日，重大咨询项目“中国人工智能2.0发展战略研究”启动会在北京召开。主席团名誉主席徐匡迪、院长周济、科技部党组书记王志刚、项目组组长潘云鹤和李未、高文、郑南宁等5位院士以及来自浙江大学、北京航空航天大学、北京大学、清华大学等高校、科研单位和有关市委的相关负责人共计65人与会。潘云鹤院士主持会议。

60. 22日，重大咨询项目“农业资源环境若干重大战略问题研究”启动会在北京召开。刘旭副院长，任继周、石玉林、唐启升等5位院士及项目组成员共计50人与会。

61. 24日，中国航空工程科技发展战略研究院第一届理事会第五次会议在北京召开。周济院长作为航空战略院理事长主持会议，党组成员赵宪庚院士，中国航空发动机集团公司董事长曹建国，航空战略院学术委员会主任张彦仲院士，机械与运载学部主任尹泽勇院士，北京航空航天大学校长徐惠彬院士、党委书记张军院士，中国商飞公司总经理贺东风，中航工业集团公司总工葛子干，中航空天发动机研究院院长刘廷毅，以及来自教育部、工信部、北京市科委等10余家单位的理事或理事代表与会。

62. 25—29日，由土木、水利与建筑工程学部主办的“第十二届清华大学建筑节能学术周”在北京举行。期间，召开的“农村建筑节能公开论坛”由江亿院士主持，清华大学薛其坤副校长出席论坛并致辞。住建部、环保部、农业部、发改委等部门人员、相关研究院所及企业专家共计400余人与会。

63. 28日，“两学一做”学习教育启动大会召开，党组书记、院长周济同志就活动做部署讲话。

会议由党组成员、副院长徐德龙同志主持,院机关和战略咨询中心全体党员干部与会。

64. 28 日,学部咨询项目“中国牛羊肉产业发展战略研究”启动会在北京召开。刘旭副院长,任继周、李德发院士,有关单位领导和项目组成员共计 17 人与会。

65. 28 日,全民健康与医药卫生事业国家发展战略研究项目会在北京召开。樊代明副院长,王陇德、杨宝峰、郑静晨等 14 位院士和项目总体组、各课题组成员共计 60 余人与会。

66. 29 日,周济院长主持召开 2016 年第 6 次院常务会议,传达国务院廉政会议精神;总结 3 月份重点工作,研究确定 4 月份重点工作安排;审议《国家高端智库建设和管理实施细则》、《国家高端智库专项经费管理细则》;听取“中国特色国家实验室建设研究”、“我国工业技术创新体系建设及发展战略研究”、“大气污染防治行动计划实施情况中期评估”项目成果的汇报;听取关于“制造业创新设计防治行动纲要编制研究”立项申请的汇报。

67. 29 日,党组书记周济同志主持召开 2016 年第八次院党组会议,审议主席团会议有关事项,听取机关办公用房调整方案的汇报,研究人事有关工作。

68. 30 日,重大咨询项目“新一代核能用材发展战略研究”启动会在北京召开。项目组长、工程院党组成员赵宪庚,项目组长干勇与王大中、张金麟、王一德等 9 位院士,以及来自中国工程物理研究院、钢铁研究总院、中国广核集团等单位的 70 余位项目组专家与会。干勇院士主持会议。

69. 31 日,“军用航空装备技术发展战略研究”咨询项目启动会在北京召开。

70. 31 日,由两院资深院士工作委员会主办的“我国科技发展形势专题报告会”在北京举行。科技部副部长、党组成员侯建国院士作专题报告,中科院副院长李静海主持报告会。两院资深院士工作委员会宋健主任出席并讲话,周济院长、党组成员赵宪庚、陈左宁副院长、刘旭副院长出席,近百位两院在京资深院士、学部主任,我院退休同志和机关工作人员共计 170 人参会。

四月

71. 1 日,农业学部“生物炭产业发展战略研究之一:减排计量”咨询项目结题验收会在沈阳召开。刘旭副院长,张齐生、李玉、罗锡文等 8 位院士和来自中国水稻研究所、重庆市农委、黑龙江省农科院等单位的有关专家学者、项目组成员与会。

72. 2—3 日,重点咨询项目“交通基础设施重大结构安全保障战略研究”院士专家咨询会及考察活动在重庆举行。杜彦良、刘人怀、卢耀如等 16 位工程院院士和 3 位中科院院士,以及交通运输部、中国铁路总公司和近 10 所大学的桥梁、道路、隧道及地下工程领域的专家学者,项目组成员共计 120 余人参加活动。

73. 5 日,周济院长在北京会见 WFEO 主席 Jorge. Spitalnik 先生,就 WFEO 希望与工程院建立联系并开展在工程教育和工程科技领域的合作进行交流。

74. 6 日,重点咨询项目“新型城镇化进程的土地资源管理工程科技支撑体系研究”在北京召开同行专家评审会。徐德龙副院长、国土资源部王广华副部长出席会议并致辞,中科院丁仲礼副院长,宁津生、王家耀、卢耀如等 12 位院士,国土资源部有关领导及众多专家学者、项目组成员近 50 人与会。

75. 6—8 日,汪旭光院士带队赴芜湖市开展“繁昌矿产资源开发利用院士行”活动。王一德、姜德生、陈建峰等院士与中国建材集团、北京化工大学等单位的专家参加活动。

76. 7 日,重大咨询项目“中国海洋工程与科技发展战略研究(二期)—促进海洋强国建设重点工程发展战略研究”在杭州召开结题验收会。刘旭副院长，潘云鹤、唐启升、秦大河等 14 位院士和有关专家，主要执笔人等近 50 人与会。

77. 7—9 日，环境与轻纺工程学部与浙江省科协、中共金华市委、金华市人民政府共同举办了“金华生态文明建设院士行”活动。刘旭副院长，郝吉明、孙晋良、潘德炉等 16 位院士和 10 余位有关专家、领导参加活动。

78. 8—9 日，工程管理学部和冶金工业规划研究院共同举办的“2016(第七届)中国钢铁规划论坛”在北京召开。干勇院士出席会议并作主题报告，孙永福、殷瑞钰、金智新院士，以及来自发改委、工信部、国资委等单位和机构的 400 余人与会。

79. 8—9 日，由医药卫生学部、感染性疾病诊治协同创新中心和传染病诊治国家重点实验室联合主办的感染性疾病诊治协同创新中心第三届 CCID 杭州论坛暨感染病工程前沿技术研讨会在杭州召开，陈竺、李兰娟、郑树森等 13 位院士以及中心各家联合单位约 100 位 PI 出席了此次论坛。

80. 9—10 日，李兰娟、郑树森、沈倍奋等 5 位院士赴余杭，为余杭医药生物医药产业集群发展把脉聚智，这是第二次余杭院士行。

81. 11 日，两院资深院士工作委员会第二次会议在北京召开。会议由委员会主任宋健院士主持，副主任金国藩、严陆光、欧阳自远和戚发轫以及 16 位委员出席会议。会议决定于 2016—2018 年围绕将我国建成世界科技强国开展战略咨询研究。

82. 11 日，“中国毛皮动物养殖产业战略研讨会”在大连召开。刘旭副院长，马建章院士和有关专家、企业代表共计 60 余人与会。

83. 12 日，周济院长主持召开 2016 年第 7 次院常务会议，听取关于“院刊发展战略研究”咨询项目申请增加经费的汇报。

84. 12 日，周济院长主持召开第六届主席团第 11 次会议，审议第十三次院士大会初步日程安排；听取关于高端智库建设试点工作的汇报；讨论主席团工作报告。

85. 12 日，党组书记周济同志主持召开 2016 年第 9 次院党组会议，传达中央文件和中央“两学一做”学习教育工作座谈会精神，研究确定我院“两学一做”学习教育工作领导机构。

86. 12 日，“王德民星”命名仪式暨学术报告会在大庆举行。王德民院士，何梁何利基金信托委员会主席朱丽兰，工程院党组成员、秘书长钟志华，中国科学院紫金山天文台党委书记、副台长张丽萍，中国石油天然气集团公司副总经理喻宝才，以及科技部、黑龙江省、有关高校师生代表等 400 余人参加活动。

87. 15 日，重点咨询项目“高危险物质管控与应急体系战略研究”启动会在绵阳召开。会议由项目负责人李立涅院士主持，项目顾问、党组成员赵宪庚院士，顾问陈冀胜院士，项目组曹湘洪、汪旭光院士以及中国工程物理研究院张科副院长等有关人员和项目组专家共计 70 余人与会。

88. 15 日，由土木、水利与建筑工程学部和中国建筑股份有限公司共同主办的“建筑业绿色发展论坛”在上海召开。论坛开幕式由学部主任周福霖院士主持，周济院长，上海市蒋卓庆副市长，中国建筑股份有限公司官庆董事长出席论坛开幕式并致辞。徐德龙副院长、钟志华秘书长、王浩、周绪红等 28 位院士，台湾润泰集团董事长尹衍樑先生，中国建筑第八工程局有限公司黄克斯董事长以及来自高校、企业的专家学者共计 200 余人与会。

89. 15 日，重大咨询项目“国际化绿色化背景下国家区域食物安全可持续发展战略研究”启动会在北京召开。刘旭副院长主持会议，盖钧镒、尹伟伦、邓秀新等 5 位院士和相关专家共计 50 余人与会。

90. 16日,农业学部"'一带一路'战略背景下中国农业国际合作发展战略研究"重点咨询项目启动会在武汉召开。方智远、傅廷栋、邓秀新等9位院士和项目组成员共计50余人与会。

91. 16日,农业学部咨询项目"新《食品安全法》实施后我国绿色园艺发展战略研究"项目启动会在武汉召开。邓秀新、陈宗懋、方智远等8位院士及项目组成员共计40余人与会。

92. 17日,由土木、水利与建筑工程学部主办的"提高企业核心竞争力院士咨询会"在洛阳召开。王梦恕院士主持会议,徐德龙副院长、周绪红、钱七虎、王景全等16位院士,中铁隧道集团有限公司唐忠总经理及相关人员共计30余人与会。

93. 18日,由能源与矿业工程学部主办的"新能源消纳问题及对策"工程前沿技术研讨会在北京召开,李立涅、黄其励、郭剑波等7位院士,以及来自有关企业、高校和科研院所的100余位专家学者参会。

94. 19—21日,由我院与澳大利亚技术科学与工程院共同主办的"2016中澳食品安全与技术进步研讨会"在北京召开。周济院长、中国食品药品监督管理总局孙咸泽副局长、澳大利亚技术科学与工程院 Kaye Basford 副院长、澳大利亚驻华大使馆农业公使衔参赞 Paul McNamara(马明博)等在开幕式上致辞。刘旭副院长主持开幕式,吴清平院士作大会总结。孙宝国、陈君石、庞国芳等7位院士,来自政府主管部门、高校、研究院所、企业以及我院"食品安全"项目组的110多名食品安全方面专家学者与会。

95. 20日,周济院长和钟志华秘书长会见汤森路透公司副总裁 James Testa 先生一行,围绕中国工程院院刊系列的出版工作、发展方向等方面可能开展的信息合作和技术支持进行了商讨。

96. 21日,由工程院参与共同主办的第十二届中国重庆高新技术成果交易会暨第八届中国国际军民两用技术博览会在重庆开幕。周济院长、徐德龙副院长、钟志华秘书长出席开幕式,与重庆市领导会见并巡馆。徐德龙副院长与重庆市吴刚副市长代表院市双方签署了《关于实施创新驱动推进新兴产业发展的战略合作协议》。

97. 21—23日,"我国自主创制专用除草剂'谷友'应用工程前沿技术研究"学术研讨会在天津召开。李正名、王静康、钱旭红、宋宝安等院士及30余位专家与会。

98. 22日,周济院长和钟志华秘书长会见《Engineering》期刊副主编、澳大利亚工程院前院长 Robin Batterham 教授,商讨建立《Engineering》期刊"Tutorials"栏目(后改名为"Topic Insights")。

99. 22日,由教育部关心下一代工作委员会、工程院科学道德建设委员会联合主办的"院士回母校"活动在北京举办,徐匡迪、毛新平2位院士出席。徐匡迪院士作报告,并和毛新平院士一起与学生分享科研人生体会。刘旭副院长出席会议,北科大500多名青年师生参加。

100. 25日,周济院长在京会见由陈嘉正院长率领的香港工程科学院(HKAES)代表团,双方就两院近期合作进行了回顾和交流,徐德龙副院长等陪同会见。干勇院士主持召开了随后的座谈会。

101. 25日,"制造业创新设计发展行动纲要编制研究"咨询项目启动会在北京召开。会议由项目组长、全国人大常委会原副委员长、两院院士路甬祥主持,徐志磊院士,工信部、中国机械工程学会、中国国际经济交流中心等17家单位的专家和行业代表共计50余人与会。

102. 26日,周济院长主持召开2016年第八次院常务会议,总结4月重点工作,研究确定5月重点工作安排;听取关于扶贫工作情况的汇报;听取关于"百年科技强国战略咨询研究"等三个咨询项目申请立项情况的汇报；听取关于综合物业服务招标有关情况的汇报；传达中纪委纪检组长培训会有关精神。

103. 26日，党组书记周济同志主持召开2016年第10次院党组会议，传达学习中央文件精神，听取院机关“两优一先”评选结果汇报，听取拟录用公务员考察工作汇报。

104. 26日，“材料性能评价体系的系统发展战略研究”项目启动会在北京召开。项目组长王海舟院士主持会议，徐德龙副院长，殷瑞钰、王海舟、谢建新等5位院士及来自北京科技大学、钢铁研究总院、北京有色金属研究总院等单位的40余名专家学者与会。

105. 27日，第三届中国工程院院刊发展联合研讨会在北京召开。樊代明副院长主持会议。周济院长、刘旭副院长、钟志华秘书长，中国农业大学柯炳生校长、李召虎副院长，英国皇家学会院士 Donald Grierson 及王静康、康绍忠等院士出席会议。高等教育出版社和中国农业大学有关领导、院刊各编辑部主要负责人等共计80余人参加会议。

106. 28日，由工程院、中国中车联合主办的“智能传感技术在轨道交通中的应用工程前沿技术论坛”在宁波召开。论坛由丁荣军院士主持，周济院长等12位院士及近200位中、美、日三国专家、学者参会。

107. 29日，“高性能纤维与汽车轻量化技术创新发展战略研究”项目成果发布会在北京召开。蒋士成院士主持会议，郁铭芳、姚穆和俞建勇院士，国家发改委、工信部、科技部等12家单位的相关领导和专家，以及10多家媒体代表共计80余人与会。

五月

108. 4—6日，由环境与轻纺工程学部主办的“宁夏吴忠清真产业园院士行”活动在吴忠举行。庞国芳院士带领中国农业大学、中国检验检疫科学研究院、北京工商大学专家前往吴忠清真产业园进行调研考察。

109. 5—6日，由工程院、中国有色金属工业协会主办的2016（第三届）新能源材料高峰论坛在成都举行。徐德龙副院长、中国有色金属工业协会会长陈全训出席开幕式并致辞，屠海令院士在主论坛上作学术报告，来自全国有色金属系统的企业家、学者、投资者等共计300余人与会。

110. 8日，“制造工程科学的研究进展、竞争态势及我国的对策”咨询项目启动会在北京召开。

111. 8日，由工程院、北京茅以升科技教育基金会等共同主办的“茅以升科技教育基金会第二十五届颁奖大会暨第六届桥梁与隧道工程技术论坛”在北京召开。孙永福、何华武等6位院士出席“茅以升科技教育基金会第二十五届颁奖大会”。孙永福院士主持论坛，桥隧领域专家学者、北京交通大学师生近200人参加论坛。

112. 10日，周济院长主持召开2016年第九次院常务会议。传达“促进大数据发展部际联系会议”第一次会议有关精神；听取关于院刊工作的汇报；听取关于“香港及珠三角地区协同创新发展战略研究”咨询项目申请立项情况的汇报。

113. 10日，党组书记周济同志主持召开2016年第11次院党组会议，学习传达了习近平总书记重要讲话精神和《关于深化人才发展体制机制改革的意见》座谈会精神。听取院机关拟调任工作人员考察汇报。

114. 10日，周济院长会见 UNESCO 科技助理总干事 Flavia Schlegel 女士，就工程院与 UNESCO 目前的合作进行了交流。

115. 10日,由能源与矿业工程学部主办的“南艳湖公共安全科技论坛”在合肥召开。党组成员赵宪庚院士,谢克昌、彭苏萍、李立浧等16位院士,安徽省和合肥市有关领导,以及来自有关高校和科研院所的100余位代表参加论坛。

116. 10日,第37场医疗保健系列报告会在北京举行,首都医科大学附属宣武医院的支修益教授作了题为“关注一个被‘气’出来的病”的报告,樊代明副院长主持报告会。

117. 10—11日,“一带一路矿产资源开发的战略研究”项目启动会在长沙召开。邱冠周、王一德、黄伯云等5位院士及项目组专家与会。

118. 11日,“2016智能制造国际会议”在北京召开。全国人大常委会原副委员长、两院院士、中国机械工程学会荣誉理事长路甬祥,工业和信息化部部长苗圩,工程院院长、中国机械工程学会理事长周济院士,朱高峰院士,中国机械工程学会副理事长李培根院士,德国驻华使馆参赞Ducoffre Burkhard先生,美国驻华使馆参赞Val Huston先生等来自中、德、美三国的500余名专家学者、政府官员和企业家与会。

119. 11—12日,由工程院、工信部主办,机械与运载工程学部、中国工程院战略咨询中心、中国机械工程学会(CMES)、德国机械设备制造业联合会(VDMA)、美国机械工程师学会(ASME)等9家单位联合承办“2016智能制造国际会议”在北京召开。会议分为“主旨报告会”和“中美德智能制造高端研讨会”两个阶段进行。主旨报告会共约500人参加,路甬祥、周济、苗圩等领导出席。

120. 12日,2015年度中国制造强国发展指数报告、《中国制造2025》系列丛书出版新闻发布会在北京召开。

121. 12—18日,由环境与轻纺工程学部、台湾湿地学会、中科院水生生物研究所等单位联合主办的“第七届海峡两岸人工湿地研讨会”在台湾省嘉义、台北召开。杨志峰院士出席大会,参加研讨会的大陆代表46人。

122. 14日,由能源与矿业工程学部主办的“页岩油原位改质前沿技术国际研讨会”在西安召开。彭苏萍、袁士义,赵文智等11位院士,中国石油天然气集团公司有关领导和来自国内外有关油田公司和科研院所的代表共80余人与会。

123. 14—15日,由医药卫生学部、上海交通大学医学院附属第九人民医院、上海市中国工程院院士咨询与学术活动中心、世界华裔骨科学会、国际华人骨研学会等共同组织的2016医学前沿论坛暨第十届上海国际骨科前沿技术与临床转化学术会议在上海召开,戴尅戎院士担任大会主席,近1000名骨科专家及代表与会。

124. 15—16日,由工程院和重庆大学共同主办的“国际工程科技发展战略高端论坛——工程结构创新与发展暨结构模态测试与应用”在重庆召开。重庆大学常务副校长张四平教授主持论坛开幕式,樊代明副院长,重庆市人民政府吴刚副市长,大会主席周绪红院士、杨永斌院士分别致开幕词。崔俊芝、马克俭等13位院士,Herbert Mang、邓文中两位外籍院士,美国、新加坡、澳大利亚等国家的5位院士,以及来自国内外相关领域、高校、研究院所、企业的专家学者共计200余人与会。

125. 16—17日,由医药卫生学部与国际传统药物学会、中国中医科学院、中华中医药学会、中国中药协会和广西壮族自治区玉林市人民政府共同主办的“第十六届国际传统药物学大会、第八届中国(玉林)中医药博览会暨中国南药和大南药发展战略咨询会”在玉林召开。樊代明副院长,张伯礼、陈香美、唐希灿等7位工程院院士和中科院陈凯先院士,国际传统药物学会主席、奥地利格拉茨大学药科研究院院长鲁道夫·鲍尔,90多位来自美国、加拿大、德国、印度等30多个国家、地区的传统药物学专家，以及来自中国大陆、港澳台的120多位知名学者、400多位代表与会。

126. 18—19日，土木、水利与建筑工程学部组织开展了成兰铁路现场调研咨询活动，对雎水河大桥、跃龙门隧道3号斜井、柿子园隧道1号横洞进行调研，并举办咨询会。孙永福、何华武、崔俊芝等18位院士参加活动。

127. 18—19日，由环境与轻纺工程学部主办，上海海洋大学、中国海洋学会承办的"渔业海洋学国际学术会议"在上海召开。胡敦欣、潘德炉、李家彪、宋君强院士，以及国内外海洋领域、渔业领域高校和研究机构的知名专家、青年学者与会。

128. 20日，由工程院、国家外国专家局、美国机械工程师学会主办，中国机械工程学会、中国机械工业集团承办的"第十一届中美工程技术研讨会——创新与智能制造论坛"在北京召开。周济院长、徐德龙副院长，国家外国专家局张建国局长，美国机械工程师学会Keith Roe理事长，中国机械工业集团任洪斌董事长等出席论坛并致辞或作报告。来自中美两国工业界、学术界和政府部门代表近300人与会。会前，周济院长会见了与会的中美专家，并与美国机械工程师学会理事长Keith Roe先生就双方进一步丰富合作方式、拓展合作领域、创新合作机制等方面进行了探讨。

129. 20日，由信息与电子工程学部主办，中国科学院光电技术研究所承办的"大型光学望远镜工程前沿技术"在成都召开。龚惠兴、李同保、姜文汉等14位院士，来自中国科学院国家天文台、新疆天文台、国防科技大学等行业科研院所、院校等单位的专家、学者和工程科技人员共计30余人与会。

130. 21—25日，赵宪庚、张彦仲院士带领有关项目组30余位院士专家，赴西南沙进行调研和考察，为提出有关工程科技咨询建议提供支撑。

131. 23日，中国工程科技中长期项目"三峡库区消落带生物治理技术研究与示范"结题验收会在北京召开。沈国舫院士，验收专家和项目组成员等共13人与会。

132. 23—24日，"电磁空间安全——电磁控制与利用"工程前沿技术研讨会在都江堰召开。

133. 24日，周济院长主持召开2016年第10次院常务会议。听取关于第十三次院士大会有关情况的汇报；总结5月份重点工作，研究确定6月份重点工作安排。

134. 24日，党组书记周济同志主持召开了2016年第12次院党组会议，研究工程院补选副院长有关工作，听取中创公司国有资产处置前期工作方案汇报。

135. 25—26日，第二届广东院士高峰年会在深圳举行。路甬祥院士、徐德龙副院长出席并作特邀报告，两院73位院士参加。

136. 26日，工程院与广州市人民政府合作委员会成立大会暨院士专家咨询会在广州召开。周济院长、徐德龙副院长，广州市委书记任学锋、市长温国辉共同为合作委员会揭牌，21位院士参加活动。

137. 27日，2016"创响中国"巡回接力首站启动仪式暨2016中国创新创业成果交易会开幕式在广州举行。周济院长、徐德龙副院长、广东省省长朱小丹出席，10余位院士参加活动。

138. 29日，周济院长主持召开第六届主席团第12次会议，审议第十三次院士大会日程安排；听取关于补选副院长的说明；审议《中国工程院副院长补选办法》和大会总监票人、监票人名单；审议主席团工作报告。

139. 29日，党组书记周济同志主持召开2016年第13次院党组会议，中组部副部长邓声明同志出席会议，对副院长补选工作提出要求。

140. 5月30日—6月3日,全国科技创新大会、中国科学院第十八次院士大会和中国工程院第十三次院士大会、中国科学技术协会第九次全国代表大会在北京召开。中共中央总书记、国家主席、中央军委主席习近平出席大会并发表重要讲话。李克强总理主持大会,张德江、俞正声、刘云山、王岐山等中央领导出席大会。同期,李克强总理为两院院士作重要经济报告,刘延东副总理作总结报告。会议期间,工程院的单独活动有:周济院长作主席团工作报告,选举院领导,颁发新院士证,颁发光华工程科技奖。

141. 31日,第六届院士增选委员会第七次会议在北京召开。刘旭副院长主持会议,周济院长、赵宪庚副院长出席了会议。会议研究了院长增选文件修订工作,审议了《中国工程院改进完善院士制度研究》咨询项目结题工作等事宜。

六月

142. 1日,党组书记周济同志主持召开2016年第14次院党组会议,研究调整部分院领导班子成员分工。

143. 1日,重大咨询项目"我国腐蚀状况及控制战略研究"新闻发布会在北京召开。郝吉明院士主持会议,主席团名誉主席徐匡迪院士出席会议并讲话,刘旭副院长代表工程院致辞,中科院海洋研究所党委书记王凡研究员代表海洋所致辞,30位院士及50余位腐蚀与防护领域的专家与会。

144. 1日,《Engineering》期刊第一届编委会中方编委二次扩大会议在北京召开。期刊理事会执行副主席樊代明院士主持会议,期刊主编周济院士、副主编钟志华院士、执行主编钱旭红院士等20位中方编委、院士出席会议。

145. 1日,重点咨询项目"食品制造技术及发展战略研究"启动会在北京召开。项目组长朱蓓薇院士、项目专家组成员郝吉明、魏复盛、孙宝国等12位院士及课题组专家共计30余人与会。

146. 1日,第六届科学道德建设委员会第五次会议在北京召开,会议审议了道德委近期工作和投诉处理工作。

147. 2日,周济院长主持召开第六届主席团第13次会议,审议《关于学习贯彻习近平总书记重要讲话精神的决定》;审议专门委员会成员调整的建议。

148. 2日,由土木、水利与建筑工程学部主办的"北斗导航在土木、水利与建筑工程中的应用座谈讨论会"在某卫星导航定位总站召开,中科院杨元喜院士主持,周福霖、崔俊芝、马洪琪等42位院士与会。

149. 3—8日,徐德龙副院长率专家组赴云南会泽、澜沧县开展调研,与省委、省政府领导就进一步深化工程院与云南省科技合作和推进精准扶贫进行座谈。设立了"中国工程院云南院士专家扶贫工作站"和"中国工程院澜沧院士专家咨询服务站"。朱有勇、黄璐琦院士、云南农业大学和院机关相关负责同志参加活动。

150. 12日,国务院决定任命赵宪庚、田红旗为中国工程院副院长。

151. 13日,"工业强基战略研究"重大项目一期结题暨二期启动会在北京召开。项目组长路甬祥院士、副组长周济院士、辛国斌副部长等约120人参加。会议由项目副组长尤政院士主持。

152. 13日,"中新双边研讨会暨中国工程院果树种质利用与果实品质调控论坛"在武汉召开。邓秀新院士,新西兰的5位专家与国内专家学者、华中农业大学园艺林学学院师生共计50余人出席论坛。

153. 13—16 日，由信息学部主办的第一届 IEEE 网络空间数据科学国际会议在长沙召开。来自世界各国的 300 多位专家学者和行业科技企业代表与会。

154. 15—17 日，刘旭副院长带队赴福建省南平，结合“生态文明建设若干战略问题研究”项目开展“院士专家八闽行——南平生态文明行”活动和福建省院士专家交流协会成立大会。张远航院士及来自中国环境科学研究院、国家统计局统计科学研究所的专家学者一行 12 人参加活动。

155. 16 日，由环境与轻纺工程学部、中国化学纤维工业协会、中国纺织工程学会、连云港市人民政府共同主办的“纤维新材料绿色设计与绿色工程前沿技术论坛暨中国化纤科技大会”在连云港召开。蒋士成院士主持会议并致辞，俞建勇、张全兴院士，以及有关部委、连云港市、企业等的领导和专家学者共计 300 余人与会。

156. 17 日，第五届咨询工作委员会第六次会议在北京召开。会议由咨询工作委员会主任赵宪庚主持，周济院长出席会议并讲话。

157. 17 日，钟志华秘书长率团访问美国工程院和汤森路透公司，分别围绕《Engineering》期刊的有关工作，中美两国工程院有关合作以及与汤森路透公司的合作进行了会谈。

158. 17 日，重点咨询研究项目“流程工业绿色智能装备科技发展战略研究”启动会暨第一次研讨会在北京召开。会议由项目组副组长陈学东院士主持，项目组组长高金吉院士及来自高校、研究院和企业的 16 位院士、专家与会。

159. 17—18 日，由医药卫生学部主办，原沈阳军区总医院全军心血管病研究所承办的中国工程院 2016 医学前沿论坛——心血管疾病整合与转化医学新进展工程前沿技术研讨会在沈阳召开。樊代明副院长，杨宝峰、刘德培、张运等 6 位工程院院士和中科院葛均波院士，及 1200 余名专家和代表与会。

160. 18 日，由工程院参与主办的第十四届中国海峡项目成果交易会开幕式在福州举行，刘旭副院长及 50 余位两院院士出席。

161. 18 日，重大咨询项目 “新疆天山北坡经济带生态文明建设战略研究” 成果研讨会在北京召开。孟伟、侯立安、尹伟伦、任阵海等院士专家与会。

162. 18—20 日，由中国医疗保健国际交流促进会主办，本溪市人民政府、工程院医药卫生学部承办的中国本溪健康产业论坛暨战略咨询会议在本溪举行。王红阳、周良辅、徐建国等 5 位院士和 10 余位“中国健康服务业发展战略研究”项目组专家等近 400 人出席论坛。

163. 19 日，工程院与青海省人民政府、中科院在西宁共同举办三江源国家公园建设科技支撑院士专家咨询会，徐德龙副院长等 14 位院士、专家与会。

164. 20 日，重点咨询项目“中国地热产业规划和布局战略研究”启动会在北京召开。工程院主席团名誉主席徐匡迪、副院长赵宪庚、中国石油化工集团公司董事长王玉普院士，杜祥琬、谢克昌、孙永福等 21 位院士，中国石油化工集团公司、中科院地质与地球物理研究所上海交通大学、天津大学等依托单位的专家与会。

165. 20—22 日，“绿色制造福州战略研究”课题组赴西宁开展“工业绿色转型试点城市院士行”活动，徐德龙副院长及课题组院士、专家 50 余人参加活动。

166. 21 日，周济院长主持召开 2016 年第 11 次院常务会议。听取关于“学习贯彻习近平总书记重要讲话精神，进一步加强我院国家高端智库建设的意见”的汇报。

167. 21日，党组书记周济同志主持召开2016年第15次院党组会议，听取了2017年增选工作有关意见的汇报，审议党组贯彻落实《党组工作条例》的报告，研究我院纪念建党95周年活动安排，研究有关人事工作。

168. 21日，第38场医疗保健系列报告会在北京举行，北京中医药大学王琦教授作了题为“个体化养生——养生不在养、养生不在补、养生不在同”的报告，樊代明副院长主持报告会。院士和家属及院机关工作人员100余人到会聆听。

169. 23—26日，第一届中国海洋材料学术会议暨中国海洋材料技术创新联盟成立大会在武汉召开，干勇、周廉、朱英富等10位院士与会，干勇、周廉院士为联盟揭牌。

170. 24日，由工程院参与主办的“2016中国·成都全球创新创业交易会”在成都开幕，邬贺铨院士出席开幕式并在25日的“世界未来科技论坛”上代表工程院致辞。

171. 24—25日，由土木、水利与建筑工程学部和中国中铁隧道集团有限公司联合主办的“大瑞铁路高黎贡山隧道施工方案暨长大深埋隧道建设方法专家咨询会”在云南芒市举行。王梦恕、卢耀如、王景全等10位院士，中铁隧道集团唐忠总经理及相关专家近50人参加调研活动及咨询会。

172. 27—29日，“国际工程科技发展战略高端论坛——地球物理与资源环境”在北京召开。田红旗副院长在开幕式上致辞，彭苏萍、何继善等11位院士，美国勘探地球物理学会主席John Bradford，以及来自国内外相关领域的专家学者近200人与会。

173. 28日，由工程管理学部与北京首钢国际工程技术有限公司共同承办的“工程方法论前沿”中国工程科技论坛在北京召开。殷瑞钰、汪应洛、栾恩杰等7位院士和有关专家与会。

174. 29日，“国家空间基础设施支撑‘一带一路’建设发展战略研究”重大咨询项目启动会在京召开。王礼恒院士主持会议，田红旗副院长，戚发轫、杜善义、栾恩杰、叶培建等院士和专家约50人与会。

175. 29日，为庆祝中国共产党成立95周年，工程院召开大会，表彰院机关优秀共产党员、优秀党务工作者、先进党支部和五好文明家庭。党组书记、院长周济出席会议并讲话，党组成员、副院长陈左宁宣读表彰决定，党组成员、副院长、机关党委书记徐德龙主持会议。

176. 30日，第224场中国工程科技论坛——2016(第二届)中国信息技术发展新趋势论坛在北京召开。陈左宁副院长，北京邮电大学校长乔建永，中国市长协会副会长齐骥出席论坛并在开幕式上致辞，工业和信息化部副部长、中科院院士怀进鹏，工程院潘云鹤、朱高峰、陈俊亮等7位院士参加了论坛，20多个城市政府和相关领域代表，以及互联网企业、高校、科研院所的300余名代表参加了论坛。

七月

177. 1日，“建设航天强国战略的深化研究”咨询项目在北京召开启动会。王礼恒院士主持会议，戚发轫、包为民、张履谦等5位院士，航天科技集团、中科院、战略支援部队等单位领导和代表约40人与会。

178. 2—3日，重大咨询项目“生态文明建设若干战略问题研究(二期)”课题研究成果汇报会在北京召开。会议由项目组长刘旭副院长主持，项目组长周济院长出席会议并讲话。孟伟、郝吉明、杜祥琬等多位院士，课题组有关专家、国家开发银行有关专家共计60余人与会。

179. 4日,周济院长主持召开2016年第12次院常务会议。总结6月重点工作,研究确定7月重点工作安排;听取关于我院定点扶贫县调研推进扶贫工作情况的汇报;关于《中国工程院2017年咨询研究项目指南》编制工作的汇报。

180. 4日,党组书记周济同志主持召开2016年第16次院党组会议,学习习近平总书记在庆祝中国共产党成立95周年大会上的重要讲话。

181. 4日,两院资深院士工作委员会第三次会议暨"百年科技强国发展战略研究"咨询项目启动会在北京召开。会议由两院资深院士工作委员会主任宋健主持,金国藩、严陆光、欧阳自远、戚发轫等两院资深院士36人,项目组专家及有关人员共计60余人与会。

182. 4—5日,由工程院与英国皇家工程院共同主办的"中英校企协同创新研讨会"在北京召开。周济院长与英国皇家工程院院长安·道琳女士(Dame Ann Dowling)出席会议并致辞。教育部副部长杜玉波、科技部副部长李萌、工信部副部长怀进鹏,以及来自中英两国政府、高校、研究院所及企业的300余位代表与会。

183. 5日,工程院会同国家环保部在北京召开"《大气污染防治行动计划》中期评估结果新闻通气会",刘旭副院长主持会议。参与评估工作的部分院士、专家,国家环保部、工程院有关部门领导及各界媒体代表共计60余人与会。

184. 5—7日,能源与矿业工程学部第九届第十五次常委扩大会议暨榆林院士行在陕西榆林召开。赵宪庚副院长,彭苏萍、李立浧、袁士义等20位院士,兖矿集团公司董事长李希勇,神华集团公司副总经理韩建国等参加活动。

185. 5—7日,由环境与轻纺学部和华南理工大学聚合物新型成型装备国家工程研究中心主办的"农地膜全回收及其高值化利用技术"研讨会暨新疆院士行活动举行。瞿金平、陈学庚院士出席并作专题报告,有关单位80余位代表与会。

186. 6—8日,"《滇池流域水污染防治规划(2011—2015年)》实施情况评估"项目组院士专家赴昆明市开展滇池保护与治理情况调研。刘旭副院长,评估组曲久辉、魏复盛、张全兴院士等评估专家,及昆明市委市政府、相关部门的有关领导专家近50人参加座谈及调研活动。

187. 7日,重大咨询项目"我国医药卫生人才培养战略研究"启动会在北京召开。会议由项目负责人樊代明副院长主持,项目顾问、全国政协副主席韩启德院士、教育部林蕙青副部长,医药卫生学部詹启敏、徐建国和杨胜利等多位院士,中华预防医学会会长王陇德院士和教育部、国家卫生计生委、国家自然科学基金委等相关职能部门领导以及项目组有关专家共50余人与会。

188. 8日,由医药卫生学部与上海院士中心联合主办的"2016医学前沿论坛暨生物医药院士高峰论坛"在上海召开。曾溢滔院士主持会议,徐建国、廖万清、周琪、黄璐琦院士,以及来自相关领域的专家100余人与会。

189. 9—10日,由土木、水利与建筑工程学部、中国地质调查局等单位共同主办的"2016城镇地质环境与可持续发展论坛"在西安召开。长安大学马建校长出席并致开幕词。卢耀如、宋振骐、周绪红等8位工程院和科学院院士以及来自全国科研院所、高校企业的专家学者200余人与会。

190. 12—15日,"第十一届选矿年评会议——矿产资源高效加工与综合利用工程前沿技术研究"在沈阳召开,王淀佐、孙传尧、刘炯天等5位院士及辽宁省政协副主席李晓安、东北大学党委书记孙家学、校长赵继等400位专家学者出席。

191. 13日,重大咨询项目"我国水安全战略和相关重大政策研究"启动会在北京召开。项目负责人王浩院士主持会议，徐德龙副院长、水利部张志彤总规划师出席并讲话。茆智、刘昌明、张杰等9位工程院和科学院院士，以及项目组专家近60人与会。

192. 15日，“稀土功能材料及应用发展战略研究”项目启动会在北京召开，干勇、张国成、屠海令等5位院士，以及北京有色金属研究总院、钢铁研究总院、北京工业大学、中国石油大学等单位的30余位学者与会，会议由屠海令院士主持。

193. 16—17日，由土木、水利与建筑工程学部等单位主办的“吉林引松工程考察暨院士专家咨询会”在长春市行，杜彦良、王梦恕、杨秀敏等9位院士，以及来自吉林引松工程业主、设计院、设备方、施工单位、相关高校和科研院所的80余人参加活动。

194. 17日，“人工智能发展战略研究”咨询项目研讨会在上海召开。徐匡迪名誉主席、周济院长、科技部党组书记王志刚、我院陈左宁副院长、潘云鹤项目组长，杨胜利、李伯虎、吴澄等6位院士及项目有关人员共计40余人与会。

195. 17日，2016年国家高端智库重点课题“强化绿色发展理念，抓好重点区域大气污染治理问题研究”启动会在京召开。会议由项目组组长郝吉明院士主持，段宁、侯立安、李阳等6位院士，及来自相关部门和研究机构的专家学者共计20余人与会。

196. 19日，党组书记周济同志主持召开2016年第17次院党组会议，学习传达中央有关文件，研究有关人事工作。

197. 21—22日，工程院与四川省人民政府科技合作创新协议签署仪式暨院士成都行活动在成都举行。周济院长和四川省尹力省长分别致辞，徐德龙副院长和刘捷副省长，郑皆连、谢和平、侯立安等10位院士出席活动。

198. 20—24日，喀纳斯科学与艺术论坛、一带一路辐射中亚五国战略咨询会召开，杨胜利、杨宝峰、程京等8位工程院院士和中科院童庆禧院士与会。会后呈送院士建议，得到了推进“一带一路”建设领导小组办公室的高度重视。

199. 21日，重点咨询项目“我国长三角地区毒害有机污染物控制战略研究”启动会在南京召开。张齐生、欧阳平凯、周翔等5位院士，及来自东华大学、环保部南京环境科学研究所、南京大学等单位的20多位领导、专家与会。

200. 23日，重点咨询项目“我国纺织产业智能制造发展战略研究”启动会在上海召开。田红旗副院长出席会议并致辞，孙晋良、俞建勇、郁铭芳等6位院士，以及来自国家工信部、行业协会、研究院校及企业的专家与会。

201. 23—24日，第225场工程科技论坛——重离子加速器的应用与推广在甘肃兰州召开。赵宪庚副院长出席会议并致辞，胡思得、樊明武、陈森玉等8位院士，以及来自国内核技术及应用领域的高等院校和科研院所的50余位专家学者与会。夏佳文院士担任论坛主席并主持学术讨论。

202. 24—30日，环境与轻纺工程学部与新疆维吾尔自治区环保厅、科技厅、科协共同举办了“资源开发可持续生态环境可持续”院士新疆行活动。刘旭副院长，郝吉明、蒋士成、姚穆等9位院士和10位相关专家，以及主办单位的领导等参加了活动。

203. 28日，工程院科技合作办公室、中科院学部工作局、北京市人力社保局、丰台区政府共同组织开展了“院士北京行·走进丰台”活动。李连达、刘耀、石学敏等8位工程院院士和王志珍、陈霖、陈俊亮等6位中科院院士参加。

204. 29日，由工程管理学部、中国航天工程科技发展战略研究院、中国航天系统科学与工程研究院联合举办的第三期钱学森论坛“引发产业变革的颠覆性技术”在北京召开。赵宪庚副院长等20位院士，以及来自国家部委、军队、央企、地方政府和企事业单位的近400位专家学者与会。论坛分别由王礼恒、孙永福院士主持。

205. 29—30日，重点咨询项目“绿色建造可持续发展现状与发展战略研究”启动会在郑州召开，项目负责人肖绪文院士主持会议，叶可明、江欢成、马克俭等9位院士及项目组相关成员与会。

八月

206. 1—3日，由钱旭红院士负责的“中国农药产业的技术创新与发展转型战略研究”项目启动会在上海召开，40余位专家与会。

207. 2日，周济院长主持召开2016年第13次院常务会议。总结7月份重点工作，研究确定8月份重点工作安排；听取关于2017年咨询研究项目立项工作意见的汇报；关于“加快航天强国建设战略的深化研究”咨询项目申请立项情况的汇报。

208. 2日，党组书记周济同志主持召开2016年第18次院党组会议，传达学习王岐山等领导重要讲话精神，学习《中国共产党问责条例》，听取2017年度预算编制工作汇报，研究有关人事工作。

209. 3日，“我国工业炸药现场混装技术及装药爆破一体化模式的发展及政策研究”项目启动会在北京召开。汪旭光、蔡美峰、彭苏萍等院士及20余位专家与会。

210. 6日，由农业学部、河南农业大学、河南粮食作物协同创新中心等6家单位联合主办的第二届小麦“黄河论坛”——小麦赤霉病抗性遗传改良峰会在郑州召开。刘旭副院长，程顺和、张改平院士，和来自全国各地的60余名专家学者与会。

211. 7—9日，第八届中国包头稀土产业国际论坛暨2016中国稀土功能新材料与应用产品国际展览会在包头举行。干勇、李依依、都有为等5位院士、内蒙古自治区党委常委、包头市委书记王中和，自治区副主席白向群出席会议。

212. 8日，由信息与电子工程学部与FFD & Big Search Steering Committee共同主办的第五届FFD暨第三届Big Search论坛在云南玉溪召开。中国网络安全协会理事长、中国电子信息产业集团首席科学家方滨兴院士在开幕式上致辞，国防科技大学、云南大学、北京大学等10余家高校和科研院所、互联网企业的代表共计40余人与会。

213. 9—10日，由械与运载工程学部和国家自然科学基金委员会工程与材料科学部联合主办，由大连理工大学等承办的“四届全球华人教授制造科学中青年论坛”在大连召开。会议主题为“制造前沿与中国制造2025”，郭东明院士主持会议，会议规模40人，包括13名国外专家。

214. 11—14日，由医药卫生学部、中国医师协会主办的中国工程院2016医学前沿论坛暨中美精准肿瘤学高峰论坛、中国医师协会放射肿瘤治疗医师分会第一届年会在济南召开。樊代明副院长等到会讲话，大会主席、山东省肿瘤医院院长于金明院士致辞。来自国内外的约1000名肿瘤专家和科技工作者与会。

215. 12—13日，“中国工程科技论坛第227场——精准医学与创伤救治”在贵阳召开。贵州省副省长何力，刘德培、王正国、付小兵等6位院士，以及有关部门、学校和科研院所、企业的领导、专家学者等共计400余人与会。

216. 12—13日，机械与运载工程学部院士参观在建的某大型装备，听取有关汇报并开展座谈。田红旗副院长,金东寒等13名院士参加。

217. 14日,由能源与矿业工程学部主办的“煤矿冲击地压防治工程前沿技术高端论坛”在葫芦岛召开。袁亮院士担任论坛主席,彭苏萍、顾金才、金智新院士,以及来自中国矿业大学、中国矿业大学(北京)、辽宁工程技术大学和澳大利亚、俄罗斯等20多家国内外科研院校、企业的百余名专家学者与会。

218. 15日,“中国草业发展战略研究中心”在兰州召开第一届理事会第一次会议。农业部副部长于康震、甘肃省副省长郝远、我院副院长赵宪庚、刘旭,兰州大学校长王乘,任继周、南志标院士,以及有关部门领导与会。会议由中国草业发展战略研究中心理事长刘旭主持。

219. 15日,由工程院、上海市人民政府和中国船舶重工集团公司共同主办的国际工程科技发展战略高端论坛——机械与运载工程科技2035发展战略论坛在上海召开。徐匡迪名誉主席、周济院长、田红旗副院长、钟志华秘书长、机械与运载工程学部主任尹泽勇、上海大学校长金东寒等40余位国内外院士,国家自然科学基金委副主任高文、上海市副市长周波等有关领导、中船重工集团公司副总经理杜刚等专家、政府部门代表共计200余人与会。

220. 15日,樊代明副院长会见来访的英国外交部政务次官 Alok Sharma 一行。英国驻华使馆临时代办 Martyn Roper,英国外交部对华事务司司长 Gareth Ward,英国驻华公使衔参赞 Colin Crooks 等会见时在座。

221. 16日,周济院长主持召开2016年第14次院常务会议。讨论《中国工程院工作规则》(修订稿);听取关于“创新与新兴产业发展国际会议”筹备情况的汇报。

222. 16日,党组书记周济同志主持召开2016年第19次院党组会议,听取领导干部个人事项报告抽查核实情况汇报,研究有关人事工作。

223. 16日,第226场中国工程科技论坛——“核电大段件高性能化智能制造论坛”在上海召开。田红旗副院长和上海交通大学黄震副校长分别致辞,潘健生院士主持论坛开幕式。

224. 16—19日,由工程院、中国草学会、兰州大学、草地农业生态系统国家重点实验室主办的“第九届国际牧草与草坪草分子育种学术研讨会”在兰州召开。刘旭副院长,任继周、南志标院士,来自澳大利亚、美国、日本、韩国、荷兰、墨西哥和中国等10余个国家的280余名草业科学研究领域的专家学者与会。

225. 17日,由信息与电子工程学部主办的“信息丝绸之路高峰论坛”在新疆维吾尔自治区召开。陈左宁副院长等11位院士,新疆维吾尔自治区人大常委会副主任董新光、新疆大学党委书记赵嘉麒、校长塔西甫拉提·特依拜等有关领导,自治区各委、办、厅、局和地州有关部门的负责同志,自治区高校、科研院所和知名IT企业的科研人员等共计300余人与会。

226. 17日,由能源与矿业工程学部主办的“高含水油田提高采收率工程前沿技术研讨会”在北京召开。会议由李阳院士主持,赵宪庚副院长在开幕式上致辞,彭苏萍、袁士义、王德民等9位院士,中国石油化工股份有限公司高级副总裁王志刚教授,以及有关企业、科研院所和高校的专家、代表共计50余人与会。

227. 18日,工程院、中科院和北京市人才工作领导小组在北京联合召开“首都院士之家”揭牌仪式暨“院士怀柔行”见面会。我院副院长徐德龙,中科院副院长王恩哥,北京市委常委、组织部长姜志刚出席会议并分别致辞,北京市副市长林克庆主持会议。左铁镛、陈俊亮、陈厚群等13位工程院院士和10位中科院院士与会。

228. 18 日，农业学部咨询项目“长江流域杂交水稻可持续发展战略研究”结题验收会在成都召开。朱英国、荣廷昭院士和验收专家、项目组主要成员与会。

229. 19—21 日，由工程院和陕西省人民政府共同主办的国际工程科技发展战略高端论坛“基础设施建设工程管理”、第 228 场中国工程科技论坛“‘一带一路’建设工程管理”暨第十届中国工程管理论坛在西安召开。周济院长、赵宪庚副院长、徐德龙副院长，陕西省胡和平省长、张道宏副省长、省人大李金柱副主任，以及两院的 28 位院士，来自美国、比利时、丹麦的 7 位外国工程管理专家和来自高校、科研院所、工程企业、陕西省各高校、新闻媒体界的代表共计 400 余人与会。周济院长、胡和平省长、美国工程管理学会 Geert Letens 理事长分别致辞，赵宪庚副院长主持论坛开幕式。

230. 20—22 日，由工程院与黑龙江人民政府、中科院共同主办的 2016 年院士龙江行在哈尔滨举行。徐德龙副院长，干勇、薛群基、王一德等 11 位工程院院士和 3 位中科院院士、专家出席活动。

231. 20—22 日，由土木、水利与建筑工程学部、山东省科学技术厅、山东大学等 5 家单位共同主办的“渤海海底隧道修建关键技术高端论坛”在烟台召开。王梦恕、周福霖、崔俊芝等 22 位院士，有关领导，来自美国、英国、韩国等 8 个国家隧道领域的国际知名专家及国内高校、科研院所和企业的 150 位代表与会。

232. 22—24 日，由农业学部、中国作物学会栽培专业委员会主办的“第十七次全国小麦栽培科学学术研讨会”在武汉召开。刘旭副院长，于振文、张洪程院士以及全国近 400 名代表与会。

233. 25 日，工程院与中国建筑股份有限公司签署战略合作协议，周济院长、中国建筑股份有限公司董事长官庆在签字仪式上致辞，徐德龙副院长、中国建筑股份有限公司王祥明总经理代表双方在合作协议上签字，周福霖、王浩、周绪红等 9 位院士见证签字仪式。

234. 25 日，中国工程科技创新战略研究院第一届理事会第一次会议，成立大会暨第一届学术委员会第一次会议先后在北京召开。周济院长主持召开了理事会会议，来自 16 家单位的理事会成员单位代表参加会议。

235. 26 日，中国工程院战略研究联盟理事会成立大会在北京召开。周济院长、赵宪庚副院长、院战略咨询中心和各战略研究院(中心)有关负责同志出席会议。

236. 8 月 29 日至 9 月 2 日，赵宪庚副院长率团赴日本出席在福冈召开的“第 19 届中日韩工程院圆桌会议暨先进维护国际研讨会”。

237. 30 日，周济院长主持召开 2016 年第 15 次院常务会议。总结 8 月份重点工作，研究确定 9 月份重点工作安排。

238. 30 日，党组书记周济同志主持召开 2016 年第 20 次院党组会议，听取我院深化落实八项规定情况报告。

239. 30 日，工程院院刊与农业学部联合专题主编工作会在北京召开。刘旭副院长主持会议，《Engineering》主编钟志华秘书长，李德发院士和有关人员与会，钱旭红院士通过视频参会。

九月

240. 3 日，《Engineering》主编工作扩大会议在北京召开。周济院长、钟志华秘书长、钱旭红院士与期刊共同主编、图灵奖得主 Raj Reddy 教授商讨期刊下一步发展计划。

241. 4 日，由工程院主办，联合国教科文组织国际工程科技知识中心承办的联合国教科文组织国际工程科技知识中心“2016 国际高端研讨会——知识服务与智能城市”在北京召开。20 余位中外知名院士、专家及 400 余位国内外代表与会。周济院长、陈左宁副院长，中国联合国教科文组织全国委员会副秘书长周家贵及 UNESCO 驻华代表处项目专家汉斯·图尔斯特鲁普(Hans Thulstrup)先生分别致辞，吴澄院士主持会议。

242. 4—8 日，由工程院和西藏自治区人民政府共同主办的“中国工程院院士西藏行”在西藏林芝举行。赵宪庚副院长，彭苏萍、李立浧、袁士义等 24 位院士参加。期间，召开了“西藏清洁能源开发主题研讨会”，自治区主席洛桑江村，我院副院长赵宪庚先后致辞。

243. 6 日，“新材料产业发展重大行动计划”课题启动会在北京召开。徐匡迪、干勇、屠海令等 12 位院士出席会议。

244. 7 日，中国粳稻发展战略暨超级稻 20 周年研讨会在沈阳召开。刘旭副院长，陈温福、颜龙安、万建民、张洪程院士以及有关专家学者共 150 余人与会。

245. 8 日，“生态文明建设若干战略问题研究项目(三期)”立项工作汇报会在北京召开。会议由项目组组长刘旭院士主持，项目组有关专家等 19 人与会。

246. 8—9 日，由医药卫生学部、中华医学会、中华医学会小儿外科学分会等联合主办的 2016 年医学前沿论坛暨第六届儿童肿瘤研究高峰论坛在西安召开。樊代明副院长，张金哲院士、美国科学院 Aravinda Chakravarti 院士等该领域的国内外专家学者共 1600 余人与会。

247. 9—11 日，由气候变迁与能源可持续发展研究院、财团法人台湾永续能源研究基金会共同主办的第十二届海峡两岸气候变迁与能源可持续发展论坛在北京召开。两院的 12 名院士、52 名台湾嘉宾以及有关专家学者共计 80 余人与会。会前，赵宪庚副院长会见了与会的财团法人台湾永续能源研究基金会董事长简又新率领的代表团一行，谢克昌、袁亮院士等陪同会见。

248. 10 日，由工程院、中国食品土蓄进出口商会、吉林农业大学等 7 家单位共同主办的第二届中国灵芝大会、国际经济菌物大会暨中国工程院第 229 场中国工程科技论坛——经济菌物论坛在浙江龙泉召开。刘旭副院长，李玉、邓秀新、陈温福等 8 位院士，来自英国、日本、韩国、俄罗斯、新西兰、泰国、中国的专家学者、企业代表共计 300 余人与会。

249. 10—11 日，由信息与电子工程学部主办，航天科工智慧产业发展有限公司承办的“智慧城市规划、建设及仿真工程前沿技术研究”论坛在宁波召开。潘云鹤、倪光南、李德仁等 14 位院士以及数十位专家、学者与会。

250. 10—11 日，由医药卫生学部、中国医疗保健国际交流促进会妇儿医疗保健分会、湖北(武汉)院士咨询服务(活动)中心共同主办的 2016 医学前沿论坛暨第七届中国妇儿健康发展促进高峰论坛“关注妇儿健康，拥抱美好明天”在武汉召开。曾溢滔院士主持开幕式，樊代明副院长，杨胜利、周宏灏等 7 位院士和来自全国各地妇儿医疗健康领域科研、临床、教学一线的科技工作者和相关领域专家共 800 余人与会。

251. 11 日，由李佩成院士承担的重点咨询项目“干旱半干旱地区多种农业水资源合理配置及有效利用战略研究”会议在西安召开。山仑、汤中立、康绍忠院士及项目有关人员 20 余人与会。

252. 11—13 日，由工程院和陕西省人民政府、河南省人民政府、湖北省人民政府、重庆市人民政府、四川省人民政府、甘肃省人民政府联合主办的“第 231 场中国工程科技论坛——秦巴论坛”在西安召开。徐德龙副院长为大会主席，樊代明副院长主持论坛开幕式。陕西省省长胡和平，全国政协常委、外事委员会主任、工程院原常务副院长潘云鹤，工程院副院长赵宪庚、樊代明、徐德龙、刘旭，科技部副部长徐南平，四川省副省长杨洪波，陕西省副省长姜峰，重庆市政协副主席周克勤，甘肃省政协副主席张世珍等有关部委、省市、大学、科研院所、企业的领导、专家，以及美国、德国、奥地利等外国的专家学者共计400多位代表与会。

253. 12—16日，周济院长率团赴英国伦敦出席国际工程与技术科学院理事会（CAETS）2016年会系列会议。

254. 13日，“推动能源生产和消费革命战略研究（二期）”项目研究阶段中期研讨会议在北京召开。工程院原副院长、项目组长谢克昌主持会议，杜祥琬、倪维斗、江亿等8位院士，各课题组长及相关专家共计90余人与会。

255. 16—17日，由医药卫生学部主办，郑州大学第一附属医院承办的转化医学院士论坛暨互联网医疗战略咨询会在郑州召开。杨宝峰、杨胜利、丛斌等6位院士，以及有关部门领导、专家40余人与会。

256. 17—19日，第三届青岛储能技术论坛暨第二届全国固态电池技术及材料基因组方法应用研讨会在青岛召开，陈立泉、蹇锡高、陈勇、南策文院士及350余位专家出席。

257. 18日，中国工程科技中长期发展战略研究项目——“中国自然保护区体系构建战略研究”结题验收会在哈尔滨召开。马建章、李坚院士，验收专家、项目组成员等共17人与会。

258. 18日，由闵恩泽基金主办、中国石化上海石油化工研究院协办的“闵恩泽能源化工奖”基金2016年度学术交流会在上海召开。会议主题为“弘扬闵恩泽先生科学精神，交流研讨生物质能源与化工领域的最新进展”。基金理事会理事、秘书长王基铭院士到会讲话，谢克昌等6位院士作大会报告。特邀专家、获奖人代表和来自工程院、复旦大学、浙江大学等有关院校和企业的代表共计100余人与会。交流会由何鸣远、林国强院士共同主持。

259. 18—19日，“低碳奥运院士行”活动在张家口举行。能源与矿业工程学部主任彭苏萍和黄其励、邱爱慈、杨裕生等14名院士，河北省副省长张杰辉，全球能源互联网发展合作组织主席、中国电力企业联合会理事长刘振亚，国家电网公司副总经理王敏以及电力领域相关专家参加。

260. 19日，由工程院二局、贵州省委组织部、贵州省科学技术协会等6家单位联合主办的“绿色发展·农旅结合·院士助力·脱贫攻坚”2016年中国安顺黄果树绿色发展院士论坛在安顺召开。刘旭副院长，孙九林、罗锡文、夏咸柱等11位院士和有关领导、专家学者共100余人与会。

261. 20日，工程院与国家电网公司签署科技合作框架协议。院长周济、副院长赵宪庚、徐德龙，彭苏萍、黄其励、袁亮、郭剑波等有关院士，国家电网公司董事长舒印彪，全球能源互联网发展合作组织主席、中国电力企业联合会理事长刘振亚，国家电网公司副总经理栾军等出席，赵宪庚主持会议，徐德龙、栾军代表双方在合作协议上签字。

262. 20—22日，由化工、冶金与材料工程学部主办，中国钢研科技集团有限公司等单位承办的中国科学仪器设备与试验技术发展高峰论坛（PFIT’2016）在北京召开。干勇、王海舟、屠海令等5位院士及来多名专家、学者与会。王海舟院士担任大会主席。

263. 21日，“智能制造与人工智能”产业论坛在深圳召开。柴天佑院士作了主题报告，会议围绕珠三角地区智能制造和人工智能产业的发展状况和未来趋势展开交流。

264. 22—25日，由工程院、中国医学科学院和美国国立卫生研究院临床研究中心联合主办的国际临床和转化医学论坛在上海召开。组委会主任杨胜利院士主持开幕式，大会主席樊代明副院长、中国医学科学院曹雪涛院长、美国国立卫生研究院临床研究中心 John I.Gallin 主任和世界卫生组织 Ivana Knezevic 教授分别致辞。桑国卫、陈亚珠、程京等十余位院士及来自各国的顶级专家百余人与会。期间，还召开了“健康中国与转化医学”高端论坛。杨胜利、闻玉梅、沈倍奋等 9 位院士，以及来自美国国立卫生研究院的专家、世界卫生组织代表的国内外顶级专家 40 余人与会。

265. 23 日，由环境与轻纺工程学部、中国气象局国家气候中心、上海市气象局共同主办的“气候变化对城市暴雨影响及复合灾害应对”研讨会在上海召开。杜祥琬、丁一汇、张建云、徐祥德院士，国务院刘燕华参事以及有关专家学者与会。

266. 23 日，第四届中国工程院院刊发展研讨会在上海召开。会议由樊代明副院长主持。刘旭副院长，上海交通大学张杰校长、黄震副校长，翁史烈、陈赛娟、钱旭红等院士，高等教育出版社等有关单位领导及负责人出席会议。

267. 24 日，由土木、水利与建筑工程学部主办，西安建筑科技大学、中国建筑西北设计研究院承办的“‘一带一路’建筑发展论坛”在西安召开。徐德龙副院长、陕西省人大常委会李金柱副主任、西安建筑科技大学刘晓君校长在开幕式上致辞，工程院张锦秋、何镜堂、王小东等 7 位院士，中科院常青院士，建筑领域著名专家及西安建筑科技大学师生等近 500 人与会。西安建筑科技大学书记苏三庆主持开幕式。

268. 24 日，医药卫生学部 2016 年度第 3 次常委扩大会议在上海召开，7 位学部常委、院主席团成员张伯礼院士和 6 位特邀院士参加会议，学部主任杨宝峰院士主持会议。会议议题主要有：审议中国工程科技 2035 发展战略研究医药卫生领域课题进展，中国工程科技中长期发展战略研究 2015 年立项项目中期评议，审议讨论 2017 年医药卫生学部咨询项目、学术活动申报，讨论 2017 年院士增选工作和院刊出版工作等有关工作。

269. 24—26 日，由化工、冶金与材料工程学部、中国材料研究学会、材料学术联盟共同主办，西安交通大学和南京工业大学承办的“2016 新材料国际发展趋势高层论坛”在南京召开。干勇、周廉、黄维、黄伯云等 34 位国内外院士，国家自然科学基金委副主任高瑞平、中国科协副主席王曦院士，17 位工程院院士、15 位中科院院士、11 位海外院士，以及 1200 余位材料领域的专家学者与会。

270. 25 日，由农业学部主办，科技部农村技术开发中心支持的“生物质能源走向‘一带一路’研讨会”在北京召开。石元春、匡廷云、张齐生院士，有关专家和企业界代表等共 30 余人与会。

271. 25—28 日，由环境与轻纺工程学部、宁夏回族自治区党委组织部、人力资源和社会保障厅、环境保护厅共同主办的“院士宁夏环保行”活动在宁夏举行。郝吉明、孟伟、魏复盛等 8 位院士和有关专家参加活动。

272. 27 日，周济院长主持召开 2016 年第 16 次院常务会议。总结 9 月份重点工作，研究确定 10 月份重点工作安排。

273. 27 日，党组书记周济同志主持召开 2016 年第 21 次院党组会议，学习党委中心组学习经验交流会会议精神，研究干部挂职等工作。

274. 27—28 日，第 230 场中国工程科技论坛在兰州召开。论坛主题为“草地农业、食物安全、生态安全”。刘旭副院长，任继周、向仲怀、南志标院士，中科院院士、青海大学校长王光谦，兰州大学校长王乘，以及国内外专家学者共计 200 余人与会。

275. 28 日，由工程院和国际医学科学院组织共同主办的国际医学科学院组织 2016 年全体成员大会暨健康促进高端论坛在北京召开。国务院副总理刘延东出席会议并作主旨报告。来自世界各国科学院、工程院和医学科学院的 300 多名专家学者与会。周济院长会见了与会嘉宾。会上，刘德培院士当选为国际医学科学院组织双主席。

276. 28 日,中国工程科技中长期发展战略研究工作联合领导小组第 5 次会议在北京召开。周济院长主持会议,项目领导小组组长、国家自然科学基金委员会杨卫出席会议。联合领导小组成员、“中国工程科技 2035 发展战略研究”项目总体组、各领域课题组组长及工作组相关人员与会。

277. 28 日,“中国人工智能 2.0 发展战略研究”重大咨询研究项目报告会在杭州召开。徐匡迪名誉主席、赵宪庚副院长、科技部李萌副部长、浙江省冯飞副省长、邬贺铨原副院长、浙江大学吴朝晖校长等相关院士与专家 100 余位与会,项目组长潘云鹤院士主持会议。

278. 28 日,第六届院士增选委员会第八次会议在北京召开。刘旭副院长主持会议,周济院长出席。会议审议了 2017 年院士增选名额分配方案建议,院士增选相关修订文件,通过了 2017 年院士增选特别提名小组成员建议名单。

十月

279. 7—8 日,由医药卫生学部、北京医学会共同主办的 2016 年中国工程院医药卫生学部肾脏病前沿论坛暨北京医学会肾脏病、血液净化学术年会、华北地区肾脏病学术年会在北京召开。陈香美、王辰院士及来自全国各地肾脏病、血液净化领域的专家学者共计 400 余人与会。

280. 9—10 日,由农业学部、新疆农垦科学院主办的“2016 农田残膜污染治理现场演示暨学术交流研讨会”在石河子市召开。陈学庚、罗锡文、陈温福和瞿金平院士,及来自全国各地的 100 多位专家、企业家与会。

281. 9—11 日,由信息与电子工程学部、国家自然科学基金委员会和中国光学工程学会主办的“第二届国际微波光子学技术及应用研讨会”在上海召开。来自西班牙、意大利、瑞士的专家及国内代表共计 200 余人与会。

282. 9—12 日,由工程院、中国医学科学院和德国科学院共同主办的第一届中德个体化医学论坛在西安召开。樊代明副院长,曹雪涛、刘志红、程京等 8 位工程院和中科院院士,4 名专家,包括 8 位德国科学院院士在内的 12 位德方专家,以及有关人员与会。

283. 10 日,周济院长出席了《Engineering》期刊十二场专题启动会,部署 2017 年的专题工作。期刊执行主编钱旭红院士,专题主编卢秉恒、王华明、韦钰等 10 位院士,学部办公室和主编室人员与会。

284. 10—11 日,由土木、水利与建筑工程学部、中国土木工程学会土力学及岩土工程分会、浙江大学滨海与城市岩土工程研究中心共同主办的“2016 城市岩土工程西湖论坛”在杭州召开。郑颖人、王光谦、缪昌文等 6 位工程院和中科院院士,以及来自高校、研究院所、相关企业的教授、工程师等共计 200 余人与会。

285. 10—13 日,2016 先进结构材料国际论坛暨第五届金属间化合物会议在北京召开。田红旗副院长,徐惠彬、屠海令、赵连城等 12 位院士,来自美、英、日、德、法、澳等国家,以及有关大学、科研院所的近 200 名专家学者与会。

286. 11 日,赵宪庚副院长主持召开中国工程院 2016 年第 17 次院常务会议。听取关于增加 2017 年学术活动经费及增加咨询研究项目的汇报。

287. 11 日,党组书记周济同志主持召开 2016 年第 22 次院党组会议,研究有关人事工作。

288. 11 日,由工程院主办,信息与电子工程学部、中国仿真学会共同承办的第 237 场工程科技论坛——“互联网+时代的建模与仿真技术”论坛在北京召开。信息与电子工程学部主任卢锡城与中国仿真学会理事长赵沁平院士出席论坛并致辞,李伯虎院士担任论坛主席,7位院士及国内仿真领域的专家300余人与会。

289. 12日,由工程院主办,环境与轻纺工程学部、浙江大学、浙江省科协等单位承办的第232场中国工程科技论坛“面向水安全保障的工程与技术创新”在嘉兴召开。侯立安院士主持开幕式,刘旭副院长、浙江省科协姜长才副主席、浙江大学严建华副校长出席开幕式并致辞。工程院丁一汇、孟伟、高从堦、潘德炉院士,科学院费维扬院士,以及来自全国部分高校、科研院所的专家和企业家等共计350余人与会。

290. 12日,由土木、水利与建筑工程学部主办的“面向生态的水资源综合调度学术研讨会”在大连召开。王浩、张勇传、胡春宏3位院士,以及来自高校和相关领域的专家学者及师生共计100余人与会。

291. 12日,徐匡迪名誉主席、周济院长在北京会见来访的瑞典新任驻华大使林黛安女士(Alejandro Gamboa Castilla)一行。

292. 12—13日,由医药卫生学部和中南大学湘雅医院联合主办的“2016医学前沿论坛、个体化医学湘雅论坛·2016”在长沙召开。杨胜利、付小兵、林东昕和周宏灏等院士,及有关领导、专家共计400余人与会。

293. 13—14日,“应急·医学·医保·救援装备产业化与信息技术”中国工程科技论坛在潍坊召开。刘旭副院长出席并致辞,邱贵兴、王礼恒、夏照帆等8位院士及有关专家与会。

294. 13—14日,由环境与轻纺工程学部主办,中国环境科学研究院、环境基准与风险评估国家重点实验室承办的“环境基准高端论坛”在北京召开。丁一汇、刘鸿亮、任振海等10位工程院院士及科学院陶澍院士,来自全国各大高校、研究院所和香港地区高校的100余位专家与会。

295. 13—15日,由工程院、国际园艺学会和中国园艺学会主办,西北农林科技大学和中国农业大学等单位承办的“第一届世界苹果大会暨苹果砧木育种与生产国际学术研讨会”在陕西召开。徐德龙副院长出席开幕式并致辞。邓秀新、束怀瑞、山仑院士,农业部于康震副部长,陕西省冯新柱副省长等及来自26个国家的专家学者与企业代表共计800余人与会。

296. 14—15日,由工程院主办,化工、冶金与材料工程学部、中国爆破行业协会和中国力学学会承办的第233场中国工程科技论坛——爆破新理论、新技术与创新成果暨第十一届中国爆破行业学术会议在沈阳召开。汪旭光院士担任大会主席,徐德龙副院长,王一德、王泽山、姜德生等院士,以及中科院力学研究所、北京科技大学、北京矿冶研究总院等单位的专家学者共计500余人与会。

297. 14—15日,由工程院主办,能源与矿业工程学部、北京科技大学共同承办的第234场工程科技论坛——“深部矿产资源高效开发与利用”在北京召开。彭苏萍院士主持开幕式,赵宪庚副院长在开幕式上致辞,古德生、周世宁等11位工程院院士,宋振骐、何满潮2位科学院院士,俄罗斯自然科学院VV Makarow院士,以及有关高校、科研院所和企业的专家学者共计300余人与会。

298. 14—15日,由医药卫生学部与浙江省科学技术协会、杭州市科学技术协会、杭州市余杭区人民政府共同主办的“2016生物医药余杭院士行暨2016中国药物创新及产业化院士论坛”在浙江省余杭举行。第十一届全国人大常委会副委员长桑国卫院士,工程院副院长田红旗,杨宝峰、李兰娟、孙燕等12位院士和来自全国各地医药界专家及有关部门领导共计300余人与会。

299. 15日,由环境与轻纺工程学部主办的“中国工程院桥梁腐蚀控制工程前沿技术论坛”在广西柳州召开。侯宝荣、郑皆连院士出席论坛,来自中、美等国家的专家共计300余人与会。

300. 15日,农业学部重点咨询项目“人兽共患病防控战略研究”项目验收会在北京召开。项目组长夏咸柱主持会议,刘秀梵、张改平、庞国芳院士,和验收专家、项目组成员等共30余人与会。

301. 16—17日,由能源与矿业工程学部、中国电池工业协会主办的第四届全国铅蓄电池新技术研讨会在曲阜召开。彭苏萍、杨裕生院士,中国轻工业联合会、工业和信息化部等单位领导,以及有关行业协会、高校和科研院所的专家学者共计300余人与会。

302. 17—19日,由中国工程院与美国工程院联合主办,环境与轻纺工程学部、土木、水利与建筑工程学部、美国土木工程师协会等单位联合承办的中国工程院国际工程科技发展战略高端论坛——“2016城市可持续建设国际会议”在深圳召开。周济院长、美国国家工程院院长丹尼尔·莫特(C.D. Mote, JR)分别通过视频向大会致辞,赵宪庚副院长,美国国家工程院外事秘书露丝·戴维(Ruth A. David)、深圳市副市长吴以环等出席开幕式并致辞。来自中国、美国、加拿大和欧洲各国的院士、专家共计300余人与会。

303. 19—20日,由能源与矿业工程学部、中国地质科学院和中国矿业联合会主办的洛阳金属矿产资源勘察开发院士行在河南洛阳举行。彭苏萍、袁士义等15位院士参加。

304. 19—20日,由工程院教育委员会、教育部高等教育司指导,中国高等教育学会主办的“中国制造2025与中国高等工程教育的发展与变革”高等教育峰会在成都召开。谢和平、李德毅和段宝岩院士以及来自国内外企业、高校的有关领导、专家学者近千人与会。

305. 20—21日,由土木、水利与建筑工程学部和中国大坝工程学会共同主办的“中国大坝工程学会2016学术年会暨国际水库大坝研讨会”在西安召开。马洪琪、陈厚群、周丰峻、钮新强等4位院士,以及来自16个国家和地区的600余名专家与会。

306. 20—22日,由工程院主办,清华大学、生物芯片北京国家工程研究中心、中国医药生物技术协会生物芯片分会等单位承办与协办的第235场中国工程科技论坛——分子诊断技术暨第七届中国分子诊断技术大会在广东省东莞市召开。樊代明副院长,广东省政府袁宝成副省长,程京、林东昕院士,科学院杨焕明院士,有关单位领导、专家学者及业内人士700余人与会。

307. 20—22日,由我院和法国国家医学科学院共同主办的“第六届中法代谢类疾病研讨会”在苏州和上海两地举行。樊代明副院长,宁光、胡盛寿、阮长耿、陈赛娟等院士,法国国家医学科学院 Laurent Degos、Pierre Begue、Daniel Courturier 院士等12位法方专家以及来自中法两国共50余位代谢类疾病领域专家、领导及有关人员与会。

308. 23日,“《滇池流域水污染防治规划(2011—2015年)》实施情况评估”报告汇报会在北京召开,会议由曲久辉院士主持,郝吉明、魏复盛、钱易等6位院士及评估组专家、昆明方面专家、项目办人员近30人与会。

309. 24—27日,徐德龙副院长率团赴哈萨克斯坦出席2016中国——中亚国家建材技术研讨会。

310. 25—26日,由工程院主办,信息与电子工程学部和西安交通大学共同承办的国际工程科技发展战略高端论坛——信息领域的颠覆性技术论坛在西安召开。樊代明副院长,陕西省委常委、秘书长刘小燕、西安交通大学校长王树国出席论坛并致辞。卢锡城、郑南宁院士担任大会主席,朱高峰、韦钰、赵沁平等27位院士,美国工程院 Hratch G. Semerjian 院士以及海内外信息领域知名专家,师生代表共计 700 余人与会。

311. 28 日,周济院长会见爱思唯尔期刊全球总裁 Philippe Terheggen 先生,商讨与爱思唯尔期刊出版公司的合作事宜。

312. 28 日,由工程院、中国科协共同举办的 2016 年全国院士专家工作站建设经验交流会在福州召开。徐德龙副院长致辞,钱七虎院士作为示范站进站院士作大会交流发言。会议授予 110 家工作站为示范工作站,授予 15 家建站单位为示范单位。

313. 28—29 日,由土木、水利与建筑工程学部、中国土木工程学会、合肥工业大学等单位共同主办的"第九届全国防震减灾工程学术研讨会"在合肥召开。住建部原副部长、中国土木工程学会理事长郭允冲先生,周福霖、谢礼立、陈政清和欧进萍 4 位院士,该领域的专家学者以及企业界代表共计 700 余人与会。

314. 28—29 日,由环境与轻纺工程学部、盐城市人民政府、南京大学、清华大学共同主办的"中国工程院 2016 年院士盐城行"活动在江苏盐城举行。侯宝荣、张全兴、潘德炉等 8 位院士和有关专家参加活动。

315. 28—29 日,由工程院教育委员会、中国高等教育学会工程教育专业委员会和浙江大学联合主办的"2016 年'面向先进制造的高等工程教育变革'国际会议暨第十一届科教发展战略研讨会"在杭州召开。来自法国、英国以及国内 70 余所高校的近 200 名代表与会。

316. 29 日,由环境与轻纺工程学部、海南省科学技术协会、海南热带海洋学院共同主办的"南海海上丝绸之路生态环境问题研讨会"在三亚召开。丁德文院士出席论坛,来自国家海洋局东海分局、台湾海洋大学、中国科学院深海科学与工程研究所等研究院所和高校的专家、师生共计 300 余人与会。

317. 31 日,周济院长主持召开 2016 年第 18 次院常务会议。总结 10 月份重点工作,研究确定 11 月份重点工作安排。

318. 31 日,周济院长主持召开第六届主席团第 14 次会议,传达学习党的十八届六中全会精神;审议《中国工程院工作规则》修订事项;审议秘书长人选变动事项。

319. 31 日,党组书记周济同志主持召开 2016 年第 23 次院党组会议,传达学习党的十八届六中全会精神,研究做好巡视相关准备工作。

320. 31 日,《Engineering》主编工作会在上海召开,周济院长、钟志华院士、钱旭红院士、Raj Reddy 教授、Robin Batterham 教授、Chen Gang 教授、吴向教授等国内外主编出席会议。本次会议讨论了编委会主编的调整情况、Engineering 的工作进展和 2017 年的工作计划。

321. 31 日,周济院长和澳大利亚工程院前院长 Robin Batterham 教授在上海签署了中国工程院与澳大利亚科技与工程院合作协议,将由澳大利亚工程院支持《Engineering》期刊有关工作。

十一月

322. 1—3 日,由工程院和上海市人民政府牵头,国家发展和改革委员会、科学技术部、工业和信息化部、商务部、中国科学院等部门共同主办的"创新与新兴产业发展国际会议"在上海召开。周济院长主持开幕式并致辞,上海市市长杨雄和联合国工业发展组织区域代表包锐理(Ralf Bredel)出席开幕式并致辞。全国政协副主席万钢、全国人大原副委员长桑国卫和俄罗斯工贸部长、英特尔公司 CEO、大众集团管理委员会主席、德国生物与化工联合会主席等作了主旨报告。主席团名誉主席徐匡迪、工信部部长苗圩等有关单位领导，来自政、产、学、研、用等领域的国内外院士、专家学者共计700余人与会。

323. 1—4日，由工程院与浙江省人民政府、宁波市人民政府共同主办的“中国工程院化工、冶金与材料工程第十一届学术会议——‘化工、冶金、材料’前沿与创新”在宁波召开。徐匡迪名誉主席，徐德龙副院长，干勇、谢克昌原副院长，浙江省冯飞副省长，宁波市人大常委会王勇主任，国家自然科学基金委高瑞平副主任，64位院士与来自化工、冶金、材料领域的专家学者共计500余位与会。

324. 2日，由工程院与韩国工程院共同主办、同济大学承办的“第二届中韩产业创新论坛”在上海召开。中国工程院院长周济、韩国工程院院长吴永镐及同济大学校长钟志华院士分别致开幕词。出席会议的韩方代表有韩国工程院的16位院士专家、韩国驻上海总领馆、大韩贸易投资振兴公社及在华韩企的30位代表，中方参会人员为政府、产业界和高校科研院所的院士专家，共计200余人与会。

325. 2—9日，由联合国教科文组织国际工程科技知识中心主办，浙江大学计算机学院和数字图书馆教育部工程研究中心共同承办的国际工程科技知识中心2016国际培训班在杭州举办。本次培训班的主题为“大数据技术应用与知识服务”，来自联合国教科文组织下属11所二类中心的30余位学员参加了培训。

326. 4日，周济院长在北京会见来访的外籍院士、日本工程院常务副院长小泉英明（Koizumu Hideaki）一行。双方就推动两国工程院科技创新合作和战略前沿问题进行了探讨。

327. 5—7日，由工程院、工信部以及河南、河北、山西、内蒙古、安徽、江西、湖北、陕西等九省人民政府共同主办的2016中国（郑州）产业转移系列对接活动暨郑洛新国家自主创新示范区院士行活动在河南举行。周济院长、田红旗副院长，干勇、段正澄、樊会涛等9位院士，制造业研究室主任屈贤明教授，工信部部长苗圩，河南省委书记谢伏瞻、省长陈润儿等出席。期间，工程院与河南省人民政府签署新一轮战略合作框架协议。

328. 7—12日，徐德龙副院长率11人的院士专家团赴台湾，参加工程院与台湾工研院共同主办的“2016两岸产业工程科技交流论坛”。

329. 8日，党组书记周济同志主持召开党组第24次会议，学习党的十八届六中全会精神和中央领导关于巡视工作的重要讲话精神和要求，研究迎接专项巡视准备工作情况，讨论党组工作报告，听取中创公司工作进展情况汇报。

330. 8日，由工程院主办，土木、水利与建筑工程学部和武汉大学承办的“第238场中国工程科技论坛——精确时空信息技术与应用”在湖北武汉召开。武汉大学党委书记韩进教授，宁津生、李德仁、郑守仁等13位院士，以及相关领域的专家学者200余人与会。

331. 8日，由环境与轻纺工程学部、杭州市余杭区科协共同主办的余杭院士行活动在余杭举行，周翔、蒋士成、俞建勇3位院士及有关专家参加活动。

332. 10日，由土木、水利与建筑工程学部、中国建筑股份有限公司共同主办的“地铁绿色建造发展论坛”在长沙召开。论坛由肖绪文院士主持，周福霖、钱七虎、叶可明等7位院士，中国建筑股份有限公司毛志兵总工程师、张翌副总经济师，以及相关领域专家近200人与会。

333. 10—11日，由工程院主办，农业学部和中国农业大学承办的“2035农业工程科技仿真战略国际高端论坛”在京召开。刘旭副院长，中国农业大学校长柯炳生，汪懋华、戴景瑞、刘秀梵等6

位院士,来自美国、加拿大的10位外籍专家学者,以及国内有关农林高校、科研院所代表和中国农业大学师生共计100余人与会。

334. 11日,2016院士专家深圳(坪山)行暨“转基因动物制药产业化战略研究咨询会”举行,曾溢滔、甄永苏、丛斌院士参加。

335. 12—13日,由土木、水利与建筑工程学部、国家自然科学基金委员会工程与材料科学学部等单位共同主办的“第三届建筑科学与工程创新论坛”在济南召开。周绪红、王梦恕、崔俊芝等7位院士,山东大学、济南市人民政府以及高等院校、科研院所等单位的领导和业内人士共140余人与会。

336. 12—20日,谢克昌院士率团赴摩洛哥马拉喀什出席《联合国气候变化框架公约》第22次缔约方会议、《京都议定书》第八次缔约方会议和《巴黎协定》第一次缔约方会议。

337. 13日,中央第八巡视组专项巡视工程院党组工作动员会召开。会议由党组书记周济主持,中央巡视工作领导小组成员杨晓超、中央第八巡视组组长宁延令出席会议并讲话,周济同志作表态发言。

338. 14日,工程院、深圳市人民政府合作委员会第九次会议在深圳召开。周济院长,邬贺铨、钟志华、刘大响等6位院士及深圳市委书记马兴瑞、市长许勤出席会议。

339. 14日,由环境与轻纺工程学部、广东省科学技术协会主办的“广东智能制造2025高端论坛”在湛江召开。瞿金平院士主持论坛,谭建荣院士、加拿大工程院顾佩华院士,有关部门的领导、专家以及师生共计500余人与会。

340. 14日,工程院定点帮扶会泽县、澜沧县产业扶贫干部培训班、职教培训班开班典礼在昆明举行。刘旭副院长出席活动。

341. 15—17日,刘旭副院长带队赴云南进行“云南院士专家行”,了解工程院挂钩帮扶工作进展,用科技的力量把脉问诊澜沧脱贫攻坚工作,助推当地产业发展。邓秀新、张齐生、陈宗懋等7位院士及多位专家参加活动。

342. 15日,由工程院、国家开发银行、深圳市人民政府、国家信息中心共同主办的“2016战略性新兴产业培育与发展论坛”在深圳召开。周济院长、深圳市张虎常务副市长和国家开发银行王用生副行长出席论坛并致辞。论坛由田红旗、邬贺铨、钟志华、王礼恒院士分别主持,干勇、顾晓松、彭苏萍等10余位院士及来自政、产、学、研、用等各界领导、学者、专家近400人与会。

343. 16日,“2016未来网络与物联网创新应用高峰论坛”在深圳召开。深圳市政府副秘书长高裕跃出席论坛并致辞,刘韵洁院士做主题报告。来自通信业主管部门领导、行业专家、企业界代表及知名媒体约300余人参加了论坛。

344. 16日,由工程院、商务部、农业部、国家知识产权局、科学技术部、工业和信息化部、国家发展和改革委员会、教育部、人力资源和社会保障部、中科院、深圳市人民政府共同主办的第十八届中国国际高新技术成果交易会在深圳开幕。周济院长、田红旗副院长、邬贺铨和干勇原副院长,钟志华、刘大响、钱清泉等13位院士出席会议及有关活动。

345. 17日,由工程院主办、能源与矿业工程学部承办的第241场工程科技论坛——能源互联网发展战略在上海召开。黄其励、翁史烈、余贻鑫等6位院士,以及来自有关高校和科研院所的100余位国内外专家学者与会。

346. 17—18日,由工程院与中国石油化工集团公司共同主办的第240场中国工程科技论坛

“创新·合作·绿色·跨越”暨2016中国地热国际论坛在北京召开。徐匡迪、傅志寰、朱高峰等25位工程院院士和汪集旸等3位中科院院士，中国石化集团公司总经理戴厚良、河北省副省长张杰辉、国家能源局副局长李仰哲在开幕式上分别致辞，国际地热协会主席亚历山大里克特等7位外国专家，地热行业相关企业和高校、社会研究机构等共700余人与会。

347. 18日，党组书记周济同志主持召开院党组第25次(扩大)会议，进一步学习杨晓超、宁延令同志讲话精神。

348. 18—20日，由工程院、哈尔滨工业大学、国际水协会共同主办的“第239场中国工程科技论坛——城市水科学论坛”在北京召开。刘旭副院长、北京工业大学聂祚仁副校长、论坛主席任南琪院士、国际水协会中国区代表李涛分别在开幕式上致辞。钱易、张杰、侯立安等5位院士，2位国际水协会前主席以及来自奥地利、美国、德国、日本、韩国、澳大利亚、英国和我国高等院校、研究院所、企业等相关领域的专家学者共计250余人与会。

349. 18—20日，金发科技院士行在广州举办，薛群基、王一德、汪旭光等13位院士参加活动。

350. 19日，“我国精密超精密制造装备发展战略”咨询项目专家咨询会在西安召开。会议由蒋庄德院士主持，卢秉恒、段宝岩院士及来自国内大专院校、航空航天、兵器、军工等20余家单位的30余位专家学者与会。

351. 19—20日，由土木、水利与建筑工程学部、中南大学等单位共同主办的“高速铁路工程结构动力学高层论坛”在长沙举行。沈志云、孙永福、周福霖等10位院士，中南大学陈春阳副校长，以及相关领域专家、高校师生共计200余人与会。

352. 20日，由机械与运载工程学部主办、西安交通大学承办的“微纳制造与测试工程前沿技术研究”学术论坛在西安召开。蒋庄德院士任会议主席，尤政、杨华勇院士，以及国内微纳制造与测试领域的20多家单位的40余位专家与会。

353. 20—21日，由能源与矿业工程学部主办，中国核动力研究设计院承办的成都核动力院技术创新院士行在成都举行。彭苏萍、黄其励、何多慧等12位院士参加活动。

354. 21日，学术与出版委员会2017年度学术活动评审在北京召开。周济院长、樊代明副院长、田红旗副院长、屠海令等15位院士出席会议。

355. 21日，医疗保健系列报告会第39场讲座在工程院召开。首都医科大学神经病学系主任、北京脑重大疾病研究院阿尔茨海默病研究所所长、首都医科大学宣武医院贾建平教授做了题为《阿尔茨海默病：老年性痴呆》的专题讲座。樊代明副院长主持报告会，院士和家属及机关工作人员共90余人到会聆听。

356. 21—23日，由环境与轻纺工程学部、广西壮族自治区环境保护厅、广西壮族自治区科学技术厅、河池市人民政府共同主办的“广西河池有色金属产业转型升级与绿色发展院士行”在广西河池举行，孟伟、张懿、段宁、王超等4位院士和有关专家参加了活动。

357. 22日，周济院长主持召开2016年第19次院常务会议。总结11月份重点工作，研究确定12月份重点工作安排。

358. 22日，党组书记周济同志主持召开院党组第26次(扩大)会议，讨论党组工作汇报修改稿，研究审议院领导的调研报告。

359. 22日，工程院第五届教育委员会第五次全体会议在北京召开。会议由工程院副院长、教育委员会主任田红旗主持，委员会顾问徐匡迪、朱高峰、院长周济，委员会副主任樊代明、杜占元，教育部副部长林蕙青，委员会委员、教育部、人社部有关同志，委员会秘书处及有关项目组专家等共计60余人与会。

360. 24—25日，由工程院和中国大坝工程学会共同主办的“流域水资源安全与工程防灾国际学术研讨会”在北京召开。水利部原副部长、中国大坝工程学会理事长矫勇，陆佑楣、马洪琪、王浩等9位院士，以及来自美国、葡萄牙、德国等8个国家和我国高等院校、研究院所、企业等相关领域的专家学者约200余人与会。

361. 25日，中国工程院第五届咨询工作委员会第七次会议在北京召开。会议由周济院长和干勇院士共同主持，咨询工作委员会17名委员出席会议。

362. 25日，由机械与运载工程学部、装甲兵工程学院、中车株洲电力机车研究所有限公司、中国北方车辆研究所、北京理工大学、军委装备发展部装甲车辆与动力传动技术专业组和中国兵工学会等共同举办的“第四届特种车辆全电化技术发展论坛”在宁波召开，王哲荣、臧克茂、丁荣军等5位院士及150余名专家和论文作者与会。

363. 25日，由工程院主办，环境与轻纺工程学部、东华大学、上海大学共同承办的第242场中国工程科技论坛“我国纺织业智能制造发展战略研究”在上海召开。郁铭芳、周翔、孙晋良等8位院士，中国纺织工业联合会副会长李陵申、东华大学副校长陈革、江南大学副校长高卫东，以及来自相关高校、科研院所、行业协会、企业的120余位专家及代表与会。

364. 25—27日，由土木、水利与建筑工程学部等单位共同主办的“第二届全国建筑与工程结构工业化建造技术交流会”在上海同济大学召开。沈祖炎、周绪红等7位院士，相关领域高校、研究机构及行业龙头企业代表近400人与会。

365. 26日，重点咨询项目“海洋桥梁工程技术发展战略研究”项目启动会在福州召开，秦顺全、王景全、郑皆连等7位院士及来自同济大学、西南交通大学和武汉理工大学等国内高校及科研院所的30余名专家学者与会。

366. 27日，农业学部重点咨询项目“我国西北半干旱地区现代农业与区域示范相关问题战略研究”结题验收会在西安召开。李佩成、山仑、南志标院士和项目组成员、验收组专家20余人与会。

367. 28—30日，由农业学部和华南农业大学联合主办的“2016水稻机械化直播技术国际研讨会”在广州召开。开幕式由罗锡文院士主持，工程院袁隆平、汪懋华、陈温福等6位院士及中科院谢华安院士，以及来自美国、日本、韩国等9个国家的450多位代表与会。

368. 11月29日至12月2日，“生态文明建设若干战略问题研究（二期）”项目组组长刘旭院士、副组长孟伟院士带队赴福建省龙岩市、漳州和厦门市进行调研，重点调研九龙江流域综合治理与生态补偿制度设计方面经验与成效。

十二月

369. 6日，周济院长主持召开2016年第20次院常务会议。审议2017年院士增选有关文件修订事项；听取关于2017年咨询研究项目立项评审情况的汇报；关于2016年新增咨询研究项目立项情况的汇报。

370. 6日，党组书记周济同志主持召开院党组第27次（扩大）会议，传达中央有关文件精神，审议向巡视组上报汇报稿，研究机关年度考核和党建述职有关工作。

371. 6日，第六届科学道德建设委员会第六次会议在北京召开。会议由陈左宁主任主持，周济院长出席并讲话，刘旭副主任等19位院士参会。

372. 6日，由"闵恩泽能源化工奖"基金主办、华南理工大学协办的"闵恩泽能源化工奖"2016年第三次学术交流会在广州召开。基金理事会秘书长王基铭院士代表基金理事会致辞，曹镛院士主持会议。李静海、何鸣元、费维扬、张涛和邱雪青等院士、专家做了大会主题报告。特邀专家、获奖人代表及来自工程院、华南理工大学、中国石化在广州企业代表等共计100余人与会。

373. 6—9日，阮长耿、马远良、程京、夏照帆4位院士赴香港执行第九次"中国工程院院士访校计划"，与香港中文大学进行工程科技领域学术交流。

374. 7日，农业学部咨询项目"东北黑土地生态保护与地力提升工程战略研究"成果验收会在哈尔滨召开。刘兴土、陈温福院士和验收专家、项目组成员等共20人与会。

375. 7日，医疗保健系列报告会第40场讲座在北京召开。国家神经系统疾病临床医学研究中心、首都医科大学附属北京天坛医院副院长王拥军教授做了题为《脑的保健》专题讲座，樊代明副院长主持报告会，80余位院士、院士家属和机关工作人员与会。

376. 8日，《网络强国战略综合研究报告》咨询评估工作会议在北京召开。陈左宁副院长主持会议，全国人大常委会原副委员长路甬祥等18位院士，工业和信息化部、中央网信办和中国信息通信研究院的有关领导和专家共计80余人与会。

377. 8日，由环境与轻纺工程学部、广东省微生物研究所、华南理工大学、华南农业大学等单位共同主办的"第五届中国食品安全高峰论坛"在广州召开。孙宝国、陈克复、蔡道基等7位院士，以及来自全国的高校、科研院所、政府部门、行业协会、企业及出版单位的500多位代表与会。

378. 10日，党组书记周济同志主持召开院党组第28次会议，讨论向巡视组上报的报告。

379. 10日，由医药卫生学部主办，首都医科大学附属北京儿童医院承办的2016医学前沿论坛——儿童上气道疾病前沿进展研讨会在北京召开。程书钧院士担任大会主席，来自首都医科大学附属北京儿童医院、北京大学人民医院、中国人民解放军总医院北京医院等医院的知名专家学者以及有关部门负责人共计100余人与会。

380. 11日，由医药卫生学部、浙江省医学会、《国际肝胆胰疾病杂志》编辑部主办，浙江大学附属第一医院等4家单位协办的2016医学前沿论坛——国际肝胆胰高峰论坛在杭州召开。工程院李兰娟、郑树森、杨胜利、陈肇隆院士和中科院刘允怡、施一公等6位院士，及来自国内外肝胆胰外科及肝病内科专家学者及有关部门负责人约400余人与会，郑树森、李兰娟院士担任大会主席。

381. 13日，党组书记周济同志主持召开党组第29次会议，传达学习中央第八巡视组领导同志的谈话精神，部署下一步工作安排。

382. 13日，第243场中国工程院科技论坛——"一带一路"空天信息基础设施论坛在北京召开。北航党委书记张军院士主持会议，张彦仲、尹泽勇、刘大响等13位院士，有关部委、高校、科研院所、企业的50余位专家及代表与会。

383. 13—15日，由环境与轻纺工程学部、四川大学、成都市科学技术局、成都市科学技术协会、金堂县人民政府主办的"中国工程院院士成都节能环保产业基地行活动"在成都举行，张全兴、石碧、贺克斌、张远航等4位院士和有关专家参加了活动。

384. 14日，樊代明副院长在北京会见美国女工程师学会执行董事长兼首席执行官凯伦·荷亭(Karen Horting)一行，双方围绕务实推进双边国际交流及促进和发挥两国女工程师的作用方面交换了意见。

385. 14—15 日，由环境与轻纺工程学部、成都市科学技术局、金堂县人民政府、四川大学主办的“2016 年中国工程院—成都市节能环保产业基地院士行活动”在成都举行。张全兴、石碧、贺克斌、张远航等 4 名院士参加活动。

386. 16 日，周济院长在北京会见外籍院士、美国斯坦福大学教授爱罗斯瓦米·波尔拉(Arogyaswami J. Paulraj)。双方就进一步发挥外籍院士作用和推动中美信息通信技术的合作交换了意见。原副院长、光纤通信与宽带信息技术专家邬贺铨院士会见时在座。

387. 18 日，党组书记周济同志主持召开院党组第 30 次扩大会议，传达学习中央第八巡视组组长领导同志的谈话精神，再次学习中央八项规定精神。

388. 20 日，重点咨询项目“全球工程前沿战略咨询研究”启动会在北京召开。会议由项目组长钱旭红院士主持，周济院长作为项目组顾问和郭东明、卢锡城、王静康等 10 位院士及有关专家、领导共计 80 余人与会。

389. 21 日，党组书记周济同志主持召开院党组第 31 次扩大会议，学习中央第八巡视组有关领导讲话精神，部署党组专题民主生活会和党支部专题组织生活会，审议向巡视组汇报的有关报告，研究整改工作。

390. 27 日，重大咨询项目“我国医药卫生人才培养战略研究”中期汇报会在北京召开。会议由樊代明副院长主持，项目组詹启敏、巴德年、张伯礼等 7 位院士，项目组专家以及有关职能部门领导共计 40 余人与会。

391. 21 日，周济院长主持召开 2016 年第 21 次院常务会议。审议《中国工程院院士增选投诉信处理办法》修订事项；审议《中国工程院国内公务接待管理办法》；审议《中国工程院外宾接待管理实施细则》。

392. 24—25 日，重点咨询项目“高端电子装备制造的协同创新”专家咨询会在西安召开。会议由段宝岩院士主持，项目组成员以及有关专家共计 30 余人与会。

393. 26 日，中国工程院与中央军委科技委签署战略合作协议，周济院长、樊代明副院长、刘旭副院长、田红旗副院长，中央军委刘国治主任、贺福初副主任等出席签字仪式。周济院长和刘国治主任分别致辞，仪式由樊代明副院长主持，刘旭副院长与贺福初副主任分别代表双方在合作协议上签字。

394. 29 日，农业学部咨询项目“中国南方地区农业经营方式与社会化服务体系发展战略研究”结题验收会在武汉召开。傅廷栋、邓秀新院士以及验收专家、项目组成员等共 30 人与会。

395. 30 日，农业学部重点咨询项目“干旱半干旱地区多种农业水资源合理配置暨有效利用战略研究”验收会在西安召开。李佩成、孙九林院士和验收专家、项目组成员等共 16 人与会。

396. 30 日，2017 年院士增选工作启动。印发关于提名 2017 年院士候选人的通知、关于委托组织学术团体提名 2017 年院士候选人的通知、关于推荐 2017 年院士增选涉密候选人的通知和关于提名 2017 年外籍院士候选人的通知，并通过院网站向社会公布相关情况。

397. 本年度张福绥、闵恩泽、宋文骢、余松烈、陈士橹、范立础、石屏、曾庆元、牛憨笨、胡壮麒、刘建航、刘大钧、严东生、冯宗炜、谭靖夷、梁应辰 16 位院士分别于 2 月、3 月、4 月、5 月、6 月、7 月、8 月、9 月、11 月、12 月逝世。